大学赤本シリーズ

429

早稲田大学

商学部

教学社

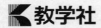

はしがき

おかげさまで，大学入試の「赤本」は，今年で創刊70周年を迎えました。

これまで，入試問題や資料をご提供いただいた大学関係者各位，掲載許可をいただいた著作権者の皆様，各科目の解答や対策の執筆にあたられた先生方，そして，赤本を使用してくださったすべての読者の皆様に，厚く御礼を申し上げます。

以下に，創刊初期の「赤本」のはしがきを引用します。これからも引き続き，受験生の目標の達成や，夢の実現を応援してまいります。

本書を活用して，入試本番では持てる力を存分に発揮されることを心より願っています。

編者しるす

＊　＊　＊

学問の塔にあこがれのまなざしをもって，それぞれの志望する大学の門をたたかんとしている受験生諸君！　人間として生まれてきた私たちは，自己の欲するままに，美しく，強く，そして何よりも人間らしく生きることをねがっている。しかし，一朝一夕にして，この純粋なのぞみが達せられることはない。私たちの行く手には，絶えずさまざまな試練がまちかまえている。この試練を克服していくところに，私たちのねがう真に人間的な世界がはじめて開かれてくるのである。

人生最初の最大の試練として，諸君の眼前に大学入試がある。この大学入試は，精神的にも身体的にも，大きな苦痛を感ぜしめるであろう。あるスポーツに熟達するには，たゆみなき，はげしい練習を積み重ねることが必要であるように，私たちは，計画的・持続的な努力を払うことによって，この試練を克服し，次の一歩を踏みだすことができる。厳しい試練を経たのちに，はじめて満足すべき成果を獲得できるのである。

本書は最近の入学試験の問題に，それぞれ解答を付し，さらに問題をふかく分析することによって，その大学独特の傾向や対策をさぐろうとした。本書を一般の参考書とあわせて使用し，まとはずれのない，効果的な受験勉強をされるよう期待したい。

（昭和35年版「赤本」はしがきより）

挑む人の、いちばんの味方

赤本創刊70周年

1954年に大学入試の過去問題集を刊行してから70年。赤本は大学に入りたいと思う受験生を応援しつづけてきました。これからも，苦しいとき落ち込むときにそばで支える存在でいたいと思います。

そして，勉強をすること，自分で道を決めること，努力が実ること，これらの喜びを読者の皆さんが感じることができるよう，伴走をつづけます。

そもそも赤本とは…

受験生のための大学入試の過去問題集！

70年の歴史を誇る赤本は，500点を超える刊行点数で全都道府県の370大学以上を網羅しており，過去問の代名詞として受験生の必須アイテムとなっています。

なぜ受験に過去問が必要なのか？

大学入試は大学によって問題形式や頻出分野が大きく異なるからです。

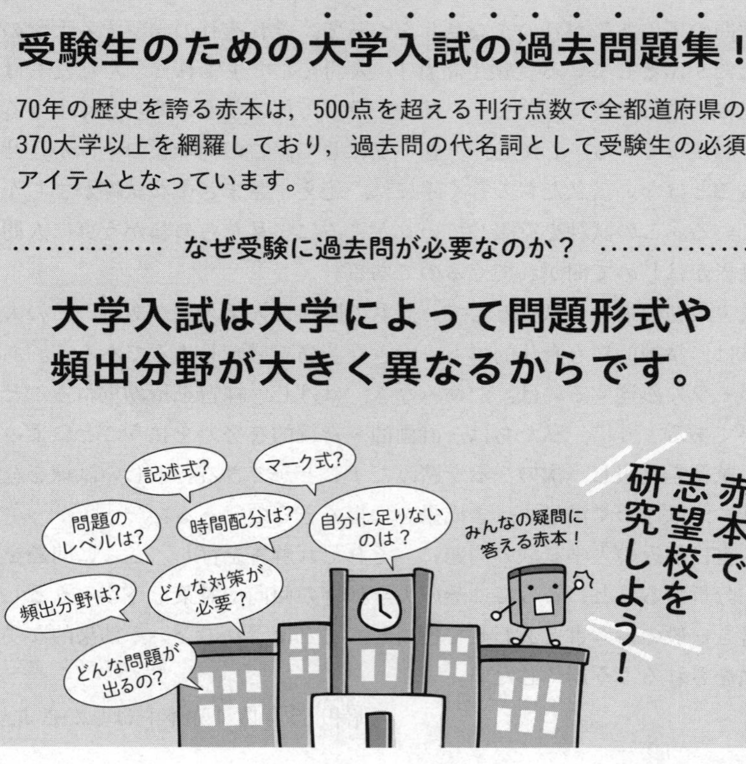
記述式?
マーク式?
問題のレベルは?
時間配分は?
自分に足りないのは？
みんなの疑問に答える赤本！
赤本で志望校を研究しよう！
頻出分野は?
どんな対策が必要？
どんな問題が出るの?

赤本の掲載内容

傾向と対策

これまでの出題内容から，問題の「**傾向**」を分析し，来年度の入試に向けて具体的な「**対策**」の方法を紹介しています。

問題編・解答編

- 年度ごとに問題とその解答を掲載しています。
- 「**問題編**」ではその年度の試験概要を確認したうえで，実際に出題された過去問に取り組むことができます。
- 「**解答編**」には高校・予備校の先生方による解答が載っています。

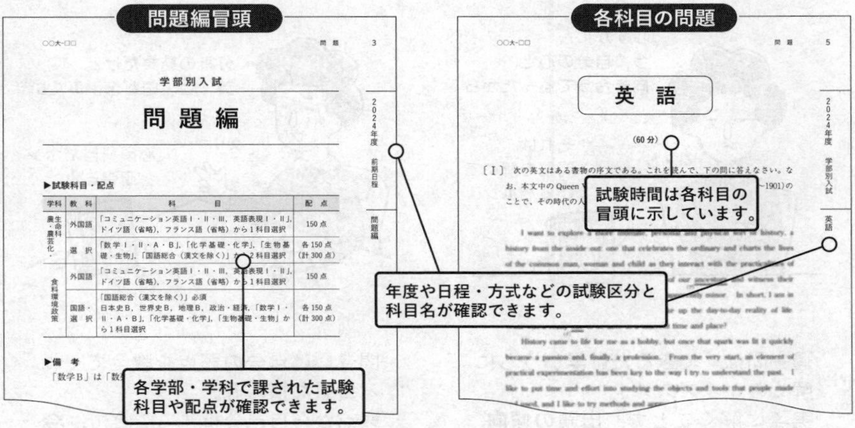

学科	教 科	科 目	配 点
生命・農芸化・農科	外国語	「コミュニケーション英語Ⅰ・Ⅱ・Ⅲ，英語表現Ⅰ・Ⅱ」，ドイツ語（省略），フランス語（省略）から1科目選択	150点
	選 択	「数学Ⅰ・Ⅱ・A・B」，「化学基礎・化学」，「生物基礎・生物」，「国語総合（漢文を除く）」から2科目選択	各150点（計300点）
食料環境政策	外国語	「コミュニケーション英語Ⅰ・Ⅱ・Ⅲ，英語表現Ⅰ・Ⅱ」，ドイツ語（省略），フランス語（省略）から1科目選択	150点
	国語・選 択	「国語総合（漢文を除く）」必須 日本史B，世界史B，地理B，政治・経済，「数学Ⅰ・Ⅱ・A・B」，「化学基礎・化学」，「生物基礎・生物」から1科目選択	各150点（計300点）

他にも，大学の基本情報や，先輩受験生の合格体験記，
在学生からのメッセージなどが載っていることがあります。

掲載内容について

著作権上の理由やその他編集上の都合により問題や解答の一部を割愛している場合があります。
なお，指定校推薦入試，社会人入試，編入学試験，帰国生入試などの特別入試，英語以外の外国語科目，商業・工業科目は，原則として掲載しておりません。また試験科目は変更される場合がありますので，あらかじめご了承ください。

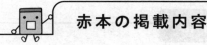

受験勉強は

過去問に始まり，

STEP 1

なにはともあれ

まずは解いてみる

しずかに…
今，自分の心と
向き合ってるんだから
ムーン
それは
問題を解いて
からだホン!

過去問は，**できるだけ早いうちに解く**のがオススメ！
実際に解くことで，**出題の傾向，問題のレベル，今の自分の実力**がつかめます。

STEP 2

じっくり具体的に

弱点を分析する

分析の結果だけど
英・数・国が苦手みたい
スリー
必須科目だホン
頑張るホン

間違いは自分の弱点を教えてくれる**貴重な情報源**。
弱点から自己分析することで，**今の自分に足りない力や苦手な分野**が見えてくるはず！

合格者があかす 赤本の使い方

傾向と対策を熟読

(Fさん／国立大合格)

大学の出題傾向を調べるために，赤本に載っている「傾向と対策」を熟読しました。

繰り返し解く

(Tさん／国立大合格)

１周目は問題のレベル確認，２周目は苦手や頻出分野の確認に，３周目は合格点を目指して，と過去問は繰り返し解くことが大切です。

過去問に終わる。

STEP 3

志望校にあわせて

苦手分野の重点対策

明日からはみんなで頑張るよ！
参考書も！ 問題集も！
よろしくね！
呼んだ？
なにを!?
どこから!?
グッ
グッ

参考書や問題集を活用して，苦手分野の**重点対策**をしていきます。**過去問を指針**に，合格へ向けた具体的な学習計画を立てましょう！

STEP 1 ▶ 2 ▶ 3

サイクルが大事!

実践を繰り返す

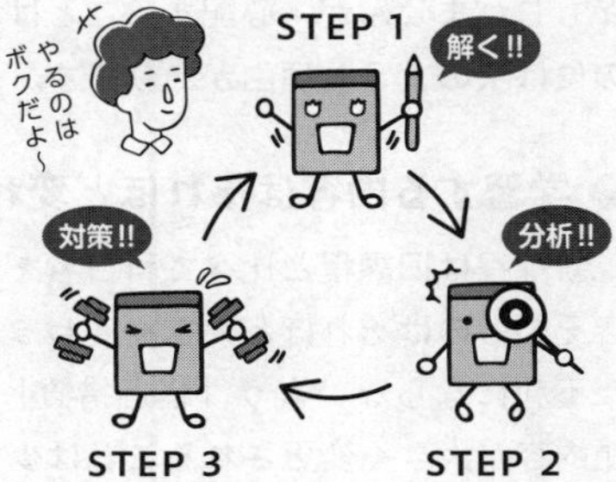
やるのはボクだよ～
STEP 1
解く!!
STEP 2
分析!!
STEP 3
対策!!

STEP 1～3を繰り返し，実力アップにつなげましょう！
出題形式に慣れることや，**時間配分を考えること**も大切です。

目標点を決める

（Yさん／私立大合格）

赤本によっては合格者最低点が載っているので，それを見て目標点を決めるのもよいです。

時間配分を確認

（Kさん／私立大学合格）

赤本は時間配分や解く順番を決めるために使いました。

添削してもらう

（Sさん／私立大学合格）

記述式の問題は先生に添削してもらうことで自分の弱点に気づけると思います。

新課程入試 Q&A

2022 年度から新しい学習指導要領（新課程）での授業が始まり，2025 年度の入試は，新課程に基づいて行われる最初の入試となります。ここでは，赤本での新課程入試の対策について，よくある疑問にお答えします。

Q1. 赤本は新課程入試の対策に使えますか？

A. もちろん使えます！

旧課程入試の過去問が新課程入試の対策に役に立つのか疑問に思う人もいるかもしれませんが，心配することはありません。旧課程入試の過去問が役立つのには次のような理由があります。

● 学習する内容はそれほど変わらない

新課程は旧課程と比べて科目名を中心とした変更はありますが，学習する内容そのものはそれほど大きく変わっていません。また，多くの大学で，既卒生が不利にならないよう「経過措置」がとられます（Ｑ３参照）。したがって，出題内容が大きく変更されることは少ないとみられます。

● 大学ごとに出題の特徴がある

これまでに課程が変わったときも，各大学の出題の特徴は大きく変わらないことがほとんどでした。入試問題は各大学のアドミッション・ポリシーに沿って出題されており，過去問にはその特徴がよく表れています。過去問を研究してその大学に特有の傾向をつかめば，最適な対策をとることができます。

出題の特徴の例	・英作文問題の出題の有無 ・論述問題の出題（字数制限の有無や長さ） ・計算過程の記述の有無

新課程入試の対策も，赤本で過去問に取り組むところから始めましょう。

Q2. 赤本を使う上での注意点はありますか？

A. 志望大学の入試科目を確認しましょう。

過去問を解く前に，過去の出題科目（問題編冒頭の表）と 2025 年度の募集要項とを比べて，課される内容に変更がないかを確認しましょう。ポイントは以下のとおりです。科目名が変わっていても，実際は旧課程の内容とほとんど同様のものもあります。

英語・国語	科目名は変更されているが，実質的には変更なし。 ▶▶ **ただし，リスニングや古文・漢文の有無は要確認。**
地歴	科目名が変更され，「歴史総合」「地理総合」が新設。 ▶▶ **新設科目の有無に注意。ただし，「経過措置」（Q３参照）により内容は大きく変わらないことも多い。**
公民	「現代社会」が廃止され，「公共」が新設。 ▶▶ **「公共」は実質的には「現代社会」と大きく変わらない。**
数学	科目が再編され，「数学Ｃ」が新設。 ▶▶ **「数学」全体としての内容は大きく変わらないが，出題科目と単元の変更に注意。**
理科	科目名も学習内容も大きな変更なし。

数学については，科目名だけでなく，どの単元が含まれているかも確認が必要です。例えば，出題科目が次のように変わったとします。

旧課程	「数学Ⅰ・数学Ⅱ・数学Ａ・数学Ｂ（数列・ベクトル）」
新課程	「数学Ⅰ・数学Ⅱ・数学Ａ・**数学Ｂ（数列）・数学Ｃ（ベクトル）**」

この場合，新課程では「数学Ｃ」が増えていますが，単元は「ベクトル」のみのため，実質的には旧課程とほぼ同じであり，過去問をそのまま役立てることができます。

Q3. 「経過措置」とは何ですか？

A. 既卒の旧課程履修者への対応です。

多くの大学では，既卒の旧課程履修者が不利にならないように，出題において「経過措置」が実施されます。措置の有無や内容は大学によって異なるので，募集要項や大学のウェブサイトなどで確認しておきましょう。

◯旧課程履修者への経過措置の例

- 旧課程履修者にも配慮した出題を行う。
- 新・旧課程の共通の範囲から出題する。
- 新課程と旧課程の共通の内容を出題し，共通範囲のみでの出題が困難な場合は，旧課程の範囲からの問題を用意し，選択解答とする。

例えば，地歴の出題科目が次のように変わったとします。

旧課程	「日本史 B」「世界史 B」から 1 科目選択
新課程	「**歴史総合**，日本史探究」「**歴史総合**，世界史探究」から 1 科目選択※ ※旧課程履修者に不利益が生じることのないように配慮する。

「歴史総合」は新課程で新設された科目で，旧課程履修者には見慣れないものですが，上記のような経過措置がとられた場合，新課程入試でも旧課程と同様の学習内容で受験することができます。

要チェックだホン

新課程の情報は WEB もチェック！
より詳しい解説が赤本ウェブサイトで見られます。
https://akahon.net/shinkatei/

科目名が変更される教科・科目

	旧課程	新課程
国語	国語総合 国語表現 現代文A 現代文B 古典A 古典B	現代の国語 言語文化 論理国語 文学国語 国語表現 古典探究
地歴	日本史A 日本史B 世界史A 世界史B 地理A 地理B	歴史総合 日本史探究 世界史探究 地理総合 地理探究
公民	現代社会 倫理 政治・経済	公共 倫理 政治・経済
数学	数学Ⅰ 数学Ⅱ 数学Ⅲ 数学A 数学B 数学活用	数学Ⅰ 数学Ⅱ 数学Ⅲ 数学A 数学B 数学C
外国語	コミュニケーション英語基礎 コミュニケーション英語Ⅰ コミュニケーション英語Ⅱ コミュニケーション英語Ⅲ 英語表現Ⅰ 英語表現Ⅱ 英語会話	英語コミュニケーションⅠ 英語コミュニケーションⅡ 英語コミュニケーションⅢ 論理・表現Ⅰ 論理・表現Ⅱ 論理・表現Ⅲ
情報	社会と情報 情報の科学	情報Ⅰ 情報Ⅱ

目　次

解答編

※問題編は別冊

2024 年度

2023 年度

2022年度

2021年度

2020年度

UNIVERSITY GUIDE

大学情報

基本情報

沿革

1882（明治 15）　大隈重信が東京専門学校を開校

1902（明治 35）　早稲田大学と改称

1904（明治 37）　専門学校令による大学となる

1920（大正　9）　大学令による大学となり，政治経済学部・法学部・文学部・商学部・理工学部を設置

1922（大正 11）早慶ラグビー定期戦開始。アインシュタイン来校

1927（昭和　2）大隈講堂落成

1949（昭和 24）　新制早稲田大学 11 学部（政治経済学部・法学部・文学部・教育学部・商学部・理工学部〔各第一・第二／教育学部除く〕）発足

1962（昭和 37）米国司法長官ロバート・ケネディ来校

1966（昭和 41）　社会科学部を設置

1974（昭和 49）エジプト調査隊，マルカタ遺跡の発掘

1987（昭和 62）　人間科学部を設置

1993（平成　5）ビル・クリントン米国大統領来校

2003（平成 15） スポーツ科学部を設置

2004（平成 16） 国際教養学部を設置

2007（平成 19） 創立 125 周年。第一・第二文学部を文化構想学部・文学部に，理工学部を基幹理工学部・創造理工学部・先進理工学部に改組再編

2009（平成 21） 社会科学部が昼間部に移行

シンボル

1906（明治 39）年に「弧形の稲葉の上に大学の二字を置く」という校章の原型が作られ，創立 125 周年を機に伝統のシンボルである校章・角帽・早稲田レッドをモチーフとし，現在の早稲田シンボルがデザインされました。

早稲田大学について

早稲田大学の教育の基本理念を示す文書としての教旨は，高田早苗，坪内逍遥，天野為之，市島謙吉，浮田和民，松平康国などにより草案が作成されました。その後，教旨は初代総長・大隈重信の校閲を経て 1913（大正 2）年の創立 30 周年記念祝典において宣言され，今日の早稲田の校風を醸成するに至っています。

早稲田大学教旨

早稲田大学は学問の独立を全うし学問の活用を効し
模範国民を造就するを以て建学の本旨と為す

早稲田大学は**学問の独立**を本旨と為すを以て
之が自由討究を主とし
常に独創の研鑽に力め以て
世界の学問に裨補せん事を期す

早稲田大学は**学問の活用**を本旨と為すを以て
学理を学理として研究すると共に
之を実際に応用するの道を講し以て
時世の進運に資せん事を期す

早稲田大学は**模範国民の造就**を本旨と為すを以て
個性を尊重し　身家を発達し　国家社会を利済し
併せて広く世界に活動す可き人格を養成せん事を期す

教旨の概要

◎学問の独立

学問の独立は**在野精神**や**反骨の精神**などの校風と結び合います。早稲田大学は，自主独立の精神をもつ近代的国民の養成を理想とし，権力や時勢に左右されない科学的な教育・研究を行うことを掲げています。

◎学問の活用

歴史上，日本が近代国家をめざすため，学問は現実に活かしうるもの，すなわち近代化に貢献するものであることが求められました。これが学問の活用です。ただし，早稲田大学はこの学問の活用を安易な実用主義ではなく，**進取の精神**として教育の大きな柱の一つとしました。

◎模範国民の造就

早稲田大学は庶民の教育を主眼として創設されました。このことが反映された理念が模範国民の造就です。模範国民の造就は，グローバリゼーションが進展する現代にも通ずる理念であり，豊かな人間性をもった**地球市民の育成**と解釈されます。

早稲田大学校歌

作詞　相馬御風
作曲　東儀鉄笛

一、
都の西北　早稲田の森に
聳ゆる甍は　われらが母校
われらが日ごろの　抱負を知るや
進取の精神　学の独立
現世を忘れぬ　久遠の理想
かがやくわれらが　行手を見よや
わせだ　わせだ　わせだ　わせだ
わせだ　わせだ　わせだ

二、
東西古今の　文化のうしほ
一つに渦巻く　大島国の
大なる使命を　担ひて立てる
われらが行手は　窮り知らず
やがても久遠の　理想の影は
あまねく天下に　輝き布かん
わせだ　わせだ　わせだ　わせだ
わせだ　わせだ　わせだ

三、
あれ見よかしこの　常磐の森は
心のふるさと　われらが母校
集り散じて　人は変れど
仰ぐは同じき　理想の光
いざ声そろへて　空もとどろに
われらが母校の　名をばたたへん
わせだ　わせだ　わせだ　わせだ
わせだ　わせだ　わせだ

学部・学科の構成

（注）下記内容は 2024 年 4 月時点のもので，改組・新設等により変更される場合があります。

大　学

●政治経済学部　早稲田キャンパス

政治学科

経済学科

国際政治経済学科

●法学部　早稲田キャンパス

法律主専攻（司法・法律専門職，企業・渉外法務，国際・公共政策）

●教育学部　早稲田キャンパス

教育学科（教育学専攻〈教育学専修，生涯教育学専修，教育心理学専修〉，初等教育学専攻）

国語国文学科

英語英文学科

社会科（地理歴史専修，公共市民学専修）

理学科（生物学専修，地球科学専修）

数学科

複合文化学科

●商学部　早稲田キャンパス

経営トラック，会計トラック，マーケティングトラック，ファイナンストラック，保険・リスクマネジメントトラック，ビジネスエコノミクストラック

●社会科学部　早稲田キャンパス

社会科学科（『平和・国際協力』コース，『多文化社会・共生』コース，『サスティナビリティ』コース，『コミュニティ・社会デザイン』コース，『組織・社会イノベーション』コース）

●国際教養学部　早稲田キャンパス

国際教養学科

●文化構想学部 戸山キャンパス

文化構想学科（多元文化論系，複合文化論系，表象・メディア論系，文芸・ジャーナリズム論系，現代人間論系，社会構築論系）

●文学部 戸山キャンパス

文学科（哲学コース，東洋哲学コース，心理学コース，社会学コース，教育学コース，日本語日本文学コース，中国語中国文学コース，英文学コース，フランス語フランス文学コース，ドイツ語ドイツ文学コース，ロシア語ロシア文学コース，演劇映像コース，美術史コース，日本史コース，アジア史コース，西洋史コース，考古学コース，中東・イスラーム研究コース）

●基幹理工学部 西早稲田キャンパス

数学科

応用数理学科

機械科学・航空宇宙学科

電子物理システム学科

情報理工学科

情報通信学科

表現工学科

●創造理工学部 西早稲田キャンパス

建築学科

総合機械工学科

経営システム工学科

社会環境工学科

環境資源工学科

※学科を横断する組織として「社会文化領域」を設置。

●先進理工学部 西早稲田キャンパス

物理学科

応用物理学科

化学・生命化学科

応用化学科

生命医科学科

電気・情報生命工学科

●**人間科学部** 所沢キャンパス

人間環境科学科

健康福祉科学科

人間情報科学科

●**スポーツ科学部** 所沢キャンパス／一部の授業は東伏見キャンパス

スポーツ科学科（スポーツ医科学コース，健康スポーツコース，トレーナーコース，スポーツコーチングコース，スポーツビジネスコース，スポーツ文化コース）

（備考）学科・専攻・コース等に分属する年次はそれぞれ異なる。

大学院

政治学研究科 / 経済学研究科 / 法学研究科（法科大学院）/ 文学研究科 / 商学研究科 / 基幹理工学研究科 / 創造理工学研究科 / 先進理工学研究科 / 教育学研究科 / 人間科学研究科 / 社会科学研究科 / スポーツ科学研究科 / 国際コミュニケーション研究科 / アジア太平洋研究科 / 日本語教育研究科 / 情報生産システム研究科 / 会計研究科 / 環境・エネルギー研究科 / 経営管理研究科（WBS）

教育の特徴

早稲田大学には，各学部の講義やカリキュラムのほか，グローバルエデュケーションセンター（GEC）により設置された科目や教育プログラムもあります。GEC の設置科目はすべて学部・学年を問わず自由に履修でき，国内外の幅広く多様な分野で活躍するための「第二の強み」を作ることができます。GEC の教育プログラムは 4 つに大別されます。

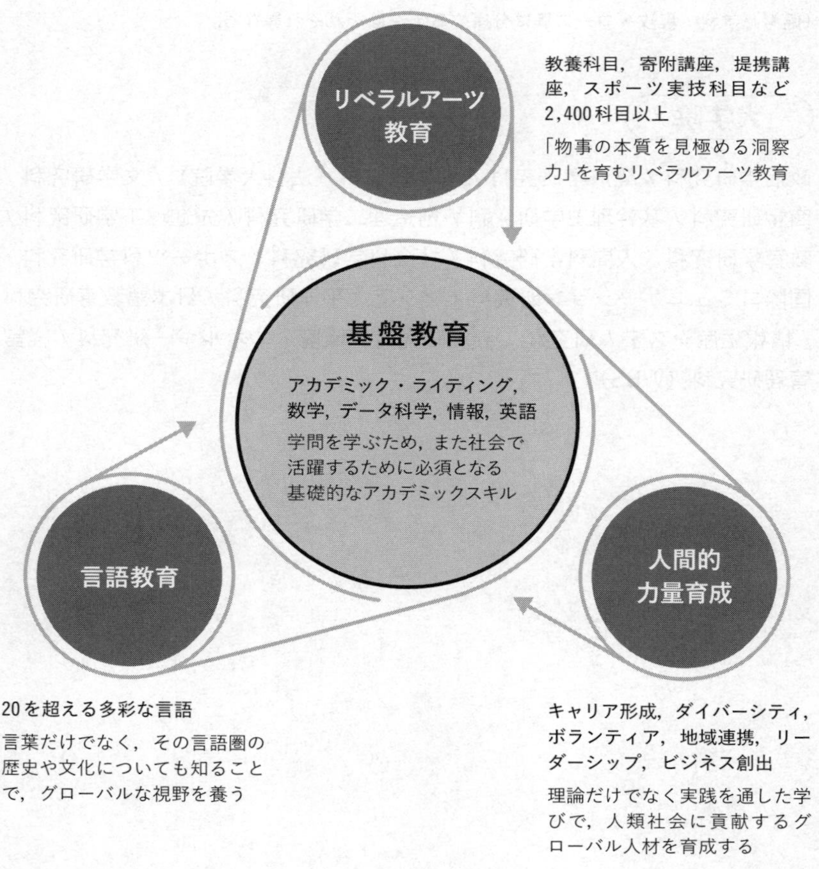
リベラルアーツ教育
教養科目，寄附講座，提携講座，スポーツ実技科目など
2,400科目以上
「物事の本質を見極める洞察力」を育むリベラルアーツ教育
基盤教育
アカデミック・ライティング，数学，データ科学，情報，英語
学問を学ぶため，また社会で活躍するために必須となる基礎的なアカデミックスキル
言語教育
人間的力量育成
20を超える多彩な言語
言葉だけでなく，その言語圏の歴史や文化についても知ることで，グローバルな視野を養う
キャリア形成，ダイバーシティ，ボランティア，地域連携，リーダーシップ，ビジネス創出
理論だけでなく実践を通した学びで，人類社会に貢献するグローバル人材を育成する

イベント情報

早稲田大学は，高校生・受験生に向けた情報発信の機会として，全国各地においてイベントを実施しています。

◎**キャンパスツアー**

キャンパスの雰囲気を体感できるイベントです。在学生ならではの声や説明を聞くことができ，モチベーション UP につながります。

対面型ツアー／オンライン型ツアー

◎**オープンキャンパス**

例年 7 ～ 8 月頃に東京をはじめ，仙台・大阪・広島・福岡にて実施されています。学生団体によるパフォーマンスも必見です。

◎**進学相談会・説明会**

全国 100 カ所近くで開催されています。

受験生応援サイト「DISCOVER WASEDA」

講義体験や詳細な学部・学科紹介，キャンパスライフ，施設紹介，合格体験記といった様々な動画コンテンツが掲載されています。

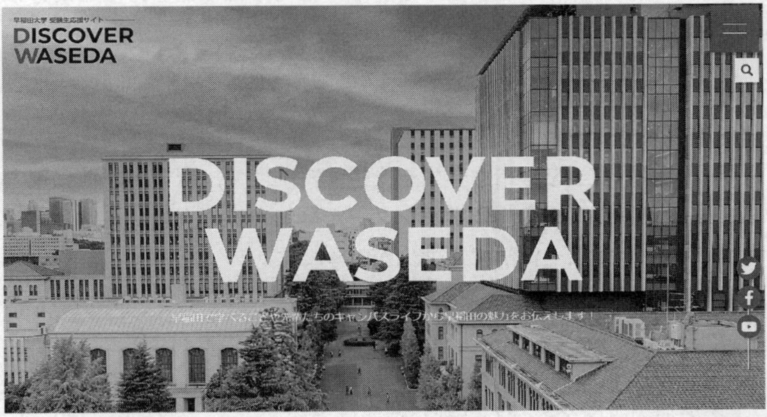

DISCOVER WASEDA
https://discover.w.waseda.jp ▶

奨学金情報

奨学金には，大学が独自に設置しているものから，公的団体・民間団体が設置しているものまで多くの種類が存在します。そのうち，早稲田大学が独自に設置している学内奨学金は約 150 種類に上り，すべて卒業後に返還する必要のない給付型の奨学金です。申請の時期や条件はそれぞれ異なりますが，ここでは，入学前に特に知っておきたい早稲田大学の学内奨学金を取り上げます。（本書編集時点の情報です。）

○めざせ！ 都の西北奨学金 入学前

首都圏の一都三県（東京都・埼玉県・千葉県・神奈川県）以外の国内高校・中等教育学校出身者を対象とした奨学金です。採用候補者数は 1200 人と学内の奨学金の中でも最大で選考結果は入学前に通知されます。

給付額⇨年額 45〜70 万円　収入・所得条件⇨1,000 万円未満※

※給与・年金収入のみの場合。

○大隈記念奨学金 入学前 入学後

入学試験の成績，または入学後の学業成績を考慮して学部ごとに選考・給付されます。公募を経て選考される一部の学部を除き，基本的には事前申請が不要な奨学金です。

給付額⇨年額 40 万円（原則）　収入・所得条件⇨なし

○早稲田の栄光奨学金 入学後

入学後に海外留学を目指す学生を支援する制度で，留学出願前に選考から発表まで行われます。留学センターが募集する，大学間協定によるプログラムで半期以上留学する学生が対象です。

給付額⇨半期：50 万円，1 年以上：110 万円　収入・所得条件⇨800 万円未満※

※給与・年金収入のみの場合。

その他の奨学金も含む詳細な情報は，
大学 Web サイト及びその中の奨学金情報誌を
ご確認ください。

大学ウェブサイト
（奨学金情報）
▼

入試データ

入学試験の名称・定義

〔凡例〕

●：必須　—：不要　▲：以下の注意事項を参照

※1 英語以外の外国語を選択する場合に必要
※2 数学を選択する場合に必要
※3 提出しなくても出願可能（提出しない場合は，加点なしの扱い）
※4 出願時に「スポーツ競技歴調査書」「スポーツ競技成績証明書」の提出が必要

一般選抜

早稲田大学の試験場において試験を受ける必要が**ある**入試。

学部	入試制度	共通テスト	英語4技能テスト	大学での試験
政治経済学部	一般	●	—	●
法学部	一般	▲※1※2	—	●
教育学部*	一般（A方式）	▲※1	—	●
	一般（B方式）	▲※1	—	●
	一般（C方式）	●	—	●
	一般（D方式）	●	—	●
商学部	一般（地歴・公民型）	▲※1	—	●
	一般（数学型）	▲※1	—	●
	一般（英語4技能テスト利用型）	▲※1	●	●
社会科学部	一般	—	—	●
国際教養学部	一般	●	▲※3	●
文化構想学部	一般	▲※1	—	●
	一般（英語4技能テスト利用方式）	—	●	●
	一般（共通テスト利用方式）	●	—	●

（表つづく）

学　部	入試制度	共通テスト	英語4技能テスト	大学での試験
文　学　部	一般	▲※1	—	●
	一般（英語4技能テスト利用方式）	—	●	●
	一般（共通テスト利用方式）	●	—	●
基幹理工学部	一般	—	—	●
創造理工学部	一般	—	—	●
先進理工学部	一般	—	—	●
人間科学部	一般	—	—	●
	一般（共通テスト＋数学選抜方式）	●	—	●
スポーツ科学部	一般（共通テスト＋小論文方式）	●	—	●

＊教育学部の 2022・2021 年度については，下記の通りの実施であった。

学　部	入試制度	共通テスト	英語4技能スコア	大学での試験
教育学部	一般	—	—	●

大学入学共通テスト利用入試

早稲田大学の試験場において試験を受ける必要が**ない**入試。

学　部	入試制度	共通テスト	英語4技能テスト	大学での試験
政治経済学部	共テ利用（共通テストのみ方式）	●	—	—
法　学　部	共テ利用（共通テストのみ方式）	●	—	—
社会科学部	共テ利用（共通テストのみ方式）	●	—	—
人間科学部	共テ利用（共通テストのみ方式）	●	—	—
スポーツ科学部	共テ利用（共通テストのみ方式）	●	—	—
	共テ利用（共通テスト＋競技歴方式）	●※4	—	—

入試状況（競争率・合格最低点など）

◯基幹理工学部は学系単位の募集。各学系から進級できる学科は次の通り。

学系Ⅰ：数学科，応用数理学科

学系Ⅱ：応用数理学科，機械科学・航空宇宙学科，電子物理システム学科，情報理工学科，情報通信学科

学系Ⅲ：情報理工学科，情報通信学科，表現工学科

◯先進理工学部は第一志望学科の志願者数・合格者数を表記。合格最低点は，「第二志望学科」合格者の最低点を除く。

◯合格者数に補欠合格者は含まない。

◯競争率は受験者数÷合格者数で算出。ただし，共通テスト利用入試（共通テストのみ方式）の競争率は志願者数÷合格者数で算出。

◯合格最低点は正規・補欠合格者の最低総合点であり，基幹理工・創造理工・先進理工学部を除き，成績標準化後の点数となっている。成績標準化とは，受験する科目間で難易度による差が生じないように，個々の科目において得点を調整する仕組みのこと。

◯ 2022 年度以前の教育学部理学科地球科学専修志願者で，理科の地学選択者については，理学科 50 名のうち若干名を「地学選択者募集枠」として理科の他の科目選択者とは別枠で判定を行っている。合格最低点欄の〈　〉内は地学選択者募集枠の合格最低点を示す。

◯基幹理工学部・創造理工学部の「得意科目選考」の合格最低点は除く。

〈基準点について〉

◯教育学部：すべての科目に合格基準点が設けられており，基準点に満たない場合は不合格となる。また，以下の学科は，それぞれ次のような条件を特定科目の合格基準点としている。

国語国文学科⇨「国語」：国語国文学科の全受験者の平均点

英語英文学科⇨「英語」：英語英文学科の全受験者の平均点

数学科⇨「数学」：数学科の全受験者の平均点

◯商学部：英語 4 技能テスト利用型では，国語，地歴・公民または数学それぞれにおいて合格基準点が設けられており，基準点に満たない場合は不合格となる。

◯スポーツ科学部：小論文が基準点に満たない場合は不合格となる。

2024 年度一般選抜・共通テスト利用入試

大学ホームページ（2024 年 3 月 12 日付）より。

2024 年度合格最低点については本書編集段階では未公表のため，大学公表の資料でご確認ください。

学部・学科・専攻等					募集人員	志願者数	受験者数	合格者数	競争率
政治経済	一般	政治			100	1,005	846	294	2.9
		経済			140	1,269	995	318	3.1
		国際政治経済			60	402	327	148	2.2
	共通テスト	政治			15	401	—	133	3.0
		経済			25	1,672	—	606	2.8
		国際政治経済			10	293	—	103	2.8
法	一般				350	4,346	3,809	703	5.4
	共通テスト				100	2,044	—	567	3.6
教育	一般（A方式・B方式）	教育	教育学	教育学	95	1,008	934	100	9.3
				生涯教育学		1,123	1,046	76	13.8
				教育心理学		632	578	57	10.1
			初等教育学		20	355	333	30	11.1
		国語国文			80	1,308	1,226	179	6.8
		英語英文			80	1,379	1,269	318	4.0
		社会	地理歴史		140	1,712	1,609	207	7.8
			公共市民学			1,464	1,413	255	5.5
		理	地球科学		20	704	625	86	7.3
		数			45	841	757	132	5.7
		複合文化			40	924	865	110	7.9
	一般（C方式）	教育	教育学	教育学	20	22	19	5	3.8
				生涯教育学		41	35	15	2.3
				教育心理学		22	19	9	2.1
			初等教育学		5	9	7	3	2.3
		国語国文			15	61	54	15	3.6
		英語英文			15	106	92	42	2.2
		社会	地理歴史		25	52	47	22	2.1
			公共市民学			38	35	16	2.2

（表つづく）

学部・学科・専攻等				募集人員	志願者数	受験者数	合格者数	競争率
教育	一般(C方式)	理	生物学	15	235	116	51	2.3
教育	一般(C方式)	理	地球科学	5	41	34	13	2.6
教育	一般(C方式)		数	10	127	71	38	1.9
教育	一般(C方式)		複合文化	10	87	72	12	6.0
教育	一般(D方式)	理	生物学	10	160	145	31	4.7
商	一般		地歴・公民型	355	7,730	7,039	695	10.1
商	一般		数学型	150	2,752	2,329	400	5.8
商	一般		英語4技能テスト利用型	30	412	359	76	4.7
社会科学	一般			450	8,864	7,833	869	9.0
社会科学	共通テスト			50	1,384	—	361	3.8
国際教養	一般			175	1,352	1,229	380	3.2
文化構想	一般		一般	370	6,898	6,618	783	8.5
文化構想	一般		英語4技能テスト利用方式	70	2,410	2,355	339	6.9
文化構想	一般		共通テスト利用方式	35	1,123	993	206	4.8
文	一般		一般	340	7,755	7,330	860	8.5
文	一般		英語4技能テスト利用方式	50	2,375	2,307	326	7.1
文	一般		共通テスト利用方式	25	1,057	873	191	4.6
基幹理工	一般		学系Ⅰ	45	581	524	189	2.8
基幹理工	一般		学系Ⅱ	210	2,822	2,534	703	3.6
基幹理工	一般		学系Ⅲ	65	1,128	1,032	205	5.0
創造理工	一般		建築	80	763	675	176	3.8
創造理工	一般		総合機械工	80	1,029	931	217	4.3
創造理工	一般		経営システム工	70	660	594	148	4.0
創造理工	一般		社会環境工	50	452	412	113	3.6
創造理工	一般		環境資源工	35	370	338	94	3.6
先進理工	一般		物理	30	798	735	195	3.8
先進理工	一般		応用物理	55	457	422	134	3.1
先進理工	一般		化学・生命化	35	391	355	103	3.4
先進理工	一般		応用化	75	1,196	1,097	303	3.6
先進理工	一般		生命医科	30	827	724	148	4.9
先進理工	一般		電気・情報生命工	75	517	465	133	3.5

（表つづく）

学部・学科・専攻等				募集人員	志願者数	受験者数	合格者数	競争率
人間科学	一般	一般	人間環境科	115	2,180	1,973	320	6.2
			健康福祉科	125	2,124	1,977	296	6.7
			人間情報科	100	1,528	1,358	200	6.8
		数学選抜方式	人間環境科	15	236	223	59	3.8
			健康福祉科	15	162	153	44	3.5
			人間情報科	15	258	242	70	3.5
	共通テスト		人間環境科	5	452	—	102	4.4
			健康福祉科	5	233	—	77	3.0
			人間情報科	5	352	—	99	3.6
スポーツ科学	一般			150	1,090	914	303	3.0
	共通テスト	共通テストのみ方式		50	460	—	93	4.9
		競技歴方式		50	359	—	141	2.5

2023 年度一般選抜・共通テスト利用入試

学部・学科・専攻等					募集人員	志願者数	受験者数	合格者数	競争率	合格最低点／満点
政治経済	一般	政治			100	824	708	260	2.7	151.5/200
		経済			140	1,481	1,192	322	3.7	159.0/200
		国際政治経済			60	561	462	131	3.5	158.5/200
	共通テスト	政治			15	358	—	103	3.5	—
		経済			25	1,632	—	467	3.5	
		国際政治経済			10	353	—	111	3.2	
法	一般				350	4,780	4,269	811	5.3	90.25/150
	共通テスト				100	1,836	—	510	3.6	—
教育	一般（A方式・B方式）	教育	教育学	教育学	95	942	867	112	7.7	93.682/150
				生涯教育学		687	655	114	5.7	90.002/150
				教育心理学		722	677	64	10.6	94.023/150
			初等教育学		20	632	590	40	14.8	92.795/150
		国語国文			80	1,194	1,120	199	5.6	106.451/150
		英語英文			80	1,642	1,520	328	4.6	107.858/150
		社会	地理歴史		140	1,929	1,827	217	8.4	97.546/150
			公共市民学			1,771	1,686	248	6.8	94.899/150
		理	地球科学		20	670	597	94	6.4	89.272/150
		数			45	903	806	149	5.4	122.042/150
		複合文化			40	1,216	1,130	129	8.8	117.045/150
	一般（C方式）	教育	教育学	教育学	20	35	27	9	3.0	173.200/240
				生涯教育学		21	21	10	2.1	155.700/240
				教育心理学		15	15	6	2.5	167.000/240
			初等教育学		5	13	13	2	6.5	170.200/240
		国語国文			15	66	60	17	3.5	185.500/240
		英語英文			15	78	66	32	2.1	168.200/240
		社会	地理歴史		25	61	58	26	2.2	175.400/240
			公共市民学			57	51	20	2.6	182.000/240

（表つづく）

学部・学科・専攻等			募集人員	志願者数	受験者数	合格者数	競争率	合格最低点／満点
教育	一般(C方式)	理 生物学	15	199	129	76	1.7	148.000/240
教育	一般(C方式)	理 地球科学	5	36	35	10	3.5	176.700/240
教育	一般(C方式)	数	10	91	74	27	2.7	121.500/240
教育	一般(C方式)	複合文化	10	45	41	22	1.9	163.700/240
教育	一般(D方式)	理 生物学	10	204	191	51	3.7	150.300/240
商	一般	地歴・公民型	355	7,949	7,286	656	11.1	131.6/200
商	一般	数学型	150	2,490	2,129	370	5.8	109.05/180
商	一般	英語4技能テスト利用型	30	279	246	63	3.9	127/205
社会科学	一般		450	8,862	7,855	826	9.5	78.92/130
社会科学	共通テスト		50	1,329	—	355	3.7	—
国際教養	一般		175	1,357	1,222	304	4.0	142.8/200
文化構想	一般	一般	370	7,353	7,049	736	9.6	131.7/200
文化構想	一般	英語4技能テスト利用方式	70	2,694	2,622	355	7.4	85/125
文化構想	一般	共通テスト利用方式	35	1,164	992	217	4.6	146/200
文	一般	一般	340	7,592	7,110	840	8.5	129.8/200
文	一般	英語4技能テスト利用方式	50	2,429	2,339	332	7.0	85/125
文	一般	共通テスト利用方式	25	1,115	875	203	4.3	146/200
基幹理工	一般	学系 I	45	509	463	177	2.6	190/360
基幹理工	一般	学系 II	210	3,048	2,796	640	4.4	206/360
基幹理工	一般	学系 III	65	1,079	993	194	5.1	199/360
創造理工	一般	建築	80	768	697	169	4.1	196/400
創造理工	一般	総合機械工	80	988	909	267	3.4	179/360
創造理工	一般	経営システム工	70	629	584	154	3.8	191/360
創造理工	一般	社会環境工	50	507	452	129	3.5	184/360
創造理工	一般	環境資源工	35	280	259	90	2.9	180/360
先進理工	一般	物理	30	738	668	145	4.6	205/360
先進理工	一般	応用物理	55	565	517	119	4.3	188/360
先進理工	一般	化学・生命化	35	379	345	119	2.9	194/360
先進理工	一般	応用化	75	1,060	962	325	3.0	195/360
先進理工	一般	生命医科	30	736	637	170	3.7	196/360
先進理工	一般	電気・情報生命工	75	557	509	147	3.5	188/360

（表つづく）

学部・学科・専攻等				募集人員	志願者数	受験者数	合格者数	競争率	合格最低点／満点
人間科学	一般	一般	人間環境科	115	1,977	1,794	283	6.3	87.40/150
			健康福祉科	125	2,038	1,865	273	6.8	85.72/150
			人間情報科	100	1,951	1,761	221	8.0	86.92/150
		数学選抜方式	人間環境科	15	166	161	66	2.4	276.7/500
			健康福祉科	15	204	194	46	4.2	282.2/500
			人間情報科	15	240	232	74	3.1	296.0/500
	共通テスト		人間環境科	5	343	—	90	3.8	
			健康福祉科	5	366	—	92	4.0	—
			人間情報科	5	387	—	92	4.2	
スポーツ科学	一般			150	972	804	257	3.1	159.9/250
	共通テスト	共通テストのみ方式		50	455	—	92	4.9	—
		競技歴方式		50	270	—	143	1.9	—

（備考）合格最低点欄の「—」は非公表を示す。

2022 年度一般選抜・共通テスト利用入試

学部・学科・専攻等			募集人員	志願者数	受験者数	合格者数	競争率	合格最低点／満点
政治経済	一般	政治	100	908	781	252	3.1	152/200
		経済	140	1,470	1,170	312	3.8	155/200
		国際政治経済	60	523	424	133	3.2	155.5/200
	共通テスト	政治	15	297	—	85	3.5	—
		経済	25	1,365	—	466	2.9	
		国際政治経済	10	309	—	89	3.5	
法	一般		350	4,709	4,136	754	5.5	89.895/150
	共通テスト		100	1,942	—	550	3.5	—
教育	一般	教育 教育学 教育学	100	950	889	106	8.4	95.160/150
		教育 教育学 生涯教育学		1,286	1,221	94	13.0	96.741/150
		教育 教育学 教育心理学		691	623	65	9.6	95.679/150
		教育 初等教育学	20	444	408	39	10.5	93.047/150
		国語国文	80	1,389	1,312	190	6.9	106.903/150
		英語英文	80	2,020	1,871	340	5.5	110.163/150
		社会 地理歴史	145	2,057	1,929	228	8.5	97.443/150
		社会 公共市民学		2,100	2,002	275	7.3	96.009/150
		理 生物学	50	554	503	122	4.1	85.250/150
		理 地球科学		687	610	98	6.2	86.571/150 〈83.250〉
		数	45	903	818	178	4.6	120/150
		複合文化	40	1,427	1,326	150	8.8	114.255/150
商	一般	地歴・公民型	355	8,230	7,601	694	11.0	130.6/200
		数学型	150	2,648	2,276	366	6.2	109.4/180
		英語 4 技能テスト利用型	30	899	774	80	9.7	133.7/205
社会科学	一般		450	9,166	8,082	823	9.8	89.451/130
	共通テスト		50	1,132	—	305	3.7	—
国際教養	一般		175	1,521	1,387	342	4.1	151.1/200
文化構想	一般	一般	370	7,755	7,443	832	8.9	134/200
		英語 4 技能テスト利用方式	70	3,004	2,929	375	7.8	85.5/125
		共通テスト利用方式	35	1,183	957	203	4.7	142.5/200

（表つづく）

学部・学科・専攻等				募集人員	志願者数	受験者数	合格者数	競争率	合格最低点／満点
文	一般	一般		340	8,070	7,532	741	10.2	131.9/200
		英語4技能テスト利用方式		50	2,646	2,545	332	7.7	86.5/125
		共通テスト利用方式		25	1,130	862	170	5.1	148/200
基幹理工	一般	学系Ⅰ		45	615	559	142	3.9	178/360
		学系Ⅱ		210	2,962	2,675	673	4.0	181/360
		学系Ⅲ		65	967	886	165	5.4	176/360
創造理工	一般	建築		80	759	684	151	4.5	185/400
		総合機械工		80	968	875	240	3.6	161/360
		経営システム工		70	682	623	158	3.9	178/360
		社会環境工		50	464	416	133	3.1	163/360
		環境資源工		35	239	222	62	3.6	163/360
先進理工	一般	物理		30	697	643	162	4.0	196/360
		応用物理		55	471	432	143	3.0	176/360
		化学・生命化		35	437	388	120	3.2	175/360
		応用化		75	1,173	1,059	259	4.1	180/360
		生命医科		30	695	589	146	4.0	186/360
		電気・情報生命工		75	594	543	138	3.9	172/360
人間科学	一般	一般	人間環境科	115	1,845	1,671	242	6.9	88.5/150
			健康福祉科	125	1,923	1,757	266	6.6	85.5/150
			人間情報科	100	1,921	1,715	252	6.8	87/150
		数学選抜方式	人間環境科	15	135	126	48	2.6	306.1/500
			健康福祉科	15	111	106	41	2.6	293.5/500
			人間情報科	15	239	227	75	3.0	321.9/500
	共通テスト		人間環境科	5	266	—	85	3.1	
			健康福祉科	5	198	—	77	2.6	—
			人間情報科	5	273	—	98	2.8	
スポーツ科学	一般			150	988	847	223	3.8	163/250
	共通テスト	共通テストのみ方式		50	475	—	109	4.4	—
		競技歴方式		50	331	—	119	2.8	—

（備考）合格最低点欄の「—」は非公表を示す。

2021年度一般選抜・共通テスト利用入試

学部・学科・専攻等				募集人員	志願者数	受験者数	合格者数	競争率	合格最低点／満点
政治経済	一般	政治		100	870	738	261	2.8	148/200
		経済		140	2,137	1,725	331	5.2	156/200
		国際政治経済		60	488	387	138	2.8	151/200
	共通テスト	政治		15	382	—	104	3.7	—
		経済		25	1,478	—	418	3.5	
		国際政治経済		10	314	—	113	2.8	
法	一般			350	4,797	4,262	738	5.8	90.295/150
	共通テスト			100	2,187	—	487	4.5	—
教育	一般	教育	教育学 教育学	100	1,440	1,345	77	17.5	97.688/150
			教育学 生涯教育学		876	835	76	11.0	93.818/150
			教育学 教育心理学		521	484	59	8.2	95.653/150
			初等教育学	20	378	344	30	11.5	92.096/150
		国語国文		80	1,260	1,195	166	7.2	107.224/150
		英語英文		80	1,959	1,834	290	6.3	110.955/150
		社会	地理歴史	145	2,089	1,974	214	9.2	97.496/150
			公共市民学		1,630	1,558	244	6.4	95.140/150
		理	生物学	50	454	395	89	4.4	86.245/150
			地球科学		676	612	112	5.5	87.495/150 〈84.495〉
		数		45	823	739	173	4.3	118.962/150
		複合文化		40	933	880	142	6.2	112.554/150
商	一般	地歴・公民型		355	8,537	7,980	681	11.7	131.35/200
		数学型		150	2,518	2,205	419	5.3	107.60/180
		英語4技能テスト利用型		30	250	214	66	3.2	120.05/205
社会科学	一般			450	8,773	7,883	739	10.7	78.62/130
	共通テスト			50	1,485	—	214	6.9	—
国際教養	一般			175	1,622	1,498	330	4.5	155.94/200
文化構想	一般	一般		430	7,551	7,273	702	10.4	130.6/200
		英語4技能テスト利用方式		70	2,585	2,532	340	7.4	85/125
		共通テスト利用方式		35	1,348	1,146	172	6.7	149.5/200

（表つづく）

学部・学科・専攻等				募集人員	志願者数	受験者数	合格者数	競争率	合格最低点／満点
文	一般	一般		390	7,814	7,374	715	10.3	130.8/200
文	一般	英語4技能テスト利用方式		50	2,321	2,239	243	9.2	87.5/125
文	一般	共通テスト利用方式		25	1,281	1,037	162	6.4	150/200
基幹理工	一般	学系Ⅰ		45	444	403	150	2.7	198/360
基幹理工	一般	学系Ⅱ		210	2,937	2,689	576	4.7	219/360
基幹理工	一般	学系Ⅲ		65	908	823	169	4.9	213/360
創造理工	一般	建築		80	686	634	141	4.5	218/400
創造理工	一般	総合機械工		80	874	806	215	3.7	192/360
創造理工	一般	経営システム工		70	721	662	146	4.5	206/360
創造理工	一般	社会環境工		50	394	374	106	3.5	202/360
創造理工	一般	環境資源工		35	273	260	67	3.9	202/360
先進理工	一般	物理		30	713	661	139	4.8	229/360
先進理工	一般	応用物理		55	402	370	125	3.0	210/360
先進理工	一般	化学・生命化		35	392	359	116	3.1	206/360
先進理工	一般	応用化		75	1,123	1,029	308	3.3	209/360
先進理工	一般	生命医科		30	829	716	132	5.4	219/360
先進理工	一般	電気・情報生命工		75	573	524	154	3.4	198/360
人間科学	一般	一般	人間環境科	115	1,916	1,745	190	9.2	87.620/150
人間科学	一般	一般	健康福祉科	125	2,043	1,894	244	7.8	85.601/150
人間科学	一般	一般	人間情報科	100	1,407	1,270	161	7.9	85.616/150
人間科学	一般	数学選抜方式	人間環境科	15	189	182	43	4.2	—
人間科学	一般	数学選抜方式	健康福祉科	15	137	134	36	3.7	—
人間科学	一般	数学選抜方式	人間情報科	15	196	186	51	3.6	—
人間科学	共通テスト		人間環境科	5	421	—	77	5.5	
人間科学	共通テスト		健康福祉科	5	296	—	76	3.9	—
人間科学	共通テスト		人間情報科	5	370	—	72	5.1	
スポーツ科学	一般	一般		150	842	686	195	3.5	159.7/250
スポーツ科学	共通テスト	共通テストのみ方式		50	482	—	96	5.0	—
スポーツ科学	共通テスト	競技歴方式		50	314	—	122	2.6	—

（備考）合格最低点欄の「—」は非公表を示す。

募集要項の入手方法

一般選抜・大学入学共通テスト利用入試の出願方法は「WEB 出願」です。詳細情報につきましては，入学センター Web サイトにて 11 月上旬公開予定の入学試験要項をご確認ください。

問い合わせ先

早稲田大学 入学センター

〒 169-8050　東京都新宿区西早稲田 1－6－1

TEL　(03)3203-4331(直)

MAIL　nyusi@list.waseda.jp

Web サイト　https://www.waseda.jp/inst/admission/

早稲田大学のテレメールによる資料請求方法

スマートフォンから　QRコードからアクセスしガイダンスに従ってご請求ください。

パソコンから　教学社 赤本ウェブサイト(akahon.net)から請求できます。

大学所在地

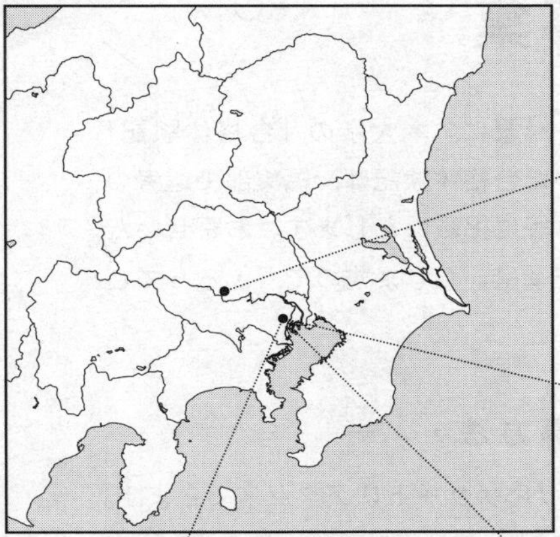

所沢キャンパス

西早稲田キャンパス

早稲田キャンパス

戸山キャンパス

早稲田キャンパス	〒169-8050	東京都新宿区西早稲田 1－6－1
戸山キャンパス	〒162-8644	東京都新宿区戸山 1－24－1
西早稲田キャンパス	〒169-8555	東京都新宿区大久保 3－4－1
所沢キャンパス	〒359-1192	埼玉県所沢市三ヶ島 2－579－15

早稲田大学を
空から
見てみよう！

各キャンパスの
空撮映像はこちら ▶

合格体験記 募集

2025年春に入学される方を対象に，本大学の「合格体験記」を募集します。お寄せいただいた合格体験記は，編集部で選考の上，小社刊行物やウェブサイト等に掲載いたします。お寄せいただいた方には小社規定の謝礼を進呈いたしますので，ふるってご応募ください。

応募方法

下記URLまたはQRコードより応募サイトにアクセスできます。
ウェブフォームに必要事項をご記入の上，ご応募ください。
折り返し執筆要領をメールにてお送りします。

※入学が決まっている一大学のみ応募できます。

☞ http://akahon.net/exp/

応募の締め切り

総合型選抜・学校推薦型選抜	2025年2月23日
私立大学の一般選抜	2025年3月10日
国公立大学の一般選抜	2025年3月24日

受験にまつわる川柳を募集します。
入選者には賞品を進呈！
ふるってご応募ください。

応募方法　http://akahon.net/senryu/　にアクセス！☞

気になること、聞いてみました！

在学生メッセージ

大学ってどんなところ？　大学生活ってどんな感じ？
ちょっと気になることを，在学生に聞いてみました。

以下の内容は 2020〜2023 年度入学生のアンケート回答に基づくものです。ここで触れられている内容は今後変更となる場合もありますのでご注意ください。

メッセージを書いてくれた先輩　［政治経済学部］M.K. さん　［法学部］W.S. さん
［文化構想学部］K.M. さん　［教育学部］S.T. さん
［商学部］W.S. さん　［国際教養学部］M.G. さん
［文学部］H.K. さん　N.M. さん　［人間科学部］R.T. さん

大学生になったと実感！

自分のための勉強ができるようになったこと。高校生のときは定期テストや受験のための勉強しかしていなかったのですが，大学に入ってからは自分の好きな勉強を自分のためにできるようになり，とても充実しています。（W.S. さん／法）

自分で自由に履修を組めることです。高校生までと違い，必修の授業以外は興味のある授業を自分で選べます。履修登録はかなり手こずりましたが，自分の興味や関心と照らし合わせながらオリジナルの時間割を考えるのはとても楽しいです。（N.M. さん／文）

高校生の頃は親が管理するようなことも，大学生になるとすべて自分で管理するようになり，社会に出たなと実感した。また，高校生までの狭いコミュニティとまったく異なるところがある。早稲田大学は１つの小さな世界のようなところで，キャンパス内やキャンパス周辺を歩いているだけで日本語以外の言語が必ず耳に飛び込んでくる。そのような環境にずっと触れるため，考え方や世界の見方がいい意味ですべて変わった。今まで生きてきた自分の中で一番好きな自分に出会えるところが大学だと思う。（K.M. さん／文化構想）

大学生活に必要なもの

軽くて使いやすいパソコンです。毎日授業がありパソコンを持ち歩くので，とにかく軽いものが良い！ Windows か Mac かは学部・学科で指定されていないのであれば好きなほうを選んで良いと思います！ iPhone とつなぐことができるので私は Mac がお気に入りです！（S.T. さん／教育）

大学生になって一番必要だと感じたものは自己管理能力です。特に，私の通う国際教養学部は必修授業が少なく，同じ授業を受けている友達が少ないため，どの授業でどのような課題が出ているかなど，しっかりと自分自身で把握しておかなければ単位を落としかねません。私は今までスケジュール帳を使うことはあまりなかったのですが，大学生になり，授業の情報やバイト，友達との約束などをまとめて管理することが必要不可欠となったので，スケジュールアプリを使い始め，とても重宝しています。（M.G. さん／国際教養）

この授業がおもしろい！

英会話の授業です。学生が英語力別に分けられ，ランダムに 3，4 人のグループを組まれます。1 グループにつき 1 人の講師がついて，100 分間英語だけで会話をします。文法を間違えたときや何と言っていいかわからないとき，会話に詰まったときなどに講師が手助けしてくれます。最初は私には難しすぎると思っていましたが，意外と英語が話せるようになり楽しかったです。また，少人数のためグループでも仲良くなれて，一緒に昼

ご飯を食べていました。（M.K. さん／政治経済）

ジェンダー論の授業が興味深かったです。高校までは，科目として習うことがありませんでしたが，「ジェンダーとは何か」という基本的な問いから，社会で起きている問題（ジェンダーレストイレは必要か，など）についてのディスカッションを通して，他の学生の考え方を知ることができました。（H.K. さん／文）

心理学概論です。心理学の歴史と研究方法の特徴を学んだ後に，心は発達的にどのように形成されるのか，人が環境についての情報を入手するための心の働き，欲求や願望の充足を求めるときの心の動き方，経験を蓄積し利用する心の仕組み，困難な場面に直面したときの心の動き方と心の使い方などについて学ぶ授業です。もともと心理学に興味はあったのですが，この授業を通してより一層心理学に対する興味・関心が深まりました。（R.T. さん／人間科学）

大学の学びで困ったこと＆対処法

大学の課題はレポート形式になっていることが多く，疑問提起が抽象的で答え方に困ることがあります。同じ授業を履修している学生に話しかけてコミュニティを作っておくことで，課題の意味を話し合ったり考えを深め合ったりできます。（H.K. さん／文）

レポートの締め切りやテストの日程などのスケジュール管理が大変だったことです。スケジュールが自分で把握できていないとテスト期間に悲惨なことになります。私はテストやレポートについての連絡を教授から受け取ったらすぐにスマホのカレンダーアプリに登録するようにしています。（N.M. さん／文）

部活・サークル活動

国際交流のサークルに入っています。人数が多いため，自分の都合が合う日程でイベントに参加することができます。また，海外からの留学生と英語や他の言語で交流したり，同じような興味をもつ日本人学生とも交流したり，と新たな出会いがたくさんあります。（H.K. さん／文）

受験生に向けて早稲田を紹介する雑誌を出版したり，学園祭で受験生の相談に乗ったりするサークルに入っています。活動は週に 1 回ですが，他の日でもサークルの友達と遊んだりご飯を食べに行ったりすることが多いです。みんなで早慶戦を見に行ったり，合宿でスキーをするなどイベントも充実しています。（N.M. さん／文）

私は現在，特撮評議会というサークルに入っています。主な活動内容は，基本的に週に 2 回，歴代の特撮作品を視聴することです。仮面ライダーやスーパー戦隊をはじめとした様々な特撮作品を視聴しています。また，夏休みには静岡県の別荘を貸し切って特撮作品を見まくる合宿を行います。特撮好きの人にとってはうってつけのサークルだと思うので，特撮に興味のある人はぜひ来てください‼（R.T. さん／人間科学）

交友関係は？

語学の授業ではクラスがあり，いつも近くの席に座るような友達が自然とできました。クラス会をしたり，ご飯に行ったりして，より仲が深まりました。（W.S. さん／法）

入学前の学科のオリエンテーションの後，一緒にご飯を食べに行って仲良くなりました。他にも授業ごとに仲の良い友達を作っておくと，授業が楽しみになり，また重い課題が出た際に協力できるのでおススメです。「隣いいですか？」「何年生ですか？」「学部どちらですか？」等なんでもいいので勇気をもって話しかけてみましょう！ 仲の良い友達が欲しいと

みんな思っているはず！（S.T. さん／教育）

いま「これ」を頑張っています

アフリカにインターンシップに行く予定なので，英語力を伸ばすために外国人ゲストが多く訪れるホテルや飲食店で働いています。また，日本のことをもっとよく知りたいので国内を夜行バスで旅行しています。車中泊の弾丸旅行なので少し大変ですが，安価で旅行できることが最大の魅力です。体力的にも今しかできないことだと思うので楽しみます！（M.K. さん／政治経済）

英語とスペイン語の勉強です。複合文化学科では第二外国語ではなく専門外国語という位置付けで英語以外の外国語を学びます。体育の授業で留学生と仲良くなったことで，自分も留学したいという思いが強まりました。まだ行き先を決められていないので英語とスペイン語の両方に力を入れて取り組んでいます！（S.T. さん／教育）

塾講師のアルバイトを頑張っています。授業準備は大変ですが，自分の受験の経験を活かしながらどのように教えたらわかりやすいかを考えるのは楽しいです。保護者への電話がけなどもするので社会に出る前の良い勉強になっています。（N.M. さん／文）

普段の生活で気をつけていることや心掛けていること

スキマ時間の活用です。大学生は自由な時間が多いため油を売ってしまいがちになります。空きコマや移動時間は話題の本や興味のある分野の専門書を読んだり英語の勉強をしたりして，少し進化した自分になれるようにしています！ もちろん空き時間が合う友達とご飯に行ったり，新宿にショッピングに出かけたりもします！ せっかくのスキマ時間は何かで充実させることを目標に，１人でスマホを触ってばかりで時間が経ってしま

うことがないように気をつけています。（S.T. さん／教育）

無理に周りに合わせる必要など一切ない。自分らしく自分の考えを貫くように心掛けている。また，勉学と遊びは完全に切り離して考えている。遊ぶときは遊ぶ，学ぶときは学ぶ。そう考えることで自分のモチベーションを日々高めている。（K.M. さん／文化構想）

おススメ・お気に入りスポット

早稲田大学周辺のご飯屋さんがとても気に入っています。学生割引があったり，スタンプラリーを行ったりしているので楽しいです。また，授業終わりに友達と気軽に行けるのでとても便利です。（W.S. さん／法）

文キャンの食堂です。授業の後，空きコマに友達と行ってゆっくり課題を進めたり，おしゃべりしたりできます。テラス席は太陽光が入るように天井がガラスになっているため開放感があります。お昼時にはとっても混むため，早い時間帯や，お昼時を過ぎた時間帯に使うのがおススメです。（H.K. さん／文）

大隈庭園という早稲田キャンパスの隣にある庭園が気に入っています。天気が良い日はポカポカしてとても気持ちが良いです。空きコマに少しお昼寝をしたり，そこでご飯を食べることもできます。（N.M. さん／文）

入学してよかった！

いろいろな授業，いろいろな人に恵まれているところが好きです。早稲田大学の卒業生に声をかけていただいて，アフリカでインターンシップをすることにもなりました。授業の選択肢も多く，乗馬の授業や国際協力の授業，法学部や文学部の授業，教員免許取得のための授業など，様々な授業があります。選択肢が多すぎて最初は戸惑うこともあるかと思いますが，どんな人でも自分らしく楽しむことができる環境が整っているところが私にとっては早稲田大学の一番好きなところです。（M.K. さん／政治経済）

全国各地から学生が集まり，海外からの留学生も多いため，多様性に満ちあふれているところです。様々なバックグラウンドをもつ人たちと話していく中で，多角的な視点から物事を捉えることができるようになります。また，自分よりもレベルの高い友人たちと切磋琢磨することで，これまでに味わったことのないような緊張感，そして充実感を得られます。（W.S. さん／商）

高校生のときに「これ」をやっておけばよかった

学校行事に積極的に参加することです。大学では，クラス全員で何かを行う，ということはなくなります。そのため，学校行事を高校生のうちに全力で楽しむことが重要だと思います。大学に入ったときに後悔がないような高校生時代を送ってほしいです。（H.K. さん／文）

英語を話す力を養うことだと思います。高校では大学受験を突破するための英語力を鍛えていましたが，大学生になると，もちろんそれらの力も重要なのですが，少人数制の英語の授業などで英語を使ってコミュニケーションを取ることが多くなるため，英語を話す力のほうが求められます。私は高校時代，スピーキングのトレーニングをあまりしなかったので，英会話の授業で詰まってしまうことがしばしばありました。高校生のときに英語を話す力をつけるための訓練をしていれば，より円滑に英会話を進められていたのではないかと感じました。（R.T. さん／人間科学）

合格体験記

みごと合格を手にした先輩に，入試突破のためのカギを伺いました。入試までの限られた時間を有効に活用するために，ぜひ役立ててください。

（注）ここでの内容は，先輩方が受験された当時のものです。2025 年度入試では当てはまらないこともありますのでご注意ください。

・アドバイスをお寄せいただいた先輩・

Message

S.T. さん　商学部
一般選抜（数学型）2024 年度合格，東京都出身

合格のポイントは，早稲田大学を目指すことをやめなかったことです。合否は最後の最後までわかりません。模試は最後までＥ判定でしたし，過去問でひどい点数を何度も取りましたが，わずかな希望を信じつづけたことが合格に導いてくれました。諦めないことは案外難しいです。幾度となく苦しい思いをしなければなりません。ですが，その先に不幸はないことを確信しています。受験勉強は長く険しいですが頑張ってください。応援しています!!

その他の合格大学　早稲田大（人間科学，スポーツ科学），青山学院大（経営），立教大（経済〈共通テスト利用〉）

Message

S.M. さん　商学部
一般選抜（数学型）2024 年度合格，静岡県出身

赤本を解いてみて合格最低点に達しなくても心配しないでください。すべての科目で得点調整があり，特に数学は素点こそ一桁でしたが，最終的な点数はプラス 20 点ほどまで上昇しました。そのため，自己採点に一喜一憂せず，自分を信じて努力することが大切です。頑張ってください。合格はすぐそこです！

その他の合格大学　慶應義塾大（商），早稲田大（社会科学，人間科学），名古屋大（経済），同志社大（商）

Message

H.Y. さん　商学部
一般選抜（地歴・公民型）2024 年度合格，神奈川県出身

合格のポイントは，過去問や演習問題をした後に徹底的に自己分析をし，自分の学力と志望校合格に求められる学力との差を常に把握するようにしたことです。過去問や演習問題は数をこなすことを意識するのではなく，取り組んだ後の自己分析によって自分の弱点や思考の傾向をつかむことが大切だと思います。

その他の合格大学　早稲田大（文），明治大（商，政治経済，法〈共通テスト利用〉，立教大（経済，法〈いずれも共通テスト利用〉）

Message

小川秋人さん　商学部
一般選抜（数学型）2023 年度合格，東京都立三田高校卒

過去問の点数が伸び悩み，いわゆるスランプに陥っても，自分の伸び代だと信じて，諦めず勉強を続けました。受験生のみなさんも，早稲田に通うイメージをもって励んでほしいです。最後に支えてくれるのは自分の努力のみです。本当に頑張ってください。

その他の合格大学　明治大（商，経営），立教大（経済）

Message

T.N. さん　商学部
一般選抜（地歴・公民型）2023 年度合格，北海道出身

最後まで諦めず努力し続けることです。しかしながら受験勉強をやり続けることは本当に辛いです。途中で嫌気がさしたり，気が緩んでしまったりすることもあると思います。実際に僕もそういう気持ちになったことが数え切れないほどあります。集中力を保つためには気分転換することも大切だと思います。重要なのは息抜きの時間を決め，息抜きがメインにならないようにすることだと思います。努力は結果に比例します。頑張ってください！

その他の合格大学　明治大（国際日本）

入試なんでもQ&A

受験生のみなさんからよく寄せられる，
入試に関する疑問・質問に答えていただきました。

Q 「赤本」の効果的な使い方を教えてください。

A 直前の数カ月は，「分析 → 対策や上手な立ち回りを考える → それを何度もインプットする」というプロセスを繰り返していました。なお，考えた立ち回りや作戦，弱点は問題のコピーとともにノートにまとめておくことで，常に初見状態を再現できるようにしていました。問題が難化したときや分量が増えたときに，どれだけ赤本を用いて予防策を練っていたかが重要になると思います。こうした勉強は自分の実力を基準に，自分で考えて行うことでしかできないからこそ，他の受験生と差がつくのではないかと考えます。また，「インプット」は試験開始の直前の直前までやることで強い効果を発揮します。　(S.T. さん)

A 直接書き込むことはせずにコピーして使っていました。第 1 志望校は 20 年分を 3 周，併願校は 10 年分を 2 周しました。高 3 の早い時期に 1 周目に取り組んでおくと 2，3 周目をするときには内容を忘れていて新鮮な気持ちで取り組めます。解き終わった後は出来不出来を気にするのではなく，時間配分や解く順番などの戦略的な部分の分析を行い，どのやり方が自分にベストなのかいろいろ試してみるのがよいと思います。
(H.Y. さん)

Q 1年間の学習スケジュールはどのようなものでしたか？

A 高3の4～6月は英文法，英長文演習，英単語，世界史の通史，古文単語，古文・漢文演習などの基礎固めを行い，6月～夏休み前に第1志望の過去問10年分を終わらせて自分の現状と弱点・課題を把握し，夏休み中は弱点・課題を徹底的につぶしました。9月～直前期まではある程度基礎問題にも時間を割きながら，1週間に3～4年分の過去問をこなして本番を迎えました。スケジュールは自分で考えた後に，学校や塾の先生に相談して第三者からのアドバイスをもらうようにしていました。

(H.Y. さん)

Q 早稲田大学商学部を攻略する上で特に重要な科目は何ですか？

A 英語だと思います。「解き終わらない」ないしは「解き終えることで手一杯」という状態に陥りがちです。何を得点源にし，逆に点数を上げるために何を捨て問にするのかを考える重要性が他教科より高いと思います。そこで私は，近年の問題を何度も解き，さまざまな展開を想定したうえで，試験直前にはうまくいかないパターンを想定してイメージトレーニングをしておきました。そのおかげで，2024年度の英語は語数が増え難化しましたが，動揺を抑えて実力を出し切ることができました。

(S.T. さん)

A 国語です。商学部の現代文は論理関係を理解できれば比較的簡単なので，絶対に落としてはいけません。苦手な人は，学校や塾の先生と一緒に解いてみるのがオススメです。現代文が得意な人と苦手な人の差は論理関係であることがはっきりわかると思います。古文はマイナーな出典の文章が出る傾向にあるので，これといった特殊な対策はいらないと思いますが，地道な努力が要求されます。漢文は共通テストよりもやや難しいくらいの難易度なので，苦手な人は共通テスト対策をしてみるのもありだと思います。

(S.M. さん)

Q 時間をうまく使うために，どのような工夫をしていましたか？

A 常に単語帳を携帯して，授業の合間や移動中などに少しでも隙間時間があれば覚えるようにしていました。そういう小さな努力の積み重ねが後に大きな差になると信じて，日々時間をむだにしないように意識することは大切だと思います。ほかには，タイマー機能とストップウォッチ機能が付いた時計も携帯して，演習をする際にタイマーで計ることで緊張感をもって取り組んだり，英語の音読を何分でできるかをストップウォッチで計って記録したりしていました。（H.Y. さん）

Q 苦手な科目はどのように克服しましたか？

A 高 3 の夏休み前までは英語が苦手でした。模試でも偏差値 50 前後で，早稲田大学受験生とは雲泥の差がありました。しかし，文構造に注意して読むようにすると速く正確に読めるようになり，冠模試では偏差値 75 を取れるほどに成長しました。具体的には，SVOC と補語（M）をすべての文に振る特訓をすることです。初めは馬鹿らしく思ったり，読むスピードが遅くなったように感じたりするかもしれませんが，１週間も経たないうちに効果が表れます。（S.M. さん）

Q 併願をする大学を決める上で重視したことは何ですか？また，注意すべき点があれば教えてください。

A 第１志望校と問題の傾向が似ている大学を併願校として，第１志望校に時間をかけることができるように考えました。また，連続受験は２日までになるように日程を組みました。受験は模試とは全く違います。受験会場が自宅から遠かったり，会場の張り詰めた空気感だったり，さらに脳みそをフル回転させた後の疲れは相当です。第１志望校に自分のベストの状態をもっていけるようにバランスを保てるといいと思います。

（H.Y. さん）

**Q 試験当日の試験場の雰囲気はどのようなものでしたか？
緊張のほぐし方，交通事情，注意点等があれば教えてください。**

A 入試会場は大会場でした。小会場に比べると試験場にいる受験者が多いので，周囲の受験生のページをめくる音や書いている音が大きく聞こえ，自分への影響も大きかったです。本命の受験ということと相まって想像以上に緊張し，会場の雰囲気に呑まれそうになりました。特に数学の試験時間中は共通テストとは違って絶えず書いている音が大きく響き，動揺してしまいました。入試の初日はそれによってペースが乱れ，いつも以上に計算ミスをしてしまいました。 (S.T. さん)

A 私は早稲田駅ではなく高田馬場駅から歩いて早稲田大学に向かいましたが，歩くことで目が覚めるし，受験生が少なく緊張せずに試験会場まで着くことができてよかったです。会場には1時間半より前に着いていたので，トイレにも並ばず入ることができ，落ち着いて試験に臨めました。なお，教室によって寒かったり暑かったりしたので，体温調節しやすい服装で，カイロなども多めに持って行くとよいと思います。 (H.Y. さん)

Q 受験生のときの失敗談や後悔していることを教えてください。

A 基礎を大切にしなかったことです。そもそも私は「基礎を固める」ということがよくわかっておらず，ただ参考書をやるという状態に陥っていました。その結果，成績は一向に上がらず現役時には不合格でした。現役のときの私は基礎固めをとにかく夏までに仕上げたくて焦っていました。しかし，夏までに間に合わないと気づいたとき，周りのペースに惑わされずに確実に基礎を仕上げるべきでした。基礎なくして早大合格はありえないと，いまなら思います。 (S.T. さん)

Q 受験生へアドバイスをお願いします。

A どうにもしがたい不安に襲われる時期があると思います。そんなときこそ，合格できるかできないかという未来ではなく「いま」と向き合ってほしいと思います。受験は，やるところまでやったら最後はそれが出題されるかどうかという運に落とし込まれます。その点では合格できるかできないかは考えても仕方がありません。ですから，合格したいと強く願っていてもなお，合格できるかにはこだわらず常に自分のいまの在り方にこだわってほしいと思います。早稲田大学の合格には多くの困難を伴うと思いますが，それでもなお立ち向かう皆さんを心から応援しています。 （S.T. さん）

科目別攻略アドバイス

みごと入試を突破された先輩に，独自の攻略法や
おすすめの参考書・問題集を，科目ごとに紹介していただきました。

英　語

商学部の整序問題はかなり難しいです。逆に，それ以外の問題の難易度は比較的易しめなので，速読力を磨けば得点源にすることが可能です。

（S.M. さん）

おすすめ参考書　『大学受験スーパーゼミ　徹底攻略　基礎英文解釈の技術 100』（桐原書店）

学部を問わず全体的に文章量が多いので，素早く内容を処理する力が求められます。一文が長くても素早く正確に文構造を把握して理解するために，日頃から難解な文章を読み，音読を繰り返し行うことで慣れておく必要があります。また，高い語彙力も求められるので，単語帳を 2 冊ほど完璧にしておくとよいと思います。私は単語帳 2 冊にプラスして過去問などに出てきた知らない単語をルーズリーフにまとめて覚えるようにしていましたが，ここにまとめていた単語が他の問題に出てくることも多かったので，おすすめです。

（H.Y. さん）

おすすめ参考書　『関正生の英語長文ポラリス』シリーズ（KADOKAWA）

整序問題は簡単なものから練習をして，過去問を通して商学部のレベルに合わせていきました。

（小川さん）

おすすめ参考書　『短期で攻める 英語整序問題 200』（桐原書店）

日本史

商学部は正誤問題が多く，30 字程度の論述が 1 問と記述問題が 10 問ほど出題されます。用語の書き取りについては難問も 2，3 個はありますが，残りは漢字をしっかり覚えていれば対応できると思います。正しく用語を覚え，時代背景をしっかりと理解することが合格への鍵となります。

（T.N. さん）

おすすめ参考書　『日本史 B 一問一答【完全版】2nd edition』（ナガセ）

『攻略日本史 テーマ・文化史 整理と入試実戦』（Z 会）

世界史

基礎を完璧にして取るべきところを確実に取ることがポイント。早稲田でしか出ないような難問が一定数出題されていますが，そこを取れる受験生はそれほどいないので，最初から資料集の隅まで覚えたり用語集を覚えたりしようとするのではなく，基礎を徹底的に固めて苦手な範囲をなくすことを意識することが大切です。その上で，余裕があったら直前期に頻出範囲の細かい知識を詰め込むと効果的だと思います。（H.Y. さん）

おすすめ参考書　『実力をつける世界史 100 題』（Z 会）

数　学

商学部の数学は非常に難しいです。まずは与えられた問題をわかりやすく噛み砕き，次に条件を整理して具体的な数値を代入して結果を観察すれば解けるようになると思います。類題が少ないので，過去問中心に勉強を進めるのがいいと思います。

（小川さん）

おすすめ参考書　『大学赤本シリーズ 早稲田大学（商学部）』（教学社）

国 語

過去問を数多くこなして，できなかった問題は正解を導き出すまでのプロセスも含めて完璧になるまで何度もやり直すことが大切です。筆者の主張の背景知識をあらかじめもっていると文章が読みやすくなることが多いので，日頃からさまざまなテーマの文章に触れて社会問題に関する知識を蓄えておくことも有効だと思います。古文・漢文は短期間でも伸ばせますが，現代文は英語と同じで演習 → 復習を繰り返してじっくり実力をつけていくしかありません。

（H.Y. さん）

おすすめ参考書 『わかる・読める・解ける Key&Point 古文単語 330』（いいずな書店）

商学部の国語は古文の問題数が現代文と同じくらい多いので，古文の勉強を怠らないことが重要です。

（T.N. さん）

おすすめ参考書 『GROUP30で覚える古文単語 600』（語学春秋社）

TREND & STEPS

傾向と対策

科目ごとに問題の「傾向」を分析し，具体的にどのような「対策」をすればよいか紹介しています。まずは出題内容をまとめた分析表を見て，試験の概要を把握しましょう。

注　意

「傾向と対策」で示している，出題科目・出題範囲・試験時間等については，2024 年度までに実施された入試の内容に基づいています。2025 年度入試の選抜方法については，各大学が発表する学生募集要項を必ずご確認ください。

来年度の変更点

2025 年度入試では，以下の変更が予定されている（本書編集時点）。

- 一般選抜（英語 4 技能テスト利用型）が募集停止となり，一般選抜（地歴・公民型）の募集人員が増える。

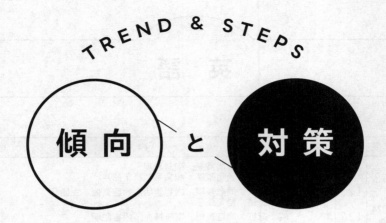

英　語

年度	番号	項　目	内　容
2024 ◑	〔1〕	会　話　文	選択：空所補充，同意表現 記述：語句整序，和文英訳（7語）
	〔2〕	読　　解	選択：同意表現，内容説明，内容真偽，主題 記述：語句整序
	〔3〕	読　　解	選択：同意表現，空所補充，内容説明 記述：語句整序
	〔4〕	読　　解	選択：内容真偽，同意表現，空所補充，内容説明
	〔5〕	読　　解	選択：空所補充，同意表現，内容真偽，内容説明 記述：抜き出し
2023 ◑	〔1〕	会　話　文	選択：空所補充，同意表現 記述：和文英訳の完成
	〔2〕	読　　解	選択：内容説明，同意表現，主題 記述：内容説明文の完成
	〔3〕	読　　解	選択：空所補充，同意表現，内容説明 記述：語句整序
	〔4〕	読　　解	選択：空所補充，同意表現，内容説明，主題 記述：語句整序
	〔5〕	読　　解	選択：同意表現，空所補充，内容説明 記述：語句整序，抜き出し
2022 ◑	〔1〕	会　話　文	選択：空所補充，同意表現 記述：指示内容，語句整序
	〔2〕	読　　解	選択：内容説明，空所補充，同意表現
	〔3〕	読　　解	選択：内容真偽，同意表現，空所補充 記述：語句整序
	〔4〕	読　　解	選択：内容説明，主題，同意表現，空所補充 記述：語句整序
	〔5〕	読　　解	選択：内容真偽，同意表現，空所補充 記述：語句整序
2021 ◑	〔1〕	会　話　文	選択：空所補充，同意表現 記述：語句整序
	〔2〕	読　　解	選択：内容真偽，空所補充，同意表現，内容説明，主題 記述：語句整序
	〔3〕	読　　解	選択：内容真偽，同意表現，空所補充 記述：語句整序
	〔4〕	読　　解	選択：内容説明，同意表現，空所補充，小見出し
	〔5〕	読　　解	選択：内容説明，空所補充，同意表現

2020 ◑	〔1〕	会 話 文	選択：空所補充，同意表現
	〔2〕	読　　解	選択：内容説明，同意表現，空所補充，主題 記述：語句整序
	〔3〕	読　　解	選択：内容説明，内容真偽，同意表現，空所補充
	〔4〕	読　　解	選択：空所補充 記述：語句整序
	〔5〕	読　　解	選択：内容真偽，空所補充，同意表現，内容説明 記述：和文英訳（8語）

（注）　●印は全問，◑印は一部マークシート法採用であることを表す。

読解英文の主題

年度	番号	類　別	主　題	語　数
2024	〔2〕	情報論	インターネットを変えていたかもしれないボタン	約 750 語
	〔3〕	環境論	富裕層がスーパーヨットで環境に負荷をかけることにノーを	約 910 語
	〔4〕	科学技術論	AI の抱える諸問題に対抗するために	約 830 語
	〔5〕	仕事論	目的達成のために複数のアプローチを使い分ける	約 880 語
2023	〔2〕	経済論	セルフレジは誰にも好かれていない。それなのにどこにでもある理由はこれだ	約 550 語
	〔3〕	文化論	日本のメーカーは値上げに際し謝罪をするか	約 650 語
	〔4〕	健康論	あなたの運動はダイエットを台無しにするか	約 610 語
	〔5〕	記　事	盗まれた携帯電話をめぐる数奇な物語	約 890 語
2022	〔2〕	健康論	運動が苦痛を受け入れることを教えてくれる	約 620 語
	〔3〕	医学論	幼児期健忘はなぜ起こるのか	約 710 語
	〔4〕	経済論	エルサルバドルでのビットコイン導入の試み	約 770 語
	〔5〕	社会論	ビジネス上多様性を反映した方がよい理由	約 520 語
2021	〔2〕	医学論	外国語を学ぶことは認知症を防ぎうるか	約 770 語
	〔3〕	社会論	出生率低下を食い止めるためには	約 580 語
	〔4〕	経済論	企業はデータプライバシーをどの程度重視すべきか	約 690 語
	〔5〕	社会論	新型コロナウイルス対策と人々の行動	約 670 語
2020	〔2〕	健康論	なぜ友人と時を過ごすことが健康のためにできる最善のことのひとつであるのか	約 580 語
	〔3〕	仕事論	職場における 2 種類の人：FOMO と JOMO	約 610 語
	〔4〕	医学論	運動をすることで死亡リスクが下がる	約 500 語
	〔5〕	記　事	学生集めに腐心するイギリスの大学	約 770 語

傾向 多量の英文を処理する力が問われる 速読・内容把握力の養成を！

01 基本情報

試験時間：90 分。

大問構成：会話文問題１題，読解問題４題の，計５題。

解答形式：マークシート法による選択式と記述式の併用。多くの大問は，１題につき記述式が１，２問程度で，その他は選択式となっている。選択式のみの大問が含まれることもある。

02 出題内容

① 読解問題

本文：500〜900 語程度。会話文もあわせると読解量は非常に多いといえる。2024 年度は特に，例年と比べて長文全体の総語数が大幅に増えた。内容的には社会論・経済論・科学技術論・医学論など，幅広い分野が取り上げられているのが特徴である。語彙レベルは標準よりは高い。

設問：**選択式**問題は，内容面では内容真偽・内容説明などが中心で，選択肢が英文であるものが多い。2023 年度には過年度で毎年のように出題されていた T-F 形式の内容真偽問題が姿を消したが，2024 年度には復活した。語彙系では空所補充・同意表現なども出題される。語彙問題では，口語表現の知識が求められることがある他，なじみのない語の意味を文脈から推測する設問が課される。ただ時折，目新しい形式の出題もある。

記述式問題は，年度によって少しずつ出題形式が変化している。かつては英文和訳・和文英訳などが頻出であったが，2021 年度以降は和訳が与えられていない語句整序が中心である。分量は少なめで，基礎的な事項をシンプルに問う設問が例年の傾向であったが，2024 年度は前後から空所内の内容および文法構造を推測するという高度な読解力・文法力が求められ，難度が高かった。今後の出題傾向が注目される。

② 会話文

本文：ビジネスや生活の日常的な場面での会話が取り上げられることが

多く，状況や内容をつかむのにそれほど苦労はしないであろう。分量もあまり多くはない。

設問：**選択式**問題では，同意表現・空所補充が頻出である。会話表現の知識がないと解けない設問が多く含まれる。

記述式問題は，形式が一定していない。過年度は語句整序や指示内容が出題され，2023 年度は空所補充で英文を完成させる和文英訳が，2024 年度は和訳のない語句整序と語数指定のある和文英訳が出題された。

03　難易度と時間配分

一つ一つの英文や設問は，早稲田大学の受験生にとっては標準的なレベルのものが多いが，各設問の難易度には差があり，悩ましい選択式問題や高度な思考力を要求される記述式問題も含まれる。加えて，90 分の試験時間に対して大問 5 題と読解量が多く，1 題あたり 15 分強しか割けないため，総体として難度は高い。速読力だけでなく，精読力・文法力・語彙力などが偏りなく問われるので，どの分野の学習もおろそかにできない。過去問などを利用し，90 分という時間でうまく全問をこなすスピードや時間配分を身につけておきたい。

対策

01　読解問題対策

最大の特徴は，何といっても読解量の多さにある。内容・構文が過度に複雑であることはめったにないが，語彙レベルはそれなりに高い。ただし，それらの難しい語彙をすべて知っていることを求められているわけではない。むしろ問われているのは，前後の文脈からおおよその意味を推定する能力や，意味がわからないままでも読解に差しつかえない語を判別して読みすすめる能力である。

対策としては，パラグラフリーディングの習得が最も有効であろう。パラグラフを 1 つの単位として細部にこだわりすぎず趣旨を押さえていく能力が身につけば，スピードと理解度が上がり，主題などの設問にも対処しやすくなる。

また，長文のジャンルが幅広いので，『大学入試 ぐんぐん読める英語長文』（教学社）など，入試頻出の英文やテーマが掲載された問題集を活用して，普段からさまざまなジャンルの英文に触れておくとよいだろう。

02 文法・語彙力

長文の語彙レベルは標準以上なので，語彙力の増強には必ず取り組まねばならない。ただし，ただやみくもに単語を覚えるのではなく，前後の文脈から語の意味を推測できる能力を養いながら語彙を増やしていくのがよい。よって，授業や演習で用いた長文に出てきた単語を自作の単語帳にまとめて覚えるか，Ｚ会の『速読英単語』シリーズなどを利用するとよいであろう。単語のみならず熟語に関しても同様の学習を十分に積んでおくこと。また，会話文の設問だけでなく長文読解の設問で口語表現の知識が求められることもあるので，会話表現になじんでおく必要がある。

文法が単独の大問で問われることは近年はないが，個々の設問の中での出題は続いている。長文読解に必要な文法力も，記述式を含む設問の解答に必要とされる文法力も，知識そのものとしては標準的なものであり細かな知識が問われているわけではない。文法の問題集によく出てくる知識というよりは，基本的な文型を正確に読み書きできる能力が問われている。ただし，知識の組み合わせ方，使い方にはハイレベルなものを要求される。特に空所補充や語句整序では，空所内に入る語の品詞や句の構造を前後から推定する能力が必要である。

03 過去問演習

出題形式や傾向を知るために，過去問演習は大きな意味をもつ。過去問をできるだけたくさん利用し，早い時期から定期的に取り組んでおこう。そうすれば自分の実力の伸びと同時に不足している力もはっきりし，無駄のない学習が可能になる。

日本史

年度	番号	内容	形式
2024 ◑	〔1〕	「日本書紀」「続日本紀」—古代の内乱 ✓史料	選択
	〔2〕	「式目追加」「梅松論」「園太暦」—鎌倉末期から南北朝期の内乱 ✓史料	選択・正誤
	〔3〕	「因伯民乱太平記」—江戸時代の文芸と百姓一揆 ✓史料	配列・選択
	〔4〕	「伊藤大隈板垣会見録」—明治期の政治家3人の鼎談 ✓史料	選択
	〔5〕	近代の経済・明治期の芸術	選択・記述
	〔6〕	高度成長（30字）	記述・選択・正誤・論述
2023 ◑	〔1〕	「弘仁格式序文」—格式の編纂 ✓史料	選択
	〔2〕	「分国法」—戦国大名の領国支配 ✓史料	選択・正誤・配列
	〔3〕	天明の打ちこわし ✓史料	選択
	〔4〕	「樺太・千島交換条約」「琉球処分」—明治初期の外交 ✓史料	選択
	〔5〕	近代の恐慌，明治期の教育	選択・記述
	〔6〕	高度経済成長期の経済・社会（30字：使用語句指定）	記述・選択・論述
2022 ◑	〔1〕	「国分寺建立の詔」「大仏造立の詔」—奈良時代の2つの詔 ✓史料	選択
	〔2〕	「永仁の徳政令」—執権政治 ✓史料	選択・正誤・配列
	〔3〕	「独考」—江戸時代の女性 ✓史料	選択
	〔4〕	「妾の半生涯」—景山（福田）英子の獄中述懐 ✓史料	選択
	〔5〕	明治期の産業・高橋財政	選択・記述
	〔6〕	バブル経済（30字：使用語句指定）	記述・正誤・論述・選択
2021 ◑	〔1〕	稲作と古代の農民負担	選択
	〔2〕	「建武式目」—室町幕府の確立 ✓史料	選択・配列・正誤
	〔3〕	「世事見聞録」—江戸時代の農村と都市 ✓史料	選択
	〔4〕	「明治人物月旦」—伊藤博文と議会政治 ✓史料	選択
	〔5〕	明治期の経済と大正・昭和初期の文化	選択・記述
	〔6〕	高度経済成長と戦後の文化（80字）	記述・選択・論述・配列

2020 ◑	〔1〕	古代の官道	選択・配列
	〔2〕	「ひとりごと」―室町時代の社会状況　✓**史料**	選択・正誤
	〔3〕	「池田光政日記」他―江戸時代の大政委任論　✓**史料**	選　択
	〔4〕	「漸次立憲政体樹立の詔」他―立憲国家の成立　✓**史料**	選　択
	〔5〕	近代の経済	選択・記述
	〔6〕	戦後の思想と経済復興（30 字）	記述・論述・選択

（注）●印は全問，◑印は一部マークシート法採用であることを表す。

傾向　政治史中心で近現代史を重視　史料問題必出，短文論述も出題

01　基本情報

試験時間：60 分。

大問構成：大問 6 題。設問数は 60 問程度。

解答形式：マークシート法による選択式と記述式の併用。50 問ほどが選択・正誤・配列法で，残る 10 問ほどが記述・論述法となっている。

史料問題を含めてリード文の空所補充と下線部に関する出題が多い。また，５つの選択肢から２つの正解を選ぶ問題が出題されるだけでなく，2022〜2024 年度は正解の個数が示されず，「誤っているものをすべて」選ぶといった問題も出題されている。20〜30 字の短文論述問題も毎年出題されているが，2021 年度は制限字数が 80 字であった。

なお，2025 年度は出題科目が「日本史探究」となる予定である（本書編集時点）。

02　出題内容

①　時代別

原始・古代１題，中世１題，近世１題，近現代３題という構成が多い。小問レベルで検討すると，原始・古代：中世：近世：近代：現代＝１：１：１：２：１程度の割合で出題されることが多い。近現代で全体の半数近くを占めており，近現代中心の出題であるといえる。特に論述問題は近

現代からの出題となっている。

② 分野別

政治史が50～60％を占め，社会経済史と文化史がそれぞれ20％前後，対外交渉史は10％前後と少ない。なお，近年は社会経済史の比重が高まり，文化史の比重はやや低下している。また，論述問題は近代以降の経済分野からの出題が多い傾向にある。

③ 史料問題

毎年必ず出題されている。例年多数の種類の史料が出題されており，リード文や選択肢中に頻出史料が引用されることもある。初見の史料も多いが，何に関する史料かがわかれば解ける問題が多い。ただ，受験生になじみのない史料で，史料中の空欄を補充する問題や，史料文の内容について正しい文を選択する問題が出題されることもあり，史料の読解力が試される。

03 難易度と時間配分

例年全体的にやや難レベルであったが，2023年度からは易化し，その分高得点が求められている。過去の難問としては，2020年度〔4〕問Ｅ，〔5〕問Ｄ，〔6〕問Ａ・問Ｂ・問Ｆ，2021年度〔5〕問Ｅ，〔6〕問Ａ，2022年度〔6〕問Ａ・問Ｃ・問Ｄ，2023年度〔6〕問Ｂ・問Ｆ・問Ｇ，2024年度〔1〕問Ｄ，〔2〕問Ｅ・問Ｊが挙げられる。しかし，全体の7割程度は標準レベルの問題である。一見難問と思われる問題でも，選択肢を絞り込んで，5つの選択肢を2つ程度に減らすことができるものもある。あるいは消去法で考えると解ける設問もある。大切なのは，標準問題で失点しないことである。また，記述・論述問題では漢字を書き間違えないようにしよう。

標準レベルの問題を取りこぼすことなく解答し，消去法も活用しながら難問もテンポよく解答していけるよう，時間配分には気をつけよう。

対策

01 教科書を徹底的に活用する

出題のうち７割は標準レベルの問題である。教科書をひととおり学習した上で，過去問にチャレンジしてみよう。そして，教科書でそれぞれの事項がどのように取り上げられているかチェックしてみる。実際に，７割程度は教科書の知識で解けることがわかれば，教科書をどのように活用すればよいかがみえてくるはずである。

02 問題集の活用を

難問，やや難の問題には，いくつかのヒントをつなげて正解に到達できるタイプのものがある。こうした問題を解く力は，問題量をある程度こなさないと身につかない。正文・誤文選択問題では，細かすぎる情報や判断に迷う箇所があったら，下線を引くなどしていったん正誤の判断を保留するとよい。他の選択肢にもっとわかりやすい誤りがあることが多いからである。すべての選択肢をフラットな気持ちで吟味し，よく比較した上ではっきりとした誤りをみつけ，誤文と判断するよう心がけよう。難問をこなすよりも，標準的な頻出問題に多くトライすることが必要である。問題集としては，全範囲にわたって用語の習得が確認できる『日本史用語 2レベル定着トレーニング』（旺文社）や，早稲田大入試の過去問による『早稲田の日本史』（教学社）などをすすめる。

03 史料を読んでおく

初見と思われる史料も多く出題されている。教科書にある史料はもちろんのこと，できるだけ多くの史料に読み慣れておくことが大切である。史料に慣れるには，史料問題に取り組むことが実戦的かつ効果的である。入試頻出の史料は，問われる箇所がほぼ決まっているので，過去問にあたることでそのポイントをつかみたい。

04 論述問題の練習を

例年，20 字から 30 字程度（2021 年度は 80 字）の短文の論述問題が出題されている。長文の本格的な論述問題ではないが，準備はしておくべきである。指定された字数内にキーワードをどのように盛り込んで全体をまとめるかが勝負となるが，教科書をよく読み込んでおくことである程度解決できるだろう。論述問題は実際に書かないと実力はつかない。まず，教科書を読みながら自分なりに解答を書いてみることから始めよう。

05 過去問は必ずチェックしておく

〔1〕では事件や内乱，〔2〕では分国法，〔5〕では製糸業や紡績業，〔6〕では高度経済成長などがくり返し出題されている。このような例はかなりあるので，過去問はぜひ解いておきたい。なお，他学部の問題もほぼ同レベルにあるので，本シリーズを用いて学習しておくと効果的である。

世界史

年度	番号	内容	形式
2024 ◑	〔1〕	古代ローマの遺跡	選択
	〔2〕	４～７世紀の中国周辺地域史	選択
	〔3〕	アメリカの二大政党制	選択
	〔4〕	帝国主義時代の世界（100字）	記述・論述
2023 ◑	〔1〕	中世ヨーロッパ史	選択
	〔2〕	大清帝国と周辺地域	選択
	〔3〕	近現代ヨーロッパ史における革命	配列・選択
	〔4〕	古代～現代の民主主義の歴史（100字）	記述・論述
2022 ◑	〔1〕	パルテノン神殿の歴史	選択
	〔2〕	中国王朝における支配下人民の識別・区分	選択
	〔3〕	ルネサンス	選択・配列
	〔4〕	18～21世紀の米英の通商問題（100字）	記述・論述
2021 ◑	〔1〕	ローマ帝国の貨幣史	選択・配列
	〔2〕	朱子学と陽明学	選択
	〔3〕	13～17世紀のイギリス史	選択・配列
	〔4〕	アメリカ合衆国における黒人の歴史（100字）	記述・論述
2020 ◑	〔1〕	内乱の１世紀	選択
	〔2〕	門閥貴族の衰亡と科挙官僚の台頭	選択
	〔3〕	人の移動の歴史	選択・配列
	〔4〕	株式会社の歴史（100字）	記述・論述

（注）●印は全問，◑印は一部マークシート法採用であることを表す。

傾向 教科書・用語集を活用し，全範囲の学習を 正文（誤文）選択問題の攻略がポイント

01 基本情報

試験時間：60 分。

大問構成：大問 4 題。解答個数は 50 個。

解答形式：マークシート法による選択式が 3 題，記述式が 1 題出題されている。選択式は，語句や正文（誤文）選択を中心に，年代関連の選択法や配列法も出題されている。記述式は，空所補充形式で語句や人名の記述を求められるものが多いが，年代や数値の記述が求められることもある。毎年，100 字の論述法が出題されている。

なお，2025 年度は出題科目が「世界史探究」となる予定である（本書編集時点）。

02 出題内容

① 地域別

全体的に欧米地域の比重が大きい。ただし，早稲田大学の他学部にもいえることであるが，リード文が欧米地域に関する内容であっても，小問レベルや選択肢レベルではアジア地域の知識が問われる場合も多い（その逆もある）。欧米地域では西ヨーロッパとアメリカからの，アジア地域では中国からの出題が多いが，選択肢レベルでは東欧，アフリカ，西アジア，東南アジア，中米などについても出題される。

② 時代別

古代から現代までバランスよく出題されることが多い。ただし，特定の時代にやや偏った出題となることもある。2020 年度にはイギリスの EU 離脱に関する問題，2021 年度には 2020 年に起きたブラック・ライヴズ・マター運動，2022 年度には 1982 年のメキシコ経済危機，2023 年度には 2022 年に死去したエリザベス 2 世，2024 年度には 2017 年のトランプ政権の TPP 脱退が出題された。各地域について常に古代から 21 世紀を含む現代までを視野に入れて学習しておく必要があろう。

③　分野別

政治史・外交史を中心に，社会史・文化史・経済史からも出題されている。特に，商学部という学部の性格上，経済史からの出題が多くみられ，2020年度は〔4〕「株式会社の歴史」，2021年度は〔1〕「ローマ帝国の貨幣史」，2022年度は〔4〕「18～21世紀の米英の通商問題」が出題されている。

03　難易度と時間配分

正文（誤文）選択問題には選択肢の中に教科書・用語集レベルを超えた内容もあり，難問が多い。また，年代関連の問題では年代配列問題が目立っており，解答に時間がかかる上，難度の高いものがみられる。論述問題は，事項・事柄の内容説明や歴史的意義を主とする100字のものが中心だが，現代社会がかかえる地球環境問題も視野に入れた社会史に関するものが出題されたこともあり，教科書・用語集の範囲外にあたる場合もあるため注意が必要である。全体として，問題のレベルはかなり高い。

正文（誤文）選択問題の比率が高く，論述問題も出題されるため，各設問への時間配分が重要となる。すべてが難問というわけではないので，確実に正解できる問題と判断に迷う問題を見極める時間配分上の工夫が必要である。解答のペースをつかむためにも，過去問演習などを行う際は目標時間を設定して解いてみよう。

対策

01　教科書の精読

学習の基本は教科書であり，まずは教科書の事項・内容を理解することが肝要である。実際，語句選択問題や語句・数字の記述問題も大半が教科書レベルであり，それをとりこぼさないことが合格への第一歩となる。また，論述問題でも教科書に記されている事項・事柄の説明が求められている。よって，教科書を精読することが最も大切である。その際には，本文だけでなく，脚注や地図，さらには写真や絵などの説明文にも目を通そう。それが論述のポイントや，正文（誤文）選択問題の解答の糸口（ヒント）となる場合もある。

また，地理的知識を問われる問題も多くみられるので，教科書に出てくる地図を確認するのはもちろんのこと，学習の際には座右に地図帳を開いて，地名の位置をそのつど確認するようにしよう。加えて，年代・時期・年号にも注意すること。そうすれば，年代関連の選択問題や年代配列問題に対応できるし，正文（誤文）選択問題の選択肢にも時代が判断の決め手になるものがある。なお，教科書は『詳説 世界史Ｂ』（山川出版社）か，『世界史Ｂ』（実教出版）でよいが，できれば両者を併用したい。

02 用語集や参考書の活用

教科書を精読すると，意味や内容のよくわからない箇所に出くわすだろう。そのときには用語集や参考書でこまめに調べよう。その積み重ねこそ，正文（誤文）選択問題を攻略する知識を増やし，また論述解答を書く力となる。用語集の説明文を参考にした出題もみられるので『世界史用語集』（山川出版社）を十分活用したい。なお，参考書としては『詳説 世界史研究』（山川出版社）をすすめる。また，商学部という学部の性格上，経済関係の出題も想定して，『政治・経済用語集』（山川出版社）にも目を通しておきたい。

03 論述問題の練習

論述問題は，事項・事柄の説明や意義が求められているので，01 02 で示した学習によって必要な知識を習得し，あとはそれを簡潔に，ポイントを絞ってまとめる練習をする。市販の論述問題集から100字程度の論述問題を選んで，実際に書いてみるとよい。

04 全範囲の学習

地域的・時代的・分野的に幅広く，かつ深く出題されている。地域的には中米や東南アジア，時代的には第二次世界大戦以降～2020 年代の出来事まで出題されることがあり，分野的には文化史・経済史・社会史などの設問もある。それゆえ，未学習の地域・時代・分野を残すと，大問 1 題まったく手が出ないということになりかねない。全範囲（教科書の最初から最後まで）の学習の重要性を自覚しよう。

05 既出問題の研究をしよう

受験勉強において過去の問題研究が有効であることは言うまでもない。問題の形式・内容・レベルを把握するためにも必ず取り組んでもらいたい。受験生の中には入試直前に本シリーズの演習を行っている人もいるが，それでは本シリーズを半分しか活用できていない。早めに過去問に触れることで，自分に不足しているものを発見し，それに対する対策を行える時期に過去問演習を行うことが大事である。また，商学部の問題の傾向には早稲田大学の他学部と似ている点もある。特に正文（誤文）選択問題は他学部にも多くみられる。この形式を攻略するには多くの知識・情報のほか，慣れも必要となるため，他学部の同形式問題に当たることは，慣れるという点でも意味がある。過去 10 年分の良問を精選した『早稲田の世界史』（教学社）がおすすめである。小問ごとに難易度を示しているので，難問を見極める訓練もできる。合格を意識した実戦的な演習に役立つだろう。

政治・経済

年度	番号	内容	形式
2024 ◑	〔1〕	基本的人権について	記述・選択
	〔2〕	市場メカニズムと企業の行動	選択・記述・計算
	〔3〕	経済思想と賃金	選択・計算・記述
	〔4〕	財政と社会保障　✓グラフ	選択・正誤・記述・計算
2023 ◑	〔1〕	日本国憲法と平和主義	記述・選択
	〔2〕	国民所得と市場原理	選択・計算・記述
	〔3〕	所得変化と世界経済の発展　✓グラフ	記述・選択
	〔4〕	消費者物価指数と賃金指数　✓グラフ	選択・計算・記述
2022 ◑	〔1〕	日本国憲法と平等	選択・記述
	〔2〕	企業と経済循環	選択・記述
	〔3〕	人口論　✓グラフ	記述・選択
	〔4〕	インターネットの拡大と労働環境（30 字）　✓表・グラフ	選択・論述・記述
2021 ◑	〔1〕	日本国憲法と新しい人権，憲法改正	選択・記述
	〔2〕	需要・供給曲線，労働市場，経済政策	計算・選択・記述
	〔3〕	資源消費とその規制	選　　択
	〔4〕	感染症緊急経済対策，EU の排出権取引　✓統計表	選択・計算・記述
2020 ◑	〔1〕	地方自治（120 字）	選択・論述・計算・記述
	〔2〕	市場メカニズムと経済のグローバル化　✓表	選択・計算・記述
	〔3〕	貨幣と金融	選択・記述
	〔4〕	イノベーションと新たな経済活動（200 字）　✓表・グラフ	選択・記述・論述・計算

（注）　●印は全問，◑印は一部マークシート法採用であることを表す。

傾向　一部ハイレベルな出題もあるが中心は標準問題 時事問題にも強くなろう

01 基本情報

試験時間：60 分。

大問構成：大問 4 題。解答個数は 40〜50 個程度。

解答形式：マークシート法による選択式と記述式の併用。記述式の割合が 5〜6 割程度と多くなる年度もある。選択式では，語句選択，正文（誤文）選択が多く，全選択肢についての正誤判断を要する設問もみられる。記述式では，語句や人名の記述問題を中心に出題されている。また，論述問題の出題もみられる。なお，選択式・記述式を問わず，計算を要する問題がよく出題されている。

02 出題内容

例年，経済分野の比重がやや大きい。

① 政治分野

2023 年度は日本国憲法と平和主義について，2024 年度は基本的人権の保障についてやや細かい知識を問う問題が出題された。民主政治の原理，基本的人権と議会制民主主義などからの出題がよくみられる。

② 経済分野

市場メカニズムに関する出題は例年みられ，計算問題も出題されている。2020 年度〔2〕〔4〕，2021 年度〔3〕〔4〕，2023 年度〔3〕〔4〕，2024 年度〔2〕〜〔4〕など思考力に比重を置いた出題も多い。また，労働および社会保障に関係する法令や最新の動きもひととおり押さえておきたい。加えて，高度経済成長から現在に至る日本経済の動向に関する出題も毎年のようにみられる。時事問題も絡ませ，かなり突っ込んだ内容となっているので，要注意である。さらに，国際経済も，2023 年度はクズネッツ曲線に関連して世界経済についての知識が問われた。

政治分野・経済分野を問わず，現在問題になっているような事柄や時事的な問題が積極的に出題されている点が目を引く。近年の問題をみても，

2020 年度にはふるさと納税，外国人技能実習制度，マネーロンダリング（資金洗浄），仮想通貨，フィンテック，消費者への還元キャンペーン，2021 年度には新型コロナ対策，2022 年度にはネットワーク環境，2023 年度にはグローバリゼーションと経済格差，2024 年度には東証の新しい市場区分など，さまざまな分野から幅広く時事的な知識が問われており，十分な準備が必要であろう。さらに，統計データや数値に関する細かい知識を試す出題がみられるのも特徴である。

03 難易度と時間配分

計算問題や論理的思考を要する問題が多く，知識面でも一部にハイレベルな出題がみられる。2024 年度は，経済思想の問題で，古今の経済学者の著書からの引用文を読ませて読解力を問う出題がなされたが，全体的に標準的な出題であった。教科書の内容を確実に押さえた上で広範な発展学習が求められる「標準からやや難」のレベルである。

計算問題や論理的思考を要する問題のほか，論述問題が出題される場合もあり，時間的余裕はあまりない。取り組みやすい設問から解答し，時間のかかる設問は後回しにした方がよい。また，時間の経過をみながら解答の時間を調整し，見直しの時間を確保する必要があるだろう。

対策

01 教科書・授業を重視

基本事項の理解を完全にしておくことが第一。そのためのベースを授業と教科書で確立しよう。また，日本国憲法の条文の理解を，さまざまな法制や問題，および判例とのかかわりから深めておきたい。重要な条文については，暗記しておくことをすすめる。

02 発展学習

用語集・資料集を上手にかつ徹底的に活用すること。用語集では，用語・法律名・制度名などを適切にポイントをつかんで，しかも正確に書けるようにする必要がある。資料集では，時事的動向や統計資料の把握，法制的知識の整理，裁判の判決などの事例学習を怠らないようにしたい。高度な知識や判例にも対応できる資料集として『政治・経済資料』（東京法令出版）最新版をすすめる。また，経済思想や近代経済学などにも理解の幅を広げておくことが望まれる。さらに，パソコンやスマートフォンを活用して関連の知識を検索したり，新聞のコラムや解説記事の要約をすることも効果的な学習方法である。新聞の要約については，論述対策として適当な字数を決め，簡潔な表現となるように心がけよう。問題集では，『私大攻略の政治・経済』（河合出版）は，単元ごとにまとまっており，解説も詳しいので自主学習に適している。

03 時事問題

現実社会への強い問題意識をもって，時事的な生きた知識を不断に求める努力・工夫をしよう。たとえば，日常から資料集，テレビ，新聞，雑誌などの解説を見聞きする習慣をつけ，不明な点が出てきたらすぐに調べる。『現代用語の基礎知識』（自由国民社）のような情報・教養事典が便利である。時事的動向と統計・経済指標の知識をつけるには，『日本国勢図会』『世界国勢図会』（ともに矢野恒太記念会）の主要な統計資料や解説，トピック記事などを見るとよい。最新の時事問題を扱う『図解でわかる時事重要テーマ 100』（日経 HR）や『ニュース検定 公式テキスト』シリーズ（毎日新聞出版）は図表や考察も多く，読みやすいので時事問題の学習には適している。

04 過去の問題研究

これまで出題された問題（他学部も含めて）を解いて，問題の形式・レベルに慣れておこう。複数の学部の出題を解いてみると，出題傾向や出題箇所に類似する点の多いことに気がつく。答えあわせをして終わりにするのではなく，間違った点，弱点を補強しておく姿勢で臨むことが大事である。理解の幅を広げ，かつ問題を解く勘を養うために受験本番まで問題演習を続けることが賢明な対策といえる。

数　学

年度	番号	項目	内容
2024	〔1〕	小 問 4 問	(1)絶対値記号を含む不等式 (2)不等式によって定義された数列の最大値 (3)漸化式によって定義された数列の一般項 (4)放物線と 2 本の接線で囲まれた図形の面積
	〔2〕	三角関数, 確率	円の 24 等分点のうちの 4 点が作る四角形の面積
	〔3〕	ベ ク ト ル	座標空間における三角形の面積の最小値
2023	〔1〕	小 問 4 問	(1)定義された図形の面積 $S(n)$ が指示された不等式を満たすときの n の最小値 (2)三角比の関係式で示された三角形の内接円の半径 (3)条件を満たす最低次の整関数 $f(x)$ (4)さいころを投げて頂点の座標を定めた三角形に関する確率
	〔2〕	ベクトル, 微分法	条件を満たす四面体の体積が最大になるときの変数の値
	〔3〕	整数の性質	n^2+n+1 が 7 で割り切れるような n, 91 で割り切れるような n
2022	〔1〕	小 問 4 問	(1)対数を含む漸化式で表された数列 (2)条件を満たす x, y についての $x-y-xy$ の最大値 (3)数列$\{a_n\}$が条件を満たすときの初項 a の最小値 (4) 3 次曲線と直線の囲む部分の面積が与えられたときの交点の x 座標
	〔2〕	整数の性質, ベクトル	空間ベクトルの集合 P の要素を条件にしたがって並べたとき, n 番目となる$\overrightarrow{p_n}$
	〔3〕	図形と方程式, ベクトル	座標空間にある 2 つの円 C_1, C_2 上の点を結んでできる正三角形と正四面体の 1 辺の長さ
2021	〔1〕	小 問 4 問	(1)三角形の内角の三角比と 3 辺の長さとの関係 (2)二項定理を用いて求める数列の和 (3)逆数の和が条件を満たすような 3 つの正の実数の積の最小値 (4)座標空間において条件を満たすような 6 点の選び方の総数
	〔2〕	図形と計量, ベクトル	円柱の側面と 2 つの三角柱を組み合わせた立体の共通部分に含まれる線分の長さの最大値
	〔3〕	整数の性質	約数の和が奇数である正の整数の個数

2020	〔1〕	小問4問	(1)定積分で示された関数について等式を満たす n 次関数 (2)3で割った余りで与えられた条件を満たす4数の和の最小値 (3)加法定理で表された数列 (4)四面体の辺のうち指示された2辺のなす角
	〔2〕	2次関数，図形と方程式	方程式 $f(x)=x$ の解が条件を満たすような2次関数 $f(x)$
	〔3〕	数列，集合と論理，整数の性質	100項からなる数列において，連続する項の平均が条件を満たすような項の個数 ✓証明

出題範囲の変更

2025年度入試より，数学は新教育課程での実施となります。詳細については，大学から発表される募集要項等で必ずご確認ください（以下は本書編集時点の情報）。

2024年度（旧教育課程）	2025年度（新教育課程）
数学Ⅰ・Ⅱ・A・B（「確率分布と統計的な推測」を除く）	数学Ⅰ・Ⅱ・A・B（「数学と社会生活」を除く）・C（「ベクトル」）

旧教育課程履修者への経過措置

2025年度入試のみ新教育課程と旧教育課程の共通範囲から出題する。

傾向　整数問題が頻出，図形にも要注意

01　基本情報

試験時間：90分。

大問構成：大問3題。

解答形式：〔1〕は小問集合（例年4問出題）で，空所にあてはまる数または式を記入する形式。〔2〕〔3〕は途中経過も含めた記述式。

02　出題内容

各分野から満遍なく出題されているが，整数問題が頻出で，数列，ベクトル，図形と方程式，三角関数が出題されることも多い。2020・2021・2023年度は〔3〕で，2022年度は〔2〕で，整数問題が大問として取り上げられており，2020年度〔3〕では証明問題が出題された。微分・積分もよく出題されている。定積分で表された関数や，絶対値記号・ガウス

記号を含む式や方程式，立体や空間座標を扱う問題などもしばしば出題されている。

03 難易度と時間配分

基本問題からやや難程度の問題まで幅広く出題されている。空所補充形式の〔1〕も含めて基本事項の本質的理解や思考力を問う問題が多く，正確な理解と確実な応用力が求められる。また，問題文の内容がすぐには読み解けないような出題もある。しっかり噛みくだいて題意を理解する力をつけておく必要があるだろう。90 分で解答するには，内容・分量ともに重く，文系学部としては難しい出題といえる。

しっかりとした計算力をつけ，どの問題を優先して解くかということを素早く見極めて，うまく時間配分をしたい。

対策

01 基本事項の徹底理解と思考力の充実

知っている公式を単純に適用すれば解ける問題は少なく，基本事項を本質的に理解していないと対応できない問題や思考力を問う問題が多い。また，大問のみならず，〔1〕の小問集合の問についても，多くの場合，複数分野の融合問題である。基本～標準程度の問題を中心に，いろいろな角度から考察し，本質を理解する学習を心がけたい。その上で，各分野の融合問題にチャレンジし，発想力と応用力を高めておいてほしい。

02 計算力の習得

試験時間は 90 分であるが，問題量・難易度からみて余裕があるとはいえず，要領よく正確に計算できる力が要求されている。特に〔1〕は，答えのみであることから，計算ミスなどのケアレスミスは致命傷となる。日頃の問題演習の中で，手際よく整理しながら計算するとともに，必ず最後の答えまでたどりつけるようしっかり練習しておきたい。

03　頻出分野の学力アップ

総合的な学力や思考力を身につけるためにも，出題範囲を満遍なく学習することは当然であるが，頻出分野については特に力を入れて学力アップを図ろう。数列，微分・積分，三角関数などは得意分野にまで高めておきたい。整数問題も多くみられるので，できるだけ多くの種類の整数問題を解いて，その取り扱いに慣れておくこと。また，ベクトル，図形と方程式の問題もよく出題されている。適切な図やグラフを描いたり，イメージしたりする力を養っておいてほしい。

04　早めの準備と記述力の向上を心がけよう

数学は得点差が開きやすい科目である。文系学部としては難しい問題が出題されていることから，十分な入試対策をしたかどうかで差がつくといえる。本書を活用してできるだけたくさんの過去問に当たっておきたい。早めに準備することが合格への第一歩である。

また，例年〔2〕〔3〕の2題は記述式であり，2020年度〔3〕では証明問題も出題された。論理の展開に無理があったり，場合分けに抜けがあってはならない。その上で，筋道の通った解答が作成できるよう，記述力と表現力の向上に努めてほしい。『ハイレベル数学Ⅰ・A・Ⅱ・B・C［ベクトル］の完全攻略〈改訂版〉』（駿台文庫）のような問題集を活用すれば，よい対策になるだろう。

国　語

年度	番号	種　類	内　容
2024 ◑	〔1〕	現　代　文	選択：内容説明，空所補充 記述：書き取り，箇所指摘
	〔2〕	古　　　文	選択：空所補充，指示内容，内容説明，人物指摘 記述：文法
	〔3〕	漢　　　文	選択：文法，書き下し文，訓点，内容真偽
2023 ◑	〔1〕	現　代　文	選択：内容説明，空所補充，文整序 記述：書き取り，欠文挿入箇所，空所補充
	〔2〕	古　　　文	選択：空所補充，文整序，文法，人物指摘，口語訳，内容真偽 記述：欠文挿入箇所
	〔3〕	漢　　　文	選択：口語訳，内容説明
2022 ◑	〔1〕	現　代　文	選択：内容説明，空所補充，欠文挿入箇所，内容真偽 記述：書き取り，空所補充
	〔2〕	古　　　文	選択：口語訳，空所補充，内容説明，内容真偽 記述：文法
	〔3〕	漢　　　文	選択：口語訳，空所補充，書き下し文，内容真偽
2021 ◑	〔1〕	現　代　文	選択：内容説明，空所補充，内容真偽 記述：書き取り，空所補充（10 字他）
	〔2〕	古　　　文	選択：空所補充，文法，口語訳，和歌修辞，敬語，内容説明 記述：文法
	〔3〕	漢　　　文	選択：空所補充，訓点，内容説明
2020 ◑	〔1〕	現　代　文	選択：内容説明，空所補充，内容真偽 記述：書き取り，空所補充（10 字），箇所指摘
	〔2〕	古　　　文	選択：口語訳，文法，空所補充，人物指摘，内容真偽 記述：箇所指摘
	〔3〕	漢　　　文	選択：空所補充，訓点，内容説明

（注）　●印は全問，◑印は一部マークシート法採用であることを表す。

出典内容一覧

年度	番号	類　別	出　典
2024	〔1〕	評　論	「ノスタルジアとユートピア」若林幹夫
	〔2〕	説　話	「発心集」鴨長明
	〔3〕	随筆・説話	「右台仙館筆記」兪樾
2023	〔1〕	評　論	「経済社会の学び方」猪木武徳
	〔2〕	随　筆	「積翠閑話」松亭金水
	〔3〕	文　章（詩）	「航西日記」森鷗外
2022	〔1〕	評　論	「死にかた論」佐伯啓思
	〔2〕	歴史物語	「今鏡」
	〔3〕	文　章	「黄州快哉亭記」蘇轍
2021	〔1〕	評　論	「経済学の哲学」伊藤邦武
	〔2〕	物　語	「堤中納言物語」
	〔3〕	思　想	「巣林筆談」龔煒
2020	〔1〕	評　論	「修辞的表現論」山梨正明
	〔2〕	説　話	「宇治拾遺物語」
	〔3〕	思　想	「顔氏家訓」顔之推

傾向　現代文は論理的思考力が必要
漢文が大問として独立

01　基本情報

試験時間：60 分。

大問構成：現代文１題，古文１題，漢文１題の，計３題。

解答形式：マークシート法による選択式と記述式の併用。記述式では，字数の多い説明問題は出題されておらず，書き取り，本文からの箇所指摘や古典文法関連の設問が中心となっている。

02　出題内容

①　現代文

本文：文章量は 4000 字程度。内容としては，文化・社会・宗教・科学などのさまざまなテーマが取り上げられている。2020 年度は論理学，2021 年度は経済と環境について，2022 年度は近代的価値と死の関係について，2023 年度は社会を理解する考え方としての客観性のあり方について，2024 年度は近代化と国民国家についての論考であった。論旨は明快なものが多く，硬質の評論文が選ばれている。専門的な用語を含む文章や，抽象的な論考も取り上げられているので，普段からやや高度なレベルの評論文に慣れておくことが必要だろう。

設問：選択式では，空所補充，内容説明，内容真偽などが頻出。内容説明・内容真偽は，素直に正解を絞りこめるものが大半であるが，中にはかなり精密な判断を要するものもある。記述式では，書き取り，箇所指摘，空所補充が主なところである。2020・2021 年度は，字数指定のある記述問題が出題された。また，2020 年度は文章の内容から発展的に考察する問題が，2021 年度は会話の内容と本文の内容を照合する問題が出題された。なお，2020 年度に「演繹」についての知識が必要な問いがあった。過去には四字熟語などの知識問題や文章表現の効果についての問題も出題されている。

② 古　文

本文：2020 年度は説話，2021 年度は物語，2022 年度は歴史物語，2023 年度は近世の随筆，2024 年度は仏教説話だった。今後も時代・ジャンルともに偏ることなく出典が選ばれると思われる。和歌の比重が大きい年度もあるので注意する必要がある。

設問：空所補充，内容説明，人物指摘，口語訳，文法，内容真偽などが出題されている。和歌修辞や敬語などの設問もみられる。2023 年度は空所に入る和歌を選択させる設問が出された。基礎的な文法や古語の知識をベースに，正確な読解力が問われている。

③ 漢　文

本文：2020 年度は仏教の輪廻思想について述べた文章，2021 年度は会話のやりとりから政治を読み取る文章，2022 年度は「快」と感じる理由についての考察だった。2023 年度は森鷗外がドイツ留学への思いを記した文章であり，鷗外作の漢詩も含めて出題された。2024 年度は主人公が評価される理由を読み取る文章だった。

設問：漢文訓読は必須であり，書き下し文や口語訳，漢詩解釈，空所補充などが出題されている。基本的な句法や読みはしっかり押さえておかなければならない。

03 難易度と時間配分

現代文は，問題文のレベル・設問の難易度だけをみれば，早稲田大学受験生のレベルからすると標準といえよう。ただし，試験時間が 60 分と短いので，迷う設問で時間を使ってしまうと時間が足りなくなるだろう。過去問演習を通して，自分に合った効率のよい解法や時間配分を考えておきたい。

対策

① 現代文

01 長文を時間内に読解する力

段落ごとに要旨をまとめる練習，言葉のニュアンスや語感の相違にも留意し，慎重に読み進めていく訓練を普段から積み重ねておきたい。長文を扱った問題集か，他学部も含めた過去問を利用しよう。もちろん，読書も不可欠である。哲学・経済・芸術・科学など，幅広い分野をカバーするような読書を心がけよう。現在活躍中の評論家や作家たちの著書も，新書や文庫などでできるだけ多く読んでおきたい。このことは他学部を併願受験する際にも大いに役立つはずである。幅広い評論文のトピックに慣れ，読解の練習を積むために，『ちくま評論入門 高校生のための現代思想ベーシック』『高校生のための現代思想エッセンス ちくま評論選』（ともに筑摩書房）などは活用できるだろう。

また，意味のつかめない語句をこまめに調べよう。正確な意味と用例を確認する作業を積み重ねることで，語彙力が確実にアップする。さらに，評論文のキーワードについては，仲正昌樹『いまを生きるための思想キーワード』（講談社），中山元『高校生のための評論文キーワード 100』（筑摩書房）などで理解を深めておこう。

02 読解と選択問題

⑴論旨・構成，⑵言葉・キーワードの両面から，正確に読む練習をすることである。それが選択肢の選別のためにも大いに役立つ。

⑴ **論旨・構成をつかむ**　筆者が何をテーマとしているのか，そのテーマをどのように論じているのかをつかむ。その上で，本文の論旨により忠実な選択肢を読み取る。本文の内容や，本文で問題にしている事柄からずれている選択肢は誤りである。

⑵ **言葉・キーワードを正確に**　選択肢では，言葉の意味を故意にスライドさせている場合がある。たとえば，本文中で比喩的に使われた語を，選択肢の中で元来の意味で使用していたりする。正確な読解のためにも，言葉の意味は正確に取らなければならない。合致しているようにみえる選択肢が複数ある場合，一語一語吟味する必要がある。

⑶ **視点を変える**　選択肢の内容が非常に難しそうにみえても，視点を変えることであっさり正解がみつかることがある。案外単純な問題の場合もあるので，本書の〔解説〕などをよく読んで確認することをすすめる。

03 基本の力

書き取りや文脈に即した語意を問う問題も出題されている。書き取り問題が要求する漢字にはかなりレベルの高いものもある。普段から語彙を増やすことを心がけておこう。読書をしたり，問題集を解いていく過程で，読めない漢字や語義不明の語，故事成語，慣用句などが出てきたら，必ず辞書などで確認する習慣を身につけておきたい。

② 古　文

01 読解力

物語・日記・説話・歌論など，どのジャンル・時代のものが出題されても対応できるように，幅広く読み慣れると同時に，正確に読み取る力を養おう。そして古文の世界に楽しみながら没頭し，当時の人々の生活や思想にまで思いを馳せるような総合的な学習が望まれる。

02 基本の力

古文の正確な読解のためには，頻出する基本古語と助動詞を中心にした基本文法のマスターが必要条件となってくる。基本古語を300語程度，特に心情を示す形容詞（「心にくし」「心もとなし」「すさまじ」「さうざうし」など）や形容動詞（「あはれなり」「あやにくなり」「あてなり」「あからさまなり」など），その他の古今異義語（「なかなか」「やがて」「むつかし」「ありがたし」「かなし」など）などに注意してマスターしておきたい。文法は，語の識別に対応できるように用言の活用はもとより，助動詞の意味や接続，敬語についても確実に押さえておきたい。また，注意を必要とする助詞（格助詞「の」の用法，接続助詞・終助詞など文脈理解に関係するもの，係り結びなど）について整理しておく必要がある。

03 古典常識

和歌の修辞法や古典常識なども必修事項である。和歌の解釈が求められることもある。和歌の内容理解に関しては，当時の生活習慣や慣用的な比喩表現など，多くの文章を読むことで身につく部分もある。『大学入試 知らなきゃ解けない古文常識・和歌』（教学社）を利用して，和歌や古典常識を含む問題を解いておくと力がつくだろう。「百人一首」の参考書・解説書は和歌の学習に大変有効なので，『風呂で覚える百人一首』（教学社）などを活用したい。また，読解の助けとなることが多いので，代表的な古典作品については，国語便覧などを利用してその内容をある程度知っておくと有利である。さらに，文学史が問われたこともあるので，その基本的な知識も身につけておきたい。

③ 漢　文

01 基本の力

頻出の句法を再確認するとともに，重要漢字の用法・意味，漢詩の知識をまとめるなど，基本をおろそかにしないようにしよう。

02 問題演習

今後も大問での漢文の出題が続くと思われる。早稲田大学の法学部，文学部，人間科学部など，他学部の過去問も，難関校過去問シリーズ『早稲田の国語』（教学社）などを利用して取り組んでおきたい。

早稲田「国語」におすすめの参考書

Check!

- ✓『ちくま評論入門 高校生のための現代思想ベーシック』（筑摩書房）
- ✓『高校生のための現代思想エッセンス ちくま評論選』（筑摩書房）
- ✓『いまを生きるための思想キーワード』（講談社）
- ✓『高校生のための評論文キーワード 100』（筑摩書房）
- ✓『大学入試 知らなきゃ解けない古文常識・和歌』（教学社）
- ✓『風呂で覚える百人一首』（教学社）
- ✓『早稲田の国語』（教学社）

2024年度

解答編

一般選抜（地歴・公民型，数学型）

解答編

英語

I　解答　**設問1．** **1**—(b)　**2**—(d)　**3**—(f)　**4**—(h)　**5**—(i)

設問2． (イ)—(c)　(ロ)—(a)　(ハ)—(c)

設問3． you are no longer available at that time

設問4． (I) heard nothing until five minutes ago(.)

全訳

《2件の商談がバッティング》

フレッドは同僚のアリスの仕事場に立ち寄り，頼みごとをする。

アリス：あら，フレッド。どうしたの？

フレッド：やあ，アリス。君に助けてほしいことがあるんだ。うっかりして，2社と同時にミーティングを入れちゃってさ。

アリス：ほんとに？　どうしてそんなことが起きたの？

フレッド：うん，僕的には，自分のせいばかりじゃないと思うんだ。QRS社が数週間前にメールをくれて，今月会える可能性のある日をいくつか挙げてほしいと言われたんだ。すぐにいくつか日を挙げて返信したんだけど，それから5分前まで何も聞かされていなかったんだ。

アリス：ということは…もうひとつの約束を入れたとたんに，QRS社から全く同じ時間に会いたいという連絡が来たということかしら？

フレッド：その通りだよ。ライトスマート社と約束を入れたばかりなんだ。それを，すぐに日を変えてほしいと頼むなんて馬鹿みたいだよ。

アリス：事情はわかったわ。でも，QRS社にその日時ではもう会えなくなりましたって言うわけにはいかないの？

フレッド：うーん，できなくはないだろうけど，このミーティングはうちの会社に本当に利益のあるものだし，その時間はだめだって言ったら，先方が会うのをもうやめるって言うんじゃないかと心配なんだ。

アリス：その心配はもっともね。けれど，相手の言いなりになっているのがビジネス上の良い関係だと本当に思う？

フレッド：もういいよ。君に頼むんじゃなかったな。自分で何とかするよ。

アリス：ちょっと待ってよ。体が空いていれば，もちろんちゃんと助けるわ。別にあなたを責めようとしたんじゃないわよ。あなたにこの件で頑張りすぎないように言いたかっただけよ。私にできることを言って。

フレッド：うん，問題の日時は3月8日の午前10時なんだけど，僕はQRS社とのミーティングの方に出るから，ライトスマート社とのミーティングに僕の代わりに君に出てもらえないかなと思って。君は確か，前にあの会社と取引があったよね。

アリス：ちょっと待って。スケジュールをチェックさせてちょうだい。オッケー，そこなら大丈夫。11時半から別の約束があるけれど，それまでには終わるわよね？

フレッド：ああ，大丈夫。ライトスマート社のミーティングは長くても45分のはずだよ。基本的にはただの挨拶だから。うちに引き合わせたい新入社員を何人か採ったんだって。

アリス：それなら大丈夫よ。先方に私が会議に出ることを知らせるメールを送って，私にもそのメールをccで送っておいてくれる？

フレッド：もちろんさ。ありがとう，アリス。君のおかげで気まずい思いをせずにすんだよ。

解説

設問1．1． 直前の発言でフレッドが，2件の商談が重なったという状況を述べ，直後ではアリスがどのようにしてその状況が起きたか尋ねている。よって空所には，バッティングという状況に対するシンプルな反応が入ると考えられるので，(b)「本当に？」が入る。Did you really の後ろには schedule meetings with two companies at the same time が省略されている。

2． 2つ前の発言（Well, from my …）で，バッティングが生じた状況をフレッドが説明している。次いでアリスがその状況を言い直し，末尾で「これで正しい（right）？」と問うている。よって空所には「それで正しい」という趣旨の発言が入ると考えられるので，(d)「まさにその通り」が正解。

3． 空所直前では，フレッドが商談のバッティングに困っていてアリスの手を借りたい理由が説明されている。空所直後では，逆接の but をはさんで，アリスが手を貸すまでもなく状況は解決するのではないかという疑念が呈されている。以上を総合すると，空所には「そこまでの説明は理解できた」という趣旨の発言が入ると推測されるので，(f)「わかった，理解できた」が最適である。

4． 直前でアリスは先方の企業の言いなりの関係性は不健全なのではないかとフレッドに対して懸念を表明し，空所直後でフレッドはアリスに助力を頼むべきではなかったと述べている。ということは，空所でのフレッドの発言はアリスの意見をはね付けるものだと考えられる。よって，(h)「もういいよ」が最適。Never mind は「気にするな」の意味だけではなく「もういいや」と，がっかりした気持ちを表すのにも使われる。

5． 直前の発言でアリスが，相手企業へのメールを自分にも cc で送るようフレッドに依頼している。空所直後でフレッドがアリスに助けてくれたことへの礼を述べていることから，依頼を快く承諾する発言が入ると推測される。(i)「もちろん」が正解。

設問 2．(イ) be at *one's* beck and call は「～の言いなりになっている」という表現であるが，これを知らなくても，直前のフレッドの発言から，「日程変更のお願いも言い出せないような関係性にあること」を指す表現であると考えられる。選択肢のうち，at fault「落ち度がある」，in a rush「大いに急いでいる」，out on a limb「ぎりぎりの危険な状態にある」はいずれも意味が大きくずれる。(c)の on hand「手元にある」が，「相手の自由にできる状態にある」と解釈でき，言い換えとして最も近い。

(ロ) bend over backwards は「大きく後方に反り返る」転じて「精一杯努力する」で，(a)の go to great lengths「労を厭わない，目的達成のためなら何でもする」が最も近い。

(ハ) step in for ～ は「～の代理を果たす」。この熟語を知らなくても，後にフレッドがアリスに対して打ち合わせの予想時間などを述べていることから，アリスがフレッドの代わりに商談に出ると推論できる。(c)の take over「引き継ぐ」+for ～「～の代わりに」が最も近い。

設問3． 語群の中の唯一の動詞は are で，これが述語動詞。述語動詞が are になる主語候補は you（＝Fred）しかない。available は「利用できる，入手可能である」で，ここではフレッドが「スケジュールが空いていて会える」という意味になる。at that time「その時に」が作れるが，これは「QRS 社が指定してきた日時に」という意味で使える。残るは no であるが，are は not で否定するので no では否定できない。ここに1語加える。「最初にメールしたときにはその日時で会えたが，今はもう会えなくなった」という文脈から，no longer「もはや～ない」として are の後ろに入れる。不足語は longer である。

設問4． 主語 I が与えられているので，述語部分以降を6語で書く。「5分前まで」は until［till］five minutes ago。前置詞 until の後ろに副詞句の～ago が来るのはよくある形。残り2語で「何も聞いていませんでした」を書かねばならないので，heard nothing とする。not～anything や完了形を使うと2語では収まらない。

語句・構文

inadvertently「不注意で」 slot「(組織・計画・表などの中の）位置」 idiot「馬鹿者」 back out「約束を取り消す」 valid concern「正当な懸念事項」 figure *A* out／figure out *A*「*A* を解決する」 Hang on「ちょっと待って」 courtesy call「挨拶目的の訪問」

Ⅱ 解答

設問1． (1)—(b) (2)—(a) (3)—(d) (4)—(d) (5)—(a)

設問2． 1—(b) 2—(c) 3—(d)

設問3． a reasonable (approximation) of whether something you read

設問4． (b)

全訳

《インターネットを変えていたかもしれないボタン》

① 25年前の1997年12月3日，ワールド・ワイド・ウェブの開発者であるティム＝バーナーズ－リー氏は，ロンドンで行われたワールド・ワイド・ウェブ・コンソーシアムの会合で講演を行った。その講演は，初期のウェブおよびウェブの発展の評価，そしてウェブの未来についての彼の考えで注目に値するものであった。

② バーナーズ－リー氏が講演で仮定したアイデア（それは彼が1年以上前

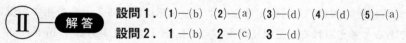

から考えていたものであった）は間違いなく素晴らしいものであった。彼が提案したのは，全てのブラウザに彼が「ほんとに？」ボタンと呼ぶものを備えることであった。この考えは，私たちがウェブ上をあちこち移動する際に，署名入りのメタデータを通して信頼を積み重ねてゆくことを始めるということであった。ある意味で，私たちが普通にウェブを見ているだけで，大衆を源泉とする信用性が大量に蓄積されるのである。「これがあれば私たちは，コンピューターに単に情報を求めるだけでなく，その情報を信頼する理由も求めることができるようになるのです」と彼は述べた。

[3]　あなたのブラウザに「ほんとに？」ボタンがついていると想像してほしい。あなたが見ているのは，クレジットカードの番号を入力してボタンをクリックするだけであなたのものになる素晴らしい掘り出し物である。ほんとに？　とあなたは思う。そして「ほんとに？」ボタンを押す。あなたはそれを信じるべき理由をブラウザに要求しているのである。すると，ブラウザはサーバーに対して信用証明の類を要求することができる。ひょっとしたらそれは，ドキュメントへの署名かもしれないし，ドキュメントの一覧かもしれない。それらのドキュメントには署名が付されているはずである。あなたのブラウザはサーバーの中を捜索する。そのページが購入に値するほど信頼できるとあなたを納得させる方法を探し求めるのである。ブラウザは，雑誌によるお墨付きがあって，その雑誌には友人によるお墨付きがあるのを見つけるかもしれない。売り手の銀行によるお墨付きがあって，その銀行にはあなたの銀行によってお墨付きが与えられているのを発見するかもしれない。あるいは，あなたが読んでいるものを実際に信じる理由が一切見つからないこともありうる。

[4]　注目すべきなのは，「ほんとに？」ボタンは，情報の正しさを保証したり「正しい情報」がどこにあるかを探したりするものではないということである。バーナーズ-リー氏は，ウェブを利用する大衆による，最も正確な情報を拡散するウェブサイトのランキングから存在論的確証が立ち上がってくる，と言っているわけではない。そうではなく，「ほんとに？」ボタンが提示するのは，模範例的な意味合いの強い真実である。すなわち，あなたがウェブ上で読んでいるものが，一般的に言って「信用できる」の範囲内に入るとほとんどの人がみなすか否かの妥当な概算的評価を提示するのである。

5 この「ほんとに？」ボタンは，私たち全員が将来はサイバースペースにおいてより懐疑的になる必要があるという初期の警告を具現化したものであった。そしてそれと同時に，ウェブが，将来は私たちを騙すために定期的に用いられるようになるであろうということを認めることでもあった。政治家，販売員，犯罪者，悪人，嘘つきは大勢いるであろうし，私たちには，日々情報を精査してそうした人々に対抗できる簡単な方法が必要になるということである。

6 それがもし実現していれば，今日ウェブやソーシャルメディアを苦しめる多くの悪意（考えてみてほしい，「フェイクニュース」告発や意図的な誤情報発信，なりすましなどを）には，最初から対策が取られていたかもしれない。

7 しかし最終的には，「ほんとに？」ボタンがブラウザに搭載されることはなかった。あまりに多くの要因が重なって，その前に立ちふさがったのである。バーナーズ-リー氏のそもそもの例では，広告に対して直接的に疑義を呈すると言及されていた。ウェブがどんどん商業的になるにつれ，ボタンをただクリックするだけで，どんな商品の広告的主張についても模範例的真実が明らかにされうるという発想は，商品を売る媒体としての有用性をほとんどその存在から脅かすものであった。「ほんとに？」ボタンはまた，ウェブが進化してソーシャルメディアへと変貌してゆくにつれ，緊張と論争を増幅させることとなったかもしれない。想像してほしい。あなたの常軌を逸した叔父がフェイスブックに最近記した陰謀論について，あなたのブラウザの「ほんとに？」ボタンが何を教えてくれたかをその叔父が知ったら，どれほどの怒りに火がつくかということを。

8 「ほんとに？」ボタンは素晴らしい懐疑主義を有してはいたものの，同時に，アルゴリズムの時代であるからこそ明らかになるような重要な欠点も持っていた。私たちの使うブラウザはそれぞれが独立して，私たち個々のウェブ利用に基づいて署名つきメタデータを蓄積するため，それぞれの「ほんとに？」ボタンは，独自の他と異なった模範例的真実を提示するのである。完全に同一のソーシャルメディアの投稿一覧がふたつと存在しないのと同じように，同一の知見を返してくれる「ほんとに？」ボタンもおそらくふたつとない。1997年のバーナーズ-リー氏は，共有された現実を蓄積し提供する将来の可能性に関して，あまりに楽天的であった。今となっては，私たちは知っている。私たちがより好むのは，自分の偏見や考えに懐疑主義を向ける必要がない世界に導いてくれるソーシャルメディアのアルゴリズムなのである。自分がすでに真実であると知っていることそのものを再確認するために，わざわざ「ほんとに？」ボタンをクリックして，滑稽な政治的ミームをチェックする気にどうしてなるであろうか。せっかく楽しいのに，なぜそれに水を差すというのか。

9　今だからわかることであるが，私たちは結局，「ほんとに？」ボタンを手放し，代わりに「いいね！」ボタンを手に入れたのである。そして，それは全くの間違いであった。

出典追記：The Button That Could Have Changed the Internet, Slate on December 3, 2022 by Michael J. Socolow

解説

設問1．(1)　accumulation は「蓄積」で，(b)「集積」が最も近い。

(2)　admission には「入場許可」という意味もあるが，ここでは同格の that 節を後続させて，「承認，認めること」という意味である。(a)「自認，承認」が同じ意味。

(3)　plague は名詞では「疫病」，ここでは他動詞で「～を疫病のように苦しめる」。(d)の trouble も名詞では「困難，問題」であるが，他動詞で用いると「～に困難を生じさせる，苦しめる」という意味になり，下線部に最も近い。(b)は「～の全体に広がる」という意味で，文脈上置き換えは可能だが，「苦しめる」の含意がないので不可。

(4)　主語が factors で物事なので，この conspire は「～が重なって…となる」の意味である。下線のある文は「いくつもの要素が重なって『ほんとに？』ボタンに不利に働いた」という意味になる。前置詞 against「～に反対する」より，(d)を選んで worked against「～に反対に働いた」とするのが最も意味が近い。人を主語にした場合は，conspire「陰謀を企む」で，(c)の plot も「陰謀を企てる」なので同義になるが，本文の用法はこの意味ではない。

(5)　channel も(a)の direct も目的語に加えて方向の副詞句を後続させ，「～を…の方に向ける」という意味になる。

設問2．　1．「以下のうち，バーナーズ－リー氏の『ほんとに？』ボタンの主要機能を述べているものはどれか」

第3段第5文（You are asking…）で，「ほんとに？」ボタンを押すとき「あなたはブラウザにそれを信じるべき理由を尋ねている」とあるので，(b)「あるページの信頼度の証明の要求」が正解。(a)「銀行の書類の保証」，(c)「製品の特徴の要約」は記述がない。(d)「売り手に対し懐疑的になるようにという警告」については，確かに第3段で，よさそうな商品のページを見たときに信頼できるかを知るためにボタンを押すという具体例が挙げられているが，それはあくまで具体例に過ぎない（第3段冒頭のImagine…「…と想像してほしい」は具体例を挙げるときの常套句である)。実際には商取引以外にも，様々な疑わしい情報がネット上にはあふれ，その例として第6段にはフェイクニュースや誤情報の発信が挙げられている。よって(d)は適切ではない。

2.「以下のうち保証（endorsement）システムを最もよく形容しているのはどれか」

endorsement あるいは endorse という語が登場する第3段第9・10文（Maybe it will… from your bank.）を見ると，商品のページが雑誌によって保証され，その雑誌が友人に保証される，あるいは売り手の銀行によって保証され，その銀行が読み手の銀行によって保証されるという例が挙げられている。これを形容するのは(c)「層になった」である。(a)「内密の」と(d)「時を得た」は記述がない。(b)「信頼できる」は一見よさそうであるが，第4段第1文（The “Oh, Yeah?” button, …）に，この保証システムを使う「ほんとに？」ボタンは情報の真実性を確証したり，真実が何かを明らかにしたりするものではないとあるので，適切ではない。

3.「『ほんとに？』ボタンが実現しなかった理由として言及されていないものは以下のうちどれか」

(a)「アルゴリズムが，本当かどうか確かめたいという希求を引き下げることにつながっている」は，第8段第5文（We know now…）「疑うことを求められない世界へ導いてくれるアルゴリズムが好まれる」に合致。authenticate は「本物であると認める」。(b)「本物かどうか確かめることはソーシャルメディアの利用者同士の対立につながりうる」は，第7段最終文（Imagine the anger…）の，ソーシャルメディアで陰謀論を唱える親戚とそれを信頼できない人との対立という具体的状況に合致する。(c)「信頼性をチェックすることは商業的目的のじゃまをする」は，第7段第

3文（In Berners-Lee's…）の「広告への直接的異議」，同段第4文（As the web…）の「売るための媒体としての有用性に対する実存的脅威」に合致する。(d)「ユーザーは自分があり得ないと考える主張に対してユーモラスな態度を取ることを好む」は本文に言及がなく，これが正解。第8段第6文（Why would anybody…）に，「笑える」（hilarious）政治的ミームについて書かれているが，「あり得ないと考える主張」ではなく「真実だと知っていること」であり，「ユーモラスな態度」を描写しているのでもない。

設問3． 言い換えを表すときに使われることがあるダッシュと，言い換え表現の that is があるので，空所以降は前方の名詞句 a more paradigmatic truth「模範例として参考にするものとしての意味合いがより強い真実」の言い換えとなる名詞句の可能性が高い。一方で，空所の後ろには述語動詞 was considered が存在する。よって，空所以降は名詞句で，その中に whether から始まる従属節が含まれ，従属節内の主部は on the web まで，述部が was considered 以降であると考えられる。指定されている3語目の approximation「概算」は名詞で，語群内の冠詞 a と形容詞 reasonable はこの名詞に前から付くしかない。よって，この approximation が名詞句の中心で，そこに後置修飾語句として of＋名詞節（whether 節）が後続することになる。of whether に後続するのは，whether 節の主部となる名詞句で，その終わりは on the web。語群の残りに you と read があり，これがさらなる従属節を形成すると考えられるので，代名詞 something に関係節 which you read on the web（which 省略）が後続すると考えられる。空所以降の部分の意味は，「あなたがウェブ上で読んでいるものが，一般的に言って『信頼できる』の範囲内に入っているとほとんどの人によってみなされるか否か，についての妥当な概算的評価」となり，a more paradigmatic truth の言い換えとして成立する。

設問4． 本文のトピックはウェブでかつて検討されていた「ほんとに？」ボタンについてである。このボタンについて，第6段（Had it come…）では「それが実現していれば，ウェブやソーシャルメディアの諸問題は最初の段階から対策が取られていたかもしれない」と仮定法過去完了で書かれており，最終段（In hindsight, …）では，「ほんとに？」ボタンが実現しなかったことは大きな誤りであったとされている。よって「インターネットを変えていたかもしれないボタン」と仮定法過去完了で書かれた(b)が正解。(a)「『ほんとに？』ボタンはインターネットの諸問題を解決しうる」は，第８段（The “Oh Yeah?” button, …）でこのボタンの欠点（flaw）が述べられていることを考慮すると，言い過ぎであろう。(c)「情報源をチェックする簡単な方法が存在する」については，「ほんとに？」ボタンは情報源を特定するボタンではないし，そもそもこのボタンは実現していない。よって誤り。(d)「なぜ人々は懐疑的であることをやめてしまったのか」は，「ほんとに？」ボタンというトピックから外れている。

語句・構文

（第１段）W3C は World Wide Web で使用される諸技術の標準化を推進する団体 World Wide Web Consortium の略称。

（第２段）posit「～を仮定する」

（第３段）credential「信任状，信用証明」 rummage through～「～をひっかき回して捜索する」

（第４段）ontological「存在論的な」 certitude「確信，確実性」 in the realm of～「～の範囲で，～の分野で」

（第５段）with regularity＝regularly　miscreant「悪人」 abound「いっぱいある，大勢いる」 perusal「精読，精査」

（第６段）come to pass「起こる」 accusation「起訴，告発」 disinformation「故意の誤報」 catfishing は，オンライン上で他人から情報や画像を抜き取って，その人に成り済ます行為。

（第８段）algorithmic「アルゴリズムの」 hilarious「とても面白い，こっけいな」 meme「ミーム」ここではネット上で広まる情報（internet meme）のことだと考えられる。

（第９段）in hindsight「今だからわかるが，後の祭りだが」 trade away *A* for *B*「*A* を手放して *B* と交換する」

III　解答

設問１． (1)―(d)　(2)―(b)　(3)―(a)　(4)―(d)

設問２． i―(b)　ii―(d)　iii―(d)　iv―(c)

設問３． (a)

設問４． making these overgrown toys a bit more costly

設問５． 1―(d)　2―(a)　3―(a)

全訳

《富裕層がスーパーヨットで環境に負荷をかけることにノーを》

1　スーパーヨットを所有したり走らせたりすることはおそらく，個人が気候に対してしうる行為のうち，もっとも有害なものである。気候が混沌とすることを避けるのに私たちが真剣であるならば，このように燃料を大量に必要とする巨獣に税を課すか，せめて不名誉なこととして糾弾し，その存在を排除する必要がある。実際，このような炭素貴族的振る舞い，つまり排出量が最も多くなる移動やレジャーのスタイルに対抗することは，私たちの集団的な「気候への士気」に火をつけ，各人の犠牲への意欲を増大しなくてはならなくする（個人の行動の変化から広範囲にわたる政策的命令に至るまで）最高の機会となる可能性がある。

2　個人のレベルで言えば，超富裕層はその他の人々よりもはるかにひどく汚染をしており，その活動の足跡の最も大きな部分のひとつが移動である。ライジング・サン号を例にとろう。全長 454 フィート，82 部屋を有する巨大船で，ドリームワークス社の共同設立者であるデイヴィッド＝ゲフィン氏が所有している。2021 年の『サステナビリティ』誌の分析によると，ゲフィン氏の船に乗る習慣を満たすのに必要なディーゼル燃料は，二酸化炭素換算で推定毎年 16,320 トンのガスを大気中に放出する。これは平均的なアメリカ人が 1 年で発生させる量のほぼ 800 倍にあたる。

3　そしてそれはたった 1 隻の船の話である。世界的に見れば 5,500 隻を超える個人所有の大型船が全長 100 フィートを超え，ヨットではなくスーパーヨットと称されるサイズとなる。この艦隊が世界中をも汚染するのである。大きさで上位 300 隻に入る船だけで，見込まれる利用度に基づいて計算すると毎年 315,000 トンの二酸化炭素を排出する。これは，ブルンジの 1,000 万人以上の人口が排出する量にほぼ匹敵する。

4　加えてプライベートジェットも存在する。これらは気候変動に対してはるかに大きな全体的影響を与える。プライベートでの飛行は 2016 年には 3,700 万トンの二酸化炭素を大気中に加えた。この量は香港やアイルランドの年間排出量に比肩する（プライベート機の使用はそれ以降増えており，よって現在の数値はもっと高くなっているであろう）。

5　あなたはきっとこう考えているであろう。「でも，世界中にある石炭を使う何千という発電所が炭素を巻き散らかしているのに比べれば，そんなのはバケツの水に1滴加えただけみたいなものなんじゃないの？」と。それが一般的な感じ方である。昨年，フランスの環境大臣であるクリストフ＝ベシュ氏は，ヨットやチャーター機を規制すべきという要求をただの「バズり」に過ぎないとして却下した。つまり，大衆受けが良いだけで迎合的な，人々を盛り上げはするが最終的には気候変動の中心から外れたところで宙ぶらりんになるだけの策だということである。

⑥ しかし，このような見方は，はるかに重要なあるポイントを見落としている。経済学と心理学の研究が示唆するところによると，人間は利他的にふるまうことを受け入れるが，それは全ての人が貢献を求められていると信じる場合に限られる。人々は「自分の役割を果たしていない人がいると見て取った場合には協力することをやめてしまう」と，認知科学者のニコラ＝ボーマール氏とコラリー＝シュヴァリエ氏は昨年『ル・モンド』誌に記している。

⑦ その意味で，環境汚染がひどいヨットやジェット機は，気候変動を悪化させるだけではない。私たちがその状況を修正するために協働する可能性を低くしてしまうのである。高級品界の重要人物であるベルナール＝アルノー氏が，製造費1億5000万ドルで全長333フィートのスーパーヨットのシンフォニー号でクルーズしているときに，なにゆえわざわざ？ というわけである。

⑧「一部の人々が彼らの快適さのために自分の10倍もの排出が許されているとしたら」ボーマール氏とシュヴァリエ氏は問うた。「なにゆえ肉を食べるのを制限して，サーモスタットの温度を下げて，新しい製品を買うのを我慢しなければならないのでしょう？」

⑨ 自発的な変化（屋根裏を断熱材で覆ったり，公共交通機関を使ったりするなど）であれ，指示された変化（地平線上に風力発電所があることを許容したり，青々とした芝生に別れを告げたりすること）であれ，気候に関する戦いはある程度，私たちがそれに参加する意思次第である。超富裕層の人々がいくらでも排出してよいというフリーパスを与えられているのなら，私たちはそのような犠牲の価値に対する信頼を失うことになる。

⑩ スーパーヨットやプライベートジェットに狙いを定めた税を導入すれば，こうした行動様式の痛手を和らげることにはなるであろう。そうした課税は皆の「気候への士気」（ジョージタウン大学の法律学教授ブライアン＝

ガレによる造語）を高めることに一役買うはずである。しかし，そのようなあまりに大きすぎるおもちゃを少しばかりさらに高コストにしたところで，それを買う億万長者の行動を変えることはできないであろう。それよりは，不名誉のレッテルを張るという古き良きやりかたで，新たな社会的コストを課すのがよい。

11　昨年６月，公開されているデータを用いて著名人の飛行履歴を追跡し，誰にでも見えるように彼らの排出量を計算するツイッターアカウントである @CelebJets が明らかにしたのは，インフルエンサーのカイリー＝ジェニファー氏がカリフォルニアの２つの地方空港を結ぶ 17 分間のフライトを利用したということである。「カイリー＝ジェニファーはわざわざプライベートジェットに３分間乗って行き，一方私は紙ストローを使わねばならない人だ」と，あるツイッターユーザーは書いている。

12　ここには教訓がある。１人当たりの排出量があまりに不釣り合いであると，人々は怒るのである。そして，そうすべきである。私たちに供給される資源は共有物であり，それを億万長者たちが馬鹿げたボートや快適なチャーター機に費やすと，温暖化の影響が真に破滅的になるまでに私たちに残された時間が短くなる。この観点からすると，スーパーヨットやプライベート機はもはや，浪費というより窃盗に近くなっている。

13　変化は起こすことができる。しかも迅速に。フランスの官僚はプライベート機を利用した移動の抑制を検討している。つい先週には，活動家からの絶え間ない圧力を受けて，アムステルダムのスキポール空港が気候変動対策としてプライベートジェットを禁止することを表明した。

14　アメリカでも炭素の不名誉は大きな影響を与えうる。航空業界のコンサルタント兼アナリストとして 35 年間活動しているリチャード＝アブラフィア氏いわく，電力で飛ぶ都市間便や新しいタイプの持続可能な燃料などの，よりきれいでより環境に良い飛行方法が，短い距離のフライトについてはすでに登場しつつある。民間航空会社の富裕層顧客には，こうした新しい技術を採用する誘因がより必要なだけである。彼曰く，究極的にはこうした変化を早められるのは私たちが絶えず監視し圧力をかけることだけである。

15　スーパーヨットについても同様の可能性がある。コルー号を例にとろう。これはジェフ＝ベゾス氏が新たに建造した 416 フィートの巨大船で，風力だけで大西洋を横断できるとされている3本マストのスクーナー船である。これは，始まりの一歩である。

16 小さな勝利であっても，気候変動に関するよくある状況に異議を唱えることができる。私たちは際限のない略奪，正当化できない過剰消費という考えにノーをつきつけることができる。私たちは億万長者たちのおもちゃにノーをつきつけることができるのである。

解説

設問1．(1) spew は「〜を吐き出す」。この語を知らなくても，主語が「ディーゼル燃料」で目的語が「二酸化炭素相当ガス」なので，意味は十分推測できる。(d)「〜を出す，排出する」が正解。

(2) 一般には clock *A* at *B* で「*A*（人・物）が *B*（数字）であると記録する」という他動詞でよく使われるが，ここでは自動詞で clock in「記録する」の意味で用いられていると考えられる。これを知らなくても，主語が「船」で，後続するのが船のサイズを表す数字なので，同じものを前後に伴う(b)「測定すると〜である」が正解とわかる。

(3) fiddle は「あてもなくふらふらする」。この部分は，「環境に負荷の高いスーパーヨットやプライベート機を制限する案」に対して，それを却下する理由となる評価を述べている箇所。flashy「派手で見掛け倒しの」，populist「大衆迎合的な」という形容詞とともに置かれ，「人々を増幅された（amped up）状態にする」と逆接の but で接続された部分。しかも ultimately と only に修飾され「最終的には…するだけに終わる」とされている部分であるから，この fiddle は「役に立たない」という意味合いを持つ語であることが推測できる。(b)「かろうじて生き残る」，(c)「意図的に満足させる」はいずれも肯定的表現なので不適。(d)も thrive「成長する」というプラス表現なのでイコールとは言えない。(a)「目的もなく行われる」が，文脈から推測される意味からも辞書の意味からも正解と言える。

(4)「億万長者がばかげた巨大ボートで資源を…する」にあてはまる部分。squander は「〜を浪費，散財する」なので，(d)「〜を浪費する」が適合する。(a)「保証」，(b)「最大化」は合わない。(c)「要求」は文脈的には合いそうだが，語の意味から外れている。

設問2．i．「超富裕層は他の人々よりはるかに環境を汚染し，（巨大船やプライベートジェットによる）移動はその…の最たるもののひとつだ」という文脈。よって空所には，環境に対する負荷，あるいは負荷をかけること，負荷をかけるような行為を指す名詞が入るとわかる。(b)「足跡」は，転じて「人間の活動が他のものに与える影響・与えた痕跡」を指し，近年は環境に対する負荷を「見える化」したものを「環境フットプリント」と呼ぶことがある。(b)が正解。

ii． 巨大船が排出する二酸化炭素の量を推算するとき，何に基づいて（based on ～）計算するかというと，見込まれる（likely）利用法・利用回数・利用距離に基づくはずである。よって(d)「使い方，使用」が正解。

iii． 直後に「よって，現在の（二酸化炭素排出量を表す）数字はきっともっと高くなっている」とあるので，空所にはプライベート機の使用が「増えている」ことを表す語が入るとわかる。(d)は「急激に上昇する」という意味で，これが正解。

iv． 前文の「二酸化炭素排出量の多い巨大な乗り物は，私たちから環境が保たれる時間を奪っている」という内容と，後方の「巨大乗り物に乗ることは浪費（extravagance）というよりは窃盗（theft）だ」をつなぐために，「この観点で言うと」の意味にするべき箇所である。in a ～ light「～の見方では」より，(c)が正解。

設問３． that sacrifice「その犠牲」の内容は直前の文にある，気候変動を食い止めるための自発的な変化（断熱化，公共交通機関の利用）や命令された変化（風力発電所の許容，芝生に別れを告げること）である。これらは，自分の希望を我慢してでも行動を変化させることを指している。よって(a)「自分を超えたところにある利益を優先させる日々の努力」が正解。(b)「自分の生活環境を高めることを狙いとした意図的行動」には「犠牲」のニュアンスが入っていない。(c)「自分の財産を守るための苦痛を伴う試み」は「財産」（asset）が無関係。(d)「港を守るための途切れることのない集団的努力」は「港」（port）が無関係。(e)「自分の回復力を高める真剣な取り組み」は環境や気候変動と無関係。

設問４． 直前の文は「スーパーヨットやプライベート機に税を課すことに一定の効果はある」という内容で，それと but でつながる文の主語が空所部分。述語は「それらを買う億万長者の行動を変えることはできないだろう」というもの。この文脈であれば，これら２文の主語は同じで，空所には「スーパーヨットやプライベート機に税を課すこと」の言い換え表現が入ると考えられる。では,「スーパーヨットやプライベート機」の言い換えを語群内の語を使って作る（それは後方の them の指示対象となる複数形名詞である）と，these overgrown toys「これらの大きくなりすぎたおもちゃ」が適切である。その「おもちゃ」に課税することは,「おもちゃ」にかかるコストを上げることなので，make these overgrown toys more costly という骨格ができあがる。残った 4 語の内から 2 語をこれに加えるとき,「富裕層は行動を変えない」のであるから，コストは少ししか上がっていないと推測できる。よって a bit more costly とすればよいと判断できる。

設問 5．1．「フランスの環境大臣は自家用のヨットやジェット機の使用を規制することは…であろうと主張した」

環境大臣の発言は第 5 段第 2 文（It's a common …）にあり,「大衆好みの策ではあるが効果はない」という理由で規制案を却下している。よって(d)「変化をもたらすうえであまりにささやかで効果のない一歩」が正解。(a)「人々の強い反対を呼ぶ賛否両論の解決策」は「大衆好みの」という記述に反している。(c)「きわめて重大な結果につながりうる小さな努力」は,「効果はない」という記述に反する。(b)「ほとんどの富裕層が気にかけないであろう空しい意思表示行為」は，第 10 段第 2 文（But【　A　】isn't …）の「富裕層の行動は変わらない」という記述には合っているが，環境大臣の発言としては書かれていないので，適切ではない。

2．「『私は紙ストローを使わねばならない人だ』と述べることで，このツイッターユーザーは，プライベートジェットに乗る人々は…であると暗に述べている」

このツイートに関する記述は第 11 段（Last June, @CelebJets …）。この第 11 段は，直前の第 10 段の末尾の shaming，つまり環境への負荷の高い乗り物に乗り続けることを不名誉なこととして糾弾する行為の例として挙げられている。よってプラスの内容の(b)「二酸化炭素の排出をより流行りの方法で削減している」は間違い。第 6 ～ 9 段の「万人が負担を応分しているという意識が重要であり，富裕層が正当に負担しないのであれば自分も負担しないと一般の人々は考えてしまう」という内容から考えると，このツイートは,「自分はストロー 1 本を使う際にも環境のことを考えているのに富裕層は二酸化炭素の大量排出を続けている」という糾弾のはずである。よって(a)「環境を守るための自分の役割分担を果たしていない」が正解。(c)「移動中により高級な飲み物を楽しめる」は無関係。(d)「一般人の生活を理解することはないであろう」は，上記の「環境保護のための負担の応分」というポイントを反映していないので，適切とは言えない。

3.「以下のうち，この記事の中心的メッセージと考えうるのはどれか」

(b)「『炭素を不名誉と糾弾する』という概念がますます広まっていっているので，気候変動が近い将来に起こりうる」は，本文では気候変動がマイナスの変動と捉えられており，それを防ぐために炭素を不名誉呼ばわりしようとしている。これを踏まえるなら，糾弾の広まりの結果は「気候変動が収まる」となるはずである。(c)「気候変動に関する不十分な手段に対する人々の気づきが，ぜいたくな船やプライベート機への課税の導入につながった」は，第５段でそのような税はフランスの環境大臣により却下されたと述べられていることに反する。(d)「超富裕層は平均的な人々と比べて環境汚染にはるかに加担するだろう」は，本文の内容に反してはいないが，中心的なメッセージとは言えない。本文の中心はあくまで，二酸化炭素排出量が多い乗り物を使用し続けることは，負担の応分に反する不名誉なことであると，気候変動を止めるために訴えることにある。

　よって，前問でも指摘した第６～９段の内容「万人が負担を応分しているという意識が重要であり，富裕層が正当に負担しないのであれば自分も負担しないと一般の人々は考えてしまう」に合う(a)「不公平感は，普通の人々が環境を改善するための活動に積極的に参加する気を失わせる」が最適。

語句・構文

（第１段）hoard「～を蓄える，買いだめする」 behemoth は聖書に登場する巨獣，転じて「巨大で力のあるもの」。mandate（名詞）「命令，指示」

（第４段）aviation「航空術，航空産業」 rival「～に匹敵する」

（第６段）altruistically「利他的に」

（第７段）mogul「重要人物，権力者」

（第９段）insulate「～を絶縁体で覆う」 attic「屋根裏（部屋）」 mandate（動詞）「命令，指示する」 hinge on ～「～次第である」

（第10段）take the sting out of ～「～の厳しさを緩和する，～からとげを抜く」 coin「（新語）を作り出す」

（第 12 段）massively「非常に，大量に」 disproportionate「不釣り合いな」 per capita「1 人当たりの」 cushy「気楽な，快適な」
（第 14 段）outsized「特大の」 on the horizon「起こりかけて」 incentive「誘因，刺激となるもの，動機」 vigilance「警戒，寝ずの番」
（第 15 段）schooner「スクーナー船（帆船の一種）」
（第 16 段）narrative「事実に基づく話」 plunder「略奪」

Ⅳ　解答

設問 1． (1)―F　(2)―F　(3)―T　(4)―T　(5)―T
設問 2． (1)―(d)　(2)―(c)　(3)―(a)
設問 3． (A)―(b)　(B)―(c)　(C)―(c)　(D)―(d)
設問 4． i―(b)　ii―(c)　iii―(d)
設問 5． あ―(b)　い―(d)　う―(e)
設問 6． 1―(b)　2―(a)　3―(a)

全訳

《AI の抱える諸問題に対抗するために》

[1]　人工知能（AI）は何も新しいものではない。1950 年代から存在していた。しかし，2023 年は確実に転換点であると感じられる。もはや AI は，大学人やテクノロジー系職業人に由来するものという範疇に収まらない。チャット GPT やグーグルバードその他が導入され，この技術はいまや万人が容易にアクセスできるものとなっており，そこに課題が存在する。

[2]　AI がいっそう利用しやすくなり，その能力は危険なまでの速さで進化し続けているが，それが社会全体に持つ意味合いについても同じことが言える。理想的な世界においては，政府と産業界と市民社会とが手を取り合って，AI が確実に倫理的に発展し運用されるようにすべきである。しかし，言うなればランプの精はもうランプから出てしまっているのであり，AI のパイオニアや思想界のリーダーたちからの同じような懸念が高まっているにもかかわらず，そのスピードは鈍化しそうにない。

[3]　そうであっても，厄介な倫理的配慮についていくつかのガードレールを設置するために私たちにできることはたくさんある。最初にするべきことは，透明性を向上させ，AI が提示する倫理的問題に関する対話をオープンにすることで，偏見の存在を認識し AI に操られることを最小化することである。

[4] AI の倫理を取り巻く鍵となる関心事のひとつは，すでに存在する偏見を AI がさらに補強してしまう可能性である。リレーショナル AI 社の応用人工知能部門のシニアディレクターであるミシェル＝イー氏との会話の中で論じられているように，AI システム内の偏見は将来にまで及ぶ結果をもたらしうる。AI モデルに偏見でゆがめられたデータが与えられれば，それはそれまで以上の規模で偏見を永続させうるのである。

[5] それはすべて「データ入力とデータ出力」の考え方から始まっている。AI モデルの学習に偏見でゆがめられたデータを使用すると，その結果生じる出力は必然的にその偏見を反映したものとなる。機械学習アルゴリズムはこうした偏見を増幅する力を持っており，積極的に偏見がないかをチェックして対策を取らない限り，意図せずして社会的偏見を永続化するリスクが私たちにはある。

[6] この問題が特に重要になるのは，AI が人を雇ったり金を貸したり，あるいは犯罪を罰したりという意思決定に用いられる場合である。AI の応用の全てにおいて公正さや公平性を担保するためには，AI 内の偏見に対処することが極めて重要である。

[7] また別の関心の分野は，人々の行動を操るために AI を使用することである。私たちがみな知っているように，アレクサや Siri が私たちの会話を聞き取って，それに基づいて狙い撃ちしたような広告を提示するのがいかに煩わしいか。例えば，あなたが目前のハワイ旅行のために新しい水着が必要だと話すとする。すると次には水着の広告を大量に浴びせられる破目になるのである。AI が暮らしに組み込まれることで，私たちの行動が操られる可能性は指数関数的に増大する。

[8] 私たちがあからさまにあるいは直接的に意見を述べていないときでも，AI が私たちの心情や声のトーンを理解できるような未来を想像してほしい。AI はこれらのかすかな語調を使って，私たちの行動・意見・考えについて仮説を立てて予測することができるようになるであろう。このことは，狙い撃ちの広告から果ては政治的な説得に至るまで，あらゆることに利用しうる，操りの可能性の扉を開くのである。

[9] それでは，組織としてするべきことは何であろう？　まず，全ての AI システムは，精査し見直せるように設計されるべきである。また各組織は，AI モデルに学習させるために用いられたデータの中に偏見が含まれてい

ないかチェックするべきである。AI を制御する委員会，つまりは「規範委員会」を立ち上げて，AI モデルを注視し，AI モデルを支える規則を精査し，混入したあらゆる偏見を特定し取り除くためにその行動を分析することも可能である。「それはトップダウン型から過程レベルの改善まであらゆることができます」とミシェル＝イー氏は言う。「そして，この問題に対処する力となるために組織が力を入れて取り扱うことができる方法はいくらでもあります」

10　各組織はまた，自分たちの AI に関する方針を内外に対して明らかにすることで，透明性と説明責任を優先させねばならない。そうすれば，その組織が AI をどのように利用するか，そして逆に AI がどのように企業理念に対応するのかに関するビジョンの声明（そこには AI に対する企業のスタンスや倫理も含まれる）を策定することにつながりうる。要するに，組織が AI を用いる目的と方法が，消費者，利害関係者，株主のいずれにも明確にされていなければならないのである。

11　産業界のリーダーたちはまた，政府と協働し，説明責任と透明性を担保しつつイノベーションを促進する明確なルールと規制を確立するべきである。政府と産業と市民社会との協力は，AI の力を恒久的に制御して利用し，誤った方向に進みうる危険性を回避するためには必要不可欠である。

12　AI 倫理は全ての人に影響を与える。ビジネス界の人々にとどまるものではないのである。人間として，そして消費者として，テクノロジーの影響は好むと好まざるとにかかわらず避けることができない。ゆえに，AI は今後成長して何かになる可能性があるが，その何かへの変貌の初期段階である今のうちに，対話を重ねることがこれほど重要なのである。

13　個人レベルでは，私たちはみな賢明な消費者となり，入ってくる情報に疑いを持たねばならない。気づき意識することが，操られる影響を小さくするための第一歩となる。情報源のあらを探し，情報を額面通りに受け取らないようにすることで，私たちはよりよく自分を守ることができるのである。

14　AI が提示する倫理的な課題に取り組むことは，社会に利益をもたらすよう，確実に科学技術に力を発揮させる最善の方法である。偏見を取り除く手段を導入し，操られるのを常に警戒しておくことが最初の一歩である。社会の価値を守り，AI の使用を責任ある有益なものとする枠組みを構築するために，私たちはいま対話を始めねばならないのである。

解説

設問1．(1)「AIは数年前の登場以来，社会に多くの深刻な問題を呈し続けてきた」

第1段第2文（It's been …）に「1950年代からあった」とあるので数年前ではない。また，同文以下で，2023年を転換点としてその課題が言及されるが，2023年以前の問題には言及がない。よって誤り。

(2)「AIは通常は社会に含まれた偏見を軽減するが，この問題を完全に解決することはできない」

本文では一貫して，AIが偏見を助長し私たちに悪影響を及ぼすとしており，AIが偏見を軽減するという記述は一切ないので，誤り。

(3)「偏見で歪められた情報がAIモデルに入力される可能性は常にあるので，システムを定期的に精査することが重要である」

inspectは「～を詳しく調べる」。第9段第2文（【　う　】, all AI systems …）で「精査し再評価されうる（can be audited and reviewed）ように AIを作る」，同段第3文（And organizations …）で「AIの学習に使われるデータ内の偏見をチェックする」と述べられているのに合致する。

(4)「Siriが私たちの会話を拾い上げて関連のある広告を次々とぶつけてくることは，行動を操る一例である」

bombard *A* with *B*で「*A*（人）を*B*（物）で攻めたてる」。Siriへの言及は第7段（Another area of …）にある。同段の冒頭には「AIに関するもうひとつの関心事は，人々の行動を操るためにAIを用いることだ」とある。よって本文に合致する。

(5)「AI内の偏見が社会に呈する問題には，新しい人員を雇用したり借金の申し込みを審査したりするなどの問題が含まれる」

第6段第1文（This issue becomes …）で，「この問題（＝前段で言及されたAI内の偏見の問題）が特に重要になるのは，判断の過程でAIが用いられるときだ」と述べられ，その「判断」（decision-making）の具体例として hiring「人を雇うこと」と lending「誰かに何かを貸すこと」が挙げられている。よって本文に合致する。「貸すこと」を「借金の審査」と言い換えるのはやや強引だが，だからといってこの選択肢の内容自体が誤りだとは言えないだろう。

設問2. (1) 下線部を含む「2023 年が tipping point だ」を後方で具体化し,「今では万人が簡単にその技術にアクセスできる」と述べている。ということは, 2023 年を境に状況が変わったということなので, (d)「決定的な時点に思える」が最適である。juncture は「重大な時点・時期」。tipping point は「転換点」という意味である。(b)「反転した位置で現れた」

(2) 下線部直訳は「ジーニーはびんから出ている」, つまり「ランプの精はランプから出てしまっている」で,「取り返しがつかない」の意味の慣用句である。(c)「不可逆的な状況が生じた」が正解。後続部分で「懸念されているにもかかわらずそれ（＝AI の急速な普及と進歩）をスローダウンさせることは不可能であろう」とあるのもヒントになる。

(3) 下線部を含む文の being critical of sources「情報源に批判的であること」と not taking information at face value は並列されており, ほぼ同じ内容であると考えられる。よって taking 以下は「情報を疑わずに受け入れること」の意味であると推測できるので, (a)「情報をそのまま異議を唱えることなく受け入れること」が正解。at face value は「額面通りに」。

設問3. (A) 下線部は「先行するもののない, 空前の」という意味で, (b)「異常な, 驚くべき」が最も近い。

(B) 下線部は「～で水浸しにされる, ～に圧倒される」という意味。この熟語を知らなかった場合でも, その前の文で述べられる「迷惑なほど (annoying) 狙い撃ちの広告を差し出す (serves up targeted ads)」という内容の具体例として挙がっているので,「水着の広告が次々と提示されること」を表しているとわかる。(c)が下線部と同じく「～で水浸しにされる, ～に圧倒される」という意味である。

(C) 下線部は「～を精査する, 詳しく調べる」という意味で, (c)とほぼ同義。

(D) leverage は動詞で用いると「他者の資本で投資して自分の資本の利益率を高める」という意味があるが, ここではもちろんその意味ではない。主語が「企業などの組織」, 目的語が AI であることから「～を使用する」という意味で用いられていると考えられる。(d)が正解。

設問4. **i.**「AI 内の偏見は, はるか遠くまで及ぶ (far-reaching) …を

もたらしうる」なので，「結果，影響」という意味の語が入ると推論できる。本文全体は AI の課題をトピックとしており，attainments「達成」や contributions「貢献」のような一般的に肯定的な意味で用いられる語は不適切。よって(b)「結果」が最適。(d)「暴露」

ii. 空所を含む第５段は，「AI に入力したデータに偏見（bias）が含まれていると，そのデータに基づいて AI が出したデータにはさらなる偏見が含まれている」という内容。よって「社会的な…を意図せずして永久化するリスクがある」の空所には，bias の言い換えとなる語が入ると推論されるので，(c)「偏見，先入観」が正解。

iii. 空所は「操作」を目的語としていて，being … manipulation の内容は「AI に操作されないようにすること」となるはずである。正解は否定的な含意のある(d)「～を絶えず警戒して」。(a)「～に満足している」，(b)「～に関与している」，(c)「～を思わせる」は否定的な意味ではないので不可。

設問５．あ. 空所直前の第２段は AI の急速な普及を危惧する否定的な内容で，空所直後は「私たちにできることはたっぷりある」という肯定的な内容なので，逆接的な表現が入る。(b)「そうであっても」が正解。

い. 空所直前は「アレクサや Siri が私たちの会話を聞き取ってそれに関連する広告を浴びせてくる」という話で，空所直後は「新しい水着が欲しいという話をすると水着の広告が大量に提示される」という具体例なので，(d)「例えば」が入る。

う. 空所直前の第９段冒頭では「（AI の諸問題に関して）組織・企業としては何をすべきか」という問題提起がされ，空所直後では「AI を絶えず精査」，次の文からは「学習データ内のバイアスのチェック」「制御委員会の立ち上げ」と問題提起に対する回答が列挙されている。よって，空所には「１点目」を表すディスコース・マーカーが入ると考えられる。(e)「最初に，手始めに」が最適。

設問６．１.「以下の問題のうち，AI に関する現在のあるいはこれから生じうる問題として筆者が言及していないのはどれか」

(a)「政治関係者が一般大衆を操ること」については，第７段第１文（Another area of …）に「人々の行動を操るために AI を使用する」とあり，第８段最終文（This opens the door …）では「広告から政治的説得に至る全てに操りの可能性」と述べられているので，これは本文に合致する。(c)「人間の偏見を再生産し悪化させ（exacerbate）る」は，第4段第1文（One of the key …）の「既存の偏見を補強（reinforce）する」に合致する。(d)「望まない疲れる広告」は第7段第2・3文（We all know … with swimsuit ads.）の例に合致する。(b)「ネット上の詐欺（fraud）につながる誤情報」だけが本文中で言及されていない。

2.「各組織はAI使用に関してどうすれば透明性をより高くできるか」

第10段第1文（Organizations must also …）で「AIに関する方針を従業員にも大衆にも明らかにすることによって，透明性…を優先させねばならない」とあるので，(a)「AIを使用する方法を明確にすることによって」が正解。(b)「強制的な企業理念を作成することで」，(c)「個々の顧客や株主に応じた方針を策定することで」，(d)「隠れた偏見について従業員を教育することで」はいずれも言及がない。

3.「以下のうち本文で擁護されているのはどれか」

(a)「官民協力を促進すること」は，第11段第1文（Industry leaders …）で「産業界の先導者は政府と協力するべきだ」と述べられているのに合致する。(b)「AIが私たちの感情を読まないようにする方法を見つけること」については，第7段（Another area …）に，AIが私たちの会話を聞き取って広告を押しつけてくるのが煩わしいという記述や，第8段第1文（Imagine a future …）に，AIが私たちの感情を理解する未来を想像してほしいという記述はあるものの，それを防ごうとは述べられていないので不適。(c)「重要な意思決定過程においてAIの使用を促進すること」については，第6段第1文（This issue becomes …）で，意思決定の過程にAIを用いることが危惧されており，それを促進すべきとは書かれていないので，不適。(d)「AIモデルの学習に使用されるデータを政府が承認したものに限定すること」は本文に記述がない。

語句・構文

（第1段）provenance「起源・由来」 academic「大学人」 and the like「その他同じようなもの」 therein「その場所に」

（第2段）breakneck「危険なほど速い」 implement「～を実行する・履行する」

（第3段）sticky「難しい」

（第6段）equity「公明正大」

（第 7 段）upcoming「やがてやって来る」 exponentially「指数関数的に，急激に」
（第 9 段）steer「～のかじを取る，～を導く」
（第 10 段）Bottom line, S V＝The bottom line is that S V「要するに SV」 stakeholder「利害関係者」 shareholder「株主」
（第 11 段）harness「～を制御して利用する」 for good「永久に」 pitfall「隠れた危険，不測の事態，罠」
（第 13 段）discerning「洞察力がある，明敏な」 mitigate「（苦痛など）を和らげる・しずめる」
（第 14 段）safeguard「～を守る」

V ― 解答

設問 1． **A**―(a)　**B**―(d)　**C**―(a)　**D**―(d)
設問 2． **i**―(a)　**ii**―(d)　**iii**―(b)　**iv**―(d)
設問 3． (1)―(d)　(2)―(a)　(3)―(d)　(4)―(b)
設問 4． Lean With
設問 5． **1**―(c)　**2**―(d)　**3**―(c)　**4**―(a)

全訳

《目的達成のために複数のアプローチを使い分ける》

[1] 私たちの経験は，リーダーたちの成功は彼らの MOVE 能力にかかっていることを示している。すなわち，優先順位に細心の（Mindfully）注意を払い，選択肢（Options）を生み出して勝利を得る方法を常にいくつか持っておき，自分の優れている点を確認し（Validate），利害関係者としっかり関わって（Engage）自分たちが仲間であることを確認する能力である。この記事では，私たちのモデルの極めて重要な２つめの段階を検証する。特に，４つの一般的なリーダーシップのアプローチとそれぞれが最も力を発揮しうるシナリオを見てゆく。さらに，それらの選択肢のかじをリアルタイムで取るための手順を紹介する。

[2] アメリカ人心理学者のチャールズ＝“リック”＝シュナイダー氏とシェーン＝J. ロペス氏が主導した何十という研究は，人々が望む目的に到達する能力が，可能な複数の方針を思いつくことによってどのように高められるかを示している。ほとんどの人は，タスクの成功は忍耐や意志力の問題であると考えている。しかしシュナイダー氏とロペス氏は，成功という結果

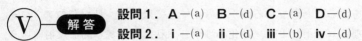

を生み出すには，意志力を「方法力」と組み合わせる必要があることを示している。彼らの研究が示唆するのは，理想的には目的を達成するために，４つ以上の選択肢あるいは方針を持っていた方がよい（外的優先事項）ということである。加えて，性格の強みや自分の価値という観点からリーダーとして誰のようになりたいか（内的優先事項），そして他者とどのようにすれば最もよく関われるか（対人的優先事項）を判断する重要性も示されている。

③　この研究をもとにして，私たちは「４つのスタンス」という名の，リーダーたちが人同士のコミュニケーションのための選択肢を生み出す助力となるアプローチを開発した。テニス選手がどのようにしてほぼ即座にスタンスを切り替え，ネットを越えて猛スピードで飛んでくるボールに対し最適な反応をすることができるのかを考えてみてほしい。私たちのアプローチの核となるコンセプトは，進化心理学と，私たちの基本的な反射（戦う，逃げる，あるいはその他）が危険な状況や未知の状況で自動的に現れる様子に基づいている。より進化したリーダーシップの世界では，その４つのスタンスは，リーダーがより多くの人間関係上の選択肢を見つけ利用するのを支援する。そのスタンスは以下の通りである。

→「内へ傾く」問題を解決するために積極的なスタンスを取る。このスタンスの行動に含まれるのは，決定，指示，先導，挑戦，対決である。

→「後ろへ傾く」データを観察，収集，理解するために分析的なスタンスを取る。含まれる行動は，分析，問いかけ，そして場合によっては判断を後回しにすることである。

→「共に傾く」協働的なスタンスを取り，気を配って関係を持つことに焦点を置く。含まれる行動は，共感，励まし，指導である。

→「傾かない」「後ろに傾く」姿勢が観察と分析を含むのに対し，「傾かない」はじっとしていて，新しい解決策が潜在意識から湧き上がってくるための余地を作り出すよう自らを仕向けるものである。このスタンスは同時に，感情が刺激された場合に自分を落ち着かせる役割も果たす。含まれる行動は熟考，視覚化，深呼吸で落ち着くことである。

④　リーダーとして臨むいかなる場面においても上手くやるために，優れたリーダーは４つのスタンス全てを育み，使えるようになる必要がある。例として，私たちの顧客の１人であるイソベルを見てみよう。彼女はあるテ

クノロジー系企業の主要事業分野で新しく代表取締役に任命された。

5 イソベルは問題を抱えて私たちのところに来た。彼女は会社の気まぐれなCEOと対立していた。このCEOには信頼できないところがあり，言うことが矛盾していたり，立場をころころ変えたり，しばしば会社ができないようなことを約束したりしていた。

6 「私は役員会議で攻撃的になって評判が悪くなりつつあります」と彼女は私たちとの最初の2対1のコーチングセッションで言った。「私は本当のことを言っているだけです。誰かが言わねばならないからです。でも，私1人がダメージを受けています」

7 話すにつれて，彼女自身と周囲の捉え方の間に，はっきりとした差があるとわかった。「内に傾く」つまり，入り込むのが彼女の本来のスタンスだった。元弁護士である彼女は世界水準のディベーターであり，彼女の影響力は彼女が認識しているよりもはるかに強かった。彼女が反射的な振る舞いを克服して，うまくやるための他の有効な方法を見つける必要があることは明らかであった。私たちは4つのスタンスを説明し，彼女本来のやり方に代わる選択肢を考えるように言った。

8 「しかし私は自分に忠実である必要があります」と彼女は反論した。

9 「もちろんです」と私たちは応じた。「しかし，変わらず自分に忠実でありつつ，別のスタンスを取ることはできます」

10 私たちは4つのスタンスをひとつずつ見ていった。「内に傾く」が最善の選択である状況では，彼女は自分の意見の強さをより適切に調整することでより巧みに振る舞えると理解した。「後ろへ傾く」ことを覚えて性急に対立しなくなれば，一歩待って反応し，いつやりとりに加わるかをより戦略的に考えられるようになる。「傾かない」を採用すれば，深呼吸の時間を取れるようになり，それによりCEOによって刺激された高ぶりを中和し頭をすっきりさせておけるであろう。私たちが皆驚いたのは，「共に傾く」について提案すると，それがイソベルの振る舞いかたを全く新しくしたことであった。ハーバード・ビジネス・スクールの教授であるエイミー＝エドモンドソン氏による心理的安全性に関する革新的な研究に基づいて，私たちは次のように提案した。「役員会議におけるあなたの役割を，CEOや重役たちを安心させることだと考えてみたらいかがですか？」

11 イソベルは直ちにそのアプローチを採用した。それが彼女の他者保護的な側面に訴えかけたのである。彼女は自ら，そのアプローチが持つ意味合いをよく考え始めた。CEOを支えることで，おそらく彼は落ち着きを取り戻しやすくなり，それによって会議は誰にとっても苦痛がより少ないものとなるであろう。「共に傾く」スタンスをとると，CEOの最初の反応と最終的な命令が必ずしも一致するわけではないと理解することで，彼の一貫性の無さも許容できるようになるだろう。彼女は，彼の言うことが重役会の見解に沿ったものであればそれを熱烈に支持し，彼がその線から逸れた発言をしたときも，委員会が彼の勧めに基づいて採決する寸前になってさえいなければ，反射的に彼に食ってかかるのをやめることにした。このアプローチを採用して以降，彼女の評判は重役たちの間で急上昇した。彼女は対立ではなく和をもたらすリーダーとして認識されるようになったのである。

解説

設問1．A．空所直前の第2段第2文（Most people assume…）では「ほとんどの人は成功に必要なのは意志の力だと思っている」と述べられ，空所を含む第3文（But Snyder and…）はその第2文と逆接のbutでつながれている。ということは，第3文の内容は「意志力は重要ではない，意志力だけではだめだ」となるはずである。また，本文全体では「複数の方法論を使い分けることが重要」と主張されているので，「“way power”が重要だ」という趣旨にすると一貫した内容になる。以上より(a)のbe coupled with「～と組み合わされている」を入れて，「意志力は『方法力』と組み合わせる必要がある」とすれば本文の趣旨に沿う。

B．筆者たちのクライアントで，会議でCEOについ食ってかかってしまう女性の話。「彼女が反射的な振る舞いを克服し，うまくやるための他の…な方法を見つける必要があることは明らかだ」というとき，空所に入る形容詞は，(a)「管理上の，運営上の」，(c)「商業の」では意味が通らないし，(b)「攻撃的な」では今までのアプローチと変わらない。(d)「成功しそうな，実行可能な」だけが適切。仮にviableの意味を知らなくても消去法で正解できる。

C．空所より前でイソベルは仕事へのスタンスを変えることを提案されていて，「しかし私は…である必要がある」と反対している箇所である。それに対し筆者たちは，「もちろん，しかし自分に忠実な（true to yourself）ままでも他のスタンスを取ることはできる」と答えている。以上から，空所には true to *oneself* と同じ意味の形容詞が入るとわかる。選択肢の中では，(a)の authentic には「本物の，信頼できる」という意味の他に「元のものに忠実な」という意味があり，本文の文脈に置けば true to *oneself* と同様の意味を表すことができる。

D. 空所を含む部分の「彼の最初の反応と最後の…はいつも同じとは限らない」は，第5段（Isobel was in …）の「言うことが矛盾している，立場をころころ変える」の言い換えであると考えられる。また，CEO が最後に行うことを考えると，his final ～ は「最終的な命令，指示，立場」といった意味になると推論できる。よって，(d)「命令」が正解である。(a)には「意見」の意味があるが，「最終的な意見」では CEO の決定を表すには弱く，最適とは言えない。

設問2． **i．**「仕事における成功」という意味になるよう前置詞を入れる。ここでは，success in の in と同様に場所を表す at が正解。be good at ～ などの熟語と同じ at である。

ii． be rooted in ～ で「～に根差している」という熟語。

iii． deliver on ～ で「（約束や期待されたこと）を果たす・実現する」という意味。ここでは promises を先行詞とする関係代名詞（省略）を目的語に取っている。

iv．「CEO の言うことが反対する必要のないときには支持を表明し，…のときでも，それが最終決定になりそうでない限りは反射的に食ってかかるのを控える」という文脈。よって空所を含む when 節は「彼の言うことがおかしいとき，許容しがたいとき」といった状況を表すと推測できる。空所直前の veer は「向きを変える，曲がる」という意味の動詞で，方向の副詞（句）を後続させる。veer off course で「道を逸れる，話題が逸れる」の意味になる。この動詞を知らなくても，名詞 course が与えられていることから，「彼の言うことが許容できるコースを外れたとき」という意味になるよう，「～から離れて」という分離の意味を持つ(d)の off を入れればよいと見当がつく。

設問3． **(1)**　deploy は「機能する，配置につく」。この語を知らなくても，「戦ったり逃げたりなどの私たちの反射的行動が危険なあるいは未知の状況下で自動的に…する」という文脈に当てはまるのは，「機能する，発動する」といった意味合いの語であるとわかる。選択肢の中では(d)に「姿を現す」という意味があり，これが最も近い。

(2)　calibrate は「～を調整する，測定する」。(a)「～を調節・調整する」が正解。この語を知らなくても，第7段第3文（As a former …）に，イソベルは弁が立ち言葉の力が強いが，彼女はそのことを十分認識していないという指摘がある。よって，「自分の発言の強さをよりよく…することでよりうまく行くようになる」というとき，…に入る動詞は「～を抑制する・制御する」という意味合いであると推測できる。

(3)　pivot は「～を回転させる」。「イソベルを新しいやり方に…した」で，後ろに変化結果を表す into a new way が続くことから「～を…に変化させる」という意味の動詞だとわかる。(d)「～を移した，変化させた」が正解。

(4)　implication は本来「含意，意味合い」の意味だが，ここでは the implications「新しいアプローチの持つ意味」を次の文以降で具体化し，CEO と協調すれば（＝新しいアプローチをとれば）会議がよりスムーズになると述べられている。よって，ここでの the implications は新しいアプローチがもたらす結果を指していると言えるので，(b)「起こりうる結果」が最適。

設問4． 直前の第10段最終2文（We were all … directors feel safe?"）で勧められたアプローチは「共に傾く」（Lean With）。CEO らを心穏やかにすることが自分の役割だと考えてみる Lean With の実践を提案され，「そのアプローチを採用した」と続いているのだから，下線部は Lean With を指す。

設問5．　1．「本文によると，以下のうち4つのスタンスについて正しいのはどれか」

第3段第4文（In the more …）に「4つのスタンスは，指導者が人同士の関係性の選択肢をより多く認識し使用するのを助ける」とあり，直後で4つのスタンスが紹介されていることから，(c)「それらは人同士の関わり方への4つの手法を提唱している」が正解。(d)「それらはリアルタイムでは，しばしばそれぞれが協調して機能する」については，第3段第2文（Think how tennis …）のテニスプレイヤーになぞらえた説明から「スタンスを変える」とは考えられるものの，協調して機能するという記述は本文中にない。(a)「それらは本質的に『戦うか逃げるか』の現代版である」，(b)「それらは控えめに用心深く用いる必要がある」も本文中に記述がない。

2.「以下のうち下線部(A)を最も正確に説明しているのはどれか」

下線部は「内に傾く」（Lean In）の言い換えで，直後の文で，彼女はディベートが得意で弁が立ち，言葉の力が強いと述べられている。また，第3段の Lean In の説明には「決定・指示・先導・挑戦・対決」が含まれている。これを適切に説明するのは，(a)「根深い内向きの傾向」や(c)「過度に寛大な振る舞い」ではなく，(d)「過度に主張の強いアプローチ」である。(b)「非常に感情的な心の状態」は，Lean In の項目で述べられているような積極的なスタンスを取ることと感情的であることは一致しないので，不適である。

3.「以下のうち下線部(B)を最もよく言い換えているのはどれか」

下線部を含む部分の直訳は「CEO による彼女の活性化を中和する(neutralize)」。CEO と接しているときに彼女がどうするかの記述としては，第7段第4文（It was clear…）に「彼女の反射的な振る舞い」，第11段第5文（She decided that…）に「反射的に彼に食ってかかる」とある。よって「彼女の活性化」は「反射的に CEO に食ってかかること」を表しているので，下線部の言い換えとして近いのは，反射的＝衝動的と考えて，(c)「CEO が引き金となる彼女の衝動的な振る舞い」である。(a)「CEO が状況を悪化させないようにしたいという彼女の願い」は neutralize する必要がない。(b)「CEO と対立することへの彼女の恐れ」は，彼女がそれを恐れているという記述はない。(d)「彼女の CEO に対する誤解」は言及がない。

4.「なぜイソベルの場合は『共に傾く』が最もうまくはまったのか」

第11段第1文（Isobel immediately embraced…）「イソベルは即座にそのアプローチ（Lean With）を受け入れた。それが彼女の protective side に訴えかけたのだ」とある。which 以下が，Lean In が彼女にはまった理由を述べている箇所で，protective は「誰か（何か）を守る」という意味の形容詞である。 以上より(a)「彼女の人間性の他者を気遣う(caring) 側面と調和したから」が正解。(b)「『共に傾く』は彼女の本来のスタンスと似た前向きのアプローチであったから」は，第7段第2文（*Leaning In* —…）より，彼女の本来のスタンスは Lean In なので，内容に反する。(c)「CEO の矛盾を解決することが委員会に強い印象を与えたから」は，第 11 段第 4 文（In the *Lean With* …）の「CEO の矛盾を許容する」に反する。(d)「他のアプローチの価値を評価するには，CEO は攻撃的過ぎたから」は，CEO が過度に攻撃的だという記述はないので誤りである。第 6 段第 1 文（“I'm getting …）のイソベルの発言中の aggressive は彼女自身のことである。

語句・構文

（第 1 段）mindfully「注意深く，心して」 validate「～を承認する，～を法的に有効にする」 vantage point「有利な点」 be along for the ride「仲間である，参加している」

（第 2 段）spearhead「～の先頭に立つ」

（第 3 段）build on ～「～をあてにする，～をもとに事を進める」 hurtle「突進する，ばく進する」 reflex「反射作用」 discipline *A* to *do*「*A* が～するようしつける・訓練する」 diaphragmatic「横隔膜の」

（第 4 段）business line「事業分野」

（第 5 段）at loggerheads with ～「～と仲たがいして」 mercurial「気まぐれな」

（第 6 段）board meeting「役員会議」 ding「～をがんがん鳴らす・へこませる・打撃を与える・傷つける」

（第 10 段）draw on ～「～を参考にする・頼る」 groundbreaking「画期的な」

（第 11 段）alignment with ～「～と一列に並んで，～との提携・連合」

講評

例年通り，会話文 1 題，長文読解 4 題の出題。内容説明などの純粋な読解力を問う小問，文法・語法・語彙の知識を問う設問，読解力と文法力を総合的に問う語句整序，その他多様な設問形式で多角的に英語力を問うている。細部の設問形式にバリエーションはあるが，全体的な傾向や出題方針は例年通りと言える。ただし 2024 年度は，過年度に比べて会話文・長文の総語数が大きく増えたうえ，専門性が高い内容・語彙も含まれていた。また，正解を選ぶうえで悩ましい選択肢が各設問に含まれ，難度は高かったと推測される。

Ⅰ　会話文で，商談をダブルブッキングしてしまった社員が同僚に助けを求める内容。空所に適切な会話表現を文脈から判断して選ぶ設問１，同意表現を選ぶ設問２は例年通りの出題。設問２では選択肢にも会話表現が含まれ，会話表現に精通していることが求められている。設問３は後の長文問題でもみられる，和訳が提示されていない整序問題。よって文法構造と文脈を手掛かりに解くしかないが，不足する語があるために難度が高くなっている。設問４の和文英訳は標準的。

Ⅱ　情報技術論を扱った長文で，ネット上の情報が人々にどれくらい信用されているかを尋ねる機能を持つボタンが計画されていたことを紹介している。内容・語彙ともに専門性が高く，インターネットやソーシャルメディアを普段利用していても，それを深く論じることに慣れていない受験生にとっては難しかったのではないか。設問１の同意表現には，語彙レベルが高いものも含まれていた。基本的には文脈からの推測ではなく知識で解くことが求められているが，単純な同義語では正解できないものもあった。設問２の２は，本文の記述を一言で形容しているものを答えるので，やや難しい。設問３は和訳が与えられていない整序。空所の前後と文法的に破綻せずに接続するためには空所内をどのような構造にするべきかを丁寧に見極めることが求められる，非常に高度な問題。本文の内容がよほど正確に理解できていないと，おそらく文脈は解法のヒントにはならないであろう。設問４の表題を選ぶ設問は，本文のトピックがわかりやすいので，各選択肢を丁寧に検討すれば正解に辿り着ける。

Ⅲ　環境問題対策に関する文章。富裕層が環境への負荷の高いスーパーヨットやプライベートジェットを利用すると，それを見た一般人が環境に優しい行動をとらなくなってしまうため，そうした乗り物を利用する行為を糾弾しようと訴えている。本文の主張は強いトーンで書かれており，数ある環境問題の中でも，巨大な乗り物からの二酸化炭素排出による気候変動に話が絞られているため，論旨は容易に理解できる。しかし，文章が長く語彙レベルが高いうえに，設問が難しい。今回の５つの大問の中でも１，２を争う難しさではないか。設問１の同意表現は，下線部の語彙レベルがいずれも高く，文脈から意味を推測する必要があった。ただし選択肢は平易な語彙である。設問２の空所補充は，特に(a)が「環境フットプリント」という近年の環境用語を耳にしたことがないとかなり難しい。設問４は和訳の与えられていない並べ替えで，使用しない語が２つ含まれているために文法面からのアプローチだけでは正解にたどりつくのは難しいだろう。空所にどのような意味の句が入るべきかを文脈から推測することが必須だが，英文の文章展開に関する理解がないとこの推測は難しい。全体を通して屈指の難度の小問である。設問３と設問５の内容説明は比較的易しい。

Ⅳ　AIの発展に伴う危険性を扱った文章。AIが偏見を増幅したり私たちの思考や行動を操ったりする危険性に警鐘を鳴らし，それを防ぐために，AIを絶えず精査し，AI利用にあたって透明性を確保することが重要であると訴える。専門知識がなくても論旨は十分に理解できる，比較的読みやすい文章である。設問１の内容真偽は易しい。設問２の慣用表現の同意表現も，下線部の意味を文脈から推測するのはさして難しくない。設問３の単語・熟語の同意表現は，知識面からも文脈面からもアプローチできる。設問４の空所補充は，空所にどのような意味の語が入るかを推測して解くもので，解き方としては設問３とほぼ同様である。設問５は適切なディスコース・マーカー（談話標識）を入れる設問で，センテンス間，パラグラフ間の意味関係を正確に捉えられていれば解ける。設問６の内容真偽・内容説明は解答の根拠となる箇所が明快。この大問に付された小問はいずれも比較的取り組みやすかった。

Ⅴ　ビジネスの場で事をうまく成し遂げるためには，リーダーは目的達成のためのアプローチを複数持っていたほうがよいという理論を紹介し，中でも対人関係に関する４つのスタンスについて紹介する仕事論。ところどころ難しい語彙もあるものの，全体的には内容・語彙ともに平易で，設問もそれほど難しくない。設問１の空所補充と設問３の同意表現は，文脈を正確に理解していれば，該当箇所がどのような意味でなければならないかを推測できる。設問２の適切な前置詞を選ばせる空所補充は，(i)〜(iii)が語彙知識問題，(iv)が文脈把握問題であると言える。設問４の指示内容を問う設問は，直前に答えがあるので平易。設問５の内容説明は，各選択肢内の語彙レベルがやや高いが，根拠とすべき本文中の箇所は比較的わかりやすい。

比較的平易な設問と非常に難しい設問が混在し，読解英文も平易な内容のものと難しい内容のものとで構成されていた。総語数が大幅に増えたことと一部設問の難化により，全体として難化したと思われる。90分の試験時間内で解くためには，正確性とスピードを高いレベルで両立する必要があった。

日本史

1 解答

問A．2　問B．4　問C．2　問D．5　問E．4
問F．2　問G．4　問H．2　問I．4　問J．4

解説

《古代の内乱》

問A． 史料Ⅰは下線部イに見える磐井が527年に起こした乱について記したもの。出典は『日本書紀』。福岡県の岩戸山古墳が磐井の墓とされる。この古墳には埴輪の代わりと考えられる石人・石馬が立て並べられている。この特徴だけで古墳名を問う出題例もあるので注意しよう。

問B． 4．正文。新羅は唐と結んで百済を滅ぼした後，高句麗も滅ぼした。その後，朝鮮半島から唐の勢力を追い出して半島を統一した。1．「馬韓地域」ではなく辰韓地域。2．五経博士を日本に送ったのは百済。3．これは高句麗の説明。5．「11世紀初頭」ではなく10世紀。

問C． 物部氏の姓は連《むらじ》。当時，物部麁鹿火は大連《おおむらじ》の任にあった。

問D． 磐井の乱後，磐井の子の葛子《くずこ》は贖罪のために糟屋屯倉《かすやのみやけ》を献上した。「大王家の直轄領を指す語句が入る」などのヒントがないためやや難しい。史料問題の対策をする際に，屯倉の成立過程の一例として理解しておく必要があった。機械的な丸暗記学習に留まらないようにしよう。

問E． 東海道の鈴鹿関，東山道の不破関，北陸道の愛発関をあわせて三関という。それが史料にどう現れているかは知っていただろうか。史料Ⅱは『日本書紀』に見える壬申の乱についての記述。前段の部分が有名である。吉野で挙兵した大海人皇子は，鈴鹿関を越えて美濃で東国の兵を集め，不破関から近江大津宮に進軍しようとしていた。不破関を敵に抑えられてしまうと突破しにくくなるため，急ぎ軍を不破関に差し向かわせたのである。「［ホ］（不破）道を塞《ふせ》げ」とはその命を指している。細かい知識に感じるだろうが，史料問題では扱われやすい箇所であった。

一方，恵美押勝の乱について書かれた史料Ⅲは見慣れないもので，空欄ルは即答できなかっただろう。恵美押勝は近江国に逃走後，愛発関を越えて越前へ脱出しようとして官軍に捕らえられた。そこまで知らなかった受験生が多いだろうが，三関の位置まできちんと覚えていれば史料中の「近江」「越前国」から愛発関に絞り込めた。ここでも用語の単純暗記では太刀打ちできないことがわかる。

問F． 空欄へは壬申の乱で敗れた大友皇子が入る。「自ら縊《くび》れぬ」からわかるだろう。いっぽう空欄チは「曾孫」とあるので恵美押勝（藤原仲麻呂）の曾祖父藤原（中臣）鎌足が入る。

問G． 4．誤文。墾田永年私財法の制定を主導したのは聖武天皇のもとにあった橘諸兄。他の選択肢が正文と判断できる知識もつけておこう。

問H． 藤原仲麻呂政権下で757（天平宝字元）年に橘奈良麻呂の変が起こった。空欄リは「宝字元年」まで覚えていなくても選択肢を見れば絞り込める。空欄ヌは「寵愛」から道鏡と導き出せただろう。

問I．『日本書紀』などの六国史は編年体で書かれているため記事の頭に年月が書かれている。こうした史料問題では解答を導き出すための材料として，年月ごと引用していることが多い。『日本書紀』は神代から持統天皇までを，『続日本紀』は文武天皇から桓武天皇までをそれぞれ記したもの。

問J． 4．正文。磐井の乱は地方豪族の平定に成功，壬申の乱は宮廷内の内乱に勝利したという意味で「王権の伸長につながった」と言える。

1．「豪族に委ねられる」が誤り。2．「近江朝庭」は敗れた大友皇子の朝廷なので，政権の中心になれない。3．恵美押勝の乱の際に皇位にあった淳仁天皇は恵美押勝（藤原仲麻呂）が擁立した天皇。恵美押勝と敵対したのは孝謙太上天皇。5．「どちらも」「勝利した」が誤り。史料Ⅲの恵美押勝の乱では地方に逃れた恵美押勝が敗れた。

② 解答

問A． 4　**問B．** 4　**問C．** 2　**問D．** 1　**問E．** 5
問F． 3　**問G．** 1　**問H．** 4　**問I．** 5　**問J．** 3

解説

《鎌倉末期から南北朝期の内乱》

問A． 史料Ⅰは初見史料なので，空欄イは史料の下にある説明文をヒントにして考えよう。そうすると「悪党」を「武士や荘園領主が」抱えることを問題視していることが読み取れる。そうして史料に戻ると「地頭・御家人等」が武士にあたるので，空欄イには「荘園領主」を意味する語句が入るのだろうとわかる。選択肢のうち荘園領主を意味するのは「本所」だけである。

問B． 史料Ⅱは建武の新政について書かれた史料で，空欄ロ～ニは後醍醐天皇が発した言葉として大変有名である。現代語訳すると「現在先例となっていることは昔は新儀（新しい規則）にすぎなかった。私が定めた新儀は未来には先例となるだろう」となる。

問C． 下線部ホは「成良親王」が「関東」へ「下向」した際に「供奉」した者，つまり鎌倉将軍府を補佐した足利直義である。

問D． 史料Ⅲはいわゆる「正平《しょうへい》の一統《いっとう》」についての史料。一般的にはあまり出題されないできごとだが早稲田大学ではたびたび問われている。ここで詳しく説明する。観応の擾乱のさなかの1351年（南北朝時代は両朝で別々の元号を使っており，北朝では観応２年，南朝では正平６年にあたる），足利尊氏は対立する弟直義（理由は問Ｊの〔解説〕を参照）を討つため南朝に和睦した。これにより一時的な南北朝の合一がなされたことを正平の一統という。しかし直義を討った尊氏は再び南朝に背き，また京都を取り戻している。

　本問では尊氏が南朝に一時降ったことを知っていれば正解を導き出せたが，そうした深い学習をしていただろうか。史料中の２カ所目の空欄へは「公家の事」を「一円」任された側なので南朝方だろうと推測しよう。選択肢の２（北），４（将軍），５（幕府）はいずれも北朝方で同じ意味なので消去しやすい。

問E． 悪党は鎌倉時代後期に「畿内」に現れた土着の武士であることがポイント。ただしＹの正誤判別は難しかっただろう。悪党は地頭などの武士が中心だが，有力名主や商人出身の者も含まれていた。このため正文。Ｘ．前述の通り畿内に現れたので誤り。Ｚ．正文。悪党が集団行動をすることは推測できるだろう。実際には数百人で行動することもあった。

問F． 長崎高資は得宗北条高時のもとにいた内管領でよく出題される。その専制ぶりが御家人らの反感を生んだ。

問G． １．正文。２．楠木正成が挙兵したのは「伊勢」ではなく河内。悪党の１人であった。３．誤文。「懐良親王」ではなく護良親王。どちらも後醍醐天皇の皇子だが，懐良親王は征西将軍として九州にあり，一時は九州全域を制圧した。４．誤文。新田義貞は「畿内」に派遣されていない。

上野国で挙兵し鎌倉に攻め込んだ。5．誤文。北条時行は「自害」していない。鎌倉幕府滅亡後に中先代の乱を起こし鎌倉を占拠したことを思い出そう。

問H． 4．正文。史料中に「安堵の綸旨を下さるるといえども，所帯を召さるる輩恨みを含む」とあるのでわかる。1．記録所・決断所は「鎌倉時代からの役所」ではない。2．「つねに役所を通して」が誤り。史料中に「近臣臨時に内奏を経て」とあり内々に申し上げていることがわかる。3．「不変だった」が誤り。史料中に「綸言朝に変じ暮に改まり」とある。5．「不要だと…進言した」が誤り。史料中に見える「尊氏なし」は公家たちが「新政府の要職に尊氏がついていないのはどうしたことか」と不安がっていることを示している。この史料で注目されているポイントだった。

問I． dは正文。大内裏の造営のため乾坤通宝の鋳造や紙幣の発行が計画された。a．「守護を廃止」が誤り。建武の新政では国司と守護を併置した。c．「宇多天皇」ではなく天暦の治をおこなった村上天皇。

問J． 3．誤文。「足利直義」ではなく高師直。成立初期の幕府では尊氏が軍事統率権，直義が裁判権を行使していた。直義を支持したのは鎌倉時代以来の有力御家人層で，直義は従来の荘園秩序の維持をはかった。これに対し尊氏の執事高師直は，荘園を侵略しようとする畿内の急進的な武士らの要求を受けて直義と対立した。両者の対立ポイントを判別させておりやや難しい。しかも他の選択肢を正しいと断定するのも悩んだだろう。2．直義は高師直を討つため1350年に一時南朝に降伏しており正文。5．直義の死去後は子の足利直冬（尊氏の実子だが母の身分が低いため直義の養子となっていた）らが尊氏との抗争を続けた。

3　解答

問A． 4　**問B．** 5　**問C．** 1　**問D．** 3　**問E．** 2
問F． 2　**問G．** 5　**問H．** 4　**問I．** 5　**問J．** 1

解説

《江戸時代の文芸と百姓一揆》

問A． X．『浮世風呂』は式亭三馬による滑稽本。化政文化に属する。Y．『世間胸算用』は井原西鶴による浮世草子の町人物。元禄文化の文芸として有名なので順序がわかりやすい。Z．『仕懸文庫』は山東京伝による洒落本。宝暦・天明期の文化に属する。『浮世風呂』との順序が難しく感じられたかもしれないが，寛政の改革で洒落本が弾圧され，かわって現れたのが滑稽本であると理解できていれば容易にわかる。体系だった学習をしよう。

問B． 遠国奉行が置かれた町は幕府直轄地とされた根拠を覚えていると判別しやすい。

1．長崎はオランダ船と中国船が来航する港町。2．山田は伊勢神宮の門前町。3．日光には家康を祀った東照宮がある。4．新潟は幕府直轄の佐渡金山があった。5．博多は黒田氏が治める福岡藩に属していた。

問C． 1．正文。寺子屋は用語として簡単なせいかその説明文が正誤問題になることが多い。女性が教えることの有無と女子が学ぶことの有無が問われやすい。どちらもあった。

2.「幕府が定めた」が誤り。3．女性が「排除された」が誤り。貝原益軒の『女大学』などを用いた女子教育もなされた。4.「藩が設置した学校」として，岡山藩の閑谷学校のような庶民のための郷学（郷校）がある。5.「日常生活に関すること以上には広がらなかった」が誤り。幕府の法や道徳も教えられた。

問D． 下線部ニの 1739 年時点では，将軍は徳川吉宗であった。3．服忌令は将軍徳川綱吉のもとで発令されたので，これが正解。また，選択肢の3以外（足高の制や上げ米）が徳川吉宗時代だとわかれば，消去法で正解できる。

問E． 下線部ニに「鳥取藩」とあるので，鳥取県の旧国名である因幡《いなば》・伯《ほう》耆《き》を選ぼう。ちなみに1．長門・周防は山口県。3．丹後・丹波は京都府。4．播磨《はりま》・美作《みまさか》はそれぞれ兵庫県と岡山県。5．若狭・越前は福井県である。

問F． 2．誤文。「基準はなく」以降が誤り。江戸時代は大名知行制がとられ，大名らは与えられた石高に応じて軍役を負担した。このため石高に応じて一定数の兵馬を常備しなければならなかった。

問G． 5．誤文。下線部トに「1830 年代以降」とあるが，「村役人が将軍に直訴」する代表越訴型一揆がさかんだったのは 17 世紀。

問H． 史料の書名に「太平記」の文字が見える。『太平記』は南北朝の動乱を描いた軍記物語。南朝に同情する立場で叙述されていることを思い出して正解を絞り込もう。4の楠木正成以外はいずれも時代が合致しない。

問Ｉ. 下線部リに「武士」「民」「工」「商」とあるので士農工商を意味する「四民」を選ぶ。

問Ｊ. １以外が史料中にみえることを確認し，消去法で１を選ぼう。

２.「民も又願いの筋を申し上げる願方もあるべきに，国中騒動いたし，先殿の御心を痛ましむる」に相当する。３.「正罪正しき大君の勢い，家中上下押しなべて恐れ入てぞ敬いける」に相当する。４．空欄チに続く「智信勇を備え給うと，御家中在町残らず敬い奉る」に相当する。５．これを誤文として間違えそうだが，「徒党の張本ことごとく刑罰せしめ，獄門の木にかけさらし申すべしとて，正罪正しき」に相当する。

4 解答

問Ａ. ２・４　**問Ｂ.** ４　**問Ｃ.** ４　**問Ｄ.** １
問Ｅ. １・４　**問Ｆ.** ４　**問Ｇ.** ４　**問Ｈ.** ５
問Ｉ. ２　**問Ｊ.** ２

解説

《明治期の政治家３人の鼎談》

問Ａ. 空欄イが誰かを史料から特定する必要はなかった。「誤っているものを２つ」選べということは残る３つが同一人物（空欄イの人物）の説明でなければならない。この条件のおかげで空欄イが特定できる。選択肢の人物を見てみよう。１は伊藤博文。２は山県有朋。３は伊藤博文。４は桂太郎。ここまで確定させた時点で伊藤博文が２つある。ということは５も伊藤博文でなければ「３つが同一人物」にならない。この問題が巧妙なのは５の「長州藩出身」が伊藤・山県・桂のいずれにも相当する点である。しかしこれを伊藤博文の説明と読むしかないのである。

問Ｂ. ４．正文。日清戦争の賠償金の多くが軍備拡張費に使われたことはわかるが，それが「六割以上」だったかは判別しにくい。そこで消去法で解こう。

１.「積極財政による支出拡大」ではなく民力休養・政費節減を要求していた。２.「日清戦争」ではなく日露戦争。３．予算案を作成するのは「衆議院」ではなく内閣。５．地租は定額金納であるため「増減」しない。

問Ｃ. ４．正文。民党は政府と対立していた印象が強いため誤文と思った受験生もいるだろう。しかし外相陸奥宗光の条約改正交渉に反対していた対外硬派連合に自由党は含まれていない。そのうえ日清戦争後には自由党は第2次伊藤内閣と提携して板垣退助が内相に就いている。そうした知識をもとに正文と判別しよう。

1．大隈外相を襲ったのは「官吏」ではなく右翼活動家の来島《くるしま》恒《つね》喜《き》。大隈重信が創設した早稲田大学を受験するなら覚えておくべき人物である。2．「予定はなかった」が誤り。岩倉使節団は条約改正に関する予備交渉を目的としていた。3．青木周蔵外相が条約改正交渉に挫折したのは大津事件が起こったため。「外国人判事の任用問題」ではない。5．「日英通商航海条約」ではなく改正日米通商航海条約（日米新通商航海条約）。

問D． 1．誤文。「ドイツ」ではなくイギリス。

問E． 空欄ホの人物は4カ所目の空欄で特定するのがよいだろう。「去る二十一年入閣」とあるので1887（明治20）年におこった三大事件建白運動で辞任した井上馨外相の後任として入閣した大隈重信が浮かぶ。そのうえで選択肢を確認しよう。大隈重信は肥前（佐賀）藩出身なので1と4が大隈重信の条件に合致する。2と5は板垣退助を思わせるが，板垣では「去る二十一年入閣」という条件に合致しない。

問F． 4．正文。1867年に出された討幕の密勅や王政復古の大号令には岩倉具視が関与していた。

1・2はいずれも判別が難しいが，西園寺公望についての記述である。西園寺家は摂関家につぐ家格である清《せい》華《が》家《け》の一つで，西園寺公望はフランスに約10年間留学したことがある。3．八月十八日の政変では三条実美ら7人の公卿が追放されたが，そこに岩倉具視は含まれない。5．「大政奉還を促した」のは山内豊信（容堂）。

問G． 空欄トは自信を持って確定することは難しいが，「民間党は既に合同」や下線部リの「内務大臣」などをヒントに板垣退助を導きだそう。板垣が率いた自由党は，同じ民党の大隈重信率いる進歩党と合同し，前述の通り第2次伊藤博文内閣では内務大臣を務めていた。板垣退助は土佐藩出身で，同郷であるのは三菱をおこした岩崎弥太郎。ちなみに1の江藤新平は肥前（佐賀）藩，5の徳富蘇峰は熊本藩出身である。

問H． 空欄チの前後を解説する。空欄ト（板垣退助）は「侯」（伊藤博文）の辞表提出に驚き，空欄ホ（大隈重信）が引き受けるなら自由党を挙げて大隈に政権を委ねると言っている。

問Ｉ． 2．正文。第2回衆議院議員総選挙における内務大臣品川弥二郎による選挙干渉が有名。他の選択肢はそれぞれ1．工部大臣，3．文部大臣，4．陸・海軍大臣，5．宮内大臣についての説明。

問J． 2．正文。元老が大日本帝国憲法に規定されていないことはよく正誤問題で出題される。ここでは「天皇の補弼者」という表現にやや戸惑ったかもしれない。他の選択肢の誤りを判定して確実に正解しよう。

1．首相は天皇の「独断」ではなく元老の推薦で選ばれた。3．「憲法の条規に従う必要はなかった」が誤り。大日本帝国憲法第四条に「天皇ハ国ノ元首ニシテ統治権ヲ総攬シ此ノ憲法ノ条規ニ依リ之ヲ行フ」とある。この規定があるため「天皇の権限は万能無制限で絶対的なものではない」と解釈されて美濃部達吉が天皇機関説を唱えた。4．「最高機関と規定されていた」わけではない。規定されていたらのちに天皇機関説が問題になるわけがない。5．「帝国議会」と「天皇」を入れ替えると正文になる。大日本帝国憲法第五条に「天皇ハ帝国議会ノ協賛ヲ以テ立法権ヲ行フ」とある。

5 解答

問A． 1　**問B．** 3　**問C．** 5　**問D．** 2　**問E．** 4
問F． 歌舞伎　**問G．** 自由　**問H．** 滝廉太郎
問I． 工部　**問J．** 文展

解説

《近代の経済・明治期の芸術》

問A． 1．誤文。「貿易収支は黒字を維持していた」ではなく，ほとんど毎年のように大幅な赤字となっていた。黒字に転換するのは第一次世界大戦が始まってからである。4を誤文と間違えた受験生がいるかもしれないので説明すると，「外債発行」のかわりに受け取った金を日本銀行の金準備に繰り入れることにより「正貨危機が緩和」されたのである。

問B． 3．誤文。大戦当初は物価上昇率が賃金上昇率を上回ったため，実質賃金は低下した。「上昇し続け」が誤り。また「第1次産業から第2・第3次産業へと就業人口が移動」する産業構造の高度化がおこったのは戦後の高度成長期で，この時期ではない。

問C． 5．誤文。これは「大正期」ではなく昭和初期の説明。赤松克麿を中心に「日本国家社会党」が結成されたのは1932年。満州事変をきっかけとするナショナリズムの高揚が背景となったできごと。

問D. 2．誤文。「金融を緩和し，物価上昇をはかった」が誤り。金解禁に備えて緊縮財政をおこない物価引き下げをはかった。

問E. 4．電灯の普及については意外と正誤問題で問われるが，具体的にイメージしづらいせいか間違える受験生が多い。1887 年に日本初の電力会社である東京電燈会社が発電を開始し，まず大都市の中心部で電灯が実用化された。農村部も含めて広く一般家庭に普及するのは第一次世界大戦後である。このため「普及していなかった」が誤り。

問F. 空欄へは1つ目の空欄では特定しづらいが「小山内薫」がヒントになる。小山内薫は明治末期に2代目市川左団次らと自由劇場を組織し，大正期には土方《ひじかた》与志《よし》らと築地小劇場を創設した。これは明治時代の話なので前者のことだと考える。市川左団次は歌舞伎役者。明治中期には初代市川左団次が9代目市川団十郎・5代目尾上菊五郎とともに「団菊左時代」を現出していた。

問G. 自由劇場では西洋の近代劇が翻訳・上演された。島村抱月・坪内逍遙らが設立した文芸協会も同様で，これらは歌舞伎や新派劇に対して新劇といわれた。

問H.『荒城の月』は「春高楼の花の宴」で始まる歌曲で，作詞は土井《つちい》晩《ばん》翠《すい》，作曲は滝廉太郎だった。

問 I. 1876 年に設立された工部美術学校では西洋美術が教授された。のちに明治美術会を創立する浅井忠はここでイタリア人フォンタネージに西洋画を学んでいる。しかし国粋主義の風潮が高まるなかで工部美術学校は閉鎖された。

問 J. 文展は正式名称を文部省美術展覧会といい，1907 年に第1次西園寺公望内閣の文部大臣牧野伸顕の尽力で開設された。日本画，西洋画，彫刻の三部門の発表の場となった。

6 解答

問A. 三種の神器 **問B.** 東京タワー（日本電波塔）
問C. いざなぎ **問D.** 減反政策 **問E.** 1・5
問F. 4 **問G.** 1 **問H.** 4
問 I. 生活様式の画一化が進み，多くの国民に中流意識が広がった。(30字以内)

解説

《高度成長》

問A. 皇位継承の象徴としての三種の神器は鏡・玉・剣。

問B. ヒントが少ないため確信を持って解答するのは難しかったかもしれないが，文字数が指定されているのと漢字で苦しむこともないため正解できただろう。

問C. いざなぎ景気のさなかに日本のGNP（国民総生産）は資本主義国ではアメリカについで世界第2位となった。この年代が問われやすい。1968年である。

問D. 米の生産が過剰になると，その生産調整をはかって1970年から減反政策が始まった。年代を覚えていると正解しやすい。

問E.「すべて」選ばなければならないところが難しいが，選択肢のできごとはいずれも年代が問われやすい。1．ドッジ・ラインは1949年，2．国民所得倍増計画は1960年，3．経済協力開発機構（OECD）加盟は1964年，4．国際連合加盟は1956年，5．国際通貨基金（IMF）加盟は1952年。

問F. 高度成長が始まった岩戸景気のキーワードとしてアメリカの「技術革新」の成果を取り入れる「設備投資」が挙げられるが，選択肢に「設備投資」はない。選択肢に「技術革新」と対にされているのは「産業革命」「流通革命」「消費革命」の3語。このうち「産業革命」は明治時代のことなので論外。次に「流通革命」は高度成長期に商品の流通部門でおこったものでスーパーマーケットなどが発展した。それに先だっておこったのが「消費革命」で，家電製品・自動車などの耐久消費財が各家庭に爆発的に普及した。その大量生産体制を整えるための「近代化投資が経済を発展」させたわけである。

問G. 1．誤文。「東名高速道路」ではなく名神高速道路。

問H. 4．『仮面の告白』の著者は「大江健三郎」ではなく三島由紀夫。

問I.「漢字4字のキーワード」とは「中流意識」。マスメディアによって大量の情報が伝達されると生活様式の画一化が進み，国民の8～9割に「自分は社会の中層に位置する」という中流意識が広がった。リード文中に「マスメディアによる情報伝達」「所得・消費水準の向上」が書かれているのでそこには触れず，「生活様式の画一化」が進んだことと「中流意識」が広がったことを書けばよい。

講評

1　磐井の乱・壬申の乱・恵美押勝の乱という3つの内乱について記した史料を用いて6～8世紀の政治を中心に出題している。史料中の空欄はよく史料問題対策をしておいた上で，さらによく考える必要があるものばかりで点差がついただろう。

2　鎌倉時代後期の悪党・建武の新政・観応の擾乱について記した3つの史料を用いて政治分野を問う問題。有名史料は1つだけで，史料中にいくつも空欄があってよく考えないと正解できない。早稲田大学で問われやすい観応の擾乱についての細かい経緯も誤文選択問題で問われている。このあたりの時代は受験生によって習得度合いの落差が大きいため，正解率が合否に直結した可能性がある。

3　江戸時代の文芸から百姓一揆について記した初見史料を用いた問題。政治・社会・文化と広く出題されている。リード文や史料を読み解かなければ解けない問題が3つあり，手間取ると時間がかかってしまう。過去問でこうした初見史料を読解する問題を解いて慣れておく必要があった。

4　明治時代の有力政治家3人による鼎談の史料を用いためずらしい問題。各設問で問われている事柄の難度は高すぎるわけではないが，慎重に解いていかないと失点してしまう。問題を解く際のテクニックは〔解説〕にあるのでよく読んで確認してほしい。

5　早稲田大学では定番の近代の経済分野からの問題と明治期の演劇・音楽・美術についての問題。5つある誤文選択問題は例年より易化している。文化史分野からの5つの記述問題も比較的易しい。

6　高度経済成長期の経済分野を中心に問う問題。以前よりだいぶ易化しているのでほとんど正解したいところである。また30字の論述問題は求められているキーワードがわかりやすかっただろう。

世界史

I　解答

問A. 1　**問B.** 2　**問C.** 2　**問D.** 1　**問E.** 3
問F. 2　**問G.** 1　**問H.** 3　**問I.** 2　**問J.** 3
問K. 4　**問L.** 4

解説

《古代ローマの遺跡》

問A. 2．誤文。カルタゴはティルス出身のフェニキア人植民者がアフリカ北岸に建設した都市国家である。

3．誤文。フェニキア人はエーゲ文明後半のミケーネ文明が衰退した後に，地中海貿易に進出した。

4．誤文。線文字Bはミケーネ文明で使用された文字。これを解読したヴェントリスはイギリス人である。

問B. 1．誤文。鎖国政策を行ったのはスパルタである。

3．誤文。陶片追放では，6000票以上投票があったときに最多得票者は10年間国外追放となった。

4．誤文。スパルタの奴隷身分の農民はヘイロータイ（ヘロット）。ペリオイコイはスパルタの半自由民のことである。

問C. 2．誤文。シチリア島に植民市を築いたのはギリシア人とフェニキア人である。エトルリア人はイタリアのトスカナ地方を拠点とした。

問D. 1．フォロ＝ロマーノは「ローマ市民の広場」という意味である。

問E. 1．誤文。リキニウス・セクスティウス法により，2名のコンスルのうち1名が平民から選ばれるようになった。

2．誤文。元老院の決定に対する拒否権を与えられたのは，平民会で選出された護民官である。

4．誤文。十二表法が制定されたのは前5世紀半ば。伝承によれば，十二表法は12枚の銅板に刻まれたとされる。

問F. 1．誤文。終身独裁官となったのはカエサル。アウグストゥスは終身独裁官になっていない。

3．誤文。元老院からオクタウィアヌスにアウグストゥスの称号が与えられたのは，アクティウムの海戦（前 31 年）後の前 27 年である。

4．誤文。第 2 回三頭政治に参加したのはクラッススではなくレピドゥス。

問G． 1．メッシナはシチリア島北東部にある都市。この都市をめぐるローマとカルタゴの争いが，ポエニ戦争の発端となった。

問H． やや難。1．誤り。ホラティウスはアウグストゥス時代に活躍した抒情詩人である。アウグストゥスは前 27 年に元老院からアウグストゥスの称号を与えられ 14 年に死去している。

2．誤り。キケロはカエサルに対抗した人物で，前 43 年に暗殺されている。

4．誤り。『ローマ建国史』の著者はリウィウスである。

問Ⅰ． 難問。2．ハドリアヌス帝（位 117～138 年）は五賢帝の 3 人目。それまでの拡大路線から安定路線に転じ，ブリタニアにハドリアヌスの長城を築き，ローマの都市整備を行った。

問J． 難問。3．誤文。コンスタンティヌス帝の凱旋門は，コンスタンティヌス帝が四帝分治制時代の西ローマの単独皇帝となったことを記念して建設された。

問K． 4．ザマはカルタゴ南西の地。なお，ザマの戦いが行われた前 202 年は，劉邦が漢を建国した年でもある。

問L． 1．誤文。パリサイ派がユダヤ教の主流となったのは，対ローマ戦争である第 1 次ユダヤ戦争後のことである。

2．誤文。イエスはベツレヘムで生まれたと伝えられ，ガリラヤ地方のナザレで成長した。

3．誤文。パルティアの建国は前 3 世紀半ば。また，パルティアがササン朝に滅ぼされたのは 3 世紀（224 年）である。

Ⅱ　解答

問A． 2　**問B．** 1　**問C．** 4　**問D．** 1　**問E．** 4
問F． 4　**問G．** 1　**問H．** 3　**問Ⅰ．** 2　**問J．** 1
問K． 3　**問L．** 4

解説

《4～7 世紀の中国周辺地域史》

問A． 2．烏孫は前 2 世紀後半に大月氏を退けイリ地方に国を建てた遊牧民。五胡（匈奴・羯・鮮卑・氐・羌）が台頭するのは 4 世紀である。

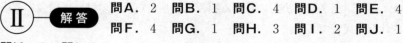

問B. 1．南越は前 111 年に武帝により征服され，南海 9 郡が置かれた。

問C. 4．竜門石窟は北魏の孝文帝が平城から洛陽に遷都した後に，その郊外に開削された。平城郊外に開削されたのが雲崗石窟である。

問D. 1．建康は三国時代の呉の都であった建業。東晋時代に建康と改称され，以後南朝の都が置かれた。その後一時衰退したが，明の都として復活し，南京と呼ばれるようになった。

問E. 4．司馬睿は西晋で起こった八王の乱を避けて建康に拠点を置き，316 年に西晋が匈奴に滅ぼされると，即位し東晋の初代皇帝（元帝）となった。

問F. 難問。4．劉裕は東晋の武将。420 年に東晋の恭帝の禅譲を受けて宋を建国した。1．陳覇先は南朝の陳，2．蕭道成は南朝の斉，3．蕭衍は南朝の梁の建国者。

問G. 1．楽浪郡は，前漢の武帝が前 108 年に設けた朝鮮 4 郡の一つ。現在の平壌を中心に朝鮮半島北西部を支配したが，313 年に高句麗に滅ぼされた。なお，2．帯方郡は 3 世紀に楽浪郡の南半分を割いて置かれた郡である。

問H. 3．漢城は現在のソウル。李成桂は高麗の武将であったが，倭寇撃退に実績をあげて台頭し，1392 年に高麗を倒して朝鮮王朝を開いた。

問I. 2．法顕は東晋の僧。陸路インドに赴き，グプタ朝のインドで仏教を学び，その後，海路帰国した。

問J. 1．金城は現在の慶州。仏国寺は，16 世紀の豊臣秀吉の出兵（壬辰・丁酉の倭乱）で木造部分は焼失し，多宝塔などの石造建造物だけが残った。なお，「高麗版大蔵経」で知られる 3．海印寺は韓国南部の慶尚南道にある。

問K. 3．安南都護府は北部ベトナムのハノイに置かれた。帰国に失敗した日本からの留学生の阿倍仲麻呂は，安南都護を務めている。

問L. 難問。4．渤海が高句麗の遺民と靺鞨人を統合して建国されたことを手がかりにすれば，新靺鞨を導ける。

III 解答 **問A.** 3　**問B.** 1　**問C.** 1　**問D.** 3　**問E.** 2
問F. 4　**問G.** 2　**問H.** 3　**問I.** 1　**問J.** 4
問K. 1　**問L.** 3

解説

《アメリカの二大政党制》

問A． 3．誤文。審査法が廃止されたのは1828年で，19世紀のことである。

問B． 難問。1．ヴァージニアに初めて黒人奴隷が輸入されたのは1619年だが，「主要な労働力としてイギリスから送られた」に注意。下層の民衆がイギリスから送り込まれて，白人年季奉公人となった。

問C． 1．デモクラティック＝リパブリカン党は民主共和党と訳される。現在の共和党と系譜的なつながりはない。デモクラティック＝リパブリカン党はジャクソンを大統領に当選させ，まもなく民主党と名乗るようになった。

問D． 3．難問。アメリカ合衆国憲法は，基本的人権などの人権条項については具体的な規定がなかった。そこで，1791年に憲法修正第1条から10条を「権利章典」として追加し，信教・言論出版の自由，集会・結社の自由などの基本的人権を規定した。消去法で対応したい。

問E． 難問。2．誤文。デフォルトは債務不履行のことで，利払いが遅れたり，元本の返済が不可能となること。デフォルトは金融市場を混乱させ，財政を不安定化させる。デフォルトの内容からハミルトンがそのような政策を採らないであろうことを推測したい。ハミルトンは戦時公債の額面どおりの返済を提案している。

問F． 4．孤立主義はアメリカと西欧諸国との相互不干渉を外交の原則とする立場。アメリカの伝統的外交スタンスだが，第一次世界大戦後に盛んになり，国際連盟への加盟を阻む一因となった。

問G． 2．カンザス・ネブラスカ法は1854年の制定。この法律により，1820年のミズーリ協定で奴隷州を認めないとした北緯36度30分以北に奴隷州が誕生する可能性が生まれた。同年に反対派は共和党を結成，奴隷制を巡る南北の対立を激化させた。

問H． 3．難問。すべての選択肢がジャクソンに当てはまるが，「名門の家柄を出自とする官僚たちによる政治支配が蔓延・継続するリスクが取り除かれ，連邦政府に対する政党の影響力がますます強まった」から判断したい。スポイルズ＝システムは，猟官制度と訳される。大統領選に勝った政党が，国家・州・地方の指定職公務員を指名する慣行である。

問Ｉ. 1. グラントは南北戦争後に共和党から立候補し，第18代大統領となった。

問Ｊ. やや難。4. 誤り。スムート＝ホーリー関税法はフーヴァー大統領が出した世界恐慌対策。高関税によって国内産業を保護しようとしたが，各国のアメリカへの輸出が減少し，世界恐慌をより深刻化させた。

問Ｋ. 1. 環太平洋連携協定は略称 TPP。2017年にトランプ政権がアメリカ第一主義を掲げて脱退を表明した。

問Ｌ. 3. レーガン政権では減税と軍事費増大により財政赤字が拡大。国債を売るため高金利政策をとったためドル高となり，輸入が増大，輸出が減少し，経常収支も赤字となった。

Ⅳ　解答

1. 1870　**2.** クルップ　**3.** 銀行〔銀行資本〕
4. 第2インターナショナル
5. パクス＝ブリタニカ　**6.** ロスチャイルド　**7.** 南アフリカ
8. 露仏　**9.** 世界政策　**10.** バルカン半島　**11.** 1917　**12.** キューバ
13. 棍棒
14. オスマン帝国に勝利したロシアはサン＝ステファノ条約でバルカン半島への進出に成功したが，イギリス・オーストリアの反対で条約は破棄されて新たにベルリン条約が成立し，地中海への南下は阻止された。(100字以内)

解説

《帝国主義時代の世界》

1. フランス＝プロイセン戦争は，スペイン王位継承問題をめぐるエムス電報事件を契機としてフランスのナポレオン3世がプロイセンに宣戦して1870年に開始した。

2. クルップ社は19世紀初頭ライン川流域のエッセンに，フリードリヒ＝クルップが鋳鋼工場を創設したのが始まり。「大砲王」と呼ばれた息子のアルフレートの代に，ビスマルクの保護を受けて軍需企業として躍進した。プロイセンの軍需産業の中心で，「死の商人」の代名詞になった。

3. 銀行資本と産業資本が結合された独占資本を金融資本という。第2次産業革命後の重化学工業の発展に伴い，大資本が必要となり，銀行資本が産業資本に大きな影響を及ぼすようになった。

4. 第2インターナショナルはドイツ社会民主党が中心になって結成された国際社会主義運動組織。1889年にフランス革命100周年を記念してパリで結成された。

5. パクス＝ブリタニカは「パクス＝ロマーナ」になぞらえたラテン語で，「イギリスの平和」の意味。19世紀半ば，イギリスが「世界の工場」と呼ばれた圧倒的な工業力と海軍力を背景に世界を圧倒する国力を持ったことで，国際的に比較的平和が保たれた時期を意味している。「世界の工場」と迷うかもしれないが，空欄直前に「海軍力を有して」とあるので「パクス＝ブリタニカ」がふさわしい。

6. 難問。ロスチャイルド家はヨーロッパ最大のユダヤ系国際金融資本。一族がヨーロッパの主要都市に支店を設けて，ヨーロッパに金融ネットワークを張り巡らした。スエズ運河会社株買収に際してイギリス政府に融資したほか，シオニズム運動にも多額の財政的支援を行っている。

7. イギリスは，南アフリカ戦争でトランスヴァール共和国とオレンジ自由国の領有権を獲得した。

8. 露仏同盟は1891年から1894年にかけて成立した。この同盟によるフランス資本流入を背景にロシアはシベリア鉄道の建設を開始した。

9. ヴィルヘルム2世の世界政策のもとで，海外領土獲得のため海軍が大拡張され，イギリスとの間で熾烈な建艦競争を繰り広げた。

10. ロシアの対外進出として「東アジア・中央アジア」以外の地域が求められているので，日露戦争に敗れたロシアが進出の矛先をバルカン半島に転換したことを考え，バルカン半島を正解としたが，西アジア，イランなども許容範囲と思われる。

11. ロシアでは1917年にロシア二月革命（三月革命）とロシア十月革命（十一月革命）が起き，史上初の社会主義政権が成立した。

12. キューバではホセ＝マルティの呼びかけで，1895年に第2次独立戦争が始まった。この独立戦争支援とハバナ港におけるアメリカ軍艦メイン号の爆沈事件を口実に，アメリカ合衆国側から開戦し，アメリカ＝スペイン戦争が勃発した。

13. セオドア＝ローズヴェルト大統領が「棍棒を手に，話は穏やかに」という格言をよく引用したことから，棍棒外交と呼ばれるようになった。

14. ロシア＝トルコ戦争後，1878年に締結された2つの講和条約であるサン＝ステファノ条約とベルリン条約締結の経緯と両条約がもたらした結果が求められている。

2つの講和条約の内容を説明する問題ではないので注意したい。ロシア＝トルコ戦争に勝利したロシアは，サン＝ステファノ条約でルーマニア・セルビア・モンテネグロの独立と，ロシア保護下でのブルガリアの自治国化と領土拡大が認められた。これにより，ロシアの勢力はバルカン半島に及ぶことになり，その南下政策は成功したかにみえた。しかし，イギリス，オーストリア＝ハンガリー帝国が反発，ドイツのビスマルクが「誠実な仲買人」と称して調停に乗り出し，サン＝ステファノ条約が破棄され，ベルリン条約が結ばれた。これによりルーマニア・セルビア・モンテネグロの独立承認，オーストリアのボスニア・ヘルツェゴヴィナの統治権獲得，イギリスのキプロス島占領が認められた。また，ブルガリアは領土が縮小されオスマン帝国下での自治国化が認められたことから，ロシアの南下政策は挫折した。

講評

Ⅰ　フォロ＝ロマーノやパンテオンなど古代ローマの遺跡をテーマにした問題。古代ローマの政治史を中心に，古代ギリシア史についても問われている。問Hと問Ｉはやや細かい年代知識が必要で難しい。問Ｊは2と3が消去法で対処出来るが，1のブルンディシウムという地名と3の単独皇帝の正誤の判断が難しい。問Cと問Gは地理的知識が必要となる問題で，日頃から地図に目を通す習慣が求められている。

Ⅱ　4～7世紀の中国周辺地域史で，2年連続して中国の周辺地域から出題された。五胡など北方の遊牧民の活動，朝鮮半島，ベトナムの動向を中心に問われているが，仏教史からの出題もみられる。問Fはすべて南朝の建国者で難問。問Lは難問だが，渤海を建国したのが靺鞨人であることを思い出せば正答できる。その他は教科書レベルの知識で対応できる問題ばかりなので，ここは確実に得点しておきたい。

Ⅲ　二大政党制の歴史をテーマにした問題。アメリカの二大政党の歴史を中心に，イギリスのトーリ党・ホイッグ党についても問われている。問Bは難問で黒人奴隷と間違えやすいが，設問文をよく読むことで白人年季奉公人と判断したい。問Dの権利章典は教科書に記載がなく難問。問Eも教科書レベルを超えた内容の選択肢があり難しい。デフォルトの意味がわかるかがカギとなるが，早稲田大学商学部の受験生なら知っておきたい経済用語である。問Hのスポイルズ＝システムも難問であった。問Jのスムート＝ホーリー関税法は商学部で2020年度に出題されたことがある。問Kは2010年代からの出題で，日頃から現代情勢に関心を払っているかが問われている。

Ⅳ　帝国主義の時代をテーマにした問題。ドイツ・イギリス・ロシア・アメリカの帝国主義を中心に，第2次産業革命や社会主義運動についての知識も問われている。6のロスチャイルド財閥は細かい知識だが，それ以外は教科書レベルの標準的問題で，1と11の直接年代を問う問題も易しい。14の論述問題はロシア＝トルコ戦争の2つの講和条約締結の経緯と，もたらした結果についての説明であるが，コンパクトにまとめるのに意外と苦労するかもしれない。

2024年度は2023年度に比べると教科書レベルを超える内容を含む問題が若干減少し，Ⅳの空所補充問題もほぼ標準レベルであったので，全体として難易度はやや易化した。しかし，正誤の判定に時間のかかる問題が多く，例年通りハイレベルな問題である。

政治・経済

I　解答

問１．A．人類　B．公衆衛生
C．国際連合憲章〔国連憲章〕　D．世界人権宣言
E．私人
問２．(ア)・(エ)　問３．(イ)・(ウ)　問４．(ア)・(ウ)　問５．(ウ)・(エ)
問６．(イ)・(ウ)　問７．(イ)・(エ)

解説

《基本的人権について》

問１．A． 憲法第 97 条では基本的人権が「人類の多年にわたる自由獲得の努力の成果」によって獲得されたと述べている。

B． 憲法第 25 条は第 2 項で国家には国民生活保障の義務があることを明確にしている。公衆衛生とは国や自治体が，国民の健康を守るために保健所を中心として感染症対策を行ったり，環境整備を行ったりすること。

C． 国際連合憲章（国連憲章）は国連の目的や精神，その任務の基本的な方針や国連組織などについて定めたもので，国際社会における憲法の役割を果たしている。

D． 世界人権宣言は，大西洋憲章や国際連合憲章で人権尊重が唱えられてきたなかで，各国が達成すべき共通の基準として 1948 年の第 3 回国連総会において採択された。

E． 三菱樹脂事件で最高裁判所は，私人間には憲法の規定は直接適用されず，民法の公序良俗などの概念の解釈のなかに憲法の趣旨を取り入れることで憲法が間接的に適用される，とする間接適用説を示した。

問２． (ア)正しい。生存権に関する規定は，衆議院の審議の過程で追加されたものである。

(エ)正しい。社会権を保障するためには，福祉国家理念に基づき，国家は国民の生活の保障を目指す必要がある。

(イ)・(ウ)誤り。憲法の条文で生存権を世界で初めて明記したのはドイツのワイマール憲法である。

問３． (イ)正しい。最高裁判所は，憲法第 25 条の定める生存権に基づいた

具体的な立法措置に関する決定は「立法権の広い裁量に委ねられる」とした。

(ウ)正しい。家屋明渡の債務不履行に対して裁判所が明け渡し命令を出すのは住民の生存権を侵害するものではない。

(ア)誤り。最高裁判所は憲法の規定を，国の政治的指針を示したもので，個々の国民に対して具体的権利を賦与したものではないとしている（プログラム規定説）。

(エ)誤り。最高裁判所は，社会保障上の施策である生活保護について，外国人は生活保護法の保護の対象外であるという判決を下した。

問4．(ア)正しい。国際人権規約は世界人権宣言（1948 年採択）の内容を条約化したものでＡ規約（社会権規約）は法的拘束力を持つ。

(イ)誤り，(ウ)正しい。Ａ規約，Ｂ規約の第１条で民族自決権を明記している。

(エ)誤り。Ｂ規約は死刑を禁止しておらず，日本はＢ規約を批准している。ただし，死刑廃止の実質的義務を定めたＢ規約第２選択議定書は未批准である。

問5．(ウ)正しい。難民の地位に関する条約は戦争や政治的・集団的迫害などを国外に逃れざるを得ない政治難民の庇護や定住を確保する内容で，1951 年に国連全権会議で採択され，日本は 1981 年に批准している。

(エ)正しい。拷問禁止条約は取り調べ時の拷問を犯罪として刑罰の対象とする内容で 1984 年に採択され，日本は 1999 年に批准している。

(ア)誤り。日本は国内法が未整備という理由で，集団殺害罪の防止及び処罰に関する条約（ジェノサイド条約）は未批准である。

(イ)誤り。移住労働者等権利保護条約は 1990 年に国連で採択されたが，日本は未批准である。

問6．(イ)正しい。「ビジネスと人権に関する指導原則」は，企業の規模や運営状況，業種等に関係なく全ての企業に対して，人権を尊重する責任を果たすことが期待されている。

(ウ)正しい。人権デューディリジェンスとは，企業活動が人権を侵害していないか常に点検し，人権侵害に対して確実な救済策を講じ，ステークホルダー（利害関係者）との対話を続ける取り組みのこと。「指導原則」では，ステークホルダーの人権尊重を確保するために，人権デューディリジェンスを実施することを企業に求めている。

(ア)誤り。国家が人権を保護する義務と並んで，企業にも人権を尊重する責任があると明文化している。
(エ)誤り。人権侵害を受けた者の救済へのアクセスを確実にするよう国家に求めると同時に，企業にも苦情処理の仕組みを検討することを求めている。
問7． (イ)正しい。オーストラリアでは，2018 年に現代奴隷法が制定され，一定の要件を満たす企業を対象に，サプライチェーンとそのオペレーションにおける現代奴隷のリスクを評価・分析し，報告することを義務付けている。
(エ)正しい。カリフォルニア州では，サプライチェーン上の奴隷労働や人身売買をなくす取り組みをホームページなどで開示することを義務付けるサプライチェーン透明法が 2012 年に成立した。
(ア)誤り。イギリスの現代奴隷法は，対象となる企業の設立場所を限定していない。
(ウ)誤り。ドイツでは，一定の要件を満たす企業に対し，サプライチェーンにおける人権と環境の注意義務の適切な遵守を義務づけるサプライチェーン・デューディリジェンス法が 2023 年に成立した。

Ⅱ　解答

問1． (ア)　**問2．** (エ)
問3． Sustainable Development Goals
問4． ストック・オプション　**問5．** (ア)　**問6．** (イ)　**問7．** (ア)
問8． (エ)　**問9．** (イ)　**問10．** (エ)　**問11．** (ウ)　**問12．** (エ)　**問13．** (ウ)

解説

《市場メカニズムと企業の行動》

問1． (ア)が正しい。2022 年 4 月より東京証券取引所は時価総額が特に大きな企業を対象とする「プライム市場」，一定の時価総額がある企業を対象とする「スタンダード市場」，ベンチャー企業を主に対象とする「グロース市場」の 3 つに区分している。
問2． 株主のインカムゲインは株式を保有していることによって得られる利益で，配当が該当する。一方で，株主のキャピタルゲインは株を売却することによって得られる株価差益を指す。一般に株主は配当を受け取ることと株価差益を得ることを株式保有の主な目的としている。よって(エ)が正しい。

問3. 2016年から2030年までの期間で国連が実現目標に掲げた「持続可能な開発目標」のことで，Sustainable Development Goals が正しい。

問4. ストック・オプションが正しい。企業が経営者や従業員に与える自社株を一定価格で購入する権利で，新株予約権の一種である。会社への帰属意識を高める効果があるという理由で1997年の商法改正で正式に導入されることになった。

問5. (ア)が正しい。完全競争市場の特徴には「製品の差別化がないこと」「需要者・供給者とも多数存在して両者ともに価格支配権を持たないこと」が挙げられる。他にも，市場への参入・退出が自由であること，情報の対称性が成立することなどがある。

問6. (イ)が正しい。本問では需要曲線と供給曲線が直線の式で表されているので，$Q=6P-120$（供給曲線）と $Q=-3P+420$（需要曲線）の交点を求めると均衡価格Pと均衡数量Qが求まる。

$6P-120=-3P+420 \qquad P=60$

よって　$Q=6\times60-120=240$

問7. (ア)が正しい。均衡価格より価格が低い場合，需要が供給を上回る超過需要が発生する。

問8. (エ)が誤り。(ア)正しい。市場メカニズムとは価格変動によって資源配分が行われること。(イ)正しい。超過需要が発生すると企業の価格引き上げ→需要の減少→供給の増加が生じ，最終的に均衡価格に行き着く。これを価格の自動調節機能と呼ぶ。(ウ)正しい。需要と供給の法則は財の数量と価格が需要と供給によって実現することを指す。

問9. (イ)が正しい。傾きが急な需要曲線は，価格変化に対する需要の変化が小さい，つまり需要の価格弾力性が小さい。このような財は生活必需品である。

問10. (エ)が誤り。粉飾決算は，会社法や税法違反の対象となったり刑法で詐欺罪が適用されたりするが，独占禁止法違反の行為ではない。

問11. (ウ)が正しい。日銀が買いオペレーションを行うなどの金融緩和政策を実施すると，市中金利が下がるので，個人や企業の新規借り入れが増え，マネーストックが増加することになる。

問12. (エ)が正しい。金利（貸出金利）が上昇すると，企業は返済時に支払う金利（利子）が増えることを懸念して，銀行からの借り入れを減少させる傾向にある。この結果，企業は設備投資を縮小せざるを得なくなる。

問13. (ウ)が正しい。円高によって日本商品の外貨建て価格が上昇することで，輸出産業が停滞し円高不況が発生する可能性が高くなる。一方で円の価値が高くなっているので海外の財やサービスを安く購入できるようになり，海外の土地や建物を購入する直接投資を増やして生産拠点を海外に移す企業が増える可能性がある。

III 解答

問1. (ウ)　**問2.** 1.26　**問3.** リカード　**問4.** (エ)
問5. (ア)　**問6.** ウェーバー　**問7.** (イ)　**問8.** (オ)
問9. (ア)　**問10.** a―(イ)　b―(エ)　c―(ア)　d―(イ)　**問11.** (ウ)

解説

《経済思想と賃金》

問1. (ウ)正しい。全国家計行動調査等によって算出される標準生計費は引用文の「労働者たちが，平均的にみて，生存し，…必要な価格」に該当するので「労働の自然価格」の概念に近い。「人手不足で上昇した賃金」は引用文の「労働は稀少なときに高く，豊富なときに安い」に該当するので「労働の市場価格」の概念に近い例になる。

(ア)誤り。卸売物価指数，消費者物価指数ともに商品市場における概念である。

(イ)誤り。最低賃金法によって定められる最低賃金が「労働の自然価格」に，企業から実際に支払われる賃金は「労働の市場価格」にそれぞれ近い概念になる。

(エ)誤り。年功序列によって積み上げられた賃金は「労働は稀少なときに高く，豊富なときに安い」に該当しないので「労働の市場価格」の概念に近い例とはいえない。

(オ)誤り。深刻な人手不足は「労働の市場価格」に影響する指標であり，報酬比例賃金は「労働の自然価格」に近い概念である。

問2. 有効求人倍率は仕事数（求人数）÷労働者数（求職者数）で求めるので，本問では242万人÷192万人＝1.26（小数点3位四捨五入）となる。

問3. 『経済学および課税の原理』はリカードが1817年に発表した。この書物でリカードは生産物の価値はその生産に必要な労働量によって決まるとする労働価値説を展開し，さらに比較生産費説で自由貿易の利益について主張した。

問4． 最適なのは㈤「相続財産額の宗派別分布」である。プロテスタントの相続財産額が多いことを示せれば，親から資本や経営的地位を引き継いでいることがわかり，引用文の主張が成り立つ。

問5． ㈠正しい。「彼ら（プロテスタントたち）が比較的有利な財産条件をすでに与えられているということ」以外に「近代経済における資本所有と経営的地位を今日プロテスタントたちがより多く占めているという事実」を導く要因があることを示す例として「独自な宗教倫理」は適切。㈡は誤り。「彼らが比較的有利な財産条件をすでに与えられていること」のみについて述べている。㈢・㈥誤り。引用文の内容に合わない。㈤誤り。引用文の内容とは無関係である。

問6．『プロテスタンティズムの倫理と資本主義の「精神」』（1904年）の著者はドイツの社会学者，経済学者であるマックス＝ウェーバー。近代の資本主義社会の成立がプロテスタントの勤勉さ，禁欲的な生活態度とどのように関わったかを述べた。

問7． ㈡正しい。国富は国民総資産から国民総負債を差し引いたもので，内訳は有形非生産資産（土地など），有形固定資産（工場・機械など），無形固定資産（特許権など），在庫，対外純資産である。㈠誤り。社会資本は国富に含まれるが，国富全体を表すわけではない。㈢誤り。これは対外資産を示している。㈤・㈥誤り。フローの概念である国民所得を示す。国富はストックの概念である。

問8． ㈥正しい。引用文【3】の著者は，『諸国民の富』を記したアダム＝スミス。18世紀のイギリスで市場メカニズムの重要性を説いた。
㈠誤り。国内の幼稚産業を保護する目的で保護貿易を提唱したのはリストである。㈡誤り。消費者が大企業に拮抗する力が市場を成り立たせていると主著『ゆたかな社会』で主張したアメリカの経済学者はガルブレイスである。㈢誤り。18世紀のイギリスで人口増加のメカニズムを解明したのはマルサス。㈤誤り。20世紀のアメリカで鉄道等の大企業による価格支配の成立を主張したのはA.D.チャンドラーである。

問9． ㈠正しい。実質賃金は名目賃金（労働者が実際に受け取った給与）から消費者物価指数に基づいた物価変動の影響を差し引いて算出した額で，労働者が自身の給与で購入できる財やサービスの量を示すため，個人消費の動向にも影響する。(イ)誤り。実質賃金の計算に必要なのは「消費者物価上昇率」ではなく「消費者物価指数」。(ウ)誤り。(エ)誤り。給与所得から税金と保険料を除いた額は，可処分所得。(オ)誤り。確定申告で「住宅ローン控除」を適用した後の所得の説明である。

問10. **a.**「労働者は…抵抗する」より，賃金の(イ)下落があてはまる。

b. インフレ時は貨幣価値が下がり，賃金が目減りするので，(エ)インフレが入る。

c. インフレなので，物価は上昇している。賃金を物価にスライドさせるということは，賃金を物価に合わせて上昇させることを意味するので(ア)上昇があてはまる。

d.「労働者から激しい反発が予想される」との記述より，名目賃金を(イ)下落させる，が入る。

問11. (ウ)正しい。『雇用・利子および貨幣の一般理論』で政府が積極的に有効需要を創出すべきと説いたのはケインズである。(ア)誤り。投下労働価値説はリカードが提唱した。(イ)誤り。限界効用価値説を提唱したのはワルラスらである。(エ)誤り。通貨供給量の変動を重視したのはフリードマンらマネタリズムの主張である。(オ)誤り。剰余価値説を提唱したのはマルクスである。

出典追記：ケインズ『雇用・利子および貨幣の一般理論』塩野谷祐一訳，東洋経済新報社

Ⅳ 解答

問1. (ウ) **問2.** (ウ) **問3.** (エ) **問4.** (イ) **問5.** (ア)
問6. (オ) **問7.** (エ) **問8.** (エ)
問9. 雇用保険，労働者災害補償保険〔労災保険〕 **問10.** (イ)
問11. (ウ) **問12.** 596

解説

《財政と社会保障》

問1. 税Aはここ30年間税収項目の1位をほぼ占めていて，2020年に税Cの収入を下回っているので，税Aは所得税，税Cは消費税と判断できる。消費税率が2019年10月に10%に引き上げられたのを受け，2020年は税収における消費税の割合が増加した。残る税Bが法人税となる。法人税は国税のなかでは消費税，所得税に次いで多い。

問2. (ウ)誤り。橋本龍太郎内閣の財政構造改革の内容は①消費税の5%へ

の引き上げ②所得税の特別減税の打ち切りであった。また景気後退時に財政再建を優先して増税や健康保険の自己負担比率を引き上げたため，政府の収入は増えたが，国民の可処分所得が減少し，その結果，消費が低迷し，企業の倒産が増えるなど不況が深刻化した。

問3． 税Cは消費税。(エ)誤り。基準期間中1000万円より低い課税売上高の場合でも，特定期間における課税売上高など，一定の事由に該当する場合には課税事業者となる。(ア)正しい。消費税は法人税や所得税に比べて税収が景気動向に左右されにくく，子どもから高齢者に至るまで広く多くの国民に課すことができる。(イ)正しい。現在，消費税率10％のうち国税分は7.8％，地方税分は2.2％。(ウ)正しい。消費者は消費税の税負担者ではあるが，消費税の納税義務者は小売店などの事業者である。

問4． (イ)が正しい。税Cは消費税。1997年の消費税率5％への引き上げ時に国税分は4％に，2014年の消費税率8％への引き上げ時には国税分6.3％に，2019年の消費税率10％への引き上げ時に国税分が7.8％となった。

問5． (ア)が誤り。2008年9月に発生したリーマンショックの影響はアメリカだけにとどまらず，世界各国で経済が一気に下降した。輸出に依存して景気拡大してきた日本にも円高と株価下落という形で波及し，景気が急激に悪化した。

問6． (オ)が正しい。ストックは一定時点において企業や家計が保有する資産を集計したもので，生産設備などの資本ストック，住宅や土地などの実物資産ストック，株式や債券などの金融資産ストックがある。

問7． (エ)が正しい。2024年度末の国債残高を2023年度末の国債残高よりも減らすには，歳入面での新たな借金（公債発行）を減らす一方で，歳出面ではこれまでの借金の返済を増やす（償還金を増やす）ことが必要である。

問8． (エ)が正しい。財務省資料によると，2022年12月末時点の国債保有者別内訳は日銀（46.3％），民間金融機関（14.6％），年金（公的年金，年金基金：6.2％），家計（1.1％）であった。

問9． 日本の社会保険は医療保険，年金保険，雇用保険，労働者災害補償保険（労災保険），介護保険の5種類である。雇用保険は被保険者が失業した場合に，保険金を給付し，労働者の生活の安定をはかる。労災保険は業務災害（仕事が原因の負傷・病気・死亡など）と通勤災害について，本人や遺族に補償金を給付する。

問10. (イ)被保険者が正しい。介護保険は，サービス利用者である被保険者が原則１割負担し，残りの９割は保険料と公費で半分ずつ負担する。

問11. (ウ)が正しい。内閣府資料によると 2022 年度の名目 GDP は 566.5 兆円なので，計算すると 134.3 兆円÷566.5 兆円≒0.237…となる。よって 2023 年度予算の社会保障給付費は 2022 年度名目 GDP の約 24％となる。

問12. 求めたい「消費」を X 兆円とおく。消費税率９％を乗じた $X\times0.09$ が消費税収のうち社会保障給付に割り当てる分である。一方で社会保障給付費の公費負担（40％）金額は，条件から 134 兆円×0.4＝53.6 兆円となる。消費税収だけで社会保障給付費の公費負担割合をすべてまかなうので，$X\times0.09=53.6$ 兆円で計算できる。これを解くと $X=595.555\cdots$ となり，小数点一位を四捨五入して $X\fallingdotseq596$ 兆円となる。

講評

Ⅰ　基本的人権の保障についての知識を問う出題。問１の空欄補充は基本的な内容。問５の移住労働者等権利保護条約は難しかった。また問６・問７の正誤問題で「ビジネスと人権に関する指導原則」についてかなり細かい知識が問われたが，全体的には標準レベル中心の出題と言える。

Ⅱ　市場メカニズムと企業の行動に関する出題。全体的に基本的な内容の出題だが，論理的に考える出題も多かった。問１で現在の東証の市場区分を問う時事的な問題が出題された。問 11 の金融緩和，問 12 の金利上昇時の企業の行動，問 13 の円高が予想されるの際の企業の行動などは知識だけでは対応できない出題であった。

Ⅲ　経済思想と賃金について考察する問題。経済学者の主著の引用文の理解を具体的な状況に即して思考させる出題が多く，知識だけでなく読解力・思考力が要求される問題が多かった。問２の有効求人倍率の計算や問３・問６の著者名を問う記述問題は確実に正解したい。

Ⅳ　財政と社会保障など経済総合問題であった。問８の国債保有者内訳の理解についての問題はやや細かい知識が問われた。問 12 の計算問題は設問の条件をよく読んで方程式が作れたら容易であった。

例年のレベルからみれば，2024 年度は標準的な出題であったと言えるだろう。

数　学

1

発想

(1)　「$|x|<c \iff -c<x<c$」の変形をすると計算が面倒なので，絶対値の中身を通分して正負の判定をし，絶対値記号を外すことで不等式を解く。

(2)　$a_i>0$ と $\displaystyle\sum_{i=1}^{n-1}\frac{a_i}{a_{i+1}}<1$ より，$\dfrac{a_1}{a_2}<1$，$\dfrac{a_1}{a_2}+\dfrac{a_2}{a_3}<1$，$\dfrac{a_1}{a_2}+\dfrac{a_2}{a_3}+\dfrac{a_3}{a_4}<1$，……のすべてが成り立つ。簡単な条件から吟味して，a_2，a_3，a_4，……の順に決定していく。

(3)　底を C とする対数をとり，$\log_C a_n=b_n$ とおくことで数列 $\{b_n\}$ の漸化式を作る。$\dfrac{2n+1}{n(n+1)}=\dfrac{n+(n+1)}{n(n+1)}$ として考えることで，等比数列に帰着させる。

(4)　微分を利用して直線PA，PBの方程式を求める。因数分解を利用して定積分の計算を工夫し，面積を s，t で表す。

解答　**ア．** 1937　**イ．** 40　**ウ．** $C^{2n(-1)^{n-1}-1}$　**エ．** $t=s^2-\dfrac{36}{25}$

解説

《小問4問》

(1)　$n\geqq 1$ に注意して

$$\left|\frac{2024n}{1-46n}+44\right|<\frac{1}{2025}$$

$$\left|\frac{2024n+44(1-46n)}{1-46n}\right|<\frac{1}{2025}$$

$$\left|\frac{44}{1-46n}\right|<\frac{1}{2025}$$

$\dfrac{44}{1-46n}<0$ より

$$\frac{44}{46n-1}<\frac{1}{2025}$$

$46n-1>0$ より

$$89100<46n-1$$

$$\therefore \quad n>\frac{89101}{46}$$

$\dfrac{89101}{46}=1936.9\cdots$ であるから，求めるものは

$$n=1937 \quad \to ア$$

(2)　条件より，$n\geqq 2$ で

$$a_{i+1}{}^3<27a_i{}^4 \quad \cdots\cdots ①$$

$$\sum_{i=1}^{n-1}\frac{a_i}{a_{i+1}}<1 \quad \cdots\cdots ②$$

$a_1=1$ と①より

$$a_2{}^3<27a_1{}^4$$

$$a_2{}^3<27$$

$$\therefore \quad a_2<3$$

さらに，a_2 は正の整数であり，②より $\dfrac{a_1}{a_2}<1$ つまり $1<a_2$ であるから

$$a_2=2$$

よって，$n\geqq 3$ のとき，①より

$$a_3{}^3<27a_2{}^4$$

$$\therefore \quad a_3{}^3<432$$

$7^3=343$，$8^3=512$ より

$$a_3\leqq 7$$

さらに，a_3 は正の整数であり，②より

$$\frac{a_1}{a_2}+\frac{a_2}{a_3}<1 \quad つまり \quad 4<a_3$$

であるから

$$a_3=5,\ 6,\ 7$$

以下，$n\geqq 4$ のときを考える。

(i)　$a_3=5$ のとき

①より　　$a_4{}^3<27\cdot 5^4$

②より　$\dfrac{a_1}{a_2}+\dfrac{a_2}{a_3}+\dfrac{a_3}{a_4}<1$　$\therefore$　$50<a_4$

よって　$50^3<{a_4}^3<27\cdot5^4$

$50^3=200\cdot5^4$ であるから，これを満たす a_4 は存在せず不適。

(ii)　$a_3=6$ のとき

①より　${a_4}^3<27\cdot6^4$

②より　$\dfrac{a_1}{a_2}+\dfrac{a_2}{a_3}+\dfrac{a_3}{a_4}<1$　$\therefore$　$36<a_4$

よって　$36^3<{a_4}^3<27\cdot6^4$

$36^3=36\cdot6^4$ であるから，これを満たす a_4 は存在せず不適。

(iii)　$a_3=7$ のとき

①より　${a_4}^3<27\cdot7^4$

②より　$\dfrac{a_1}{a_2}+\dfrac{a_2}{a_3}+\dfrac{a_3}{a_4}<1$　つまり　$\dfrac{98}{3}<a_4$　つまり　$33\leqq a_4$

よって　$33^3\leqq{a_4}^3<27\cdot7^4$

$27\cdot7^4=64827$，$40^3=64000$，$41^3=68921$ より

$a_4=33,\ 34,\ \cdots\cdots,\ 40$

(i)，(ii)，(iii)より，$a_3=7$ であり

$a_4=33,\ 34,\ \cdots\cdots,\ 40$

$n\geqq5$ のとき，①より

${a_5}^3<27\cdot{a_4}^4\leqq27\cdot40^4$　……③

②より

$$\frac{a_1}{a_2}+\frac{a_2}{a_3}+\frac{a_3}{a_4}+\frac{a_4}{a_5}<1\quad\text{つまり}\quad\frac{7}{a_4}+\frac{a_4}{a_5}<\frac{3}{14}$$

さらに，$\dfrac{7}{40}+\dfrac{33}{a_5}<\dfrac{7}{a_4}+\dfrac{a_4}{a_5}$ より

$$\frac{7}{40}+\frac{33}{a_5}<\frac{3}{14}\qquad\therefore\quad 840<a_5\quad\cdots\cdots④$$

③，④より

$840^3<{a_5}^3<27\cdot40^4$

$840^3=3^3\cdot7^3\cdot40^3=343\cdot3^3\cdot40^3$，$27\cdot40^4=40\cdot3^3\cdot40^3$ より，これを満たす a_5 は存在せず不適。

以上より，条件を満たすのは $n \leqq 4$ であり，a_n の最大値は

$$\begin{cases} n=2 \text{ のとき} & 2 \\ n=3 \text{ のとき} & 7 \\ n=4 \text{ のとき} & 40 \end{cases}$$

このうちの最大値は　40　→イ

(3)　${a_n}^{n+1}{a_{n+1}}^{n}=C^{-(2n+1)}$ について，$C>0$，$C\neq 1$，$a_n>0$，$a_{n+1}>0$ より，底を C とする両辺の対数がとれて

$$\log_C {a_n}^{n+1}{a_{n+1}}^{n}=\log_C C^{-(2n+1)}$$

$$\therefore\quad (n+1)\log_C a_n+n\log_C a_{n+1}=-(2n+1)$$

$\log_C a_n=b_n$ とおくと

$$(n+1)b_n+nb_{n+1}=-(2n+1)$$

$n(n+1)\neq 0$ より両辺を $n(n+1)$ で割ると

$$\frac{b_n}{n}+\frac{b_{n+1}}{n+1}=-\frac{2n+1}{n(n+1)}$$

$$\frac{b_n}{n}+\frac{b_{n+1}}{n+1}=-\left(\frac{1}{n}+\frac{1}{n+1}\right)$$

$$\therefore\quad \frac{b_{n+1}}{n+1}+\frac{1}{n+1}=-\left(\frac{b_n}{n}+\frac{1}{n}\right)$$

よって，数列 $\left\{\dfrac{b_n}{n}+\dfrac{1}{n}\right\}$ は初項 b_1+1，公比 -1 の等比数列をなすので

$$\frac{b_n}{n}+\frac{1}{n}=(b_1+1)(-1)^{n-1}$$

$b_1=\log_C a_1=\log_C C=1$ より

$$\frac{b_n}{n}+\frac{1}{n}=2(-1)^{n-1}$$

$$b_n=2n(-1)^{n-1}-1$$

$\log_C a_n=b_n$ より，$a_n=C^{b_n}$ であるから

$$a_n=C^{2n(-1)^{n-1}-1}\quad \text{→ウ}$$

(4)　$y=x^2$ より　$y'=2x$

よって，$y=x^2$ 上の点 $(u,\ u^2)$ における接線は

$$y-u^2=2u(x-u)$$

$\therefore \quad y=2ux-u^2$

これが点 $\mathrm{P}(s,\ t)$ を通るとき

$$t=2us-u^2$$

$$u^2-2su+t=0$$

$$\therefore \quad u=s\pm\sqrt{s^2-t} \quad \cdots\cdots ①$$

点 P から C に異なる 2 本の接線が引けることから，①は異なる 2 実解をもつので

$$s^2-t>0 \quad \cdots\cdots ②$$

①の 2 解を α，β $(\alpha<\beta)$ とおくと，$\mathrm{A}(\alpha,\ \alpha^2)$，$\mathrm{B}(\beta,\ \beta^2)$ としてよく

$$\mathrm{PA}: y=2\alpha x-\alpha^2$$

$$\mathrm{PB}: y=2\beta x-\beta^2$$

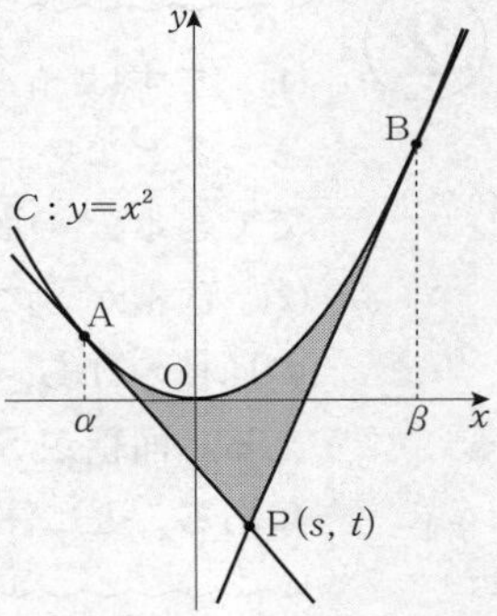

よって，線分 PA，PB と C で囲まれた図形の面積 S は，右図より

$$S=\int_{\alpha}^{s}\{x^2-(2\alpha x-\alpha^2)\}dx+\int_{s}^{\beta}\{x^2-(2\beta x-\beta^2)\}dx$$

$$=\int_{\alpha}^{s}(x-\alpha)^2dx+\int_{s}^{\beta}(x-\beta)^2dx$$

$$=\left[\frac{1}{3}(x-\alpha)^3\right]_{\alpha}^{s}+\left[\frac{1}{3}(x-\beta)^3\right]_{s}^{\beta}$$

$$=\frac{1}{3}(s-\alpha)^3-\frac{1}{3}(s-\beta)^3$$

$$=\frac{1}{3}\{s-(s-\sqrt{s^2-t})\}^3-\frac{1}{3}\{s-(s+\sqrt{s^2-t})\}^3$$

$$=\frac{2}{3}(\sqrt{s^2-t})^3$$

よって，$S=\dfrac{144}{125}$ であるとき

$$\frac{2}{3}(\sqrt{s^2-t})^3=\frac{144}{125}$$

$$(\sqrt{s^2-t})^3=\frac{216}{125}$$

$$\sqrt{s^2-t}=\frac{6}{5}$$

$\therefore\quad s^2-t=\dfrac{36}{25}\quad\cdots\cdots②$

②は①を満たすので，s，t の満たす方程式は

$$s^2-t=\frac{36}{25}\quad つまり\quad t=s^2-\frac{36}{25}\quad \to エ$$

②

発想

(1)　まずは S_1 を求める。R を対角線で 2 つの三角形に分割して考えるとよい。面積が S_1 である R から，1 頂点だけ隣にずらしてできる R の面積が S_2 であると考える。

(2)　面積が S_2 である R から，1 頂点だけ隣にずらしてできる R の面積のうち，S_2 ではないものの中での最大値が S_3 であると考える。面積が S_3 である R の個数を数えるときは，その形が 2 種類あることに注意して場合分けして数える。

解答　(1)

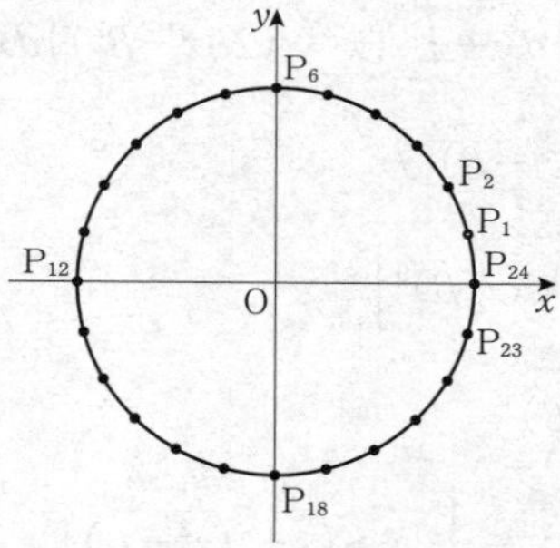

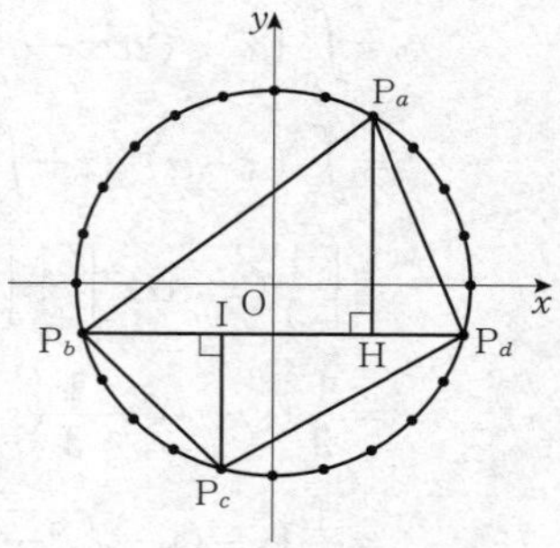

$a<b<c<d$ としても一般性を失わない。

点 P_a から直線 $\mathrm{P}_b\mathrm{P}_d$ に垂線 $\mathrm{P}_a\mathrm{H}$ を下ろし，点 P_c から直線 $\mathrm{P}_b\mathrm{P}_d$ に垂線 $\mathrm{P}_c\mathrm{I}$ を下ろす。

R の面積を $S(a,\ b,\ c,\ d)$ とすると

$$S(a,\ b,\ c,\ d)=\frac{1}{2}\mathrm{P}_b\mathrm{P}_d\cdot(\mathrm{P}_a\mathrm{H}+\mathrm{P}_c\mathrm{I})$$

$$\leqq\frac{1}{2}\cdot2\cdot2=2$$

等号成立条件は

「$\mathrm{P}_b\mathrm{P}_d=2$　かつ　$\mathrm{P}_a\mathrm{H}+\mathrm{P}_c\mathrm{I}=2$」

$\therefore$ 「$d-b=12$　かつ　$c-a=12$」

これはたとえば $(a,\ b,\ c,\ d)=(6,\ 12,\ 18,\ 24)$ のときに成り立つ。

よって　　$S_1=2$

ゆえに，$S(a,\ b,\ c,\ d)$ が 2 番目に大きくなるのは，たとえば $(a,\ b,\ c,\ d)=(5,\ 12,\ 18,\ 24)$ のときであるから

$$S_2=S(5,\ 12,\ 18,\ 24)$$

$$=\frac{1}{2}\cdot 2\cdot\left(\sin\frac{5}{12}\pi+1\right)$$

$$=1+\sin\frac{5}{12}\pi$$

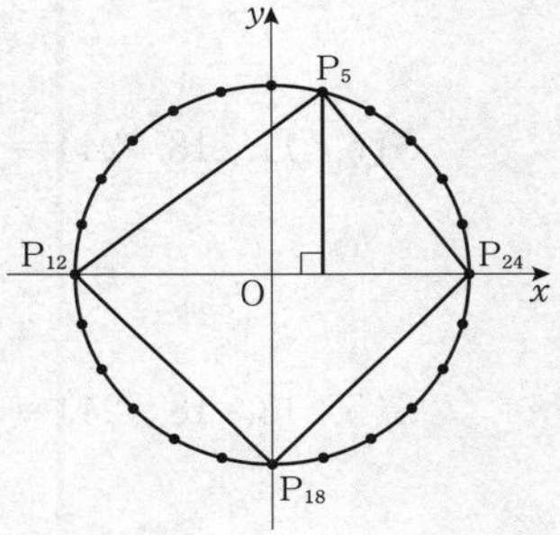

ここで，加法定理より

$$\sin\frac{5}{12}\pi=\sin\left(\frac{\pi}{6}+\frac{\pi}{4}\right)$$

$$=\sin\frac{\pi}{6}\cos\frac{\pi}{4}+\cos\frac{\pi}{6}\sin\frac{\pi}{4}$$

$$=\frac{1}{2}\cdot\frac{1}{\sqrt{2}}+\frac{\sqrt{3}}{2}\cdot\frac{1}{\sqrt{2}}$$

$$=\frac{\sqrt{6}+\sqrt{2}}{4}$$

よって　　$S_2=\dfrac{4+\sqrt{6}+\sqrt{2}}{4}$　……(答)

(2)　(1)より S_3 は，次の値の中で S_2 ではないものの最大値である。

$S(4,\ 12,\ 18,\ 24)$，$S(5,\ 11,\ 18,\ 24)$，$S(5,\ 13,\ 18,\ 24)$，

$S(5,\ 12,\ 17,\ 24)$，$S(5,\ 12,\ 18,\ 23)$，$S(1,\ 5,\ 12,\ 18)$

ここで，右図のように角 α，β，γ，δ と中心 O を定めると

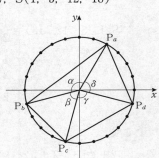

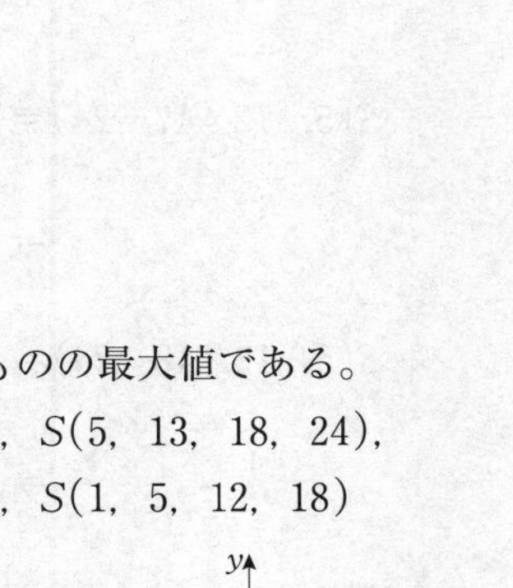

$$S(a,\ b,\ c,\ d)$$

$$=\triangle \mathrm{OP}_a\mathrm{P}_b+\triangle \mathrm{OP}_b\mathrm{P}_c+\triangle \mathrm{OP}_c\mathrm{P}_d+\triangle \mathrm{OP}_d\mathrm{P}_a$$

$$=\frac{1}{2}\cdot 1\cdot 1\cdot\sin\alpha+\frac{1}{2}\cdot 1\cdot 1\cdot\sin\beta+\frac{1}{2}\cdot 1\cdot 1\cdot\sin\gamma+\frac{1}{2}\cdot 1\cdot 1\cdot\sin\delta$$

$$=\frac{1}{2}(\sin\alpha+\sin\beta+\sin\gamma+\sin\delta)$$

よって

$$S(4,\ 12,\ 18,\ 24)=\frac{1}{2}\left(\sin\frac{8}{12}\pi+\sin\frac{6}{12}\pi+\sin\frac{6}{12}\pi+\sin\frac{4}{12}\pi\right)$$
$$=\frac{1}{2}\left(2\cdot\frac{\sqrt{3}}{2}+2\cdot1\right)=\frac{2+\sqrt{3}}{2}$$

$$S(5,\ 11,\ 18,\ 24)=\frac{1}{2}\left(\sin\frac{6}{12}\pi+\sin\frac{7}{12}\pi+\sin\frac{6}{12}\pi+\sin\frac{5}{12}\pi\right)$$
$$=\frac{1}{2}\left(2\cdot1+2\cdot\frac{\sqrt{6}+\sqrt{2}}{4}\right)=S_2$$

$$S(5,\ 13,\ 18,\ 24)=\frac{1}{2}\left(\sin\frac{8}{12}\pi+\sin\frac{5}{12}\pi+\sin\frac{6}{12}\pi+\sin\frac{5}{12}\pi\right)$$
$$=\frac{1}{2}\left(\frac{\sqrt{3}}{2}+2\cdot\frac{\sqrt{6}+\sqrt{2}}{4}+1\right)$$
$$=\frac{2+\sqrt{6}+\sqrt{3}+\sqrt{2}}{4}$$

$$S(5,\ 12,\ 17,\ 24)=\frac{1}{2}\left(\sin\frac{7}{12}\pi+\sin\frac{5}{12}\pi+\sin\frac{7}{12}\pi+\sin\frac{5}{12}\pi\right)$$
$$=\frac{1}{2}\cdot4\cdot\frac{\sqrt{6}+\sqrt{2}}{4}=\frac{\sqrt{6}+\sqrt{2}}{2}$$

$$S(5,\ 12,\ 18,\ 23)=\frac{1}{2}\left(\sin\frac{7}{12}\pi+\sin\frac{6}{12}\pi+\sin\frac{5}{12}\pi+\sin\frac{6}{12}\pi\right)$$
$$=\frac{1}{2}\left(2\cdot\frac{\sqrt{6}+\sqrt{2}}{4}+2\cdot1\right)=S_2$$

$$S(1,\ 5,\ 12,\ 18)=\frac{1}{2}\left(\sin\frac{4}{12}\pi+\sin\frac{7}{12}\pi+\sin\frac{6}{12}\pi+\sin\frac{7}{12}\pi\right)$$
$$=\frac{1}{2}\left(\frac{\sqrt{3}}{2}+2\cdot\frac{\sqrt{6}+\sqrt{2}}{4}+1\right)$$
$$=\frac{2+\sqrt{6}+\sqrt{3}+\sqrt{2}}{4}$$

ここで

$$\frac{2+\sqrt{6}+\sqrt{3}+\sqrt{2}}{4}-\frac{2+\sqrt{3}}{2}=\frac{\sqrt{6}+\sqrt{2}-2-\sqrt{3}}{4}$$

$$=\frac{\sqrt{3}(\sqrt{2}-1)+\sqrt{2}(1-\sqrt{2})}{4}$$

$$=\frac{(\sqrt{2}-1)(\sqrt{3}-\sqrt{2})}{4}>0$$

また

$$\frac{\sqrt{6}+\sqrt{2}}{2}-\frac{2+\sqrt{6}+\sqrt{3}+\sqrt{2}}{4}=\frac{\sqrt{6}+\sqrt{2}-2-\sqrt{3}}{4}>0$$

よって

$$\frac{2+\sqrt{3}}{2}<\frac{2+\sqrt{6}+\sqrt{3}+\sqrt{2}}{4}<\frac{\sqrt{6}+\sqrt{2}}{2}$$

ゆえに　$S_3=\dfrac{\sqrt{6}+\sqrt{2}}{2}$

図より，$S(5,\ 12,\ 17,\ 24)=S(5,\ 12,\ 19,\ 24)$ であるから，$S(a,\ b,\ c,\ d)=S_3$ となる R の形は 2 種類ある。この形を作るとき，まず円の直径を作る 2 点を選び（12 通りある），残り 2 点を選ぶと考える。このとき，直径に対して残り 2 点の選び方はそれぞれ 4 通りあるが，このうち残り 2 点が作る線分が円の直径になる選び方（2 通りある）については，同じものを 2 回数えることになる。

よって，$S(a,\ b,\ c,\ d)=S_3$ となる $(a,\ b,\ c,\ d)$ の組は

$$12\cdot 2+\frac{12\cdot 2}{2}=36 \text{ 通り}$$

全事象は，${}_{24}\mathrm{C}_4=23\cdot 22\cdot 21$ 通りであるから，求める確率は

$$\frac{36}{23\cdot 22\cdot 21}=\frac{6}{1771}\ \cdots\cdots(\text{答})$$

解説

《円の 24 等分点のうちの 4 点が作る四角形の面積》

(1)　S_1 は変数を設定して一般的に立式することで求められるが，S_2 はそれが難しいので図形的に考えた。S_1 について，〔解答〕では R を対角線で 2 つの三角形に分割して考えたが，(2)で考えているように中心 O と 4 頂点を結んで 4 つの三角形に分割して考えてもよい。

(2)　(1)より，面積が S_1 である R の形は 1 つしかないことがわかる。よって，面積が S_2 である R において，面積が S_1 にはならないように 1 頂点だけ隣にずらして R を作れば，その面積は S_2 以下となる。ゆえに，それ

らの中で S_2 ではないものの最大値が S_3 である。どれが S_3 になるかは図形の見た目ではわからないので，計算で判断する。

面積が S_3 である R の個数を数えるときは，少なくとも1本の対角線が円の直径に一致することから，どの直径が対角線になるかで場合分けして数えるとよい。

3

発想

(1) 点Pが直線AB上にあることから，点Pの座標を媒介変数を用いて表す。3点の座標から△PCDの面積を立式し，最小値を求める。

(2) (1)と同様にして，△QABの面積と△RABの面積を立式すると，$|q-r|=1$ のもとで $\sqrt{6q^2-10q+5}+\sqrt{6r^2-10r+5}$ の最小値を求めることになる。この $\sqrt{\quad}$ は外すことができないので，$\sqrt{\quad}$ をベクトルの大きさとみなして三角不等式を利用する。

解答 Oを原点とする。

(1) 点Pが直線AB上にあるので，p を実数として

$$\begin{aligned}\overrightarrow{\mathrm{OP}}&=(1-p)\overrightarrow{\mathrm{OA}}+p\overrightarrow{\mathrm{OB}}\\&=(1-p)(0,\ 0,\ 2)+p(-1,\ 0,\ 4)\\&=(-p,\ 0,\ 2p+2)\end{aligned}$$

とおける。よって

$$\overrightarrow{\mathrm{DP}}=(-p,\ 0,\ 2p+1)$$

$$\overrightarrow{\mathrm{DC}}=(1,\ 1,\ -1)$$

ゆえに

$$|\overrightarrow{\mathrm{DP}}|^2=p^2+(2p+1)^2=5p^2+4p+1$$

$$|\overrightarrow{\mathrm{DC}}|^2=1^2+1^2+(-1)^2=3$$

$$\overrightarrow{\mathrm{DP}}\cdot\overrightarrow{\mathrm{DC}}=(-p)\cdot1+0\cdot1+(2p+1)\cdot(-1)=-3p-1$$

したがって

$$\triangle\mathrm{PCD}=\frac{1}{2}\sqrt{|\overrightarrow{\mathrm{DP}}|^2|\overrightarrow{\mathrm{DC}}|^2-(\overrightarrow{\mathrm{DP}}\cdot\overrightarrow{\mathrm{DC}})^2}$$

$$=\frac{1}{2}\sqrt{(5p^2+4p+1)\cdot 3-(-3p-1)^2}$$

$$=\frac{1}{2}\sqrt{6p^2+6p+2}$$

$$=\frac{1}{2}\sqrt{6\left(p+\frac{1}{2}\right)^2+\frac{1}{2}}$$

よって，△PCD は $p=-\frac{1}{2}$ のとき

最小値　$\frac{1}{2}\sqrt{\frac{1}{2}}=\frac{\sqrt{2}}{4}$　……(答)

をとる。

(2)　点 Q が直線 CD 上にあるので，q を実数として

$$\overrightarrow{OQ}=(1-q)\overrightarrow{OC}+q\overrightarrow{OD}$$

$$=(1-q)(1,\ 1,\ 0)+q(0,\ 0,\ 1)$$

$$=(1-q,\ 1-q,\ q)$$

とおける。よって

$$\overrightarrow{AQ}=(1-q,\ 1-q,\ q-2)$$

$$\overrightarrow{AB}=(-1,\ 0,\ 2)$$

ゆえに

$$|\overrightarrow{AQ}|^2=(1-q)^2+(1-q)^2+(q-2)^2=3q^2-8q+6$$

$$|\overrightarrow{AB}|^2=(-1)^2+0^2+2^2=5$$

$$\overrightarrow{AQ}\cdot\overrightarrow{AB}=(1-q)\cdot(-1)+(1-q)\cdot 0+(q-2)\cdot 2=3q-5$$

したがって

$$\triangle QAB=\frac{1}{2}\sqrt{|\overrightarrow{AQ}|^2|\overrightarrow{AB}|^2-(\overrightarrow{AQ}\cdot\overrightarrow{AB})^2}$$

$$=\frac{1}{2}\sqrt{(3q^2-8q+6)\cdot 5-(3q-5)^2}$$

$$=\frac{1}{2}\sqrt{6q^2-10q+5}$$

点 R も直線 CD 上にあるので，r を実数として

$$\overrightarrow{OR}=(1-r)\overrightarrow{OC}+r\overrightarrow{OD}$$

とおけて，同様にして

$$\triangle \mathrm{RAB}=\frac{1}{2}\sqrt{6r^2-10r+5}$$

また，$\overrightarrow{\mathrm{QR}}=(1-r,\ 1-r,\ r)$ より

$$\overrightarrow{\mathrm{QR}}=(q-r,\ q-r,\ r-q)$$

$$=(q-r)(1,\ 1,\ -1)$$

よって，$|\overrightarrow{\mathrm{QR}}|=\sqrt{3}$ より

$$|q-r|\sqrt{1^2+1^2+(-1)^2}=\sqrt{3}$$

$\therefore\ \ |q-r|=1$　……①

$S=\triangle \mathrm{QAB}+\triangle \mathrm{RAB}$ とおくと

$$S=\frac{1}{2}\left(\sqrt{6q^2-10q+5}+\sqrt{6r^2-10r+5}\right)$$

$$=\frac{1}{2}\left(\sqrt{6\left(q-\frac{5}{6}\right)^2+\frac{5}{6}}+\sqrt{6\left(r-\frac{5}{6}\right)^2+\frac{5}{6}}\right)$$

$$=\frac{1}{2\sqrt{6}}\left(\sqrt{(6q-5)^2+5}+\sqrt{(6r-5)^2+5}\right)$$

ここで，$\vec{x}$ と $\vec{y}$ のなす角を θ とすると

$$(|\vec{x}|+|\vec{y}|)^2-|\vec{x}+\vec{y}|^2$$

$$=|\vec{x}|^2+2|\vec{x}||\vec{y}|+|\vec{y}|^2-(|\vec{x}|^2+2\vec{x}\cdot\vec{y}+|\vec{y}|^2)$$

$$=2(|\vec{x}||\vec{y}|-\vec{x}\cdot\vec{y})$$

$$=2|\vec{x}||\vec{y}|(1-\cos\theta)\geqq 0$$

よって

$$(|\vec{x}|+|\vec{y}|)^2\geqq|\vec{x}+\vec{y}|^2$$

$\therefore\ \ |\vec{x}|+|\vec{y}|\geqq|\vec{x}+\vec{y}|$

等号成立条件は，$\theta=0$。つまり「$\vec{x}$ と $\vec{y}$ が同じ向きで平行のとき」である。

$\vec{x}=(6q-5,\ \sqrt{5})$，$\vec{y}=(-(6r-5),\ \sqrt{5})$ のときを考えて

$$S=\frac{1}{2\sqrt{6}}(|\vec{x}|+|\vec{y}|)$$

$$\geqq\frac{1}{2\sqrt{6}}|\vec{x}+\vec{y}|$$

$$=\frac{1}{2\sqrt{6}}\sqrt{\{(6q-5)-(6r-5)\}^2+(\sqrt{5}+\sqrt{5})^2}$$

$$=\frac{1}{2\sqrt{6}}\sqrt{\{6(q-r)\}^2+20}$$

$$=\frac{1}{\sqrt{6}}\sqrt{9\cdot 1^2+5}\quad(\because\ ①)$$

$$=\frac{\sqrt{21}}{3}$$

等号成立条件は，$\vec{x}$ と $\vec{y}$ が同じ向きで平行のとき，つまり

$$6q-5=-(6r-5)$$

$$\therefore\quad q+r=\frac{5}{3}\quad\cdots\cdots②$$

よって，①，②より，S は

$(q,\ r)=\left(\frac{4}{3},\ \frac{1}{3}\right)$，$\left(\frac{1}{3},\ \frac{4}{3}\right)$ のとき

最小値　$\frac{\sqrt{21}}{3}$　……(答)

をとる。

解説

《座標空間における三角形の面積の最小値》

(1)　点 P が直線 AB 上にあることから，点 P の座標を媒介変数を用いて表す。3 点の座標からベクトルの面積公式を用いて △PCD の面積を立式すると，平方完成することで最小値が求められる。

(2)　(1)と同様にして，△QAB の面積と △RAB の面積を立式する。平方根の和のままでは最小値が求められないので，平方根をベクトルの大きさとみなして三角不等式 $|\vec{x}|+|\vec{y}|\geqq|\vec{x}+\vec{y}|$ を利用する。なお，$\vec{y}=(6r-5,\ \sqrt{5})$ として三角不等式を利用すると，等号成立条件が $q=r$ となって等号が成立しない。①の利用も考えて，$\vec{y}=(-(6r-5),\ \sqrt{5})$ とする。

講評

2024年度も例年通り大問3題の出題であり，1は空所補充形式の小問4問，2・3は記述式で，試験時間は90分であった。問題構成，試験時間とも例年通りである。

1　(1)は，絶対値記号を含む不等式を解く問題。計算の仕方によっては面倒になってしまうが，正答したい問題である。

(2)は，不等式によって定義された数列を調べる問題。a_2 から順に地道に求めるしかないということに気付き，かつそれに伴う膨大な計算をこなさなければならないので，難問と言える。早めに見切りを付けて，他の問題に時間をかけるのが得策であったと思われる。

(3)は，両辺の対数をとって漸化式を解く問題。両辺の対数をとるところは定番的であり，そのあとの $\dfrac{2n+1}{n(n+1)}=\dfrac{1}{n}+\dfrac{1}{n+1}$ の変形が難しかったかもしれないが，標準レベルと言える。

(4)は，放物線と2本の接線で囲まれた図形の面積を考える問題。定番的であり，面積の結果を覚えていれば途中過程をとばして短時間で正解に辿り着けるので，必ず正答したい問題である。

2　円の24等分点のうちの4点が作る四角形の面積について，2番目に大きいものと3番目に大きいものを考える問題。1番目に大きいものは予想できるであろうから，これより2番目に大きいものも予想したい。記述式なので論証も必要であるが，最後の結果を合わせるだけでもしておきたい。3番目に大きいものは候補がいくつかあって，それらの大小を計算で判断することになるので，作業量が多く難しい。さらにその個数を数えるときには，重複に注意しなければならないので難問と言える。

3　座標空間における三角形の面積の最小値を求める問題。(1)は，三角形が1つであるから易しく，正答したい問題である。(2)は，(1)と同様に考えて立式ができるので，部分点はとっておきたい。そのあとの平方根の和の最小値を求めるところが難問である。数学Ⅲを学習していれば，等式の条件から1文字を消去して微分するという方法も考えられるが，その作業は計算量が多く現実的ではない。平方根をベクトルの大きさとみなし，三角不等式と $QR=\sqrt{3}$ の条件が利用できるように式を変形して，ベクトルの成分を設定する必要があった。

全体としては，90 分では解き切ることが困難な質と量である。易しいものから難しいものまでさまざまなので，得点できそうなものを見極める必要がある。2024 年度としては，1(1)・(3)・(4)，2(1)，3(1)を得点したい。1は結果のみの採点なので，必ず検算をしておきたい。90 分の試験時間をどのように配分するかを，過去問を用いて練習しておこう。

二の古文は『発心集』より。中世の説話であり読みやすい文章であった。ただ、空所補充問題を含め、文章の正確な把握が求められる問題が多く、古文の問題としては簡単な部類とはいえない。問われている箇所どうしが近く、本文理解に失敗すると連続で誤答する出題になっていた。かなり読みやすく解きやすかった二〇二三年度に比較すると難化したが、早稲田大学商学部の古文としては例年通りの出題といえる。

三の漢文は清代の説話集『右台仙館筆記』より。主人公がなぜ「烈士」と評価されているかを捉えられれば問題はないが、逆にこれが読み取れない場合は全問不正解の可能性もある問題であった。正確な読解を前提とした良問といえるだろう。全体の難易度は例年通りの出題。

とはない〟、つまり賊となって貧しさの心配は必要なくなると解釈できる。この順で返り点がついているのは二。

問二十一 本文の内容と一致する選択肢を読み取る問題。傍線部2の後で朱了頭は、〝自分は飢えや寒さに甘んじているから物乞いであるだけ〟で、〝盗みをしない自分はどうしておまえたちと一緒に賊になるだろうか〟と怒り罵り、賊に殺される。この朱了頭の態度を嘆じて、彼には昔の烈士の風があると筆者は評している。これをイで説明しており、イが本文に一致していると判断できる。ロ、「乞食する窮迫……危難を逃れた」が誤り。ハ、昔の烈士の風があると評したのは筆者であり、朱了頭が「烈士のごとく……十分である」と言ったのではない。ニ、朱了頭は「自らの尊い命を絶って」が誤り。ホ、朱了頭が「声を抗げて大いに罵」ったのであり、「加担しない朱了頭に盛んに罵詈雑言を投じた」が誤り。

参考 『右台仙館筆記』は清代末の学者兪樾の随筆・説話。科挙に合格して官僚となり名声が高かったが、野に下り多くの書物を執筆した。日本の漢学へも関心を寄せ、日本の漢学者との交流もあった。

講評

例年と同じく、現代文・古文・漢文の三題構成であった。

一の現代文は若林幹夫『ノスタルジアとユートピア』より。十八世紀以降の進歩を基調とした近代化の広がりが国民国家を中心にしたユートピア的なもので、ナショナリズムとノスタルジアが関係しているという文章。早稲田大学商学部の評論文は、文章は難しいながら選択肢が選びやすいことが多かったが、二〇二四年度は本文の用語の意味がつかみづらい抽象的な文章だったことに加えて選択肢もかなりひねられ、迷わされる設問が多々見られた。箇所指摘問題も解答箇所が見つけづらいものだった。二〇二三年度と比べてもかなり難化した出題であったため、穏当な出題であった古文、漢文で確実に点数を確保したい。

ふ無《な》く、又一芸《いちげい》の爾《なんぢ》の用《よう》に供《きよう》すべき無し。何《なん》ぞ我を劫《をど》すを為《な》す」と。賊曰く、「汝《なんぢ》既に丐なり。饑寒《きかん》の困《くる》しみ甚《はなはだ》し。我に従《したが》ひ去《ゆ》かば、富貴《ふうき》ならざるを憂《うれ》へず」と。朱怒《いか》りて曰く、「我惟《た》だ饑寒に甘《あま》んじ、故《ゆゑ》に丐《こ》ふのみ。否《しから》ずんば則《すなは》ち為《ため》に竊《ぬす》み為に盗《ぬす》むは、胡《なん》ぞ不可《ふか》ならんや。我為に竊み為に盗まざれば、乃《すなは》ち爾等《ら》に従ひて賊と作《な》らんや」と。声《こゑ》を抗《あ》げて大《おほ》いに罵《ののし》り、遂《つひ》に害《がい》せらる。嗚呼《ああ》、朱了頭の如《ごと》きは、古《いにしへ》の烈士《れつし》の風《ふうあ》有りと謂《い》ふべし。

解説

問十八　空所前後の展開から最適な語を選択する問題。賊に連行されようとしていた朱了頭が語った内容を読み取る。〝私は物乞いだ。自らを贖う財産は[A]なく、またあなたたち（＝賊）にとって有用な一芸もない。（それなのに）どうして私を脅して連れて行こうとするのだ〟と語っている。空欄部分は、自分は物乞いだから、〝すでに〟財産はない、また一芸もないからどうして連れて行く、という文脈に沿うものが最適であるから、ハが正解。〈既～、又（亦）…〉（＝～した上に、さらに…）と累加の句形になっていることにも注目。イ、「況」は抑揚形の句法で使われる副詞で〝まして～なおさらだ〟の意味、ロ、「雖」は仮定で使われる語で〝たとえ～としても〟の意味、ニ「仮」も同じく仮定で使われ〝かりに〟の意味。これらは文脈に合わない。ホ、「猶」は再読文字〈なホ～ごとシ〉の用法とともに、〝やはり〟〝その上〟などの意味の副詞としての用法もあるが文脈には合わない。

問十九　前問で見た句形〈既～、又…〉の一部であることに着目する。〝自分をやしなう銭財がなく、あなたたちの役に立つ一芸もない〟という意味になる読みが適当であり、ロが該当する。ニ・ホは禁止であり不適。イ、〝一芸もなくあなたの用に供すだろう〟という意味で、芸がないのに賊に供するという矛盾する語りになる。ハ、注意すべき選択肢だが、〝一芸としてあなたに供することのできる用はない〟という意味で、「用」の指す内容が不明。

問二十　「富貴（＝財産があり身分が高い）」の語は一まとまりで一字ずつに分けないと考えるのが妥当。また、問十八で見た朱了頭の言葉に続く賊とのやりとりを読み取る。賊は、〝おまえはすでに物乞いで飢えと寒さの苦しみは甚だしいだろう〟と言っている。〝私についてくれれば〟の後が傍線部の「不憂不富貴」であり、〝富貴でないことを憂えるこで盗みに入った大臣の子の説話から、人の心の中を考察している。

三

出典　兪樾『右台仙館筆記』〈巻一〉

解答

問十八　ハ

問十九　ロ

問二十　ニ

問二十一　イ

全訳

朱了頭という者は、婁県の農家の子であった。家はもともと赤貧で、またひとりぼっちで頼るところがなく、日々市に行って物乞いをしていた。咸豊辛酉の年、粤賊が嘉善から楓涇に移動し、これ（＝朱了頭）に遇い、脅して共に行かせようとした。朱は言った、「私は物乞いだ。すでに銭や財で自らを贖う力はなく、また一芸であなたたちの役に立つようなものもない。どうして私を脅して連れて行こうとするのだ」と。賊は言った、「おまえはすでに物乞いだ。飢えや寒さの苦しみは甚だしいものだ。私に従って行けば、富貴でないことを憂えることはない」と。朱は怒って言った、「私は飢えや寒さに甘んじているので、物乞いをしているだけだ。そうでなければ生きるために盗人になることは、どうして不可だろうか、いや盗人になればよい。私は生きるために盗人にならなかったので、おまえたちに従って賊となるだろうか、いやなるはずがない」と。声をあげて大いに罵り、結局殺された。ああ、朱了頭のような者は、古の烈士の風があるといえるだろう。

読み　朱了頭《しゆりようとう》なる者《もの》、婁県《ろうけん》の農家《のうか》の子《こ》なり。家本赤貧《いえもとせきひん》にして、又煢煢《またけいけい》として依《よ》る所《ところ》無《な》く、日行《ひびゆ》きて市《いち》に乞《こ》ふ。咸豊辛酉《かんぽうしんゆう》の歳《とし》、粤賊《ゑつぞく》嘉善《かぜん》より楓涇《ふうけい》に趨《はし》るに、之《これ》に遇《あ》ひ、劫与《ごふよ》して倶《とも》に去《ゆ》かしめんとす。朱曰《いは》く、「我丐《われがい》なり。既《すで》に銭財《せんざい》の自《みづか》ら贖《あがな》として不足。ロ、「盗むつもりはなかった」という内容は語られていない。ハ、気持ちが悪くなり元に戻したという記述は本文にない。ホ、自分が何をしているのかに気づいたのではなく、灰であっても空腹を満たせると気がついている。

問十五 帝の寝所に入った理由を読み取る問題。第四段落後半の「なみなみの人の」以降の語りが重要になる。普通の人のものを盗んだら持ち主の嘆きが深い、と語っており、盗まれたら困るような人々ではなく、ものをたくさん持っている帝から盗もうとしたことが読み取れ、ロが最適。イ、「父に先立たれた」、ハ、「自分を取り立ててくれなかった」、ニ、他人の召使いになるつらさ、ホ、「生きる手立てもなくなった」はそれぞれ盗人になった理由ではあるが、帝の寝所に入った説明にはならないので全て誤り。

問十六 盗人の言葉を聞いた帝の反応を読み取る問題。盗人が帝の寝所に入り、灰であっても食べられるのに盗人になって生きようとしたことへの悔しさを語ったことに帝は感動している。そして空所Eの後で、〝空しく忠臣の後継者を失った。早く退出し帰りなさい。明日召し出し、父の名跡を復活させよう〟と言っている。ここから帝は、盗人の考えの立派さに感じ入り、父親の死後遺族をそのままにしていたことを後悔していることが読み取れる。この展開から、お前は盗人だけれども「賢者」である、私は王位にいるけれども「愚者」だ、という組み合わせが妥当だと読み取れる。「富者」「貧者」の組み合わせでは、盗人の語りに対する形容にならない。

問十七 「上人」が身命を捨てたことについて、「他に勝れ、名聞を先とす」と述べているので、傍線部3の「上人」は、東尾の聖へのライバル心のために自らに火をかけた「西尾の聖」のことだと読み取れる。傍線部4「貧者」は、財宝を盗んだのも「清くうるはしき心あり」と説明されており、一般の人ではなく帝の寝所に忍び込んで盗もうとして、灰を食べたことで盗むことの過ちに気がついた「大臣が子」のことを指している。

参考 『発心集』は鴨長明の仏教説話集。仏教説話では霊験譚や高僧伝、往生伝などを語ることが多いが、『発心集』では隠遁者の生き方、心のあり方を見つめている。出題部分でも、ライバル心のために身燈を行った西尾の聖と、清い心に〝失望したと判断できる。ここからAには〝聞かない〟の意味になる「聞かぬ」（カ行四段活用動詞「聞く」の未然形＋打消の助動詞「ず」の連体形）が入り、Bには〝聞いた〟の意味になる「聞ける」（「聞く」の已然形＋完了の助動詞「り」の連体形）が入る。

問十二　問十一と関連する問題。「こは何事ぞ」つまり〝これはどういうことだ〟の〝これ〟の指示内容を読み取る。傍線部の後で、〝まったく残念だ。妄念だ。きっと天狗になるだろう〟と言って残念がっていることから、〝これ〟は自らの身体に火をつけて仏に供養した西尾の上人が、「東尾の上人に勝った」と言ったことを指す。これはニの選択肢の内容。仏道のためと見えていた行為が東尾の上人への対抗心であったことが失望につながっている。イ、西尾の上人が自分の体に火をつけたこと自体が残念なのではない。ロ・ホ、傍線部の会話部分を身燈を見ていた周囲の人への感想と捉えるのは誤り。ハ、東尾の聖が信じなかったことは第二段落に「東尾の聖、これを聞きて……信ぜざるほどに」とあるが、傍線後の発言内容につながらない。

問十三　空欄が文末にある場合は、呼応の関係になる語があるかもしれないので、前に係助詞がないかどうか必ず確認する。ここでは直前に「こそ」があるので、係り結びで文末は已然形になる。助動詞「ぬ」であるので、完了の助動詞「ぬ」の已然形「ぬれ」が正解となる。

問十四　唐の帝の寝所に入った盗人の説話を読み取る問題。盗人が盗んだものを元のように置いて出て行こうとした理由を、傍線部後の帝との会話から読み取る。どのような心で返したのかと帝から聞かれ、自分の生い立ちと帝の寝所に盗みに入った理由を語り、食べたものが灰だったことに気づいた後の「せめては」がポイント。「せめて」には、〝無理に、どうしても、少なくとも〟などの意味があり、ここは〝少なくとも、このような物でも食べることができたのだ〟という意味で読み取れる。ここから、灰のようなものでも食べられるのだからものを盗むなどという意味のない心をおこしたことが悔しく思えて、盗んだものを戻したと読み取れる。この内容を説明したのが、灰を食べてさえ満たされるのだから何を食べても生きられるというニの選択肢。イ、「気分がすっきりして」だけでは盗人の心情説明段もございませんので、盗人をいたそうと考えましたがそれにつけて、一般の人のものは、持ち主の嘆きが深く、盗んで手に入れましても、後味がよくありませんので、恐れ多くもこのように（宮中に）参上して、まず物の欲しいと思いますままに（取りまして）、灰を置かれてありましたのを、しかるべきもの（＝食べ物）だと思って、これを食べたところに、物の欲しさ（＝空腹）がなおったその後に、灰でございましたことをはじめて悟りましたので、（ここでわかったことは）少なくとも、このような物でも食べることができたのです。（盗むという）無意味な心を起こしましたものよと悔しく思って』などと申す。

帝はつぶさにこのことを聞きなさって、お涙を流され、感動しなさる。『お前は盗人であるが、賢者だ。心の底は潔い。私は、王位にいるが、愚者というべきだ。空しく忠臣の後継者を失った。早く退出し帰りなさい。明日召し出し、父の名跡を復活させよう』とおっしゃったので、盗人は、泣く泣く出ていった。その後、志のままに仕え申し上げて、すぐに父の名跡を継いだのであった」。

そうであるから、（西尾の）上人が身命を捨てたのは、他者に勝つこと、世間での評判を優先する（ものであった）。（帝の寝所に忍び込んだ）貧者が財宝を盗んだのは、清く立派な心がある（ことからだった）。すべて、人の心の中は、簡単に他者には理解しがたいものだ。だから、「魚でなければ、水の楽しさを知らない」というのも、この心と同じであるだろう。

解説

問十一　文脈を把握し空所に入る語句を考える問題。「［A］人は……［B］者は……」と対比の構造になっていることに着目する。西尾の上人は自らに火をつけ、〝今こそ東尾の聖に完全に勝った〟と言って息絶えた。その後に西尾の上人を尊いと思って感涙する者と、西尾の上人の行動は妄念できっと天狗に生まれ変わるだろう、無益な結縁をした、と後悔する者に分かれる。この理由を考えると、〝東尾の聖に勝った〟という言葉を聞かなかった者は仏への供養のための行動だと感動するが、聞こえた者には単なるライバル心で自らに火をつけたと考えて西尾の上人の行動れながら結縁（＝仏道に入る機縁を得ること、そのために写経・法会を行うこと）をした。

長年このように仏道にいそしむ間、西尾の聖が自分の身体に火をともして仏に供養するらしいということが（噂に）聞こえて、結縁をしたい人が、貴きもいやしきも僧侶も俗人も市のように多く集まり、こぞって尊んだ。東尾の聖は、これを聞いて、「馬鹿げた噂であろう」と思って信じないが、ついにその期日になって、弟子たちがたくさん（西尾の聖の）周囲に居並んで、念仏して火屋に火をつける。多数集まっていた人が、涙を流しつつ尊びあっているときに、火中で、念仏を二百回ばかり申して、ついにひどく尊げな声で、「今こそ東尾の聖に完全に勝った」と言って、亡くなってしまった。このことを聞いていない人は「尊い」と言って、涙で袖をぬらして帰った。自然ともれ聞いた者は、（尊いとは）思わずに、「これはどういうことだ。まったく残念だ。妄念（＝煩悩によって引き起こされる邪悪な思いや誤った考え）であるか。（西尾の聖は）きっと天狗などに転生するだろう。無駄な結縁をしてしまったなあ」などと言った。ほんとうに、惜しむべき身命を捨てて、そのような心をおこしたというのは、めったにない人であろう。

ある人が語って言う、「唐に帝がいらっしゃった。夜がたいそう更けて、灯火を壁の方に置きながら、寝所に入って静まったときに、火の影にちらつく者がいる。不審に思い、寝入った様子をしてよくご覧になると、盗人であるようだ。あちらこちらと歩き回って、御宝物、御衣などを取って、大きな袋に入れていて、（帝は）とても気味が悪くお思いになって、いよいよ息の音もたてなさらない。そうしている間、この盗人は、（帝の）お近くに薬を調合しようとして、灰を焼いたものが置かれていたのを見つけて、前後を顧みずつかんで食う。（帝が）『とても不思議だ』とご覧になると、しばらくして（盗人は）考え込み、この（盗んだ物を入れた）袋にある物を取り出して、みな元のように置いて、そっと出ようとする。そのとき、帝はとても理解できないとお思いになって、『お前は何者だ。なんとして、人の物を盗み、また、どういう心で返し置くのだ』とおっしゃる。（盗人は）申し上げて言う、『私は某と申しました大臣の子です。幼くして父に先立たれた後、なんとか世間で生きていけるような手段もありません。だからといって、今さら人に使われる身となるようなことも、親の（名声の）ためには情けなく思っておりました。我慢して過ごしましたが、今は命を長らえるような手ま・ここ〉の了解であり、「過去の神話を重視する伝統的ユートピア」は適さない。ハ、「特定の国が主導することへの反発」によって新しい歴史観が生まれたのではないので、誤り。

参考 若林幹夫は社会学者。早稲田大学教育・総合科学学術院教授。著書に『熱い都市冷たい都市』『地図の想像力』『未来の社会学』などがある。本文に「スイス人に特有の病として発見されたノスタルジア」とあるが、ヨーロッパ各国に傭兵として多くのスイス人が雇われていた。「アルプスの少女ハイジ」の祖父も傭兵であった。

㊁

出典 鴨長明『発心集』〈巻第八　仁和寺西尾の上人、我執に依つて身を焼く事〉

解答

問十一 A―ホ　B―ハ

問十二 ニ

問十三 ぬれ

問十四 ニ

問十五 ロ

問十六 D―イ　E―ロ

問十七 (a)―イ　(b)―ホ

全訳

最近のことだろうか、仁和寺の奥に同じようすの聖が、二人いた。一人を西尾の聖といい、もう一人は東尾の聖と呼びならわされていた。この二人の聖は、ことごとに（僧としての）徳を積むことにいそしみ、一人が如法経を書けば、一人は如法念仏をする。一人が五十日逆修（＝生前に、死後の冥福を祈って行う仏事）すれば、一人は千日講（＝千日間、法華経を読誦・講説する法会）を行うなど、互いに劣らないようにしようとしたので、（世の）人も思い思いに二方にわか

問八　空欄前後の文脈を確認すると、「国民国家が『歴史的』であるという表現」の意味は、国民国家が「近代における発明であり、流行であるということ」とある。つまり国民国家がかりそめのもので、確固としたものではないということを言っており、人類史において「普遍的」なものではないと読み取れる。選択肢の消去法からはじめると迷いにつながる可能性があるので、本文の読み取りを第一とする。

問九　過去から現在、未来へと進歩していく社会の時間的地形、つまり〈進歩としての歴史〉の過程は現実には、「特定の土地や文化と結びついた人間の集団」によると「了解され、また現象してきた」とはどういうことかを読み取る。傍線部の後にあるようにこれは国民国家への過程であり、進歩という普遍的な過程を特定の領域へ帰属し主権を持った主体によるもの、つまり地域に生きる人々の国民性によって西欧的な国家を建設するという形で現象したと読める。選択肢が非常に微妙だが、西欧が理想の世界だという共通認識で国家を建設するというロが最適。イ、特定の土地や文化に結びついており、西欧を理想の世界としてリーダーだと考える必要はない。ハ、特定の地域ごとの国家建設であり、西欧をモデルにしたとしても、人類の発展や衰退のモデルとしたとは読み取れない。ニ、「了解され、また現象してきた」ことに国家建設を成功させたという意味までは含まれていない。

問十　最終段落がポイントになる。「〈進歩としての歴史〉における〈未来〉というユートピア」は〈あるべきこと〉のために社会を変革するが、それは伝統が解体される不安も呼び起こし、保守主義を生み出す。その中でナショナリズムは、進歩主義のまなざしの中で「未来のユートピアへと共に進む共同体」としての国民国家と結びつく。同時にナショナリズムは、保守主義のまなざしの中では、過去から続く国家の歴史と伝統の中で〈いま・ここ〉を了解する。つまり、進歩主義と保守主義の両者に国民国家のナショナリズムが結びつくのである。この説明として最も妥当なのは、〈国民国家は理想の到達点をイメージさせるだけでなく、そこまでのプロセスを歴史への回帰の形で包含して、自らを強固にする〉という二の内容。イ、過去から続く歴史と伝統を重視するまなざしからノスタルジアを呼び起こすが、それは〈いま・ここ〉を了解することであり、「幻想と呼ぶ力学」と表現するのは妥当ではない。ロ、あくまで〈いする余地は、地球上からほとんど失われていた」とある。この展開から、「古典的な」地上のユートピアは「〝大国〟や〝先進国〟」に侵略されていない地域を指すと考えられるだろう。以上からニの「まだ征服されていない理想郷」という表現が最適。イ、侵略の余地がある地域の説明として具体性に欠けており不適。ロ・ハ、「国民国家」とあるが、すでに国民国家として自律している地域での植民地支配は困難であり不適。

問六 前段落に「古典的な意味での地上のユートピア（問五で見たように「まだ征服されていない理想郷」の意）の存在をフィクショナルにでも想像しうる〈他の空間〉が存在する余地は、地球上からほとんど失われていた」とあり、それは「植民地支配や帝国主義的侵略という〝大国〟や〝先進国〟による国民国家の空間的拡張」が理由だと述べられている。これはイの前半に合致する。次に、傍線部6に「ユートピアのありか」は「〈他の空間〉から〈他の時間〉へと転位」とあるように、ヨーロッパは自らの侵略行為により「〈他の空間〉」を失っている。そこで、「〈他の時間〉」（＝〈いま〉ではなく〈過去〉あるいは〈未来〉）を「ユートピアのありか」とするほかないのである。この内容に合致するのはイである。ロ、「国を統一する思想の原理」は論説の対象ではない。ハ、「未知の発見という希望が持てなくなっていた」とは本文にない。ニ、選択肢の前半と後半が「同じこと」とは本文にない。

問七 傍線部を確認し、「ノスタルジア」が、X「祖国を離れた兵士たちの士気を阻喪させる」、Y「強い愛国心やナショナリズムの表れとしても理解される」のは、兵士たちが何を求めたからかを考えて本文の他の部分から探す問題。ノスタルジアの理由が本文でははっきりと説明されていないため難しい設問。傍線部周辺の内容から考えるしかないだろう。**X**、ノスタルジアが兵士の士気を阻喪させるのは故郷に帰りたいという思いを抱かせるからだという想定ができれば、傍線部前の段落にある「故郷という〈他の空間〉」を、兵士たちが求めたのだと判断できるだろう。

Y、ノスタルジアが強い愛国心やナショナリズムに結びつくのは、兵士たちが自分の民族、国民としての歴史の中に自己を位置づけることによると想定され、Xと対になる、「過去という〈他の時間〉」を求めたからという説明が妥当だろう。箇所指摘問題は難しい場合が多々あり、すぐに見つからず時間がかかる場合は後回しにすることを勧める。

国民国家というローカルな表象を媒介として追求されていったことが示されている。選択肢が迷わすつくりになっていて非常に難しいが、〈進歩としての歴史〉という世界観が共有されたという展開で、ハが妥当だろう。イ、「〈進歩としての歴史〉という、世界をグローバルな体制として認識する」の部分が誤り。「進歩」とは産業革命でイメージしやすいヨーロッパの近代化の流れのこと。ロ、国民国家が理想的な理念であるとは読み取れない。ニ、〈進歩としての歴史〉は十八世紀の西欧に生まれたとあり、非西欧世界が国民国家を実現するのは十八世紀ではない。

問三　「国民や国民国家がユートピアであるとは、奇妙なこと」だと述べられる理由を読み取る問題。傍線部の次の文に「なぜならそれは」とあり、国民国家が十九世紀以降の社会における確固たる現実だと認識されており、それをユートピアというのは奇妙だというのが、理由の根本的説明。傍線部の次の段落で、マンフォードが国民国家をユートピアと述べたのは、国民国家を新たな社会の実現を目指すために〈あるべきもの〉として人工的に作り出そうとしたと考えたものであるからだと指摘されている。以上から、傍線部の理由は、国民国家は国民を統合して問題を解決するためにつくられた、すでに存在する国家モデルだからという、ニの説明が解答として最適。イ、「現実に存在する、問題を抱えた国民国家を」「あるべき国民国家だとし」たとは本文で説明されていない。ロ、国民自身ではなく、中央政府と官僚組織が作り出した国家モデルであったことが、奇妙なことだと述べる理由ではない。ハ、ありもしない理想的な国家であるかのように作りあげようとしたのが奇妙なのではなく、すでに現実としてあるものをユートピアと言ったことが奇妙なのである。

問四　「まずは〈B〉ではなく〈C〉だった」とあるので答えをBかCに絞る。第三段落に、国民国家は「〈あるべきこと〉として人工的に作り出そうとしたもの」とあるので、空欄Bに「あること」、空欄Cに「あるべきこと」が入ると判断できる。

問五　文脈から「古典的な意味での地上のユートピア」の意味を読み取る問題。第一次、第二次世界大戦は「民族・国民・国民国家たろうとする集団の対立や生存圏の拡張」のための戦争であり、十九世紀後半以降、「〈他の空間〉が存在同体としての国民国家を想像させるが、保守主義では過去からの歴史の中で〈いま・ここ〉を了解するノスタルジアとなる。

＊

リード文に「ノスタルジアとユートピアとの関係について論じた本からの抜粋」とあるが、論の中心にあるのは「国民国家」であることが理解できるだろう。「国民国家」では絶対王政の君主に代わって、国民が確定した領土の主権者としての権利を有すると同時に納税や兵役、教育の義務を担う。現代の日本では当たり前の国家であるが、イギリスの市民革命、フランス革命など、十七世紀、十八世紀以降の新たな国家概念である。この「国民国家」がユートピアであり、そこではナショナリズムとノスタルジアが結びついているという内容が本文の主眼であり、設問もこの関係性を中心に問われている。

問一 **a**、レーニンが〝指揮する、統率する〟という文脈であり、「率いる」が当てはまる。

b、有限な地球表面上に併存する国民国家がキショウな資源をめぐって争うという展開であり、〝まれで少ない〟という意味の「稀（希）少」が正しい。

c、近代化する以前の世界で、諸文化・諸文明は異なる社会の地形の中にそれぞれを〝位置づけていた〟という意味であり、「定位」が正解。

問二 〈進歩としての歴史〉が「世＝界の体制と社会の地形となった」とはどういうことかを読み取る問題。第一段落の内容を理解することが重要。〈進歩としての歴史〉は十八世紀の西欧という一地域、つまりローカルな「社会の地形」で生まれ、植民地支配などにより非西欧世界へ進出し、進出された地域ではそれに対抗する近代化の運動によって地球規模、つまりグローバルに共有される「世＝界の体制」となった。〈進歩としての歴史〉が具体的に説明されていないためわかりにくいが、日本の明治維新を考えればヨーロッパではじまった近代化の流れとイメージでき、それが

⑧ある共同体がネーションであることも、ネーションとして位置づけた集団が国民国家として発展と繁栄を追求していくことも〈あるべきこと〉であり、ナショナリズムとは国民国家を〈あるべきこと〉として目指し続けることだ。

⑨二十世紀の世界大戦は国民国家たろうとする集団の対立や生存圏の拡張をめぐるものであり、有限な地球表面上に並存する国民国家が未来における〈あるべきこと〉の実現を目指し、資源と領土をめぐって争うものだった。

⑩ヨーロッパでは、宗教的なものに代わり世界にリアリティを与えるものとしてナショナリズムが政治、文化的な重要性を高めた。それはユートピアとノスタルジアのありかが〈他の空間〉から過去という〈他の時間〉へ移行した時代と重なる。

⑪ノスタルジアは、祖国を離れた兵士の士気を喪失させる、ナショナリズムにとって公共的な脅威と見なされる一方、強い愛国心やナショナリズムの表れとしても理解されるようになり、民族や文化の固有性と結びついたものとしても主張されていった。

⑫ベネディクト・アンダーソンは、国民国家が「新しい」「歴史的」なものと広く容認されていても、国民自体は常に過去より姿を現し、もっと重要なことに無限の未来へと漂流していく、と述べている。

⑬国民国家は近代における発明、流行である一方、過去から未来に向けて連続するものとして想像されるという意味で歴史的存在であり、それは近代という特定の歴史的時代に成立し、その時代の特定の体制と不可分のものだということである。

⑭過去から現在、未来へと進歩していく社会は、理念的には人間の普遍的な〈人類史としての世界史〉だが、現実には特定の地域、文化と結びついたものと了解される。〈進歩としての歴史〉は国民と国民国家の進歩の歴史となると同時に、そこに生きる人々の国民性を発現させて国民としての国家を建設する歴史となる。

⑮〈進歩としての歴史〉における〈未来〉というユートピアは、近代化を〈あるべきこと〉と位置づけたが、〈あること〉を支える伝統が解体される不安から保守主義の理念を生み出した。ナショナリズムは進歩主義ではユートピアに進む共

は国民国家をユートピア的社会神話とするが、これは社会に〈あること〉の問題を解決するための〈あるべきこと〉として人工的に作り出そうとしたという意味からである。二十世紀の世界大戦は国民国家の対立であり、西欧ではナショナリズムが重要性を高めた。同時にノスタルジアの対象は故郷という〈空間〉から過去という〈時間〉へと移行した。国民国家は過去から未来へと進歩する歴史的存在として普遍性を示すと同時に、特定の地域、文化と結びつく。そこでのナショナリズムは、進歩主義ではユートピアを、保守主義ではノスタルジアを想起させ、国民国家が両者を結びつける。

解説

文章全体の流れをつかむために、形式段落の内容を並べて、順を追って展開をつかんでみたい。

①〈進歩としての歴史〉は欧米列強の進出と諸地域の独立と近代化、それらによる政治、経済、文化的交流によりグローバルに共有されたが、マンフォードが近代のユートピア的な社会神話としてあげる国民国家というローカルな表象が媒介することに注目するべき。

②国民国家は現実として〈あること〉であり、ユートピアだというのは奇妙なことに思えるかもしれない。

③マンフォードが国民国家をユートピアだとしたのは、ブルジョアと労働者の対立を解消し新たな社会を目指すのが国民国家だと理解したからだ。人為的に設定された国土上で政府と官僚組織が統治する人工の社会であり、今まで存在しなかった社会を〈あるべきこと〉として人工的に作り出すという意味でユートピアであった。

④二十世紀初めにソヴィエト政府や合衆国大統領が民族自決を打ち出したように、国民国家であることはすでにいくつかの国々においては〈あること〉だったとしても、多くの諸民族にとっては目指される〈あるべきこと〉であった。

⑤自由主義―人道主義、保守主義はもちろん、社会主義―共産主義も国民や国民国家を〈あるべきこと〉として目指した。

⑥二十世紀半ばには国民国家というユートピアの変奏として帝国主義、全体主義、ファシズムなどがあった。

⑦二十世紀後半には、植民地や独裁下にあった諸地域では自律した国民国家が目指されるべき〈ユートピア的なもの〉だった。

国語

一

出典 若林幹夫『ノスタルジアとユートピア』〈第4章 〈進歩〉の中のユートピアとノスタルジア〉（岩波書店）

解答

問一 a、率 b、稀〔希〕少 c、定位

問二 ハ

問三 ニ

問四 B※

問五 ニ

問六 イ

問七 X、故郷という〈他の空間〉 Y、過去という〈他の時間〉

問八 ロ

問九 ロ

問十 ニ

※問四については大学より「試験前に解答用紙に不備があることが判明したため、解答対象から外しました。」と発表があったが、問題自体は成立しているので解答を掲載した。

要旨

欧米の進出とそれを受けた諸地域の近代化という〈進歩としての歴史〉の形成には国民国家が媒介する。マンフォード

////////////////////// · memo · //////////////////////

· memo ·

//////////////////// · memo · ////////////////////

2023年度

解答編

解答編

英語

I **解答**　設問1．1―(f)　2―(d)　3―(e)　4―(g)　5―(h)

設問2．(イ)―(c)　(ロ)―(c)　(ハ)―(b)

設問3．I would (not) (have) (been) surprised (if) we (had) (not) received (any).

◆全　訳◆

≪面接についての打ち合わせ≫

ジムとジェーンは同僚である。二人は電話で話している最中で，会う時間を決めている。

ジム　　：やあ，ジェーン，ジムだよ。調子はどう？

ジェーン：悪くないね。そっちは？

ジム　　：最高にいいよ！　あの，今日電話した要件はね，PR コンサルタント企業からの応募の締め切りが今週の金曜の午後5時だろう。ありがたいことにもういくつかの応募が来ていて，締め切りが近づくと多分あといくつか応募があると思うんだ。

ジェーン：それはすばらしい！　どうなるか確証はなかったし，現在の求人市場を考えたら，応募がまったく来なかったとしても驚かなかったね。

ジム　　：僕たち二人で時間を取って応募書類に目を通さないといけないだろうけど，どの企業を面接に呼ぶかについて来週末までには結論が出せるといいな。

ジェーン：来週の水曜日に会うのはどう？　2時以降ならいつでも空いているけど。

ジム　　：僕もスケジュールを見てみるね。んー，水曜の午後はずっと忙しいな。木曜の午前中はどう？

ジェーン：木曜は10時から11時なら会えるけれど，それで時間は足りるかな？

ジム　　：大丈夫なはずだよ。事前に採用基準を決めておけば，1時間あれば十分だよ。願わくは僕と君の評価が大きく違わないといいけれどね！

ジェーン：予算はもうすでに決めてあるから，それを超過するような応募はすべて除外すればいいよ。その他には，業界でのこれまでの経験と，メディアとのつながり，あとは応募書類にある戦略開発の提案を同じ比重で見るべき？

ジム　　：僕としてはこれまでの経験はそれほど重視しなくてもいいかな。もちろん，ある程度の経験は大事だけれど，小さくて新しい代理店の方が，経験豊富な大きな企業よりもこちらに時間と労力を投じてくれるかもしれないよ。

ジェーン：そうだよね。小さい企業の方が骨を折ってくれる可能性が高いし，より融通がきいて創造的かもしれないし。

ジム　　：暫定的な評価基準としてこんなのはどうだろう？　業界での経験は0から3点で採点して，従来のものであれデジタルなものであれメディアとのつながりを0から6点で，戦略開発の提案を0から6点で採点する，っていうのは？

ジェーン：私はいいと思う。

ジム　　：オッケー。僕が評価基準を打って君に送るよ。合計点の上位3社を面接に呼ぶのがいいんじゃないかな。

ジェーン：実際に足を運んでもらう必要があるかな？　それとも面接はオンラインでいいかな？

ジム　　：個人的には対面で面接する方がいいな。そうした方が応募してきた企業のことを本当にわかりやすいと思うんだ。

ジェーン：そうだね。それに，考えたくないけれど，もし危機対応をやってもらわなければならなくなったら，すぐに足を運んで対処してくれる企業がいいね。面接に来るのを渋るということは，現場に実際に来る方法をあまり取らないということかもしれないし。

ジム　　：意見が同じでよかったよ。それじゃあ，これでいいね。金曜の締め切りの後に応募に関する評価基準とジップファイルを送るよ。

ジェーン：ありがとう，ジム。じゃあ来週木曜の 10 時に会おう。会議室を押さえておくね。どの会議室を使うかを知らせるメールを送るよ。

ジム　　：おお，ありがとう。オッケー，それじゃあね！

ジェーン：じゃあね！

◀解　説▶

▶設問 1．1．会話冒頭の社交辞令的あいさつで，「あなたの方の調子はどう？」と問われたことに対する返答。直後では早速本題に入っているので，「調子がよくない」という返事はしていないはず。そのような返事をしていたら，普通は心配して「どうしたの？」と訊かれ，その話題が続くはずである。よって，調子がよいことを示す返答を選ぶ。(f)は「今よりよいことはこれまでになかった！」，つまり「今最高によい！」という意味。

2．直前で「募集に対し応募がいくつもあった」ことを知らされ，直後では「どのような結果になるか予想できなかった。応募がゼロでも驚かなかった」とあるので，空所には応募があったことを喜ぶリアクションが入ると推測できる。(d)「それを聞いてうれしい！」が適切。

3．直前で「打合せ時間は 1 時間あれば十分か？」と尋ねられ，直後では「前もって基準を決めておけば，1 時間で十分だ」と述べている。よって，空所には「1 時間でよい」という趣旨の表現が入ると考えられる。(e)「それ（＝1 時間）はよいはずだ」が入る。

4．空所直前では，「経験豊かな大企業より，新興の小規模企業の方がよい可能性がある」と述べられ，空所直後でも同様の見解が述べられているので，空所には同意の表現が入るはず。(g)は「了解しました，ごもっとも」という意味の慣用表現。

5．空所直前では応募に対する評価基準を提案し，空所直後で Great. と述べていることから，空所には提案に対し賛同する表現が入ると考えられる。(h)「それはよいように私には聞こえる」が正解。

▶設問 2．(イ)be tied up は「忙しい」という意味で，(c)が正解。engage は be engaged in ～「～に従事している，没頭している」や be engaged with ～「～で忙しい」という使い方をされるが，ここでは前置詞＋名詞に代わって副詞 otherwise が engaged を修飾している。otherwise は，仮定法でif節に代わって「そうでなければ」という仮定を表すというイメージが強いかもしれないが，もともとはotherwise＝in other ways「そうではないやり方，様子で」という意味。ここではotherwise engagedが「他の用事で埋まっている，ふさがっている」という意味になる。

(ロ)直訳は「余分のマイル（距離）を行く」，つまり「プラスの苦労や骨折りを進んで受け入れる」という意味。仮にこの熟語の意味がわからなくても，文脈から直前のジムの発言のdevote more time and energy「より多くの時間と労力をささげる」とほぼ同じ意味であると推論できる。(c)「骨を折る，苦しむ，手をかける」が最適。

(ハ)直訳は「同じページ上にいて」，転じて「一致して，目指すものが同じで」という意味。直前のジムとジェーンのやりとりで，応募してきた企業の面接はオンラインより実際に来てもらう方がよいという見解で二人は一致している。(b)「同意して，一致して」が正解。

▶設問3．直前のジムの発言で「すでにいくつかの応募が届いている」とあるので，「（応募が）まったく届かなかったとしても」は過去の事実に反する仮定。よって，仮定法過去完了を用いて書く。仮定法の帰結節には助動詞の過去形が必要なので，「驚きませんでした」はI would not have been surprisedとなる。notの位置に注意。仮定を述べる条件節には助動詞は不要で，主語weが与えられているので，「まったく届かなかったとしても」を「私たちがまったく（応募を）受け取っていなかったとしても」と読み換える。if we had received no applicationsとするとweとreceivedの間が指定より1語少なくなってしまうので，if we had not received any applicationsとする。any applicationsのapplicationsはわかりきっているので省略し，anyだけで済ませることができる。

●語句・構文●

strategy development「戦略開発」（企業が成長を続けるための計画）
preliminary「準備の，予備の，予選の」 rubric「心得，慣例，規定」
get a sense of～「～をなんとなく理解する」 hands-on「実際的な，実地の」 zip fileは圧縮ファイルとしてポピュラーな形式。

II **解答** 設問1．1―(a)　2―(c)　3―(c)

設問2．(1)―(c)　(2)―(c)　(3)―(b)　(4)―(d)　(5)―(d)

設問3．(b)

設問4．The question is (why) (this) often problematic, unloved technology (is) (taking) (over) (retail).

◆全　訳◆

≪セルフレジは誰にも好かれていない。それなのにどこにでもある理由はこれだ≫

「袋詰め台に想定外の品があります」

「商品を袋に入れてください」

「サポートが来ます。お待ちください」

このようないらいらする警告をセルフレジで聞いたことがあるのは，あなただけではない。昨年1,000人の買い物客を対象に行った調査では，67%がセルフレジのレーンで失敗をしたことがあると答えた。売店でのミスはよくあることで，それらは数多くのインターネットミームやティックトックの動画にすらなっている。

「今は2022年ですよ。セルフレジのやり方は完璧だと期待したいところですが，実際は程遠いのですよ」 そう語るのは，ノバスコシア州のダルハウジー大学で農業食品分析研究所の所長を務めるシルヴァン＝シャルルボワ氏である。彼はセルフレジを研究している。セルフレジに不満があるのは客だけではない。店の側もそれに関して課題を抱えている。機械は導入するのに多額の費用がかかり，しばしば不具合を起こす上に，顧客が購入する商品の数が少なくなりかねない。加えて，従来のような人間のレジ係がいるレジよりもセルフレジの方が，店の損失が大きく万引き被害が多くなる。

そうした頭痛の種を抱えているにもかかわらず，セルフレジは増えている。食品産業の団体であるFMIの最新のデータによると，2020年には食料品店での購入の29%がセルフレジで処理されたが，これは前年の23%より上昇している。このことから疑問が生じる。すなわち，この往々にして問題のある，好まれざるテクノロジーが，なにゆえ小売業界を支配しているのか，という疑問である。

最初の現代的なセルフレジは，フロリダにあるチェックロボット社が特許権を取り，1986年にクローガー（編集部注：アメリカのスーパーマーケットチェーン）のいくつかの店舗で導入されたが，今日の買い物客が見たらそれがセルフレジであるとはほとんど思えないであろう。客は購入する商品をスキャンし，それをベルトコンベアーの上に置く。コンベアーの反対側の端にいる従業員が商品を袋に入れる。そしてそれを客が中央レジへと持っていき，代金を支払うのである。

このテクノロジーは「スーパーマーケット界の革命」と謳われた。買い物客は「自身が自分のためだけの店員となると同時に，自動化されたレジはショッピングカートの長い列を解消してスーパーマーケットの人件費も抑える」と1987年の『ロサンゼルス・タイムズ』紙の評論は述べている。しかし，セルフレジは食料品店に革命を起こしたりはしなかった。多くの客は，必ずしも明白とは言えない利点と引き換えにやらなければならないことが増えるのを嫌ったのである。

ウォルマート（編集部注：アメリカのスーパーマーケットチェーン）がセルフレジを試すのに10年かかった。2000年代初めになってようやく，セルフレジの流れがスーパーマーケットで広く勢いを増した。スーパーマーケットは2001年の不景気のさなかコスト削減に努めており，また新興のスーパーマーケットや郊外型量販店との厳しい競合に直面していたのである。「セルフレジ導入の根拠は経済的理由に基づくものであって，顧客に焦点を当てたものではありませんでした」とシャルルボワ氏は言う。「最初から客はセルフレジをいやがっていましたから」

ニールセン社の2003年の調査によると，買い物客の52%がセルフレジを「悪くない」とする一方で，16%が「不満がある」としている。買い物客の32%は「とてもよい」としている。このような賛否の分かれる反応があるため，コストコやアルバートソンズなどの一部食料品店チェーンは，2000年代半ばに導入していたセルフレジを撤去することとなった。「バーコードやクーポンのトラブル，支払い上の問題，その他多くの取引で毎度生じる問題について，店の従業員が来てサポートしてくれるのを客が待つ必要があるので，セルフレジの列はつまってしまう」と，食料品チェーンのビッグワイは2011年にセルフレジの機械を撤去した際に述べた。

セルフレジは客にとっても経営者にとっても多くの欠点をもっているが，普及の流れは強まる一方である。ウォルマートもクローガーもダラーゼネラルも，セルフレジだけの店舗を試験的にオープンしている。コストコとアルバートソンズは，数年前に撤去したセルフレジを再導入している。アマゾンはこのコンセプトをさらに一歩進めて，レジのないアマゾン・ゴーの店舗を考案した。店にとっては，セルフレジに背を向けるにはまったく手遅れなのかもしれない。

◀解　説▶

▶設問1．1．「以下のうち，最初のセルフレジシステムを最もよく描写しているのはどれか」 最初のセルフレジに関する記述は第4段（The first modern …）で，システムの具体的な説明は同段第2～最終文（Customers scanned their … area to pay.）にある。そこでは，セルフレジとはいえ結局袋詰めに従業員が必要であったり，客が支払いのために中央レジまで商品を運ばなければいけなかったりと，現在のセルフレジとは程遠い（almost unrecognizable）煩雑な仕組みが記述されている。よって，(a)「複雑な」が適切。(b)「慣習的な」(c)「革命的な」(d)「気づかれない」

2．「以下のうち，セルフレジに関する問題として生じていないものはどれか」 第7段（A 2003 Nielsen …）の末尾のビッグワイ社の声明で，レジで客が従業員のサポートを待つ必要が生じると列がつまる（get clogged）と述べられているので，(a)「列が長くなる」は本文に合致。第2段第6文（The machines are …）で「機械は設置するのに高額である」と述べられているので，(b)「セットアップに費用がかかる」も合致。同段最終文（Stores also incur …）で「万引きが増える」とあるので，(d)「窃盗が増える結果になる」も合致。よって，本文中に記述のない(c)「失業につながる」が正解。

3．「なぜ多くのスーパーマーケットがセルフレジを使い始めたのか」 第6段第2文（Only in the …）で「スーパーマーケットは不景気の中でコスト削減を目指していた」，続く第3文（“The rationale was …）でこれを言い換えて「（セルフレジ導入の）根拠は経済ベースだ」と述べているので，(c)「それら（＝スーパーマーケット）は費用を減らす必要があった」が正解。(a)「購入を促進することを期待した」，(b)「スタッフの負担を軽減したかった」，(d)「消費者の購買行動を変えたかった」はいずれも理由としての記述がない。

▶設問2．(1)「それら（＝売店のセルフレジでの客の失敗）はいくつものミーム（インターネット上で拡散する画像や動画）やティックトックの動画を spawn している」とあるので，この spawn は(c)「～を生み出す」が最も近いと推測できる。spawn は「(魚などが卵）を大量に産む」，転じて「～を大量に生む，引き起こす」という意味。

(2)「店」が主語で目的語が「損失」(losses）や「万引き」(shoplifting）なので，(c)「～に遭遇する，～を経験する」なら問題なくおさまる。incur は「(負債や損害）をこうむる」という意味。

(3)下線部を含む文は，直前の「セルフレジは食料品店に革命を起こしはしなかった」の，より詳しい言い換えになっている。よって，「多くの顧客は必ずしも明確でないメリットと交換により多くのことをせねばならない（＝セルフレジを利用することで，自分でやらねばならないことが増える）のを balk at した」の balk at は「～をいやがる」といった意味になると推測できる（辞書義は「～をためらう，躊躇する」)。よって，(b)「～に抵抗する」が正解。

(4)from the get-go で「最初から」という意味の熟語。(a)「印象」，(b)「見方，展望」，(c)「結果」では get-go の位置に入れても意味が通じない。(d)「始まり」だけが適切。

(5)invariably は「変わる（vary）ことが可能（-able）ではない（in-)」という副詞（-ly)，つまり「変わることなく，必ず，常に」という意味。(d)「規則的に，必ず，いつも決まって」が最も近い。

▶設問3．本文では，セルフレジをトピックとして，まず前半でそれが普及している割に客にとっても店にとってもデメリットが多いことが指摘され，それを受けて第3段最終文（This raises the …）で「このことは問題を提起する。すなわち，なぜこの往々にして問題が多く，愛されていないテクノロジーが小売業を支配しつつあるのか」，つまりなぜセルフレジが普及しつつあるのか，という問いが新たなトピックとして提示される。第4段以降はこの問いに答え，「顧客満足ではなくコスト削減が理由で，他社との競合を生き延びるためにはこの方向を進めるしかない」という考察が示される。以上を踏まえると，(b)「セルフレジは誰にも好かれていない。それなのにどこにでもある理由はこれだ」が正解。

出典追記：Nobody likes self-checkout. Here's why it's everywhere, CNN on July 10, 2022 by Nathaniel Meyersohn

▶設問4．下線部で question の直後に置かれているコロン（：）は，その直前の要素（特に名詞であることが多い）を後方で具体的に説明することを示す。すなわちここでは，question の具体的内容が why 以下ということになる。解答欄に与えられた形式に合わせて，主語 The question と補語の why 以下の間接疑問を be 動詞（is）で結べばよい。下線部では直接疑問のため主語（this … technology）と be 動詞が倒置されていたが，解答では間接疑問となるため is は主語の後ろに置く。

●語句・構文●

（第2段）flawless「傷のない，完璧な」
（第3段）transaction「取引，処理」
（第4段）patent「～の特許権を取る」
（第5段）herald「～の先触れをする，～を布告する」 personnel「（集合的に）全職員」
（第6段）emergent「新興の」 warehouse club は郊外で商品を大量に安く販売する会員制組織とその店舗。 detest「～を憎む，ひどく嫌う」
（最終段）shortcomings「（主に複数形で）欠点」 pilot「～の水先案内をする，（新製品など）の評判を試す」

Ⅲ 解答

設問1．ｉ－(a)　ii－(b)　iii－(c)
設問2．(1)－(c)　(2)－(c)　(3)－(c)
設問3．あ－(c)　い－(a)　う－(f)　え－(e)
設問4．1－(c)　2－(d)　3－(a)　4－(a)
設問5．so that we can continue to ensure the survival of the snack industry

◆全　訳◆

≪日本のメーカーは値上げに際し謝罪をするか≫

数年前に日本の有名なアイスキャンディーのメーカーが25年ぶりに販売価格を上げたとき，陰鬱な感じのするテレビコマーシャルで，何十人もの幹部や従業員が深く頭を下げて謝罪した。

この企業，赤城乳業は，現在，その他のアイスクリーム商品30品目近くの値上げを予定している。今回は悔恨の意を示すことはないようである。原材料の「価格上昇の大きな波に私たちは突如として直面しています」，とマーケティング部次長の萩原史雄氏は言う。「私たちは生き残るために値上げを行います」

日本では，謝罪は長きにわたって円滑なコミュニケーションのための重要な潤滑剤であった。友人・隣人・同僚同士の会話は，たとえば，エレベーターのドアを少しの間開けておいてもらう，といった，ささやかな不便を負わせたことに対する習慣的な謝罪が，至るところに散りばめられている。

企業も顧客に対して決まりごとのように，電話に即座に出られなかった，などのささいなことで謝罪する。鉄道会社は列車がほんの1分でも遅れようものなら，ホームの放送で詫びを述べる。値上げは従来であれば典型的にお詫びを伴う事例のはずである。

食品メーカーの株式会社やおきんが，その看板商品であるパフコーンスナックのうまい棒を4月に2円――約1.5セント――値上げして12円にした際，この変更に関してツイッター上でメッセージを公表したが，それはほんの数カ月前であればあまりにぶっきらぼうととられかねないものであった。「私たちはスナック菓子業界の存続を確実なものとし続けるために利益を上げる必要があるのです」

同社はまるで想像されるほど悔恨の念を抱いていないことを認めるかのように，あるスナック菓子卸売業者の言葉を引用する別の新聞広告を出した。「謝罪広告に無駄な費用をかけている場合ではないのです」

マーケティング企業が実施したうまい棒の値上げに関する調査では，70％近くの人が「価格が今まで上げられなかったことがかなりの驚きだ」という類の反応をした。このスナック菓子が初めて発売されたのは42年も前なのである。

41歳の主婦ウエダ ユウコさんは先日夕食用の寿司を一折店で買い求めたが，あらゆる物価が上がっている現状では，謝罪が行われなくなるのも驚きではないと述べた。「物価が上がっているときには，謝罪よりも顧客サービスの向上やよりよい製品を期待します」と言っている。

52歳の美容院経営者コメダ ミツコさんは，およそ2.5％という日本の比較的ゆるやかな物価上昇率からすると，企業は謝罪せねばという圧力をあまり感じないかもしれないと言う。「他の国を見てください。物価はもっと大幅に上がっていますよ」と彼女は述べた。

先日の午後東京の一由そばでそばを食べていた，38 歳の会計士ヤマナカ ヤスヨさんは，謝罪は企業が顧客のことを考えていることを示す上で役に立ち，結果的に顧客の企業に対する忠誠心を養うと言う。「この感覚はおそらく日本人にしか共感されないものだと思います」と彼女は述べた。

謝罪は日本では基本的なマナーとして期待されるものである。この国では，休暇をとることの謝罪をしなければ，職場の同僚たちから気配りが足りないとみなされる可能性がある。そうすると，次に同僚たちが一緒に昼食を食べに行くときには声がかからなくなるかもしれないのである。

自分の責任ではない問題のことで謝罪することが，よいマナーだとされることすらある。Covid-19 によるパンデミックの初期に，日本サッカー協会の会長は，ウイルスに感染したことで「ご心配とご迷惑をおかけしたことを深くお詫び申し上げます」と述べた。

このようにビジネス上のマナーに今年変化が生じた理由のひとつは，ほぼすべての人がもっと責任を負っているために，企業がもはや自分だけが悪者に見えることをあまり心配する必要がなくなったことである。

一方で，日本銀行の総裁は，経済活性化のためにゆるやかな物価上昇を刺激しようと近年試みてきたが，消費者が物価上昇をより受け入れつつある，と発言したことに対する激しい批判に直面し，そのすぐ後に謝罪することとなった。「そのような趣旨で申し上げたのではない」と黒田東彦総裁は言う。「混乱を招いたことをお詫び申し上げる」

各企業は敏感であろうとする努力を今も続けている。謝罪の代わりに値上げの際に頼りになる戦略のひとつは，お客様の「ご理解」を求めることである。低価格焼き鳥を専門とする外食チェーンの鳥貴族は，先日値上げをした際に，「原材料費と光熱費の継続的な高騰」に直面し，お客様のご理解を求めるという声明を出した。

去る 12 月，東京のそば店である一由そばは，メニュー全品を 7 セント値上げすることについて，悔恨の思いを表明する掲示を出した。そこにはこう書かれていた。「お客様に対し誠に申し訳ございません」

◀解　説▶

▶設問 1．ｉ．「アイスキャンディーメーカーが，かつては値上げに際して丁重な謝罪を表明したのに，今回新たに値上げするに際しては謝罪しない」という事象を取り上げ，その説明として「日本社会では謝罪はコミュニケーションの潤滑剤であり（第3段第1文），よってささいなことでも謝罪する（第3・4段）」と述べている。空所 i を含む第4段最終文（A price change…）は「値上げは謝罪表明を典型的に…はずだ」という意味で，上記の文脈からは「ささいなことでも謝罪するのだから，値上げなら謝罪しても当然だ」という流れになるはずである。よって，(a)「～に伴われる」が最適。humble pie は，もともとはシカなどの臓物で作ったパイで，使用人などに食べさせていた。つまり身分の低い人が甘んじて食べていた料理を指し，転じて「甘んじて受ける屈辱，甘んじてする謝罪」を意味する。なお，この文に含まれる would は仮定法過去で，「本来であれば」「すぐ謝罪する文化が現代でも変わっていないのであれば」という仮定に基づく帰結を述べている。

ii．空所プラス to 不定詞で主節を修飾する副詞句を形成している。選択肢中で to 不定詞を後続させるのは基本的に(b)の As if のみ。as if to *do* で「まるで～するためであるかのように」という意味。やおきんが出した新聞広告の内容は，謝罪の気持ちを抱いていないと明言しているわけではないが，ほぼそれに近いことを述べており，「まるで悔恨の念を抱いていないと認めるかのように」とすれば，文脈上も適切である。

iii．一由そばが出した掲示で示されていたのは，直後の引用部に sorry とあることから，遺憾の意あるいは謝罪である。(c)「～に対する悔恨の念」が正解。

▶設問2．(1)litter〔scatter〕*A* with *B* で「*A*（場所）を *B*（ごみ）で汚す」なので，be littered〔scattered〕with ～で「～で汚されている，散らかっている」という意味。litter が名詞では「散らかったごみくず」という意味であることを知っていれば，同じような意味の scatter を選びやすい。

(2)下線部までの文脈は「企業は，かつてはすぐ謝罪したが現在は値上げしても謝罪しない」というもので，下線部直後では謝罪しないことを正当化する企業の見解が取り上げられている。よって，「思われているより contrite でないことを認める」の contrite の意味は「謝罪の念を抱いている」となると推測できる。また，この contrite の派生語が第2段第2文（This time there'll…）の名詞 contrition であることに気づけば，この語は前後の文脈から容易に「謝罪」の意であると推測できるので，contrite

も「謝罪」に関する意味の形容詞であるとわかる。(c)「悔恨の念を抱いている」が正解。

(3)下線部を含む文は「謝罪に代わって，値上げをする際に go-to なひとつの戦略は，顧客の理解を求めることである」という意味。つまり，go-to は「従来なら謝罪が必要なケースで謝罪に代わって有効な，よく用いられる」という意味の形容詞であると推測できる。(c)「信頼できる，頼れる」が正解。

▶設問3．あ．空所直前の第3段までは「企業が値上げに際して謝罪するか否か」という話題であり，空所直後は「電話をとりそこねるなどのささやかなことでも」という理由・対象範囲を表す for から始まる副詞句が続いている。よって，(c)「企業はお決まりのように客に謝罪する」を入れれば前後の文脈と接続がよい上に，後続の for と連動し apologize to *A* for *B*「*B*（理由）のことで *A*（人）に謝る」という表現上のつながりもできる。

い．空所直後は場所の関係副詞 where が導く非制限用法の関係節で，「休暇をとる際は謝罪して当然」という事例が紹介されている。よって，空所には，この事例が具体例となるような記述と，それが当てはまる場所（文脈から日本の話であることは明白）が記されているはずである。よって，(a)「謝罪は日本では基本的マナーの期待される一部である」が正解。

う．空所直後は「ウイルスに感染したことを謝罪する」という事例。ウイルス感染は失敗やミスではなく不可抗力であるが，それについても日本では謝罪する，という例なので，(f)「自分の責任ではない問題のことで謝罪することがよいマナーだとみなされさえする」が正解。

え．空所までの文脈は，「日本は本来あらゆる場面で謝罪が求められる社会だ」「企業は値上げを謝罪しなくなった」「しかし国民は値上げを進んで受け入れているわけではない」というもの。そして空所直後では「謝罪に代わって『お客様の理解をお願いする』という言い方が用いられている」，つまり「謝罪の必要がなくなったのではなく，代わる手段をとっているだけ」という内容が述べられる。これを踏まえると，(e)「企業は敏感であろうとする努力を今でもしている」が適切だとわかる。ここでいう「敏感な(sensitive)」とは，「値上げへの顧客の反応に対して敏感な」ということである。

▶設問4．1．「日本の有名なアイスキャンディーメーカーは，数年前に値上げをした際に何をしたか」 第2段（The company,…）の「今回予定している値上げ」ではなく第1段（When the maker…）の「数年前の値上げ」についてであることに注意。同段で「テレビ CM で謝罪して深々と頭を下げた」とあるので，(c)「役員と従業員がテレビで大いなる悔恨の念を表明した」が正解。(a)「テレビの視聴者に向かって連続して謝罪した」は「連続して（in succession)」の部分に該当する記述がない。(b)「アイスキャンディーを売る人々に深く頭を下げた」も本文中に記述がない。(d)「経営ミスを深刻な雰囲気で告白した」は，謝罪したのは値上げについてであり（第1段前半）ミスについてではないので，不適。

2．「うまい棒の値上げを知った際に多くの人はどのように反応したか」第7段（In a marketing…）で「約70%が『価格が今まで上げられたことがなかったのは，ある意味驚きだ』と読める反応を選んだ」とされているので，(d)「発売以来値段が変わっていなかったことを知って驚いた」が正解。kind of＋形容詞／副詞で「ある程度～，いくぶん～」という口語表現。(a)「値段がそれまで42年間上げられたことがなかったと知って喜んだ」は「喜んだ」に該当する記述がない。(b)「驚くほど人気のスナック菓子だったので，値上げにがっかりした」も「がっかりした」に該当する記述がない。(c)「70%も値上げされるというニュースに閉口した」は，上記にある通り70%という数字が何を指すかが違っているので誤り。

3．「回答者の一人の意見を最もよく言い換えているものは以下のうちどれか」 第10段（Yasuyo Yamanaka,…）でヤマナカ ヤスヨさんは，「謝罪は忠誠心を育む」（foster loyalty）と述べている。よって，(a)「謝罪は顧客を，謝罪した企業を支持し続ける気にさせる」が正解。(b)「よりよい顧客サービスやよりよい製品は，謝罪とまったく同様に重要だ」は，第8段（Yuko Ueda,…）の「値上げに際しては謝罪よりサービスと製品の質の向上を望む」というウエダ ユウコさんの発言を考えると紛らわしいが，このウエダさんの発言はあくまで「企業が値上げした場合にどう考えるか」の話であって，一般的に「顧客サービスや製品の質と謝罪とではどちらが重要か」という話ではない。(c)「日本企業はかつてよりはるかに頻繁に値上げをしている」は記述がない。(d)「企業は謝罪をした際には，よりよい顧客サービスや製品を提供する」は，「値上げの際には謝罪よりサービスや製品の向上・改善を期待する」という記述からずれている。

4.「日本銀行の総裁が先日批判されたのは，…と発言したからである」第 14 段（Meanwhile, …）で紹介された総裁の発言は「消費者は物価上昇をより受け入れつつある」（be accepting of～「～を受け入れている」）というもの。(a)はこれと同じ意味。be open to～には「～を受け入れる用意ができている」という意味がある。(b)「彼は消費者に物価上昇を受け入れるよう促そうとしていた」はこれとは意味がずれる。(c)「ゆるやかな物価上昇こそ彼が長らく求めていたものだ」は，それに該当する記述が第 14 段第 1 文（Meanwhile, the governor …）にあるが，そのように発言した，あるいはそれが謝罪理由であったとは書かれていない。(d)「物価上昇が消費者を混乱させた」は，確かに同段末尾に「混乱させたこと（the confusion）をお詫びする」と書かれているものの，この「混乱」は「物価上昇」ではなく，「消費者が物価上昇を受け入れていると発言したこと」による混乱を指しているので，不適。

▶設問 5．空所直前部は文として必要な要素が揃っているので，空所はそれに続く修飾語句が入るとわかる。語群の中に主格の we と現在形の助動詞 can があることから，空所にはもう一組の節（従属節）があるとわかる。語群の中に so と that があることから，so＋形容詞 / 副詞＋that S V か so that S can V のいずれかの形をとる可能性が高い。語群内に形容詞も副詞もないことから，それを補わない限りは後者の形になる。ここまでで so that we can＋動詞の原形という形ができた。名詞 survival「生き延びること」は，これだけでは何が生き延びるのかがわからない。よって，the survival of＋名詞「～の生存」という形にして，何が存続するかを述べる必要がある。of の目的語になりうる名詞は snack と industry の 2 つがあるが，the survival of the industry「産業の存続」としても，本文では産業全体の話はしておらず，「何の産業か」ということが不明なままである。よって，文脈に沿うように the survival of the snack industry「スナック産業の存続」とする必要がある。残るは 2 つの動詞の原形 continue と ensure。このうち can の後ろに置けるのは 1 つ。もう一方は，語群内に使役動詞も知覚動詞もないので，to を補って to 不定詞にしないと文中に組み込めない。また，continue も ensure も通常は他動詞で目的語をとるので，一方が目的語として the survival of the snack industry をとり，もう一方は to 不定詞を目的語にとると考えられる。ensure は to 不定詞を目的語にとれないが，continue はとれる。以上より，so that we can continue to ensure the survival of the snack industry「スナック産業の存続を確実にし続けられるように」という解答が導ける。

●語句・構文●

（第 1 段）somber「陰気な，深刻な」
（第 3 段）lubricant「潤滑剤」
（第 5 段）flagship「主力商品」
（第 6 段）wholesaler「卸売業者」
（第 8 段）homemaker「主婦，主夫」
（第 10 段）accountant「会計係，会計士」
（第 14 段）stoke「～に火をたく，～をかきたてる」 kick-start「～を足けりでスタートさせる，～に勢いをつける」
（最終段）put *A* up / put up *A*「*A* を掲げる」

Ⅳ　解答

設問 1．i —(a)　ii —(b)　iii —(d)　iv —(a)　v —(c)　vi —(a)

設問 2．(1)—(d)　(2)—(d)　(3)—(c)　(4)—(a)

設問 3．1 —(a)　2 —(a)　3 —(a)　4 —(c)

設問 4．(c)

設問 5．hold the key to understanding how exercise could aid weight loss

◆全　訳◆

≪あなたの運動はダイエットを台無しにするか≫

あなたは運動の後でどれぐらい空腹になるであろうか？　運動後の激しい空腹は，長らく体重減少を妨げる原因とされてきた。しかし，運動後にひどく空腹だと感じる人がいる一方で，食べ物のことを考えるなどほとんど耐えられないという人もいるのは，どのようにして，またなぜなのか，それは未解明のままであった。

現在になってようやく研究者たちは，運動が食欲を鈍らせたり急上昇させたりし，体重を減らすのを助けたり邪魔したりする生物学的な理由を明らかにしつつある。それは，部分的には行う運動の種類と，それをやり遂げるのに投入する労力の量に関係があるのである。

食欲と運動の関係は複雑である。新しい運動療法に取り組み始めた人なら誰でも，体重は願ったほどすぐには落ちてくれないのは確かだと言うであろう。そして，睡眠のパターン，体重，健康状態，遺伝的特徴などあらゆる要因が，一人ひとりの運動後の食料摂取衝動に影響を与えることも知られている。グレリン（食欲を増進する）やペプチド YY（食欲を減退させる）などの空腹に関わるホルモンが運動後に生成される量が増減し，私たちの空腹感を高めたり弱めたりするのである。

スタンフォード大学病理学助教のジョナサン＝ロング氏が率いる科学者の国際チームが，最近発表した論文で Lac-Phe と呼ばれる分子について記述した。この乳酸とフェニルアラニンとの合成物は，激しい運動の最中に大量に生成され，食欲を抑制するようである。

この「反食欲」分子はまた，一部の動物（競走馬など）の血流中にも現れるが，これに関して嚆矢となる研究では，Lac-Phe を生成しないように育てられたネズミを週に何度か激しく走らせると，ネズミは止まるたびに脂肪分の多い餌をむさぼり，体重が通常のネズミより全体で 25％増えたことが示された。

「このチームはこれより前に，Lac-Phe を注入されたネズミは食欲が減り，最大で 30％食事量が減ることを示しています」 そう語るのは，この研究にも携わった，バーミンガム大学で運動代謝学と栄養学の准教授をつとめるギャレス＝ウォリス氏である。

最終的には，その動物たちは体重と体脂肪量が落ち，糖尿病を示すマーカー値は改善した。最新の研究では，このグループは関心を人間に向けている。というのは，この分子は運動が体重減少にどのように役立つかを理解する鍵を握っている，と彼らは見ているのである。

8 人の健康な若い男性が集められ，3 回運動するよう依頼された。ゆっくり連続して 90 分間自転車をこぐこと，インドアサイクリングマシンで断続的に 30 秒のスプリントを繰り返すこと，そしてウエイトトレーニングで，それぞれの運動の最中と運動後に血液を採取された。

その結果示されたのは，インドアサイクリングマシンでのインターバルを挟んだスプリントが最も劇的に血液中の Lac-Phe の水準を高め，次がウエイトトレーニング，長時間ゆっくりと自転車をこぐ運動はこの分子を生み出す量が最低水準であった。「この結果が私たちに示したのは，Lac-

Pheの分子は激しい運動中に体の中で増加するということです」とウォリス氏は言う。「そして，動物での研究から，Lac-Pheの増加はカロリー消費量の減少につながることがわかっているので，自然な結論としては，これが食欲の抑制に関わっていると考えられるでしょう」

小さな研究ではあるが，この研究はさらなる調査への道筋を整えるものである。そして次なるステップは，Lac-Pheがどのようにして空腹を抑えるかをより深く調べることである。「この分子とそれが与える効果に基づいた薬を開発できる可能性もあります」とウォリス氏は言う。「運動によって得られるよい物質をとらえてそれを飲み薬の中で再現できれば，それは肥満に悩む人々の治療に役立てるために使うことができるでしょう」

私も含めた多くの人にとって，これらの発見にはなじみがあるはずである。長距離をゆっくりと80分かそれ以上走れば，私は帰宅後に間違いなく冷蔵庫をあさっているであろうし，より速く，あるいは起伏の多い場所を走った後では，何時間かは食べ物を見たくなくなるかもしれない。

ウォリス氏によると，これはLac-Pheが作用している例である。「一般的に言って，より激しく運動するほど，この分子がより多く生成されます」と彼は言う。「ただ，すべての人がすべての種類の運動に同じように反応するというわけではないですが」

◀解　説▶

▶設問1．ｉ．空所直前の主語は「運動後の苦しいまでの空腹」（pang「発作的な激痛，苦悶」）で，空所直後は「体重減少を妨げること」という動名詞（stall「(車など）をエンストで止まらせる，失速させる」)。よって，両者は原因と結果の関係にある。(a)「〜のせいにされる」を入れれば，前者が原因で後者が結果であると考えられていることを示せる。blame *A* for *B*「*B*（事）を *A* のせいにする」

ⅱ．空所直前までが主語で，それとセットになる述語動詞を入れる。主語は「運動後に放出される空腹に関連するホルモンの水準」（過去分詞 released が前方の hormones を修飾）。空所直後の分詞構文は空所に入る動詞をより具体的に言い換えていると考えられ，「あなたをより空腹であるまたはより空腹でないと感じさせる」という意味。つまり，空所にはホルモンの量が増えたり減ったりすることを表す動詞が入るはずである。(b) ebb and flow は潮の満ち引きを表す名詞または動詞で，転じて程度や数量が２つの状態を行ったり来たりすることを表す比喩表現として用いられる。(a)「前進し退却する」は level を主語にする動詞としてはフィットしない。(c)の pile up は「増える」だが，melt away は「(溶けて) 次第になくなる」なので，(b)の方がよりよい。

iii．直前の mice が that 節の主語で後方の weren't が述語動詞なので，空所＋Lac-Phe が直前の mice を修飾していると考えられる。述語部分は「～ほど空腹を感じず，食べる量が最大 30％減る」(比較対象の２つめの as 以下は省略されている) という意味。ということは，「空腹を抑える Lac-Phe が多くなるよう操作されたネズミは通常のネズミと比べて食事量が減る」という意味になると考えられるので，(d)を入れて「Lac-Phe を注入されたネズミ」とする。inject *A* into *B*＝inject *B* with *A* で「*A* (物質) を *B* (人や動物) に注射・注入する」なので，be injected with～で「～を注射される」という意味になる。

iv・v．３種類の異なる運動で運動後の Lac-Phe の分泌量を比較する実験の文脈。よって，空所ivを含む１つめの運動と空所ｖを含む２つめの運動は，どちらも自転車をこぐタイプの運動だが，そのこぎ方が異なっている必要がある。つまり，ivとｖは対になるような形容詞が入るということである。第２の運動は sprint「全力で走ったりこいだりすること」で，30 秒行うとある。よって，30 秒 sprint して休んで…を繰り返す運動のはずである。ｖには(c)「断続的な」が入る。これに対して１つめの運動は gentle「穏やかな」と形容されているので，90 分という長時間にわたってゆっくりこぎ続けることであると推定される。ivには(a)「連続的な」が入る。

vi．空所viを含む文の主語 This は直近しか指せない指示語で，ここでは直前の段落の最後に出てくる「より速く，あるいは起伏の多い場所を走ることは，私が数時間にわたって食べ物を目にしたくなくなるという結果になりうる」という事例を指す。これは激しい運動後に分泌される Lac-Phe が食欲を抑制している例なので，空所には(a)「活動をして，きちんと働いて」を入れて「これはおそらく Lac-Phe が作用している例である」とする。

▶設問２．(1)下線部直後の段落で blunt or spike our appetite「食欲を鈍化させるか急に高めるか」や help or hinder us to lose weight「私たちが

体重を落とすのを助けるか妨げるか」と述べられているように，本文は，運動後に食欲が増進したり減退したりするのは運動の仕方によって出るLac-Pheの量が異なるためだ，ということを紹介している。よって，下線部の辺りは，対比の接続詞whileをはさんで「運動後に激しく空腹を感じるか」（ravenous「腹ぺこの」）と「運動後に食欲がなくなるか」の対比となると考えられる。barelyは「ほとんど～ない」という意味なので，can barely stomach以下が「食欲がない」，すなわち「食べ物のことを考えることすらほとんど耐えられない」という意味になるはずである。ここでは動詞として用いられているstomachは「がまんする」という意味で，(d)「～を耐えしのぶ」が最も近いと考えられる。

(2)embark on ～で「～に乗船する，（新しいこと）に乗り出す」という意味。仮にこの熟語を知らなくても，「新しい運動計画を～したことのある人なら体重は思うように落ちないことを知っているであろう」（vouch「～を保証する」）の～にフィットするのは選択肢中には(d)「～を始める」しかないことがわかるだろう。

(3)stifleの意味上の主語となるLac-Pheという物質のことを，直後の段落の冒頭で「この『反空腹』分子」と呼んでいるので，stifle appetiteは「食欲を減退させる」という意味になるはずである。(c)「～を抑圧，抑制する」が正解。

(4)induceは「～を引き起こす，～をする気にさせる」という意味であるが，仮にこれを知らなくても推論は可能である。ここでは「自転車でスプリントを繰り返すような激しい運動は血中のLac-Pheの最も劇的なspikeをinduceする」と述べられている。spikeは「くぎ，スパイク」，転じて釘のように急に飛び出す（飛び出させる）ことを表す名詞または動詞として用いる（ここでは名詞)。第2段（Only now are…）で動詞spikeがblunt「～を鈍化させる」と対比で用いられていることからも，ここでのspikeは「急増」の意味であると推測できる。また，第11段（For many people, …）で「緩やかな運動は食欲を増進し，激しい運動は食欲を減退させる」という具体例が挙げられている。以上から，induceは(a)「～を引き起こす」という意味であると推定できる。

▶設問3．1．「研究者は現在，運動が…する生物学的な理由を明らかにしつつある」 設問文とほぼ同じ表現が第2段にある。同段第1文（Only now are…）では「運動が食欲を鈍らせたり急に高めたりし，私たちが体重を減らすのを助けたり妨げたりする理由」とされており，続く第 2 文（And it partly…）で「する運動の種類やそれに割く労力の量次第」と述べられている。以上より，(a)「運動の種類を一因として食欲を高めたり抑えたりする」が正解。(b)「汗をかくような運動であれば，体重減少において非効果的になりうる」は逆。第 11 段（For many people, …）後半などで，激しい運動の後は食欲が出ない旨が記述されている。(c)「空腹を感じていないときに体重を増やす助けとなる」，(d)「自分の意志で体重を減らしたり増やしたりする助けとなる」は本文中に記述がない。

2.「最初の研究は『反食欲』分子が…することを示した」「最初の研究」（initial study）への言及は第 5 段（This “anti-hunger”…）にある。同段ではこの研究の結果として，食欲抑制分子である Lac-Phe を生成できないネズミは運動後に食欲が増進して体重が増えたと述べられている。これに続く第 6・7 段（“The team had…【　A　】.）で「Lac-Phe を注入されたネズミは食事量が減って体重と体脂肪量が落ち，糖尿病（diabetes）を示す値が改善した」とされているので，(a)「糖尿病を示す値が改善することと体重および体脂肪量が落ちることを助けた」が正解。(b)「ネズミが体重を減らすために週に何回か激しく走るようにする」は，第 5 段（This “anti-hunger”…）に「週に何回か激しく走らされた」という記述はあるものの，これは Lac-Phe を生成しないよう操作されたネズミが研究者によってそうされたのであって，Lac-Phe がそのようにしたのではない。(c)「体重と体脂肪量を増加させ，糖尿病を示す数値を悪化させる」は逆。Lac-Phe は食欲を抑えるので体重をむしろ減少させる。(d)「ネズミが激しい運動の後でさらに 25% 体重を減らすという結果となる」の 25% という数字は，第 5 段（This “anti-hunger”…）の「Lac-Phe を生成できないネズミは運動しても体重が全体でさらに 25% 増える」という記述にあるが，体重減少については，具体的数字はみられない。

3.「本文によると筆者は…」第 8・9 段（Eight healthy young men … of hunger.”）で紹介されている実験では，激しい短時間の運動の後では食欲抑制分子 Lac-Phe が増え，緩やかで長時間の運動の後では減るという結果が出た。第 11 段第 1 文（For many people, …）で「私も含めた多くの人はこの実験結果（findings「発見」）になじみの感覚がある」として，同段第 2 文（A long, slow …）で筆者自身の例を挙げてこの実験結果を支持している。以上より，(a)「精力的な運動の後では食欲が出ないが，長時間のゆっくりとした運動の後では非常に空腹であると感じる」が正解。(b)「激しい運動の後では非常に空腹だと感じるが，長時間のゆっくりとした運動の後では食欲が出ない」はこの逆。(d)「精力的な運動の後では冷蔵庫をあさるが，ゆっくりとした運動の後では食欲が出ない」も第 11 段（For many people, …）の内容と逆。(c)「数時間にわたる食欲抑制につながるので，より速く，起伏の多い場所を走る方が好きだ」については，「より速く，起伏の多い場所を走ると食欲が出ない」という記述は第 11 段にあるものの，それとゆっくりとした運動とを比べてどちらが好きかということは述べられていないので，誤り。

4.「ギャレス＝ウォリス氏は…と述べている」　最終段第 2 文（"Generally the harder …）の発言で「一般的に言って激しく運動するほどその分子（＝食欲抑制分子 Lac-Phe）が多く生成される」と述べているので，(c)「より激しく運動するとより多くの Lac-Phe が一般的に生成される」が正解。第 3 段第 3 文（Levels of hunger …）によると，「食欲に関係するホルモン」およびその具体例としての「グレリン」「ペプチド YY」は「増減して空腹を増したり抑えたりする」とされているだけで，激しい運動後に増えるか否かは言及されておらず，よってそれらが多く生成されるとする(a)・(b)・(d)は誤り。

▶設問 4．まず冒頭の疑問文（疑問文という形式は典型的にトピックを提示する）で「あなたは運動後にどの程度空腹を感じるか？」と問い，続けて運動の種類によって空腹を感じたり感じなかったりすることが指摘される。第 2 段ではそのトピックがより絞り込まれて，「運動によって空腹が増進したり減退したりして，体重を減らすのが促進されたり妨げられたりする理由」とされる。そしてこれ以降では，運動の種類によって食欲が増進するか減退するかが変わることが示される。基本的にはトピックがタイトルになるので，以上より(c)「あなたの運動はダイエットを台無しにするか？」が最適である。

出典追記：Is your workout ruining your diet?, The Times on August 9, 2022 by Peta Bee

▶設問 5．語群には，関係詞であれ疑問詞であれ，文の途中に置かれれば必ず従属節を始める how と，動詞の原形を後続させて必ず述語動詞となる could が含まれる。よって，この 2 語がともに除外されない限りは必ず従属節が含まれることになる。本文全体のトピックは設問 4 で見た通り「運動が食欲を増進したり減退させたりする仕組み」であり，疑問文（間接疑問を含む）はトピック提示の形態であることから，how exercise could aid weight loss というかたまりができる可能性が高い。また，hold the key to ～「～の鍵を握っている」という熟語を見つけることができれば，残る by / measure / understanding のうち，hold the key to と how 以下をつなぐことができる語は understanding である。hold the key to understanding how exercise could aid weight loss で「運動がどのように体重減少を助けるかを理解する鍵を握っている」という意味になる。

●語句・構文●

（第 3 段）fitness「健康状態」
（第 4 段）pathology「病理学」
（第 5 段）gorge on ～「～を貪り食う」 kibble「粗挽きの穀物，ドッグ（キャット）フード」
（第 6 段）metabolism「代謝」
（第 8 段）recruit「～を勧誘する，新規に募集する」
（第 9 段）resistance training「ウエイトトレーニング」
（第 10 段）inhibit「～を抑制する」
（第 11 段）raid「～を急襲する」

V 解答

設問 1．(1)―(a) (2)―(d) (3)―(c) (4)―(d)
設問 2．i ―(a) ii ―(d) iii ―(a) iv ―(b) v ―(a)
設問 3．1 ―(d) 2 ―(c) 3 ―(c)
設問 4．Chinese people offering him help in finding ‘orange man’
設問 5．teaching them English using video posts

◆全　訳◆

≪盗まれた携帯電話をめぐる数奇な物語≫

2014 年 2 月，ニューヨークシティのイーストビレッジにあるバーで，ハッピーアワーでワインをしこたま飲んだ後，マット＝ストペラは自分の iPhone がなくなっていることに気づいた。バズフィード社――アメリカに拠点を置きデジタルメディアに注力しているインターネットニュースとエンターテインメントを扱う企業――で働く若きアメリカ人ジャーナリストである彼にとって，携帯電話を失うことは視力を失うこととほぼ同じであった。最初のショックから立ち直ると，彼は携帯電話を盗まれた世界中の何百万人という被害者がやりがちなことをした。新しい携帯電話を買い，この忌々しい体験をできる限りさっさと忘れ去ろうとしたのである。携帯電話を盗まれる話のほとんどは，これでおしまいになる。しかしマットの話はこれでは終わらなかった。

1 年後，彼はニューヨークシティの小さなアパートで，新しい携帯電話で自分のフォトストリームを見ていた。そのとき，彼は自分が撮ったのではない大量の写真を見つけた。そこには 1 本のオレンジの木の前に立つ若いアジア人男性の画像が 20 枚以上含まれていた。1 カ月以上にわたって，この「オレンジマン」の写真が毎日アップデートされてマットの新しい携帯電話に現れ続けた。この謎を解決するために，マットがアップルジーニアスバーの従業員に相談したところ，彼はなくなった iPhone が中国のどこかにある可能性が高いと推定した。また，彼はこの見たことのない写真が紛れ込んだ理由を明らかにしてくれた。マットの現在の携帯電話と盗まれた携帯電話が，未だに同じ iCloud のアカウントを共有していたのである。マットは直ちに現在の携帯電話に入っているすべてを削除し，以前の携帯電話を無効にしてもらうよう依頼した。こうした行動でこの騒ぎもおしまいになるはずだと確信して，彼はアップルストアを後にした。

しかしマットは考え直して，この謎の真相を突き止めることにした。そのために彼はバズフィードに「この男性は誰？　そしてなぜ彼の写真が僕の携帯電話に現れるんだ？」と投稿した。数時間のうちに彼は，「オレンジマン」を見つける手伝いを彼に申し出る中国の人々からの数多くのツイートを受け取った。しかしどうやってこのような迅速で大量の反応が，何千マイルも離れたところの何百人というツイッターユーザーから届いたのか？　実はシンラン・ウェイボー――中国で月に 4 億人以上が利用する，ミニブログサイトであり主要ソーシャルメディアプラットフォーム――のある有名なユーザーがマットのバズフィードへの投稿を複数のサイトに投稿し，それによって謎の「オレンジマン」のヴァーチャル世界上での捜索が動き出し，すぐに拡散したのである。マットは自分が中国で一夜にしてインターネット上の有名人になったことを知り，新しいネット上のファンの助言に従ってウェイボーを利用し始めた。翌日彼には5万人のフォロワーがついていた。1週間もしないうちにその数は16万人にまでふくれあがった。それからすぐに100万人の壁を突破した。

その頃には，件の謎の男性リ＝ホンジュン氏は，中国南東部の海に面した広東省で見つかっていた。この爆発的拡散に注目して，ウェイボーの利用者たちはリ氏に「ブラザーオレンジ」というあだ名を与え，二人が中国で会うよう促した。数日のうちに，この話はウェイボーのトレンドランキングのトップにまで急上昇し，二人は会うのか，会うならいつ会うのかを確かめようと6千万人が成り行きを見守った。彼らの多くはアメリカのSNSプラットフォームであるフェイスブックやツイッターを利用し始めた。これらのサイトは中国では法律上は禁止されていたにもかかわらず，である。マットもまた，中国人ファンからの多くのリクエストに応えて，彼らに動画投稿を通じて英語を教え始めた。

この家庭教師的事業が始まると，彼は「ドウビ」という中国語のあだ名をつけられた。大まかに訳すと「ミスタービーン」である。この時点ではすでに，「ドウビ」と「ブラザーオレンジ」は毎日のようにメッセージを交換していた。彼らのやりとりの頻度が上がったことで，お互いの背景や経歴がよりわかってきた。ブラザーオレンジは4人の子をもつ既婚男性で，人口430万人の活気あふれる都市梅州市でJade Tea Farmというレストランのオーナーとして成功していた。

2015年3月，皆が待ちわびていた二人の対面が実現した。マットがニューヨークシティから広東まで飛行機を2回乗り継いで行く間，何人かの中国人乗客に顔がばれて人だかりができた。梅州空港に着くとすぐに，このアメリカ人アイドルを歓迎するために何時間も並んで待っていたファンの集団に出迎えられた。マットが言うには，「つまり，空港にいる有名人っていうのがどんな感じか今ならわかる，ってことだよ」だそうである。ファンたちは，iPhotoを通じて知り合った遠く離れて暮らす二人の友人たちの最初のハグに熱く声援を送るとともに，盗まれたiPhoneが本来の所有者のもとに戻ったことに喝采を送った。リ氏はこの件についてまったくの無実で，遠い親戚からこのiPhoneをプレゼントされただけだということがわかった。

最終的に，iPhoneが盗まれたことで一人のごく普通のアメリカ人が中国のネット界の有名人となった驚くべき物語は，ソーシャルメディアで国を越えて共有され，1億回以上再生された。そしてこの物語は，2014年にそれが始まったときと同じく，信じがたい展開をさらに続けた。ハリウッドのエンターテインメント界の巨人であるワーナーブラザーズが2016年に，映画『ブラザーオレンジ』を共同制作すると発表したのである。しかも，テレビスターであるジム＝パーソンズがマット＝ストペラを，注目の中国人俳優ドン＝チョンポンがリ＝ホンジュンを演じるのである。

マット＝ストペラの盗まれたiPhoneをめぐる信じられない物語は，すばらしいエンターテインメントを生み出すだけでなく，グローバル化の複雑な動きに対する重要な洞察を与えてくれる。第一に，この話はローカルとグローバルを対立するものとして捉えるべきではないことを示している。そうではなくて，両者は，すべての空間的スケールを包含する社会的つながりを拡張する，相互に関連しあう結節点を構成するのである。このようにローカルとグローバルの結びつきが強くなることは，マットの中国訪問の間にさまざまな形で反映された。

盗まれた携帯電話の物語から明らかになるもう一つの重要な洞察は，グローバル化は一枚岩の社会的プロセスと捉えるべきではない，ということを示唆する。そうではなくて，グローバル化はいくつかの明確に異なりかつ相互に関連しあう「社会的形態」をとっており，そこには多くの異なった性質や特徴が含まれているのである。

◀解　説▶

▶設問1．(1)直後の「視力を失う」は，マットが視力を失ったわけではないので比喩表現であるとわかる。マットは下線部(1)のすぐ前でデジタル関係の仕事をしていると述べられているため，そのような彼にとって下線部(1)の主語「携帯電話を失うこと」は非常によくないことであると推察できる。つまり，「視力を失うようなひどいこと」という意味になるはずなので，(a)「～と同じぐらい深刻な」が最適。be tantamount to～「～にも等しい，～も同然である」

(2)下線部(2)の前の文までで，マットは自分の盗まれた携帯電話と今の携帯電話がアカウントを共有していることを知り，自分のデータが流出して悪用されないよう措置をとっている。また，直後の第3段第1文（On second thought, …）では，「しかし考え直して（on second thought），この謎を究明する（get to the bottom of the mystery）ことにした」とある。以上より，the hassle とは the mystery と同じものを指しているとわかる。(d)「問題」が正解。hassle「やっかい事，混乱」

(3) droves of fans を後ろから修飾する関係節に「アメリカ人アイドル（＝マット）を歓迎するために何時間も列を作っていた」(queue up「(何かを求めて）列を作る」）とあるので，drove は「列になるほど大勢」という意味であると推測できる。(c)は「(昆虫の）群れ」，転じて swarms of ～で「(人や動物の）群れ」。droves「人の群れ」

(4)下線部を含む文は「それ（＝盗まれた iPhone をめぐる物語）は，2014 年にそれが始まった際に乗っていた trajectory と同じ，信じがたい（implausible）trajectory に乗り続けた」という意味。続く部分でこのことがより具体的に述べられ，「有名スター主演でハリウッドで映画化」とされている。以上より，trajectory は「なりゆき，展開」といった意味合いであると推測できる。(d)「道筋」が最適。trajectory「軌跡，進展」

▶設問 2．ⅰ．第 2 段第 1 文（A year later, …）で，マットの携帯電話に「彼が撮っていない写真」が紛れ込んできたと述べられているので，空所には直後の名詞 pictures を修飾する「自分で撮っていない」という内容の形容詞が入るはずである。(a)は「外国からやってきた」，転じて「見たことのない」という意味。

ⅱ．直前の文「マットは謎を解明することにした」と直後の「バズフィードに投稿した」(post「投稿」）は，目的とそのための行動という関係にあるので，(d)「その目的のために」が正解。

ⅲ．空所前後は「彼ら（＝マットと「ブラザーオレンジ」）との…の高まった頻度が，彼らそれぞれの背景と経歴についてより多くを明らかにした」という意味（enhance「～を高める」）。背景や経歴をお互いが知るためには情報交換が必要である。空所には(a)「やりとり，相互作用」が入る。

ⅳ．直後の分詞構文は空所部分の具体的言い換えにあたる箇所で，「遠い親戚からその電話を贈り物として受け取っただけ」という内容。また，もしリ氏が携帯電話の窃盗に関わっていたなら，被害者のマットとは友人（pal）になっていないはずである。よって，空所には(b)「無実の」が入る。

ⅴ．直前の文と空所を含む文は not *A* rather *B*「*A* ではなく *B*」の関係にある。直前の文では「ローカルとグローバルは対立するもの（opposites）

と捉えるべきではない」とされ，Rather をはさんで「両者は相互に関係しあう結節点（nodes）を…する」と続く。ここで，「local と global は opposites ではない」とされ，opposites と interrelated nodes が対比される概念であることから，空所前後の主語 they＝the local and global と直後の目的語 interrelated nodes はイコールの関係になることがわかる。そのような動詞を選択肢から探すと，(a)「～を構成する」が選べる。

▶設問3．1．「本文によると…」 第1段第3文（After recovering from …）前半で「マットは携帯電話窃盗の被害者の多くがすることをした」とあり，具体化を表す句読点であるコロンをはさんで，後半で「新しい携帯電話を買っていらいらさせる経験（＝携帯電話を盗まれたこと）をできる限り早く忘れようとした」と述べている。以上より，(d)「携帯電話窃盗の被害者のほとんどは，盗まれた携帯電話を探そうとすることなく，できる限り早く新しい携帯電話を購入する」が正解。(a)「広東省の中国人男性はマットの盗まれた携帯電話を使用しており，自分を『ブラザーオレンジ』と呼んでいた」は，第4段第2文（Paying close attention …）によれば「ブラザーオレンジ」という名前を彼に与えたのはウェイボー（の利用者たち）なので，誤り。(b)「アップルジーニアスバーの従業員は，マットが問題を解決するためにバズフィード上に投稿するべきだと提案した」は本文に記述がない。同従業員がしたのは，第2段第4文（Trying to solve …）によれば，マットの盗まれた携帯電話が中国にあると推定したことである。(c)「4億人を超える中国のソーシャルネットワークの利用者が，マットが中国で前の携帯電話を見つける手助けをした」は，本文に記述がない。本文に出てくる4億人以上という数字はウェイボーの利用者数であり（第3段第5文（In fact, …）），マットのフォロワーは本文に出てくる限りでは最大で100万人強である（同段最終文（Soon thereafter, …））。

2．「本文によると…」 第5段第2・3文（At this point, … backgrounds and life-stories.）でマットとリ氏はオンラインで頻繁にメッセージを交わしてお互いの情報を交換していると述べられており，その後で実際に会っている（第6段）。よって，(c)「マットとリ氏は中国で実際に対面する前に頻繁なメッセージの交換を通じて互いに友人になっていた」が正解。(a)「マットもリ氏も自分の国で有名になり，映画に出演するよう依頼された」

は，二人が中国で有名になったことは第３～５段（On second thought, … city of 4.3 million.）から読み取れるが，マットがアメリカで有名になったという記述も二人が映画出演を依頼されたという記述もないので，誤り。(b)「ブラザーオレンジは外国にいる親戚から中国で携帯電話を購入したが，それがアメリカで盗まれたものであると知っていた」は，第６段最終文（It turned …）の「贈り物としてもらった」という記述に反する。また，設問２の空所ⅳに(b)innocent が入れられていれば，「盗品であると知っていた」もその部分に反するとわかる。(d)「マットは自分の新しい携帯電話に見慣れない写真を見つけたとき，自分の盗まれた携帯電話に何が起きているかを理解した」については，第２段第１～３文（A year later, … Matt's new phone.）で「新しい携帯電話に見慣れない写真が混ざりこんだ」という現象を紹介し，続く第４文（Trying to solve …）で「その謎を解くために」と述べていることから，この時点ではまだ何が起きているかは解明できていないとわかる。よって，(d)は誤り。

３．「この文章の筆者は…と強調している」　筆者は最終２（第８・９）段（The remarkable story … or characteristics.）で，盗まれた携帯電話をめぐる一連の話が何を意味するかを述べている。第８段では，グローバルとローカルは相反する要素ではなく，人と人とのつながりを拡張してゆく上で相互に関連しあう二つの結節点であると述べ，最終段ではグローバル化とは単一の現象ではなく相互に関連しあうさまざまな相からなっているとしている。これを総合すると(c)「紛失した iPhone の物語は，今日のグローバル化の相互関係をどのように見ればよいかを描出するよい例である」が最適。(a)「グローバル化は会ったことのない人同士を，テクノロジーを通じて結びつけることができる」とあるが，第８段第１文（The remarkable story …）で筆者はマットとリ氏が iPhone やバズフィードやウェイボーを通じて奇跡的な出会いをしたことよりも，このエピソードがグローバル化という現象の複雑さを示していることを強調しているので，誤り。(b)「グローバル化はコミュニケーションの方法を変え，現代の人々は複雑な人間関係のネットワークの中で生きている」は，グローバル化前後の人間関係の複雑さの変化に関する記述が本文にないので，誤り。(d)「なくなった iPhone の話は，グローバル化とインターネットによって世界がどのように小さくなりつつあるかを示した」は，マットとリ氏が海を越えて巡り合ったというエピソードだけを見れば正しいと感じられるが，最終２（第８・９）段（The remarkable story … or characteristics.）で「このエピソードから得られる重要な洞察」として挙げられている２点からずれており，「筆者が強調していること」とは言えない。

▶設問４．空所を含む一文は「彼（＝マット）は数多くのツイートを…から受け取った」となるので，空所にはツイートを送った人を表す名詞句が入るとわかる。空所が含まれる第３段の内容から，マットの呼びかけは中国のウェブサイトを介して広まったとわかるので，マットにツイートを送ったのはChinese peopleである。あとはこのChinese peopleを修飾する形容詞句を作る。第３段第５文（In fact, …）後半の分詞構文（thus triggering …）に「ヴァーチャル上での謎の『オレンジマン』捜索の引き金となった」とあるので，Chinese peopleがfinding ‘orange man’したとわかる。しかし，このfindingを現在分詞と捉えてpeopleを修飾させてChinese people finding ‘orange man’としてしまうと，残りの語がどうしてもうまくつながらないので，別の道を探す。ここで，文脈上「‘orange man’を発見することをhelpした」としても通じることや，helpが動詞としてだけではなく名詞としても使えることに気づけば，offering him help in finding ‘orange man’「『オレンジマン』を見つける手伝いを彼（＝マット）に申し出る」という形容詞句を作ってChinese peopleを修飾させることができる。Chinese peopleはhelpをask「頼む」側ではなくoffer「提供する」側なので，offeringを選びaskingは用いない。前置詞ofも不要。

▶設問５．tutorは「家庭教師，個人教授（として教える）」，ventureは「冒険的な試みや事業」。また，指示語thisは直近しか指せない。以上より，直前のteaching them English using video posts「動画投稿を使って英語を教えること」が正解。

●語句・構文●

（第１段）binge「酒盛り，宴会」

（第２段）a slew of～「たくさんの～」 pop up「急に現れる」 Apple Geniusはアップル社製品のトラブルに対応してくれる「アップルジーニアスバー」のことで，そのスタッフをApple geniusという。speculate「熟考する，～と見当をつける」 deactivate「～を停止させる」

（第3段）swift「迅速な」 micro-blog「ミニブログ」 cross-post は同一の内容を複数の箇所に投稿すること。go viral「急速に広まる」 thereafter「その後は」
（第4段）follow along「一緒に進む」 sign up for ～「自分の名前を～に登録する」
（第5段）thrive「成長する」
（第6段）mob「～に群がる」
（第8段）make for ～「～に向かってゆく，～に役立つ，～を生み出す」 interconnection「相互のつながり」 encompass「～をすっかりとりまく，～を包含する」 nexus「きずな，つながり」
（最終段）monolithic「モノリスのように一枚岩の，ばかでかい，完全に制御された」

❖講　評

例年通り，会話文1題，長文読解4題の出題。内容説明などの純粋な読解力を問う小問に，文法・語法・語彙などの知識を問う設問，そして読解力と文法力を総合的に問う語句整序などが出題されている。2023年度の特徴として，まずは長文読解の小問からT-F形式の内容真偽問題が姿を消したことが挙げられる。また，記述式の設問としては2022年度に引き続いて和訳の与えられていない語句整序形式の英作文が出題されたほか，複数の空所を含む英文を完成させる形式の小問が内容説明と和文英訳で課された。しかし，こうした細部での変更点はあっても，全体的な出題傾向としては大きな変化はないと言える。

I　会話文で，会社の同僚同士が仕事の打合せをする内容。設問1の空所補充と設問2の同意表現を問う問題は例年通りの出題形式で，会話表現や口語表現への習熟が求められている。また，それ以外でも，たとえば設問2の(イ)ではotherwiseの語義・語法について正確な知識が必要とされるなど，通り一遍ではない語彙知識が求められており，これは会話文だけでなく長文に付される語彙問題にも共通している。記述式問題として，英文中の複数の空所を埋めて和文英訳を完成させる小問が出題されている。この設問のポイントは2点で，仮定法過去完了を正確に運用することと，日本語に現れていない「何が届いたのか」を正しく読み取り，それを指定の形式に合わせて表現することである。

Ⅱ　スーパーマーケットにおけるセルフレジの普及を皮肉を交えて扱った文章。設問1の内容説明は，1では本文中の複数センテンスにわたる記述を形容詞1語で適切に形容することが求められている。設問2の同意表現は，口語表現を含めた語彙知識や，文脈からの推測力，派生語を導く接頭辞や接尾辞などの知識を多角的に組み合わせると正解する可能性が高まる。設問3の本文にタイトルをつける問題も早稲田大学で頻繁にみられる出題形式で，本文のトピックを的確に捉える能力が必要となる。設問4は本文中の英文の内容をよりわかりやすく書き換えた英文を，Ⅰの和文英訳と同様に空所補充による英文完成形式で答える問題。与えられている部分が大きなヒントとなるため，本文中のどの部分を使えばよいかには迷わないであろう。

Ⅲ　日本のメーカーが値上げに際して近年は謝罪しなくなったことを論じた文化論。設問1の空所補充では，ⅱで頻出熟語の一般的でない用法を答えさせたり，ⅲでは正解となる語の語彙レベルが高かったりと，やや難度が高い。設問2の同意表現では，ここでもやはり口語表現を問うものが含まれているが，文脈からの推測力がむしろ問われている。(2)では，下線部の語の派生語が本文中の別の箇所で用いられていることに気づけば，推測の上で大きなヒントになる。設問3は空所補充で，各パラグラフの冒頭に置かれる文（節）を選ぶ問題。パラグラフの冒頭はそのパラグラフのトピックが典型的に表明される位置であることを知っていれば，後続部分が空所に入る文の詳述にあたることがわかるであろう。設問4の内容説明は，3がやや迷いやすい。設問5の語句整序は，日本語が与えられていないことが難易度を大きく上げている。文法知識を駆使して語群から「どのような形の英文を作るか」を推測しつつ，文脈から「どのような内容の英文が入るべきか」を考えるという二方向からのアプローチが必要になる。

Ⅳ　運動と食欲の関係をホルモンの観点から説明する記事。設問1の空所補充では，ⅱで慣用表現の知識が求められるほか，ⅳとⅴがセットでの出題であることに気づく必要がある。設問2の同意表現も知識と文脈からの推測を組み合わせて解く。設問3の内容説明は，科学系の文章で論旨がシンプルなこともあって解きやすいのではないか。設問4はタイトル問題で，本文のトピックを捉えるのは難しくないが，そこから正解を導くまではひとひねりある。消去法の方が解きやすいかもしれない。設問 5 はⅢの設問 5 と同じ日本語のない語句整序であるが，Ⅲと異なるのは語群中に不要な語が含まれていることである。そのため，正解となる英文の構造に見当をつけるのが難しいと感じる受験生もいたであろう。

V　iPhone の窃盗に端を発した奇妙な実話を紹介する記事。設問 1 の同意表現は，(3)が正解となる語の語彙レベルが高く難しい。設問 2 の空所補充は簡単ではないが，文脈を丁寧に押さえれば正解を導き出す十分な根拠が得られる。設問 3 の内容説明は，3 が本文の内容をまとめて読み換える必要がある。設問 4 の語句整序もⅣの設問 5 同様に語群中に不要な語が含まれている。設問 5 の指示内容を本文中から抜き出させる問題は易しい。

全体としては，小問の形式に多少の変更はあったものの，基本的には例年とほぼ同じ出題形式と分量で，問われている能力の傾向や割合も例年通りと言える。設問の難易度としては概ね標準的と言えるが，語彙問題や語句整序に一部難しいものも含まれていることに加え，何といっても試験時間に比して分量が多い。読解と設問処理のスピードが求められる。

日本史

1 解答

問A．2　問B．4　問C．1　問D．2　問E．5
問F．3　問G．2　問H．3　問I．5　問J．4

◀解　説▶

≪格式の編纂≫

▶問A．2が正解。史料は『類聚三代格』に収められている『弘仁格式』の序。有名な史料なので，冒頭だけで判別できる。

▶問B．4が正解。格は律令の規定を補足・修正する追加法令で，式は施行細則である。「時を量りて制を立て」とは時勢に対応して制度をつくること。また，「闕けたるを補ひ遺れるを拾ふ」とは欠けていたものを補い，欠落していたものを拾い不備を補うこと。それぞれ格と式に相当する。

▶問C．1．誤文。『隋書』に見える「最初の遣隋使が派遣され」たのは600年なのに対し，憲法十七条は604年に制定された。

2．正文。冠位十二階の制定は603年である。

▶問D．2．正文。1．誤文。「敏達天皇」ではなく舒明天皇。「敏達天皇」は6世紀後半の天皇であり，時代が異なる。

3．誤文。「孝徳天皇」ではなく皇極天皇。天武天皇の母でもある。

4．誤文。蘇我馬子は乙巳の変のときにはすでに没している。

5．誤文。天智天皇が作成したのは，「庚寅年籍」ではなく庚午年籍。

▶問E．5が正解。天智天皇は近江令を制定した。史料ではこれを「近江朝廷の令」と記している。

▶問F．3が正解。「大宝元年」に制定されたのは大宝律令。当時の天皇は文武天皇であった。

▶問G．2．誤文。律令はよく「唐にならって制定された」といわれるが，令の方は当時の日本の実情に合わせてかなり大幅に改変されている。一例を挙げると班田収授法のお手本である唐の均田制は，口分田が与えられるのは日本とは異なり成人男子のみであった。一方，律は唐の律をほぼそのまま受容している。

▶問H．3が正解。下線部トの後の「養老二年，…今世に行ふ律令は是なり」の「律令」とは，718（養老２）年に藤原不比等らによってまとめられた養老律令。下線部チの後の「去ぬる養老中に…施行せしむべし」の箇所もヒントになる。

▶問Ｉ．５が正解。「朕」とは天皇の一人称。「去ぬる養老中に」つくられた「律令」も養老律令のことで，施行されたときの天皇は孝謙天皇であった。ちなみに藤原不比等は生前右大臣にまで上がったが，死後に「太政大臣」が贈られたため，史料では「贈太政大臣」や「故太政大臣」と記されている。

▶問Ｊ．４．正文。律令が近江令から三度作り直されて養老律令となったのに対し，単発で数多く出された格と式は整理されずに混乱が生じていた。そこで嵯峨天皇が分類・編集を命じて『弘仁格式』がつくられた。

2 解答

問Ａ．３　問Ｂ．２　問Ｃ．４　問Ｄ．５　問Ｅ．５
問Ｆ．３　問Ｇ．５　問Ｈ．１　問Ｉ．２　問Ｊ．４

◀解　説▶

≪戦国大名の領国支配≫

▶問Ａ．３が正解。史料Ⅰの『朝倉孝景条々』は，越前国の一乗谷を本拠とする戦国大名の朝倉氏の分国法。この史料は家臣の城下町集住の規定である。家臣が領国内に城を構えることを禁じ，領地を多く持つ家臣に一乗谷に引っ越しさせ，現地には代官だけを置くことを命じた。家臣を領地から引き離すことで，家臣団統制の強化をはかったことがうかがえる。空欄イが「一乗谷」であるので，それに相当する選択肢３つのうち，空欄ロが「現地」を意味するものを選ぼう。

▶問Ｂ．２が正解。史料Ⅲの『今川仮名目録追加』は，戦国大名今川義元が『今川仮名目録』に追加したものである。史料Ⅲの条文は有名でないため，単純に空欄ハを答えることは難しい。解説文の空欄ハからアプローチしよう。戦国大名は家臣にとりたてた地侍を「寄親」と呼ばれる有力家臣のもとにあずけた。その仕組みを寄親寄子制という。解説文の空欄ハの直前に「所属している」とあるので，「寄親」がふさわしいとわかる。

▶問Ｃ．４が正解。史料Ⅴの『甲州法度之次第』は戦国大名武田信玄（晴信）が定めた分国法。「晴信」という別名を知らなくとも，他の選択肢が誰を指すのかわかれば消去法で正解できる。１の稙宗は分国法の『塵芥集』を制定した伊達稙宗。2の景虎は長尾景虎。関東管領上杉氏の家督を継いで上杉謙信となった。3の氏康は北条早雲の孫の北条氏康。関東大半を手中におさめた後北条氏3代目である。5の義治は近江の戦国大名六角義治。分国法『六角氏式目（義治式目）』を定めた。

▶問D．5．正文。関東管領の上杉氏は戦国時代，山内・扇谷の両上杉家に分かれて争った。

1．誤文。享徳の乱は1454年に鎌倉公方の足利成氏が関東管領上杉憲忠を暗殺したことから始まった関東の戦乱。このとき将軍足利義政は，兄弟の足利政知を新しい鎌倉公方にしようと関東に派遣した。「子」ではない。

2．誤文。加賀の一向一揆は1488年で，応仁の乱（1467〜77年）の最中ではない。

3．誤文。明応の政変で将軍足利義稙を追放したのは，「畠山氏」ではなく細川政元。

4．誤文。伊豆・相模を本拠とする伊勢宗瑞（北条早雲）が滅ぼしたのは，「足利成氏」ではなく伊豆の堀越公方足利茶々丸。足利成氏が下総の古河公方だったことを考えれば，誤文と推測できる。

▶問E．5．正文。家臣間の紛争はともすれば復讐の連鎖が起こって自滅につながりかねない。そこで，戦国大名は家臣の実力行使を禁止し，大名の裁判によりトラブルを解決させようとしたのである。

▶問F．3．正文。史料Ⅳは「現在はすべて自分（今川義元）の力量で分国支配の法度を命じ，それで国内の平和が保たれているので，『守護（今川氏）の手が入ってはならない』という家臣の主張は許されない」という意味で，守護使不入の禁といわれる規定。

▶問G．5が正解。X．誤文。戦国大名の検地は「自己申告」による指出検地であった。Y．誤文。「実行されなかった」が誤り。家臣の支配地では家臣に面積・収入額などを自己申告させた。Z．正文。

▶問H．1が正解。石寺は安土に近い町で，六角氏の観音寺城の城下町であった。楽市令は六角氏が石寺で施行したのがはじめとされる。2の今井は大和国の寺内町。3の大湊は伊勢神宮の外港で自治都市。4の加納は美濃国の町で，織田信長が楽市令を発したことで有名。5の平野は摂津国の自治都市。

▶問I．2が正解。下線部ヌは，ポルトガル人宣教師ガスパル＝ヴィレラが自治都市堺について記した書簡の一部で，『耶蘇会士日本通信』に掲載されている。

▶問Ｊ．4が正解。ｂの姉川の戦いは 1570 年，ｃの延暦寺焼打ちは 1571 年，ａの越前の一向一揆が平定されたのは 1575 年である。

3　解答

問Ａ．4　問Ｂ．1　問Ｃ．2　問Ｄ．3　問Ｅ．4
問Ｆ．5　問Ｇ．1　問Ｈ．4　問Ｉ．2　問Ｊ．5

◀解　説▶

≪天明の打ちこわし≫

▶問Ａ．4が正解。リード文冒頭の「1787 年」は寛政の改革が始まる年である。その直前に起こった天明の打ちこわしの背景には天明の大飢饉があり，その原因の一つが 1783 年の浅間山の噴火であった。

▶問Ｂ．1が正解。菅江真澄は 40 余年にわたって東北各地を遊歴し，『菅江真澄遊覧記』にその記録を残した。「三河国の国学者」であったことも覚えていれば，より正解しやすかっただろう。

▶問Ｃ．空欄ハに該当する語は「裏長屋（裏店）」。2．誤文。「町の自治に参加した」が誤り。町人のうち町の自治に参加できるのは地主・家持だけで，「江戸下層住民」である借家・店借は参加できない。

▶問Ｄ．3が正解。天明は 1781 年から 1789 年までの元号。その前の元号が安永で，後が寛政である。

▶問Ｅ．4．正文。「前政権」とは田沼意次政権。南鐐二朱銀は「金中心の貨幣制度の統一」という鋳造の目的も問われやすい。

1．誤文。俵物は「輸入」ではなく輸出した。

2．誤文。「蝦夷地の開発」は計画されたものの，「進め」られてはいない。

3．誤文。「印旛沼・手賀沼」の干拓は進められたが，利根川の大洪水で挫折した。

5．誤文。「株仲間」を「認めなかった」のではなく，積極的に奨励した。

▶問Ｆ．5が正解。「空欄への政権」とは松平定信政権のこと。寄場組合は，寛政の改革後の 1827 年につくられた村々による自警組織。関東取締出役の下に設けられた。

▶問Ｇ．1．正文。「打ちこわし」と聞くと無秩序な乱暴狼藉を想像しがちだが，下線部トの手前には「打ちこわし勢」が「心静かに支度いたし，目指すところ」だけ打ち破ったとある。それを踏まえて下線部トを読めば，１が正文だとわかる。

▶問Ｈ．４．誤文。「賛同していた」が誤り。史料２からは，打ちこわし勢が自らを「凡人にあらず，天狗」だの「大神宮の神使」などと「たわけ」たこと（ばかなこと）を申しているとあり，著者の批判的な心情が読み取れる。

▶問Ｉ．２．誤文。「日光の施設」とは，徳川家康をまつった日光東照宮。日光社参を行った将軍は４代将軍徳川家綱までの将軍と，吉宗（８代），家治（10代），家慶（12代）の３人だけである。もっとも，７代将軍家継は４歳で将軍に就任して８歳で亡くなっていること，幕末動乱期に将軍となった慶喜には日光社参をする余裕などまったくなかったことなどを踏まえると，将軍が就任時に「みな」日光社参をすることは困難だとわかる。

▶問Ｊ．５が正解。「今上皇帝」とは現天皇のこと。天明の打ちこわしが起こった当時の天皇は光格天皇。光格天皇の在位は1780〜1817年であった。寛政の改革時に起こった尊号一件の際の天皇が光格天皇であったことを想起したい。

4 解答

問Ａ．１　問Ｂ．３　問Ｃ．４　問Ｄ．２　問Ｅ．４
問Ｆ．３　問Ｇ．２　問Ｈ．１　問Ｉ．３　問Ｊ．５

◀解　説▶

≪明治初期の外交≫

史料Ｉは1875年に日露間で締結された樺太・千島交換条約。

▶問Ａ．１．正文。空欄イは樺太・千島交換条約で全島がロシア領となった樺太が入る。樺太は1854年に締結された日露和親条約では両国の雑居地とされていた。なお，４はポーツマス条約で，北緯50度以南の樺太が日本に割譲された。２は小笠原諸島，３は台湾，５は赤道以北の旧ドイツ領南洋諸島の説明である。

▶問Ｂ．３が正解。樺太・千島交換条約はロシアとの間で締結された。

▶問Ｃ．４が正解。カムチャツカ半島の手前にある占守《シュムシュ》島から得撫《ウルップ》島までの千島列島はそれまでロシア領だったが，この条約で日本領となった。また，千島列島のロシア名が「クリル」群島であったことも頭の片隅に入れておこう。

▶問D．2が正解。元老院は立憲政体樹立の詔をうけて 1875 年に設置された。1の新貨条例の制定は 1871 年，3の日本銀行の設立は 1882 年，4の華族令の制定は 1884 年，5の保安条例の公布は 1887 年である。

▶問E．4．正文。設問条件の「翌年（1876 年）に始まった条約改正交渉」とは，外務卿寺島宗則による交渉を指す。寺島宗則は 1878 年にアメリカと交渉して関税自主権回復にほぼ成功した。アメリカとの間で仮条約を結んだが，「イギリス・ドイツ」の反対で無効となった。

1は大隈重信による交渉で 1888 年～，2は青木周蔵による交渉で 1891 年，3は岩倉具視による交渉で 1872 年，5は井上馨による交渉で 1882 年～である。

▶問F．3．正文。榎本武揚は旧幕府海軍を率いて五稜郭に立てこもったが，新政府軍に降伏した。

1・2・4・5．誤文。1は高杉晋作，2は近藤勇ら，4は西郷隆盛，5はクラークに関連する文。

▶問G．2が正解。史料Ⅱは「入琉」や「藩王」，「処分」などの語から 1879 年の琉球処分について記したものだとわかる。尚泰は 1872 年に琉球藩が置かれると藩王となったが，この琉球処分により藩王を廃され上京させられた。

▶問H．琉球処分は 1879 年の沖縄県設置をもって完了した。1が正解。教育令が制定されたのは 1879 年。

2の佐賀の乱が起きたのは 1874 年，3の版籍奉還は 1869 年，4の自由党の結成は 1881 年，5の教育勅語の発布は 1890 年である。

▶問I．3が正解。初代内務卿についたのは大久保利通。大久保が 1878 年に紀尾井坂で暗殺されると，伊藤博文が内務卿に就任した。

▶問J．5．不適。琉球は 1871 年の廃藩置県の際に鹿児島県に編入され，政府が台湾出兵をおこなった 1874 年には内務省の管轄下に移されたという経緯がある。設問条件の「史料Ⅱが出されたのち」という条件に合わない。

1の徴兵制の施行開始は 1898 年，2の地租改正の開始は 1899 年である。

3の衆議院議員選挙法が沖縄県で施行されたのは 1912 年で，意外と出題される。4の府県制が施行されたのは 1909 年であった。

5　**解答**　問A．5　問B．1　問C．4　問D．3　問E．5
問F．フランス　問G．皆学　問H．師範学校
問I．6　問J．4

◀解　説▶

≪近代の恐慌，明治期の教育≫

▶問A．5．誤文。「2000錘」ではなく1万錘。官営工場が2000～3000錘の紡績機であったのに対し，大阪紡績会社は1万錘と規模を大きくしたことがポイント。どちらの数字も覚えておこう。

▶問B．やや難。1．誤文。日露戦後の八幡製鉄所では，あいついで拡張計画が実施された。

4．正文。産業革命により生糸・綿布などの輸出は増加したが，その反面で原料綿花や軍需品・重工業資材の輸入は増加した。その結果，貿易収支は赤字となったのである。

▶問C．4．誤文。「3大財閥」が誤り。日銀の特別融資を受けたのは，決済不能の震災手形を多く抱えた銀行が中心で，その一部は取付け騒ぎが起こると倒産・休業した。逆に三井・三菱・住友・安田・第一の五大銀行は，政府の銀行合併策もあって支配的な地位を占めるに至った。

▶問D．3．誤文。「カルテル結成を取り締まった」ではなく，カルテル結成を促進した。

▶問E．5．誤文。「景気の過熱を抑制した」ではなく，景気回復をはかった。昭和恐慌からの脱出を目指しているので，景気抑制は誤り。

▶問F．学制はフランスを模範としたのに対し，教育令ではアメリカを模範とした。あわせて覚えておこう。

▶問G．徴兵制度では「国民皆兵」を原則としたのに対し，学制は「国民皆学」を目指した。6歳以上の男女を小学校に通わせることにしている。女子も対象に入っていることに注意しよう。

▶問H．学校令は，帝国大学令・師範学校令・中学校令・小学校令の総称。当初，小学校・中学校・師範学校は，それぞれ尋常・高等の2種に分けられていたのである。その後，尋常中学校が中学校，高等中学校が高等学校へと改称された。

▶問I．義務教育は1907年に6年に延長された。その頃の就学率が97%だったこととあわせて覚えておこう。

▶問Ｊ．４が正解。1907 年の就学率が 97％であることから推察すると，ｃは「90」を選べるだろう。後は女子より男子の就学率の方が高かったことを思い出し，解答を絞り込む。

6　解答

問Ａ．過疎化　問Ｂ．同和対策
問Ｃ．スタグフレーション　問Ｄ．狂乱
問Ｅ．１　問Ｆ．１・３・５　問Ｇ．１・４
問Ｈ．列島改造政策による公共投資が土地投機を招き，地価が暴騰した。(30 字以内)
問Ｉ．１

◀解　説▶

≪高度経済成長期の経済・社会≫

▶問Ａ．人口が他に流出して，少なくなりすぎることを「過疎」という。

▶問Ｂ．難問。「同和」とは人々が和合することで，特に被差別部落の解放と差別をなくす諸活動に関して用いられる。戦前の全国水平社の流れをくむ部落解放同盟を中心に部落解放運動が進展するなか，同和対策審議会の答申にもとづき 1969 年に同和対策事業特別措置法が施行された。

▶問Ｃ．スタグフレーションとはスタグネーション（経済停滞）とインフレーション（物価上昇）の合成語で，不況とインフレが同時進行する状況をいう。

▶問Ｄ．列島改造論などにより進行していた物価上昇が，石油危機による便乗値上げでさらに加速した。1970 年代の 20％を超える物価上昇は「狂乱物価」と呼ばれた。

▶問Ｅ．１．誤文。新潟水俣病の原因となったのは「新日本窒素肥料（チッソ)」ではなく，昭和電工の廃水中に含まれていた有機水銀。チッソの廃棄物による公害病は熊本水俣病である。

▶問Ｆ．難問。誤文を「すべて」選ばなければならないところが難しい。特に２を正文と断定するのはためらっただろう。

１．誤文。「朝鮮戦争」ではなくベトナム戦争。

３．誤文。「田中角栄と三木武夫」ではなく佐藤栄作と田中角栄。いわゆる「ニクソン＝ショック」が佐藤栄作内閣のときだったことを考えれば誤文とわかる。

5．誤文。「円高」ではなく円安。円高は輸入の際の武器にはなるが，輸出の際の武器にはならない。

▶問G．難問。石油輸出国機構（OPEC）は，1960年にイラン・イラク・サウジアラビア・クウェート・ベネズエラの5カ国によって結成された。1のリビアはその後加盟したが，4のオマーンは加盟していない。

▶問H．田中角栄内閣は「日本列島改造」を掲げていた。これは簡単にいうと新幹線と高速道路網をはりめぐらして，都市集中から全国的な地域開発に転換しようという政策であった。つまり公共投資を拡大する政策で，その結果土地や株式への投機が起こり地価が暴騰したのである。これに石油危機が加わって狂乱物価をもたらした。

▶問I．1．誤文。「効率経営」ではなく減量経営。1970年代の不況や低成長に対応して収益の悪化を防ぐためにとられた。

❖講　評

[1]　『弘仁格式』の序の史料を用いて，飛鳥時代から平安初期までの政治について出題している。有名史料ではあるが，副読本の史料集では掲載されていない部分も多く引用されており，その部分について問う問題はしっかり考えて解く必要があった。つまずいた人も多いだろう。

[2]　戦国時代の分国法の史料を5つ用いながら，戦国大名の領国支配について問う問題。家臣団の統制や領国経営など，しっかり踏み込んだ学習をしていないと解けない問題が目立つ。単なる用語暗記でとどまっていると痛い目を見る。問Cや問Hは消去法で解くのがよいだろう。

[3]　天明の打ちこわしを中心にその前後の政治・社会・文化を扱った問題。未見史料を読解させる問題が2問あるが，難しくはない。誤文を選択する問題は語句の誤りではなく，内容の誤りを見破らなければならないものばかりだが，いずれもそれほど難しくはない。

[4]　樺太・千島交換条約と琉球処分についての2つの史料を用いて明治初期の外交を中心に問う問題。例年であれば解答個数が2つの正誤問題（完答しないと得点にならない）が並ぶが，2023年度はそれがないうえに難度がかなり下がった。

[5]　近代の経済と教育について，2つのリード文を用いて問う問題。5つある誤文選択問題は単純な語句誤りではなく内容を判断させるもの

が多いが，すべて誤文を１つ選択する問題なのでそれほど難しくない。教育分野からの５問も易しめであった。

[6]　高度経済成長期の経済・社会についての問題。商学部志望者ならこうした経済分野への好奇心はもっているだろう。問Ｂ以外の記述問題は正解してほしい。また，30 字の論述問題は文字数が少なく，指定語句によるヒントがあって書きやすい。ただし，世界経済にまつわる問Ｆ・問Ｇは難しかった。

世界史

I 解答

問A．3　問B．2　問C．1　問D．4　問E．4
問F．2　問G．3　問H．4　問I．1　問J．1
問K．2　問L．4

◀解　説▶

≪中世ヨーロッパ史≫

▶問A．3．不適。四輪作制は穀物不足に対応するため，18世紀前半にイギリス東部のノーフォークで開発された輪作農法。同一耕地でかぶ→大麦→クローバー→小麦を4年周期で輪作するもので，休耕地を設けないため，従来の三圃制よりも生産量が増大した。

▶問B．難問。1．誤文。ロンバルディア同盟は北イタリアのロンバルディア地方の都市同盟。ピサはイタリア中部トスカナ地方の都市で，ロンバルディア同盟には参加していない。

3．誤文。1797年にヴェネツィア共和国がナポレオンに降伏するまで評議会は存続した。

4．誤文。ジェノヴァは14世紀後半のキオッジャの海戦で敗れて後退するまで，ヴェネツィアと激しい抗争を繰り返しており，両者が協調したことはない。

▶問C．1．誤文。第1回十字軍の中心となったのは，ロレーヌ公ゴドフロワらのフランス諸侯であり，フランス国王は参加していない。

▶問D．1．誤文。シャンパーニュの大市が栄えたのは12～13世紀。

2．誤文。シャンパーニュ地方はフランス北東部で，フランス西部に流れるロワール川流域ではない。また，大市は4都市を巡回し，1都市で6～7週間にわたって開催された。

3．誤文。琥珀・蜜蠟は北海・バルト海方面からの輸入品である。

▶問E．1．誤文。第3回十字軍で，フィリップ2世はイギリスのリチャード1世と対立して途中で帰国している。

2．誤文。1302年に初めて三部会を召集したのはフィリップ4世である。

3．誤文。フィリップ2世は教皇インノケンティウス3世の要請でアルビジョワ十字軍を派遣したが，中心となったのはフランス諸侯で国王は主導したとはいえない。国王が主導するのはルイ8世からで，ルイ9世のときにアルビジョワ派征討が完了した。

▶問F・問H．問Fは2つ目の空欄で「ハンブルク」の市内に流れている川とわかるので，エルベ川が正解。問Hの正解であるリューベックは，ハンブルクの北東に位置する。

▶問G．1．誤文。ミュンヘンやニュルンベルグ（ニュルンベルク）はドイツ南部の都市であり，ハンザ同盟には参加していない。

2．誤文。植民運動を活発に行い，プロイセンで国家建設を試みたのはドイツ騎士団である。

4．誤文。フランドルに羊毛を輸出したのはイギリスである。

▶問I．1が正解。1356年の金印勅書で神聖ローマ皇帝選帝侯に選ばれた7選帝侯は，マインツ・ケルン・トリーア大司教，ファルツ伯・ザクセン公・ブランデンブルク辺境伯・ベーメン王の7人。

▶問J．1．誤文。フリードリヒ2世は，第5回十字軍でアイユーブ朝の内紛に乗じて外交交渉を続け，イェルサレムの回復に成功した。

▶問K．2が正解。ハンザ同盟の在外4大商館所在地は，ベルゲン・ノヴゴロド・ロンドン・ブリュージュの4都市である。

▶問L．4が正解。マルグレーテはデンマーク王女で，ノルウェーに嫁ぎ，夫の死後は事実上両国の女王となった。1397年にデンマーク・スウェーデン・ノルウェーによる同君連合であるカルマル同盟を結成し，養子に迎えたエリクを北欧3国の君主とし，自身は摂政として全権を掌握した。

II　解答

問A．4　問B．4　問C．1　問D．2　問E．2
問F．3　問G．2　問H．4　問I．4　問J．1
問K．4　問L．2

◀解　説▶

≪大清帝国と周辺地域≫

▶問A．4が正解。ホンタイジの治世は1626～43年。1635年にチャハル部が帰順した際に，元の玉璽を手に入れたことで，ホンタイジは翌「1636年」国号を大清国とした。1．不適。満州文字を創始したのはヌルハチ。

2．不適。『崇禎暦書』は明最後の皇帝崇禎帝（位1627～44年）の時代に完成しており（諸説あるが，1630 年代の完成と言われる），ホンタイジの治世に重なるが，こちらは明支配下での出来事なので対象とならないと判断できる。３．不適。鄭成功の死は康熙帝の時代である。

▶問Ｂ．４が正解。明は女真を海西・野人・建州の３部に分けて統治した。建州女真は遼東半島の北側の山岳地帯に居住していた一派。

▶問Ｃ．難問。１が正解。ヌルハチは 1625 年に遼陽から瀋陽に遷都し，盛京と改称した。その後，満州国時代は奉天と改称され，現在は瀋陽の名称に戻されている。

▶問Ｄ．２が正解。台湾は 1683 年に鄭成功の一族が清に帰順した後は，清の直轄領となった。三藩は雲南の呉三桂（平西王），広東の尚可喜（平南王），福建の耿継茂（靖南王）。

▶問Ｅ．難問。２が正解。語群がすべて内モンゴル自治区の都市なので，フフホトを選択するのは難しい。フフホトは内モンゴル自治区の省都である。

▶問Ｆ．３が正解。ゲルク派はツォンカパが開いたチベット仏教の宗派で，黄帽派のことである。

▶問Ｇ．２が正解。ガルダン＝ハーンはかなり細かい知識であるが，消去法で対応できる。１のエセン＝ハーンはオイラトの指導者，３のウルグ＝ベクはティムール朝第４代君主，４のハイドゥはオゴタイの孫でフビライに対し反乱を起こした人物である。

▶問Ｈ．やや難。４が正解。ベグはトルコ系有力者の称号で，新疆ではウイグル人のベグが地方官として任用された。１のダルガチはモンゴル帝国・元が征服地においた地方行政機関の長。２のジャランは清の八旗における編成の１つで，１ジャランが 1500 人，５ジャラン（7500 人）で一旗を構成した。３のムゲはモンゴル帝国に仕えた武将の名である。

▶問Ｉ．４が正解。マラッカ王国は，清成立以前の 1511 年にポルトガルにより滅ぼされている。

▶問Ｊ．難問。１が正解。ウズベク人の３ハン国のうち，一番東にあり新疆に隣接するフェルガナ地方のコーカンド＝ハン国を選べばよいが，地理的知識がないと難しい。1865 年，コーカンド＝ハン国出身のヤークブ＝ベクがムスリムの反乱に乗じて東トルキスタンに政権を樹立したが，左宗棠の率いる清軍に敗れている。

▶問K．4が正解。『古今図書集成』は康熙帝の命で編纂が始まったが，完成したのは雍正帝時代の 1725 年。1の『農政全書』は明代，2の『皇輿全覧図』は康熙帝時代に完成，3の『四庫全書』は乾隆帝時代に編纂された。

▶問L．2が正解。中華民国は 1912 年1月1日，孫文を臨時大総統として南京で樹立された。

Ⅲ 解答

問A．2　問B．1　問C．1　問D．4　問E．2
問F．4　問G．2　問H．1　問I．3　問J．1
問K．3　問L．4

◀解　説▶

≪近現代ヨーロッパ史における革命≫

▶問A．3のイラク革命（1958 年）と4のイラン革命（1979 年）は第二次世界大戦後のことだとわかるので，1と2の前後関係だけを考えればよい。1のフィリピン革命（1896～1902 年）はアメリカ＝スペイン戦争（1898 年），2のイラン立憲革命（1905～11 年）は日露戦争（1904～05 年）が関係していることを思い出せば，1→2→3→4の順となり，2が正解となる。

▶問B．2のキューバ革命（1959 年）だけ第二次世界大戦後の出来事なので，残り3つの前後関係を考える。1のメキシコ革命（1910～17 年）と3のハイチ革命（1791～1804 年）はラテンアメリカの独立に関するもの。ラテンアメリカはフランス革命の影響，フランス革命は4のアメリカ独立革命（1775～83 年）の影響なので，4が一番古い出来事と判断できる。ラテンアメリカ初の独立国となったのがハイチなので，4→3→1→2の順となり，1が正解となる。

▶問C．1が正解。「学生運動」「ゼネスト」から 1968 年に起こったフランス5月革命（5月危機）を連想するが，「首相辞任」となっているので，ド＝ゴール「大統領」が辞任したのではと悩んだ受験生も多かったと思われる。フランス5月革命直後の 1968 年7月，当時のポンピドゥー首相が辞任している。ド＝ゴールが辞任したのは翌 1969 年。

▶問D．1．誤文。審査法が制定（1673 年）されたのはチャールズ2世の時代である。

2．誤文。イギリスがジブラルタルを獲得したのは，1713 年のユトレヒト条約で，アン女王の時代である。

3．誤文。『プリンキピア』の出版は 1687 年で，ジェームズ 2 世の時代である。

▶問Ｅ．２．不適。イギリスがニューアムステルダムを奪ったのは，1664 年で第 2 次イギリス＝オランダ戦争（1665〜67 年）の直前。王政復古後のチャールズ 2 世の時代である。

▶問Ｆ．１．誤文。王党派は国教徒が多数を占めた。

2．誤文。王党派の中心はイングランド西・北部で，ヨークを拠点とした。

3．誤文。長老派は立憲王政を主張した。国王処刑を推進したのは独立派である。

▶問Ｇ．王政復古から名誉革命までは 1660〜88 年で，チャールズ 2 世とジェームズ 2 世の時代である。

1．誤文。大ブリテン王国の成立は 1707 年で，アン女王の時代。

3．誤文。ハドソン湾地方を獲得したのは 1713 年のユトレヒト条約で，アン女王の時代。

4．誤文。ウォルポールはハノーヴァー朝のジョージ 1 世・ジョージ 2 世時代の政治家。

▶問Ｈ．1 が正解。1791 年憲法に基づいて成立したのが立法議会。その後 1792 年に成立した国民公会はジロンド派主導から山岳派（ジャコバン派）主導となり，1794 年のテルミドール 9 日のクーデタで山岳派の指導者ロベスピエールらが処刑された。その後，穏健共和派による総裁政府が成立し，私有財産の廃止を唱えて政府の転覆を計画したバブーフが，1797 年に処刑されている。

▶問Ｉ．ナポレオン＝ボナパルトの皇帝在位は，1804〜14 年，1815 年。3 のティルジット条約（1807 年）が正解。1 の宗教和約（コンコルダート）は 1801 年，2 のアミアンの和約は 1802 年，4 のロゼッタ＝ストーンの発見は 1799 年。

▶問Ｊ．２．誤文。ピョートル 1 世は北方戦争に勝利し，バルト海への進出を果たした。

3．誤文。ミハイル＝ロマノフは農奴制を強化した。

4．誤文。クリミア戦争敗北時の皇帝はアレクサンドル 2 世。

▶問K．1．誤文。ブハーリンはスターリンによる粛清の中で 1938 年に処刑された。

2．誤文。1929 年に国外追放されたトロツキーは，国外でもスターリン批判を続けたが，1940 年に亡命先のメキシコで暗殺された。

4．誤文。1935 年のコミンテルン第 7 回大会では，人民戦線戦術への転換がはかられ，各国共産党が民主主義勢力と協力し反ファシズム統一戦線を結成する方針が打ち出された。

▶問L．4．不適。第 2 次戦略兵器削減条約（START Ⅱ）が調印されたのは 1993 年で，エリツィン大統領の時代である。

Ⅳ　解答

1．デーモス　2．将軍　3．ペリクレス
4．国家　5．ピューリタン
6．タウン＝ミーティング　7．ニューヨーク　8．黒人
9．ポピュリズム　10．包括的核実験禁止　11．単独行動　12．SNS
13．エリザベス 2 世
14．米英戦争や西漸運動の進展で連邦主義の傾向が強まり，反連邦派が分裂する中，ジャクソンは白人男性普通選挙を背景に，それまで政治の主流であった東部資本家層に反発する西部農民や南部奴隷農園主などに支持された。(100 字以内)

◀解　説▶

≪古代～現代の民主主義の歴史≫

▶1．クレイステネスは，貴族制の基盤となっていた血縁による 4 部族制を廃止して，地縁に基づきデーモス（区）を行政の単位とした 10 部族制に改めた。

▶2・3．アテネで最高権力をもつ役職は執政官（アルコン）であったが，前 487 年にアルコンが抽選制になってからは，将軍が最重要官職となった。ペリクレスは 15 年連続で将軍に選出されてアテネを指導したが，ペロポネソス戦争中に流行した疫病で死亡している。

▶4．プラトンは『国家』の中で，国家は善のイデアを追求する哲学者が統治すべきという哲人政治を主張し，軍人が防衛を，市民が文化を担うという分業による国家を理想としている。

▶5．ピルグリム＝ファーザーズは，ジェームズ 1 世のピューリタン弾圧

に対し宗教的自由を求めて，1620年メイフラワー号でアメリカに移住した。上陸地にプリマス植民地が建設され，これがニューイングランド植民地へと発展した。

▶6．難問。タウン＝ミーティングは有権者全員が参加する直接民主制の集会。

▶7．難問。セネカフォールズはニューヨーク州に位置する。奴隷制廃止運動を背景に，女性に対する差別に反対し，女性の権利を守るための決議案が採択された。

▶8．南北戦争後，駐屯していた北軍が引き上げると，南部ではそれぞれの州が黒人に対する差別的な黒人取締法（ブラック＝コードといわれる）を次々と制定していった。リテラシー＝テスト（読み書きテスト）などを設けて実質的に黒人から選挙権を剝奪していった。

▶9．やや難。ポピュリズムは人民党を結成・支持した人々の政治運動を指す。民主党・共和党の2大政党に対する不満を吸収し，アメリカ合衆国最初の全国的第3政党となった。

▶10．包括的核実験禁止条約（CTBT）は地下実験を含むすべての核実験を禁止した条約。核保有国のうち，イギリス・フランス・ロシアなどは批准したが，アメリカ・中国など核保有国の中で批准していない国家も多く，いまだに発効していない。

▶11．単独行動主義はユニラテラリズムともいう。自国第一主義を掲げたトランプ大統領も単独行動主義の傾向を強め，中距離核戦力（INF）全廃条約や気候変動の国際的枠組みであるパリ協定から離脱した。

▶12．SNSはSocial Networking Service（ソーシャル＝ネットワーキング＝サービス）の略。

▶13．エリザベス2世はウィンザー朝第4代国王。2022年9月8日，96歳で亡くなった。在位期間は70年で，イギリス史上最高齢かつ最長在位の君主であった。

▶14．難問。ジャクソンは，初めての西部出身の大統領で1829年に就任した。「ジャクソンが大統領選に勝利した背景や要因」が問われているので，彼を当選させたアメリカ合衆国の国内状況や支持基盤を指摘したい。ルイジアナ買収（1803年）によって独立時から国土が倍増し，西漸運動によって西部開拓が進行した。また，米英戦争（1812〜14年）によってアメリカ人としての自覚が高まり，これを機に東部では産業革命が進展し資本家層が成長していった。こうした中，反連邦派のリパブリカン党は，連邦主義を容認するグループと州権主義を維持しようとするグループに分裂した。後者は民主共和党を名乗るようになり，西部農民に絶大な人気を誇るジャクソンを支持し，西部出身初の大統領を誕生させることになった。また，各州で次第に白人男性普通選挙が実現するようになったことで，西部開拓農民や南部奴隷農園主などが，東部資本家層の政治支配に反発するかたちでジャクソンを支持した点も重要である。

❖講　評

Ⅰ　中世ヨーロッパ史に関する問題で，中世都市と十字軍を中心に問われている。正文・誤文選択問題では，問Ｂと問Ｄが選択肢の文章に教科書レベルを超えた内容のものがあり，正誤判断が難しい。空所補充問題では，問Ｆのエルベ川は地理的知識が必要で，やや難しい。その他は教科書レベルの知識で対応できるものなので，確実に得点しておきたい。

Ⅱ　大清帝国の版図拡大とその支配の経緯に関する問題。清の建国や周辺地域のチベット・モンゴル・新疆に関する知識を中心に問われており，その外縁部に関する問題もある。地理的知識が問われている選択肢が多く，特に問Ｃ・問Ｅ・問Ｊは難問である。問Ｇはやや細かいが，消去法で正答を導くことは可能である。問Ｈのベグは見逃しやすい。その他はおおむね教科書レベルの知識で対応できる問題ばかりなので，取りこぼしは避けたいところである。

Ⅲ　近現代ヨーロッパ史における革命をテーマにした問題。イギリス革命・フランス革命・ロシア革命を中心に問われているが，西アジア・東南アジア・アメリカにおける革命についての知識も問われており，ゴルバチョフについての問題もある。問Ｃは悩んだ受験生が多かったと思われるが，「学生運動」「ゼネスト」だけで判断すればよい。問Ｄ・問Ｅ・問Ｇ・問Ｉは年代がらみで，判定に時間を要する。問Ａ・問Ｂ・問Ｈの配列問題は，落ち着いて考えれば，それほど難しくはない。

Ⅳ　古代～現代の民主主義の歴史をテーマにした問題。アテネ民主政，アメリカ合衆国の建国，女性・黒人の選挙権，ポピュリズム，アメリカの単独行動主義などの知識について問われている。６のタウン＝ミーティングと7のニューヨーク州は難問だが，女性参政権運動発祥の地は早稲田大学商学部受験生なら知っておきたい知識である。9のポピュリズムも見逃しやすい事項。13のエリザベス2世は時事的問題で答えやすかったと思われる。14の論述問題はジャクソンが大統領に当選した背景・要因についての説明であるが，問題文に4代続いた反連邦派が敗れたことが書かれているので，反連邦派が力を失った背景についても述べておきたい。

2023年度は2022年度に比べると教科書レベルを超える内容を含む問題が若干減少し，Ⅳの空所補充問題の難問もやや減少したので，全体として難易度はやや易化した。しかし，正誤の判定に時間のかかる問題が多く，例年通りハイレベルな問題である。

政治・経済

I 解答

問1．A．国権　B．戦力　C．交戦権　D．個別的　E．集団的

問2．(イ)　問3．(ア)　問4．(ウ)・(エ)　問5．(ア)・(イ)

問6．(イ)・(ウ)　問7．(ウ)

◀解　説▶

≪日本国憲法と平和主義≫

▶問1．A．国権の発動たる戦争とは，国際法上，国の主権を発動して宣戦布告や最後通牒の形で明示的に意思表示をして行われる国家間の武力闘争と解釈されている。

B．憲法第9条2項では「陸海空軍その他の戦力は，これを保持しない」と規定している。ここから明確に憲法上軍隊は保有できないことがわかるが，「戦力」に関してはさまざまな解釈がある。1972 年 11 月の政府統一見解では「戦力とは自衛のための最小限度を超える実力」となっている。

C．交戦権は，内閣法制局によると「戦いを交える権利ではなく，交戦国が国際法上保有する種々の権利の総称」とされている。種々の権利とは「相手国兵力の殺傷及び破壊」「相手国の領土の占領，そこにおける占領行政」などとされている。

D・E．個別的自衛権は自国が直接攻撃を受けた場合は自国のみで防衛行動をとるという自衛権，集団的自衛権は同盟国が攻撃を受けた際に，共同で防衛行動をとる自衛権であり，ともに国連憲章第 51 条に明記されている。従来の政府見解では集団的自衛権については「保有」はしているが，憲法第9条との兼ね合いで「行使」はできないとしていた。しかし 2014 年7月の安倍晋三内閣での閣議決定で「集団的自衛権の行使」も認められることになった。

▶問2．(イ)適切。長沼ナイキ基地訴訟の第1審（札幌地裁）で自衛隊は，規模・装備・能力から見て「陸海空軍」に該当し，違憲であるとの判決が出された。控訴審は統治行為論で判断回避。その後，最高裁は上告を棄却して自衛隊の合憲性についての判断は示さなかった。

(ア)不適。恵庭事件の第 1 審では自衛隊の合憲性についての判断は示されなかった。

(ウ)不適。百里基地訴訟の第 1 審では水戸地裁が統治行為論を採用し，自衛隊についての法的判断は司法審査の対象ではないとした。

(エ)不適。第 1 審ではなく控訴審（名古屋高裁）において，自衛隊の存在ではなく，自衛隊がイラクで行っている活動について違憲判決が出され，憲法前文の平和的生存権についても具体的権利性を認めた。

▶問 3．(ア)適切。1991 年の湾岸戦争時に日本は多国籍軍に対する 130 億ドルの金銭支援をしたが，国際的に評価されなかった。そのため，日本国内で国際貢献論が浮上して 1992 年に PKO 協力法が制定され，自衛隊が国連の PKO 活動に参加することが可能になった。当初は監視団（選挙，停戦）のみへの参加が認められたが，2001 年の同法改正により PKF（国連平和維持軍）への参加も法的には可能になった。

(イ)不適。テロ対策特別措置法は同時多発テロを受けたアメリカを支援するために，海上自衛隊をアメリカ軍に協力させるための日本の対応策をまとめた法律。テロ対策において非戦闘地域での協力支援活動，捜索救助活動などが定められた。活動地域は公海とその上空，および外国の領域（当該国の同意がある場合）としている。

(ウ)不適。イラク復興支援特別法は 2003 年のイラク戦争後の，イラク国民への医療・物資の補給などの「人道・復興支援」や，米英軍などの後方支援にあたる「安全確保活動」を可能にするための法律。自衛隊のイラクにおける活動地域は「非戦闘地域」に限定されていた。

(エ)不適。海賊対処法はソマリア沖のアデン湾などに出没する海賊対策として 2009 年に制定された法律。

▶問 4．安倍内閣は 2014 年 7 月に集団的自衛権の行使容認を閣議決定するにあたり，次のように武力行使の三要件を定めた。①日本または日本と密接な関係にある他国への武力攻撃が発生し，国民の生命・自由・幸福追求の権利が根底から覆される明白な危険がある（これを存立危機事態という）。②国民を守るために，他に適当な手段がない。③必要最小限度の実力行使に限定する。以上より，(ウ)・(エ)が適切。

▶問 5．(ア)適切。2003 年制定の武力攻撃事態法では，実際に外国から武力攻撃を受けた場合にのみ武力行使を容認していたが，2015 年の改正により「存立危機事態」（問 4 の〔解説〕参照）においても集団的自衛権により武力行使できるとした。この場合，国会の事前または事後承認が必要となる。

(イ)適切。2015 年の PKO 協力法の改正により，住民を守る治安維持活動，離れた場所に駆けつけて他国軍や民間人を警護すること（駆けつけ警護）が可能になった。2016 年 11 月，南スーダンの PKO に参加する陸上自衛隊に「駆けつけ警護」の新任務が付与された。

(ウ)不適。周辺事態法を改正して成立した重要影響事態法では，自衛隊はアメリカ以外の他国への後方支援も可能になり，派遣地域は日本周辺から世界中に拡大された。

(エ)不適。新たに制定した国際平和支援法では，国際社会の平和のために活動する他国軍に対する自衛隊による後方支援が随時可能になった。今までは，個別に特別措置法を制定しなければならなかった国連外活動への協力をこの法律で可能にし，恒久法化した。派遣先は世界中の「現に戦闘行為を行っている現場以外」と規定している。

▶問 6．防衛装備移転三原則は，従来の武器輸出三原則のうち，「国連安全保障理事会決議による武器輸出禁止国」「紛争当事国」への武器輸出禁止は維持するが，平和貢献や日本の安全保障などにつながる場合は武器輸出を認めるというもの。よって，(イ)・(ウ)が適切。

(ア)不適。このような内容はない。

(エ)不適。防衛装備とは武器および武器技術をいい，武器技術に武器の設計，製造または使用に係る技術が含まれる。

▶問 7．日本国憲法は 1947 年 5 月 3 日に施行されて以来，改正例は今まで一度もない。ただし，憲法の条文の改正はされていないにもかかわらず本来の意味内容が政府の条文解釈によって変化してきている状態を解釈改憲という。解釈改憲は，明文改憲に対する言葉である。

Ⅱ　解答

問1．(ア)　問2．(ア)　問3．三面等価　問4．(エ)
問5．(ウ)　問6．(ア)　問7．(イ)　問8．(ア)　問9．(エ)
問10．(ウ)　問11．(ア)　問12．(イ)　問13．(ウ)　問14．(イ)

◀解　説▶

≪国民所得と市場原理≫

▶問1．フロー，ストックともに一国の経済活動を捉える経済のバロメーターである。前者は一定期間の財・サービス・貨幣の流れをみるもので，後者は一定時点における経済主体が保有する資産を集計したものである。経常収支は1年間の貿易，サービス取引などの集計なので，フローの指標になる。一方，対外純資産は一定時点における政府，企業，個人が海外に保有する資産から負債を差し引いたもので，ストックの指標として国富を構成する。よって，(ア)が適切。

▶問2．小麦農家，製粉業者，パン工場それぞれの付加価値を求める。付加価値額は売上から仕入れ代など費用を差し引いて求める。小麦農家は10億円（小麦），製粉業者は20億円－10億円＝10億円（小麦粉），パン工場は30億円－20億円＝10億円（パン）であり，合計すると30億円になる。また，GDP（国内総生産）は一定期間における国内で新たに生み出された付加価値の合計である。仮にこの国の経済活動が，このパンの生産に限定され，小麦農家，製粉業者，パン工場がいずれも国内の経済主体で，この三者以外に経済主体がないと仮定すれば，GDP は先ほど求めた付加価値の合計30億円になる。よって，(ア)が適切。

▶問3．生産活動によって得られる所得はすべて分配され，分配された所得は，貯蓄を含めて何らかの形で支出される。したがって，国民所得も生産・分配・支出という3つの側面から推計されるが，これらは同じものをそれぞれ別の角度から捉えたものであるから，理論上同額のはずである。これを国民所得の三面等価の原則という。

▶問4．GDP デフレーターとは，物価変動を修正し，名目 GDP を実質 GDP に換算するために用いられる物価指数のことで，これを用いると，実質 GDP は以下の式で求められる。実質 GDP＝名目 GDP÷GDP デフレーター。これを変形すると，GDP デフレーター＝名目 GDP÷実質 GDP で，昨年を基準とした今年の実質 GDP の方が名目 GDP より大きいという条件があるので，GDP デフレーターは1より小さくなる。また，GDP

デフレーターが 1 より小さい場合は物価は下落しており，1 より大きい場合は物価は上昇している。以上より，(エ)が適切。

▶問 5．インフレーションは物価が持続的に上昇している状態を示す。物価が上昇しているので，貨幣価値は逆に下落している。よって，債務の実質的価値が下がるので，債務者（本問では，固定金利でお金を借りている人）にとっては有利に働くが，年金生活者に対しては定額年金の実質的価値が下がり，物価が上昇しているので不利に働くことになる。以上より，(ウ)が適切。

▶問 6．急激なインフレを抑制するためには，日本銀行が市場の通貨量を減らす方向での金融政策（金融引き締め政策）を実施する。その手段の一つとして市中金利を上昇させる方向に誘導することがある。逆に市中金利を下げる方向に誘導すれば，インフレが加速する。よって，(ア)が適切。

▶問 7．リカードの比較生産費説であるが，表より，自転車，農作物ともに B 国の方が A 国よりも少ない労働力で生産できるので，B 国が両財について絶対優位をもつ。ここで自転車，農作物それぞれの相対費用を求める。自転車の農作物に対する相対費用（農作物 1 単位作るのに必要な労働力の何倍の労働力を自転車作りで必要とするか）を求めると，A 国は 3 人÷12 人＝0.25，B 国は 2 人÷ 4 人＝0.5 となり，A 国の方が相対費用は小さいので，A 国が自転車に比較優位をもつ。一方，農作物の自転車に対する相対費用（自転車 1 単位作るのに必要な労働力の何倍の労働力を農作物作りで必要とするか）を求めると，A 国は 12 人÷ 3 人＝4，B 国は 4 人÷ 2 人＝2 となり，B 国の方が相対費用は低いので，B 国が農作物に比較優位をもつ。以上より，(イ)が適切。

▶問 8．変動相場制のもとでは外国為替市場における円の需要と供給との関係で為替レートが決まる。急激な円安を抑制するためには，外国為替市場に円買いの介入を行わなければならない。為替介入は財務大臣が実施を判断し，日本銀行が外国為替資金特別会計の資金を用いて実務を担う。決定は財務大臣なので，日本政府の判断になる。以上より，(ア)が適切。

▶問 9．完全失業率は，働く意思と能力をもち，現に求職活動をしているが，就業の機会が得られない完全失業者が労働力人口（15 歳以上の人口から就学者，家事従業者，病気や老齢のために働けない者を除いた人口）に占める割合で求める。以上より，(エ)が適切。

▶問10. 需要の価格弾力性は価格の変動によって，ある製品の需要がどの程度変化するかの度合いを示す。一般的に価格が下落した際に，ぜいたく品は需要の増加量は大きい（これを需要の価格弾力性が大きいという）が，生活必需品は同じ価格変化に対して需要の増加量は小さい（これを需要の価格弾力性が小さいという）。ぜいたく品は高いときには買う人が少ないが，安くなると買う人が一気に増える。また，生活必需品は高くても安くても買わなければいけないので，価格下落に対して需要量の変化は小さくなる。需要曲線のグラフは縦軸が価格，横軸が需要量なので，生活必需品の需要曲線はぜいたく品と比べて傾きが急になる。以上より，(ウ)が適切。

▶問11. ある企業は大量のエネルギーを消費して財を生産しているのだから，円安によって日本国内のエネルギー価格が上昇すると，企業の生産コストが増えることになり，供給曲線が左（量が減る方向）にシフトするので，均衡価格が上昇し，均衡取引量は減少する。以上より，(ア)が適切。

▶問12. バターとマーガリンは代替財の関係にある。バターの方が高い（上級財）ので，安いマーガリン（下級財）で代替する人が多い。バターの価格が大幅に下落し，それまでマーガリンを買っていた人もバターを買うようになると，マーガリンの需要が減り，バターの需要が増える。マーガリンの需要が減ると，マーガリンの商品市場で需要曲線は左（量が減る方向）にシフトするので，均衡価格が下落することになる。以上より，(イ)が適切。

▶問13. ある財を生産するのに環境汚染が発生するということは，外部不経済を発生させているということである。市場メカニズムによって達成される均衡点は社会的に望ましい点よりも価格が低く，供給量が過大になっているのだから，価格を上昇させ，供給量を減少させるためには，当該企業に対して，課税を行い，供給曲線を左（量が減る方向）にシフトさせる必要がある。これを外部不経済の内部化という。以上より，(ウ)が適切。

▶問14. ジニ係数は貧富の差を表す指標で1に近いほど格差が大きく，格差がないときは0になる。表より，B国は下から25％の所得水準の世帯までの累積所得が全体の所得の25％，下から50％の所得水準の世帯までの累積所得が全体の所得の50％，下から75％の所得水準の世帯までの累積所得が全体の所得の75％，下から100％の所得水準の世帯までの累積所得が全体の所得の100%なので，格差がない状態になっており，ジニ係数は0である。一方，A国は格差が発生していることが表より自明なので，A国のジニ係数はB国のジニ係数よりも大きい。以上より，(イ)が適切。

III　解答　問1．A．エンゲル　B．クズネッツ　問2．(ウ)
問3．(イ)　問4．①―(ウ)　②―(イ)　問5．(ウ)
問6．(ア)　問7．(エ)　問8．(ア)　問9．(オ)
問10．①―(イ)　②―(イ)　③―(ア)　④―(ウ)

◀解　説▶

≪所得変化と世界経済の発展≫

▶問1．A．19世紀のドイツの統計学者・経済学者エンゲルは，ベルギーの労働者の家計調査により，所得水準が高いほど家計に占める食費の割合が低下する法則を発見した。これがエンゲルの法則であり，この割合をエンゲル係数という。

B．クズネッツはロシア生まれのアメリカの経済学者で，クズネッツ循環（約20年周期の景気循環）やクズネッツ曲線（問2の〔解説〕参照）で知られる。

▶問2．クズネッツ曲線は，経済発展の初期には所得格差は拡大するが，やがて縮小に転じていくことを示すグラフである。図III－1は縦軸に所得格差の指標，横軸に一人あたり国民所得をとっている。①経済発展の初期段階では，都市に人口が流入し，都市労働者数が増えるので，労働力は供給過剰となり，労働者一人あたりの賃金は減少する。②労働者の賃金低下で富裕層との格差は拡大する。③グラフが示すように一人あたり所得が一定水準を超えて増加すれば，格差は縮小していく。以上より，(ウ)が適切。

▶問3．環境クズネッツ曲線は，クズネッツ曲線の縦軸の部分が「環境負荷」に置き換わったものである。選択肢から国民の環境負荷に関わる選択肢を考えると，(イ)の一人あたり二酸化炭素の排出量が適切である。

▶問4．①中所得国では格差は縮小するので，途中まではクズネッツ曲線と同じ形になるが，アメリカのような一人あたり国民所得が極めて増大した国では格差は拡大していくので，(ウ)のN字型になると考えられる。

②一人あたり国民所得が最も低い層の発展途上国では富裕層と低所得者層

の格差が拡大しており，同時に一人あたり国民所得が最も高い層の先進国でも富裕層と低所得者層の格差が拡大しているので，(イ)のU字型になると考えられる。

▶問5．(ウ)が適切。IBRD（国際復興開発銀行）とIDA（世界開発協会）などを合わせて世界銀行という。IBRDは加盟国の出資金や世界銀行債を発行して集まった資金を，戦災からの復興や経済発展を必要とする国に長期融資して，経済発展を支援する。(ア)・(オ)はBIS（国際決済銀行），(イ)はIMF（国際通貨基金），(エ)はOECD（経済協力開発機構）の説明である。

▶問6．横軸（世界全体の累積所得順位）の40～60%（中間層）の1988～2008年までの20年間で実質所得の伸び率は65%以上と高水準である。よって，(ア)が適切，(ウ)は不適。この図からは実質所得の伸び率はわかるが，各国における所得格差までは判断できないので(イ)・(エ)は不適。(オ)は不適。発展途上国は概して世界全体の累積所得順位は低い水準にあるが，グラフでは，最低所得順位層の30年間の実質所得の伸び率は15%以上になっているので，発展途上国における富裕層は増加していると考えられる。

▶問7．(エ)適切。P点に位置している人々は世界全体の累積所得順位が約55%で中間所得国の人々と考えられ，20年間の実質所得の伸び率が75%を超えている。冷戦終結（1989年）後のグローバリゼーションの恩恵で中間層の所得が増加したと考えられる。他の選択肢は時期がグラフに合わないので不適。(ア)は2008年後半以降，(イ)は1960～70年，(ウ)は1955～73年，(オ)は2020年以降。

▶問8．Q点に位置している人々は世界全体の累積所得順位が80%で，高所得国（先進国）の人々と考えられ，20年間の実質所得の伸び率が0%であるので(ア)が適切である。(イ)の「一次産品の輸出国」は発展途上国，(ウ)の「最貧国」はそれぞれ高所得国には該当しない。(エ)の「オイルショック」は1970年代の出来事であり，時期がグラフに合わないのと途上国なので不適。(オ)はこのグラフからは読み取れない。

▶問9．R点に位置している人々は世界全体の累積所得順位が100%の最高所得層で20年間の実質所得の伸び率が65%である。(ア)・(イ)は世界の高所得者はアメリカなど先進国に在住し，株式などの金融資産が所得の大半を占めると考えられるが，上記を適切に解説するかどうかについては判断できない。(ウ)はこのグラフからは読み取れない。(エ)の中国は1988～2008

年に大きな経済成長を実現しているので，中国の富裕層もR点に位置する可能性はあり不適。

▶問10. ①(イ)が適切。図Ⅲ－1のクズネッツ曲線では横軸は経済発展をとる。

②(イ)が適切。図Ⅲ－2では横軸に所得分布（世界全体の累積所得順位）をとっている。

③(ア)が適切。図Ⅲ－2の縦軸と横軸を入れ替えると縦軸に累積所得順位をとることになる。

④(ウ)が適切。③の結果，図Ⅲ－2のグラフの形状はS字に近くなる。

Ⅳ　解答

問1. (ア)　問2. (ウ)　問3. (オ)　問4. (ア)　問5. (エ)
問6. (エ)　問7. (イ)　問8. (エ)　問9. 1.9倍
問10. 36　問11. (ア)　問12. (ア)

◀解　説▶

≪消費者物価指数と賃金指数≫

▶問1. 市場原理から考えて冷夏に野菜の価格が上がる理由は，野菜の供給量が減って供給曲線が左（量が減る）方向にシフトした結果である。また，夏物衣料の価格が下がった理由は，夏物衣料の需要が減って需要曲線が左（量が減る）方向にシフトした結果である。以上より，(ア)が適切。

▶問2. (ウ)が不適。図Ⅳ－1より，2007年から2008年にかけて消費者物価指数は高くなっているので，この期間に消費財・サービスの価格は値上がりしている。以上より，2002年から2008年にかけて消費財・サービスの価格は値下がりが続いていたとの表現は誤り。

(ア)適切。図Ⅳ－1より，2019年から2020年にかけて消費者物価指数は変化していない。

(イ)適切。図Ⅳ－1より，2002年から2018年までの消費者物価指数は2020年の消費者物価指数より低いので，この期間の消費財・サービスの価格は2020年と比べて低かった。

(エ)適切。図Ⅳ－1より，2016年から2019年までの消費者物価指数は上昇を続けているので，この期間の消費財・サービスの価格は値上がりが続いていた。

▶問3. (オ)不適。「輸入物価指数÷輸出物価指数」ではなく，「輸出物価指数÷輸入物価指数」が正しい。この指数比を交易条件という。交易条件はその国の経済力の強さを表しており，為替レートに影響を与える。(ア)〜(エ)は適切。

▶問4．(ア)不適。会社法では，株式会社の出資者は「株主」と呼ばれる。会社法で「社員」と呼ばれるのは，合名会社，合資会社，合同会社の出資者である。

(イ)適切。上場株式会社は取締役会を設置しなければならず，会社法第 331 条で取締役は 3 人以上置くことになっている。

(ウ)適切。上場株式会社は各証券取引所の上場審査基準を満たす必要がある。

(エ)適切。TOB（株式公開買付け）は買付け期間，価格，株式数を新聞などで広告した上で売主の株式を証券取引所を通さずに大量に買付けることができる制度である。保有している株が TOB された場合，株主は TOB に参加すれば，TOB の買付け価格で株式を，証券取引所を通さずに売却できる。

(オ)適切。近年の上場株式会社数の占める割合は 0.1％程度で 1％を超えていない。

▶問5．(エ)不適。株式分割は，すでに発行された株式を分割して株数を増やすことなので，資金調達の方法にはならない。(ア)は間接金融，(イ)・(ウ)は直接金融，(オ)は自己金融での資金調達になる。

▶問6．(エ)適切。諸外国で高金利政策を採用しているので，日本の投資家は円を売って外貨に交換して外国に投資する傾向が高まるので，円安要因になる。

(ア)不適。外国人が円で払う必要性が高まるので，外貨を円に交換する円高要因となる。

(イ)不適。外国人投資家が外貨を円に交換して日本の企業に投資するので，円高要因となる。

(ウ)不適。日本の輸入している原油価格が下落すると，原油輸入国である日本の貿易収支が改善され，その結果円高になる可能性がある。

▶問7．外国為替レートが円安になると，日本の輸出が有利，輸入が不利となり，輸出企業の業績向上が見込まれるので，(イ)が適切。(ア)・(エ)は原材料やエネルギー資源の輸入価格の高騰により，業績悪化が見込まれるので不適。(ウ)は円安になると日本国内への外国人旅行者は増えるが，海外への日本人旅行者は減るので不適。

▶問 8．㈢不適。発行市場ではなく，流通市場が正しい。国債の発行市場は政府が金融機関に国債を売る市場で，日銀が直接政府から国債を購入すること（国債の日銀引き受け）は財政法第 5 条で禁止されている。公開市場操作はすでに発行された国債が民間で売買される流通市場で行われる。

㈠適切。量的・質的金融緩和政策などを通じて市中金利を低下させてきた。

㈡適切。2016 年 1 月より日銀当座預金残高の一部にマイナス金利を設定した。

㈢適切。買いオペレーションの説明である。

㈤適切。マネタリーベースとは，日銀当座預金残高と現金（日本銀行券と補助貨幣）流通量の合計で日銀から民間に供給される通貨量のことである。2013 年 4 月よりマネタリーベースを操作目標として量的・質的金融緩和政策を実施してきた。

▶問 9．2020 年の大卒初年度年間給与総額は，日本は約 302 万円，アメリカは約 53,000 ドルで，1 ドル＝110 円という条件より，約 53,000 ドルは約 583 万円に換算できる。以上より約 583 万円÷約 302 万円＝1.93…となり，小数点第 2 位を四捨五入すると約 1.9 倍になる。

▶問 10・問 11．労働基準法第 36 条の規定より，使用者は労働者を時間外労働または休日労働させる場合，労働者の過半数で組織する労働組合または労働者の代表と書面による協定（これを 36 協定という）を結び，所管の労働基準監督署に提出しなければならない。時間外労働，休日労働をさせる際，使用者は原則割増賃金を労働者に支払わなければならない。

▶問 12．図Ⅳ－1 の賃金指数は一般労働者に支払われた現金給与総額（名目値）をもとに，2020 年を 100 に基準化して算出した各年の賃金指数であるから 2020 年の賃金を 100 万円とすると，各選択肢にある 2009 年は約 97.5 万円，2014 年は約 99 万円となる。また，消費者物価指数も 2020 年を 100 に基準化して算出している。設問より実質賃金は「労働者に支払われた名目賃金÷その時点での消費者物価指数」で求める。2009 年，2014 年の消費者物価指数はそれぞれ約 95.5，約 97.5 となる。すると 2009 年の実質賃金は約 97.5 万円÷約 95.5×100＝約 102.1 万円，2014 年の実質賃金は約 99 万円÷約 97.5×100＝約 101.5 万円になる。そして前年との比較が選択肢で要求されているので，2008 年，2013 年も同様に計算する。2008 年の名目賃金は約 102.5 万円，消費者物価指数は約 97，2013 年は名目賃金は約 98 万円，消費者物価指数は約 95 であるので，実質賃金はそれぞれ 2008 年は約 102.5 万円÷約 97×100＝約 105.7 万円，2013 年は約 98 万円÷約 95×100＝約 103.2 万円となる。以上より，2009 年，2014 年ともに実質賃金は前年に比べて減少していることがわかるので，(ア)が適切。

❖講　評

Ⅰ　日本国憲法下での平和主義についての知識を問う出題。問 1 の空欄補充は基本的な内容。問 4・問 5・問 6 の選択問題で「安全保障関連法案」,「防衛装備移転三原則」についてやや細かい知識が問われたが，全体的にみると標準レベル中心の出題と言える。

Ⅱ　国民所得や企業，市場原理に関する出題。全体的に基本的な内容の出題だが，論理的に考える出題も多かった。問 7 の比較生産費説の問題は，比較優位と絶対優位の考え方を知っておく必要がある。問 14 のジニ係数の問題は表の意味をしっかり理解して，B 国が格差なし（完全平等）とわかれば，簡単に正答は導ける。

Ⅲ　所得変化と世界経済の発展について考察する問題。クズネッツ曲線など見慣れない統計グラフを読み取る力を試す難度の高い問題が多いが，設問文の内容が理解できれば解答できる問題も多かった。

Ⅳ　市場や外国為替，労働など経済総合問題であったが，問 4・問 5 の正誤は株式会社について，やや細かい知識が問われた。問 12 は大まかでも構わないので，実質賃金を数値化すれば簡単に解ける。全体的に標準レベルで取り組みやすい出題が多かった。

例年のレベルと比べると，2023 年度は標準〜やや難の出題であったと言えるだろう。

数学

1

◇発想◇　(1)　まず略図を描いてみること。求める図形を直線 $x=2^k$ ($k=1,\ 2,\ \cdots,\ n-1$) で切ると，台形の集合体であることがわかるであろう。あとは，その台形の面積を項とする数列の和を計算することになる。

(2)　正弦定理を用いて角の関係式を辺の関係式に直したい。三辺が三平方の定理を満たしていることに直感的に気づきたい。あとは，斜辺の長さがわかることから内接円の半径を求めていこう。

(3)　(iii)の条件式を取りあえず単項式 x^n について考えてみればよい。x の奇数乗の項の集合体ではないかと気がつけば，大きな最初の一歩となる。

(4)　すべての座標が整数の3点を結んでできる正三角形から，座標空間内の立方体を思い浮かべ，辺の長さを絞って調べていこう。

解答　ア．4049　イ．$\dfrac{6}{17}$　ウ．$5x^3-3x$　エ．$\dfrac{160}{6561}$

◀解　説▶

≪小問4問≫

▶(1)　条件より，$P_1(1,\ 0)$，$P_2(2,\ 1)$，$P_3(4,\ 2)$，…，$P_k(2^{k-1},\ k-1)$，$P_{k+1}(2^k,\ k)$ となる。

ここで線分 P_kP_{k+1} と3直線 $x=2^{k-1}$，$x=2^k$，x 軸で囲まれた図形の面積を A_k とすると

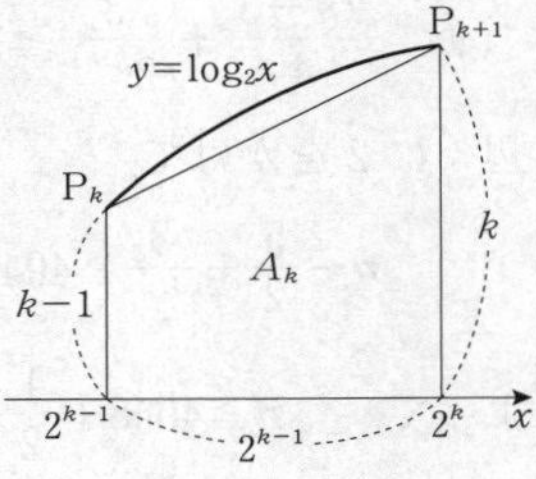

$$2^k-2^{k-1}=2\cdot 2^{k-1}-2^{k-1}=2^{k-1}$$

なので

$$A_k=\frac{1}{2}\{(k-1)+k\}\cdot 2^{k-1}$$

$$=\frac{1}{2}(2k-1)\cdot 2^{k-1}$$

$$=(2k-1)\cdot 2^{k-2}\quad (k=1,\ 2,\ \cdots,\ n-1)$$

よって

$$S(n)=A_1+A_2+\cdots+A_{n-1}=\sum_{k=1}^{n-1}(2k-1)\cdot2^{k-2}$$

ここで

$$S(n)=1\cdot2^{-1}+3\cdot2^{0}+5\cdot2^{1}+7\cdot2^{2}+\cdots$$
$$+(2n-5)\cdot2^{n-4}+(2n-3)\cdot2^{n-3}\quad\cdots\cdots①$$
$$2S(n)=1\cdot2^{0}+3\cdot2^{1}+5\cdot2^{2}+\cdots$$
$$+(2n-5)\cdot2^{n-3}+(2n-3)\cdot2^{n-2}\quad\cdots\cdots②$$

①−② より，$n\geqq3$ のとき

$$-S(n)=1\cdot2^{-1}+2\cdot2^{0}+2\cdot2^{1}+\cdots+2\cdot2^{n-3}-(2n-3)\cdot2^{n-2}$$

よって

$$S(n)=-1\cdot2^{-1}-2\cdot2^{0}-2\cdot2^{1}-\cdots-2\cdot2^{n-3}+(2n-3)\cdot2^{n-2}$$
$$=-\frac{1}{2}-2\cdot\frac{2^{n-2}-1}{2-1}+(2n-3)\cdot2^{n-2}$$
$$=-\frac{1}{2}-2\cdot2^{n-2}+2+(2n-3)\cdot2^{n-2}$$
$$=(2n-5)\cdot2^{n-2}+\frac{3}{2}$$

これは $n=2$ のときも成り立つ。

次に，$\dfrac{S(n)}{2^n}\geqq2023$　……③ より

$$\frac{(2n-5)\cdot2^{n-2}+\dfrac{3}{2}}{2^n}\geqq2023$$

$$\frac{2n-5}{4}+\frac{3}{2^{n+1}}\geqq2023$$

辺々に 2 をかけて

$$n-\frac{5}{2}+\frac{3}{2^n}\geqq4046$$

よって　　$n\geqq4048+\dfrac{1}{2}-\dfrac{3}{2^n}$

ここで，明らかに $n\geqq3$ より，$\dfrac{1}{8}\leqq\dfrac{1}{2}-\dfrac{3}{2^n}<\dfrac{1}{2}$ だから

③を満たす最小の n は　　$n=4049$　→ア

▶(2)　$AB=c$，$BC=a$，$CA=b$，$\triangle ABC$ の外接円の半径を R とおくと，正弦定理より

$$\sin\angle A=\frac{a}{2R},\ \sin\angle B=\frac{b}{2R},\ \sin\angle C=\frac{c}{2R}$$

また，$R=1$ なので，$\sin\angle A=\frac{a}{2}$，$\sin\angle B=\frac{b}{2}$，$\sin\angle C=\frac{c}{2}$ となる。

$\sin^2\angle C=\sin^2\angle A+\sin^2\angle B$ なので，$\frac{c^2}{4}=\frac{a^2}{4}+\frac{b^2}{4}$ から

$$c^2=a^2+b^2$$

よって，$\triangle ABC$ は c を斜辺とする直角三角形であり，$c=2R=2$ であることがわかる。

$$a=2\sin\angle A=2\times\frac{m}{17},\ b=2\sin\angle B=2\times\frac{n}{17}$$

より

$$\left(2\times\frac{m}{17}\right)^2+\left(2\times\frac{n}{17}\right)^2=2^2$$

だから

$$m^2+n^2=17^2 \quad \cdots\cdots①$$

①を満たす自然数のうち，一方は偶数なので，m を偶数として，$n^2=17^2-m^2=289-m^2$ を $m=2,\ 4,\ 6,\ \cdots,\ 16$ の順に計算すると

285，273，253，225，189，145，93，33

となり，平方数は $225=15^2$ のみなので，①を満たす $(m,\ n)$ は

$$(m,\ n)=(8,\ 15) \quad \text{または} \quad (15,\ 8)$$

内接円の半径を r とおくと，r の値はいずれでも同じであるから $(m,\ n)=(8,\ 15)$ として進めると

$$a=2\times\frac{8}{17}=\frac{16}{17},\ b=2\times\frac{15}{17}=\frac{30}{17},\ c=2$$

なので，$\triangle ABC$ の面積を S とおくと

$$S=\frac{1}{2}ab=\frac{1}{2}\times\frac{16}{17}\times\frac{30}{17}=\frac{240}{17^2}$$

$\frac{1}{2}(a+b+c)r=S$ より　　$\frac{1}{2}\times\left(\frac{16}{17}+\frac{30}{17}+2\right)r=\frac{240}{17^2}$

$\frac{1}{2\times17}\times80r=\frac{240}{17^2}$ となり　　$r=\frac{240}{17^2}\times\frac{2\times17}{80}=\frac{6}{17}$

よって　　$r=\frac{6}{17}$　→イ

▶(3)　まず条件(iii)について考える。$g(x)=x^s$ とすると

㋑　m が偶数のとき，$-1\leqq x\leqq1$ において　　$|x|^m=x^m$

$$\int_{-1}^{1}|x|^m\cdot g(x)dx=\int_{-1}^{1}x^m\cdot x^s dx$$

$$=\int_{-1}^{1}x^{m+s}dx=\frac{1}{m+s+1}\Big[x^{m+s+1}\Big]_{-1}^{1}$$

$$=\begin{cases}\dfrac{1}{m+s+1}\{1-(-1)\}=\dfrac{2}{m+s+1} \\ \quad (s\text{が偶数のとき，}m+s+1\text{は奇数}) \\ \dfrac{1}{m+s+1}(1-1)=0 \\ \quad (s\text{が奇数のとき，}m+s+1\text{は偶数})\end{cases}$$

つまり $g(x)$ が x の偶数乗のとき，すべての正の整数 m について，条件(iii)を満たすような s は存在しない。よって，$f(x)$ が x の偶数乗の項を含むとき，条件(iii)を満たすことはない。

㋺　m が奇数，s が奇数のときを考えると

$$|x|^m=\begin{cases}(-x)^m=-x^m & (x<0)\\ x^m & (x\geqq0)\end{cases}$$

$$\int_{-1}^{1}|x|^m x^s dx=\int_{-1}^{0}|x|^m x^s dx+\int_{0}^{1}|x|^m x^s dx$$

$$=\int_{-1}^{0}(-x^m)\cdot x^s dx+\int_{0}^{1}x^m\cdot x^s dx$$

$$=-\int_{-1}^{0}x^{m+s}dx+\int_{0}^{1}x^{m+s}dx$$

$$=-\frac{1}{m+s+1}\Big[x^{m+s+1}\Big]_{-1}^{0}+\frac{1}{m+s+1}\Big[x^{m+s+1}\Big]_{0}^{1}$$

$$=-\frac{1}{m+s+1}\{0-(-1)\}+\frac{1}{m+s+1}(1-0)$$

（∵　$m+s+1$ は奇数）

$$=-\frac{1}{m+s+1}+\frac{1}{m+s+1}=0$$

以上㋑，㋺より，$g(x)$ が x の奇数乗のとき，m が偶数か奇数かにかかわらず条件(iii)を満たす。

よって，$f(x)$ は x の奇数乗の項の和

$$f(x)=a_kx^{2k-1}+a_{k-1}x^{2k-3}+\cdots+a_3x^5+a_2x^3+a_1x$$

と表すことができる。

次に，$f(x)$ について，次数の低い方から調べていく。

(I)　$f(x)=a_1x$ とおくと

条件(i) $f(1)=2$ より　　$a_1=2$

このとき，条件(ii)より　　$\displaystyle\int_{-1}^{1}(x+1)(2x)dx=0$

ところが，左辺$\displaystyle=\int_{-1}^{1}(2x^2+2x)dx=2\left[\frac{2}{3}x^3\right]_0^1=\frac{4}{3}\neq 0$ となり，不適。

(II)　$f(x)=a_2x^3+a_1x$ とおくと

条件(i) $f(1)=2$ より　　$a_2+a_1=2$　……①

条件(ii)より　　$\displaystyle\int_{-1}^{1}(x+1)(a_2x^3+a_1x)dx=0$

$$\text{左辺}=\int_{-1}^{1}(a_2x^4+a_2x^3+a_1x^2+a_1x)dx$$

$$=2\left[\frac{a_2}{5}x^5+\frac{a_1}{3}x^3\right]_0^1=\frac{2}{5}a_2+\frac{2}{3}a_1$$

これが 0 になるので　　$\dfrac{2}{5}a_2+\dfrac{2}{3}a_1=0$

すなわち　　$3a_2+5a_1=0$　……②

①，②を解いて　　$a_1=-3$，$a_2=5$

よって　　$f(x)=5x^3-3x$　→ウ

▶(4)　$a_1=1$，4 のとき　　$r_1=1$

$a_1=2$，5 のとき　　$r_1=2$

$a_1=3$，6 のとき　　$r_1=0$

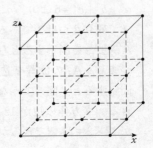

よって，r_1 について $r_1=0$，$r_1=1$，$r_1=2$ となる確率はそれぞれ $\dfrac{1}{3}$ である。

また，A_1 の座標の決まり方は $3^3=27$ 通りあり，A_2，A_3 も同様で全事象は 27^3 通りある。

$\triangle A_1A_2A_3$ が正三角形となるとき

$$\overrightarrow{A_1A_2}\cdot\overrightarrow{A_1A_3}=|\overrightarrow{A_1A_2}||\overrightarrow{A_1A_3}|\cos\frac{\pi}{3}$$

$|\overrightarrow{A_1A_2}|=|\overrightarrow{A_1A_3}|$ より　　$2\overrightarrow{A_1A_2}\cdot\overrightarrow{A_1A_3}=|\overrightarrow{A_1A_2}|^2$

ここで，$\overrightarrow{A_1A_2}$，$\overrightarrow{A_1A_3}$ の各成分は 0，±1，±2 で $\overrightarrow{A_1A_2}\cdot\overrightarrow{A_1A_3}$ は整数となるから，$|\overrightarrow{A_1A_2}|^2$ は偶数である。

また，$|\overrightarrow{A_1A_2}|^2$ の最大値は $2^2+2^2+2^2=12$ より，考えられる $|\overrightarrow{A_1A_2}|^2$ は

　　2，4，6，8，10，12

すなわち，$|\overrightarrow{A_1A_2}|$ は　　$\sqrt{2}$，2，$\sqrt{6}$，$2\sqrt{2}$，$\sqrt{10}$，$2\sqrt{3}$

ここで $\overrightarrow{A_1A_2}=(a,\ b,\ c)$ とおく（a，b，c は 0，±1，±2 のいずれか)。

(i)　$|\overrightarrow{A_1A_2}|=2$ のとき

　1 辺の長さが 2 の正三角形はできない。(∵　2 は立方体の 1 辺の長さ)

(ii)　$|\overrightarrow{A_1A_2}|=\sqrt{10}$ のとき

　$a^2+b^2+c^2=10$ を満たす整数 a，b，c はない。

(iii)　$|\overrightarrow{A_1A_2}|=2\sqrt{3}$ のとき

　1 辺の長さが $2\sqrt{3}$ の正三角形はできない。

　　　　(∵　$2\sqrt{3}$ は立方体の対角線の長さ)

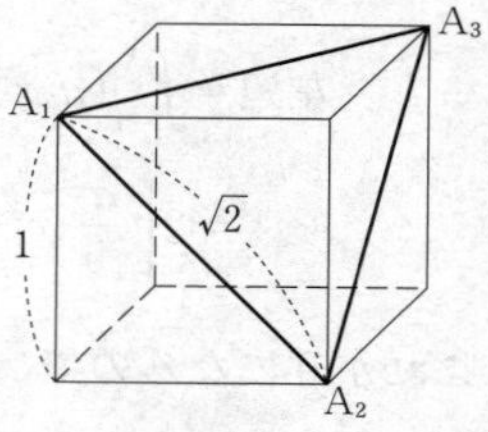

(iv)　$|\overrightarrow{A_1A_2}|=\sqrt{2}$ のとき

　右上図のような一辺の長さ $\sqrt{2}$ の正三角形 $A_1A_2A_3$ が 1 つの立方体で 8 つできて，このような立方体が 8 つある。さらに，$A_1A_2A_3$ のとり方も考えて全部で $8\times8\times3!$ 通りある。

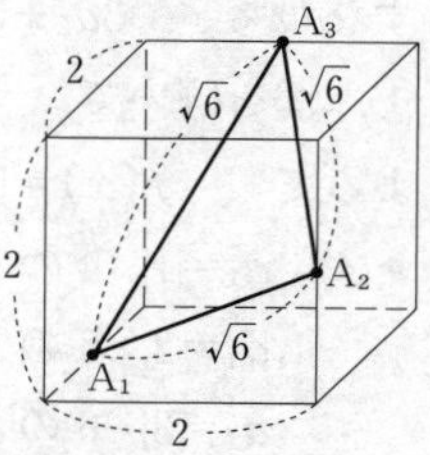

(v)　$|\overrightarrow{A_1A_2}|=\sqrt{6}$ のとき

　$a^2+b^2+c^2=6$ より，a^2，b^2，c^2 のうち 1 つは 4 で残り 2 つは 1 である。このような正三角形 $A_1A_2A_3$ を図示すると右中・下図のようになる。つまり，A_1 の位置を立方体のある辺の中点に固定すると，図のような 2 通りの正三角形ができる。立方体の辺が 12 本あるので，正三角形が $12\times2=24$ 個できるが，このうち，3 つずつ

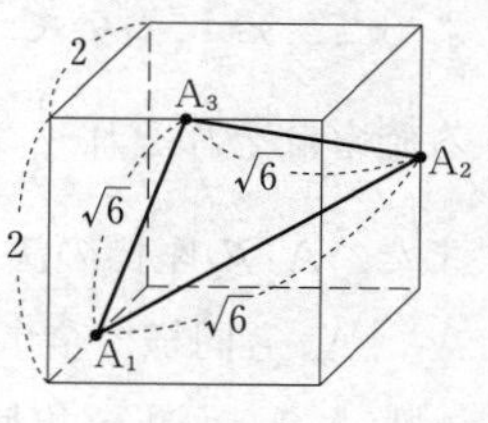

は同じ正三角形なので，異なるものは 24÷3＝8 個である。さらに，A_1，A_2，A_3 のとり方も考えて全部で 8×3! 通りある。

(vi)　$|\overrightarrow{A_1A_2}|=2\sqrt{2}$ のとき

右図のような一辺の長さが $2\sqrt{2}$ の正三角形 $A_1A_2A_3$ が 8 つできる。さらに，A_1，A_2，A_3 のとり方も考えて全部で 8×3! 通りある。

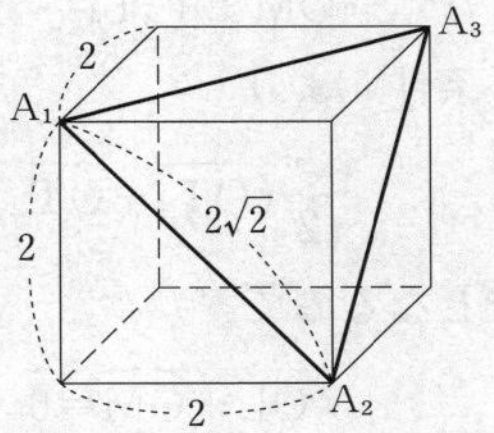

以上より，求める確率は

$$\frac{8\times8\times3!+8\times3!+8\times3!}{27^3}=\frac{10\times8\times3!}{27^3}$$

$$=\frac{160}{6561}\quad\to エ$$

2

◆発想◆　(1)　略図を描いて位置関係を把握するところから始めよう。「線分 T_3T_4 の中点を M としたとき」から条件式(ii)の左辺の $\overrightarrow{OT_3}+\overrightarrow{OT_4}$ は $2\overrightarrow{OM}$ だと理解したい。その上で，線分 T_1T_2 の中点にも名前を与えて(ii)式を整理してみるとよい。

(2)　(1)で $|\overrightarrow{OM}|$ が k で表せていることから，$|\overrightarrow{T_3M}|$ を容易に求められる。$V(k)$ は(1)で面積を求めた $\triangle T_1T_2M$ を底面とする 2 つの四面体の体積の和と考えるのがよい。

解答　(1)　線分 T_1T_2 の中点を L とすると，L は $OT_1=OT_2=1$ の二等辺三角形 OT_1T_2 の底辺の中点であるから

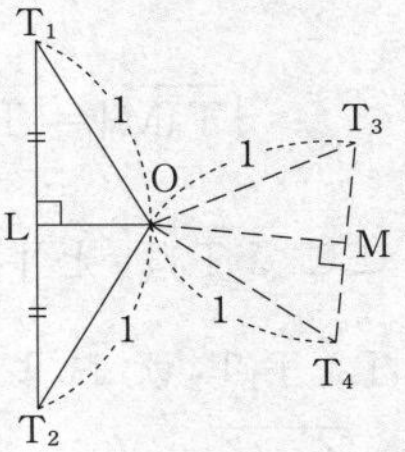

$$|\overrightarrow{T_1L}|=\frac{1}{2}|\overrightarrow{T_1T_2}|=\frac{\sqrt{3}}{2}\quad（条件(i)より）$$

$$|\overrightarrow{OL}|=\sqrt{1-|\overrightarrow{T_1L}|^2}=\sqrt{1-\frac{3}{4}}=\frac{1}{2}$$

$$OL\perp T_1T_2$$

$$\overrightarrow{OL}=\frac{1}{2}(\overrightarrow{OT_1}+\overrightarrow{OT_2})$$

同様に，線分 T_3T_4 の中点 M は $OT_3=OT_4=1$ の二等辺三角形 OT_3T_4 の底辺の中点であるから

$$\overrightarrow{\mathrm{OM}}=\frac{1}{2}(\overrightarrow{\mathrm{OT_3}}+\overrightarrow{\mathrm{OT_4}})$$

$$\mathrm{OM}\perp \mathrm{T_3T_4}$$

条件(ii)より

$$\frac{k}{2}(\overrightarrow{\mathrm{OT_1}}+\overrightarrow{\mathrm{OT_2}})+\frac{1}{2}(\overrightarrow{\mathrm{OT_3}}+\overrightarrow{\mathrm{OT_4}})=\vec{0}$$

となるので

$$k\overrightarrow{\mathrm{OL}}+\overrightarrow{\mathrm{OM}}=\vec{0} \qquad \overrightarrow{\mathrm{OM}}=-k\overrightarrow{\mathrm{OL}}$$

よって，L，O，M はこの順に一直線上にあり

$$|\overrightarrow{\mathrm{OM}}|=|-k\overrightarrow{\mathrm{OL}}|=k|\overrightarrow{\mathrm{OL}}|=\frac{1}{2}k$$

したがって

$$|\overrightarrow{\mathrm{LM}}|=|\overrightarrow{\mathrm{OL}}|+|\overrightarrow{\mathrm{OM}}|=\frac{1}{2}+\frac{1}{2}k=\frac{1}{2}(k+1)$$

となり

$$\triangle \mathrm{T_1T_2M}=\frac{1}{2}|\overrightarrow{\mathrm{T_1T_2}}||\overrightarrow{\mathrm{LM}}|=\frac{\sqrt{3}}{2}\times\frac{1}{2}(k+1)=\frac{\sqrt{3}}{4}(k+1)$$

ゆえに，求める面積は　$\dfrac{\sqrt{3}}{4}(k+1)$　……(答)

(2)　$|\overrightarrow{\mathrm{T_3M}}|=\sqrt{|\overrightarrow{\mathrm{OT_3}}|^2-|\overrightarrow{\mathrm{OM}}|^2}=\sqrt{1^2-\left(\frac{1}{2}k\right)^2}=\sqrt{\frac{4-k^2}{4}}$

となり

$$|\overrightarrow{\mathrm{T_3M}}|=|\overrightarrow{\mathrm{T_4M}}|=\sqrt{\frac{4-k^2}{2}}$$

ここで $\overrightarrow{\mathrm{T_3T_4}}$ と平面 $\mathrm{T_1T_2M}$ のなす角を θ とすると $\left(0\leqq\theta\leqq\frac{\pi}{2}\right)$，四面体 $\mathrm{T_3}$-$\mathrm{T_1T_2M}$ および $\mathrm{T_4}$-$\mathrm{T_1T_2M}$ はともに底面が $\triangle \mathrm{T_1T_2M}$ で高さ $\dfrac{\sqrt{4-k^2}}{2}\cdot\sin\theta$ となり

$$\begin{aligned}(\text{四面体 } \mathrm{T_1T_2T_3T_4})&=(\text{四面体 } \mathrm{T_3}\text{-}\mathrm{T_1T_2M})+(\text{四面体 } \mathrm{T_4}\text{-}\mathrm{T_1T_2M})\\&=2\times\frac{1}{3}\times\triangle \mathrm{T_1T_2M}\times\frac{\sqrt{4-k^2}}{2}\cdot\sin\theta\\&=\frac{1}{3}\times\frac{\sqrt{3}}{4}(k+1)\times\sqrt{4-k^2}\cdot\sin\theta\end{aligned}$$

これが最大値をとるとき，$\theta=\dfrac{\pi}{2}$，$\sin\theta=1$ なので

$$V(k)=\frac{\sqrt{3}}{12}(k+1)\sqrt{4-k^2}\quad(0<k<2)$$

であり，$V(k)>0$ だから $\{V(k)\}^2$ の増減を考えることにする。

$$\{V(k)\}^2=\frac{3}{12^2}(k+1)^2(4-k^2)=\frac{1}{48}(k^2+2k+1)(4-k^2)$$

$$=\frac{1}{48}(-k^4-2k^3+3k^2+8k+4)$$

$$=-\frac{1}{48}(k^4+2k^3-3k^2-8k-4)$$

$\{V(k)\}^2=y$ として，k で微分すると

$$\frac{dy}{dk}=-\frac{1}{48}(4k^3+6k^2-6k-8)=-\frac{1}{24}(2k^3+3k^2-3k-4)$$

$$=-\frac{1}{24}(k+1)(2k^2+k-4)$$

$2k^2+k-4=0$ より　$k=\dfrac{-1\pm\sqrt{1+32}}{4}=\dfrac{-1\pm\sqrt{33}}{4}$

$0<k<2$ の範囲で $\dfrac{dy}{dk}=0$ とする k の値は　$\dfrac{-1+\sqrt{33}}{4}$

k	0	…	$\frac{-1+\sqrt{33}}{4}$	…	2
$\frac{dy}{dk}$		+	0	−	
y		↗	最大値	↘	

上の増減表より，$y=\{V(k)\}^2$ は $k=\dfrac{-1+\sqrt{33}}{4}$ のとき最大値をとり，そのとき，$V(k)$ も最大となる。

よって，求める k の値は　$\dfrac{-1+\sqrt{33}}{4}$　……(答)

◀解　説▶

≪条件を満たす四面体の体積が最大になるときの変数の値≫

▶(1)　$\triangle OT_1T_2$，$\triangle OT_3T_4$ はともに $OT_1=OT_2=1$，$OT_3=OT_4=1$ の二等辺三角形である。M は $\triangle OT_3T_4$ の底辺の中点なので，$OM\perp T_3T_4$，

$\overrightarrow{OM}=\frac{1}{2}(\overrightarrow{OT_3}+\overrightarrow{OT_4})$ である。条件(ii)は当然

$\frac{k}{2}(\overrightarrow{OT_1}+\overrightarrow{OT_2})+\frac{1}{2}(\overrightarrow{OT_3}+\overrightarrow{OT_4})=\vec{0}$ と考えることになる。線分 T_1T_2 の中点にも名前を与えて（〔解答〕では L），$k\overrightarrow{OL}+\overrightarrow{OM}=\vec{0}$ とすると，L，O，M は一直線上に並んでいること，また $|\overrightarrow{OL}|=\frac{1}{2}$ から，$|\overrightarrow{LM}|$ は k を用いて表せるので，結論に至る。

▶(2) (1)で $|\overrightarrow{OM}|$ が k で表せているので，$|\overrightarrow{T_3M}|$ も k で表せる。$V(k)$ が最大となるときは，$\overrightarrow{T_3T_4}$ が $\triangle T_1T_2M$ を含む平面に垂直となるときであることは直感できるであろう。あとは $V(k)$ を k で表し増減を考えるのであるが，$V(k)$ が無理関数を含んでいるので，$\{V(k)\}^2$ を微分して増減表をつくることになる。

3

◆発想◆ (1) n を 7 で割った余りで分類して，n^2+n+1 を計算し，7 で割り切れる場合を探せばよい，と気づくことにつきる。

(2) $91=7\times13$ であるから，(1)同様に n を 13 で割った余りで分類してみることから始める。(1)の経過と合わせて考察することで，結果に近づける。

解答 (1) n を正の整数として n^2+n+1 を a で割った余りについて考える（a は 2 以上の整数）。

n を a で割った商を k，余りを r とすると

$$n=ak+r \quad (r は 0\leqq r<a の整数)$$

と表せるので

$$\begin{aligned} n^2+n+1&=(ak+r)^2+(ak+r)+1\\ &=a^2k^2+2akr+r^2+ak+r+1\\ &=a(ak^2+2kr+k)+(r^2+r+1) \end{aligned}$$

となり，n^2+n+1 を a で割った余りは r^2+r+1 を a で割った余りに等しい。

ここで $r^2+r+1=f(r)$ とおく。

n^2+n+1 を 7 で割った余り r は，$0\leqq r<7$ であり

$f(0)=1,\ f(1)=3,\ f(2)=7,\ f(3)=13,$ ……①
$f(4)=21,\ f(5)=31,\ f(6)=43$

この $f(0)\sim f(6)$ のうち 7 で割り切れるのは　$f(2),\ f(4)$
よって，条件を満たすような n は

$n=7k_1+2$　または　$n=7k_1+4$　（k_1 は 0 以上の整数）

と表せることがわかる。条件を満たす整数 n は
$1\leqq n\leqq 7$ の範囲に 2，4 の 2 個，
$7k_1+1\leqq n\leqq 7(k_1+1)$ の範囲にも 2 個あり，
$1\leqq n\leqq 7\cdot 50$ の範囲に 100 個存在する。
ゆえに，求める 100 番目の整数 n は

$n=7\cdot 49+4=343+4$
$=347$　……(答)

(2)　$91=7\times 13$ で，7 と 13 は互いに素なので，91 で割り切れることは，7 かつ 13 で割り切れることである。n^2+n+1 を 13 で割った余り r' について考えると $0\leqq r'<13$ であり，(1)①の $f(0)\sim f(6)$ のうち，13 で割り切れるのは　$f(3)=13$　……②
さらに，$f(7)\sim f(12)$ を求めると

$f(7)=57,\ f(8)=73,\ f(9)=91,\ f(10)=111,$
$f(11)=133,\ f(12)=157$

このうち，13 で割り切れるのは　$f(9)=91$　……③
②，③より，n^2+n+1 が 13 で割り切れるとき

$n=13k_2+3$　または　$n=13k_2+9$　（k_2 は 0 以上の整数）

と表せる。$1\leqq n\leqq 91$ の範囲で
$n=13k_2+3$ と表せる n は　$n=3,\ 16,\ 29,\ 42,\ 55,\ 68,\ 81$
$n=13k_2+9$ と表せる n は　$n=9,\ 22,\ 35,\ 48,\ 61,\ 74,\ 87$
この 14 個の整数のうち

$n=7k_1+2$（7 で割って 2 余るもの）となるのは，$n=9,\ 16$ の 2 個。
$n=7k_1+4$（7 で割って 4 余る）ものは，$n=74,\ 81$ の 2 個。

ここで，$n=91k_3+9,\ 91k_3+16,\ 91k_3+74,\ 91k_3+81$（$k_3$ は 0 以上の整数）を考えるといずれも 7 で割った余りは 2 または 4 なので，n^2+n+1 は 7 で割り切れる。また，13 で割った余りは 3 または 9 なので，n^2+n+1 は

13でも割り切れる。ということは，この4数については，n^2+n+1 が $7\times13=91$ で割り切れる。

よって，条件を満たす数は

$1\leqq n\leqq91$ の範囲に9，16，74，81の4個，

$91k_3+1\leqq n\leqq91(k_3+1)$ の範囲にも4個あり，

$1\leqq n\leqq91\cdot25$ の範囲に100個存在するので

求める100番目の整数 n は

$$n=91\cdot24+81=2184+81$$
$$=2265\quad\cdots\cdots(答)$$

◀解　説▶

≪n^2+n+1 が7で割り切れるような n，91で割り切れるような n≫

▶(1)　n を a で割った余りを r とすると，n^2+n+1 を a で割った余りは r^2+r+1 を a で割った余りに等しくなる。このことを確認しておくと，(2)の展開も容易になる。

$a=7$ のときは，$r=0$，1，2，…，6について r^2+r+1 の値を調べればよい。条件を満たす n が $7k_1+1\leqq n\leqq7(k_1+1)$ の範囲に2個あるとわかれば，結論は近い。

▶(2)　$91=7\times13$ なので，(1)同様に n^2+n+1 を13で割った余り $r'=0$，1，2，…，12について，$r'^2+r'+1$ を調べるという手順になる。n^2+n+1 が7で割り切れるものと13で割り切れるものの重なった部分が，91で割り切れる数の集合ということになる。もちろん，(〔解答〕中の文字を使うと)不定方程式 $7k_1+2=13k_2+3$ などを解いて求めてもよいが，$1\leqq n\leqq91$ の範囲に $n=13k_2+3$，$13k_2+9$ を満たす数は高々14個しかないので，それが $7k_1+2$，$7k_1+4$ を満たすかどうか確認する方が速やかに進められるであろう。

❖講　評

2023年度も例年通り大問3題の出題であり，[1]は空所補充形式の小問4問，[2][3]は記述式で試験時間は90分であった。問題構成，試験時間とも例年通りである。

[1]　(1)は曲線 $y=\log_2x$ 上の n 個の点と x 軸上の点 $(2^{n-1},\ 0)$ を結ん

でできる $(n+1)$ 角形の面積に関する問題である。図形がイメージできれば，直線 $x=2^{k-1}$ で切っていって台形に分割すればよいことがわかるであろう。分割した台形の面積は $k\cdot 2^{k-1}$ の項を含む数列となる。(2)は正弦定理を用いて条件式を変形すると $c^2=a^2+b^2$ となることがわかる。これは c を斜辺とする直角三角形で，外接円の半径が与えられているので，$c=2$ とすると $m^2+n^2=17^2$ まで一気に進むことができよう。〔解説〕では $(m,\ n)$ の組を探したが，ピタゴラス数になれていれば，$17^2=8^2+15^2$ はすぐに出てくるであろう。(3)は3つの条件のうち，(iii)がキーとなることに気づきたい。「すべての正の整数 m に対して」である。〔発想〕に記したが，まず単項式 x^n について考えたならば，「x の奇数乗の項」の和でなければならないことに思いが及ぶ。(4)は座標空間の格子点を結んでできる正三角形である。数学A，数学Bの例題などで必ず扱われる「立方体の頂点，もしくは各辺の中点のうち，3つの点を結んでできる正三角形」が思い出せれば，あとは個数を数えるのみとなる。要は「立方体がいくつできるか」をまず考えればよいのである。最後に，A_1，A_2，A_3 の決まる順序が3! 通りあることを忘れないようにしたい。

[2] まず略図を描いて位置関係を把握しておきたい（3次元の図を2次元の紙に描く練習もしておいてほしい）。(1)は〔発想〕にも記したが，新たに命名した点Mが登場することであり，これがヒントになっている。条件式(ii)と関連させて考えると，「線分 T_1T_2 の中点に名づけよ」と示しているのである。流れにしたがって（〔解答〕中では）Lとすると，L，O，Mがこの順に一直線上にあることがわかり，$|\overrightarrow{LM}|$ が k で表せるので結論を得る。(2)の $V(k)$ は $\overrightarrow{T_3T_4}$ と平面 T_1T_2M が垂直となるときの四面体の体積であることは明らかであろう。(1)で面積を求めた $\triangle T_1T_2M$ で2つに切ると，$\triangle T_1T_2M$ を底面とする同体積の三角錐2つとなるので要領がよくなる。$V(k)$ は無理関数を含む式となるが，〔解答〕に示したように $\{V(k)\}^2$ の増減を調べればよい。k で微分すると，k の3次関数となるので因数定理を用いて因数分解すればよい。求められているのは，「最大になるときの k の値」だけである。$V(k)$ の最大値を計算する必要はない。

[3] (1)は n を7で割った余りで分類し，それぞれ (n^2+n+1) を7で

割った余りを計算することになる。$n=7k_1+r$ とするとき，その余りは r^2+r+1 を 7 で割ったものに等しいことがわかる。〔解答〕では $r^2+r+1=f(r)$ とおいて，結果を示しやすくしている。また，a で割った余りとして一般化しておくと，(2)においても結果が利用できる。(2)の 91 は $91=7\times13$ である。n を 13 で割った余りについても(1)同様に調べることにより，結論に至ることができよう。〔解説〕にも記したが，あえて不定方程式（$7k_1+2=13k_2+3$ など）を解かなくてもよいであろう。

全体としては 2023 年度も標準的な出題と言えるかもしれないが，90 分では解ききることがむずかしいほどの質と量である。1の小問集合は，複数分野を融合したような設問が並んでいる。とっかかりがつかめないと方針が定まらないだろう。1の空所補充は最終結果のみを記すことになる。解へ至る道すじが見えたなら，落ち着いて計算間違いのないように進めてほしい。2 3についてはそれぞれ(1)の結果が(2)に利用できるような設問になっている。それを踏まえて考えると，見通しが立てやすいであろう。1〜3すべてについて，問題文や条件式にしばしばヒントが含まれている。しっかり問題を読んでポイントを押さえること。また，まず全問に目を通して，解答する順序や時間配分を考えることが重要だと思われる。「数学Ⅰ・Ⅱ・A・B」のすべての範囲から，さらに，複数の分野を集合した問題が並んでいるので，公式や基本問題については十分に自分のものにしておくことが必要である。その上で，記述問題に対応できるよう，適切な図やグラフの示し方，平易で正確な記述力を養えるよう練習を積んでおこう。

である。全体の難易度は例年通りと言える。

飛び、留学の志をもったまま、軍医として三年が経ってしまったが、今ようやく行くことができると言っている。この展開からも、「喜ぶこと毋からんと欲すれども得べからざるなり」と読め、〝喜ばないようにしようとするけれど喜ばずにはいられない〟という内容。この説明としてハが最適である。イ・ロ・ホはいずれも「母」と説明している時点で外れる。ニは喜んではいけないという説明をしているが、「他につけこまれるという教訓」については文脈から読み取ることができないので誤り。

参考　「航西日記」は森鷗外が陸軍省官費留学生として渡独した際の日記体の渡航記。ドイツへの出発からベルリン到着までの事柄が記述されている。

❖講　評

現代文・古文・漢文の三題構成である。

㈠の現代文は猪木武徳『経済社会の学び方』からの出題で、社会を理解する考え方として客観性のあり方について述べた文章である。例年、出題文のトピックは多岐にわたっており、さまざまな分野についての論理的文章を読解する力が求められている。ここ数年は難易度に大幅な変化はないが、二〇二三年度は扱われているテーマが抽象的であった。選択肢は選びやすく、本文の内容が正しく理解できれば正答を導けると思うが、文章がやや難しいので注意が必要。

㈡の古文は『積翠閑話』より。近世の文章であり、例年と比較するとかなり読みやすい文章であった。ただ、文章の展開から適する和歌を答える問題、文整序問題、欠文挿入箇所問題など例年とはやや異なる出題がされている。ただ、文章を正確に読み取れれば正答を導けると思われ、文章が読みやすい分、例年よりやや易の出題と言える。

㈢の漢文は森鷗外「航西日記」からの出題。明治時代の漢文体の文章であり、教科書に載っている「舞姫」執筆の背景がわかっていると理解しやすい文章。ただし、注が少なく、特に漢詩の読解は難解である。その漢詩部分で内容説明問題が二問出題されている。残り二問は漢文の句法問題であるが、間違えやすいところが出題されており、注意が必要ドイツ語を学んだ。一八七四年に東京医学校予科に入学、一八八一（明治十四）年に東京帝国大学医学部を卒業した。鷗外は年齢を偽って入学しており、卒業したのは十九歳、席次は八番であった。卒業後しばらく開業していた父の医院を手伝い、一八八一年十二月に陸軍省の軍医となり、一八八四年、念願叶ってドイツに留学することになる。

▼問十九「縦」「縦令」「縦使」は仮定を表し、「たとひ」と読む。「苟くも」も仮定で「いやしくも」と読む。直前に、〈今の医学はヨーロッパから来ている〉という内容があるので、たとえその文を見、その音を読めたとしても、もし親しくその境を踏まなければ、つまり〈直接ヨーロッパの地に足を踏み入れなければ〉という内容になる。この説明としてはニが最適。イ・ロは「縦使」を「縦書き」としている時点で外れる。ハは、「外国の人にあってその意向を忖度できなければ」の部分が誤り。ホは、留学するのであり「永住」するわけではないので不適。

▼問二十　注の内容から阿逖は「ライバルと見なされていた」とわかる。「先鞭をつける」は人より先に取り組むことのたとえであり、ここではライバルに先を越されることを言っている。本文では「鞭を先に着けしめんや」と読ませているところがポイントである。「しめんや」から反語での解釈を求めており、〝先鞭をつけさせるだろうか、いやつけさせてはならない〟の内容で読み取ると、ホの「先に進ませてなるものか」という説明が最適。他の選択肢は、ライバルに先を越されてはならないという説明になっていない。鷗外は東京帝国大学医学部を八番で卒業しており、首席ではなかったことでこの表現がされていることがわかる。

▼問二十一　リード文の説明にある通り、文章は森鷗外がドイツへ留学することが決定した折の感慨を記したものである。傍線部3の直前で「未だ折れず」とあり、「雄飛の志」（＝ヨーロッパで医学を学ぶ志）は断念していないと読むのが妥当である。この内容はホで説明されている。イ・ロ・ハは、大学卒業までのことを説明しており、留学とは関係ない。ニはエルベ川のほとりのことを言っているが、「雄飛」は飛行機で飛ぶことではなく留学することであり、誤り。ちなみに、ライト兄弟の初飛行は一九〇三（明治三十六）年であり、鷗外渡欧の頃にまだ飛行機は発明されていない。

▼問二十二「毋」は、「母」ではなく、「なかれ」と読むことに注意が必要。傍線部4の前の文脈で、エルベ河畔に心は

足踏みして多忙で余裕がない（留学の志が職務の忙しさで実現できない）。書類の処理に追われて、三年が経った。しかし今ここに留学の希望がかなった。喜ばないようにしようと思っても喜ばないではいられない。

読み 明治十七年八月二十三日。午後六時汽車は東京を発《はっ》して、横浜に抵《いた》る。林家に投《とう》ず。此《こ》の行《かう》、命《めい》を受《う》けしは六月十七日に在《あ》り。徳国《とくこく》に赴《おもむ》き衛生学を修《おさ》め、兼《か》ねて陸軍の医事《いじ》を詢《はか》るなり。七月二十八日、闕《けつ》に詣《いた》りて天顔《てんがん》を拝《はい》し、宗廟《そうべう》に辞別《じべつ》す。八月二十日、陸軍省に至《いた》りて封伝《ほうでん》を領《りやう》す。初め余《よ》の大学を卒業するや、蚤《つと》に航西《こうせい》の志《こころざし》有《あ》り。以為《おも》へらく今の医学は、泰西《たいせい》より来たる。縦使《たと》ひ其《そ》の文を観《み》、其の音を諷《ふう》するも、而《しか》も苟《いやし》くも親しく其の境《きやう》を履《ふ》むにあらずんば、則ち郢書燕説《えいしょえんせつ》なるのみ。明治十四年に至りて叨《みだ》りに学士《がくし》の称を辱《かたじけな》くす。詩を賦《ふ》して曰く、

一笑す名優《めいまさ》りて質却《しつかへ》つて孱《よわ》きを
依然《いぜん》たる古態吟肩《こたいぎんけん》を聳《そびや》かす
花を観て僅《わづ》かに覚《おぼ》ゆ真の歓事《かんじ》なりと
塔《とう》に題して誰か誇らん最も少年なるを
唯《た》だ識《し》る蘇生《そせい》の牛後《ぎゆうご》を愧《は》づるを
空《むな》しく阿逖《あてき》をして鞭《むち》を先に着けしめんや
昂昂未《かうかういま》だ折れず雄飛《ゆうひ》の志
夢に駕《が》す長風万里《ちやうふうばんり》の船

蓋《けだ》し神は已《すで》に易北河《えきほくがわ》の畔《ほとり》に飛べるならん。未だ幾《いくば》くならずして軍医に任ず。軍医本部僚属と為りて、躑躅鞅掌《てきちよくあうしやう》す。簿《ぼ》書案牘《しよあんとく》の間に汨没《べきぼつ》するは、此に三年なり。而るに今茲《こ》の行有り。喜ぶこと毋《な》からんと欲すれども得べからざるなり。

▲解　説▼

高等学校の教科書にある森鷗外「舞姫」の創作背景の知識があると、本文の読み取りがしやすくなったはずである。森鷗外は、津和野藩御典医の家柄で、七歳から藩校養老館で漢学を、父からオランダ文典を学び、十歳で上京、進文学舎で

問二十一　ホ

問二十二　ハ

◆全　訳◆

明治十七年八月二十三日。午後六時に汽車は東京を出発して、横浜に到着する。林家に投宿する。この留学は、命令を受けたのは六月十七日であった。ドイツに赴き衛生学を修め、兼ねて陸軍の医療を調べるのだ。七月二十八日、皇居に参上して天皇陛下のご尊顔を拝し、先祖の墓に別れを告げた。八月二十日、陸軍省に至り旅券を受領した。当初から私が医学の業を大学で修了し、ずっとヨーロッパへの留学の志があった。思うに今の医学は、ヨーロッパから導入した。たとえその書物を読んで、その発音を覚えたとしても、もし直接ヨーロッパの地に行って学ぶのでなければ、実態とはかけ離れた状態でそのまま導入しただけと言えるだろう。明治十四年になって分不相応に学士の称号をいただく。詩を賦して言うことには、

　笑ってしまった、学士の名がまさり、実質はかえって劣っていることを
　依然として古いままで、詩を吟じるばかりだ（大学を卒業しても官に就かずにいる）
　花を見てわずかに感じる、本当の喜びを（大学卒業のうれしさを覚える）
　塔に題しても、自分が最年少だと誰に誇ろうか（科挙合格者が雁塔に名を記したように、自分が最年少の卒業だなどということは自慢になることではない）
　ただ知る、蘇秦が牛後になることを恥じていたことを（自分より成績のよい同級生がいた）
　空しく阿逖に先鞭をつけさせてしまっていいだろうか、いやよくない（友人が自分より上位にいるままではよくない）
　志は高く昴々として、雄飛の志を未だに折ってはいない
　夢で乗る、偉業を成し遂げる船に（ヨーロッパへの留学を夢見ていた）

思うに精神はすでにエルベ河畔に飛んでいたのだろう。まだ幾年も経たずに軍医に任官する。軍医本部の所属となって、

膂力やまさりけん」は〝葛西の力がまさったのだろうか〟という内容であり、葛西が相手を討ち取る直前に入ると想定できるだろう。この読みから、脱文は「つひに引き敷いて首掻きおとす」の直前に入ると考えられる。

▼問十七　問十六と同じく、武者と葛西とが戦っているシーン。直前に「双方太刀投げすて、馬寄せあはせて引っ組んだり」、そして直後に「両馬が間にどうと落ち」とあるので、二重傍線部の部分ではしばらく馬上でつかみ合っていたことを表現していると読み取れる。この内容に合致するのは、ロの「馬上にあって組み討ちをしていた」である。イ、二重傍線部の時点では、太刀は投げ捨てている、ハ・ホ、馬上のままで馬からは落ちたりおりたりしていないので外れる。ニは間合いをはかっていた後で馬から落ちる理由はないので外れる。なお、「こそ＋已然形」が文中にある場合、逆接の意を表すことにも注意する。

▼問十八　本文全体から内容と合致する選択肢を読み取る問題。イ、米野は鳥屋の家人であると読み取れ、「箸尾方の米野」は誤り。ロ、葛西が宮千代の和歌に感心して馬に乗せて送りかえしたのであり、「敵陣を抜け出して」という説明は誤り。ハ、福寿丸は葛西と戦って討ち取られたのであり、宮千代と戦ったわけではない。ニ、葛西は福寿丸と知らずに討ち取り、短冊にある和歌を見て落涙しており、正しい説明。ホ、鳥屋は息子の死を嘆いて福寿丸と同じ場所で討ち死にしており、福寿丸の菩提を弔ったのは葛西であるので、誤り。

三

出典　森鷗外「航西日記」

参考　『積翠閑話』は江戸時代末期の戯作者松亭金水（本名は中村経年）が記した随筆。全四巻で、古人の逸聞が記されており、子どもへの教訓の書として作られたと言われている。

解答

問十九　ニ

問二十　ホ

悲しみをおもんばかった和歌が入る。「涙もおちの鳥や鳴くらん」とあるイが当てはまる。

Dは、その後に続く「老いて子を喪ふは、……何を楽しみにながらふべき」から、「老いの身をいかにせん」というハの和歌が入ることが読み取れるだろう。

▼問十三　空欄の前の文脈は、宮千代が米野夫婦の元に帰され、両親が喜んで葛西に感謝したというものであり、空欄の後は越智の陣中から馬で駆け出す立派な武者がいるという展開であることから、空欄の後半には再度合戦が始まったという内容が入ると予想できる。その上で選択肢をひとつずつ確認すると、①は双方が戦ったことが書かれており、③の最後に「両家合戦のこと」とあるが、③の最初に「福寿丸が挙動は、これにひとしき所為なりと、譏る人さへ多ければ」とあり、③の前に福寿丸を非難する内容がくることがわかる。また、「これ」の指示するものも、非難の対象となるような行為だと考えられる。④の内容がそれにあたり、また④の最後の「義と……いはんか」は〝不義と言うのだ〟と非難が読み取れることから、④→③の順となり、双方が数日戦っていることを述べる①がその次にくる。ここまででイかロに絞られる。⑤と②は空欄の前の文脈につながるので、空欄の前半に入る。また、②の、宮千代は才能があって助かったが、④の、福寿丸の行いは不義だという順につながるので、イの順序が最適であることが確認できる。

▼問十四　「せ」の識別問題。イが「虜にせられたる」であり、〝虜にされた〟という意味で読み取れ、サ行変格活用動詞の未然形。ロはサ行四段活用動詞「送りかへす」の命令形。ハはサ行四段活用動詞「とりよす」の連用形、ニはサ行下二段活用動詞「のす」の連用形、ホはカ行四段活用動詞「舁く」の未然形に使役の助動詞「す」の連用形が接続したものであり、家来に〝かつがせる〟の意味になるので、ホが正答となる。

▼問十五　a、葛西勝永が預かったのは「虜となりて」敵陣に曳かれた二人、つまり福寿丸と宮千代である。b、「吾が児と同じ場所にて」討ち死にをした人物であるので、福寿丸の父である鳥屋が正しい。

▼問十六　※で挟まれた段落は越智の陣中から駆け出した武者と葛西勝永が戦っている場面である。また、脱文「葛西の

て泣いているだろう」」（とある）。鳥屋はこれを見るやいなや、我が子の死と、宿敵である葛西の気持ちを感じて、ただ涙ばかり流れ落ちて、筆の立て方もわからないけれど、矢立て（＝携帯用の筆記用具）を取って紙を開いて、「さて福寿丸が討ち死にと決まったからには、他でもないあなたのお手にかかったことこそが現世でも来世でも喜びです。また死骸を送りなさったお志のほど、いつの世に忘却いたしますことがあるでしょうか（このご恩は決して忘れません）」と、厚く礼を述べてその（手紙の）奥に「親ではない人までもこのように（子を亡くした自分のことを）ふびんだと問われる、老いた我が身をどうしたらよいでしょう」と書き終わって（手紙を）巻き返し、葛西の使いに渡しながら、福寿丸の亡骸を、近くの寺院に葬ったので、「老いて子を失うことは、朽ち木に枝がないことにたとえられている。何を楽しみに生きながらえられるだろう」と、その後我が子と同じ場所で、鳥屋も討ち死にをしてしまった。

葛西はこれらのことによっても、つくづくと感じ入り、「人で百歳まで命を保つ者はまれだ。わずかの生涯を生きようとして、弓矢の生業に心を苦しめ、日々罪業を重ねることは、来世までも思いやられる。鳥屋を菩提の因縁として、出家しよう」と思い定め、髻を切って高野山へのぼり、福寿丸の後世を弔ったということだ。

◀解　説▶

▼問十二　文脈を確認しながら、空欄前後の展開に合う和歌を選んでいく問題。和歌の内容も読み取る必要があるが、越智、鳥屋、米野などの名字が掛けられていることにも着目する。

Aは、宮千代が福寿丸に一人残されたときに詠んだ和歌であるから、ニの「鳥屋はぬけて米野をばただ餌になれとのこしおきけん」が、鳥屋（福寿丸）に残された米野（宮千代）の境遇に当てはまる。

Bは、葛西が討ち取った相手の鎧に結びつけられていた和歌で、「宮千代をおきて逐電せしを嘲る人のあるにより、その辱を雪めんとて」とあるので、よしあし（善し悪し）は（自分の）なくなった後の世に知られるだろう、と詠んだロが当てはまる。

Cは、続く文脈で鳥屋がこれを見て「わが児の死と、怨敵なる葛西が志を感じて」とあるので、子を亡くした鳥屋の宮千代は才覚があって歌を詠み、それに感動して敵方から帰す許可が出たからこそ、思いがけず命が助かった。それは二人同じ船に乗り、その船が急に転覆するとき、自分は泳ぎができるからといって、同僚を捨て置いて、自分だけ泳ぎ帰った人がいるならば、これは義と言うだろうか、不義と言うだろうか（不義と言うだろう）。福寿丸の振る舞いは、これに等しい行いだと、誹謗する人までも多いので、（このことが）すぐに福寿丸の耳にも入り、まったく心穏やかにはいられなかったときに、またこの両家が合戦に及ぶ。双方が野原に対陣して挑み戦うこと数日である。

さて越智の陣中から、美しく華やかな鎧（を着け）たくましい馬に乗って駆け出す者がいる。箸尾の陣にいる葛西勝永はよい敵と見たので、駆け近づいてものも言わずに切ってかかる。こちらも望むところだと、太刀を抜いてかざして打ちつ撃たれつ、しばらく戦っていたが、そのまま双方が太刀を投げ捨て、馬を引き合わせてつかみ組みあった。少しの間こそそうしていたが、鞍ではたまらず両方の馬の間にどうと落ち、上を下へと揉み合っていたが、葛西の力がまさったのだろうか、ついに（葛西が）引き敷いて首を掻き落とすと、あまりにか弱く感じたので、兜を取ってこれを見ると、十五、六歳の少年で、眉のあたりや鬢のようす、その麗しい顔だちに、少し見覚えのある気がするので、遺体をひっくり返してよく見ると、鎧の引き合わせに一枚の短冊を結びつけていた。「摂津の国の難波のことの葦や蘆は、なくなった後の世に知られるだろう（摂津での私の行動の善し悪しは、私が死んだ後の世に明らかにされるだろう）」と（短冊にあり）、一首の歌の意を思うと、宮千代をおいて逃げたことをばかにして笑う人がいることにより、その恥辱をすすごうとして、今日討ち死にしようと思い定めた。その善悪は（自分が）亡くなった後に、世の人々が定めよと言っているのだ。葛西はこれを見て涙を流し、「福寿丸であったな。どのような前世からの因縁があったのであろうか、人も多くいるのに二度まで、私の手にかかるというのも不思議なことだ」と言って、すこし悲しみ嘆いていたが、すぐに従者に命じて近くにある古い遣戸を取り寄せて、福寿丸の死骸を乗せ、かつがせて自分の陣に帰り、書きつけを添えて鳥屋に送った。

鳥屋は我が子の死骸を見て、気も動転し心もぼんやりしたが、まず葛西からの手紙をひらいてみると、これこれと事情を記し、「子を思う焼け野のきじは、ほろほろと涙も落ち鳥は鳴くだろう（きじが鳴くように越智の家臣鳥屋は子を思っ

問十七　ロ

問十八　ニ

◆全　訳◆

天文永禄の頃だろうか、越智玄播頭利之と、箸尾宮内少輔為春は、互いに権力を争いながら、ややもすると合戦に及ぶ。あるとき両家が戦ったところ、越智の家人鳥屋九郎左衛門の嫡子福寿丸と、米野次郎右衛門の二男宮千代とが、ともに陣中におもむいて、少年ながら心猛々しく、あっぱれな功名をあげようとして、ここかしこと駆け回ったところ、味方から離れて敵に囲まれ、図らずも捕虜となって、二人とも敵陣に連れていかれて、（箸尾の）一族である葛西勝永が二人を預かった。もとより少年のことであるので、番兵が油断しているところに、福寿丸は折りをみて、ひそかにここ（＝葛西のもと）を逃れて、難なく（越智の）本陣へ逃げ帰った。

宮千代は一人残されて、はじめはこうだ（＝福寿丸が逃げた）とも知らなかったが、それを聞いて大いに心を痛め、筆と硯を求めて受け取り、一首の歌を書いて番兵に与えた。番兵がこれを開いてみると、「籠にいれた鳥屋は逃げぬけて、米野はただ餌になれとそこに残しおいたのだろう」と、とてもみごとに書いたので、これを主人の葛西に見せると、葛西はますますかわいそうだと思い、主君である箸尾にこのようなこと（がありました）と言うと、箸尾は情けが深い者で、これをつくづくとながめて、「宮千代はまだ十三歳、しかも捕らわれの中にあって、このような優雅な心を示すとは、あっぱれな少年だ。人の親が子を思う心は、愚かな子であってさえやはり慈しむ。ましてこのような秀才の子を捕虜にされた親の心はどのようであろう。（捕虜にされた宮千代の親の心を）思いやるのさえ心が痛むので、早く早く送り返せ」と、涙を浮かべて言ったので、葛西も承って、宮千代を馬に乗せ、部下をつけて父の元へ送り返したので、米野夫婦は死んだ者が再びよみがえった心地がして、喜ぶこと限りなく、葛西の恩に感謝した。

こうしてこのことが世間に伝わり、福寿丸は捕虜となり、その番人が怠るのを見て、ひそかに逃げ帰ったのは、まことに立派な振る舞いであるが、ともに捕虜にされた、それも自分より年少の宮千代を捨て置いたのは、武士の義に背いた。

▼問十　ここまでのウェーバーの説明と空欄X前後の展開から、価値判断を回避せよといっているのではなく、「客観」を重んずるあまりに「価値判断」を軽視することを戒めている。本文中から漢字三文字とあるので、「客観性」が最適。性質を重んずるという対応関係から、「客観的」ではうまく当てはまらない。

▼問十一　ここまでの読み取りから、傍線部4は、〈社会研究が客観的であり主観的な価値判断を排除したものだと考えてはならず、理論からだけでは「何をなすべきか」に答えることはできず、研究者自身が立脚点を明確に意識しつつ、価値観を持ちながらもその価値観に囚われずに価値判断をしていくこと〉と説明できるだろう。この読み取りに合致するのはハの内容。

イの「客観的事実に基づく経験科学しか科学として認めてはならない」、ロの「価値判断を導入する必要はないということについての十分な自覚」はウェーバーの考えからは大きく外れる。ニにある、他の分野との「理論を融合させること」について、本文ではまったく述べられていない内容であり、適切ではない。

参考　猪木武徳は経済学者で大阪大学名誉教授。『経済思想』『自由と秩序』『文芸にあらわれた日本の近代』などの著書がある。

二

出典　松亭金水『積翠閑話』〈巻之一〉

解答

問十二　A―ニ　B―ロ　C―イ　D―ハ

問十三　イ

問十四　ホ

問十五　a―ヘ　b―イ

問十六　つひに

イの、倫理的・政治的価値判断、つまり主観を研究に持ち込むべきではないという内容と、ロの「主観的な視点は極力排除」は、同じ主観を否定する内容であり、誤り。

ハ、視点・立脚点を対象化、相対化するために価値観を構築すべきとは説明されていない。

▼問八　空欄Ⅶに入る内容を並べ替えるが、前段落からのつながりが大きなヒント。「客観的」科学的論証と研究者の倫理的・政治的判断を混同すべきではないというのは正論で、正論であるがゆえに反論できないという表現から、空欄にはその正論である研究者の判断の可能性を論じる内容がくるであろうことが予想でき、それについてのウェーバーの言及（ニ）、彼の無色透明な立場はありえないという考え（ハ）、したがって価値判断から自由でなければならないとは考えない（ロ）、まして善悪の判断や信念を持たないことを求められているともみなさない（イ）の順番で説明されていると判断できる。解答は三番目に入る文を答えるという点に注意。

▼問九　空所補充だが文脈を確実に押さえながら選択肢を検討することが重要。ウェーバーが「認めない」ことを前の展開から読み取ると、ウェーバーは主観的な価値判断を排除できないので、主観の立脚点を明確に意識して、価値観を持ちながらもそれに囚われずに見るべきだと考えている。難しいのはⅧであり、経験科学としての社会研究は「事実判断しかなしえない」―「価値判断をなしうる」の両者ともウェーバーが認めない内容。つまり、Ⅷの選択肢からは判断がつかない。ウェーバーの論からは経験科学としての客観性は担保できず価値判断できるとはいえず、逆に立脚点を明確にして見るという説明は事実判断しかしてはならない、ということでもないからだ。ここはⅨの内容で判断するしかない。ウェーバーは価値判断を否定しているわけではないので、〈価値判断は「科学的議論から排除せよ」〉は「認めない」ため、ニが最適。

イの〈価値判断も科学的議論に包摂させよ〉、ロの〈価値判断も科学的議論によって展開させよ〉は、科学による価値判断という本文にはない説明。ハの「科学的議論は事実判断に限定せよ」は、Ⅷの選択肢と同じく、立脚点の明確化を述べて、事実判断のみをすべきとは読み取れないことから、外れる。

開が正しい。

▼問五　「証拠に基づく経済政策」はそれほど単純でないとはどういうことかを読み取る問題。傍線部2の後の部分から、これが、医療に由来する考え方だが、医療と異なり、経済政策では利害関係者の目標が一致しないことで、「価値」の選択をめぐる争いが生じる。そこから、「証拠に基づく経済政策」の「証拠」が政策目標に合致するような証拠が選ばれたのではないかという疑義が出てくる。これが、問題が単純ではない内容。ここからイの政策目標に合致するような仕方で証拠を選別することも考えられるため、無条件には信頼できないという説明が最適。

ロ、データの作業量について本文では説明されていない。

ハ、治療方法の価値判断による不一致について本文では指摘されていない。

ニ、イギリス国王が会計を議会に報告することから説明責任という言葉が派生したという説明はされているが、王様が証拠を自分に都合のいい形で利用してしまうという王政への限定はここでの問題から外れる。

▼問六　脱文の「すなわち」という言い換えの接続詞に着目すると、「政治化」している、つまり政策上の対立を説明している後に、まとめとしてこの部分が入ると想定できる。そこから、『価値』の選択をめぐる争いが表面化することは避けられない。」の後に入ることがわかるだろう。解答は直後の五文字を書くことに注意しよう。

▼問七　筆者の考えるウェーバーの「客観性」に対する考えを読み取って、その説明として正しい選択肢を答える問題。

傍線部3の後の文脈を読み取るが、空欄Ⅶの後の形式段落でウェーバーの考えがまとめられている。ここで、「客観的」は一般的に「主観的」な価値判断をすべて排除した認識を意味すると考えるが、「主観的な価値判断をすべて排除する」ことは不可能であり、われわれは何かの視点に立脚してものを見て考えているので「客観性」を保証する根拠はどこにもない。ウェーバーの価値自由は、自分の視点・立脚点を明確に意識しつつ、価値観を持ちながら自由に見ること、と説明されている。この読み取りに合致するのは、ニの、自身の主観的視点に対して意識的で自覚的であることが重要という内容である。

▼問二 レーマン、メンガー、歴史学派らの考え方を本文から読み取り、選択肢の内容と照合する問題。

イ、レーマンは区別するにあたって、経験的な側面を重視することはなかったというのが選択肢の内容だが、スコットランド啓蒙思想の研究者であるレーマンは、進化主義と歴史主義の区別を行っただけであり、そこに重視した基準について本文で言及されていない。

ロ、オーストリア学派の経済理論は元来、経験の外にある「認識による知識」に基礎を置くとあり、個別的で経験的な歴史主義の立場はとらない。

ハ、オーストリア学派は「歴史学派の個別性を強調する立場と基本的に異なる」とあり、歴史学派は「国と時代によって異なる具体的な個別性・特殊性を重視」「フランスの啓蒙思想が一九世紀の経済学にも濃い影を落とすようになったことへの反省」という記述からも最適な説明。

ニ、メンガーとシュモラーの論争は、そのベースにある、「客観的な認識」「客観的な証拠」とは何かと捉え直すことも可能だ、とあり、「客観性」をどう考えるかが論争の重点。「客観性を重視する立場の選択の相違」は、客観性を考えることから微妙にずらされていて、迷わせる選択肢。

▼問三 空所補充問題だが、文脈からある程度方向性を読み取っておくと間違える可能性が低くなる。Ⅱが正確な法則を伴った経済学であり、進化主義の理論的な経済学だと読み取れ、それに対比される歴史主義の経済学がⅠであることがわかる。この時点でハ・ニに絞ることができる。そして、歴史主義が個々の孤立的な事実を記録したり、具体的な事象や状況を記述したりする方法であるという内容から、歴史的、統計的知識と並べられているⅢは「個別的」が妥当であり、一般化と演繹的作業の伴う進化主義の理論的知識がⅣに入ることが読み取れる。

▼問四 オーストリア学派の経済理論を説明している文脈であり、歴史学派の個別性と異なる立場として進化主義の考え方に基づく説明がされていると想定できるだろう。この読みから、経験的事実に導かれ、固有性、唯一性を重視する歴史主義とは正反対の語句を選択し、文脈で確認する。「非経験的」で、「一般的経済合理性」を仮定する、という展

⑥公共政策で証拠に基づく経済政策（EBEP）が重要なのは、政策の財源が主に税金で賄われるためにその「説明責任」が必要となるからであり、日本の政治家もこの言葉を多用するが、イギリス国王の議会への説明責任と会計報告が起源にある。

⑦公共政策でEBEPの「証拠」が、政策目標に合致するものが選ばれたのではないかという見方が生じるが、証拠の客観性と証拠の選び方の問題は避けられず、EBEPと客観性の問題は古くから指摘され、学問上の論争史がある。

⑧社会科学は、経験科学であり規範科学ではないが、政策の選択に「規範性」が持ち込まれることは避けられず、経済学では規範性や価値の上下関係に無自覚になりがちであるため、政策目標や証拠そのものの「客観性」を考えなければならない。

⑨「客観的」科学的論証と研究者の倫理的・政治的判断を混同すべきではないという学問的姿勢は正論であるが、ウェーバーは、研究者が政治的立場から離れ実践的な価値判断をしてはならないとは考えなかった。

⑩ウェーバーは主観的な価値判断をすべて排除することは不可能であり、何らかの視点に立脚してものを見ているので、客観性は保証できず、むしろ自分の視点を明確に意識しつつ価値観を持ちながら自由に見るという価値自由を主張する。

⑪ウェーバーは経験的事実として「そうあること」と、先験的原理に基づいて「こうあるべきこと」の原理的区別を強調し、目的を生み出す理念は何で、目的と理念の間に関連があるかを分析することが経験科学だと指摘する。

⑫要約すると、経済学の理論だけでは、理念であり価値観である「何をなすべきか」には答えられないのであり、客観性を重視するあまり、「価値判断」を軽視し、社会研究が中立的な手法で問題を解析していると考えてはならないのだ。

＊

▼問一　a、個別事例研究的な歴史主義のアプローチも保っていたという文脈であり、「命脈」。b、〝いたって〟自然という文脈であり、「至極」。c、政策目標の選択だけでなく、証拠そのものの「客観性」を考えることは「トウカンにはできない」という文脈であり、〝いいかげんにできない〟という意味になる「等閑」。

ュモラーは個別性・特殊性から政策の妥当性を論じることを主張したが、これらには「客観的な証拠」とは何かということが通底する。「証拠に基づく政策」は税金使用の説明責任によるが、証拠の客観性が絶えず問題となる。科学は客観性を保つべきだが、ウェーバーは主観的価値判断の排除は不可能であり、自己の視点を明確に意識し、価値観を持ちながら見る価値自由を主張した。

▲解 説▼

リード文の説明にある通り、社会を理解するための知識について論じられた文章である。社会を理解するための知識を区別する、分ける、という社会科学的なアプローチの中で、一般化と演繹によって理論的に推論する「科学」だけでなく、事実や具体的な事象から研究する「歴史」の見方も必要であると述べる。そして、後半で社会科学の「客観性」はどうあるべきかについて、マックス・ウェーバーの考え方から説明している。

文章全体の流れをつかむために、述べられている内容を十二のまとまりとして示しておく。

①スコットランド啓蒙思想の研究者レーマンは社会学的アプローチとして、進化主義（理論的・推論的で一般化と演繹的作業を伴う）と歴史主義（事実、事象、状況の記述によって連続性、因果関係を定立する）を区別した。

②こうした区別は一九世紀の経済学の中にも存在し、進化主義の法則定立的側面が主流を占めたが、イギリスでは個別事例研究的な歴史主義のアプローチも命脈を保っていた。

③オーストリア学派のメンガーは歴史的・統計的経済学と理論的経済学を区別し、経済理論や政策について唯一の方法を主張することの愚を戒めている。

④シュモラーたち（新）歴史学派は、抽象的、演繹的な古典派経済学に対して、個別性・特殊性を重視して政策の妥当性を論じることを主張したが、メンガー、シュモラーの違いは「客観性」とは何かをどう考えるかの違いと読み取れる。

⑤「客観性」について、政策科学で用いられる「証拠に基づく政策（EBP）」は、「エビデンスに基づく医療」が公共政策に転用されたものだが、医療と違い、利害関係者の目標が一致しないことが多く、「価値」の選択で問題が生じる。

国語

一

出典 猪木武徳『経済社会の学び方――健全な懐疑の目を養う』〈第5章 歴史は重要だ (History Matters) ということ〉(中公新書)

解答

問一 a、命脈 b、至極 c、等閑
問二 ハ
問三 ニ
問四 ロ
問五 イ
問六 その場合、
問七 ニ
問八 ロ
問九 ニ
問十 客観性
問十一 ハ

◆要　旨◆

社会を理解するための知識の区別に関するレーマンの論として進化主義と歴史主義があり、経済学では進化主義の法則定立的側面が主流だが歴史主義も命脈を保っていた。また、メンガーは歴史的・統計的経済学と理論的経済学の区別、シ

· memo ·

2022年度

解答編

解答編

英語

I

解答　設問1．1 —(g)　2 —(j)　3 —(h)　4 —(a)　5 —(i)
設問2．(イ)—(a)　(ロ)—(a)　(ハ)—(b)

設問3．Wyoming's temperature

設問4．can I drop by your place

◆全　訳◆

≪帰省時の友人への頼みごと≫

パトリシアは近くに住んでいる友人のブレンダンに電話をかけ，頼みごとをする。

ブレンダン：やあ，パトリシア！　調子はどう？

パトリシア：こんにちは，ブレンダン。悪くないよ。そっちは？

ブレンダン：こっちも。先月はだいぶばたばたしていたけれど，今は仕事が少し落ち着いたから。

パトリシア：それはよかった。ところで，あなたに頼みがあるんだけど，無理だったら気にせずに断ってね。

ブレンダン：わかった。何かな？

パトリシア：2月28日の週から何週間か出かける予定なの。それで，何日かおきに来て，植物に水をやったり郵便物を取っておいてもらったりできるかと思って。

ブレンダン：いいよ。でも断っておくけれど，植物を育てるの下手だよ。

パトリシア：あ，全然構わないよ。うちの植物はとっても丈夫だから。それに万が一何かあっても，あなたを恨んだりしないよ。本当にありがとう，ブレンダン。

ブレンダン：喜んでやるよ。お出かけ，いいなあ。どこへ行くの？

パトリシア：ワイオミングの両親のところへ行くの。1年以上帰っていなくて，母は私がどんな顔だったか忘れちゃったなんて言うの。

ブレンダン：３月の頭にワイオミングだって？　私には考えられない！凍りつくような寒さでしょう。

パトリシア：うん，ワイオミングの気温は十中八九とても低くて，私が行く頃には湖が完全に凍っちゃうの。でも今は仕事が忙しくないから出かけるには良い時期だし，オフシーズンだから飛行機代も安いんだ。大体，私はそこで育ってるからそれには慣れているの。

ブレンダン：ワイオミングはハックルベリーで有名だったよね？　ハックルベリーのジャムをいくつか買ってきてくれない？　随分前に一度食べたんだけど本当においしかったんだよね。

パトリシア：もちろんいいよ。そうそう，うちのアパートの鍵を渡さなきゃいけないから，今週末のどこかであなたのところに寄って渡してもいい？

ブレンダン：うん，それがいいな。土曜日は用があって外出していると思うけれど，土曜の夕方か日曜の朝に来てもらうのはどう？　どちらでも都合のいい方でいいよ。

パトリシア：それがいいね。日曜の朝９時半じゃ早すぎる？

ブレンダン：全然。その時刻なら起きてるから。

パトリシア：じゃあそうしましょう。日曜にね。本当にありがとう，ブレンダン。ひとつ借りだね。

ブレンダン：私が同じことを頼むことがあるかもしれないし。私もバカンスの時間があればなあ！

パトリシア：きっとお礼するね。それじゃ今日はこれでね。

ブレンダン：バイバイ，パトリシア！

◀解　説▶

▶設問１．１．相手の「先月は仕事がとても忙しかったが今は落ち着いている」という発言に対する返答。空所直後には actually で話題が変えられているので，この空所で本題前の社交辞令的なやりとりが終わることがわかる。(g)「それを聞いてうれしい」＝「それはよかった」が正解。

２．「留守中に植物に水をやってほしい」という頼みごとを快諾し（Sure thing.），空所直後では「園芸の才（green thumb）があまりない」，つまり「植物を枯らせてしまうかもしれない」と述べている。とすると空所に入れるのは，植物に水をやるのが自分でよいのか相手に確認する表現として(j)「しかしあなたに警告しておかなければならない」=「断っておくけれど」がよい。

3.「植物が万一枯れてもあなたを責めることはしない。(頼みを引き受けてくれて）本当に感謝している」という発言への応答としては，「それを聞いて安心した」という意味で(g)を入れても文脈が通りそうであるが，(g)は1で既に使われている。相手の感謝に対して，過度に感謝しなくてもよいと示す意味で(h)「喜んでお手伝いします」を入れるのがよい。

4.「3月の上旬にワイオミングを訪れる」という相手の発言に対して，「この時期のワイオミングはとても寒いのに信じられない」と驚く文脈。選択肢の中では(a)「私でなくてよかった」が「私だったらそんな時期にワイオミングに行くなんて信じられない」というニュアンスで使える。

5．頼みを引き受けてくれた相手に対し重ねて感謝している場面。空所の発言に対する相手の反応が「私もあなたに同じことを頼むかもしれない」というものであることから，空所には(i)「私はあなたにひとつ借りがある」=「借りができた」が適切。

▶設問2．(イ)下線部より前の文脈は，ブレンダンが「水やりを引き受けると植物を枯らすかもしれない」と不安要素を告げているのに対し，パトリシアが「うちの植物は丈夫。もし枯れたら（枯れても）…」と述べている。下線部直後ではパトリシアがブレンダンに感謝していることを改めて告げているので，「枯れたら許さない」「枯れたら責任を取って」といった話ではなく「枯れても仕方がない，構わない」という流れになるはずである。よって，(a)「あなたに対して怒ったりはしない」が最適。

(ロ)帰省中の水やりを頼んだ相手にお土産を頼まれた場面なので，下線部はそれを快諾する表現と推定できる。頼みごとを快く引き受ける表現は(a)の「もちろん」。

(ハ)下線部直前で，相手が訪ねてくる日時について2つの選択肢を与えている。また，whicheverは従属節を導く表現なので，下線部からは主節が省略されていることがわかる。選択を迫られている場面であることを考慮すれば，You can choose whichever works for you.「あなたにとって都合のよい方をどちらでもあなたは選んでよい」(work「うまく機能する」)の意であると考えられる。よって，(b)「これらの選択肢の中から選んでよい」が正解。

▶設問3．寒い時期のワイオミングに帰省することに驚くブレンダンに対し，パトリシアはこの時期に帰省することが適切である理由を説明する。仕事上の都合がよいこと，飛行機代が安い時期であることに加えて，「私はそこ（ワイオミング）で育ったので，私はそれに慣れている」と述べている。とすると「それ（it）」とは「ワイオミングの気温（寒さ）」である。

▶設問4．空所直前の so は基本的に節と節を接続する等位接続詞である。かつ文末が疑問符なので，空所には sometime this weekend「今週末のどこかで」という副詞句が後続する疑問文が入ると考えられる。主格の I は主語に確定，can＋動詞の原形が述語動詞に確定。所有格 your は名詞を後続させるので your place という句も定まる。よって come / drop のいずれかと by / along のいずれかを組み合わせた熟語を動詞として，can I＋動詞の原形＋your place …? という形になる。文脈は水やりをしてくれる相手に鍵を渡す方法を検討している箇所なので，「(短時間自発的に) 立ち寄る」意味の drop by ～ が適切である。come by ～ も「立ち寄る」の意味で使われることがあるため，come を使っても可である。

II　解答

設問1．1－(b)　2－(a)　3－(c)

設問2．i－(d)　ii－(c)　iii－(d)　iv－(d)　v－(a)

設問3．(1)－(c)　(2)－(b)　(3)－(d)

設問4．(a)

設問5．(a)

◆全　訳◆

≪運動が苦痛を受け入れることを教えてくれる≫

私が10年ちょっと前にマラソンのトレーニングを始めたとき，コーチが私にこれまで一度も忘れたことのないあることを教えてくれた。心地よくないということに心地よくいられる術を学ぶ必要があるというのである。そのときはわからなかったが，走ることを通じて養われるこのスキルは，走っていないときでも走っているときと同じぐらい（走っているときよりもとは言わないまでも）私を助けてくれることになった。それは私に限った話，走ることに限った話ではない。日常で定期的に激しく自転車をこぐ人，プールで全力で泳ぐ人，ウォールクライミングの難題に挑む人，パワーリフティングでウェイトの重さをどんどん上げていく人なら誰でも，尋ねれば同じ答えを返してくれるであろう。難しい会話がもうそれ程難しいと思わなくなる，厳しい締め切りがそんなに恐ろしくなくなる，人間関係の問題がそれほど問題だと思わなくなる，と。

もしかしたら日々運動することで単に疲れ切って問題を気にしなくなるだけという可能性もあるが，しかしおそらくそうではない。研究が示すところによれば，むしろ肉体的活動によって短期的な脳機能が向上し意識が高まっているのである。そして，トレーニングをしない日であっても（このことにより疲労が要因である可能性は排除される），習慣的に肉体に負荷をかける人は日常のストレスにストイックな態度で向き合う傾向がある。糖尿病・心臓病・脳卒中・高血圧・骨粗しょう症の予防や治療といった，精力的な運動の伝統的な効用はよく知られ，またよく報告されているが，運動の最も強力な効能はコーチが私に教えてくれたものかもしれない。心地よさが最も重視される世界では，負荷の高い肉体的活動は苦しみを経験する希少な機会を与えてくれるのである。

職業的に忍耐と挑戦を経験するアスリートほどこの技術を磨いている人はほとんどいない。彼らは他の人には耐えられない状況に耐えることで生計を立てているのである。『アウトサイド・マガジン』誌で連載しているコラムのため，私は世界トップクラスの忍耐と挑戦を経験するアスリートたちにインタビューし彼らの成功の裏にある練習について尋ねる機会を得てきた。競技に関係なく，ずば抜けて印象的だったテーマは彼らがみな心地よくない状況を受け入れる術を習得していることであった。

• 1時間に自転車で走る距離の女性の世界記録（29.81 マイル…狂っている！）保持者であるエヴリン＝スティーヴンズが言うには，最もきついトレーニングの合間には，「『このトレーニングが終わってほしい』と考えるのではなく，苦痛を感じそれと共にいるよう努めるの。ああ，それどころか進んで受け入れようとさえするのよ」。

• 登山家のジミー＝チンは，エベレストにサウスピラールートから登頂した（そしてスキーで降りてきた）最初のアメリカ人であるが，恐怖の要素は自分がする全てのことの中にあるが，それをうまく扱う術を身につけていると述べた。「それは感じられるリスクを本当のリスクから区別するということなんだ。そして残ったものに関してできる限り合理的でいることだ」

しかし，そのような利点を手にするために，必ずしも垂直にそびえる山壁を登ったり1マイル5分のペースで走ったりする必要はない。初挑戦のハーフマラソンやクロスフィットの大会に向けてトレーニングをするだけでも，人生の他の分野にも波及する莫大な見返りが生じうる。クロスフィットブームの仕掛け人の一人であるケリー＝スターレットの言葉を借りれば，「肉体的訓練をより行使していくことの恩恵は誰でも受けることができます」。そして科学が彼の言葉を裏づけている。

『ブリティッシュ・ジャーナル・オブ・ヘルス・サイコロジー』誌に掲載された研究によれば，まったく運動をしていなかった大学生が軽い運動プログラム（週に2，3度ジムに行く）に取り組むだけで，ストレス・喫煙・アルコール摂取・カフェイン摂取が減少し，健康的な食事が増えて家事がよく回るようになり，お金の使い方や学習習慣も改善したという。こうした実生活での改善点に加え，定期的な運動を2カ月続けた後では，同じ学生たちがセルフコントロールに関する実験でよりよい結果を出した。このことから研究者たちは，運動は学生の「自己を律する能力」に強い影響を及ぼしていると推測した。専門外の人間の言葉で言えば，運動に伴う不快を貫き通すこと，体と頭が「ノー」と言えと命じているときに「イエス」と言うことは，困難に直面したときに冷静沈着でいることを学生たちに教える。それが，ストレスにより上手に対処することや飲酒量を減らすことでも，あるいはもっと勉強するようになることであってもである。

◀解　説▶

▶設問1．1．「第1段で筆者はなぜ，私たちは『心地よくないということに心地よくいられる術を学ぶ必要がある』と提唱しているのか」　第1段第1文（When I first …）の後半にあるこの記述を受けて，同段第4文（Ask anyone whose …）で「アスリートたちも同じこと（the same）を言うだろう」とされ，その「同じこと」が直後のコロン以下で言い換えられている。その内容は，運動以外の日常においても difficult なことを difficult だと，problematic なことを problematic だと感じなくなる，というものである。よって，(b)「生活におけるストレスの大きい状況や困難な（problematic）状況によりよく対処するため」が正解。

2．「第2段で筆者が述べているのは以下のうちどれか」　第2段の冒頭は，第１段で指摘された「運動でストレスによく対処できるようになる」という現象の理由を検討している。第２段第３文（Research shows that, …）で「運動によって脳機能や意識が高まる」と指摘し，続く第４文（And even on …）で「運動をしていない日でも（even on days they don't train)」同じだと述べている。以上より，(a)「アスリートはトレーニングや運動をしている日も休息している日もストレスによく対処できる」が正解。

３．「筆者によると，定期的に運動をすることの利点として考えうるものでないのは以下のうちどれか」第１段第４～最終文（Ask anyone … so problematic.）の運動による利点を列挙した箇所で，最終文（Relationship problems not …）に「人間関係の問題がそれほど問題だと思わなくなる」と述べられているので，(b)「他者とうまくやっていくこと」は不適切。第２段第５文（While the traditional …）で，激しい運動の利点として以前から知られているものとして prevention and treatment of diabetes, …が挙げられているので，(d)「深刻な病気の予防」は不適切。最終段第１文（A study published …）で，運動を始めた大学生に生じた変化の調査結果として，変化のひとつに「家事がうまく回るようになること」(an increase in … maintenance of household chores）が挙げられているので，(a)「よりよく整えられた家庭環境」も不適切。残る(c)「自発性の高まりと自己抑制の低下」は同段第２文（In addition to …）に，運動を始めた大学生に生じた変化として自己抑制能力が上がっていたことが挙げられており，一致しない。これが正解。

▶設問２．ｉ．第２段第１・２文（Maybe it's that … not the case.）で「運動でストレスを感じにくくなるのは疲労が原因の可能性もあるが，おそらくそうではない」，第３文（Research shows that, …）で「運動により脳機能などが高まるためだ」，第４文（And even on …）で「運動をしない日でも（同様に）ストイックに取り組む」と述べられているので，この「運動をしない日でも同様であること」が「疲労を要因としてどうするのか」が解答になる。(d)「～を否定する，排除する」が最適。

ⅱ．空所直前の第３段第２文（For my column …）で，筆者が世界の様々なトップアスリートにインタビューしてきたこと，空所から始まる第３文（(　ii　) sport, the …）で全員が同じことを述べたことが述べられている。よって空所には(c)を入れて「何のスポーツかに関係なく」とする。

iii．空所を含む部分（"It's about …）は「感じられるリスクを現実のリスクから〜し，残ったものに合理的に対処する」という意味。つまり「*A* から *B* を選り分けて *A* を残す」という意味で from と結びつく動詞が空所に入ると考えられるので，(d)「〜を（…から）分類する，選り分ける」が正解。

iv・v．空所ivを含む部分は，直後の第4段第3文（In the words …）で「運動のメリットは誰でも得られる」と言い換えられ，さらに最終文（Science（　v　）.）で「（そのことは）科学が〜する」と続く。直後の最終段（A study published … or studying more.）では研究結果が示され，運動によってストレスへの対処だけでなく健康・家事・家計・学習などにも好影響があるという「運動のメリット」が示される。よって第4段最終文は「科学がそれを証明，実証，保証する」といった意味になるはずなので，空所 v には(a)「彼を支持する」が入る。さかのぼって同段第2文（Simply training for …）は最終段の内容から「運動の好影響が日常生活の他の部分にも波及する」という意味になるはずなので，空所ivには「他の分野へと」という意味で(d)の into を入れる。

▶設問3．(1)下線部直前の stoic「禁欲的な」という形容詞は「態度」「姿勢」といった名詞を修飾するもので，選択肢の中では(c)「態度，方法，やり方」しか該当するものがない。ちなみに demeanor は「態度」の意。

(2)下線部を含む「コーチが私に impart した教訓」という部分は，第1段第1文（When I first …）の「コーチが私に〜を教えた」の部分と内容が重なっているので，impart が tell に近い意味であるとわかる。よって，(b)「（思想，感情，メッセージなど）を伝える」が正解。

(3)下線部を含む部分は「忍耐や挑戦を経験するプロアスリートほどこの技術（苦痛や不快を受け入れる技術）を hone している人はほとんどいない」という意味で，後続する非制限用法の関係節で「なぜなら彼らは他の人が耐えられないような状況（＝苦痛，不快）に耐えることで生計を立てているからだ」と述べられている。とすれば hone this skill は「この技術が優れている」という意味になるはずなので，hone の意味としては(d)「〜を研ぎ澄ます」が最も近い。

▶設問4．下線部の直訳は「快が王である世界では，努力を要する

(arduous) 肉体的活動は苦しみを実践する希少な機会を提供する」。直後の第3段第1文 (Few hone this…) で，下線部の practice suffering は withstand conditions others cannot「他の人が耐えられない状況に耐える」と言い換えられており，そのことで生計を立てるほど日常的に繰り返しているトップアスリートは，他の人よりも苦痛に耐える技術に長けていると指摘されている。以上から下線部の内容は，(a)「日常生活で苦痛に耐える機会を激しい肉体的活動以外に見つけることは難しい」と言い換えられる。

▶設問5．基本的に指示語 this は直近しか指せない。よってこの This も前文の最終段第2文 (In addition to…) の内容を指していると考えられるので，(a)「学生たちの自己抑制に関するテスト結果」が正解。

●語句・構文●

(第1段) intimidating「怖がらせるような」

(第2段) habitually「いつも，習慣的に」 diabetes「糖尿病」 stroke「脳卒中」 hypertension「高血圧」 osteoporosis「骨粗しょう症」

(第3段) underlie「～の基礎となる」 resounding「決定的な，鳴り響く，印象的な」 that's nuts「(感嘆の表現として) 狂っている，信じられない」 heck「(間投詞として) ちくしょう，くそっ，とんでもない」

(第4段) scale「(梯子や崖) を登る」 pitch「(屋根や地層などの) 傾斜度，勾配」 reap「(努力や行為などの報い) を受け取る」 CrossFit「クロスフィット (高い強度で行うフィットネスのプログラムで世界大会もある)」 dividend「配当金，分け前」

(最終段) speculate「～と推測する」 laypeople「在家の人，一般人，素人」 collected「冷静沈着な」

Ⅲ　解答

設問1．1－F　2－T　3－F　4－T

設問2．(1)－(b)　(2)－(b)　(3)－(d)

設問3．イ－(b)　ロ－(c)　ハ－(a)　ニ－(c)

設問4．forming memories than with maintaining them

◆全　訳◆

≪幼児期健忘はなぜ起こるのか≫

「幼児期健忘」として知られる現象は1世紀以上にわたって心理学者の

頭を悩ませてきた。そして今もまだ，私達はこれを十分に理解できていない。

私達が乳児であったことを覚えていない理由は一見，乳幼児が十分に発達した記憶を持っていないためのように思われる。しかし，わずか6カ月の乳児にも，数分間持続する短期記憶と，数カ月とは言わないまでも数週間持続する長期記憶とを両方とも形成することができるのである。

ある研究では，おもちゃの列車を動かすためにレバーを押す方法を学んだ6カ月の子供が，最後にそのおもちゃを見てから2～3週間はこの動作を行う術を記憶していた。一方で，未就学児童は何年か前までの出来事を記憶できる。しかし，このような初期段階での長期記憶が真に自伝的なものか，すなわち，特定の時と場所で起きるひとりの個人に関連する出来事であるかどうかは議論の余地がある。

もちろんこの年齢での記憶力は大人のそれとは異なっており，青年期まで発達し続ける。実際，基本的な記憶処理における発達上の変化が幼児期健忘の説明としてこれまで提唱されてきており，私達がこれまで手にした理論の中では最善のもののひとつである。こうした基本的な処理には脳のいくつかの領域が関係しており，記憶を形成し維持し，そして後に取り戻すことが含まれている。

記憶の形成を担うと考えられている海馬は，少なくとも7歳までは発達を続ける。幼児期健忘により思い出せない期間の典型的な境界線は3歳半であるとされるが，これは年齢とともに変動することがわかっている。子供やティーンエイジャーは大人と比べて幼いころの記憶を持っており，このことから示唆されるのは，問題は記憶の形成よりも記憶の維持と関係があるのかもしれないということである。

しかしこれで話の全体像が見えたわけではなさそうである。私達が知るもうひとつの要因は言語である。1歳から6歳までの間に，子供は1語しか発話できない段階から母語を流暢に話せる段階へと発達するので，子供の言語能力の主要な変化には，幼児期健忘の対象となる時期と重なる部分があるのである。これには，過去時制の使用，「覚える」「忘れる」などの記憶に関連する語の使用，人称代名詞の使用（特に「私（僕）のもの」）が含まれる。

子供が出来事についてそれが起きた時に言語化する能力によって，彼らがそれを数カ月後または数年後にどの程度記憶しているかを予測できるというのはある程度真実である。ある研究グループがこの研究に取り組み，一般的な子供の怪我で救急救命に搬送された子供に聞き取り調査を行った。起きたことについてその時に言語化する能力がある 26 カ月以上の子供は，そのことを 5 年後まで記憶していたのに対し，起きたことについて話す能力のない 26 カ月未満の子供はほとんどあるいは全く記憶が残らなかった。このことから示唆されるのは，言語習得以前の記憶はそれが言語化されないと失われるということである。

しかし，言語の役割に関する研究のほとんどは，語りと呼ばれる特定の表現形態とその社会的機能に焦点を当てている。親が幼児と一緒に過去の出来事を追想する時，親は暗黙のうちに子供たちに語りの技術を教えている。すなわち，どのような種類の出来事を覚えておくことが重要か，それらについての話をどうやって他者に理解できるように構成するかといったことを教えているのである。

単に事実を伝える目的で情報を語ることとは異なり，追想するという行為の中心にあるのは経験を他者と共有するという社会的機能である。このことによって，家族の物語は時が経過しても思い出すことができ，同時に語りの一貫性を増していく。語りの一貫性とは，出来事が時系列順に並んでいることや，物語のテーマ，その感情の度合いなどである。物語は一貫性があるほどよく記憶されるのである。

追想行為は文化が異なれば社会的機能も異なる。このことにより幼少時の自伝的記憶の質・量・タイミングに文化間の多様性が生じている。自立性に価値を置く文化に暮らす大人は，他者との関係性に価値を置く文化の大人よりも，より早期かつより大量の幼児期の記憶を持っているのである。

このことは親の追想スタイルの文化的差異から予測できる。より自律的な自己の概念を促進するような文化では，親による追想は子供の個人的な経験や好みや感情に関するものが多くなり，逆に子供の他者との関係や社会的ルーティン，規範とされる行動に関するものは少なくなる。例えば，ある子供は幼稚園で金の星をもらったことを覚えている一方で，別の文化で育った子供は幼稚園のクラス全体である歌を覚えたことを記憶しているかもしれないのである。

私達が幼児期健忘について理解していないことはまだまだあるが，研究者たちは前進している。例えば，各個人を幼児期から未来にまで追跡調査する有望な長期研究が増えているほか，神経科学の発展に伴い，脳の発達と記憶の発達を関連付ける研究が間違いなく増えるであろう。

◀解　説▶

▶設問 1．1．「1 歳未満の乳児は長期記憶を持たない」 第 2 段第 2 文 (But babies as…) に「6 カ月の乳児が短期記憶も長期記憶も形成できる」とあるので，本文に合致しない。

2．「私達の記憶を形成する能力は，母語を獲得するにつれて変化する」第 7 段第 3・4 文 (Toddlers over 26 … translated into language.) で「出来事について話せる年齢の子供と話せない年齢の子供では，その出来事をどれぐらい記憶しているかが異なる」という研究結果が述べられており，本文に一致する。

3．「ある研究チームの報告によると，多くの幼い子供が健忘症の治療法を求めている」 そのような記述は本文にない。

4．「追想 (reminiscing) は記憶をより長く保持する一因となりうる」第 9 段第 1 文 (Unlike simply (ハ) …) で「追想の核は経験を他者と共有することにある」(revolve around ～「～を中心題目とする」)，同段第 2 文 (In this way, …) で「そうすることで家族の物語は長期間覚えられるし，語りの一貫性を増す」，最終文 (More coherent stories …) で「一貫性がある物語ほどより記憶に残る」と述べられているので，本文に合致する。

▶設問 2．(1) mature は「成熟する」なので(b)「成長する，育つ」が最も近い。

(2) fluent は「流暢な」。ここでは「1 語文の段階とは違ってちゃんと言葉を話せる」という意味で用いられているので，(b)「はっきり発音された，明瞭な，考えをはっきり表現できる，理路整然とした」が正解。

(3) chronology は「年代学，年表，年代別配列」。ここでは「家族の物語が，出来事が時系列順に記憶されて一貫したものとなっている」という文脈。(d)を選んで「出来事が起きたタイミング，出来事がいつ起きたか」という意味にする。

▶設問 3．イ．「基本的記憶処理の発達上の変化が幼児期健忘の説明として～されており，それは今までの理論の中で最上のもののひとつだ」という文脈。空所を含む部分が「発達上の変化が幼児期健忘の説明の有力な候補とされている」という意味になると推測できるので，(b)を入れて be put forward「前面に押し出される」=「提唱される」とする。

ロ．空所を含む第7段（It is true … translated into language.）全体は，「出来事を言語化できる年齢以降と以前ではその出来事がどれぐらい記憶されるかが異なる」という研究結果を紹介しており，空所を含む最終文（This suggests that …）はその研究結果から導かれる結論を述べている。よって，(c)「言語使用前の」を入れて，「言語習得以前の記憶は言語に変換されないと失われてしまう」とする。

ハ．前置詞 unlike「～と違って」をはさんで，「情報を単に事実に基づく目的で～すること」と「経験を他者と共有することを核とする追想（reminiscing）」を対比している。後者は出来事をひとりの観点から一貫して語る（the coherence of the narrative）主観的なものであるのに対し，前者は客観的に事実を羅列することを指すと考えられる。とすると空所に入れるものとして(a)「～を詳しく話す」以外に適切な選択肢はない。

ニ．自立性に価値を置く文化に暮らす大人と，空所の内容に価値を置く文化の大人とを比較しているため，空所は autonomy「自立」と対比される語，(c)「（他者との）関係性，つながり」が入る。

▶設問4．the problem may be less with【　X　】という形から，全体が the problem may be less with *A* than with *B*「問題（＝幼児期健忘の理由）は *A* よりも *B* にあるのかもしれない」となるとわかる。語群から than と with を除くと，他動詞の動名詞3つに memories と them であるから，動名詞3つのうち2つを選んで，the problem may be less with V1（*doing*）memories than with V2（*doing*）them「問題は記憶を V1 することではなく V2 することにある」とすると考えられる。空所前の第5段第1～3文（The hippocampus, … than adults do.）で述べられているのは，記憶の形成の発達は7歳まで続くが，幼児期健忘の境界は約3.5歳で「年齢が上がるにしたがって，境界が変動する」という内容。つまり，幼児期健忘の要因としては，記憶を形成する側ではなく，記憶を後々引き出す側にあるだろうということである。以上から，（the problem may be less with）forming memories than with maintaining them「問題は記憶の形成より記憶の維持にあるのかもしれない」が正解とわかる。

●語句・構文●

（第 3 段）debatable「議論の余地がある」 autobiographical「自伝的な」
（第 4 段）retrieve「～を取り戻す，回収する，回復する」
（第 5 段）hippocampus「海馬」 offset「相殺，埋め合わせ」
（第 7 段）verbalize「～を言語化する」 accident and emergency department「救命救急科」
（最終段）prospective「将来の，予測される，見込みのある」 longitudinal「経度の，長さの」

Ⅳ 解答

設問 1．1―(a)　2―(a)　3―(c)　4―(a)
設問 2．(イ)―(d)　(ロ)―(b)
設問 3．not just holding Bitcoin but spending it too
設問 4．i ―(c)　ii ―(c)　iii ―(c)　iv ―(d)

◆全　訳◆

≪エルサルバドルでのビットコイン導入の試み≫

先週エルサルバドルの立法府は，世界で初めてビットコインを法定通貨として採用する国となることを採決した。米ドルがこれまで通りエルサルバドルの公式な通貨ではあるが，この国の全ての企業は酌むべき事情（技術的資源がないなど）がない限りビットコインを受け入れ始める必要が生じ，国民は税や借金もこの暗号通貨で支払うことが可能になる。

政府が望んでいるのは，この未来的な経済政策が暗号通貨ビジネスからの投資を呼び込み，エルサルバドル人の 7 割を占める銀行口座を持たない人々に斬新的な金融資源を提供し，この国の国内総生産の約 2 割を占める送金を簡易化することである。そしてビットコイン業界の無鉄砲精神に忠実に，エルサルバドルのナジブ＝ブケレ大統領は既に国営の地熱発電所に対し，国内の火山から得られる熱を電源とするビットコインマイニング施設の建設に着手するよう指示している。

同時に，批判的な人々は，計画は細部が極めて不十分であり，ビットコインはその不安定性ゆえに日常の通貨として使用するのは難しいと評判であると指摘している。加えて，この国の事業者の大部分はこの仮想通貨をうまく受け入れることさえできない可能性も大いにある。エルサルバドルはインターネットの浸透率がラテンアメリカ地域で最低なのである。しかしブケレ氏は，住民たちが 2 年近くにわたってビットコインを使用しているエルゾンテと呼ばれる国内の小さな海沿いの町を取り上げ，この仮想通貨が国の経済に力を与えうる証拠であるとしている。

エルゾンテは太平洋に面した人口約 3 千人の村で，サーフィンと漁業で知られている。海沿いの町というと裕福そうな響きがあるかもしれないが，エルゾンテは違う。ロイター通信によれば，「エルゾンテは明らかに貧しく，道路は汚れており排水システムは不十分である」。報じられているところによれば，2019 年にアメリカの匿名の寄付者がこの地区の非営利組織にビットコインを送付し始めた。その目的はこの地域に持続可能な仮想通貨のエコシステムを建設する方法を見つけることであった。そうしてエルゾンテの非営利の雇用者が寄付者と協議のうえでビットコインビーチを創始した。これは仮想通貨を地域経済に導入し，住民にデジタルの財布を提供し，各事業者がビットコインによる支払いを受け入れるためのシステムを作り上げるサポートをする試みであった。

住民はベンモに似たアプリによる支払いシステムを使用してビットコインを交換する。このシステムを開発したのはカリフォルニアのガロイマネーというテクノロジー企業である。このアプリを使うとどの事業者がビットコインを受け入れているかを見ることや互いにハンドルネームで連絡しあうことができる。「これはまさに完璧な実験室なのです」 そう語るのはガロイ社の共同設立者であるエルゾンテのクリス＝ハンター氏である。ハンター氏いわく，エルゾンテはビットコインによる支払いシステムのテストをする絶好の場所であった。その理由は，規制や税負担がなかったこと，ほとんどの事業者および住人がクレジットカードを持っていなかったこと，そしてエルサルバドル経済のドル化である（エルサルバドルは米ドルを公式な通貨とする 1 ダースほどの国と地域のひとつである）。しかし同時に彼は，仮想通貨システムを立ち上げて国中に行きわたらせようとすることは住人 3 千人の村で同じことをするより指数関数的に難しいということを認めており，政府が 9 月上旬までにこのインフラを整備するという目標を達成することに対しては懐疑的な考えを示した。「何百万という人々がビットコインを所有するだけでなく使用するのをサポートすることは，技術的には確かに可能です。しかしそれを 90 日で終わらせるというのは非常に厳しいスケジュールです」とハンター氏は言う。

たしかにここまでビットコインをエルゾンテの経済に組み込むことにはある程度成功してきた。ビットコインビーチによれば，町に住む世帯の約9割が，食料品代・公共料金・医療費の支払いのために仮想通貨を使用した経験がある。しかし，この事業に障害がなかったわけではない。報告されているところでは，契約しているデータ量の制限や，より高機能なスマートフォンが使えないために，支払いシステムにアクセスするのに苦労してきた住人たちもいる。ハンター氏は，開発業者が地域企業でQRコードを読み取るための装置に解像度の低いカメラをつけるにあたっていくらか問題が生じたことを認めたが，町の住人のほとんどはビットコイン取引を扱える低価格のアンドロイドのスマートフォンを持っているようだと主張している。また彼は，エルゾンテのローカルなセルネットワークは取引を行うのに十分なものであるとも述べている。

しかし仮想通貨の投資家たちがエルゾンテに惹きつけられた理由は，国全体にはあてはまっていない。エルサルバドルの人口のうちインターネットにアクセスできる環境にあるのは45%にとどまる。政府が，特に地方で接続を改善しビットコイン経済を支えるだけの強力な装置を人々に行きわたらせることをどれだけきちんと考えているのか，それは未だに見えない。ブケレ氏はサービスが利用可能な範囲を広げるために衛星によるネットワークを構築するプランを打ち出したが，これを実行するとなると明らかにかなりの時間がかかるであろう。

◀解　説▶

▶設問1．1．「以下のうち，エルサルバドル政府がビットコインの使用を認める決定をした理由に該当するのはどれか」 第2段第1文（The government is …）の「ビットコインを通貨として導入することで政府が望んでいること」を列挙する文で，目的のひとつとして「送金を容易にする」（facilitate remittances）ことが挙げられているので，(a)「ビットコインによって国民の経済的取引がより簡単になることを政府は予想している」が正解。

2．「エルゾンテはどのようにしてビットコインを使うエルサルバドルで最初の場所になったのか」 try *A* out / try out *A* で「*A* を試しに使ってみる」。第4段第3文（In 2019, …）に「匿名の寄付者が当地に持続可能な仮想通貨のエコシステムを築く道を見つける狙いでビットコインの送金を始めた」とあるので，(a)「ある寄付者がそこで仮想通貨のコミュニティを発展させたいと望んだ」が正解。

3．「なぜクリス＝ハンター氏はブケレ氏の計画に懐疑的なのか」 第5段第6文（He admits, …）で「ハンター氏は政府が9月上旬までに（仮想通貨のための）インフラを立ち上げることには懐疑的」と述べ，その理由は直後に引用された発言で説明される。引用内の第2文（But to figure …）で「非常に厳しいスケジュール（tight timeline）だ」と述べているので，これらを総合し，(c)「接続の問題を考えると，計画実施（implementation）のためのブケレ氏のスケジュールは楽観的すぎる」が正解と判断できる。

4．「以下のうち本文の主題はどれか」 各段の役割をまとめると，第1段（Last week, … with the cryptocurrency.）で「エルサルバドルでビットコイン導入」というトピックが示され，第2・3段（The government is … the economy nationwide.）では政府の狙いが批判の声と併せて紹介される。第4・5段（El Zonte is … Hunter said.）ではビットコイン特区となったエルゾンテという村のこれまでの沿革と今後の課題が示され，最終2段（Although there has … quite a while（ iv ）.）では，これまでの実績や成功も交えつつ，主に問題点や課題が詳述されている。以上を踏まえると，(a)「ビットコインビーチは，エルサルバドルで仮想通貨をスタートさせることの可能性と困難の両面を示している」が正解。

▶設問2．(イ)下線部直訳は「これはまさに完璧な実験場でした」。この下線部は次の第5段第4文（Hunter says El Zonte …）で「エルゾンテはビットコインによる支払いシステムの試運転（test-driving）をするための最適な（prime）場所だった」と言い換えられているので，(d)「エルゾンテは仮想通貨の使用をテストする良い場所だった」が正解。

(ロ)下線部直訳は「その事業はここまで障害物がないわけではなかった」。つまり障害があったので，(b)「その事業はいくつかの困難に直面してきた」が正解。

▶設問3．空所を含む箇所は「何百万人もの人が～することをサポートする」という内容で，後続する部分から，それは技術的には可能であるが，続く同段最終文（But to figure …）から，日程的に難しいことであるとわかる。語群は not / just / but / too と either / or と holding / spending

/ Bitcoin / it に分けられる。よって，holding Bitcoin と spending Bitcoin（一方の Bitcoin が it になる）を *A*・*B*（または *B*・*A*）としたとき，either *A* or *B* とすると4語除かねばならないが，not just *A* but *B* too とすれば設問指示の通り2語除くことになるので，これをベースに検討を進める。holding Bitcoin「ビットコインの保有」と spending Bitcoin「ビットコインの使用」では，必要なインフラが多くなるのは当然後者である。使用に際しては，保有に必要なアプリその他を各消費者が使用できることに加えて，支払いを受ける各事業者の側にもそのためのインフラが必要となるからである。しかし実際には，第3段第2文（In addition, there's …）などで示されている通り，全ての事業者に仮想通貨での支払いを受け入れるだけの設備や装置が整っているとは言えない現状で，それをハンター氏は「技術的には可能であろうが90日では厳しい」と述べているのである。よって not just holding Bitcoin but spending it too として「(何百万もの人が）ビットコインを保有だけでなく使用もすることも（サポートする)」とする。

▶設問4．ｉ．空所のある箇所は，get cryptocurrency systems up and running for an entire country「国全体で仮想通貨システムを立ち上げ走らせること」を doing（　ｉ　）for a 3,000-person village と比較している。2項の対立が「国全体」と「3千人の村」という対象範囲の規模にあるとすれば，それ以外の部分は同じであるはずである。よって空所に(c)を入れて doing so「そうすること（＝get cryptocurrency systems up and running)」とする。

ii．struggle という動詞は基本的に受動態にせずに使い，struggle to *do* で「～しようと奮闘する，～するのに苦労する」の意味。よって(c)が正解。

iii．remain という動詞は基本的に進行形にしない。remain to be *done* で「これから～すべき状態のまま残っている」つまり「まだ～されていない」の意。空所を含む部分の主語 It は形式主語で，how exactly 以下が真主語であるが，これが表す「ビットコインのためのインフラ整備に関する政府の考え」は see する側ではなくされる側である。よって(c)が正解。

iv．*A* takes *B* *C* to *do*「*A*（物・事）が，*B*（人）が～するのに *C*（時間）を費やさせる」という形がある。ここから *B*（人）が省略された形が空所を含む部分となる。よって to の後ろに他動詞を能動態のまま目的語を後続させずに置いた(d)が正解。implement「(計画や契約を) 実行，実施する」

●語句・構文●

(第1段) legislature「立法府，議会」 tender「支払いのためのお金，提供物」 barring「～がなければ」 extenuating「酌量すべき」 resource「備品，機器」 crypto-「隠れた～」 cryptocurrency「暗号通貨」

(第2段) transformative「変化させる力のある，革新的な」 financial resources「財源」 unbanked「口座を持たない」 remittance「送金」 true to ～「～に忠実な」 madcap「無鉄砲な」 mining「マイニング」(暗号通貨の売買を記録する作業で，対価として暗号通貨を受け取れる)

(第3段) day-to-day「日常の」 volatility「不安定性，高い価格変動性，ボラティリティ」 swath「大部分，広い範囲の地域」 feasibly「もっともらしく，うまく」

(第4段) affluent「裕福な」 visibly「目に見えて，明らかに」 nonprofit「非営利組織」 consultation「協議，相談」

(第5段) Venmo「ベンモ（個人間送金のためのアプリの名)」 look *A* up / look up *A*「*A* を訪ねる」 co-founder「共同創設者」 dollarization「ドル化」 exponentially「指数関数的に」 figure *A* out / figure out *A*「*A* を解く，解決する」

(第6段) transaction「取引，売買」 low-end「低価格の」 resolution「解像度」 cell network「セルネットワーク（固定長パケットを転送単位とするネットワーク)」

(最終段) hold true「あてはまる」 float「(考えなど) を持ち出す，打ち出す」 coverage「サービス提供範囲」

V 解答

設問1．1－F　2－T　3－F　4－F

設問2．(1)―(a)　(2)―(a)　(3)―(b)

設問3．i ―(a)　ii ―(a)　iii ―(b)　iv ―(a)

設問4．the higher the representation, the higher the likelihood of

設問5．(e)

◆全　訳◆

≪ビジネス上多様性を反映した方がよい理由≫

以下の文章は，ビジネスに多様性を持ち込んだ方がよい理由を述べたレポートの一部である。

私たちの最新の分析では，性的多様性と民族的・文化的多様性の両方を企業の経営陣に取り入れる方がビジネス上よいという強い根拠が改めて明確になり，またこの根拠は今後より強くなっていくことが示されている。今やかつてないほど，最も多様性のある企業が多様性のない企業を利益の点で上回る可能性が高くなっている。

私たちの2019年の分析でわかったのは，経営陣の性的多様性の点で上位4分の1にいる企業は，下位4分の1の同業種の企業と比べて平均を上回る利益をあげる可能性が25％高いということである。これは2017年の21％，2014年の15％という数字から上昇している。

加えてわかったのは，女性の割合が高いほど利益があがる可能性が高くなることである。経営陣に女性が30％以上いる企業はその割合が10～30％の企業より利益をあげる可能性が著しく高く，また10～30％の企業はより女性が少ないあるいは女性がいない企業より利益をあげる可能性が高い。結果的に，性的多様性が最も高い企業と最も低い企業では実績に大きな差，実に48％もの差がついているのである。

民族的・文化的多様性の場合も，わかっていることは同じく説得力がある。分析結果では，上位4分の1の企業は下位4分の1より2019年の利益が36％上回った。これは2017年の33％，2014年の35％よりわずかながら上昇している。そして，これは既にわかっていることであるが，民族的多様性に関しては性的多様性よりも業績の違いを生む可能性が常に高いのである。

こうしたことが判明しているにもかかわらず，全体的な進展は遅々としている。私たちの最初の2014年のデータにある企業は，アメリカとイギリスに拠点を置く企業であるが，経営陣における女性の割合が2014年の15％から2019年は20％にまで上昇している。全世界でのデータは2017年以降のものであるが，この数字は2019年まで14％から15％と１％しか上がっていない。そして3分の1以上の企業は経営陣に全く女性がいないのである。このように具体的な進歩が見られない状況は，どの業種においても，そしてほとんどの国において明白である。同様に，アメリカとイギリスにおける民族的マイノリティーの経営陣参加率は2019年の時点で13%にとどまっており，これは2014年からわずか7%の上昇である。2019年の全世界のデータではこの数字は14%で，2017年の12%から上昇はしている。

マイノリティーの経営陣参加率の全体的な進歩はゆっくりであるが，このことが実は，インクルージョン＆ダイヴァーシティ（I&D）を先頭に立って実践している企業といまだ多様性を取り入れていない企業との間で広がりつつある差を覆い隠していることが私たちの調査で明らかになっている。私たちが分析した企業の3分の1は過去5年間で経営陣の多様性に実質的な進展があった。しかしほとんどの企業はほとんど進展がない，あるいは全く変わっておらず，中には性的・文化的多様性が後退してしまった企業もある。

このように多様性実践度の二極化が進んでいることが，業績における不利な状態につながる。2019年には，経営陣の性的多様性で下位4分の1の企業は業績悪化の可能性が，残り4分の3より19%高かった。これは2017年の15%，2015年の9%から上昇している。そして性的多様性・民族的多様性の両面ともで下位4分の1の企業は2019年にさらに著しい業績の不利な状態を経験している。データにある他の全ての企業と比べ，業績が悪化する確率が27%も高かったのである。

◀解　説▶

▶設問1．1．「性的多様性が企業の利益に与える影響は減少してきている」 経営陣の性的多様性が業績に与える好影響を述べた第2段（Our 2019 analysis …）は，最終文（This is up …）で2019年の数字が過去より上昇していることを指摘している。よって本文に合致しない。

2．「2019年には，民族的・文化的多様性が上位4分の1にある企業の利益は，下位4分の1の企業より36%高かった」 民族的・文化的多様性に関する調査結果は第4段（In the case …）。その第2文（We found that …）で「上位4分の1は下位4分の1を36%上回った（outperformed）」と述べているので，本文に合致する。

3．「経営陣における性的・民族的多様性は2014年以降急速に高まっている」 第5段第1文（(　ii　), progress …）で「全体的な進歩は遅い」

と述べられ，続く第2文（In the companies …）以降で具体的な数字が挙げられている。その中には第5文（Similarly, representation of …）の「2014年以降7％しか上がっていない」などの表現が見られる。よって本文に合致しない。

4．「執筆陣の世界的なデータによると，2019年には70％以上の企業が経営陣に少なくとも1人の女性を含んでいた」 第5段第3文（Across our global …）後半（ダッシュ以下）で「3分の1以上の企業の経営陣に女性がいない」と述べているので，本文に合致しない。

▶設問2．(1)affirm が「～と断言する，～を肯定する」なので reaffirm は「～と再び断言する，～を再度肯定する」。(a)confirm は「～を立証する，～に間違いがないと確認する」なので，これが最も近い。

(2)substantial は「実質的な，相当な，たくさんの，重大な」で，ここでは differential「差異，差額」が大きいことを示す表現。(a)「かなりの」で置き換えられる。

(3)compel は「～に…するよう強制する」という動詞で，その現在分詞から形容詞に転化した compelling は「人に強制するような」つまり「あらがいがたい，強い説得力のある」という意味。(b)は同様に動詞 convince「～に…を確信させる，納得させる」の現在分詞が形容詞に転化したもので，「説得力のある」の意味になる。

▶設問3．ⅰ．空所直前の「性的多様性が上位の企業は中位の企業より，中位の企業は下位の企業より業績がよくなる」という内容は，空所直後の「最上位と最下位で業績における48％の差」という内容と，対比や逆接ではなく因果の関係にあるので，(a)「その結果」を入れる。

ⅱ．空所前の第2～4段（Out 2019 analysis … than with gender.）の「性的・民族的多様性の高い企業ほど業績がよくなる」という内容と，空所直後の「前進が遅い」という内容は逆接の関係にある。よって，(a)「このことにもかかわらず」を入れる。

ⅲ．第6段第1文（While overall progress …）は「多様化を進めている企業とそうでない企業の差が開いている」という内容で，それが第2文以降で詳述される。第2文（A third of …）は「3分の1は多様性を増している」で，それと逆接の But でつながる第3文（But most firms …）は「ほかの企業は多様性が進んでいない，もっと言えば後退している企業もある」という意味になると推測できる。よって，空所には(b)「後退した」を入れる。

iv．第7段第1文(This growing polarization …)は「二極化(polarization)が進むと業績に penalty（不利な状況）がある」と述べ，それを第2文以降で詳述する。第2文（In 2019, fourth-quartile …）には「性的多様性が低い企業では業績が悪化する（underperform on profitability）可能性が高い」とあり，これが penalty の具体的内容である。この差が 19%。よって，第4文（And for companies …）で「性的・民族的多様性の低い企業ではさらに著しく 27%」と述べられているのは(a)penalty のことである。

▶設問4．従属接続詞 that に後続する節を作る問題。節なので主語と述語のセットが必要であるが，語群には動詞が含まれていないため，何らかの理由で述語動詞が省略された節を作ることが求められている。語群に the が4つ，名詞が2つ，形容詞の比較級が3つ含まれているため，「the＋比較級＋the＋名詞＋is, the＋比較級＋the＋名詞＋is」という構文から2つの is が省略されたものと考えられる（この構文や複合関係詞が導く節で補語が節の先頭に移動し be 動詞で終わっている場合，その末尾の be 動詞が省略されることがよくある)。空所に名詞 outperformance が後続していることから，名詞を後続させうる語として of を末尾に置く。次の第4段最終文（And, as we …）に likelihood of outperformance とあることから，この箇所も同じく likelihood of outperformance というつながりが現れる可能性は高い。空所を含む文は第3段第1文なので，続く部分で同じ内容が詳述されていると考えられる。第2・3文（Companies with more … gender-diverse companies.）は「経営陣の女性の割合が高い企業ほど業績があがる可能性が高い」という内容なので，語群中の representation「代表（すること)」はここでは「(経営陣中に女性が）占める度合い」の意味で用いられていると考える。以上より，the higher the representation (is), the higher the likelihood of (outperformance (is)) が正解となる。

▶設問5．空所イは「～%から 15%へと1%上がった」とあるので，14 が入ると確定し，(e)・(f)の二択となる。空所ハは「～%から上昇して 14%」とあるので，14 より小さい数が入る。よって，(f)が除外されて(e)

が残る。

●語句・構文●

（リード文）business case「ビジネスケース（ビジネス上のある選択や決定がそのビジネスにプラスをもたらす理由を述べたもの)」

（第2段）quartile「四分位数（データを上から下に並べたときの4分の1ずつの各層)」 peer「仲間，同業の人」

（第5段）material「具体的な，有形の，実質的な」

（第6段）inclusion and diversity は多様性が推進される現代社会においてよく用いられるようになっている標語的な定型表現。inclusion は様々な特徴を持つ人々を拒まず内包すること。have yet to *do*「まだ～していない，今後～する必要がある」

（最終段）polarization「正反対になること，分裂，二極化」

❖講　評

例年通り，会話文1題，長文読解4題の出題。内容説明や内容真偽などの純粋な読解力を問う小問に，文法・語法・語彙などの知識を問う設問，そして読解力と文法力を総合的に問う語句整序などが出題されている。

Ⅰ　会話文で，帰省のため家を空ける間に植物に水をやってほしいと友人に頼む設定。適切な発言を空所に入れさせる問題や言い換えを問う問題は例年通りの出題形式であるが，2022年度は会話特有の表現の知識を問う度合いが特に強かった。また，設問4のような語句整序が他の大問とあわせて全4問出題されているが，和訳が与えられていない点と語群に使わない語が含まれている点が全問に共通している。空所前後に与えられた語句から空所中の文構造の可能性を絞る文法力と，前後の文脈から空所中に入るべき内容を推定する読解力の両方が必要とされ，いずれも難度の高い設問となっている。

Ⅱ　運動によって不快や苦痛を受け止めることに慣れるという話題を扱った文章。設問1の1と2の内容説明はいずれも解答の根拠となる本文中の箇所が明確であるが，3は複数箇所を参照する必要がある。設問2の空所補充は，正確な語彙知識と文脈を押さえた上での推論力を問われる。設問3・設問4の同意表現を問う問題は，下線部（下線部内）の語句を知っているかどうかというよりはその意味を文脈から推測できるかが問われていると思われる。

Ⅲ　人が幼児期のことを覚えていない「幼児期健忘」という現象の理由を探る文章。設問 1 の内容真偽は解答の根拠が明白。設問 2 は，下線を施されている語はよく知られたものであるが，その文中での正確なニュアンスを汲み取る必要がある。設問 3 の空所補充は語彙力と併せ，文章内の論理展開の構造の正確な把握に基づいた文脈理解が要求される。

Ⅳ　仮想通貨を正式な通貨として認めるエルサルバドルのプロジェクトを取り上げ，その展望や課題を探る記事。専門語など馴染みのない語を多く含むが，設問には直接関係しないものがほとんどであるので，未知語を読み飛ばしつつ大意を押さえる能力が必要である。設問 1 は 4 の主題を答えさせる問が，局所的な理解ではなく文章全体の大局的把握を求める点でやや難しい。設問 4 の空所補充は文法・語法の知識から正しい形を選ぶもの。

Ⅴ　多様性を重視する企業はビジネス上もメリットがあることを数字で示す文章。設問 1 の内容真偽は本文中の対応箇所から明確に答えが導ける。設問 2 の同意表現はほぼ純粋な語彙知識の問題。設問 3 の空所補充はセンテンス間の意味関係を正しく把握できているかを問う。

全体としては，幼児期健忘を扱ったⅢや仮想通貨を扱ったⅣで，そのトピックに馴染みがなく文章の内容をうまくイメージできないと格段に難度が上がってしまうが，基本的に各設問は標準的な難易度。ただし，試験時間に比して読解量と設問量が多いので，スピードは要求される。読み書きに関する全てのベクトルの英語力が偏りなく問われている，言い換えると総合力が求められる出題であるが，2022 年度は特に会話表現と語句整序が出来に差がつく鍵になった可能性がある。

日本史

1　解答

問A．5　問B．1　問C．5　問D．2　問E．5
問F．3　問G．4　問H．1　問I．3　問J．4

◀解　説▶

≪奈良時代の 2 つの詔≫

▶問A．5が正解。史料Ⅰは国分寺建立の詔。史料Ⅱは大仏造立の詔。出典は奈良時代をカバーしている正史の『続日本紀』。

▶問B．1．正文。国分寺建立の詔が出されたのは 741 年。これは天然痘で藤原四兄弟があいついで亡くなった後の橘諸兄政権でのことであった。

2・4．誤文。御霊会の始まり，末法思想の広まりはともに平安時代。

3．誤文。天然痘の大流行は「720 年代」ではなく 730 年代。藤原四兄弟は 737 年に死去した。

5．誤文。皇后の病気平癒を祈り薬師寺を創建したのは天武天皇で，これは 7 世紀後半のこと。

▶問C．国分寺は金光明最勝王経，国分尼寺は法華経（妙法蓮華経）の教えにもとづいて建立された。

▶問D．下線部ニは大仏造立の詔を発布した聖武天皇をさす。

2．正文。聖武天皇は文武天皇と藤原宮子（不比等の娘）との間に生まれた。

1．誤文。光明子は藤原仲麻呂の叔母。

3．誤文。聖武天皇の父の文武天皇は，天武天皇の孫。

4．誤文。光仁天皇は天智天皇の孫。

5．誤文。光明皇太后が，亡くなった聖武太上天皇の遺愛品を東大寺に寄進した。正倉院宝物として現在に伝えられている。

▶問E．5が正解。「三宝」という語句は憲法十七条にもあり，仏・法・僧の3つ，つまり仏教を意味する。

▶問F．3が正解。東大寺の大仏は，華厳経の本尊である盧舎那仏。

▶問G．4が正解。天下の富と権勢をもつ自分が大仏をつくるという聖武天皇の決意を示している。

▶問Ｈ．１．正文。郡司はヤマト政権時代の国造の流れを引く官職で，地方豪族が世襲した。その伝統的支配力が人民統治に利用された。

２．誤文。郡司は終身の官職で「任期」はない。

３．誤文。郡司にも大領・少領・主政・主帳という四等官があった。

４．誤文。「飛鳥浄御原令」ではなく，大宝令。

５．誤文。10 世紀になると国司（とりわけ受領）の権限が強まるいっぽうで，郡司の権限は縮小され郡家（郡衙）は衰退した。

▶問Ｉ．３が正解。大仏造立の詔が出された時点の都は恭仁京であるが，聖武天皇は近江国の紫香楽宮に滞在しており，その地に大仏を造立しようとして詔を発した。

▶問Ｊ．４．不適。養老律令施行は 757 年（制定されたのは 718 年）。

2 解答

問Ａ．４　問Ｂ．４　問Ｃ．２　問Ｄ．５　問Ｅ．１
問Ｆ．３　問Ｇ．３　問Ｈ．２　問Ｉ．３　問Ｊ．２

◀解　説▶

≪執権政治≫

▶問Ａ．４が正解。「執権政治を確立させた」のは連署・評定衆を設置し，御成敗式目を制定した３代執権北条泰時。５代執権の北条時頼は泰時の孫である。

▶問Ｂ．４が正解。北条時頼は宝治合戦で有力御家人の三浦泰村を滅ぼした。

▶問Ｃ．２が正解。得宗という語は北条義時の法名「徳宗」に由来する。

▶問Ｄ．５．正文。「本所一円地」の武士とはつまり非御家人のこと。蒙古襲来の際に幕府は全国の荘園・公領の武士を動員できる権利を朝廷から認められた。

１．誤文。日本は「元の朝貢要求を受け入れ」なかった。

２．誤文。「隠岐」ではなく壱岐。

３．誤文。「備後」ではなく肥後。また「恩賞を得るため」も誤り。『蒙古襲来絵巻』には竹崎季長が恩賞を得た場面が描かれている。

４．誤文。異国警固番役は鎌倉幕府滅亡まで存続した。

▶問Ｅ．１．正文。安達泰盛は内管領の平頼綱に滅ぼされた。

２・５．誤文。御内人は得宗家の私的な家臣。将軍の直接の家臣，つまり御家人ではないため評定衆には就けない。

3．誤文。「北条時宗」ではなく北条貞時。

4．誤文。「将軍の私邸」ではなく得宗の私邸。

▶問F．3．正文。ただし，売却相手（買主）が御家人だった場合は，20 年以上経過したものは取り戻せないとされた。

1．誤文。「北条高時」ではなく北条貞時。

2．誤文。「増長」ではなく窮乏。永仁の徳政令は御家人の窮乏を救済するために出された。

4．誤文。これ以後，御家人が所領を質入れ・売却することは禁止された。しかし御家人の反発が強く，翌年撤回された。

5．誤文。永仁の徳政令では金銭貸借に関する訴訟は受理しないとされた。

▶問G．3が正解。「越訴」とは敗訴した者が再審請求をすること。

▶問H．2が正解。「非御家人・凡下の輩」とは御家人以外の者のこと。彼らが「買得」した所領は何年経過していても「売主」つまり元の持ち主である御家人に戻すと規定された。

▶問I．X．正文。宗尊親王が将軍となったのは 1252 年。5 代執権北条時頼の時代のことである。

Y．誤文。「引付」ではなく院評定衆。

Z．誤文。「亀山天皇」と「後深草天皇」が逆。

▶問J．後醍醐天皇の即位から鎌倉幕府滅亡までの流れを考えよう。

a．1317 年の文保の和談の翌年に後醍醐天皇が即位し，1321 年には院政を廃して親政を開始した。

c．後醍醐天皇は 1324 年の正中の変，1331 年の元弘の変と二度にわたり討幕計画を進めたが失敗し，隠岐に流された。

b．1331 年の元弘の変のさなかに光厳天皇が幕府に推されて即位した。

3　解答

問A．5　問B．3　問C．4　問D．3　問E．2
問F．2　問G．3　問H．1　問I．4　問J．1

◀解　説▶

≪江戸時代の女性≫

▶問A．5が正解。貝原益軒の著書『和俗童子訓』をもとに，女子教訓書である『女大学』がつくられたとされる。そのほか貝原益軒の著書には本草書の『大和本草』などがある。

▶問B．3が正解。リード文の「仙台藩医」，設問文の「田沼意次に献上」から工藤平助が著した『赤蝦夷風説考』と特定する。蝦夷地開発とロシアとの貿易の必要性を主張した著作で，これをうけて田沼意次は最上徳内に蝦夷地を探検させた。早稲田大学では「只野真葛」を扱った問題が何度か出題されており，その父が工藤平助であることがよく紹介されている。

▶問C．4．誤文。江戸に滞在中の各藩の藩士が「藩邸から出ることがなかった」は誤り。情報収集や各種交渉を行い，他藩の藩士らとの交流もあった。

▶問D．『独考』の成立は問題文中に1817年とある。

3．適切。1837年の大塩平八郎の乱についての記述。

1・2．不適。寛政異学の禁の発令，学問吟味という試験の開始は18世紀末の寛政の改革のときである。

4．不適。儒学の一派である折衷学派は18世紀後半頃に興った。

5．不適。大坂町人の出資による懐徳堂の創設は18世紀前半。将軍徳川吉宗は懐徳堂を準官学として保護した。

▶問E．2が正解。『蘭学階梯』は大槻玄沢による蘭学入門書。

1．『統道真伝』は封建社会を批判した安藤昌益の思想書。また，石田梅岩は心学の創始者。

3．『蔵志』は漢方医学の一派である古医方を学んだ山脇東洋の解剖図録。

4．『夢の代』は無神論を説いた町人学者山片蟠桃の著書。

5．『采覧異言』は朱子学者新井白石の世界地理書。また，中井竹山は儒学者。

▶問F．2が正解。史料1は「めあはせんとおもふ男女…同じ心なれば夫婦となす」から結婚に関する記述だと判断できる。［ヘ］国で男女が互いに相手の気持ちを直接確認したうえで結婚が成立することなどを真葛はうらやましいと感じている。［ヘ］国は，下線部リの「蝦夷（現北海道）まで日本人を送り来りし，アダム」が大黒屋光太夫を伴って根室に来航したラクスマンをさすことからロシアとなる。問Jの選択肢からもロシアと判断できるだろう。

▶問G．3が正解。史料3・4では男女の身体的相違をふまえつつ，「心を一段ひきくしてむかふべし」というジェンダー規範について記されている。

▶問H．１．正文。「読本作者」『椿説弓張月』から空欄チにあてはまる人物は曲亭馬琴。代表作の『南総里見八犬伝』は「勧善懲悪をベースとした伝奇小説」である。

▶問I．４が正解（問Fの〔解説〕参照）。それ以外の選択肢は「蝦夷（現北海道）」に日本人を送還したロシア人ではない。

１．アメリカ人のビッドルは浦賀に来航。ジョセフ・ヒコ（浜田彦蔵）はこれより後にアメリカから帰国。

２．ロシア人のプチャーチンは長崎に来航。ジョン万次郎（中浜万次郎）はこれより以前にアメリカから帰国。

３．高田屋嘉兵衛はロシアとのゴローウニン事件に関係する人物だが，ゴローウニンによって送還されたわけではない。

５．津太夫はロシア人レザノフによって送還されたが，レザノフの来航地は長崎。

▶問J．１．誤文。「間宮林蔵」ではなく近藤重蔵。

4　解答

問A．４　問B．２・４　問C．３・５　問D．２・４　問E．３・４　問F．１・５　問G．４・５　問H．３・５　問I．２・５　問J．２・５

◀解　説▶

≪景山（福田）英子の獄中述懐≫

▶問A．４が正解。史料の「明治十八年」「当地（大阪のこと）」と，設問文の冒頭の「ある計画が発覚して検挙された」から 1885 年の大阪事件を想起しよう。史料には「朝鮮」「渡航に決心」とあり，朝鮮の内政改革を企図したことも読み取れる。この事件で検挙された人物には２の大井憲太郎もいるが，史料に「儂は女子の身」とあるので正解は４の景山（福田）英子となる。

▶問B．２・４．正文。

１．誤文。高等女学校は女子の中等教育機関。女子の高等教育機関といえるのは，女子（高等）師範学校以外は女子英学塾（1900 年に津田梅子が設立）など私立の専門学校であった。

３．誤文。「女子」と「男子」が逆。

5．誤文。帝国大学令に女子の入学を禁じると明記されてはいない。しかし，入学資格が男子のみの高等学校卒業生などとされていたため女子は帝国大学に入学できなかった。

▶問C．3・5．正文。

1．誤文。「三菱」ではなく三井。

2．誤文。立憲帝政党は1882年に結成されたものの翌年には早くも解散した。第1回帝国議会における吏党といえば大成会である。

4．誤文。「西南戦争のさなか（1877年）」，片岡健吉らが立志社建白を天皇に提出しようとはかったが，却下された。民撰議院設立の建白書が提出されたのは1874年。

▶問D．2・4が正解。2の讒謗律は1875年，4の集会条例は1880年に発布された。それ以外の選択肢は1885年より前に出された法令。

1の保安条例は1887年，3の治安警察法は1900年，5の大日本帝国憲法は1889年に発布された。

▶問E．3・4が誤り。中里介山は明治末期～昭和前期，有島武郎は明治末期～大正期の小説家。

1の植木枝盛は『民権自由論』，2の福澤諭吉は『学問のすゝめ』，5の馬場辰猪は『天賦人権論』などにより明治前半期に天賦人権論を主唱した。

▶問F．1・5．正文。官営事業の払い下げの方針を定めたのは大隈財政のとき。松方財政下で払い下げが本格的に進んだ。大隈重信が創立した早稲田大学では注意しておさえておこう。

2．誤文。地租改正反対一揆の結果，地租の税率は3％から2.5％に引き下げられた。

3．誤文。日露戦争の戦費約17億円のうち約7億円は外債に依存していた。

4．誤文。日清戦争直前に実現したのは治外法権の撤廃。関税自主権の完全回復が実現したのは1911年。

▶問G．4・5．適切。4は1885年締結の天津条約，5は1884年の甲申事変の説明である。

1．不適。1875年の江華島事件の説明。

2．不適。1907年のハーグ密使事件後のできごと。

3．不適。1894年に起こった甲午農民戦争（東学の乱）の説明。

▶問H．３・５．適切。どちらも外務卿（外相）井上馨の条約改正交渉の説明。

１．不適。樺太・千島交換条約の締結は1875年。

２・４．不適。北京議定書の締結は1901年。この頃に満州を事実上占領したロシアへの対応を模索して唱えられたのが満韓交換（日露協商）論。しかし1902年に日英同盟が結ばれ，日露戦争へと向かうことになる。

▶問Ｉ．２・５．正文。

１．誤文。「日露戦争」ではなく日清戦争。

３．誤文。フランス人ボアソナードが起草した民法は伝統的な家族道徳を破壊すると批判され，民法典論争が起きて施行が延期された。

４．誤文。華族令が制定されたのは1884年。これは「帝国議会が開かれた年（1890年）」よりも前のことである。

▶問Ｊ．２・５が正解。高田事件は1883年，加波山事件は1884年に起きた自由民権運動に関わる激化事件。

１．竹橋事件は1878年，西南戦争の論功行賞に不満をもつ近衛兵が蜂起した事件。

３．大津事件は1891年にロシア皇太子ニコライが滋賀県巡査の津田三蔵に切りつけられ負傷した事件。

４．赤旗事件は，1908年に社会主義者の出獄を歓迎した大杉栄らが赤旗を振り回して警官隊と衝突し，検挙された事件。

5　**解答**　問A．３　問B．３　問C．５　問D．４　問E．４
問F．日本製鉄　問G．満州重工業開発　問H．朝鮮
問Ｉ．時局匡救　問Ｊ．経済更生

◀解　説▶

≪明治期の産業・高橋財政≫

▶問A．３．誤文。器械製糸場で多く利用されるのは「輸入器械」ではなく，輸入機械に学んで在来技術を改良したものであった。原料の繭も国産であり，だからこそ最大の外貨獲得産業であり続けた。

▶問B．やや難。３．誤文。八幡製鉄所は1901年に操業したが，「操業当初から順調」には生産できなかった。技術的な困難に悩まされ，日露戦争の頃にようやく生産が軌道に乗った。

▶問C．５．誤文。「日本社会党」ではなく社会民主党。

▶問D．４．誤文。政府は足尾銅山の経営者である古河に鉱毒予防措置の実施を命じている。ただし操業は停止させなかった。このため田中正造が直訴を試みたのである。

▶問E．４．誤文。「定額」なのは政府に金納する地租。小作料は現物納で，それぞれの地主が小作料を決定する。また「地主の利益には結びつかなかった」も誤り。米価が上昇すると地主は米の売却代金で潤う。定額金納地租であることが地主に有利に働いた。

▶問F．日本製鉄会社は八幡製鉄所と民間の製鉄会社の大合同で設立された。戦後の財閥解体で分割されたが，八幡製鉄と富士製鉄の２社が1970年に再び合併して新日本製鉄株式会社となった。

▶問G．日産コンツェルンの中心である日本産業会社が満州に移り，1937年に満州重工業開発会社が設立された。

▶問H．日産が満州に進出したのに対し日窒は朝鮮に進出した。早稲田大学では新興財閥についてよく出題されている。

▶問I．高橋財政下で実施された農村の救済を目的とした公共土木事業を時局匡救事業といい，その費用を時局匡救費という。

▶問J．内務省と農林省を中心に政府が展開した運動は農山漁村経済更生運動。政府は自力更生・隣保共助をスローガンに「農民の結束を強め，農村経済の自力回復」をめざした。

6　解答

問A．総量　問B．不良債権　問C．住宅金融
問D．北海道拓殖　問E．２・４
問F．（バブル経済とは，）超低金利政策下での投機により地価や株価が実態とかけ離れて暴騰（した状態をいう。）（30字以内）
問G．５　問H．３　問I．１または２※

※問Iについては，選択肢に正解として扱うことができるものが複数あったため，そのいずれを選択した場合も得点を与える措置を取ったと大学から公表されている。

◀解　説▶

≪バブル経済≫

▶問A．難問。1990年，大蔵省は地価高騰や土地投機の抑制をはかり，金融機関に対して不動産向け融資の伸び率を金融機関の貸出全体の伸び率

以下に抑えるよう指導した。これを「総量規制」という。その結果，金融機関の貸し渋りや貸し剝がしが起こり，バブル崩壊につながったとされる。

▶問B．地価・株価が暴落してバブルが崩壊し，金融機関は不動産を担保に融資していた企業の経営難・倒産などによって貸付金を回収することが困難になり，こういった不動産関連の融資を中心に不良債権が大量に発生した。

▶問C．難問。住専（住宅金融専門会社）による不動産融資は総量規制の対象外だったため，やがて巨額の不良債権を抱えこむことになり，1995 年頃から住専の破綻があいついだ。

▶問D．難問。バブル崩壊による影響は深刻で，1997 年に三洋証券や北海道拓殖銀行，山一証券が，1998 年には日本債券信用銀行と日本長期信用銀行が破綻した。

▶問E．プラザ合意は，1985 年の 5 カ国財務相（蔵相）・中央銀行総裁会議（G5）でなされた申し合わせのこと。

2．誤文。G5 の 5 カ国とは米・日・独・仏・英。これにカナダ・イタリアが加わった G7 が開かれたのは 1986 年以降。

4．誤文。プラザ合意は「ドル安」ではなくドル高の是正に関するもので，この結果，円高（つまりドル安）が急速に進んだ。

▶問F．プラザ合意による円高不況への対策として日本政府は超低金利政策をとった。このため企業や銀行に資金がだぶつき，それが投機目的で株や土地に流れ込んだ。「株と土地が投機の対象」であったこと，これらの価格が「実態（実体）以上に高騰」したことの 2 点を示そう。

▶問G．5 が正解。新自由クラブは三木武夫内閣のときの 1976 年に自民党から分裂してできたが，1986 年に解党し，大半の党員は自民党へ復党した。1993 年の細川護煕内閣を成立させた「非自民 8 党派」とは日本新党・新生党・民社党・公明党・新党さきがけ・社会党・社会民主連合の 7 党と参議院の会派である民主改革連合のこと。

▶問H．3．誤文。「聖域なき構造改革」を掲げたのは小泉純一郎内閣。

▶問I．1．誤文。太陽神戸銀行と三井銀行の合併によってできた銀行は太陽神戸三井銀行。その 2 年後にさくら銀行と改称された。

2．誤文。みずほ銀行は「2 行」ではなく，第一勧業銀行と富士銀行と日本興業銀行の 3 行の合併により誕生した。

❖講　評

1　聖武天皇が発した国分寺建立の詔と大仏造立の詔の2つの史料を用いて，奈良時代の政治・文化について出題されている。どちらも有名史料ではあるが，空所補充や語句の意味・出典などはきちんと史料問題対策をしていないと大きく失点してしまうだろう。標準レベルの問題で構成されているが，問Dは聖武天皇をとりまく血縁関係を系図で把握していないと解けない問題であった。

2　永仁の徳政令の史料を用いながら執権政治全般を扱った問題。永仁の徳政令は頻出史料なので対策をとっていれば問G・問Hの空所補充問題は解きやすかっただろう。点差がつくのは問D・問E・問Fのような正誤文選択問題で，正文1択問題ではダミーの誤りを逐一見つけていく必要がある。また，問Aは北条氏の系図を十分に見ておかないと勘違いする可能性がある。

3　江戸時代の女性の主張について初見史料を読解させて問うとともに，文化・外交分野も出題されている。史料の読解を要する問F・問Gや正誤文選択問題の内容のチェックに時間を取られる。語句の組み合わせ問題にも工夫が凝らされており，思考力をはかる問題となっている。

4　景山（福田）英子の『妾の半生涯』という初見史料を用いて明治時代の自由民権運動を中心に幅広く問う問題。解答個数が2つの文章・語句選択問題では完答が求められている。このタイプの問題を苦手とする受験生は多いと思われるが，本問は例年より易化している。

5　近現代の経済分野を2つのリード文を用いて問う問題。問Bはやや難。これ以外にも正誤文選択問題は単純な語句の誤りではなく内容を判断させるものが多く，点差がついただろう。商学部らしい問題であった。

6　バブル経済について大問規模で扱った珍しい問題。問A・問C・問Dの記述問題は難問だが，教科書の本文に載っているものもある。動揺せずに落ち着いて取り組みたい。問Fの30字以内の論述問題は文字数が少なく，語句の指定もあるため比較的書きやすかったであろう。

世界史

I　解答

問A．3　問B．2　問C．1　問D．4　問E．3
問F．1　問G．2　問H．1　問I．4　問J．3
問K．4　問L．2

◀解　説▶

≪パルテノン神殿の歴史≫

▶問A．やや難。世界遺産の登録を行っている国際連合の専門機関はユネスコ（UNESCO，国際連合教育科学文化機関）。世界遺産条約は1972年のユネスコ総会で採択された。ブリュッセルにはヨーロッパ連合（EU）の，ジュネーヴには国際労働機関（ILO）や世界保健機関（WHO）などの，ニューヨークには国際連合の本部がそれぞれ置かれている。

▶問B．2．レウクトラの戦いは前371年にテーベがスパルタに勝利した戦い。斜方戦陣をもちいたエパメイノンダスがテーベに勝利をもたらした。

▶問C．2・3．誤文。前451年のペリクレスの市民権法で，市民権を認められるのは，成年男子であっても両親ともにアテネ生まれで市民身分の人に限られた。

4．誤文。ペリクレスは戦死ではなく，ペロポネソス戦争中に病死している。

▶問D．難問。1．誤文。デロス同盟はアテネ中心の軍事同盟で，スパルタは含まれていない。

2．誤文。デロス同盟の資金をアテネ財政に流用したのはペリクレスである。また，五百人評議会や陶片追放制度を創設したクレイステネスは前6世紀に活躍した人物であることからも，誤文と判断できる。

3．誤文。デロス島にはゼウス神殿でなくアポロン神殿があった。

▶問E．3．フェイディアスは彫刻だけではなく，ペルシア戦争で破壊されたパルテノン神殿再建工事の監督を務めた。

▶問F．難問。2・4．誤文。フェイディアスが制作したアテナ女神像は現存しない。

3．誤文。パルテノン神殿には，かつては青・赤・黄色などで鮮やかな彩色が施されていた。

▶問G．ヘロドトスがペルシア戦争を中心に物語的に歴史を記述したのに対し，トゥキディデスはペロポネソス戦争を中心に厳密な史料批判に基づいて歴史を記述したため，「科学的な歴史叙述の祖」とされる。

▶問H．1．ピンダロスは前5世紀に活躍したテーベ出身の抒情詩人。オリンピアなどの競技会の優勝者を称えた祝勝歌が多く残されている。

▶問I．4．ロンドン会議はギリシア独立戦争の戦後処理のために，イギリス・フランス・ロシアなど関係国が開催した国際会議で，ギリシアのオスマン帝国からの独立が承認された。

▶問J．ギリシア独立戦争に参加したイギリスのロマン派詩人はバイロン。義勇兵として参戦したが，病死した。『戦争と平和』はロシアのトルストイ，『虚栄の市』はイギリスのサッカレー，『オリヴァー＝トゥイスト』はイギリスのディケンズの作品。

▶問K．4．正解。「独裁体制を長年維持していた国家元首」はフランコのこと。スペインでは1936年のスペイン内戦以来，フランコの独裁体制が続いていた。1975年にフランコが死去し，ブルボン家のファン＝カルロス1世が即位。立憲君主国として民主化が開始された。

▶問L．2．クーベルタンはフランスの貴族出身の教育家。1894年に国際オリンピック委員会（IOC）を組織してオリンピック競技会を復活させ，「近代オリンピックの父」と呼ばれる。

Ⅱ 解答

問A．2　問B．4　問C．4　問D．4　問E．2
問F．3　問G．2　問H．1　問I．1　問J．2
問K．2　問L．3

◀解　説▶

≪中国王朝における支配下人民の識別・区分≫

▶問A．1．誤文。アイバクが奴隷王朝を建てたのは，モンゴル帝国の成立と同じ1206年のことで，チンギス＝ハンの遠征が始まる前のことである。

3．誤文。モンゴル軍が滅ぼしたのはセルジューク朝ではなくアッバース朝。セルジューク朝は12世紀半ばに各地の地方政権に分裂した。

4．誤文。イル＝ハン国の建国者はハイドゥではなくフラグ。ハイドゥはオゴタイの孫で，フビライの即位に反対して反乱を起こした。

▶問B．４．『新青年』は陳独秀らによって発行された，新文化運動を推進した啓蒙雑誌。1915年に陳独秀が上海で発刊した『青年雑誌』を翌年に改称した。

▶問C．難問。４．誤文。孝文帝の漢化政策では，鮮卑・漢人両貴族の家格を定めて，相互の通婚を奨励した。その他，鮮卑族の服装・姓名・言語を漢人風に改めさせた。北魏の国姓である拓跋氏も元氏に改められている。

▶問D．４．囲田はその名の通り，低湿地を堤防で囲んで干拓した農地のことである。

▶問E．２．誤文。『西遊記』は明代に完成した長編小説で，元曲ではない。元曲の代表作品には，『琵琶記』『西廂記』『漢宮秋』などがある。

▶問F．イブン＝バットゥータは『三大陸周遊記（旅行記）』を著した大旅行家で，泉州・広州・杭州・大都（現在の北京）などを訪れたとされる。イブン＝ハルドゥーンは『世界史序説』を著した歴史家，イブン＝アブドゥル＝ワッハーブはワッハーブ派の祖，イブン＝シーナーは『医学典範』を著した医学者・哲学者である。

▶問G．難問。「君主の血統」が途絶えた時期は判断がつかないので，チンギス＝ハンの王統が途絶えた時期を手がかりに解答する。イル＝ハン国は内紛で分裂し1353年に王統が途絶えた。キプチャク＝ハン国はモスクワ大公国の独立により15世紀に崩壊し，大元ウルスは1388年に北元として存続し，チャガタイ＝ハン国は14世紀半ばに東西に分裂し，ティムールに征服された。

▶問H．難問。１．誤文。全真教はモンゴルの保護を受けて，江南の正一教（従来の天師道系の道教を継承した一派）と道教界を二分する勢力となった。

▶問I．１．誤文。1044年の慶暦の和約により，絹や銀を歳賜として贈ったのは南宋である。

▶問J．三長制は北魏の孝文帝が施行した村落制度で，均田制実施の前提となった。租庸調制は隋～唐，里甲制は明，府兵制は西魏～唐でそれぞれ実施された。

▶問K．難問。シラ＝ムレン流域に４～５世紀より居住したのは契丹。「華北の政治情勢に様々に介入」とあるので，少し時期は後ろになるが燕雲十六州の獲得や澶淵の盟締結などを想起したい。

▶問L．難問。1．誤文。1謀克は100戸ではなく300戸である。

2．誤文。北面官は軍政と民政，南面官は民政を担った。

4．誤文。ウイグル文字はソグド文字をもとに8世紀頃から用いられた文字。契丹文字は10世紀に作られた文字で，漢字をもとに作られた大字と，ウイグル文字の影響で作られた小字がある。

Ⅲ 解答

問A．4　問B．3　問C．4　問D．2　問E．1
問F．3　問G．4　問H．2　問I．3　問J．1
問K．4　問L．2

◀解　説▶

≪ルネサンス≫

▶問A．難問。ブルクハルトはスイスの歴史家・文化史家。ランケはドイツの歴史家で近代歴史学を確立，サヴィニーはドイツの法学者で歴史法学の創始者，スペンサーはイギリスの哲学者で社会進化論を提唱した。

▶問B．2のワット＝タイラーの乱（1381年）は百年戦争中の出来事で，その百年戦争が終わったのが1453年のこと。同じ年にビザンツ帝国が滅亡しており，1のモスクワ大公国がモンゴルの支配から独立した時（1480年）のイヴァン3世は，ビザンツ帝国最後の皇帝の姪を妃としたことからツァーリを名乗ったことを考えれば，2→1の順になる。3のドイツ農民戦争の開始（1524年）はルターの改革（1517年）の影響で始まっており，4のトリエント公会議（1545～63年）は宗教改革による混乱を収束させるために開かれたので，2→1→3→4の順となり，3が正解となる。

▶問C．4．誤文。カロリング＝ルネサンスは8世紀。シトー修道会が創設されたのは1098年で，12世紀以降，大開墾運動の中心となった。

▶問D．2．誤文。ウィリアム＝オブ＝オッカムは唯名論を唱えたスコラ学者であるが，活躍したのは14世紀である。

▶問E．マームーンはかなり細かい知識であるが，消去法で正答できる。マンスールはバグダードを建設したアッバース朝第2代カリフ，トゥグリル＝ベクはセルジューク朝の建国者，ムアーウィヤはウマイヤ朝初代カリフである。

▶問F．1．誤文。イブン＝ルシュドはコルドバ生まれである。

2．誤文。イブン＝ルシュドは『医学大全』を著した。『医学典範』はイブン＝シーナーの著作である。

4．誤文。『四行詩集』はオマル＝ハイヤームの作品である。

▶問G．1．誤文。ジョルダーノ＝ブルーノは地動説と汎神論を主張したため，異端として火刑に処せられた。

2．誤文。ペトラルカは詩人。作品にラウラへの愛をうたった『抒情詩集（カンツォニエーレ）』がある。

3．誤文。アルベルティは教皇庁に書記官として仕えた人物。1436 年の『絵画論』で遠近法の理論を展開した。レオナルド＝ダ＝ヴィンチの「最後の晩餐」の背景は遠近法で描かれている。

▶問H．1．誤文。カスティリャ王女のイサベルとアラゴン王子のフェルナンドの結婚でスペイン王国が成立した。

3．誤文。1494 年，フランス国王シャルル 8 世がイタリアに侵入し，イタリア戦争が始まり，1559 年に終結した。

4．誤文。皇帝カール 5 世による「ローマの劫略」は 1527 年の出来事で，16 世紀前半である。

▶問I．1．誤文。教皇党（ゲルフ）は神聖ローマ皇帝の支配に反発する都市の大商人に支持者が多く，フィレンツェはボローニャ・ミラノとならびその拠点の一つであった。

2．誤文。メディチ家の黄金時代はコジモの孫ロレンツォの時代である。

4．誤文。システィナ礼拝堂はフィレンツェではなくローマにある。

▶問J．2．誤文。ダンテはフィレンツェの行政長官を務めていたが，政争に巻き込まれてフィレンツェを追放され，ラヴェンナで亡くなっている。

3．誤文。マキャヴェリはフィレンツェの軍事・外交を担当した経験から『君主論』を著した。

4．誤文。マキャヴェリは中級貴族の出身である。

▶問K．4．誤文。トマス＝モアはヘンリ 8 世の大法官を務めた人物。ヘンリ 8 世の離婚に反対して処刑された。

なお，3のエラスムスの『愚神礼賛』（1509 年刊行）は友人であるロンドンのトマス＝モアを訪ねた際に，そこで書かれたものである。4の方が明確な誤りを含むため，正解は4と判断したが，3も設問の条件を厳密には満たしていないだろう。

▶問L．2．誤文。エル＝グレコはクレタ島生まれのギリシア人である。本名はドミニコス＝テオトコプロスといい，通称のエル＝グレコは「ギリシア人」という意味である。

Ⅳ　解答

1．ジョージア　2．ルイジアナ　3．茶法
4．ワシントン　5．ハミルトン
6．アメリカ＝イギリス〔米英〕戦争　7．綿花　8．ピール
9．航海法　10．最恵国待遇　11．マッキンリー
12．ケネディ＝ラウンド　13．ファーウェイ
14．第2次石油危機による原油価格高騰を受け，メキシコではアメリカからの外貨調達による工業化を進めた。1980年代になるとアメリカの金利上昇により対外債務の支払負担が急増，原油価格低下で債務危機に陥った。(100字以内)

◀解　説▶

≪18～21世紀の米英の通商問題≫

▶1．ジョージアはイギリス国王ジョージ2世の時に領主植民地として建設された。13植民地の南端にあり，米と藍のプランテーションが盛んで，南部の中心勢力となった。

▶2．ルイジアナは1682年に探検家ラ＝サールがフランスの領有を宣言し，時の国王ルイ14世にちなんで命名された。1763年のパリ条約で，ミシシッピ以東をイギリス，以西をスペインに割譲した。その後，西ルイジアナは1800年にナポレオンのフランスに返還され，1803年にアメリカが買収した。

▶3．茶法はイギリス東インド会社が13植民地で販売する茶を免税としたもので，植民地市場の独占により会社の財政難を救おうとした。茶法に対する住民の怒りがボストン茶会事件を引き起こした。

▶4．ワシントンはヴァージニアの大農園主である。

▶5．ハミルトンは独立戦争でワシントンの副官を務め，憲法制定会議では連邦派（フェデラリスト）の中心として活躍した。

▶6．アメリカ＝イギリス戦争は，ナポレオンの大陸封鎖令に対抗するため，イギリスが海上封鎖でアメリカの通商を妨害したことが原因で起きた。イギリスとの貿易の途絶は北部の工業発展を促し，アメリカの経済的自立

がもたらされたので，第二次独立戦争とも言われる。

▶7．アメリカ南部では，ホイットニーの綿繰り機の発明（1793 年）により綿花生産高が激増すると，黒人奴隷を使用した綿花プランテーションも拡大した。イギリスの綿花消費量の約 80％がアメリカ南部から輸入された。

▶8．難問。ピールはトーリー党を近代的政党へと脱皮させて保守党を創設，自由主義経済政策を推進した。

▶9．航海法はクロムウェル時代の 1651 年以降に数度にわたって制定された海運・貿易に関する諸規制。これが廃止されたことで，イギリスの自由貿易主義の原則が確立された。

▶10．英仏通商条約は無条件の最恵国待遇であったが，アヘン戦争の虎門寨追加条約，日清戦争の下関条約，日米和親条約などは片務的で不平等なものであった。

▶11．マッキンリーは 1897 年に第 25 代アメリカ大統領に就任。米西戦争，ハワイ併合など，アメリカ帝国主義政策を開始した。

▶12．難問。ケネディ＝ラウンドは関税と貿易に関する一般協定（GATT）の第 6 回一般関税交渉の異称。ケネディ大統領が提唱，加盟国全体で鉄工業製品の関税を引き下げることができるように交渉が行われた。

▶13．難問。時事用語のため難しかったと思われる。ファーウェイは中華人民共和国深圳市に本社を置く通信機器大手メーカー。2019 年 5 月にトランプ大統領がファーウェイ製品調達禁止の大統領令に署名した。

▶14．難問。1970 年代後半，メキシコでは豊富な石油資源を背景に石油開発と工業化推進を前面に押し出し，多額の資金を海外の金融機関から外貨調達という形で借り入れていた。しかし，1980 年代に入りアメリカの金利急上昇に伴って，対外債務の支払負担が急増した。加えて原油価格の下落によって，メキシコの債務返済能力は破綻，1982 年 8 月，利払いの一時停止（モラトリアム）を宣言することになった。通貨ペソの切り下げにより，この年の消費者物価上昇率は 98％となり，国民は急激なインフレーションと失業の増大に苦しんだ。

❖講　評

Ⅰ　パルテノン神殿の歴史をテーマに，古代から現代までのギリシアの歴史を問う問題。文章の正誤判定問題では，問Ｄと問Ｆが選択肢の文章に教科書レベルを超えた内容のものがあり，正誤判断が難しい。空所補充問題では，問Ａのユネスコ本部所在地のパリはかなり細かい知識で，難問。問Ｂのレウクトラの戦いは用語集の説明文レベルの知識だが，消去法で正答を導ける。問Ｌは夏季・冬季オリンピックが開催された年度にふさわしい問題。クーベルタンは用語集の説明文レベルの知識だが，一般常識として覚えておきたい。

Ⅱ　中国王朝において支配下にある人々をいかに識別・区分したかをテーマにした問題。モンゴル帝国を中心に北魏や遼・金などの政治・文化について問われている。文章の正誤判定問題では，問Ｃと問Ｈと問Ｌが選択肢の文章に教科書レベルを超えた内容のものがあり，正誤判断が難しい。問Ｇと問Ｋの問題も，解答に迷う問われ方で，かつ教科書レベルを超えた細かな事項で難しい。その他はおおむね教科書レベルの知識で対応できる問題ばかりなので，取りこぼしは避けたいところである。

Ⅲ　ルネサンスをテーマにした問題で，カロリング＝ルネサンスや 12 世紀ルネサンスについても問われている。空所補充問題では問Ａのブルクハルトが難問，問Ｅのマームーンも細かいが消去法で正答を導ける。文章の正誤判定問題では，問Ｃ・問Ｄ・問Ｈが年代がらみで，判定に時間を要するが，その他は正誤の判定が容易な問題が多い。問Ｂの配列問題も難しくはない。

Ⅳ　18～21 世紀の米英の通商問題に関する問題で，商学部らしい出題である。空所補充問題では 5 のハミルトンと 12 のケネディ＝ラウンドが細かい知識だが，早稲田大学商学部受験生なら知っておきたい知識である。13 のファーウェイは教科書レベルをはるかに超えた難問。現代情勢に注意を払って新聞などに目を通していないと答えられない。14 の論述問題は 1982 年のメキシコ経済危機の説明で，これは一部の教科書・用語集に記載があるとはいえ，100 字以内の論述問題に対応するには情報量が足りなかったと思われる。かなりの難問であった。

2022 年度は 2021 年度に比べると教科書レベルを超える内容を含む問題が増えたが，**Ⅳ**の空所補充問題の難問はやや減少したので，全体として難易度に大きな変化はない。また論述問題も教科書レベルを超えた問題で，例年通りハイレベルな問題である。

政治・経済

I　解答

問1．(ア)・(ウ)　問2．(エ)・(オ)　問3．(ア)・(オ)
問4．A．個人　B．幸福追求　C．人種　D．信条
E．門地　F．栄典　G．選挙人

◀解　説▶

≪日本国憲法と平等≫

▶問1．(ア)適切。最高裁は，1981年，女性の定年（退職年齢）を男性よりも低く設定し，格差を設けることは，性別による不合理な差別に当たり，民法第90条（公序良俗）に反して違法・無効となると判示した。

(ウ)適切。民法第733条は「女性は離婚や結婚取り消しから6カ月を経た後でなければ再婚できない」と定めていた。最高裁は，2015年，父子関係確定のために設けられている再婚禁止規定について，その合理性は認めながらも100日を超える部分は必要であるとは言えないとして，民法第733条の当該箇所は憲法に違反すると判示した。

(イ)不適。民法第731条の規定は，婚姻の年齢を男性18歳以上，女性16歳以上と定めていた。婚姻年齢を男女で区別する上記の規定に関する最高裁の違憲判決はこれまでなかった。なお，2018年6月，成人の年齢を18歳，婚姻の年齢も18歳（親の同意は不要）とする改正民法が成立（施行は2022年4月）した。

(エ)不適。最高裁は，夫婦同姓を強制する民法第750条について，日本国憲法第13条，同第14条1項，同第24条のいずれにも違反していないと判示した（2015年，2021年）。選択的夫婦別姓については，国会でも議論されているが決着はついていない。

(オ)不適。民法第762条第1項が憲法違反であるとする最高裁判決はない。

▶問2．(エ)適切。男女雇用機会均等法は，1985年の女性差別撤廃条約の批准を前にして制定された法律である。2006年には，雇用に関わるすべての場面での男女双方の性差別を禁止する内容に法改正された。

(オ)適切。かつての日本では「男は仕事，女は家事・育児」という性的役割分業意識が根強かった。これを見直しているのが1991年に制定された育

児休業法である。同法は，育児が必要となる労働者に最長1歳6カ月までの休業を事業者に義務づけた法律である。1995年に法改正されて育児・介護休業法となり，育児休業に加え要介護者一人につき3カ月以内の介護休業が盛り込まれた。育児・介護休業の双方とも，休業する労働者は男女を問わない。

▶問3．男女共同参画社会基本法は，「男女が，互いにその人権を尊重しつつ責任も分かち合い，性別にかかわりなく，その個性と能力を十分に発揮することができる男女共同参画社会」（同法前文）の実現をめざす法律である。

(ア)適切。男女共同参画社会基本法の前文に示されている。

(オ)適切。男女共同参画社会基本法は，国及び地方公共団体が策定し実施する男女共同参画社会の形成を促進するための措置に，積極的改善措置（ポジティブ＝アクション）を含めている（同法第2条2号，同法第8条の両条文から）。

(イ)不適。選択肢の表現の「求めていない」が間違い。「求めている」であれば適する。男女共同参画社会基本法第17条参照。

(ウ)不適。労働条件に関する禁止規定は男女共同参画社会基本法にない。該当する禁止規定は，賃金に関しては労働基準法第4条（男女同一賃金の原則），雇用条件に関しては男女雇用機会均等法第5～7条にある。

(エ)不適。積極的改善措置として，雇用や管理職などの一定割合を女性とするクォータ制を採用する努力義務は男女共同参画社会基本法にない。女性活躍推進法（2015年制定）に関連する条文（第8条3項）がある。

▶問4．A．「個人として尊重される」（日本国憲法第13条）という表現は，「個人の尊厳」や「一人ひとりの人格の尊重」を意味している。そのため，これに続く「生命，自由及び幸福追求に対する国民の権利」は人格権として扱われる。人格権は，新しい人権としての自己決定権（個人の人格的生存に関わる重要な事項を，権力の干渉や介入なしに各自が自律的に決定できる権利）の法的根拠である。さらに日本国憲法の保障する平等が一人ひとりの人格的平等であるとするのも，冒頭の表現が根拠になっている。

B．「幸福追求の権利」（日本国憲法第13条）は，アメリカの独立宣言などにもみられ，自然権（人が生まれながらの自然にもっている権利）として基本的人権の起源を成す権利の一つである。そのため，新しい人権の法的根拠となっている場合が多い。プライバシーの権利，自己決定権，環境権などがそうである。

C．人種は，人類を遺伝的・形質的特徴によって区分した分類の概念である。人種差別（レイシズム）は国際社会において今なお克服すべき重要な課題として認識されている。国連は1963年に人種差別撤廃宣言を，1965年に人種差別撤廃条約を採択している。

D．信条は，「堅く信じ守っているもの」の意味である。元来は信仰箇条のような宗教色の強い用語であった。現在ではその観念は薄れ，宗教観の他，人生観や世界観，政治観などに基づく信念を一般的に指している。

E．門地は，生まれや家柄の意味である。

F．栄典は，国家や社会に対する功労者を表彰するため，国家が与える位階や勲章などである。栄典の授与は天皇の国事行為（日本国憲法第7条7項）である。しかし，それを受けたからと言って「特権も伴はない」し「一代に限り」である（同第14条3項)。また，明治憲法下にあった華族・貴族の爵位のような世襲的・特権的な位階制度も認められない（同第14条2項)。なお，現在の位階制度は故人にのみ与えられる。

G．選挙人とは，選挙権を有する者の意味である。通常，有権者と言い換えることが多い。選挙人の資格（日本国憲法第44条参照）については公職選挙法で定められるが，同法は国籍を有する18歳以上の男女で，欠格事由に該当しないものを選挙人としている。この欠格事由は刑罰によるものなどを事由としており，法の下の平等に反する事由は認められない。

II 解答

問1．(イ) 問2．(イ) 問3．配当 問4．(イ)
問5．会社法 問6．(ア) 問7．(ア) 問8．(ア)
問9．(エ) 問10．(ア) 問11．(イ)

◀解　説▶

≪企業と経済循環≫

▶問1．(イ)適切。生産要素は，生産活動の本源的要素の意味である。企業は生産の主体であり，家計から生産要素である労働・資本・土地（生産の三要素）の提供を受けて，財やサービスを生産し販売する。

▶問2．(イ)適切。会社の最高意思決定機関とは株主総会のことである。株主総会に参加するためには株主としての資格要件を満たす必要がある。1

単元株以上の株式をもつ株主で株主名簿にそれが記載されており，かつ議決権行使書を持参しなければならない。したがって，株主は株主総会に参加できる可能性があるが，株主でない債権者は株主総会に参加できない。

▶問 3．配当は，企業が利益または剰余金の一部を株主・出資者に分配することである。

▶問 4．(イ)適切。東京証券取引所等における外国法人等による株式保有比率（外国人株式保有比率）は 1990 年度に 4.7%，2020 年度に 30.2%で，この 30 年間の外国人株式保有比率は増加傾向にある。同じく金融機関による株式保有比率は 1990 年度に 43.0%，2020 年度に 29.9%，事業法人による株式保有比率は 1990 年度に 30.1%，2020 年度に 20.4%で，この 30 年間は減少傾向にある。

▶問 5．会社法は，商法第 2 編，有限会社法など，会社に関連した法を統合・再編し大幅に改正したものである。重要な改正点に，最低資本金制度の廃止，株式会社のしくみの柔軟化（取締役 1 名でも可など），合同会社の新設などがある。

▶問 6．(ア)適切。働き方改革関連法の成立で労働基準法第 36 条の特別条項が設けられ，残業時間の上限は，原則として月 45 時間・年 360 時間とし，臨時的な特別の事情がなければこれを超えることはできないことになった。

(イ)・(ウ)不適。働き方改革関連法の主旨は「長時間労働の是正」「多様で柔軟な働き方の実現」と「雇用形態にかかわらない公正な待遇の確保」であり，雇用保険や外国人技能実習制度の充実は内容ではない。

(エ)不適。「規制緩和」ではなく「規制強化」であれば正しい。働き方改革関連法の内容として労働者派遣法の改正も含まれる。その規制の方向は派遣労働者の不合理な待遇差を解消すること（同一労働同一賃金の実現など）。「待遇差」の対象は，賃金だけでなく利用できる福利厚生施設や教育訓練の機会なども含まれる。

▶問 7．(ア)適切。2021 年の労働組合組織率は 16.9%，パートタイム労働者の同組織率は 8.4%（労働組合基礎調査，厚生労働省）であった。近年増加しているサービス業ではパートタイム労働者など非正規労働者の割合が多い。また，サービス業は規模的に中小企業が多く労働組合を組織することが難しい。したがって，(ア)の記述は適切である。

(イ)不適。労働組合の団結権を具体的に定めているのは労働組合法である。
(ウ)不適。日本では産業別組合ではなく，企業別組合が主流である。
(エ)不適。公務員に労働三権が認められているとは言えない。すべての公務員には争議権がなく（国家公務員法，地方公務員法他），警察官，消防官，自衛官については労働三権のすべてが否定されている。また，一般職の公務員の団体交渉権には団体協約締結権が欠けている。
▶問８．(ア)適切。需要の価格弾力性は，価格の変化に対して需要がどの程度変化するかを示す指標である。価格の１％変化（上昇，低下）に対して，需要が何％変化（増加，減少）するかを数値部分でみるとよい。需要の価格弾力性が大きいとき，価格の変動幅に対して需要が大きく変動するのであるから，需要曲線の傾きは緩やかになる。
▶問９．(エ)適切。完全競争市場（完全市場）は，多数の供給者・需要者から成る自由競争が支配する市場である。ある特定の売り手（供給者）や買い手（需要者）の取引量に影響されずに価格が決定される。品質や価格などの情報はすべての売り手・買い手に共有されている。
(ア)不適。市場に参入障壁があれば供給者が少数となるので，その市場は完全競争市場ではない。
(イ)不適。買い手の数が少数であれば，その市場は完全競争市場ではない。
(ウ)不適。価格以外の手段による競争（非価格競争）が行われれば，その市場は完全競争市場ではなくなる。
▶問10．(ア)適切。円安が進むと輸入エネルギーの価格が上昇し，生産コストが上昇するので供給曲線は左にシフトする。需要・供給曲線上を見ると，均衡価格は上昇し，均衡取引数量は減少することがわかる。
▶問11．(イ)適切。所得が減少すると消費者の購買力が減少する。購買力が減ると同じ価格では需要量が減る。よって所得が減ると需要曲線は左にシフトする。

Ⅲ　解答

問１．マルサス　問２．(ウ)　問３．(ア)　問４．(ウ)
問５．相関　問６．(イ)　問７．(ウ)　問８．(ア)
問９．リカード　問10．(イ)　問11．(ウ)　問12．(ウ)・(エ)・(オ)

◀解　説▶

≪人口論≫

▶問１．マルサス（1766～1834 年）はイギリスの古典派経済学者である。主著『人口論』（1798 年刊行）において「人口は幾何級数的に増えるが，食糧生産は算術級数的にしか増加しない」とした。「マルサスの罠」はこの命題から導かれる。人口は，生きるのに必要な最低限の食糧が確保できる限り増えていく。しかし，人口増加で労働力が増しても人口増加ほどには食糧の増産ができない。いつか最低限の食糧供給が確保できない事態となって，「人口は生存ぎりぎりの生活水準で静止する」という。

▶問２．(ウ)適切。空欄Ｂの前後の記述から，Ｂは食糧生産に相当する，あるいは対応する語句であることがわかる。選択肢の中でそれに該当するのは(ウ)の「食糧供給」である。実際に空欄Ｂに「食糧供給」とあてはめると「一人当たりの食糧供給は」となって文脈に合う。

▶問３．(ア)と関連が深い。下線部①の記述から食糧増産をはかる政策を選べばよい。消去法で考えてもよい。緑の革命は，農作物の品種改良（とくに穀物の多収穫品種）を中心に，灌漑，肥料，農薬，農業機械などを取り入れた農業の技術革新である。1940 年代のメキシコで始まり，50 年代，60 年代になるとロックフェラー財団やフォード財団の援助で事業が拡大した。とくに熱帯アジアの各国では飛躍的な食糧増産が可能になった。

(イ)のパルメ委員会は，国連の軍縮と安全保障に関する独立委員会である。

(ウ)のナイロビ宣言は，国連環境計画（UNEP）のナイロビ会議で採択された宣言（1982 年）である。地球環境の悪化に強い警告を発している。

(エ)の国連貿易開発会議（UNCTAD）は，南北問題を解決するための国連総会の常設機関である。

(オ)新国際経済秩序（NIEO）は，1974 年の国連資源特別総会で採択された宣言である。「天然資源に対する保有国の恒久主権」を確認し先進国に有利で発展途上国に不利な国際経済秩序の変革をめざした。

▶問４．(ウ)正文。総再生産率の「再生産」は，家族のもつ次の世代を産み育てる機能を意味する。男性（男児）の出生率は社会制度（一夫多妻制など）や戦争などによって上述の「再生産」とは必ずしも直結しない。そのため，次の世代の人口がどのように変化するかをみる場合には，出産を直接担う女性（女児）の出生率をみる方が適切である。合計特殊出生率ではなく総再生産率を用いる理由もそこにある。

(ア)・(イ)・(エ)・(オ)誤文。合計特殊出生率は一人の女性が生涯に「平均何人の子どもを産むか」の指標であり，総再生産率は一人の女性が生涯に「平均何人の女児を産むか」の指標である。総再生産率が合計特殊出生率よりも高くなることはない。このことから(ア)・(イ)・(エ)・(オ)のいずれもが結論において矛盾する。

▶問5．「相関」が適する。1801年まで実質賃金のグラフの形状は，総再生産率のそれより遅れて似た形状をたどっている。そのことから実質賃金と総再生産率とはおおまかではあるが相互に関連性をもっていることがわかる。相互に関連性をもつ関係とは相関関係であるから，空欄Cは「相関」が適する。類似した言葉に「比例」があるが，この言葉は関数表示ができるほどの関連性を示す表現なのでここでは適さない。

▶問6．(イ)正文。グラフの形状をたどるのがポイント。実質賃金は1620年頃〜1740年頃まで上昇基調にある。総再生産率は実質賃金のカーブより20〜40年ほど遅れて上昇基調にある。2つの曲線の下降のカーブは18世紀後半を中心にみられるが，実質賃金は総再生産率のカーブよりほぼ先行している。上述の記述に合致する説明は(イ)である。

▶問7．(ウ)正文。下線部④「それまでの時期とは異なった動き」とは具体的にどのような意味であるかを考える。1801年以前は実質賃金の谷と山は，それぞれ総再生産率の谷と山より先行し一定の時間差（タイムラグ）をおいて相関関係にある。しかし，1801年以降，実質賃金が急上昇しているのに総再生産率には相関した動きがほとんどない。以上の表現とほぼ重なる表現がみられるのは(ウ)である。

▶問8．(ア)D：上昇，E：上昇の組み合わせが適する。

D．人口が増加すればより多くの食糧が必要になるが，そのことは食糧の需要が増大することを意味する。一方で食糧の供給は食糧の需要に追いつかない。条件の悪い土地での農業が拡大するため土地生産性が低くなるのが原因である。食糧の供給よりもその需要の方が大きいのであるから食糧価格は上昇する。

E．食糧価格の上昇は労働力の生産コストの上昇を意味する。したがって，労働力の価格である賃金は上昇する。

▶問9．リカード（1772〜1823年）は，労働価値説を徹底させ，アダム＝

スミスに始まる古典派経済学の完成者とされる。主著『経済学及び課税の原理』において比較生産費説を説いた。「リカードの罠」は，人口が増加すると土地資源の制約から食糧価格が上昇し，ひいては賃金の上昇が起こる。その結果，企業の利潤が減り資本蓄積が停滞して経済成長は止まってしまうという理論である。

▶問10. (イ)適切。比較生産費説は，自国に比較的有利な商品に生産を特化（専門化）し，貿易によってそれを交換し合う方が貿易国双方に有利になるという理論である。自由貿易論の根拠として受け入れられ，国際分業が発展していく道筋をつけた理論である。

▶問11. (ウ)正文。積立方式は，自らが積み立てた保険料が自分の年金として使われる方式であるから世代間の不公平はあまりない。積立方式には年金の運用資金による収益が加算されるというもくろみがあるが，景気変動によって運用状況が悪いと年金の受取分が減額されるという欠点がある。最大の欠点はインフレの場合である。年金の実質的な価値が大きく目減りするからである。賦課方式は，現役世代の保険料でその年の保険給付がまかなわれる方式であるから，現役世代に重い負担がかかる。しかし，賦課方式はその年ごとの物価，所得水準に応じた年金の実質的価値を維持できる。そのため，賦課方式は景気変動とインフレに対応できるとされる。

(ア)誤文。2008年から導入された後期高齢者医療制度は，75歳以上の高齢者を対象とする1割自己負担の独立型健康保険の制度である。2000年から導入された介護保険とは異なる。介護保険は40歳以上を対象にしている。

(イ)誤文。2004年から導入されているマクロ経済スライド制は，物価の変動分をそのまま反映させる物価スライド制とは異なるが賃金や物価の改定率を調整して緩やかに年金の給付水準を調整する仕組みである。年金額の調整を行っている期間は，年金額の伸びは物価の伸びよりも抑えられる。

(エ)誤文。2001年から導入された確定拠出年金（日本版401k）は，国民年金や厚生年金保険に上積みされた自己責任型の私的年金である。加入者が掛金の金額を指定して納めることで「確定拠出」の名称が使われている。この年金は基礎年金制度（国民年金の拠出制にあたる部分）とは関係ない。

(オ)誤文。日本の社会保険は強制加入を原則としている。

▶問12. (ウ)正文。生産年齢にあたる世代は，年少者や高齢者の世代に比べて医療サービスを受ける度合いは少ない。したがって，その世代が多ければ医療保険について国や自治体が負担する費用は少なくなり，それだけ国や自治体に財政的な余裕が生まれる。そのことで公共事業費などが潤沢になれば経済成長を達成しやすくなる。医療保険だけではなく，年金や介護保険などについても同様のことが言える。

㈣正文。若年労働者が多いと，一般に企業の人件費は少なくて済む。年功序列型賃金はその傾向を一層強める。企業としてはその分設備投資などに回す資金が大きくなり企業規模を拡大しやすい。このことは経済成長を達成する要因となる。

㈤正文。従属人口は15歳未満の年少人口と65歳以上の老年人口を合計した人口である。従属人口にあたる世代が少ないと教育・介護に振り向けられる人材は少なくて済む。生産年齢にあたる世代の労働力の多くが製造業など経済成長の牽引役となる第二次産業に就業する。このことは経済成長を達成する要因となる。

㈠誤文。「人口ボーナス」が経済成長に有利とされる理由の説明になっていない。

㈡誤文。後半の記述が誤っている。金利は貸付資金の価格を意味するから，住宅ローンの需要が大きくなれば銀行金利は高くなる。

Ⅳ 解答

問1．㈡　問2．㈤

問3．株や土地などの資産価格が実体経済から離れ高騰している状態。(20字以上30字以内)

問4．㈤　問5．Social Networking Service　問6．㈣　問7．㈢

問8．㈡　問9．a．契約社員　b．請負〔フリーランス〕　問10．㈣

◀解　説▶

≪インターネットの拡大と労働環境≫

▶問1．新規株式公開とは，企業が新たに株式を証券市場に上場し一般投資家から資金を集めることをいう。

㈡不適。株主総会に参加するためには株主としての資格要件を満たす必要がある。1単元株以上の株式をもつ株主で株主名簿にそれが記載されており，かつ議決権行使書を持参しなければならない。したがって，株主でない投資家を株主総会に参加させることはできない。

(ア)適切。株式を上場する場合には，自由に売買できる譲渡制限のない株式を予め発行しておかなければならない。

(ウ)適切。証券取引所は，投資家保護を目的として，上場企業に対して業績等に関する情報についてディスクロージャー（企業情報の開示）を求めている。

(エ)適切。上場基準は，金融商品取引所に上場するための審査基準である。たとえば，2022 年 4 月からスタートしたプライム市場（東証一部を引き継ぐ証券市場）の上場基準では，流通株式の時価総額が 100 億円以上であることが求められる。上場をめざす企業は証券取引所の当該市場の上場基準を達成しておく必要がある。

(オ)適切。上場をめざす企業は上場基準を達成するために，流通株式の時価総額を高めておく必要に迫られるケースが多い。その場合，当該企業は新たに株式を発行し証券会社にこれを引き受けてもらうことになる。

▶問 2．(オ)不適。株式会社は事業年度ごとに定時株主総会を開かねばならない（会社法第 296 条 1 項)。株式会社の定時株主総会はその株主の上場とは関係なく実施されることになっている。

(ア)適切。ある株式会社の株式が上場されれば，投資家は株式の流通市場でその株を売買できるようになるためである。

(イ)適切。公募増資は企業が新株を発行し，一般投資家から出資を仰ぐ形態である。ある株式会社の株式が上場されれば，その会社は証券会社を通して公募増資による資金調達が容易になる。公募債の場合も上述の公募増資と同様のことが言える。

(ウ)適切。ストック・オプションは取締役や従業員に対し成功報酬として付与される自社株購入権である。株式の上場で株式の売却が容易となるなら，ストック・オプションの形で受け取った報酬を現金化しやすくなる。

(エ)適切。上場企業の一つとなることで，テレビや新聞で株式市況の銘柄の一つとして報道されるから知名度はより高くなる。

▶問 3．バブル（バブル経済）は泡のように膨張した経済の意味である。それは投機的な動きが盛んになって経済の実勢以上に株価や地価などの資産価格が高騰するところに特徴がある。バブル経済は景気過熱の状態であるが，何かきっかけがあれば資産価格は急落に転じ深刻な不況の原因となる。つまり，経済の実勢，実体経済とかけ離れたバブル（泡）は，やがてしぼむからバブル経済なのである。

▶問 4．(オ)不適。(オ)については考察が必要である。(オ)の説明が適切であれば，SNS の平均利用時間が増えればテレビの平均視聴時間が減るといった実施年の推移（反比例の関係）を示すはずである。10 代の SNS の平均利用時間についてそれをみると，2017～2019 年は，やや減・大幅増・かすかに増である。同じくテレビの平均視聴時間についてそれをみると，やや減・やや減・やや減である。2 つの利用時間の実施年の推移は反比例の関係にない。40 代についても同様の結果が得られる。したがって，(オ)は不適切であると考えてよい。なお，他の選択肢は判別が容易なので消去法で除外して正解の見通しをつけることも考えられる。

▶問 5．SNS（ソーシャル＝ネットワーキング＝サービス）は，インターネット上のコミュニティサイトである。SNS には，Twitter（メッセージや画像，動画などで交流），LINE（電話やチャットで交流），Facebook（実名で登録し友人の輪が広がるのが特徴），instagram（写真共有が特徴），TikTok（ショートビデオが特徴）などがある。SNS は 2004 年頃から急成長を遂げ，現在ではソーシャルメディアとして政治的，経済的，文化的に従来のマス＝メディアに代わる影響力をもつようになった。

▶問 6．(エ)不適。グーグル（検索サイトなど）やアマゾン（ネット通販など）などは，ネット市場における独占ないし寡占状態の疑いがもたれている（2020・2021 年，アメリカの司法当局は独占禁止法違反で両社を提訴）。しかし，日本でもアメリカでもそのような状況は法的規制によってもたらされたものではない。

(ア)・(ウ)適切。サイト運営業者は，プラットフォーム経済におけるプラットフォーマーである。プラットフォーム経済とは，生産者と消費者，提供者と利用者など，異なるグループや要素を仲介し結びつけることでネットワークを構築する経済である。その仲介をするのがプラットフォーマーである。そうした市場においては，サイトに登録したサービス提供者は利用者を巡って互いに競争する。

(イ)適切。サイト運営業者はサービス提供者に対するレビュー（利用者が書いた評価）を文章やランキングなどのかたちで提示し，そのサービスの質を利用者が推測できるようになっている。

(オ)適切。サイトでは，サービス内容は簡単にわかるようにしてある。メニュー内容の表示や写真の掲載など，実際に現地に行かなくても用が足りるようにさまざまな工夫がみられる。

▶問7．(ウ)不適。「労使双方が合意すれば」が間違いである。いわゆる無期転換ルール（5年ルール）は，有期労働契約が更新されて通算5年を超えたときに，労働者の申込みによって無期労働契約に転換されるルールである（厚生労働省）。

(ア)適切。派遣業務の拡大のための労働者派遣法改正は1996年以降に行われ，派遣労働者の拡大が続いた。とくに2004年の労働者派遣法の改正（製造業の派遣解禁）で派遣労働者数が拡大した。

(イ)適切。2020年の厚生労働省の労働力調査によると，非正規雇用者は2090万人，うち1429万人が有期雇用契約である。非正規雇用者の中で有期雇用契約をしている割合は68.4%，ほぼ3分の2になる。

(エ)適切。厚生労働省労働力調査をみると，コロナ禍で緊急事態宣言が出される度に非正規雇用者数は大幅に減少した。とくに非正規雇用の割合の高い宿泊飲食業，生活関連娯楽を含むサービス業において当該の解雇者が増加した。

(オ)適切。2019年，パートタイム労働法はパートタイム・有期雇用労働法に名称が変更され，2020年4月から施行された。同法は，同一企業内における正社員と非正規雇用者との間の基本給や賞与などあらゆる待遇において，不合理な差別待遇を禁止している（第8条・第9条）。

▶問8．(イ)不適。生活保護は社会保険ではなく，公的扶助である。国が公費によって生活困窮者に対し財政負担で生活費を援助するものである。保険金を積み立て必要なときに給付を受ける社会保険とは異なる。

(ア)適切。日本では1958年改正の国民健康保険法によって国民皆保険が実現している。

(ウ)適切。雇用保険は，失業時の失業給付や教育訓練給付などを行う社会保険である。事業主は週の所定労働時間が20時間以上で，雇用見込日数が31日以上の人を雇った場合には，雇用保険に加入する義務がある。

(エ)適切。労働者災害補償保険（労災保険）は，労働基準法第8章（第75条～第88条）に規定される災害補償のための社会保険であり，労働者災害補償保険法で定められている。労働者を雇用する使用者には，一部の例外（雇用保険と同じ）を除き，加入義務がある。

(オ)適切。2000 年の公的介護保険制度の導入で，現在の社会保険は医療・年金・雇用・労働災害・介護の５本立てになっている。

▶問９．ａ．契約社員は，非正規雇用者のうち，期間の定まった有期雇用契約によって働く社員である。高度な専門職である場合もある。

ｂ．請負契約は，独立した個人の事業主（自営業者）が依頼主と契約を結んで働く方法をいう。請負契約は雇用契約ではなく，ある業務を受注した者が業務の完成を約束し業務を発注した者はその成果物に対して報酬を支払うという契約（民法第 632 条）である。したがって，請負契約によって企業が勤務時間を管理することはできない。なお，本文で問題になっている請負は偽装請負といい，労働者派遣法に違反し罰則が適用される。

▶問 10．(エ)適切。図Ⅳ－１から原油価格が数カ月に３分の１以下に急落したのは 2009 年のことであるとわかる。この時期に起こった世界的な出来事と言えばリーマン＝ショックである。2008 年秋の大手証券会社リーマン＝ブラザーズの破綻から世界同時不況となったのがリーマンショックである。その影響で 2009 年には世界経済は大混乱を極めることになった。

❖講　評

Ⅰ　日本国憲法の基本理念「法の下の平等」に沿って男女平等に関連した問題（問１～問３）が多かった。問１は最高裁判例（違憲判決など），問２・問３は近年の法制に関する理解が試されたがいずれも難しくない。通常の発展学習の範囲内である。問４の日本国憲法の条文の空所補充をする記述問題は予想される問題であり，対策ができていれば易しい。

Ⅱ　会社企業に関連した問題（問２～問５），労働法制に関連した問題（問６・問７），需要・供給曲線に関連した問題（問８～問 11）など，出題分野は多岐に渡っていた。問７はやや突っ込んだ問題であるが，消去法を用いれば正解できる。問８の需要の価格弾力性に関する出題は 2021 年度も出題されていた。全体の難易度はやや易しいレベルである。

Ⅲ　人口と食糧供給や賃金の推移とを結びつける資料文を読み解き，関連する知識とグラフ読解を試す出題であった。問２・問５・問８は読解力・推理力を試す出題である。問９の人名は資料文中の下線部⑤と問 10 の選択肢がヒント。問 12 の人口ボーナスに関する正誤問題は広範な知識と推理力とを駆使する必要がある。全体の難易度は標準以上である。

Ⅳ　ネット環境の拡大に関する資料文をベースにしながら多様な観点と分野からの出題であった。問３の論述問題は基本事項の論述。問４は表から読み取れる内容を選択する問題であるが，思い込みで解答するのは禁物。問９のｂの語句はかなり難しい。通常の学習の範囲内で対応できない問題（問２・問６・問９のｂ）があり，全体の難易度は標準以上である。

数学

1

◇発想◇　(1)　条件式(ii)の形から，両辺の対数をとることに気がつきたい。$\log_2 a_{10}$ にたどりつけばよいので，あとは $\log_2 a_3$，$\log_2 a_4$，… と順に挙げていくことになる。

(2)　$x-y$ の最大値については，円と直線の関係から求められる。問題は $-xy$ についてである。「不等式の証明」に出てくる $xy \leqq \dfrac{x^2+y^2}{2}$ からイメージできる。

(3)　まずは同じ値をとりつづける数列（$a_{n+1}=a_n$ を満たす数列）を求めることが最初の一歩となる。

(4)　$y=f(x)$ を回転させるのは困難なので，逆に x 軸の方を反時計回りに回転させた図を考えたい。

解答　ア．55　イ．$\dfrac{3}{2}+\sqrt{6}$　ウ．$\dfrac{1-\sqrt{21}}{2}$　エ．$\dfrac{3}{2}\sqrt{10}$

◀解　説▶

≪小問4問≫

▶(1)　条件より，数列 $\{a_n\}$ の各項は正の数なので，(ii)式の両辺について底2の対数をとると

$$\log_2 a_{n+2}=\log_2 a_n{}^{\log_2 a_{n+1}}$$

となり

$$\log_2 a_{n+2}=\log_2 a_{n+1}\log_2 a_n$$

ここで，$\log_2 a_n=b_n$ とすると

$$b_{n+2}=b_{n+1}b_n \quad \cdots\cdots①$$

$b_1=\log_2 a_1=\log_2 4=2$，$b_2=\log_2 a_2=\log_2 4=2$ なので，①の両辺も正の数となり，さらに底2の対数をとると

$$\log_2 b_{n+2}=\log_2(b_{n+1}b_n)=\log_2 b_{n+1}+\log_2 b_n$$

となり，$\log_2 b_n=c_n$ とすると

$$c_{n+2}=c_{n+1}+c_n \quad \cdots\cdots②$$

となる。

$c_1=\log_2 b_1=\log_2 2=1$，$c_2=\log_2 b_2=\log_2 2=1$ であり，数列 $\{c_n\}$ の第 10 項までを順に挙げると

$$1,\ 1,\ 2,\ 3,\ 5,\ 8,\ 13,\ 21,\ 34,\ 55$$

よって，$c_{10}=55$ である。

すなわち

$$\log_2(\log_2 a_{10})=\log_2 b_{10}=c_{10}=55 \quad \to ア$$

▶(2)　$x^2+y^2\leqq 3$ の表す領域は中心が原点，半径 $\sqrt{3}$ の円の内部（境界線を含む）である（右図の網かけ部分）。

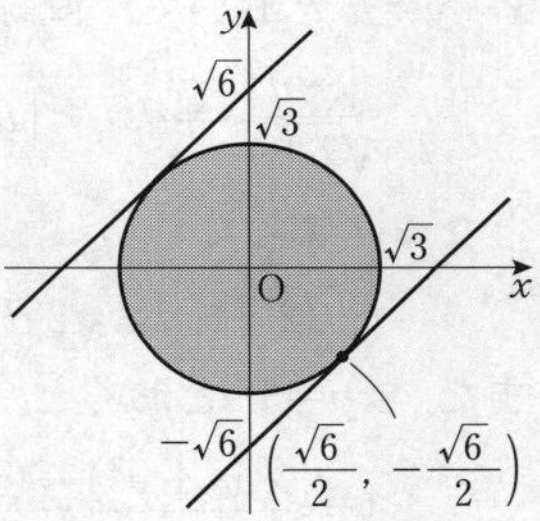

［Ⅰ］　$x-y=u$ とおき，直線 $x-y-u=0$ と円 $x^2+y^2=3$ が共有点をもつような u の値の範囲を考える。

円の中心 $(0,\ 0)$ と直線 $x-y-u=0$ との距離 d が $d\leqq\sqrt{3}$ を満たせばよいので

$$d=\frac{|u|}{\sqrt{1+1}}=\frac{|u|}{\sqrt{2}}\leqq\sqrt{3}$$

となり　　$|u|\leqq\sqrt{6}$

よって　　$-\sqrt{6}\leqq u\leqq\sqrt{6}$

であり，$x-y$ は $(x,\ y)=\left(\dfrac{\sqrt{6}}{2},\ -\dfrac{\sqrt{6}}{2}\right)$ のとき最大値 $\sqrt{6}$ をとる。

［Ⅱ］　$xy\geqq 0$ のとき　　$-xy\leqq 0$

$xy<0$ のとき　　$-xy>0$

であり　　$-xy=\sqrt{x^2y^2}$

$x^2>0$，$y^2>0$ だから，相乗平均≦相加平均より

$$-xy=\sqrt{x^2y^2}\leqq\frac{x^2+y^2}{2}\leqq\frac{3}{2}$$

となり，$-xy$ は $x^2=y^2=\dfrac{3}{2}$ のとき最大値 $\dfrac{3}{2}$，すなわち $(x,\ y)=\left(\dfrac{\sqrt{6}}{2},\ -\dfrac{\sqrt{6}}{2}\right)$，$\left(-\dfrac{\sqrt{6}}{2},\ \dfrac{\sqrt{6}}{2}\right)$ のとき $-xy$ は最大値 $\dfrac{3}{2}$ をとる。

以上，［Ⅰ］，［Ⅱ］より，$x-y-xy$ は $(x,\ y)=\left(\dfrac{\sqrt{6}}{2},\ -\dfrac{\sqrt{6}}{2}\right)$ のとき最大値 $\dfrac{3}{2}+\sqrt{6}$ をとる。 →イ

別解　座標平面上で $x^2+y^2\leqq 3$ を満たす点 $\mathrm{P}(x,\ y)$ を考える。
Pと原点Oとの距離を $\mathrm{OP}=d$ とし，d を固定して考える。
$d=\sqrt{x^2+y^2}$ であり　　$0\leqq d\leqq\sqrt{3}$
$x-y=u$ とおいて，直線 $x-y-u=0$ と原点Oとの距離を考えると

$$\frac{|-u|}{\sqrt{1+1}}=d \qquad |u|=\sqrt{2}\,d$$

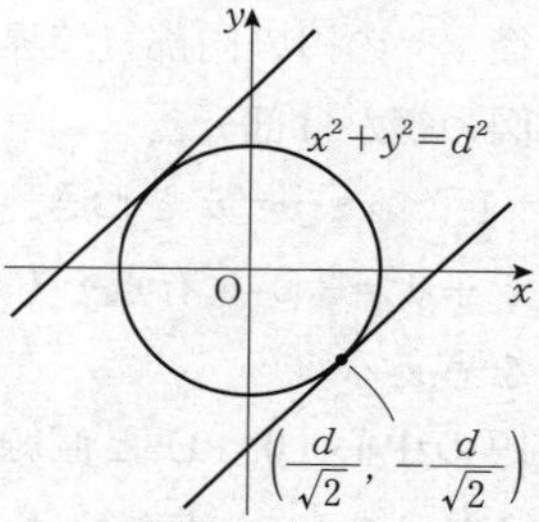

となる。よって

$$-\sqrt{2}\,d\leqq u\leqq\sqrt{2}\,d$$

また，$xy=V$ とおくと

$$V=\frac{(x^2+y^2)-(x-y)^2}{2}=\frac{d^2-u^2}{2}$$

よって

$$x-y-xy=u-V=u-\frac{d^2-u^2}{2}=\frac{1}{2}u^2+u-\frac{1}{2}d^2$$

$$=\frac{1}{2}\{(u^2+2u+1)-1\}-\frac{1}{2}d^2$$

となり

$$u-V=\frac{1}{2}(u+1)^2-\frac{d^2+1}{2}$$

$-\sqrt{2}\,d\leqq u\leqq\sqrt{2}\,d$ なので，$u-V$ は $u=\sqrt{2}\,d$ のとき最大値となり，その値は

$$\frac{1}{2}(\sqrt{2}\,d+1)^2-\frac{d^2+1}{2}=\frac{2d^2+2\sqrt{2}\,d+1-d^2-1}{2}=\frac{1}{2}d^2+\sqrt{2}\,d$$

そのとき　　$(x,\ y)=\left(\dfrac{d}{\sqrt{2}},\ -\dfrac{d}{\sqrt{2}}\right)$

次に d を $0\leqq d\leqq\sqrt{3}$ において変化させると，最大値 $\dfrac{1}{2}d^2+\sqrt{2}\,d$ は d の増加につれて増加するので，$d=\sqrt{3}$ のとき $u-V$ は最大値 $\dfrac{1}{2}\times(\sqrt{3})^2$

$+\sqrt{2}\times\sqrt{3}=\dfrac{3}{2}+\sqrt{6}$ をとる。

また，点Pは　$\left(\dfrac{\sqrt{3}}{\sqrt{2}},\ \dfrac{-\sqrt{3}}{\sqrt{2}}\right)=\left(\dfrac{\sqrt{6}}{2},\ -\dfrac{\sqrt{6}}{2}\right)$

すなわち，$x=\dfrac{\sqrt{6}}{2}$，$y=-\dfrac{\sqrt{6}}{2}$ のとき，$x-y-xy$ は最大値 $\dfrac{3}{2}+\sqrt{6}$ をとる。

▶(3)　［Ⅰ］　(ii)式より

$$a_{n+1}-1=(a_n{}^2-2a_n)-3-1=(a_n-1)^2-1-4$$
$$=(a_n-1)^2-5$$

$a_n-1=b_n$ とおくと　　$b_{n+1}=b_n{}^2-5$　……①

であり，$a_n\leqq10$ より，すべての正の整数 n に対して $b_n=a_n-1\leqq9$ となるような b_1 を考える。

①の b_{n+1}，b_n に k を代入して　　$k=k^2-5$

$$k^2-k-5=0\qquad k=\frac{1\pm\sqrt{21}}{2}$$

$\dfrac{1+\sqrt{21}}{2}<9$，$\dfrac{1-\sqrt{21}}{2}<9$ であり，数列 $\{b_n\}$ の一般項は $b_n=\dfrac{1+\sqrt{21}}{2}$，$b_n=\dfrac{1-\sqrt{21}}{2}$ なので，$b_1=\dfrac{1+\sqrt{21}}{2}$，$\dfrac{1-\sqrt{21}}{2}$ は条件を満たす。　……②

また，$b_1=-k=-\dfrac{1\pm\sqrt{21}}{2}$ について考えると

$$b_2=\left(-\frac{1\pm\sqrt{21}}{2}\right)^2-5=\frac{1\pm2\sqrt{21}+21}{4}-5$$
$$=\frac{11\pm\sqrt{21}}{2}-5=\frac{1\pm\sqrt{21}}{2}$$

となり，$-\dfrac{1+\sqrt{21}}{2}<9$，$-\dfrac{1-\sqrt{21}}{2}<9$ であり

それぞれ　$\begin{cases}b_1=\dfrac{-1-\sqrt{21}}{2}\\ b_n=\dfrac{1+\sqrt{21}}{2}\quad(n\geqq2)\end{cases}$，$\begin{cases}b_1=\dfrac{-1+\sqrt{21}}{2}\\ b_n=\dfrac{1-\sqrt{21}}{2}\quad(n\geqq2)\end{cases}$

なので，$b_1=\dfrac{-1-\sqrt{21}}{2}$，$\dfrac{-1+\sqrt{21}}{2}$ も条件を満たす。　……③

②，③の 4 数のうち最小の値は　$b_1=\dfrac{-1-\sqrt{21}}{2}$

［Ⅱ］ ここで，$b_1<\dfrac{-1-\sqrt{21}}{2}$ のときについて考えると

$$b_2=b_1{}^2-5>\left(-\frac{1+\sqrt{21}}{2}\right)^2-5=\frac{1+\sqrt{21}}{2}$$

であり

$n\geqq 2$ のとき　$b_{n+1}=b_n{}^2-5>\dfrac{1+\sqrt{21}}{2}$

$n\geqq 2$ のとき，$b_n=l+\alpha_n\left(l=\dfrac{1+\sqrt{21}}{2},\ \alpha_n>0\right)$ とすると

$$\alpha_2=b_2-l$$
$$\alpha_3=b_3-l=(l+\alpha_2)^2-5-l=l^2+2l\alpha_2+\alpha_2{}^2-5-l$$
$$=2l\alpha_2+\alpha_2{}^2=(2l+\alpha_2)\alpha_2\quad(\because\quad l^2-l-5=0)$$

であり　$\alpha_3>2l\alpha_2$

同様に

$$\alpha_{n+1}=b_{n+1}-l=(l+\alpha_n)^2-5-l$$
$$=(2l+\alpha_n)\alpha_n>2l\alpha_n$$

となり　$\alpha_n>(2l)^{n-2}\cdot\alpha_2$

$\alpha_2>0$，$2l=1+\sqrt{21}>1$ なので，n の増加につれて $\alpha_n>9$ となる n が出現する。

よって，$b_n=l+\alpha_n>9$ となる n も存在する。

それゆえ，$b_1<\dfrac{-1-\sqrt{21}}{2}$ の範囲には条件を満たす b_1 の値は存在しない。

以上，［Ⅰ］，［Ⅱ］より

b_1 の最小値は　$b_1=\dfrac{-1-\sqrt{21}}{2}$

そのとき　$a=a_1=b_1+1=\dfrac{-1-\sqrt{21}}{2}+1$

すなわち　$a=\dfrac{1-\sqrt{21}}{2}$　→ウ

▶(4)　$x=1$ で極大値 5 より　$f(1)=5$，$f'(1)=0$

$x=2$ で極小値 4 より　　$f(2)=4,\ f'(2)=0$

$f(x)=ax^3+bx^2+cx+d$ とおくと

$$f'(x)=3ax^2+2bx+c$$

よって　　$f'(1)=3a+2b+c=0$　……①

$$f'(2)=12a+4b+c=0 \quad \cdots\cdots ②$$

②－① より　　$9a+2b=0$　　$b=-\dfrac{9}{2}a$

①に代入して　　$3a-9a+c=0$　より　$c=6a$

となり

$$f(x)=ax^3-\frac{9}{2}ax^2+6ax+d$$

$$f(1)=a-\frac{9}{2}a+6a+d=\frac{5}{2}a+d=5 \quad \cdots\cdots ③$$

$$f(2)=8a-18a+12a+d=2a+d=4 \quad \cdots\cdots ④$$

③－④ より　　$\dfrac{1}{2}a=1$　　$a=2$

④に代入して　　$4+d=4$　より　$d=0$

$$f(x)=2x^3-9x^2+12x$$

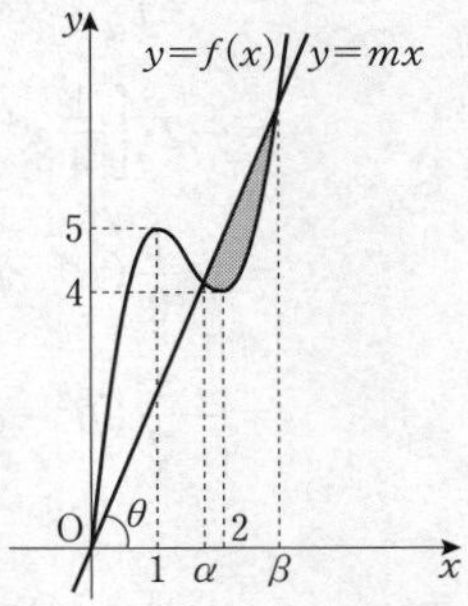

ここで，$y=f(x)=2x^3-9x^2+12x$ $(x\geqq 0)$ のグラフ，および x 軸を原点を中心に反時計回りに θ 回転した直線 $y=mx$ $(m=\tan\theta)$ を考え，3 次曲線と直線は異なる 3 点を共有しているとする（右図）。

なお，この図は問題文で指示された図形を原点を中心に回転させたものであり，網かけ部分の面積は $\dfrac{81}{32}$ である。

$y=f(x)$ と $y=mx$ との共有点の x 座標を求めると，$2x^3-9x^2+12x=mx$ より

$$2x^3-9x^2+12x-mx=0$$

$$x\{2x^2-9x+(12-m)\}=0$$

$2x^2-9x+(12-m)=0$ の解を $\alpha,\ \beta$ $(\alpha<\beta)$ として，3 つの共有点の x

座標を小さい順に並べると，$x=0$，α，β となる。

また，$2x^2-9x+(12-m)=2(x-\alpha)(x-\beta)$ であり

$$\left.\begin{aligned} &\alpha+\beta=\frac{9}{2},\ \alpha\beta=\frac{12-m}{2} \\ &\beta-\alpha=\sqrt{(\beta-\alpha)^2}=\sqrt{(\alpha+\beta)^2-4\alpha\beta}=\sqrt{\frac{81}{4}-2(12-m)} \\ &\qquad=\sqrt{\frac{81-96+8m}{4}}=\frac{\sqrt{8m-15}}{2} \end{aligned}\right\}(☆)$$

さて，網かけ部分の面積 S は

$$\begin{aligned} S&=\int_\alpha^\beta\{mx-(2x^3-9x^2+12x)\}dx \\ &=\int_\alpha^\beta\{-2x^3+9x^2-(12-m)x\}dx \\ &=\int_\alpha^\beta[-x\{2x^2-9x+(12-m)\}]dx \\ &=\int_\alpha^\beta\{-x\cdot 2(x-\alpha)(x-\beta)\}dx \\ &=\int_\alpha^\beta\{-2x^3+2(\alpha+\beta)x^2-2\alpha\beta x\}dx \\ &=-2\int_\alpha^\beta x^3dx+2(\alpha+\beta)\int_\alpha^\beta x^2dx-2\alpha\beta\int_\alpha^\beta xdx \\ &=-2\cdot\left[\frac{1}{4}x^4\right]_\alpha^\beta+2(\alpha+\beta)\left[\frac{1}{3}x^3\right]_\alpha^\beta-2\alpha\beta\left[\frac{1}{2}x^2\right]_\alpha^\beta \\ &=-\frac{1}{2}(\beta^4-\alpha^4)+\frac{2(\alpha+\beta)}{3}\cdot(\beta^3-\alpha^3)-\alpha\beta(\beta^2-\alpha^2) \\ &=-\frac{1}{2}(\beta^2-\alpha^2)(\beta^2+\alpha^2)+\frac{2}{3}(\alpha+\beta)(\beta-\alpha)(\beta^2+\alpha\beta+\alpha^2) \\ &\qquad\qquad-\alpha\beta(\beta^2-\alpha^2) \\ &=\frac{(\beta^2-\alpha^2)}{6}\cdot\{-3(\beta^2+\alpha^2)+4(\beta^2+\alpha\beta+\alpha^2)-6\alpha\beta\} \\ &=\frac{(\beta^2-\alpha^2)}{6}\cdot(-3\beta^2-3\alpha^2+4\beta^2+4\alpha\beta+4\alpha^2-6\alpha\beta) \\ &=\frac{(\beta-\alpha)(\beta+\alpha)}{6}\cdot(\beta^2-2\alpha\beta+\alpha^2)=\frac{(\alpha+\beta)(\beta-\alpha)^3}{6} \end{aligned}$$

$S=\dfrac{81}{32}$ なので，(☆)より

$$S=\frac{1}{6}\times\frac{9}{2}\times\left(\frac{\sqrt{8m-15}}{2}\right)^3=\frac{81}{32}$$

$$\left(\frac{\sqrt{8m-15}}{2}\right)^3=\frac{27}{8}$$

$\dfrac{(\sqrt{8m-15})^3}{8}=\dfrac{27}{8}$ から　　$(8m-15)^{\frac{3}{2}}=27$

$$8m-15=27^{\frac{2}{3}}=9 \qquad 8m=24$$

よって，$m=3$ である。

α，β は　　$2x^2-9x+(12-3)=0$　すなわち　$2x^2-9x+9=0$

の解であり，$(2x-3)(x-3)=0$ より

$$x=\frac{3}{2},\ 3$$

$\alpha<\beta$ なので　　$\alpha=\dfrac{3}{2}$

求める点 Q_θ は，$y=f(x)$ 上の点 $\left(\dfrac{3}{2},\ 3\times\dfrac{3}{2}\right)=\left(\dfrac{3}{2},\ \dfrac{9}{2}\right)$ を原点Oを中心に時計回りに θ 回転させればよいので，$Q_\theta{}'\left(\dfrac{3}{2},\ \dfrac{9}{2}\right)$ とすると

$$OQ_\theta=OQ_\theta{}'=\sqrt{\left(\frac{3}{2}\right)^2+\left(\frac{9}{2}\right)^2}=\sqrt{\frac{9}{4}+\frac{81}{4}}$$

$$=\sqrt{\frac{90}{4}}=\frac{3}{2}\sqrt{10}$$

よって，Q_θ の x 座標は　$\dfrac{3}{2}\sqrt{10}$　→エ

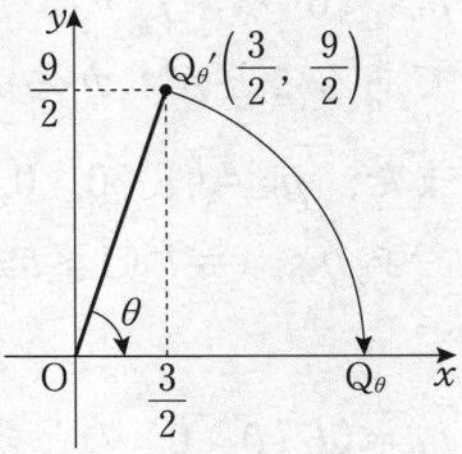

2

◆発想◆　(1)　まずは問題文をじっくり読んで m について考えたい。$(x,\ y,\ z)$ の各成分は0以上7以下の整数とあるので，それぞれ8通り，つまり，$m=8^3$。それを順番に並べるのである。とりあえず，$\overrightarrow{p_1}=(0,\ 0,\ 0)$ から並べてみよう。

(2)　(1)の結果から $\overrightarrow{p_n}$ の各成分と n の値との関係を導くこと。それができれば「ベクトルの垂直条件：$\vec{a}\perp\vec{b} \Longrightarrow \vec{a}\cdot\vec{b}=0$」から $\overrightarrow{p_n}$ の成分を求めれば解決できることがわかる。

解答　(1)　イ)　$x=y=0$ のとき

$$\overrightarrow{p_1}=(0,\ 0,\ 0),\ \overrightarrow{p_2}=(0,\ 0,\ 1),\ \cdots,\ \overrightarrow{p_8}=(0,\ 0,\ 7)$$

（要素は計 8 個）

ロ)　$x=0,\ y=1$ のとき

$$\overrightarrow{p_9}=(0,\ 1,\ 0),\ \overrightarrow{p_{10}}=(0,\ 1,\ 1),\ \cdots,\ \overrightarrow{p_{16}}=(0,\ 1,\ 7)$$

（要素は計 8 個）

同様に，$x=0,\ y=k\ (1\leqq k\leqq 7)$ の要素は k の 1 つの値について 8 個ずつ，合計 $8\times 7=56$ 個あるので，$(0,\ 7,\ 7)$ は $56+8=64$ 番目，すなわち

$$\overrightarrow{p_{64}}=(0,\ 7,\ 7)$$

よって，$\overrightarrow{p_{65}}=(1,\ 0,\ 0)$，$\overrightarrow{p_{66}}=(1,\ 0,\ 1)$，$\overrightarrow{p_{67}}=(1,\ 0,\ 2)$ であり

$$\overrightarrow{p_{67}}=(1,\ 0,\ 2)\quad\cdots\cdots(\text{答})$$

(2)　(1)イ)より，$\overrightarrow{p_n}=(0,\ 0,\ j)$ のとき　　$n=j+1$

ロ) より，$\overrightarrow{p_n}=(0,\ 1,\ j)$ のとき　　$n=8+j+1$

であり

$\overrightarrow{p_n}=(0,\ k,\ j)$ のとき　　$n=8k+j+1$

であることがわかる。

また，$\overrightarrow{p_n}=(1,\ 0,\ 0)$ のとき　　$n=64+1$

であり，$x=l\ (1\leqq l\leqq 7)$ の要素は l の 1 つの値について 64 個ずつあるので

$\overrightarrow{p_n}=(l,\ 0,\ 0)$ のとき　　$n=64l+1$

$\overrightarrow{p_n}=(l,\ k,\ j)$ のとき　　$n=64l+8k+j+1$　……(☆)

$\overrightarrow{p_n}=(x,\ y,\ z)$ が $\vec{q}=(1,\ 0,\ -2)$ と垂直であるとき

$$\overrightarrow{p_n}\cdot\vec{q}=1\times x+0\times y+(-2)\times z=0$$

つまり　　$x-2z=0$

$0\leqq x\leqq 7,\ 0\leqq z\leqq 7$ なので，x が最大になるとき

$$x=6,\ z=3$$

最大の y は 7 なので，求める $\overrightarrow{p_n}$ は

$\overrightarrow{p_n}=(6,\ 7,\ 3)$

(☆)より

$$n=64\times6+8\times7+3+1=384+56+3+1$$
$$=444$$

よって，求める n の最大値は　444　……(答)

◀解　説▶

≪空間ベクトルの集合 P の要素を条件にしたがって並べたとき，n 番目となる $\overrightarrow{p_n}$≫

▶(1)　〔発想〕にも書いたように，P の要素の総数 $m=8^3$ である。そのすべてを(i)(ii)(iii)の条件にしたがって並べるのであるから，並べあげていく作業においては，(iii)→(ii)→(i)の逆順になることに気づきたい。まずは，$a_1=b_1=0$，$a_2=b_2=0$，$a_3<b_3$ からとなる。$\overrightarrow{p_1}=(0,\ 0,\ 0)$，$\overrightarrow{p_2}=(0,\ 0,\ 1)$，$\overrightarrow{p_3}=(0,\ 0,\ 2)$，… と並べていくことで結論に達することができる。

▶(2)　(1)の結果から，$\overrightarrow{p_n}=(x,\ y,\ z)$ について，$n=x\times8^2+y\times8+z+1$ であることがわかる。あとはベクトルの垂直条件を用いて x，z の最大値を求めればよい。y の最大値はもちろん 7 である。

3

◆発想◆　(1)　C_1 は xy 平面上にあって，yz 平面について対称な円であり，点 $(0,\ 1,\ 1)$ は yz 平面上なので，C_1 上の 2 点が yz 平面について対称であることが予想できる。とりあえず C_1 上の 2 点の座標を $(x_1,\ y_1,\ 0)$，$(x_2,\ y_2,\ 0)$ などとおいて連立方程式を立てればよい。

(2)　4 頂点すべてが C_1 上，あるいは C_2 上にあるとき，四面体はできない。4 頂点のうち 3 頂点が C_1 上，あるいは C_2 上にあればどうなるか検討することになるが，同一円周上にある 3 点を結んでできる三角形の外心はその円の中心であることに気がつきたい。あとは，C_1 上に 2 点，C_2 上に 2 点をとって，(1)の手順を追うように解答を進めることになろう。

解答　(1)　C_2 上の点を $A(0,\ 1,\ 1)$，C_1 上の 2 点を $P(x_1,\ y_1,\ 0)$，$Q(x_2,\ y_2,\ 0)$ とする。

P，Q は C_1 上なので

$$x_1{}^2+y_1{}^2=1,\ x_2{}^2+y_2{}^2=1 \quad \cdots\cdots ㋑$$

△APQ は正三角形なので　AP＝AQ＝PQ

$AP^2=AQ^2$ より

$$x_1{}^2+(y_1-1)^2+1^2=x_2{}^2+(y_2-1)^2+1^2$$

$$x_1{}^2+y_1{}^2-2y_1+1+1=x_2{}^2+y_2{}^2-2y_2+1+1$$

㋑より　$1-2y_1+2=1-2y_2+2$

$$3-2y_1=3-2y_2$$

となり　$y_1=y_2$

よって　$x_1{}^2=x_2{}^2$

P，Q は異なる点なので，$x_2=-x_1$ $(x_1>0)$ とおくと

$$P(x_1,\ y_1,\ 0),\ Q(-x_1,\ y_1,\ 0),\ AP^2=AQ^2=3-2y_1 \quad \cdots\cdots ㋺$$

$AP^2=PQ^2$ より

$$3-2y_1=(-x_1-x_1)^2+(y_1-y_1)^2$$

$$3-2y_1=4x_1{}^2$$

㋑より，$x_1{}^2=1-y_1{}^2$ だから

$$3-2y_1=4(1-y_1{}^2)$$

となり　$3-2y_1=4-4y_1{}^2$

$$4y_1{}^2-2y_1-1=0$$

$$y_1=\frac{1\pm\sqrt{1+4}}{4}=\frac{1\pm\sqrt{5}}{4}$$

そのとき，㋺より

$$AP^2=3-2y_1=3-2\times\frac{1\pm\sqrt{5}}{4}=\frac{12-2\mp2\sqrt{5}}{4}$$

$$=\frac{10\mp2\sqrt{5}}{4}$$

$AP=\sqrt{\dfrac{10\mp2\sqrt{5}}{4}}=\dfrac{\sqrt{10\mp2\sqrt{5}}}{2}$ なので

AP は $y_1=\dfrac{1+\sqrt{5}}{4}$ のとき　$\dfrac{\sqrt{10-2\sqrt{5}}}{2}$

$y_1=\dfrac{1-\sqrt{5}}{4}$ のとき　　$\dfrac{\sqrt{10+2\sqrt{5}}}{2}$

よって，求める一辺の長さは

$$\frac{\sqrt{10-2\sqrt{5}}}{2},\ \frac{\sqrt{10+2\sqrt{5}}}{2}\ \cdots\cdots(\text{答})$$

(2)　4 頂点を P，Q，R，S とする。

4 点がすべて C_1 上もしくは C_2 上にあるときは四面体はできない。

4 点中 3 点，たとえば P，Q，R が C_1 上にあるとき，△PQR の外心は O(0, 0, 0) であり，PS=QS=RS を満たす点 S は，O を通り xy 平面に垂直な直線上にあることになり，S(0, 0, s) と表せる。S が C_2 上にあるとき，$s=0$，すなわち P，Q，R，S はすべて xy 平面上となり，正四面体はできない。

同様に，P，Q，R が C_2 上にあるとき，S は (s, 1, 0) と表せることになり，S が C_1 上にあるとき $s=0$，すなわち P，Q，R，S はすべて yz 平面上となり，正四面体はできない。

よって，条件を満たす正四面体は C_1 上に 2 頂点，C_2 上に 2 頂点をもつ。

そこで，C_1 上の頂点を P(x_1, y_1, 0)，Q(x_2, y_2, 0)，C_2 上の頂点を R(0, y_3, z_3)，S(0, y_4, z_4) とおくと

$$x_1{}^2+y_1{}^2=1,\ x_2{}^2+y_2{}^2=1,\ (y_3-1)^2+z_3{}^2=1,\ (y_4-1)^2+z_4{}^2=1\ \cdots\cdots㋩$$

[I]　四面体 PQRS において，PR=QR=PQ から

$$\mathrm{PR}^2=x_1{}^2+(y_3-y_1)^2+z_3{}^2=x_1{}^2+y_3{}^2-2y_1y_3+y_1{}^2+z_3{}^2$$

$$\mathrm{QR}^2=x_2{}^2+(y_3-y_2)^2+z_3{}^2=x_2{}^2+y_3{}^2-2y_2y_3+y_2{}^2+z_3{}^2$$

であり，㋩より，それぞれ

$$\mathrm{PR}^2=1-2y_1y_3+y_3{}^2+z_3{}^2,\ \mathrm{QR}^2=1-2y_2y_3+y_3{}^2+z_3{}^2\ \cdots\cdots㊁$$

$\mathrm{PR}^2-\mathrm{QR}^2=(1-2y_1y_3+y_3{}^2+z_3{}^2)-(1-2y_2y_3+y_3{}^2+z_3{}^2)=0$ から

$$-2y_1y_3+2y_2y_3=-2y_3(y_1-y_2)=0$$

となり　　$y_3=0$　または　$y_1=y_2$

i)　$y_3=0$ のとき

㋩より　　$(-1)^2+z_3{}^2=1$　　$z_3=0$

となり，R は　　(0, 0, 0)

㊁より，$PR^2=QR^2=1-0+0+0=1$ で，四面体 PQRS の 1 辺の長さは 1 ということになる。

そのとき　$RS^2={y_4}^2+{z_4}^2=1$

また，㋩より　$(y_4-1)^2+{z_4}^2=1$

なので

${y_4}^2=(y_4-1)^2$ から　${y_4}^2={y_4}^2-2y_4+1$，$2y_4=1$

よって　$y_4=\dfrac{1}{2}$，$z_4=\pm\sqrt{1-(y_4-1)^2}=\pm\sqrt{1-\dfrac{1}{4}}=\pm\dfrac{\sqrt{3}}{2}$

S は　$\left(0,\ \dfrac{1}{2},\ \pm\dfrac{\sqrt{3}}{2}\right)$

$PS^2=1$，$QS^2=1$ なので

$$PS^2={x_1}^2+\left(\frac{1}{2}-y_1\right)^2+\left(\pm\frac{\sqrt{3}}{2}\right)^2={x_1}^2+\frac{1}{4}-y_1+{y_1}^2+\frac{3}{4}$$

であり，㋩より

$$PS^2=1+\frac{1}{4}-y_1+\frac{3}{4}=2-y_1=1$$

$$y_1=1,\ x_1=\sqrt{1-{y_1}^2}=0$$

となり，P は　$(0,\ 1,\ 0)$

$QS^2={x_2}^2+\left(\dfrac{1}{2}-y_2\right)^2+\left(\pm\dfrac{\sqrt{3}}{2}\right)^2=1$ から，同様にして

$$y_2=1,\ x_2=0$$

Q は $(0,\ 1,\ 0)$ となり，P と Q が重なり，四面体ができない。

よって　$y_3\neq 0$

ii）　$y_1=y_2$ のとき

㋩より　${x_1}^2={x_2}^2=1-{y_1}^2$

であるが，P，Q は異なる点なので $x_1\neq x_2$ である。

そこで，$x_2=-x_1$ $(x_1>0)$ とおくと

$$P(x_1,\ y_1,\ 0),\ Q(-x_1,\ y_1,\ 0),\ PQ=|-x_1-x_1|=2x_1$$

つまり，1 辺の長さは $2x_1$ となる。　……㋭

［Ⅱ］［Ⅰ］より，$P(x_1,\ y_1,\ 0)$，　$Q(-x_1,\ y_1,\ 0)$，　$R(0,\ y_3,\ z_3)$，$S(0,\ y_4,\ z_4)$ として考えると，$PR=PS=RS$ から

$$PR^2={x_1}^2+(y_3-y_1)^2+{z_3}^2={x_1}^2+{y_3}^2-2y_1y_3+{y_1}^2+{z_3}^2$$

$$\mathrm{PS}^2=x_1{}^2+(y_4-y_1)^2+z_4{}^2=x_1{}^2+y_4{}^2-2y_1y_4+y_1{}^2+z_4{}^3$$

㋩より，それぞれ

$$\begin{aligned}\mathrm{PR}^2&=1-2y_1y_3+(y_3{}^2-2y_3+1)+(2y_3-1)+z_3{}^2\\&=-2y_1y_3+2y_3+(y_3-1)^2+z_3{}^2=-2y_1y_3+2y_3+1\end{aligned}\quad\cdots\cdots㋬$$

同様に

$$\mathrm{PS}^2=-2y_1y_4+2y_4+1$$

$\mathrm{PR}^2-\mathrm{PS}^2=(-2y_1y_3+2y_3+1)-(-2y_1y_4+2y_4+1)=0$ から

$$-2y_1y_3+2y_1y_4+2y_3-2y_4=0$$

$$-2y_1(y_3-y_4)+2(y_3-y_4)=0$$

$$-2(y_1-1)(y_3-y_4)=0$$

$y_1=1$ とすると，$x_1{}^2=1-y_1{}^2=0$ となり，P，Q が同一の点となるので

$$y_1\neq 1$$

よって，$y_3=y_4$ である。

そのとき，㋩より，$z_3{}^2=z_4{}^2=1-(y_3-1)^2$ であるが，R，S は異なる点なので，$z_3\neq z_4$ であり，$z_4=-z_3$ $(z_3>0)$ とおける。

ゆえに

$$\mathrm{R}(0,\ y_3,\ z_3),\ \mathrm{S}(0,\ y_3,\ -z_3),\ \mathrm{RS}=|-z_3-z_3|=2z_3$$

つまり，1 辺の長さは $2z_3$ となる。……㋣

㋭，㋣より　　$2x_1=2z_3$

よって，$z_3=x_1$ である。

［Ⅲ］　［Ⅰ］，［Ⅱ］より

$$\mathrm{P}(x_1,\ y_1,\ 0),\ \mathrm{Q}(-x_1,\ y_1,\ 0),\ \mathrm{R}(0,\ y_3,\ x_1),\ \mathrm{S}(0,\ y_3,\ -x_1)$$

㋩より　　$(y_3-1)^2=1-z_3{}^2=1-x_1{}^2$

また，$y_1{}^2=1-x_1{}^2$ なので

$$(y_3-1)^2=y_1{}^2$$

から

$$y_3-1=\pm y_1\qquad y_3=1\pm y_1$$

となる。

ⅰ）　$y_3=1+y_1$ のとき

㋬より

$$\mathrm{PR}^2=-2y_1(1+y_1)+2(1+y_1)+1=-2y_1-2y_1{}^2+2+2y_1+1$$

$$=-2y_1{}^2+3$$

㋭, ㋩より

$$PQ^2=4x_1{}^2=4(1-y_1{}^2)=4-4y_1{}^2$$

$PR^2=PQ^2$ なので

$$-2y_1{}^2+3=4-4y_1{}^2 \qquad 2y_1{}^2=1$$

$$y_1{}^2=\frac{1}{2} \qquad y_1=\pm\frac{1}{\sqrt{2}}$$

そのとき　$x_1=\sqrt{1-y_1{}^2}=\frac{1}{\sqrt{2}}$

$$PQ=2x_1=2\times\frac{1}{\sqrt{2}}=\sqrt{2}$$

となる。

ii）　$y_3=1-y_1$ のとき

㋬より

$$PR^2=-2y_1(1-y_1)+2(1-y_1)+1=-2y_1+2y_1{}^2+2-2y_1+1$$
$$=2y_1{}^2-4y_1+3$$

㋭, ㋩より　$PQ^2=4-4y_1{}^2$

$PR^2=PQ^2$ から

$$2y_1{}^2-4y_1+3=4-4y_1{}^2$$
$$6y_1{}^2-4y_1-1=0$$

となり

$$y_1=\frac{2\pm\sqrt{4+6}}{6}=\frac{2\pm\sqrt{10}}{6}$$

そのとき

$$x_1{}^2=1-\left(\frac{2\pm\sqrt{10}}{6}\right)^2=\frac{36-(4\pm4\sqrt{10}+10)}{36}$$
$$=\frac{22\mp4\sqrt{10}}{36}$$

であり

$$x_1=\sqrt{\frac{22\mp4\sqrt{10}}{36}}=\frac{\sqrt{22\mp2\sqrt{40}}}{6}=\frac{\sqrt{20}\mp\sqrt{2}}{6}=\frac{2\sqrt{5}\mp\sqrt{2}}{6}$$

$$PQ=2x_1=2\times\frac{2\sqrt{5}\mp\sqrt{2}}{6}=\frac{2\sqrt{5}\mp\sqrt{2}}{3}$$

以上，［Ⅲ］ⅰ)・ⅱ)より，条件を満たす正四面体の 1 辺の長さは

$$\sqrt{2},\ \frac{2\sqrt{5}-\sqrt{2}}{3},\ \frac{2\sqrt{5}+\sqrt{2}}{3}\quad \cdots\cdots(\text{答})$$

◀解　説▶

≪座標空間にある 2 つの円 C_1，C_2 上の点を結んでできる正三角形と正四面体の 1 辺の長さ≫

▶(1)　まずは各点とその座標をきちんとおいて進めよう。〔解答〕では $A(0,\ 1,\ 1)$，$P(x_1,\ y_1,\ 0)$，$Q(x_2,\ y_2,\ 0)$ とした。$AP^2=AQ^2$ から ${x_1}^2={x_2}^2$ であることが導ける。$P(x_1,\ y_1,\ 0)$，$Q(-x_1,\ y_1,\ 0)$ ($x_1>0$ として) となることがわかれば，結論は近い。

▶(2)　(1)と同じように，さらに C_2 上の 2 点とその座標をおいて立式すればよい。〔解答〕では $R(0,\ y_3,\ z_3)$，$S(0,\ y_4,\ z_4)$ とした。${z_3}^2={z_4}^2$，また $PQ=RS$ から，$P(x_1,\ y_1,\ 0)$，$Q(-x_1,\ y_1,\ 0)$，$R(0,\ y_3,\ x_1)$，$S(0,\ y_3,\ -x_1)$ となる。そこまでくればあと一歩である。

❖講　評

2022 年度も例年通り大問 3 題の出題で，1は空所補充形式の小問 4 問，2 3は記述式で試験時間は 90 分であった。問題構成，試験時間とも例年通りである。

1　(1)は指数に対数を含む漸化式である。(ii)式の右辺に指数 $\log_2 a_{n+1}$ がついていることから，「両辺について，2 を底とする対数をとる」ことに気がつきたい。結果，数列 $\{\log_2(\log_2 a_n)\}$ はフィボナッチ数列として知られている数列であることがわかる。求められているのは第 10 項である。一般項を求める必要はないので，順番に第 10 項まで列挙すればよい。(2)はまず条件を満たす $(x,\ y)$ について $x-y$ の値の範囲を考えることからはじまる。数学Ⅱ「不等式の表す領域」の基本問題である。xy をどう扱うかがポイントになる。相乗平均≦相加平均に思い及べば簡単に解決する。なお〔別解〕に示したように，$x-y=u$ として，$x-y-xy$ を u の 2 次関数と考えてもよい。(3)は「すべての n に対して $a_n\leqq 10$」から「同じ値をとりつづける数列」をイメージできるかどうか，ということになる。(ii)式の右辺が ${a_n}^2-2a_n-3$ となっていて，計算

過程が複雑になるので，〔解答〕では $b_{n+1}=b_n{}^2-5$ と単純にした。すっきりさせることによって $b_1=\frac{1\pm\sqrt{21}}{2}$ から $b_1=-\frac{1\pm\sqrt{21}}{2}$ も条件を満たすことが見えやすくなっている。(4)は，3 次曲線を回転させた図形の方程式を求めるのは困難なので，「x 軸を逆方向に回転させる」と考えればよい。極値，および極値をとるときの x の値から 3 次関数を求めるのは比較的容易であるが，交点の x 座標を文字のまま（たとえば α, β と m）計算しなければならない。「解と係数の関係」を用いて，落ち着いて進めたい。

2　(1)まずは問題文をしっかり読んで集合 P について考えたい。〔発想〕にも書いたが P の要素は 8^3 個，それを全部並べるのであるから，その作業は〔解説〕に記したように条件(iii)→(ii)→(i)と逆順で考えて並べていくことになる。実際に並べていくと結論が見えてくる。(2)(1)の作業を通じて $\overrightarrow{p_n}=(x,\ y,\ z)$ は 8 進法で表された整数のような性質を有していることに気がつくであろう。たとえば $xyz_{(8)}$ を 10 進数に直したものを N とすると，n は $\overrightarrow{p_1}=(0,\ 0,\ 0)$ の分だけ多くなるので，$n=N+1$ すなわち $n=x\times8^2+y\times8+z+1$ となる。x，y，z の最大値についてはベクトルの垂直条件から求められるので，結論まではもうすぐである。

3　(1)〔解説〕にも書いたが，まずは各点に命名し，それぞれの座標をわかりやすい文字でおくことからはじまる。(2)につながる問題である。きちんと立式すると正三角形の残りの 2 頂点は yz 平面について対称であり，〔解答〕の $\mathrm{P}(x_1,\ y_1,\ 0)$，$\mathrm{Q}(-x_1,\ y_1,\ 0)$ のように x_1，y_1 だけで表すことができ，結論に至る。(2)まずは 4 頂点が C_1 上に 2 頂点，C_2 上に 2 頂点であることを確認しておこう。あとは(1)の手順を踏まえて論を進めていけばよい。「C_2 上の 2 頂点（〔解答〕中の R，S）は xy 平面について対称」$\Longrightarrow$「$\mathrm{PQ}=\mathrm{RS}$ から $z_3=x_1$」を経て，P，Q，R，S の 4 頂点の座標は，x_1，y_1，y_3 の 3 文字だけで表すことができるのである。

全体としては 2022 年度も標準的な出題と言えるかもしれないが，90 分では解ききることがむずかしいほどの質と量を備えている。1の小問集合においても，すでにいくつかの分野の複合問題を含んでいる。一読するだけでは題意や解き進めていくための鍵を把握しにくい問題文もある。しっかり問題文を読んでポイントを押さえる必要がある。時間的にもタイトであるから，全問に目を通した上で解答する順序と時間配分を考えておきたい。1の空所補充は結果のみ記すことになる。計算間違いのないよう，落ち着いて取り組みたい。2 3については，それぞれ(1)が(2)の問へのヒントを呈示する形となっている。それをきちんと踏まえて(2)に進んでほしい。「数学Ⅰ・Ⅱ・A・B」のすべての範囲から，また，多くは複数の分野を複合して出題されている。公式や基本問題については十分に自分のものにしておく必要があろう。その上で，記述問題に対応するために，適切な図やグラフを添えて，平易な論述ができるよう練習を積んでおきたい。

た。二〇二〇年度は推論のプロセスという論理学の文章、二〇二一年度は経済と環境との両立の思想というように、さまざまなトピックの論理的文章を読み解ける実力を求めていることがわかる。ここ数年難易度に大きな変化はなく、選択肢は比較的選びやすくなっている。本文の展開を追い、内容が理解できれば正答を導けるだろう。ただし抽象度の高い箇所が問われることが多いので注意が必要。

〔二〕の古文は『今鏡』。「まじりまろ」という笛の伝来を説明しているが、二本あってそれぞれ様々な経過をたどっているところに読解の難しさがあった。語彙、文法、敬語など基礎的知識の出題は確実におさえたい。内容選択問題はやや本文の読み取りにくいところを出題しており難しい。全体の難易度としては例年通りの出題。

〔三〕の漢文では、全体の展開をおさえながら漢文の句法を絡めた出題がされており、漢文の基礎力を測る良質な問題と言える。楚の襄王を宋玉が諫めた言葉と、それに対する筆者の考えから文章が構成されており、そこを読み違えると正答は導けないだろう。最後の内容合致問題はかなり難しい。全体の難易度は例年通りの出題。

「快」と感じるのは風の種類によるのではなく、人の側の問題であるとする。そして、王と庶民の立場の違いで楽しむか苦しむかの違いが生まれ、さらに、「士」つまり士大夫として生まれて、心で自ら満足させられなければどこに行っても憂いに苦しみ、逆に外部のものによって心を傷つけなければどこに行っても「快」だと述べる。この展開からイの「人の境遇如何にかかっている」、ニの「ひどい境遇に置かれ自尊心が挫かれたならば…『快哉』とは叫べなくなる」は本文と合致していると言える。問題はハとホであるが、両者とも「宋玉の発言」について言及していることに注意が必要。宋玉は大王の風は「雄風」だとしているが、これに作者蘇轍は風には違いがなく、人の側の問題だと、反論とも言える説明をしている。ここから、諫める効果はあるが、快いか否かの「説明としては合理性に欠けている」というホは妥当な内容。ハの、宋玉の発言に「物事の本質が含まれており」という説明は、作者蘇軾の考えとは相容れないものであり、ハが合致しない選択肢となる。

参考　蘇轍は「唐宋八大家」の一人。「唐宋八大家」は唐代・宋代の最も優れた作家八人であり、唐の韓愈、柳宗元、宋の欧陽修、蘇洵、蘇軾、蘇轍、曽鞏、王安石を指す。後代にこの八人の作品を集めた『唐宋八大家文』が編集され、本文「黄州快哉亭記」も収められている。「黄州快哉亭記」は長江流域の黄州に左遷された張夢得が建てた亭に、張の友人であった蘇轍の兄蘇軾が「快哉亭」と名付け、蘇轍はそこから見える景色の素晴らしさを述べる。出題部分は「快哉」と感じることについて説明しており、襄王と宋玉の故事を引き合いに、心安らかにして環境や名利によって自分の心を傷つけないことが「快」につながることを述べており、左遷されてもその地方で楽しむ張夢得を称賛する文章になっている。

❖講　評

現代文・古文・漢文の三題構成である。

一の現代文は佐伯啓思『死にかた論』からの出題で、安楽死の問題において近代的価値が対立するという文章であっ

▲解　説▼

▼問十九　文脈の展開から傍線部の内容を捉える問題。楚の襄王は宋玉らと蘭台宮で遊び、爽やかな風に襟をひらいて、「快いかな、この風」と言って、傍線部の言葉を発する。それに対して宋玉は、これは大王一人だけの風であり、庶民はどうして一緒にできるだろうか、と述べている。この展開から傍線部の会話は、このよい風は、「寡人」つまり私（＝襄王）が庶民と共に楽しむことができるものだ、と解釈すると前後につながる。ここからハの説明が最適。

イ・ロの選択肢には風に言及する言葉がなく、さらにイの「わたしだけなのだろう」という限定の読みは不適当であり外れる。「寡人」は自分をへりくだって表現する言葉であり、「少ない」という意味ではないのでロも明らかに外れる。ニは「庶人に与える」と読むと「共」以降がつながらなくなり、「庶民への贈り物」という内容にはならない。

▼問二十　文章後半では、宋玉の言葉が襄王を諫めたものであることを説明している。空欄の部分では、楚王が楽しめることと、庶民が憂い苦しむことを対比しており、それに続く部分で「此れ則ち人の変なり」と結果を示しているところから、空欄部分は楽しむ、苦しむ「理由は」という表現が入り、「所以《ゆゑん》」が最適である。イ、「何必」は「何ぞ必ずしも〜ん」と読む反語の用法。ロ、「庶幾」は願望の「こひねがはくは」であり、読みが問われやすいので確認しておきたい。ハ、「是以」は「ここをもって」と読み上の文を受けて〝だから、こういうわけで〟と下につなぐ。ニ、「何為」は「なんすれぞ〜ん」と読む反語の用法。

▼問二十一　直前の部分では、楚王が楽しむ理由と庶民が苦しむ理由は人の立場の違いだと述べている。よって、傍線部は、〝風はどうして関わるか、いや関わらない〟と解釈するのが妥当。「与」は「あづかる」と読むと〝関わる、関与する〟の意味となる。よって、「かぜなんぞあづからんや」という読みが当てはまる。

▼問二十二　かなり難しい問題。文章前半で、快い風を庶民と共にできると言った襄王に対して、宋玉は大王だけの雄風であり庶民は共にすることができないと述べる。この内容はロで説明されている。文章の後半では、この文章の作者蘇轍が宋玉は王を諫めたと解釈をして、「夫れ風に雌雄の異なる無し、而れども人に遇不遇の変有り」と述べて、

解答

問十九　ハ
問二十　ホ
問二十一　イ
問二十二　ハ

◆全　訳◆

昔楚の襄王が宋玉・景差を従えて蘭台の宮にいたとき、風がさっと吹くことがあった。王は襟をひらいて風に当たって言った、「快いなあ、この風は。私と庶民が共に楽しめるものだ」と。宋玉は言った、「これは大王の雄風であるだけです。庶民がどうして共に楽しむことができましょうか」と。

宋玉の言葉は、思うに王を諫めたものだろう。そもそも風に雌雄の違いはない、しかし人に遇不遇の違いはある。楚王の楽しむ理由と、庶民の苦しむ理由とは、これは人の（身分や境遇の）違いからくるものだ。そして風はどうして関係するだろうか。士は世に生まれ、その心に自ら満足させることができなければ、どこに行っても苦しいのではないだろうか。その心に安らかであって物で自分の心を傷つけなければ、どこに行ったとしても快いのではないだろうか。

読み　昔《むかし》楚《そ》の襄王宋玉《じやうわうそうぎよく》・景差《けいさ》を蘭台《らんだい》の宮《きゆう》に従《したが》へしとき、風《かぜ》の颯然《さつぜん》として至《いた》る者有《ものあ》り。王襟《わうえり》を披《ひら》き之《これ》に当《あ》たりて曰《いは》く、「快《こころよ》いかな、此《こ》の風。寡人庶人《くわじんしよじん》と共《とも》にする所《ところ》の者なるか」と。宋玉曰く、「此れ独《ひと》り大王《だいわう》の雄風《ゆうふう》なるのみ。庶人安《いづ》くんぞ之を共にするを得《え》んや」と。

玉の言《げん》、蓋《けだ》し諷《ふう》すること有るならん。夫《そ》れ風に雌雄《しゆう》の異《こと》なる無《な》し、而《しか》れども人《ひと》に遇不遇《ぐうふぐう》の変《へん》有り。楚王の楽《らく》と為《な》す所以《ゆゑん》と、庶人の憂《いう》と為す所以とは、此れ則《すなは》ち人の変なり。而して風何《なん》ぞ与《あづか》らんや。士《し》世《よ》に生《う》まれ、其《そ》の中《こころ》をして自《みづか》ら得《え》ざらしめば、将《は》た何《いづ》くに往《ゆ》くとして病《うれ》ひに非《あら》ざらんや。其の中をして坦然《たんぜん》として物《もの》を以《もつ》て性《せい》を傷《いた》まざらしめば、将た何くに適《ゆ》くとして快《くわい》に非ざらんや。

に伝わったかわかっていない。もう一本が義光から返してもらった笛であり、それが傍線部の笛。これを持っているのは時元から伝えられた右大臣雅定であり、ホが正解。二本あったまじりまろの伝来を確実に読み取らないと選択肢にまどわされる。

▼問十八　選択肢と本文の照合をしなければならないが、いくつかよさそうに見える選択肢があり注意を要する設問。イ、時忠が祭の場で笛を取り替えて貸してくれたためむらの男は喜んだのであり、「思わず手に入れることができた」からではないので外れる。ロ、時忠は響きが格別な笛があったためにむらの男と取り替えて、優れた響きの竹を抜きかえているが、むらの男に抜きかえの許可を取っているとは書かれていないため、「ことわりもなく」は妥当な選択肢。ただし、時忠はむらの男の笛をすばらしいものに調律して返しているので、むらの男は喜んでいる。ハ、時忠はこのようなはれの場では、同じ吹くならこちらがよいだろうと言って笛を交換しており、「祭りの場にはふさわしくなかった」は本文の内容からずれる。ニ、義光は時忠からまじりまろを「とりこめ」ていたのであり、「密かに手に入れていた」わけではない。ホ、雅定は時元から笙の笛の技術を「すこしもたがへずうつし給へ」て、まじりまろは時元から伝えられていたので、「そっくり真似して作った」は誤り。

参考　歴史物語は『大鏡』『今鏡』『水鏡』『増鏡』の順番に成立しているが、扱っている時代は『水鏡』『大鏡』『今鏡』『増鏡』の順である。つまり描かれた時間的流れとしては『大鏡』の続きとしての『今鏡』、『大鏡』の前の時代を描いた『水鏡』、『今鏡』の後の時代を描く『増鏡』という流れになっている。『大鏡』の大宅《おおやけの》世継《よつぎ》と夏山繁樹という老人の語りは有名だが、『今鏡』は大宅世継の孫で、若い頃に紫式部の侍女であったという一五〇歳の老嫗が一四〇年あまりの歴史を語るという形をとっており、歴史物語である『大鏡』の影響を受けて書かれたものである。

三

出典　蘇轍「黄州快哉亭記」

ると、母の身分が低かったけれどもという直前の説明の意味がわからなくなる。ここからニ・ホも誤りだとわかる。

▼問十三　「かやうの笛をこそ吹かめ」の「め」が助動詞「む」の已然形であり、この意味を文脈から読み取る問題。祭で、時忠には響きの違う竹が交じって聞こえたので〝このようなはれの場では、同じことなら（＝同じく吹くのであれば）、このような笛を…〟と言って、時忠は自分の笛に取り替えている。この展開からニの「吹くのがよかろう」という、「む」を適当として訳したものが最適。

▼問十四　呼応の副詞の用法を問う問題だが、連語である「えならず」の意味を覚えていれば素早く解答でき、イが正解。「え〜ず」は〝〜できない〟の不可能の意味であり、「えならず」で〝ひととおりではない、なんとも言えないくらいすばらしい〟の意味で用いる。ロ、「な〜そ」で〝〜しないでほしい〟の禁止。ハ、副詞「いと」は打消を下にとることで〝それほど〟〝たいして〟の意味になる。ニ、「こと」は仮定表現を伴うが、打消にはつながらない。ホ、「ゆめ」は下に「な」「まじ」「べからず」などを伴って〝決して〜するな〟の禁止の意味になる。

▼問十五　「得」「心得」は下二段活用動詞でア行になるただ二つの例である。本文では「けむ」の前にあるので連用形だが、終止形を書く設問であるので、「こころう」となる。

▼問十六　傍線部の内容を読み取るためには、傍線部前後の把握が重要になる。時忠は義光という武者に笙の笛を教えて、まじりまろという笛をとられてしまっていた。義光が東国に下向するときに、時忠もはるばる送って行ったところ、義光はこの笛のことを思ってついてきているのだろうと心得て、傍線部の発言をして時忠に笛を返したという展開。ここから、「伝へ」の主語は時忠であり、笛の専門家として、この笛をどうして伝えないことがあろうかというロの解釈が最適。イの「東国の人々に」、ハの「旅の途中だけれど」「この人に」は誤り。ニは「いかでか」が訳されていない。ホ、「見送りに来てくれたお礼に」の部分は傍線部からは読み取れない。

▼問十七　形式段落二段落目の冒頭にまじりまろは「二つぞ侍るなる」とある。つまり二本あったが、時忠が作り伝えてむらの男と交換したことのあるまじりまろは、時忠の子の時秀が伝えていたけれども、時秀に子もいなかったので誰

分の笛に取り替えて、「私を見て知っているだろう、後で取り替えよう」と言ったので、むらの男は喜んで、「みな（お顔を）存じ上げています」と言って、取り替えてしまったのを、すばらしい響きがあった竹を抜きかえて、なんとも言えないほどすばらしい音律にしてあたえたので、（むらの男は）喜んで（時忠に）返して（自分の笛を）得てございました。そのまじりまろは、時忠の子の時秀といった者が伝えましたが、（時秀には）子もございませんでしたので、この頃は誰が伝えていますでしょう（＝わからなくなってしまっています）。

　時忠は刑部丞義光といった源氏の武者で、（笙の笛を）好みました者に教えて、（義光は）その笛（＝まじりまろ）をもとからとりこんで（＝自分で持って）ございましたときに、義光が東国の方に下向したときに、時忠も、「どうして長年の思いの通りに送り申さないことがあろうか」と言って、はるばると（東国に）行ったのを、（義光は）「この笛のことを（心配だと時忠は）思っているのだろうか」と理解したのだろうか。「私の身はどのようになってもよいだろう。（笙の笛の）専門家として、この笛をどうして伝えないことがあろうか」と言って、（時忠に）返して与えたので、（時忠は）それから暇乞いをして京に戻ってしまった。その笛をこのように愛好したけれども、時元が若かったとき、武能といって、なんとも言えないほどすばらしく笛を調律する道の者があったが、年をとって、夜道がおぼつかないので、時元が手を引きながら（宮中から）退出したところ、（武能は）とてもうれしく思って、なんとも言えないほどすばらしい音に笛を整える方法などを伝えましたからだろうか、とても格別の音色である笛になりましたそうだ。

◀解　説▶

▼問十二　傍線部までの展開を把握する問題。本文冒頭の形式段落は、太政大臣の子である右大臣雅定の説明と、雅定が持っていた「まじりまろ」という笙の笛を説明する内容となっている。その展開がおさえられれば、雅定の母は身分の低い「下﨟女房」でいらっしゃったけれども、雅定は兄の大納言よりも評判もおありになり、父の太政大臣もお世話申し上げなさったという読みができるだろう。その内容を表したのがハの選択肢。「おぼえ」は〝評判、人望〟の意味であり、母から愛されていたとするイ・ロは誤り。「もてなし申し給ひき」を父の大納言をお世話したと解釈す

二

出典　『今鏡』〈村上の源氏　第七〉

解答

問十二　ハ　問十三　ニ
問十四　イ
問十五　こころう
問十六　ロ
問十七　ホ
問十八　ロ

◆全　訳◆

また太政大臣（＝源雅実）の御子としては、右大臣雅定と申して、（この語りの）前でも舞人のことを申しましたが、中院の大臣と申していらっしゃった。（雅定の）お母君は、加賀兵衛とかいった人の妹で、身分が低い女房でいらっしゃったけれど、（雅定は）兄の大納言よりも評判もおありになり、（父雅実は）お世話し申し上げなさった。この大臣（＝雅定）は学問もおありになって、朝廷での公務などもよくお仕えなさった。笙の笛などに秀でなさっていた。（笛の名人の）時元という者がいまして、（雅定は）少しも違えることなく（時元の笛の音を）まねて体得なさったということだ。まじりまろという笛をも伝えなさっている。まじりまろとは、唐の竹、日本の竹の中で、優れている音であるもの（＝竹）を選んで作ったということだ。

まじりまろという笙の笛はふたつございますそうだ。時元の兄で時忠といった者も、作り伝えましたそうだ。むらといって、稲荷祭などという祭を渡りあるく者が、吹いて通り過ぎた笛に、響きの格別な竹が交じって聞こえましたので、桟敷で、時忠は呼び寄せて、「このようなはれの場では、同じことなら、このような笛を吹くのがよかろう」と言って、自

▼問九「敬意に値する者」として大統領に適しているか、学校の教師が子供を指導するに適している人格かという文脈。「適している」をひらがな五字で探すと、「ふさわしい」がふさわしい。

▼問十　空欄の前の文脈から、「人格」に社会的「善」を保持して他者から尊重され敬意に値するという価値基準を反映させると、「社会的コミュニケーションがとれなくなった者はもはや尊重に値しないのか」という疑問が生じ、安楽死の問題だけではなく、それ以上の問題が生じるという展開が読み取れる。つまり、尊重に値する人間とそうでない人間の境界が生まれるということだろう。この展開からイの「生きるに値しない人間の生」が空欄の内容として最適。尊重するかしないかの問題なので、ロ「幸福追求を諦めた人間の生」、ハ「自己決定を手放した人間の生」、は明らかに誤り。文脈が、他者が尊重するかどうかを判断するという問題なので、ニの「他者の命を否定する人間の生」は、本文の内容から外れた選択肢。

▼問十一　文章全体をしっかり読み取った上で、選択肢の正誤を判断する。イ、冒頭にあるとおり人間中心主義（ヒューマニズム）は近代的価値観を前提にしており、古代ギリシャは外れる。古代ギリシャについては名誉に値する者について言及される。ロ、テクノロジーとヒューマニズムの対立がこの文章の主旨ではなく、テクノロジーによってヒューマニズムを構成する価値観同士が対立して調停不可能になったというのがこの文章の主張。ハ、医療の発達により植物状態という生とも死ともいえない状態が生み出され、生命尊重か自己決定かという近代的価値同士が対立して結論が見いだせないのであり、選択肢の説明と本文の内容が完全に合致している。ニ、古代社会が求める名誉に値することは古代も近代も関係はなく、「人格を尊重する」意識につながる問題であり、「異質な『人格』が現れている」、の部分が誤り。

参考　佐伯啓思（一九四九年〜）は経済学者、社会思想家。京都大学名誉教授。『隠された思考』『反・幸福論』など著書多数。

み取ることができる。その上で選択肢を確認すると、イの「優れた性格」、ハの「社交的な人格」は意思や自尊心ではなくプラスの価値判断を含んだ意味になってしまい不適当だとわかる。ニの「他者を尊重する人格」は、人の心を含めた人格の持ち主として尊重するという展開からは、他者への限定が不適当。ロを入れて「一人の人格の持ち主として尊重する」とするのが最適である。

▼問七　「だからこそ、確かに『人格の尊重』は普遍的といってよい。」という文を補充する箇所を確認する問題。「だからこそ」とあることから、「人格の尊重」が普遍的であることを説明した内容の直後に入ることがわかる。示された部分を確認していくと、イは他人によって人が社会的存在として認められ、「社会的」に意味ある存在でなければならない、という内容で人格の尊重が「普遍的」である説明とはいえない。ロは社会の中で「善」である限り尊重させるべき人格が現れるという説明であり、人格尊重が「普遍的」である説明ではない。ハは、「敬意に値する者」と人格の関係の説明であり、提示箇所の直前は求められる人格の具体例で「普遍的」の説明ではない。ニは、「敬意に値する」から「人格の尊重」の意識が生まれ、名誉の観念を持たない社会など存在しない、とあり人格尊重が「普遍的」である説明として妥当。ホは、「人格の尊重」から「人格の破綻者」は尊重されず排除されるというヒューマニズムの裏側の説明であり、人格尊重が「普遍的」である説明とはいえない。

▼問八　「尊重される」とはどういうことかを説明した文脈の中に傍線部があり、傍線部の「それ」は直前の文脈から、他者との関係、つまり社会の中で共有された「善」のことであり、尊重されるべき人格は社会的な「善」を持ち合わせた人という限定がされる、というのが傍線部の内容だと読み取れる。この読みをした上で選択肢を確認する。ニの他者との関係の中で「善」が共有されることでディグニティ、つまり「尊重に値する」という状況が発生するという内容が最適。イ、社会的指導者の問題ではない。ロ、共同を志向するのではなく、そこから発生する「善」を体現することが必要。ハ、尊重に値することから善悪の基準が形成されるのではないため、本文とは逆の説明。以上の理由からイ・ロ・ハは誤り。

の自己決定は生命と個性の尊重が前提になっていると説明されており、生命尊重の重みの理由説明になっていない。ハ、社会の安定を維持するために生命が尊重されるという説明は本文からは読み取れない。ニ、他者の生命の尊重から殺人罪が生じるというのは傍線部の後にあるが、他の近代的価値の中で最も重いといえる理由説明にはならない。以上の理由からロ以外は誤りといえる。

▼問四　「このふたつの権利」、つまり「生命尊重の権利」と「自己の幸福に関する自己決定の権利」が安楽死のような状況で調停不可能になったとはどういうことかを説明する問題。傍線部だけではなく前後の文脈から問われている内容を確認すること。安楽死については傍線部の前の文脈で説明されており、生命を尊重すると苦痛にあえぎ本人の幸福に関する自己決定の権利を侵害することになるので、安楽死については一定の条件を満たせば認めるという例外措置がつくられた。これは生命尊重と自己決定の権利が対立し「調停不可能」になったことを意味し、傍線部直後でも「妥協と例外措置になった」と明記される。この内容の説明としてイが最も適切。ロ、例外措置として自己決定権が優先されるのは本文にあるとおりだが、それだけでは「調停不可能」の説明にはならない。ハ、近代的価値が両立できずに例外措置とせざるを得ないことが「調停不可能」。自己決定を優先させて無罪となる事態ではやや外れる。ニ、安楽死から他の権利が失われることが「調停不可能」だという内容は読み取れない。選択肢だけ見ると本文に合致する表現も見られるため難しい設問。傍線部と本文の内容を正確に読み取った上で選択肢の判断にあたらないと正解を導くのは難しい。消去法では解答困難な設問。

▼問五　空欄は安楽死の問題が「生命尊重」と「自己決定」「幸福追求の自由」が対立しているという文脈。空欄直前には「苦痛の極限では『死』こそが」、とあり死が苦しみから解放される「幸福」であると読み取れる。

▼問六　空欄Ⅱ直前に、「『人格の尊重』とは、ただ人が生きることを尊重するのではなく」、とあり空欄Ⅱには人が生存する以上の「人格の尊重」を意味する表現が入ると想定できる。空欄Ⅱのある形式段落の冒頭に「つまり」とあることから、前の形式段落の内容を確認すると、「人格の尊重」には意思や自尊心といった人の心の尊重も含むことを読

④「人格の尊重」に際して、社会で「悪」と判断された「人格の破綻者」は尊重せず、排除していいのか？

⑤社会的にコミュニケーションがとれなくなった者は尊重に値しないのかという疑問は、安楽死を超えて「生きるに値しない人間の生」という問題を提起してしまった。

▼問一　a、「悪いジョウダン」であるので、ふざけて言う「冗談」。b、苦痛にあえぎ、「自分を殺してくれとアイガンする」という部分であり、〝切に願い頼む〟意味の「哀願」。c、「意味がフズイしていた」とあり、〝おもな事柄につれて動く〟意の「付随」。

▼問二　「この近代的価値」は傍線部前の形式段落にある生命尊重、人格尊重、個人的自由、自己決定などの価値観。これが「死の問題」を相当に複雑で解決困難なものにしているとは、傍線部後「たとえば」以降から読み取れる、生命尊重の帰結として植物状態であっても延命処置がほどこされ、人格尊重がされないという安楽死、尊厳死における近代的価値の対立が解決されないということを指す。この内容はハで説明されている。イ、「自己の幸福追求」と生命尊重の価値の対立が解決困難なのであり、この選択肢の説明では幸福追求のことしか書かれていないため、明らかに説明不足。ロ、科学技術の進歩を前にすると生命尊重が相対化されるわけではなく、他の近代的価値との衝突が生じるのであり、誤りの選択肢。ニ、「人格を持った人間が植物状態に置かれることへの拒否権の発動」は「死の問題」の説明としては正しいが、近代的価値が問題を複雑で解決困難なものにしていることの説明にはなっていないので誤り。

▼問三　生命尊重が何ものにも代えがたい重みをもっている理由を説明する問題。傍線部の文脈を確認すると、生命尊重が近代の価値の重心であり、ヒューマニズムの核心とある。ヒューマニズム（人間中心主義）については文章冒頭の二段落で説明されており、様々な価値が含まれているが、それらの価値の「重心」「核心」が人間尊重であるから何ものにも代えがたい重みがあるといえるだろう。この読みを確認した上で選択肢を読むと、ロに「近代的な諸価値は、その根底に人間の生命の尊重があるから」とあり、正解の選択肢だとわかる。他の選択肢も確認すると、イは安楽死

題は、近代的価値の対立によるものである。安楽死問題は人格の尊重のもう一つの面も明らかにする。人格の尊重には他者からの敬意が前提にあり、社会の価値判断で尊重すべき人格が決定される。つまり社会で価値がないと判断された者は尊重に値しないのかという疑問が生じ、安楽死の問題を超えて、生きるに値しない生の問題を明らかにしてしまった。

◀解　説▶

リード文の説明にある通り、安楽死や尊厳死について述べた文章であり、この文章を大きく分けると二つのかたまりに分けられるだろう。

1 安楽死が提起した問題

①人間中心主義という近代的価値観には生命尊重、人格尊重、個人的自由、自己決定、幸福追求の権利、権利の平等性、絶対的正当性、などの価値が含まれる。

②近代的価値が「死の問題」を解決困難なものにしている。

③生命尊重による延命処置の結果の植物的状態は人格を尊重しているのか？

④生命尊重が近代的価値の重心にあり、他者の生命の抹消である安楽死も殺人罪に問われるが、一定の条件を満たせば自己決定とみなすという例外措置がつくられた。

⑤安楽死問題は「生命尊重」と「自己の幸福に関する自己決定」の二つの権利は調停不可能だと明らかにした。

2 人格の尊重と安楽死

①近代的価値観の人格の尊重は人が生きることと関わり大きな問題を生み出す。

②「人格」とは「人間として存在する限り尊重されるべき絶対的な価値」であり、「尊重」し「敬意」に値するという意味が付随する。

③「敬意」は他者との関係が前提となっており、社会の中での「善」「悪」の価値判断で尊重されるべき人格が決定する。

国語

一

出典　佐伯啓思『死にかた論』〈第二章　安楽死と「あいまいさ」〉（新潮社）

解答

問一　a、冗談　b、哀願　c、付随（附随も可）

問二　ハ

問三　ロ

問四　イ

問五　幸福〔安楽〕

問六　ロ

問七　ニ

問八　ニ

問九　ふさわしい

問十　イ

問十一　ハ

◆要　旨◆

近代的価値観には生命尊重、人格尊重、自己決定などが含まれるが、これが「死の問題」を解決困難にしている。生命を尊重して生命維持装置により延命を図るが、その結果としての植物的状態は人格を尊重しているのかという安楽死の問

////////////////////// · memo · //////////////////////

2021年度

解答編

解答編

英語

I **解答** 設問 1．1 —(h)　2 —(f)　3 —(b)　4 —(d)

設問 2．(イ)—(d)　(ロ)—(d)　(ハ)—(a)

設問 3．do not hesitate to contact us

◆全　訳◆

≪チェックアウトに際しての会話≫

客がホテルのフロントでチェックアウトしようとしている。

客　　：おはようございます。チェックアウトしたいのですが。

支配人：おはようございます，お客様。よくお休みいただけましたでしょうか。追加料金はございません，こちらが領収書でございます。以上で結構です。ご旅行をお続けになる前にお手伝いできることは何かございますでしょうか？

客　　：それでは，私に空港までの交通手段を手配していただけますか？　およそ 2 時間半後に出発する便に乗るのですが。

支配人：かしこまりました。私どもの空港行きの無料シャトルバスをご利用いただけます。次の便は 15 分後に出発いたしますが，空港までの乗車時間はたった 30 分程度でございます。いかがでしょうか？

客　　：それがよさそうですね。それではラウンジで待つことにします。

支配人：さようでしたら，お待ちになる間，よろしければいくつかの簡単な質問にお答えいただけないでしょうか？　お客様の満足度調査をさせていただいているのです。

客　　：できるかぎりお答えします。どうぞ始めてください。

支配人：ありがとうございます！　では早速始めさせていただきます。この度のご宿泊には概ねご満足いただけたでしょうか？

客　　：ええ，ほんとうに。とても感銘を受けました。

支配人：当ホテルのどのような点が特にお気に召したかお教えいただけますでしょうか？

客　　：スタッフの皆さんがよく助けてくださいました。私はフランスが初めてだったのですが，フランス語が話せないので，非常に困っていました。スマートフォンには列車の路線図があったのですが，まるで理解できませんでした。私が行くことになっていたところすべてへの行き方を，こちらのスタッフが懇切丁寧に教えてくださいました。

支配人：お力になれたのでしたら幸いです。私どもが改善できる点は何かございますでしょうか？

客　　：そうですね…。ここがパリの中心部で，こちらのホテルが4つ星だということはわかってはいるのですが…。

支配人：お客様，私どもはどのようなご意見やご提案でもありがたく承ります。どうぞ率直におっしゃってください。

客　　：それでしたら…率直に言います。朝食なしの一部屋の値段としては，一泊 250 ユーロというのは少々高いと感じます。

支配人：お話はよくわかりました。ご意見をありがとうございます。

客　　：どういたしまして。

支配人：おや，皆様バスに乗車していらっしゃるようです。ではお客様，この度は当ホテルをご利用いただき，あらためて感謝申し上げます。今後ご旅行を計画される際に私どもがお手伝いできることがございましたら，ご遠慮なくいつでもご連絡くださいませ。

◀解　説▶

▶設問１．１．支配人がチェックアウトする客に対して領収書を渡し，客からの要望を尋ねている場面なので，ホテル側から伝えるべきことがすべて済んだことを示す表現が入ると考えられる。(h)は直訳すると「あなたはすべてセットされた」，つまり「あなたの準備はすべて整った」という意味になる。「こちらからの用は済んだのでもう行ってよい」ことを示す，店が客に最後に言う決まり文句である。

２．支配人は直前の発言で空港行きシャトルバスを案内し，それを利用するか尋ねている。空所直後で客は「ラウンジで（バスを）待つ」と言っているので，空所にはバスを利用することを伝える表現が入る。(f)は直訳すると「それは私にとって機能する」，つまり「それがよい」という意味になる。
3．支配人に満足度調査への協力を依頼され，空所直前で客は質問に答える意思を表明している。空所直後の支配人の発言では，喜びが示されて質問が始まっているので，空所には「質問を始めてよい」といった表現が入ると推測できる。fire away は「どんどん発砲する」の意から転じて「(言いにくいことでも遠慮せず) どんどん言い始める」の意。これを命令文で用いる(b)は，相手に話し始めることを促す決まり文句。
4．ホテルへの意見を述べた客への応答なので，(d)「あなたの言うことを理解しました」が適切。
▶設問 2．(イ)dive in は直訳すると「中へどぼんと飛び込む」，そこから「(何かを) 熱心に始める」の意となる。ここではそれに強調の right がついている。前後の文脈では，客が調査への協力を了承して質問開始を促し，支配人が早速質問を始めている。これらを総合して(d)「さっそく始めましょう」が正解。

(ロ)can't make heads or tails〔head or tail〕(out) of ～は，「～を理解できない」という意味のくだけた表現。これを知らなくても，「フランスで困っていたこと」の具体例として，「電車の路線図を持っていたが」に続く内容としては，(d)「それ (it＝路線図) がわからなかった」が適切であると推測できる。

(ハ)beat around the bush「やぶの周りを叩く」は，「(直接的に獲物を攻撃せずに周辺を叩いて獲物をおびき出すように) 物事を遠回しに言って伝える」ことを表す慣用句。したがって Don't beat around the bush. は「遠回しに言わずにはっきり言ってください」という決まり文句で，(a)「直接的になってください」が正解。これを知らなくても，直前では言いよどんでいた客が直後では「率直になります」と宣言していることや，支配人が「どんな意見や提案も歓迎する」と言っていることから推測して正解にたどりつける。

▶設問 3．文法的には，空所直前に please があることから命令文であると推測できる。語群には動詞の原形が 4 つと do / not / to があることから，否定命令文の do not *do* で始まり，文中に to *do* が含まれ，残る 2 つが不使用であると考えられる。Do not hesitate to contact us.「私たちに連絡することをためらわないでください」=「遠慮なくご連絡ください」は，手紙やメールの最後にもよく使う常套句。

II 解答　設問1．1－T　2－T　3－F　4－T　5－F

設問2．i－(d)　ii－(d)　iii－(b)　iv－(c)

設問3．(1)－(b)　(2)－(b)

設問4．(Older individuals) who lead (active) social lives (are,) almost (by definition,) healthier (than) their counterparts (who rarely leave their homes or interact with others.)

設問5．(a)

設問6．(a)

◆全　訳◆

≪外国語を学ぶことは認知症を防ぎうるか≫

2言語あるいは複数言語を話すことは，皆さんが思うより実際は一般的なものである。実のところ，世界では2言語話者や複数言語話者より単言語話者の方が少ないとされている。大半の国民がたった一つの言語を共有している国は多い（例えばドイツや日本）が，複数の公用語を持つ国もある。例えばスイスはニューヨーク市と人口がほぼ同じ（約800万人）であるが，それでも公用語は4つある。ドイツ語・フランス語・イタリア語・ロマンシュ語である。アフリカの大部分ではしばしば，アラビア語・スワヒリ語・フランス語・英語が，家庭では商取引で用いるのとは異なる地元の言語を話す人々によって使用されている。このように2言語使用や多言語使用は世界規模で広まっている。認知能力に関して言えば，複数言語を操る人々に関する研究によって，励まされるような像が描かれている。

第一に，選択的注意やマルチタスクのテストにおいて2言語話者の方が単言語話者より優秀である。選択的注意は「ストループテスト」と呼ばれるもので測定できるが，これは別の色で書かれた色の名前のリストを見るテストである。求められる課題は単語が印刷されている色を答えることであって，単語そのものを言うことではない。私たちの読み取りは自動的なので，「青」という単語を無視してそれが緑で印刷されていると答えることは難しいことがある。2言語話者は選択的注意を評価する他のテストと同様に，ストループテストでの成績がより優れている。

彼らはまた，マルチタスクにおいてもより優れている。この優越性の一つの説明は，２つの言語を話す人は自分の言語の一つを常時抑制しており，この抑制という処理によって他の活動が全体的な認知上の利点を得られる，というものである。実際，２言語話者は単言語話者と比較して様々な認知能力の測定結果が上回る。概念形成課題を遂行する，複雑な指示に従う，新しい指示に切り替えるなどである。完全を期して言えば，２言語話者であることの利点はすべての認知領域にあまねくあるわけではない，ということには留意しておくべきである。２言語話者は単言語話者と比べると語彙が少なく，記憶から言葉を引き出すのにより長い時間がかかることが示されている。しかし長期的視点で見れば，２言語話者であることの認知上・言語上の利点はこれら２つの問題点を相殺してなお余りある。

２言語話者であることの利点が他の認知的側面にも及ぶのであれば，２言語話者の方が単言語話者よりアルツハイマー病の発症率が低い，あるいは少なくとも２言語話者の方が発症年齢が遅いことが予測される。実際，この主張を支持する証拠がある。心理学者のエレン＝ビャウィストクとその同僚は，トロントの記憶クリニックを利用したことがある184人の経歴を入手した。認知症の兆候を呈する人々に関して，対象者のうちの単言語話者の平均発症年齢は71.4歳であった。これと比べて２言語話者は，平均して75.5歳で診断を受けていた。この種の調査で４歳の差は非常に大きな意味を持ち，２つの集団の間にある他の体系的な相違で説明することはできなかった。例えば，単言語話者は２言語話者よりも学校教育を平均して１年半長く受けたと報告しており，それゆえ，この違いは明らかに正式教育の違いによるものではない。

インドで行われた別の調査でも，極めて同じような結果が得られた。２言語話者の患者が認知症の症状を見せ始めるのは単言語話者と比べて，性別や職業などの他の潜在的要素を調整した上であっても4.5年遅かった。加えて研究者たちは，第２言語を習得したのが大人になってからであっても，２言語を話すことは後年の認知能力によい影響を与えると報告している。重要なことであるが，ビャウィストクは，２言語話者であることのよい影響は両方の言語を常時用いている人にのみ実際に生じると指摘している。

しかしこの種の調査と同じくらい励みになるのは，２言語話者と単言語話者の間の差異がどのように，そしてなぜ生じるのかについての正確な説明が未だに確立されていないということである。これらの調査は既に２言語を話す人の経歴を振り返ったものであったので，調査結果は両グループの間に差が見られたと述べているだけで，その違いがなぜ生じたのかは説明していない。両グループ間の発症年齢の違いを生じさせる原因を特定するためにはさらなる研究が必要である。

健康を保って歳を重ねることを扱った他の研究から示唆されているのは，自分のコミュニティとつながっていることや社会的交流が十分にあることも認知症の発症を防ぐ上で重要だということである。しかしここでもまた，調査結果は一般的なメディアが人々に信じさせようとしているよりははるかに不明確である。活発な社会的生活を送る高齢者は，ほぼ当然のこととして，家から出たり他者と交流したりすることがほとんどない人々と比べて健康なのである。よって，社会的に活発であることが認知症の発症を妨げるのか，それとも認知症でない人が社会的に活発によりなりやすいのか，断定することはできない。

◀解　説▶

▶設問１．１．「一つの言語しか話さない人の数は，複数の言語を話す人の数よりも少ない」 第１段第２文（In fact, it …）によればそのように推計されているので，正しい。multiple「多様の，多くの部分からなる」

２．「ストループテストでは，参加者は文字で書かれた単語に使われた色の名前を言うよう求められる」 第２段第３文（The task is …）で，実験で求められる作業は「単語が印刷された色を言う」ことだとされているので，正しい。

３．「ビャウィストクとその同僚が行った調査によると，２言語話者は単言語話者よりも早期に認知症の兆候を示す傾向がある」 第４段第４文（For those who …）で単言語話者は平均 71.4 歳，続く第５文（The bilinguals, …）で２言語話者は平均 75.5 歳で発症とされているので，正しくない。dementia「認知症」

４．「ビャウィストクとその同僚の調査の際は，単言語話者の集団は２言語話者の集団より，正式な教育を長期間受けていた」 第４段最終文（For example, the …）で単言語話者の方が「schooling を１年半長く受けていた」とあり，これを文末で formal education「正式な教育」と言い換えているので，正しい。

5．「ビャウィストクとその同僚は，単言語話者と２言語話者の集団での認知症の平均発症年齢の差に影響する正確な要因を特定している」 第６段最終文（Further research is …）で「特定にはさらなる研究が必要」と述べられているので，正しくない。

▶設問２．ⅰ．空所直前の this は直近の内容しか指せない指示語なので，前文（They also are …）の「マルチタスクについても（単言語話者）より優れている」ことを指すと考えられる。よって this に後続する名詞としては「より優れていること」を表す(d)が最適。

ⅱ．for the sake of ～ で「～のために，～という目的で」。直前の文までで bilingualism は様々な認知上の利点をもたらすということが指摘されているが，一方空所に後続する部分では「すべての認知領域において利点があるわけではない」と但し書きが加えられている。つまり for the sake of completeness が「完全性のためには」つまり「完全を期して言うと」という補足を導く表現として働いている。

ⅲ．空所の前には「２言語話者の方が単言語話者よりアルツハイマー病の発症が少ないこと」という名詞句が置かれ，空所直後にはそれと並列されて「２言語話者の方がアルツハイマー病の発症が遅いこと」という名詞句がある。onset は「よくないことの始まり」の意。両者の内容は「病気にならないか，なるにしても発症が遅くなる」で，「同系統の内容で前者より後者が程度が低い」という関係にあるので，(b)を入れて or at least「あるいは少なくとも」でつなぐのが適切。

ⅳ．空所を含む文は２言語話者の，直前の文（For those who …）は単言語話者の認知症発症年齢について述べており，両者を比較しているので，対比関係を示す(c)「それに対して，一方で」が適切。

▶設問３．(1)「商取引の時ではなく家庭で用いる言語」につく形容詞であることから，(b)「生来の，土着の」が最適であると推測できる。

(2)下線部を含む第３段の内容は「２言語話者はマルチタスクその他の認知領域において優れている」というもの。よって「利点（benefits）を」と「他の（認知）活動に（to other activities）」を後続させる動詞の意味としては，(b)「～を与える」が適切。

▶設問４．解答欄に与えられた語句から推測できるのは以下の通り。冒頭の主語 Older individuals と述語動詞 are の間に主語を後置修飾する語句が入ること（語群に who があることから，これが導く関係詞節の可能性が高い)。空所 + by definition の部分はカンマで挟まれていることから挿入的な副詞句となるはずで，ということはこの空所には by definition「当然のこととして」を修飾する副詞が入る可能性が高いこと（語群中には almost しか候補がない)。than の直前には be 動詞 are の補語が入るはずで，比較級の可能性が高いこと（つまり healthier が最有力候補)。than の直後の空所には主語と比較される対象が入り，who 以下の関係詞節が後続することから人を表す名詞である可能性が高いこと（つまり語群の中には counterparts しか候補がない)，など。また，語群の中には動詞が lead しかないので who が導く関係詞節の述語動詞はこれに確定。lives に関しては，who の先行詞は複数形名詞 individuals なので，この節の述語動詞となることは考えにくく，life の複数形だと推測できる。そこから lead ～ life〔lives〕「～な暮らしを送る」という熟語も見える。内容面からは，空所【　あ　】直後の文に socially active とあることから，語群中の social は与えられている active と並んで同じ名詞を修飾するのではと推測できる。以上をすべて踏まえると，必然的に〔解答〕のようになる。

▶設問５．下線部の直前に these があるので，these two issues は直近の内容を指す。この文は「しかし長期的には advantages が these two issues を上回る」という内容なので，these issues は前の文（Bilingual individuals have …）で挙げられた２つの不利を指すとわかる。つまり to have smaller vocabularies と to take longer in retrieving words from memory である。よって正解は(a)「２言語話者は単言語話者より語彙が少なく単語を思い出すのにより多くの時間がかかる」。outweigh「～にまさる」 retrieve「～を取り戻す，検索して引き出す」

▶設問６．文章全体のトピックを提示するのは第１段。その冒頭では bilingualism and multilingualism「２言語あるいは複数言語を話すこと」という大雑把なトピックが提示され，同段末尾（段落の結論文）では「認知能力に関して複数言語話者を研究するとプラス面が見えてくる」とトピックを絞り込んでいる。そして第２段以降ではこのトピックに関する具体的記述が行われ，特に後半では多言語使用により認知症発症を防いだり遅らせたりする可能性が示唆されている。本文のタイトルはトピックを表すので，(a)「外国語を習得することは認知症を防ぎうるか」が正解。

●語句・構文●

（第1段）Romansh「ロマンシュ語」 with regard to ～「～に関して」

（第2段）outperform「～をしのぐ，～にまさる」 selective attention「選択的注意」

（第3段）inhibit「～を抑制する，妨げる」

（第4段）spill over「～に波及する，発展して広がる」

（第5段）crucially「決定的に」 accrue to ～「～に生じる」

（最終段）forestall「～を未然に防ぐ」

III 解答

設問1．1－F　2－T　3－F　4－T　5－F

設問2．(1)―(a)　(2)―(d)　(3)―(a)

設問3．イ―(c)　ロ―(a)　ハ―(d)　ニ―(c)

設問4．be what is needed to keep the birthrate

設問5．(d)

◆全　訳◆

≪出生率低下を食い止めるためには≫

アメリカは高い出生率を維持しているが，女性の20%に子どもがいない。これは30年前の2倍の数字である。イングランドでは18%，イタリアでは20%，ドイツでは21～26%の間であると推計されている。私たちの手元には子どもがいない日本の女性の数字はないが，日本は世界で最も出生率の低い国の一つであることは確かに知られている。そしてそれは1.3人前後で停滞しているドイツと同水準である。

子どもを産まないことを選ぶ女性は少数派ではあるが，この傾向は純粋な大転換であり，母親となることへのある種の無言の抵抗を指し示している。知られている通り，女性が自分の意思で出産をコントロールし，学問を探求し，就職活動に加わり，経済的自立を望むことができるようになるとすぐに，母親になることは必然的で自明なステップではなくなり，一つの選択肢となった。好むと好まざるとにかかわらず，母親になることは今では女性のアイデンティティの重要ではあるが一つの側面にすぎず，もはや自己実現の感覚を得るための鍵ではない。子どもを産むことにノーの声をあげている女性の割合――それは大学教育を受けた女性の間で特に顕著であるが――が示唆しているのは，この選択肢が多くの女性にとって，自由・活力・収入・職業上の実績といった自らのアイデンティティの他の側面を脅かすものだということである。

出生率の低下を指をくわえて見ている余裕のある国などない。長期的に見れば，国の年金支払いや国力，あるいは存続そのものが危険にさらされているのである。ここ数十年の出生率低下を抑制するために，一部のヨーロッパ諸国の政府は自国の家族政策を見直している。ドイツの例は特に示唆に富んでいる。この国の家族政策は現在ヨーロッパで最も手厚い部類に入る――子どもがいて勤めに出ていない親はその時点での純収入の 67％を最大 12 カ月にわたって受け取れる――が，出生率を上げたり子どものいない女性の数字を覆したりすることには成功していない。

ドイツの政策はかなりの経済的支援を提供しているが，それは本質的には母親たち（最近の数字では育児休暇を利用する父親は 15％にとどまると示されている）が労働力たることを断念することを促している。実際，子どもが一人いるドイツ人の母親のうち，フルタイムの仕事を再開するのは 14％しかいないという驚きの数字がある。このように，この家族政策は大黒柱たる父親という役割を高めて終わる結果になっている。他方母親たちは実質的に，第一子が生まれた瞬間から家族と仕事のどちらかを選ぶ必要性を感じており，このことは夫婦の 3 組に 1 組が離婚する時代においてとりわけ危険な事案となっている。

多くの母親が家にいることができるものの出生率は非常に低いままというこのような状況において，そのメッセージは明白である。女性たちは，家族生活における母親を支援するだけの政策は望んでいないのである。女性たちが子どもを欲しがるようになるためには，彼女たちの必要・役割・希望――女性としての，経済的な，仕事上の――のすべてを支援するような政策が求められている。

ヨーロッパにおける様々な経験から示されているのは，出生率が最高水準なのは働く女性の割合が最高水準の国だということである。ゆえに働く母親の支援は社会の利益になるが，それにはかなりの公共投資が必要となる。育児休暇が取りやすいことは，それだけでは誘因にはならない。2 人以上の子どもを育てるためには，母親は子どもに高品質な朝から晩までの世話を受けさせる必要があるが，それでもまだ十分ではない。収入が平等であること，勤務時間に融通がきくこと，パートナー同士で家庭での作業を分担すること――これらが，女性たちが他の願いをあきらめることなく母親になることを可能にする不可欠な要素なのである。

印象的なことに，こうしたことが伝統的フェミニズムが再び活況を呈する原因となっており，それは今かつてないほど差し迫り重要となっている。職場や家族政策におけるフェミニズムに基づく重大な改革こそ，出生率がどこまでも下がっていかないようにするために必要なものなのだ。

◀解　説▶

▶設問1．1．「過去30年にわたり，アメリカでは出生率と子どものいない女性の割合の両方が一定している」 第1段第1文（In the United …）で「子どものいない女性の割合は30年前の2倍」と述べられており，正しくない。

2．「ヨーロッパの国の中には，出生率の低下を遅らせようとして政策を変更したところもある」 第3段第3文（To curb the …）に「出生率低下を抑制するためにいくつかのヨーロッパの政府は家族政策を見直した」とあるので，正しい。curb「～を抑制する」

3．「ドイツでは，母親は子どもと一緒に家にいる（働きに出るのを控えている）間は収入のかなりの部分を受け取れるのに対して，父親は受け取れない」 第3段最終文（Germany's example is …）のダッシュで挟まれた部分で「a parent が his or her current net income の67%を受け取れる」と述べられているので，父親も母親も受け取れることがわかる。

4．「筆者によると，ドイツの政策は社会における性別による役割の不公平を助長する影響を持つ」 第4段最終文（(　ハ　) the family …）で「(ドイツの) 家族政策は『父親＝家族を養う人』の役割を助長し，母親は家庭か仕事かを選ぶ必要を感じる」と述べているので，正しい。

5．「ヨーロッパ諸国の状況を見ることでわかるのは，より多くの女性が働いているほど，その国の出生率は下がるということである」 第6段第1文（The varying European …）に「一番高い出生率は働く女性の割合が最も高い国に存在する」とあるので，正しくない。

▶設問2．(1) threaten は「～を脅かす」。同じくマイナスの意味を持つのは(a)「～を制限する」しかない。

(2) instructive は「教育的な，ためになる」。動詞 instruct から派生した形容詞で,「何かを教えてくれるような」という意味であるから,「何らかのinformationを与えてくれるような」という意味を持つ(d)が正解。

(3)incentiveは「励みとなるような刺激,動機」。(a)「励ますこと,後押しするもの」が最も近い。

▶設問3. イ. the trendすなわち子どもを産まないことを選択する女性が増えている傾向が示す(point to ～)ものを表す名詞を入れる。次の文(As we know, …)では「女性が様々な社会的選択肢を手にして母親になることが必然ではなくなった」と述べられているほか,同段最終文(And the rate …)には「子どもを持つことにノーと言う(saying no to children)」という表現も見られるので,(c)を入れて「母親となることへの無言の抵抗」とするのが最適。

ロ. 前の文(No country can …)で「出生率の低下を無視する余裕のある国はない」,次の文(To curb the …)で「出生率低下を食い止めるために政策を見直す」と述べられているので,空所には(a)のat stake「賭けられて,危険にさらされて」を入れて「(出生率の低下により)国の存続などが危機に瀕している」とする。

ハ. 第4段第1文(Germany's policies provide …)は「ドイツの政策は母親の退職を助長する」という内容で,空所から始まる第3文は「ドイツの政策は大黒柱としての父親の役割を高め母親には仕事か家庭かを選ぶ必要を感じさせる」というもの。つまり両者は言い換え・まとめの関係にあるため,空所には(d)「このようにして,そういうわけで」が入る。

ニ. 前文(To raise more …)で「母親が複数の子を育て(て出生率を上げ)るにはそれでは不十分」と述べられているので,空所を含む文では「母親が複数の子を育てるために必要なこと」が述べられると予測できる。そして前段までで,女性が子どもを産みたがらないのは子を持つことで仕事その他の社会的選択肢を捨てざるを得なくなるからであると指摘されている。以上より,空所には(c)「～を差し控える,～なしで済ます」を入れて,「女性が仕事をしやすい環境こそが,女性が他の希望をあきらめることなしに母親になることを可能にする不可欠な要素である」とする。

▶設問4. 語群には動詞の原形(の可能性がある語)がbeとkeepの2つあるため,一方が先頭(助動詞mightの後ろ)で,一方がtoの後ろ(to不定詞を形成)の可能性が高い。neededは過去形と過去分詞の可能性があるが，is は現在形に確定するので必ず述語動詞（またはその一部）になる。語群に従属節を作れる what があるので，is がその述語動詞になると考えられる。従属節が1つで述語動詞はこれ以上不要とすれば，needed は過去分詞。この過去分詞が名詞 birthrate を修飾したり主語述語関係を形成したりすることは内容上考えにくいので，be needed か is needed となる可能性が高い。あとは，keep *A* from *B*「*B* から *A* を守る，*A* が *B* しないようにする」という熟語を思いつくことができれば，(… might just) be what is needed to keep the birthrate (from free fall.)「出生率が際限なく落ちることを防ぐためにまさに必要なものかもしれない」という並びまでたどりつく。

▶設問5．「かなりの数の母親が家にいることができる（働きに出なくてよい）にもかかわらず出生率が極めて低い」という事態に含まれるメッセージを答える問題。第2段の内容から，現代女性は仕事・学問・出産など様々な選択肢がある中で必ずしも出産を選ばなくなっていること，出産すると他の選択肢を断念せざるを得なくなりがちであることがわかる。また第4段では，ドイツの家族政策は母親が仕事に出なくても収入を得て子どもを育てられるようにはなるが，仕事を再開する助けにはなっておらず，「父親は外で仕事，母親は家で子育て」という役割分担を固定化する結果になっていることが述べられている。以上を総合すると，(d)「女性たちは，家族生活における母親（という役割）を支援するだけの政策は望んでいない」が適切とわかる。女性たちは母親としては支援されてもひとりの社会的存在としては十分に支援されていないのである。serve to *do*「～する役割をする」

●語句・構文●

（第1段）hover at ～「（数値が）安定して～である」

（第2段）aspire to ～「～を切望する」（whether we）like it or not「好むと好まざるとにかかわらず」 notably「目立って，特に」 facet「面，様相」

（第3段）reverse「～を覆す」

（第4段）leave「許可，休暇（期間）」 work force「労働力，労働人口」 provider「家族を養う人」 in effect「実質的には，事実上」 proposition「事柄，問題」

（第 6 段）more than one「2つ以上の，複数の」 aspiration「切望」
（最終段）tellingly「効果的な方法で，印象的に」 rally「再結集する」
relevant「実際的な価値を持つ」

Ⅳ　解答

設問 1．1 —(b)　2 —(b)　3 —(c)
設問 2．(1)—(c)　(2)—(d)
設問 3．i —(d)　ii —(a)　iii —(b)　iv —(b)　v —(a)
設問 4．(a)

◆全　訳◆

≪企業はデータプライバシーをどの程度重視すべきか≫

企業はますます，消費者の個人情報を保護し消費者が個人情報をより管理できるようにする方法にお金をかけている。しかし，この手のデータプライバシーへの注力には繊細なバランスが要求される。企業がデータプライバシーに注ぐ力が大きいほど，企業はせっかく集めたデータをお金に替える機会を手放すことになるかもしれない。企業がデータプライバシーに注ぐ力が少ないほど，その企業はいくつもの損害から生じるリスクにさらされやすくなる（例えばスキャンダルによる評判の悪化や訴訟による賠償命令などである)。データプライバシーに関しては，企業はある方向へ踏み込みすぎても逆方向へ行きすぎても損をする。では経営者たちはいったいどうすればいいのか？

この問いに答えるために，私たちは経済市場が企業のデータプライバシーへの注力をどのようにして評価しているかを調べた。私たちは，企業資産の市場価値の帳簿価格に対する割合を用いて企業の市場での評価を測定した。その評価が高ければより競争力の高い位置にいるということであり，将来的な成長のより高い可能性を秘めているということである。

私たちが発見したのは，データプライバシーへの注力と企業の市場による評価との関係は，従来の「多ければ多いほどよい」式の知見が示唆するより複雑なものであった。実際にはその関係は逆U字型を取っている。企業はデータプライバシーに力を注ぐほど経済市場により高く評価されるが，それはある最適な転換点までで，それを超えると注ぐ力を増やすことで実際には企業の市場での評価は下がるのである。

［この複雑な関係の背後にある相反する考え方］

一般的に，２つの性質の間に逆Ｕ字型の関係がある場合は，２つの対抗しあう力（つまり，相反する考え方）が働いていることが示唆される。まず一方では，消費者のプライバシーに関するパラドックス――これによると，消費者は自分がプライバシーを気にしていると主張しながら，実際の行動はそうではないことを示している――を考えると，データプライバシーへの注力の点で他のほとんどの企業（つまり「大多数」）を上回ることは，経済市場からは経営上誤った行いと見なされる可能性がある。例えば，ある近年の研究が示すところによると，他の条件が同じであれば，購買者は個人情報をより多く要求する店を，そうではない同じ店と等しくひいきにする。この考え方に従えば，厳格なデータプライバシー上のポリシーを履行することで，企業がデジタル技術の刷新や投資が不必要に制限されてしまい，それゆえ収益性が減退したり，ことによっては消費者に還元される利益が少なくなったりしうる。例としてネットフリックス社を考えてみよう。同社が各顧客向けにカスタマイズした視聴経験を届けるために集めている消費者データの量を削減すると決定したら，経済市場はそれをどう受け取るであろうか？

他方，個人情報の収集と使用が――何が，いつ，そして誰が自分の個人情報を集めているかを消費者が知らないうちに――増し続けると，消費者は不利益への脆弱性や可能性により気づくようになる。それに反応して，プライバシー保護を求める社会的な動きが高まりつつあり，人々に価値のある情報をただで譲り渡すことをやめるよう促すとともに，企業に対しては単に規則を遵守する以上の対策を取るよう圧力をかけている。世論を揺り動かすことによって，プライバシー保護を求める社会的な動きは，企業に悪評を負わせることができる。例として，オープン・マーケッツ・インスティテュート――政策担当者や下院の独占禁止法小委員会に近い組織――が近年，企業がデータプライバシーを損なうことに対策を講じるよう要求したことを見てみよう。ここでもまた，そのような世論の圧力やいわゆる「プライバシー活動家」を無視することは，企業にとって大きなリスクを意味しているのである。

興味深いことに，アメリカに拠点を置く上場企業の大多数は，――私たちの調査によれば――最適なデータプライバシーへの注力度合いを手にしつつある。このことは各企業が消費者のプライバシーに関する要求と株主たちの経済上の要求とのバランスをうまく取れていることを示している。各企業がデータに関して必ずしも適切な判断をしつつあるとは結論づけられないが，同じような判断をしているということは言える。結果として，標準から外れた企業は消費者か株主のいずれかによって罰を受けることになるのである。別の言い方をすれば，データプライバシーへの注力度が他社と近い企業は，大多数から逸脱しそれゆえ最適でない戦略を取っていると言える企業と比べて，（他の条件が同じであれば）市場の評価が高くなるということである。

ここで気をつけておかねばならないのは，最適なデータプライバシーへの注力度は，２つの相反する考え方のうちのどちらがある時点において優勢かによって決まるということである。別の言い方をすれば，最適な度合い――あるいは「大多数」がどこにあるか――は一定ではなく常に変動する。したがって経営者たちは注意をとがらせ，それぞれの考え方が社会で優位になる度合いを継続的に注視しながら企業のデータプライバシーへの注力度を調整せねばならないのである。

◀解　説▶

▶設問１．１．「データプライバシーへの注力に関する伝統的な知見は…」

第３段第１文（We found that …）で「データプライバシーへの注力と市場評価との関係は，『多いほどよい』的な伝統的知見が示唆するより複雑」とあり，続く第２文（Instead, the relationship …）では，あるポイントを超えてデータプライバシーに注力しすぎると逆に市場評価が下がることが指摘されている。よって伝統的知見の内容としては，(b)「顧客のデータプライバシーにより注力する企業がより高い市場の評価を得る傾向がある」が正解。

２．「筆者は…と示唆している」

(b)の「（企業の）経営者たちは相反する考え方の社会での優位性（つまりどちらが社会において優位か）を常に観察し，自社のデータプライバシーへの注力を調節する方がよい」が最終段最終文（Leaders must therefore …）の内容そのままであり，最適。keep watch on ～「～を見張る」 supremacy「優位，至高」

３．「本文中で述べられた２つの相反する考え方は…だということを意味する」

本文の the two competing views とは，端的に言えば企業の収益性と消費者の要求である。前者について述べた第４段に注目すると，第４文（(　ii　) this view, …）には「厳格なデータプライバシー上のポリシーを履行すると，収益性の減退につながりうる」とあり，後者について述べた第５段，特に第１文（On the other …）には，「個人情報の収集と使用が増し続けると，消費者は不利益への脆弱性により気づくようになる」とある。これに一致する(c)「厳格なデータプライバシー上のポリシーを持つことは企業の利益を減じる傾向があるが，不必要な個人情報を集めることは消費者の脆弱性への懸念を増す」が正解。なお，第１段第２文（The higher the …）の「データプライバシーに力を注ぐほどデータから利益を得る機会を手放すことになる」や第３文（The lower the …）の「注ぐ力が少ないと悪評などの不利益を被りやすくなる」という記述もヒントになる。vulnerability「傷つきやすさ，（病気などの）かかりやすさ，（非難などの）受けやすさ」

▶設問２．(1)paradox は「逆説，矛盾」なので(c)「矛盾」が正解。

(2)put *A*＋様態の副詞（句）で「*A* を～な方法〔形〕で述べる，言い表す」という意味。ここから派生して，過去分詞の put＋様態の副詞（句）で「～な言い方をすると」という熟語（慣用的な独立分詞構文）となる。ここでは「別の言い方をすると」という意味になるので，(d)「言い換えると，別の言葉では」が正解。

▶設問３．ｉ．空所で始まる文から同段最終文までは，「データプライバシー上のポリシーが厳しすぎる企業は市場から低く評価され経済的不利益を被る」という内容。これに対し第５段は「データプライバシー上のポリシーが緩すぎると消費者に懸念を抱かれ不利益を被る」という内容で，この２段は「厳しすぎてもだめ」「緩すぎてもだめ」という対照の関係にある。第５段の冒頭に On the other hand「他方では」があるため，空所にはこれと対になる(d)の On the one hand「一方では」を入れることになる。

ⅱ．空所直前の第４段第３文（For example, one …）では「購買客はより多くの個人情報を要求する（＝データプライバシー上のポリシーがより緩い）店をそうでない店と等しく選ぶ」と指摘され，空所を含む文では「データプライバシー上のポリシーが厳しすぎる企業は制限が多くなりすぎて利益が減る」とされている。つまり，この２つの内容は同じ考えに基づいているので，空所には(a)を入れて「この考え方に従うと」とする。

iii．空所を含む文では「プライバシー保護を求める社会的運動が強まり企業により多くのことをする（do more）よう圧力をかけている」と述べ，その do more を beyond 以下で「単に～するだけではなく」と具体化している。よって空所には(b)「(要求・規則）に従う」を入れて「単に規則を守るだけでなく」とする。

iv．not *A* but *B*「*A* ではなく *B*」のバリエーションとして，「そうではなく，その代わりに」を意味する副詞 instead を入れて not *A* but instead *B* とする形がある。正解は(b)。

v．stationary「静止した」という形容詞と not *A* but *B* でつながれる，つまり反対の意味の形容詞が入る。(a)「動的な」が正解。

▶設問４．空所直後の第４段では，冒頭の第１文（In general, an …）で「逆Ｕ字型の関係の背後には２つの相反する考えがある」とし，続く第２文以降ではプライバシー保護を強くしすぎないという収益性重視の考えについて，第５段ではプライバシーをある程度保護するという消費者重視の考えについて述べている。よって小見出しとしては(a)「この複雑な関係の背後にある相反する考え方」が最適。invert「～をさかさまにする」

●語句・構文●

（第１段）give away ～「～をただで手放す」 monetize「～からお金を生み出す」 litigation「訴訟」 tip「傾く，転じる」

（第２段）market value「市場価値」 asset「財産，資産」 book value「帳簿価格」

（第３段）optimal「最適の」

（第４段）attribute「属性」 in play「活動して，（球技でボールが）生きて」 managerial「経営の」 malpractice「過誤」 implement「～を実行する，履行する」 thereby「それによって，それに関して」 profitability「収益性」

（第５段）pro- は「賛成の，支持の」を表す接頭辞。sway「～を揺り動かす」 inflict「(苦痛や害）を与える，押しつける」 the House of Representatives「下院」 antitrust「反トラストの，独占禁止法の」 subcommittee「小委員会，分科会」

（第6段）publicly traded firms「上場企業」 deviate from 〜「〜から逸脱する」 suboptimal「次善の，最適ではない」
（最終段）caveat「警告，但し書き」

V　解答　設問1．1—(d)　2—(a)　3—(b)　4—(a)
設問2．1—(a)　2—(c)　3—(a)　4—(b)
設問3．(1)—(d)　(2)—(c)　(3)—(b)
設問4．(a)

◆全　訳◆

≪新型コロナウイルス対策と人々の行動≫

疫学者たちが昼夜を問わずCovid-19の致死率や伝染性，その他の重要な統計データを計算している間，別の専門家集団はこの広がりつつあるパンデミックにおいて人間の心理が果たしうる役割を調査している。

専門家曰く，政府の新しい方策はこうした行動上の要因を考慮に入れている。例えば「疲労」の可能性などだ——この「疲労」とは，人々が時を追うごとに密を避けることを守らなくなりうることを指す概念である。

ここに含まれている論理は，今週人々に要求することが少ないほど，のちの，最も大切な時にルールをより守ってもらうことができる，というものである。隔離の孤独やストレスの可能性も同様に考慮に入れられている。

ユニバーシティ・カレッジ・ロンドンの行動変化センターの責任者であり，政府の諮問グループのメンバーでもあるスーザン＝ミチー教授は，こうした仮定が一部，過去のパンデミックの際の人々の行動を観察した結果に基づいていると述べている。

そのような諸研究の中には，先月『ランセット』誌で発表された隔離の心理学的影響に関する概観が含まれていた。これによると，自己隔離は心理的外傷後ストレスや不安，うつ，そして国民の怒りへとつながる可能性があることがわかった。

明確な終了時が定められていない漠然とした隔離——武漢で課せられたような——は最も深刻な副次的影響が出る恐れがあるとその論文は示唆し，隔離は可能な限り短期間に制限されること，人々にはそのような方策を取ることへの明確な理論的根拠が示されることを推奨している。

そのほかの影響力ある研究のひとつに，ダブリンの経済社会研究会による，コロナウイルスと戦うために行動科学を利用する方法に関する論文がある。それによると，当初示されていた予定から隔離の期間を延長すると，人々のやる気がくじかれてルール違反が増える恐れがあるというのである。「ゆえに日程に関する明確さと確実性はどちらも重要なのである」とその論文は結論づけている。

「疲労」という言葉は，家に閉じ込められているように感じるとか友人や店を訪れることができないといった，中流の人々の犠牲を想起させる。しかし一部の人々にとっては，ソーシャルディスタンスを取るための大規模な方策――例えばイタリアで採用されているような――に従うことをより難しくする厳しい現実が存在する。よって，コミュニティレベルでの実際的な支援が，人々に公衆衛生上の助言を受け入れさせることと並んで非常に重要なのである。

「経済的観点からみてぎりぎりの状態にあるコミュニティは非常に多くあります。そうした人々は十分な食料がなく，家も寒いのです。このことに関する十分に具体的な計画は未だ耳にしていません」とミチーは言う。

ミチーによると，各国政府はしばしばCOM-Bと呼ばれる行動変化のモデルを用いる。このモデルによると，ある望まれる行動を取るようになるためには，それに必要な能力（capability）・機会（opportunity）・動機（motivation）を獲得している必要がある（COM)。「これら3つの条件すべてを満たしていない限り，そのような行動は生じないのです」と彼女は言う。

この3つの不可欠な材料は相互に結びつくこともありうると彼女は述べる。「人々は公平さが存在すれば持っているものを手放し犠牲を払おうとします。人々には1日目から相当な額の疾病手当が必要ですし，そうしなければ不平等はより大きくなり得ます。私たちは，人々が皆一緒にこの状況にいると感じるようになるように，不平等が小さくなることを望んでいます」

ミチーが言うには，現在のパンデミックにおける人々の考えを知るために，保健省は人々の考えや意識を観察する調査を毎週行うとともに，行動学者や心理学者の知見も得た。「それが政府［の決定］に生かされています」と彼女は言う。「調査からわかるのは，心配している人もいれば，それほど心配もしていないし行動を変えようともしない人もいるということです。全く混在しているのです」

人々が相反する考えを抱いていることを考えると，人々が延長された隔離へと戻ってゆくことを期待しても，効果は出ないかもしれない。「人は高い関心を持っていればいるほど，それをしっかり守ります」とミチーは言う。「人口の多くがそれほど高い関心を持っていないのに，人々にかなりの犠牲を求めても，その2つが釣り合っている場合ほどの効果はないでしょう」

政府は行動の自発的な変化も計算に入れているかもしれない。例えば企業が自宅で仕事をすることを認めることなどであるが，こうしたことは政府の介入なしに行われてきている。

「私たちは社会の様々なレベルで変化をスタートさせています」とミチーは言う。「それは素晴らしいことです。私たちが全体で動くことになるからです。完全にトップダウン式のやり方をしてしまうと，怒りを買って人心を失うことになりかねません」

◀解　説▶

▶設問1．1．「行動科学の研究によると，…」

第7段第2文（It found that …）に研究による発見として「隔離期間を当初の提案を超えて延ばすことには人々のやる気をそいだりルール違反を増やしたりするというリスクがある」と述べているので，(d)「ある期間が過ぎると人々は隔離状態にいようという動機を失う傾向がある」が正解。

quarantine「隔離」 demoralise「～のやる気をそぐ」

2．「政府がコロナウイルスと戦う新しい方策を考案したとき，…は考慮に入れなかった」

第2段（The government's new …）で「fatigue の可能性などの要因を考慮に入れた」，第3段第2文（Factors such as …）では「隔離下での loneliness と stress の可能性も考慮された」と述べられているので，考慮されていないのは(a)「退屈」。

3．「隔離が成功するためには，…」

第6段の空所（　2　）に続く2つの that 節は，仮定法現在が用いられていることから提案や要求の内容であることがわかるが，ここで「隔離は可能な限り短い期間で（the shortest time period possible）」「人々はそのような方策を取る明確な根拠を与えられるべき（given a clear rationale）」

と述べられている。正解は(b)「隔離はできる限り短くするべきで，人々はその理由を知らされる必要がある」。rationale「理論的根拠」

4．「ミチーによると，…」
第 11 段第 2 文（“People will accept …）で「公平（equity）があれば人は損失を受け入れ犠牲を払う」，その次の文（People need sick …）で「人々が皆でこの状況にいると感じてくれるよう不平等（inequalities）が減ることを望む」と述べられているので，(a)「平等は人々の中に関わっているという感覚を作り出す上で重要である」が正解。

▶設問 2．1．直前の第 2 段（The government’s new …）で「時が経つとともに人々は隔離を守らなくなる」という「疲労」の概念を紹介している。これは裏を返せば，「人に要求することが少な」（ask less of the public）ければ「疲労」が少ないので時間が経っても「ルールを守って」（compliance）くれるということである。比較級 less と対応させて「少なければ少ないほど～」という意味にするという観点からも，(a)の greater が最適。wane「弱くなる」

2．空所を含む文から挿入句（ダッシュで挟まれた such … Wuhan とカンマで挟まれた the paper suggested）を取り除いて文構造を考えると，前半部分（Indefinite … side-effects）で SVO が揃って文が完結している。よって空所以下は修飾語句（副詞的要素）であると考えられる。動詞の原形や現在形が入るポジションではないので recommend は不可。過去形の recommended も同じく不可。過去分詞 recommended は分詞構文を形成できるが，過去分詞 recommended＋that 節から始まる分詞構文であればその意味上の主語は人でなくてはならないので，ここでは不適。不定詞の to recommend にも副詞的用法があるが，目的・仮定・結果のどの意味で解釈してもあてはまらず，熟語的な独立不定詞でもない。消去法で(c)の recommending が分詞構文を形成している可能性しか残らない。

3．直前の第 7 段第 2 文（It found that …）で「当初示されていた期限を超えて隔離を延長すると人々の士気が落ちてルール違反が増える」とされている。それを Thus「そうして，そのようなわけで」で受けて空所を含む文が続いているので，(a)「明確さと確実さ」を入れて「期限を明確かつ確実にすることが重要」とする。timeline「時間経過を表す線，年表，予定表」

4．直前の第10段第1文（According to Michie, …）で望ましい行動を実現するための3つの必要な要素が挙げられているので，(b)の Unless を入れて「その3つすべてが満たされない限りその行動は生じない」とする。tick「～にチェック印をつける」

▶設問3．(1) transmission は「伝達，伝播，伝染」。ここでは伝染病の文脈なので「伝染」。(d)「広まること」が最も近い。

(2) ambivalence は「相反する感情」なので(c)「人々が混ざった感情を持っていること」が正解。

(3) factor *A* in / factor in *A* は「*A* を計算に入れる，*A* を要素のひとつとして含める」なので(b)「含んでいる」が正解であるが，この熟語を知らなくても，名詞 factor の「要素」という意味や前置詞 in の「～の中に」というニュアンスから想像できるほか，文章全体が「政府が感染症対策を考える上で考慮に入れていること」という内容であることからも推測できる。

▶設問4．下線部「その2つの要素」が指しているのは，この文の冒頭の If 節に and で並列されている2つの内容。それが「多くの人々がそれほど関心を持っていない」と「人々に多くの犠牲を払うよう求める」という内容なので，(a)「人々がいかに関心を持っているかと人々がどれぐらい多くの犠牲を払う必要があるか」が正解。

●語句・構文●

（第1段）round the clock「まる一日」 interrogate「～を尋問する，取り調べる」

（第3段）down the line「後で，一定期間後に」

（第6段）indefinite「時が不定の」

（第8段）conjure *A* up / conjure up *A*「*A* を思い出させる」 coop *A* up / coop up *A*「*A* を檻やかごに入れる」 buy into ～「～を受け入れる，～の会員や株主になる」 public health「公衆衛生」

（第11段）sick pay「疾病手当」 decent「相当な」

（第12段）gauge「～を評価〔判断・推測〕する」 feed into ～「(情報が) ～に送り込まれる」 out there「世間には，(ここではない) どこかに，誰からもわかるところで」

（第14段）intervention「仲裁，干渉」

（最終段）instigate「～を開始する，起こさせる」

❖講　評

例年通り，会話文1題，長文読解4題の出題。内容説明や内容真偽などの純粋な読解力を問う小問に，文法・語法・語彙などの知識を問う設問や，変則的な形式のものも含む語句整序などが課されている。

Ⅰ　会話文で，ホテルの支配人とチェックアウトしようとしている客がやりとりする場面。空所に適切な発言を入れる設問と文中の表現を言い換えさせる設問という例年通りの組み合わせに，語句整序が1問加わった。2021年度は，会話特有の表現に関する知識の有無が得点に直結したと思われる。下線部や選択肢中の会話表現は，文脈やそれぞれの単語の意味から見当をつけることも可能ではあるが，正確な推論と語義に関する十分なイメージ把握が不可欠で，会話表現の知識がなければかなり難度の高い問題だったのではないか。設問3の語句整序は基礎的なレベルであったものの，不要な語が含まれていたため少し手間取ったかもしれない。

Ⅱ　複数言語話者が単言語話者と比べてマルチタスクに秀でるなどの事実をふまえ，外国語習得が認知症を予防しうるかを検討する記事。設問1の内容真偽と設問6の主題選びは，本文との一致・不一致が明確で答えやすい。設問2の空所補充は語彙に関する知識問題としての，設問3の同意表現は文脈からの推測を求める読解問題としての性格が強い。設問4は，和訳が与えられていない語句整序で，飛び石的に語が与えられている変則的な出題。内容面の前に文法知識によるアプローチで，考えうる解答の幅をどこまで狭められるかが正解の鍵となる。設問5は指示内容を問う設問で，指示された箇所の retrieve という動詞の意味がわかるか否かがポイントである。

Ⅲ　出生率を上げる政策として，母親が家庭にいても収入を保証される策ではなく，母親が出産後に社会に復帰できる策を講じるよう主張する論説文。設問1の内容真偽は本文との一致・不一致が明確で，設問2の同意表現は基本的な語ばかりが問われており，いずれも易しい。設問3の空所補充は，前後の文との論理関係を正確に把握しなければ正解にたどりつかない。設問4は和訳が与えられていない語句整序で，文法知識・語彙知識・文脈をうまく組み合わせて解く必要がある。設問5の空所補充は，この部分が直後の文でより具体的に言い直されているということに気づくかどうかが鍵。

Ⅳ　企業はデータプライバシーの保護に関して，無関心でも過度に厳格でもなく，適度に注力することが必要であると述べる記事。設問１の内容説明は，特に１と２は解答の根拠となる本文中の箇所が明確。設問２の同意表現はいずれも基本的な語句が問われている。設問３の空所補充は，選択肢の語彙だけでなく空所前後の語彙に関する正確な知識も求められる。設問４は文章の途中に小見出しをつけさせる設問で，この小見出しは直後の第４段だけでなくその後まで（少なくとも第５段まで）を表すタイトルであることに気づく必要がある。

Ⅴ　新型コロナウイルス対策としての活動自粛や隔離で，人々の行動がどう変化し，さらにその行動変化でウイルス対策がどのような影響を受けるかを論じた記事。設問１の内容説明は，解答の根拠となる本文中の箇所を探すこと，および本文と選択肢との間にある読み替えの関係を見抜くことに，他の大問の設問１よりは手間がかかるのではないか。設問２の空所補充は２が純粋な文法問題で，動詞の適切な形を答えさせるもの。感覚的に答えられれば問題ないが，いったん迷ってしまうと相当深く正確な文法知識が必要となる。設問３の同意表現は，⑴・⑵は基本語彙に関する問題。⑶は知識問題というよりは語義を推測する設問としての色合いが濃い。設問４は指示語 those の指示箇所を見つけさえすれば問題なく解ける。

全体としては，2021 年度は課題文の語数は増えているものの設問自体は取り組みやすい問題が多く，例年とあまり変わらない難易度であった印象である。ただし，もともとが限られた時間で大量の問題を処理することを求める骨のある出題傾向であり，特定の分野に偏らず多面的に英語力を問うていることも変わりない。ごまかしや付け焼刃ではなく丁寧に積み上げた知識と技術が求められていると言える。

日本史

1　解答

問A．３　問B．４　問C．１　問D．５　問E．２
問F．５　問G．３　問H．４　問I．２　問J．１

◀解　説▶

≪稲作と古代の農民負担≫

▶問A．３が正解。それ以外の選択肢はいずれも県名が誤っている。

１．板付遺跡には縄文晩期の水田跡が見られるが，長崎県ではなく福岡県。

２．吉野ヶ里遺跡は佐賀県。

４．須玖岡本遺跡は弥生時代の遺跡で奴国の中心地とされる。大分県ではなく福岡県。

５．砂沢遺跡は弥生前期の遺跡で青森県にある。

▶問B．４．正文。１．誤文。「盟神探湯」ではなく禊と祓。盟神探湯は熱湯に手を入れさせ，手がただれるかどうかで真偽を判断する神判。

２．誤文。「武器・武具」と「鏡・玉など呪術的色彩の強いもの」が逆。

３．誤文。「亀の甲羅」ではなく鹿の骨。

５．誤文。「銅鐸」ではなく銅鏡。

▶問C．下線部は租の説明で，１が正文。

２．誤文。これは庸の説明。

３．誤文。租は男女問わず課税された。

４．誤文。租は年齢を問わず口分田を班給された人に課税されるもので，「61 歳以上の者」でも徴収された。

５．誤文。賤民にも口分田は班給され，租も徴収された。

▶問D．５．正文。１．誤文。「成年男子のみ」が誤り。女性も含まれる。

２．誤文。変化の順序が逆。しだいに強制的なものに変化した。

３．誤文。「地方財政」と「中央財政」が逆。

４．誤文。これは義倉の説明。

▶問E．２．誤文。兵役を課された者は庸や雑徭を免除された。

▶問F．５．誤文。下線部への「律令体制を揺るがす様々な問題」とは，浮浪・逃亡・偽籍などを指しており，「公田（乗田）」は下線部の内容と合致しない。2の「偽籍」とは，性別・年齢などを偽って戸籍に記すこと。3の「私度僧」とは国家の許可を受けずに僧となった者であり，僧は税が免除されたため，勝手に僧になる者があった。

▶問G．３．正文。6年1班のサイクルを12年1班に延ばすことで班田制の維持をはかった。

1．誤文。押領使や追捕使は地方の治安維持のために置かれた令外官で，班田制の維持には直結しない。

2．誤文。これは改新の詔の内容。

4．誤文。「聖武天皇」ではなく桓武天皇。

5．誤文。「宇多天皇」ではなく醍醐天皇。

▶問H．４．正文。下線部チの「受領と呼ばれる人びとが力をふるうように」なったのは10世紀以降のこと。国司（とりわけ受領）の権限が強まる一方で，郡司の権限は縮小され郡家（郡衙）は衰退した。

1．誤文。受領は任国に赴く国司のうちの最上級者。

2．誤文。在庁官人は中央から派遣される者ではなく，現地で採用された者。また目代は任国に赴任しない国司が代わりに派遣した者。

3．誤文。「掾や目」ではなく守や介。

5．誤文。「赴任しても」が誤り。遙任とは任国に赴任しないこと。

▶問I．２．正文。官物は主に租の系譜を引く税。

1．誤文。検田使の立ち入りを拒否できるのは不入の権を得た荘園のみ。

3．誤文。10世紀以降は班田収授が困難になり，それまでの租・庸・調などから，田堵に官物・臨時雑役を納めさせるものに変化した。

4．誤文。臨時雑役は「公出挙」ではなく雑徭などの力役（夫役）。

5．誤文。臨時雑役は「力役（夫役）を除く」ではなく力役そのもの。

▶問J．１が正解。藤原陳忠は『今昔物語集』に出てくる信濃国司。陳忠は帰京の途中で谷底に転落したが，救いあげられると谷底で摘んだ平茸をたくさん持っていた。その際に陳忠は「『受領は倒るるところに土をつかめ』と言うではないか」と述べた。これは受領の貪欲ぶりを示す話として有名である。

2 **解答**

問A．２　問B．４　問C．３　問D．３　問E．４
問F．１　問G．５　問H．３　問I．３　問J．２

◀解　説▶

≪室町幕府の確立≫

▶問Ａ．２が正解。史料は建武式目。足利尊氏が幕府を開くにあたって定めた施政方針である。冒頭では「鎌倉に元のように幕府を置くか」という諮問への答申が書かれている。

▶問Ｂ．４が正解。下線部ロの「右幕下」とは右近衛大将の居所またはその人のことで，ここでは1190 年に右近衛大将となった源頼朝を指す。

▶問Ｃ．空欄ハ直前からの「承久に…」は，執権北条義時が承久の乱で朝廷方に勝利して天下を取ったことを指す。

▶問Ｄ．３が正解。下線部ニの「婆佐羅」は派手・ぜいたくを意味する言葉で，南北朝の動乱の中で成長してきた武士たちの新しもの好きの気質を指す。そうした大名を「ばさら（バサラ）大名」といい，その代表が佐々木導誉（高氏）であった。

▶問Ｅ．４が正解。ｃの正誤判別が難しいので，誤文を２つ見つけて消去法で解きたい。

ａ．誤文。「土倉の活動を抑制」が誤り。史料文中には「土倉を興行せらるべき」とあり，土倉を復興させて経済活動を円滑にしようとしている。

ｄ．誤文。「夫役」ではなく銭。

▶問Ｆ．１．正文。安国寺と利生塔は，夢窓疎石の勧めによって，南北朝の戦死者の冥福を祈るために諸国に建てられた。足利直義も関わったかなどを判別しづらいため，消去法で解きたい。

２．誤文。「建長寺船」は北条高時時代の1325 年に鎌倉幕府が派遣した船。

３．誤文。「南禅寺」ではなく天龍寺。その建立費用を得るために1342 年に元に派遣されたのが天龍寺船。

４．誤文。「同格」ではない。「諸山」は十刹の下に位置づけられた禅宗寺院。

５．誤文。「僧録」とは五山・十刹の諸寺院の管理にあたる僧職。盲点となりがちな内容である。

▶問Ｇ．５が正解。後醍醐天皇はすべての土地所有権の確認を天皇の綸旨によって行うこととした。

▶問Ｈ．ａ．初めて半済令が出されたのは1352 年。このときの将軍は足利尊氏で，のちの半済令と区別するために観応の半済令と呼ばれる。のちに 1368 年に足利義満によって出されたものは，応安の半済令と呼ばれる。

ａの年代がわかれば，ｂ・ｃは南北朝の動乱の流れを考えることで解答できる。

ｂ．後醍醐天皇は南北朝の動乱が始まってまもなく 1339 年に死去した。ついで幼少の後村上天皇が即位すると，南朝の北畠親房はこれをもり立て，常陸国小田城で『神皇正統記』を著した。

ｃ．九州は征西府にあった懐良親王を中心とする南朝勢力が強かった。そこで室町幕府３代将軍足利義満が今川貞世（了俊）を九州探題に任じて派遣し，南朝勢力の制圧に成功した。

▶問Ｉ．３．誤文。「娘」ではなく妻。「准母」とは名目上の母のこと。やや難しい内容なので，消去法でもアプローチしよう。

１．正文。足利義満はそれまで朝廷が持っていた京都の市政権を掌握した。これにより京都の警察権・民事裁判権，土倉・酒屋に対する課税権などが幕府の手に移った。歴史用語をともなわないため，盲点となりやすい。

２．正文。義満は 1378 年に京都室町に花の御所をつくり，そこで政務を執った。そこから室町幕府の名がある。

４．正文。義満は南北朝合体を果たすと 1394 年に将軍職を子に譲り，自らは太政大臣となった。

５．正文。義満は 1390 年に美濃国などの守護であった土岐康行を討伐した。

▶問Ｊ．Ｘ．正文。義満は 1401 年に明に遣使した際には自分のことを「准三后」と書いた国書を送ったが，明の皇帝から日本国王に冊封された後には「日本国王」と記すようになった。

Ｙ．誤文。滞在費の負担は「日本側」ではなく明側。

Ｚ．正文。これが勘合貿易と呼ばれるゆえん。

3　解答

問Ａ．２　問Ｂ．５　問Ｃ．１　問Ｄ．３　問Ｅ．４
問Ｆ．１　問Ｇ．５　問Ｈ．３　問Ｉ．２　問Ｊ．４

◀解　説▶

≪江戸時代の農村と都市≫

▶問Ａ．２．正文。道路の両側に間口が狭い家が並ぶ町を両側町といった。

１．誤文。城下町は武家地・寺社地・町人地に区分けされていた。

３．誤文。後半部分の「江戸から流出」が誤り。江戸時代を通じて人口流出が多かった方向は，農村から江戸へ，である。

４．誤文。大坂の豪商鴻池家が開発した鴻池新田のように，町人請負新田と呼ばれるものはいくつもある。

５．誤文。町政に参加できるのは地主・家持までで，「裏長屋」などに住む借家人は町政に参加できなかった。

▶問Ｂ．５が正解。「日用」は「日雇」とも呼ばれた。

▶問Ｃ．１が正解。「人別帳」とは宗旨人別帳（宗門改帳）のことで，農村から都市などに流出した者は無宿人と呼ばれた。

▶問Ｄ．３．正文。村ごとに村掟が作られ，それに違反した者は日常的な交際を断つ村八分の制裁を受けた。

１．誤文。年貢は「個人がそれぞれ納めた」のではなく，村でまとめて納める村請制がとられた。

２．誤文。「定免法」と「検見取法」が逆。

４．誤文。「含まれなかった」が誤り。村の中に寺院や神社があれば，僧侶や神職などの宗教者がいる場合が多い。

５．誤文。1827 年に結成された寄場組合は近隣の村々を組み合わせた組織で，共同して地域の治安や風俗の取締りにあたった。

▶問Ｅ．４が正解。「上田」「中田」「下田」は文字通り田畑を生産力で区別した語句。「本田畑」とは検地帳に登録され，年貢を課される田畑で「高請地」ともいう。史料中の「よき地所」「悪しき地所」にそれぞれ相当する組み合わせを考えると正解を絞り込める。

▶問Ｆ．１．正文。下線部トは盛んな者がどんどん田地を入手していることを示している。江戸時代の農村では上層の百姓が金を貸し，それが返済されないと担保（質）である田地が貸主の手に渡る。これを質流れという。こうして土地を失った百姓は水呑百姓に転落し，本百姓体制の崩壊が進んだ。

▶問Ｇ．５．誤文。「豪農」とは上層の百姓のうちで，商品作物生産や流通・金融の中心となって地域社会を運営した者のこと。「世直し一揆」とは幕末維新期に貧農が世直しをかかげて商人や豪農に打ちこわしをかけた一揆のことで，「豪農が頭取」となってはいない。

▶問Ｈ．３が正解。国訴とは，在郷商人らが株仲間などの特権商人と対立して起こした合法的な訴訟。1823 年に摂津・河内・和泉 3 国の在郷商人や農民が連合して大坂綿問屋の独占に反対したものが有名。

▶問Ｉ．２が正解。リード文からこの史料が 1816 年に書かれたことがわかる。ゴローウニン事件はそれより前の 1811 年に起こった事件。

▶問Ｊ．４が正解。それ以外の選択肢は史料中に見える。その箇所は以下の通り。１．下線部トの部分。２．最後部の「百姓の騒動するは，領主・地頭の責め誣ぐる事のみにはあるべからず…」。３．下線部ハとその手前の部分。５．下線部トに続く部分。

4 解答

問Ａ．１　問Ｂ．１・４　問Ｃ．１・２　問Ｄ．１・４　問Ｅ．１・３　問Ｆ．２・４　問Ｇ．２・３　問Ｈ．２・５　問Ｉ．１　問Ｊ．４

◀解　説▶

≪伊藤博文と議会政治≫

▶問Ａ．１が正解。史料Ｉの冒頭は，第 3 次伊藤博文内閣が総辞職し，「隈板内閣」と呼ばれた第 1 次大隈重信内閣が成立したことを記している。

▶問Ｂ．１・４．正文。正文を判別するのは難しいので，消去法で正解に近づこう。

２．誤文。「一貫して」が誤り。板垣退助は 1875 年の大阪会議の後にいったん参議に復帰している。

３．誤文。これは大隈重信についての説明。

５．誤文。いわゆる岐阜事件だが，これは激化事件が起こりだした 1882 年のことで，1886～89 年の大同団結運動とは時期が異なる。

▶問Ｃ．１・２．正文。下線部ハは大政奉還を指す。３・４・５はいずれも王政復古の大号令が出されたことによるもの。

▶問Ｄ．１・４．正文。どちらも第 1 次大隈重信内閣の出来事。史料Ｉが論じている内容は，1898 年のこと。この年は第 3 次伊藤内閣，第 1 次大隈内閣，第 2 次山県内閣が成立した年であり，覚えておきたい。

２・３．誤文。第 2 次山県有朋内閣（1900 年）の出来事。

５．誤文。第 2 次山県有朋内閣は憲政党が支持する形で成立したが，山県は憲政党員の入閣を約束しながらも実際には入閣させなかった。

▶問Ｅ．下線部ニは最初の内閣である第 1 次伊藤博文内閣を指す。

1．誤文。これは黒田清隆内閣での出来事であり，伊藤博文は枢密院の初代議長として憲法草案を審議するために首相を辞めている。

3．誤文。これは内閣制度創設前の 1884 年の出来事。

2・4．正文。どちらも第1次伊藤内閣の外相井上馨にまつわる出来事。

5．正文。井上外相の外交政策に反対する三大事件建白運動と同時期のこと。

▶問F．2．誤文。「統帥権」ではなく編制大権。

4．誤文。帷幄上奏権は軍部から天皇に上奏する権利で「天皇大権」ではない。

▶問G．下線部へは陸奥宗光のこと。2・3．正文。1894 年締結の日英通商航海条約の内容。

1．誤文。「廃止された」が誤り。片務的最恵国待遇をイギリスに与えていたのが，日英通商航海条約では相互最恵国待遇に変わった。

4．誤文。陸奥宗光外相が 1895 年に調印した下関条約では，遼東半島・台湾・澎湖諸島の割譲が認められた。「尖閣諸島」が誤り。

5．誤文。下関条約では朝鮮の自主独立を清国に認めさせただけで，「日本の属国となること」が認められたわけではない。朝鮮に対する日本の指導権が諸外国に認められたのは 1905 年で，さらに韓国を併合したのは 1910 年。どちらも小村寿太郎外相の時代である。

▶問H．2・5が正解。2の『三酔人経綸問答』の著者である中江兆民と5の『民権自由論』の著者である植木枝盛は，ともに自由党の結成に関与した。

1．『経国美談』の著者は矢野竜溪（文雄）。立憲改進党の結成に関与した。

3．『佳人之奇遇』の著者は東海散士。進歩党・憲政党・憲政本党系の議員。

4．『蹇蹇録』の著者は陸奥宗光。

▶問I．1が正解。史料Ⅲの冒頭は伊藤博文内閣が自由党と提携したことを記している。第2次伊藤内閣は，日清戦争後に板垣退助を内務大臣に迎えて自由党と提携した。

▶問J．やや難。4が正解。「藩閥の私生児」から民党と対立する勢力を考えよう。単純に考えれば「吏党」となるが，1・5が吏党の具体例であるため悩まされる。しかし1の立憲帝政党は結成（1882 年）の翌年には解散している。5の大成会は1890年の第1回帝国議会の時には存在したがほどなく解散し，1892年には国民協会に発展した。陸奥外相の条約改正交渉を非難した対外硬派連合にこの国民協会が参加していたことを知っていれば，日清戦争後の時点で大成会が存在しないことがわかる。

5 **解答**　問A．5　問B．4　問C．5　問D．3　問E．1
問F．日本資本主義発達史　問G．野口英世
問H．柳田国男　問I．プロレタリア　問J．日本美術

◀解　説▶

≪明治期の経済と大正・昭和初期の文化≫

▶問A．5．誤文。大隈財政はインフレ政策で輸入超過であったため，貿易収支は悪化し正貨は流出した。なお，4の「工場払下げ」の方針を定めたのは大蔵卿大隈重信だが，工場払下げ概則を1880年11月に制定した時点の大蔵卿は佐野常民である。

▶問B．4．正文。松方財政が始まると，不換紙幣の償却が進み紙幣の価値が徐々に上昇したことで，1円紙幣の価値が1円銀貨の価値に近づいていった。1885年には日本銀行から銀兌換銀行券が発行され，紙幣と銀貨の価格差がなくなり，1886年には紙幣の銀兌換が開始されて銀本位制が確立した。

1．誤文。松方財政下の1883年に国立銀行条例が再改正され，国立銀行からの紙幣発行は停止された。

2．誤文。緊縮財政下でも軍事費は削減されなかった。

3．誤文。「増刷」ではなく償却。

5．誤文。日本銀行が設立されたのは1882年であるため，「設立直後」ではない。

▶問C．5．誤文。小作人に地租負担はないものの，地主に納める小作料は引き上げられ，生産物の販売価格は下落したため，家計は悪化した。

▶問D．3．誤文。「フランス」ではなくアメリカ。

▶問E．難問。1が正解。a．重工業では大がかりな生産設備を必要とした。原料を流動資本というのに対し，設備は固定資本という。b・c．非常に難しい。低賃金労働者が多い未発展国では最新の機械を導入するより，人海戦術による手作業で生産する方が，コストがかからない。それゆえ機

械需要が高まらず，重工業製品の国内市場が限られていた。

▶問Ｆ．『日本資本主義発達史講座』は野呂栄太郎が中心となって刊行された共同論文集。

▶問Ｇ．野口英世は黄熱病の研究中に感染して死去した。梅毒スピロヘータの純粋培養に成功したことでも知られる。

▶問Ｈ．柳田国男は日本民俗学の基礎を築いた。無名の民衆のことを「常民」と呼んだこともポイントである。岩手県の山村に伝わる昔話・伝説などを綴った『遠野物語』とともに覚えておこう。

▶問Ｉ．「労働者の生活実態」がポイント。『蟹工船』など多くの作品をチェックしておこう。

▶問Ｊ．日本美術院は 1898 年に岡倉天心と橋本雅邦らが設立した日本画団体だが，一時不振に陥っていた。それを大正期に横山大観らが再興した。「院展」もヒントになる。

6　解答

問Ａ．スエズ運河　問Ｂ．なべぞこ〔なべ底〕
問Ｃ．中流　問Ｄ．三無主義　問Ｅ．４　問Ｆ．２
問Ｇ．石炭から石油へのエネルギー革命により斜陽化した石炭産業では，1960 年に大量解雇に反対する三池争議が起こった。しかし労働者側が敗北し，以後，炭鉱の閉山が相次いだ。(80 字以内)
問Ｈ．３　問Ｉ．５

◀解　説▶

≪高度経済成長と戦後の文化≫

▶問Ａ．難問。スエズ運河は地中海と紅海を結ぶ人口運河。1956 年にエジプトが運河の国有化を宣言してイスラエル船舶の運河航行を拒否すると，第２次中東戦争が起こった。

▶問Ｂ．神武景気と岩戸景気の間の不況を「なべぞこ不況」という。

▶問Ｃ．高度経済成長のなかで，国民の８～９割が社会の中層に位置しているという「中流意識」を持つようになった。

▶問Ｄ．「三無主義」が正解。空欄の手前に「無○○」が３つあるので推測で解けた人もいるだろう。

▶問Ｅ．４．誤文。「1955 年」ではなく 1951 年。

▶問Ｆ．２が正解。岩戸景気の時期（1958～61 年）は 1960 年をまたぐことを覚えておくのがよい。この年は安保改定がなされ，岸信介内閣から池田勇人内閣にかわった。

▶問G．エネルギー革命とは，1950 年代半ばから起こった石炭から石油へのエネルギー転換のこと。これによって石炭産業は衰退し，福岡県にある三井三池炭鉱では 1960 年に経営側が労働者の大量解雇を通告した。これに反発した労働組合は三池争議を起こしたが，敗北に終わった。以後，各地で炭鉱の閉山が相次いだ。

▶問H． 3が正解。『飼育』は大江健三郎の作品。『砂の器』と『点と線』が松本清張の作品で，『梟の城』と『坂の上の雲』が司馬遼太郎の作品。

▶問I． 5が正解。ノーベル賞受賞者は各人物の受賞分野にも気を配りながら覚えておこう。

❖講　評

1　稲作と古代の農民負担をテーマとする問題。ほぼ正文・誤文選択問題で占められている。語句の誤りではなく，歴史事項の内容の誤りを見破らなければならない誤文が多い。単なる用語暗記ではなく，歴史的な内容の理解や，既存の知識から推測をともなう思考力までを求める早稲田大学の姿勢が，よくあらわれている。問F・問G・問Hなどは，下線部がどの時点のどういう状態を指しているのかを考えないと正解できない問題となっている。

2　『建武式目』の史料を利用して，鎌倉幕府と室町幕府のそれぞれの確立期を扱った問題。頻出史料なので，空所補充や下線部の意味を問う問題は解きやすい。点差が付きやすいのはやはり正文・誤文選択問題で，問Eでは史料を読解する必要にも迫られた。日明貿易を含む室町幕府の確立は，早稲田大学では出題されやすいテーマである。

3　初見史料を用い，江戸時代の農村と都市について問う問題。江戸時代の村と町の実態をしっかり理解していないと解けない問題が多い。問E・問Jは史料読解が必要で，こうした問題に慣れていないと戸惑っただろう。

4　伊藤博文に関する史料を用いて，明治時代の主に政治分野のことを問う問題。解答個数が2つの正文・誤文選択問題では完答が求められている。問B・問D・問Jがやや難しい。消去法も使いながら少しでも正解に近づこう。

5　明治期の経済と大正・昭和初期の文化について，２つのリード文を用いて問う問題。とりわけ問Ｅは空所補充問題でありながら非常に難しい問題となっている。問Ｆ～問Ｊが易しい単純問題なので，こちらから先に解いてしまったほうがよい。

6　高度経済成長期の経済と社会・文化を扱った問題。問Ａ～問Ｄはいずれも記述問題ではほとんど出題されない用語で厳しい。問Ｇの論述問題は 80 字と，例年よりも文字数が大幅に増えたものの，語句指定が多く，書きやすいテーマでもあった。

世界史

I 解答

問A．2　問B．3　問C．1　問D．2　問E．2
問F．4　問G．4　問H．3　問I．4　問J．4
問K．1　問L．1

◀解　説▶

≪ローマ帝国の貨幣史≫

▶問A．2．リウィウスの著書は『ローマ建国史』。建国から前9年までのローマ史をラテン語で著した。リウィウスはアウグストゥスの恩顧を受けてこの大著を完成した。

▶問B．3．ハドリアヌスは五賢帝の3人目の皇帝。ケルト人への防備のためブリタニア（イギリス）に長城を築いた。これをハドリアヌスの長城という。

▶問C．1．ダキアを属州としたのはトラヤヌスで，ダキアはドナウ川以北で唯一のローマ領となった。以後多くのローマ人がこの地に移住し，「ローマ人の土地」の意味でルーマニアと呼ばれるようになった。

▶問D．2．カラカラは愛称で，本名はマルクス＝アウレリウス＝アントニヌス。このため，アントニヌス勅令と呼ばれる。

▶問E．やや難。2．エデッサは現在のトルコの南東部の地。ササン朝のシャープール1世がローマ軍を破った。

▶問F．4．ウァレリアヌスは軍人皇帝の一人。エデッサの戦いで捕虜となった後の消息は不明となっている。

▶問G．難問。1．誤文。アルダシール1世は，パルティア王国を滅ぼしてササン朝を建国した。

2．誤文。ホスロー1世が抗争した東ローマ皇帝はユスティニアヌス帝。

3．誤文。ササン朝が正統カリフ時代のイスラーム勢力に敗れたのはニハーヴァンドの戦い（642 年）。この時のササン朝の国王はヤズデギルド3世だが，正統カリフは第4代アリーではなく第2代ウマル。

▶問H．難問。1．誤文。ディオクレティアヌス帝はユピテル神（ギリシア神話ではゼウス）の体現者として自らを神格化した。

2．誤文。「西方の正帝」が誤り。ディオクレティアヌス帝はニコメディアを首都とする東方の正帝となった。ササン朝の侵入に対する備えと，専制君主政の実施が容易なことから，東方が重視された。

4．誤文。カピタティオ＝ユガティオ制は，ディオクレティアヌス帝が始めた徴税制度。土地・人口の調査が行われ，人頭税（カピタティオ）と土地税（ユガティオ）が導入された。

▶問Ⅰ．コンスタンティヌス帝は4世紀前半の皇帝。

4．適当。リキニウス帝（東の正帝）はコンスタンティヌス帝（西の正帝）と共同でミラノ勅令を出してキリスト教を容認したが，その後，弾圧に転じている。

1．不適。アウグスティヌスの『神の国』は5世紀初頭に書かれた。

2．不適。ニケーアの公会議で正統とされたのはアタナシウス派。

3．不適。ミラノ勅令はキリスト教を公認したものであり，国教化したのはテオドシウス帝である。

▶問Ｊ．4．ソリドゥス金貨は東ローマ帝国の時代まで使用され，地中海交易で活用された。東ローマ帝国ではノミスマと呼ばれる。

▶問Ｋ．難問。1．395年，テオドシウスは死に際して，息子のホノリウスを西ローマ皇帝に，アルカディウスを東ローマ皇帝に指名した。

▶問Ｌ．難問。2のユスティニアヌス帝はビザンツ帝国盛期の6世紀の皇帝，4のレオン3世は聖像禁止令（726年）で知られる。3のアレクシオス1世（セルジューク朝の進出に対しウルバヌス2世に救援を求めたことでも知られる）によるプロノイア制は11世紀末頃に始まるので，2→4→3の順になる。1のバシレイオス2世は，第一次ブルガリア帝国を1018年に滅ぼしている。以上から2→4→1→3の順となり，1が正解となる。

Ⅱ　解答

問Ａ．2　問Ｂ．3　問Ｃ．1　問Ｄ．4　問Ｅ．3
問Ｆ．4　問Ｇ．2　問Ｈ．4　問Ⅰ．2　問Ｊ．1
問Ｋ．3　問Ｌ．2

◀解　説▶

≪朱子学と陽明学≫

▶問Ａ．2．朱熹が四書を重視したことを考えれば，『四書集注』を選ぶのは容易である。『日知録』は顧炎武，『太極図説』は周敦頤，『資治通鑑』は司馬光の著書。

▶問B．１．誤文。欧陽脩は北宋の政治家・文筆家で，『新唐書』『新五代史』を著している。『宋史』は元代に編纂された正史。

２．誤文。周敦頤は北宋の儒学者，朱熹は南宋の儒学者だから，２人の交遊はありえない。

４．誤文。蘇軾は司馬光とともに旧法党の中心人物で，王安石の新法に反対の立場をとった。

▶問C．１．正文。均輸法の説明である。

２．誤文。市易法で低利融資をした対象は中小商人である。

３．誤文。従来は，政府が強制的に徴発して徴税業務などにあたらせていた。これが農民を苦しめていたので，新たに希望者を募ってこれにあたらせ給料を支給したのが募役法である。

４．誤文。保馬法が行われたのは開封と華北である。

▶問D．難問。４．『春秋』は孔子が編纂したといわれる魯国の年代記。欧陽脩や司馬光は『春秋』に基づいて大義名分論・正統論を唱え，『資治通鑑綱目』で朱熹がこれを強調した。

▶問E．１．誤文。郭守敬が仕えたのはフビライ＝ハンである。

２．誤文。『西遊記』が現在みる形で完成したのは明代で，『三国志演義』『水滸伝』『金瓶梅』とともに，四大奇書とされた。

４．誤文。イスラーム世界からコバルト顔料がもたらされ，元代後期に染付の技法が確立された。

▶問F．４．「阿弥陀仏信仰」,「念仏結社」から浄土宗と判断できる。禅宗が士大夫層に普及したのに対して，浄土宗は官民を問わず流行した。

▶問G．２．王重陽は金支配下の華北で，儒・仏・道の３教を融合し，新道教ともいえる全真教を興した。全真教は旧来の道教を継承した江南の正一教と道教界を二分する勢力となっていった。

▶問H．４．世宗は朝鮮王朝の第４代国王。訓民正音は朝鮮語を表記するために考案された表音文字。1446年に世宗が公布した。

▶問I．難問。王守仁（王陽明）の生没年は1472～1528年だが，選択肢のうち２のマラッカ滅亡（1511年）の他は，16世紀中頃以降の出来事であることから，時代が離れている２が正解だと推測したい。

1．不適。一条鞭法は16世紀の中頃から地方で開始した。

3．不適。アルタン＝ハーンが北京を包囲した庚戌の変は1550年。

4．不適。種子島に鉄砲が伝来したのは1543年。

▶問J．1．性即理は朱子学の概念である。

▶問K．やや難。明の儒学者である李贄（李卓吾）の生没年は1527～1602年。問Iと同じように，選択肢の中で最も年代が離れているものを選択すればいいが，2は日本史の知識なので難しい。正解は，明代の16世紀後半に中国に至った3．マテオ＝リッチである。

1．不適。アダム＝シャールが中国に来航したのは明末の17世紀前半。

2．不適。アレッサンドロ＝ヴァリニャーノは天正遣欧使節を計画・実施したイエズス会宣教師で，中国には来ていない。

4．不適。フェルビーストが中国に来航したのは17世紀後半の清代である。

▶問L．2．李時珍は『本草綱目』を16世紀末に発表した。徐光啓は『農政全書』，宋応星は『天工開物』の著者。董其昌は明末の文人画家である。

Ⅲ　解答

問A．4　問B．1　問C．2　問D．3　問E．4
問F．1　問G．3　問H．4　問I．1　問J．3
問K．3　問L．4

◀解　説▶

≪13～17世紀のイギリス史≫

▶問A．プランタジネット朝（1154～1399年）は，ヘンリ2世からリチャード2世まで。

4．正文。リチャード2世はワット＝タイラーの乱が起きた時の国王である。

1．不適。星室庁裁判所を整備したのはテューダー朝のヘンリ7世。

2．不適。ドゥームズデー＝ブックを編纂したのはノルマン朝創始者のウィリアム1世。

3．不適。バラ戦争が始まった時の国王はランカスター朝のヘンリ6世。

▶問B．1．フィリップ2世はカペー朝の国王。イギリスのリチャード1世，ドイツのフリードリヒ1世らと第3回十字軍に参加した。ジョン王はリチャード１世の弟。

▶問Ｃ．２．インノケンティウス３世は教皇権全盛期の教皇で，「教皇は太陽，皇帝は月」と豪語した。カンタベリ大司教任命問題でジョン王を破門している。

▶問Ｄ．４のヘンリ７世はテューダー朝の国王，残りの３人はプランタジネット朝の国王なので，この３人を配列すればよい。１のシモン＝ド＝モンフォールが反乱（1265 年）を起こした時の国王は，ジョン王の息子のヘンリ３世。よって，１のヘンリ３世→２のエドワード１世の模範議会招集（1295 年）→３のエドワード３世のフランス王位継承権要求（フランスのカペー朝断絶：1328 年）→４のヘンリ７世の順となり，３が正解となる。

▶問Ｅ．テューダー朝（1485～1603 年）は，ヘンリ７世からエリザベス１世まで。エラスムスと交流のあったトマス＝モアはヘンリ８世の離婚に反対して処刑されているから，４が正解。

１．不適。チョーサーが活躍したのは 14 世紀後半で，プランタジネット朝の時代である。

２．不適。ウィクリフが聖書の英訳を行ったのは 14 世紀後半で，プランタジネット朝の時代である。

３．不適。デフォーが活躍したのは 18 世紀前半でステュアート朝からハノーヴァー朝にかけての時代である。

▶問Ｆ．２．誤文。モアはヘンリ８世の宗教政策を批判して死刑となった。

３．誤文。統一法によってイギリス国教会の確立を図ったのはエリザベス１世。

４．誤文。メアリ１世はプロテスタントを弾圧したため，「流血のメアリ」と呼ばれた。

▶問Ｇ．３．誤文。『海洋自由論』を著したのはグロティウス。ハーヴェーは血液循環説を唱えたイギリスの医師。

▶問Ｈ．４．誤文。ジェームズ１世は少数の大商人に独占権を与えて財源を確保した。

▶問Ｉ．１．誤文。議会で採決された「権利の請願」は 1628 年にチャールズ１世に提出され，チャールズ１世は一度これを承認した後，議会を解散している。

▶問J．2の長期議会招集（1640 年）後に，4の内戦が勃発（1642 年）しているので，2→4の順になる。3のクロムウェルによって組織された「ニューモデル軍」の活躍で議会派が勝利，その後チャールズ1世が処刑されて共和政に移行し，航海法が原因となって1の第一次イギリス＝オランダ（英蘭）戦争が勃発（1652 年）するので，2→4→3→1の順となり，3が正解となる。

▶問K．1．誤文。この文章はトーリ党ではなくホイッグ党の説明。

2．誤文。審査法は，チャールズ2世によるカトリック政策に対抗して議会が制定した。

4．誤文。チャールズ2世によりコーヒーハウスの閉鎖令が出されているが，税を払うことで存続し，ますます流行した。

▶問L．難問。1の寛容法がかなり細かい知識のため，配列するのが難しい。寛容法はカトリック以外の非国教徒に対し，信仰の自由を与えたもので，名誉革命後の 1689 年に制定された。2の「権利の宣言」を議決したのも 1689 年だが，こちらのほうが寛容法よりも早い。4のイングランド銀行はウィリアム3世の対フランス戦争の巨額の戦費をまかなうために 1694 年に設立されたので，この3つのうち最後になるのは4である。3のスペイン継承戦争は 1701 年に始まるので，4が正解となる。

Ⅳ　解答

1．カルロス1世　2．アシエント　3．ユトレヒト
4．ヴァージニア　5．ジョン＝アダムズ
6．カンザス・ネブラスカ法　7．ホイッグ　8．13　9．ジム＝クロウ
10．ブラウン　11．NATO〔北大西洋条約機構〕　12．オバマ
13．ブラック・ライヴズ・マター〔BLM〕
14．南部の白人保守層は，民主党ジョンソン政権による公民権法制定に反発し，ベトナム反戦運動や人種暴動など社会不安が続いたこともあって，小さな政府を主張し社会保障費増大に反対する共和党を支持するようになった。(100 字以内)

◀解　説▶

≪アメリカ合衆国における黒人の歴史≫

▶1．「1518 年」からカルロス1世と判断できる。カルロス1世は神聖ローマ皇帝としてはカール5世で，ルターの宗教改革（1517 年開始）に直

面した。

▶ 2．スペインは黒人奴隷の労働力を必要としたが，トルデシリャス条約によって奴隷供給地のアフリカに植民地を持たなかった。そのため，諸外国の商人とアシエントを結んで黒人奴隷をアメリカ大陸の植民地に運んだ。

▶ 3．1700 年にフランスのルイ 14 世の孫フェリペ 5 世がスペイン国王になったことから，フランスがアシエントの権利を独占することになった。しかし，スペイン継承戦争のユトレヒト条約で，イギリスがフランスからアシエントの権利を獲得し，以後はイギリスが黒人奴隷貿易を独占することになる。

▶ 4．1619 年，タバコ＝プランテーションの労働力として，黒人奴隷がオランダ商人によって持ち込まれた。この年はアメリカ植民地で初めての植民地議会がヴァージニアで開催された年でもある。

▶ 5．難問。リード文に「最終的にそうした内容（当初の案にあった奴隷制度やイギリスによる奴隷貿易を否定する内容）は削除された」とあるので，独立宣言の起草者であるトマス＝ジェファソン（彼はヴァージニア植民地の代表）ではないと判断しなければならない。独立宣言に加筆・修正したのは，フランクリンとジョン＝アダムズだが，マサチューセッツ湾植民地の代表としてジョン＝アダムズ（後に第 2 代大統領に就任）を選ぶのはかなり難しい。フランクリンはペンシルヴェニア植民地の代表であった。

▶ 6．ミズーリ協定（1820 年）は北緯 36 度 30 分以北には奴隷州をつくらないと定めた。カンザス・ネブラスカは北緯 36 度 30 分以北にあるにもかかわらず，カンザス・ネブラスカ法（1854 年）で，両準州が将来州に昇格する際には住民投票で奴隷州か自由州かを決定するとし，ミズーリ協定は反故にされた。

▶ 7．難問。ホイッグ党は反ジャクソン派の人々が結成した政党。ジャクソンの政治手法を専制であるとして，イギリス王権に抵抗したホイッグ党と同じ党名を名乗った。

▶ 8．やや難。奴隷制廃止をうたった憲法修正第 13 条は 1865 年に批准された。その後，黒人の市民権を認めた憲法修正第 14 条，黒人に投票権を認めた憲法修正第 15 条などが成立している。

▶ 9．難問。ジム＝クロウ法と総称される一連の法律は，州法として可決された。この法律は合法的に人種分離を行い，人種差別を続けるための法的根拠となっていった。

▶10. 難問。ブラウン判決は，ブラウンという黒人の溶接工がカンザス州のトピーカ市の教育委員会を訴えた事件の連邦最高裁の判決で，公立学校での人種隔離を憲法違反であるとした。

▶11. 難問。1950 年の就任なので，第二次世界大戦中の連合国最高司令官と間違わないようにしたい。アイゼンハワーは 1949 年に設立された NATO 軍の最高司令官を 1952 年まで務めている。

▶12. オバマは民主党の大統領。2009 年から 2 期 8 年大統領を務めた。

▶13. 難問だが時事問題からの出題なので対応可能であろう。「ブラック・ライヴズ・マター（Black Lives Matter）」は「黒人の命は大切だ」の意味。

▶14. 難問。共和党が 1960 年代後半に民主党支持者の多かったアメリカ南部において，多くの支持者を増やした背景や事情について，公民権運動および公民権法成立との関係から説明することが求められている。

民主党のジョンソン大統領による公民権制定と「1960 年代後半」当時の状況を踏まえて考えれば，論述する道筋が描けるだろう。公民権法は 1964 年に制定されたが，これによって黒人差別が解消したわけではなく，1968 年にキング牧師が暗殺された後に暴動が頻発し，ベトナム反戦運動も加わり，社会が混乱した。また，ジョンソン大統領は，貧困問題に取り組んだ「偉大な社会」計画を掲げたが，これは社会保障費の増大を招いた。これらへの反発から，もともと黒人に対する差別意識の強い南部白人保守層は民主党に代わって共和党を支持するようになっていったのである。1968 年の大統領選挙で共和党のニクソンが当選したことは，こうした事情が背景の一つにある。

❖講　評

Ⅰ　ローマ帝国の貨幣史をテーマにした問題。文章の正誤判定問題では，問Gと問Hが選択肢の文章に教科書レベルを超えた内容のものがあり，正誤判断が難しい。空所補充問題では，問Eのエデッサの戦いが用語集の説明文レベルの出題となっており，やや難しい。問Kは，正解のホノリウスの他にアルカディウスが選択肢にあるため難問となった。問Lの配列問題は，東ローマ帝国の皇帝名の知識が相当正確でないと1と3の前後関係が難しい。

Ⅱ　北宋から明末の文化史に関する大問で，朱子学と陽明学を中心に問われており，朝鮮王朝からの出題もみられる。文章の正誤判定問題は，教科書外の用語が含まれている選択肢もみられるが，消去法でおおむね解答できる。問Ｉと問Kの年代に関わる問題は難しいが，落ち着いて考えれば手がかりに気がつく。文化史がほとんどなので，得点差が出やすい大問となった。

Ⅲ　ジョン王の時代からウィリアム3世の時代までの約500年に及ぶイギリスの王朝の変遷に関する問題。空所補充問題は平易。文章の正誤判定問題は，専門的知識や日本史の知識などを含む選択肢に惑わされないように判断する力が試されている。問D・問J・問Lの配列問題は，判定に時間を要する。

Ⅳ　アメリカ合衆国における黒人の歴史をテーマにした問題で，2020年に起きた黒人差別反対運動を受けたタイムリーな問題となった。記述式の上，空所補充問題は5のジョン＝アダムズ，7のホイッグ党，9のジム＝クロウ法，10のブラウン判決，11のNATO軍，13のブラック・ライヴズ・マター運動と難問続きで失点しやすい。14の論述問題は1960年代にアメリカ南部で共和党が支持者を増やした背景・事情の説明で，これも教科書外からの難問であった。

2021年度は2020年度に比べると教科書レベルを超える内容を含む問題が増え，Ⅳの空所補充問題にも難問がみられ，やや難化した。また論述問題も教科書的知識だけでは論述できない問題で，例年通りハイレベルである。

政治・経済

I **解答**　問１．(イ)・(オ)　問２．(ア)・(ウ)
問３．A．永久　B．濫用　C．硬性　D．憲法審査会
E．憲法改正原案
問４．(ウ)・(カ)　問５．(オ)　問６．(ア)

◀解　説▶

≪日本国憲法と新しい人権，憲法改正≫

▶問１．(イ)・(オ)が正解。(イ)「石に泳ぐ魚」事件は，芥川賞作家柳美里の小説「石に泳ぐ魚」のモデルとなった女性が，プライバシーを侵害されたとして出版差し止めを求めた事件である。最高裁は 2002 年の判決で，作家のプライバシーの権利の侵害を認め，出版差し止めが確定した。

(オ)「宴のあと」事件は，同名の小説のモデルとなった元外務大臣有田八郎氏が私生活を描写されたとして，作者三島由紀夫と出版社を訴えた事件である。東京地方裁判所は 1964 年の判決で，プライバシーの権利を「個人の私生活をみだりに公開されない権利」と定義し，これを法的権利として認めた。なお，現在のプライバシーの権利の一般的定義は，「自己に関する情報をコントロールする権利」である。

(ア)不適。北方ジャーナル事件は，北海道知事選挙の立候補予定者が名誉毀損を理由に雑誌の出版の事前差し止めを求め認められたが，出版元がこれを不服として争った事件である。当該「事前差し止め」が検閲にあたるか否かが争点となったが，最高裁は 1986 年の判決で事前差し止めを認めた。

(ウ)不適。サンケイ新聞事件（1973 年）は，共産党が，同党を批判する自民党の意見広告に対し，無料の反論広告を新聞社に要求して裁判に訴えた事件である。この事件では反論権が争点になったが，最高裁はこの権利を認めなかった。

(エ)不適。博多駅フィルム提出命令事件は，裁判の証拠として取材フィルムの提出命令を受けた放送会社が，取材・報道の自由を主張して争った事件である。最高裁は 1969 年の判決で，取材・報道の自由について，尊重に値するとしながらも公正な裁判のために必要な限度で制限を受けるとした。

▶問 2．(ア)正文。自己決定権は，個人の人格的生存に関わる重要な事項を，権力の干渉や介入なしに各自が自律的に決定できる権利である。一方，日本国憲法第 13 条は「すべて国民は，個人として尊重される。生命，自由及び幸福追求に対する国民の権利については，公共の福祉に反しない限り，……最大の尊重を必要とする。」と規定する。同条の幸福追求権は，個人の人格的自律および人格的生存に必要不可欠な権利・自由を包括的に保障していると考えられるため，自己決定権を導くことができる。

(ウ)正文。尊厳死は，患者の自己決定権を尊重することから言われる。尊厳死は，いわゆる植物状態となって生きる延命を拒否し，人間らしく死ぬことである。尊厳死を認める条件の一つが患者の意思表示であるインフォームド・コンセント（説明と同意）である。これは，患者が医師から症状や治療の内容についての十分な説明を受け，それを理解した上で治療方針を自ら選ぶことである。

(イ)誤文。「自己決定権」ではなく，「アクセス権」があてはまる。

(エ)誤文。エホバの証人輸血拒否事件において，東京高裁は 1998 年の判決で，患者の輸血拒否を自己決定権として認め，医師側に患者の自己決定権に関する違反（説明義務違反）があったとの判断を示した。

(オ)誤文。薬物等により積極的に死期を早める安楽死は，国によっては合法化されているが，現在の日本では法律上許容されていない。

▶問 3．A．「永久」の権利は，基本的人権の永久規範性に対する表現である。基本的人権は，自然権思想に基づき人間が人間として当然にもつ生来の権利，一定の要件を満たさなければ国家権力といえども制限できない権利である。日本国憲法においては，「侵すことのできない永久の権利」（第 11 及び 97 条）として，その永久不可侵性を保障している。

B．権利の「濫用」とは，社会通念としての権利の範囲を逸脱し正当な権利の行使として容認できない状態である。その権利を行使することで，他者の基本的人権を侵害したり，明白かつ現在の危険を招いたり，社会公共の利益（公共の福祉）に反する場合は，権利の濫用とみなされる。

C．硬性憲法は，法律より厳格な改正手続きを定める憲法である。これに対し通常の法律と同じように改正される憲法は，軟性憲法という。

D．憲法審査会は，2007 年に成立した国民投票法の規定に基づき，憲法改正を具体的に進めていく機関である。憲法改正原案の審査と採決，憲法改正の発議を審査する権能をもつ。2000 年に両議院に設置された憲法調査会の仕事を引き継ぐかたちで設置されている。

E. 国民投票法で規定される「憲法改正原案」は，各政党が提示する憲法改正案とは異なり，国民投票にかける憲法改正案の原案である。同原案は衆議院または参議院に提出されると，各議院の憲法審査会で審査され，出席議員の過半数の賛成で可決される。その後の本会議では日本国憲法第 96 条 1 項の規定により総議員の 3 分の 2 以上の賛成で可決される。

▶問 4. (ウ)100 人以上の衆議院議員，(カ)50 人以上の参議院議員が正解。国会議員が憲法改正原案を国会に提出（発議）するとき，「一定数以上の国会議員」の賛成が必要となる。(ウ)・(カ)はその条件である。

▶問 5. (オ)が正解。国会による憲法改正の発議に必要な，各議院における憲法改正原案への所定の賛成とは，上述（問 3 の E）のとおり，欠席議員を含む「総議員」の 3 分の 2 以上の賛成である。

▶問 6. (ア)が正解。日本国憲法第 96 条 1 項および国民投票法の規定により，国民投票における憲法改正案の承認には，有効投票総数の過半数の賛成が必要となる。なお，投票は内容ごとに区分して行い，満 18 歳以上の日本国民が国民投票権を有する。

II 解答

問 1. (ウ)　問 2. (ウ)　問 3. (ア)　問 4. (ア)　問 5. (エ)
問 6. (ウ)　問 7. (イ)　問 8. (ア)　問 9. (イ)　問 10. (ア)
問 11. (ア)　問 12. (ウ)　問 13. 国際決済銀行　問 14. (ア)

◀解　説▶

≪需要・供給曲線，労働市場，経済政策≫

▶問 1. (ウ)が正解。需要の価格弾力性は，価格の変化に対して需要がどの程度変化するかを示す指標である。価格の変化率で需要の変化率を割って求める。設問の場合は，ある財の価格の 10% の値上げに対して需要が 20% 減少したので，需要の価格弾力性は 2 である。弾力性は，値が 1 を超えると弾力的，1 未満であれば非弾力的となる。

▶問 2. (ウ)が正解。供給の価格弾力性は，価格の変化に対して供給がどの程度変化するかを示す指標である。弾力的か否かの基準は，需要の価格弾力性と同様，1 である。消毒用アルコールは急に需要が増えて価格が高騰し入手は困難であった。これは増産が追いつかなかったことを意味する。

つまり，この商品は短期的には供給の価格弾力性が小さく非弾力的であったと考えられる。しばらくすると，ある程度の価格で入手できるようになった。これは，供給が需要に追いつき価格が安定してきたことを意味する。つまり，この商品は長期的には供給の価格弾力性が大きくなり，弾力的になったと考えられる。

▶問３．(ア)が正解。不作で農産物の供給が急減した場合，価格が高騰しても短期的には供給は回復しない。これは，ある価格での農産物の供給量が以前と比べて減少することを意味する。よって，供給曲線は左にシフトする。一方，需要は不作の影響を受けないと考えられるので，ある価格での農産物の需要量は変化しない。よって，需要曲線はシフトしない。

▶問４．(ア)が正解。上限価格は価格の上昇に限界値を設定するものであるから，上限価格を現在の均衡価格が上回らない限り価格に変化はない。

▶問５．(エ)が正解。完全競争市場は，買い手（需要者）も売り手（供給者）もともに多数いて需要・供給の法則が完全に成立する市場であるから，価格は市場で決まる。よって売り手も買い手も価格支配力をもたない。

▶問６．(ウ)が正解。自然独占は，市場に規模の経済などが働くとき，人為的な要因によらず自然に発生する独占状態である。財・サービスの生産量に応じて変化する費用である変動費が小さければ，生産の拡大によって将来巨額の売上げが見込めるため，参入を検討する企業は多い。しかし，参入にあたって必要な設備投資にかかる費用などの固定費（生産の増減に関係しない費用）が巨額である場合，必要な資金を調達して新たに参入できる企業は限られる。したがって，「固定費が巨額である一方で変動費は比較的小さい」のであれば，自然独占の可能性が高くなる。

▶問７．(イ)が正解。化石燃料に炭素税を課すと，企業は課税分を費用として価格に上乗せするため，ある価格での供給量は以前と比べて減少する。したがって，供給曲線は左にシフトする。そのときの交点をみると，均衡価格が上昇し，均衡取引数量が減少していることがわかる。

▶問８．(ア)が正解。1970 年代後半以降の先進国で台頭した新自由主義は，自由な経済活動や市場メカニズムを重視し政府による市場への介入は最小限にとどめるべきであると主張する。この考え方に沿って，また金融ビッグバンの一環として，1997 年の独占禁止法改正により，金融分野を含め持株会社が解禁された。金融持株会社は，銀行，証券，保険会社などを傘下にもち，従来は独禁法で禁じられていた企業形態である。金融持株会社の解禁により，業種の違う金融業の相互乗り入れと金融再編が加速した。

▶問 9．(イ)が正解。外国人労働者の国内労働市場への参入は，ある賃金の下での労働供給の増加を意味するので，労働市場の供給曲線を右にシフトさせる。そのとき需要・供給曲線の均衡点は右斜め下にシフトするから，雇用量が増加し，賃金が下落する。

▶問 10．(ア)が正解。男女雇用機会均等法は，1985 年の女子差別撤廃条約の批准を契機に制定された法律である。

▶問 11．(ア)が正解。GDP（Gross Domestic Product，国内総生産）は，国内経済において 1 年間に生産された財貨とサービスの総額から，原材料費などの中間生産物の金額を差し引いたもので，新たに産み出された付加価値の合計である。したがって，GDP は生産の面から経済をとらえた指標である。一方，国民所得（National Income，略称 NI）は，GDP に海外からの純所得を加えた GNP（国民総生産）から，固定資本減耗と間接税を引き，補助金を足して求める。国民経済において生産に携わる労働者や企業などが 1 年間に新たに得た価値，すなわち所得の合計であるから，分配の面から経済をとらえた指標である。

▶問 12．(ウ)が正解。資産価格（株価や地価など）が急騰するバブル経済を引き起こした誘因として，日本銀行が景気の過熱にもかかわらず公定歩合による低金利政策を続けたことがあげられる。そこで，日銀は 1989 年に 2.5%だった公定歩合の引き上げを，翌年にかけて 6 %台まで段階的に行った。一方政府は，土地の投機的な取引による異常な地価高騰を抑制して土地に傾斜した資産構成を是正する目的で地価税を導入した。

▶問 13．国際決済銀行（略称 BIS，Bank for International Settlements，スイスのバーゼルに本部）は，中央銀行相互の決済をする国際銀行である。BIS は，バーゼル銀行監督委員会（バーゼル委員会，主要各国の中央銀行代表などで構成）の常設事務局がおかれていることから，国際的に活動する銀行を監督する業務を担っている。バーゼル委員会は，1988 年に BIS 規制として，国際業務を行う銀行には自己資本比率 8 %以上を求めることを決定した（バーゼル合意）。自己資本比率は，総資産に対する自己資本の比率である。日本の各銀行は，バブル崩壊後，不良債権処理によって自己資本比率が低下した。金融システム改革（日本版金融ビッグバン）前年の 1997 年頃から経営危機に陥った各銀行は，BIS 規制に苦しみ，それが中小企業などに対する貸し渋りの一因になった。

▶問 14．(ア)が正解。GDP デフレーターは，名目 GDP を調整して実質 GDP を算出する際の一種の物価指数である。通常用いられる計算式は，「実質 GDP＝名目 GDP÷GDP デフレーター」であるが，ここから「GDP デフレーター＝名目 GDP÷実質 GDP」の数式が導ける。したがって，この時の GDP デフレーターは，$\frac{400\text{兆}}{500\text{兆}}=0.8$ である。

Ⅲ　解答

問 1．(イ)　問 2．(ア)　問 3．(エ)　問 4．(ウ)
問 5．(ア)・(イ)
問 6．1―②　2―③　3―④　4―②　5―④　6―③　7―⑤
8―⑥

◀解　説▶

≪資源消費とその規制≫

▶問 1．(イ)が正解。空欄の前の記述に注目。「全員が過剰採取すれば，……資源消費者すべてが損害を被る」のであれば，「過剰採取しないことが，すべての資源消費者にとって共通の」利益になる。

▶問 2．(ア)が正解。モントリオール議定書は，正式には「オゾン層を破壊する物質に関するモントリオール議定書」という。1985 年に「オゾン層保護のためのウィーン条約」を締結。その締約国会議で 1987 年に「10 年でフロンの生成・消費の半減」を目指したモントリオール議定書が採択された。同議定書は数次にわたって改正され，フロンをはじめとするオゾン層破壊物質の規制が強化されてきた。

▶問 3．(エ)が正解。バーゼル条約は，正式には「有害廃棄物の国境を越える移動及びその処分の規制に関するバーゼル条約」という。OECD や国連環境計画（UNEP）での議論を経て，1989 年にスイスのバーゼルで開かれた国際会議で採択された。2019 年の同条約改正（2021 年に発効）では，汚れたプラスチックごみが，新たに規制対象に加えられた。

▶問 4．(ウ)が正解。空欄の前の記述に注目。「わたしがあの魚を……自分が乱獲や過放牧を控える理由などない」という考え方は，自己の利益ばかりを優先している。この自己中心的な利益確保の理屈にかなった行動とは，

「別の資源消費者に先んじての採取」ということになる。

▶問5．(ア)・(イ)が正解。「コモンズの悲劇」は，資源消費者（すべてのとは限らない）が自分の利益を最大にしようとして共有地の破壊に至る事態である。設問の選択肢は「以下のモデルを取り上げる」の文中の「101頭以上の飼育は……牧草地は翌年には再生できなくなる」の記述に照らして考える。ここでは①～⑥の状況について，XとYが放牧した羊の合計頭数から判断することがポイントである。

(ア)，①のケースでは，合計したX，Yの放牧の頭数が200頭であるから牧草地は翌年には再生できなくなり，同時に羊も飼育できなくなる。これは「コモンズの悲劇」に該当する結果である。

(イ)，②のケースでは，一方が放牧を50頭に抑制しているものの，合計した放牧の頭数は150頭となって牧草地は翌年には再生できなくなり，同時に羊も飼育できなくなる。これは「コモンズの悲劇」に該当する結果である。

▶問6．まず，①～⑥の状況について，X，Yの行為と予測される翌年の事態との因果関係を明らかにしておこう。

①X，Yともに所有している羊100頭，合計200頭をすべて放牧すると，そのうち100頭が食べる牧草は過剰採取になるため，翌年には牧草地が再生できなくなってしまう。

②一方が牧草地の将来を考えて羊の放牧を50頭に抑制し，他方は所有している羊100頭を全部放牧すると，合計した150頭のうち50頭が食べる牧草は過剰採取になるため，翌年には牧草地が再生できなくなってしまう。

③どちらか一方が牧草地を利用しないのであれば，他方は所有している羊を何頭放牧しようが許容されている100頭を超えることはなく，安全に飼育できるし翌年には牧草地も再生できる。

④X，Yともに牧草地の将来を考えて放牧を50頭ずつに抑制すれば，許容されている100頭を超えないので，合計した羊100頭は安全に飼育できるし翌年には牧草地も再生できる。

⑤どちらか一方が牧草地を利用せず，他方が羊の放牧を50頭に抑制するのであれば，許容されている100頭を超えないので，放牧された50頭の羊は安全に飼育できるし翌年には牧草地も再生できる。

⑥X，Yともに牧草地を利用しないのであれば，牧草は採取されないので，

翌年の牧草地は今年と同等かそれ以上に牧草が繁茂すると考えられる。

1．②が正解。高校生(I)の話す状況と上述の①～⑥とを見比べて判断する。一方が放牧を 50 頭に抑制するのは「牧草地の将来を考えて」の判断であり，他方が所有している羊 100 頭を全部放牧するのは自己の利益ばかりを優先する「自分勝手」な判断であると考えられる。その結果，合計 150 頭の羊が共有地で飼育される状態になることから，②と判断できる。

2．③が正解。(II)の高校生は，(I)の事例（②）で生き残った羊の頭数に照らして両者の損失を考えている。Xは，「100 頭のうち 50 頭を死なせて残りの 50 頭を放牧し，その約 1/3 が死んだ」のであるから，生き残った羊の頭数は四捨五入で 33 頭である。一方のYは，「100 頭の中の約 1/3 が死んだ」のであるから，生き残った羊の頭数は 67 頭である。両者の損失の差は 34 頭である。どちらかの損失が大きくなるのは②の他に，③と⑤の場合がある。③の場合，一方は牧草地を利用しないので損失は 100 頭，他方は羊 100 頭すべてを飼育できるので損失がない。両者の損失の差は 100 頭である。⑤の場合も，同様に考えると，両者の損失の差は 50 頭である。②・③・⑤を比較すると，X，Yの損失の差が最大になるのは③である。

3．④が正解。XとYの利益や損失が等しくなるのは，両者が同じ選択をした場合に限られる。この条件を満たすのは，①・④・⑥である。このうち，①は牧草地が再生できなくなり，⑥はすべての羊が死んでしまう。よって「X，Yが対等に事業を続けられる」のは，過剰採取が生じない羊の飼育が可能な④のみである。

4．②が正解。「来年から土地を私有地に分割」するといったとたんに，自分勝手なYは羊 100 頭すべてを放牧し利益を得るが，その利益で割り当てられた土地に工場を建てる。他方，Xは牧草地の将来を考えて放牧を 50 頭に抑制し，翌年に牧草地が再生しない「荒れ果てた土地」を割り当てられ，そこでは放牧はできない。これらが，(IV)の高校生が提示する状況である。この状況は，X，Yの放牧した羊の合計が 150 頭となり，そのうち 50 頭が死に，翌年は牧草地が再生不能となる②のケースと同じである。

5．④が正解。「話し合って最適な配分を決める」状況であり，「双方に残った羊の数に差がない」のは，XとYの利益・損失が等しく，かつ羊の飼育が継続できる場合なので，該当するのは 3 と同様④である。

6．③が正解。牧草地の視点から考えた場合，④のケースでは許容されている100頭を超えることはなく，安全に羊を飼育できるし翌年には牧草地も再生できる。これと同じ結果をもたらすのは，③のケースである。

7．⑤が正解。「羊の総数が50頭になり，なおかつ牧草地が再生する」のは，XとYのうち一方は50頭の羊を牧草地に送り，他方は牧草地を利用しない場合のみなので，あてはまるのは⑤のケースである。

8．⑥が正解。「牧草地の再生」ができるのは，羊の総放牧数が100頭を超えない③・④・⑤・⑥の4つのケースである。「以上の二つ（③と⑤）や④に加えて」という表現から，残る⑥のケースがあてはまる。

IV　解答

問1．(ウ)　問2．(エ)　問3．(エ)　問4．(オ)　問5．(ウ)
問6．(エ)　問7．(ア)　問8．トレードオフ　問9．(オ)
問10-1．※　問10-2．(1)20　(2)※　問10-3．(イ)

※問10-1および問10-2(2)については，設問の記述に不適切な部分があり適切な解答に至らないおそれがあるため，受験生全員に得点を与えることとしたと大学から発表があった。

◀解　説▶

≪感染症緊急経済対策，EUの排出権取引≫

▶問1．(ウ)が正解。aの場合，政府が給付金を払い渡す行為なので，「支給」（役所や会社などが金銭・物品を給付する行為）が適する。bの場合，「金融機関」が「無利子・無担保」でお金を貸す行為なので，「融資」（金融機関などがお金を貸す行為）が適する。

▶問2．(エ)が正解。新型インフルエンザ等対策特別措置法は，緊急事態宣言の下で同法に基づき休業を要請する権限は都道府県の首長（知事）にあると定めている（第45条2項）。国は，「基本的対処方針」に基づいて総合調整するにあたり，必要な場合は知事に指示を出すが，「要請」の権限自体は知事にある。ただし，知事による休業要請は，上述の「基本的対処方針」によれば，「国と協議の上」，「外出自粛要請の効果を見極めて行う」ことになっている。

▶問3．(エ)が正解。売上にかかわらず定期的に支出する一定額の費用を固定費と呼ぶ。家賃・地代，固定資産税，人件費，利息などが含まれる。非正規雇用者との雇用関係を終了させる際に支払う一時金は，定期的に生じることが想定される費用ではないので，固定費には含まれない。

▶問 4．(オ)が正解。衆議院において出席議員の 3 分の 2 以上の多数で再可決した場合に成立するのは，予算（案）ではなく，法律（案）である（日本国憲法第 59 条 2 項）。

(ア)正文。日本国憲法第 73 条 5 項の規定である。

(イ)正文。日本国憲法第 60 条 1 項の規定である。

(ウ)正文。日本の国会は委員会制度をとっているので，法案等は本会議の前に委員会で審議される。予算の審議は，国会法第 41 条により衆議院と参議院に設置される予算委員会で審議される。

(エ)正文。日本国憲法第 60 条 2 項の規定である。

▶問 5．(ウ)が正解。国債の発行は原則禁止されているが，但し書きで公共事業費等の財源を確保する建設国債については発行が認められる（財政法第 4 条）。しかし，緊急経済対策の必要上，補正予算を組む場合は，その度に特例公債法をつくり特例国債（赤字国債）を発行している。補正予算の緊急経済対策関係費の財源の大半は通常，特例国債の発行で得られる特例公債金（将来の税金等で返済）が充てられる。また設問文に，「第一次補正予算には，財政法第 4 条の但し書きに該当する事業が含まれている」とあるので，建設国債の発行により得られる建設公債金も同予算に含まれているとわかる。その上で財源（歳入）の規模から判断すると，c が建設公債金，d が特例公債金の組み合わせが適する。

▶問 6．(エ)が正解。令和 2 年度の第二次補正後の一般会計歳出は，160.2（＝102.6＋25.7＋31.9）兆円である。これは，令和元年度の一般会計歳出の決算額である 101.3 兆円の 1.58144……（約 1.6）倍にあたる。

▶問 7．(ア)が正解。株式会社ゆうちょ銀行は，2007 年，郵政民営化法により旧日本郵政公社から郵便貯金事業などを引き継いで発足した銀行である。ゆうちょ銀行は，国の経済・社会政策の一環としての融資を行う政府系金融機関ではないので，政府の緊急経済対策としての資金繰り支援には直接関わらなかった。

▶問 8．トレードオフは，一方を重視すれば他方が犠牲になるという両立し難い関係をいう。下線部⑤は，一方が感染拡大の抑制，他方が経済活動の継続とした場合，両者の間にはトレードオフが成立している。

▶問 9．(オ)が正解。新製品の投入によって株式会社の株価が上がることは，その企業の有する価値が市場で取引された結果生じる利益であり，それは市場内部の効果である。外部効果は，市場の取引を経由しないで，ある人の経済活動が他の人の経済活動や経済成果に影響を及ぼす場合である。有利な影響が与えられる場合を外部経済，不利な影響が与えられる場合を外部不経済という。

(ア)果樹園の経営者は養蜂業者の活動によって果樹の人工交配の必要がなくなり，労力を削減できる。したがって，養蜂業者は，果樹園の経営者に外部効果（外部経済）をもたらす。

(イ)新幹線に新たな停車駅ができると地価が上がる。したがって，停車駅の新設は周辺住民の経済に外部効果をもたらす。

(ウ)予防接種は，接種した本人ばかりでなく，周囲の人の伝染病への感染を抑制する。したがって，ある人の予防接種は，本人ばかりでなく他の人の経済活動に対する外部効果をもつ。

(エ)教育には外部効果があり，例えば高等教育が普及していればそれが質の高い人的資本を産み，技術革新などがスムーズに進む。教育によって知識を獲得することは，本人だけでなく経済全般の外部効果をもたらす。

▶問 10-2．(1)正解は 20。A 社は，CO_2 の排出量の減少分が 200（$=1,000-800$）トン，そのときの利潤の減少が 50 万円である。これを 1 トンあたりでみると 2,500 $\left(=\dfrac{500,000}{200}\right)$ 円である。ユーロに換算すると 20 $\left(=\dfrac{2,500}{125}\right)$ € になる。A 社にとり経済的誘因が生じるのは，利潤の減少分（1 トンあたり 20€）以上に排出権の売却による利益が確保できる場合である。したがって，A 社は，排出権価格が排出量 1 トン当たり 20€ を上回ると排出権を売却する。

▶問 10-3．(イ)が正解。B 社が排出上限枠よりも CO_2 の排出量を減らそうとするには，A 社の場合と同様，排出権取引によって利益が得られる必要がある。問 10-2(1)と同様の手順で計算すると，B 社は排出権価格が 1 トン当たり 24€ を上回ると排出権を売却する。一方，C 社・D 社が排出上限枠を超えて CO_2 の排出量を増やそうとするのも，やはり排出権取引によって利益が得られる場合である。C 社は，排出量を 1 トン増やせば利潤が 28€ 増加するので，排出権価格が 1 トン当たり 28€ を下回れば排出権を購入する。同様に計算すると D 社は，排出権価格が 1 トン当たり 26

€を下回ると排出権を購入する。さて，A～D各社の排出上限枠の合計と各社変更後の排出量の合計とは一致している。したがって，各社の経済的誘因をすべて満たす排出権価格は，排出権の需要と供給が一致する排出権価格（(3)€）と同レベルであると考えてよい。以上のことから，(3)€は，24€<(3)€<26€の条件を満たすことがわかる。この条件にあてはまる(3)の数値を選択肢から選ぶと，(イ)の 25 である。

❖講　評

Ⅰ　日本国憲法と新しい人権，関連して憲法改正の手続きが出題された。全体に教科書レベルの基本事項をベースにした出題であった。問３の空欄Ｅの憲法改正原案や問４はやや難しい。いずれも国民投票法を学習する際に覚える事項であるが，丁寧な学習の成果が問われた。

Ⅱ　市場メカニズムに関連した出題と日本経済の歩みに関連した経済政策の雑題が出題されている。例年の出題パターンに即した出題が多く，計算問題を含め全体に難しくはない。ただ，問６の自然独占となる条件を問う設問は経済学的な出題であり，やや難しい。

Ⅲ　資源消費とその規制を扱った環境問題の出題である。大半が「コモンズの悲劇」の文脈，および羊飼いと牧草地の関係を表したモデルの内容を解読する出題になっている。論理的な考察力をみるのがねらいだが，全般にやや難しい。読解力だけではなく，図表を解読する思考力が試されている。羊飼いの行為と予測される翌年の事態との因果関係を，条件を記した文章の箇所や図表から丁寧に読み取り，図表中の空欄にメモを残そう。

Ⅳ　新型コロナウイルス対策と EU の CO_2 排出権取引をテーマに出題された。前者は時事問題に絡めた経済雑題，後者は市場メカニズム的な考察問題である。全般にストレートに知識を試す問題は少ない。何らかの論理的な考察をしないと答えられない問題ばかりである。その意味でやや難しい。

数学

1

◇発想◇ (1) $\angle B=2\alpha$, $\angle C=2\beta$ と与えられているところから，角の二等分線を引き，内心を考えることに気がつけばよい。図をしっかり描いて進めたい。

(2) 左辺の $\sum_{k=0}^{n}(1-\sqrt{2})^k$ から，二項定理を用いるであろうことは推察できる。あとは $\dfrac{1}{f'(k)}$ が ${}_nC_k$ とどうつながるのかを考えていく。落ち着いて $f(x)$ を求めるところから始めてほしい。

(3) $(x-1)(y-2)(z-3)$ を展開して，条件式の分母を払って得られる等式を代入すると，3次，2次の項が消える。よって，求める最小値は xyz の最小値につながること，すなわち，相加平均と相乗平均の関係を用いればよいことがわかる。

(4) 頻出の問題である碁盤の目状の街路の道順問題を3次元にしたものをイメージできればよい。ただし，この問では「もとに戻る」動きも考慮せねばならない。$\overrightarrow{e_1}$, $\overrightarrow{e_2}$, $\overrightarrow{e_3}$ だけでなく $-\overrightarrow{e_1}$, $-\overrightarrow{e_2}$, $-\overrightarrow{e_3}$ も含めて6種類の動きがあることに気がついてほしい。

解答 ア．$\dfrac{1+x}{1-x}$ イ．4044 ウ．48 エ．1860

◀解 説▶

≪小問4問≫

▶(1) $\angle A=2\gamma$, $\triangle ABC$ の内心を I，内接円の半径を r とする。

また，内接円と辺 BC，CA，AB の接点を D，E，F とする。

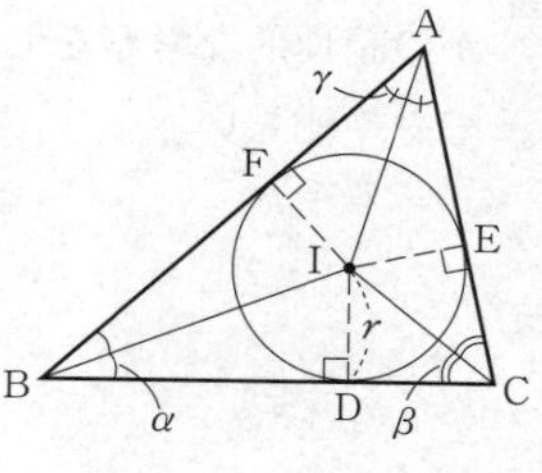

各頂点から内接円に引いた接線の長さはそれぞれ等しいから，BD＝BF，CD＝CE，AE＝AF なので

$$\mathrm{AB}+\mathrm{AC}=(\mathrm{AF}+\mathrm{BF})+(\mathrm{CE}+\mathrm{AE})=\mathrm{AE}+(\mathrm{BD}+\mathrm{CD})+\mathrm{AE}$$
$$=\mathrm{BC}+2\mathrm{AE}$$

よって

$$y=\frac{\mathrm{AB}+\mathrm{AC}}{\mathrm{BC}}=\frac{\mathrm{BC}+2\mathrm{AE}}{\mathrm{BC}}=1+\frac{2\mathrm{AE}}{\mathrm{BC}}\quad\cdots\cdots①$$

ここで，$\angle\mathrm{IBD}=\alpha$，$\angle\mathrm{ICD}=\beta$ であり，$2\alpha+2\beta+2\gamma=180°$ より，$0<\alpha+\beta<90°$，$\gamma=90°-(\alpha+\beta)$ だから

$$\mathrm{BC}=\mathrm{BD}+\mathrm{CD}=\frac{r}{\tan\alpha}+\frac{r}{\tan\beta}=\frac{r(\tan\alpha+\tan\beta)}{\tan\alpha\tan\beta}$$

$$\mathrm{AE}=\frac{r}{\tan\gamma}=\frac{r}{\tan\{90°-(\alpha+\beta)\}}=r\tan(\alpha+\beta)$$

①に代入して

$$y=1+2\cdot\frac{r\tan(\alpha+\beta)}{\dfrac{r(\tan\alpha+\tan\beta)}{\tan\alpha\tan\beta}}$$

$$=1+2\cdot\frac{\tan\alpha+\tan\beta}{1-\tan\alpha\tan\beta}\cdot\frac{\tan\alpha\tan\beta}{\tan\alpha+\tan\beta}$$

$$=1+\frac{2\tan\alpha\tan\beta}{1-\tan\alpha\tan\beta}$$

となり

$$y=1+\frac{2x}{1-x}=\frac{(1-x)+2x}{1-x}=\frac{1+x}{1-x}$$

よって　$y=\dfrac{1+x}{1-x}$　→ア

▶(2)　$n+1$ 次方程式 $f(x)=0$ が $x=0,\ 1,\ 2,\ \cdots,\ n$ の $n+1$ 個の解をもつので

$$f(x)=ax(x-1)(x-2)\cdots(x-n)$$

とおくことができる。

ここで，$f(n+1)=a(n+1)n(n-1)\cdots1=a(n+1)!=n+1$ なので

$$a=\frac{n+1}{(n+1)!}=\frac{1}{n!}$$

となり　$f(x)=\dfrac{1}{n!}x(x-1)(x-2)\cdots(x-n)$

であり，k を 0 以上 n 以下の任意の整数として

$$f'(k)=\lim_{x\to k}\frac{f(x)-f(k)}{x-k}$$

$f(k)=0$ $(k=0,\ 1,\ \cdots,\ n)$ だから

$$f'(k)=\lim_{x\to k}\frac{f(x)}{x-k}$$
$$=\lim_{x\to k}\frac{1}{n!}x(x-1)\cdots(x-k+1)(x-k-1)\cdots(x-n)$$
$$=\frac{1}{n!}k(k-1)(k-2)\cdots1\cdot(-1)(-2)\cdots(k-n)$$
$$=\frac{1}{n!}k!(-1)^{n-k}(n-k)!$$

であり

$$\frac{1}{f'(k)}=(-1)^{n-k}\cdot\frac{n!}{k!(n-k)!}=(-1)^{n-k}{}_n\mathrm{C}_k$$

である。

$S=\sum_{k=0}^{n}\frac{(1-\sqrt{2})^k}{f'(k)}$ とおくと

$$S=\sum_{k=0}^{n}\frac{1}{f'(k)}(1-\sqrt{2})^k=\sum_{k=0}^{n}(-1)^{n-k}{}_n\mathrm{C}_k(1-\sqrt{2})^k$$
$$=\sum_{k=0}^{n}{}_n\mathrm{C}_k(-1)^{n-k}(1-\sqrt{2})^k$$
$$={}_n\mathrm{C}_0(-1)^n+{}_n\mathrm{C}_1(-1)^{n-1}(1-\sqrt{2})+{}_n\mathrm{C}_2(-1)^{n-2}(1-\sqrt{2})^2+\cdots+{}_n\mathrm{C}_n(1-\sqrt{2})^n$$

二項定理より，$(a+b)^n={}_n\mathrm{C}_0a^n+{}_n\mathrm{C}_1a^{n-1}b+{}_n\mathrm{C}_2a^{n-2}b^2+\cdots+{}_n\mathrm{C}_nb^n$ だから，$a=-1$，$b=1-\sqrt{2}$ として

$$S=\{(-1)+(1-\sqrt{2})\}^n=(-\sqrt{2})^n$$

となる。

よって　　$S=(-\sqrt{2})^n>2^{2021}=\{(-\sqrt{2})^2\}^{2021}=(-\sqrt{2})^{4042}$

ここで，n が奇数のとき，$S<0$ より，条件を満たさないので，求める n は $n>4042$ を満たす最小の偶数である。

すなわち　　$n=4044$　→イ

▶(3)　$\frac{1}{x}>0$，$\frac{2}{y}>0$，$\frac{3}{z}>0$ であるから，相加平均と相乗平均の関係より

$$\frac{\dfrac{1}{x}+\dfrac{2}{y}+\dfrac{3}{z}}{3} \geqq \sqrt[3]{\frac{1}{x}\cdot\frac{2}{y}\cdot\frac{3}{z}}=\frac{\sqrt[3]{6}}{\sqrt[3]{xyz}}$$

$\dfrac{\dfrac{1}{x}+\dfrac{2}{y}+\dfrac{3}{z}}{3}=\dfrac{1}{3}\geqq\dfrac{\sqrt[3]{6}}{\sqrt[3]{xyz}}$ から　　$3\leqq\dfrac{\sqrt[3]{xyz}}{\sqrt[3]{6}}$

$\sqrt[3]{xyz}\geqq 3\sqrt[3]{6}$　……①

（等号成立は $\dfrac{1}{x}=\dfrac{2}{y}=\dfrac{3}{z}=\dfrac{1}{3}$，つまり $x=3$，$y=6$，$z=9$ のとき）

また，$\dfrac{1}{x}+\dfrac{2}{y}+\dfrac{3}{z}=\dfrac{yz+2zx+3xy}{xyz}=1$ より

$xyz=yz+2zx+3xy$　……②

$(x-1)(y-2)(z-3)=xyz-(yz+2zx+3xy)+(6x+3y+2z)-6$

②より　　$(x-1)(y-2)(z-3)=(6x+3y+2z)-6$　……③

ここで，$6x>0$，$3y>0$，$2z>0$ なので，相加平均と相乗平均の関係より

$6x+3y+2z\geqq 3\sqrt[3]{6x\cdot 3y\cdot 2z}=3\sqrt[3]{36}\sqrt[3]{xyz}$　……④

（等号成立は $6x=3y=2z$ のとき，つまり

$x=\dfrac{y}{2}=\dfrac{z}{3}$，$\dfrac{1}{x}=\dfrac{2}{y}=\dfrac{3}{z}$ のとき）

①より　　$6x+3y+2z\geqq 3\sqrt[3]{36}\sqrt[3]{xyz}\geqq 3\sqrt[3]{36}\cdot 3\sqrt[3]{6}=3^2\cdot 6=54$

③に戻して

$(x-1)(y-2)(z-3)=(6x+3y+2z)-6\geqq 54-6=48$

①，④より，等号成立は $x=3$，$y=6$，$z=9$ のとき，すなわち $x=3$，$y=6$，$z=9$ のときに最小値 48 をとる。→ウ

▶(4)　P_0～P_5 の各座標が整数で，$P_kP_{k+1}=1$ であることから，次のことがわかる。

x 軸方向，y 軸方向，z 軸方向の基本ベクトルを $\vec{e_1}$，$\vec{e_2}$，$\vec{e_3}$ とすると

ⓐ　$\overrightarrow{P_kP_{k+1}}$ は $\vec{e_1}$，$-\vec{e_1}$，$\vec{e_2}$，$-\vec{e_2}$，$\vec{e_3}$，$-\vec{e_3}$ のいずれかである。

ⓑ　求める選び方は $P_0P_5=1$ より，$|\overrightarrow{P_0P_1}+\overrightarrow{P_1P_2}+\overrightarrow{P_2P_3}+\overrightarrow{P_3P_4}+\overrightarrow{P_4P_5}|=1$ を満たすⓐの $\vec{e_1}$～$-\vec{e_3}$ の 6 種類のベクトルから，重複を許して 5 個並べる並べ方だけある。

ⓒ $P_0=(0,\ 0,\ 0)$ として $\overrightarrow{P_5P_6}$ を考えると，ⓑの $\overrightarrow{P_0P_1}$～$\overrightarrow{P_4P_5}$ の並べ方1通りに対してただ1通りに決まる。

ということは，$\overrightarrow{P_0P_1}+\overrightarrow{P_1P_2}+\overrightarrow{P_2P_3}+\overrightarrow{P_3P_4}+\overrightarrow{P_4P_5}+\overrightarrow{P_5P_6}=\vec{0}$ となるように，ⓐの6つのベクトルの並べ方の総数を求めればよいとわかる。

イ） 1方向のベクトルのみを並べる並べ方

$\vec{e_1}$ 3個，$-\vec{e_1}$ 3個の並べ方は

$$\frac{6!}{3!3!}=\frac{6\cdot5\cdot4}{3\cdot2\cdot1}=20 \text{ 通り}$$

($\vec{e_2}$ 3個，$-\vec{e_2}$ 3個)，($\vec{e_3}$ 3個，$-\vec{e_3}$ 3個)の並べ方も同じなので

$$20\times3=60 \text{ 通り}$$

ロ） 2方向のベクトルを並べる並べ方

$\pm\vec{e_1}$ 2個ずつ，$\pm\vec{e_2}$ 1個ずつの並べ方は

$$\frac{6!}{2!2!1!1!}=\frac{6\cdot5\cdot4\cdot3}{2\cdot1}=180 \text{ 通り}$$

($\pm\vec{e_1}$ 1個ずつ，$\pm\vec{e_2}$ 2個ずつ)

($\pm\vec{e_2}$ 2個ずつ，$\pm\vec{e_3}$ 1個ずつ)，($\pm\vec{e_2}$ 1個ずつ，$\pm\vec{e_3}$ 2個ずつ)

($\pm\vec{e_3}$ 2個ずつ，$\pm\vec{e_1}$ 1個ずつ)，($\pm\vec{e_3}$ 1個ずつ，$\pm\vec{e_1}$ 2個ずつ)

の並べ方も同じなので

$$180\times6=1080 \text{ 通り}$$

ハ） 3方向のベクトルを並べる並べ方

$\pm\vec{e_1}$，$\pm\vec{e_2}$，$\pm\vec{e_3}$ 各1個ずつの並べ方は

$$6!=720 \text{ 通り}$$

以上イ)～ハ)より，求める選び方の総数は

$$60+1080+720=1860 \text{ 通り} \quad \to \text{エ}$$

2

◇発想◇　W がどのような立体であるかがわかりにくいので，まず座標軸を設定するのがよいであろう。(1)については座標設定しなくともこの立方体を平面 ACGE で切った断面図を用いて求めることができるが，座標計算なしに(2)を解くのは難しいと判断できる。円柱 V の側面と W の共通範囲に含まれる線分は，z 軸に平行であることに気づくことが重要である。

解答　(1)　AG の中点を O(0, 0, 0) として，次のように座標軸を設定する。

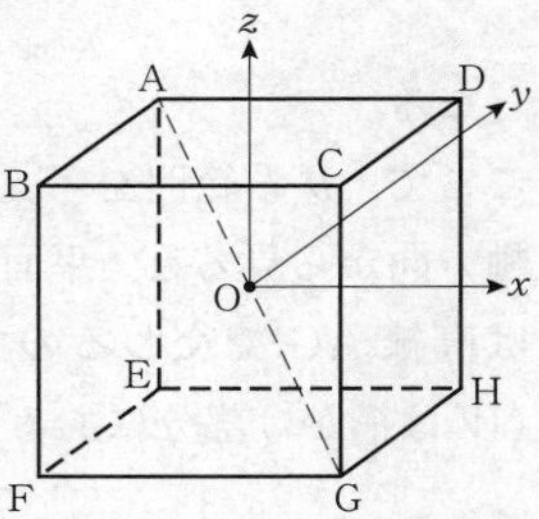

O を通り AD に平行に x 軸をとり，$\overrightarrow{\mathrm{AD}}$ の向きを正の方向とする。

O を通り BA に平行に y 軸をとり，$\overrightarrow{\mathrm{BA}}$ の向きを正の方向とする。

O を通り EA に平行に z 軸をとり，$\overrightarrow{\mathrm{EA}}$ の向きを正の方向とする（右図参照）。

$\mathrm{A}(-1,\ 1,\ 1)$，$\mathrm{G}(1,\ -1,\ -1)$ となり，直線 AG 上の点は $(-t,\ t,\ t)$ と表せる。

円柱の側面上の点は $x^2+y^2=1$ を満たすので，$(-t)^2+t^2=1$ より

$$2t^2=1 \qquad t^2=\frac{1}{2}$$

$$t=\pm\frac{1}{\sqrt{2}}=\pm\frac{\sqrt{2}}{2}$$

AG と V との交点の座標は，A に近い方を P，G に近い方を Q とすると

$$\mathrm{P}\left(-\frac{\sqrt{2}}{2},\ \frac{\sqrt{2}}{2},\ \frac{\sqrt{2}}{2}\right),\ \mathrm{Q}\left(\frac{\sqrt{2}}{2},\ -\frac{\sqrt{2}}{2},\ -\frac{\sqrt{2}}{2}\right)$$

となり

$$\mathrm{PQ}=\sqrt{\left\{\frac{\sqrt{2}}{2}-\left(-\frac{\sqrt{2}}{2}\right)\right\}^2+\left(-\frac{\sqrt{2}}{2}-\frac{\sqrt{2}}{2}\right)^2+\left(-\frac{\sqrt{2}}{2}-\frac{\sqrt{2}}{2}\right)^2}$$

$$=\sqrt{(\sqrt{2}\,)^2+(-\sqrt{2}\,)^2+(-\sqrt{2}\,)^2}=\sqrt{6}$$

よって，求める線分の長さは　　$\sqrt{6}$　……(答)

(2)　（以下，(1)で用いた座標を用いる）

円柱 V の側面上にある線分を l とする。

l 上の点 $(x,\ y,\ z)$ は $x^2+y^2=1$ を満たすので，$(\cos\theta,\ \sin\theta,\ z)$ と表すことができる（ただし，$-1\leqq z\leqq 1$，$0\leqq\theta<2\pi$)。

平面 AFGD は $y=z$ と表せるので，l と平面 AFGD の交点は $z=\sin\theta$ として $(\cos\theta,\ \sin\theta,\ \sin\theta)$ とかける。

同様に，平面 ABGH は $x=-z$ と表せるので，l と平面 ABGH の交点は $z=-\cos\theta$ として $(\cos\theta,\ \sin\theta,\ -\cos\theta)$ とかける。

よって，l の長さは

$$\begin{aligned}|\sin\theta-(-\cos\theta)|&=|\sin\theta+\cos\theta|\\&=\sqrt{2}\left|\sin\left(\theta+\frac{\pi}{4}\right)\right|\end{aligned}$$

となる。

ここで，θ の範囲を考えるために W と V を z 軸方向から見ると，平面 AFGD と平面 ABGH は直線 AG で交わるので，右図のようになる（W は網かけ部分にある)。

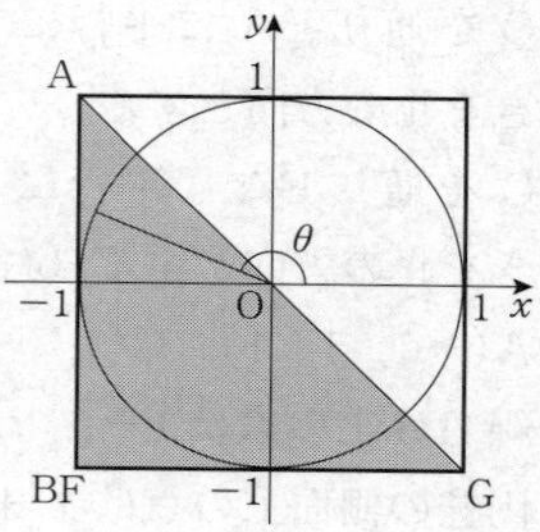

したがって，$\frac{3}{4}\pi\leqq\theta\leqq\frac{7}{4}\pi$ となるので，l の長さの最大値は $\theta=\frac{5}{4}\pi$ のとき $\sqrt{2}$ をとる。

……(答)

◀解　説▶

≪円柱の側面と 2 つの三角柱を組み合わせた立体の共通部分に含まれる線分の長さの最大値≫

▶(1)　立方体を平面 ACGE で切った切り口の長方形の対角線を考えるとよい。また，そこから平面 AFGD と平面 ABGH の交線がこの対角線 AG であることに気がつくと，W の対称性に近づくことになる。

▶(2)　求める線分が z 軸に平行なことに気づくことができれば，$x^2+y^2=1$ を満たす点を文字でおき，その z 座標について考えることで，その線分の長さを求めることができる。最大値を求める際には，座標を三角関数で表すと解決しやすいであろう。

3

◇発想◇ (1) 素因数分解の結果から約数の和を求める方法は基本事項の一つなので容易に解答できると思うが，ここで「15^2 の約数の和が奇数になる」ことを確認しておくことが(2)につながる。

(2) (1)の結果から $1+a+a^2+\cdots+a^p$（a は素数）が奇数になる場合を考えていけばよいことがわかる。

解答 (1) $225=3^2\cdot5^2$ と素因数分解できるので，すべての約数の和は

$$1+3+3^2+5+3\cdot5+3^2\cdot5+5^2+3\cdot5^2+3^2\cdot5^2$$
$$=(1+3+3^2)+5(1+3+3^2)+5^2(1+3+3^2)$$
$$=(1+3+3^2)(1+5+5^2)=13\cdot31=403 \quad \cdots\cdots(答)$$

(2) 自然数 n が素因数分解して $n=a^p\cdot b^q\cdot c^r\cdots$ となるとき（a, b, c, …は素数かつ p, q, r は自然数），その約数の和は

$$(1+a+a^2+\cdots+a^p)(1+b+b^2+\cdots+b^q)(1+c+c^2+\cdots+c^r)\cdots$$

となる。

よって，約数の和が奇数となるには，$1+a+a^2+\cdots+a^p$, $1+b+b^2+\cdots+b^q$, $1+c+c^2+\cdots+c^r$, … がすべて奇数となればよい。

ｉ）　$a=2$ のとき

a, a^2, $\cdots a^p$ はすべて偶数なので，$1+a+a^2+\cdots+a^p$ は p の値にかかわらず奇数である。

ⅱ）　$a\neq2$ のとき

a, b, c, …が奇数となり，p, q, r が偶数のときのみ $1+a+a^2+\cdots+a^p$, $1+b+b^2+\cdots+b^q$, $1+c+c^2+\cdots+c^r$ は奇数である。

以上のことから，約数の和が奇数であるものは次の①～③のいずれかの場合に限る。

①　ｉ)より，$n=2^p$ と素因数分解できる数。

②　すべての奇数は奇数の素因数の積に素因数分解できるので，ⅱ)より $n=(奇数)^2$ と表せる数。

③　ｉ)・ⅱ)より，$n=2^p\cdot(奇数)^2$ と表せる数。

①，③について，p が偶数の場合は n が平方数となり，p が奇数の場合は n は平方数の 2 倍となるので，以下のように場合分けできる。

［ｉ］　n が平方数となるとき

n は平方数であり，2021 以下の正の整数であるので

1^2, 2^2, 3^2, …, 44^2 の 44 個

［ii］　n が平方数の 2 倍となるとき

n は平方数の 2 倍であり，2021 以下の正の整数であるので

$1^2\times2$, $2^2\times2$, $3^2\times2$, …, $31^2\times2$ の 31 個

［i］，［ii］より　　$44+31=75$ 個　……(答)

◀解　説▶

≪約数の和が奇数である正の整数の個数≫

▶(1)　〔解答〕にも記したが，$n=a^p\cdot b^q\cdot c^r\cdot\cdots$ と素因数分解できるとき，自然数 n の約数の和は

$(1+a+a^2+\cdots+a^p)(1+b+b^2+\cdots+b^q)(1+c+c^2+\cdots+c^r)\cdots$ となる。

大事なことは，「$225=15^2$ の約数の和」を問うている出題の意図を理解することにあるだろう。

▶(2)　(1)の結果から「$1+a+a^2+\cdots+a^p$ が奇数になればよい」ことに気がつけば，「$(\text{奇数})^2$ はすべて約数の和が奇数になる」ことにたどりつくことができるであろう。あとは「2 を素因数にもつ数」について考えていけばよい。

ここで，2^p の p の偶奇によって条件を満たす n が平方数と平方数の 2 倍に分類できると気づくことができれば，場合分けが少なくて済む。

❖講　評

2021 年度も例年通り大問 3 題の出題で，[1]は空所補充形式の小問 4 問，[2][3]は記述式であった。試験時間は 90 分で，問題構成，時間ともに例年通りである。

[1]　(1)は ∠B，∠C の二等分線を引いた図を描けば，内接円を考えるという方針を立てることができるであろう。「数学 A」の「内接円の半径 r と三辺の長さとの関係」を用いて y を整理した上で，「数学 I」の三角比によって y を $\tan\alpha$，$\tan\beta$ で表すという手順になる。その過程で「数学 II」の加法定理が必要である。小問であるが「数学 A・I・II」を組み合わせた問になっている。(2)は $\sum_{k=0}^{n}(1-\sqrt{2})^k$ から二項定理に関わる出題だと推測できるだろう。$f(x)$ の微分については，微分の定義式によって計算すると，$f'(k)$ はシンプルな式となり，$\frac{1}{f'(k)}={}_n\mathrm{C}_k$ が見えてくる。あせらずに計算を進める必要がある。(3)はまず条件式の分母を払ってみること，また，最小値を求められている式を展開してみること，である。そうすれば $(x-1)(y-2)(z-3)$ の最小値は xyz の最小値につながり，相加平均と相乗平均の関係の利用が思い浮かぶであろう。(4)は〔発想〕に記したように，「数学 A」の道順問題を 3 次元に拡張した問である。座標空間における基本ベクトル $\vec{e_1}$，$\vec{e_2}$，$\vec{e_3}$ および $-\vec{e_1}$，$-\vec{e_2}$，$-\vec{e_3}$ の 6 種類のベクトルの並べ方と考えればよい。〔解説〕では重複を許して 6 つのベクトルの和が $\vec{0}$ となる場合の数を数えた。もちろん，5 つのベクトルの和が $\vec{e_1}$ となる場合の数を求めて，その 6 倍としてもよい。

[2]　(1)の AG と V の共通部分の長さは，〔発想〕にも記したようにいくつか考えられるが，ここで〔解説〕で述べたように，2 つの三角柱の位置関係をつかむことが重要である。2 つの三角柱はそれぞれもとの立方体を真二つに切断したものであり，AG はその 2 つの切断面，平面 AFGD と平面 ABGH の交線なのである。(2)求める線分が z 軸に平行なことに気づくと，$x^2+y^2=1$ を満たす点を文字でおき，〔解答〕のように解くことができる。このとき，$\sin\theta$，$\cos\theta$ を用いて表現した方がよ

いであろう。

3 (1)の「約数の和」の求め方は基本事項であるが，やはり，ここでは「$(奇数)^2$ の約数の和」が出題されている意味を汲みとることが重要である。(2)は(1)で $(奇数)^2$ がすべて条件を満たしそうだと予想できれば，あとは 2^p と表せる数と合わせて詰めていけばよいだろう。

2021年度も全体としては標準的な問題と言えようが，例年通り，90分ではなかなか解答しきれないような質と量を備えている。一読では題意の読み取りにくい問題文もあるので，まずしっかり問題文を読んでから取りかかりたい。時間的な余裕はあまりないと思われるので，全問に目を通した上で，解答する順序や時間配分を考えたい。1は空所補充なので，結果を記すのみである。計算間違いのないように，かつ要領よく進めて，慎重に解答したい。2・3の(1)は例年のように，あとに続くメインの問へのヒントが含まれている。そのポイントをきちんと押さえて(2)に臨んでほしい。「数学Ⅰ・Ⅱ・A・B」の範囲のすべてから出題され，さらにそれらの複合された問題もしばしば出されている。公式や基本的な問題については十分，自分のものにしておく必要がある。2021年度はなかったが，2020年度は証明問題も出題された。適切なグラフや図を添えた上で，長文となる解答に，平易で筋の通った記述で応えることができるよう，しっかり練習しておきたい。

❖講　評

二〇二一年度は現代文・古文・漢文の三題構成となっている。

〔一〕の現代文は伊藤邦武『経済学の哲学』。経済と環境との両立の思想であり、商学部を目指す受験生に読解してほしいと思われる評論文である。選択肢は以前と比べると選びやすくなっており、本文の展開を追い、内容が理解できれば正答を導けると思うが、文章量が多く、抽象度も高いので注意が必要。問十一では、大学入学共通テストに見られる会話問題が出題されている。二〇二一年度は他の私立大学でも複数資料の問題等が見られ、新しい形式への対応が不可欠になっている。難易度は例年通り。

〔二〕古文は『堤中納言物語』の「虫めづる姫君」。有名な文章であり読んだことのある受験生も多かったのではないだろうか。難易度としては例年通りの出題。語彙、文法、敬語など基礎的知識の出題が多いので確実に押さえたい。ただ問十五の和歌の技巧を答える問題はかなり難しい。二〇二〇年度は文章把握自体が難しかったため、二〇二一年度は易化しているが、全体的には例年通りの難易度になっている。

〔三〕登場人物である江一麟とその妻の言葉から、江一麟がどのように善政を行ったかを説明しているが、「夫人」が江一麟の行動のどのような点を諫めているかが読み取れないと、問二十一の読解問題は正解を導けなくなる。漢文の正確な読解が求められる良質な問といえるだろう。難易度は例年通りの出題。

◀解　説▶

▼問十九　空欄の直前に「問所費」とあり、江一麟から船を修理した費用を聞かれ、鍔が前にもらった十両の通りだと答えているので、〝答える〟意味の「対」が入る。

▼問二十一　〔全訳〕にあるように、この文章では船の修理に十両払っていた江一麟が、実は二十両かかっていたことを知り、追加に六両の現金と四両分の扇と墨を渡したことが話の発端。その江一麟の行動に対し、追加分十両は現金で払い、さらに扇と墨を労に対するお礼として与えるべきで、四両分を惜しむなと妻はたしなめ、江一麟は恥じ入り赤面する。この「夫人」を江一麟の妻と読み取り、さらにどの行動を諫めたかを理解していないと文意がわからなくなるので注意が必要。そしてまとめとして、もし江一麟がはじめから満額払っていても妻は少ないと言い、それを受け取らなければ江一麟は怒って無理矢理にでも費用を渡しただろう、そうしてお互いに正しあって、民への施しは尽きない善政を行っただろうという内容が語られる。これに一致するのはイの内容。ロは、「妻にたしなめられたことが不服で、妻に恥をかかされたと腹を立てた」の部分が誤り。ハは、趙鍔に物納も拒否されてとあるが、趙鍔は断った後に受け取っているので誤り。ニは、「費用が倍かかったことを知った妻に追加報酬を与えるよう促され」たのではなく、追加報酬が少ないとたしなめられたので、誤り。ホは、「妻が別途趙鍔に贈り物をして労をねぎらっていたと知り」の部分が明らかに誤り。

両）の倍かかっていた。そこで銀六両を取り、（さらに）扇三十柄、墨二斤、値四両あまりのものをかぞえて、追加にかかった費用の埋めあわせとした。鍔はもちろん断ったが、公が与えると強く言い譲らないので、やっと受け取った。江一麟の夫人はもともと賢く、公に言った、「既に十両多くかかっていることを知ったならば、その数と同じ十両を償うべきです。そして別に扇・墨によってその苦労に報いるのがよいでしょう、どうしてこれ（この追加四両分）を惜しむのですか」と。公は恥ずかしくて赤面し、すぐに四両で追加の費用を補った。鍔はますますしいて受け取ろうとしない。公は怒って言った、「おまえは私を一婦人に及ばない者にさせようとするのか」と。はじめから公の鍔に償う額がすでに足りていたとしても、夫人はあたかも支払が少ないことと同じだとしただろう、そして公が夫人の言った通りに（多くを支払おうと）しても、（その受け取りを断られたならば公は）あたかも夫人に及ばないことは飽き足らないことだと言っただろう。そもそも普通の善を善としてお互いに正しあえば、徳を民に施すことはどうして尽きるだろうか、いや決して尽きないだろう。

読み　明《みん》の婺源《ぶげん》の江公一麟《かうこういつりん》、賢《けん》なるを以《もつ》て部郎《ぶらう》に陞《のぼ》る。将《まさ》に北行《ほつこう》せんとして、俸十両《ほうじゆうりよう》を取《と》り、州民趙鍔《しゆうみんてうがく》をして船《ふね》を治《をさ》めしむ。舟《ふね》に登《のぼ》るに及《およ》び、修理整備《しゆうりせいび》するを見《み》て、費《つひえ》す所《ところ》を問《と》ふ。鍔対《こた》へるところ前数《ぜんすう》の如《ごと》しと。信《しん》ぜず、密《ひそ》かに各色《かくしよく》工匠《こうしやう》費を査《しら》ぶるに、実《じつ》は之《これ》に倍《ばい》す。乃《すなは》ち銀《ぎん》六両を取り、扇《あふぎ》三十柄《へい》、墨《すみ》二斤《きん》、直《あたひ》四両余《あまり》なる者《もの》を計《かぞ》へ之に償《つぐな》ふ。鍔固《もと》より却《しりぞ》くるも、公の堅持《けんぢ》するを以て、乃《すなは》ち受《う》く。其《そ》の夫人素《ふじんもと》より賢《さか》しく、公に謂《い》ひて曰はく、既《すで》に十両なるを知《し》れば、即《すなは》ち当《まさ》に数の如く之に償ふべし、而《しか》して別《べつ》に扇・墨を以て其の労《らう》に酬《むく》ゆるは可なり、何ぞ此《これ》を靳《をし》むやと。公面《めん》に赬《あか》きを発し、亟《すみやか》に四両を以て之を補《おぎな》ふ。鍔益《ますます》、敢《あ》へて受けず。公怒《いか》りて曰はく、乃我《なんぢわれ》をして一婦人に如《し》かざらしむるかと。予《あらかじ》め公の鍔に償ふは已《すで》に足《た》るを以てするも、夫人猶《な》ほ以て歉《すくな》しと為すがごとし、公夫人の語を以てするも、而して猶ほ婦人に如かざるを以て嫌《けん》と為すがごとし。其れ平日の善を善とし相規《あひただ》せば、徳を民に施すは何ぞ尽きんや。

心を評価している「とがとがしき女」のみ。イの大殿は蛇がいるということで太刀を持って駆けつけるが、姫を擁護はしていない。ロ・ハの左近、兵衛という登場人物は姫君の陰口を言う。ニの童べは虫を捕まえてくるが、彼らの言葉はなく、姫君を擁護する表現はない。

参考 『堤中納言物語』は短編物語集。「花桜折る少将」「このついで」「虫めづる姫君」「ほどほどの懸想」「逢坂越えぬ権中納言」「貝合」「思はぬ方にとまりする少将」「はなだの女御」「はいずみ」「よしなしごと」の十編と、物語冒頭の書き出しと思われる短文からなる。各物語の成立年代はばらばらで平安後期以降の作と想定されている。『堤中納言物語』としてまとめられた年代ははっきりしない。「虫めづる姫君」はこの後、「おほむ子」右馬佐が姫君の屋敷に行き、虫を観察して楽しんでいる姫君の姿を見て、一般の貴族の娘の姿ではないけれども、美しさに気づくという展開になっている。

三

出典 龔煒『巣林筆談』〈巻二 江一麟夫婦相規〉

解答

問十九 ニ

問二十 ※

問二十一 イ

※問二十については大学より「設問に対する適切な解答がなかったため、受験生全員に得点を与えることとした」と発表された。

◆全 訳◆

明の婺源の江公一麟は、賢であることによって中央官庁の官僚に昇進した。北に行くために、俸給十両を取って、州民趙鍔に船を修理させた。舟に乗るときになって、修理整備したところを見て、かかった費用を質問した。鍔の答えは「前もらった数（十両）の通りだ」と。（江公一麟は）信じないで、ひそかに種々の工匠に費用を調べると、実はこれ（＝十の「なむ」である。「なむ」の識別としては、ほかにも「死なむ」「往なむ」「去なむ」という、ナ行変格活用動詞未然形に推量の助動詞「む」が付いたものの場合もあるので、確認しておくこと。

▼問十四　童の名は、例のように普通であるのはよくないといって、虫の名前をつけて呼んでいる。この展開からイの内容が最適。「例」には〝習わし、一般、あたりまえのこと、先例〟などの使い方がある。虫の名をつけており、ロの「美しすぎる」、ハの「由緒ありげ」は当てはまらない。ニ、童につけたのは虫の名であり、先例があったからというのは文脈にあてはまらない。ホ、傍線部の文脈に和歌との関わりは読み取れない。

▼問十五　和歌の技巧の問題では枕詞を確認する問題が多いが、傍線部の和歌では二つの意味をかけている表現が見当たらない。この和歌は袋に入れた蛇のことを詠んでおり、「這ふ」と「長き」が蛇の縁語。蛇自体は和歌には表現されていないため、難しい問題といえる。イ、本歌取りは古歌を取り入れる技法だが、蛇が這うようにあなたを慕うという内容の和歌は極めて特殊だろう。ハ、歌枕は和歌に詠み込まれる名所。傍線部の和歌には場所についての表現はない。ニ、序詞はある語句を歌い出すための二句以上の修飾表現。ホ、枕詞は序詞と機能は似ているが、一句五音に限られる。

▼問十六　空欄を含む会話の文末に「そ」があることから、穏やかな禁止を表現する呼応の副詞「な」が浮かぶだろう。文脈からも「騒ぐな」という禁止の内容で読み取れる。

▼問十七　敬意の対象を読み取る問題は、主語を確定することが第一。①はとてもよく似せて作りなさっている、という内容であり、蛇を似せて作ったのは「上達部のおほむ子」であり、尊敬表現「つくり給ふ」は「おほむ子」への敬意。②は大殿が、「（姫君が虫を）かしこがり、ほめ給ふと」と言っている部分であり、尊敬表現「ほめ給ふ」は姫君への敬意。③は会話の後の地の文にある尊敬表現「わたり給ふ」なので、大殿が移動なさるという内容で大殿に対する敬意。

▼問十八　文章全体の内容把握が必要な問題。姫君の擁護をしているのは、「さて又、鳥毛虫ならべ蝶といふ人ありなんやは。ただそれがもぬくるぞかし。そのほどをたづねてし給ふぞかし。それこそ心ふかけれ」と虫を愛玩する姫君の

「言いながらあなたのあたりについていきましょう、（あなたを思う）長い心の限りない私は」とあるのを、なにも考えず（姫君の）御前に持って参って、「袋など、あけるのさえあやしく重たいようだ」と言ってひきあけたところ、蛇が、首をもたげた。人々は、混乱して大騒ぎすると、姫君はたいそう落ち着いて、「なむあみだぶつ、なむあみだぶつ」と言って、「（蛇は）私が生きている間の親であろう。騒ぐな」とふるえながら、「軽々しい。このように優美なものには、縁を結ぼうとする。よくない心だこと」と、つぶやいて、近くに引き寄せなさるものの、やはり恐ろしく感じなさったので、立ったり座ったり蝶のように、せみのような声でおっしゃる声で、とてもおかしいので、人々が逃げ去ってきて笑っているので、このようですと（ある女房が大殿に）申し上げる。「たいそうあきれた、気味悪いことを聞くことかな。そのようなものがいるのを見ながら、みな立ち去っているようなことは、不都合（で言語道断）だ」と言って、大殿は、太刀をひっさげて、走ってきた。よくご覧になると、（蛇に）とてもよく似せて作りなさっていたので、手にとって、「とても、物をよく細工した人だな」と言って「（虫を）尊いと思い、ほめなさると聞いてやったことであろう。返事をして、早くおくりなさい」と言って、部屋にお帰りになった。

◀解　説▶

▼問十二　本文の前に「虫めづる姫君」の説明があり、親の異見に対して理詰めに論破してしまうという設定が説明されている。そして空欄前には、親たちにも直接対面なさらないとあるので、選択肢の語句から検討すると、「鬼と女の自分とは人に見えないのがよい」という展開が最適。

▼問十三　「なむ」の識別問題。「あらなむ」はラ行変格活用動詞「あり」の未然形に「なむ」がついており、傍線部の「なむ」は、あってほしいという願望の終助詞。同じく活用語の未然形についているのはニ。イは「なむ」の下に「ある」などが省略されており係助詞。ホも同じく係助詞「なむ」であり、係助詞かどうかは文から外しても文意が通るかどうかで確認する。ロはハ行四段活用動詞「給ふ」の連用形、ハもラ行四段活用動詞「乗る」の連用形に接続しており、強意の助動詞「ぬ」の未然形に推量の助動詞「む」が付いたもの。連用形に接続している場合は確述用法

ているようだ」

と言って、左近という人が、

「冬がくれば衣が期待できる。寒くても毛虫が多く見えるこのあたりは

衣など着ないでいてほしい」

などと言い合っているのを、こうるさい女房が聞いて、「若い人たちは、何を言っていらっしゃる。蝶を愛でなさるらしい人も、少しも立派に思えない。よくないこととも思われる。さてまた、毛虫を並べて蝶だという人もあるだろうか。ただそれが脱皮するのだ。（姫君は）その経過を調べなさっているのだ。それこそ心が深い。蝶はつかまえれば、手に粉がついて、とても気持ち悪いものよ。また蝶は、つかまえれば、わらは病（＝おこり、伝染病）を起こすものだ。ああおそろしいおそろしい」と（姫君のことを評価して）言うと、ますます（姫君への）憎さがつよくなり（他の女房たちは陰口を）言い合っている。

この虫たちを捕まえる童には、よいものや、かれらが欲しがるものをお与えになるので、いろいろに恐ろしげな虫たちを取り集めて差し上げる。「毛虫は、毛などはおもしろいようだけれど、（故事などは）思い浮かばないので張り合いがない」と言って、かまきり、かたつむりなどを取り集めて、歌を大声でうたわせてお聞きなさって、自分も声を上げて、

「かたつむりの角の、あらそうのは、なぜ」

ということを、歌いなさる。童の名は、普通のようであるのはものたりないといって、虫の名をつけなさっていた。けらを、ひきまろ、いなかたち、いなごまろ、あまひこなどと（名を）つけて、召し使いなさった。

このようなことが世に知られて、とても不快なことを言う（人々の）中に、ある上達部の御曹子で、調子にのってものを恐れず、顔かたちのよい者がいた。この姫君のことを聞いて、「そうはいっても、これには怖がるだろう」と、帯の端でとても趣のあるものに、蛇の形にとてもよく似せて、動くような仕掛けをして、鱗の模様の懸袋に入れて、結びつけた手紙を見ると、

二

出典　『堤中納言物語』〈虫めづる姫君〉

解答

問十二　ハ　　問十三　ニ

問十四　イ

問十五　ロ

問十六　な

問十七　①―ニ　②―ロ　③―イ

問十八　ホ

◆全　訳◆

やはり（姫君は）、親たちにも直接対面なさらず、「鬼と女とは人に見えないのがよい」と考えなさっている。母屋の簾を少し巻き上げて、几帳を押しだして、このように利口ぶって言いだしなさるのだった。これを若い人々が聞いて、

「たいそう得意がりなさるけれど、気持ちが乱れて（おかしくなります）、この（虫を飼う）御遊びものは。どんな人が、蝶をかわいがる姫君にお仕えするのでしょう」

と言って、兵衛という女房が、

「どうして私は（姫君に正しい行いを）説くようなこともできなくて、それならば毛虫のままお世話することはしないだろう」

と言うと、小大輔という人が、笑って

「うらやましい、（世の中では）花や蝶やと言うそうだけれど、毛虫くさい世を見ているなあ」

などと言って笑うので、「つらいこと。（姫君の）眉は毛虫がそこにいるようだ。さて、歯ぐきは（毛虫の）かわがむけ

コロジーの観点からの自然尊重は、あらゆる生命の損壊に対する原理主義的禁止であり抑圧的思考だという内容であり、③で説明されている内容。ロ、自然が人間の鏡になるというラスキンの観点による自然尊重は、西洋近代の人間観①を否定し、人間社会と人間の生の健全性を映し出す自然環境の健康を重視するという内容は、文章後半のラスキンの説明に合致している。ハ、人間中心的で理性中心的な観点からの自然尊重は、人間が自然を所有、支配し、活用するという自己肯定的で自己特権的な思想だという説明は①の説明に合致。ニ、快楽や苦痛を道徳的価値判断の基礎において自然を尊重する説明は本文の通りだが、人間側の道徳的価値基準を適用して人間と生命の緩やかな連続性を認めようとする考え方であって、「生命尊重主義的な枠組み」とはいえないので、この部分が合致せず、不適切。

▼問十一　学生の会話の内容が本文の①～④のどれと一致するかを選択する問題。大学入学共通テストでも出題される形式である。（1）学生Aさんは、動物の苦痛や犠牲を考えて菜食主義になろうと思うと述べており、②の快苦を感じる動物の解放を支持するヴェジタリアンの思想に合致。（2）学生Bさんは、権利を動物から植物まで拡大して考えているので、③のすべての自然物に権利を認める考えに合致。（3）学生Cさんの、動物と人間がお互いに敬意を払いながら共生するという考え方はラスキンと同様の思想であり④に合致。（4）学生Dさんは、すべては原子の集合体としてとらえ、人間の合理的な理性や精神により自然を自由に扱うという人間中心主義を語っており、①に合致する。

参考　伊藤邦武は哲学者。京都大学名誉教授、龍谷大学教授。西洋哲学史、宗教哲学が専門。『経済学の哲学』は経済と環境保護という対立するものが折り合う思想は可能なのかを問いかけ、19世紀のイギリスの美術評論家であり社会思想家であったラスキンの思想に光を当てる。

も反対するという展開から、③・①・②の組み合わせになるハが最適。

▼問七　空欄Ⅵはラスキンが構想した社会であり、問には「名誉」「富」の二語を用いるという条件も示されている。空欄の後の文脈で、ラスキンは人間の労働を中心にしたもの作りを軸にする生産と消費を提唱しており、「社会の富が名誉あるものであるべき」、最終段落では「名誉ある富の追求」というエコロジー意識が表明されていることが示されている。この社会の富と名誉との関係を、「社会を構想し」につながる形で字数内にまとめる。「名誉ある富にもとづく」「名誉ある富を追求する」などの表現が当てはまるだろう。

▼問八　空欄Ⅶの前の展開を読み取ると、現実の社会が「経済的合理性のみが浸透する透明な世界」よりも、具体的で豊かな価値を環境のなかでつくり出し、消費し、伝達する、「他人と自分の生活の質を考慮」する世界だと読み取れる。ここから空欄に入る内容としては、イの「共働の」が最適。ロ・ニ、「自主独立した」「透明性のある」世界ではない。ハ、「合理的な」の使われ方については、空欄の前段落の最後で「合理的期待（投機）の経済という思想」と示されており、投機的金融活動を示す言葉として合理的であり、空欄には入り得ない。

▼問九　傍線部はラスキンの思想のまとめであり、文章後半（＊＊＊＊）以降の展開から読み取る必要がある。ラスキンは人間を中心に据え、労働を根本的権利であるとして、社会の健全性を測る指標として自然環境をとらえた。そしてこれは金融経済を優先し合理性を追求する現在の社会を否定するエコロジー的意識として、現代社会の契機となると筆者は述べている。この展開に当てはまる選択肢はハ。イ、自然界の生物や自然環境を最優先して富の追求をしているか否かという説明は本文に合致しない。ロ、投機的な金融活動を地球規模で遍在させてグローバルな富の増幅をはかるか否かという観点を堅持するという説明は、本文とは逆の内容。ニ、もの作りを軸とする労働による豊かな価値を環境の中でつくり出す現代社会に対して、という前提から本文の説明とは異なっている。

▼問十　本文に合致するものとして、最も不適切なもの、つまり、合致しないものを選ぶ問題。本文全体の内容を把握した上で、かなり長い選択肢を読み込む力を要求される難しい問題。イ、植物や鉱物の権利要求を認めるディープ・エ

説」に示したとおり、①・②の反省から「快苦」という人間と結びついた価値基準に限定されず、樹木や鉱物などすべての自然物はそれぞれの権利をもつという考え方であり、この説明はロではっきりと示されている。イ、「快苦をもつ限りで」自然の構成者が権利をもつのは②での考え方。ハ、自然の構成者は「無機物と同一視され」ることで権利をもつわけではない。ニ、人間と類似した意識をもつために自然の構成者に権利を認めるという説明はされていない。

▼問四　傍線部は、④の表題の根拠になる説明。傍線部の後の文脈で、自然のエコノミーは生命と環境とが互いにつながりあっている生存のシステムで、精神のエコノミーは人間同士が労働を軸に支え合いつながりあっている人間の生存システムであり、世界はこれらのシステム同士が同調して進行しているので、自然のエコノミーの健全性が人間社会の価値の追求姿勢の健全性の鏡になるという考え方が成り立つ、と説明されている。この読み取りに合致するのはロ。イ・ニ、本文では「実体のない金融経済を優先すること」が精神のエコノミーだとは説明されていない。ハ、精神のエコノミーが自然のエコノミーを「利活用する」という説明は本文ではされていない。

▼問五　空欄Ⅱに入る語句を③の文章から探すが、空欄が三カ所あることに注意が必要である。一つ目、三つ目の空欄であれば生物「中心」主義として問題なさそうだが、二つ目の空欄が「あまりにも徹底した中心主義」では意味がよくわからない。空欄はすべてラスキンのとった姿勢を説明している部分であり、ラスキンは働く人間の生を中心にしており、生物を中心にはしていない。その上で、「あまりにも徹底した［Ⅱ］主義」が「あらゆる生命の損壊に対する原理主義的な禁止」になりうるという文脈を踏まえると、③の中で「あらゆる自然の構成者は…自分独自の権利を平等に主張できる」とあるのに着目できる。したがって「平等」が解答になる。

▼問六　空欄Ⅲ・Ⅳ・Ⅴはラスキンの思想を説明している部分であり、ラスキンの立場は人間をまず中心に据え、生物を中心にするわけではないので、③の「生物中心主義」「環境中心主義」とは相容れない。この展開から空欄Ⅲには③が入る。そして人間中心主義で「理性中心的」な①にも、「快苦」を感じることができる動物の感情も尊重する②に

【現代のエコロジー思想の問題】

ディープ・エコロジーのジレンマ…自然の生命の損壊を禁止すると同時に自然の生命的要請を無視。

自然の権利要求のわかりにくさ…自然が人間を支配するべきものではない。

↓

【ラスキンの思想】

・自然環境は社会の健全性のメルクマール、バロメーター。
・もの作りを軸にした生産と消費が結びつく生の形式。富が名誉あるべきもの。
・他人と自分の生活の質を考慮しようとする共働の世界。

↓

エコロジー的意識として現代社会の重要な契機になりうる。

▼問一 a、幸福のキョウジュ者であるので幸福を〝受け入れる〟という意味。b、殺戮の行為を非難し、罪を問いただすという意味。c、おごり高ぶるという意味の「傲慢」。漢字の書き取り問題は漢字のテキスト等を使って日頃から学習しておきたい。

▼問二 傍線部「人間中心主義を克服した倫理観」は、①の、人間が自然を所有し支配するという考え方を改め、②の、人間同様「快苦」を感じる動物への権利を尊重するという道徳的価値基準を確立したこと。この内容を読み取った上で選択肢を確認すると、ハの道徳の判断基準を快苦や感情に置くことにより、生物学的に快苦の情動を認めることができる動物に対して配慮するという説明が最適であることが読み取れる。イ・ニは道徳的判断基準を「人間にとっての有用性に置く」という説明が誤り。ロは、②の時点では、植物は「快苦」を抱く存在とは考えられていないので明らかに外れる。

▼問三 ①～④は各段の内容をまとめた表題であることがわかり、空欄Ⅰには③の内容をまとめたものが入る。③は〔解

という考えが現れ、自然エコノミーと精神エコノミーとの同調から④自然と環境の健全性は人間社会の健全性の鏡だという考え方が生じた。これはラスキンの主張によるものであり、彼は労働が人の根本的権利であり、名誉ある富の追求を構想し社会の健全性の指標としての自然環境を想定した。このエコロジー的意識が現代社会の極めて重要な契機となりうる。

▲解　説▼

リード文の説明にある通り、エコノミーとエコロジーの思想の関係について述べた文章からの出題であり、近代主義的自然観の展開のなかで、ラスキンの思想がどのような意味をもつかを論じた部分である。論じられた内容は次のようにまとめることができる。

①西洋近代の正統的なヒューマニズムの立場〈一七世紀、ベイコン、デカルトの哲学〉
…科学を手にした人間こそが自然の支配者であり、価値中立的な自然は人間に材料を提供し、自然環境が人間の生存にとって重要であるから自然を守ろうとすることが合理的行為となる。

②二〇世紀中葉以降の動物の権利尊重という考え方〈一九世紀、ベンサム、ミルの功利主義の延長線上〉
…人間中心主義を克服し、人間同様に「快苦」を感じる生物にも道徳的配慮を行い、動物の無意味な殺戮や虐待を禁じ、人間と生命との緩やかな連続性を認めようとする思想が生じる。

③自然の構成者はすべて独自の権利要求をもつという考え方〈二〇世紀以降〉
…①・②への批判の結果、人間と結びついた「快苦」という価値基準に限定されることなく、樹木や鉱物なども含めたあらゆる自然の構成者が権利を平等に主張できるという考え方により、強い生物中心主義、環境中心主義が生じる。

④自然と環境の健全性や混乱は、人間社会の鏡であるという考え方〈一九世紀、ラスキン〉
…生命と環境とが互いに支えあい変化の中で同調しており、自然を通じて人間の精神的な質を読み取ることができると考える一九世紀にラスキンが唱えた主張。人間が生きるための条件を確保する思想であるが、①・②・③とも相容れない。

国語

一

出典 伊藤邦武『経済学の哲学――19世紀経済思想とラスキン』〈第三章「きれいな空気と水と大地」の方へ〉（中公新書）

解答

問一 a、享受 b、糾弾〔糺弾〕 c、傲慢

問二 ハ

問三 ロ

問四 ロ

問五 平等

問六 ハ

問七 名誉ある富にもとづく〔名誉ある富を追求する〕（八～十字）

問八 イ

問九 ハ

問十 ニ

問十一 (1)―ロ (2)―ハ (3)―ニ (4)―イ

◆要 旨◆

①近代では、人間が自然を支配し人間の生存のために自然を守ろうと考え、②二〇世紀中葉以降に「快苦」を感じる動物の権利を尊重しようという考えがあらわれる。その後①・②への批判から、③自然の構成者すべては独自の権利をもつ

2020年度

解答編

解答編

英語

I **解答** 設問1．1—(e)　2—(c)　3—(g)　4—(b)　5—(h)
設問2．(イ)—(c)　(ロ)—(a)　(ハ)—(c)　(ニ)—(c)　(ホ)—(b)

◆全　訳◆

≪ルームメイトになる新入生２人の会話≫

リリとジュリアは大学の新入生である。彼らは大学の寮に入寮しようとしている。

リリ　：こんにちは。あなたがジュリアね？　ルームメイトのリリよ。

ジュリア：こんにちは！　やっと会えたわね，うれしいわ。

リリ　：私もよ。直接会えるのを本当に楽しみにしていたの。まず部屋に行って，問題がないか確かめてみましょうよ。

ジュリア：いいわね。

(数分後，部屋に入る)

リリ　：いい部屋ね！　眺めもいいし，思っていたより広いわ。ねえ，ちょうどいい機会だから，ルールとか毎日の生活パターンを話し合っておきましょうよ。いいかしら？

ジュリア：もちろんよ。大事なことだもの。この学期中のあなたのスケジュールはどうなりそう？

リリ　：そうね，私は朝型の人では決してないのだけれど，とても早い時間からの授業をたくさん取っているの。それでちゃんとした時間に起きて時間を上手に使えるようになればいいと思っているんだけど。

ジュリア：ちゃんとうまくいくわよ。私も早い時間からのスケジュールになるようにしているの。でも試験前はきっと夜更かしすることになるわ。

リリ　：それは仕方ないわよ。あなたのスケジュールはとても大変そうね。でも本当に遅くなるなら，上の階に24時間開いている共有の学習室があるわ。実際には，私も時々は徹夜することになりそう。ところで，あなたは割と人を招きたい？

ジュリア：私はまだこの町に知り合いがいないから，友達を作ってたまにはここに招きたいなとは思う。特に週末はね。もちろん，あまりうるさくはしないわよ。あなたの予定の邪魔にならないように，あなたにまず確認するわ。

リリ　：ありがとう。私の友達がたくさん，モントリオールに来たいって言っているの。大体はホテルに泊まるはずだけど，たまにはここに泊まってもらっても大丈夫かしら？

ジュリア：うーん，ここはちょっと狭いわよ。どこで寝るの？

リリ　：あら，それはまだ考えてなかったけれど，床に寝袋をいくつか敷くとかするわよ。どっちにせよ，そんなにしょっちゅうはしないわ。

ジュリア：ねえ。その話はまたそのときが来たら話しましょうよ。今その心配をしてもしょうがないわ。他に何かあるかしら？

リリ　：基本的なことは一通り話したわね。大きな問題はなさそうね。あなたのお父さんが荷物を運んでくるお手伝いをしましょう。

◀解　説▶

▶設問1．1．直前でジュリアが「会えてうれしい」と述べており，直後でリリが「会うのを楽しみにしていた」と述べているので，空所にはリリがジュリアと同じように考えていることを示す表現を入れる。(e)「同様に」が正解。

2．空所直前でリリが共同生活のルールを決めようと提案している。直後でジュリアがNot at all.と言い，さらにI agreeと相手への同意を示しているので，空所には，否定表現で答えることが同意を表すような表現が入る。(c)「あなたが嫌がらないことを希望する」を入れれば，Not at all.が「嫌がらない」という同意になる。

3．リリが朝早くから起きる生活を提案し，それに対してジュリアが基本的には賛成しつつ，試験前には夜遅くまで起きているかもしれないと述べる文脈。空所直後でリリが「あなたのスケジュールは大変なものになりそう」と理解を示していることから，ジュリアの発言を否定せず受け入れていることになる。(g)「それは理解できる」が正解。

4．共同生活の部屋に客を招く場合について話し合う中で，ジュリアは招く場合でも過度にうるさくせず，また事前にリリと話し合うと述べている。そのような気遣いに対するリリの反応としては，(b)「私はそれをありがたいと思う」が適切。

5．さまざまなことを話し合った後でジュリアが「他に何か（話すべきことが）あるか」と問い，リリは空所の直後で「大きな問題はなさそうだ」としている。よって，話すべきことは残っていないとわかる。直接 No と言うものはないが，選択肢の中では(h)「私たちは基本的なことは網羅した」が適切。basic は名詞の場合，the basics という形で「生きていく上で不可欠な基本的なもの」を表す。

▶設問 2．(イ)go over ～ は多義の熟語で，その中に「～を調べる，検討する，論じる」という意味がある。その知識がなくとも，go over some rules and our daily routines という提案とそれに対する同意に続く会話の内容は，日々の共同生活のパターンやルールを決める作業であることから，(c)「～を簡単に議論する」が正解であると導ける。

(ロ)work out＋様態の副詞で「結局～になる」。「本来は，朝は苦手だが，早い時間の授業を取ることで，朝起きられるようになるといい」というリリの発言への反応であること，ジュリアがそのことを特に否定も問題視もせず，自分も早い時間に授業があると述べていることから，(a)「それはよい計画だろう」以外の選択肢は文脈に合わない。

(ハ)have *A* over「*A* を（食事などに）家へ招く」。have が第 5 文型で「O を C にする」の意味であること，補語になっている副詞 over が「（ある程度の距離や労力を越えて）わざわざ」というニュアンスをもつことがわかっていれば，この意味を導き出すことは可能。また，続く会話では客を招くことの可否やその際の留意点を話し合っている。quite a bit「かなりたくさん」の意。以上より，(c)「多くの客を受け入れる」が正解。

(ニ)cross that bridge when *one* comes to it で「ある問題や状況について，それが生じたときに扱う」という意味の慣用表現であるが，もちろんその知識は解答の前提とされていない。直後で「今それについて気にしても意味がない」（There is no point (in) *doing*「～しても意味がない」から There is が脱落した略式の形）と述べていることから，(c)「それについては適切なときにもう一度話し合おう」が正解。

(ホ)直訳は「私たちには大きな問題は何もなさそうだ」。ここまで共同生活のルールについて話してきた上での発言なので，(b)「私たちの生活様式はうまく共存可能だ」が正解。compatible は「互換性がある，矛盾しない，共存できる」。

●語句・構文●

in person「直接に対面して」 pull an all-nighter「徹夜する」 mind you 挿入句的に「いいかい，よく聞いて」または「念のため」。interfere with ～「～の邪魔をする」 at any rate「とにかく，いずれにしても」

II 解答

設問1．1－(a)　2－(b)　3－(a)　4－(a)

設問2．(1)－(b)　(2)－(c)　(3)－(a)

設問3．イ－(b)　ロ－(a)　ハ－(a)　ニ－(b)

設問4．(d)

設問5．(the) endless amount of data doesn't tell the whole (story)

◆全　訳◆

≪なぜ友人と時を過ごすことが健康のためにできる最善のことのひとつであるのか≫

健康を改善しようと試みる場合，たいていは似たような道をたどる。健康な食生活を始め，毎日のトレーニングを新しく取り入れ，睡眠の質を上げ，水をもっと飲むのである。こうした行動はどれももちろん重要ではあるが，それらはすべて肉体的健康にのみ焦点を当てている。そして，総合的な健康には社会的交流面での健康も（より重要とは言わないまでも）少なくとも同じぐらいには重要である，ということを示唆する研究が増えているのである。

たとえば『プロス・ワン』誌に掲載された最近の研究によれば，ある人の社会的交流の強さ（携帯電話での受信・発信によって測定される）は，肉体的活動や心拍数や睡眠などの肉体的健康面でのデータと比べて，自己申告によるストレスや幸福や健康の度合いをよりよく予測する。この発見が示唆するのは，データを際限なく積み上げても全体像は見えないということだ，と共同研究者のひとりのニテシュ＝チョーラは述べている。

チョーラは言う。「私の生活スタイル，私の楽しみ，私の社会的なネットワーク，そのすべてが私の幸福度の強力な指標なのです」

チョーラの理論は多くの先行研究によって支持されている。これまでの研究が示すところによれば，社会的支援（友人からであれ，家族からであれ，配偶者からであれ）は心身両面でより健康であることと深く関連している。これらの研究が示唆するのは，強健な社会的つながりのある生活は，ストレスのレベルを下げ，心的状態を改善し，健康を促進する行動を後押しし，病気からの回復率を向上させるということである。そして，その間にある実質的にすべてのことを促進する。さらには，社会的な要素は，運動などのもともと健康的な行動の効果を一層上げるということまで研究は明らかにしている。

一方，社会的な孤絶は，慢性的な病気や精神的に不健康な状態の率が高くなることと結びついている。孤独が健康に与える悪影響は，1 日 15 本の煙草を吸うことに匹敵する。これは重要な問題である。とりわけ，アメリカで孤独が人々に広まる健康上の問題として持ち上がっている今では。最近の調査では，最も若い層から最も高齢の層までの大勢の成人を含む半数近いアメリカ人が孤独であるという。

医療保険のシグナ社が実施した最近の調査は，このような孤独の率の高さの原因を特定しようと行われた。驚くに当たらない結果であるが，ソーシャルメディアを使い過ぎて対面でのコミュニケーションを狭めるほどになると，より深い孤独と結びつき，一方，有意義な対面での交流をもち，他者と向き合った関係性にあることは，孤独の軽減と結びついている。ジェンダーや収入の影響は大きくないようであるが，年齢と共に孤独は減少してゆく傾向がみられた。これはもしかしたら，長年生きてきたことから生まれる知恵と見識が理由かもしれない，と報告の共同著者の一人であるスチュアート＝ルスティグ博士は述べている。

ルスティグ曰く，この報告が強調しているのは，家族や友人との時間を作る重要性である。これは特に，孤独が反対に自己申告に基づく健康と幸福に関連があるとされていたからである。社会的交流のある生活を取り戻すことが最善で，それには，運動やボランティアをしたり，あるいは一緒に食事したりという楽しい活動を行うパートナーを見つけることが，最も簡単な方法かもしれない，と彼は言う。

ルスティグは，ソーシャルメディアは慎重かつ戦略的に使用する必要があり，人と人との関係性の代わりとして使われるべきではない，と強調する。彼曰く，そうではなくて，科学技術は「社会的活動の領域内で維持してゆけそうな有意義なつながりや相手を探す」ために用いるべきなのである。この助言は特に若者にとって重要だ，と彼は言う。若者にとってはソーシャルメディアを過剰に用いることは一般的だからである。

最後にルスティグは，社交における変化は小さなものであっても大きな影響を与えうると主張する。同僚たちと会議の後に会話をしたり，あるいは知らない人と短く言葉を交わしたりするだけでも，社会的生活はより報われるものだと感じることができるのである。

「このようなちょっとしたやりとりを，時間をかけて会話やもっと有意義な友情へと育てていくよい機会があります」とルスティグは言う。「可能な限りそのような機会を捉えるべきです。私たちはみな生まれつきつながりをもつような性質をプログラムされているし，そうすることは健康にとって有益かもしれないからです」

◀解　説▶

▶設問1．1．「この記事の中心的なメッセージは…ということである」

第1段末尾で「社会的交流面での健康は総合的健康にとって重要」とあり，それが第2段以降で詳述される。結論である最終段では，提唱の助動詞 should を用いて，他者とのつながりを育み友情を得るため努力するよう訴えており，これが筆者の最終メッセージと考えられる。以上より，(a)「私たちの肉体的健康は社会生活の質と直接結びついており，したがって，私たちは他者との関係を育むことに時間を使うべきである」が正解。

2．「社会生活が健康に与える影響に関する研究が今日とりわけ実際的な意味をもつのは，…からである」

(a)「活発な社会生活は肉体的運動の効果を補強しうる」は，その内容自体は第4段最終文（Research has even …）の「社交に関わる要素が運動などの効果を高めうる」に合致するが，正解ではない。理由は以下の2点。第一に，第4段最終文には even が含まれていることから，この部分は前文の第4段第3文（A robust social …）で述べられた社会的交流の効能に副次的に追加された部分にすぎない。第二に，問われているのは「今日とりわけ意味をもつ理由」であるが，社会的交流が肉体的運動の効果も高めうるというのは研究からわかったことであり，研究が重要な理由ではない。正解は(b)「多数派ではないがかなりの数のアメリカ人の成人が孤独に苦しんでいる」で，第5段最終文（According to recent …）の「最近の調査によると半数近いアメリカ人が孤独」に合致する。significant minority「意味のある少数派」は，半数には満たないが無視できないかなりの数であることを表すフレーズ。

3．「記事で言及されている研究によると，…」

(a)「結婚していることや歳を取ることにより孤独を感じにくくなった」が，第6段第2・3文（Unsurprisingly, it found …）の「他者と向き合った関係性にあることは，孤独の軽減と結びついている」「孤独は年齢と共に軽減される傾向にある」に合致するので，正解。

4．「ソーシャルメディアに関するルスティグ博士の意見はどのようなものか」

博士の見解が述べられているのは第8段。第1・2文（Lustig stresses that …）で「人同士の交流の代わりにはならない」「交流相手を見つけるために科学技術（ここではソーシャルメディアのこと）を使うべき」と述べているので，(a)「ソーシャルメディアは，友人になりうる人を見つける助けとなることで，対面での人間関係を補う役割ができる」が正解。同段第1文で「ソーシャルメディアは慎重かつ戦略的に使うべき」と述べているが，段落全体ではソーシャルメディアの過剰な使用を戒め，対面での人間関係の構築が重要であるという姿勢が保たれているので，ソーシャルメディアの活用を推奨する(d)「若者はソーシャルメディアの有用性を最大化するべくその効果的な使い方を学ぶ必要がある」は不正解。

▶設問2．(1)boost は「～を増幅する」。前文の第4段第3文（A robust social …）では社会的交流のある生活のよい点が述べられており，続くこの文では even「～でさえ」を用いてさらなる効果が追加的に述べられている。よって，boost は already-healthy「もともと健康的」な活動の効果をさらに健康的なものにするという意味であると推論できる。正解は，(b)「～を高める，増す」。

(2)chronic disease で「慢性的な病気」。(c)「長期的な」が正解。

(3)underscore は「(下線を引いて）～を強調する」。(a)「～を強調する」が正解。

▶設問3．イ．they は these behaviors を受けて「食生活や運動などについて気にする行為」のこと。これが「肉体的健康に」どうすることかを考える。(b)「〜に焦点を当てる」を入れて，「それらは肉体的健康に注目することである」という意味にする。

ロ．空所を含む文の次の文で現在完了を用いて Studies have shown …「数々の研究がこれまでに示している」と述べているので，空所には(a)「先行の，より前の」を入れて，「数々の先行研究により支持されている」とする。

ハ．空所直後の like は *A*(,) like *B* の形で用いて「*B* などの *A*」，つまり *B* が *A* の具体例であることを表す。よって，exercising「運動」を含むカテゴリーを表す語としては(a)「活動」が最適。

ニ．空所直前の doing so は take those opportunities を受け「ちょっとした交流を会話や友情に育てる機会をもつこと」を指す。本論の主張は第1段で提示されている通り「社会的交流面での健康が総合的な健康にとって重要」ということなので，それを示す内容にするのが妥当である。よって，(b)「健康にとって有益かもしれない」が正解。

▶設問4．本論の中心的メッセージは「他者と関わりをもつことが総合的健康にとって重要」という，第1段および最終段で述べられたものである。間の第2〜9段ではそれが詳述・例証されている。よって，(d)「なぜ友人と時を過ごすことが健康のためにできる最善のことのひとつであるのか」がタイトルとしてふさわしい。

▶設問5．冒頭の the と末尾の story が与えられていること，述語動詞が doesn't tell に確定すること，名詞が3つと前置詞が1つ与えられていることから，解答の骨格は（the）名詞 doesn't tell the（story）であり，そこに2つの形容詞（endless と whole）と of＋名詞を加えていく形となることがわかる。amount of がつながる可能性が高いことに気づけば，(the) amount of data doesn't tell the（story）となり，3つの名詞（amount と data と story）のいずれか2つの前に2つの形容詞が入ると推測できる。前の文が「肉体的なデータより社交関係の強さのほうが総合的健康をよく表す」という内容なので，「肉体的なデータでは総合的健康はわからない」という内容にする。そのためには endless を amount の前，whole を story の前に入れて，「際限ない量のデータがあっても全体像を語れはしない」とする。

●語句・構文●

（第１段）set out to *do*「～し始める」 a body of ～「大量の～」
（第２段）inbound「受信型の」 outbound「発信型の」 heart rate「心拍数」
（第４段）robust「強健な」 mood「心的状態，気持ち」 component「構成要素」
（第５段）detrimental「有害な」 epidemic「伝染病，蔓延，多発」
（第６段）committed「献身的な」
（第７段）inversely「逆に，正反対に」 revive「～を蘇らせる，回復させる」
（第８段）sphere「活動範囲，領域」
（第９段）strike *A* up / strike up *A*「*A*（会話，交際）を始める」
（最終段）possibly can「できる限り」 by nature「生来」 be programmed to *do*「～するようプログラムされている」

III 解答

設問１．１―(d)　２―(d)　３―(c)　４―(d)
設問２．(1)―(d)　(2)―(b)　(3)―(c)
設問３．イ―(c)　ロ―(c)　ハ―(a)　ニ―(d)
設問４．(A)―(a)　(B)―(d)

◆全　訳◆

≪職場における２種類の人：FOMO と JOMO≫

働く人，あるいはひょっとしたらすべての人は，２つのグループに分けることができる。あらゆることに関わりたがる人は FOMO と呼ばれる。「機会を失う恐怖」（fear of missing out）に苦しむからである。そして，できれば余計なことに関わらずに自分の仕事だけに専心できるよう放っておいて欲しいという人もいる。JOMO（「機会を失う喜び」（joy of missing out））と呼ばれる人々である。

読者は自分がどちらのタイプなのかをすぐに知ることができる。上司が新しいプロジェクトを発表したときに，これは自分のスキルを証明する大きなチャンスだと考えて，即座に志願するか？　もしそうなら，あなたは FOMO である。それとも，付随する苦労や起こりうる計画の頓挫，そんなに家族と時間を過ごしたいと思わない FOMO から週末に送りつけられるメールなどを予想するか？ それならあなたは間違いなくJOMOである。

また別の判断材料はテクノロジーである。FOMOはそれを早々と取り入れる。最新の装置を熱心に購入し，最新のファイル共有プログラムを使って同僚にドキュメントを送るのである。JOMOは，テクノロジーを最新のものにすると初めのうちは問題が起きると信じる傾向があり，なぜ同僚たちはpdfでドキュメントを送ってくれないのかと考える。

FOMOはビデオ会議に参加する機会を歓迎する。会議の流れをすべて共有でき，参加者たちの長期的予定に関する情報をわずかたりとも見逃さないためである。JOMOはそのようなビデオ要素に深い怒りを覚える。届いたメールをチェックしたりオンラインゲームをしたりする邪魔になるからである。

情報交換の場となるイベントも，FOMOが意見を交わしコネを作る機会として奮い立つ類のものである。JOMOが「情報交換の場」という言葉を聞くと，非常に否定的な反応を示しがちである。彼らにとって，業界のカクテルパーティーに参加を強要されることは，ほとんど知らない人の結婚式に参加を強制されるようなものなのである。

同様に，FOMOは朝食を取りながらの打ち合わせを，前向きな気持ちで一日を始める機会と考える。彼らはそれを断ることを嫌う。仕事や出世の機会を失うことを恐れるからである。JOMOは目覚ましをいつもより早くセットすることに怒りを覚える。そして，キッチンのテーブルで朝食を取りながらニュースの見出しに関して配偶者を相手にぶつぶつ言っているほうがよいと考える。仕事の打ち合わせなら勤務時間内にやってくれ，と。

仕事での出張についても，FOMOは海外での会議や新しい場所を訪れることの喜びを経験するのが待ち遠しい。そうしたことはすべて履歴書に書けば見栄えがするはずだ，と。JOMOは，そうした出張には，飛行機の窮屈な座席や時差ボケや，出入国審査の列で長く歩かされることがつきものだとわかっている。最終的な目的地も，たいていはどこか異国らしい場所ではなく，後にして5分後には忘れてしまうようなごくありきたりの会議場やホテルなのだ，と。

JOMOは自分の仕事を終わらせるにはいくつかの会議に参加したり出

張したりすることが必要であると認識はしている。ただ，彼らにとってそうしたことは罰であり，特権ではない。そこから何か有益なことが得られるかもしれないが，希望はもち過ぎないほうがいい。

雇用者はFOMOを雇おうとするべきで，その反対のタイプの人たちではない，ということは一見明らかかもしれない。何と言っても，JOMOだらけの会社では，売り上げは伸びず革新もほとんど生じないであろうから。しかし，FOMOが会議だの情報交換だのに駆けずり回っている一方で，何人かのJOMOに実際の仕事をやっていてもらう必要がある。FOMOが犬で，興奮して吠えたり自分の尻尾を追いかけたりしているのだとしたら，JOMOはどちらかと言えば猫である。彼らはネズミが近くにいれば即座に行動を起こすが，その合間は座って休んでいれば満足なのである。

FOMOに依存するのが危険な理由は，彼らが性質的に一つの場所に留まらないことである。JOMOは忠実で転職を考えたりしない。よりひどい雇用者にあたることを心配するからである。しかしFOMOなら，一つの会社に勤め続けることは，他の職場で得られるよりよい環境を逸することを意味すると考えるかもしれない。言うまでもなく，それこそがほとんどの情報交換の場の意味なのである。

◀解　説▶

▶設問1．1．「この記事の筆者は…と考えている」

第2段第1文（Readers will instantly …）に「読者は自分の種族（tribe）がすぐにわかる」とあり，第2文以降および第3段以降でJOMOとFOMOを判断するわかりやすい基準が説明されている。よって，(d)「私たちは自分がFOMOかJOMOか非常によくわかる」が正解。have an idea＝knowは主に否定文でhave no idea＋間接疑問という形で出てくるが，ここでは肯定文で用いられている。

2．「以下のうち記事で論じられていないのはどれか」

(a)「職場での技術革新に対する2つのグループの態度」は第3・4段，(b)「仕事上の関係を新しく得る機会に対する反応」はネットワーク作り（networking）について論じた第5段，(c)「仕事での海外出張への考え方」は第7段でそれぞれ論じられている。(d)「職場での2つのグループのそれぞれの同僚との交流の仕方」が正解。

3.「記事によると以下のうち正しいのはどれか」
FOMO は第 1 段第 2 文（Those who like …）より「何も逃したくない」タイプで「すべてに関わりたがる」。それに対し JOMO は同段第 3 文（And then there …）より「喜んで逃す」タイプで余計なことはしたくない。よって，FOMO の労働時間のほうが長くなるはずで，(c)「FOMO は JOMO より時間外労働をする可能性が高い」が正解。具体的記述としては，FOMO は朝食での打ち合わせ（第 6 段）を歓迎するが，JOMO はそうではない。第 2 段にも FOMO は家族と過ごす時間を減らしてメールを送ると言える内容がある。

4.「この記事に基づいて得られる結論は…である」
基本的に文章の結論は最終段で述べられる。この文章では第 9 段から最終段で述べられている。第 9 段第 3 文（But while FOMOS …）で「FOMO が飛び回っている間に仕事をこなす JOMO が必要」とし，最終段第 1 文（The other reason …）では「FOMO に依存するのは危険」としている。(d)「JOMO が決まった仕事のほとんどをするはめになるので，JOMO は組織にとって重要である」が正解。

▶設問 2．(1)前の段落で FOMO は新しい機器が好きと述べられているので，ビデオ会議のようなものを好むと考えられる。(d)「～を歓迎する」が正解。また，FOMO と JOMO の対比関係から，この relish という動詞は同じ段落の resent「～に憤慨する」の逆の意味をもつ語であるとわかる。
(2) grumble は「ぶつぶつ言う」なので，(b)「不平を言う」が正解。選択肢のうち，grumble と同じく自動詞で主に使われるのは complain だけ，という点も判断材料になる。
(3) ordinary は「普通の」。「注目に値する，目立った」という意味の remarkable の反意語である(c)が正解。

▶設問 3．イ．react（　イ　）の内容は次の文で詳述される。「ほとんど知らない人の結婚式に出るようなもの」とはもちろん気が進まないことのたとえなので，(c)を入れて「非常に否定的な反応をする」とする。
ロ．直前の punishment「罰」の反意語を探す。(c)「特権」が正解。
ハ．空所を含む文の前文，冒頭の It might seem は譲歩を示す表現で，後ろに逆接表現がくることが多い。その逆接表現は次文冒頭の But であるから，空所に逆接表現はこないことになる。よって，(c)・(d)は除外。空所を含む文とその前文は「理由と結果」の関係ではないので(b)も除外。よって，(a)「結局」が正解。

ニ．次の文にある loyal「忠実な」の反対語が入る。その次の文で FOMO は working for one company を否定的に捉えるとされているので，JOMO はそれを肯定的に捉えると考えられる。よって，JOMO の loyal という性質は「一つの会社に勤め続けること」を述べているとわかる。とすると，その反対の「転職しがち」という性質を表す語としては，(d)「落ち着きがない」がふさわしい。

▶設問4．(A)直訳は「それ（＝海外での会議や出張）は履歴書上ではよく見える」。curriculum vitae が「履歴書」であると知っていれば容易に(a)「出張は経歴上の業績とみなされる」が正解であるとわかるが，それを知らないと解答への手がかりが少ない。look good が「見栄えがよい」という意味であることから，見栄えでない実際の有益さについて述べた(b)・(c)・(d)を排除して消去法で(a)を選ぶことになる。

(B)直訳は「彼ら（＝猫）はネズミが近くにいれば飛び起きて行動に移るが，そうでないときは座って休むことに満足している」。spring into ～ で「突然～になる」，vicinity は「近所，近辺」，meantime は「合間」，be content to *do* は「～して満足する」。これは JOMO の行動パターンを例えたもので，第9段第3文（But while FOMOS …）では「実際の仕事をするのは JOMO」と述べられ，第2～8段では JOMO がいかに余計な仕事や新しいことを避けるかが繰り返し述べられている。以上より，(d)「JOMO は意味のある機会を認識すれば懸命に働くが，それ以外のときは気楽なものである」が正解。

●語句・構文●

（第1段）possibly「ひょっとしたら」

（第2段）hassle「苦心，混乱」

（第4段）share in ～「～を分かち合う」 dynamics「動き，変遷」 agenda「予定」

（第5段）barely「ほとんど～ない，かろうじて」

（第6段）on a positive note「明るい前向きな雰囲気で」

（第7段）cramped「窮屈な」 shuffle「足を引きずって歩くこと」 passport control「出入国管理」

（第8段）(It is) best not to *do*「〜しないほうがいい」 get *one's* hopes up「期待を抱く」
（最終段）end up with 〜「〜の状態で終わる」 miss out on 〜「〜を逸する，見送る」

Ⅳ 解答

設問1．(b)
設問2．(b)
設問3．イ—(a)　ロ—(d)　ハ—(a)　ニ—(c)
設問4．(The) risk remained (even) if sitting was broken (up) by standing (and) walking(.)

◆全　訳◆

≪運動をすることで死亡リスクが下がる≫

1日9時間半じっと座っていると早死にするリスクが上がる，とした研究がある。

いつも座っているような生活を送る中高年は早死にする可能性が2.5倍までになる，と研究者たちは述べた。たとえ座っていることが，立っていることや歩いていることによって中断されたとしても，そのリスクは残った。

料理や食器洗いなどの軽い活動はそのリスクを軽減する一助となり，強度を問わず定期的に肉体的活動をしている人は，肉体的運動をしない人々と比べて約5倍，早死にする可能性が低くなるというのである。

『ブリティッシュ・メディカル・ジャーナル』誌に掲載されたこの研究は，40歳以上の36,400人近い成人の肉体的運動と死亡率に関する既存の研究を分析した。被験者の平均年齢は62歳で，平均して6年弱にわたって追跡調査され，その間に2,149人が亡くなった。

彼らの活動水準は調査開始時に肉体的な動きを追跡する装置を使って監視され，ゆっくり歩くなどの「低強度」，きびきび歩いたり掃除機をかけたり芝を刈ったりするなどの「中強度」，ジョギングや土を掘るなどの「高強度」に分類された。

影響を与えている可能性がある要因の分を補正したうえで，研究者たちが発見したのは，どのような水準の肉体的運動であっても，早死にのリスクを大きく下げることと結びついているということであった。

全体的活動量が増えるとともに死者数は急激に減少し，その後横ばいになった。１日およそ５時間の低強度の運動をする人，あるいは中から高強度の運動を１日24分する人が健康面で最も大きな効果があった。

最も運動をしない25%の人では，最もよく運動をする25%と比べると約５倍の死者が出た。

研究者たちは座っている活動をそれぞれ調べ，９時間半以上じっと座っていることは早死にのリスク上昇と結びついていることを発見した。最もよく座っている人々は１日当たり平均10時間近くを座って過ごすが，座っている時間が最も少ない平均７時間半の人と比べて，調査期間中に予測されていたであろう寿命より早く亡くなるリスクが163%高かった。

研究を主導したオスロのノルウェースポーツ科学学校のウルフ＝エケルンドはこう述べている。「私たちの発見は，強度を問わず肉体的運動の全体量を増やして座っている時間を減らすことは，中高年が十分に生きる前に死んでしまうリスクを下げることと結びついているという，明白な科学的証拠を提供しています」

ドイツとニュージーランド出身の研究者曰く，この研究は既存の知識に重要な知識を加えたが，１日や１週間のうちいつ運動をするかが関係するか否かは説明できていない。

さらに彼らは言う。「この臨床的なメッセージは明白なように思います。すべてのステップに意味があり，軽い運動でも有益です」

この研究についてのコメントとして，センター・フォー・エイジング・ベター（よりよい歳の取り方）のジェス＝キューネはこう述べている。「歳を取っても健康で誰にも頼らずにいたければ，40代や50代のときにはるかに多くのことをしておく必要がある。きびきび歩くことやサイクリングや水泳などの有酸素運動だけでなく，筋肉や骨の強度を高めてバランスを改善する必要もあります。単に私たちの人生を延ばすだけではありません。私たちが生きる年月に生命を吹き込み，健康を維持して長期的な病気や障害の悩みとは無縁の時間を延ばすのです」

◀解　説▶

▶設問１．通常は，文章の冒頭のパラグラフでは文章全体のトピックが宣言される。この文章は，「運動すれば死亡リスクが下がる」「座っている時間が長いと死亡リスクが上がる」ということを研究データに基づいて紹介している。直後の第2段は第1段で簡潔に述べたトピックをより具体的に述べ直していると考えられ,「座っている時間が長いと早死にのリスクが上がる」と述べている。以上より,(b)「1日9時間半じっと座っていると早死にするリスクが上がる,とある研究が発見している」が正解。

▶設問2．ⅰは調査対象となった大人の数で,ⅳはそのうち調査期間中に亡くなった数なので,ⅰはⅳより大きい。ⅱは調査対象のうち最も若い人の年齢で,ⅲは平均年齢なので,ⅲはⅱより大きい。これらを満たすのは(b)である。

▶設問3．イ．直前の第6段で「運動すると早死にのリスクが下がる」と述べている。よって,「運動量が増えるにつれて死者数はどうなるか」というと(a)「急激に減る」はずである。

ロ．第3段第2文 (People who did …) では,運動について any intensity と表現されており,運動の「強度」がいかなるものであろうと死亡率を下げたと述べている。よって,空所には(d)「～にかかわらず」を入れて,「強度にかかわらず総運動量を上げると早死にのリスクが下がる」とする。

ハ．イ・ロと同様の根拠で,「(激しい運動でなく) 軽い運動であっても」に続くのは(a)「有益である」が適切。

ニ．「歳を取ったとき」という従属節に修飾され,healthy と並列されるのに適切な形容詞を選ぶ。「独立した」つまり他者に頼らないことを表す語である(c)が肉体的健康を表しておりふさわしい。この文章では終始,肉体的運動によって肉体的健康を増す (寿命を延ばす) ことを述べているので,(b)「機嫌がよい,快活な」という精神的・性格的健康を指す語は不適当。

▶設問4．日本語の構造をそのまま英語に移せばよい。主節は「そのリスクは残った」(The risk remained)。「～としても」は even if S V。その従属節内の主語は「座っていること」(sitting),動詞は「中断された」(was broken up)。受動態では by「～によって」で,動作主 (この場合は原因) を表す。与えられている語の位置から,主節が先で従属節が後とわかる。

●語句・構文●

(第5段) vacuum「掃除機をかける」 vigorous「精力的な,強健な」

(第6段) substantially「たっぷりと,実質的に」

V 解答

設問1．1－T　2－F　3－F　4－T　5－F

設問2．1－(c)　2－(b)　3－(c)　4－(c)

設問3．(1)－(d)　(2)－(b)　(3)－(b)

設問4．1－(d)　2－(d)

設問5．(This) reflects a change in government policy(.)（8語以内）

◆全　訳◆

≪学生集めに腐心するイギリスの大学≫

多くのイギリスの大学で，受験生の出願の際に，状況はほとんどパニックと言えるものになる。それぞれの大学の未来は，十分な数の学生を確保することにかかっている。これは，政府の政策における変更を反映している。かつての入学者数は，各大学が受け入れてよい学生の数に制限を設けることで，管理されていた。しかし 2012 年を端緒に制限が撤廃され始め，2015 年には完全になくなった。それ以来，大学は望むだけの数の学生を自由に受け入れるようになっているのである。

各大学の事情に大きな差はあるが，一般的に言ってエリート大学が最も大きな成長を遂げている。オックスフォード大学やケンブリッジ大学など一部の大学は受け入れの規模を拡大しないことを選んだ。しかし，名声ある大学のほとんどは多くの学生を受け入れて，支払われる授業料をありがたく受け取り，それで研究を助成している。多くの，歴史がある研究主体の大学でのイギリス人学生の入学は，制限が撤廃されてから 16% 増えた。中には風船のように規模が膨らんだ大学もある。ブリストル大学の入学者数は 62% 急増し，エクセター大学では 61%，ニューキャッスル大学では 43% である。

ランキング下位に位置する大学では状況はそれほどうまくいっていない。以前は職業資格を授与していたポリテクニックであった，1992 年以降に設立された大学群では，イギリス人学生の入学が横ばいである。ロンドン・メトロポリタン大学では入学者が 42%，キングストン大学では 33%，サウサンプトン・ソレント大学では 28% 減少した。企業がスポンサーになっている資格や大学院の学位や職業見習い制度を提供して多様化を図った大学もあれば，財政危機に陥りつつある大学もある。

大学が強く意識しているのは，ほとんどは学生を一握りのライバル大学と奪い合っており，どの学校がライバルになるかを決定する上では，地理的要因が大きな意味をもつということである。イングランド南西部に位置するエクセター大学が依頼した調査では，同大学は都市部へとつながる主要高速道路の沿線に住んでいる学生にとって魅力があり，中部地方のバーミンガムより北に位置する場所からは学生集めに苦心している，ということが明らかになっている。これを受けて同大学は，同等の評価を受けている近隣の大学であるバース大学とブリストル大学の動向を注視している。コンサルタント会社であるデータ HE 社のマーク＝コーヴァーの指摘によると，成績が振るわない学生を受け入れているロンドンの大規模大学の多くは，ロンドンの中等学校が向上し，生徒たちにより高みを目指せる能力を身につけさせるようになったために苦労している。カンブリア大学やアベリストウィス大学など，国土の僻地にある大学も同様である。

学生たちはキャンパス同士が近接している大学を好むようである。エクセター大学はその一例である。そのほかには，制限撤廃以前と比べ 66％多いイギリス人学生を受け入れているアストン大学，34％増のイースト・アングリア大学，24％増のバース大学などが挙げられる。キャンパスを建て増すほうが市街地に建てるより簡単だ，と語るのは，バース大学入学センターの責任者であるマイク＝ニコルソンである。パーティーに行くことが減り，よく勉強するようになり，子どものことを気にかけている親からしばしば影響を受ける世代の学生たちにとって，キャンパス大学は学校と大人社会の間にあるちょうどよい中間地点なのである。

十分な数の学生を引きつけられていない大学は，順応する必要がある。新しいシステムが導入されて以来，ほとんどすべての大学が認められている最高額を課している。その額は現時点では年額 9,250 ポンド（11,250 ドル）である。学生は政府の融資を受けることができ，年 25,725 ポンド以上稼げるようになるまで返済の必要がないので，彼らが初期費用に悩まされることは比較的少ない。しかし，価格競争は寛大な奨学金制度という形で表れ始めている。学生に訴えかけるさらに一般的な方法は，入学に必要な成績を引き下げることである。これが極端な場合には，志願者がその大学を第 1 志望にしていれば，一切の成績条件を要求しないという申し出の形を取る。2021 年には 18 歳の数が増加するため，学生の勧誘は少なくとも容易になるであろう。

より評判になる方法で，大学の魅力を改善するのは難しいが，不可能なことではない。コヴェントリー大学はランキングで急上昇し，10 年前と比べて入学者が 50％増えている。2010 年に「ショッキングなほど」学生の満足度調査での数字が低かったことが見直しを促したと，同大の上級理事であるイアン＝ダンは語る。現在では課程の途中でフィードバックが求められ，その結果として行われる変更が学生に 5 日以内に知らされる。同大は 6,350 ポンドから学位課程を提供するカレッジを設立したほか，会計学と財政学など複数を専攻する課程を，学生があまり利用していなかったため削減した。規定が変わる前に，エクセター大学はさらに踏み込んで，化学学部など弱小の学部を廃止した。しかし全国的に見れば学生の満足度は未だ上昇しておらず，こうした大学が少数派であることを示している。(ただしこうした数字は時差のある指標である。学生たちがアンケートに記入するのは自分の学位を取り終えてからになるためである)

成長が経済的安定の保証になっていないことは，かつてよりはるかに多くの入学者がいながら支出に見合うほどではないカーディフ大学やサリー大学を見れば明らかである。志願者を引きつけるべく苦闘しており破産間近と目されるいくつかの大学にとっては，これは心休まる話ではない。新しい政策は高等教育に多大な変化をもたらしたが，エリート大学の学生たちの中ではおそらく，そのような変化を支払う価値のある対価と考える人が増えているであろう。

◀解　説▶

▶設問 1．1．「かつてはイギリスの大学が入学を許可する学生の数には制限があった」 第 1 段第 4 文（Admissions used to…）に「それぞれの大学が受け入れられる学生の数に制限を設けることで入学者数は管理されていた」とあるので，正しい。

2．「大学が学生の受け入れを拡大する主な動機は学生の多様化である」 diversify「～を多様化する」は本文に記述がなく，間違い。

3．「イングランドの中等教育の向上は，ロンドンの大規模大学の入学によい影響を与えた」 第 4 段第 4 文（Mark Corver of…）に「中等教育が向上したために苦労（struggle）している」とあるので，よい（positive）影響とは言えない。よって，間違い。

4．「学生に対する大学の魅力を増す方法のひとつは，奨学金の形で金銭的誘因を提示することである」 第 6 段第 4 文（But price competition

…）で「奨学金という形の価格競争」に言及があり，続く第5文で「学生にアピールするさらに一般的な方法」と述べているということは，奨学金も「学生にアピールする方法」だということである。よって，正しい。

5．「イギリスの大学の多くは学生たちの期待に応えている」 live up to *A* は「*A* の期待に応える」。第7段最終文（But nationwide, student …）で「全国的に見れば学生の満足度はまだ上がっておらず，こうした大学（改革により学生の満足度を上げた大学）は少数派であることを示している」とあるので，間違い。

▶設問2．1．第1段第4文（Admissions used to …）に「かつては入学者数に制限」とあり，第5文より今は制限が撤廃されたとわかる。よって，それに続く第6文も同様の内容になるはずなので，(c)を入れて「望むだけ多くの学生を自由に受け入れる」とする。be free to *do* で「自由に～する」。

2．第2段ではエリート（elite）大学の多くが入学者を増やしていると述べている。対照的に，空所を含む文の述語は「それほどうまくいっていない」(fare「組織などがやっていく」) なので，その主語はエリート大学と対比関係にある大学のはずである。よって，(b)を入れて「ランキングでより下位の大学」とする。

3．目的語となる名詞 reconsideration「再考」があるので，空所には他動詞が入る。主語は「学生の満足度調査におけるスコアの衝撃的なひどさ」である。「再考」の内容は次の文以降で具体化されている大学の改革である。以上より，「学生の満足度が低かったのでそれを改善すべく再考した」という内容になるはずなので，(c)を入れて「満足度調査のひどいスコアが再考を促した」とする。

4．as 以下は，文頭の「成長（学生数の増加）は財政的安定の保証ではない」の実例である。つまり，「学生数が増えても財政面が十分改善していない」という内容になるはず。(c)「～に匹敵する，～とつりあう」を入れて，「以前よりはるかに多くの学生を受け入れているが出費に見合うほどの数ではない」とする。

▶設問3．(1)be held in similar regard で「同程度の敬意を払われる」という意味だが，知っている受験生は多くないかもしれない。大学が注目する（keep a close eye on ～）他大学，つまりライバル（rival）大学であることと，下線部に similar「似たような」があることに着目し，(d)「同等とみなされる」を選ぶ。

(2) be yet to *do* で「まだ～していない」。よって，be yet to rise は「まだ上昇していない」で(b)と同義になる。

(3) worth *doing* は「～する価値がある」。また，ここでの price は「値段」ではなく「対価，代償」。よって，下線部の直訳は「支払う価値のある対価」で，(b)「必要なコスト」と同義になる。

▶設問4．1．「以下の戦略のうち，イギリスの大学に学生を引きつける方法として記事中で言及されていないものはどれか」

(a)「学生のニーズにより敏感に反応する」は，第7段第4文（Now feedback is…）にある「意見を求め，学生にその結果として変わったことを5日以内に伝える」に対応する。(b)「不人気な学問プログラムを廃止する」は，第7段第6・7文（It has also…）にある，複数専攻課程の削減や学科の廃止を指す。(c)「入学に際しての要求を引き下げる」は，第6段第5・6文（A more common…）にある入学時の成績条件の引き下げ，あるいは撤廃を指す。(d)「ライバル大学から教授を引き抜く」だけが言及がない。

2．「大学への出願を準備しているイギリスの学生は…」

第1段第5文（But beginning in…）で各大学の入学者数制限が撤廃されたと述べられ，第2段第3文（But most prestigious…）では名声ある（prestigious）大学のほとんどがより多くの入学者を受け入れるようになったとある。よって，(d)「多くのトップレベルの大学への入学許可を得られる可能性が高くなっている」が正解。

▶設問5．主語は文頭で与えられている This「これ」。動詞は「～を反映する」で，reflect。3単現の -s を忘れずに。目的語「変更」は change であるが，可算名詞なので a change または some changes とする。本文中では政策変更は「各大学の入学者数の制限の撤廃」という1点しか言及されていないので，a change のほうがよい。「～における」は change を修飾する句であるが，変化を表す名詞（change / shift / increase / progress …）を後ろから修飾し「何が変化したか」を表す前置詞は，of でも間違いではないが通常は in である。「政府の政策」は government policy または the government's policy。

●語句・構文●

(第1段) application「出願」 lift「(ふた) を持ち上げてはずす,(封鎖や包囲) を解く」

(第2段) undergo「～を経験する」 intake「取り入れること, 取り入れ量」 subsidise (米では subsidize)「～に助成金を出す」 research-focused「研究中心の」(反対語は teaching-focused「教育中心の」。大学にある「研究と教育」という2つの要素のうちどちらに力点があるかを述べる表現) shoot up「急騰する」

(第3段) post-1992 universities「1992年以降設立の大学」(イギリスの新興大学群を表す決まった言い方) polytechnic「ポリテクニック」(イギリスの職業教育機関) postgraduate「大学院 (の)」 apprenticeship「昔の年季奉公, 徒弟の身分や期間」

(第4段) keenly「鋭く」 commission「～に権限を委託する, ～を発注する」 motorway「(イギリスの) 高速道路」 recruit from～「～から新しいメンバーを募集する」 the Midlands「イギリス中部地方」 secondary school「中等学校」

(第5段) build on～「～を建て増しする」 party「パーティーに出かける」 campus university「キャンパス大学 (全施設が同一敷地内にある大学)」

(第6段) be entitled to～「～の権利や資格がある」 upfront「前払いの」

(第7段) reputable「評判のよい」 administrator「理事, 管理者」 midway「中途に」 cut back～「～を削減する」 joint course は複数の専攻を目指すコース。accounting「会計 (学)」 finance「財政学」

(最終段) consolation「慰め, 慰めとなるもの」

❖講　評

例年通り, 会話文1題, 長文読解4題の計5題の出題。内容説明や内容真偽などの純粋に読解力を問う小問に, 文法・語法・語彙などの知識を問う問題や, 記述式の和文英訳, さらにはあまり見かけない形式の小問も混ざり, 例年通り英語力を多面的に問う出題となっている。

Ⅰ　会話文で, 大学の新入生が入寮してルームメイトと顔を合わせるシーン。空所に適切な発言を入れる問題と，文中の表現を言い換えさせる問題が例年通り出題された。設問１の空所補充は空所前後の会話の流れを丁寧に押さえれば十分に解ける。設問２の同意表現問題は，2020年度に関して言えば，会話表現を知っているかを問う知識問題の側面より，文脈から推測させる読解問題の側面のほうが強かった。

Ⅱ　全体的な健康の維持や向上のためには，肉体的健康だけでなく人とのつながりによる精神的健康が必要であると論じる記事。設問１の２では，(b)の significant minority「過半数ではないが無視できない数」の意味を取り違えると正解できない。また，本文の内容に合致しているが解答としてはふさわしくない選択肢も含まれており，問われていることに対して答えているかどうかという点から判断することが求められた。設問４の主題を選ぶ問題は，選択肢すべてが一見正しそうに見えるかもしれない。「本文に記述があるか否か」だけではなく，「それが話題の中心（トピック）であるか」を考えねばならない。通常，文章のトピックが提示されるのは冒頭の段落なので，それを手がかりにしてトピックを探る必要がある。設問５は和訳が与えられていない語句整序作文であるが，品詞と熟語の知識で大方の文構造を決定できる。文脈を考えないと位置が決まらないのは形容詞２つの位置のみである。

Ⅲ　働く人を「何でもやりたがる人」と「余計なことをやりたがらない人」に分類する文章。設問１の内容説明・内容真偽は根拠が明白で答えやすい。設問２の単語の同意表現は，語義を知らないと手がかりがほとんどないものも含まれる。設問４の同意表現は，下線部(A)中の curriculum vitae の意味を知らないとかなり解きづらい。

Ⅳ　大問Ⅱに続いて健康に関する文章。長時間座っていると死亡率が上がり，軽い運動でもよいので運動をすれば死亡率が下がる，という文章。テーマ・結論とも十分に馴染みがあるものであり，語彙的にも易しいため，取り組みやすかったのではないか。設問１の空所補充は冒頭の１文をいきなり空所にして問う珍しいパターン。「文章のトピックは冒頭」「英語は前方で簡潔に述べたことを後方で具体化」というパラグラフリーディングの初歩的知識で解ける。設問２のようなパターン化されていない出題は早稲田大学で時々みられるが，空所に入る数値の大小関係はすぐにわかるはず。設問３は空所ニに引っかかった受験生が多いかもしれない。healthy と並列される形容詞ということで，反射的に cheerful を選んでしまうと，よりよい選択肢を見落とすことになる。設問 4 は語句整序による和文英訳で，冒頭と途中の何語かが与えられている。日本語を英語に直訳すれば問題なく正答できる。

V　イギリスの大学が学生集めに腐心する現状を紹介する記事。大問Ⅳとは反対に語彙レベルが高い上に，イギリスの教育システム特有の用語が複数含まれている。さらに，university と college の関係や university と campus の関係が日本人のイメージと異なっているため，読みづらかったのではないか。これらは設問に直接関係していないため，わからないことはわからないまま読み進め，わかるところを正確に捉えてつなげていく読み方に慣れておく必要があった。設問 1 の内容真偽と設問 4 の内容真偽・内容説明は解答の根拠が明白。設問 5 の語数指定つき和文英訳は，他の 2 問の英作文が並べ替えであり，また 2020 年度は英文和訳が出題されていないので，2020 年度唯一の純粋な記述問題と言える。鍵となるのは「～における変更」をどう表すかという点。あとは名詞の前に置く冠詞でミスをしないよう気をつけなければならない。

全体として，2020 年度は取り組みやすい設問と，解答への手がかりを見つけにくい設問とがはっきり分かれている印象がある。全問を通じての難易度は標準的で，冒頭で述べた通り，さまざまな角度から英語力を問う例年通りの良問である。量が多いため，読解と設問処理のスピードが求められる。

日本史

1

解答

問A．2　問B．5　問C．3　問D．2　問E．3
問F．4　問G．1　問H．3　問I．5　問J．2

◀解　説▶

≪古代の官道≫

▶問A．２．正文。１．誤文。衛士は京の警備にあたるもの。

３．誤文。「調」ではなく租。調は中央に納める税。

４．誤文。郡家（郡衙）で政務をとる郡司は地方豪族の出身で，地方の国学で学んだ者たちであった。「大学」は中央に置かれた教育機関で，学ぶのは貴族の子弟。

５．誤文。「郡庁や倉庫」は「円形」ではなく，縦横に整列して建てられていた。

▶問B．５．正文。消去法で対応できる。１．誤文。いわゆる蔭位の制についての説明だが，「孫」は含まれない。孫にまで位階が与えられるのは三位以上の者。

２．誤文。「官職」と「位階」が逆。

３．誤文。「位階に関係なく」が誤り。墾田永年私財法では位階・身分による面積制限が定められていた。正誤問題の定番。

４．誤文。「官田」ではなく位田。

▶問C．３．正文。１．誤文。平忠常が占領したのは武蔵国ではなく房総。

２．誤文。『風土記』が現存するのは豊後・出雲・常陸・肥前・播磨の５カ国のもので，武蔵国のものは現存しない。

４．誤文。朝鮮式山城が設置されたのは西日本。

５．誤文。刀伊が来襲したのは博多湾。

▶問D．道鏡は下野国の薬師寺別当に左遷された。

▶問E．リード文中の「東京湾」と「武蔵国は東山道から東海道に移管され」たことがヒントになる。つまり，はじめ東海道は武蔵国を経由せず，相模国から東京湾を渡って房総半島に通じる道だったわけである。それがわかれば「常陸」（茨城県）や「甲斐」（山梨県）が無関係とわかり，消去法で正解できる。

▶問F．選択肢のうちで，最初に設けられた城柵がcの磐舟柵だとわかれば正解できる。孝徳天皇時代の648年のことであった。

▶問G．1．正文。消去法で対応できる。2．誤文。藤原純友が率いたのは瀬戸内海の海賊で，「この地域」（東国）ではない。

3．誤文。山上憶良は筑前に赴任した際に貧窮問答歌を詠んだ。

4．誤文。「免除」が誤り。防人をつとめるのは東国兵士に限定された。

5．誤文。「俘囚」とは律令国家に服属した蝦夷のこと。それとは逆に，各地から東北に送られた者を「柵戸」という。

▶問H．3．正文。「正丁」つまり成人男子の税負担が重かったため，男が女と偽って税逃れをはかる偽籍が行われた。

1．誤文。「逃亡とはいわなかった」が誤り。これも「逃亡」という。

2．誤文。「一条天皇」ではなく醍醐天皇。

4．誤文。「加重されて課せられた」のではなく，むしろ免除された。

5．誤文。「嵯峨天皇」ではなく桓武天皇。

▶問I．一見難しいが「山陽道」と「海から見える」をヒントに考えよう。正解の5の「長門」以外は，いずれも山陰道か内陸部に存在する国である。このため消去法で解ける。

▶問J．2．正文。消去法で対応できる。1．誤文。「楽浪郡」ではなく帯方郡を経由して洛陽へ遣使した。

3．誤文。「新羅使」ではなく渤海使。

4．誤文。外国からやってきた使節は，大宰府までではなく，京におかれた鴻臚館にも招かれた。

5．誤文。「宋への朝貢」が誤り。宋とは民間の貿易はさかんだったが，正式な国交はなかった。

2 解答

問A．2　問B．2　問C．1　問D．4　問E．3
問F．4　問G．5　問H．3　問I．3　問J．5

◀解　説▶

≪室町時代の社会状況≫

▶問A．大内義弘は1399年に応永の乱を起こして敗死したが，これは鎌倉公方足利満兼と結んで足利義満に反抗したものだった。「足利満兼」をヒントに解かねばならず，やや難しい問題となっている。

▶問B．Yが誤文。永享の乱では，鎌倉公方の足利持氏が将軍足利義教と対立し，幕府は持氏を討伐する軍を送った。Zはいわゆる結城合戦の説明で正文。結城氏朝は持氏の遺子春王丸を擁立して幕府に反抗したが敗れた。

▶問C．史料中の「［ハ］の亭にての御事など出でき後は……」という部分について，「京都での事件の後，天下は杖をつくほどの平和な場所もなくなった」と説明されている。史料が記された「1468 年」以前のできごとで，こうした事態に相当するものを考えよう。1441 年に起こった嘉吉の変（乱）は，将軍足利義教が京都の赤松満祐亭で殺された事件である。この事実は『看聞御記』に見える嘉吉の変の史料を読んでいればわかるだろう。史料問題として出されやすいので，気づいた受験生は結構いたと思われる。嘉吉の変の直後には嘉吉の徳政一揆が起こり，京都は土民らによって制圧された。

▶問D．やや難問。4が正解。史料中に「万人を悩まし，宝を奪ひ取る」とあることから1の「足軽」を選んだ人が多いだろう。しかし，空欄の前に「徳政」とあり，空欄の後には「乱れ入り」とある。徳政一揆では一揆勢が土倉などを襲い，質物を奪ったことを思いおこそう。

▶問E．1461 年に起きた寛正の大飢饉は中世最大の飢饉といわれる。頻出用語ではないが，早稲田大学では何度か出題されている。

▶問F．4．正文。応仁の乱が始まるとまもなく足利義政・義尚は東軍に，足利義視は西軍へと入れ替わった。しかしこれを正文とは断定しづらいので消去法で解こう。

1．誤文。「細川氏」ではなく斯波氏。
2．誤文。「養子」ではなく実子。
3．誤文。足利義尚は乱の最中に将軍になった。
5．誤文。「細川勝元」による命令はなかった。

▶問G．関東では，1467 年に応仁の乱が起こるよりも前に戦国時代が始まっていた，といわれることがある。というのは 1454 年に始まった享徳の乱が 30 年近くも続いたためである。これは，足利持氏の没後に鎌倉公方となった子の足利成氏が，関東管領上杉憲忠を謀殺したことに始まる戦乱であった。足利成氏は下総国古河に移って古河公方と呼ばれるようになり，上杉氏を支持する幕府が派遣した鎌倉公方足利政知と争った。足利政知は将軍足利義政の兄弟で，伊豆国堀越にとどまったため堀越公方と呼ばれた。したがって，ａは「鎌倉公方」ではなく関東管領。ｃは「堀越公方」と「古河公方」を入れ替えた誤文。ちなみに，ｄの伊勢宗瑞に滅ぼされた堀越公方は足利茶々丸である。

▶問Ｈ．３．正文。『水無瀬三吟百韻』は宗祇・宗長・肖柏が詠んだもの。

１．誤文。これは二条良基の事績。

２．誤文。古今伝授は東常縁から宗祇に授けられたことに始まる。

４．誤文。「俳諧連歌」ではなく正風連歌。

５．誤文。これも二条良基の事績。

▶問Ｉ．３．誤文。「南村梅軒」ではなく桂庵玄樹。南村梅軒がおこしたとされるのは海南学派（南学）。

▶問Ｊ．５が正解。寧波の乱は1523年のできごとで16世紀。

3　解答

問Ａ．１　問Ｂ．４　問Ｃ．２　問Ｄ．３　問Ｅ．３
問Ｆ．５　問Ｇ．２　問Ｈ．３　問Ｉ．１　問Ｊ．５

◀解　説▶

≪江戸時代の大政委任論≫

▶問Ａ．選択肢には，文治政治や藩政改革・幕政改革などで有名な人物ばかりが並んでいるので，各史料の成立時期をヒントに絞り込む。池田光政・前田綱紀・保科正之が主に17世紀。松平定信・上杉治憲・細川重賢・島津重豪・佐竹義和は主に18世紀から19世紀前半。松平慶永・水野忠邦が主に19世紀の人物である。そうすると条件に合う選択肢は１しかない。時期を考えて正解を絞り込むことに慣れておくと，こういう問題に対応しやすい。

▶問Ｂ．早稲田大学で繰り返し出題されている『藩翰譜』の著者は新井白石。白石による正徳の治の政策を一発で選ぼう。ちなみに，他の選択肢の政策が実行された時期は，１と２が享保の改革，３は寛政の改革，５は田沼時代と文化・文政時代である。

▶問Ｃ・問Ｇ．岡山藩主の池田光政は，上様（将軍）は天から人民を預かり，国主（大名）は上様から人民を預かっていると記している。幕藩体制では，将軍が大名に知行をあたえるかわりに軍役を負担する大名知行制がとられていた。そこから考えて「知行」を選ぶ。

▶問D．「その君」とは君主である大名を指す。

▶問E．1592 年に文禄の役が起こり，その後改元して 1597 年に慶長の役が起こった。そこから推測すると「慶長五年」は 1597～1601 年あたりだろうと導き出せる。「天命一度改りて」とあわせて考えると 1600 年に起こった「関ヶ原の戦い」が文脈としてふさわしい。

▶問F．５．正文。［ニ］に該当する語が「天皇」であることは明白だろう。５は早稲田大学で出題されやすい尊号一件についての説明で，容易に正文と判別できる。

１．誤文。「幕府」と「天皇」が逆。

２．誤文。「公家が自ら」が誤り。禁中並公家諸法度の起草者は禅僧で家康の顧問であった金地院崇伝（以心崇伝）。

３．誤文。閑院宮家から即位した天皇としては光格天皇がおり，それ以降現在までその系統の天皇が即位している。

４．誤文。「生田万」ではなく竹内式部・山県大弐。

▶問H．３．誤文。「紀州」ではなく水戸。

▶問I．［ト］には大政奉還が入る。１．誤文。「１か月後」ではなく，大政奉還の上表と同日に討幕の密勅が出されている。

▶問J．本居宣長の事績は早稲田大学では出題されやすい。『玉くしげ』は紀州藩主徳川治貞の下問に応じて献上した政治についての意見書。

4　解答

問A．４　問B．１　問C．３・４　問D．１・３
問E．２・５　問F．３・５　問G．３・４
問H．３・５　問I．３・４　問J．２・４

◀解　説▶

≪立憲国家の成立≫

▶問A・問B．史料Ⅰは 1875 年に出された漸次立憲政体樹立の詔。元老院・大審院・地方官会議を設置することが定められた。「立法」「審判」をヒントに導き出す。

▶問C．下線部ハは地方官会議のことだが，その説明として３・４を正文と断定するのは難しい。そのため残り３つの誤りを見つけて消去法で解こう。

１．誤文。「地方の大地主」ではなく，府知事・県令。

2．誤文。木戸孝允は「反対」したのではなく設置を主張した。

5．誤文。憲法草案としては元老院が作成した「日本国憲按」があるが，不採択となった。また，大日本帝国憲法の憲法草案で言うと，審議したのは枢密院で地方官会議ではない。

▶問D．「きっかけとなった会議」とは大阪会議で，「参加した人物」とは大久保利通・木戸孝允・板垣退助の3人。1は板垣退助，3は木戸孝允で正文。2は西郷隆盛，4は三条実美，5は副島種臣のことである。

▶問E．難問。史料Ⅱは1881年に出された国会開設の勅諭。府県会についての細かい内容が問われていて難しい。2と5が正解。判別に悩まされたのは3だろう。府県会の議員の選ばれ方は，府県会規則では選挙権者は地租5円以上納付の満20歳以上の男子とされていた。それが1890年の府県制では，郡会議員らの投票による間接選挙と変わった。非常に細かい内容である。

2．誤文。「府県会の推薦」が誤り。府知事・県令は推薦などなく，政府によって任命された。

5．誤文。「地方税規則」ではなく1878年制定の府県会規則。

▶問F．憲法に定められた帝国議会についての細かい規定が問われていて難しい。3．正文。「天皇大権に関する費目」は大日本帝国憲法67条で「政府の同意なくして帝国議会之を廃除し又は削減することを得ず」と定められている。

5．正文。衆議院には予算先議権が認められていた。早稲田大学ではよく出題されている内容。

1．誤文。帝国議会は立法機関なので「法案発議権」が認められていないわけはない。

2．誤文。貴族院と衆議院は対等とされていた。

4．誤文。「予算の執行ができなかった」が誤り。帝国議会で予算案が可決されなかった場合は，政府は前年度予算を執行することと定められていた。これを正文とした受験生が多かったと思われる。

▶問G．設問文の「ある政治的事件」とは開拓使官有物払下げ事件。3．正文。これは払下げを受けることになっていた五代友厚についての説明。五代友厚は大阪商法会議所（2015年度に出題された語句）の初代会頭であった。

4．正文。この代表例として尾崎行雄や矢野竜溪がいる。

1．誤文。「実行された」が誤り。払下げは中止となった。

2．誤文。大隈重信は明治十四年の政変の前に憲法意見書を提出していた。しかし出身は「土佐藩」ではなく肥前藩で，「政党内閣制」ではなく議院内閣制を主張していた。

5．誤文。これは松方デフレにより起こったできごと。

▶問H．3．誤文。板垣退助は 1882 年に岐阜で襲われた際に「板垣死すとも自由は死せず」と言ったとされるが，それで死亡したわけではない。1919 年に病死している。

5．誤文。憲政本党は，共和演説事件の際に憲政党が分裂してうまれた政党で，「立憲政友会」への合流に反対して結成されたわけではない。

▶問I．史料Ⅲは黒田清隆首相による超然主義演説。3．正文。史料Ⅲには「政党ナル者ノ社会ニ存立スルハ亦情勢ノ免レザル所ナリ」とあり，政党の存在自体は認めている。

4．正文。政党員が議員となる議会が政府の政策に影響を及ぼすことを否定している。

1．誤文。黒田内閣の外相は大隈重信。大隈は当時立憲改進党を離党しているが，党員との関係は持ち続けており，「立憲改進党とつながりを有する政治家」と判断できる。

2．誤文。「個人的な政治道徳」などではなく，政府の方針を示したものである。

5．誤文。「初めて政党と関係を有する政治家が入閣し」たのは，「日本最初の政党内閣」である第1次大隈重信内閣ではない。それ以前の第2次伊藤博文内閣のときで，板垣退助が内相となっている。

▶問J．2・4が正解。1．誤り。「長州藩」ではなく薩摩藩。

3．誤り。これは山県有朋の説明。

5．誤り。これは伊藤博文などのこと。

5 **解答**　問A．4　問B．2　問C．3　問D．1　問E．5
問F．井上準之助　問G．1　問H．重要産業統制
問I．合理化　問J．5

◀解　説▶

≪近代の経済≫

▶問A．４．誤文。「お互いに与えあう」が誤り。日米和親条約などで定められたのは片務的最恵国待遇で，日本がアメリカに対して一方的に最恵国待遇を与えるだけで，その逆は認められていなかった。

▶問B．２．誤文。「旧藩主」は東京居住とされ，別の者が府知事・県令に任命された。

▶問C．３．誤文。「日清戦後」が誤り。電話が輸入されたのは 1877 年。あまり問われないため難しい。

▶問D．難問。１．正文。２．誤文。「政府の保護を受けずに」が誤り。日本鉄道会社は初の私鉄会社ではあるが，資金面でも建設・営業についても政府の保護をうけて成功した。

３．誤文。国立銀行は日本銀行が設立されると紙幣発行を停止した。このため「産業革命期」という時期が合わない。

４．誤文。「貿易黒字を生むようになった」が誤り。たしかに綿糸輸出量は増えたが，原料綿花を輸入に依存していたため綿業貿易としては輸入超過は増大した。これも盲点となっている受験生が多いだろう。

５．誤文。「銀価値の低落による円安」はたしかに輸出促進の効果があった。ただしそれは 1897 年に貨幣法が制定されて金本位制になるまでのことなので，「産業革命期に輸出産業の成長を支え続けた」というのは完全な正文とは言いづらい。

▶問E．５．誤文。日本製鋼所（1907 年設立）よりも先に八幡製鉄所は設立されていた（1897 年）。

▶問F．井上準之助は日本銀行総裁だったところを蔵相に起用された。

▶問G．当時の実勢は 100 円＝46.5 ドルといった為替相場だったため，井上準之助蔵相は旧平価（100 円＝約 50 ドル）に近づけたうえで金解禁を断行しようと考えた。このため財政を緊縮し（デフレ政策），物価引き下げとともに円の価値を上げることをはかった。

▶問H．「カルテル結成を促す」をヒントに解く。

▶問I．井上財政の基本は緊縮財政・産業合理化・金解禁の３つ。

▶問J．高橋財政は積極財政であった。「低金利政策」をとって景気を刺激し，軍事費と公共土木事業の支出を増やすインフレ政策をとった。しかし，恐慌を脱出すると軍事費の支出を抑制し始めた。これが嫌われて，二・二六事件では陸軍皇道派に殺された。

6 **解答** 問A．世界　問B．展望　問C．傾斜生産
問D．シャウプ

問E．西欧との比較により，日本の近代における後進性を批判した。(30字以内)

問F．3　問G．1　問H．3　問I．5

◀解　説▶

≪戦後の思想と経済復興≫

▶問A・問B．難問。どちらも出題率が低いうえに記述問題で，しかも出版社名だけで2誌を答えなければならない。『世界』には戦後の政治学者として有名な丸山真男の論文「超国家主義の論理と心理」が掲載された。『展望』は筑摩書房発行の総合雑誌で，太宰治の作品などが掲載された。

▶問C．傾斜生産方式は「吉田茂内閣……片山哲・芦田均内閣」から正解したい重要語句。

▶問D．シャウプは税制使節団の団長として来日した。

▶問E．やや難。下線部の後に，丸山真男・大塚久雄・川島武宜の論じた内容が説明されている。そこからこの3人が，西欧と比較して戦前（近代）の日本の制度や日本人の精神の問題に注目したことを読み取る。そうすれば「西欧との比較」「近代日本の後進性」といったキーワードが上がってくる。ちなみに，この3人の名前は近年の入試では問われやすくなっている。

▶問F．難問。大江健三郎が小説家（ノーベル文学賞受賞者）であることがわかっていれば，これだけ分野が違っているのではないかと推測できる。また，これは覚えておく必要はないが，大江健三郎の生年は1935年で，『思想の科学』の創刊時（1946年）とは時期的にも合致しない。ちなみに，ノーベル賞の受賞年は1994年である。

▶問G．野間宏の作品には『暗い絵』，『真空地帯』がある。早稲田大学でも出題されたことはあるがめったに問われない。『青い山脈』の作者は石坂洋次郎でこちらもほとんど出題されず難問となっている。ただ，『青い山脈』は映画にもなっておりその主題歌（服部良一作曲）の題名も「青い

山脈」であるため，『青い山脈』を歌謡曲とみなしてこれを選んだ人もいるだろう。他の選択肢については5の『俘虜記』（大岡昇平）は頻出で，2の『斜陽』（太宰治）も有名。4の『堕落論』（坂口安吾）と3の『黒い雨』（井伏鱒二）はあまり出題されないため，消去法で解くのもやや厳しかった。

▶問H．3．誤文。政令201号は公務員の争議権を停止したもの。「すべての労働者」ではない。

▶問I．5が誤り。経済安定九原則とは，①均衡予算の編成，②徴税の強化，③融資制限，④賃金の安定，⑤物価統制の強化，⑥貿易統制と外国為替管理の強化，⑦輸出の振興，⑧国産原料・製品の増産，⑨食糧供給の能率化。入試対策としては①②④⑤を覚えるだけで，あとはこの原則がインフレを抑えるために出されたことを理解していればよい。

❖講　評

1　古代の律令国家の官道をテーマとする問題。正文・誤文選択問題が多いが消去法を用いればわりと正解しやすい。むしろ空所補充問題の問E・問Iに手こずった人がいるかもしれない。旧国名地図を完全に覚える必要はないが，見知らぬ旧国名に出会ったときには地図で確認する癖をつけておく必要がある。

2　室町時代の政治・社会・文化をあつかった問題。史料の空所補充問題である問Dがやや難しいが，全体的には正解しやすい。問Aや問Eは盲点となっている受験生が多かったかもしれない。

3　未見史料とその解説文を用いて江戸時代全般の政治・文化を問う問題。史料を読解させたり，時期を考えさせたりする問題が多かった。推測で解答を絞り込む問題演習を怠っていた人は，かなり低い正解率になってしまっただろう。1問ミスにおさめたい。

4　立憲国家の成立過程における3つの史料を用いて明治時代の政治を問う問題。解答個数が2つの正誤問題では完答が求められている。商学部では定番のスタイルなので，苦手意識がなくなるまで過去問で練習しよう。

5　幕末から昭和戦前期までの主に経済をテーマとする問題。正文・誤文選択問題ではかなり細かい知識や経済のしくみが問われており，点差がついたと思われる。商学部を受験する以上は，こうした経済分野が好きで得意であるくらいでなければならないだろう。

6　戦後の思想と経済復興をテーマとする問題。とくに文化史分野に難問が目立った。この時期の文化史というと学習がおろそかになりがちなため，正解できれば大きなアドバンテージとなったと思われる。

世界史

I 解答

問A．2 問B．4 問C．2 問D．3 問E．4
問F．3 問G．2 問H．3 問I．2 問J．4
問K．3 問L．2

◀解 説▶

≪内乱の1世紀≫

▶問A．2．誤文。同盟市戦争は最終的にスラによって鎮圧され，イタリア半島のポー川以南の同盟市にローマ市民権が与えられた。

▶問B．4．閥族派（オプティマテス）の代表が同盟市戦争を鎮圧したスラで，平民派（ポプラレス）のマリウスと激しく対立した。

▶問C．難問。2．トラキアはバルカン半島の南東部で現在のブルガリア・ギリシア・トルコにまたがる地域。トラキア生まれのスパルタクスは兵士であったが，のちに盗賊の首領となり，捕らえられて剣闘士になったとされる。

▶問D．難問。3．カプアはイタリア半島南部，ナポリのやや北に位置する都市。カプアでは剣闘士の競技が盛んで，彼らの養成所が造られていた。

▶問E．4．クラッススは騎士階級（エクイテス）出身の大富豪。前53年，パルティア遠征中にカルラエの戦いに敗れ，戦死した。

▶問F．難問。3．『対比列伝（英雄伝）』の著者プルタルコスはギリシア人なので，ギリシアのポリスを選択すればいいのだが，選択肢にギリシアのポリスが3つもあり，判断に迷う。プルタルコスは晩年に神託で有名なデルフォイのアポロン神殿の神官となっている。

▶問G．2．ポンペイウスは閥族派のスラの腹心の部下で，地中海の海賊討伐・ミトリダテス戦争の勝利・スパルタクスの反乱の鎮定などに功績をあげた。

▶問H．難問。3・4の正誤判定が難しい。

3．正文。ブルディガラはワイン産地として有名なボルドーのラテン語読み。

1．誤文。現在のパリの古名はルテティアといい，ローマ時代に建設された。ルグドゥヌムは現在のリヨンのラテン古名である。

2．誤文。ラテン古名のマッシリア（ギリシア語表記ではマッサリア）はギリシア人の植民市として建設された都市で，現在のマルセイユである。

4．誤文。トロサは現在のトゥールーズ。自動車産業ではなく，エアバス社の本社があり，航空機産業が盛んである。

▶問Ⅰ．2．ウェルキンゲトリクスはカエサルのガリア侵略に抵抗したケルト人の民族的英雄。ウェルキンゲトリクスは教科書レベルを超えた知識であるが，消去法で対応できる。1のウェルギリウス，3のホラティウスはローマの詩人，4のレピドゥスは第2回三頭政治に参加した政治家・軍人である。

▶問J．4．ディクタトルは非常時に国家大権を与えられた独裁官のこと。独裁化を防ぐために任期は6カ月とされたが，カエサルは終身のディクタトルとなり，帝政に近づいた。

▶問K．3．カエサルはエジプトの太陽暦を導入し，ユリウス暦を制定している。

▶問L．2．イギリスの劇作家シェークスピアの作品『マクベス』を選べばよい。ブルートゥスを登場人物とする作品は『ジュリアス＝シーザー』で，「ブルータスよ，お前もか」の台詞で有名である。

Ⅱ 解答

問A．3　問B．4　問C．4　問D．3　問E．3
問F．3　問G．4　問H．1　問I．2　問J．3
問K．4　問L．2

◀解　説▶

≪門閥貴族の衰亡と科挙官僚の台頭≫

▶問A．3．それまでの九品中正にかわって隋の文帝（楊堅）が学科試験による官吏任用制度である科挙を始めた。

▶問B．1．誤文。「全くいなかった」が誤り。華北の五胡十六国においても門閥貴族は政治に関与している。

2．誤文。「中正官を無視して」が誤り。中正官と結びついた有力豪族の子弟が高い評価を独占して中央政界に進出し，「上品に寒門なく，下品に勢族なし」と言われるようになった。

3．誤文。府兵制は公有地を給与された均田農民を徴兵対象としており，門閥貴族は兵役を免除された。

▶問C．１．誤文。安禄山は玄宗の妃・楊貴妃の一族である宰相・楊国忠の讒言に危機感をおぼえ反乱を起こした。

２．誤文。安禄山は子の安慶緒に殺害された。

３．誤文。ウイグルが東突厥を併合したのは，安史の乱（755～763年）が始まる前の745年のことである。

▶問D．３．洛陽を都としたのは，東周（当時の名称は洛邑），後漢，魏，西晋，北魏，後唐など。

▶問E．３．王仙芝は山東出身の塩密売商人。875年，唐が塩の密売の取り締まりを強化したことに対し，反乱を起こした。これに呼応して，同じ塩密売商人の黄巣も加わり大反乱となったが，黄巣と対立して別行動をとり敗死した。

▶問F．３．後唐の武将であった石敬瑭は契丹の援助を得て後晋を建国，その代償として契丹に燕雲十六州を割譲した。

▶問G．４．殿試は宋の太祖（趙匡胤）が創設した科挙の最終面接試験で，皇帝みずからが試験官となった宮中で行われた。上位合格者は皇帝の門下生として忠誠を誓うことになり，君主権の強化を促進することになった。

▶問H．１．形勢戸は，唐末から大地主として勢力を伸ばした新興の地方豪族層で，知識人としては文化の担い手となり士大夫と呼ばれた。

▶問I．２．官戸は租税以外の徭役が免除された上，刑法上も優遇措置が与えられた。

▶問J．３．誤り。消去法で対応できる。公田法は南宋末の1263年に施行された民田買収政策。大地主の土地の一部を国家が買収して公田とし，小作人に貸与して年貢を納めさせ，モンゴル軍の南下に対する軍糧の充実をはかった。

▶問K．４．司馬光は旧法党の中心人物で，王安石辞職後に宰相となり，新法をことごとく撤廃した。編年体の歴史書『資治通鑑』の著者としても知られる。

▶問L．１．誤文。北宋は遼を挟撃するために女真族の金と密約を結び，1125年遼は金によって滅ぼされた。

３．誤文。南宋と金が結んだ1142年の紹興の和約では，南宋は臣，金は君の関係とされた。

４．誤文。高宗は北宋最後の皇帝・欽宗の弟で，江南に逃れて即位し，南宋を建てた。

III　解答

問A．４　問B．３　問C．１　問D．３　問E．３
問F．２　問G．２　問H．４　問I．３　問J．２
問K．１　問L．１

◀解　説▶

≪人の移動の歴史≫

▶問A．４．ロシア語はインド＝ヨーロッパ語族のスラヴ語派。１のハンガリー語，２のエストニア語，３のフィンランド語はウラル語族である。

▶問B．３．十二表法は前450年頃に制定されたローマ最古の成文法で，これにより慣習法が明文化された。４のミラノ勅令の発布（313年），２のエフェソス公会議の開催（431年），１のカルケドン公会議の開催（451年）は帝政期の出来事である。

▶問C．２．誤文。ブルグンド王国は５世紀にスイスからフランス東南部にかけて建設された。

３．誤文。「服属」が誤り。クローヴィスは５世紀末にフランク王国を建国した初代国王。アタナシウス派に改宗し，フランク発展の基礎をつくった。

４．誤文。ザクセン人が勢威を誇ったのはドイツ北部。カール大帝に服従した後，カトリックに改宗した。

▶問D．１．誤文。ジェームズ１世は王権神授説を唱えて絶対王政を展開し，議会と対立した。

２．誤文。1707年に大ブリテン王国が誕生したときの国王はアン女王である。

４．誤文。メアリ＝スチュアートは，カトリック教徒である。

▶問E．１．誤文。「失敗に終わった」が誤り。1649年にクロムウェルに征服されたアイルランドは，大規模な土地没収が強行され，事実上イギリスの植民地となった。

２．誤文。ダブリンにあったアイルランド議会は解散し，イギリス議会に吸収された。その結果，アイルランドのカトリック教徒は審査法により議会に議員をおくることができなくなった。

４．誤文。1914 年，自由党アスキス内閣はアイルランド自治法を成立させたが，政府は第一次世界大戦の勃発を理由に実施を延期した。

▶問Ｆ．２．誤文。ヘブライ人はエジプトでファラオの圧政に苦しみ，前 13 世紀頃にモーセに率いられてパレスチナに脱出した。

▶問Ｇ．１の委任統治領パレスチナの設立（1920 年）は第一次世界大戦後，３のパレスチナ分割案の決議（1947 年）は第二次世界大戦後，２と４は第一次世界大戦中なので，その前後関係がカギとなる。第一次世界大戦中にイギリスが行った秘密外交は，フセイン・マクマホン協定（1915 年）→サイクス・ピコ協定（1916 年）→バルフォア宣言（1917 年）の順なので，４→２→１→３の順になり，２が正解となる。

▶問Ｈ．１．誤文。1979 年のイラン革命は成功し，イラン＝イスラーム共和国が成立した。なお，1953 年，モサデグ首相によるイラン石油国有化（1951 年開始）はアメリカ合衆国の介入により失敗している。

２．誤文。第４次中東戦争時の石油戦略が原因で起きたのは第１次石油危機である。第２次石油危機は 1979 年のイラン革命を原因とする。

３．誤文。2001 年に同時多発テロが起きたときのアメリカ大統領はブッシュ（子）である。

▶問Ｉ．３．イダルゴはメキシコ生まれのクリオーリョの神父。1810 年に独立を宣言して奴隷解放・インディオへの土地返還などを要求したが，銃殺された。

▶問Ｊ．やや難。２．誤文。日本軍が香港を占領したのは太平洋戦争勃発直後の 1941 年 12 月 25 日である。

▶問Ｋ．３のイギリス＝オランダ（英蘭）戦争の開始（1652 年）はオランダ領東インドとしての植民地経営開始以前の出来事，４の日本軍によるジャワ・スマトラ占領（1942 年）は太平洋戦争中の出来事なので，１と２の前後関係がカギ。オランダはジャワ島を中心に東インド支配を強化していったことを考えれば，２のジャワ戦争の開始（1825 年）→１のアチェ戦争の開始（1873 年）の順になる。したがって，３→２→１→４の順になり，１が正解となる。

▶問Ｌ．１．サイードはパレスチナ生まれのアメリカ人文学研究者。「ポスト・コロニアリズム」は帝国主義による植民地支配が終わった後も，先進国による文化面での支配・影響力が依然として存在し，支配されていた民族の文化がゆがめられるなど，植民地時代の負の遺産が残っている状況のこと。サイードはかなり細かい知識だが消去法で正答は可能である。2のキッシンジャーはユダヤ系ドイツ人で，ナチスの迫害を逃れてアメリカに移住。ニクソン・フォード政権で国務長官を務めた。3のケインズは修正資本主義理論を唱えたイギリスの経済学者，4のデューイはプラグマティズム（実用主義）を唱えたアメリカの哲学者である。

Ⅳ 解答

1．オランダ　2．コルベール　3．重商主義
4．スタンダード石油　5．シャーマン反トラスト法
6．不戦条約〔ブリアン＝ケロッグ条約〕　7．国債　8．ホイッグ
9．ウォルポール　10．スムート＝ホーリー関税法　11．多国籍
12．空洞化　13．リーマン＝ブラザーズ
14．移動の自由化により東欧移民が増加し，雇用・社会保障への不満から低所得者を中心に不満が増大した。さらに中東情勢の悪化から難民が殺到したためテロへの恐怖が加わり離脱派が急増，国民投票でEU離脱を決定した。(100 字以内)

◀解　説▶

≪株式会社の歴史≫

▶1．オランダ東インド会社は正式には「連合東インド会社」。複数の貿易会社が連合して1602年に設立されたもので，略称はVOC。

▶2．コルベールはルイ14世の財務総監で，王立マニュファクチュアを創設するなど重商主義政策を推進した。フランスの東インド会社はアンリ4世時代の1604年に設立されたが不振で，コルベールによって1664年に再建された。

▶3．重商主義は初期の段階では金・銀の獲得をめざす重金主義であったが，やがて輸入の抑制と輸出の促進によって国際収支を改善する貿易差額主義に重点が置かれるようになった。

▶4．ロックフェラーのスタンダード石油会社は買収によってトラスト(企業合同）を結成し，アメリカ合衆国における石油シェアの90%を押さえた。

▶5．難問。シャーマン反トラスト法は1890年に制定されたアメリカ初の反トラスト法。スタンダード石油会社は1911年にシャーマン反トラス

ト法により有罪となり，33 社に分割された。

▶6．フランスのブリアン外相がアメリカに戦争を違法化する条約を提案し，この提案に応えたアメリカ国務長官ケロッグが各国に働きかけた結果，1928 年に 15 カ国が調印して不戦条約（ブリアン＝ケロッグ条約）が成立した。後に 63 カ国が参加したが，第二次世界大戦の勃発を防げなかった。

▶7．難問。イギリス政府はスペイン継承戦争の戦費を得るために多額の国債を発行し，その利息の支払いに苦しんでいた。そこで設立されたのが南海会社で，1720 年に国債の買い取りと引き替えにスペイン領アメリカとの貿易の独占権が与えられた。その結果，空前の株式投資ブームが起こり株価が急騰，同様の泡沫会社が多数設立された。しかし十分な裏づけのないことが判明して株価は大暴落し，大恐慌を招いた。これが南海泡沫事件で，多くの破産者を生んだ。

▶8．ホイッグ党はカトリック教徒であるジェームズ（後のジェームズ 2 世）の王位継承に反対した人々で，議会の権利・王権の制限を主張した。後の自由党に発展した。

▶9．南海泡沫事件を処理したウォルポールは，ジョージ 1 世（位 1714〜27 年）とジョージ 2 世（位 1727〜60 年）にかけて実質的な首相を務めた。1742 年に下院で反対派が多数を占めると，国王の支持があったにもかかわらず辞任したことが，責任内閣制成立につながったとされる。

▶10．難問。スムート＝ホーリー関税法は 1930 年にフーヴァー大統領によって制定された。国内産業を保護するための高関税政策であったが，各国が報復関税措置をとったため，世界恐慌をさらに拡大する結果に終わった。

▶11．やや難。多国籍企業は複数の国に，その国の法人格をもつ子会社や系列会社をおき，利益を最大にするように世界的規模で活動する企業で，世界企業ともいう。エクソン・モービル，ゼネラル・エレクトリック，IBM などがその例である。

▶12．やや難。産業の空洞化は，生産拠点の海外進出や製品の輸入依存の高まりによって，国内生産が減少してゆく現象のこと。多国籍企業の海外投資が盛んなアメリカ合衆国などでは，製造業の空洞化が進み，失業者の増大が大きな問題となっている。

▶13．難問。2008 年，低所得者向け住宅ローンであるサブプライムローンの破綻が明らかとなり，その余波を受けてアメリカの大手証券会社リーマン＝ブラザーズが倒産した。これが世界同時株安を誘引し，リーマン＝ショックと言われた。

▶14.「移動の自由」と「2015 年以降にイギリスで起きた EU との関係」から，イギリスの EU 離脱問題について述べればよい。

EU 離脱の背景には，イギリスの経済的負担や制度的束縛，EU の官僚主義や非効率性などの面もあるが，「移動の自由」との関連が求められているので，移民問題に焦点をしぼって論述しよう。

2004 年，中東欧 10 カ国が EU に加盟した結果，ポーランドやルーマニアなどからイギリスへの移民が増加した。このため社会保障費が増大し財政が圧迫される一方，彼らにより仕事や住宅を奪われたと考える労働者・低所得者層を中心に反 EU 感情が急速に高まり，EU 離脱について賛成・反対の立場で対立が表面化するようになった。キャメロン首相は 2015 年に国民投票を可能にするための法律を議会に提出し，2016 年 6 月に国民投票が行われたが，その前年にシリア難民が EU 圏に殺到し大混乱になったことでテロへの恐怖が加わり，投票結果は僅差で離脱派が勝利した。その後，離脱をめぐりイギリス議会は大混乱し，3 度離脱を延期したが，2020 年 1 月 31 日に正式に離脱した。

❖講　評

I　ローマの「内乱の 1 世紀」についての大問。文章の正誤判定問題では，問 A は誤文の内容がやや細かいが正文を判定しやすいので，そう難しくはない。問 C のトラキア，問 H のブルディガラは教科書レベルを超えた地名であり難問。空所補充問題では，問 D のカプア，問 F のデルフォイが用語集の説明文レベルの出題となっており難問である。その他の基本レベルの問題を確実に得点しておきたい。

II　門閥貴族の衰亡と科挙官僚の台頭をテーマにした，唐末から南宋にかけての中国史に関する大問。科挙，安史の乱，黄巣の乱，形勢戸，王安石の改革，靖康の変などについての知識が問われている。おおむね教科書レベルの知識で対応できる問題ばかりなので，取りこぼしは避けたいところである。

III　人の移動をテーマにした大問。ケルト人の移動，ヘブライ人の移動，植民地時代のヨーロッパ列強のアメリカ・アジアへの進出を中心に問われている。問Ｌのサイードはやや細かい知識で難しいが，消去法で対応できる。文章の正誤判定問題が6問あるが，問Ｊの1と2で迷いやすい以外は標準的内容。問Ｇと問Ｋの配列問題も易しい。

Ⅳ 株式会社の歴史をテーマにした，商学部らしい経済史の大問。2018年度のインド史を除き，例年Ⅳの問題は西欧現代史からの出題であったが，2019年度は古代～現代の欧米史中心の出題，2020年度も近世～現代の欧米史からの出題となった。空所補充問題では5のシャーマン反トラスト法，7の国債，10のスムート＝ホーリー関税法が難問。また，11の多国籍企業と12の「産業の空洞化」は，政治・経済的な問題で，やや難しい。14の論述問題はイギリスのEU離脱の理由の説明で，例年通り現代史から出題された。2020年1月の正式離脱を受けてのタイムリーな問題であり，現代情勢への関心度が問われている。

2020年度は2019年度に比べると教科書レベルを超える選択肢のある問題が増え，Ⅳの空所補充問題にも難問がみられ，やや難化した。また，論述問題も現代情勢に関する問題で，2019年度のプラザ合意の説明と比べると難しく，例年通りハイレベルな問題である。

政治・経済

I 解答

問1．(ア)

問2．(イ)または(ウ)※

問3．(オ)　問4．a―(ウ)　b―(エ)　問5．(ア)

問6．公平の原則とは，経済力が等しい者は等しく税金を負担するという水平的公平と，経済力が高い者はより多くの税金を負担するという垂直的公平を意味する。ふるさと納税は所得が多い人ほど多額の寄付ができ，控除額も大きくなるため，垂直的公平に反する。(90 字以上 120 字以内)

問7．35　問8．a―(ウ)　b―(ケ)　問9．専決処分

※問2については，選択肢に正解として扱うことができるものが複数あり，そのいずれを選択した場合も得点を与えると大学から発表があった。

◀解　説▶

≪地方自治≫

▶問1．(ア)正文。大日本帝国憲法においては，地方自治に関する規定はなく，内務大臣の指揮監督・命令下におかれ，府県知事は内務省の官吏が天皇によって任命され，府県議会や市町村議会は内務大臣が解散できた。

(イ)誤文。日本国憲法第 94 条は，地方公共団体の権能として，財産を管理し，事務を処理し，行政を執行する権能を有し，法律の範囲内で条例を制定することができると規定している。これにより，首長が行政を執行し，議会が当該地方に係る法規である条例を制定するが，司法権を有する機関はない。

(ウ)誤文。日本国憲法第 93 条 2 項では，「地方公共団体の長，その議会の議員及び法律の定めるその他の吏員は，その地方公共団体の住民が，直接これを選挙する」と規定している。特別地方公共団体とは，地方自治法に定める特別区，地方公共団体の組合，財産区，地方開発事業団のことを指すが，最高裁は 1963 年に，この条文でいう「地方公共団体」には東京都の特別区は含まれないとして，かつての区長任命制を合憲とする判決を下している。

(エ)誤文。地方公共団体は，法律の範囲内で条例を制定することができるが，

これは憲法上の例外であって，唯一の立法機関は国会である。

(オ)誤文。地方自治法第 94 条および第 95 条では，町村においては，条例によって，議決機関である議会を置かず，それに代えて選挙権を有する者の総会を設けることができると規定されている。

▶問 2．(イ)誤文。2005 年から 2010 年までの合併新法によって誕生した政令指定都市は，静岡市，堺市，新潟市，浜松市，岡山市，相模原市の 6 つである。

(ウ)誤文。地方自治法が定める政令指定都市の指定要件は人口 50 万人以上であるが，国の裁量に委ねられており，自動的に変更されるわけではない。

(ア)正文。2019 年 3 月末時点での政令指定都市は上記の 6 都市とそれ以前に指定された大阪市，名古屋市，京都市，横浜市，神戸市，北九州市，札幌市，川崎市，福岡市，広島市，仙台市，千葉市，さいたま市と 2012 年に指定された熊本市の 20 市である。

(エ)正文。市場公募債とは，広く一般に購入を募る地方債のことで，都道府県と同じく，政令指定都市も発行できる。

(オ)正文。1954 年の警察法改正以降，日本の警察は都道府県警察とそれを管轄する国の機関である警察庁によって構成されており，政令指定都市が自ら警察を設置することはできない。

▶問 3．(オ)不適。地価税は，土地の有効利用を目的に 1991 年に創設された国税であり，1998 年以降は課税停止されている。

▶問 4． a は(ウ)， b は(エ)が正解。地方交付税は，地方公共団体間の財源の不均衡を調整し，どの地域に住む国民にも一定の行政サービスを提供できるよう財源を保障するためのもので，所得税および法人税の 33.1%，酒税の 50%，消費税の 20.8%，地方法人税の全額があてられる。

▶問 5．(ア)が正解。2019 年 10 月より消費税率は 10%となったが，そのうち，国に納める消費税率は 7.8%，地方消費税率は 2.2%である。軽減税率の場合は， 8 %のうち，消費税率 6.24%，地方消費税率 1.76%である。

▶問 6．「公平」の観点から説明するのが最も記述しやすいだろう。ふるさと納税は所得が多い人ほど利益を得やすくなるため，垂直的公平に反することを記述したい。また，ふるさと納税を利用した人は返礼品に加えて所得税と住民税が控除されるため，ふるさと納税を利用していない人との間に不公平が生じることを記述してもよい。他の観点から書く場合，中立の原則は税制が民間の経済活動に影響を与えないことを意味するが，ふるさと納税の返礼品がその財の市場の需要・供給に影響を与えることを書けばよいだろう。簡素の原則は税の仕組みが簡単でわかりやすいものでなければならないという原則であるが，ふるさと納税の手続きや自治体の事務処理が煩雑になっていることを書けばよいだろう。

▶問 7．正解は 35。議会の解散，首長や議員，主要公務員の解職請求に関する必要署名数は，原則として有権者の 3 分の 1 であるが，有権者の総数が 40 万人を超える場合は，40～80 万人の部分については有権者の 6 分の 1 以上，80 万人を超える部分については有権者の 8 分の 1 以上である。したがって

$$40\text{万人}\times\frac{1}{3}+40\text{万人}\times\frac{1}{6}+120\text{万人}\times\frac{1}{8}=35\text{万人}$$

となる。

▶問 8．a は(ウ)，b は(ケ)が正解。解職請求に関しては，選挙で選ばれた首長と議員の請求先は選挙管理委員会であり，住民投票にかけて過半数の同意があれば失職する。副知事や副市町村長などの主要公務員の解職請求先は首長で，議会に付議し，議員の 3 分の 2 以上の出席で，4 分の 3 以上の同意があれば失職する。

▶問 9．専決処分とは，議会が成立しない場合や緊急を要し議会を招集する時間的余裕がないことが明らかであると認める場合などに，予算や条例などを首長が議会の議決を経ずに自らの権限で決めることをいう。

Ⅱ　解答

問 1．(イ)　問 2．(エ)　問 3．(ウ)　問 4．(ア)　問 5．(イ)
問 6．(ウ)　問 7．(ウ)　問 8．外国人技能実習制度
問 9．International Labour Organization
問 10．(ウ)　問 11．(エ)　問 12．(イ)　問 13．(ウ)

◀解　説▶

≪市場メカニズムと経済のグローバル化≫

▶問 1．(イ)正文。需要曲線は価格が 2 低下すると，需要量は 2 増加しており，供給曲線は価格が 2 低下すると，供給量は 4 減少している。価格が 4 のとき，需要量は 17，供給量は 8 となり，超過需要が 9 発生している。

(ア)誤文。需要曲線は右下がり，供給曲線は右上がりである。

(ウ)誤文。価格が 10 のとき，需要量は 11，供給量は 20 であるから，超過供給が 9 発生している。

(エ)誤文。価格が 16 のとき，需要量は 5，供給量は 32 であるから，超過供給すなわち売れ残りが 27 発生している。

▶問 2．(エ)が正解。価格が 1 下落すると，需要量は 1 増加し，供給量は 2 減少することから判断できる。また，需要曲線を $Qd = aP + b$，供給曲線を $Qs = aP + b$ として，表の数字を代入してこの式を解くと，需要曲線は $Qd = 21 - P$，供給曲線は $Qs = 2P$ となる。$21 - P = 2P$ を解くと，均衡価格は 7，均衡取引数量は 14 となる。

▶問 3．(ウ)正文。(エ)誤文。価格が 1 下落したときの需要の増加量は 1 で一定である。

(ア)・(イ)誤文。価格が一定額低下したときの需要の増加量は一定なので，価格が 1 %下落したときの需要の増加率は一定ではなく，価格が高いほど大きくなる。

▶問 4．(ア)が正解。完全競争市場とは，①買い手と売り手が小規模かつ多数存在する，②財に関する情報を完全に保有している，③取引される財は同質である，④市場への企業の参入，退出が自由であるという 4 つの条件を満たした市場のことをいう。

▶問 5．(イ)が正解。この財が海外から価格 3 で輸入されると，需要量は 18，国内の供給量は 6 となるが，超過需要の分は海外からの輸入で賄われるため，取引数量は 18 となる。

▶問 6．(ウ)が正解。国が輸入品 1 単位について 33.3%の関税をかけると，この財の価格は約 4，需要量が約 17 となる。その結果，国内供給量は約 8 に増加し，輸入量は減少する。

▶問 7．(ウ)正文。コンピューターを基準に両国の衣類の生産費の比率を計算するとA国は $\frac{2}{20} = 0.1$，B国は $\frac{4}{10} = 0.25$，衣類を基準にコンピューターの生産費の比率を計算するとA国は $\frac{20}{2} = 10$，B国は $\frac{10}{4} = 2.5$ となり，A国は衣類に，B国はコンピューターに比較優位をもつことになる。

▶問 8．外国人技能実習制度は，外国人が，日本において企業などと雇用関係を結び，出身国において修得が困難な技能などの修得・習熟・熟達を図るもので，期間は最長5年である。

▶問9．国際労働機関（ILO）は，労働条件の改善を国際的に実現することを目的にして，1919年に設立された。

▶問10．(ウ)正文。1985年のプラザ合意では，行き過ぎたドル高是正のため，協調介入が行われ，ドルが一気に下落し日本では急速に円高が進んだ。

▶問11．(エ)正文。たとえば，1ドル＝150円から1ドル＝100円に円高が進むと，1台1万ドルの自動車を海外に輸出した場合，日本メーカーの売り上げは150万円から100万円に減少する。同じ収入を得ようとすれば，1台1万5千ドルに値上げしなければならず，国際競争力が低下する。そのため，円高になると，輸出が減少し，日本企業が日本から海外に生産拠点を移す動きが多くなる。逆に，外国の商品などは安くなるため，日本企業による海外企業の買収がやりやすくなる。

▶問12．(イ)が正解。1971年8月にアメリカ大統領ニクソンは，金とドルの交換停止，輸入課徴金などの実施を内容とする新経済政策を発表した。これはニクソン＝ショック，あるいはドル＝ショックと呼ばれる。

▶問13．(ウ)正文。購買力平価とは，2国間の通貨の購買力によって為替相場が決まるとする考え方である。たとえば，同じハンバーガーの価格がアメリカで2ドル，日本で200円とすれば，為替レートの理論値は2ドル＝200円，つまり，1ドル＝100円となる。日本の物価が下落してハンバーガーの価格が160円になった場合，アメリカの価格が変わらなければ，2ドル＝160円，つまり1ドル＝80円になる。

III　解答

問1．(イ)　問2．(ウ)　問3．グレシャム　問4．(エ)
問5．E．中央銀行　F．マネーロンダリング〔資金洗浄〕
問6．(イ)・(エ)　問7．(イ)・(ウ)　問8．(ウ)・(エ)
問9．A―(オ)　B―(エ)

◀解　説▶

≪貨幣と金融≫

▶問1．(イ)が正解。悪貨とは品質の悪い貨幣のことであり，金貨であれば金の含有量を引き下げた貨幣のことをいう。近代以前の国家では，財政が苦しくなると，品質を下げた貨幣を発行することがよく行われた。

▶問２．(ウ)が正解。ある人が良貨と悪貨を持っているとすれば，価値の高い良貨は手元に残し，悪貨を物の購入や支払いに充てようとするので，悪貨だけが流通するようになる。

▶問３．「悪貨は良貨を駆逐する」というグレシャムの法則は，イギリス国王エリザベス１世のもとで財務顧問を務めたトーマス＝グレシャムが唱えたものである。

▶問４．(エ)が正解。フリードリヒ＝フォン＝ハイエク（1899～1992 年）はオーストリア生まれの経済学者で，社会主義やファシズムに反対し，ケインズ経済学を批判して，自由な競争市場を主張し，貨幣発行自由化論を唱えた。

▶問５．Ｅ．中央銀行は，一国の通貨となる銀行券を独占的に発行し，金融政策により通貨量を調節し景気や物価の安定を図っている銀行である。

Ｆ．マネーロンダリング（資金洗浄）とは，一般に，犯罪によって得た収益を，その出所や真の所有者がわからないようにして，捜査機関による収益の発見や検挙を逃れようとする行為のことをいう。

▶問６．(イ)正文。自由な競争で「悪貨」が使われなくなり，「良貨」だけが流通し続けるのは，「良貨」が「悪貨」を駆逐することになる。

(エ)正文。信頼を失った銀行の銀行券が「悪貨」とみなされて受け取ってもらえなくなるのは，「良貨」が「悪貨」を駆逐することになる。

(ア)誤文。最も信頼を集めた銀行が発行する銀行券なら，取引に便利な「良貨」として使うことが容易である。

(ウ)誤文。使われなくなった「悪貨」は価値がないため，貯金されない。

(オ)誤文。取引には「良貨」が用いられ，「悪貨」は使われなくなる。

▶問７．(イ)正文。郵政民営化によるゆうちょ銀行の設立は，市場原理のもとで他の銀行との自由な競争を促すことにつながる。

(ウ)正文。宅配事業に関わる規制を緩和して新規参入を認めることは，市場における自由な競争を促すことにつながる。

(ア)誤文。護送船団方式とは，最も競争力の弱い銀行に合わせて，すべての銀行が倒産しないように国が規制する方式で，自由競争に反する。

(エ)誤文。高率の関税を課すことは，保護貿易に該当し，国内の産業を外国との競争から保護することで，自由競争に反する。

(オ)誤文。国の財政基盤の強化は，自由競争の考え方とは直接関係がない。

▶問８．(ウ)正文。日本銀行は2013年から量的・質的金融緩和政策を実施してきたが，その一つとして証券取引所に上場されている投資信託（ETF）の買い入れを行ってきた。

(エ)正文。(イ)誤文。日本銀行は，2013年に，物価安定の目標を消費者物価の前年比上昇率２％とするインフレターゲットを設定し，実現するための量的・質的金融緩和政策を実施してきた。

(ア)誤文。デフレーションから脱却するため，2016年には市中銀行が日銀に預ける当座預金の新たな積み増し分に−0.1％の金利をかけるマイナス金利を導入した。

(オ)誤文。2019年10月の消費税増税に伴い，低所得世帯や子育て世帯にプレミアム付き商品券が販売されたが，金融政策には該当しない。

▶問９．A．(オ)が正解。田中君は，仮想通貨は発行量などが管理されておらず「悪貨」と述べているのに対して，仮想通貨には発行量の上限があり，管理されていると反論している。

B．(エ)が正解。鈴木君は，仮想通貨を銀行券に換金して儲けた人は銀行券を貯蔵し，仮想通貨はさらに流通するとして，仮想通貨を悪貨と述べているのに対し，(エ)は仮想通貨の利便性が高くなれば，仮想通貨を銀行券と交換する必要もなくなると反論している。

Ⅳ　解答　問１．(イ)　問２．Finance technology　問３．(エ)・(オ)

問４．キャッシュレス・ペイ事業者は，QRコード決済方式の情報から個々の消費者の消費行動などをデータ化し活用できるようなシステムを構築している。消費者への還元キャンペーンによって，QRコード決済を利用する消費者が増え普及率が高まることで，キャッシュレス・ペイ事業者は販売店から多額の決済手数料を受け取るとともに，データ化された購買情報を活用した高度なマーケティングを実現できる可能性があるから。（160字以上200字以内）

問５．(ア)・(エ)　問６．(オ)　問７．(ア)　問８．(イ)　問９．(イ)

◀解　説▶

≪イノベーションと新たな経済活動≫

▶問１．(イ)が正解。イノベーションとは技術革新と訳されるが，単に生産技術だけではなく，新市場の開拓や新組織の形成などを含む意味をもつ。オーストリアの経済学者シュンペーター（1883〜1950 年）は，資本主義経済を発展させるのはイノベーションであり，創造的破壊を行って新機軸を生み出す大胆な企業家精神であると指摘した。

▶問２．フィンテックとは，金融（finance）と技術（technology）を組み合わせた造語で，金融サービスと情報技術を結びつけたさまざまな革新的な動きのことをいう。

▶問３．㈤・㈥が正解。マネーストックとは通貨残高ともいわれ，一般法人や個人，地方公共団体などが保有する現金通貨，預金通貨，定期性預金の残高を集計したものである。

㈠不適。市中金融機関から預かった日本銀行当座預金など，金融機関や中央政府が保有する通貨量の残高はマネーストックに含まれない。

㈡不適。暗号資産（仮想通貨）はマネーストックに含まれない。

㈢不適。電子マネーはマネーストックに含まれない。

▶問４．キャッシュレス・ペイ事業者は，利用者が増えることによって多くの情報を得ることができ，それを活用することで利益が得られることを記述すればよい。

▶問５．㈠正文。㈡誤文。大手銀行側が需要曲線，大学新卒者の求職者が供給曲線であることに注意したい。大学新卒者労働市場における採用人数は年々減少しているので，大手銀行の大学新卒者に対する需要曲線に変化がなければ，大学新卒者の求職者の供給曲線は左にシフトし，数量を減らし価格を上昇させたことになる。

㈤正文。㈢誤文。大学新卒者の求職者の供給曲線に変化がなく，大手銀行の大学新卒者数に対する需要曲線が左にシフトすれば，数量は減り価格が下落したことになる。

▶問６．㈥不適。投資信託は，投資家から集めたお金をひとつの大きな資金としてまとめ，運用の専門家が株式や債券などに投資・運用する商品で，主に証券会社や銀行を通じて販売される間接金融の例である。

㈠〜㈤適切。株式や社債，国債などは，貸し手が借り手に直接資金を融通する直接金融の例である。

▶問７．㈠が正解。需要の変化率÷価格の変化率の絶対値を需要の価格弾力性という。この値が１より大きいと弾力性が大きいといい，需要は価格変化で大きく増減するため，需要曲線の傾きは緩やかになる。一方，1より小さいと弾力性が小さいといい，需要は価格が変化しても大きく増減せず，需要曲線の傾きは急になる。時間帯1は価格を10%下げても食事数が8%しか増加しなかったわけだから，需要の価格弾力性は小さく，傾きが急な需要関数Aが該当する。時間帯2は10%の価格変化で食事数が20%変化したわけだから，需要の価格弾力性は大きく，傾きが緩やかな需要関数Bが該当する。時間帯1は需要の価格弾力性が1より小さいため，価格が上昇しても需要があまり減少せず，価格上昇による増収が期待できる。

▶問8．(イ)が正解。まず，客席数に制限がないものとして売上金額の最大値を計算してみる。売上金額は単価×客数なので

$$pq=p\left(\frac{2400-p}{5}\right)=-\frac{(p^2-2400p)}{5}$$

となり，これを変形していくと

$$\frac{(p-1200)^2}{5+288000}$$

となり，単価 $p=1200$ 円のとき，売上金額は最大値288000円となるが，このとき客数 q は

$$q=\frac{(2400-1200)}{5}=240$$

となり，客席数を上回ってしまう。

したがって，実際には満席になるまで売上金額は増え続け，それ以上増やすことはできないので，$q=180$ として

$$180=\frac{(2400-p)}{5}$$

を計算すると，$p=1500$ 円になる。

1500円×180＝270000円

になる。

▶問9．(イ)が正解。利潤は売上金額から，費用を引いたものなので

$$PQ-Q^2=P\cdot\frac{1}{2}\left(\frac{16000}{P}\right)^2-\left\{\frac{1}{2}\left(\frac{16000}{P}\right)^2\right\}^2$$

となるが，最大値を求めようとすると3次方程式になってしまうので，選択肢の数値を一つ一つ式に代入して利潤がいくらになるか確認するしかない。

(ア)のランチボックス価格が 400 円のときは，ランチボックス数は 800 となり，売上金額は 320000 円，費用は 640000 円で，320000 円の赤字となる。
(イ)のランチボックス価格が 800 円のときは，ランチボックス数は 200 となり，売上金額は 160000 円，費用は 40000 円で，利潤は 120000 円となる。
(ウ)のランチボックス価格が 1200 円のときは，ランチボックス数は 89 となり，売上金額は 106800 円，費用は 7921 円で，利潤は 98879 円となる。
(エ)のランチボックス価格が 1600 円のときは，ランチボックス数は 50 となり，売上金額は 80000 円，費用は 2500 円で，利潤は 77500 円となる。
(オ)のランチボックス価格が 2000 円のときは，ランチボックス数は 32 となり，売上金額は 64000 円，費用は 1024 円で，利潤は 62976 円となる。
以上から，(イ)のランチボックス価格が 800 円のときに利潤は最も大きくなる。

❖講　評

大問 4 題で 60 分，マーク式と記述式，論述式の併用という形式に変化はない。総解答数は 49 個で 2019 年度に比べやや増加した。2020 年度の特徴としては，論述問題が 2019 年度の 1 問（80 字以上 100 字以内）から 2 問（90 字以上 120 字以内，160 字以上 200 字以内）に増加したことや，論述問題の内容がふるさと納税の問題点や消費者への還元キャンペーンを行う理由など，時事的事項を掘り下げたものとなっていることがあげられる。出題分野は例年と同じく政治分野が 1 題，経済分野が 3 題で，商学部の特性を踏まえた経済分野重視の出題である。内容的には，政治分野の直接請求権行使に必要な署名数の計算問題や経済分野の外国人技能実習制度，フィンテックなど，難問が目立った。全体を通して教科書レベルを超えており，難易度は 2019 年度とほぼ同じでやや難である。

I　地方自治に関してやや詳細な知識を問う出題である。問 2 の政令指定都市の設問は詳細な知識が必要で難しい。問 4 の地方交付税の財源割合を問う出題も，やや難である。問 6 は租税原則とふるさと納税の問題点をどのように結びつけるかがポイントで，字数制限もあり難しい。問 7 は直接請求権行使に必要な署名数の計算問題であるが，80 万人以上の計算式に当てはめる必要があり，詳細な知識が問われている。問 9

の専決処分も教科書レベルを超えた難問である。大問全体としての難易度はやや難である。

Ⅱ　市場メカニズムに関して，基本的な知識や経済的な思考力・応用力を問う出題である。問1〜問3は表で示されている条件に基づいて需要関数の式を求めれば判断しやすい。問5・問6は超過需要分を輸入で賄うということが理解できていれば判断できる。問7の比較生産費説は単純なモデルで判断しやすい。問8の外国人技能実習制度は難しい。問11と問13では外国為替相場に関する理解が問われた。大問全体を通して標準レベルの出題が多く，難易度はやや易である。

Ⅲ　貨幣をテーマにして，貨幣や金融政策に関する知識や経済的な思考力が問われた。問1と問2は，本文をよく読めば判断できる。問3のグレシャムはやや難しい。問4のハイエクは，オーストリア生まれや自由主義的な記述がヒントになっているが，教科書レベルを超えた出題である。問5のマネーロンダリングもやや難しい。問6〜問8は，正解を2つずつ答える出題であるが，内容的には標準レベルである。問9は，発言者に論理的に反論する内容を選ぶ出題で，読解力と経済的思考力が求められており難しい。大問全体を通して，一部に詳細な知識を問う出題もみられるが，標準的知識で判断できる設問が多く，難易度は標準レベルである。

Ⅳ　イノベーションや新たな経済的取引をテーマにして，市場経済に関する理解や経済的な思考力が問われた。問2のフィンテックは受験生にとってやや難しい出題である。問3のマネーストックは，具体的な事例をもとに判断させる設問で，マネーストックに関する正確な知識が問われた。問4は消費者への還元キャンペーンを行う理由を問う論述問題で，160字以上200字以内という字数制限もあり難しい。問5の需要供給曲線，問7の需要の価格弾力性に関する出題では経済的な思考力が問われた。問8と問9は，煩雑な計算が必要で時間がかかり，やや難しい。大問全体を通しての難易度はやや難である。

数学

1

◆発想◆ (1) $(x-t)^{m-1}=\sum_{k=0}^{m-1}x^{m-1-k}t^k$ として，左辺の次数を考えるとよい。右辺の次数は mn 次なので，両辺の次数が等しくなるときの m，n を求めれば解決する。

(2) 条件より，a と d を 3 で割った余りは等しく，b と c を 3 で割った余りは等しいことがわかる。そこから，b と c を 3 で割った余りは 2 であることにたどりつく。

(3) $a_n=\tan\theta_n$ とおけば条件式は加法定理を用いて，$\tan\theta_{n+1}=\tan(\theta_n+\theta)$ となる。そこに気がつけば，数列 $\{\theta_n\}$ の一般項は容易に求めることができる。それを足がかりに考えればよい。

(4) 面 OAB と面 OAC は垂直なので，その交線 OA を座標軸の 1 本と考えた座標空間のようなものをイメージすると考えやすいだろう。面 OAB 上に OA と垂直な座標軸を 1 本，さらに面 OAC 上に OA と垂直な座標軸を 1 本，設定してみることである。

解答 ア．$\dfrac{1}{12}x^2$　イ．28　ウ．$\dfrac{1}{505}\pi$　エ．$-\dfrac{1}{15}$

◀解　説▶

≪小問 4 問≫

▶(1) $(x-t)^{m-1}=\sum_{k=0}^{m-1}x^{m-1-k}t^k$ なので

$$\text{左辺}=\int_0^x(x-t)^{m-1}\cdot f(t)dt=\int_0^x\sum_{k=0}^{m-1}x^{m-1-k}t^k\cdot f(t)dt$$

$$=\sum_{k=0}^{m-1}x^{m-1-k}\int_0^x t^kf(t)dt$$

$f(t)$ は t の n 次関数なので，$t^kf(t)$ は t の $k+n$ 次式，$\int_0^x t^kf(t)dt$ は x の $k+n+1$ 次式となり，$x^{m-1-k}\int_0^x t^kf(t)dt$ は x の $(m-1-k)+(k+n+1)$

次式，すなわち，x の $m+n$ 次式である。……①

また，右辺$=\{f(x)\}^m$ は x の mn 次式　……②

この等式は x について恒等式なので①，②より　　$m+n=mn$

よって，$mn-m-n=0$ から　　$(m-1)(n-1)=1$

m，n は自然数なので $m-1=n-1=1$ より，$m=n=2$ となる。

$f(x)$ は 2 次式となり，$f(x)=ax^2+bx+c$ $(a\neq 0)$ とおけるから

$$\begin{aligned}\text{左辺}&=\int_0^x (x-t)^{2-1}\cdot(at^2+bt+c)dt\\&=x\int_0^x(at^2+bt+c)dt-\int_0^x(at^3+bt^2+ct)dt\\&=x\left[\frac{a}{3}t^3+\frac{b}{2}t^2+ct\right]_0^x-\left[\frac{a}{4}t^4+\frac{b}{3}t^3+\frac{c}{2}t^2\right]_0^x\\&=\left(\frac{a}{3}x^4+\frac{b}{2}x^3+cx^2\right)-\left(\frac{a}{4}x^4+\frac{b}{3}x^3+\frac{c}{2}x^2\right)\\&=\frac{a}{12}x^4+\frac{b}{6}x^3+\frac{c}{2}x^2\quad\cdots\cdots③\end{aligned}$$

$$\begin{aligned}\text{右辺}&=(ax^2+bx+c)^2\\&=a^2x^4+2abx^3+(2ac+b^2)x^2+2bcx+c^2\quad\cdots\cdots④\end{aligned}$$

③，④の係数を比較して

$$\begin{cases}\dfrac{a}{12}=a^2 & \cdots\cdots\text{Ⓐ}\\ \dfrac{b}{6}=2ab & \cdots\cdots\text{Ⓑ}\\ \dfrac{c}{2}=2ac+b^2 & \cdots\cdots\text{Ⓒ}\\ 0=2bc & \cdots\cdots\text{Ⓓ}\\ 0=c^2 & \cdots\cdots\text{Ⓔ}\end{cases}$$

Ⓔより　　$c=0$

Ⓒに代入して，$0=b^2$ より　　$b=0$

これはⒷ，Ⓓを満たす。

Ⓐより，$a\neq 0$ なので　　$\dfrac{1}{12}=a$

よって，$a=\dfrac{1}{12}$，$b=c=0$ となり　　$f(x)=\dfrac{1}{12}x^2$　→ア

▶(2)　$a-d$ は 3 の倍数なので，$a\div3$ の余りと $d\div3$ の余りは等しい。
$b-c$ も 3 の倍数なので，$b\div3$ の余りと $c\div3$ の余りは等しい。
整数 n を 3 で割った余りを考えて，$n=3k,\ 3k+1,\ 3k+2$（k は整数）と分類して，n^m（m は自然数）を計算すると
$(3k)^m=3^mk^m$ なので，$(3k)^m\div3$ の余りは 0
$(3k+1)^m=(3k)^m+{}_m\mathrm{C}_1(3k)^{m-1}+\cdots+{}_m\mathrm{C}_{m-1}(3k)+1$ なので，
$(3k+1)^m\div3$ の余りは 1
$(3k+2)^m=(3k)^m+{}_m\mathrm{C}_1(3k)^{m-1}\cdot2+\cdots+{}_m\mathrm{C}_{m-1}(3k)\cdot2^{m-1}+2^m$ となり，l を整数として
$m=2l$ のとき

$$2^m=2^{2l}=4^l=(3+1)^l,\ (3+1)^l\div3 \text{ の余りは } 1$$

$m=2l+1$ のとき

$$2^m=2^1\cdot2^{2l}=2\cdot4^l,\ 4^l\div3 \text{ の余りは } 1 \text{ なので，} 2^{2l+1}\div3 \text{ の余りは } 2$$

よって，$(3k+2)^m\div3$ の余りは $\begin{cases} m=2l \text{ のとき} & 1 \\ m=2l+1 \text{ のとき} & 2 \end{cases}$

$b\div3$ の余りと $c\div3$ の余りが等しく，c^a-b^d は 3 の倍数でない，つまり $c^a\div3$ の余りと $b^d\div3$ の余りが等しくないので，$c\div3$ と $b\div3$ の余りは 2 である。
そこから，$3\leqq b<c$ となる最小の b，c は $b=5$，$c=8$ となる。
また，a と d は一方が奇数，他方が偶数で，3 で割った余りが等しいので，$3\leqq a<5<8<d$ を満たす最小の a，d は　$a=3,\ d=12$
よって，求める最小値は

$$a+b+c+d=3+5+8+12=28 \quad \to イ$$

▶(3)　$a_n=\tan\theta_n$，$\theta_1=\theta$ とおくと，$a_{n+1}=\dfrac{\tan\theta+a_n}{1-a_n\tan\theta}$ より

$$\tan\theta_{n+1}=\frac{\tan\theta+\tan\theta_n}{1-\tan\theta_n\tan\theta}=\tan(\theta_n+\theta)$$

となり　$\theta_{n+1}=\theta_n+\theta$
よって，数列 $\{\theta_n\}$ は初項 θ，公差 θ の等差数列であり

$$\theta_n=\theta+(n-1)\theta=n\theta$$

$a_{2020}=\tan2020\theta=0$ なので　$2020\theta=k\pi$（k は整数）

$$\theta=\frac{k}{2020}\pi \quad \cdots\cdots ①$$

また

$$a_n=\tan n\theta \neq \frac{1}{\tan\theta}=\tan\left(\frac{\pi}{2}-\theta+l\pi\right) \quad (l \text{ は整数})$$

から

$$n\theta \neq \frac{2l+1}{2}\pi-\theta \qquad (n+1)\theta \neq \frac{2l+1}{2}\pi$$

$$\theta \neq \frac{2l+1}{2(n+1)}\pi \quad \cdots\cdots ②$$

①，②より，$\dfrac{k}{2020}$ を既約分数に直すと，分母は偶数ではないので

$$\frac{k}{2020}=\frac{k}{4\cdot 505}=\frac{4k'}{4\cdot 505}=\frac{k'}{505} \quad (k=4k',\ k' \text{ は整数}) \quad \cdots\cdots ③$$

①，③より　　$\theta=\dfrac{k'}{505}\pi$

最小となるのは $k'=1$ のときで　　$\theta=\dfrac{1}{505}\pi$　→ウ

▶(4)　$\overrightarrow{\mathrm{OA}}$，$\overrightarrow{\mathrm{OB}}$，$\overrightarrow{\mathrm{OC}}$ のそれぞれと同じ向きの単位ベクトル $\overrightarrow{\mathrm{OA'}}$，$\overrightarrow{\mathrm{OB'}}$，$\overrightarrow{\mathrm{OC'}}$ を考える。

$|\overrightarrow{\mathrm{OA'}}|=|\overrightarrow{\mathrm{OB'}}|=|\overrightarrow{\mathrm{OC'}}|=1$ である。

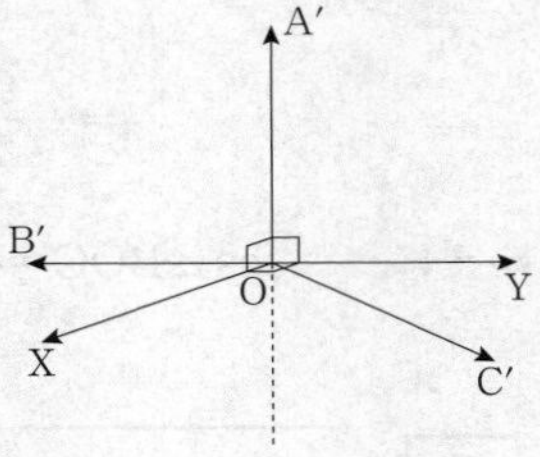

また，平面 OAB 上に $\overrightarrow{\mathrm{OA}}$ と垂直で $\overrightarrow{\mathrm{OB'}}$ とのなす角が鋭角である単位ベクトル $\overrightarrow{\mathrm{OX}}$ を，平面 OAC 上に $\overrightarrow{\mathrm{OA}}$ と垂直で $\overrightarrow{\mathrm{OC'}}$ とのなす角が鋭角である単位ベクトル $\overrightarrow{\mathrm{OY}}$ をとると

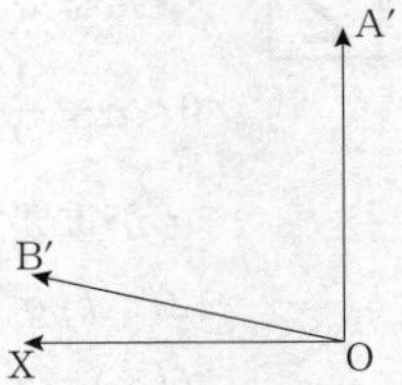

$$|\overrightarrow{\mathrm{OX}}|=|\overrightarrow{\mathrm{OY}}|=1,$$

$$\overrightarrow{\mathrm{OA'}}\cdot\overrightarrow{\mathrm{OX}}=\overrightarrow{\mathrm{OA'}}\cdot\overrightarrow{\mathrm{OY}}=\overrightarrow{\mathrm{OX}}\cdot\overrightarrow{\mathrm{OY}}=0$$

である。

$\cos\angle \mathrm{A'OB'}=\dfrac{1}{5}$ より

$$\sin\angle \mathrm{A'OB'}=\sqrt{1-\left(\frac{1}{5}\right)^2}=\sqrt{\frac{24}{25}}=\frac{2\sqrt{6}}{5}$$

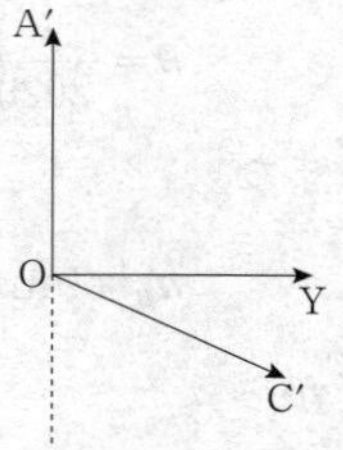

となり　$\overrightarrow{OB'}=\frac{1}{5}\overrightarrow{OA'}+\frac{2\sqrt{6}}{5}\overrightarrow{OX}$

$\cos\angle A'OC'=-\frac{1}{3}$ より

$$\sin\angle A'OC'=\sqrt{1-\left(-\frac{1}{3}\right)^2}=\sqrt{\frac{8}{9}}=\frac{2\sqrt{2}}{3}$$

となり　$\overrightarrow{OC'}=-\frac{1}{3}\overrightarrow{OA'}+\frac{2\sqrt{2}}{3}\overrightarrow{OY}$

よって

$$\cos\angle B'OC'=\frac{\overrightarrow{OB'}\cdot\overrightarrow{OC'}}{|\overrightarrow{OB'}||\overrightarrow{OC'}|}$$

$$=\frac{\left(\frac{1}{5}\overrightarrow{OA'}+\frac{2\sqrt{6}}{5}\overrightarrow{OX}\right)\cdot\left(-\frac{1}{3}\overrightarrow{OA'}+\frac{2\sqrt{2}}{3}\overrightarrow{OY}\right)}{1^2}$$

$$=-\frac{1}{15}|\overrightarrow{OA}|^2-\frac{2\sqrt{6}}{15}\overrightarrow{OA'}\cdot\overrightarrow{OX}$$

$$+\frac{2\sqrt{2}}{15}\overrightarrow{OA'}\cdot\overrightarrow{OY}+\frac{8\sqrt{3}}{15}\overrightarrow{OX}\cdot\overrightarrow{OY}$$

$$=-\frac{1}{15}\times1^2-0+0+0=-\frac{1}{15}$$

ゆえに　$\cos\angle BOC=\cos\angle B'OC'=-\frac{1}{15}$　→エ

2

◇発想◇　(1)　2 次方程式を解くのは容易であるが，その結果，$0<\alpha<\frac{1}{2}$ であるとき，$g^1(\alpha)\neq\alpha$ であることを確認しておくことが重要である。

(2)　$f(g^n(\alpha))=g^n(\alpha)$ における $g^n(\alpha)$ は，2 次方程式 $f(x)=x$ の実数解，あるいは放物線 $y=f(x)$ と直線 $y=x$ との共有点の x 座標であると認識できるかどうかが，この問を解くための重要なキーとなる。$x=\alpha$，$g^1(\alpha)$，$g^2(\alpha)$，…，$g^n(\alpha)$，… はすべて，$f(x)=x$ の実数解であり，$y=f(x)$ と $y=x$ の共有点の x 座標である。それらは高々 2 個しか存在しない。

$g^1(\alpha) \neq \alpha$ なので，$g^n(x)$ は α と $g^1(\alpha)$ の2つの値しかとらないことに気がつきたい。

解答　(1)　$g(x)=x$ より　　$g(x)-x=0$

$$4x(1-x)-x=0 \qquad 3x-4x^2=0$$

となり，$4x^2-3x=0$ から　　$x(4x-3)=0$

よって　　$x=0,\ \dfrac{3}{4}$　……(答)

(2)　$0<\alpha<\dfrac{1}{2}$ のとき，(1)より $g^1(\alpha) \neq \alpha$ である。

また，仮定より $x=\alpha,\ g^1(\alpha),\ g^2(\alpha),\ \cdots,\ g^n(\alpha),\ \cdots$ はすべての整数 n について，2次方程式 $f(x)=x$ の実数解である。

$f(x)=x$ の実数解は高々2個しか存在しないので，$x=\alpha,\ g^1(\alpha)$ を2つの実数解とする2次方程式 $f(x)=x$ を求めればよい。

㋐　$g^1(\alpha)$ が(1)で求めた値になるとき，すなわち

$$g^1(\alpha)=g^2(\alpha)=\cdots=g^n(\alpha)=\cdots=0 \text{ または } \frac{3}{4} \text{ のとき}$$

(i)　$g^1(\alpha)=4\alpha(1-\alpha)=0$ を解くと　　$\alpha=0,\ 1$

これは $0<\alpha<\dfrac{1}{2}$ に不適。

(ii)　$g^1(\alpha)=4\alpha(1-\alpha)=\dfrac{3}{4}$ のとき

$$16\alpha(1-\alpha)=3 \qquad 16\alpha-16\alpha^2=3$$

$16\alpha^2-16\alpha+3=0$ より，$(4\alpha-1)(4\alpha-3)=0$ となり　　$\alpha=\dfrac{1}{4},\ \dfrac{3}{4}$

$0<\alpha<\dfrac{1}{2}$ より　　$\alpha=\dfrac{1}{4}$

よって　　$g^n(\alpha)=\begin{cases} \dfrac{1}{4} & (n=0) \\ \dfrac{3}{4} & (n \geqq 1) \end{cases}$　……①

㋑　$g^n(\alpha)$ が α と $g^1(\alpha)$ の値を交互にとる，つまり

$$g^n(\alpha)=\begin{cases} \alpha & (n=2m) \\ g^1(\alpha) & (n=2m+1) \end{cases} \qquad (m \text{ は } m \geqq 0 \text{ の整数})$$

となるとき，$g^2(\alpha)=g(g^1(\alpha))=\alpha$ より　$g(4\alpha(1-\alpha))=\alpha$

$$4\{4\alpha(1-\alpha)\}\{1-4\alpha(1-\alpha)\}=\alpha$$

$$16\alpha(1-\alpha)(1-4\alpha+4\alpha^2)-\alpha=0$$

$$\alpha\{16(1-\alpha)(1-4\alpha+4\alpha^2)-1\}=0$$

$$\alpha\{16(1-5\alpha+8\alpha^2-4\alpha^3)-1\}=0$$

となり，$\alpha(15-80\alpha+128\alpha^2-64\alpha^3)=0$ から

$$15\alpha-80\alpha^2+128\alpha^3-64\alpha^4=0 \quad \cdots\cdots(※)$$

ここで，$g^1(\alpha)=4\alpha(1-\alpha)=\alpha$，すなわち $3\alpha-4\alpha^2=0$ の解も(※)の解なので，(※)の左辺は $3\alpha-4\alpha^2$ で割り切れ

$$(3\alpha-4\alpha^2)(5-20\alpha+16\alpha^2)=0$$

求める α は，$16\alpha^2-20\alpha+5=0$ より

$$\alpha=\frac{10\pm\sqrt{100-80}}{16}=\frac{10\pm2\sqrt{5}}{16}=\frac{5\pm\sqrt{5}}{8}$$

$0<\alpha<\frac{1}{2}$ なので　$\alpha=\frac{5-\sqrt{5}}{8}$

そのとき

$$g^1(\alpha)=4\cdot\frac{5-\sqrt{5}}{8}\cdot\left(1-\frac{5-\sqrt{5}}{8}\right)$$

$$=\frac{5-\sqrt{5}}{2}\cdot\frac{3+\sqrt{5}}{8}$$

$$=\frac{15+2\sqrt{5}-5}{16}=\frac{10+2\sqrt{5}}{16}=\frac{5+\sqrt{5}}{8}$$

であり，$g^1(\alpha)=0$ も(※)の解なので

$$\begin{cases} \alpha=g^2(\alpha)=g^4(\alpha)=\cdots=\dfrac{5-\sqrt{5}}{8} \\ g^1(\alpha)=g^3(\alpha)=g^5(\alpha)=\cdots=\dfrac{5+\sqrt{5}}{8} \end{cases}$$

となり

$$g^n(\alpha)=\begin{cases} \dfrac{5-\sqrt{5}}{8} & (n=2m) \\ \dfrac{5+\sqrt{5}}{8} & (n=2m+1) \end{cases} \quad \cdots\cdots②$$

以上㋐①，㋑②について $f(g^n(\alpha))=g^n(\alpha)$ を満たすのは，2 次方程式 $f(x)=x$ の 2 つの解が $x=\alpha,\ g^1(\alpha)$ となるときである。

$f(x)=x^2+ax+b=x$ より，$x^2+(a-1)x+b=0$ なので，解と係数の関係より

$$\begin{cases}\alpha+g^1(\alpha)=-(a-1)\\ \alpha\cdot g^1(\alpha)=b\end{cases}$$

よって $\begin{cases}a=1-\{\alpha+g^1(\alpha)\}\\ b=\alpha\cdot g^1(\alpha)\end{cases}$

㋐①より $\begin{cases}\alpha=\dfrac{1}{4}\\ g^1(\alpha)=\dfrac{3}{4}\end{cases}$

そのとき

$$\begin{cases}a=1-\left(\dfrac{1}{4}+\dfrac{3}{4}\right)=0\\ b=\dfrac{1}{4}\cdot\dfrac{3}{4}=\dfrac{3}{16}\end{cases}\quad\cdots\cdots[\,\mathrm{I}\,]$$

㋑②より $\begin{cases}\alpha=\dfrac{5-\sqrt{5}}{8}\\ g^1(\alpha)=\dfrac{5+\sqrt{5}}{8}\end{cases}$

そのとき

$$\begin{cases}a=1-\left(\dfrac{5-\sqrt{5}}{8}+\dfrac{5+\sqrt{5}}{8}\right)=1-\dfrac{10}{8}=-\dfrac{1}{4}\\ b=\dfrac{5-\sqrt{5}}{8}\cdot\dfrac{5+\sqrt{5}}{8}=\dfrac{25-5}{64}=\dfrac{20}{64}=\dfrac{5}{16}\end{cases}\quad\cdots\cdots[\,\mathrm{II}\,]$$

ゆえに，[Ⅰ]，[Ⅱ]より

$\alpha=\dfrac{1}{4}$ のとき　$f(x)=x^2+\dfrac{3}{16}$

$\alpha=\dfrac{5-\sqrt{5}}{8}$ のとき　$f(x)=x^2-\dfrac{1}{4}x+\dfrac{5}{16}$

……(答)

◀解　説▶

≪方程式 $f(x)=x$ の解が条件を満たすような 2 次関数 $f(x)$≫

▶(1)　簡単な 2 次方程式であるが，その解は，α の条件 $\left(0<\alpha<\dfrac{1}{2}\right)$ を満たしていないことをしっかり押さえたい。さらに，この 2 次方程式の解は放物線 $y=g(x)$ と直線 $y=x$ の交点の x 座標であることに思いが及んでいると，(2)をどう考えるかの道筋につながるだろう。

▶(2)　(1)の結果より $g^1(\alpha)\neq\alpha$ なので，2 次方程式 $f(x)=x$ の解は $x=\alpha$, $g^1(\alpha)$ ということになる。あとは〔解答〕に示したように

$$g^n(\alpha)=\begin{cases}\alpha & (n=0)\\ g^1(\alpha) & (n\geqq 1)\end{cases},\quad g^n(\alpha)=\begin{cases}\alpha & (n=2m)\\ g^1(\alpha) & (n=2m+1)\end{cases}$$

の両方の場合について，きちんと詰めればよい。

3

◇発想◇　(1)　$x_n=n$ のとき，$x_{n+1}>x_n$ なので，$m(1,\ t)\geqq 40$, すなわち $\dfrac{1}{t}\sum_{i=1}^{t} i\geqq 40$ を満たす t を求めればよいことがわかる。

(2)　$m(k,\ l)\geqq 40$ であるとすると，矛盾が生じるのではないかと想像できる。背理法を用いて，「$m(k,\ j)\geqq 40 \Longrightarrow j\in S(\{x_n\})$」であることを示し，さらに，数学的帰納法により $m(k,\ j+1)$ の場合へ進むことになる。

(3)　100 項の計は 50×100＝5000 以上とならねばならない。$S(\{x_n\})$ に属さない項の個数が最大になるのは，そのすべてが連続しているときである。$S(\{x_n\})$ に属する項の数，あるいは属さない項の数を適当な文字でおいて，属さない項は最大何項まであり得るのか，(2)の結果を利用して考えればよいであろう。

解答　(1)　$x_n=n$ のとき

$$m(1,\ t)=\frac{1}{t}\sum_{i=1}^{t} i=\frac{1}{t}\cdot\frac{1}{2}t(t+1)=\frac{t+1}{2}\geqq 40$$

より　$t+1\geqq 80$

よって　$t\geqq 79$　……①

$1<k\leqq t$ であるすべての整数 k について

$$m(k,\ t)-m(1,\ t)=\frac{1}{t-k+1}\sum_{i=k}^{t}i-\frac{t+1}{2}$$
$$=\frac{1}{t-k+1}\cdot\frac{1}{2}(t-k+1)(t+k)-\frac{t+1}{2}$$
$$=\frac{t+k}{2}-\frac{t+1}{2}=\frac{k-1}{2}>0$$

なので　　$m(k,\ t)>m(1,\ t)\geqq 40$　……②

①，②より $t\geqq 79$ である整数 t は $S(\{x_n\})$ の要素であり

$$S(\{x_n\})=\{79,\ 80,\ 81,\ \cdots,\ 100\}$$

よって，$S(\{x_n\})$ の要素の個数は

$100-79+1=22$ 個　……(答)

(2)　㋐　$k-1\in S(\{x_n\})$ なので，$1\leqq h\leqq k-1$ であるすべての整数 h について $m(h,\ k-1)\geqq 40$ である。

そのとき，$m(k,\ j)\geqq 40$ であれば

$$m(h,\ j)=\frac{1}{j-h+1}\sum_{i=h}^{j}x_i=\frac{1}{j-h+1}\left(\sum_{i=h}^{k-1}x_i+\sum_{i=k}^{j}x_i\right)$$

ここで

$$\sum_{i=h}^{k-1}x_i\geqq 40(k-1-h+1)=40(k-h)$$
$$\sum_{i=k}^{j}x_i\geqq 40(j-k+1)$$

よって

$$m(h,\ j)\geqq\frac{1}{j-h+1}\{40(k-h)+40(j-k+1)\}$$
$$=\frac{1}{j-h+1}\times 40\{(k-h)+(j-k+1)\}$$
$$=\frac{1}{j-h+1}\times 40(j-h+1)$$

となり　　$m(h,\ j)\geqq 40$

すなわち $m(k,\ j)\geqq 40$ のとき，$1\leqq h\leqq k-1$ であるすべての整数 h について $m(h,\ j)\geqq 40$ が成り立つ。……［Ⅰ］

㋑　次に $m(k,\ j)$ について考える。

(A)　$j=k$ のとき $m(k,\ k)\geqq 40$ であるとすると，㋐［Ⅰ］と合わせて，

$1 \leqq h \leqq k$ であるすべての整数 h について $m(h,\ k) \geqq 40$ であることになり，$k \in S(\{x_n\})$ となる。

これは $k \notin S(\{x_n\})$ という仮定と矛盾する。

よって　$m(k,\ k) < 40$　……[Ⅱ]

(B)　$j \geqq k+1$ として，$k \leqq g \leqq j-1$ であるすべての整数 g について，$m(k,\ g) < 40$ が成り立っているとき，つまり

$$m(k,\ k) < 40,\ m(k,\ k+1) < 40,\ \cdots,\ m(k,\ j-1) < 40$$

が成り立っているときに，$m(k,\ j) \geqq 40$ となり得るかどうかを考える。

$m(k,\ j) \geqq 40$ とすると，$k+1 \leqq g \leqq j-1\ (j \geqq k+1)$ であるすべての整数 g について

$$m(g,\ j) = \frac{1}{j-g+1}\sum_{i=g}^{j} x_i = \frac{1}{j-g+1}\left(\sum_{i=k}^{j} x_i - \sum_{i=k}^{g-1} x_i\right)$$

ここで $\displaystyle\sum_{i=k}^{j} x_i = (j-k+1) \times m(k,\ j) \geqq 40(j-k+1)$

また，$\displaystyle\sum_{i=k}^{g-1} x_i = (g-1-k+1) \times m(k,\ g-1) < 40(g-k)$ から

$$-\sum_{i=k}^{g-1} x_i > -40(g-k)$$

よって

$$m(g,\ j) > \frac{1}{j-g+1}\{40(j-k+1) - 40(g-k)\}$$

$$= \frac{1}{j-g+1} \times 40(j-k+1-g+k)$$

$m(g,\ j) > 40$ となり，$m(k,\ j) \geqq 40$ なので，$k \leqq g \leqq j\ (j \geqq k+1)$ であるすべての整数 g について $m(g,\ j) \geqq 40$ となる。

㋐[Ⅰ]と合わせると，$1 \leqq h \leqq j$ であるすべての整数 h について $m(h,\ j) \geqq 40$ であることになり，$j \in S(\{x_n\})$ である。

これは，$j \notin S(\{x_n\})$ という仮定と矛盾する。

ゆえに，$j \geqq k+1$ として，$k \leqq g \leqq j-1$ であるすべての整数 g について $m(k,\ j-1) < 40$ が成り立っているとき　$m(k,\ j) < 40$　……[Ⅲ]

以上[Ⅱ]，[Ⅲ]より

$m(k,\ k) < 40$ から　$m(k,\ k+1) < 40$

$m(k,\ k) < 40,\ m(k,\ k+1) < 40$ から　$m(k,\ k+2) < 40$

⋮

$m(k,\ k)<40$, $m(k,\ k+1)<40$, …, $m(k,\ l-1)<40$ から $m(k,\ l)<40$ となる。　(証明終)

(3)　$m(1,\ 100)=\dfrac{1}{100}\sum_{i=1}^{100}x_i\geqq 50$ から

$$\sum_{i=1}^{100}x_i\geqq 5000 \quad \cdots\cdots(\bigstar)$$

$\{x_n\}$ の初項から第 100 項までのうち，$S(\{x_n\})$ の要素を p 個，その和を s_p，$S(\{x_n\})$ の要素でないものを $(100-p)$ 個，その和を s_{100-p} とする。(p は $0\leqq p\leqq 100$ の整数)

($\bigstar$)より　$s_p+s_{100-p}\geqq 5000$

ここで　$s_p\leqq 100p$　……Ⓐ

また，s_{100-p} は，その $(100-p)$ 個が連続するとき，最大となり，(2)より $m(k,\ (k+100-p)-1)<40$ であるから

$$s_{100-p}<40(100-p)=4000-40p$$

となり　$s_{100-p}\leqq 3999-40p$　……Ⓑ

Ⓐ，Ⓑより

$$s_p+s_{100-p}\leqq 100p+(3999-40p)=60p+3999$$

よって，$60p+3999\geqq 5000$ を満たす p の最小値を求めればよいので

$$60p\geqq 5000-3999=1001$$

$$p\geqq\frac{1001}{60}=16.6\cdots$$

となり　$p=17$

ゆえに，求める最小値は　17 個　……(答)

◀解　説▶

≪100 項からなる数列において，連続する項の平均が条件を満たすような項の個数≫

▶(1)　$m(1,\ t)=\dfrac{1+t}{2}\geqq 40$ を満たす t の個数でよいのだが，〔解答〕に示したように，$m(k,\ t)-m(1,\ t)>0$ をきちんと記すこと。その結果，$m(k,\ t)\geqq 40$ であると述べられたことになる。

▶(2)　背理法を用いることにして，「$m(k,\ j)\geqq 40$ のとき」について考えると，$1\leqq h\leqq k-1$ のとき，$m(h,\ j)\geqq 40$ であることは明らかである。

$k \leqq h \leqq j-1$ のときも $m(h,\ j) \geqq 40$ となることを導けば $j \in S(\{x_n\})$ となり，矛盾が生じることを示せる。あとは，「$m(k,\ j+1)$」がどうなるかを数学的帰納法で論を進めることになる。

▶(3)　$m(1,\ 100) \geqq 50$ なので $\sum_{i=1}^{100} x_i \geqq 5000$ でなければならない。そのためには，$S(\{x_n\})$ に属する項の個数，属さない項の個数を適当な文字でおいて不等式をつくればよい。属さない項の個数（〔解答〕中では s_{100-p}）の最大値については(2)の結果 $m(k,\ l) < 40$ より求めることができる。

❖講　評

2020 年度も例年通り大問 3 題の出題であった。1は空所補充形式の小問 4 問，2 3は記述式で，これも例年通りであり，試験時間は 90 分である。

1　(1)はまず $(x-t)^{m-1}$ を二項定理を用いて展開し，左辺が x について何次になるかを考えること。右辺は x について mn 次であることは明らかであることから，$mn=m+n$ を経て $m=n=2$ であることがわかるので，$f(x)=ax^2+bx+c$ $(a \neq 0)$ とおくことができる。「定積分で表された関数」はよく出題されているので，研究しておいてほしい。(2)は自然数を「3 で割った余り」を用いて分類すればよい。「a と d」，「b と c」はそれぞれ 3 で割った余りが等しい。そこから，まず $a \div 3$，$d \div 3$ の余りはともに 2 であることがわかる。さらに，$(3k+2)^m \div 3$ の余りについては〔解説〕のように $4^l \div 3$ から m が偶数か奇数かで異なることに至る。それを踏まえて，$3 \leqq a < b < c < d$ を満たす最小の数を $(b,\ c)$，$(a,\ d)$ の順に決定するのである。(3)は $a_1=\tan\theta$ と $a_{n+1}=\dfrac{\tan\theta+a_n}{1-a_n\tan\theta}$ から $a_n=\tan\theta_n$ とおけば「タンジェントの加法定理」が現れることに気づきたい。$\theta_n=\dfrac{k}{2020}\pi$ にたどりつくのは容易である。さらに $a_n \neq \dfrac{1}{\tan\theta}$ から $\dfrac{k}{2020}$ を既約分数に直すと分母は奇数にならねばならない。そこに留意して求めることになる。(4)はまず，座標空間を想起したい。〔解説〕では，座標軸に当たる方向に基本ベクトルに当たる

単位ベクトルを設定して解答しているが，空所補充なので，空間座標を置いて（たとえば，$\mathrm{A}(0,\ 0,\ 1)$，$\mathrm{B}(2\sqrt{6},\ 0,\ 1)$，$\mathrm{C}(0,\ 2\sqrt{2},\ -1)$ など）計算してもよいであろう。$\overrightarrow{\mathrm{OA}}$，$\overrightarrow{\mathrm{OB}}$，$\overrightarrow{\mathrm{OC}}$ の位置関係をしっかり把握してほしい。

2 (1)〔発想〕と〔解説〕にも記しているが，$g(x)=x$ の解は $0<\alpha<\dfrac{1}{2}$ を満たしていない。これが(2)を解く上のヒントになっている。(2)の問題文では「$f(g^n(\alpha))=g^n(\alpha)$ となる」と書かれている。この文を読んで，「$g^n(\alpha)$ は 2 次方程式 $f(x)=x$ の解である」と記述されているのだ，と理解できるかが先へ進むための大きなポイントとなる。2 次方程式には高々 2 個しか実数解は存在し得ないので，$x=\alpha$，$g^1(\alpha)$ がその 2 つの解ということになる。$(\alpha,\ g^1(\alpha))$ の組は 2 組しか存在しない。その 2 組を求めれば結論に到達できる。〔解答〕中の㋑に出現する 4 次方程式 $g(g^1(\alpha))-\alpha=0$ については，2 次方程式 $g^1(\alpha)-\alpha=0$ の解も，その解のうちに含まれていることを利用して因数分解すればよい。

3 k，l，t，j，m，$S(\{x_n\})$ と，文字・記号が多数使われた問題文なので，一読して題意を汲みとることは容易ではない。じっくり読み込んで，十分整理した上で取り組みたい。(1)は $m(1,\ t)\geqq 40$ から $t\geqq 79$ は容易に求められるが，$1<k\leqq t$ である整数 k について，$m(k,\ t)>m(1,\ t)$ であることを忘れずに述べてほしい。(2)は背理法「$m(k,\ j)\geqq 40$ とすると矛盾が生じる」から「$m(k,\ j)<40$」を，また，「$m(k,\ k)<40$，$m(k,\ k+1)<40$，…，$m(k,\ j-1)<40$ ならば $m(k,\ j)<40$」であることを数学的帰納法を用いて示すことになろう。(3)は $m(1,\ 100)\geqq 50$ という条件から $\sum_{i=1}^{100} x_i\geqq 5000$ である。求める最小値は，$S(\{x_n\})$ に属さない項の個数の最大値によって決まる。(2)を用いて，その最大値を求めることになる。$S(\{x_n\})$ に属する項の個数を，適当な文字でおいた不等式をつくることによって解決できる。

2020 年度も全体としては標準的な問題と言えるが，例年通り，90 分で解答しきるのは容易ではない質と量である。また，きちんと咀嚼しないと，題意を読み違えそうな問題文も含まれている。まずは全問をじっくり眺めた上で，解答する順序や時間配分を考えてほしい。1は空所補充で最終結果のみを記す形式である。計算間違いのないよう，落ち着いて取り組む必要がある。2の(1)，3の(2)はそれぞれ最後の問への足場となる設問である。その足場をしっかり踏まえて解答を進めてほしい。数Ⅰ・Ⅱ・A・Bの範囲のすべてから満遍なく出題される。公式や基本的な問題については十分，自分のものにしておく必要があろう。2020年度は3で，証明問題が出題された。長文になる解答にも，平易で筋の通った記述ができるよう，また，適切なグラフや図を添えて対応できるよう，しっかり練習をつんでおきたい。

積み、念仏読経することを勧めている。

❖講　評

二〇一八年度までは現代文・古文（漢文融合）の二題構成であったが、二〇一九年度から現代文・古文・漢文の三題構成となっている。

一の現代文は山梨正明の『修辞的表現論』。推論のプロセスの形式を説明するという論理学の文章であった。国語の入試問題でよく出される評論とはやや異なり、慣れていない受験生は驚いたかもしれないが、選択肢は選びやすく、本文の展開さえ追うことができれば、割合解きやすい問題であった。ただ問九の命題の検討から適する選択肢を選ぶ問題は、やや時間がかかったかもしれない。問題全体でいかに得点をするかという視点が必要。総合すると例年よりもやや易の出題。

二の古文は鎌倉時代の説話集『宇治拾遺物語』。文章量が二〇一九年度より増加しており、また注が少なく、やや読み取りにくい部分があった。特に「さたが」と「さたの」の違いは、問に出題されている部分であるせいか、注がなかったために、なぜ「さた」が腹を立てたのかわかりづらかった受験生も多かっただろう。二〇一九年度の文章はかなり読みやすかったので、やや難化しているといえるが、難易度としては例年通りの出題。

三は二〇一九年度から漢文が独立して文章量は増えている。リードには輪廻思想と説明があるが、注が少なく読み取りは簡単ではない。ただ、細部が読み取れなくても展開さえつかめれば解答は十分可能。問十九がやや難しいが、文脈を把握した上で論理的に考える。漢文としては二〇一九年度よりやや難しいと思われるが、例年通りの難易度といえるだろう。

もの。とくに本問は難しい。空欄の前には前身（前世）と似ていること、とあり前世と来世がどのような関係にあるかを説明している。空欄直前が「老少」とあり、これを老人と子どもと読み取れれば空欄も反対の関係の組み合わせが入ると予想できるだろう。ハの長短、ニの朝夕、ホの天地が反対の内容であるが、長短と天地は単なる正反対の内容。老人と子どもは人間の一生の中での反対であり、一日の中での反対である「朝夕」を選択する。細部が読み取れなくても、大まかな展開をつかんで問にあたろう。

▼問二十　一行目の「形体死すと雖も、精神猶ほ存す」以降から、この文章が前世から来世への輪廻転生の思想を支持しているということを把握することがポイント。これがわかれば、傍線部2は、「莫不」という二重否定から、人が貧賤疾苦があれば前世で功業を修めなかったことをうらみとがめないことはない、つまり前世での功徳を積まなかったことを恨むという読みができるだろう。この展開で返り点がつけられているのはハの選択肢。ロ・ニは「怨尤せざる莫し」と文の前半に二重否定ができてしまい、イは〝前世を怨まないことはない〟となり、意味が通じない。ホは「莫不」の二重否定が崩されているので、誤り。

▼問二十一　「況んや」から抑揚形であることをまず把握する。「況んや」以降で強調する内容を当然と考えるために比較される軽い判断が傍線部3前にある。この読み取りが注もなく難しいが、〈人は子孫を愛護して遺産を残そうとする〉という展開がつかめれば、まして己（＝自分）の神爽（＝精神、魂）のためにこれを棄てようとするだろうか、という読みができるだろう。そしてこれを棄てようの「これ」は、輪廻思想への支持という文脈が把握できていれば、来世での基盤となる前世の功徳を指していると読み取ることができるだろう。この把握からロの選択肢が傍線部3の趣旨を説明している。

参考　『顔氏家訓』は六世紀末に顔之推により著された家訓。顔之推は王朝の興亡が繰り返された六朝時代末に、北方異民族の王朝で漢民族官僚として仕えており、その中で人間として生きる知恵を家訓として残した。出題部分は仏教への帰依を説いた「帰心篇」の一節で、輪廻転生を支持し、この後の部分で顔一族の存続のために在家において徳行を連続しないように見える。その没後にながめれば、生前と死後が似ていることは老人と少年（あるいは）朝と夕のような（違っていても同じ人間や一日の中での違いのような）ものであるだけだ。世の中では魂神があって、夢に現れ、召使いや妾にのりうつり、あるいは妻子にとりつき、飲食を求め、福祐を求めたりすることは、また少なからずあることだ。今人で貧しく病気に苦しむ者があれば、前世に功徳を積んでいなかったことをうらみとがめない者はいない。これによって論じれば、どうして来世のために下地を作らないことがあるだろうか（、いや下地を作るべきだ）。そもそも子孫があるのは、おのずと天地の間にいる人間だけだが、どうして（子孫は）自分自身のことに関わるだろうか（、いや関わらない）。それなのに子孫を愛護して、その生活の基盤となるものを遺そうとする。ましてや自分の魂のことであるのに、にわかにこれを棄てようとするだろうか（、いや棄てるわけはない）。凡夫はものの道理がわからないので、未来のことがわからない。だからその来世と現世が一体ではないと考えるだけだ。もし人の生死を知る天人の眼があって、その時にしたがって刻々と滅んでいき、つぎつぎと生まれつづけることを見ることができるならば、どうしておそれないでいられるだろうか（、いやいられない）。

読み　形体《けいたい》死すと雖《いへど》も、精神猶《せいしんな》ほ存《そん》す。人生世に在《あ》るや、後身《こうしん》を望めば相属《あいぞく》せざるに似たり。其《そ》の没後《ぼつご》に及べば、則《すなは》ち前身《ぜんしん》と似たること猶ほ老少朝夕のごときのみ。世に魂神《こんしん》有り、夢想《むそう》に示現《じげん》し、或《ある》いは童妾《どうしょう》に降《くだ》り、或いは妻孥《さいど》に感じ、飲食を求索《きゅうさく》し、福祐《ふくゆう》を徴須《ちょうしゅ》すること、亦《ま》た少からずと為す。今人貧賤疾苦《ひんせんしっく》あれば、前世に功業《こうぎょう》を修めざりしを怨尤《えんいう》せざる莫《な》し。此を以て論《ろん》ぜば、安《いづく》んぞ之《これ》が為《ため》に地を作らざるべけんや。夫《そ》れ子孫有るは、自《おの》づから是《こ》れ天地の間一蒼生《いちそうせい》のみ、何ぞ身の事に預からん。而《しか》れども乃《すなは》ち愛護《あいご》して、其の基址《きし》を遺《のこ》さん。況《いは》んや己《おのれ》の神爽《しんそう》に於《おい》て、頓《とみ》に之を棄《す》てんと欲せんや。凡夫《ぼんぷ》は蒙蔽《もうへい》して、未来を見ず。故《ゆゑ》に彼《か》の生と今と一体に非ずと言ふのみ。若《も》し天眼《てんがん》有りて、其の念念《ねんねん》随《したが》ひて滅《めつ》し、生生《せいせい》断えざるに鑑《かんが》みれば、豈《あ》に怖畏《ふい》せざるべけんや。

◀解　説▶

▼問十九　リードに「仏教の輪廻思想について論じたもの」とあるが、注も少なく文章自体はかなり展開をつかみにくい

▼問十八　「さた」は郡司の所にいた女のことを京に戻ってから聞き、主人である為家に嘘をついて再度郡司の元に行き、女に無礼な振る舞いをしただけでなく、女が自分のことを「さたが」と詠んだことで怒り狂い、郡司を脅して帰ってきている。それを聞いた為家は「さた」を追放しており、イの選択肢が内容に合っている。ロ、為家は女をかわいそうに思い物を与えている。ハ、同輩たちは「さた」のことを笑っている。ニが難しいが、主人と同じように名を呼ばれたのではなく、主人も呼ばない「さたが」と呼ばれたので怒っている。ホ、郡司は女のせいで勘当を被ったと言っており、「さた」の言い分に腹を立てたわけではない。これらの理由で他の選択肢は外れる。女の和歌にある「さたがころもをぬぎかくる哉」は「さた」に釈迦如来の前身の「薩《さつ》埵《た》太子《たいし》」を掛けている。「薩埵太子」が飢えた虎の母子を救うため、衣を竹の林にかけて自ら虎のえさになったという故事を踏まえ、私は竹の林ではないけれど薩埵太子と同じ名前の「さた」が衣を脱ぎかけたなあ、という歌であり、この風流がわからずに「さたが」に怒る「さた」を周囲は笑い、為家もひどく嫌ったのである。

参考　『宇治拾遺物語』は鎌倉時代初期の説話集。全十五巻、一九七話からなり、『今昔物語集』の系列に属する説話集。多種多様な説話が含まれ、「鬼に瘤取らるる事」「雀報恩の事」などの昔話のもととなった説話も収録されている。

三

出典　顔之推『顔氏家訓』〈帰心第十六〉

解答

問十九　ニ

問二十　ハ

問二十一　ロ

◆全　訳◆

肉体が死んだとしても、精神はなお生きている。人間がこの世にいるときに、死後の身をながめると（前世と来世が）

髪の長い者〟となり同格。cは〝切りかけがありました〟となり主格。本文中では、さむらい、はべり両方ともが「侍」と表記されていてわかりにくかったかもしれない。eは「こゝらの年月」と名詞同士をつないでおり、連体修飾格。

▼問十四　「さた」は水干を切りかけの上から投げ越して、「高やかに」つまり大声で言っている。かなり乱暴で無礼であり、「あららかなる」声でほめていると入れるのが妥当。イ、まじめな様子はまったく見られない。ハ、明るく朗らかに言う人物には思えない。ニ、かわいそうに、もしくはかわいいように言っているわけはない。ホ、憎らしげな声ではやや迷うが、乱暴で下品な人物であり、最適とは言えない。

▼問十五　読み取りにくい部分であるが、〈「さたの」と言うべきなのに「さたが」と言った〉ことに腹を立てていることを押さえ、〈恐れ多い播磨の守殿もまだそのように呼ばない。なのに、おまえが「さたが」というのか〉と怒っているという展開を読み取る。この内容に当てはまるのはニの内容。イ、「どうしてか」の疑問詞に相当する語はない。ロ、「そうした御用」に当てはまる内容はない。ハが迷うが、「さた」の呼び方に怒っているという展開から、「そのように私をお召しにはならない」では意味が通じない。ホ、「召さね」は「召す」の未然形に「ね」がついており、打消の助動詞「ぬ」の已然形であり、「お呼びにはならないようだ」の訳は誤り。ここで、「さた」が「さたが」と呼ばれることに怒っている理由は非常にわかりにくい。格助詞「が」は人を表す語を受けることが多く、その際に親愛や軽卑の意を帯びやすいという指摘があり（『古語大辞典』小学館）、「さたが」と呼ばれることで軽く扱われたと感じたと思われる。

▼問十六　郡司が、「よしなき人」をあわれんで住まわせて、勘当を被ったと女に言っており、この女房を置いていたことを後悔している。この文脈から、「よしなき人」はハの女のことである。

▼問十七　「さた」は「此女」が和歌の中で「さたが」と呼んでいることで腹を立てている。空欄の前の段落で、「『さたの』とこそいふべきに」とあり、「さたの」ではなく「さたが」と呼んだことで激怒していることがわかる。

このように（さたは）腹を立てて、帰り（京に）のぼって、侍所で「心穏やかではないことがある。ものもわからないひどい女に、くやしいことを言われた。播磨の守殿さえ『さた』とお呼びになる。この女めが、『さたが』と言ってよい理由は（ない）」と、ただ怒りに怒っているので、聞く人たちも理解できなかった。「それにしても、どのようなことをされて、そのように言うのだ」と問うと、（さたは）「聞きなされ。申し上げよう。このようなことは、誰も同じ心で播磨の守殿にも申し上げなされ。そして、君たちの名折れでもある」と言って、あるがままのことを語ったので、「それはそれは」と言って、笑う者もいる、（さたを）気にくわないと思う者も多い。女をみなかわいそうに思い、優美であると思った。これを為家が聞いて、（さたを）前に呼んで聞いたところ、（さたは）「私の悲しみが聞き入れられた」と喜んで、仰々しく大きな顔で言ったところ、（為家は）よく聞いた後、その男（＝さた）を追い出してしまった。女をかわいそうに思って、物を与えなどした。

◀解　説▶

▼問十一　「させる」は〝これというほどの、たいした〟などの意。「さた」は〈たいしたこともない〉侍という意味であり、ホが最適。イの「命令をきく事のない」、ニの「従順という程でもない」は「さた」の人柄としてまったく合わない。ハが紛らわしいが、「さた」の家柄について触れられている部分はないので最適ではない。

▼問十二　傍線部2は「さた」が従者に言った会話部分。「さた」は「四五日ばかりありてのぼりぬ」とある通り、郡での仕事を終えてのぼる、つまり京に戻ってきている。そこで「こゝにて」とは京であり、傍線部2は〝京でこのように言うのは〟という内容であるから、ニが最適。イ、「殿にも知らせずにいたことを明かす」とは憎いこと、では意味が通じない。ロ、為家に文句を言っている内容はない。ハ、「こゝにて」言うことが憎いのであり、ポイントがずれている。ホ、女の教養はこの後にわかることである。以上の理由で他の選択肢は外れる。

▼問十三　傍線部3を含む部分は〝水干で見苦しかったもの（＝水干）〟と訳すことができ、「の」の後の部分が前の部分の説明になる同格の用法である。aは〝女房が〟と訳せる主格の格助詞。bが、〝者（＝女房）で、顔かたちがよく

そのあちら側に（女房は）いましたので、ご存じであっただろうと思っておりました」と言うので、（さたは）「今回はしばらく行くまいと思っていたが、暇をいただいて、早く行って、その女房をかわいがろう」と言った。

さて、二、三日ほどして、（さたが）為家に、「処置するはずのことがございましたが、処置をやり残して参ってしまいました。暇をいただいて下ろう（と存じます）」と言ったので、（為家は）「事の処置をやりかけにして、なんで帰ってきたのだ。早く行け」と言ったので、（さたは）喜んで下った。行き着いてすぐに、とやかくのことも言わないで、もとから見知っているような間柄でさえ、うちとけていないうちは、そのようにあっていいものか、従者などにするように、着ていた水干で見苦しくあったものが、縫い目が解けて切れていたので、切りかけのうえから投げ入れて、大声で、「このほころびを、縫ってよこせ」と言ったところ、（相手が）程もなく投げ返してきたので、（さたは）「裁縫をさせると聞くが、本当に、早く縫ってよこした女人だな」と、荒々しい声でほめて、取って見ると、（相手は）ほころびを縫わないで、陸奥紙に書いた文を、そのほころびのもとに結びつけて、投げ返したのだった。（さたは）不思議に思って、（文を）広げてみると、このように書いてあった。

私の身は竹の林ではないけれども「さた」が衣を脱ぎかけてきたものよ

と書いてあるのを見て、趣があると理解するようなことはなかったらしい、見てすぐに大いに腹を立てて、「目が見えない（＝もののわからない）女だなあ。ほころびを縫いにわたしたところ、ほころびの切れたところさえ見つけられないで、『さたの』と言うべきなのに、口に出すのも恐れ多い播磨の守殿さえも、まだ、長い年月の間、まだ、そのようには（さたを）お呼びにならない。なんで、おまえめが、『さたが』と言っていいものか。この女に思い知らせてやる」と言って、まったく見苦しいところまで、「なんだろう、こうだろう」と罵り呪ったので、女房はわけもわからずに泣いた。（さたは）怒りちらして、郡司をまでも呪って、「さあ、これを（播磨の守様に）申して、罰に合わせてやろう」と言ったので、郡司も、「縁のない人をあわれんで住まわせて、その恩恵には（あずかれず）、果てにはとがめを被ることになったらしい」と言ったので、あれやこれや、女は恐ろしくつらく思った。

解答

問十一　ホ　問十二　ニ
問十三　b
問十四　ロ
問十五　ニ
問十六　ハ
問十七　さたが
問十八　イ

◆全　訳◆

今は昔（のことであるが）、播磨の守《かみ》為家という人がいる。為家の家中に、たいしたこともない侍がいる。字を、「さた（佐多）」と言ったが、ふつうの名を呼ばないで、主も同輩も、ただ、「さた」とだけ呼んだ。たいしたこと（取り柄）はないけれども、まじめに奉公して、長年になったので、たいしたことのない小さい郡の（税の）収納などをさせたところ、（さたは）喜んで、その郡に行って郡司の所に宿を取った。するべき（徴税の）処置などを言って指図して、四、五日ほどいて（為家の所に）帰ってきた。

この郡司の所に、京からさまよって、人にだまされて来てしまった女房がいたのを、（郡司は）かわいそうに思って養いおいて、ものを縫わせたりして使ったところ、（女房は）そういうことなども心得て（縫い物を）したので、（郡司は）いとしい者と思って置いていたが、これをさたに従者が言うことには、「郡司の家に、京の女房（だった）という者で、顔かたちがよく髪が長い者がおりますが、（郡司はこれを）隠しておいて、殿にも知らせ申し上げないで、置いてございます」と語ったので、（さたが）「憎らしいことだな。おまえ、あそこにいたときは言わないで、ここに戻ってきてそのように言うのは憎いことだ」と言ったところ、（従者は）「あなたがいらっしゃった隣に、切りかけがありましたのを隔てて、少ないかもしれず、設問２が○の人が設問３も○とは限らない。ホ、設問３に○をつけなかった人、つまり×の人は多い可能性があり、設問４も×だとは限らない。

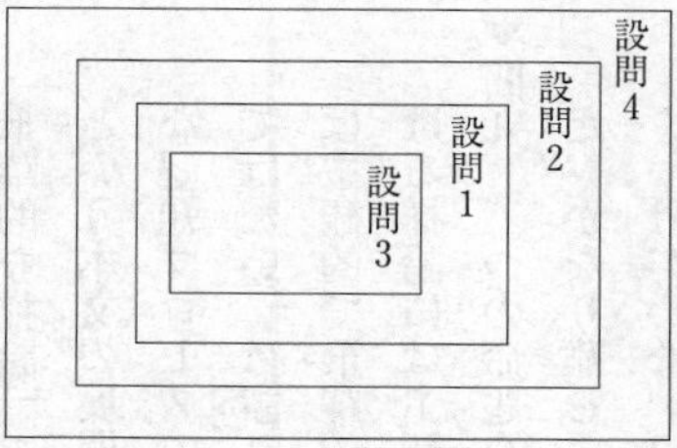

命題Ａ：設問１に○をつけた人は、設問２にも○をつけた。
＝設問２に○をつけた人の中に設問１に○をつけた人がいる。つまり、設問１の○は設問２より少ないかもしれない。
命題Ｂ：設問３に○をつけた人は、設問１にも○をつけた。
＝設問１に○をつけた人の中に設問３に○をつけた人がいる。つまり、設問３の○は設問１より少ないかもしれない。
命題Ｃ：設問２に○をつけた人は、設問４にも○をつけた。
＝設問４に○をつけた人の中に設問２に○をつけた人がいる。つまり、設問２の○は設問１より少ないかもしれず、同様に設問１、設問３の順にさらに少なくなる可能性がある。

▼問十　問九の推論は文脈無しに論理だけで成立するものであり、イが最適。ロ、語用論的な推論は文脈などの背景が関係する。ハ、主観的・飛躍的な推論は古論理であり、逸脱三段論法である。ニ、本文にある発見的推論ではなく、別の推論は思いつかない。

参考　山梨正明は１９４８年生まれの言語学者。カリフォルニア大学、ミシガン大学で言語学を学び、現在関西外国語大学教授。京都大学名誉教授。認知言語学から、言葉と人間の知のメカニズムの解明を図っている。『生成意味論研究』『発話行為』『比喩と理解』『認知意味論研究』など多数の著書がある。

二

出典　『宇治拾遺物語』〈巻第七　二　播磨の守為家の侍佐多の事〉

は主語の同一性、ハは客観的推論とあり誤り。

▼問七　(7)の例より、メタファー（＝隠喩）の創造に「見立て」の認知プロセスが関わっているが、この認知プロセスが古論理（ないしは逸脱三段論法）の推論によって可能になるとある。空欄部分はこの古論理の認知プロセスの説明が入る。古論理は問六で見たように、述語の同一性に基づいてまったく別々の主語を同一であると結論づける推論である。この内容に基づいて選択肢を検討すると、異なる対象を同定するハの選択肢が最適。イは述語の説明があり引っかかるかもしれないが、「差異化」してしまったら主語は同一にならない。ロ、古論理は発見的推論とは別のものであり、不適。ニ、創造性は古論理の推論の結果であり、さらに差異化してしまうと別の主語を同一のものとする表現は成り立たない。

▼問八　本文と選択肢の内容を照合する。イ、古論理は常識の世界から考えるとあり得ないもので、きわめて「主観的で飛躍的な推論」であるが、「人間の思考、判断の創造性の観点からみるならば」創造性に重要な役割をになっているという本文の展開から最適な選択肢。ロ、論理的必然性による推論、つまり(1)の三段論法のような推論は、主観的な認知プロセスではない。ハ、語用論的推論が「述語における同一性をもとにした推論とは違う点で、主観的な推論ではない」は誤り。「文脈、場面、背景的な知識や推論する主体の思い込み、読み込み、等が関係する点で、厳密には主観的で飛躍的な推論の一種」である。ニ、創造的な認知能力の側面を反映するのは古論理であり、形式論理における推論には主観や創造は反映されない。

▼問九　三つの命題を次ページのように簡単に図に示しながら確認し、成立するものを選んでいくことが近道だろう。ただ、かなり難しいので、解答時間に注意する必要がある。イは命題Cから設問4に○をつけてもそれ以外の設問に○をつけていない可能性もあるので確実に成立するとは言えない。ロは設問4に○をつけていない人は、それ以外が○の可能性はないので確実に成立する。ハは命題Bより、設問3が○の人は設問1も○だが、設問3の○の数が少ない、つまり×が多いかもしれないので、設問3が×だからといって必ずしも設問1が×とは限らない。ニ、設問3の○は

字のテキストなどを使って日頃から学習しておきたい。

▼問二　(2)・(3)の推論が文脈抜きで見た場合論理的に推論されるとは限らない、つまり、文脈によって成立したりしなかったりするというのが傍線部1の内容。選択肢は(2)の内容を説明しているが、〔解説〕に示したとおり、PとQの背景や状況についての考慮がなくては「そこのドアを閉めなさい」という結論が導かれる必然性はない。この内容を説明しているのはロ。イ・ハはどちらもPの発話に対して「解釈することがふつう」ではなく、文脈による判断が必要。さらに「論理的な推論が必要であるとは限らない」という後半の説明も誤り。ニは傍線部1が文脈に関係なく成立しない点で論理的推論ではないのであって、「解釈を推論しなければならないという論理的必然性があるとは限らない」は明らかに誤り。

▼問三　前提から経験に頼らず論理によって結論を導くのは「演繹」である。この反対にあるのが、具体的事実から共通点を探り、一般的な原理、法則を導く「帰納」であり、確認しておきたい。(1)のソクラテスの推論は、演繹の代表例である三段論法の説明で使う推論であり、この問は知識問題ともいえる。

▼問四　空欄は(6)の結論である。(6)は(5)と同様の古論理（逸脱三段論法）であり、空欄後の二つの段落から、三段論法は主語の包摂関係であるのに対し、古論理は述語の同一性に基づいて主語を同一であると結論づける主観的で飛躍的な推論である。これが(5)ではインディアンは牡鹿という結論になり、同様に(6)であれば、人も草も死ぬのだから「人は草だ」という結論になる。この結論を字数内で表現する。

▼問五　空欄前の文脈からソクラテスを用いた三段論法の例は、大前提の主語が述語の内容の集合に包摂され、小前提の主語が述語が指示する集合に包摂されるという主語の「包摂」関係に基づく推論と読み取れる。「包摂」はある概念がより一般的な概念の中に包み込まれ従属する関係のことを指す。

▼問六　空欄の後の文脈に、「前提2の牡鹿が速く走るという述語の同一性に基づいて、このインディアンが牡鹿と同一であると結論づけられている」、「この種の推論はきわめて主観的で飛躍的な推論」とあり、ニの説明が最適。イ・ロ

用論的な推論以外にも主観的な推論が存在し、古論理的推論は、現実にはカテゴリーが異なる存在に対する同一化の認知プロセスが関わるメタファー表現になり、言葉や意味の世界の創造性に重要な役割を担っている。

◀解　説▶

本文冒頭に示される推論のプロセス、Ａ．論理的な推論、Ｂ．語用論的な推論、Ｃ．主観的・飛躍的な推論について、例を示しながら説明した文章である。

Ａ．論理的推論は（1）で示される三段論法。ソクラテスの例は演繹の代表的例であり、人間は死ぬという一般的な前提から、ソクラテスは人間であるのでソクラテスは死ぬ運命にあると、経験に頼らず論理によって結論を導いている。

Ｂ．語用論的推論の（2）で示されるのは、ＰからＱへの発話に文脈が関わるもの。ＰとＱが同じ場所にいるという背景や口調などのそのときの状況なしには「そこのドアを閉めなさい」というＱの結論は成立しないだろう。（3）で示されるものも同様で、発話者の背景が関係し、（1）のような論理だけで成立する推論ではない。（4）は語用論的推論の一種であるが、庭が濡れているという結果から原因を探っていく発見的推論で、自然科学において仮説構築の推論プロセスに関わる推論。

Ｃ．主観的・飛躍的推論は古論理的と呼ばれる推論で（5）にあるような、三段論法と同じ推論形式をとるが、三段論法では死ぬ運命にある人間の集合にソクラテスが包摂されるという主語の包摂関係であるのに対し、（5）は速く走るという述語の同一性に基づいて主語も同一であると結論づける。その結果、インディアンは牡鹿という主観的で飛躍的な結論が生まれる。ただ、この推論は、（7）のようなメタファー表現になり、言葉、意味の創造性において重要な役割を担っている。

▼問一　ａ、「ジギャク」は〝自分で自分をいじめ苦しめること〟。ｂ、傍線部分は文脈によっては意味を導けるという内容であり、「誘引」が最適。ｃ、「ソウグウ」を熟語であらわすと「遭遇」しかないだろう。漢字の書き取り問題は漢

国語

一

出典　山梨正明『修辞的表現論――認知と言葉の技巧』〈第2章　言葉の表現性と推論・連想の能力〉（開拓社）

解答

問一　a、自虐　b、誘引　c、遭遇

問二　ロ

問三　イ

問四　その人は草である（五字以上十字以内）

問五　包摂

問六　ニ

問七　ハ

問八　イ

問九　ロ

問十　イ

◆要　旨◆

推論のプロセスには、まず形式論理学における三段論法で演繹に推論するような論理的推論がある。これに対して、語用論的推論は、発話者の意図、文脈、背景知識により意味が変わる推論であり、三段論法のような推論ではない。さらに語用論的推論の一種として与えられた結果や事実からその原因を探っていく発見的な推論がある。人間が行う推論には語

//////////////////// · memo · ////////////////////

大学赤本シリーズ

早稲田大学

商学部

別冊問題編

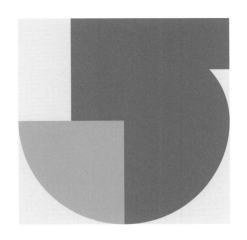

2025

矢印の方向に引くと
本体から取り外せます

教学社

目　次

問題編

2024年度

問題編

一般選抜（地歴・公民型，数学型）

問題編

〔一般選抜（地歴・公民型）〕

▶試験科目・配点

教　科	科　目	配　点
外　国　語	「コミュニケーション英語Ⅰ・Ⅱ・Ⅲ，英語表現Ⅰ・Ⅱ」，ドイツ語，フランス語，中国語，韓国語のうちから１科目選択	80 点
地歴・公民	日本史Ｂ，世界史Ｂ，政治・経済のうちから１科目選択	60 点
国　　語	国語総合，現代文Ｂ，古典Ｂ	60 点

〔一般選抜（数学型）〕

▶試験科目・配点

教　科	科　目	配　点
外　国　語	「コミュニケーション英語Ⅰ・Ⅱ・Ⅲ，英語表現Ⅰ・Ⅱ」，ドイツ語，フランス語，中国語，韓国語のうちから１科目選択	60 点
数　　学	数学Ⅰ・Ⅱ・Ａ・Ｂ	60 点
国　　語	国語総合，現代文Ｂ，古典Ｂ	60 点

▶備　考（一般選抜共通）

- 一般選抜の各方式は併願ができない。
- 外国語において，ドイツ語・フランス語・中国語・韓国語を選択する場合は，大学入学共通テストの当該科目〈省略〉を受験すること。共通テストの配点（200 点）を〈地歴・公民型〉は配点 80 点，〈数学型〉は配点 60 点に調整して利用する。
- 「数学Ｂ」は「確率分布と統計的な推測」を除く。

英 語

（90分）

I 次の英文を読み，下記の設問に答えよ。

Fred stops by his colleague Alice's office to make a request.

Alice: Hi, Fred. What's up?

Fred: Hi, Alice. I'm hoping you can help me out with something. I inadvertently scheduled meetings with two companies at the same time.

Alice: (1) How did that happen?

Fred: Well, from my point of view, it's not completely my fault. QRS Company emailed me several weeks ago, asking for some potential dates we could meet this month. I contacted them immediately with some possibilities but then (A)5分前まで何も聞いていませんでした。

Alice: Let me guess. The minute you made the other appointment, they contacted you asking for the exact same time slot, right?

Fred: (2) I just set up a meeting with RightSmart, and I'd feel like an idiot immediately asking them to reschedule it.

Alice: (3) But can't you just tell QRS that 【 X 】?

Fred: Well, I could, but the meeting would be really beneficial for our side, and I'm afraid if I back out, they may simply give up on the idea of meeting.

Alice: That's a valid concern. But do you really think it is a good business relationship to (イ)be at their beck and call?

Fred: (4) I shouldn't have asked you. I'll figure it out on my own.

Alice: Hang on. I'll help you, of course, provided I'm free. I wasn't trying to give you a hard time. I just wanted to encourage you not to (ロ)bend over backwards for this opportunity. Tell me what I can do.

Fred: Well, the date in question is March 8, at 10:00 a.m. I'd like to take the meeting with QRS, so I was wondering if you could (ハ)step in for me in the meeting with RightSmart. I know you've had some dealings with them before.

Alice: Hold on. Let me check my schedule. Yeah, it should be fine. I have another commitment from 11:30 but it'll be over by then, right?

Fred: Oh, sure. The RightSmart meeting should take 45 minutes tops. Basically, it's a courtesy call. They've got a couple of new employees they'd like to introduce to us.

Alice: OK, then. Why don't you email them to let them know I'll be handling the meeting and cc me on it?

Fred: (5) Thanks, Alice. You've saved me from some embarrassment.

(Original text)

設問1. 空所（1）～（5）を埋めるのにもっとも適当なものを(a)～(j)からそれぞれ一つ選び，マーク解答用紙の所定欄にマークせよ。ただし，各選択肢は一度しか使えない。

(a) Count me in.
(b) Did you really?
(c) Don't mention it.
(d) Exactly.
(e) I can't say for sure.
(f) I get that.
(g) I made it up.
(h) Never mind.
(i) Sure thing.
(j) Who else?

設問 2．下線部(イ)〜(ハ)の意味にもっとも近いものを(a)〜(d)からそれぞれ一つ選び，マーク解答用紙の所定欄にマークせよ。

(イ) (a) be always at fault (b) be always in a rush
(c) be always on hand (d) be always out on a limb

(ロ) (a) go to great lengths (b) let your guard down
(c) move out of the way (d) switch to a new direction

(ハ) (a) call in for (b) stand up for
(c) take over for (d) watch out for

設問 3．空所【X】を埋めるために，〔 〕内の語を適切に並べ替えて，記述解答用紙の所定欄に書け。ただし，〔 〕の中には**足りない語が1語**あるので，それを補って解答すること。

〔are / at / available / no / that / time / you〕

設問 4．下線部(A)の日本語の英訳を完成させるために，適語を記述解答用紙の所定欄に書け。ただし，hear を適切な形で用いて全体を**7語**で完成させること。そのうち最初の1語は与えられている。

〔解答欄〕

I			
			.

Ⅱ 次の英文を読み，下記の設問に答えよ。

Twenty-five years ago, on Dec. 3, 1997, the inventor of the World Wide Web, Tim Berners-Lee, gave a talk at the W3C meeting in London. His speech was notable for its review of the early web, its initial development, and his thoughts about the future of the web.

One idea Berners-Lee posited in his talk — an idea he had been thinking about for more than a year — was undeniably brilliant. He suggested that every browser be equipped with what he called the "Oh, Yeah?" button. The idea was that we all would start building trust through signed metadata as we moved around the web. In a sense, our normal web browsing would create a gigantic accumulation(1) of crowd-sourced credibility. “When we have this, we will be able to ask the computer not just for information, but why we should believe it,” he said.

Imagine an “Oh, yeah?” button on your browser. There you are looking at a fantastic deal that can be yours just for the entry of a credit card number and the click of a button. *Oh, yeah?,* you think. You press the “Oh, yeah?” button. You are asking your browser why you should believe it. It, in turn, can challenge the server to provide some credentials: perhaps, a signature for the document or a list of documents. Those documents will be signed. Your browser rummages through with the server, looking for a way to convince you that the page is trustworthy for a purchase. Maybe it will come up with an endorsement from a magazine, which in turn has been endorsed by a friend. Maybe it will come up with an endorsement by the seller’s bank, which has in turn an endorsement from your bank. Maybe it won’t find any reason for you to actually believe what you are reading at all.

The “Oh, Yeah?” button, it should be noted, was not truly about verifying information or locating “truth.” Berners-Lee wasn’t suggesting that ontological certitude would arise from the web mob’s ranking of websites that distributed the most accurate information. Rather, the “Oh, Yeah?” button would suggest a more paradigmatic truth — that is, 【 あ 】 on the web was considered generally in the realm of credible by most people.

The “Oh, Yeah?” button represented an early warning that we’d all need to be more skeptical in cyberspace in the future. It was also an admission (2) that the web, in the future, would likely be employed to fool us with some regularity. Politicians, salespeople, criminals, miscreants, and liars would abound, and we’d need an easy way to counter them in our daily perusal of information.

Had it come to pass, so many ills that plague (3) the web and social media today — think: “fake news” accusations, disinformation campaigns, and catfishing — could have been addressed from the start.

Yet, ultimately, the "Oh, Yeah?" button never got installed on our browsers. Too many factors (4)conspired against it. In Berners-Lee's original example, he noted its direct challenge to advertising. As the web grew more and more commercial, the idea that a simple click of a button might reveal paradigmatic truth about any product's advertised claims represented an almost existential threat to its usefulness as a selling vehicle. The "Oh, Yeah?" button might also have resulted in increased tension and argumentation as the web evolved toward social media. Imagine the anger that would be ignited if you let your crazy uncle know what your browser's "Oh, Yeah?" button informed you about his latest Facebook conspiracy.

The "Oh, Yeah?" button, for all its admirable skepticism, also contained an important flaw that would only be revealed in the algorithmic age. Because each of our browsers would independently accumulate the signed metadata based on our distinct web usage, each of our "Oh, Yeah?" buttons would present us with distinct, unique paradigmatic truths. Just as no two social media feeds are completely identical, it's likely no two "Oh, Yeah?" buttons would return identical findings. Berners-Lee, back in 1997, was too optimistic about the possibility of accumulating and distributing a shared reality in the future. We know now that we prefer social media algorithms (5)channeling us into worlds where our biases and beliefs require no skepticism. Why would anybody want to click an "Oh, Yeah?" button to check the hilarious political meme reconfirming exactly what they already know to be true? Why spoil the fun?

In hindsight, we ultimately traded away the "Oh, Yeah?" button for the "Like" button. And that was a huge mistake.

(Adapted from slate.com, December 3, 2022)

設問1． 下線部(1)～(5)の意味にもっとも近いものを(a)～(d)からそれぞれ一つ選び，マーク解答用紙の所定欄にマークせよ。

(1) (a) assumption　(b) collection
(c) rejection　(d) verification

(2) (a) an acknowledgement　(b) a discovery
(c) a lament　(d) an irony

(3) (a) kill　(b) permeate
(c) surround　(d) trouble

(4) (a) competed　(b) planned
(c) plotted　(d) worked

(5) (a) directing　(b) forcing
(c) locking　(d) turning

設問2． 次の1．～3．について，本文の内容に合うものを(a)～(d)からそれぞれ一つ選び，マーク解答用紙の所定欄にマークせよ。

1．Which of the following describes the main function of Berners-Lee's "Oh, Yeah?" button?
(a) an endorsement of a bank document
(b) a request for proof of a page's trustworthiness
(c) a summary of a product's features
(d) a warning to be skeptical of a seller

2．Which of the following best describes the endorsement system?
(a) confidential　(b) credible
(c) layered　(d) timely

3．Which of the following is NOT mentioned as a reason the "Oh, Yeah?" button did not become a reality?
(a) Algorithms lead to a reduced desire to authenticate.
(b) Authentication results could lead to friction among social media users.
(c) Checking credibility interferes with commercial aims.
(d) Users prefer to take a humorous attitude toward claims they find unlikely.

設問3． 空所【あ】を埋めるために，〔　〕内のすべての語を適切に並べ替えて，記述解答用紙の所定欄に書け。ただし，三番目の語は与えられている。

〔a / of / read / reasonable / something / whether / you〕

〔解答欄〕

		approximation	

設問4． 本文のタイトルとしてもっとも適当なものを(**a**)～(**d**)から一つ選び，マーク解答用紙の所定欄にマークせよ。

(**a**) "Oh, Yeah?" Could Solve the Internet's Problems

(**b**) The Button That Could Have Changed the Internet

(**c**) There's an Easy Way to Check a Source

(**d**) Why People Have Stopped Being Skeptical

Ⅲ　次の英文を読み，下記の設問に答えよ。

Owning or operating a superyacht is probably the most harmful thing an individual can do to the climate. If we're serious about avoiding climate chaos, we need to tax, or at the very least shame, these resource-hoarding behemoths out of existence. In fact, taking on the carbon aristocracy, and their most emissions-intensive modes of travel and leisure, may be the best chance we have to boost our collective "climate morale" and increase our appetite for personal sacrifice ― from individual behavior changes to sweeping policy mandates.

On an individual basis, the superrich pollute far more than the rest of us, and travel is one of the biggest parts of that (**i**). Take, for instance, Rising Sun, the 454-foot, 82-room megaship owned by the DreamWorks co-founder David Geffen. According to a 2021 analysis in the journal *Sustainability,* the diesel fuel powering Mr. Geffen's boating habit (1) spews an estimated 16,320 tons of carbon-dioxide-equivalent gases into the atmosphere annually, almost 800 times what the average American generates in a year.

And that's just a single ship. Worldwide, more than 5,500 private vessels (2)clock in about 100 feet or longer, the size at which a yacht becomes a superyacht. This fleet pollutes as much as entire nations: The 300 biggest boats alone emit 315,000 tons of carbon dioxide each year, based on their likely (ii) — about as much as Burundi's more than 10 million inhabitants.

Then there are the private jets, which make up a much higher overall contribution to climate change. Private aviation added 37 million tons of carbon dioxide to the atmosphere in 2016, which rivals the annual emissions of Hong Kong or Ireland. (Private plane use has (iii) since then, so today's number is likely higher.)

You're probably thinking: But isn't that a drop in the bucket compared to the thousands of coal plants around the world spewing carbon? It's a common sentiment; last year, Christophe Béchu, France's minister of the environment, dismissed calls to regulate yachts and chartered flights as "le buzz" — flashy, populist solutions that get people amped up but ultimately only (3)fiddle at the margins of climate change.

But this misses a much more important point. Research in economics and psychology suggests humans are willing to behave altruistically — but only when they believe everyone is being asked to contribute. People "stop cooperating when they see that some are not doing their part," as the cognitive scientists Nicolas Baumard and Coralie Chevallier wrote last year in *Le Monde*.

In that sense, superpolluting yachts and jets don't just worsen climate change; they lessen the chance that we will work together to fix it. Why bother, when the luxury goods mogul Bernard Arnault is cruising around on the Symphony, a $150 million, 333-foot superyacht?

"If some people are allowed to emit 10 times as much carbon for their comfort," Mr. Baumard and Ms. Chevallier asked, "then why restrict your meat consumption, turn down your thermostat or limit your purchases of new products?"

Whether we're talking about voluntary changes (insulating our attics and taking public transit) or mandated ones (tolerating a wind farm on the horizon or saying goodbye to a lush lawn), the climate fight hinges to some extent on our willingness to participate. When the ultrarich are given a free pass, we lose faith in the value of (あ)that sacrifice.

Taxes aimed at superyachts and private jets would take some of the sting out of these conversations, helping to improve everybody's "climate morale," a term coined by Georgetown Law professor Brian Galle. But 【 A 】 isn't likely to change the behavior of the billionaires who buy them. Instead, we can impose new *social* costs through good, old-fashioned shaming.

Last June, @CelebJets — a Twitter account that tracked the flights of well-known figures using public data, then calculated their carbon emissions for all to see — revealed that the influencer Kylie Jenner took a 17-minute flight between two regional airports in California. "kylie jenner is out here taking 3 minute flights with her private jet, but I'm the one who has to use paper straws," one Twitter user wrote.

There's a lesson here: Massively disproportionate per capita emissions get people angry. And they should. When billionaires (4)squander our shared supply of resources on ridiculous boats or cushy chartered flights, it shortens the span of time available for the rest of us before the effects of warming become truly devastating. In this (iv), superyachts and private planes start to look less like extravagance and more like theft.

Change can happen — and quickly. French officials are exploring curbing private plane travel. And just last week — after sustained pressure from activists — Schiphol Airport in Amsterdam announced it would ban private jets as a climate-saving measure.

Even in the United States, carbon shaming can have outsized impact. Richard Aboulafia, who's been an aviation industry consultant and analyst for 35 years, says that cleaner, greener aviation, from all-electric city hoppers to a new class of sustainable fuels, is already on the horizon for short flights. Private aviation's high-net-worth customers just need more incentive to adopt these new technologies. Ultimately, he says, it's only our vigilance and pressure that will speed these changes along.

There's a similar opportunity with superyachts. Just look at Koru, Jeff Bezos's newly built 416-foot megaship, a three-masted schooner that can reportedly cross the Atlantic on wind power alone. It's a start.

Even small victories challenge the standard narrative around climate change. We can say no to the idea of limitless plunder, of unjustifiable overconsumption. We can say no to the billionaires' toys.

(Adapted from nytimes.com, April 10, 2023)

設問1. 下線部(1)〜(4)の意味にもっとも近いものを(a)〜(d)からそれぞれ一つ選び，マーク解答用紙の所定欄にマークせよ。

(1) (a) absorbs (b) accounts for
(c) corresponds to (d) emits

(2) (a) count (b) measure
(c) regulate (d) surpass

(3) (a) aimlessly operate (b) barely survive
(c) intentionally satisfy (d) partially thrive

(4) (a) ensure (b) maximize
(c) require (d) waste

設問2. 空所（ i ）〜（ iv ）を埋めるのにもっとも適当なものを(a)〜(d)からそれぞれ一つ選び，マーク解答用紙の所定欄にマークせよ。

(i) (a) concept (b) footprint
(c) transport (d) vessel

(ii) (a) budget (b) circumference
(c) competition (d) usage

(iii) (a) bottomed out (b) leveled off
(c) plummeted (d) surged

(iv) (a) field (b) form
(c) light (d) turn

設問3. 下線部(あ)の内容にもっとも近いものを(a)〜(e)から一つ選び，マーク解答用紙の所定欄にマークせよ。

(a) daily efforts prioritizing interests beyond oneself

(b) deliberate actions aimed at enhancing one's life circumstances

(c) painstaking attempts to save one's assets

(d) perpetual collective endeavors to protect ports

(e) serious undertakings to improve one's capacity for resilience

設問4． 空所【A】を埋めるために，〔　〕内の語を適切に並べ替えて，記述解答用紙の所定欄に書け。ただし，〔　〕の中には**不要な語が2語**含まれている。

〔a / bit / by / costly / making / more / overgrown / sustainable / these / toys〕

設問5． 次の1．～3．について，本文の内容に合うものを(a)～(d)からそれぞれ一つ選び，マーク解答用紙の所定欄にマークせよ。

1．The French minister of the environment claimed that controlling the use of private yachts and jets would be

(a) a controversial solution inviting vigorous opposition from people.

(b) an empty gesture as most of the rich wouldn't care.

(c) a small effort that could result in very serious consequences.

(d) a trivial and ineffective step in bringing about change.

2．By saying "I'm the one who has to use paper straws," the Twitter user implies that people on private jets

(a) are not doing their share to protect the environment.

(b) are reducing their carbon emissions in more trendy ways.

(c) can enjoy more sophisticated beverages while traveling.

(d) will never understand the lives of ordinary people.

3．Which of the following can be considered a central message of the article?

(a) A sense of unfairness discourages ordinary people from their active participation in activities to improve the environment.

(b) Climate change could occur in the near future as the concept of "carbon shaming" is increasingly gaining popularity.

(c) People's awareness of insufficient measures regarding climate change led to the introduction of taxes on luxurious boats and private jets.

(d) The super-wealthy would contribute significantly more to pollution compared to the average person.

Ⅳ 次の英文を読み，下記の設問に答えよ。

Artificial intelligence (AI) is nothing new. It's been around since the 1950s, but 2023 certainly (1)feels like a tipping point. No longer is AI the sole provenance of academics and tech professionals. With the introduction of ChatGPT, Google Bard and the like, the technology is now easily accessible to all. And therein lies the challenge.

As AI becomes ever more consumable and its capabilities continue to evolve at breakneck speed, so too will the implications for society as a whole. In an ideal world, government, industry and civil society should work together to ensure that AI is developed and implemented ethically. But (2)the genie is out of the bottle, so to speak, and despite growing concern from AI pioneers and thought leaders alike, there's likely no slowing it down.

[あ], there's plenty that we can do to set up some guardrails around sticky ethical considerations. It begins with recognizing bias and minimizing manipulation by increasing transparency and opening a dialogue about the ethical challenges that AI presents.

One of the key concerns surrounding the ethics of AI is the potential for reinforcing existing biases. As discussed in a conversation with Michelle Yi, Senior Director of Applied Artificial Intelligence at RelationalAI, bias in AI systems can have far-reaching (i). When biased data is fed into AI models, it can perpetuate biases on an (A)unprecedented scale.

It all begins with the concept of "data in, data out." If biased data is used to train AI models, the resulting outputs will inevitably reflect those biases. Machine learning algorithms have the power to amplify these biases, and unless we actively check for and address them, we risk perpetuating societal (ii) unintentionally.

This issue becomes especially significant when AI is employed in decision-making processes, such as hiring, lending or criminal justice. Addressing bias in AI is crucial to ensure fairness and equity in all of its applications.

Another area of concern is the use of AI to manipulate people's behavior. We all know how annoying it is when Alexa or Siri picks up on our conversations and serves up targeted ads accordingly. [い], you talk about needing a new bathing suit for an upcoming vacation to Hawaii, and the next thing you know, you're (B)<u>inundated with</u> swimsuit ads. With the integration of AI, the potential for behavior manipulation grows exponentially.

Imagine a future where AI can understand our sentiment or tone of voice even when we don't explicitly, or directly, express our opinions. AI will be able to use these subtle intonations to make assumptions and predictions about our behaviors, opinions and ideas. This opens the door for potential manipulation that could be used in everything from targeted ads all the way to political persuasion.

So what's an organization to do? [う], all AI systems should be designed so that they can be audited and reviewed. And organizations should check for biases within the data used to train AI models. A steering committee, or "model committee," can be set up to look at models, (C)<u>scrutinize</u> the rules that support them and analyze their behavior to identify and remove any built-in biases. "It can go all the way from the top down to a process level improvement," says Michelle Yi, "and there are a lot of ways that organizations can focus on helping to address this issue."

Organizations must also prioritize transparency and accountability by making their policies around AI clear to both employees and the public. It may help to create a vision statement about how the organization will (D) leverage AI, including the company's stance — and ethics — around it, and how AI maps back to the company's mission statement. Bottom line, the objectives and approach of how an organization uses AI must be clear to consumers, stakeholders and shareholders alike.

Industry leaders should also work with the government to establish clear rules and regulations that foster innovation while ensuring accountability and transparency. Cooperation between government, industry and civil society will be crucial in order to harness the power of AI for good and avoid the pitfalls of what could go wrong.

The ethics of AI will impact everyone — not just people in the business world. As human beings and consumers, technology's influence is inescapable, like it or not. This is why it's so important to have the conversation now, in the early phases of what AI is potentially going to grow into.

On an individual level, we must all become more discerning consumers and question the information that's fed to us. Awareness is the first step toward mitigating the impact of manipulation. By being critical of sources and not (3) taking information at face value, we can better protect ourselves.

Addressing the ethical challenges AI presents now is the best way to ensure that the technology reaches its potential to benefit society. Putting steps in place to remove bias and being (iii) manipulation is the first step. We must start the conversations now in order to build a framework that safeguards society's values and fosters responsible and beneficial AI implementation.

(Adapted from forbes.com, June 23, 2023)

設問1. 次の（1）～（5）について，本文の内容に合うものはマーク解答用紙のTの欄に，合わないものはFの欄にマークせよ。

（1） AI has been posing many serious problems in society since its emergence a few years ago.

（2） AI normally reduces bias found in society, but it cannot completely solve this problem.

(3) Since there is always a possibility of biased information being input into the AI model, it is important to inspect the system regularly.

(4) Siri's picking up our conversations to bombard us with relevant advertisements is an example of behavioral manipulation.

(5) The problems that bias in AI poses for society could include issues such as employing new staff and assessing applications for loans.

設問2． 下線部(1)〜(3)の意味にもっとも近いものを(a)〜(d)からそれぞれ一つ選び，マーク解答用紙の所定欄にマークせよ。

(1) (a) appears to be an impressive achievement
　(b) emerges as an inverted position
　(c) gives the impression of overcoming defeat
　(d) seems like a critical juncture

(2) (a) A crucial issue is being reexamined.
　(b) An important secret has been disclosed prematurely.
　(c) An irreversible event has occurred.
　(d) An obvious problem is being avoided.

(3) (a) accepting information as is without challenging it
　(b) agreeing to the information to save face
　(c) interpreting information in a way that is most beneficial
　(d) taking in only the information that is valuable and useful

設問3． 下線部(A)〜(D)の意味にもっとも近いものを(a)〜(d)からそれぞれ一つ選び，マーク解答用紙の所定欄にマークせよ。

(A) (a) imperceptive　(b) remarkable
　(c) rigorous　(d) unforgiving

(B) (a) coming up with　(b) going along with
　(c) swamped with　(d) taken with

(C) (a) adopt　(b) define
　(c) examine　(d) generate

(D) (a) grip　(b) guide

(c) influence　　(d) utilize

設問4. 空所（ i ）～（ iii ）を埋めるのにもっとも適当なものを(a)～(d)からそれぞれ一つ選び，マーク解答用紙の所定欄にマークせよ。

(i) (a) attainments　　(b) consequences
(c) contributions　　(d) revelations

(ii) (a) expectations　　(b) norms
(c) prejudices　　(d) values

(iii) (a) content with　　(b) involved in
(c) suggestive of　　(d) vigilant about

設問5. 空所［あ］～［う］を埋めるのにもっとも適当なものを(a)～(g)からそれぞれ一つ選び，マーク解答用紙の所定欄にマークせよ。ただし，各選択肢は一度しか使えない。

(a) As a result
(b) Even so
(c) Far from that
(d) For example
(e) For starters
(f) Rather
(g) Subsequently

設問6. 次の1.～3.について，本文の内容に合うものを(a)～(d)からそれぞれ一つ選び，マーク解答用紙の所定欄にマークせよ。

1. Which of the following issues does the author NOT mention as an existing or potential problem with AI?
(a) manipulation of the public by political actors
(b) misinformation resulting in online fraud
(c) reproducing and exacerbating human bias
(d) unwanted and tiresome advertising

2. How can organizations be more transparent regarding their use of AI?
(a) by clarifying the ways in which AI will be employed
(b) by creating a mandatory mission statement
(c) by defining discrete policies to their customers and

shareholders

(d) by training employees about implicit bias

3. Which of the following is advocated by the article?

(a) boosting collaboration between the private and public sectors

(b) finding ways to stop AI from reading our feelings

(c) promoting the use of AI in key decision-making processes

(d) restricting the data used to train AI models to those approved by the government

V 次の英文を読み，下記の設問に答えよ。

Our experience shows that leaders' success depends on their ability to MOVE — that is, to be *mindfully* alert to priorities, to generate *options* so that they always have several ways to win, to *validate* their own vantage point, and to *engage* with stakeholders to ensure that they are along for the ride. In this article, we examine the crucial second step of our model. Specifically, we look at four common leadership approaches and the scenarios in which each can be most helpful, and we introduce a process for navigating the options in real time.

Dozens of research studies spearheaded by American psychologists Charles "Rick" Snyder and Shane J. Lopez demonstrate how people's capacity to reach their desired goals can be increased by conceiving multiple possible pathways. Most people assume that success (i) a task is a question of perseverance or willpower. But Snyder and Lopez show that willpower must (A) "way power" to drive successful outcomes. Their research suggests that ideally you will have four or more options or pathways for achieving your goals (external priorities). It also demonstrates the importance of determining who you want to be as a leader in terms of your character strengths and values (internal priorities) and how you can best relate to others (interpersonal priorities).

Building on this work, we have developed an approach, called the "four stances," to help leaders generate options for interpersonal communication. Think how tennis players nearly instantly shift their stance to make an optimal response to a ball hurtling over the net. The core concept for our approach is rooted (**ii**) evolutionary psychology and how our basic reflexes (fight, flight, and so on) automatically deploy (1) under dangerous or novel circumstances. In the more evolved world of leadership, the four stances help leaders identify and access more interpersonal options. The stances are:

→ **Lean In.** Take an active stance on resolving an issue. Actions in this stance include deciding, directing, guiding, challenging, and confronting.

→ **Lean Back.** Take an analytical stance to observe, collect, and understand data. Actions include analyzing, asking questions, and possibly delaying decisions.

→ **Lean With.** Take a collaborative stance, focusing on caring and connecting. Actions include empathizing, encouraging, and coaching.

→ **Don't Lean.** Whereas a *Lean Back* posture involves observing and analyzing, *Don't Lean* is about being still and disciplining yourself to create space for a new solution to bubble up from your subconscious. This stance also serves to calm you if your emotions have been triggered. Actions include contemplating, visualizing, and settling through diaphragmatic breathing.

To win in any leadership moment, great leaders need to develop and be able to access all four stances. To illustrate, let's consider one of our clients, Isobel, a newly appointed president of a major business line at a tech company.

Isobel was in trouble and called us in. She was at loggerheads with the firm's mercurial CEO, who had a tendency to be unreliable — contradicting himself, changing positions, and often making promises the company couldn't deliver (**iii**).

"I'm getting a bad reputation for being aggressive at board meetings," she told us at our first two-on-one coaching session. "I just tell the truth — someone needs to — but I'm the one getting dinged."

As we talked, we identified a clear gap between her own and others' perceptions. *Leaning In* — (A)way in — was her default stance. As a former lawyer, she was a world-class debater, and her impact was far more powerful than she realized. It was clear she needed to overcome her reflexive behavior and find other (**B**) ways to win. We described the four stances and asked her to consider alternatives to her default approach.

"But I need to be (**C**)," she countered.

"Of course," we responded, "but you can use other stances while still being true to yourself."

We went through the stances one by one. In situations in which *Lean In* was the best choice, she saw that she could be more skillful by better (2)calibrating the intensity of her remarks. If she could learn to *Lean Back* and not rush into conflict, she could slow down her reactions and be more strategic about when she would engage. If she applied *Don't Lean,* she could take a moment to breathe, which could help her neutralize (B)her activation by the CEO and keep a clear head. We were all surprised that asking about *Lean With* was what (3)pivoted Isobel into a new way of operating. Drawing on Harvard Business School professor Amy Edmondson's groundbreaking work on psychological safety, we asked, "What if your job at the board meeting was to make the CEO and directors feel safe?"

Isobel immediately embraced (ア)that approach, which appealed to her protective side. She spontaneously started thinking through the (4)implications. Supporting the CEO would probably help him calm down and make the meetings less painful for everyone. In the *Lean With* stance, she could also tolerate his contradictions by understanding that his first reaction wasn't always his final (**D**). She decided that she would enthusiastically support his comments when they were in alignment with the executive committee's assessment and refrain from reflexively challenging him when he veered (**iv**) course, unless the board was close to a vote on that recommendation. After adopting this approach, her reputation with the board skyrocketed. She became known as a leader who made peace rather than war.

(Adapted from *Harvard Business Review*, January-February, 2023)

設問1． 空所（A）～（D）を埋めるのにもっとも適当なものを(a)～(d)からそれぞれ一つ選び，マーク解答用紙の所定欄にマークせよ。

(A) (a) be coupled with　(b) be incompatible with
　(c) be indifferent to　(d) be susceptible to

(B) (a) administrative　(b) aggressive
　(c) commercial　(d) viable

(C) (a) authentic　(b) impressive
　(c) persuasive　(d) prompt

(D) (a) bet　(b) challenge
　(c) turn　(d) word

設問2． 空所（i）～（iv）を埋めるのにもっとも適当なものを(a)～(d)からそれぞれ一つ選び，マーク解答用紙の所定欄にマークせよ。

(i) (a) at　(b) behind
　(c) by　(d) from

(ii) (a) across　(b) behind
　(c) below　(d) in

(iii) (a) along　(b) on
　(c) over　(d) through

(iv) (a) above　(b) around
　(c) in　(d) off

設問3． 下線部(1)～(4)の意味にもっとも近いものを(a)～(d)からそれぞれ一つ選び，マーク解答用紙の所定欄にマークせよ。

(1) (a) cease　(b) diminish
　(c) fluctuate　(d) manifest

(2) (a) adjusting　(b) enhancing
　(c) exercising　(d) minimizing

(3) (a) backed　(b) organized

出典追記：The Power of Options, Harvard Business Review January-February 2023 by David Noble and Carol Kauffman

(c) scheduled (d) shifted

(4) (a) details of the plan

(b) possible outcomes

(c) similar previous experiences

(d) underlying causes of the issue

設問4. 下線部(ア)の内容を具体的に書いた箇所を本文中より抜き出し，2語で記述解答用紙の所定欄に書け。

設問5. 次の1.～4.について，もっとも適当なものを(a)～(d)からそれぞれ一つ選び，マーク解答用紙の所定欄にマークせよ。

1. According to the article, which of the following is true of the four stances?

(a) They are essentially modern equivalents of "fight or flight."

(b) They need to be used sparingly and with caution.

(c) They offer four approaches to interpersonal engagement.

(d) They often work in tandem with each other in real time.

2. Which of the following most accurately explains the underlined (A)?

(a) a deeply ingrained introverted tendency

(b) a highly emotional state of mind

(c) an exceedingly permissive behavior

(d) an overly assertive approach

3. Which of the following best paraphrases the underlined (B)?

(a) her desire to prevent the CEO from aggravating the situation

(b) her fear of confronting the CEO

(c) her impulsive behavior triggered by the CEO

(d) her misconceptions toward the CEO

4. Why did *Lean With* work best for Isobel?

(a) It was consistent with the caring aspect of her personality.

(b) *Lean With* was a forward approach similar to her default stance.

(c) Resolving the CEO's contradictions impressed the board.

(d) The CEO was too aggressive to appreciate other approaches.

日本史

（60分）

1　古代の内乱（反乱）に関する次のⅠ～Ⅲの史料を読んで，下記の設問（A～J）に答えよ。解答はもっとも適当なものを1つ選び，解答記入欄のその番号をマークせよ。なお，史料は一部，書き改めたところがある。

（史料Ⅰ）

◇継体天皇二十一年六月条

近江毛野臣《おうみのけなのおみ》，衆《いくさ》六万を率《い》て，任那に往く。（中略）是に，(イ)筑紫国造磐井，陰《ひそか》に叛逆《そむ》くことを謨《はか》る。（中略）(ロ)新羅，是を知りて，密《ひそか》に貨賂《まいない》を磐井が所に行《おく》りて，勧むらく，毛野臣の軍を防遏《た》へよと。是に磐井，（中略）使修職《つかえまつ》らず。

◇継体天皇二十二年十一月条

大将軍物部［ハ］麁鹿火，親《みずか》ら賊の帥磐井と，筑紫の御井《みい》郡に交戦《あいたたか》う。（中略）遂に磐井を斬りて，果して疆場《さかい》を定む。

◇継体天皇二十二年十二月条

筑紫君葛子，父のつみに坐《よ》りて誅せられんことを恐《おそ》りて，糟屋［ニ］を献《たてまつ》りて，死罪贖《あがな》わんことを求《もと》む。

（史料Ⅱ）

◇天武天皇元年六月条

村国連《むらくにのむらじ》男依《おより》・和珥部臣君手《わにべのおみきみて》・身毛君広《むげつのきみひろ》に詔して曰わく，「今聞く，近江朝庭の臣等，朕が為に害《そこな》わんことを謀る。是を以て，汝等三人，急《すみやか》に美濃国に往《まか》りて，安八磨《あはちま》郡の湯沐令多臣品治《ゆのうながしおおのおみほむぢ》に告げて，機要を宣《の》べ示して，先ず当郡の兵を発《おこ》せ。仍りて国司等に経《ふ》れて，諸軍を差し発して，急《すみやか》に［ホ］道を塞げ。朕，今発路《いでた》たん」と。

◇天武天皇元年七月条

男依等瀬田に到る。時に［ヘ］皇子及び群臣等，共に橋の西に営《いお》りて，大いに陣を成せり。（中略）衆※1，悉く乱れて散り走《に》ぐ。（中略）是に［ヘ］皇子，走《に》げて入らん所無し。乃ち還りて山前《やまさき》に隠れて，自ら縊《くび》れぬ。時に左右大臣及び群臣，皆散り亡《う》せぬ。

※1　衆……［ヘ］皇子の側の軍勢。

（史料Ⅲ）

◇天平宝字八年九月条

軍士石村村主石楯《いわれのすぐりいわたて》，(ト)押勝を斬りて，首を京師に伝う。押勝は近江朝の内大臣藤原朝臣［チ］の曾孫，平城朝の贈太政大臣武智麻呂の第二子なり。（中略）天平六年，従五位下を授けられ，任を歴《へ》ること通顕《つうけん》なり。勝宝元年，正三位大納言兼紫微令中衛大将に至る。（中略）宝字元年，［リ］等，謀りて之を除かんと欲す。事廃立《はいりつ》に渉《わた》りて，反《かえ》りて為に滅さる。其の年，紫微内相に任ぜらる。二年，大保を拝す。（中略）四年，太師に転ず。（中略）時に［ヌ］，常に禁掖《きんえき》に侍して，甚だ寵愛せらる。押勝これを患《うれ》えて，懐《こころ》自ら安からず。（中略）遂に兵を起して反《そむ》く。其の夜，党与を相招き，道《い》きて宇治より近江に奔《はし》り拠る。山背守日下部子麻呂《くさかべのこまろ》・衛門少尉佐伯伊多智《さえきのいたち》ら，直《ただち》に田原道を取り，先に近江に至りて勢多橋を焼く。押勝これを見て色を失う。（中略）伊多智ら馳せて越前国に到り，守辛加知《からかち》※2を斬る。押勝知らずして，偽りて塩焼※3を立てて今帝とし，真先・朝猟※4らを皆三品とす。（中略）精兵数十を遣して［ル］関に入らしめんとす。授刀《たちはき》物部広成ら拒《ふせ》ぎてこれを却《しりぞ》く。押勝，進退拠《ところ》を失う。

※2　辛加知……押勝の息子。

※3　塩焼……皇族出身の氷上塩焼。

※4　真先・朝猟……ともに押勝の息子。

問A　下線部**イ**の人物の墳墓とされ，多数の石人・石馬が出土した古墳として，正しいものはどれか。

1．龍角寺岩屋古墳　2．岩戸山古墳　3．竹原古墳
4．箸墓古墳　5．作山古墳

問B　下線部**ロ**に関する文として，正しいものはどれか。

1．馬韓地域を統一して建国した。
2．倭国に五経博士を送り，儒教を伝えた。
3．隋と対立して征討を受けた。
4．唐と結んで高句麗を滅ぼした。
5．11世紀初頭に滅亡した。

問C　空欄**ハ**に入る語として，正しいものはどれか。

1．大臣　2．大連　3．朝臣　4．忌寸　5．直

問D　空欄**ニ**に入る語として，正しいものはどれか。

1．部曲　2．田荘　3．名代　4．子代　5．屯倉

問E　空欄**ホ**・**ル**に入る地名の組み合わせとして，正しいものはどれか。

1．**ホ**＝不破　**ル**＝鈴鹿　2．**ホ**＝逢坂　**ル**＝白河　3．**ホ**＝逢坂　**ル**＝愛発
4．**ホ**＝不破　**ル**＝愛発　5．**ホ**＝白河　**ル**＝鈴鹿

問F　空欄**ヘ**・**チ**に入る人物名の組み合わせとして，正しいものはどれか。

1．**ヘ**＝草壁　**チ**＝鎌足　2．**ヘ**＝大友　**チ**＝鎌足　3．**ヘ**＝大友　**チ**＝宇合
4．**ヘ**＝大津　**チ**＝不比等　5．**ヘ**＝高市　**チ**＝不比等

問G　下線部**ト**に関する文として，誤っているものはどれか。

1．光明皇太后を後ろ盾とした。
2．孝謙太上天皇と対立し，滅ぼされた。
3．養老律令を施行した。
4．墾田永年私財法の制定を主導した。
5．唐式の官名を導入した。

問H　空欄**リ**・**ヌ**に入る語の組み合わせとして，正しいものはどれか。

1．**リ**＝橘諸兄　**ヌ**＝奝然　2．**リ**＝橘奈良麻呂　**ヌ**＝道鏡　3．**リ**＝長屋王　**ヌ**＝玄昉
4．**リ**＝橘諸兄　**ヌ**＝玄昉　5．**リ**＝橘奈良麻呂　**ヌ**＝奝然

問I　史料Ⅰ～Ⅲは原漢文であるが，それぞれの史料の組み合わせとして，正しいものはどれか。

1．Ⅰ－『元亨釈書』　Ⅱ－『日本書紀』　Ⅲ－『釈日本紀』
2．Ⅰ－『元亨釈書』　Ⅱ－『日本書紀』　Ⅲ－『日本後紀』
3．Ⅰ－『日本書紀』　Ⅱ－『日本書紀』　Ⅲ－『日本書紀』

4．Ⅰ－『日本書紀』　Ⅱ－『日本書紀』　Ⅲ－『続日本紀』
5．Ⅰ－『日本書紀』　Ⅱ－『続日本紀』　Ⅲ－『日本後紀』
6．Ⅰ－『続日本紀』　Ⅱ－『日本後紀』　Ⅲ－『釈日本紀』

問J　史料Ⅰ～Ⅲに関する文として，正しいものはどれか。
1．史料Ⅰの乱を契機として，ヤマト政権の外交は九州の豪族に委ねられるようになった。
2．史料Ⅱの乱で「近江朝廷」に従った豪族が，後の天武天皇の政権を中心的に支えた。
3．史料Ⅲの乱では，天皇が自ら反乱の鎮圧にあたった。
4．史料Ⅰ・Ⅱの乱はどちらも，乱の後の王権の伸長につながった。
5．史料Ⅱ・Ⅲの乱はどちらも，地方に逃れてその地域の勢力を兵士として徴発した側が勝利した。

2　次の史料Ⅰ～Ⅲと解説文を読んで，下記の設問（A～J）に答えよ。解答はもっとも適当なものを1つ選び，解答記入欄のその番号をマークせよ。

（史料Ⅰ）
一，悪党を籠め置き無沙汰の所々の事，
　地頭・御家人等の領においては，子細を尋ね明らめ注申すべし，その左右に随い誡め沙汰あるべし，また　イ　，件の輩を拘惜するの地に至っては，早く注申せらるべし，
一，好みて悪党を召し仕うる輩の事，
　狼藉の基たり，早く交名を注申すべし，ことにその沙汰あるべきなり，

（式目追加）

（史料Ⅱ）
古の興廃を改めて，今の例は昔の　ロ　なり，朕が　ハ　は未来の　ニ　たるべしとて新なる勅裁漸くきこえけり，……次に関東へは同年（元弘三年）の冬，成良親王征夷将軍として御下向也，下御所ホ左馬頭殿供奉し奉られしかば，東八ヶ国の輩大略励し奉りて下向す，……ここに京都の聖断を聞き奉るに，記録所・決断所を置かるるといえども，近臣臨時に内奏を経て非儀を申し断る間，綸言朝に変じ暮に改まりしほどに，諸人の浮沈掌を返すがごとし，……また天下一統の掟をもって安堵の綸旨を下さるるといえども，所帯を召さるる輩恨みを含む時分公家に口ずさみあり，尊氏なしという詞を好みつかいける，

（『梅松論』）

（史料Ⅲ）
観応二年十一月
五日，天晴る，……一昨日宰相中将・忠雲僧正，賀茂親承坊において対面す，随分の饗応あり，　ヘ　方の綸旨二通，忠雲随身して相公に与う，一通は勅免，一通は直義法師追討の事と云々，公家の事は一円　ヘ　方御沙汰あるべし，武士の事は召し仕わるるの上は，管領すべきの旨勅許と云々，……後日この和与世上に披露す，

（『園太暦』）

　鎌倉幕府は，13世紀もなかばを過ぎて北条氏の得宗が権勢を強めると，それとは裏腹にさまざまな問題に悩まされることとなった。（史料Ⅰ）はそのありさまを示す一例で，ト反体制的活動を行い，勢力を拡大してきた悪党とよばれる人びとを，武士や荘園領主が抱え置いたり，召しつかったりしていることがみえる。つまり，反体制的な勢力に加担したり，取り込んだりする動きがうかがえるのである。
　14世紀に入り，得宗の有力被官であるチ内管領の専横が強まると，幕府に対する人びとの不満はいよいよ高まった。こ

れを好機とみたリ後醍醐天皇は悪党を含む反幕勢力を糾合し，鎌倉幕府を滅亡させた。（史料Ⅱ）は，それに関わるありさまの一部を示したもので，後醍醐の自信が示されているところや，後醍醐の親王の１人が関東に派遣され，有力な武士の補佐を得て鎌倉将軍府が設置されるありさまなどが描かれているが，ヌさまざまな矛盾が噴出していることも示され，結局後醍醐が展開した，いわゆるル建武の新政はほどなく瓦解することとなった。

その後，南北朝内乱が60年近く続いていくが，この内乱を長引かせた一因がヲ観応の擾乱である。（史料Ⅲ）はその一場面を示したもので，事態の複雑さを物語っている。なお，「宰相中将」「相公」とあるのは足利尊氏の子息義詮のこと，「忠雲僧正」は南朝の使者である。

問A　空欄**イ**に入る語はどれか。

1．院近臣　2．守護　3．受領　4．本所　5．政所

問B　空欄**ロ**・**ハ**・**ニ**に入る語の組み合わせとして，正しいのはどれか。

1．ロ＝先例　ハ＝新儀　ニ＝先例　2．ロ＝新儀　ハ＝先例　ニ＝新儀
3．ロ＝先例　ハ＝先例　ニ＝新儀　4．ロ＝新儀　ハ＝新儀　ニ＝先例
5．ロ＝先例　ハ＝新儀　ニ＝新儀

問C　下線部**ホ**の人物はどれか。

1．足利尊氏　2．足利直義　3．足利基氏　4．楠木正成　5．新田義貞

問D　空欄**ヘ**に入る語はどれか。

1．南　2．北　3．南北　4．将軍　5．幕府

問E　下線部**ト**に関して述べた次の文**X**・**Y**・**Z**の正誤の組み合わせのうち，正しいものはどれか。

X　東国で多く活動し，やがて畿内・西国でも見られるようになった。
Y　名主や商人なども含まれていた。
Z　集団行動が多かった。

1．X－正　Y－正　Z－誤　2．X－正　Y－誤　Z－正　3．X－正　Y－誤　Z－誤
4．X－誤　Y－誤　Z－正　5．X－誤　Y－正　Z－正

問F　下線部**チ**について，北条高時のもとでこの地位にあった人物はどれか。

1．安達泰盛　2．北条重時　3．長崎高資　4．金沢実時　5．平頼綱

問G　下線部**リ**に関連して述べた文のうち正しいものはどれか。

1．足利高氏は幕府により畿内に派遣されたが，六波羅探題を攻め落とした。
2．伊勢で挙兵した楠木正成は，悪党の出自といわれる。
3．後醍醐天皇の皇子懐良親王は，吉野で挙兵した。
4．新田義貞は畿内から引き返し，鎌倉に攻め入った。
5．鎌倉に攻め込まれ，追いつめられた北条高時・時行父子は自害した。

問H　下線部**ヌ**に関連し，（史料Ⅱ）の内容として正しいものはどれか。

1．記録所・決断所といった鎌倉時代からの役所は，そのまま存続していた。
2．天皇の近臣は，つねに役所を通して天皇に進言した。
3．天皇の意思は，近臣の進言によっても不変だった。
4．所領を保証する綸旨が下される一方，所領・官職を取り上げられた人びとは不満を抱いた。
5．貴族たちは，尊氏のような者は政権に不要だと天皇に進言した。

問Ｉ　下線部**ル**について説明した次の文**a**～**d**のうち，正しいものが２つあるが，その組み合わせはどれか。

a　国々に国司のみを置いて守護を廃止した。　　**b**　大内裏造営を計画した。

c　醍醐・宇多天皇の治世が理想とされた。　　**d**　銅銭・紙幣を発行しようとした。

1．**a**と**b**　**2**．**a**と**c**　**3**．**a**と**d**　**4**．**b**と**c**　**5**．**b**と**d**

問Ｊ　下線部**ヲ**に関連して述べた文のうち誤っているものはどれか。

1．抗争の過程で足利尊氏は南朝に降伏した。

2．抗争の過程で足利直義は南朝に降伏した。

3．足利直義は，実力による所領拡大を図る勢力を支持した。

4．足利尊氏の弟直義と尊氏の執事高師直との対立を契機として抗争が起きた。

5．足利直義が死去しても抗争は尾を引いた。

3　次の文章とそれに関連する史料を読み，下記の設問（**A**～**J**）に答えよ。解答はもっとも適当なものを１つ選び，解答記入欄のその番号をマークせよ。

イ江戸時代は多くの文芸が生まれ，商業出版がさかんになった時代である。当初，書物を刊行する本屋は京都に限られていたが，17世紀中期以降，江戸・大坂でも本屋による出版がはじまり，18世紀末にはロ三都以外の地方都市にも登場した。ハ軍記物語をはじめ，古代・中世に生まれた文学作品も刊行され，書物は民衆にも広く読まれるようになった。多くの人に長く読み継がれる作品を古典とよぶとすれば，古典という認識が生まれたのは江戸時代であったといえる。

刊行された作品ばかりでなく，写本によって多くの人に読まれた作品も数多く存在する。写本で広がったジャンルの１つに百姓一揆物語がある。それぞれの地域で起こった百姓一揆を物語としてまとめた書物である。その内容には脚色されたところがあり，すべてを実際にあったとすることはできない。しかし，一揆物語の内容は，当時の人々の政治認識を探る上で格好の史料となる。その点で，まったく別地域の一揆を描いているにもかかわらず，百姓一揆物語には共通している点があることは注目される。たとえば，ニ1739年に鳥取藩で起こった百姓一揆を描いた『［ホ］民乱太平記』を例にしてみよう。下記の史料はその末尾の部分である。

この一揆物語によれば，凶作で領民が苦しんでいたところ，村役人が百姓救済の要望を藩にあげず，藩の農政担当者も厳しく年貢を取り立てたという。そこで，憤慨した百姓たちは村役人宅を打ちこわした上，農政担当の藩役人を糾弾しようとした。この騒動を通じて百姓の困窮を知った藩主（一揆直後に病死したので，裁断を下したのはその次の藩主）は，一揆の指導者とともに百姓たちを苦しめた藩役人を処罰した。その結果，太平の治世が回復した，というストーリーである。

こうした内容は多くの百姓一揆物語に共通している。百姓一揆物語は，領民をいたわって仁政を施す領主と，それに応えて年貢を納める領民とが信頼関係で結ばれているところに，その間にいる村役人や藩役人が領民を虐げたため一揆が起こった，と解釈しているのである。現実には，ヘ領主による仁政の実現は困難であったが，上記のような物語が受け入れられていたのは，この時代，仁政が実現可能であると人々に認識されていたからである。ところが，そうした認識は徐々に薄れ始め，とりわけト1830年代以降，人々の政治権力への信頼は崩れていく。19世紀における政権の交代や社会体制の変化は，こうした領主と領民の関係の変化を背景に起こったといえよう。

（史料）

民共が益なき事に騒動いたさば，先殿のいかりをやすめ奉らん為一々刑罪申し付くべし，又役人邪欲あるによっては訴えなば，役人を罪科におこなうべし，正罪正しき[注1]大君[注2]の勢い，家中上下押しなべて恐れ入てぞ敬いける，（中略）後民共これにて恨みあるべからず，しかしながら民も又願いの筋を申し上げる願方もあるべきに，国中騒動いたし，先殿の御心を痛ましむる事，科少なからず，これによって徒党の張本ことごとく刑罰せしめ，獄門の木にかけさらし申すべしとて，正罪正しきは，名におう《(負)》［チ］の智信勇を備え給うと，御家中在町残らず敬い奉る，それより国中ゆたかにて，リ武士は弓馬の道を学び，民は耕作に心を寄せ，工は長田大明神[注3]に手際を顕し，商人は商売日々に栄え，［ヌ］の心広くしてゆたかに保つ，春迄に太平国とぞ治りぬ

（注1）　正罪正しき：明らかな罪をただす。
（注2）　大君：ここでは藩主のこと。
（注3）　長田大明神：鳥取城下の神社。

問A　下線部**イ**に関して，江戸時代に刊行された次の書物，**X**・**Y**・**Z**を刊行順に正しく配列したものはどれか。

X　浮世風呂　　**Y**　世間胸算用　　**Z**　仕懸文庫

1．X・Y・Z　　2．X・Z・Y　　3．Y・X・Z　　4．Y・Z・X　　5．Z・X・Y

問B　下線部**ロ**のうち，幕府の遠国奉行が置かれなかったところはどれか。

1．長崎　　2．山田　　3．日光　　4．新潟　　5．博多

問C　下線部**ハ**の背景にある庶民教育機関の普及についての説明で，正しいものはどれか。

1．寺子屋の師匠は，僧侶・神職・村役人のほか，浪人や女性の場合もあった。
2．寺子屋では，往来物とよばれる幕府が定めた教科書が使用された。
3．女性は庶民教育から排除された。
4．藩が設置した学校に庶民が入学した例はない。
5．庶民教育の内容は，読み書き・そろばんなどの日常生活に関すること以上には広がらなかった。

問D　下線部**ニ**の事件が起こったときの将軍が行ったことでないのはどれか。

1．足高の制　　2．上げ米　　3．服忌令発令　　4．株仲間公認　　5．公事方御定書編纂

問E　空欄**ホ**には，2つの旧国名を示す語が入る。その国名の組み合わせで正しいものはどれか。

1．長門・周防　　2．因幡・伯耆　　3．丹波・丹後　　4．播磨・美作　　5．若狭・越前

問F　下線部**ヘ**の理由の一つは，大名が幕府に務める軍役の負担が領民に転嫁されていたことである。軍役やそれに関連する説明で，誤っているものはどれか。

1．大名は兵馬を常備し，常に臨戦態勢をととのえていることが義務づけられていた。
2．大名が常備しておく兵馬の数についての基準はなく，それぞれの大名家が財政状況によって決めた。
3．軍事動員のほか，幕府から大名に課される，江戸城などの修築や河川の工事などの負担も軍役の一環であった。
4．1年交代で国元と江戸を往復する参勤交代とそれにともなう江戸藩邸の生活は，大名家の財政を圧迫した。
5．参勤交代の際の大名行列は，街道や宿場の整備につながった。

問G　下線部**ト**を示す出来事の説明として，該当しないものはどれか。

1．既存の神仏信仰では満足できない人々が，新しい神格のもとに救いを求めた。
2．高利貸しなどへ激しい打ちこわしを展開する世直し一揆が起こった。
3．伊勢神宮の御札が降下したという風説により，民衆が乱舞する現象が起こった。
4．幕府と長州藩が対立しているさなか，大坂や江戸で打ちこわしが起こった。
5．人々の不満を代表して村役人が将軍に直訴した。

問H　史料の書名から判断すると，この物語の作者は執筆の際に中世の軍記物語を念頭に置いていたと想定される。空欄**チ**には，その軍記物語のなかで活躍する武将の名前が入る。該当する人物はどれか。

1．源義経　　2．北条泰時　　3．竹崎季長　　4．楠木正成　　5．織田信長

問Ｉ　下線部リを参考に，空欄ヌに該当する語を選びなさい。

1．将軍様　　2．若殿様　　3．御役人　　4．民百姓　　5．四民

問Ｊ　史料に記されていないことはどれか。

1．領民に邪心があれば，役人はそれを詳しく調べてただすべきである。

2．領民は，訴えたいことがあればその方法もあるはずであるのに，騒動を引き起こして前の藩主の心を痛めた。

3．明らかな罪をただす藩主の姿勢に，家臣一同は感服した。

4．藩主には智信勇が備わっていると，家臣や村・町の領民は残らず藩主を敬っている。

5．藩主が一揆の指導者を処罰し，その首を獄門にさらしたのは正しい判断である。

4　次の史料を読んで，下記の設問（Ａ～Ｊ）に答えよ。史料は政治家３人による鼎談であり，空欄イ・空欄ホ・空欄トにはそれぞれ発言した政治家の氏名が入る。なお，史料はわかりやすくするために省略や変更を加えた部分がある。

（史料）

［イ］：「熟々内外の形勢を観るに，実に今日は国家に取りて重大なる時機といふべし。即ち内にしては経済社会の状況，ロ政府財政の困難，ハ条約改正に伴ふ実際的関係，外にしてはニ東洋の形勢漸く迫まり，一たび此時機に処するの道を過まるときは，実に国家将来の進運を危殆ならしむるの恐あり。〔中略〕幸なるかな，両伯は積年の関係を捨てて，此に両者の会同を決行せられ，優に多数を議会に制せらるべきは，殆ど疑を容れざる所，〔中略〕今後の事，挙げて両伯に一任するに於て議会なる関門を通過するを得るべきこと亦深く顧慮するを要せざるべし。両伯幸に一諾せば，将来国政を挙ぐる，豈難事とせんや。」

［ホ］：「貴意領せり。ヘ岩倉，木戸，大久保の諸先輩を助けて日本開国の種子を播布したるは実に［イ］侯なり。而して其結果は異常の進歩発達を致し，就中帝国憲法の如き，侯の手に成りたるの偉功は，世人の識認する所，〔中略〕然るに侯が今忽然辞表を捧呈せられたるの事実は，余の殊に喫驚する所たり。」

［ト］：「侯の辞表は実に意外なり。民間党は既に合同したりと云ふも，余は［ホ］伯と宴席に唯々一回の面晤を得たるのみ。余は［ホ］伯が果して引受けらるるならば［チ］を挙げて伯の手に委ね，老生は安んじて隠居たらんことが本来の願なり。」

［ホ］：「余は去る二十一年入閣したるときも，偏に其調和を希へり。〔中略〕世人動もすれば薩長の専横を罵るも，国家に於ける薩長の功績は実は非常なりとす。〔中略〕凡そ国として何れにか実力の埋伏する所なかるべからず。但だ時勢の推移甚しければ，余が入閣したればとて，前日の如き威信を繋ぐを得べきや否。

［ト］：「余がリ内務大臣たりし日と雖も，万事を慮《おもんぱかり》勝ちにて意に任せざるもの少からざりし。薩長の勢力は政党の勢力に下らず，故に之を揺撼する所容易ならざるべきを悟りき。」

［イ］：「薩長の党派は，最早実利なし。今日議会に於て立法上の目的を達せんとする党派とは，固より同日を語るべきにあらず。」

［ホ］：「然り。事已に此に至りたる以上は，［ト］伯とも熟議の上，何とか善後の計を講ぜざるべからず。其ヌ上聖天子の思食をも伺ひ，若し陛下の御信任を辱くするに於ては，相当の手段を取らざるを得ず。」

問Ａ　空欄イに当てはまる人物について述べた文として，誤っているものを２つマークせよ。

1．初代内閣総理大臣である。

2．帝国議会開会時の内閣総理大臣である。

3．日清戦争開戦時の内閣総理大臣である。

4．日露戦争開戦時の内閣総理大臣である。

5．長州藩出身である。

問B　下線部**ロ**に関連して述べた文として，正しいものを1つマークせよ。

1．初期議会において民党は積極財政による支出拡大を要求していた。
2．日清戦争の戦費調達のために発行された外債の利子が政府財政悪化の原因であった。
3．毎年の予算案は衆議院が作成し，貴族院の承認を経て執行された。
4．日清戦争の賠償金の六割以上は軍備拡張に使われた。
5．米価の上下に応じて地租による税収は増減した。

問C　下線部**ハ**に関して述べた文として，正しいものを1つマークせよ。

1．大隈重信外相は，条約改正に反対する官吏に爆弾を投げつけられた。
2．岩倉使節団の派遣は近代化のための視察が目的であり，条約改正交渉を行う予定はなかった。
3．青木周蔵外相による交渉では，イギリスが改正に同意したが，外国人判事の任用問題で挫折した。
4．陸奥宗光外相による改正交渉は自由党によって支持され，領事裁判権撤廃に成功した。
5．小村寿太郎外相は，関税率の一部引き上げと，日英通商航海条約の調印に成功した。

問D　下線部**ニ**に関連して述べた文として，誤っているものを1つマークせよ。

1．日清戦争後，ドイツは山東半島の威海衛を租借した。
2．日清戦争後，イギリスは新界（九竜半島と附属島嶼）を租借した。
3．日清戦争後，ロシアは旅順・大連を租借した。
4．日清戦争後，フランスは広州湾を租借した。
5．日清戦争後，アメリカはハワイを併合した。

問E　空欄**ホ**に当てはまる人物に関する文として，正しいものを2つマークせよ。

1．進歩党を与党として松方内閣に入閣した。
2．土佐藩出身である。
3．長州藩出身である。
4．佐賀藩出身である。
5．自由党を与党として伊藤内閣に入閣した。

問F　下線部**ヘ**に当てはまる人物に関する文として，正しいものを1つマークせよ。

1．摂関家に次ぐ家柄の出身である。
2．若くしてフランスに留学した。
3．八月十八日の政変で京都を追放された。
4．王政復古の大号令の発布に深く関与した。
5．倒幕の密勅に基づき将軍に対して大政奉還を促した。

問G　空欄**ト**に当てはまる人物と同じ藩出身の人物は誰か。正しいものを1つマークせよ。

1．江藤新平　2．西郷隆盛　3．桂太郎　4．岩崎弥太郎　5．徳富蘇峰

問H　空欄**チ**に当てはまる語句はなにか。正しいものを1つマークせよ。

1．大成会　2．憲政本党　3．進歩党　4．国民協会　5．自由党

問I　下線部**リ**に関連して述べた文として，正しいものを1つマークせよ。

1．鉄道の敷設や管理を担当した。
2．その権限を利用して選挙干渉を主導することがあった。
3．全国各地の教育制度や学校の管理を担当した。

4．帷幄上奏の権限を有していた。

5．宮中に関する事務をつかさどった。

問J　当時の下線部**ヌ**に関して述べた文として，正しいものを1つマークせよ。

1．天皇は首相をその独断によって決定した。

2．天皇の輔弼者である元老は，憲法上にその存在根拠となる規定を持たなかった。

3．天皇は憲法の制定者であり元首である以上，憲法の条規に従う必要はなかった。

4．天皇は，憲法上国権の最高機関と規定されていたが，のちにこの規定は批判された。

5．帝国議会は天皇の協賛をもって立法権を行使すると憲法に定められた。

5　次の文章Ⅰ，Ⅱを読んで，下記の設問（**A**～**J**）に答えよ。

Ⅰ

産業革命に伴う日本経済の成長は日清戦争で頓挫し，イ日露戦後にかけて停滞期を迎えた。しかし，第一次世界大戦の勃発はアジア市場の経済状況を一変させ，日本はロ大戦景気を謳歌することとなった。大戦はハ産業の成長を通じて労働運動の発展を，ロシア革命や米騒動を通じて社会運動の高揚を促す契機ともなった。もっとも，大戦景気の底は浅く，日本は戦後におけるヨーロッパ諸国の市場復帰に対抗できる競争力を構築することはできなかった。

従って，大戦が終結してヨーロッパが本格的に市場に復帰し始めると，ニ日本経済は再び苦境に追い込まれることになった。関東大震災の発生は苦しい状態に追い打ちをかけた。政府は銀行が持つ震災手形に日本銀行から特別融資させることで経済破綻を防いだが，不況が長期化する中で「財界の癌」といわれた震災手形の処理に手間取る結果となった。

金融恐慌を経て震災手形問題が一段落すると，日本の金本位制復帰がいよいよ現実の課題となった。この課題は浜口内閣によって達成されたが，吹き荒れる世界大恐慌の嵐に日本経済を深く巻き込むことになった。

このように低迷を続けた経済状況の下ではあったが，1920年代には工業化と都市化の進展を背景としてホ社会生活と文化の大衆化・自由化が進み，大正デモクラシーと呼ばれる新たな時代が訪れた。

問A　下線部**イ**に関連して，日露戦後の経済・社会について述べた文として，誤っているものを1つマークせよ。

1．重工業資材などの輸入が増大したが，貿易収支は黒字を維持していた。

2．戊申詔書を発布し，勤倹と節約による国力の強化を訴えた。

3．軍拡政策と満鉄設立など海外権益の確立により，日露戦後経営を進めた。

4．外債発行による資本収支の受け取り超過によって，正貨危機が緩和されていた。

5．地租や間接税の負担が増大し，農村の疲弊が社会問題となった。

問B　下線部**ロ**に関連して，大戦景気下の日本経済について述べた文として，誤っているものを1つマークせよ。

1．イギリスにかわって日本の綿製品が，アジア市場に進出した。

2．ヨーロッパ輸出で好況に沸くアメリカに向けて，製糸業は輸出を伸ばした。

3．実質賃金が上昇し続け，第1次産業から第2・第3次産業へと就業人口が移動した。

4．ドイツからの輸入途絶をうけて，染料・肥料など化学工業が発展した。

5．大型水力発電と長距離送電の発達により，工場動力の電化が進んだ。

問C　下線部**ハ**に関連して，大正期の社会運動・労働運動について述べた文として，誤っているものを1つマークせよ。

1．北一輝らにより猶存社が設立され，国家改造運動へと進んでいった。

2．小作争議が増加し，全国組織として日本農民組合が結成された。

3．吉野作造は黎明会を組織して民本主義を軸とし，知識人に啓蒙活動を行った。

4．友愛会は後に日本労働総同盟と改称し，労資協調から階級闘争を目指すようになった。

5．無産政党の国家社会主義への転向が進み，日本国家社会党が結成された。

問D　下線部ニに関連して，1920年代の日本経済について述べた文として，誤っているものを1つマークせよ。

1．国際競争力の不足と割高な物価のために，貿易収支は入超が続いた。

2．浜口内閣は金解禁準備のため金融を緩和し，物価上昇をはかった。

3．不況の中で電気機械，電気化学など電力関連の重化学工業は成長を遂げていた。

4．金融恐慌で五大銀行への預金集中が進み，財閥は金融面から産業支配を強めた。

5．日銀による再三の救済融資は，不良企業の整理を遅らせる面ももっていた。

問E　下線部ホに関連して，1920年代の社会・文化について述べた文として，誤っているものを1つマークせよ。

1．新聞や雑誌の発行部数が大幅に増加し，発行部数100万部を超える新聞も出現した。

2．都市部を中心に，トンカツなど食生活の洋風化が進んだ。

3．タイピスト，電話交換手など，女性の職場進出が進んだ。

4．都市部とは異なり，農村の一般家庭には電灯が普及していなかった。

5．1925年に東京，名古屋，大阪でラジオ放送が始まった。

Ⅱ

明治期の芸術は，西洋からの新しい潮流と伝統的な流れが対立と融合を繰り返しながら進んでいった。

演劇では［ヘ］が民衆の人気を得ていたが，西洋演劇の影響の下に新史劇が創作されるなど革新がはかられた。日露戦後になると，小山内薫が［ヘ］俳優とともに［ト］劇場を組織し，翻訳された西洋近代劇の上演も行うようになった。

音楽では1887年設立の東京音楽学校で専門的な音楽教育が始まり，ここで西洋音楽を学んだ［チ］は『荒城の月』などを作曲した。

美術では外国人教師を招いて西洋画も教えていた［リ］美術学校が閉鎖され，1887年には西洋美術を排した東京美術学校が設立された。政府は伝統美術を保護する姿勢をとったのである。しかし，西洋画の人気は高く，1896年には東京美術学校に洋画科が新設されることとなった。こうした中で官庁側も次第に伝統美術と西洋美術との共存共栄をはかる方針に改め，1907年，共通の発表の場として［ヌ］が開催された。

問F　空欄ヘにあてはまる語句を，記述解答用紙の解答欄に漢字3字で記せ。

問G　空欄トにあてはまる語句を，記述解答用紙の解答欄に漢字2字で記せ。

問H　空欄チにあてはまる人名を，記述解答用紙の解答欄に漢字4字で記せ。

問I　空欄リにあてはまる語句を，記述解答用紙の解答欄に漢字2字で記せ。

問J　空欄ヌにあてはまる語句を，記述解答用紙の解答欄に漢字2字で記せ。

6 次の文章を読んで，下記の設問（A～I）に答えよ。

イ高度成長期（1955～1973年頃）には，「節約」にかわって「消費」が美徳と考えられるようになり，消費が急速に拡大した。江戸時代の文化爛熟期であった元禄時代になぞらえ，「昭和元禄」ともよばれた。1960年度の『経済白書』は，ロ（　　　）や（　　　）とむすびついた近代化投資が経済を発展させ，産業構造の高度化，生産の増大，国民生活の向上などが実現されたと述べている。

高度成長の前半期には，電気洗濯機，白黒テレビ，電気冷蔵庫が普及し，皇位継承の象徴とされる宝物にちなんで「[a]」とよばれた。1958年12月にはテレビ時代を象徴する[b]が完成し，1959年4月に行われた皇太子と皇太子妃の結婚パレードの中継を見ようと，人々が競うようにテレビを購入したため，受信契約数が大幅に増加した。

消費ブームは，1966年からの[c]景気のなかでさらに活発となった。消費の中心は，自家用自動車，カラーテレビ，ルームクーラーなどの高価格の耐久消費財で，「新[a]」または「3C」とよばれた。1964年の東京オリンピックを契機にカラーテレビが普及し，1975年には普及率が90%を超えた。乗用車の保有台数は，1966年には約230万台であったが，1974年には約1,460万台となり，自動車がハ交通手段の主力となっていった。

肉類や乳製品の消費が増大し，食の洋風化が進み，日本人の食生活も豊かになった。インスタント食品や冷凍食品を生産する食品工業の発達，外食産業の成長も見られた。その一方で，米の供給過剰と食糧管理特別会計の赤字が問題となり，1970年から[d]が始まった。

人びとの生活にゆとりが出ると，レジャー産業やマスメディアが発達した。新聞，雑誌，テレビなどはニ大衆文化の主な担い手になるとともに，大量の広告を制作して人びとの購買意欲をあおった。

国民所得の増加にともなって「教育熱」が高まり，高校・大学への進学率が高まった。1970年には，高校進学率は80%を超え，大学・短期大学進学率は24%に達した。高等教育の普及，マスメディアによる情報伝達，所得・消費水準の向上などが，ホその後も長らく続く多くの日本人の考えに影響した。

問A 空欄aに該当する語句を，記述解答用紙の解答欄に5字で記せ。

問B 空欄bに該当する語句を，記述解答用紙の解答欄に5字で記せ。

問C 空欄cに該当する語句を，記述解答用紙の解答欄に4字で記せ。

問D 空欄dに該当する語句を，記述解答用紙の解答欄に4字で記せ。

問E 下線部イに関連する記述として，高度成長期の事柄ではないものをすべてマークせよ。

1．ドッジ・ライン
2．国民所得倍増計画
3．日本の経済協力開発機構加盟
4．日本の国際連合加盟
5．日本の国際通貨基金加盟

問F 下線部ロについて，2つの（　　）にあてはまる語句の組み合わせとして，最も適切なものを1つマークせよ。

1．技術革新　産業革命
2．技術革新　流通革命
3．流通革命　消費革命
4．技術革新　消費革命
5．流通革命　産業革命

問G　下線部**ハ**に関して，高度成長期の交通手段に関する記述として，誤っているものを1つマークせよ。

1．最初に全線開通した自動車専用高速道路は，東名高速道路である。

2．羽田空港発着の旅客輸送用のモノレールが開業した。

3．東海道新幹線は，東京オリンピック開催の年に開業した。

4．自動車が交通手段の主力になることを，「モータリゼーション」という。

5．1960年のジェット機導入によって航空輸送が拡大した。

問H　下線部**ニ**に関連して，作家と作品の組合せとして，不適切なものを1つマークせよ。

1．司馬遼太郎－『竜馬がゆく』

2．三島由紀夫－『金閣寺』

3．松本清張－『点と線』

4．大江健三郎－『仮面の告白』

5．高橋和巳－『悲の器』

問I　下線部**ホ**に関して，この考えを適切に表現する漢字4字のキーワードを含めて，その状況を30字以内の文章で説明し，記述解答用紙の解答欄に記せ。なお，句読点も1字として数えよ。

世界史

（60分）

I　次の文章を読み，**問A～L**に答えよ。解答はマーク解答用紙の所定欄に一つだけマークせよ。

$_{\text{A}}$古代地中海世界の文明の成熟点といえる古代ローマは，$_{\text{B}}$古代ギリシアや$_{\text{C}}$エトルリアの影響を色濃く残しながらも，土木・建築技術における改良を行い比類なき建造物の数々を残した。アーチやヴォールトといった曲線構造やローマンコンクリートは建造物の大規模化を促し，充実した機能をもつ都市が建設された。

［　D　］＝ロマーノとその周辺は古代ローマ市民の都市生活の中心地であり，$_{\text{E}}$共和政期から帝政期にかけて元老院や神殿をはじめとする多くの建造物や公共施設がつくられた。$_{\text{F}}$アウグストゥスのものとして伝えられる「私はローマを煉瓦の町として引き継ぎ，大理石の都として残すのだ」という言葉に象徴されるように，$_{\text{G}}$イタリア半島内のカッラーラから供給されるようになった大理石などで壮麗な装飾が施された建築物もみられた。ネロ帝による革新的な宮殿ドムス＝アウレアやウェスパシアヌス帝が建設を始めた$_{\text{H}}$コロッセウムはいずれも曲線構造やローマンコンクリートを駆使したものであり，［　D　］＝ロマーノの北西に位置する$_{\text{I}}$パンテオンのドーム状の天蓋はローマンコンクリートの真骨頂とされる。土木・建築技術は$_{\text{J}}$水道施設や公共浴場などの建設にも活かされ，都市機能の向上に寄与した。また，ローマは支配地の拡大に伴い各地に植民都市を建設した。$_{\text{K}}$北アフリカや$_{\text{L}}$西アジアに及ぶ広範な範囲に残る遺跡からは，培われた技術が各地の建設資材や気候風土に柔軟に適用されたことがうかがわれる。こうした建造物は，娯楽や都市機能を提供しただけでなく軍事戦略的にも不可欠であり，帝国を維持拡大するうえで重要な役割を果たした。

問A　下線部**A**に関して，古代地中海世界の文明に関する記述として適切なものを選べ。

1．エヴァンズにより発見された線文字Aは未解読である。

2．カルタゴはアフリカ北岸に位置したシドンの植民者により建設された。

3．フェニキア人はエーゲ文明が栄える前に地中海貿易を独占していた。

4．アメリカのヴェントリスはクレタ文明で用いられた線文字Bを解読した。

問B　下線部**B**に関して，古代ギリシアに関する記述として適切なものを選べ。

1．前6世紀のアテネにおけるソロンの改革では，債務奴隷の禁止や鎖国政策が行われた。

2．前7世紀のアテネにおいてドラコンにより慣習法が成文化された。

3．アテネでは5000票以上投票があったとき最多得票者が生涯追放される陶片追放が行われた。

4．スパルタでは，奴隷身分の農民となった被征服民はペリオイコイと呼ばれた。

問C　下線部**C**に関して，エトルリア人についての記述として誤っているものを選べ。

1．複数の都市国家を建設し，分立していた。

2．シチリアを拠点として活動した。

3．エトルリア系の王がローマを治めたことがある。

4．ギリシア人との交易などで栄えた。

問D　D　にあてはまる言葉を選べ。

1．フォロ　2．アゴラ　3．ノモス　4．アクロポリス

問E　下線部**E**に関して，古代ローマの共和政についての記述として適切なものを選べ。

1．前4世紀のリキニウス・セクスティウス法により，コンスルは全員平民から選ばれるようになった。

2．前5世紀前半，平民出身のコンスルが設けられ，元老院の決定に対する拒否権が与えられた。

3．前3世紀，独裁官ホルテンシウスのもとで，平民会の決議が元老院の承認なく国法となることが定められた。

4．前5世紀初めに慣習法を成文化した十二表法が制定され，貴族の権利義務が大理石に刻まれ公開された。

問F　下線部**F**に関して，アウグストゥス（オクタウィアヌス）についての記述として適切なものを選べ。

1．アウグストゥスは護民官や終身独裁官を兼任し主要な政治権力を手中に収めたため，帝政を始めたとされる。

2．アウグストゥスは共和政を尊重することを示すためプリンケプスと自称した。この政治体制は元首政とよばれる。

3．アクティウムの海戦に臨むにあたり，元老院はオクタウィアヌスにアウグストゥスの称号を与えた。

4．オクタウィアヌスは，アントニウス，クラッススとともに第2回三頭政治を行った。

問G　下線部**G**に関して，イタリア半島内の都市でないものを選べ。

1．メッシナ　2．タレントゥム（タラント）　3．ポンペイ　4．カプア

問H　下線部**H**コロッセウムは80年に完成した。同時代の人物と著作の組み合わせとして，適切なものをえらべ。

1．ホラティウス『叙情詩集』

2．キケロ『国家論』

3．プルタルコス『対比列伝』

4．オウィディウス『ローマ建国史』

問I　下線部**I**に関して，ローマ市内に現存するパンテオンは125～135年頃完成したとされる。このときの皇帝の名を選べ。

1．テオドシウス　2．ハドリアヌス　3．アントニヌス＝ピウス　4．トラヤヌス

問J　下線部**J**に関して，古代ローマ時代に建設された施設などについての記述として誤っているものを選べ。

1．アッピア街道はローマからアドリア海沿岸のブルンディシウムを結んだ。

2．ガール水道橋は南フランスに残る石造りの水道橋である。

3．ローマ市内のコロッセウム横のコンスタンティヌス帝の凱旋門は，彼がローマ帝国全体の単独皇帝となったことを記念してつくられた。

4．カラカラ帝によりローマ市内につくられた公共浴場は運動場などを含む複合施設であった。

問K　下線部**K**に関して，スキピオがハンニバルに勝利した前202年の戦いはどれか。

1．カンネーの戦い　2．イプソスの戦い　3．カルラエの戦い　4．ザマの戦い

問L　下線部**L**に関して，古代ローマ時代の西アジアでの出来事の記述として適切なものを選べ。

1．ユダヤ属州とパルティアの間で行われた第1次ユダヤ戦争後，律法を重視するパリサイ派がユダヤ教の主流となった。

2．ナザレで生まれイェルサレムで成長したと伝えられるイエスは，パリサイ派を形式的であるとして批判した。

3．前1世紀にアルサケスが建国したパルティアは2世紀まで存続したが，ササン朝に敗れた。

4．前1世紀にポンペイウスはセレウコス朝シリアを滅亡させ，シリアをローマの属州とした。

Ⅱ　次の文章を読み，**問A〜L**に答えよ。解答はマーク解答用紙の所定欄に一つだけマークせよ。

4世紀から5世紀にかけてユーラシアの東西において遊牧民の大規模な移動が発生した。東アジアにおいては北方民族Aが華北に進出し，その一つである匈奴Bは，中国を統一していた晋（西晋）の都洛陽Cを陥落させた。西晋滅亡後の華北においては遊牧諸民族が興亡を繰り返していたが，5世紀前半に北魏が華北を統一した。一方，江南Dでは晋の王族Eが皇帝に即位し，晋（東晋）を復興した。その後，宋F・斉・梁・陳の各王朝が短期間に交替した。このように華北と江南で王朝が対立する南北朝時代が1世紀以上続いた。

中国王朝の分裂状態は，周辺地域の諸民族の自立をより一層うながした。朝鮮半島では高句麗，百済，新羅の三国が隆盛し，各々争った。中国東北部に勃興した高句麗は，4世紀後半から南下して朝鮮半島北部を支配し，5世紀には平壌Gに都を移転した。その後，朝鮮半島中部の漢城Hに都を置いた百済と抗争を繰り返す。百済は，南朝に朝貢使節を送り，とりわけ梁の仏教文化Iから強い影響を受けた。6世紀になると，朝鮮半島東南部にある金城Jを都とした新羅が発展する。7世紀に建国された中国の唐Kから積極的にその文化や制度を導入した新羅は，唐の軍事的援助も得て百済と高句麗Lを滅ぼして朝鮮半島の大部分を支配した。

問A　下線部Aについて，一般に五胡に含まれないとされるものを一つ選べ。

1．氐　　2．烏孫　　3．鮮卑　　4．羯

問B　下線部Bに関して，紀元前1世紀に前漢の武帝による討伐で衰退したとされるが，その武帝によって征服された勢力として適切なものを一つ選べ。

1．南越　　2．烏桓　　3．大理　　4．大月氏

問C　下線部Cについて，この地の南郊に造営された石窟寺院を一つ選べ。

1．敦煌　　2．雲崗　　3．天竜山　　4．竜門

問D　下線部Dについて，この地域に東晋および歴代南朝は都をおくが，その都の当時の名称として適切なものを一つ選べ。

1．建康　　2．南京　　3．建州　　4．建安

問E　下線部Eについて，東晋の初代皇帝を一人選べ。

1．司馬炎　　2．司馬光　　3．司馬遷　　4．司馬睿

問F　下線部Fについて，南朝宋の初代皇帝を一人選べ。

1．陳覇先　　2．蕭道成　　3．蕭衍　　4．劉裕

問G　下線部Gについて，この地にはかつて朝鮮半島北部を支配する中国王朝の郡が設置されていたが，その郡の名称として適切なものを一つ選べ。

1．楽浪郡　　2．帯方郡　　3．遼東郡　　4．南海郡

問H　下線部Hについて，14世紀に漢城を都とした王朝が建国されるが，その建国者を一人選べ。

1．王莽　　2．王建　　3．李成桂　　4．李承晩

問I　下線部Iに関して，インドに赴き仏教を修め，その間の旅行記として『仏国記』を著した僧侶を一人選べ。

1．仏図澄　　2．法顕　　3．玄奘　　4．鳩摩羅什

問J　下線部Jについて，この地の郊外に8世紀に創建された寺院として適切なものを一つ選べ。

1．仏国寺　2．梵魚寺　3．海印寺　4．皇竜寺

問K　下線部Kについて，現在のベトナムの北部地域に唐が設置した羈縻政策の拠点として適切なものを一つ選べ。

1．安東都護府　2．安西都護府　3．安南都護府　4．北庭都護府

問L　下線部Lについて，7世紀末，高句麗の旧領土に渤海が建国されるが，渤海の舞楽と推定され，日本の宮中雅楽に残されている曲として適切なものを一つ選べ。

1．越殿楽　2．甘州　3．蘭陵王　4．新靺鞨

Ⅲ　次の文章を読み，**問A～L**に答えよ。解答はマーク解答用紙の所定欄に一つだけマークせよ

大きな対立軸を擁しつつ国家の運営を行っていく2大政党制の歴史を紐解いてみると，$_{\text{A}}$17世紀後半のイギリス議会では現在の保守党につながるトーリ（党）と現在の自由民主党につながるホイッグ（党）の間の対立がみられた。

アメリカでも，植民地時代から$_{\text{B}}$入植者たちの間に分断がみられ，独立の頃には，合衆国としての運営のあり方を巡って連邦派と$_{\text{C}}$反連邦派の間で激しい対立がみられた。$_{\text{D}}$合衆国憲法の制定・発効後に初代大統領に就任したワシントンは，政権のバランスをとるべく，連邦派の$_{\text{E}}$ハミルトンを財務長官に，反連邦派のジェファソンを国務長官に任命した。

19世紀に入ってからしばらくは$_{\text{F}}$反連邦派の流れを汲む大統領が続いた。1820年代後半にはジャクソンの支持者らによって$_{\text{G}}$民主党が結成され，かつ，ジャクソン大統領の時代には［　H　］が確立されたこともあって，とくに名門の家柄を出自とする官僚たちによる政治支配が蔓延・継続するリスクが取り除かれ，連邦政府に対する政党の影響力がますます強まった。その後，奴隷制に反対するという立場から，一部の元ホイッグ党（アメリカ）の党員らを取り込む形で共和党が成立し，同党は最初の大統領としてリンカンを輩出した。当初，民主党の支持基盤は南部のプランター層や西部の自営農民層であり，共和党の支持基盤は北部の農民，職人および製造業者などであったが，$_{\text{I}}$南北戦争の後，民主党は北部の移民や労働者層を支持者として取り込むなど，時代とともに同党の支持基盤は変化していった。共和党の方は，もともと資本家や大企業を擁護し，都市部の革新層を支持基盤としていたが，$_{\text{J}}$世界恐慌後に約20年間にわたって民主党政権が続いている間にその支持基盤は民主党に奪われ，1960年代の黒人の公民権運動の高まりを経て，南部の保守層を大きな支持基盤とするようになった。現在，これらの2大政党は，民主党がリベラルで相対的に大きな政府を目指し，主に都市部やマイノリティを支持基盤とするようになっているのに対し，$_{\text{K}}$共和党は保守で相対的に$_{\text{L}}$小さな政府を目指し，南部や中西部の白人たちを主な支持基盤とするようになっている。アメリカにおける2大政党制は，時代や社会の変化に応じて，支持基盤や対立軸，政党の基本的なスタンスをも変化させながら今日に至っている。

問A　下線部Aに関連して，17世紀後半のイギリス議会に関する説明として誤っているものはどれか。

1．トーリたちがジェームズ（のちのジェームズ2世）の王位継承を支持した。
2．ホイッグたちがジェームズ（のちのジェームズ2世）の王位継承を認めようとしなかった。
3．審査法が廃止され，国教徒ではない者も公職に就くことができるようになった。
4．ホイッグたちは非国教徒への寛容を掲げていた。

問B　下線部Bに関連して，17世紀前半のヴァージニアなどで入植初期からタバコ栽培等の主要な労働力としてイギリスから送られたのはどれか。

1．白人年季奉公人　2．黒人奴隷　3．インディアン　4．クーリー

問C　下線部Cに関連して，反連邦派がジェファソンやマディソンを中心に作った政党はどれか。

1．デモクラティック＝リパブリカン党　2．ポピュリスト党　3．自由土地党　4．社会党

問D　下線部Dに関連して，制定時には内容として含まれておらず，1791年に修正条項を加える形で内容が加えられたものはどれか。

1．人民主権　2．連邦政府による条約の締結　3．権利章典　4．連邦政府による徴税

問E　下線部Eに関連して，ハミルトンに関する記述として誤っているものはどれか。

1．『ザ・フェデラリスト』の執筆陣の１人だった。
2．財務長官時代に連邦政府の財政を安定させるべく戦時公債のデフォルトを提案し，実行させた。
3．財務長官時代に貨幣法の制定および貨幣の鋳造を主導した。
4．独立戦争時にワシントンの副官だった。

問F　下線部Fに関連して，モンローが示したものに代表されるその後のアメリカの基本的な外交スタンスはどれか。

1．帝国主義　2．国際主義（介入主義）　3．単独行動主義　4．孤立主義

問G　下線部Gに関連して，同党の上院議員であったスティーブン＝ダグラスの主導によって成立した，新たな準州における奴隷制採用の可否を住民投票によって決めることとした法律はどれか。

1．奴隷逃亡法　2．カンザス・ネブラスカ法　3．シャーマン反トラスト法　4．ホームステッド法

問H　［ H ］に入る最も適切な語句はどれか。

1．ホワイトハウスの開放
2．成年男子普通選挙制度
3．スポイルズ＝システム
4．大統領の拒否権

問I　下線部Iに関連して，南北戦争時に北軍の総司令官をつとめ，のちに大統領をつとめた人物はどれか。

1．グラント　2．トーマス　3．リー　4．シャーマン

問J　下線部Jに関連して，恐慌対策として，ニューディール政策の下で制定された法律として誤っているものはどれか。

1．農業調整法　2．ワグナー法　3．社会保障法　4．スムート＝ホーリー関税法

問K　下線部Kに関連して，近年，共和党のトランプ政権の下でアメリカが脱退した国際的な枠組み・会議・機関はどれか。

1．環太平洋連携協定　2．アジア太平洋経済協力会議　3．国際通貨基金　4．世界貿易機関

問L　下線部Lに関連して，1980年代にそうした政府を目指したレーガン政権のもとで深刻化していった「双子の赤字」は何についての赤字であったか，ということに関する最も適切な組み合わせはどれか。

1．金融収支・経常収支（貿易収支）
2．資本移転等収支・金融収支
3．財政収支・経常収支（貿易収支）
4．財政収支・資本移転等収支

Ⅳ　次の文章を読み，空欄 [1] ～ [13] は，記述解答用紙の所定欄に適切な語句あるいは数字を記入せよ。下線部14については，この戦争後1878年に締結された二つの講和条約をあげ，締結の経緯と両条約がもたらした結果について100字以内で説明せよ。なお，句読点も１字と数える。

19世紀後半から20世紀初頭にかけて，欧米列強が領土拡大を進めた帝国主義の時代が訪れ，世界各地に大きな地政学的変化が起きた。[1] 年にフランス＝プロイセン戦争が勃発し，ドイツ帝国が誕生するとヨーロッパにおける勢力図が変化した。ドイツの台頭がイギリスやフランスなど既存の大国に対する脅威となり，各国は自国の勢力圏を拡大することで対抗した。背景には列強諸国に大きな経済力と競争力をもたらした第２次産業革命があった。第１次産業革命が軽工業や製鉄業の分野における変革であったのに対し，それは重化学工業を中心に電力と石油を動力源とする産業技術の革新から始まった。これを先導したのは，ジーメンス社や [2] 社が事業を拡大したドイツと，カーネギーやロックフェラーが財閥を築いたアメリカ合衆国であった。

新工業部門には巨額の資本が必要であり，[3] と結びついた巨大企業による急速な工業化のため都市化が進み，都市労働者が増え，労働運動や社会主義運動が活発化した。1871年にはパリ・コミューンが樹立され，1889年には国際社会主義運動組織である [4] が結成された。工業化により伝統的な生活基盤や環境を破壊された多くの人々は移民となって国を離れ，アメリカ合衆国への移民が急増した。

カルテル，トラスト，コンツェルンを形成した独占資本は，国家権力と結びついて帝国主義の原動力になった。ヨーロッパの各国は植民地拡大を進め，経済発展や国力の強化をめざした。圧倒的な経済力と海軍力を有して「[5]」を謳歌していたイギリスでは，財政を圧迫する植民地不要論も広がったが，1870年代以降の大不況と他の工業国との競合に直面すると帝国主義政策への転換がはかられた。ディズレーリ首相は [6] 財閥の協力を得てスエズ運河会社の株式を大量に取得して同社への影響力を強め，1877－78年のロシア＝トルコ戦争[14]にも干渉してインドへの道を確保した。1899年，植民地相ジョセフ＝チェンバレンは [7] 戦争を起こして二つのブール人国家の領有権を獲得した。国内ではフェビアン協会などの社会主義的運動が活発化し，労働党が成立した。第３共和制にあったフランスは工業力では劣ったが，豊かな中産階級の資金力に支えられて1880年代から植民地拡大政策を進め，インドシナやアフリカに大植民地をつくりあげた。[8] 同盟（1894）や英仏協商（1904）を締結してドイツに対抗したが，国内では，ブーランジェ事件やドレフュス事件などの政体攻撃の動きが起きる一方，サンディカリズムがあらわれるなど社会主義勢力が伸張した。

ドイツ帝国のビスマルク首相は，文化闘争や社会主義者鎮圧法の制定により国家統合をはかった。保護貿易と第２次産業革命によりイギリスに匹敵する工業国に躍進したドイツは，国民の関心を外にそらし国内の安定を確保するためにも1880年代から植民地獲得に乗りだした。1888年に即位したヴィルヘルム２世は「[9]」と称された対外膨張政策をとった。ビスマルクを排した皇帝政府が社会主義に対してゆるやかな態度をとったこともあり，社会民主党が勢力をのばした。とりわけ社会主義思想が広がったのはロシアだった。他の列強諸国に比べて経済的に遅れをとったロシアでは，フランスからの資本導入によって1880年代に大工場生産が始まり，東アジア・中央アジアや [10] 方面への進出をはかった。しかし，多くが外国資本下にあった工場の労働条件は劣悪であり労働者のストライキが起き，農奴解放令後も農民がミールに縛られていた農村部でもナロードニキによる改革運動が広がり，1905年の血の日曜日事件，社会主義政権を樹立した [11] 年のロシア革命につながっていく。

アメリカ合衆国は，19世紀末には産業国としてイギリスに並ぶようになり，発展の結果，移民の大量流入による都市の貧困問題やフロンティアの消滅などもあって，それまでの政策を変更して対外進出にとりかかった。マッキンリー大統領は [12] の独立運動に乗じて1898年にアメリカ＝スペイン戦争を起こして勝利し，カリブ海地域やフィリピンなどのスペイン領植民地を勢力下におさめた。続くセオドア＝ローズヴェルト大統領は中米諸国に対して「[13] 外交」を行うとともに，パナマ運河を建設するなどして帝国主義外交を展開した。

政治・経済

（60分）

I　以下の文章を読み，下記の問いに答えよ。

基本的人権の保障は，日本国憲法の三大基本原理の一つであるとされ，日本国憲法第11条が，「国民は，すべての基本的人権の享有を妨げられない」と規定する。同法第97条の定める通り，基本的人権は，もともと「[A]の多年にわたる自由獲得の努力の成果」として得られたものであることから，精神の自由，人身の自由，経済の自由など国家からの不干渉を求める自由権を中核とする。しかし，日本国憲法では，社会的弱者ないし経済的弱者の救済を図る観点から，国家による積極的な施策を求める社会権をも基本的人権の類型として規定し，生存権，教育を受ける権利等を保障する。このうち，(1)生存権については，(2)日本国憲法第25条第１項が，「すべて国民は，健康で文化的な最低限度の生活を営む権利を有する」と規定し，これを受け同条第２項が，「国は，すべての生活部面について，社会福祉，社会保障及び[B]の向上及び増進に努めなければならない」と定める。

ところで，人権の保障は，国内問題にとどまらず，国際的な文脈でも重要課題として位置づけられている。また，企業活動における人権の尊重・保護も，重要なテーマとなっている。前者の国際的文脈に関してみると，国際連合（以下，「国連」という。）は，[C]の第１条において，すべての者のために人権及び基本的自由を尊重するように助長奨励することについて，国際協力を達成することを，国連の目的の一つとして宣言する。その上で，国連は，1948年に[D]を採択し，これを具体化した(3)国際人権規約を定めた。そのほか，(4)人権を保障するための具体的な取組みとして，様々な条約が制定されている。

これに対し，後者の企業活動における人権の保護等については，わが国の最高裁判所は，三菱樹脂事件において，憲法の人権規定が[E]相互の関係を直接規律することを予定するものではないとする判断を示した。しかし，2011年に国連人権理事会で全会一致により支持された(5)「ビジネスと人権に関する指導原則」の策定や，(6)近年における諸外国での立法動向をみると，企業による従業員等の人権の尊重や保護が重要な法的課題であることが分かる。日本政府も，ビジネスと人権に関する指導原則を踏まえ，「『ビジネスと人権』に関する行動計画（2020－2025）」や，「責任あるサプライチェーン等における人権尊重のためのガイドライン」を策定・公表する等し，必要な取組みを進めている。

問１　文中の空欄[A]～[E]に入る最も適切な語句を記述解答用紙の所定の解答欄にそれぞれ漢字で記入せよ。

問２　文中の下線部(1)に関連する記述として，最も適切なものを以下の選択肢（ア）～（エ）から２つ選び，その記号をマーク解答用紙の所定の解答欄にマークせよ。

（ア）　生存権に関する規定は，日本国憲法制定の際，衆議院の審議の過程で挿入された。

（イ）　生存権を資本主義国の憲法として初めて保障したのは，アメリカ合衆国憲法である。

（ウ）　生存権は，フランスの「人および市民の権利の宣言」においても明記されていた。

（エ）　生存権を始めとする社会権の保障は，夜警国家から福祉国家への国家の機能の変化を表すものである。

問３　文中の下線部(2)に関連する記述として，最も適切なものを以下の選択肢（ア）～（エ）から２つ選び，その記号をマーク解答用紙の所定の解答欄にマークせよ。

（ア）　最高裁判所の判例の趣旨によれば，日本国憲法第25条は，個々の国民に対して，健康で文化的な最低限度の生活を営むための具体的権利を賦与したものである。

（イ） 最高裁判所の判例の趣旨によれば，健康で文化的な最低限度の生活を営む国民の権利について具体的にどのような立法措置を講じるかの選択決定は，立法府の広い裁量に委ねられる。

（ウ） 最高裁判所の判例の趣旨によれば，日本国憲法第25条は，個人が自由な意思に基づき締結した契約により負担した家屋明渡の債務を履行しない場合に，裁判所が家屋明渡を命ずることを禁止するものではない。

（エ） 最高裁判所の判例の趣旨によれば，生存権は人が人として生きる権利そのものであるから，国は，社会保障上の施策において，特別の条約がなくても，在留外国人を自国民と同等に取り扱う義務を負う。

問4 文中の下線部(3)に関連する記述として，最も適切なものを以下の選択肢（ア）～（エ）から2つ選び，その記号をマーク解答用紙の所定の解答欄にマークせよ。

（ア） A規約は，法的拘束力を有している。

（イ） A規約は，人民の自決の権利を規定していない。

（ウ） B規約は，人民の自決の権利を規定している。

（エ） B規約は，死刑制度を禁止しているため，死刑制度を維持する日本は，B規約を批准していない。

問5 文中の下線部(4)に関連する記述として，最も適切なものを以下の選択肢（ア）～（エ）から2つ選び，その記号をマーク解答用紙の所定の解答欄にマークせよ。

（ア） 日本は，集団殺害罪の防止及び処罰に関する条約を批准している。

（イ） 日本は，移住労働者等権利保護条約を批准している。

（ウ） 日本は，難民の地位に関する条約を批准している。

（エ） 日本は，拷問禁止条約を批准している。

問6 文中の下線部(5)に関連する記述として，最も適切なものを以下の選択肢（ア）～（エ）から2つ選び，その記号をマーク解答用紙の所定の解答欄にマークせよ。

（ア） ビジネスと人権に関する指導原則は，企業を対象とするため，国家の人権保護義務について規定していない。

（イ） ビジネスと人権に関する指導原則は，すべての企業を対象とする。

（ウ） ビジネスと人権に関する指導原則は，企業が人権尊重責任を果たすために，人権デューディリジェンスを実行することを要請する。

（エ） ビジネスと人権に関する指導原則は，人権侵害に対する救済措置について規定していない。

問7 文中の下線部(6)に関連する記述として，最も適切なものを以下の選択肢（ア）～（エ）から2つ選び，その記号をマーク解答用紙の所定の解答欄にマークせよ。

（ア） イギリスの現代奴隷法は，適用範囲がイギリス国内で設立された企業に限定されている。

（イ） オーストラリアは，現代奴隷法を制定し立法的な手当てを行っている。

（ウ） ドイツは，ＥＵ指令の制定を待つため，サプライチェーンにおける人権保護に関する法律の制定を見送っている。

（エ） アメリカでは，カリフォルニア州がサプライチェーン透明法を制定している。

Ⅱ　以下の文章を読み，下記の問いに答えよ。

新しいアイディアをもとに創業しても，製品が知られていなかったり，実績が乏しかったりするため，資金を調達することは容易ではないことがある。企業はベンチャーキャピタルと呼ばれる投資ファンドに株式を発行し出資を受ける場合もある。ベンチャーキャピタルは投資先企業が証券取引所(1)に上場し，株式を公開した場合には大きな利益(2)を得ることができることもあるが，投資は必ずしも成功するわけではない。この意味でベンチャーキャピタルはハイリスク・ハイリターンな投資を行っていると考えることもできる。企業は上場することで多くのメリットがある一方で，上場企業には社会的責任(3)，義務，リスクが生じる。たとえば，上場企業には高い水準のコーポレートガバナンス(4)が求められる。

企業が成長するためには，生産物市場において財やサービスが受け入れられる必要がある。一般に，完全競争市場(5)においては右下がりの需要曲線と右上がりの供給曲線が交わる点が均衡点となり均衡価格と均衡取引数量が決定される(6)。完全競争市場において，なんらかの事情により価格が均衡価格よりも低い場合には［　(7)　］が発生していると考えられる。このような状況では［　(8)　］により市場価格は均衡価格に近づくと考えられる。需要曲線の傾きは急な（垂直に近い）場合もあるし，需要曲線の傾きが緩い（水平に近い）場合もある(9)。もちろん，現実の市場は完全競争市場ではない。売り手の数が少なく，少数の企業が市場を支配している場合や，事実上，１社の企業が市場を支配している場合もある(10)。

企業の業績や行動は，市場を取り巻く環境や財政・金融政策に依存する面もある。今，日本銀行が金融緩和(11)を行なったとしよう。金融緩和は，資本市場を通じて企業の行動(12)や為替レート(13)にも影響を与える。

問１　下線部(1)と関連して，東京証券取引所は市場を，流動性とコーポレートガバナンスの水準等に応じて区分している。現在の市場区分として最も適切なものを（ア）～（エ）から１つ選び，その記号をマーク解答用紙の所定の解答欄にマークせよ。

（ア）　プライム，スタンダード，グロース
（イ）　プライム，スタンダード，ＪＡＳＤＡＱ，マザーズ
（ウ）　市場第一部，市場第二部，グロース
（エ）　市場第一部，市場第二部，ＪＡＳＤＡＱ，マザーズ

問２　下線部(2)と関連して，株主はインカムゲインとキャピタルゲインという形で株式投資に対するリターンを得ることができる。株式投資に対するインカムゲイン（Ａ）とキャピタルゲイン（Ｂ）の語句の組み合わせとして最も適切なものを（ア）～（エ）から１つ選び，その記号をマーク解答用紙の所定の解答欄にマークせよ。

（ア）　Ａ：満期日に受け取る償還金から投資額を引いた額　　Ｂ：利息
（イ）　Ａ：利息　　Ｂ：満期日に受け取る償還金から投資額を引いた額
（ウ）　Ａ：株式の売却金額から投資額を引いた額　　Ｂ：配当
（エ）　Ａ：配当　　Ｂ：株式の売却金額から投資額を引いた額

問３　下線部(3)と関連して，企業は企業価値を増大させるだけではなく，ＳＤＧｓに配慮した行動をとることも期待されている。このＳＤＧｓという略称の元となった用語を英単語３語で記述解答用紙の所定の解答欄に記述せよ。

問４　下線部(4)のコーポレートガバナンスを考える際に重要なのが経営者のインセンティブである。インセンティブを付与するための仕組みとして，企業が経営者にある決まった額（権利行使価格）で新株を取得するための権利（新株予約権）を与えることがある。株価が上昇し，権利行使価格を上回る場合には，経営者は新株予約権を行使することができる。このような権利のことを一般になんと呼ぶか。カタカナ２単語で記述解答用紙の所定の解答欄に記述せよ。

問5　下線部(5)と関連して，完全競争市場の特徴として製品差別化が (A) こと，企業に価格支配力が (B) ことが指摘される。この空欄 (A) (B) に入る組み合わせとして最も適切なものを（ア）～（エ）から1つ選び，その記号をマーク解答用紙の所定の解答欄にマークせよ。

（ア）　全くない　　全くない
（イ）　全くない　　あまりない
（ウ）　あまりない　　全くない
（エ）　あまりない　　あまりない

問6　下線部(6)と関連して，完全競争市場の需要曲線と供給曲線が下のように表される状況を考える。なお，P，Qはそれぞれ価格と数量を示している。

供給曲線：$Q = 6P - 120$
需要曲線：$Q = -3P + 420$

この時の均衡価格Pと均衡取引数量Qの組み合わせとして最も適切なものを（ア）～（エ）から1つ選び，その記号をマーク解答用紙の所定の解答欄にマークせよ。

（ア）　P　60　Q　60　　（イ）　P　60　Q　240　　（ウ）　P　240　Q　60　　（エ）　P　240　Q　240

問7　空欄 (7) にあてはまる用語として最も適切なものを（ア）～（エ）から1つ選び，その記号をマーク解答用紙の所定の解答欄にマークせよ。

（ア）　超過需要
（イ）　超過供給
（ウ）　プライスリーダーシップ
（エ）　価格カルテル

問8　空欄 (8) にあてはまる用語として適切ではないものを（ア）～（エ）から1つ選び，その記号をマーク解答用紙の所定の解答欄にマークせよ。

（ア）　市場メカニズム
（イ）　価格の自動調節機能
（ウ）　需要と供給の法則
（エ）　有効需要の原理

問9　下線部(9)と関連して，傾きが急な（垂直に近い）需要曲線を考える。この財について説明した下のうち最も適切なものを（ア）～（エ）から1つ選び，その記号をマーク解答用紙の所定の解答欄にマークせよ。

（ア）　生活必需品のように価格変化に対する需要の変化が大きい財
（イ）　生活必需品のように価格変化に対する需要の変化が小さい財
（ウ）　ぜいたく品のように価格変化に対する需要の変化が大きい財
（エ）　ぜいたく品のように価格変化に対する需要の変化が小さい財

問10　下線部(10)と関連して，独占禁止法に基づいて設けられた行政委員会が公正取引委員会である。次のうち，公正取引委員会が扱う主な対象ではないものを（ア）～（エ）から1つ選び，その記号をマーク解答用紙の所定の解答欄にマークせよ。

（ア）　価格カルテル
（イ）　入札談合

(ウ)　不公正な取引方法

(エ)　粉飾決算

問11　下線部⑾と関連して，一般に金融緩和が進んでいる状況として最も適切なものを（ア）～（エ）から１つ選び，その記号をマーク解答用紙の所定の解答欄にマークせよ。

(ア) 金利の上昇とマネーストックの増加

(イ) 金利の上昇とマネーストックの減少

(ウ) 金利の下落とマネーストックの増加

(エ) 金利の下落とマネーストックの減少

問12　下線部⑿と関連して，金利が上昇した場合に予想される企業の行動として最も適切なものを（ア）～（エ）から１つ選び，その記号をマーク解答用紙の所定の解答欄にマークせよ。

(ア) 銀行からの借り入れを増加させ，設備投資を増加させる。

(イ) 銀行からの借り入れを増加させ，設備投資を減少させる。

(ウ) 銀行からの借り入れを減少させ，設備投資を増加させる。

(エ) 銀行からの借り入れを減少させ，設備投資を減少させる。

問13　下線部⒀と関連して，円高の場合に予想される企業の状況として最も適切なものを（ア）～（エ）から１つ選び，その記号をマーク解答用紙の所定の解答欄にマークせよ。

(ア) 国内売上高の高い企業の業績が悪化し，生産拠点の海外進出を検討する。

(イ) 国内売上高の高い企業の業績が悪化し，生産拠点を日本に戻すことを検討する。

(ウ) 海外売上高の高い企業の業績が悪化し，生産拠点の海外進出を検討する。

(エ) 海外売上高の高い企業の業績が悪化し，生産拠点を日本に戻すことを検討する。

Ⅲ　以下の文章を読み，下記の問いに答えよ。

引用文【1】「労働は，売買され，また分量が増減されうるすべての物と同様に，その自然価格と市場価格とをもっている。①労働の自然価格は，労働者たちが，平均的にみて，生存し，彼らの種族を増減なく永続することを可能にするのに必要な価格である」（中略）「②労働の市場価格は，供給の需要に対する比率の自然的作用にもとづいて，実際に労働に対して支払われる価格である。③労働は稀少なときに高く，豊富なときに安い」（『経済学および課税の原理』より引用）

吉澤芳樹訳

問1　現在の日本の諸制度を引用文【1】の文脈において解釈した場合，下線部①「労働の自然価格」と下線部②「労働の市場価格」をともに正しく説明している文はどれか。以下の選択肢（**ア**）～（**オ**）から1つ選び，その記号をマーク解答用紙の所定の解答欄にマークせよ。

（**ア**）　今日では「労働の自然価格」は卸売物価指数に，「労働の市場価格」は消費者物価指数に，それぞれ代表されている。

（**イ**）　企業から実際に支払われる賃金は「労働の自然価格」に近く，最低賃金法によって定められる最低賃金は「労働の市場価格」に近似的に等しい。

（**ウ**）　全国家計行動調査等によって算出される標準生計費は「労働の自然価格」の概念に近い指標である。他方で人手不足で上昇した賃金は「労働の市場価格」に近い指標である。

（**エ**）　春闘において平均賃金方式で回答された「定昇相当込み賃上げ計」は「労働の自然価格」の概念に近い指標である。他方で年功序列によって積み上げられた賃金は「労働の市場価格」に近い。

（**オ**）　日銀が発表する「雇用人員判断」にかかわる指標によれば，引き続き人手不足が深刻である。これは「労働の自然価格」に影響する指標である。他方で仕事の業績に応じて増減する報酬比例賃金は「労働の市場価格」に近い。

問2　現在の日本について引用文【1】の下線部③に関連して，以下の指標から適切な数値を選んで「有効求人倍率」を計算せよ。計算に際しては小数点3位を四捨五入して小数点2位まで計算して記述解答欄に記入せよ（問題文の数値は多年度にわたる例示である）。

労働人口：6,902万人

完全失業率：2.7%

求人数：242万人

学校基本調査における新規学卒者就職率：27.1%

求職者数：192万人

問3　引用文【1】の著者の姓をカタカナで記述解答欄に記入せよ。

引用文【2】「近代経済における資本所有と経営的地位を今日プロテスタントたちがより多く占めているという事実は，すでにみたように，ある範囲までは歴史的な事情に，つまり，④彼らが比較的有利な財産条件をすでに与えられているということの結果にすぎないと考えねばならないにしても，また他方では，⑤原因と結果の関係があきらかにそうではないことを示すいろいろな現象も見られる」（『プロテスタンティズムの倫理と資本主義の「精神」』より引用）

大塚久雄訳

問4　引用文【2】において下線部④の主張を当時のドイツの実情をもとに検証するためのデータとして適切なものはどれか。以下の選択肢（**ア**）～（**オ**）から1つ選び，その記号をマーク解答用紙の所定の解答欄にマークせよ。

（**ア**）　主要企業の経営者の宗派別分布

（イ）　主要企業の株主の宗派別分布

（ウ）　キリスト教徒全体における宗派別分布

（エ）　相続財産額の宗派別分布

（オ）　高額納税者の宗派別分布

問5　引用文【2】の文脈において下線部⑤の内容を正しく解説している文はどれか。以下の選択肢（ア）〜（オ）から1つ選び，その記号をマーク解答用紙の所定の解答欄にマークせよ。

（ア）　プロテスタントの資本所有と経営的地位をもたらした要因は，彼らに独自な宗教倫理である。

（イ）　プロテスタントは宗教改革以前から金融業などに進出しており，そのことがかれらの資本所有と経営的地位をもたらした。

（ウ）　資本所有と経営的地位において優位に立っているのはプロテスタントでなくカトリックである。

（エ）　資本所有と経営的地位には正の相関関係がある。

（オ）　資本所有と経営的地位は宗教上の宗派とは無関係である。

問6　引用文【2】の著者の姓をカタカナで記述解答欄に記入せよ。

引用文【3】「労働の賃金の上昇をひきおこすものは，⑥国富の実際の大きさではなくて，その不断の増加である」（『諸国民の富』より引用）

大内兵衛・松川七郎訳

問7　引用文【3】の下線部⑥に関連して，現在の日本において「国富」の内容を適切に表しているものを以下の選択肢（ア）〜（オ）から1つ選び，その記号をマーク解答用紙の所定の解答欄にマークせよ。

（ア）　水道，学校，公共住宅など国民の生活基盤を維持・整備するための社会資本

（イ）　一国の国民総資産から国民総負債を差し引いた額

（ウ）　国民全体が外国に対して持っている総資産

（エ）　一定期間に新たに生産された財・サービスの総額

（オ）　一定期間に生産された付加価値の合計

問8　引用文【3】の著作の内容・背景にもっとも関連の深い文を以下の選択肢（ア）〜（オ）から1つ選び，その記号をマーク解答用紙の所定の解答欄にマークせよ。

（ア）　イギリスに遅れて工業化を始めた19世紀のドイツにあって，保護主義を採用して自国の産業を擁護することを主張した。

（イ）　大企業の独占的な価格支配が見られた20世紀のアメリカにおいて，消費者が大企業に拮抗する力が市場を成り立たせていると主張した。

（ウ）　18世紀のイギリスで，人口増加のメカニズムを解明した。

（エ）　20世紀のアメリカで，鉄道等の大企業による価格支配の成立を主張した。

（オ）　18世紀のイギリスで，需要と供給の均衡は，国家の規制や人々の倫理観によってではなく市場のはたらきによって決まることを明らかにした。

引用文【4】「日常経験がわれわれに示すところによれば，疑いもなく，労働者が契約に当たって要求するものは（中略）⑦実質賃金であるよりもむしろ貨幣賃金であるという事態は，単にありうるどころか，正常な場合である」（『雇用・利子および貨幣の一般理論』より引用）

問9　引用文【4】の下線部⑦に関連して，現在の日本において「実質賃金」の説明として正しいものを以下の選択肢（ア）～（オ）から1つ選び，その記号をマーク解答用紙の所定の解答欄にマークせよ。

（ア）　支給された賃金から消費者物価指数を用いて算出した額。賃金がどのくらいの購買力を有するかをあらわした指標である。

（イ）　名目賃金を当該年度の消費者物価上昇率で割った額。インフレ・デフレの影響を除外した指標である。

（ウ）　国内で支給された賃金を比較対象国の為替レートで調整して，対外的な購買力をあらわした額である。

（エ）　課税対象となる給与所得について，税金や社会保険料を控除したあとの額である。

（オ）　給与所得から住宅ローンなど長期に固定された支出分を除いた所得のことである。

問10　以下の文は引用文【4】の文脈において下線部⑦を解説している。文中の空欄（　a　）（　b　）（　c　）（　d　）に正しくあてはまる語句を【語群】（ア）～（オ）から1つずつ選び，その記号をマーク解答用紙の所定の解答欄にマークせよ（同じ語句を複数回選択してもよい）。

労働者は就業に際して提示された賃金が（　a　）することには抵抗するが，（　b　）によって賃金が目減りすることには強い関心を有していない。インフレの時代に賃金を物価にスライドさせて（　c　）させたとしても，実質賃金の上昇は必ずしも伴わない。他方でデフレの時代に名目賃金を（　d　）させることに対しては労働者から激しい反発が予想される。

【語群】

（ア）上昇　　（イ）下落　　（ウ）変わらない　　（エ）インフレ　　（オ）デフレ

問11　引用文【4】の著者の業績として正しいものを以下の選択肢（ア）～（オ）から1つ選び，その記号をマーク解答用紙の所定の解答欄にマークせよ。

（ア）　商品の価値は投下された労働力の価値から説明されるという投下労働価値説を完成させた。

（イ）　財・サービスを利用することによって得られる「効用」という概念をもとに近代経済学の基礎を創始した。

（ウ）　「有効需要」の概念を提唱して従来の経済学を批判し，失業対策における政府の介入を主張した。

（エ）　通貨供給量の変動が物価や所得の変動をもたらすと主張して，自由な市場メカニズムの優位を唱えた。

（オ）　生産された価値のうち，労働者に支払われた賃金以上の価値が利潤の源泉であるという剰余価値説を展開した。

Ⅳ　以下の文章を読み，下記の問いに答えよ。

図Ⅳ－１は，主たる税Ａ，Ｂ，Ｃの税収の推移を示す。Ａの税収は1990年代と2000年代の20年間は傾向的に減少し，2010年代以降は傾向的に増加してきた。Ｂの税収もＡの税収と同様の増減傾向を示す。①Ｂの税収は1990年度から2002年度にかけて傾向的に減少し，2010年度以降は傾向的に増加してきた。ただ細かく見ると，違いもある。2003年度から2006年度にかけてＢの税収増加額はＡの増加額より多く，②2008－09年度におけるＢの税収減少額もＡの減少額より多い。Ｃの税収は，ほとんど変化していない時期がみられるものの，基本的には増加傾向にある。これら税収は，一般会計の歳入項目「税収」に計上される。

国の一般会計2023年度予算の歳出（合計額）は，歳入項目の「税収」と「その他収入」の合計を上回る。この差額は，公債（国債）発行による(1)「公債金」である。国債の所有者は償還日に国から償還金を受けとる。国債の償還金は「債務償還費」に計上され，国債所有者に支払われる「利払費」とともに，一般会計の歳出項目(2)「国債費」を構成する。2022年12月末において償還日が未到来の③国債残高は1,000兆円を超えていた。

④医療，介護，年金の（狭義）社会保険は，被保険者と事業主が原則として保険料を拠出し，国と地方公共団体も費用の一部を負担して，病気・ケガ，要介護，高齢など生活上の困難をもたらす事象に直面した人に一定の給付を行う。例えば，介護保険では40歳以上の全国民が保険料を拠出し，介護サービスにかかる費用の１割を原則として［あ］が負担し，残りを公費と保険料で半分ずつ負担する。

さて，社会保障給付費は年々増加し，2023年度予算では134.3兆円，2022年度名目ＧＤＰの約［い］％に達している。2023年４月現在，消費税率１％分の地方税収を除いた消費税収のすべてを，年金，医療，介護の社会保障給付，ならびに子ども・子育て支援の経費にあてることになっているが，⑤この消費税収は社会保障給付費に対する公費負担額（国と地方公共団体の合計額）に届いていない。

図Ⅳ－１：税収の推移（国の一般会計）

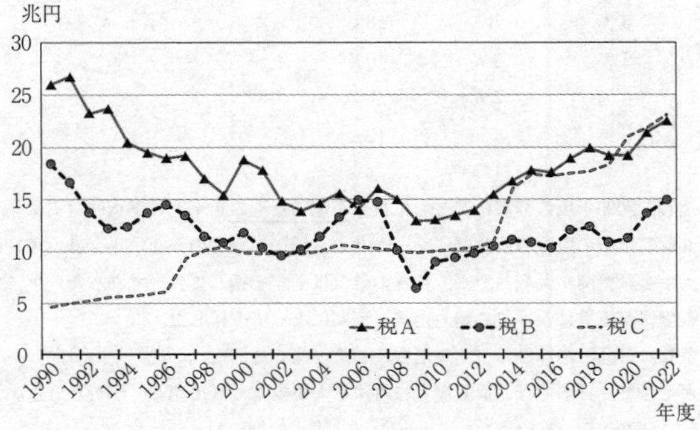

「国税庁統計年報」各年度版より作成。

問１　税ＡとＢはそれぞれ何か。最も適切なものを下記の選択肢（ア）～（オ）から１つ選び，その記号をマーク解答用紙の所定の解答欄にマークせよ。

（ア）　Ａ：法人税　Ｂ：所得税　　（イ）　Ａ：法人税　Ｂ：相続税　　（ウ）　Ａ：所得税　Ｂ：法人税

（エ）　Ａ：所得税　Ｂ：関税　　（オ）　Ａ：相続税　Ｂ：所得税

問2 下線部①におけるBの税収減少をもたらした理由として，最も不適切なものを下記の選択肢（ア）～（エ）から1つ選び，その記号をマーク解答用紙の所定の解答欄にマークせよ。不適切なものがない場合は（オ）の解答欄にマークせよ。

（ア） Bの税率が数回にわたって引き下げられた。

（イ） バブル崩壊とともにほとんど成長しない経済へ移行した。

（ウ） 橋本内閣が財政構造改革を実施し，景気が一時回復した。

（エ） アジア通貨危機の影響を受け，経済成長率がマイナスになった。

（オ） (ア)から(エ)に不適切なものはない。

問3 税Cに関する以下の記述のうち最も不適切なものを下記の選択肢（ア）～（エ）から1つ選び，その記号をマーク解答用紙の所定の解答欄にマークせよ。不適切なものがない場合は（オ）の解答欄にマークせよ。

（ア） 税収は，景気変動や人口構成の変化に左右されにくい。

（イ） 2023年4月現在，国税に加えて，地方税も課税されている。

（ウ） 納税義務を負うのは，財やサービスを提供する事業者である。

（エ） 2023年4月現在，基準期間における課税売上高が1,000万円以下の場合は，納税義務を負わない。

（オ） (ア)から(エ)に不適切なものはない。

問4 税Cの税率はこれまで3回変更された。1990年度，2000年度，2015年度，2020年度の各年度における軽減税率が適用されない品目に対する税Cについて，国税に対応する税率は何%か。最も適切なものを下記の選択肢（ア）～（オ）から1つ選び，その記号をマーク解答用紙の所定の解答欄にマークせよ。

	1990年度	2000年度	2015年度	2020年度
（ア）	1%	3%	8%	10%
（イ）	3%	4%	6.3%	7.8%
（ウ）	3%	5%	8%	10%
（エ）	3%	4%	7%	9%
（オ）	5%	5%	8%	10%

問5 下線部②に関連し，2008年度の経済状況として最も不適切なものを下記の選択肢（ア）～（エ）から1つ選び，その記号をマーク解答用紙の所定の解答欄にマークせよ。不適切なものがない場合は（オ）の解答欄にマークせよ。

（ア） 海外では大手金融機関が倒産したが，日本の景気は一年を通して良好であった。

（イ） 原油の国際価格が夏場にかけて急騰した後，下期になって下落した。

（ウ） 株価が下落し，日経平均株価はバブル崩壊後の最安値をつけた。

（エ） 需要減少が生じて，日本では派遣労働者に対する大規模な「派遣切り」が行われた。

（オ） (ア)から(エ)に不適切なものはない。

問6 経済変数には，ストックに分類されるものとフローに分類されるものがある。下線部③は2022年12月末時点の数値で，ストックに分類される。このように，ストックに分類されるものはどれか。最も適切なものを下記の選択肢（ア）～（オ）から1つ選び，その記号をマーク解答用紙の所定の解答欄にマークせよ。

（ア） 雇用者報酬　（イ） 外国為替レート　（ウ） 企業利潤　（エ） 国内総生産　（オ） 金融資産

問7 国債を発行すると，政府は波線部(1)のように資金を調達できるが，波線部(2)のように資金支払いも必要となる。2024年度末の国債残高を2023年度末の国債残高より減らすには，国債に関する2024年度の数値にどのような条件（大小関係）が必要か。最も適切なものを下記の選択肢（ア）～（オ）から1つ選び，その記号をマーク解答用紙の所定の解答欄にマークせよ。

（ア）　公債金＞国債の償還金　　（イ）　公債金＞国債費　　（ウ）公債金＞利払費

（エ）　公債金＜国債の償還金　　（オ）　公債金＜国債費

問8　下線部③に関連して，2022年12月末において国債を所有していた主な国内経済主体を，（ａ）民間金融機関（民間銀行，証券会社等，および生損保等），（ｂ）年金（公的年金，年金基金），（ｃ）家計，（ｄ）日本銀行，の４つに区分した。このときの所有額にもとづいて，これら４つの経済主体を所有額の多いもの順に並べたリストとして最も適切なものを下記の選択肢（ア）～（オ）から１つ選び，その記号をマーク解答用紙の所定の解答欄にマークせよ。

	多い ←	国債所有額	→ 少ない	
（ア）	民間金融機関	日本銀行	年金	家計
（イ）	年金	民間金融機関	家計	日本銀行
（ウ）	家計	年金	民間金融機関	日本銀行
（エ）	日本銀行	民間金融機関	年金	家計
（オ）	日本銀行	年金	民間金融機関	家計

問9　下線部④にあげられていない（広義）社会保険を２つ，記述解答用紙の所定の解答欄にそれぞれ漢字で記入せよ。

問10　文中の空欄 あ に入る語句として最も適切なものを下記の選択肢（ア）～（オ）から１つ選び，その記号をマーク解答用紙の所定の解答欄にマークせよ。

（ア）　事業主　　（イ）　被保険者　　（ウ）　運営主体　　（エ）　国　　（オ）　地方公共団体

問11　文中の空欄 い に入る数値として最も適切なものを下記の選択肢（ア）～（オ）から１つ選び，その記号をマーク解答用紙の所定の解答欄にマークせよ。

（ア）　4　　（イ）　14　　（ウ）　24　　（エ）　34　　（オ）　44

問12　消費税率を変化させずに消費税収を増やすためには，消費を増やす必要がある。下線部⑤に関連し，消費税収だけで社会保障給付費の公費負担額をすべてまかなうためには，どのくらいの「消費」が必要かを考える。社会保障給付に割り当てる消費税率は９％，社会保障給付の公費負担割合は40％と仮定すると，社会保障給付額134兆円をちょうどまかなえる「消費」（消費税率９％適用分）（単位：兆円）は，いくらか。小数点一位を四捨五入した数値を，記述解答用紙の所定の解答欄に記入せよ。

数　学

（90分）

1　[ア] ～ [エ] にあてはまる数または式を記述解答用紙の所定欄に記入せよ．

(1) 不等式 $\left|\dfrac{2024n}{1-46n}+44\right|<\dfrac{1}{2025}$ を満たす正の整数 n の最小値は [ア] である．

(2) n を 2 以上の整数とし，$a_1, a_2, a_3, \cdots\cdots, a_n$ を正の整数とする．

$$a_1=1,\quad {a_{i+1}}^3<27{a_i}^4 \quad (i=1,2,3,\cdots\cdots,n-1),$$

$$\sum_{i=1}^{n-1}\frac{a_i}{a_{i+1}}=\frac{a_1}{a_2}+\frac{a_2}{a_3}+\frac{a_3}{a_4}+\cdots\cdots+\frac{a_{n-1}}{a_n}<1$$

であるとき，a_n のとりうる値の最大値は [イ] である．

(3) C を 1 でない正の実数とする．正の実数の数列 $\{a_n\}$ が次の条件を満たしている．

$$a_1=C,\quad {a_n}^{n+1}{a_{n+1}}^{n}=C^{-(2n+1)} \quad (n=1,2,3,\cdots\cdots)$$

このとき，一般項 a_n を C を用いて表すと，$a_n=$ [ウ] である．

(4) 座標平面において，放物線 $y=x^2$ を C とする．
点 $\mathrm{P}(s,t)$ から放物線 C に異なる 2 本の接線が引け，その接点をそれぞれ A，B とする．線分 PA，PB と放物線 C で囲まれた図形の面積が $\dfrac{144}{125}$ であるとき，s,t の満たす方程式は，[エ] である．

2 座標平面において，単位円上の 24 個の点を

$$\mathrm{P}_n=\left(\cos\frac{n}{12}\pi,\ \sin\frac{n}{12}\pi\right),\quad (n=1,2,3,\cdots\cdots,24)$$

とする．1 から 24 までの番号をつけた 24 枚のカードから 4 枚取りだす．取りだしたカードの番号を a,b,c,d とするとき, 4 点 P_a, P_b, P_c, P_d を頂点とする四角形を R とする．四角形 R の面積のとりうる値を大きい順に $S_1, S_2, S_3, \cdots\cdots$ とする．
次の設問に答えよ．

(1) S_2 を求めよ．

(2) 四角形 R の面積が S_3 になる確率を求めよ．

3 座標空間において, 4 点を A$(0,0,2)$, B$(-1,0,4)$, C$(1,1,0)$, D$(0,0,1)$ とする．
次の設問に答えよ．

(1) P を直線 AB 上の点とするとき, 三角形 PCD の面積の最小値を求めよ．

(2) Q, R を直線 CD 上の 2 点とし, $\mathrm{QR}=\sqrt{3}$ とする．三角形 QAB の面積と三角形 RAB の面積の和の最小値を求めよ．

絶って後世に名を残すことになった。

ホ　粤賊は、飢寒を満たすだけで事足れりと判断して加担しない朱了頭に盛んに罵詈雑言を投じたものの、朱了頭は古の烈士さながらに振る舞って絶えた。

ニ　いちげいもなんぢにきようしもちふべきなかれ

ホ　いちげいをなんぢのようにきようすべきことなかれ

問二十　傍線部**2**「不憂不富貴」にふさわしい返り点を、次の中から一つ選び、解答欄にマークせよ。

イ　不レ憂不レ富貴

ロ　不レ憂不二富貴一

ハ　不三憂不二富貴一

ニ　不レ憂レ不二富貴一

ホ　不レ憂レ不レ富貴

問二十一　本文の内容と一致するものを次の中から一つ選び、解答欄にマークせよ。

イ　粤賊に従って富貴を得るようにおどされながら、自らは飢寒に甘んじて乞食すると説いて殺害された朱了頭は、古の烈士のごとき人物と評された。

ロ　窮乏して流浪する朱了頭は、遭遇した粤賊になけなしの金銭や役立つ技芸の供出を求められたが、乞食する窮迫を声高に訴えて賊に加えられる危難を逃れた。

ハ　粤賊は朱了頭に、自分たちに従属すれば金品を手に入れて富貴の身になると吹聴したが、朱了頭は、烈士のごとく飢寒を凌ぐだけで十分であると言って拒絶した。

ニ　盗賊にも等しい粤賊の窃盗行為を声もろともに指弾して見せた朱了頭は、古の烈士さながらに自らの尊い命を為ニ盗ムハ、胡《なんゾ》不可ナランヤ乎。我不レバ㆓為ニ竊ミ為ニ盗マ㆒、乃チ従ヒテ㆓爾等ニ㆒作《な》ランヤト㆑賊ト乎。」抗《あ》ゲテ㆑声ヲ大イニ罵リ、遂ニ見ル㆑害セ。嗚《あ》呼《あ》、如キ㆓朱了頭ノ㆒者、可シ㆑謂フ㆑有リト㆓古《いにしへ》ノ烈士ノ風㆒矣。

（兪樾『右台仙館筆記』巻一による）

注　婁県…地名。　煢煢…ひとりぼっちの意。
咸豊辛酉歳…清朝の咸豊十一年。一八六一年。
粤賊…洪秀全を天王とした太平天国の乱（一八五一年〜一八六四年）の乱徒。
嘉善…地名。　楓涇…地名。
丐…「乞」に同じく、ものをこう、乞食《こつじき》すること、こじきの意を表す。

問十八　空欄 **A** に入る最も適切な漢字一字を次の中から一つ選び、解答欄にマークせよ。

イ　況　**ロ**　雖　**ハ**　既　**ニ**　仮　**ホ**　猶

問十九　傍線部**1**「無一芸可供爾用」の読み方として最も適切なものを、次の中から一つ選び、解答欄にマークせよ。

イ　いちげいもなくなんぢのようにきようすべし
ロ　いちげいのなんぢのようにきようすべきなし
ハ　いちげいとしてなんぢにきようすべきようなし

イ　賢者　ロ　愚者　ハ　富者　ニ　貧者　ホ　勇者

問十七　傍線部3「上人」と傍線部4「貧者」は、この話の中の誰を指すか。最も適切なものを次の中から一つずつ選び、傍線部3は(a)、傍線部4は(b)の解答欄にマークせよ。

イ　西尾の聖　ロ　東尾の聖　ハ　ある人　ニ　帝　ホ　大臣が子

三

次の文を読んで、あとの問いに答えよ。なお、設問の都合上、返り点・送り仮名を省いたところがある。

朱了頭《ナル》者、婁《ろう》県《ノ》農家《ノ》子也。家本《もと》赤貧《ニシテ》、又煢《けい》煢《トシテ》無《ク》レ所レ依《ル》、日《ひび》行《キテ》乞《フ》二於市《ニ》一。咸豊辛酉《ノ》歳、粤《えつ》賊自《リ》二嘉善一趨《はしルニ》二楓涇《けいニ》一、遇《ヒ》レ之《ニ》、劫《ごふ》与《よシテ》倶《ニ》去《ゆカシメントス》。朱曰《ク》、「我丐《がい》也。[A]無《ク》二銭財《ノ》自《ラ》贖《あがなフ》一、又1無一芸可供爾用。何《ゾ》劫《をどスヲ》レ我《ヲ》為《なスト》。」賊曰《ク》、「汝既《ニ》丐也。饑寒之困《くるシミ》甚《シ》矣。従《ヒ》レ我《ニ》去《ゆカバ》、2不憂不富貴。」朱怒《リテ》曰《ク》、「我惟《ダ》甘《ンジ》二饑寒《ニ》一、故《ニ》丐《こフ》耳《のみ》。否《しからズンバ》則《チ》為《ニ》竊《ぬすミ》

問十三 空欄 C に入る語として最も適切な形に助動詞「ぬ」を活用させて、ひらがなで解答欄に記せ。

問十四 傍線部2「みなもとの如く置きて、やをら出でなんと」した理由の説明として、最も適切なものを次の中から一つ選び、解答欄にマークせよ。

イ 灰の薬を食べたことで、気分がすっきりして、よくないことをしたと後悔したため。

ロ 盗むつもりはなかったのに、いつのまにか盗みを働いていて、逃げたくなったため。

ハ 薬のための灰を食べてしまい、すっかり気持ちが悪くなり、我慢できなくなったため。

ニ 灰を食べてさえ、食欲が満たされるのだから、何を食べても生きられると思ったため。

ホ 盗みに入ったものの、しばらくして、自分が何をしているのかに気づき、驚いたため。

問十五 **帝の寝所**に盗人が入った理由として、最も適切なものを次の中から一つ選び、解答欄にマークせよ。

イ 大臣の子であったが幼いときに父に先立たれたから。

ロ 普通の人のものは、盗めば持ち主が嘆くだろうから。

ハ 大臣の子であった自分を取り立ててくれなかったから。

ニ 他人の召使いになるのも親のことを考えるとつらかったから。

ホ 我慢して生きてきたけれども生きる手立てもなくなったから。

問十六 空欄 D ・ E に入る語句として、最も適切なものを次の中から一つずつ選び、解答欄にマークせよ。

の跡を起こさしめん』と仰せられければ、盗人、泣く泣く出でにけり。その後、本意の如く仕へ奉りて、すなはち父の跡をなん伝へたりける」。

しかれば、3上人の身命を捨てしも、他に勝れ、名聞を先とす。4貧者が財宝を盗めるも、清くうるはしき心あり。すべて、人の心の中、たやすく余所にはかりがたきものなり。されば、「魚にあらざれば、水の楽しみを知らず」といふも、この心なるべし。

（『発心集』による）

（注）身燈…身体に火をともし、仏に供養すること。

問十一　空欄 **A** ・ **B** に入る語句として、最も適切なものを次の中から一つずつ選び、解答欄にマークせよ。

イ　出づる　**ロ**　信ずる　**ハ**　聞ける　**ニ**　信ぜぬ　**ホ**　聞かぬ

問十二　傍線部**1**「こは何事ぞ」の「こ」の内容として最も適切なものを次の中から一つ選び、解答欄にマークせよ。

イ　西尾の聖が身燈したこと
ロ　貴賤道俗が市をなしたこと
ハ　東尾の聖が信じなかったこと
ニ　東尾の聖に勝ったと述べたこと
ホ　人々が袖を濡らして去ったこと

このことを [A] 人は「尊し」とて、袖をうるほして去りぬ。おのづからもれ [B] 者は、思はずに、「1こは何事ぞ。いと本意ならず。妄念なりや。定めて天狗などにこそはなるべかり [C] 。益なき結縁をしてげるかな」なんどいひけり。まことに、あたらに身命を捨てて、さる心を発《おこ》しけん、めづらしき身なるべし。

ある人語りていはく、「唐に帝おはしけり。夜いたう更けて、燈《ともしび》壁にそむけつつ、寝所に入りて静まりぬるほどに、火の影にかげろふものあり。あやしくて、寝入りたる様にてよく見給へば、盗人なるべし。ここかしこにありきて、御宝物、御衣など取りて、大きなる袋に入れて、いとむくつけなくおぼされて、いとど息音《いきおと》もし給はず。かかるあひだ、この盗人、御かたはらに薬合はせんとて、灰焼き置かれたりけるを見つけて、さうなくつかみ喰ふ。『いとあやし』と見給ふほどに、とばかりありてうち案じて、この袋なるものども取り出でて、2みなもとの如く置きて、やをら出でなんとす。その時、帝いと心得がたくおぼして、『汝は何者ぞ。いかにも、人のものを取り、また、いかなる心にて返し置くぞ』とのたまふ。申していはく、『我は某《それがし》と申し候ひし大臣が子なり。幼くて父にまかりおくれて後、堪へて世にあるべきたつきも侍らず。さりとも、今さらに人のやつことならんことも、親のため心憂く思ひ給へき。念じて過ごし侍りしかど、今は命も生くべきはかりことも侍らねば、盗人をこそ仕らめと覚えて侍るにとりて、なみなみの人のものは、主《ぬし》の嘆き深く、取り得て侍るにつけて、ものぎよくも覚え侍らねば、かたじけなくもかく参りて、まづものの欲しく侍りつるままに、灰を置かれて侍りけるを、さるべきものにこそと思ひて、これを食べつるほどに、物の欲しさなほりて後、灰にて侍りけることをはじめて悟り侍れば、せめては、かやうの物をも食し侍りぬべかりけり。由なき心を発し侍りけるものかなとくやしく思ひて』なんど申す。

帝つぶさにこのことを聞き給ひて、御涙を流され、感じ給ふ。『汝は盗人なれども、 [D] なり。心の底いさぎよし。我、王位にあれども、 [E] といふべし。空しく忠臣の跡を失へり。早くまかり帰り候へ。明日召し出だし、父矛盾したシステムでもあるということ。

ロ　国民国家においては、地球環境を変えていく未来のユートピアと、過去の神話を重視する伝統的ユートピアとが矛盾なく結びつくということ。

ハ　国民国家は、人類に進歩という名の歴史認識をもたらしたが、それを特定の国が主導することへの反発により、神話こそが歴史だという新しい歴史観が生まれたということ。

ニ　国民国家は、いまだ実現していない理想の到達点をイメージさせるだけでなく、そこまでのプロセスを過去の歴史への回帰のような形で包含して、自らを強固にしているということ。

二

次の文章を読んで、あとの問いに答えよ。

近き世のことにや、仁和寺の奥に同じさまなる聖、二人ありけり。一人を西尾の聖といひ、今一人をば東尾の聖と名付けたり。この二人の聖、ことにふれて徳をいとなみ、一人は如法経書けば、一人は如法念仏す。一人五十日逆修すれば、一人は千日講を行ひなど、互ひに劣らじとしければ、人もひきひきに方々別れつつ結縁しけり。

年ごろかくの如くいとなむあひだ、西尾の聖(注)身燈すべしといふこと聞こえて、結縁すべき人、貴賤道俗市をなして、尊みこぞる。東尾の聖、これを聞きて、「狂惑のことにこそあらめ」とて信ぜざるほどに、つひに期日になりて、弟子どもいみじく囲繞《ゐねう》して、念仏して火屋に火をさす。ここら集まりし人、涙を流しつつ尊みあへるほどに、火中にて、念仏二百返ばかり申して、つひにいみじく尊げなる声にて、「今ぞ東尾の聖に勝ちはてぬる」といひてなん、終りにける。

とあるが、「ノスタルジア」がX「祖国を離れた兵士たちの士気を阻喪させる」ことになり、また、Y「強い愛国心やナショナリズムの表れとしても理解される」ことになったのは、それぞれ兵士たちが何を求めたからか。それぞれ一〇字以上一五字以内で本文から抜き出して解答欄に記せ。

問八 空欄 **G** に入るべき語を次の中から選び、解答欄にマークせよ。

イ 現実的　**ロ** 普遍的　**ハ** 理想的　**ニ** 歴史的

問九 傍線部**8**「そうした過程は現実には、地球上の特定の土地や文化と結びついた人間の集団によって歩まれるものとして了解され、また現象してきた」とはどういうことか。最も適切なものを次の中から一つ選び、解答欄にマークせよ。

イ 西欧を〈人類史としての世界史〉を実現したリーダーだと理解したこと。

ロ 西欧がもっとも進化した理想の世界だという共通認識ができたこと。

ハ 西欧の発展や衰退が人類の発展や衰退のモデルとして機能したこと。

ニ 多くの国々が西欧を目標として、自らの国家建設を成功させたこと。

問十 傍線部**9**「かくしてネーションと国民国家は、進歩主義的なユートピアと、進歩主義への反動としてのノスタルジアを結びつける」とはどういうことか。最も適切なものを次の中から一つ選び、解答欄にマークせよ。

イ 国民国家こそが現に存在する進歩の歴史の産物なのだが、同時にそれを幻想と呼ぶ力学を必然的に引き起こす

ハ　未来を先取りした国民国家

ニ　まだ征服されていない理想郷。

問六　傍線部**5**「ヨーロッパ」の「ナショナリズム」が、傍線部**6**「西欧においてユートピア文学が成立し、流行し、そこで語られるユートピアのありかが〈他の空間〉から〈他の時間〉へと転位していった時代の中におさまっている」のはなぜか。最も適切なものを次の中から一つ選び、解答欄にマークせよ。

イ　ヨーロッパは、世界中の地域や国をすでに支配していたので、ユートピアをもはや自国の未来に求めるしかなくなっていたから。

ロ　ヨーロッパでは、国を統一する思想の原理を他の地域に求めることができなくなって、それぞれの国の過去に統一原理を求めるしかなくなってきていたから。

ハ　ヨーロッパでは、未知の発見という希望が持てなくなっていたことと、既知の再発見がヨーロッパ人に特有の病として文学にも書かれるようになったことが軌を一にしていたから。

ニ　戦争にかり出されたスイスの兵士の間でノスタルジアという病が流行してまたたくまにヨーロッパ全域に広まったことと、もはや現実には手に入らなくなったユートピアが文学においては成立したことが同じことだから。

問七　傍線部**7**「十八世紀にノスタルジアがスイス人以外の多くの民族・国民に見出されるようになると、それは祖国を離れた兵士たちの士気を阻喪させるという意味で、愛国心やナショナリズムにとって公共的な脅威であると見なされることがある一方で、他方では強い愛国心やナショナリズムの表れとしても理解されるようになっていった」

問三　傍線部**3**「国民や国民国家がユートピアであるとは、奇妙なこと」であるのはなぜか。最も適切なものを次の中から一つ選び、解答欄にマークせよ。

イ　現実に存在する、問題を抱えた国民国家を人工的に作られた理想を体現したこうあるべき国民国家だとしていたはずだから。

ロ　国民国家は、国家内にある様々な矛盾を解決するために国民自身ではなく、中央政府と官僚組織が作り出した人工的な国家モデルにすぎなかったはずだから。

ハ　国民国家を、ブルジョワ階級と労働者階級に階級分化した現実にある社会問題を解決できる、ありもしない理想的な国家であるかのように作り上げようとしたはずだから。

ニ　国民国家は、分断された社会や多くの問題を抱えた国にとって、国民を法などによって統合することで問題を解決するために作られた、すでに存在する国家モデルだったはずだから。

問四　空欄［**A**］から［**F**］には「あること」か「あるべきこと」が入るが、「あること」が入るのは一カ所だけである。それを解答欄にマークせよ。

問五　傍線部**4**「古典的な意味での地上のユートピア」とあるが、この本文の趣旨に照らしてどのような意味と受け取ればいいか。最も適切なものを次の中から一つ選び、解答欄にマークせよ。

イ　想像の共同体。

ロ　誇大妄想化した国民国家。

（若林幹夫『ノスタルジアとユートピア』による）

問一　傍線部a〜cの片仮名を、漢字（楷書）で解答欄に記入せよ。

問二　傍線部1「〈進歩としての歴史〉」が傍線部2「文字通りグローバルに共有される世＝界の体制と社会の地形となった」とはどういうことか。「世＝界の体制」「社会の地形」という表現に注意して、最も適切なものを次の中から一つ選び、解答欄にマークせよ。

イ　〈進歩としての歴史〉という、世界をグローバルな体制として認識するローカルな思想は、政治や経済や文化などの様々な活動によって広がり、世界認識のスタンダードになったこと。

ロ　〈進歩としての歴史〉は、国民国家という理想的な理念によって現実化されることで植民地化されていた地域が近代化するための目標となり、ついには人類がグローバル化されるというユートピア的な神話として共有されたこと。

ハ　〈進歩としての歴史〉という西欧が信じた進化論的な世界観にすぎなかったものが、外の地域を植民地化するなどの行為などによって、前近代的な地域に対して西欧こそが進歩した地域として世界に認識されるに至ったこと。

ニ　〈進歩としての歴史〉は、マンフォードが言うようにすでに現実にあった国民国家をユートピアとする倒錯した認識として世界中に広まり、一八世紀には非西欧世界も次々と国民国家を実現することによって近代化という理想に近づいたこと。

代に成立した特定の歴史性の体制と不可分のものだということでもある。

近代化する以前の世界で、地球上の諸文化・諸文明はそれぞれに異なる世＝界の体制の下にある、異なる社会の地形の中にそれぞれをCテイイさせていた。だが、過去から現在を経て未来へと進歩していく――あるいはその陰画として衰退していく――社会の時間的地形は、そのように理念的に理解される限りでは、あらゆる人間に妥当する普遍的な〈人類史としての世界史〉である。その一方で、8そうした過程は現実には、地球上の特定の土地や文化と結びついた人間の集団によって歩まれるものとして了解され、また現象してきた。ネーションや国民国家は、人類の進歩という普遍的な過程を、地球上の特定の領域に対する帰属性と主権をもった排他的かつ特殊な主体によるものとして、地理的世界の中に位置づける。その時、〈進歩としての歴史〉はそれぞれの国民と国民国家の進歩の歴史となると同時に、そこに生きる人びとが自らの国民性を生き、発現させ、国民としての国家を建設する歴史となるのである。

〈進歩としての歴史〉における〈未来〉というユートピアは、社会の構造を変え、地域社会の環境や風景を変え、人間と社会をかつてそれらが帰属していた場所から社会的にも物理的にも切り離していく近代化の過程を、〈あるべきこと〉へと向かう過程として社会の地形の上に位置づけるものだった。だが、マンハイムが近代におけるユートピアのひとつとして保守主義の理念をとりあげたように、〈いま・ここ〉に〈あること〉を支えてきた伝統が進歩によって解体されることへの不安は、進歩への対抗ユートピアとしての保守主義の理念を生み出すものであった。ナショナリズムは、進歩主義のまなざしの中では未来のユートピアへと共に進む共同体としてネーションと国民国家を想像することを可能にする。だがそれはまた、保守主義のまなざしにおいて、神話的な過去から続く歴史と伝統の連続性の中で〈いま・ここ〉を了解することもまた可能にしたのである。9かくしてネーションと国民国家は、進歩主義的なユートピアと、進歩主義への反動としてのノスタルジアを結びつける。

方で、他方では強い愛国心やナショナリズムの表れとしても理解されるようになっていった。ドイツ語の**Heimweh**、フランス語の**maladie du pays**、スペイン語の**mal de corazón**が、ノスタルジアという諸国民に共通する感情を指す"**nostalgic esperanto**"の一部となっていくと共に、それぞれの民族や文化の固有性と強く結びついたものとしても主張されていったのである。**Heim**は「故郷」、**pays**は「国」、そして**corazón**は「心」である。

ベネディクト・アンダーソンは、『想像の共同体』で次のように述べている。

> 〔十八世紀という：引用者注〕この啓蒙主義の時代、合理主義的世俗主義の世紀は、それとともに、独自の近代の暗黒をもたらした。宗教信仰は退潮しても、その信仰がそれまで幾分なりとも鎮めてきた苦しみは消えはしなかった。楽園の崩壊、これほど宿命を偶然と感じさせるものはない。救済の不条理、これほど別の形の連続性を必要とさせるものはない。そこで要請されたのは、運命性を連続性へ、偶然を有意味なものへと、世俗的に変換することであった。以下に述べるように、国民の観念ほどこの目的に適したものはなかったし、いまもない。国民国家が「新しい」「歴史的」なものであると広く容認されているにしても、それが政治的表現を付与する国民それ自体は、常に、はるかなる過去よりおぼろな姿を現し、そしてもっと重要なことに、無限の未来へと漂流していく。

国民国家が「歴史的」であるという表現によってアンダーソンが意味しているのは、それが人類史において　G　なものではなく、近代における発明であり、流行であるということだ。だがその一方でそれは、歴史の広大な広がりの中ではるかな過去から無限の未来に向けて連続して存在するものとして想像されるという意味でも〝歴史的〟な存在なのである。ここで〝歴史的〟というのは、近代という特定の歴史的時代に成立したということであると同時に、その時である以前に、〈 E 〉として国民や国民国家を目指す／目指し続けることなのだ。

ブロッホ、マンフォード、マンハイム、ミンコフスキーらのユートピア論の背景となっていた第一次世界大戦も、その後に起こった第二次世界大戦も、民族・国民・国民国家たろうとする集団の対立や生存圏の拡張をめぐるものだった。十九世紀後半から二十世紀には、4古典的な意味での地上のユートピアの存在をフィクショナルにでも想像しうる〈他の空間〉が存在する余地は、地球上からほとんど失われていたが、二十世紀半ばまでは、植民地支配や帝国主義的侵略という、〝大国〟や〝先進国〟による国民国家の空間的拡張があからさまに行われていた。有限な地球表面上に並存する国民国家が、未来における〈 F 〉の実現をめざし、bキショウな資源と領土をめぐって争い、二つの世界大戦とより小規模な多くの戦争や紛争を生み出していったのである。

5ヨーロッパにおいてナショナリズムは、十八世紀という「宗教的思考様式の黄昏」の時代に夜明けを迎え、啓蒙主義と合理主義的世俗主義の時代に、宗教的なものに代わって世界に意味とリアリティを与えるものとして、政治的のみならず文化的な重要性を高めていった。それは、6西欧においてユートピア文学が成立し、流行し、そこで語られるユートピアのありかが〈他の空間〉から〈他の時間〉へと転位していった時代の中におさまっている。国民国家が近代における社会神話としてのユートピアであるとするマンフォードの指摘と、このことは整合する。ここでの考察にとってさらに重要なことは、ナショナリズムの誕生と流行が、スイス人に特有の病として発見されたノスタルジアが他の諸国民の間にも流行し、その対象が故郷という〈他の空間〉から過去という〈他の時間〉へと移行していった時代とも重なっているということである。

7十八世紀にノスタルジアがスイス人以外の多くの民族・国民に見出されるようになると、それは祖国を離れた兵士たちの士気を阻喪させるという意味で、愛国心やナショナリズムにとって公共的な脅威であると見なされることがある一として、〈　A　〉の実現を目指していった。

さらに二十世紀半ばの世界には、理念的な意味での自由主義―人道主義の理念や社会主義―共産主義のユートピアよりもはるかに歴史的現実に近づいたユートピアとして、国民国家というユートピアの変奏としての「帝国主義のユートピア」や「植民地主義のユートピア」、「全体主義のユートピア」や「ファシズムのユートピア」が存在した。戦前期日本――「大日本帝国」というその正式名称は十分にユートピア的だったのではないだろうか――にとっての満州国や大東亜共栄圏とそのスローガンだった八紘一宇も、ナチスドイツにとっての第三帝国 Drittes Reich――同じ Reich という言葉をブロッホは、彼のユートピア論で用いていた――も、国民国家というユートピアの誇大妄想化した形象だったのだ。

事実上はディストピアでもあったこれら誇大妄想的なユートピアが潰えた後、二十世紀後半には、植民地化され、あるいは傀儡政権や軍事独裁政権の下におかれた諸地域・諸国家で、自律した国民となり、また国民国家となることが、独立や革命によって目指されるべき〈ユートピア的なもの〉となった。それらは、先進諸国における反戦・反帝国主義運動や学生運動、文化革命運動などとも連動して、一定のユートピア的なリアリティとアクチュアリティをもちえていたのである。

このように、ある地域の言語的、文化的、政治的な共同体が〝ネーションであること〟も、ネーションとして自らを社会の地形の上に位置づけた集団が〝国民国家として政治的、軍事的、経済的、文化的な発展と繁栄を追求していくこと〟も、近代的世界においてまずは〈　B　〉ではなく〈　C　〉だったのである。そしてまた、いったん国民国家が成立した地域や集団においてもそれは、〈　D　〉として追求されることによって事実性をもち続けることができる、遂行的な社会的事実なのである。ナショナリズムとは、すでにある国民や国民国家に排他的な価値を見出すこと

る。

マンフォードが国民国家を国民的ユートピアであると述べたのは、ブルジョワ階級の消費生活の理想の追求が生み出した「カントリー・ハウス」の理念と、労働者たちが生産に従事する場として近代産業化が生み出した「コーク・タウン」——石炭を燃料とする工業都市——の矛盾対立を、巨大都市を媒介項として結びつけ、編成し、国民的かつ国土規模での新たな社会の実現を目指すものとして、マンフォードが国民国家を理解したことによっている。それは、歴史と風土の中で形成された〝くに〟や地域を超えて、人為的に設定された境界内の国土上で、中央政府とその官僚組織が人間の全生活と全交際を処理する、人工の社会なのだとマンフォードは述べる。今まで存在してこなかった社会を、現状において〈あること〉の問題を解決するための〈あるべきこと〉として人工的に作り出そうとしたものであるという意味で、国民国家はユートピアであったということである。

事実、一九一七年にレーニンaヒキいるソヴィエト政府が発した「平和に関する布告」が民族自決を無賠償・無併合とともに呼びかけ、一九一八年に合衆国大統領ウィルソンが「十四ヶ条の平和原則」に民族自決を記載してヴェルサイユ条約の原則となったように、二十世紀初めの人類社会において国民や国民国家であることは、いくつかの国々においてはすでに〈あること〉だったとしても、多くの諸民族にとっては目指されるべき〈あるべきこと〉だった。そしてまた、すでに国民国家化した諸国にとっても、真に「国民的な国家 National State」であることは現在において、そしてまた未来に向けて目指すべき〈あるべきこと〉だったのである。

近代政治史におけるユートピアとしてマンハイムは国民国家をあげることはしなかったが、自由主義—人道主義の理念や保守主義の理念はもちろんのこと、当初はインターナショナリズムを志向していた社会主義—共産主義のユートピアも、ネーション——民族、国民——やネーション・ステイト——国民国家——を社会の地形における空間的な枠組み

国語

（六〇分）

一

次の文章は、ノスタルジアとユートピアとの関係について論じた本から一部を抜粋したものである。これを読んで、あとの問いに答えよ。

　1〈進歩としての歴史〉という、そもそもは十八世紀の西欧に生まれたローカルな社会の地形は、欧米列強の植民地支配をはじめとする非西欧世界への進出、日本や中国、ロシアやトルコなどにおけるそれに対抗する近代化、植民地化された諸地域・諸国の独立と近代化の運動、それらを通じて展開していった地球規模での人類社会の政治的・経済的・文化的な交通・交流によって、人類史上初めて、2文字通りグローバルに共有される世＝界の体制と社会の地形となった。だがしかし、理念としては人類という集合体によってグローバルに共有されるこの〈進歩としての歴史〉は、マンフォードが近代におけるユートピア的な集合表象＝社会神話としてあげていた、国民国家 National State, nation-state というローカルな表象を媒介として現実には追求されていったことに、ここでは注目しなくてはならない。

　3国民や国民国家がユートピアであるとは、奇妙なことのように思われるかもしれない。なぜならそれは、十九世紀から二十世紀の社会における確固たる現実として〈あること〉だったものと、今日の私たちの多くには思われるからであ

////////////////////// · memo · //////////////////////

· memo ·

//////////////////// · memo · ////////////////////

//////////////////// · memo · ////////////////////

//////////////////// · memo · ////////////////////

2023
年度

問題編

■一般選抜（地歴・公民型，数学型，英語４技能テスト利用型）

問題編

〔一般選抜（地歴・公民型）〕

▶試験科目・配点

教　科	科　目	配　点
外 国 語	「コミュニケーション英語Ⅰ・Ⅱ・Ⅲ，英語表現Ⅰ・Ⅱ」，ドイツ語，フランス語，中国語，韓国語のうちから１科目選択	80 点
地歴・公民	日本史Ｂ，世界史Ｂ，政治・経済のうちから１科目選択	60 点
国　語	国語総合，現代文Ｂ，古典Ｂ	60 点

〔一般選抜（数学型）〕

▶試験科目・配点

教　科	科　目	配　点
外 国 語	「コミュニケーション英語Ⅰ・Ⅱ・Ⅲ，英語表現Ⅰ・Ⅱ」，ドイツ語，フランス語，中国語，韓国語のうちから１科目選択	60 点
数　学	数学Ⅰ・Ⅱ・Ａ・Ｂ	60 点
国　語	国語総合，現代文Ｂ，古典Ｂ	60 点

〔一般選抜（英語４技能テスト利用型）〕

▶試験科目・配点

教 科 等	科　目	配　点
外 国 語	「コミュニケーション英語Ⅰ・Ⅱ・Ⅲ，英語表現Ⅰ・Ⅱ」，ドイツ語，フランス語，中国語，韓国語のうちから１科目選択	80 点
地歴・公民または数学	日本史Ｂ，世界史Ｂ，政治・経済，「数学Ⅰ・Ⅱ・Ａ・Ｂ」のうちから１科目選択	60 点
国　語	国語総合，現代文Ｂ，古典Ｂ	60 点
英語４技能テスト	出願時に提出されたスコアを別表の通り換算する。提出しなかった場合，スコアの確認が取れなかった場合，スコアが満たない場合，出願できない。	5 点

【英語4技能テスト評価方法】

英語4技能テストの種類		得点換算（5点満点）
実用英語技能検定（英検）	TOEFL iBT	
1級合格	95以上	5点
準1級合格	72～94	0点（出願可）
2級合格以下	71以下	出願不可

※実用英語技能検定（英検）は，従来型，CBT，S-CBT，S-Interviewが利用可能。また，各級合格のみを評価しCSEスコアの総点および各技能点は問わない。
※TOEFL iBTの「MyBestスコア」および「TOEFL Essentials」は利用できない。

▶備　考（一般選抜共通）

- 一般選抜の3つの方式は併願ができない。
- 外国語において，ドイツ語・フランス語・中国語・韓国語を選択する場合は，大学入学共通テストの当該科目〈省略〉を受験すること。共通テストの配点（200点）を〈地歴・公民型〉〈英語4技能テスト利用型〉は配点80点，〈数学型〉は配点60点に調整して利用する。
- 「数学B」は「確率分布と統計的な推測」を除く。

▶合否判定（英語4技能テスト利用型）

英語4技能テスト利用型の地歴・公民または数学，国語で合格基準点（非公表）を設ける。基準点に満たない教科がある場合は，合計点が合格最低点を超えていても不合格となる。

英語

（90 分）

I　次の英文を読み，下記の設問に答えよ。

Jim and Jane are colleagues. They are talking on the phone, arranging a time to meet.

Jim : Hey, Jane, it's Jim. How's everything going?

Jane : Not too bad. How about you?

Jim : (　1　) Listen, I'm calling because the deadline for applications from the PR consultants is this Friday, 5:00 p.m. I'm pleased to say we've already gotten several applications, and probably more will come in as the deadline approaches.

Jane : (　2　) I wasn't sure what to expect. Given the current job market, (A)まったく届かなかったとしても驚きませんでした。

Jim : We'll both need some time to look over the applications, but it would be great if we could come to a decision by the end of next week regarding which firms to invite for an interview.

Jane : How about meeting next Wednesday? I'm free anytime after 2:00.

Jim : Let me check my schedule. Hmm ... I'm (イ)tied up all Wednesday afternoon. How does Thursday morning look for you?

Jane : I could meet from 10:00 to 11:00 on Thursday, but will that be enough time?

Jim : (　3　) I think if we set up our hiring criteria in advance, an hour should suffice. Hopefully, we won't have wildly divergent evaluations!

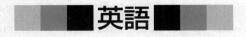

Jane : We've already specified the budget, so any applications that exceed that should be excluded. Beyond that, should we place equal weight on previous experience in the industry, media connections, and the strategy development proposal in their applications?

Jim : I'm inclined to place less weight on previous experience. Of course, some experience is essential, but a smaller, newer agency may devote more time and energy to us than a larger firm with more experience.

Jane : (4) A smaller firm is more likely to (ロ)go the extra mile. They may also be more flexible and creative.

Jim : How about the following preliminary evaluation rubric? Experience in the industry: 0–3 points; media connections, both traditional and digital: 0–6 points; strategy development proposal : 0–6 points.

Jane : (5)

Jim : Great. I'll type up the rubric and send it to you. Perhaps we can invite the firms with the top three combined scores to come in for interviews.

Jane : Will they need to actually come in, or do you think the interviews can be conducted online?

Jim : Personally, I'd prefer in-person interviews. I think it's easier to really get a sense of the applicants that way.

Jane : That's true. Also, I hate to think of it, but if we ever have need for them to handle crisis management, we'll want a firm that is willing to show up and handle it immediately. Reluctance to come in for an interview could translate into less of a hands-on approach.

Jim : I'm glad we're (ハ)on the same page. OK, then. I'll send you the rubric and a zip file with the applications after the deadline on Friday.

Jane : Thanks, Jim. And I look forward to seeing you next Thursday at 10:00. I'll reserve a conference room and send you an email to let you know which one.

Jim : Great, thanks. OK, bye for now!

Jane : Bye!

(Original text)

設問1．空所（1）〜（5）を埋めるのにもっとも適当なものを(a)〜(j)からそれぞれ一つ選び，マーク解答用紙の所定欄にマークせよ。ただし，各選択肢は一度しか使えない。

(a) Absolutely not.
(b) I wish I could.
(c) I'll get back to you.
(d) I'm glad to hear that!
(e) It should be fine.
(f) Never been better!
(g) Point taken.
(h) That sounds good to me.
(i) That's a pity.
(j) To each his own.

設問2．下線部(イ)〜(ハ)の意味にもっとも近いものを(a)〜(d)からそれぞれ一つ選び，マーク解答用紙の所定欄にマークせよ。

(イ) (a) in full swing (b) off limits
(c) otherwise engaged (d) stuck in traffic

(ロ) (a) chase clients (b) drive business
(c) take pains (d) travel extensively

(ハ) (a) following procedure (b) in agreement
(c) on the ball (d) well-informed

設問3．下線部(A)の日本語の英訳を完成させるために，適語を記述解答用紙の所定欄に書け。

〔解答欄〕

I would (　　) (　　) (　　) surprised (　　) we (　　) (　　) received (　　).

II 次の英文を読み，下記の設問に答えよ。

"Unexpected item in the bagging area."
"Please place item in the bag."
"Please wait for assistance."

If you've encountered these irritating alerts at the self-checkout machine, you're not alone. According to a survey last year of 1,000 shoppers, 67% said they'd experienced a failure at the self-checkout lane. Errors at the kiosks are so common that they have even (1)spawned dozens of memes and TikTok videos.

"We're in 2022. One would expect the self-checkout experience to be flawless. We're not there at all," said Sylvain Charlebois, director of the Agri-Food Analytics Lab at Dalhousie University in Nova Scotia who has researched self-checkout. Customers aren't the only ones frustrated with the self-checkout experience. Stores have challenges with it, too. The machines are expensive to install, often break down and can lead to customers purchasing fewer items. Stores also incur(2) higher losses and more shoplifting at self-checkouts than at traditional checkout lanes with human cashiers.

Despite the headaches, self-checkout is growing. In 2020, 29% of transactions at food retailers were processed through self-checkout, up from 23% the year prior, according to the latest data from food industry association FMI. (A)This raises the question: why is this often problematic, unloved technology taking over retail?

The first modern self-checkout system, which was patented by Florida company CheckRobot and installed at several Kroger stores in 1986, would be almost unrecognizable to shoppers today. Customers scanned their items and put them on a conveyor belt. An employee at the other end of the belt bagged the groceries. Customers then took them to a central cashier area to pay.

The technology was heralded as a "revolution in the supermarket." Shoppers "turn into their own grocery clerks as automated checkout machines shorten those long lines of carts and reduce markets' personnel costs," the *Los Angeles Times* said in a 1987 review. But self-checkout did not revolutionize the grocery store. Many customers (3)balked at having to do more work in exchange for benefits that weren't entirely clear.

It took a decade for Walmart to test self-checkout. Only in the early 2000s did the trend pick up more widely at supermarkets, which were looking to cut costs during the 2001 recession and faced stiff competition from emergent superstores and warehouse clubs. "The rationale was economics based, and not focused on the customer," Charlebois said. "From the (4)get-go, customers detested them."

A 2003 Nielsen survey found that 52% of shoppers considered self-checkout lanes to be "okay," while 16% said they were "frustrating." Thirty-two percent of shoppers called them "great." The mixed response led some grocery chains, including Costco, Albertsons and others, to pull out the self-checkout machines they had installed in the mid-2000s. "Self-checkout lines get clogged as the customers needed to wait for store staff to assist with problems with bar codes, coupons, payment problems and other issues that (5)invariably arise with many transactions," grocery chain Big Y said in 2011 when it removed its machines.

Despite self-checkout's many shortcomings for customers and store owners, the trend is only growing. Walmart, Kroger and Dollar General are piloting exclusively self-checkout stores. Costco and Albertsons have brought self-checkout back after removing it years ago. Amazon has taken the concept a step further with cashier-less Amazon Go stores. It may simply be too late for stores to turn their back on self-checkout.

(Adapted from *CNN Business*, July 10, 2022)

設問1．次の1．〜3．について，本文の内容に合うものを(a)〜(d)からそれぞれ一つ選び，マーク解答用紙の所定欄にマークせよ。

1. Which of the following best describes the first self-checkout system?

(a) complicated　(b) conventional
(c) revolutionary　(d) undetectable

2. Which of the following is NOT raised as a problem with self-checkout?

(a) It can produce longer lines.
(b) It is costly to set up.
(c) It leads to job loss.
(d) It results in more theft.

3. Why did many supermarkets begin to use self-checkout?

(a) They expected to expedite purchases.
(b) They hoped to alleviate the burden on staff.
(c) They needed to reduce expenditures.
(d) They wanted to change consumer purchasing behavior.

設問2．下線部(1)～(5)の意味にもっとも近いものを(a)～(d)からそれぞれ一つ選び，マーク解答用紙の所定欄にマークせよ。

(1) (a) copied　(b) mislaid
(c) produced　(d) squandered

(2) (a) calculate　(b) deter
(c) encounter　(d) restore

(3) (a) dodged　(b) resisted
(c) ridiculed　(d) scrutinized

(4) (a) impression　(b) perspective
(c) result　(d) start

(5) (a) correspondingly　(b) individually
(c) occasionally　(d) regularly

設問3．本文のタイトルとしてもっとも適当なものを(a)～(d)から一つ選び，マーク解答用紙の所定欄にマークせよ。

(a) Customers hate self-checkout. Retailers feel differently
(b) Nobody likes self-checkout. Here's why it's everywhere
(c) Self-checkout is nothing new. But now it's better than ever

(d) Supermarkets reconsider their checkout choice. Was it the right one?

設問 4．下線文(A)の書き換えとなるように，適語を記述解答用紙の所定欄に書け。

〔解答欄〕

The question is (　　)(　　) often problematic, unloved technology (　　)(　　)(　　)(　　).

III　次の英文を読み，下記の設問に答えよ。

When the maker of a well-known Japanese popsicle lifted the sales price for the first time in a quarter-century a few years ago, dozens of executives and workers bowed deeply in apology in a somber television commercial.

The company, Akagi Nyugyo Co., is now planning to raise the price of nearly three dozen other ice cream products. This time there'll be no displays of contrition. "We're suddenly facing a tsunami of price increases" for materials, said marketing director Fumio Hagiwara. "We will raise prices in order to survive."

Apologies have long been an important lubricant for smooth communication in Japan. Conversations between friends, neighbors and co-workers are littered(1) with habitual apologies for trivial inconveniences, such as asking for an elevator door to be held open momentarily.

(　あ　), even for small issues such as failing to answer the phone quickly. Train operators will broadcast apologies on platforms when train services are as little as a minute late. A price change would typically be (　i　) a serving of humble pie.

When food company Yaokin Inc. raised the price for its flagship Umaibo puffed corn snack by 2 yen — about 1.5 cents — to 12 yen in April, it published a message about the change on Twitter that might have seemed too blunt only a few months earlier: "We need to make a profit【 A 】."

(ⅱ) to acknowledge it was being less contrite(2) than some might expect, it published a separate newspaper ad quoting a snack wholesaler: "This is no time to be wasting money on an apology ad."

In a marketing firm's survey about the Umaibo price hike, almost 70 % of people selected a response that read: "It's kind of amazing that the price has never been raised before." The snack first went on sale 42 years ago.

Yuko Ueda, a 41-year-old homemaker who was recently out buying a box of sushi for dinner, said the disappearance of apologies wasn't surprising now that the cost of everything is rising. "When prices go up, I would expect better customer service or better products rather than apologies," she said.

Mitsuko Komeda, a 52-year-old owner of a beauty salon, said Japan's relatively mild inflation rate of around 2.5% might mean businesses didn't feel the pressure to apologize so much. "Look at other countries. They're raising prices much more," she said.

Yasuyo Yamanaka, a 38-year-old accountant who was eating a bowl of noodles at Ichiyoshi Soba in Tokyo on a recent afternoon, said apologies help show businesses care about their customers, and foster loyalty. "I believe this is a sense probably only shared by Japanese," she said.

(い), where work colleagues might see you as inconsiderate if you don't apologize for taking a vacation. That could mean you're not invited the next time the team goes out for lunch together.

(う). In the early stages of the Covid-19 pandemic, the head of the national soccer association said he was "deeply sorry for causing concern and trouble to others" by catching the virus.

The change in etiquette for businesses this year is partly because companies no longer need to worry so much about looking like the lone bad guy, since nearly everyone is charging more.

Meanwhile, the governor of the Bank of Japan, who has been trying to stoke mild inflation for years to kick-start the economy, apologized recently after facing criticism for saying consumers were becoming more accepting of price increases. "It was not my intention to say" that, Haruhiko Kuroda said. "I apologize for the confusion."

（ え ）. Instead of an apology, one go-to(3) strategy when raising prices is to ask for customers' "understanding." Torikizoku, a chain of restaurants specializing in low-cost grilled chicken, recently raised prices and said it sought customers' understanding as it faced "ever mounting raw materials and energy costs."

Back in December, Ichiyoshi Soba, the Tokyo noodle restaurant, put up signs to show its （ iii ） raising the price of everything on its menu by 7 cents. "We're really sorry to our customers," it said.

(Adapted from *The Wall Street Journal*, August 11, 2022)

設問1．空所（ i ）～（ iii ）を埋めるのにもっとも適当なものを(a)～(d)からそれぞれ一つ選び，マーク解答用紙の所定欄にマークせよ。

（ i ） (a) accompanied by (b) disgraced by
(c) known for (d) welcomed with

（ ii ） (a) As expected (b) As if
(c) If ever (d) If not

（ iii ） (a) compensation for (b) inaccuracy in
(c) remorse for (d) surprise at

設問2．下線部(1)～(3)の意味にもっとも近いものを(a)～(d)からそれぞれ一つ選び，マーク解答用紙の所定欄にマークせよ。

(1) (a) burdened (b) concerned
(c) scattered (d) trashed

(2) (a) courteous (b) forceful
(c) regretful (d) sincere

(3) (a) aggressive (b) innovative
(c) reliable (d) special

設問3．（あ）～（え）を埋めるのにもっとも適当なものを(a)～(f)からそれぞれ一つ選び，マーク解答用紙の所定欄にマークせよ。ただし，各選択

出典追記：Inflation Means Never Having to Say You're Sorry, The Wall Street Journal on August 10, 2022 by Miho Inada and Alastair Gale

肢は一度しか使えない。

(a) Apologies are an expected part of basic manners in Japan

(b) Apologies are no longer considered admirable social etiquette in Japan

(c) Businesses routinely apologize to customers

(d) Companies are now trying their best to lower their prices

(e) Companies are still making efforts to be sensitive

(f) It's even considered good manners to apologize for problems that aren't your fault

設問4．次の1．〜4．について，本文の内容に合うものを(a)〜(d)からそれぞれ一つ選び，マーク解答用紙の所定欄にマークせよ。

1．What did a well-known Japanese popsicle maker do when it increased its sales price a few years ago?

(a) Executives and workers apologized in succession to TV viewers.

(b) Executives and workers bowed deeply to popsicle vendors.

(c) Executives and workers expressed their great regret on TV.

(d) Executives and workers somberly confessed their mismanagement.

2．How did many people respond when they learned about Umaibo's price hike?

(a) They were delighted to know that the price had not been raised for 42 years.

(b) They were disappointed about the price hike as it was an amazingly popular snack.

(c) They were overwhelmed by the news that its price was raised by 70%.

(d) They were surprised to know the price had not changed since it went on sale.

3．Which of the following best paraphrases one respondent's opinion?

(a) Apologies make customers feel like continuing to support companies that offer them.

(b) Better customer service or better products are just as important as apologies.

(c) Businesses in Japan are raising prices much more frequently than in the past.

(d) Companies offer better customer service or better products when they apologize.

4. The governor of the Bank of Japan was criticized recently because he said

(a) consumers had started to become more open to price increases.

(b) he intended to urge consumers to accept price increases.

(c) mild inflation was what he had long sought.

(d) price increases had confused consumers.

設問 5. 空所【A】を埋めるために，〔 〕の中の語を適切に並べ替えて，記述解答用紙の所定欄に書け。ただし，〔 〕の中には足りない語が一語あるので，それを補って解答すること。

〔can / continue / ensure / industry / of / snack / so / survival / that / the / the / we〕

Ⅳ 次の英文を読み，下記の設問に答えよ。

How hungry are you after exercise? Post-workout hunger pangs have long been (i) stalling weight loss — but how and why some people feel ravenous when they finish a workout while others can barely stomach(1) the thought of food has remained a mystery.

Only now are researchers uncovering the biological reasons why exercise blunts or spikes our appetite, helping or hindering us to lose weight. And it partly depends on the type of activity you do and how much sweaty effort you put in completing it.

The relationship between appetite and exercise is complex. Anyone who has embarked on(2) a new workout regimen will vouch that pounds rarely drop as quickly as hoped, and it is known that everything from sleep patterns, body weight, fitness and genetics influence our individual urges to eat after exercise. Levels of hunger hormones, such as ghrelin (which increases appetite) and peptide YY (which reduces it), released after activity (ii), making you feel more or less hungry.

An international team of scientists, led by Jonathan Long, an assistant professor of pathology at Stanford University, describe in their recently published paper a molecule called Lac-Phe. The hybrid of the compounds lactate and phenylalanine is released in higher amounts during intense exercise and seems to $\underset{(3)}{\underline{\text{stifle}}}$ appetite.

This "anti-hunger" molecule also appears in the bloodstreams of some animals (racehorses included), and an initial study showed that when mice bred to not produce Lac-Phe were made to run intensely several times a week, they gorged on high-fat kibble each time they stopped, gaining 25 per cent more weight overall than regular mice.

"The team had previously shown that mice (iii) Lac-Phe weren't as hungry and ate up to 30 per cent less food," says Gareth Wallis, an associate professor of exercise metabolism and nutrition at the University of Birmingham, who was involved in the research.

Ultimately, the weight and fat mass of the animals dropped and markers for diabetes improved. For the latest study, they turned their attention to people, because they suspected the molecule might 【 A 】.

Eight healthy young men were recruited and asked to exercise three times — a gentle, (iv) bike ride of 90 minutes, an indoor bike session with (v) 30-second sprints, or weight training, with blood taken during and after each different activity session.

Results showed the bike interval sprints $\underset{(4)}{\underline{\text{induced}}}$ the most dramatic spike in blood levels of Lac-Phe, followed by resistance training, with the long, slow cycle producing the lowest levels of the molecule. "What it showed us is that the Lac-Phe molecule goes up during vigorous exercise in humans," Wallis says. "And since we know from animal studies that more Lac-Phe leads to fewer calories consumed, a natural conclusion would be to assume that it is involved in the suppression of hunger."

Although small, the study paves the way for further investigation and the next step is to look more deeply at how Lac-Phe inhibits hunger. "There is potential to develop a drug based on this molecule and its effects," Wallis says. "If we can capture the good things from exercise and recreate them in pills, they could be used to help treat people with obesity."

For many people, myself included, there will be a sense of familiarity about the findings. A long, slow jog of 80 minutes or more could easily see me raiding the fridge when I get back whereas a faster or hilly run can result in me not wanting to face food for several hours.

This, Wallis says, is probably an example of Lac-Phe (vi). "Generally the harder we work, the more of the molecule is produced," he says. "Although not everybody's response to every type of exercise will be the same."

(Adapted from *The Times*, August 9, 2022)

設問1．空所（ i ）～（vi）を埋めるのにもっとも適当なものを(a)～(d)からそれぞれ一つ選び，マーク解答用紙の所定欄にマークせよ。

(i) (a) blamed for　(b) caused by
　(c) judged by　(d) satisfied with

(ii) (a) advance and retreat　(b) ebb and flow
　(c) pile up and melt away　(d) toss and turn

(iii) (a) assessed with　(b) covered with
　(c) infected with　(d) injected with

(iv) (a) continuous　(b) durable
　(c) intermittent　(d) timely

(v) (a) continuous　(b) durable
　(c) intermittent　(d) timely

(vi) (a) in action (b) in advance
(c) in charge (d) in competition

設問２．下線部(1)〜(4)の意味にもっとも近いものを(a)〜(d)からそれぞれ一つ選び，マーク解答用紙の所定欄にマークせよ。

(1) (a) consume (b) dare
(c) defy (d) tolerate

(2) (a) clarified (b) come up with
(c) given up (d) initiated

(3) (a) stabilize (b) stimulate
(c) suppress (d) sustain

(4) (a) brought about (b) called off
(c) made up for (d) turned down

設問３．次の１．〜４．について，本文の内容に合うものを(a)〜(d)からそれぞれ一つ選び，マーク解答用紙の所定欄にマークせよ。

1．Researchers are now uncovering the biological reasons why exercise
(a) can arouse or suppress hunger depending partly on the type of activity.
(b) can be ineffective in losing weight when it is a sweat-provoking effort.
(c) helps us to increase weight when we do not feel hunger.
(d) helps us to reduce and increase weight at our own will.

2．The initial study showed that the "anti-hunger" molecule
(a) assisted markers for diabetes to improve, and weight and fat mass to drop.
(b) caused mice to run intensely several times a week to reduce weight.
(c) led weight and fat mass to increase, and markers for diabetes to worsen.
(d) resulted in mice losing 25 per cent more weight overall after intense exercise.

3．According to the article, the author

(a) doesn't have an appetite after vigorous exercise but feels very hungry after long, slow exercise.

(b) feels very hungry after intense exercise but doesn't have an appetite after long, slow exercise.

(c) prefers a faster or hilly run because it results in appetite suppression for several hours.

(d) raids the refrigerator after vigorous exercise but doesn't want to eat after leisurely exercise.

4. Gareth Wallis says that

(a) more ghrelin is generally produced if we work harder.

(b) more hunger hormones are generally produced if we work harder.

(c) more Lac-Phe is generally produced if we work harder.

(d) more peptide YY is generally produced if we work harder.

設問 4．本文のタイトルとしてもっとも適当なものを(a)～(d)から一つ選び，マーク解答用紙の所定欄にマークせよ。

(a) Are you getting enough nutrition post-workout?

(b) Intense exercise can be hazardous

(c) Is your workout ruining your diet?

(d) Your hunger depends on your level of commitment

設問 5．空所【A】を埋めるために，〔　〕の中の語を適切に並べ替えて，記述解答用紙の所定欄に書け。ただし，〔　〕の中には不要な語が二語含まれている。

〔aid / by / could / exercise / hold / how / key / loss / measure / the / to / understanding / weight〕

V　次の英文を読み，下記の設問に答えよ。

After a Happy Hour wine binge in a New York City East Village bar in February 2014, Matt Stopera noticed that his iPhone was missing. As a young American journalist working for BuzzFeed — a US-based Internet news and entertainment company with a focus on digital media — the loss of his cell phone was almost (1)tantamount to losing his eyesight. After recovering from his initial shock, Matt did what the millions of global victims of cell phone theft tend to do: he got a new one and tried to forget the frustrating experience as quickly as possible. Most cell phone theft stories end here. But Matt's didn't.

A year later, he was sitting in his small flat in NYC browsing through his private photo stream on his new cell phone when he came across a slew of pictures he had not taken. They included more than twenty images of a young Asian man standing in front of an orange tree. For over a month, daily updates of the 'orange man' pictures kept popping up on Matt's new phone. Trying to solve the mystery, he consulted with an Apple Genius employee who speculated that his lost iPhone was most likely somewhere in China. The Apple genius also revealed the reason for the appearance of these (i) pictures: his current phone and the stolen one were still sharing the same iCloud account. Matt immediately deleted everything on his phone and asked for his former device to be deactivated. Confident that these actions would put an end to the (2)hassle, he left the Apple store.

On second thought, however, Matt decided to get to the bottom of the mystery. (ii), he created a post on BuzzFeed: *Who is this man and why are his pictures showing up on my phone?* Within hours, he received numerous tweets from 【 A 】. But how could there be such a swift and massive response from hundreds of tweeters thousands of miles away? In fact, a famous user of Sina Weibo — a Chinese micro-blogging website and leading social media platform with over 400 million monthly active users — had cross-posted his BuzzFeed post, thus triggering the virtual hunt for the mystery 'orange man' that soon went viral. Told that he had become an overnight Internet celebrity in China, Matt followed the advice of his new virtual fans and joined Weibo. The next day, he had 50,000 followers. Within a week, the number climbed to 160,000. Soon thereafter, he broke through the 1,000,000 barrier.

By that time, the mystery man, Li Hongjun, had been found in the south-east coastal province of Guandong. Paying close attention to this viral explosion, Weibo gave Li the nickname 'Brother Orange' and encouraged the two men to meet in China. Within days, the story skyrocketed to the top of Weibo's trending topics as 60 million users were following along to see if and when the pair would meet. Many of them began signing up for US-based social networking platforms like Facebook and Twitter, even though these sites were technically banned in China. Matt also responded to numerous requests from his Chinese fans to start teaching them English using video posts.

As (あ)this tutoring venture took off, he received the Chinese nickname 'Doubi', which translates loosely as 'Mr Bean'. At this point, 'Doubi' and 'Bro' Orange' had been exchanging electronic messages on a daily basis. The enhanced frequency of their (iii) revealed more about their respective backgrounds and life-stories. It revealed that Bro' Orange was a married man with four children and owned a successful restaurant called Jade Tea Farm in Meizhou, a thriving city of 4.3 million.

In March 2015, their highly anticipated meeting took place. On Matt's three-legged plane flight from NYC to Guandong, he was recognized and mobbed by several Chinese passengers. Upon landing at Meizhou Airport, Matt was greeted by (3)droves of fans who had queued up for hours to welcome their American idol. As Matt put it, 'Basically, I now know what it feels like to be a famous celebrity at an airport.' Wildly cheering the first hug between the two long-distance iPhoto pals, the fans also applauded the return of the stolen iPhone to its original owner. It turned out that Li was entirely (iv), having received the phone as a gift from a distant relative.

Eventually, the astonishing story of how a stolen iPhone made an ordinary American a Chinese Internet celebrity was shared internationally on social media more than 100 million times. And it continued on the same implausible (4)trajectory that it had started out on in 2014. The Hollywood entertainment giant Warner Brothers announced in 2016 that it would co-produce *Brother Orange* for the big screen, with TV star Jim Parsons playing Matt Stopera and noted Chinese actor Dong Chengpeng starring as Li Hongjun.

The remarkable story of Matt Stopera's stolen iPhone not only makes for fantastic entertainment, but also yields important insights into the complex dynamics of globalization. First, the tale demonstrates that the local and global should not be seen as opposites. Rather, they (v) interrelated nodes of expanding social interconnections encompassing all spatial scales. This intensifying local-global nexus was reflected in many ways during Matt's visit to China.

Another important insight emerging from our stolen cell phone story suggests that globalization should not be seen as a monolithic social process. Rather, it assumes several distinct, but interrelated, *social forms* that contain a number of different qualities or characteristics.

(Adapted from Manfred B. Steger, 2020, *Globalization: A Very Short Introduction*)

設問１．下線部(1)～(4)の意味にもっとも近いものを(a)～(d)からそれぞれ一つ選び，マーク解答用紙の所定欄にマークせよ。

(1) (a) as serious as　(b) disastrous for
(c) hopeless in　(d) worse than

(2) (a) conflict　(b) fight
(c) loss　(d) problem

(3) (a) cheers　(b) representatives
(c) swarms　(d) trails

(4) (a) anecdote　(b) coincidence
(c) theory　(d) track

設問２．空所（ i ）～（ v ）を埋めるのにもっとも適当なものを(a)～(d)からそれぞれ一つ選び，マーク解答用紙の所定欄にマークせよ。

(i) (a) alien　(b) blurred
(c) lost　(d) stolen

(ii) (a) All things considered　(b) In that sense

(c) On that occasion (d) To that end

(iii) (a) interactions (b) interrelations

(c) interruptions (d) interventions

(iv) (a) accountable (b) innocent

(c) misleading (d) swindled

(v) (a) constitute (b) introduce

(c) loosen (d) split

設問 3．次の 1．～ 3．について，本文の内容に合うものを(a)～(d)からそれぞれ一つ選び，マーク解答用紙の所定欄にマークせよ。

1．According to the passage,

(a) a Chinese man in the province of Guandong had used Matt's stolen phone, calling himself 'Brother Orange'.

(b) an Apple Genius employee suggested Matt create a post on BuzzFeed to solve the problem.

(c) more than 400 million active members of a Chinese social network helped Matt find his old phone in China.

(d) most victims of cell phone theft do not try to search for their stolen phones and purchase a new one as soon as possible.

2．According to the passage,

(a) both Matt and Li became famous in their own countries and were asked to make appearances on the big screen.

(b) Brother Orange bought the cell phone in China from his relatives abroad, knowing that it was stolen in the US.

(c) Matt and Li had become friends with each other through frequent message exchanges before they met in China in person.

(d) Matt understood what had happened to his stolen cell phone when he found unfamiliar photos on his new phone.

3．The author of this passage emphasizes that

(a) globalization can connect people who previously have never seen one another via technology.

(b) globalization has changed methods of communication, and people today live in a complex network of human relations.

(c)　the story of the missing iPhone is a good illustration of how the interconnection of globalization today can be viewed.

(d)　the story of the missing iPhone shows how the world is getting smaller through globalization and the Internet.

設問4．空所【A】を埋めるために，〔　〕内の語句を適切に並べ替えて，記述解答用紙の所定欄に書け。ただし，〔　〕の中には不要なものが二つ含まれている。

〔asking / Chinese / finding / help / him / in / of / offering / ‘orange man’ / people〕

設問5．下線部(あ)の内容を具体的に書いた箇所を本文中より抜き出し，6語で記述解答用紙の所定欄に書け。

日本史

（60分）

1 次の史料を読んで，下記の設問（A～J）に答えよ。解答はもっとも適当なものを1つ選び，解答記入欄のその番号をマークせよ。

蓋《けだ》し聞く，律は懲粛《ちょうしゅく》を以て宗《むね》と為し，令は勧誡《かんかい》を以て本となす。格は［ イ ］，式は［ ロ ］。〔中略〕古は世質時素にして法令未だ彰《あきらか》ならず。無為にして治まり，粛せずして化す。推古天皇十二年に曁《およ》び，上宮太子親《みずか》ら(ハ)憲法十七箇条を作り，国家の制法茲《ここ》より始まる。降《くだ》りて(ニ)天智天皇元年に至り，令二十二巻を制す。世人の所《い》謂《え》る［ ホ ］朝廷の令なり。爰《ここ》に［ ヘ ］天皇の大宝元年に逮《いた》りて，贈太政大臣正一位藤原朝臣不比等，勅を奉《うけたまわ》りて(ト)律六巻，令十一巻を撰す。養老二年，復《ま》た同大臣不比等，勅を奉りて更に律令を撰し，各十巻と為す。今世に行ふ律令は是なり。故に去《い》ぬる天平勝宝九歳五月二十日の勅書に稱《い》はく，「傾年《としころ》，選人《せんにん》，格に依りて階を結ぶ。人々，高位にして，任官に便《たより》あらず。今より以後，(チ)新令に依るべし。去ぬる養老中に(リ)朕が外祖故太政大臣，勅を奉りて律令を刊脩《かんしゅう》せり。所司に仰せて，早《すみやか》に施行せしむべし」と。〔中略〕律令は是れ政に従ふの本たり，格式は乃《すなわ》ち職を守るの要たり。方今，(ヌ)律令は頻《しき》りに刊脩を経たりと雖も，格式は未だ編緝《へんしゅう》を加へず。〔中略〕今古を商量し，用捨を審察し，類を以て相従へ，諸司に分隷《ぶんれい》す。〔中略〕上は大宝元年より起こし，下は弘仁十年に迄《いた》る，都《すべ》て式四十巻，格十巻と為す。

（原漢文）

問A この史料は『類聚三代格』に収められたある史料の序文である。その史料として，正しいものはどれか。

1．『類聚国史』　2．『弘仁格式』　3．『令義解』　4．『延喜格式』　5．『和名類聚抄』

問B 空欄イ・ロに入る語句の組み合わせとして，正しいものはどれか。

1．イ－天下を済《すく》ひ助け　ロ－朝政を総《すべ》て摂《ふさ》ね奉仕《つかえまつ》れり
2．イ－有無を交易し　ロ－之《これ》を監せしむ
3．イ－旧辞の誤忤《あやまりたが》へるを惜しみ　ロ－先紀の謬錯《あやまりまじわ》れるを正す
4．イ－則ち時を量りて制を立て　ロ－則ち闕《か》けたるを補ひ遺《のこ》れるを拾ふ
5．イ－初めて京師を修め　ロ－初めて戸籍・計帳・班田収授の法を造る

問C 下線部ハに関する説明として，誤っているものはどれか。

1．『隋書』が伝える倭国からの最初の遣隋使が派遣される前に制定された。
2．冠位十二階が定められた後に定められた。
3．仏教を新しい政治理念として重んじていた。
4．「詔を承《うけたまわ》りては必ず謹め」とある。
5．「和を以て貴しとなし，忤《さか》ふること無きを宗とせよ」とある。

問D 下線部ニの人物に関する文として，正しいものはどれか。

1．父は敏達天皇である。
2．都を近江大津宮に移した翌年に即位した。

3．母の孝徳天皇は重祚して斉明天皇となった。
4．乙巳の変で蘇我馬子・蝦夷・入鹿を滅ぼした。
5．庚寅年籍を作成した。

問E　空欄ホに入る地名として，正しいものはどれか。
1．河内　2．大和　3．難波　4．飛鳥　5．近江

問F　空欄へに入る天皇名として，正しいものはどれか。
1．天武　2．持統　3．文武　4．元明　5．元正

問G　下線部トの説明として，誤っているものはどれか。
1．唐の永徽律令が手本にされたとみられている。
2．令は唐令をほぼ引き写したが，律は唐律を大幅に改変したとみられている。
3．律と令がともに編纂されるのは，日本でははじめてのことだったとみられている。
4．令には行政組織や政治の運用に関する規定があった。
5．藤原京の時代にはじめて施行された。

問H　下線部チは何を指すか。
1．蔭位の制　2．大宝令　3．養老令　4．蓄銭叙位令　5．三代格式

問I　下線部リの人物として，正しいものはどれか。
1．淳仁天皇　2．嵯峨天皇　3．光仁天皇　4．聖武天皇　5．孝謙天皇

問J　下線部ヌの文の意味として，正しいものはどれか。
1．律令が何度も改訂されたため，格式が古くなってしまった。
2．律令の種類はいくつもあるのに，格式がこれに対応できていない。
3．律令は何度も改訂されているのに，格式は制定後一度も改訂が加えられていない。
4．律令は何度も改訂されているが，格式はまだ一度もまとめられていない。
5．律令は何度も編纂されたが，すでに古く，格式に新たな解釈を加えていくべきである。

2　次の史料Ⅰ～Ⅴと解説文を読んで，下記の設問（**A～J**）に答えよ。解答はもっとも適当なものを1つ選び，解答記入欄のその番号をマークせよ。

（史料Ⅰ）

一，朝倉が館之外，国内□（に）城郭を構えさせまじく候，惣別分限あらん者，［　イ　］へ引越，［　ロ　］には代官ばかり置かるべき事，

（朝倉孝景条々）

（史料Ⅱ）

一，喧嘩に及ぶ輩，理非を論ぜず，両方共に死罪に行うべきなり，

（今川仮名目録）

（史料Ⅲ）

一，おのおの同心・与力の者，他人を頼み，内儀と号し，訴訟を申すこと，これを停止す，（中略），ただし，［　ハ　］，道理正しき上を，贔屓の沙汰をいたし押さえ置くか，また敵方計策か，または国のため大事に至りては，密儀をもって，たよりよき様に申すべきも，苦しからざるなり，

（今川仮名目録追加）

（史料Ⅳ）

一，（中略），只今はおしなべて，自分の力量をもって，国の法度を申しつけ，静謐することなれば，守護の手入れまじきこと，かつてあるべからず，

（今川仮名目録追加）

（史料Ⅴ）

一，［　ニ　］，行儀そのほかの法度以下において，旨趣相違のことあらば，貴賤を撰ばず，目安をもって申すべし，

（甲州法度之次第）

15世紀のなかば以降，室町幕府の勢威は衰え，ホ「戦国」とよばれる世となった。列島の多くの地域には戦国大名といわれる権力が成立した。そのなかには，家訓・法典などを制定した者もあり，その支配政策・思想の一端を知ることができる。史料Ⅰは，家臣の城下町への集住を促したものとされている。史料Ⅱは，ヘ戦国大名の権力的性格をよく示しているとされる。史料Ⅲは，戦国大名の軍制のなかで有名なものがみえるが，ここではその制度が訴訟のあり方にも関わっていること，つまり所属している［　ハ　］を経由しない訴訟は禁止するが，例外もあることが示されている。史料Ⅳは，ト戦国大名の自意識を示すものとして有名である。史料Ⅴは，制定者自身が，自己の行為に問題があった場合は訴え出るように規定している点が興味深い。ただ，家訓・法典を制定していない戦国大名も多く，制定している大名としていない大名はどこが異なるかは課題として残されている。たとえば，チ検地の実施などは家訓・法典を制定している大名にもしていない大名にもみられるわけである。

このほか，戦国大名は支配領域（領国）の政治・経済を統御するためにさまざまな政策をおこなった。経済振興策としては，リ楽市令などが有名である。戦国大名の領国はさながら地域国家の様相を呈したが，列島がすべて戦国大名の支配に帰していたわけではない。たとえば堺などは，ヌ「ベニス市の如く執政官に依りて治めらる」と評されているし，惣国一揆や一向一揆に治められている地域もあった。

こうした状況が変化し，列島が統合へ向けて大きく動くには，ル織田信長の登場を待つことになるのである。

問A　空欄**イ**・**ロ**に入る語の組み合わせとして，正しいのはどれか。

1．**イ**＝一乗谷　**ロ**＝城郭　　2．**イ**＝城郭　**ロ**＝郷村　　3．**イ**＝一乗谷　**ロ**＝郷村

4．**イ**＝城郭　**ロ**＝一乗谷　　5．**イ**＝一乗谷　**ロ**＝館

問B　空欄ハに入る語はどれか。

1．主君　2．寄親　3．国人　4．寄子　5．地侍

問C　空欄ニに入る人名はどれか。

1．稙宗　2．景虎　3．氏康　4．晴信　5．義治

問D　下線部ホに関連する説明として，正しいものはどれか。

1．享徳の乱の最中，将軍足利義政の子である政知が堀越公方となった。
2．応仁の乱の膠着状態に乗じ，加賀の一向一揆が一国の支配権を握った。
3．明応の政変で，管領畠山氏が将軍を廃した。
4．伊勢宗瑞（北条早雲）は，足利成氏を自害に追い込んだ。
5．関東の上杉氏では，山内・扇谷両家が抗争を繰り広げた。

問E　下線部へに関連して喧嘩両成敗法の目的について述べた文のうち，正しいものはどれか。

1．戦国大名は，むやみに実力行使する家臣たちに，理非の大切さを学ばせようとした。
2．戦国大名は，死刑を推進して家臣たちの勢力を減退させようとした。
3．戦国大名は，家臣たちの道理にかなった争いを認め，裁判の手間を省こうとした。
4．戦国大名は，家臣たちを死刑にすることを嫌ったので，裁判を少なくしようとした。
5．戦国大名は，みずからに家臣たちの争いの解決を委ねさせようとした。

問F　下線部トに関連し，史料Ⅳについて述べた文のうち，正しいものはどれか。

1．現在は家臣たちが勝手に支配を行っているが，かつては今川氏が領国内の平和を保っていた。
2．現在は将軍自身が国家の法を制定して平和を維持し，今川氏が手を煩わすことはない。
3．現在は今川氏が領国の法を制定して平和を維持しているのだから，今川氏が手出しできない場所があってはならない。
4．現在は家臣たちの突き上げで今川氏が領国の法を制定しているが，かつては家臣たちに手出しされることなどなかった。
5．現在は今川氏が国家の法に意見できるほど力を得ており，将軍の直轄領にすら手出しをしている。

問G　下線部チに関連して述べた次の文X・Y・Zの正誤の組み合わせのうち，正しいものはどれか。

X　戦国大名の検地は，農民たちの自己申告を否定し，大名が派遣した役人の測量を徹底した。
Y　戦国大名の検地は，家臣たちの支配地では実行されなかった。
Z　検地によって把握された年貢量を銭に換算したものは，貫高といわれる。

1．X－正　Y－正　Z－誤　2．X－正　Y－誤　Z－正　3．X－正　Y－誤　Z－誤
4．X－誤　Y－正　Z－正　5．X－誤　Y－誤　Z－正

問H　下線部リに関連し，六角氏が楽市として認めたのはどれか。

1．石寺　2．今井　3．大湊　4．加納　5．平野

問I　下線部ヌについて，これを述べた人物はどれか。

1．ヴァリニャーニ　2．ガスパル＝ヴィレラ　3．フランシスコ＝ザビエル
4．ルイス＝フロイス　5．ウィリアム＝アダムズ

問J　下線部ルがおこなった事柄a～cを古い順に並べたうち，正しいものはどれか。

a　越前の一向一揆を平定した。
b　姉川の戦いで浅井・朝倉氏を破った。

c　比叡山延暦寺を焼打ちした。

1．a→b→c　　2．a→c→b　　3．b→a→c　　4．b→c→a　　5．c→a→b

3　次の文章とそれに関連する史料を読み，下記の設問（A～J）に答えよ。解答はもっとも適当なものを1つ選び，解答記入欄のその番号をマークせよ。

1787年5月，江戸で大規模な打ちこわしが起こったことはよく知られている。その原因は複合的なものだが，もっとも大きな原因は米価の高騰である。その経緯は次のようであった。1783年，[イ]噴火により吹き上げられた火山灰が，太陽の照射を妨げたことによって凶作となり，ロ翌年にかけて東北地方で飢饉が発生した。加えて1786年，関東地方で洪水により凶作となった。結果，米をはじめ諸物価がいちじるしく高騰した。江戸町奉行所は米の荷受けを米穀商人以外にも許可することにより，米の江戸回送を促して米価を引き下げようとしたが，あまり効果はなかった。それは，米屋以外の者による買い占めがあり，かえって米価高騰を招いたからである。こうして，米屋はもちろん，それ以外の商人による米の買い占めや売り惜しみが原因となって，江戸で数百軒が打ちこわされる事態となった。

打ちこわしに参加した者の多くは，[ハ]で暮らす江戸下層住民であった。彼らには彼らの正当性意識があったことは，この打ちこわしを記録した下記の史料からうかがえる。史料1や史料2には，打ちこわし勢の特徴がよく表れている。

一方，こうした秩序の乱れは天の意志がはたらいた結果である，という見方があったことは注目される。史料3によれば，ニ年号が悪いからだろうか，天皇が即位したからだろうか，役人の職務怠慢だろうか，などの噂話でもちきりだったという。そして，この打ちこわしには首謀者というのはなく，自然と起こったことだから天の意志によるものだとされた。安民を約束するという治者の役割が果たされていないことにより，天の意志によって秩序が乱れるとする天譴論という認識が人々に広がっていたことがわかる。

こうして，この事件は幕府の政治にも大きな影響を与えることになる。実際，ホこの打ちこわしに後押しされて，[ヘ]の政権が誕生した。

（史料1）

（打ちこわし勢は）四里四方あらまし打ち破り候事にて手早き仕業に御座候，右の人数はそのところどころにて見立て，食事を申しつけ，心静かに支度いたし，目指すところばかり破り候，ト隣家などへは少しもかまえ申さず候，誠に丁寧礼儀正しく狼藉に御座候

（史料2）

打ち崩し下賤無頼の者の一統に言うところ，これ凡人にあらず，天狗なるや，または何神なるや，または大神宮の神使などと，えも言われぬたわけ申し触れる

（史料3）

かたじけなくも[チ]関東御打ち入り以来，数百の星霜おしうつり来るところに，当年ほど米穀の騒動したることを聞かず，嗚呼天なるかな，命なるかな，年号の業にもあらず，リ今上皇帝の御冠の領しにやと，（中略）政務の怠りとか何とか評説雑話は街に山のごとし，（中略）打ち崩しの張本という者はなく，自然とそのところどころより起き立つこと，やはり天よりなすところなり

問A　空欄イに該当する語はどれか。

1．富士山　　2．桜島　　3．阿蘇山　　4．浅間山　　5．三宅島

問B　各地を巡歴し，下線部ロの記録を残した三河国の国学者はだれか。

1．菅江真澄　　2．高山彦九郎　　3．伴信友　　4．頼山陽　　5．鈴木牧之

問C　空欄ハに該当する語の説明として，誤っているものはどれか。
1．商売をする表店の対義語である。
2．住居人は長屋を含む町の自治に参加した。
3．住居人は棒手振や日雇いで生活する者が多かった。
4．この住宅は長い一棟の建物を仕切って数軒の住居としている長屋が多かった。
5．この住居空間には共同の井戸や便所があった。

問D　下線部ニのように指摘された年号はどれか。
1．明和　2．安永　3．天明　4．寛政　5．享和

問E　下線部ホの前政権についての説明で，正しいものはどれか。
1．長崎貿易において，俵物を輸入して利益をあげようとした。
2．鎖国を堅持することを前提に，蝦夷地の開発を進めた。
3．印旛沼·手賀沼の干拓を進め，完成させた。
4．定量の計数銀貨である南鐐二朱銀を鋳造し，金中心の貨幣制度の統一をはかった。
5．株仲間を認めなかったため，賄賂が横行した。

問F　空欄への政権の政策でないものはどれか。
1．『孝義録』編纂　2．江戸町会所設置　3．物価引下令発令
4．出版統制令発令　5．寄場組合設立

問G　下線部トの大意はどれか。
1．近隣などへは少しも迷惑がかからないように，まことにていねいに礼儀正しく乱暴を行った。
2．近隣などへ被害が及んでも少しも配慮せずに，まことにていねいに礼儀正しく乱暴を行った。
3．近隣などにも同調するように声をかけ，まことにていねいに礼儀正しく乱暴を行った。
4．近隣などへは事前に打ちこわしをすることを知らせた上で，まことにていねいに礼儀正しく乱暴を行った。
5．近隣などへは少しも事前に知らせずに，まことにていねいに礼儀正しく乱暴を行った。

問H　史料2の内容について，誤っているものはどれか。
1．打ちこわし勢は，賤しい無頼の者であったとされる。
2．打ちこわし勢は，自らを通常の人間ではないと言った。
3．打ちこわし勢は，自らを「天狗」や「大神宮の神使」と称していた。
4．打ちこわし勢の自己認識を，この記録の著者も賛同していた。
5．打ちこわし勢の自己認識は，天や神の代行者であった。

問I　空欄チに該当する人物をまつる日光の施設についての説明で，誤っているものはどれか。
1．極彩色の彫刻で飾られた陽明門がある。
2．歴代将軍がみな将軍就任時に日光社参を行った。
3．権現造という様式の代表例である。
4．空欄チの神格化を進めた孫も埋葬された。
5．日光以外の各地に同じ施設が勧請された。

問J　下線部リに該当する人物はだれか。
1．徳川家治　2．徳川家斉　3．霊元天皇　4．後桃園天皇　5．光格天皇

4　次の史料Ⅰ，Ⅱを読んで，下記の設問（A～J）に答えよ。なお，史料はわかりやすくするために省略や変更を加えた部分がある。

（史料Ⅰ）

第一款　大日本国皇帝陛下は其の後胤（※子孫のこと）に至る迄，現今［　イ　］島の一部を所領するの権利および君主に属する一切の権利を全［　ロ　］国皇帝陛下に譲り，而今而後［　イ　］全島は悉く［　ロ　］帝国に属し，「ラペルーズ」海峡を以て両国の境界とす

第二款　全［　ロ　］国皇帝陛下は第一款に記せる［　イ　］島の権利を受けし代わりとして，其の後胤に至る迄，現今所領「クリル」群島即ち第一「シュムシュ」島（中略）第十八「ウルップ」島共計十八島（ハ）の権利および君主に属する一切の権利を大日本国皇帝陛下に譲り（後略）

（史料Ⅱ）

一　旧藩王（ニ）又は旧藩吏等に於て，今般の処分（ホ）を拒み，居城を退去せず，土地人民官簿其他諸般の引渡を為さざるに於ては，本人は警察（ヘ）部に付し，拘引するも苦しからず。若し反状（※反抗の様子）を顕わし，兇暴の所為に及ぶときは，営所（※軍の兵営）に謀り，兵力をもって処分すべき事

（中略）

一　入琉の時に際し，藩王より遵奉書を呈するとも決して受納すべからず，命令の通り行うべき事

問A　空欄イの島に関して述べた文として，正しいものを１つマークせよ。

1．日露和親条約では，両国の雑居地に定められた。
2．欧米の捕鯨船乗組員が住み着いていたが，明治期に日本が領有を宣言した。
3．下関条約によって日本に割譲され，統治機関として総督府が置かれた。
4．日露戦争の講和条約によって，全域が日本に割譲された。
5．第一次世界大戦後には，日本が国際連盟からの委任統治権を得た。

問B　空欄ロに当てはまる語句はどれか。

1．独逸　　2．仏蘭西　　3．露西亜　　4．清　　5．朝鮮

問C　下線部ハの総称として，正しいものを１つマークせよ。

1．伊豆諸島　　2．佐渡島　　3．小笠原諸島　　4．千島列島　　5．南洋諸島

問D　史料Ⅰが締結された年に起きた出来事を述べた文として，正しいものを１つマークせよ。

1．新貨条例が制定された。
2．元老院が設置された。
3．日本銀行が設立された。
4．華族令が制定された。
5．保安条例が交付された。

問E　史料Ⅰが締結された年の翌年に始まった条約改正交渉に関する文として，正しいものを１つマークせよ。

1．玄洋社の社員により爆弾を投げつけられる事件が起き，交渉は中止となった。
2．ロシア皇太子が滋賀県で巡査に切りつけられる事件が起き，引責辞任した。
3．欧米使節団の代表となって，条約改正の予備交渉にあたったが，挫折した。
4．税権回復についてアメリカの同意を得たが，イギリス・ドイツなどの反対により挫折した。
5．極端な欧化政策をとり，政府内外からの反発を受けた。

問F　史料Ⅰを締結した際に特命全権公使であった榎本武揚に関する文として，正しいものを１つマークせよ。

1．奇兵隊を率いて挙兵し，勝利した。
2．新撰組を組織し，尊攘派の制圧にあたった。
3．戊辰戦争の際に，箱館五稜郭に立てこもった。
4．不平士族を率いて，鹿児島で挙兵した。
5．札幌農学校を開いて，アメリカ式農業を広めた。

問G　下線部ニにあたる人物は誰か。

1．謝花昇　2．尚泰　3．高宗　4．袁世凱　5．乾隆帝

問H　下線部ホが完了した年に起きた出来事を述べた文として，正しいものを1つマークせよ。

1．教育令が制定された。
2．佐賀の乱が起きた。
3．版籍奉還が行われた。
4．自由党が結成された。
5．教育勅語が発布された。

問I　下線部ヘの行政を管轄する内務省が1873年に設立されたが，その初代内務卿となった人物として，正しいものを1つマークせよ。

1．江藤新平　2．前島密　3．大久保利通　4．大村益次郎　5．木戸孝允

問J　史料Ⅱが出されたのちに，処分の対象となった地域で起きた出来事を述べた文として，誤っているものを1つマークせよ。

1．徴兵制が施行された。
2．地租改正が開始された。
3．衆議院議員選挙法が施行された。
4．府県制が施行された。
5．鹿児島県に編入された。

5　次の文章Ⅰ，Ⅱを読んで，下記の設問（A～J）に答えよ。

Ⅰ

急速な工業化過程で，日本経済は繰り返し恐慌や不況を経験した。最初は企業勃興イに続いて起こった1890年恐慌であった。以後，目立つ恐慌（不況）だけをみても，1900－01年恐慌，日露戦後ロの経済危機，1920年の戦後恐慌，1920年代の景気の低迷期，金融恐慌ハ，世界恐慌を契機に始まった昭和恐慌ニなど，激しい浮沈が繰り返されたことがわかる。

これらはそれぞれの時点における日本経済の弱さを示すと同時に，それを克服し続けた日本資本主義の強靱さを表しているともいえよう。特に，欧米の先進資本主義国が1929年に始まる世界恐慌の深く長い打撃に苦しみ続けている中，日本は高橋財政ホの下でいち早く恐慌から脱出し，さらに急速な成長を遂げたのであり，日本資本主義の強靱性を物語っている。

問A　下線部イに関連して述べた文として，誤っているものを1つマークせよ。

1．銀本位の安定した通貨制度が成立し，デフレが収束した。
2．紡績業などで機械技術を基礎とする大企業の設立ブームが起きた。
3．金利の低下と株式取引の増大が企業設立ブームを支えた。
4．鉄道会社設立ブームの結果，民営の営業キロ数が官営を上回った。
5．大紡績会社は2000錘紡績を経営モデルとして設立された。

問B　下線部ロに関連して述べた文として，誤っているものを1つマークせよ。

1．八幡製鉄所では生産が順調に進まず，設備の拡充も出来ない状況が続いた。
2．政府は増税と公債発行に基づき，軍備拡張を核とする戦後経営を推進した。
3．三井財閥は持株会社（三井合名）を設立し，傘下企業を管理する体制を整えた。
4．産業革命の進展に伴い鉄鋼や機械などの輸入が増加し，貿易収支の赤字が続いた。
5．外債の累積に伴う利払いの増大が国際収支を圧迫した。

問C　下線部ハに関連して述べた文として，誤っているものを1つマークせよ。

1．震災手形の処理問題をめぐって恐慌が発生した。
2．片岡直温蔵相の失言をきっかけにして銀行への取付騒ぎが始まった。
3．巨額の不良債権に苦しむ台湾銀行を緊急勅令で救済する案が枢密院で否決された。
4．震災手形を通じた日銀の特別融資を最も利用したのは3大財閥であった。
5．恐慌をきっかけに中小銀行の整理・合併が進み，金融機関の資金的基盤が強化された。

問D　下線部ニに関連して述べた文として，誤っているものを1つマークせよ。

1．緊縮財政と旧平価（円の切上げ）での金解禁によって日本経済は大打撃を受けた。
2．デフレに対して企業は産業合理化を進めたが，人員整理は失業者の増加を招いた。
3．政府は，重要産業統制法を制定し，大企業によるカルテル結成を取り締まった。
4．金解禁と世界恐慌下の需要縮小によって輸出は大きく減退し，正貨が流出した。
5．デフレ政策の目的は割高な日本の物価を下げ，国際競争力を強化することにあった。

問E　下線部ホに関連して述べた文として，誤っているものを1つマークせよ。

1．金輸出再禁止による大幅な円安は輸出の飛躍的な増加をもたらした。
2．低為替政策は，海外からソーシャル＝ダンピングと批判され，国際対立を深めた。
3．インフレへの懸念が強まると，軍事費支出の増加に歯止めをかけようとした。
4．財政支出拡大の波及効果などによって，1933年には恐慌前の生産水準を回復した。
5．日銀と協力して低金利政策を採用し，景気の過熱を抑制した。

Ⅱ

明治期の教育政策は文明開化の一環として始まった。まず，**へ**の制度にならって1872年に学制を公布した。この制度では，人口600人に1小学校を設立することが計画されており，男女の別なく平等に教育を受けられる国民**ト**の実現が目指された。また，教員養成や女子教育のための専門学校も設立された。

学制の下で義務教育の就学率は高まったが，地方の実情と乖離した画一的な政策に批判が高まり，1879年に学制は廃止された。その後，制度的な変遷を経て1886年の学校令により小学校から帝国大学に至る学校体系が整えられ，小学校，中学校，**チ**については尋常・高等の2種が設けられることとなった。義務教育については，1890年に尋常小学校の3～4年間と明確化され，さらに1907年には**リ**年間に延長された。

義務教育就学率はヌ1892年男子**a**％，女子**b**％であったが，1902年には男女平均で**c**％を超えた。こうした義務教育の普及は，読み書きと計算という工業社会に必要な基礎的能力を国民に付与しただけでなく，共同作業における集団の規律，時間の規律を身につけさせた点でも産業化に大きく貢献した。

問F　空欄へにあてはまる国名を，記述解答用紙の解答欄にカタカナで記せ。

問G　空欄トにあてはまる語句を，記述解答用紙の解答欄に漢字2字で記せ。

問H　空欄チにあてはまる語句を，記述解答用紙の解答欄に漢字4字で記せ。

問I　空欄リにあてはまる数字を，記述解答用紙の解答欄に記せ。

問J　下線部ヌのa，b，cにあてはまる数字の組合せとして，正しいものを1つマークせよ。

1．a－36　b－70　c－90
2．a－40　b－25　c－50
3．a－25　b－40　c－50
4．a－70　b－36　c－90
5．a－36　b－40　c－50

6　次の文章Ⅰ，Ⅱ，Ⅲを読んで，下記の設問（A～I）に答えよ。

Ⅰ

1955～1973年頃の高度経済成長期には，いくつもの社会問題が発生した。農村・漁村・山村では [a] が進む一方，大都市では人口の増加を主な要因として交通渋滞，騒音が発生し，住宅不足も起きた。経済を優先させたために公害対策は遅れ，一部の企業が廃棄した汚染物質によって環境破壊が起こり，各地でイ公害問題が深刻化した。

またこの頃には，部落差別などの人権問題も深刻になり，1946年に結成された部落解放全国委員会が1955年に部落解放同盟と改称し，さらに1961年には [b] 審議会が政府に設置され，1969年には [b] 事業特別措置法が公布された。

Ⅱ

ロ1971～1973年には，国際経済体制が大きく揺れ動いた。1971年にニクソン大統領が金とドルの交換停止などを発表すると，固定相場制は崩れ，イギリス，フランス，ドイツなどに追随して，日本も変動相場制に移行した。同年末には，ワシントンのスミソニアン博物館で10カ国財務相会議が開催され，いったんは固定相場制の復活がはかられた（スミソニアン体制）ものの，ドル不安が再燃し，1973年には再び変動相場制に移行した。

Ⅲ

1973年10月に第４次中東戦争が勃発し，ハＯＰＥＣ（石油輸出国機構）加盟国の６カ国が原油価格を引き上げ，またＯＡＰＥＣ（アラブ石油輸出国機構）が欧米などのイスラエル支持国や日本への石油輸出を制限した。これを機に安価な原油の安定的な供給という経済成長の基礎が崩れ，日本経済は大打撃を受けた（第１次石油危機）。世界経済が低迷し，経済成長率の低下，[c]（不況と物価の上昇）という深刻な事態に直面した。日本でも，ニ物価が高騰し，[d] 物価と呼ばれた。しかし世界経済が停滞する中でも，1978～1979年に起きた第２次石油危機を乗り越え，日本はある程度の経済成長率を維持しながら，ホ安定成長期に入った。

問A　空欄aに該当する語句を，記述解答用紙の解答欄に漢字３字で記せ。

問B　空欄bに該当する語句を，記述解答用紙の解答欄に漢字４字で記せ。

問C　空欄cに該当する語句を，記述解答用紙の解答欄に９字で記せ。

問D　空欄dに該当する語句を，記述解答用紙の解答欄に漢字２字で記せ。

問E　下線部イに関する記述として，誤っているものを１つマークせよ。

1．新潟水俣病は新日本窒素肥料（チッソ）の廃棄物が原因である。
2．富山県で起きたイタイイタイ病は，三井金属の廃棄物が原因である。
3．四日市ぜんそくの主な原因は，石油化学コンビナートが排出した硫黄酸化物である。
4．公害対策基本法（1967年制定）は，大気汚染・水質汚濁などの７種の公害を規制した。
5．政府は中央公害対策本部を置き，1971年に環境庁を設置した。

問F　下線部ロについて，この間の国際経済体制や国内の状況に関連する記述として，誤っているものをすべてマークせよ。

1．ニクソン大統領の経済政策は，朝鮮戦争の戦費調達による国際収支の赤字拡大が大きな原因である。
2．アメリカは，10%の輸入課徴金，90日間の賃金・物価の凍結なども行った。
3．この間の日本の首相は，田中角栄と三木武夫である。
4．スミソニアン体制では，１ドル＝308円となった。
5．変動相場制への移行で，円高を武器とする日本の対米輸出は深刻な影響を受けた。

問G 下線部**ハ**に関して，ＯＰＥＣ発足時に加盟していない国をすべてマークせよ。

1．リビア
2．イラン
3．クウェート
4．オマーン
5．サウジアラビア

問H 下線部**ニ**に関して，記述解答用紙の解答欄に，この頃に物価を高騰させた石油危機以外の大きな要因について，「列島」という言葉を含めた30字以内の適切な文章を作成せよ。なお，句読点も１字として数えよ。

問I 下線部**ホ**に関連して，安定成長期の政治・経済・産業に関する記述として，誤っているものを１つマークせよ。

1．この頃の企業経営は，人員削減や工場・オフィスの自動化などを行い，「効率経営」と言われた。
2．産業構造が重厚長大型から軽薄短小型に転換していった。
3．国鉄，電電公社，専売公社が民営化された時の首相は，中曽根康弘である。
4．双子の赤字を抱えるアメリカへの輸出増大によって貿易摩擦が起こり，アメリカから内需拡大などを求められた。
5．1975年の山陽新幹線の全線開業に続いて，1982年に東北・上越新幹線が開業した。

世界史

（60分）

Ⅰ　次の文章を読み，**問A～L**に答えよ。解答はマーク解答用紙の所定欄に一つだけマークせよ。

中世盛期のヨーロッパでは，$_{\mathrm{A}}$農業生産の増大や人口の増加などにより商取引が増加し，その拠点として都市が発展した。商業の発展は中世都市の成立・発展の原動力であった。

イタリア中部から北部では，独立性の高い$_{\mathrm{B}}$都市国家が栄えた。なかでもヴェネツィアは$_{\mathrm{C}}$十字軍の遠征を機に東方貿易で支配的な地位を築き，隆盛を極めた。フランスでも$_{\mathrm{D}}$シャンパーニュの大市などが開かれ交易が活発になり，富裕市民層などが中心となってコミューン運動を展開した。カペー朝の$_{\mathrm{E}}$フィリップ２世は王領地外のコミューン成立を支援することで支配構造に組み込み，王権の伸張をはかった。

[F] 以東では中世盛期に建設された都市も多く，$_{\mathrm{G}}$ハンザ同盟の盟主 [H] もそうした都市のひとつである。[H] は12世紀，[F] が市内を流れるハンブルクの北東にあたる場所に建設され，$_{\mathrm{I}}$ザクセン公ハインリヒの保護をうけて発展した。13世紀前半には神聖ローマ帝国皇帝$_{\mathrm{J}}$フリードリヒ２世より特許状を得て帝国都市となり，諸侯と同等の地位を得た。また，バルト海域の有力都市ヴィスビューなどを抑え，ハンザ同盟において中心的な役割を担った。ハンザ同盟は各地に$_{\mathrm{K}}$商館をおいて活動し，$_{\mathrm{L}}$デンマークなどに脅かされながらも14世紀に最盛期を迎えた。しかし，16世紀にはオランダ商人が台頭したことなどにより状況が変化し，諸都市の利害の不一致から結束が崩れた。30年戦争後，北ドイツ諸都市の同盟としてのハンザは終わりを迎えることとなった。

問A　下線部Aに関連して，11～14世紀にみられた農業生産増大の要因として，当てはまらないものを選べ。

1．三圃制の普及　　2．重量有輪犂の普及　　3．四輪作制の普及　　4．製鉄技術の進歩

問B　下線部Bに関連して，中世イタリアの都市国家に関する記述として最も適当なものを選べ。

1．神聖ローマ皇帝のイタリア政策に対し，ミラノやピサなどはロンバルディア同盟を結んだ。
2．ミラノはヴィスコンティ家やスフォルツァ家の支配のもと，商工業などで栄えた。
3．ヴェネツィアでは総督と評議会が統治する共和制がとられたが，14世紀には評議会が廃された。
4．ジェノヴァはヴェネツィアと東地中海の覇権を巡って争ったが，ラテン帝国の維持では常に協調した。

問C　下線部C十字軍について，誤っている文章を選べ。

1．教皇ウルバヌス２世の呼びかけに対し，フランス国王などが応じて十字軍遠征が開始された。
2．十字軍国家のひとつがイスラーム勢力に攻略されると第２回十字軍が起こされ，ルイ７世などが参加した。
3．第４回十字軍ではラテン帝国が建設され，フランドル伯ボードワンが皇帝に選出された。
4．1291年にアッコンがマムルーク朝の攻撃で陥落し，イェルサレム王国は滅亡した。

問D　下線部Dシャンパーニュの大市について，最も適当な文章を選べ。

1．シャンパーニュ大公の保護のもと12～17世紀にわたって栄えた。
2．トロワなどロワール川沿いの３都市を巡回し，一年を通して開かれた。
3．イタリア商人が東方貿易から独占的にもたらす琥珀や蜜蝋が取引された。
4．地中海商業圏と北海・バルト海商業圏を結ぶ内陸の交易地として栄えた。

問E　下線部Eフィリップ2世について，最も適当な文章を選べ。

1．第3回十字軍に参加し，サラディンからイェルサレムを奪回した。

2．課税権を巡る教皇との対立をきっかけに，三部会を召集した。

3．教皇の求めに応じてアルビジョワ十字軍を主導し，南フランスのカタリ派を弾圧した。

4．1214年ブーヴィーヌの戦いでジョン王を破り，フランス内イギリス領を大幅に縮小させた。

問F　[F]に入る河川名を選べ。

1．オーデル川　2．エルベ川　3．ライン川　4．ドニエプル川

問G　下線部Gハンザ同盟について，最も適当な文章を選べ。

1．ハンザ同盟にはミュンヘンやニュルンベルグが当初から参加した。

2．ハンザ同盟は植民運動を活発に行い，プロイセンで国家建設を試みた。

3．ハンザ同盟は不定期に総会がひらかれる緩やかな都市連合であった。

4．ハンザ同盟の商人はフランドルでの毛織物加工のため主にドイツの羊毛を輸出した。

問H　[H]に入る都市名を選べ。

1．ハノーヴァー　2．ブレーメン　3．ブリュージュ（ブルッへ）　4．リューベック

問I　下線部Iに関連して，1356年にザクセン公などが選ばれた神聖ローマ皇帝選帝侯に含まれないものを選べ。

1．ホルシュタイン伯　2．ケルン大司教　3．ブランデンブルク辺境伯　4．マインツ大司教

問J　下線部Jフリードリヒ2世について，誤っている文章を選べ。

1．武力戦闘によらず交渉でイェルサレムの回復を試みたが失敗した。

2．シチリア王国を神聖ローマ帝国に統合した。

3．誓約した十字軍出征を果たさず教皇グレゴリウス9世から破門された。

4．ナポリ大学を創設した。

問K　下線部Kに関連して，ハンザ同盟4大商館のひとつがおかれた都市はどれか。

1．リガ　2．ベルゲン　3．ガン（ヘント）　4．オスロ

問L　下線部Lに関連して，カルマル同盟の成立を主導したデンマーク出身の人物の名前を選べ。

1．エリク　2．グスタフ1世　3．ヴァルデマー4世　4．マルグレーテ

Ⅱ　次の文章を読み，**問A～L**に答えよ。解答はマーク解答用紙の所定欄に一つだけマークせよ。

$_{\text{A}}$大清帝国（清朝）の版図拡大とその支配の経緯は，現在の巨大な中国とそこに存在する様々な問題を理解するうえで重要である。$_{\text{B}}$その成立の当初から，$_{\text{C}}$女真（満洲）・モンゴル・漢・朝鮮などの多様な集団・文化を統合する国家であった大清帝国は，明朝の首都北京を占領した後，$_{\text{D}}$さらに旧明朝領の征服を継続した。その後，大清帝国は$_{\text{E}}$モンゴル・$_{\text{F}}$チベットを勢力下におき，18世紀後半には，$_{\text{G}}$ジュンガルとの長年にわたる戦争の末，$_{\text{H}}$新疆（東トルキスタン）をも勢力下におくに至る。こうした$_{\text{I}}$非漢人の政権が存在した地域は，藩部と呼ばれた。そうした地域では，旧来の支配制度や支配者層にもとづく間接統治が行われたが，このような状態は，隣接する様々な国家・勢力との$_{\text{J}}$交渉や紛争をもたらした。その一方，支配者層たる「満洲」とは何かが再定義され，旗人（八旗に属する人々）の$_{\text{K}}$系譜編纂や満洲語の学習などが行われた。総じて言えば，大清帝国は，支配下の諸文化圏それぞれの政治的伝統にもとづいて自らの支配の正統性を演出したが，こうした統治のあり方は，$_{\text{L}}$辛亥革命により大きく変化し，現在に至ることとなる。

問A　下線部**A**について，1636年に国号を大清国としたホンタイジの治世に起きた出来事を一つ選べ。

1．満洲文字の創始　　2．『崇禎暦書』の完成　　3．鄭成功の死　　4．チャハル部の帰順

問B　下線部**B**について，ヌルハチが統合し，金（後金）を建国する基盤となった女真（女直）の集団を一つ選べ。

1．完顔部　　2．海西女直　　3．野人女直　　4．建州部

問C　下線部**C**について，諸集団を統合したヌルハチが首都とした都市の現在の名称を一つ選べ。

1．瀋陽　　2．長春　　3．哈爾浜　　4．鉄嶺

問D　下線部**D**について，「三藩の乱」の平定により旧明朝領の支配は完成したとされるが，3人の漢人藩王の支配下になかった地域を一つ選べ。

1．雲南　　2．台湾　　3．福建　　4．広東

問E　下線部**E**について，16世紀半ばにモンゴル諸部を統合したアルタン＝ハーンにより建設され，現在も内モンゴルに存在する都市を一つ選べ。

1．オルドス　　2．フフホト　　3．バヤンノール　　4．包頭

問F　下線部**F**について，チベットを代表する活仏ダライ＝ラマの宗派を一つ選べ。

1．カギュ派　　2．サキャ派　　3．ゲルク派　　4．ニンマ派

問G　下線部**G**について，康熙帝と戦ったジュンガルの指導者を一人選べ。

1．エセン＝ハーン　　2．ガルダン＝ハーン　　3．ウルグ＝ベク　　4．ハイドゥ

問H　下線部**H**について，新疆南部において統治を担った在地有力者の称号を一つ選べ。

1．ダルガチ　　2．ジャラン　　3．ムゲ　　4．ベグ

問I　下線部**I**について大清帝国と朝貢関係になかった周辺国家・地域を一つ選べ。

1．琉球　　2．タイ　　3．ベトナム　　4．マラッカ王国

問J　下線部**J**について，新疆のムスリムに対して様々な影響力を行使し，時として大清帝国に敵対的な政策をとった，フェルガナ地方の国家を一つ選べ。

1．コーカンド＝ハン国　　2．ブハラ＝ハン国　　3．ヒヴァ＝ハン国　　4．チャガタイ＝ハン国

問K 下線部Kについて，こうした系譜の編纂と同時に，様々な歴史書・地方地誌などが編纂されたが，雍正帝の治世に編纂が成った書籍を一つ選べ。

1．『農政全書』　2．『皇輿全覧図』　3．『四庫全書』　4．『古今図書集成』

問L 下線部Lについて，中華民国の建国が宣言された都市を一つ選べ。

1．上海　2．南京　3．天津　4．広州

Ⅲ 次の文章を読み，**問A～L**に答えよ。解答はマーク解答用紙の所定欄に一つだけマークせよ。

革命はAアジア，Bアメリカ等世界史上に広くみられる現象であるが，とくにC近現代ヨーロッパにおける「革命」(Revolution)は，旧体制が打倒され新しい政治の枠組みが創られる直線的過程と考えられがちである。しかし，実はRevolutionの語源の一つは「回転する」のラテン語（*revolvo*，現代語のrevolve）なのである。このことを意識しながらヨーロッパ史における革命について考えていこう。

イギリス革命の発端は，1640年に国王Dチャールズ1世が課税目的で「短期議会」を召集したところ，議会側が対決色を鮮明にしたことから始まる。窮した王は議会を解散せざるを得なくなるが，王は同じく1640年にE「長期議会」を召集したが，この議会が1653年強制的に解散されるまで，F議会内諸党派間の激しい闘争が繰り広げられたのであった。しかし，無政府状態を恐れる政治エリートは安定と秩序を望み，1660年にはG「王政復古」を成功させて王政への「回帰」が図られたのである。一方，フランス革命はどうであろうか。思想家ルソーの政治的言説は旧体制を徹底的に批判し，人民主権の政治体制を訴えたことで，彼の思想はフランス革命の指導原理の一つになったのである。実際の革命過程においても，立憲君主制を基盤としたH1791年憲法はのちに否定され，体制は急進化し共和制が布かれた。しかし，Iナポレオン＝ボナパルトの帝政時代を経て，体制はふたたび復古王政へと「回帰」したのである。

では，ロシアにおける革命はどうであろうか。ロシア革命が，Jロマノフ朝の専制的な権威主義秩序への抵抗の側面を持っていたことは疑い得ないだろう。しかし，その結果招来したのはいま一つの権威主義，専制主義というべきKスターリン独裁であった。年を経てLミハエル＝ゴルバチョフの政策は市民主義，民主主義への革命の期待を抱かせるものでもあったが，プーチン大統領率いる強権的政治体制は再びロシア伝統の権威主義への「回帰」を痛切に感じさせているとも言えるだろう。

問A 下線部Aに関連して，アジアにおける革命のうち年代順で古いものから2番目はどれか。

1．フィリピン（独立）革命　2．イラン立憲革命　3．イラク革命　4．イラン革命

問B 下線部Bに関連して，南北アメリカ大陸において起こった革命のうち年代順で古いものから3番目はどれか。

1．メキシコ革命　2．キューバ革命　3．ハイチ革命　4．アメリカ独立革命

問C 下線部Cに関連して，学生運動に端を発し，ゼネストなどが全土に広がり，首相辞任にいたった革命はどれか。

1．フランス5月革命（5月危機）　2．フランス7月革命　3．ドイツ3月革命　4．ハンガリー革命

問D 下線部Dに関連して，チャールズ1世の治世に起こったことはどれか。

1．審査法が制定された。

2．イギリスがジブラルタルを獲得した。

3．ニュートンが『プリンキピア』を出版した。

4．同君連合の関係にあったスコットランドに国教会を強制したため，同地で「主教戦争」が起こった。

問E 下線部Eに関連して，1640年長期議会の召集から1653年の強制的解散までに起こった事件ではないものはどれ

か。

1．第一次イギリス＝オランダ戦争（英蘭戦争）が勃発した。

2．オランダ人が建設したニューアムステルダムを奪い，イギリスはこれをニューヨークと改名した。

3．イギリス共和国政府によって航海法が制定された。

4．ホッブズが『リヴァイアサン』を出版した。

問F　下線部Fに関連して，長期議会における議会間諸党派の争いの説明で正しいものはどれか。

1．王党派の大多数はカトリックであり，イギリスにおけるカトリック復活を図っていた。

2．王党派の中心は，スコットランドにあった。

3．長老派は宗教的にはカルヴァン派に属し，国王処刑を推進した。

4．水平派は普通選挙を支持するなど，急進的な主張を展開した。

問G　下線部Gに関連して，王政復古から名誉革命までの時代に起こったことはどれか。

1．イングランドとスコットランドが合併した。

2．ミルトンが『失楽園』を著した。

3．イギリスがハドソン湾地方をフランスから獲得した。

4．ウォルポールがホイッグ党を指導して，実質的に首相の任務を果たした。

問H　下線部Hに関連して，1791年憲法以後のフランス政治の流れを正しく表しているものはどれか。

1．立法議会召集→国民公会召集→ジロンド派を議会から追放→バブーフ処刑

2．ジロンド派を議会から追放→立法議会召集→国民公会召集→バブーフ処刑

3．立法議会召集→ジロンド派を議会から追放→国民公会召集→バブーフ処刑

4．国民公会召集→立法議会召集→ジロンド派を議会から追放→バブーフ処刑

問I　下線部Iに関連して，ナポレオン＝ボナパルトの皇帝時代の事績にあたるものはどれか。

1．ローマ教皇ピウス7世との間で宗教和約（コンコルダート）を締結した。

2．イギリスとの間でアミアンの和約を締結した。

3．ロシア，プロイセンとティルジット条約を締結した。

4．エジプト遠征でロゼッタストーンが発見された。

問J　下線部Jに関連して，ロマノフ朝についての正しい説明を選べ。

1．エカチェリーナ2世はポーランド分割に参加し，ロシアの領土を拡大した。

2．ピョートル1世は積極的に西欧の文化を導入したが，北方戦争ではスウェーデンに敗れた。

3．ミハイル＝ロマノフがロマノフ朝初代ロシア皇帝となったが，国内の統制に失敗し農奴制が弱体化した。

4．アレクサンドル1世は，クリミア戦争の敗北を受けパリ講和条約を締結した。

問K　下線部Kに関連して，スターリン政治の説明で正しいものを選べ。

1．ブハーリンは粛正を免れ，彼はスターリンによって終生重用された。

2．レーニンの後継者とみなされたトロツキーはソ連を追放されたが，のち許され帰国した。

3．第二次世界大戦後，ソ連と距離を置くユーゴスラヴィアをコミンフォルムから除名した。

4．コミンテルン第7回大会では，ソ連一国社会主義を標榜し他国の社会主義勢力との連携を拒否した。

問L　下線部Lに関連して，ゴルバチョフがソ連指導者として関与していない外交問題はどれか。

1．中距離核戦力（ＩＮＦ）全廃条約調印

2．ソ連軍のアフガニスタンからの撤退
3．ジョージ・H・W・ブッシュ大統領とのマルタ会談
4．第2次戦略兵器削減条約（ＳＴＡＲＴⅡ）調印

Ⅳ　次の文章を読み，空欄［1］～［13］は，記述解答用紙の所定欄に適切な語句を記入せよ。また，下線部14に関して，同期間内の1828年にジャクソンがジェファソン以来4代続いていた反連邦派の候補を打ち破って大統領選挙に勝利し，翌年から大統領に就任したが，ジャクソンが大統領選に勝利した背景や要因について100字以内で説明しなさい。なお，句読点・算用数字も1字とする。

民主主義を民衆が国家や地域の主権者となって統治機構の重要な部分に参画するという考え方や体制のことであるとすれば，古代においてそれらが見られたのはアテネである。アテネでは，紀元前6世紀末頃にクレイステネスの主導によって，それまでの血縁に基づいた部族制を廃し，村落を基盤とした［1］を行政の単位としてそれぞれの［1］から国政の実質的な執行機関である500人評議会の構成員を選出するなどした。その後，15年連続でアテネの［2］の職を務めた［3］の下で，アレオパゴス会議の権限が縮小され，民会を最高議決機関としたことなどにより，アテネにおける古代民主制は完成したとされる。なお，このアテネにおける民主制では，参政権は成年の男性市民にしか認められず，奴隷はもちろん，女性や市民権を持たない者には参政権は認められなかった。また，アテネにおける民主制では，民会制度に象徴されるように，現代においてよくみられる代表民主制ではなく直接民主制的な色彩が強かったが，こうした民主制に対し，プラトンは，『［4］』の中で，民衆が特定の人間を先頭におし立てることにより，僭主独裁制に結びついていく可能性さえあることを指摘し，国家は善のイデアを追求する哲学者によって統治されるべきなどとして批判的な見解を説いていた。

その後，民主的な考え方や概念は，中世以降のヨーロッパなどにおいても見られるようになる。アメリカでも，主に宗教的自由を求めて移住してきたピルグリム＝ファーザーズに代表される［5］など，ニューイングランド地方への入植者らにおいて，教会や学校などの特定の場所に集まって共通の問題について話し合う［6］という住民による直接民主制に近い仕組みの下で公共的な事柄について決定するということがみられた。

アメリカの独立宣言では，“Governments are instituted among Men, deriving their just powers from the consent of the governed…”という文言にあらわれているように，国家権力を行使する政府の正当性が統治を受ける者らの同意から導かれるという考え方が採り入れられていた。他方，この文言中の「Men」について，当時，どこまで白人を中心とする「男たち」だけを指すものと意識されていたかは定かではないものの，実際，多くの州では選挙権をもつ者は男性に限定され，さらに財産に関する要件も設けられていた。その後，アメリカでは［14］1820年代から1840年代にかけて徐々に民主化が進展し，1870年には，合衆国憲法修正第15条によって選挙権が人種，皮膚の色または従前の隷属状況に関係なく認められることとなった。さらに，1920年には，合衆国憲法修正第19条により，選挙権に関する性差別の禁止が定められ，スタントンらの主導によって1848年に［7］州のセネカフォールズで開かれた会議から本格的に始まった女性参政権運動に対する一定の成果が見られるに至った。しかし，このように形式的には多くの人々に選挙権が広く認められるよう拡大されていった一方，南部を中心に多くの州において選挙人登録に一定の税金の支払いやリテラシー＝テスト（読み書きテスト）が課されるなどされ，実質的に多くの［8］の選挙権が剥奪される状況が続いた。

民主主義のあり方に関するその他の問題として，1890年代のアメリカでは，資本家や大規模土地所有者，エリートたちに対抗心を抱いた南部や西部の農家を支持基盤とした［9］という政治運動が起き，1896年の大統領選挙にも一定の影響を与えた。この［9］という言葉は日本においてもしばしば政治に関するコンテクストで用いられ，その発生は民主主義における1つの大きな問題事象であるとも言われている。

第二次世界大戦期やその後の冷戦期になると，アメリカは，ファシズムや共産国家に対して民主主義を掲げ，さらに，民衆が主権者であり，民間が行う経済活動に対して直接的な介入を行うことを良しとしないという意味で親和性

の高い自由主義的な考え方や資本主義の考え方を関係国とともに共有・維持すべく，共産国家陣営との対立に積極的に関わっていった。また，ときにアメリカは世界各地の国際的な紛争や問題に対しても大国として介入を行い，それによって同国は「世界の警察」とも評されるようになっていった。

しかし，冷戦が終結した1990年代以降，世界各地で民族紛争や宗教対立などが起こるようになってからは，アメリカは直接的な介入やそれを主導することに消極的になり，1996年に国連総会で採択された 10 条約の批准拒否や2003年のイラク戦争など，国際的な協調よりも 11 主義に基づいて行動する傾向が徐々に強くなっていった。2010年代に入り，中国やロシアなどの国々が国際的に従来よりもさらに強硬な姿勢を見せ始めるようになると，2016年の大統領選挙では，厳しい移民政策をとることや自国第一主義を唱えたドナルド＝トランプが大統領となった。この背景には，民主主義および資本主義を掲げている国々で起こっている経済格差の拡大や，Facebook 社（現在のメタ社）や Twitter 社などが提供する 12 の普及が助長する社会的分断があるとも言われている。

このように民主主義や民主制の歴史を見てみると，それらが適切に機能し，よりよい社会の成立に結びついていくには，いくつかの条件が満たされる必要があるのかもしれない。古代ギリシャにおけるクレイステネスや 3 のような指導者の存在が条件になるのかもしれないし，適切なコミュニティや地域の規模があるのかもしれない。さらに，民衆が経済的にある程度満たされている必要があるのかもしれない。しかし，仮に民主主義に適切な指導者が必要ということであれば，それを指向することは独裁政治誕生のきっかけにもなりえ，まさにプラトンの言っていた通りになりえるということは，これまでの歴史からも，現代において形式的には民主国家を標榜しているいくつかの国々の状況からみても明らかである。また， 12 上でこれまで見られてきた状況に鑑みれば，そもそも国家などある程度以上の規模の集団においては，多くの人々が他方面から意見を述べ，それらを結合させたり，多数決その他の方法で集約させていくことにより，望ましい内容の意思決定を行っていくということ自体，ただの幻想にすぎないのかもしれない。

他方，上記でみた以外にも，旧イギリス植民地を中心とした56か国（2022年現在）の加盟国から成り，2022年９月に亡くなるまで 13 が長を務めていた The Commonwealth でも，2013年に 13 が署名した憲章（Charter）の中で民主主義と自由かつ公正な選挙を含む民主的なプロセスの重要性が強調されている。現状，民主主義は，多くの国々で統治システム上，基礎に置かれるべきものと考えられているのも事実である。

ただ，民主主義の考え方に基づくということが真に良い統治の仕組みであるのか，仮に良いとしても，代表制民主主義における代表者選出の方法を含め，それが有効に機能する条件や具体的制度のあり方については，まだまだ考える余地が大きい。

政治・経済

（60 分）

Ⅰ　次の文章を読み，下記の問いに答えよ。

日本国憲法（以下，「憲法」という。）が基本原則の一つとして，平和主義を掲げることは周知の通りである。第２次世界大戦に対する反省から，憲法前文では，主権者としての日本国民が「政府の行為によつて再び戦争の惨禍が起ることのないやうにすることを決意」し，「恒久の平和を念願」する旨を宣言する。それとともに，憲法前文は，「全世界の国民が，ひとしく恐怖と欠乏から免かれ，平和のうちに生存する」平和的生存権にも言及する。

その上で，憲法は，平和主義を実現するため，第９条第１項において，「[A]の発動たる戦争と，武力による威嚇又は武力の行使は，国際紛争を解決する手段としては，永久にこれを放棄する」と定め，戦争の放棄を規定する。また，同条第２項では，同条第１項の目的を達するため，「陸海空軍その他の[B]は，これを保持しない」旨と，「国の[C]は，これを認めない」旨を宣言する。

このように憲法で国の[B]保持および[C]を否定する例は，国際社会の中では比較的稀有なものとされており，その先駆性が際立つ。その一方で，現実問題として国際紛争があとを絶たないことに加え，日本自体が周辺国からの軍事的脅威にさらされる危険性がある現状に鑑み，憲法の掲げる平和主義とその理念を具体化する上記の憲法規範を文字通り解釈し得るのかが問われてきた。

そのような問題の一つが，自衛隊法に基づく自衛隊の存在を，憲法第９条第２項が保持しないとする[B]との関係でどのように解釈するかである。憲法学説上は憲法適合性の有無を巡り議論があり，(1)下級審裁判例の中には違憲との判断を示したものもある。しかし，日本政府は，自衛隊の前身であった警察予備隊については，その目的が治安維持にあることを理由に軍隊でないとの立場を示し，警察予備隊を改組した保安隊については，憲法が保持を否定する[B]を有するものでないとの見解を表明してきた。自衛隊についても，日本政府は，憲法が保持を禁じる[B]の意義を自衛のための必要最小限を超えるものであるとする見解を前提に，自衛隊が自衛のための必要最小限の存在であり，憲法に違反しないとの立場を一貫して採用する。

このように，自衛隊は，自衛のための必要最小限のものと位置付けられてきた。しかし，近時，国際社会の情勢変化等を踏まえ，その役割および活動範囲が拡大しつつある。それとともに，自衛権発動の要件や許容範囲にも変化がみられる。このうち，自衛隊の活動範囲の変化を表すものが，(2)自衛隊の海外派遣の拡大である。

また，日本政府は，[D]自衛権に基づく専守防衛を基本方針とし，自衛権発動の要件を，わが国に対する急迫不正の侵害があること等，比較的厳格に捉えてきた。しかし，日本政府は，(3)2014年の閣議決定により，一定の要件を満たせば，[D]自衛権のみならず[E]自衛権を行使し得るとの立場に転換した。これを承けて，(4)2015年には，いわゆる安全保障関連法が制定された。

さらに，日本政府は，2014年の閣議決定により，従来の武器輸出禁止三原則を改めて，(5)防衛装備移転三原則を策定し，同原則の対象となる防衛装備の輸出について原則禁止から原則容認へと方針を転換した。

以上のように，日本政府の対応は，(6)憲法の関連条文の運用により憲法を改正せず憲法を社会の実情に適合させるというものであった。憲法の基本原則とされる平和主義については，近時の政府方針の転換等によって揺らぎが見られるところであり，憲法改正の要否・是非を含め，主権者としての国民一人一人が政府の対応や国会での議論を引き続き注視する必要があろう。

問1　文中の空欄 [A] ，[B] ，[C] ，[D] ，および [E] に入る最も適切な語句を記述解答用紙の所定の解答欄にそれぞれ漢字で記入せよ。空欄 [A] および [B] は漢字２文字で，空欄 [C] ，[D] および [E] は漢字３文字で記入すること。

問2　下線部(1)に関連する記述として最も適切なものを以下の選択肢（ア）～（エ）から１つ選び，その記号をマーク解答用紙の所定の解答欄にマークせよ。

（ア）　恵庭事件の第１審判決は，自衛隊を違憲と判断した。

（イ）　長沼ナイキ訴訟の第１審判決は，自衛隊を違憲と判断した。

（ウ）　百里基地訴訟の第１審判決は，自衛隊を違憲と判断した。

（エ）　自衛隊イラク派遣差止等請求訴訟の第１審判決は，自衛隊を違憲と判断した。

問3　下線部(2)に関する記述として最も適切なものを以下の選択肢（ア）～（エ）から１つ選び，その記号をマーク解答用紙の所定の解答欄にマークせよ。

（ア）　国連平和維持活動（ＰＫＯ）協力法は，湾岸戦争をきっかけに，人的な国際貢献が課題となったことから，人道的な国際救援活動や国際的な選挙監視活動に関して適切かつ迅速な協力を行うこと等を目的に成立した。

（イ）　テロ対策特別措置法は，アメリカで起こった同時多発テロをきっかけに，アメリカ国内（ハワイ等を含む。）およびその周辺地域での米軍後方支援を目的に成立した。

（ウ）　イラク復興支援特別措置法は，イラク戦争をきっかけに，イラクの戦闘地域に自衛隊を派遣し，被災民の救済と復興支援，米英軍の治安維持活動の後方支援等を目的に成立した。

（エ）　海賊対処法は，喜望峰沖で頻発する海賊被害に対して，海上輸送の用に供する船舶等の航行の安全を確保し，海上における公共の安全と秩序の維持を図ることを目的に成立した。

問4　下線部(3)に関する記述として最も適切なものを以下の選択肢（ア）～（エ）から２つ選び，その記号をマーク解答用紙の所定の解答欄にマークせよ。

（ア）　日本に対する武力攻撃が発生した場合に，これを排除し，日本の存立を全うし，日本国民を守るために他に適当な手段があるときでも，憲法上，必要最小限度の武力の行使が認められるとされた。

（イ）　日本に対する武力攻撃が発生した場合に，これを排除し，日本の存立を全うし，日本国民を守るために他に適当な手段がないときは，憲法上，最大限度の武力の行使が認められるとされた。

（ウ）　日本が憲法上，武力を行使することができる場合が，日本と密接な関係にある他国に対する武力攻撃が発生し，これにより日本の存立が脅かされ，日本国民の生命，自由および幸福追求の権利が根底から覆される明白な危険がある事態にまで拡大された。

（エ）　日本と密接な関係にある他国に対する武力攻撃に対して日本が憲法上行使することができる武力の行使は，必要最小限度のものに限られるとされた。

問5　下線部(4)に関する記述として最も適切なものを以下の選択肢（ア）～（エ）から２つ選び，その記号をマーク解答用紙の所定の解答欄にマークせよ。

（ア）　武力攻撃事態法では，存立危機事態においても，事態に応じ合理的に必要と判断される限度の武力の行使が可能になった。

（イ）　ＰＫＯ協力法では，他国のＰＫＯ要員や民間人を防衛するための武器使用（駆けつけ警護）が認められた。

（ウ）　周辺事態法は，重要影響事態法に改正され，本法に基づく自衛隊の活動範囲が「日本周辺地域」から「アジア・太平洋地域」にまで拡大した。

（エ）　国際平和支援法では，国連決議に基づいて活動する諸外国の軍隊への，戦闘行為が行われている現場での後方支援が可能になった。

問6　下線部(5)に関する記述として最も適切なものを以下の選択肢（ア）～（エ）から２つ選び，その記号をマーク解答用紙の所定の解答欄にマークせよ。

（ア）　日本が当事国となっていない条約その他の国際約束に違反する場合であっても，防衛装備の海外移転を認めない。

（イ）　国際連合安全保障理事会決議に基づく義務に違反する場合は，防衛装備の海外移転を認めない。

（ウ）　防衛装備移転三原則にいう紛争当事国への防衛装備の移転となる場合は，防衛装備の海外移転を認めない。

（エ）　防衛装備は，武器の設計，製造または使用に係る技術を含まない。

問7　下線部(6)に示された手法を表す語句として最も適切なものを以下の選択肢（ア）～（エ）から１つ選び，その記号をマーク解答用紙の所定の解答欄にマークせよ。

（ア）　変遷改憲

（イ）　明文改憲

（ウ）　解釈改憲

（エ）　特例改憲

Ⅱ　以下の文章を読み，下記の問いに答えよ。

一国の経済の状況を正しく理解するためには(1)適切な統計や指標が不可欠である。マクロ経済に関する指標として最も重要なのは，(2)国内総生産（ＧＤＰ）であり，その国で生産された所得を表している。ＧＤＰを人口で割ったものが一人あたりＧＤＰであり，さまざまな国の経済水準を比較する際に頻繁に用いられる。また，昨年と比較してＧＤＰがどれだけ成長したかを示す経済成長率は景気を考える際に不可欠な指標である。なお，ＧＤＰは生産面から見た国民所得である。(3)生産・販売によって得られた国民所得は消費者や企業に分配され，消費者や企業は分配された国民所得で支出を行う。ＧＤＰのような指標を考える際には実質と名目の違いを理解することも必要である。(4)実質とは物価水準の変動を調整した値であり，名目とは物価水準の変動を調整していない値である。いうまでもなく，(5)物価水準の変化は国民生活に大きな影響をもたらすため，それ自体も重要な経済指標である。(6)物価水準の急激な変化に対しては対策がとられることもある。

マクロ経済の状況を知るためには，海外との取引の状況を理解することも不可欠である。(7)一般に，２つの国の間で貿易が行われる場合，どちらの国も経済状況を改善することができることが知られている。海外と貿易を行う際には自国通貨を外国通貨に交換することが必要となる。このため，(8)為替レートの急激な変化は貿易を行う企業に大きな影響を与える可能性がある。

次に労働市場について考える。財市場の数量，価格にあたるものは労働市場では雇用および賃金である。このため，労働市場を理解するためには(9)完全失業率，求人倍率および賃金がどのようになっているかを把握する必要がある。

経済の状況を知るためには，マクロ経済の理解に加えて，個々の財・サービスの市場の働きを理解する必要がある。個々の財・サービスの市場においては(10)右下がりの需要曲線と右上がりの供給曲線が交わるところで均衡価格と均衡取引量が決定される。完全競争市場においては，市場メカニズムによって需要と供給が一致する。この均衡点は，市場の環境が変化すると移動することになる。例えば，(11)為替レートの変化は貿易を行わない企業にも大きな影響を与える可能性がある。(12)ある財の市場における均衡点が変化した場合，他の財の均衡点に影響を与えることもある。市場メカニズムでは資源の最適な配分が行われないような状況を市場の失敗と呼ぶ。例えば，(13)公害などの外部性がある場合には市場メカニズムでは適切に調整されない。また，(14)所得や資産の格差も市場メカニズムによって調整されないと考えられる。

問1　下線部(1)と関連して，経済に関する指標を考える際に重要なのが，ストックとフローの概念を区別することである。これらについて述べた次のうち，適切なものを（ア）～（エ）から１つ選び，その記号をマーク解答用紙の所定の解答欄にマークせよ。

（ア）　フローとは，経常収支のようにある一定期間における量のことであり，ストックとは対外純資産のようにある一時点における量のことである。

（イ）　フローとは，対外純資産のようにある一定期間における量のことであり，ストックとは経常収支のようにある一時点における量のことである。

（ウ）　フローとは，経常収支のようにある一時点における量のことであり，ストックとは対外純資産のようにある一定期間における量のことである。

（エ）　フローとは，対外純資産のようにある一時点における量のことであり，ストックとは経常収支のようにある一定期間における量のことである。

問2　下線部(2)と関連して，小麦農家が小麦を10億円で製粉業者に販売し，製粉業者が小麦粉を20億円でパン工場に販売し，パン工場が30億円で消費者にパンを販売したとする。この経済活動について述べた次のうち適切なものを（ア）～（エ）から１つ選び，その記号をマーク解答用紙の所定の解答欄にマークせよ。

（ア）　付加価値は30億円であり，ＧＤＰは30億円である。

（イ）　付加価値は30億円であり，ＧＤＰは60億円である。

（ウ）　付加価値は60億円であり，ＧＤＰは30億円である。

（エ）　付加価値は60億円であり，ＧＤＰは60億円である。

問3　下線部(3)と関連して，ＧＤＰと，分配面から見た国民所得と，支出面から見た国民所得は，それぞれ同じ国民所得を別の側面から見たものであり，同じ値となる。この原則をなんというか。記述解答用紙の所定の欄に漢字４文字で記述せよ。

〔解答欄〕　［　　　　］の原則

問4　下線部(4)と関連して，昨年を基準とした実質ＧＤＰが名目ＧＤＰよりも大きいとする。この時の状況として適切なものを（ア）～（エ）から１つ選び，その記号をマーク解答用紙の所定の解答欄にマークせよ。

（ア）　物価は上昇しており，ＧＤＰデフレーターは１よりも大きい。

（イ）　物価は上昇しており，ＧＤＰデフレーターは１よりも小さい。

（ウ）　物価は下落しており，ＧＤＰデフレーターは１よりも大きい。

（エ）　物価は下落しており，ＧＤＰデフレーターは１よりも小さい。

問5　下線部(5)と関連して，インフレーションについて述べた次のうち，適切なものを（ア）～（エ）から１つ選び，その記号をマーク解答用紙の所定の解答欄にマークせよ。

（ア）　インフレーションとは通貨の価値が上昇することであり，固定金利でお金を借りている人に有利に働く一方で，定額の年金受給者には不利に働く傾向にある。

（イ）　インフレーションとは通貨の価値が上昇することであり，定額の年金受給者に有利に働く一方で，固定金利でお金を借りている人には不利に働く傾向にある。

（ウ）　インフレーションとは通貨の価値が下落することであり，固定金利でお金を借りている人に有利に働く一方で，定額の年金受給者には不利に働く傾向にある。

（エ）　インフレーションとは通貨の価値が下落することであり，定額の年金受給者に有利に働く一方で，固定金利でお金を借りている人には不利に働く傾向にある。

問6　下線部(6)と関連して，急激なインフレーションを抑制するための対策について述べた次のうち適切なものを（ア）～（エ）から１つ選び，その記号をマーク解答用紙の所定の解答欄にマークせよ。

（ア）　日本銀行は物価水準を安定させるために，金利を上昇させる方向に誘導する。

（イ）　日本銀行は物価水準を安定させるために，金利を下落させる方向に誘導する。

（ウ）　日本政府は物価水準を安定させるために，金利を上昇させる方向に誘導する。

（エ）　日本政府は物価水準を安定させるために，金利を下落させる方向に誘導する。

問7　下線部(7)と関連して，A国，B国において，自転車と農作物をそれぞれ1単位ずつ生産しているとする。なお，それぞれの国においてそれぞれの財を1単位生産するために必要な労働者の数は以下のように示されている。この時の状況について述べた次のうち，適切なものを（ア）～（エ）から1つ選び，その記号をマーク解答用紙の所定の解答欄にマークせよ。

	自転車	農作物
A国	3人	12人
B国	2人	4人

（ア）　A国は自転車の生産に比較優位および絶対優位を持つ。

（イ）　A国は自転車の生産に比較優位を持つが絶対優位は持っていない。

（ウ）　A国は農作物の生産に比較優位を持つが絶対優位は持っていない。

（エ）　A国は農作物の生産に比較優位および絶対優位を持つ。

問8　下線部(8)と関連して，為替レートの急激な変化に対して介入を行うことで変化のスピードを緩和させようとすることがある。この為替介入について述べた次のうち，適切なものを（ア）～（エ）から1つ選び，その記号をマーク解答用紙の所定の解答欄にマークせよ。

（ア）　急激な円安を抑制するためには円を買う。介入を決定するのは日本政府である。

（イ）　急激な円安を抑制するためには円を買う。介入を決定するのは日本銀行である。

（ウ）　急激な円安を抑制するためには円を売る。介入を決定するのは日本政府である。

（エ）　急激な円安を抑制するためには円を売る。介入を決定するのは日本銀行である。

問9　下線部(9)と関連して，次のうち，完全失業率の定義として適切なものを（ア）～（エ）から1つ選び，その記号をマーク解答用紙の所定の解答欄にマークせよ。

（ア）　非自発的失業者÷15歳以上人口

（イ）　非自発的失業者÷労働力人口

（ウ）　完全失業者÷15歳以上人口

（エ）　完全失業者÷労働力人口

問10　下線部(10)と関連して，需要曲線は一般に右下がりであると考えられるが，右下がりの形状はそれぞれの財によって異なっていると考えられる。このことについて説明している次のうち適切なものを（ア）～（エ）から1つ選び，その記号をマーク解答用紙の所定の解答欄にマークせよ。なお需要の価格弾力性は0よりも大きくなるように定義されているとする。

（ア）　生活必需品はぜいたく品と比べての需要曲線の傾きがゆるやかであり，需要の価格弾力性は小さい。

（イ）　生活必需品はぜいたく品と比べての需要曲線の傾きがゆるやかであり，需要の価格弾力性は大きい。

（ウ）　生活必需品はぜいたく品と比べての需要曲線の傾きが急であり，需要の価格弾力性は小さい。

（エ）　生活必需品はぜいたく品と比べての需要曲線の傾きが急であり，需要の価格弾力性は大きい。

問11　下線部(11)と関連して，円安により日本国内のエネルギー価格が上昇したとする。今，ある企業は大量のエネルギーを消費して財を生産・販売している。エネルギー価格の上昇が，この財の市場に与える影響として適切なものを（ア）～（エ）から1つ選び，その記号をマーク解答用紙の所定の解答欄にマークせよ。

(ア)　均衡価格が上昇し，均衡取引量が減少する。
(イ)　均衡価格が上昇し，均衡取引量が増加する。
(ウ)　均衡価格が下落し，均衡取引量が減少する。
(エ)　均衡価格が下落し，均衡取引量が増加する。

問12　下線部⑿と関連して，なんらかの理由によりバターの価格が大幅に下落したとする。競合するマーガリンの市場のこの時の状況について述べた次のうち適切なものを（**ア**）～（**エ**）から１つ選び，その記号をマーク解答用紙の所定の解答欄にマークせよ。
(ア)　需要曲線が左にシフトし，均衡価格が上昇する。
(イ)　需要曲線が左にシフトし，均衡価格が下落する。
(ウ)　需要曲線が右にシフトし，均衡価格が上昇する。
(エ)　需要曲線が右にシフトし，均衡価格が下落する。

問13　下線部⒀と関連して，ある財を生産する際に環境汚染が発生するような状況であるとする。この時，市場メカニズムによって達成される均衡点は，社会的に望ましい点よりも価格が低く，また供給量が過大であると考えられる。価格を上昇させ，供給量を減少させるための政策として適切なものを（**ア**）～（**エ**）から１つ選び，その記号をマーク解答用紙の所定の解答欄にマークせよ。
(ア)　企業に対して生産量に応じて補助金を出し，供給曲線を左にシフトさせる。
(イ)　企業に対して生産量に応じて補助金を出し，供給曲線を右にシフトさせる。
(ウ)　企業に対して生産量に応じて課税を行い，供給曲線を左にシフトさせる。
(エ)　企業に対して生産量に応じて課税を行い，供給曲線を右にシフトさせる。

問14　下線部⒁と関連して，下の表はＡ国とＢ国における世帯の累積所得を示したものである。例えば，Ａ国において所得の低い順に世帯を４つのグループに分割した時，一番所得の低いグループの所得は全体の10%であることが示されている。また，Ａ国において所得の一番低いグループと２番目に低いグループの所得を合わせた場合，全体の所得の20%であることが示されている。この表とジニ係数について述べた次のうち適切なものはどれか。適切なものを（**ア**）～（**エ**）から１つ選び，その記号をマーク解答用紙の所定の解答欄にマークせよ。

	Ａ国	Ｂ国
下から25%の所得水準の世帯までの累積所得（%）	10	25
下から50%の所得水準の世帯までの累積所得（%）	20	50
下から75%の所得水準の世帯までの累積所得（%）	30	75
下から100%の所得水準の世帯までの累積所得（%）	100	100

(ア)　Ｂ国のジニ係数は０であり，Ａ国のジニ係数はＢ国のジニ係数よりも小さい。
(イ)　Ｂ国のジニ係数は０であり，Ａ国のジニ係数はＢ国のジニ係数よりも大きい。
(ウ)　Ｂ国のジニ係数は１であり，Ａ国のジニ係数はＢ国のジニ係数よりも小さい。
(エ)　Ｂ国のジニ係数は１であり，Ａ国のジニ係数はＢ国のジニ係数よりも大きい。

Ⅲ 以下の文章を読み，下記の問いに答えよ。

経済発展とともに所得格差は拡大するか，それとも縮小するか――この問いは長らく経済学の重要な主題のひとつになっていた。19世紀には（ A ）が家計の所得水準と食費の関係に注目し，約20年を周期とする経済循環を検出したことでも知られる経済学者（ B ）は，1950年代に図Ⅲ－1に模式化される仮説を提唱した。図Ⅲ－1では横軸に当該社会の一人あたり国民所得，縦軸に所得格差の指標を取っている。Bは，「経済発展の初期段階では，農村から都市への人口流入にともなって労働者の賃金が ① して富裕層とのあいだの所得格差が ② するが，一人あたり所得が一定以上に ③ すると，こうした格差は解消されてくる」と主張した。図Ⅲ－1の曲線はこの経済学者の名を冠して「B曲線」と呼ばれている。

図Ⅲ－1 一人あたり国民所得と所得格差

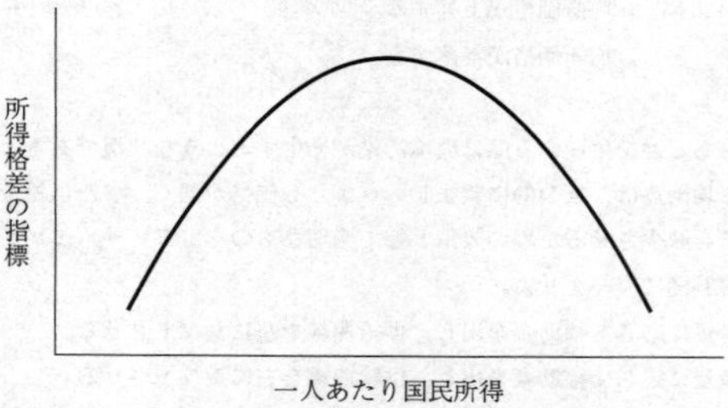

近年では，このB曲線を読み替えて「発展途上国では経済発展とともにエネルギーの利用や産業廃棄物などが増大して環境負荷が高まるが，先進国では経済の効率性が高まり環境負荷が減ってくる」という主張がなされることがある。これはたとえば図Ⅲ－1の縦軸に（ C ）を取ると，さきのB曲線と同様の概念図が描けるという主張であり，こうして得られる曲線は④「環境B曲線」と呼ばれる。

さらにグローバルに視野を広げると図Ⅲ－2が提唱されている。この図は横軸に世界全体の累積所得順位を取り（左にいくほど低所得，右にいくほど高所得），縦軸に1988年から2008年にかけての実質所得の伸び率（％）を表示している。この曲線は⑤世界銀行のエコノミストによって提示され，新興国の所得上昇や先進国における中間層の没落を表現しているといわれる。

図Ⅲ－２　1988年から2008年にかけての実質所得の伸び率と世界全体の累積所得順位

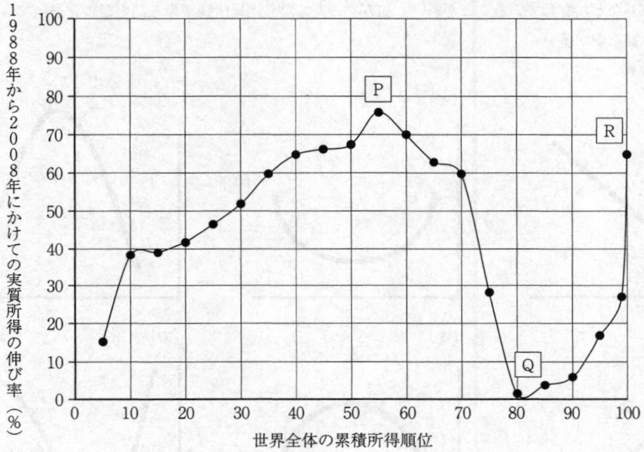

【出典】Branko Milanovic, *Global Inequality: A New Approach for the Age of Globalization*, Harvard University Press, 2016, p.11. より作成。

問１　空欄（　Ａ　）（　Ｂ　）に入る人名の姓を解答欄にカタカナで記入しなさい。

問２　下線部①②③に入る最も適切な語句の組み合わせを以下の選択肢（ア）～（オ）から１つ選び，その記号をマーク解答用紙の所定の解答欄にマークせよ。

（ア）　①上昇　②拡大　③増加
（イ）　①上昇　②縮小　③減少
（ウ）　①減少　②拡大　③増加
（エ）　①減少　②縮小　③減少
（オ）　①減少　②拡大　③減少

問３　下線部④の「環境Ｂ曲線」を描く場合，空欄（　Ｃ　）に最もふさわしい指標を以下の選択肢（ア）～（オ）から１つ選び，その記号をマーク解答用紙の所定の解答欄にマークせよ。

（ア）　国家予算総額に占める環境保護関連経費の割合
（イ）　一人あたり二酸化炭素の排出量
（ウ）　自動車総台数に対する電気自動車台数の割合
（エ）　一人あたり実質ＧＤＰの成長率
（オ）　一国の累積所得順位

問４　「Ｂ曲線」および下線部④の「環境Ｂ曲線」についてはいくつかの批判が提出されている。以下①と②の批判を最も適切に表現している概念図を（ア）～（カ）から１つずつ選び，その記号をマーク解答用紙の所定の解答欄にマークせよ。縦軸・横軸は図Ⅲ－１に準拠する。

①　現在のアメリカ合衆国では巨額の金融資産を有する富豪と貧困層の所得格差はむしろ拡大している。中所得国での格差の縮小は事実だが，一人あたり国民所得が極めて増大した国では格差は拡大すると理解すべきだ。

② 一人あたり国民所得が最も低い層に属する発展途上国では強権的な体制のもとで一部の独裁者や富裕層が巨額の資産を海外などに有していることが多い。他方で一人あたり国民所得が最も高い層の先進国でも同様に巨額の資産を持つ富裕層が多い。

（ア）

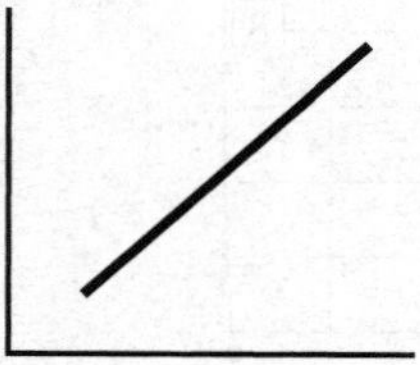

（イ）

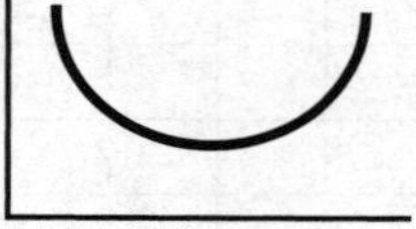

（ウ）

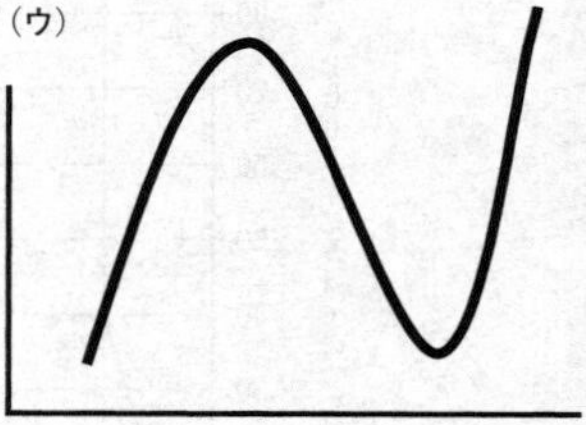

（エ）

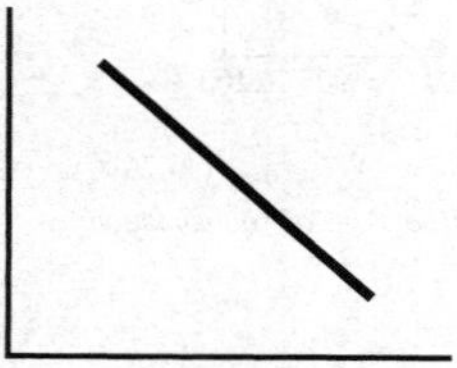

（オ）

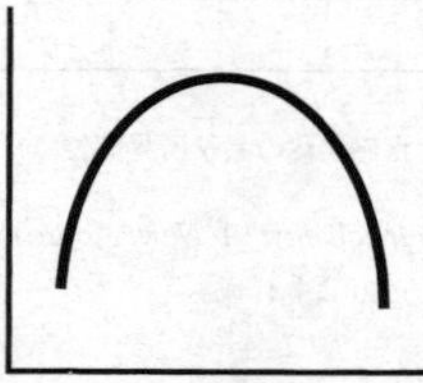

（カ）

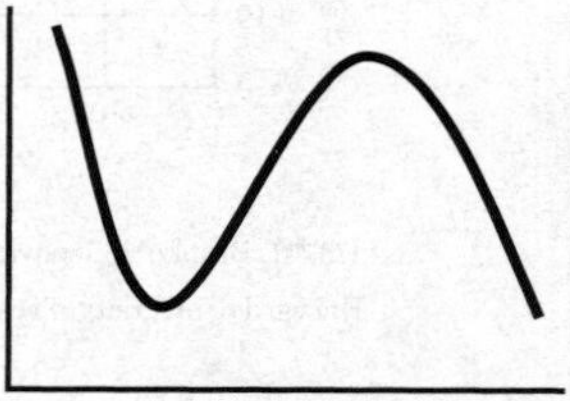

問5　下線部⑤について最も適切な解説を以下の選択肢（ア）～（オ）から1つ選び，その記号をマーク解答用紙の所定の解答欄にマークせよ。

（ア）　第一次大戦後のドイツ賠償問題を契機に設立された国際機関であり，各国の中央銀行が代表を派遣している。

（イ）　ブレトンウッズ会議で各国の為替制限の撤廃を目的として設立された。

（ウ）　復興や開発に要する資金を融資する銀行としてワシントンに設立された。

（エ）　貿易自由化等を目的として先進国が加盟する国際機関である。

（オ）　各国における銀行の自己資本比率等に関する規制を制定している国際機関である。

問6　図Ⅲ－2から読み取れる事実を表現している文を以下の選択肢（ア）～（オ）から1つ選び，その記号をマーク解答用紙の所定の解答欄にマークせよ。

（ア）　世界全体でみた場合の中間層の所得は上昇した。

（イ）　中国では所得格差が拡大した。

（ウ）　世界全体でみた場合の中間層の所得が減少した。

（エ）　先進国における所得格差は縮小した。

（オ）　発展途上国における富裕層は減少した。

問7　図Ⅲ－2のP点に位置している人々について最も適切に解説している文を以下の選択肢（ア）～（オ）から1つ選び，その記号をマーク解答用紙の所定の解答欄にマークせよ。

（ア）　リーマンショックで所得に影響をうけたが，その後立ち直り，新たな職を得ている。

（イ）　文化大革命の混乱で貧窮していたが，改革開放政策とともに所得水準が上昇した。

（ウ）　高度経済成長期に日本の農村から都市に集団就職し，その後順調に所得を伸ばした。

（エ）　東西冷戦の終結とグローバリゼーションの恩恵を受けて所得が上昇した。

(オ)　新型コロナウィルス感染症拡大の影響で所得を減らしたが，最近持ち直している。

問8　図Ⅲ－2のQ点に位置している人々は「グローバリゼーションの敗者」と呼ばれることがある。こうした特徴づけにもっとも関連の深い人々の特徴を以下の選択肢（ア）～（オ）から1つ選び，その記号をマーク解答用紙の所定の解答欄にマークせよ。

(ア)　アメリカ中西部のかつては製造業がさかんだった地域で所得が伸び悩んだ人々

(イ)　一次産品の輸出国で，輸出作物の市況が低迷して所得が落ち込んだ農業従事者

(ウ)　最貧国にあって所得が全く伸びなかった貧困層

(エ)　オイルショック後に所得が伸びなかった非産油途上国の下位の所得層

(オ)　グローバリゼーションに反対して国際機関を批判した新興国の中間層

問9　図Ⅲ－2のR点に位置している人々についてこの図から読み取れる事実を最も適切に解説している文を以下の選択肢（ア）～（オ）から1つ選び，その記号をマーク解答用紙の所定の解答欄にマークせよ。

(ア)　この人々の所得は，その大半が金融資産に由来する。

(イ)　この人々は大部分がアメリカ合衆国に在住している。

(ウ)　この人々は1988年にはQ点よりもやや右の地点に位置付けられていた。

(エ)　この人々には中国の富裕層は含まれない。

(オ)　この人々は最も所得の伸びが大きいグループに属する。

問10　図Ⅲ－1と図Ⅲ－2について上記の説明文に即して理解した場合，以下の文が首尾一貫した論理を構成するように，それぞれの空欄にふさわしい単語を（ア）～（カ）の語群から1つずつえらんで，それぞれの記号をマーク解答用紙の所定の解答欄にマークせよ（同じ記号を何度用いても構わない）。

図Ⅲ－1と図Ⅲ－2は似ているように見えるが，図Ⅲ－1では時間的変化にともなう経済発展の進展が（　①　）で表現されているのに対して，図Ⅲ－2では，ある時点での所得分布が（　②　）で表現されている。図Ⅲ－2の縦軸と横軸を入れ替えて，累積所得順位を（　③　）で表現すると，グラフの形状は（　④　）に近くなる。

【語群】

(ア)　縦軸　　(イ)　横軸　　(ウ)　S字　　(エ)　逆S字　　(オ)　W字　　(カ)　M字

Ⅳ　以下の文章を読み，下記の問いに答えよ。

消費者物価指数は，家計が購入する財・サービスの価格から算出される。①冷夏になると，野菜の価格は上がり夏物衣料の価格は下がることがある。経済状況が変化すると価格は変わる。図Ⅳ－1には2020年を100に基準化して算出した，各年の消費者物価指数の動きが描かれている。②2019年と2020年の消費者物価指数は100であるが，他の年は100未満である。企業物価指数は，企業が国内で取引する財の価格から算出される。企業が行う海外取引については，③輸入物価指数と輸出物価指数が算出される。

東証株価指数は，④東京証券取引所に株式を上場している国内企業の株価から算出される。その際，⑤株式会社の増資などに伴う株数の変化は考慮される。⑥外国為替レートが円安に変化すると，⑦業績向上が見込まれる日本企業と業績低迷が見込まれる日本企業があり，株価の上昇・下落を通じて株価指数が変化する。また⑧日本銀行の金融政策は，物価や景気に影響することを通じて，株価指数にも影響が及ぶ。

賃金は，労働者の労働形態や労働時間などによって異なる。日本では労働時間の短縮が課題である。事前に労使間で［　a　］協定を結び［　b　］に届け出ると会社は労働者に時間外労働を命令できる。このことが長時間労働の一因という指摘がある。賃金も，経済状況の変化とともに変動する。図Ⅳ－1には一般労働者に支払われた現金給与総額（名目値）をもとに，2020年を100に基準化して算出した各年の賃金指数の動きも描かれている。ある調査によると，2020年大学卒業者の初年度年間給与総額は，日本では約302万円，アメリカでは約53,000ドルであり，⑨外国為替レートを考慮しても日米で賃金水準が異なる。

図Ⅳ－1　消費者物価指数・賃金指数の推移

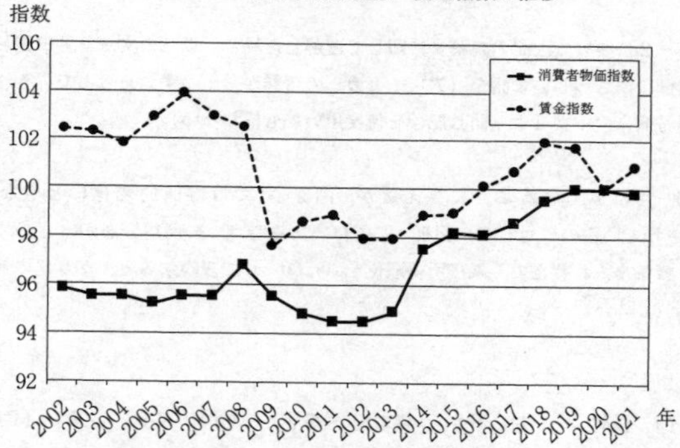

総務省「消費者物価指数」，厚生労働省「毎月勤労統計調査」より作成。

問1　文中の下線部①の価格変化の説明として，最も適切なものを下記の選択肢（ア）～（エ）から1つ選び，その記号をマーク解答用紙の所定の解答欄にマークせよ。

（ア）　野菜の供給量が減り，夏物衣料の需要量が減った。

（イ）　野菜の供給量が増え，夏物衣料の需要量が減った。

（ウ）　野菜の供給量が減り，夏物衣料の需要量が増えた。

（エ）　野菜の供給量が増え，夏物衣料の需要量が増えた。

問2　図Ⅳ－1の消費者物価指数の動き，および，文中の下線部②の記述と矛盾するものを下記の選択肢（ア）～（エ）から1つ選び，その記号をマーク解答用紙の所定の解答欄にマークせよ。

（ア）　2019年と比べ，2020年は消費財・サービスの価格は変化しなかった。

（イ）　2002年から2018年の消費財・サービスの価格は，2020年と比べて低かった。

(ウ)　2002年から2008年にかけて，消費財・サービスの価格は値下がりが続いていた。

(エ)　2016年から2019年にかけて，消費財・サービスの価格は値上がりが続いていた。

問3　文中の下線部③に関する以下の記述のうち，最も不適切なものを下記の選択肢（ア）～（オ）から1つ選び，その記号をマーク解答用紙の所定の解答欄にマークせよ。

(ア)　輸出物価指数は輸出財を対象に算出され，輸入物価指数は輸入財を対象に算出される。

(イ)　技術革新などで商品の世代交代がおこると，輸出財・輸入財の品目や品質が変わりその価格も変化する。輸出物価指数・輸入物価指数は，こうした品目・品質変化を調整して算出される。

(ウ)　輸入物価指数が前月に比べ上昇した月の輸入額は，前月に比べ増加しているとは限らない。

(エ)　輸出物価指数が前月に比べ下落した月の輸出額は，前月に比べ減少しているとは限らない。

(オ)「輸入物価指数÷輸出物価指数」で計算した指数比は，輸入財と輸出財の相対価格とみなせる。この相対価格と外国為替レートは，長期的にはほぼ同じ水準に落ちつく。

問4　文中の下線部④に関する以下の記述のうち，最も不適切なものを下記の選択肢（ア）～（オ）から1つ選び，その記号をマーク解答用紙の所定の解答欄にマークせよ。

(ア)　上場株式会社には，会社法で「社員」と呼ばれる出資者が1人以上いる。

(イ)　上場株式会社では定時株主総会が開かれ，取締役が3人以上選任される。

(ウ)　上場株式会社は，証券取引所が定める資産額や株主数などに関する上場基準を満たしている。

(エ)　上場株式会社に株式公開買付けが行われると，株主は証券取引所を介さずその株式を売却できる。

(オ)　2021年4月時点の上場株式会社数約3,800社は，日本の株式会社数の1％に達していない。

問5　文中の下線部⑤に関連して，株式会社が行う資金調達の方法として最も不適切なものを下記の選択肢（ア）～（オ）から1つ選び，その記号をマーク解答用紙の所定の解答欄にマークせよ。

(ア)　民間銀行から資金を借り入れる。

(イ)　社債を発行して資金を借り入れる。

(ウ)　増資を実施して新株式を発行する。

(エ)　株式分割を実施して新株式を発行する。

(オ)　株主に分配せず利益の一部を社内に留保しておく。

問6　短期的に文中の下線部⑥が生じる要因として，最も適切なものを下記の選択肢（ア）～（エ）から1つ選び，その記号をマーク解答用紙の所定の解答欄にマークせよ。

(ア)　日本からの輸入が拡大し，外国人が円で支払う輸入代金が増えた。

(イ)　外国人投資家が，東京証券取引所の上場株式に投資する金額を増やした。

(ウ)　原油の産出量が増え，日本が輸入している原油価格が下落した。

(エ)　諸外国が金利を上昇させる政策をとったが，日本はゼロ金利を変化させないという政策をとった。

問7　文中の下線部⑦の外国為替レートが円安になると業績向上が見込まれる企業として，最も適切なものを下記の選択肢（ア）～（エ）から1つ選び，その記号をマーク解答用紙の所定の解答欄にマークせよ。

(ア)　食品業など，原材料の多くを海外から輸入している日本企業。

(イ)　国内に製造拠点を持つ精密機械産業など，円建ての輸出代金が増額する日本企業。

(ウ)　旅行サービス業など，海外へ出向く旅行客数の増加から増益が期待できる日本企業。

(エ)　エネルギーを大量に消費する飲食店チェーンを国内で展開する日本企業。

問8　文中の下線部⑧に関連して，黒田東彦・日銀総裁のもとで実施してきた金融政策として最も不適切なものを下記の選択肢（ア）～（オ）から1つ選び，その記号をマーク解答用紙の所定の解答欄にマークせよ。

（ア） 企業の資金調達コストが下がる方向に，金利を誘導する。

（イ） 民間銀行が日本銀行に預ける預金の一部にマイナス金利を設定し，民間銀行に企業貸出をうながす。

（ウ） 民間銀行が保有する国債などを大量に買い入れることで，民間銀行に資金を供給する。

（エ） 長期・短期の国債利回りを操作するために，国債の発行市場で公開市場操作を行う。

（オ） 金融調節の操作目標をマネタリーベースにして，経済全体の通貨量拡大をはかる。

問9 文中の下線部⑨に関連して，当時の外国為替レート110円/ドルを用いて換算するとアメリカの大卒者の初年度給与総額は日本の大卒者の金額の何倍にあたるか。小数点第2位を四捨五入して小数点第1位までの値を求めて，記述解答用紙の所定の解答欄に記入せよ。

問10 文中の空欄 a にはこの協定名が入る。その略称を記述解答用紙の所定の解答欄に記入せよ。

問11 文中の空欄 b に入る語句として最も適切なものを下記の選択肢（ア）～（エ）から1つ選び，その記号をマーク解答用紙の所定の解答欄にマークせよ。

（ア） 事業場を管轄する労働基準監督署

（イ） 事業場所在地の市区町村

（ウ） 地方裁判所の労働審判委員会

（エ） 都道府県の労働委員会

問12 実質賃金は「労働者に支払われた名目賃金÷その時点での消費者物価指数」で定義される。図Ⅳ－1から読みとれる実質賃金の変化として最も適切なものを下記の選択肢（ア）～（エ）から1つ選び，その記号をマーク解答用紙の所定の解答欄にマークせよ。

（ア） 2009年と2014年は，どちらも前年に比べ，実質賃金は減少した。

（イ） 2009年と2014年は，どちらも前年に比べ，実質賃金は増加した。

（ウ） 2009年は前年に比べて実質賃金は減少したが，2014年は前年に比べて実質賃金は増加した。

（エ） 2009年は前年に比べて実質賃金は増加したが，2014年は前年に比べて実質賃金は減少した。

数学

(90 分)

1 [ア] ～ [エ] にあてはまる数または式を記述解答用紙の所定欄に記入せよ.

(1) n を 2 以上の整数とする. 整数 $k \in \{1, 2, ..., n\}$ に対し, y 軸に平行な直線 $x = 2^{k-1}$ と曲線 $y = \log_2 x$ の交点を P_k とする. このとき, 線分 $\mathrm{P}_1\mathrm{P}_2$, $\mathrm{P}_2\mathrm{P}_3$, ..., $\mathrm{P}_{n-1}\mathrm{P}_n$ と直線 $x = 2^{n-1}$ および x 軸で囲まれる図形の面積を $S(n)$ とする. 不等式

$$\frac{S(n)}{2^n} \geqq 2023$$

を満たす最小の n は [ア] である.

(2) m, n を正の整数とする. 半径 1 の円に内接する $\triangle\mathrm{ABC}$ が

$$\sin\angle\mathrm{A} = \frac{m}{17}, \quad \sin\angle\mathrm{B} = \frac{n}{17}, \quad \sin^2\angle\mathrm{C} = \sin^2\angle\mathrm{A} + \sin^2\angle\mathrm{B}$$

を満たすとき, $\triangle\mathrm{ABC}$ の内接円の半径は [イ] である.

(3) n を正の整数とする. 次の条件 (i), (ii), (iii) を満たす n 次関数 $f(x)$ のうち n が最小のものは, $f(x) =$ [ウ] である.

(i) $f(1) = 2$

(ii) $\displaystyle\int_{-1}^{1} (x+1) f(x) dx = 0$

(iii) すべての正の整数 m に対して, $\displaystyle\int_{-1}^{1} |x|^m f(x) dx = 0$

(4) 次の操作 (∗) を考える.

(∗) 1 個のサイコロを 3 回続けて投げ, 出た目を順に a_1, a_2, a_3 とする. a_1, a_2, a_3 を 3 で割った余りをそれぞれ r_1, r_2, r_3 とするとき, 座標空間の点 (r_1, r_2, r_3) を定める.

この操作 (∗) を 3 回続けて行い, 定まる点を順に $\mathrm{A}_1, \mathrm{A}_2, \mathrm{A}_3$ とする. このとき, $\mathrm{A}_1, \mathrm{A}_2, \mathrm{A}_3$ が正三角形の異なる 3 頂点となる確率は [エ] である.

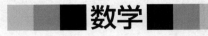

2 中心 O，半径 1 の球に内接する四面体で，その 4 頂点 T_1，T_2，T_3，T_4 が次の条件 (i)，(ii) を満たすものを考える．

(i) $\left|\overrightarrow{T_1T_2}\right| = \sqrt{3}$

(ii) $k\left(\overrightarrow{OT_1} + \overrightarrow{OT_2}\right) + \overrightarrow{OT_3} + \overrightarrow{OT_4} = \vec{0}$

ここで，k は 2 未満の正の実数とする．次の設問に答えよ．

(1) 線分 T_3T_4 の中点を M としたとき，$\triangle T_1T_2M$ の面積を k を用いて表せ．

(2) 各 k に対し，上の条件を満たす四面体の体積の最大値を $V(k)$ とする．
$V(k)$ が最大になるときの k の値を求めよ．

3 n を正の整数とする．次の設問に答えよ．

(1) n^2+n+1 が 7 で割り切れるような n を小さい順に並べるとき，
100 番目の整数 n を求めよ．

(2) n^2+n+1 が 91 で割り切れるような n を小さい順に並べるとき，
100 番目の整数 n を求めよ．

ロ　東京大学医学部に進学すること
ハ　大学を卒業後、学士の称を獲得すること
ニ　易北河のほとりを飛行機で旋回すること
ホ　西洋に留学して調査研究を進めること

問二十二　傍線部**4**「欲母喜不可得也」の解釈として最も適切なものを次の中から一つ選び、解答欄にマークせよ。

イ　母にも喜んでほしいが、遠く離れているので、なかなかそうもいかない
ロ　世間体もあるので、母にはそんなに喜んでほしくない
ハ　喜びを抑えようとしても、なかなか抑えきれない
ニ　あまり喜んでばかりいると他につけこまれるという教訓を得るべきだ
ホ　母には、ぬか喜びはいけないと忠告してもらいたかったのだ

ハ　たとい外国の文章を読んだり、その国の言語で会話が出来ても、その上にもし実際にその外国の人にあってその意向を忖度できなければ

ニ　もしも西洋の文章を読めて、西洋の言語を発音出来ても、その上に実際にその国に住んでその国の人と交際しなければ

ホ　もしもドイツの文章を目で読んで理解した上に、耳で聞いて理解したとしても、その上にドイツに永住しなくては

問二十　傍線部**2**を「空しく阿逖をして鞭を先に着けしめんや」と書き下した場合、ここでの意味として最も適切なものを次の中から一つ選び、解答欄にマークせよ。

イ　ああ残念だ、祖狄という友人に牛の背中に先に鞭を打たせてしまうのは

ロ　しきりに後悔されるのは祖狄君だけに優先的に鞭の打ち方を教えてやったことだ

ハ　空を見上げては祖逖君にどんどん先に進まれてしまったことを嘆いていたよ

ニ　天分が備わっているのか、祖逖君はどんどん鞭を打って馬を先に進めている

ホ　手をこまねいたままで、祖逖君に自分よりどんどん先に進ませてなるものか

問二十一　傍線部**3**に「雄飛志」とあるが、本文におけるこの語の意味として、最も適切なものを次の中から一つ選び、解答欄にマークせよ。

イ　郷里から東京に上京すること

注

封伝　旅券。パスポート。

郢書燕説《えいしょえんせつ》　郢の国で書かれた手紙に誤って記入された「挙燭」という言葉を、燕の国では人材登用政策の建言として採用したという『韓非子』外儲説左上の故事に基づく成語。ここでは、外国の文物思想学問などを実態とはかけ離れた状態で、そのまま導入することを喩える。

蘇生　春秋戦国時代の遊説家、蘇秦。

牛後　前に進む牛の後ろ、牛の尾について歩く。大きな集団や国家などに服従すること。ここでの牛は、自分よりも卒業時の成績がよかった同級生を暗示している。蘇秦（前注）の演説の句「寧ろ鶏口と為るも、牛後と為る無かれ」に出典のある語（『史記』蘇秦伝）。

阿逖　六朝時代晋の祖逖《そてき》に、親しみを示す「阿」字を添えた呼称。祖逖は、一歩前を行くという意味の「先鞭を着ける」という故事（『晋書』劉琨伝）で、「常に恐る、祖生の吾に先んじて鞭を着けんことを」と劉琨《りゅうこん》から言われて、ライバルと見なされていた人物。

易北河　エルベ川の漢字表記。

問十九　傍線部**1**には「縦使ひ其の文を観、其の音を諷するも、而も苟くも親しく其の境を履むに非ずんば」という表現がみえるが、この部分の大意として最も適切なものを次の中から一つ選び、解答欄にマークせよ。

イ　縦書きの文章を読んで、その文章を音読することが出来ても、もしもその文章の意境に到達できなければ

ロ　縦書きの日本語の文章を目で見て、日本語の発音が出来ても、その上に直接その文章を書いた人に面談しなければ

依然タル古態聳《そびやカス》二吟肩ヲ一
観テレ花ヲ僅カニ覚ユ真ノ歓事ナリト
題シテレ塔ニ誰カ誇ラン最モ少年ナルヲ
唯ダ識ル蘇生ノ愧ヅルヲ二牛後ヲ一
2空シク教メンヤ三阿逖ヲシテ着ケ二鞭ヲ先ニ一
昂昂未ダレ折レ　3雄飛ノ志
夢ニ駕ス長風万里ノ船

蓋シ神ハ已ニ飛ベルナラン二於易北河ノ畔ニ一矣。未ダシテレ幾クナラ任ズ二軍医ニ一。為リテ二軍医本部僚属ト一。躑《てき》躅《ちょく》鞅《あう》掌《しやうス》。汨《べき》二‐没《ぼつスル》于簿書案牘ノ之間ニ一者、三二‐年ナリ於此ニ一。而ルニ今有リ二茲《こノ》行一。4欲母喜不可得也。

三　次の文章は森鷗外の「航西日記」の一節である。ここには、東京大学医学部卒業後入省していた陸軍の命令で衛生制度調査のためにドイツへ留学することが決定した折のもろもろの感慨が叙されている。これを読んであとの問いに答えよ。

明治十七年八月二十三日。午後六時汽車《ハ》発《シテ》東京《ヲ》、抵《いたル》横浜《ニ》。投《ズ》於林家《ニ》。此《ノ》行、受《ケシハ》命《ヲ》在《リ》六月十七日《ニ》。赴《キ》徳国《ニ》修《メ》衛生学《ヲ》、兼《ネテ》詢《はかル》陸軍《ノ》医事《ヲ》也《なり》。七月二十八日、詣《いたリテ》闕《ニ》拝《シ》天顔《ヲ》、辞別《ス》宗廟《ニ》。八月二十日、至《リテ》陸軍省《ニ》領《ス》封伝《ヲ》。初《メ》余之卒業《スル》於大学《ヲ》也《や》、蚤《つとニ》有《リ》航西之志。以為《ヘラク》今之医学《ハ》、自《より》泰西来《タル》。1縦使《ヒ》観其《ノ》文《ヲ》、諷《スルモ》其《ノ》音《ヲ》、而苟《クモ》非《ズンバ》親《シク》履《ムニ》其《ノ》境《ヲ》、則《チ》郢書燕説《ナル》耳。至《リテ》明治十四年《ニ》叨《みだリニ》辱《かたじけなクス》学士《ノ》称《ヲ》。賦《シテ》詩《ヲ》曰《ク》、

一笑《ス》名優質却《ツテ》孱《よわキヲ》

ホ　少しの間こそ馬からおりて身体をやすめていたが

問十八　本文の内容と合致する最も適切なものを次の中から一つ選び、解答欄にマークせよ。

イ　越智と箸尾が戦った際に、越智方の鳥屋の嫡子福寿丸と箸尾方の米野の二男宮千代とは、互いに敵の捕虜となった。

ロ　宮千代は歌をつくって、敵方の葛西と箸尾を感心させているうちに敵陣を抜け出して無事に越智の陣に帰り着いた。

ハ　福寿丸は味方を裏切ったという汚名を返上しようと討死を覚悟して出陣し、宮千代と戦ってみごとな最期を遂げた。

ニ　葛西は相手が福寿丸とは知らずに首をとったが、亡骸の鎧の引き合わせに結びつけられた短冊の歌を見て落涙した。

ホ　鳥屋は葛西から送られてきた福寿丸の亡骸を寺に葬り、葛西に礼状を書いたのち、出家して福寿丸の菩提を弔った。

ハ ③→①→⑤→②→④

ニ ②→⑤→④→①→③

ホ ①→④→③→②→⑤

問十四 傍線部**イ**～**ホ**それぞれの「せ」の中から、いわゆる使役の助動詞を一つ選び、解答欄にマークせよ。

問十五 傍線部**a**・**b**それぞれの「これ」の指す人物はだれか。次の中から適切なものを一つずつ選び、解答欄にマークせよ。

イ 鳥屋　**ロ** 米野　**ハ** 鳥屋と米野　**ニ** 福寿丸　**ホ** 宮千代　**ヘ** 福寿丸と宮千代

問十六 ※で挟まれた段落（「しかるに」～「送りぬ」）の中に「葛西の膂力《ちから》やまさりけん」を挿入するとすれば、その箇所はどこが最も適切か。**直後の三文字**を本文中から抜き出し、解答欄に記せ。ただし句読点は字数に数えない。

問十七 二重傍線部「しばしこそあれ」の解釈として最も適切なものを次の中から一つ選び、解答欄にマークせよ。

イ 少しの間こそ馬を寄せ太刀を抜いて戦っていたが

ロ 少しの間こそ馬上にあって組み討ちをしていたが

ハ 少しの間こそ馬の鞍から落ちて揉みあっていたが

ニ 少しの間こそ太刀を捨て間合いをはかっていたが

ロ　津の国の難波《なには》のことのよしあしはなからん後の世にしられまし

ハ　親ならぬ人さへかかる哀れぞととはるる老いの身をいかにせん

ニ　籠《こ》にいれし鳥屋はぬけて米野をばただ餌《え》になれとのこしおきけん

問十三　空欄 **X** には、次の①～⑤の文からなる文章が入る。いずれの順序が最も適切か。次の**イ**～**ホ**の中から一つ選び、解答欄にマークせよ。

①　双方郊原に対陣して挑みたたかふこと数日なり。

②　宮千代才ありて歌を詠じ、そこを感じて敵方より赦《ゆる》してかへしたればこそ、不思議の命をたすかりけれ。

③　福寿丸が挙動《ふるまひ》は、これにひとしき所為なりと、譏《そし》る人さへ多ければ、やがて福寿丸が耳にも入り、いと安からず思ひをりしに、またこの両家合戦のことあり。

④　それ二人同船なし、その船にはかに覆《くつがへ》るとき、己水練を得たりとて、同僚を棄ておき、己のみ泳ぎかへれる人あらば、これ義といはんか、不義といはんか。

⑤　かくてこのこと世間に流布し、福寿丸虜となり、その守りの怠るをみて、ひそかに逃れかへりたるは、げにもいみじき挙動《ふるまひ》なれど、ともに虜とせられたる、しかも己より年も劣れる宮千代を棄ておきしは、武士の義にそむけり。

イ　⑤→②→④→③→①

ロ　④→③→①→⑤→②

鳥屋はこれを見るよりも、わが児の死と、怨敵なる葛西が志を感じては、ただ涙のみ溢《はふ》りおちて、筆の立途《たてど》も分かざれど、矢立をとりて紙おしひらき、「さても福寿丸討死と定むるからは、ほかならぬ足下の御手に掛かりしことこそ生々世々の歓びなれ。かつ死骸を送りたまはる御志のほど、いつの世にか忘却いたし候ふべき」と、あつく謝してその奥に

［　D　］

と書きをはりて巻きかへし、葛西が使にわたしつつ、福寿丸が亡骸《なきがら》をば、近き寺院へ葬りしに、「老いて子を喪《うしな》ふは、朽木の枝なきに喩《たと》へたり。何を楽しみにながらふべき」と、その後吾が児と同じ場所にて、b これも討死をしたりけり。

葛西はこれらのことにつけても、つらつらと感悟なし、「人百歳を保つは稀《まれ》なり。わづかの生涯を過ぎんとて、弓矢を業《わざ》に心を苦しめ、日々に罪業を重ぬるは、後の世さへも思ひやらる。鳥屋を菩提《ぼだい》の因として、出離せん」と思ひさだめ、髻《もとどり》を断つて高野山へのぼり、福寿丸が後世を弔ひしとなん。

（『積翠閑話』による）

注　天文永禄のころ　一六世紀の中ごろ。

縲絏　縛りつなぐこと。罪人として捕らわれること。

髣髴　はっきりしないさま。

問十二　空欄［　A　］～［　D　］にはそれぞれ一首の歌が入る。次の中から最も適切な歌を一つずつ選び、解答欄にマークせよ。ただし同じ記号を二回以上用いてはならない。

イ　子をおもふ焼野のきぎすほろほろと涙もおちの鳥や鳴くらん

歌を書いて番兵にあたへけり。番兵これを披《ひら》きみるに、[A]と、いとをかしく書きなしたれば、これを主人の葛西に見するに、葛西はいとど哀れにおもひ、主君箸尾にかくといへば、箸尾は情けふかき者にて、これをつくづくと打ちながめ、「宮千代いまだ十三歳、しかも縲絏《るいせつ》の中にありて、かく優なる志、天晴なる少年なり。人の親の子を思ふ、愚かなるだになほ慈しむ。いはんやかかる秀才の児《こ》を虜に（イ）せられたる親の心はいかならん。思ひやるだにいたはしければ、疾くとく送りかへ（ロ）せ」と、涙をうかめて言ひければ、葛西も領承し、宮千代を馬にのせ、人をそへて父がもとへ送りかへしたりければ、米野夫婦は死したる者の再び甦《よみがへ》りし心地して、歓ぶことかぎりなく、葛西が恩を謝しにけり。

[X]

※しかるに越智の陣中より、美々しく鎧《よろ》ひ逞《たくま》しき馬にのりて馳せいだす者あり。箸尾が陣なる葛西勝永よき敵と見てければ、馳せちかづきて物をもいはず切つてかかる。此方も望むところなりと、太刀ぬき翳《かざ》して打ちつ撃たれつ、暫時戦ひてありけるが、やがて双方太刀投げすて、馬寄せあはせて引つ組んだり。しばしこそあれ、鞍にたまらず両馬が間にどうと落ち、上を下へと揉《も》みあひしが、つひに引き敷いて首掻《か》きおとすに、あまり手弱《たよわ》くおぼえければ、冑《かぶと》を脱いでこれをみるに、十五六なる少年にて、眉のかかり鬢《びん》のにほひ、その麗しき顔《かんばせ》なる、いささか見覚えある心地すれば、骸《むくろ》をうち返してよく見るに、鎧の引きあはせに一枚《ひとひら》の短冊を結びつけたり。[B]と、一首の歌の意を思ふに、宮千代をおきて逐電せしを嘲る人のあるにより、その辱《はぢ》を雪《きよ》めんとて、今日討死と思ひさだめぬ。その善悪《よしあし》は亡《な》からん後に、世人さだめよといへるなり。葛西はこれを見て落涙なし、「福寿丸にてありけるよな。いかなる因縁あればにか、人も多きに再びまで、吾が手に掛かるも不思議なり」とて、やや悲歎してありけるが、やがて僕《しもべ》に命じ近きにある古遣戸《ふるやりど》をとりよ（ハ）せて、福寿丸が死骸をの（ニ）せ、舁《か》か（ホ）せて己が陣にかへり、一書をそへて鳥屋へ送りぬ。※

鳥屋はわが児の死骸を見て、気もくれ心も髣髴《はうふつ》たるが、まづ彼の文を披《ひら》きみるに、しかしかのよしを記し、[C]

よって判断できるため、その限りでは社会科学研究の中に価値判断を導入する必要はないということについての十分な自覚が研究者自身になければ、完全に無色透明で中立的な研究方法があるわけではないということ。

ハ　社会科学研究に携わる者は、「何をなすべきか」という理念や価値観を主観的なものとして自覚し、その理念を研究目的と内的に関連させることによってしか研究方法を決定することができないため、完全に無色透明で中立的な研究方法があるわけではないということ。

ニ　社会科学研究に携わる者は、その一部である経済学の理論からだけでは「何をなすべきか」に解答できず、むしろ、社会科学の他分野、さらには人文学や自然科学などの理論を融合させることによってはじめて、最も適切な研究方法の特定ができるのだから、完全に無色透明で中立的な研究方法があるわけではないということ。

二

次の文章を読んで、あとの問いに答えよ。

天文永禄のころにや、越智《をち》玄播頭《げんばのかみ》利之、箸尾《はしを》宮内少輔《くないせういう》為春、たがひに威権をあらそひつつ、ややもすれば闘諍《とうじやう》におよぶ。あるとき両家たたかひしに、越智が家人鳥屋《とりや》九郎左衛門が嫡子福寿丸と、米野《こめの》次郎右衛門が二男宮千代と、ともに陣中におもむきて、少年ながら心雄々《をを》しく、天晴《あつぱれ》なる功名せんとて、ここかしこ馳せまはりしに、味方におくれ敵にかこまれ、はからず虜《とりこ》となりて、二人とも敵陣に曳《ひ》かれつつ、一族なる葛西《かさい》勝永ａこれを預かりけり。もとより少年のことなれば、番兵の忽《ゆるが》せなるに、福寿丸は折をえて、ひそかにここを逃れつつ、難なく本陣へ逃げかへれり。宮千代一個《ひとり》のこされて、はじめはかくとも知らざりしが、これを聞いて大いにうれへ、筆と硯を乞ひうけて、一首の

よ。

イ　Ⅷ…経験科学としての社会研究は事実判断しかなしえない
　　Ⅸ…価値判断も科学は扱えるのだから科学的議論に包摂させよ

ロ　Ⅷ…経験科学としての社会研究が価値判断をなしうる
　　Ⅸ…価値判断も科学の仕事なのだから科学的議論によって展開させよ

ハ　Ⅷ…経験科学としての社会研究は事実判断しかなしえない
　　Ⅸ…事実判断こそが科学の仕事なのだから科学的議論は事実判断に限定せよ

ニ　Ⅷ…経験科学としての社会研究が価値判断をなしうる
　　Ⅸ…価値判断は科学ではないから科学的議論から排除せよ

問十　空欄 **X** に入る言葉として最も適切なものを、本文中から漢字三文字で抜き出し、解答欄に記入せよ。

問十一　傍線部**4**「社会研究があたかも、無色透明な、中立的な手法で問題を解析していると考えてはならない」とは、どのようなことか。最も適切なものを次の中から一つ選び、解答欄にマークせよ。

イ　社会科学研究に携わる者は、客観的事実に基づく経験科学しか科学として認めてはならないことを原則としつつも、主観的な価値判断と関わらざるをえない理念と研究目的との関係を分析する場面も出てくるため、完全に無色透明で中立的な研究方法があるわけではないということ。

ロ　社会科学研究に携わる者は、その研究方法の適合性を想定される副作用や結果の仮定と照らし合わせることにすなわち問題が「政治化」するのだ。

問七 傍線部**3**「EBEPと客観性の問題点は近年突然指摘され始めたものではない。ここにも学問上の短くはない論争史がある。主役は先にも触れたマックス・ウェーバーである」について、筆者が考えるウェーバーの「客観性」に対する考えのうち、最も適切なものを次の中から一つ選び、解答欄にマークせよ。

イ 研究者は、倫理的・政治的判断を自身の研究に持ち込むべきではない。

ロ われわれが客観的な認識を得るためには、主観的な視点は極力排除されなければならない。

ハ 自身の視点・立脚点を対象化・相対化するためには、自らの価値観を構築する必要がある。

ニ われわれは自身の主観的視点に対して、意識的で自覚的であることが重要である。

問八 空欄 [Ⅶ] は、次の**イ**〜**ニ**の四つの文からなる一段落である。正しい順序に並べ替え、**三番目に入る文**として最も適切なものを一つ選び、解答欄にマークせよ。

イ ましてや善悪の判断や信念を持たないことを求められているともみなさなかった。

ロ したがって研究者が実践的な価値判断から自由でなければならないとは考えなかった。

ハ 彼は、研究者は常に無色透明な政治的立場に身を置くということはありえないと見る。

ニ しかしウェーバーは、問題をこの区別だけには終わらせなかった。

問九 空欄 [Ⅷ] と [Ⅸ] に入れる組み合わせとして、最も適切なものを次の中から一つ選び、解答欄にマークせ

び、解答欄にマークせよ。

イ 「証拠に基づく政策」は、恣意的で主観的な要素を排除した証拠に基づいて政策の正当性を根拠づけるように思えるけれども、しかし実際には、政策目標に合致するような仕方で証拠を選別することも考えられるため、無条件に信頼できるわけではないということ。

ロ 「証拠に基づく政策」は、理想的には膨大な数のデータに数々の統計処理が施された証拠に基づいて政策の正当性を根拠づけねばならないが、現実的には、その作業量が多すぎるために処理を完璧に行うことができず、信用できる質を担保した証拠とはならないということ。

ハ 「証拠に基づく医療」では、患者の治療という点では医者と患者の目標が一致するものの、その治療方法には価値判断による不一致が生じるのと同様に、「証拠に基づく政策」では、善い社会をつくるという点では利害関係者の目標が一致するものの、その実現方法には価値判断による不一致が生じるということ。

ニ 「証拠に基づく政策」は、政策採択の根拠を説明する責任を果たすために証拠が重要な役割を果たすことと連動しているけれども、しかし実際には、とりわけ王制のような場合、王様が証拠を自分に都合のいい形で利用してしまう場合もあるということ。

問六 文中には、次の一文が脱落している。※で挟まれた範囲（「近年、経済学の分野でも」〜「医療と公共政策との違いがある」）の中で該当する箇所を見出し、その箇所の**直後の五文字**を解答欄に記入せよ。なお、句読点がある場合には、句読点を含めること。

ハ　歴史学派は、理性や合理性を中心に置く啓蒙主義とは異なる個別具体性を重視した。

ニ　メンガーと歴史学派シュモラーとの対立は、客観性を重視する立場の選択の相違によって引き起こされたものであった。

問三　空欄［Ⅰ］、［Ⅱ］、［Ⅲ］、［Ⅳ］に入る組み合わせとして、最も適切なものを次の中から一つ選び、解答欄にマークせよ。

イ　Ⅰ…理論的　Ⅱ…歴史的・統計的　Ⅲ…一般的　Ⅳ…個別的

ロ　Ⅰ…理論的　Ⅱ…歴史的・統計的　Ⅲ…個別的　Ⅳ…一般的

ハ　Ⅰ…歴史的・統計的　Ⅱ…理論的　Ⅲ…一般的　Ⅳ…個別的

ニ　Ⅰ…歴史的・統計的　Ⅱ…理論的　Ⅲ…個別的　Ⅳ…一般的

問四　空欄［Ⅴ］と［Ⅵ］に入る組み合わせとして、最も適切なものを次の中から一つ選び、解答欄にマークせよ。

イ　Ⅴ…経験的　Ⅵ…普遍的

ロ　Ⅴ…非経験的　Ⅵ…一般的

ハ　Ⅴ…理論的　Ⅵ…具体的

ニ　Ⅴ…非理論的　Ⅵ…個別的

問五　傍線部**2**「問題はそれほど単純ではなさそうだ」とは、どのようなことか。最も適切なものを次の中から一つ選がどのような副作用を伴うのかを明らかにすること、手段が生み出す結果を比較することは可能であろう。いろいろな手段はそれぞれ別々の結果をもたらすが、そのいずれを採択するのかは認識の問題ではなく、価値判断の問題である。ウェーバーは、この目的を生み出す理念は何であり、目的と理念の間に内的な関連が認められるのかを分析することが、経験科学のなしうる作業であると指摘するのだ。

　要約すると、社会研究の中で、経済学の理論からだけでは「何をなすべきか」に答えることはできないということになる。「何をなすべきか」は理念であり、価値観なのだ。繰り返しになるが、重要なのは、ウェーバーは決して価値判断を回避せよと言っているのではない。**X** を重んずるあまり（装うあまり）に、「価値判断」を軽視することや、「価値判断ではないと思い込む」ことを厳しく戒めているのだ。4社会研究があたかも、無色透明な、中立的な手法で問題を解析していると考えてはならない。この点を理解することの重要性は強調してもし過ぎることはない。

（猪木武徳『経済社会の学び方』による）

問一　傍線部**a**～**c**の片仮名を、漢字（楷書）で解答欄に記入せよ。

問二　傍線部**1**「こうした区別は、一九世紀の経済学の中にも実は明確に存在した」について、知識や学問の性質を区別するレーマンやメンガー、歴史学派らの考え方として、最も適切なものを次の中から一つ選び、解答欄にマークせよ。

イ　レーマンは、歴史主義と進化主義を区別するにあたって、経験的な側面を基準として重視することはなかった。

ロ　メンガーらオーストリア学派は、個別的で経験的な性質を尊重する立場をとった。

にはできないのだ。

われわれは一般に、経験的事実として「そうあること（Sein）」と先験的原理に基づいて「こうあるべきこと（Sollen）」は別物で、はっきりと区別できると思い込んでいる。そしてこの二つ、すなわち「客観的」科学的論証と研究者の倫理的・政治的判断を混同すべきではないと考える。こうした学問への姿勢は基本的には正論であり、正論であるがゆえに反論はできない。

［Ⅶ］

ウェーバーの考えは先に挙げた彼の論考そのものを読むことが重要なので、ここではその論点だけを大まかに示すにとどめる。われわれは一般に「客観的」という言葉を使うとき、「主観的」な価値判断をすべて排除した認識や議論を意味すると考える。しかし「主観的な価値判断をすべて排除する」ということは果たして可能なのであろうか。われわれは常に何らかの視点に立脚してものを見て考えている。その視点そのものが「客観性」を保証するような根拠はどこにもない。自分の主観的な視点に無意識であること、無自覚であることこそ、その視点を対象化・相対化して見ることの妨げになってしまう。むしろ自分の立脚点を明確に意識することこそが、ウェーバーの価値自由（Wertfreiheit）の意味するところなのだ。つまり、自分の視点・立脚点を明確に意識しつつ、価値観を持ちながらもそれに囚われずに、自由に見ることなのだ。

このように、ウェーバーは、［Ⅷ］と主張することも、［Ⅸ］と論ずることも認めない。彼は、先に挙げた、経験的事実として「そうあること（Sein）」と、先験的原理に基づいて「こうあるべきこと（Sollen）」の原理的区別を強調しているのである。

経験科学にとっては、目的に対する手段の適合性はある仮定の下で確定することができる。すなわち採用された手段う言葉が使われた。

公共政策において、「証拠に基づく政策」の「証拠」として多くの情報の中からその政策目標に合致するような証拠が選び取られたのではないか、という見方が生ずるのは避けられない。すでに選択された政策が念頭にあって、その政策をサポートするようなリサーチが行われることも皆無ではない。ある政策の帰結が、複数の、あるいは多数の要因による「因果関係」から発生しているとすれば、政策に都合のよい証拠だけを選んでいるという疑念を軽視することはできない。「証拠に基づく政策」は evidence-based policy ではなく、Policy-based evidence making（政策に基づいた証拠集め）だと揶揄《やゆ》される理由もここにある。もちろんこの指摘は、決してEBEPすべてを否定するものではないが、証拠（evidence）の客観性（objectivity）とその証拠の選び方の問題は避けられない。ところがこの客観性という概念が、どうも一筋縄ではいかない厄介なものなのだ。

3 EBEPと客観性の問題点は近年突然指摘され始めたものではない。ここにも学問上の短くはない論争史がある。主役は先にも触れたマックス・ウェーバーである。

ウェーバーは、「社会科学と社会政策にかかわる認識の「客観性」」（一九〇四）、「社会学的および経済学的科学の「価値自由性」の意味」（一九一七）においてこの問題を論じている。いわゆる「価値からの自由（Wertfreiheit）」をめぐる議論である。

現代では、社会科学、あるいは社会研究が、経験科学であって、規範科学ではないと考える研究者は多いが、政策論に関しては「こちらの政策より、あちらの政策」というように、選択が問題となるとき、そこに何らかの「規範性」が持ち込まれることは避けられない。だが経済学の場合、規範性、あるいは価値の上下関係の判断について無自覚になりがちなことは否めない。しかし政策目標の選択だけでなく、証拠そのものの「客観性」について考えることは c トウカン治療法を知っておくことが医師と患者双方にとって重要になってきたのだ。

こうした「証拠に基づく医療」という考え方が、公共政策、特にミクロの経済政策の分析に転用されるようになった。

ただし、医療と公共政策には根本的な違いがある。治療の場合は、患者の治療という点では医師と患者の目指すところ（利益）は一致している。そのためいかなる治療を選択するのかについて、「目標価値」の不一致はほとんどの場合ない。しかし公共政策においては利害関係者の目標が一致しないことが多い。そうした場合、どの政策を選択するのかについて、「価値」の選択をめぐる争いが表面化することは避けられない。その場合、仮に「証拠」が信用できる質のものであっても、EBEPによって問題が解決するわけではない。ここに医療と公共政策との違いがある。※

公共政策の場合、ある政策を採択する根拠としてEBEPが重要な役割を果たすようになるのは、採択された政策の財源が主として税金で賄われるため、その説明責任（accountability）が必要となるからである。

近年、日本の政治家によって「説明責任」という言葉が多用されているが、元来は公権力が税金を使用することを十分説明できるかどうかを意味する言葉であった。政府や行政機関は納税者である国民に対して政策の採択理由の説明を、経営者は株主に対して財務状況や経営戦略について経過報告を行う。科学者も、研究内容を社会に対して説明する義務があると考えられるようになった。資源を利用する者が、利用を認めた利害関係者に対して、その適正な利用と保全に関して説明し報告すべきだという考えはbシゴク自然なものといえよう。

説明責任（accountability）という言葉は、計算や会計を意味するaccountから派生している。立憲政治の母国イギリスでは、中世以降、国王による課税は議会の承認を必要としたが、税金の使途について、国王はその「会計」を議会に報告する責務を負った。王様が公的資金をどう使ったかを監査するというシステムの生成と議会制民主主義の発展は同時に進行したのである。説明責任と会計報告がその起源において表裏一体の関係にあったため、accountabilityといて、政策の妥当性を論じることの重要性を主張するものだ。歴史学派の主張には、理性を思考の基礎に置いたフランスの啓蒙思想が一九世紀の経済学にも濃い影を落とすようになったことへの反省という側面もあった。

ただし、メンガーとシュモラーの「方法論争」は、重点の置きどころの違いであると考え、そのベースにある、「客観的な認識」、あるいは「客観的な証拠」とは何かと捉え直すことも可能だ。そうした問題に目を向けたのがマックス・ウェーバー（一八六四～一九二〇）であった。「客観性」をどう考えるのか。政策科学の分野で用いられる「証拠に基づく政策（EBP: Evidence-Based Policy）」という手法との関連で、改めて振り返っておく必要がある。

※近年、経済学の分野でも、「証拠に基づく政策（EBP）」という言葉がよく使われるようになった。証拠（evidence）なしに主張するよりも、証拠のある方が、信頼性が高く説得力も増すという意味では、証拠に基づく経済政策（EBEP: Evidence-Based Economic Policy）の重要性は否定すべくもない。しかし[2]問題はそれほど単純ではなさそうだ。

「証拠に基づく政策」という言葉は、元は医療や診療の場で生まれた「エビデンスに基づく医療」に由来している。医療研究で得られた十分な証拠に基づいて施される医療行為を指す。近年、特に臨床結果（治療結果や珍しい症状のケーススタディー）が症例・論文として数多く医学誌に発表され、こうした知識に基づく医療方針を一般的なものとみなすようになってきた。それは、医療従事者の業績が評価される制度が明確な形で確立したこととも関係するといわれる。医療現場から生産・蓄積されるこうした膨大な数の医療データに、数々の統計処理を施すことによって、医師の決定をより根拠のある確実なものにできると考えられるようになったのだ。

抗がん剤に見られるように、治療法は日進月歩で向上している。したがって医者は常に最新の医学・薬学情報を得ておかねばならない。さもないと治療が好ましくない結果をもたらした場合、裁判に持ち込まれる可能性もある。最新の称して区別したのである。1こうした区別は、一九世紀の経済学の中にも実は明確に存在した。もちろん結果としては、進化主義の法則定立的側面が経済学の主流を占めることになったが、経済学の母国イギリスでは個別事例研究的なアプローチも厳然とそのaメイミャクを保っていた。

　一九世紀後半の経済理論と経済学方法論の著作でこの知識の問題を論じているのは、カール・メンガー（一八四〇〜一九二一）である。メンガーは『社会科学とくに経済学における諸方法の研究』（一八八三）の最初の部分で「［Ⅰ］経済学」と、正確な法則を伴った「［Ⅱ］経済学」とを截然《せつぜん》と区別している。これはメンガー自身が、科学的知識を二つのクラスに分けていたこととパラレルである。「［Ⅲ］」、歴史的、統計的知識と、「［Ⅳ］」、理論的知識である。これに加うるに、メンガーは第三の範疇として応用実技や実践科学的なものも考えていたようだ。いずれにせよこれら三つの知識はその性格を異にするがゆえに、厳密に区別されるべきであり、経済理論や政策について唯一の方法を主張することの愚を戒めている。

　このあたりから（新）歴史学派のグスタフ・シュモラー（一八三八〜一九一七）との方法論争（Methodenstreit）が始まる。メンガーを代表とするオーストリア学派の経済理論は元来、経験の外にある「認識による知識」というカテゴリーに基礎を置くものであった。つまり［Ⅴ］な「内省（introspection）」によって経済主体の［Ⅵ］経済合理性を仮定する一種の「先験主義哲学」である点が、歴史学派の個別性を強調する立場と基本的に異なる。

　歴史学派が現れた背景には、リカードあるいは古典派経済学の素朴な追随者たちの中に、近代の普遍的な自然法思想に基づいた、抽象的、演繹的な合理性貫徹の「普遍史」という思想が支配的になったことがあった。アダム・スミスの経済学から歴史観を取り去ったような古典派経済学に対し、国と時代によって異なる具体的な個別性・特殊性を重視し

国語

（六〇分）

一

次の文章は、社会を理解するための知識について論じられた文章から、一部を抜粋したものである。これを読んで、あとの問いに答えよ。

社会を理解するための知識の性質を区別する、分ける、という点で、社会科学的な第一歩を踏み出したのはスコットランドの啓蒙思想家たちであろう。この点を強調する、スコットランド啓蒙思想の研究者W・C・レーマン（一八八八〜一九八〇）は、John Millar, "Historical Sociologist: Some Remarkable Anticipations of Modern Sociology" という論文で社会学的アプローチとして歴史主義（historicism）と進化主義（evolutionism）を区別して論じた。

レーマンの論は次のようなものである。進化主義は理論的・推論的な歴史であり、常に一般化と演繹的作業を伴っている。歴史の一回生起的な性格を重視せず、事実に重きを置くという傾向はない。他方、歴史主義は個々の孤立的な事実を記録したり、具体的な事象や状況を記述することによって、そこに働いている連続性や因果関係を定立しようとする。しかしその際、常に経験的事実によって導かれること、固有性、唯一性を重視するのである。

この二つの知識獲得の方式を、進化主義は法則定立的（nomothetic）、歴史主義は個別事例研究的（idiographic）と

2022年度

問題編

■一般選抜（地歴・公民型，数学型，英語４技能テスト利用型）

問題編

〔一般選抜（地歴・公民型）〕

▶試験科目・配点

教　科	科　　目	配　点
外国語	「コミュニケーション英語Ⅰ・Ⅱ・Ⅲ，英語表現Ⅰ・Ⅱ」，ドイツ語，フランス語，中国語，韓国語のうちから１科目選択	80 点
地歴・公民	日本史Ｂ，世界史Ｂ，政治・経済のうちから１科目選択	60 点
国　語	国語総合，現代文Ｂ，古典Ｂ	60 点

〔一般選抜（数学型）〕

▶試験科目・配点

教　科	科　　目	配　点
外国語	「コミュニケーション英語Ⅰ・Ⅱ・Ⅲ，英語表現Ⅰ・Ⅱ」，ドイツ語，フランス語，中国語，韓国語のうちから１科目選択	60 点
数　学	数学Ⅰ・Ⅱ・Ａ・Ｂ	60 点
国　語	国語総合，現代文Ｂ，古典Ｂ	60 点

〔一般選抜（英語４技能テスト利用型）〕

▶試験科目・配点

教科等	科　　目	配　点
外国語	「コミュニケーション英語Ⅰ・Ⅱ・Ⅲ，英語表現Ⅰ・Ⅱ」，ドイツ語，フランス語，中国語，韓国語のうちから１科目選択	80 点
地歴・公民または数学	日本史Ｂ，世界史Ｂ，政治・経済，「数学Ⅰ・Ⅱ・Ａ・Ｂ」のうちから１科目選択	60 点
国　語	国語総合，現代文Ｂ，古典Ｂ	60 点
英語４技能テスト	出願時に提出されたスコアを次の表の通り換算する。提出しなかった場合，スコアの確認が取れなかった場合，スコアが満たない場合，出願できない。	5 点

【英語 4 技能テストの評価方法】

英語 4 技能テストの種類		得点換算（5点満点）
実用英語技能検定（英検）	TOEFL iBT	
1級合格	95 以上	5点
準1級合格	72〜94	0点（出願可）
2級合格以下	71 以下	出願不可

※実用英語技能検定（英検）は，従来型，CBT，S-CBT，S-Interview が利用可能。
また，各級合格のみを評価し CSE2.0 の総点および各技能点は問わない。
※上記以外の英語 4 技能テストの書類を提出しても出願できない。

▶備　考（一般選抜共通）

- 一般選抜の3つの制度は併願ができない。
- 外国語において，ドイツ語・フランス語・中国語・韓国語を選択する場合は，大学入学共通テストの当該科目〈省略〉を受験すること。共通テスト外国語得点（配点 200 点）を一般選抜外国語得点（配点 80 点，数学型は 60 点）に調整して利用する。
- 「数学B」は「確率分布と統計的な推測」を除く。

▶合否判定（英語 4 技能テスト利用型）

英語 4 技能テスト利用型の地歴・公民または数学，国語で合格基準点（非公表）を設ける。基準点に満たない教科がある場合は，合計点が合格最低点を超えていても不合格となる。

英語

(90 分)

I　次の英文を読み，下記の設問に答えよ。

Patricia calls her friend Brendan, who lives nearby, to make a request.

Brendan : Hey, Patricia! How are things going?

Patricia : Hi, Brendan. I'm doing well. How are things with you?

Brendan : I'm good. Things were a bit hectic last month, but work has been less crazy recently.

Patricia : (1) Actually, I have a favor to ask you. But please don't feel bad if you have to say no.

Brendan : Oh, sure. What is it?

Patricia : I'm going away for a couple of weeks starting the week of February 28th. I was wondering if you could come over to my place every few days to water my plants and take in the mail.

Brendan : Sure thing. (2) I don't have much of a green thumb.

Patricia : Oh, that's not a problem at all. My plants are very hardy. And if by some chance something goes wrong, (イ)I won't hold it against you. I really appreciate it, Brendan.

Brendan : (3) It's great you're getting away. Where are you off to?

Patricia : I'm going to Wyoming to visit my parents. I haven't been back in more than a year. My mom was joking that she forgot what I look like.

Brendan : Wyoming in early March? (4) It'll be freezing!

Patricia : Yeah, Wyoming's temperature will probably be so low the lake will freeze over when I'm there. But there's a lull in work right now so it was a good time to get away, and I could get a cheap flight because it's off-season. Anyway, I grew up there, so I'm used to (A)it.

Brendan: Wyoming is famous for huckleberries, right? Can you bring me back a few jars of huckleberry jam? I tried it once a long time ago and I really liked it.

Patricia: (ロ)You got it! Anyway, I'll need to give you a key to my apartment, so【 X 】sometime this weekend and hand it over?

Brendan: Yeah, that will be fine. I think I'll be out doing some errands on Saturday, but how about if you come over Saturday evening or Sunday morning? (ハ)Whichever works for you.

Patricia: Sounds good. Is 9:30 Sunday morning too early?

Brendan: Nope, I should be up by then.

Patricia: OK then. I'll see you on Sunday. And thanks again, Brendan. (5).

Brendan: I may ask you to do the same for me sometime. If I ever can find time to take a vacation!

Patricia: I'd definitely be happy to reciprocate. Anyway, bye for now!

Brendan: Bye, Patricia!

(Original text)

設問1．空所(１)～(５)を埋めるのにもっとも適当なものを(a)～(j)からそれぞれ一つ選び，マーク解答用紙の所定欄にマークせよ。ただし，各選択肢は一度しか使えない。

(a) Better you than me!
(b) How does that sound?
(c) I can't complain.
(d) I can't help you there.

(e) I hadn't thought of that.
(f) I have no idea.
(g) I'm glad to hear that.
(h) I'm happy to help.
(i) I owe you one.
(j) I should warn you, though.

設問 2．下線部(イ)〜(ハ)の意味にもっとも近いものを(a)〜(d)からそれぞれ一つ選び，マーク解答用紙の所定欄にマークせよ。

(イ) (a) I won't be angry at you.
(b) I won't bring it to you.
(c) I won't do the same to you.
(d) I won't push it on you.

(ロ) (a) You bet!
(b) You received it!
(c) You understood it!
(d) You win!

(ハ) (a) Either day should be good for you.
(b) You can choose among these options.
(c) You can suggest another time.
(d) Your work comes first.

設問 3．下線部(A)が指し示す連続した 2 語を本文から抜き出し，記述解答用紙の所定欄に書け。

設問 4．空所【X】を埋めるために，〔　〕の中の語を適切に並べ替えて，記述解答用紙の所定欄に書け。ただし，〔　〕の中には不要な語が二つ含まれている。

〔along / by / can / come / drop / I / place / your〕

II 次の英文を読み，下記の設問に答えよ。

When I first started training for marathons a little over ten years ago, my coach told me something I've never forgotten: that I would need to learn how to be comfortable with being uncomfortable. I didn't know it at the time, but that skill, cultivated through running, would help me as much, if not more, off the road as it would on it. It's not just me, and it's not just running. Ask anyone whose day regularly includes a hard bike ride, sprints in the pool, a complex problem on the climbing wall, or a progressive powerlifting circuit, and they'll likely tell you the same: A difficult conversation just doesn't seem so difficult anymore. A tight deadline not so intimidating. Relationship problems not so problematic.

Maybe it's that if you're regularly working out, you're simply too tired to care. But that's probably not the case. Research shows that, if anything, physical activity boosts short-term brain function and heightens awareness. And even on days they don't train — which (i) fatigue as a factor — those who habitually push their bodies tend to confront daily stressors with a stoic (1)demeanor. While the traditional benefits of vigorous exercise — like prevention and treatment of diabetes, heart disease, stroke, hypertension, and osteoporosis — are well known and often reported, the most powerful benefit might be the lesson that my coach (2)imparted to me: (A)In a world where comfort is king, arduous physical activity provides a rare opportunity to practice suffering.

Few (3)hone this skill better than professional endurance and adventure athletes, who make a living withstanding conditions others cannot. For my column with *Outside Magazine*, I've had the privilege of interviewing the world's top endurance and adventure athletes on the practices underlying their success. (ii) sport, the most resounding theme, by far, is that they've all learned how to embrace uncomfortable situations:

• Evelyn Stevens, the women's record holder for most miles cycled in an hour (29.81 — yes, that's nuts), says that during her hardest training intervals, "instead of thinking *I want these to be over*, I try to feel and sit with the pain. Heck, I even try to embrace it."

• Big-mountain climber Jimmy Chin, the first American to climb up

— and then ski down — Mt. Everest's South Pillar Route, told me an element of fear is there in everything he does, but he's learned how to manage it: "It's about (iii) perceived risk from real risk, and then being as rational as possible with what's left."

But you don't need to scale massive vertical pitches or run five-minute miles to reap the benefits. Simply training for your first half marathon or CrossFit competition can also yield huge dividends that carry over (iv) other areas of life. In the words of Kelly Starrett, one of the founding fathers of the CrossFit movement, "Anyone can benefit from cultivating a physical practice." Science (v).

A study published in the *British Journal of Health Psychology* found that college students who went from not exercising at all to even a modest program (just two to three gym visits per week) reported a decrease in stress, smoking, alcohol and caffeine consumption, an increase in healthy eating and maintenance of household chores, and better spending and study habits. In addition to these real-life improvements, after two months of regular exercise, the students also performed better on laboratory tests of self-control. This (B) led the researchers to speculate that exercise had a powerful impact on the students' "capacity for self-regulation." In laypeople's terms, pushing through the discomfort associated with exercise — saying "yes" when their bodies and minds were telling them to say "no" — taught the students to stay cool, calm, and collected in the face of difficulty, whether that meant better managing stress, drinking less, or studying more.

(Adapted from thecut.com, June 29, 2016)

設問1．次の1．〜3．について，本文の内容に合うものを(a)〜(d)からそれぞれ一つ選び，マーク解答用紙の所定欄にマークせよ。

1．In the first paragraph, why does the author suggest that we "need to learn how to be comfortable with being uncomfortable"?

(a) To become faster, stronger, or physically improve ourselves
(b) To better deal with stressful or problematic situations in life
(c) To deal with a decline in the general quality of life in the world
(d) To improve performance in marathons and other running-based activities

2. In the second paragraph, which of the following does the author state?
(a) Athletes deal with stress well both on days they train or do exercise, and days they rest.
(b) On days athletes rest, they can better deal with stress than on days they train or do exercise due to lack of fatigue.
(c) On days athletes train or do exercise, they can better deal with stress than on days they rest because of improved brain function.
(d) The physical benefits of exercise as well as the mental benefits in dealing with stress have been overestimated.

3. According to the author, which of the following is **NOT** a possible benefit of regularly doing exercise?
(a) A better-kept home environment
(b) Getting along better with others
(c) More spontaneity and less self-restraint
(d) The prevention of serious diseases

設問2. 空所(ⅰ)～(ⅴ)を埋めるのにもっとも適当なものを(a)～(d)からそれぞれ一つ選び，マーク解答用紙の所定欄にマークせよ。

(ⅰ) (a) brings up (b) chalks up
(c) points out (d) rules out

(ⅱ) (a) Calling upon (b) Depending on
(c) Regardless of (d) Turning to

(ⅲ) (a) checking out (b) digging up
(c) making up (d) sorting out

(ⅳ) (a) against (b) beyond

(c) from　(d) into

(v) (a) backs him up　(b) calms him down

(c) holds him up　(d) puts him down

設問3．下線部(1)〜(3)の意味にもっとも近いものを(a)〜(d)からそれぞれ一つ選び，マーク解答用紙の所定欄にマークせよ。

(1) (a) decision　(b) force

(c) manner　(d) resistance

(2) (a) complained　(b) conveyed

(c) exaggerated　(d) insisted

(3) (a) adopt　(b) deserve

(c) impose　(d) sharpen

設問4．下線部(A)の意味にもっとも近いものを(a)〜(d)から一つ選び，マーク解答用紙の所定欄にマークせよ。

(a) It is difficult to find occasions other than intensive physical activity to endure pain in daily life.

(b) It is necessary to accept discomfort from intensive physical activity to truly succeed.

(c) It is practical to seek out ways of mitigating suffering from intensive physical activity.

(d) It is rare for star athletes engaging in intensive physical activity to avoid injuries.

設問5．下線部(B)の内容としてもっとも適当なものを(a)〜(d)から一つ選び，マーク解答用紙の所定欄にマークせよ。

(a) The test result concerning students' self-restraint

(b) The test result concerning the duration of daily exercise

(c) The test result regarding students' academic performance

(d) The test result regarding students' real-life improvements

III　次の英文を読み，下記の設問に答えよ。

The phenomenon known as "childhood amnesia" has been puzzling psychologists for more than a century — and we still don't fully understand it.

At first glance, it may seem that the reason we don't remember being babies is because infants and toddlers don't have a fully developed memory. But babies as young as six months can form both short-term memories that last for minutes and long-term memories that last weeks, if not months.

In one study, six-month-olds who learned how to press a lever to operate a toy train remembered how to perform this action for two to three weeks after they had last seen the toy. Preschoolers, on the other hand, can remember events that go years back. It's debatable whether long-term memories at this early age are truly autobiographical, though — that is, personally relevant events that occurred in a specific time and place.

Of course, memory capabilities at these ages are not adult-like — they continue to $_{(1)}$mature until adolescence. In fact, developmental changes in basic memory processes have been put (イ) as an explanation for childhood amnesia, and it's one of the best theories we've got so far. These basic processes involve several brain regions and include forming, maintaining and then later retrieving the memory.

The hippocampus, thought to be responsible for forming memories, continues developing until at least the age of seven. We know that the typical boundary for the offset of childhood amnesia — three and a half years — shifts with age. Children and teenagers have earlier memories than adults do. This suggests that the problem may be less with 【 X 】.

But this does not seem to be the whole story. Another factor that we know plays a role is language. From the ages of one to six, children progress from the one-word stage of speaking to becoming $_{(2)}$fluent in their native language(s), so there are major changes in their verbal ability that overlap with the childhood amnesia period. This includes using the past tense, memory-related words such as "remember" and "forget" and personal pronouns, a favorite being "mine."

It is true to some extent that a child's ability to verbalize about an event at the time that it happened predicts how well they remember it months or years later. One lab group conducted this work by interviewing toddlers brought to accident and emergency departments for common childhood injuries. Toddlers over 26 months, who could verbalize about the event at the time, recalled it up to five years later, whereas those under 26 months, who could not talk about it, recalled little or nothing. This suggests that (ロ) memories are lost if they are not translated into language.

However, most research on the role of language focuses on a particular form of expression called narrative, and its social function. When parents reminisce with very young children about past events, they implicitly teach them narrative skills — what kinds of events are important to remember and how to structure talking about them in a way that others can understand.

Unlike simply (ハ) information for factual purposes, reminiscing revolves around the social function of sharing experiences with others. In this way, family stories maintain the memory's accessibility over time, and also increase the coherence of the narrative, including the <u>chronology</u>(3) of events, their theme, and their degree of emotion. More coherent stories are remembered better.

Reminiscing has different social functions in different cultures, which contribute to cultural variations in the quantity, quality and timing of early autobiographical memories. Adults in cultures that value autonomy tend to report earlier and more childhood memories than adults in cultures that value (ニ).

This is predicted by cultural differences in parental reminiscing style. In cultures that promote more autonomous self-concepts, parental reminiscing focuses more on children's individual experiences, preferences and feelings, and less on their relationships with others, social routines and behavioral standards. For example, one child might remember getting a gold star in preschool whereas a child from another culture might remember the class learning a particular song at preschool.

While there are still things we don't understand about childhood amnesia, researchers are making progress. For example, there are more prospective longitudinal studies that follow individuals from childhood into the future. Also, as neuroscience progresses, there will undoubtedly be more studies relating brain development to memory development.

(Adapted from cnn. com, August 13, 2021)

設問1．次の1．～4．について，本文の内容に合うものはマーク解答用紙のＴの欄に，合わないものはＦの欄にマークせよ。

1．Infants under one year old do not have long-term memories.

2．Our ability to form memories changes as we acquire our native language(s).

3．A lab team reported that many young children seek treatment for their childhood amnesia.

4．Reminiscing can help people retain memories longer.

設問2．下線部(1)～(3)の意味にもっとも近いものを(a)～(d)からそれぞれ一つ選び，マーク解答用紙の所定欄にマークせよ。

(1) (a) degenerate (b) grow
(c) settle (d) slow

(2) (a) analytical (b) articulate
(c) dominant (d) interested

(3) (a) clarity (b) excitement
(c) subjectivity (d) timing

設問3．空所(イ)～(ニ)を埋めるのにもっとも適当なものを(a)～(d)からそれぞれ一つ選び，マーク解答用紙の所定欄にマークせよ。

(イ) (a) away (b) forward
(c) in for (d) up with

(ロ) (a) amnesiac (b) impractical
(c) preverbal (d) recited

(ハ) (a) recounting (b) regretting
(c) renewing (d) reversing

(ニ) (a) freedom (b) independence
(c) relatedness (d) solitude

設問 4．空所【X】を埋めるために，〔 〕の中の語を適切に並べ替えて，記述解答用紙の所定欄に書け。ただし，〔 〕の中には不要な語が一つ含まれている。

〔forming / maintaining / memories / shifting / than / them / with〕

Ⅳ 次の英文を読み，下記の設問に答えよ。

Last week, El Salvador's legislature voted to become the first country in the world to adopt Bitcoin as legal tender. While the U.S. dollar will still be El Salvador's official currency, all businesses in the country will have to start accepting Bitcoin barring extenuating circumstances (like lack of technological resources), and citizens will be able to pay their taxes and debts with the cryptocurrency.

The government is hoping that this futuristic economic policy will attract investment from cryptocurrency businesses, provide transformative financial resources for the 70 percent of El Salvadorans who are unbanked, and facilitate remittances, which amount to about 20 percent of the country's gross domestic product. And, true to the madcap spirit of the Bitcoin community, El Salvador's President Nayib Bukele has already directed a state-owned geothermal electric firm to start constructing Bitcoin mining facilities that will be powered by heat from the country's volcanoes.

At the same time, critics have pointed out that the plan is very light on details and that Bitcoin is notoriously difficult to use as a day-to-day currency partly due to its volatility. In addition, there's a good chance that a large swath of businesses in the country won't even be able to feasibly accept the cryptocurrency; El Salvador has lowest rates of internet penetration in Latin America. Bukele, however, has been pointing to a small Salvadoran beach town called El Zonte where residents have been using Bitcoin for nearly two years as evidence that the cryptocurrency could help power the economy nationwide.

El Zonte is a village on the Pacific coast that has a population of about 3,000 people and is popular for surfing and fishing. While a beach town might sound affluent, El Zonte is not: According to Reuters, "El Zonte is visibly poor, with dirt roads and a faulty drainage system." In 2019, an anonymous donor in the U.S. reportedly began sending Bitcoin to nonprofits in the area with the aim of finding ways to build a sustainable cryptocurrency ecosystem in the community. Then nonprofit workers in El Zonte, in consultation with the donor, launched Bitcoin Beach, an initiative that injected the cryptocurrency into the local economy, set people up with digital wallets, and helped businesses set up systems to accept Bitcoin payments.

Residents use a Venmo-like app payment system for exchanging Bitcoin, which was developed by a tech company in California called Galoy Money. Using the app, people can see which businesses accept Bitcoin and look one another up by username. (イ)"This was just the perfect laboratory," said Chris Hunter, co-founder of Galoy, of El Zonte. Hunter says El Zonte was a prime location for test-driving a Bitcoin payment system because of the lack of regulatory and tax burdens, the fact that most merchants and people don't have credit cards, and dollarization of El Salvador's economy. (El Salvador is one of around a dozen countries and territories that use the U.S. dollar as their official currency.) He admits, though, that trying to get cryptocurrency systems up and running for an entire country is going to be exponentially more difficult than doing (i) for a 3,000-person village, and expressed skepticism that the government will meet its goal of getting the infrastructure in place by early September. “To support millions of people 【 A 】, it’s certainly technically feasible. But to figure that out in 90 days is a pretty tight timeline,” Hunter said.

Although there has been some success in integrating Bitcoin into El Zonte’s economy — about 90 percent of families in the town have made a crypto transaction, according to Bitcoin Beach, to pay for things like groceries, utilities, and medical care — (ロ)the project has not been without its obstacles. Reports indicate that some residents (ii) the payment system because of limited data plans and lack of access to more advanced smartphones. Hunter claims that most people in the town seem to have lower-end Android phones that can support Bitcoin transactions, though he admits developers did run into some issues with getting the lower-resolution cameras on the devices to detect QR codes at local businesses. He also said that the local cell network in El Zonte is good enough for transactions.

But the reasons why crypto investors were drawn to El Zonte do not hold true throughout the country. Only 45 percent of the population in El Salvador has internet access. It (iii) how exactly the national government thinks it will improve connectivity, particularly in rural areas, and get powerful enough devices into peoples’ hands to support a bitcoin economy. Bukele has floated the idea of building a network of satellites to improve coverage, but that obviously would take quite a while (iv).

(Adapted from slate. com, June 16, 2021)

設問1．次の1．〜4．について，本文の内容に合うものを(a)〜(d)からそれぞれ一つ選び，マーク解答用の所定欄にマークせよ。

1．Which of the following is a reason that the El Salvadoran government decided to allow the use of Bitcoin?

(a) It anticipates that Bitcoin will enable citizens to make financial transactions more easily.

(b) It believes that adopting Bitcoin will encourage citizens to gain internet access.

(c) It hopes that El Zonte will attract investors once it starts using the cryptocurrency.

(d) It predicts that non-profit companies will provide technical support nationwide.

2. How did El Zonte become the first place to try out Bitcoin in El Salvador?

(a) A donor wished to develop a cryptocurrency community network there.

(b) El Zonte had already been chosen as the site for a geothermal electric firm.

(c) It is relatively affluent compared to other parts of El Salvador.

(d) Ninety percent of the people there already had experience with cryptocurrency.

3. Why is Chris Hunter skeptical about Bukele's plan?

(a) Bitcoin is extremely volatile, and many poor people may lose money if prices fall.

(b) Galoy Money's app did not work as well as anticipated for most people in El Zonte.

(c) Given connectivity issues, Bukele's schedule for implementation is too optimistic.

(d) People typically like to hang onto cryptocurrency as an investment rather than use it.

4. Which of the following is the main idea of the passage?

(a) Bitcoin Beach demonstrates both the potential and difficulty of launching a cryptocurrency in El Salvador.

(b) Bitcoin has been used by a large majority of El Zonte residents on their smartphones for their daily needs.

(c) El Salvador will become the first country to use Bitcoin as legal tender to help unbanked citizens pay for their medical care.

(d) Payment app developers have gained important knowledge from an experiment conducted in El Zonte.

設問2．下線部(イ)と(ロ)の意味にもっとも近いものを(a)～(d)から一つ選び，マーク解答用紙の所定欄にマークせよ。

(イ) (a) El Zonte was a good place to experiment with Bitcoin mining.
(b) El Zonte was a good place to redesign an existing IT system.
(c) El Zonte was a good place to strengthen El Salvador's dollar-based economy.
(d) El Zonte was a good place to test the use of a cryptocurrency system.

(ロ) (a) The project has created barriers to access.
(b) The project has faced some difficulties.
(c) The project has obstructed connectivity.
(d) The project has overcome several issues.

設問3．空所【A】を埋めるために，〔　〕の中の語を適切に並べ替えて，記述解答用紙の所定欄に書け。ただし，〔　〕の中には不要な語が二つ含まれている。

〔Bitcoin / but / either / holding / it / just / not / or / spending / too〕

設問4．空所(i)～(iv)を埋めるために，もっとも適当なものを(a)～(d)からそれぞれ一つ選び，マーク解答用紙の所定欄にマークせよ。

(i) (a) itself　(b) nothing
(c) so　(d) these

(ii) (a) are struggled in accessing
(b) had been struggled to access
(c) have struggled to access
(d) would be struggled in accessing

(iii) (a) is remaining to be seen
(b) is remaining to see
(c) remains to be seen
(d) remains to see

(iv) (**a**) to be implementing
(**b**) to have been implemented
(**c**) to have been implementing
(**d**) to implement

V 次の英文を読み，下記の設問に答えよ。

The following passage is part of a report describing the business case for diversity.

Our latest analysis (1)reaffirms the strong business case for both gender diversity and ethnic and cultural diversity in corporate leadership — and shows that this business case continues to strengthen. The most diverse companies are now more likely than ever to outperform non-diverse companies on profitability.

Our 2019 analysis finds that companies in the top quartile of gender diversity on executive teams were 25 percent more likely to experience above-average profitability than peer companies in the fourth quartile. This is up from 21 percent in 2017 and 15 percent in 2014.

Moreover, we found that【 A 】outperformance. Companies with more than 30 percent women on their executive teams are significantly more likely to outperform those with between 10 and 30 percent women, and these companies in turn are more likely to outperform those with fewer or no women executives. (i), there is a (2)substantial performance differential — 48 percent — between the most and least gender-diverse companies.

In the case of ethnic and cultural diversity, the findings are equally (3)compelling. We found that companies in the top quartile outperformed those in the fourth by 36 percent in terms of profitability in 2019, slightly up from 33 percent in 2017 and 35 percent in 2014. And, as we have previously found, there continues to be a higher likelihood of outperformance difference with ethnicity than with gender.

(　ii　), progress overall has been slow. In the companies in our original 2014 data set, based in the United States and the United Kingdom, female representation on executive teams has risen from 15 percent in 2014 to 20 percent in 2019. Across our global data set, for which our data starts in 2017, this number has moved up just one percentage point from (　イ　) to 15 percent in 2019 — and more than a third of companies still have no women at all on their executive teams. This lack of material progress is evident across all industries and in most countries. Similarly, representation of ethnic minorities on US and UK executive teams stood at only (　ロ　) percent in 2019, up from just 7 percent in 2014. For our global data set in 2019, this number is 14 percent, up from (　ハ　) percent in 2017.

While overall progress on representation is slow, our research makes it clear that this in fact hides a widening gap between leading inclusion and diversity (I&D) practitioners and companies that have yet to embrace diversity. A third of the firms we analyzed have achieved real gains in top-team diversity over the five-year period. But most firms have made little progress or remained static and, in some, gender and cultural representation has even (　iii　).

This growing polarization between high and low performers is reflected in an increased likelihood of a performance penalty. In 2019, fourth-quartile companies for executive-team gender diversity were 19 percent more likely than companies in the other three quartiles to underperform on profitability. This is up from (　ニ　) percent in 2017 and nine percent in 2015. And for companies in the fourth quartile of both gender and ethnic diversity the (　iv　) is even steeper in 2019: they are 27 percent more likely to underperform on profitability than all other companies in our data set.

(Adapted from *Diversity wins: How inclusion matters*, May, 2020)

設問1．次の1．～4．について，本文の内容に合うものはマーク解答用紙のTの欄に，合わないものはFの欄にマークせよ。

1．The effect of gender diversity on companies' profitability has been decreasing.

2．The profitability of the top 25% of companies in terms of ethnic and cultural diversity was 36% more than that of the companies ranked at the bottom 25% in 2019.

3．Diversity in gender and ethnicity on executive teams has been rapidly increasing since 2014.

4．According to the authors' global data set, more than 70% of companies had at least one woman on their executive team in 2019.

設問2．下線部(1)～(3)の意味にもっとも近いものを(a)～(d)からそれぞれ一つ選び，マーク解答用紙の所定欄にマークせよ。

(1) (a) confirms (b) disputes
(c) navigates (d) produces

(2) (a) considerable (b) inclusive
(c) probable (d) tentative

(3) (a) confusing (b) convincing
(c) doubtful (d) effective

設問3．空所（i）～（iv）に埋めるのにもっとも適当なものを(a)～(d)からそれぞれ一つ選び，マーク解答用紙の所定欄にマークせよ。

（i） (a) As a result (b) Nevertheless
(c) On the one hand (d) Otherwise

（ii） (a) Despite this (b) Furthermore
(c) In summary (d) Therefore

（iii） (a) escalated (b) gone backward
(c) leveled out (d) stabilized

（iv） (a) penalty (b) performance
(c) profitability (d) progress

設問4．空所【A】を埋めるために，〔　〕の中の語を適切に並べ替えて文を完成させ，記述解答用紙の所定欄に書け。ただし，〔　〕の中には不要な語が二つ含まれている。

〔higher / higher / likelihood / lower / of / representation / than / the / the / the / the〕

設問５．空所(イ)～(ニ)に数字を埋めるとし，可能な数字の組み合わせを(a)～(h)から一つ選び，マーク解答用紙の所定欄にマークせよ。

(a)	(イ)　12	(ロ)　14	(ハ)　13	(ニ)　15
(b)	(イ)　12	(ロ)　13	(ハ)　14	(ニ)　15
(c)	(イ)　13	(ロ)　12	(ハ)　15	(ニ)　14
(d)	(イ)　13	(ロ)　12	(ハ)　14	(ニ)　15
(e)	(イ)　14	(ロ)　13	(ハ)　12	(ニ)　15
(f)	(イ)　14	(ロ)　13	(ハ)　15	(ニ)　12
(g)	(イ)　15	(ロ)　12	(ハ)　13	(ニ)　14
(h)	(イ)　15	(ロ)　13	(ハ)　12	(ニ)　14

日本史

（60分）

1

次の史料Ⅰ，Ⅱは同じ天皇によって出された詔の一部である。これを読み，下記の設問（A～J）に答えよ。解答はもっとも適当なものを１つ選び，解答記入欄のその番号をマークせよ。

（史料Ⅰ）

イ頃者《このごろ》，年穀豊かならず，疫癘頻《えきれいしき》りに至る。慙懼《ざんく》交《こもごも》集りて，唯《ひとり》労して己を罪す。是を以て広く蒼生《そうせい》の為に遍《あまね》く景福を求む。〔中略〕宜《よろ》しく天下諸国をして各《おのおの》敬《つつし》みて七重塔一区を造り，幷《あわ》せて［ロ］・［ハ］各一部を写さしむべし。〔中略〕僧寺には必ず廿《(二十)》僧有らしめ，其の寺の名を金光明四天王護国之寺と為し，尼寺には一十尼ありて，其の寺の名を法華滅罪之寺と為し，両寺相《あい》共に宜しく教戒《きょうかい》を受《さず》くべし。若《も》し闕《か》くること有らば，即ち補ひ満つべし。

（史料Ⅱ）

ニ朕薄徳《はくとく》を以て恭《うやうや》しく大位を承《う》け，志《こころざし》兼済に存して勤めて人物を撫《な》づ。率土《そつど》の浜已《すで》に仁恕《じんじょ》に霑ふと雖も，普天の下《もと》法恩洽《あまね》くあらず。誠に三宝ホの威霊に頼りて乾坤《けんこん》相《あ》ひ泰《ゆた》かにし，万代の福業を修めて動植咸《ことごと》く栄えむとす。粤《ここ》に天平十五年歳次癸未十月十五日を以て，菩薩の大願を発《おこ》して［ヘ］の金銅像一軀《く》を造り奉《たてまつ》る。国銅を尽して象を鎔《とか》し，大山を削りて以て堂を構へ，広く法界《ほうかい》に及ぼして朕が知識《ちしき》と為し，遂に同じく利益を蒙らしめ，共に菩提《ぼだい》を致さしめむ。夫《そ》れ［ト］の富を有《たも》つ者は朕なり。［ト］の勢を有つ者も朕なり。此《こ》の富勢を以てこの尊像を造る。事や成り易き，心や至り難《がた》き。〔中略〕如《も》し更《さら》に，人情《こころ》に一枝の草，一把《すくい》の土を持ちて像を助け造らむと願ふ者有らば，恣《ほしきまま》に聴《ゆる》せ。国郡等の司チ，此の事に因《よ》りて百姓を侵し擾《みだ》し，強《し》ひて収め斂《あつ》めしむること莫《なか》れ。

問Ａ　史料Ⅰ・Ⅱは原漢文である。その出典として正しいものはどれか。

1．『日本書紀』　2．『古事記』　3．『続日本後紀』
4．『日本後紀』　5．『続日本紀』

問B　下線部イに関する出来事として，正しいものはどれか。
1．疫病で一族の有力者を失った藤原氏の勢力が一時的に後退した。
2．飢饉や疫病から逃れるため，御霊会がさかんにもよおされた。
3．720年代に都で天然痘が大流行した。
4．災厄がしきりにおこり，末法思想が広まった。
5．天皇が皇后の病気平癒を祈り薬師寺を創建した。

問C　空欄ロ・ハに入る語句の組み合わせとして，正しいものはどれか。
1．ロ―妙法蓮華経　ハ―仁王経
2．ロ―華厳経　ハ―金光明最勝王経
3．ロ―華厳経　ハ―妙法蓮華経
4．ロ―仁王経　ハ―華厳経
5．ロ―金光明最勝王経　ハ―妙法蓮華経

問D　下線部ニの人物に関して述べた文として，正しいものはどれか。
1．藤原仲麻呂の姉の光明子を皇后とした。
2．母は藤原不比等の娘の宮子である。
3．父は天武天皇の皇子である。
4．孫に光仁天皇がいる。
5．亡くなった皇后の遺愛品を東大寺に寄進した。

問E　下線部ホの語句の意味として，正しいものはどれか。
1．天地の神々　2．君・父・母　3．租・庸・調
4．儒教・仏教・神道　5．仏　教

問F　空欄へに入る語句として，正しいものはどれか。
1．不空羂索観音　2．釈迦牟尼仏　3．盧舎那仏
4．阿弥陀如来　5．薬師如来

問G　空欄トに入る語句として，正しいものはどれか。
1．此の世　2．仏　法　3．国　家
4．天　下　5．寺　社

問H　下線部チに関する説明として，正しいものはどれか。
1．律令制の人民支配は，郡司のもつ伝統的な支配力に依存する面が少なくなかった。

2．国司や郡司には一定の任期が定められていた。

3．国司は四等官に分かれていたが，郡司は四等官制をとらなかった。

4．乙巳の変後に置かれた「評造」や「評督」は，飛鳥浄御原令で「郡司」とあらためられた。

5．9世紀から10世紀，郡司は支配力を強めて国司から自立していった。

問Ｉ　史料Ⅱの詔が出された場所として，正しいものはどれか。

1．平城京　　2．恭仁京　　3．紫香楽宮

4．難波宮　　5．藤原京

問Ｊ　史料Ⅰ・Ⅱの詔が出される前の出来事として，誤っているものはどれか。

1．出羽国がおかれた。

2．橘諸兄が政権を握った。

3．百万町歩の開墾計画が立てられた。

4．養老律令が施行された。

5．藤原広嗣が反乱を起こした。

2

次の文と史料を読んで，下記の設問（Ａ～Ｊ）に答えよ。解答はもっとも適当なものを１つ選び，解答記入欄のその番号をマークせよ。

13世紀前半，北条 [イ] は執権政治を確立させたが，その孫時頼は [ロ] 一族を滅ぼし，北条氏嫡流の当主であるハ得宗の権力を増大させた。13世紀後半，ニ元が２度にわたり九州に襲来した。これは日本社会にさまざまな影響を与えたが，その後の武家社会の様相をみると，ホ得宗への権力集中がいっそう進み，一方で多くの御家人たちの生活は困窮化していった。

そこで発令されたのがいわゆるヘ永仁の徳政令で，次の史料はその一部である。

(史料)

関東より六波羅に送らるる御事書の法

一，[ト] を停止すべき事，

右，［　ト　］の道，年を逐って加増す，棄て置くの輩多く濫訴に疲れ，得理の仁なお安堵しがたし，〔中略〕

一，質券売買地の事，

右，所領をもってあるいは質券に入れ流し，あるいは売買せしむるの条，御家人等侘傺の基なり，向後においては停止に従うべし，以前沽却の分に至りては，本主領掌せしむべし，ただし，あるいは御下文・下知状を成し給い，あるいは知行廿箇年を過ぐるは，公私の領を論ぜず，今さら相違あるべからず，〔中略〕

次に［　チ　］・凡下の輩の質券買得地の事，年紀を過ぐるといえども，［　リ　］知行せしむべし，

一，利銭出挙の事，

右，甲乙の輩，要用の時，煩費を顧みず，負累せしむるに依て，富有の仁その利潤を専らにし，窮困の族いよいよ侘傺に及ぶか，自今以後成敗に及ばず，〔後略〕

(「東寺百合文書」)

この法令は再審請求にも触れていることから，全体としては御家人の困窮を背景として増加する訴訟への対処を意識しているとみられるが，いずれにせよ問題の解決には遠く至らなかったので，得宗を中心とする北条氏や幕府への不満は高まっていった。

こうしてみると，ヌ13世紀のなかば以降，得宗の権力は絶頂に達したが，幕府から人心は離れていったのであり，長い目でみれば，幕府は衰退へ向かったといえる。実際，ル14世紀に入ると事態はいっそう深刻化し，幕府は滅亡に至るのである。

問A　空欄イに入る人名はどれか。

1．時　政　　2．義　時　　3．時　房
4．泰　時　　5．重　時

問B　空欄ロに入る人名はどれか。

1．大江広元　　2．梶原景時　　3．畠山重忠
4．三浦泰村　　5．和田義盛

問C　下線部ハは北条氏のある人物が「徳宗」と号したことに由来すると

いわれている。その人物はどれか。

1．時　政　2．義　時　3．時　房
4．泰　時　5．重　時

問D　下線部ニに関連する説明として，正しいものはどれか。

1．日本は元の朝貢要求を受け入れたが，元は無視して軍勢を派遣した。
2．元は文永の役に際し，まず対馬・隠岐を攻めたのち，博多湾に至った。
3．備後の御家人竹崎季長は，恩賞を得るために『蒙古襲来絵巻』を作成させた。
4．弘安の役ののち，異国警固番役は廃止された。
5．幕府は全国の本所一円地から武士を動員できるようになった。

問E　下線部ホに関して述べた文のうち，正しいものはどれか。

1．霜月騒動で有力御家人安達泰盛が滅びた。
2．将軍の側近である御内人が得宗に弾圧された。
3．内管領平頼綱は北条時宗に滅ぼされた。
4．得宗は将軍の私邸で寄合を行い，政治を専断した。
5．得宗の家臣は評定衆の半分以上を占め，合議制が形骸化した。

問F　下線部へに関して述べた文のうち，正しいものはどれか。

1．北条高時が執権の時に発布された。
2．所領を質に入れたり売買したりするのは御家人が増長する原因だとした。
3．これ以前に売却された御家人所領の無償取り戻しがうたわれた。
4．これ以後20年以内は御家人所領の売却・質入れを認めた。
5．利息付きの貸借に関する訴訟を奨励した。

問G　空欄トに入る語はどれか。

1．悪　党　2．一　揆　3．越　訴
4．借　上　5．土　倉

問H　空欄チと空欄リに入る語の組み合わせとして正しいものはどれか。

1．チ＝御家人・リ＝売主　2．チ＝非御家人・リ＝売主
3．チ＝御家人・リ＝買主　4．チ＝非御家人・リ＝買主
5．チ＝侍・リ＝本主

問I　下線部ヌの期間に起きた事柄に関連して述べた次の文X・Y・Zの

正誤の組み合わせのうち，正しいものはどれか。

X　後嵯峨上皇の皇子宗尊親王が幕府に迎えられ，将軍となった。

Y　後嵯峨上皇の院政下で朝廷に引付が設置された。

Z　天皇家が亀山天皇系の持明院統と後深草天皇系の大覚寺統に分かれた。

1．X－正　Y－正　Z－誤　　2．X－正　Y－誤　Z－正

3．X－正　Y－誤　Z－誤　　4．X－誤　Y－正　Z－正

5．X－誤　Y－誤　Z－正

問J　下線部ルに関連する事柄ａ～ｃを古い順に並べたうち，正しいものはどれか。

ａ　後醍醐天皇が親政を開始した。

ｂ　光厳天皇が即位した。

ｃ　正中の変が起きた。

1．ａ→ｂ→ｃ　　2．ａ→ｃ→ｂ　　3．ｂ→ａ→ｃ

4．ｂ→ｃ→ａ　　5．ｃ→ａ→ｂ

3　次の文章とそれに関連する史料を読み，下記の設問（Ａ～Ｊ）に答えよ。解答はもっとも適当なものを１つ選び，解答記入欄のその番号をマークせよ。

イ江戸時代，女性は男性にしたがうことが美徳とされたが，自己主張する女性がいなかったのではない。その１人に，只野真葛《ただのまくず》がいる。彼女は，仙台藩医［　ロ　］の長女として，1763年，江戸に生まれた。16歳で藩の奥女中となり，都合10年の間，奉公した後，27歳で結婚したが，嫁ぎ先になじめず実家に帰った。次いで，35歳のとき，仙台藩士只野伊賀と２度目の結婚をし，仙台に住んだ。ハ江戸に滞在する藩士であった伊賀がときどき仙台にやって来るほかは，伊賀の先妻の子とともに過ごした。

継子が成長した後，自分の人生を振り返るとともに，それまで蓄積してきた，世の中に対する不満や違和感を言葉にする作業を始めた。そうして，1817年に書いたのが『独考《ひとりかんがえ》』である。その内容は，ニ江戸時代の秩序を根底で支えていた儒学に対する厳しい批判を含んでおり，女性の立場からの経世書であるといえる。史料１・２に見えるように，海外情報やホ蘭学に

<u>も通じていた父の</u>影響を受け，[ヘ] の知識を持っていたこともわかる。また，史料３・４にあるように，真葛は，この時代の [ト] そのものは受け入れているが，男女の身体的違いが [ト] を生み出していると主張した。

真葛はこれを出版しようと，江戸の読本作者で『椿説弓張月』の著者 [チ] に仲介を依頼した。結局，儒学を肯定する立場に立つ [チ] がこの内容を激しく批判したため，出版は実現しなかったが，江戸時代の後半，この時代の秩序が揺らいできているなかで表れた真葛の自己主張は，注目に値するだろう。

（史料１）

[ヘ] 国のさだめには，うらやましくぞおもはるゝ。〔中略〕ひとゝとなりて，つまどひすべき齢となれば，めあはせんとおもふ男女を寺にともなひゆきて，先男を方丈のもとによびて，「あれなる女を其方一生つれそふ妻ぞと定めんや，もしおもふ所有や」と問時に，男のこたへを聞ていなやをさだめて，又女をもよびて前のごとく問あき《(明)》らめて，同じ心なれば夫婦となす。さて外心あらば，男女ともに重罪なりとぞ。又おのづから独に心のさだまらぬ若人も有とぞ。それは妻をさだめずして，よき人の女もしばし，たはれめ《(戯女)》のごとく多人を見せしめ，其中に心のあひし人を妹背とさだむとなん。

（史料２）

商をする司の人，則役人なる故，諸人の利をむさぼりて我一身を富せんことを思はず，国人の安からんことを願。<u>蝦夷まで日本人を送り来りし，アダム</u>と云し [ヘ] 人の父は，〔中略〕立《り》具屋の頭にて，ビイドロを売とぞ。〔中略〕交易して国をとませんことを願となん。

（史料３）

出入男共，つかふ下男にいたるまでも，身体をことなるものとおもひて，心を一段ひきくしてむかふべし。

（史料４）

男は体のことなるもの故，おそろしとおもふべし。智なしとて見くだすべからず。

問A　下線部イを説く典型例の『女大学』のもととなったとされる『和俗童子訓』の著者は誰か。

1．太宰春台　　2．山鹿素行　　3．山崎闇斎
4．伊藤東涯　　5．貝原益軒

問B　空欄ロに該当する人物が，老中田沼意次に献上した書物を何というか。

1．『華夷通商考』　　2．『西洋紀聞』　　3．『赤蝦夷風説考』
4．『都鄙問答』　　5．『群書類従』

問C　仙台藩に限らず，江戸時代，多数存在した下線部ハのような武士に関する説明で，誤っているものはどれか。

1．藩主の参勤交代のため，江戸に滞在する藩士が必要だった。
2．妻子を国元に残して赴任する単身赴任が多かった。
3．藩士の江戸滞在費が藩の財政にとって大きな負担となった。
4．江戸藩邸から出ることがなかったため，江戸の消費経済とは無縁の生活だった。
5．江戸に常駐する者もいた。

問D　下線部ニに関連して，『独考』が成立した後の出来事はどれか。

1．湯島聖堂の学問所で異学を教授することが禁じられた。
2．旗本・御家人とその子弟を対象に，学問吟味という試験が始まった。
3．洗心洞という家塾を開いていた学者が，武力蜂起した。
4．諸学派の説を取り入れようとする折衷学派が起こった。
5．町人を対象とした漢学塾の懐徳堂が開かれた。

問E　下線部ホに関連して，蘭学者とその著書の組み合わせで正しいものはどれか。

1．石田梅岩　―　『統道真伝』　　2．大槻玄沢　―『蘭学階梯』
3．稲村三伯　―　『蔵志』　　4．司馬江漢　―『夢の代』
5．中井竹山　―　『采覧異言』

問F　空欄への慣習を記す，史料1が示しているものは，どれか。

1．出　産　　2．結　婚　　3．離　婚
4．裁　判　　5．金　融

問G　空欄トに該当する語はどれか。

1．性的マイノリティ　　2．主従関係　　3．ジェンダー

4．経済格差　　5．家 格

問H　空欄チに該当する人物の説明で，正しいものはどれか。

1．勧善懲悪をベースとした伝奇小説を書いた。

2．人々の恋愛を描く人情本を書いた。

3．庶民生活を表す滑稽本を書いた。

4．村の慣習を観察した風俗書を書いた。

5．世の中を風刺した俳句集を出した。

問I　下線部リの「日本人」と「アダム」に該当する人物の組み合わせで，正しいものはどれか。

1．ジョセフ・ヒコ　―　ビッドル

2．ジョン万次郎　―　プチャーチン

3．高田屋嘉兵衛　―　ゴローウニン

4．大黒屋光太夫　―　ラクスマン

5．津太夫　―　レザノフ

問J　空欄へが使節を日本に派遣したことに関連する出来事で，誤っているものはどれか。

1．間宮林蔵は択捉島に「大日本恵登呂府」の標柱を立てた。

2．空欄への軍艦による蝦夷地襲撃事件が起こった。

3．幕府は蝦夷地を直轄地とした。

4．桂川甫周は『北槎聞略』を書いた。

5．最上徳内は東蝦夷地や千島列島を調査した。

4

次の史料は，ある計画が発覚して検挙された筆者が，検挙の約1ヶ月後に記した文章の一部である。この史料を読んで，下記の設問（A～J）に答えよ。なお，史料はわかりやすくするために，省略や変更を加えた部分がある。

明治十八年十二月十九日　述懐

〔中略〕かく婦女の無気無力なるも，ひとえに女子教育イの不充分，かつ民権の拡張せざるより，自然女子にも関係を及ぼす故なれば，〔中略〕いよいよ自由民権ロを拡張することに従事せり。〔中略〕現政府の人民に対し抑圧なる挙動は，実に枚挙にいとまあらず。なかんずく儂《のう》〔※自分のこと〕の最も感情を惹起せしは，ハ新聞，集会，言論の条例を設け，ニ天賦の三大自由権を剝奪し，あまつさえ儂らの生来かつて聞かざるホ諸税を課せしことなり。〔中略〕

この期失うべからずと，すなわち新たに策を立て，決死の壮士を択《えら》び，先ずヘ朝鮮に至り事を挙げしむるに如かずと。〔中略〕朝鮮をして純然たる独立国となす時は〔中略〕大いにト外交政略に関するのみならず，一は以てチ内政府を改良するの好手段たり，一挙両得の策なり。〔中略〕当地（大阪のこと）にてまた朝鮮へ通信のため同行せんとのことに，小林もこれを諾し，すなわち渡航に決心せり。〔中略〕しかして儂は女子の身，腕力あらざれば，頼むところは万人に敵する良器すなわち爆発薬のあるあり。たとい身体は軟弱なりといえども，愛国の熱情を以て向かうときは，なんぞ壮士に譲らんや。〔中略〕しかれども，悲しいかな，中途にして発露し，儂が本意を達する能わず。

問Ａ　史料の筆者は誰か。

1．河野広中　　2．大井憲太郎　　3．津田梅子

4．景山（福田）英子　　5．岸田（中島）俊子

問Ｂ　下線部イに関連して，教育と女性に関わる説明として，正しいものを２つマークせよ。

1．女子高等教育機関として高等女学校が設置された。

2．女子教員の養成機関として女子師範学校が設置された。

3．日露戦争前の義務教育の就学率は，女子のほうが男子よりも高かった。

4．明治政府は男女とも学ぶ「国民皆学」の原則を打ち出した。

5．帝国大学令の制定によって，女子が帝国大学に進学することが禁じられた。

問Ｃ　下線部ロに関連して，自由民権運動に関わる説明として，正しいものを２つマークせよ。

1．政府は三菱が支出した費用により，自由党の後藤象二郎らを洋行させた。

2．立憲改進党と同年に結成された立憲帝政党は，帝国議会開設後に吏党として活躍した。

3．立志社が「日本憲法見込案」を起草するなど，数多くの私擬憲法が作成された。

4．西南戦争のさなか，愛国公党は民撰議院設立の建白書を左院に提出した。

5．地租軽減，言論集会の自由，外交失策の挽回を求める三大事件建白運動が展開された。

問D　下線部ハに関連して，この計画が発覚するより前に出された法令として，正しいものを２つマークせよ。

1．保安条例　2．讒謗律　3．治安警察法
4．集会条例　5．大日本帝国憲法

問E　下線部ニに関連して，明治前半期に天賦人権論を主唱した人物として，誤っているものを２つマークせよ。

1．植木枝盛　2．福澤諭吉　3．中里介山
4．有島武郎　5．馬場辰猪

問F　下線部ホに関連して，明治期の税・財政に関する説明として，正しいものを２つマークせよ。

1．大蔵卿の大隈重信は，官営事業払い下げの方針を定めた。

2．各地で地租改正反対一揆が起きたが，地租の税率は下がらなかった。

3．日露戦争の遂行の費用はおもに増税でまかなわれ，外債には依存しなかった。

4．日清戦争直前に，政府は関税自主権の完全回復を実現した。

5．憲政党と提携した第２次山県有朋内閣は，地租増徴案を成立させた。

問G　下線部へに関連して，1880年代の朝鮮半島をめぐる情勢として，正しいものを２つマークせよ。

1．軍艦雲揚が江華島で朝鮮側を挑発して，戦闘に発展した。

2．韓国皇帝を退位させ，日本が韓国の内政権を握った。

3．東学の信徒らが減税と日本・西洋の排斥を求めて蜂起した。

4．日本と清国が，両国の朝鮮からの撤兵を取り決めた。

5．清仏戦争を好機ととらえ，金玉均らがクーデターを起した。

問H　下線部トに関連して，1880年代の日本の外交政策として，正しいものを２つマークせよ。

1．樺太・千島交換条約を結んだ。

2．「満韓交換」を実現するべく，ロシアと交渉した。

3．列強諸国の代表を集めて，条約改正交渉の予備会議を開いた。

4．列強諸国とともに，清国と北京議定書を結んだ。

5．領事裁判権の原則的撤廃とひきかえに，内地雑居を認めようとした。

問Ｉ　下線部チに関連して，明治期の政治・法制度に関する説明として，正しいものを２つマークせよ。

1．帝国議会が開かれて以後，日露戦争に至るまで，民党と政府は議会で激しく対立した。

2．第１次松方正義内閣は，第２回衆議院議員総選挙の際に，激しい選挙干渉を行った。

3．伝統的な家族道徳を基本とする民法が公布されたが，論争が起きて施行が延期された。

4．政府は帝国議会が開かれた年に華族令を定め，貴族院の土台を作った。

5．ドイツ人顧問モッセの助言のもと，地方制度改革が行われた。

問Ｊ　この計画が発覚したのと同時期に自由党員が検挙された事件として，正しいものを２つマークせよ。

1．竹橋事件　　2．高田事件　　3．大津事件

4．赤旗事件　　5．加波山事件

5　次の文章Ⅰ・Ⅱを読んで，下記の設問（Ａ～Ｊ）に答えよ。

Ⅰ

1880 年代半ばに通貨制度が安定すると，軽工業部門を中心に急速に工業化が進み始めた。イ製糸業は成長の著しいアメリカ市場に向けて輸出を伸ばし，1900 年代後半に日本は世界最大の生糸輸出国となった。紡績業は 1890 年代に国内市場で輸入品の駆逐を進め，さらに輸出を拡大していった。遅れていたロ重工業部門でも 1900 年代には製鉄や造船などの分野で輸入品に対抗しうる事業所も設立されるようになった。

工業化の進展につれてハ労働者の待遇改善などを求める動きも見られるようになり，社会主義の考えに基づく運動も始まった。また，ニ足尾鉱毒事件のように，工業化の負の側面である公害問題も起こった。

工業部門と対照的に，最大の産業部門であったホ農業には著しい発展はみられず，日露戦後には農村の困窮と荒廃が社会問題となった。

問A 下線部イに関連して，明治期における製糸業の発展について述べた文として，誤っているものを1つマークせよ。

1．フランスなどから新しい器械製糸技術を導入した。

2．当初，器械製糸場は長野や山梨に集中して設立された。

3．器械製糸場の多くは輸入器械を利用していた。

4．最大の外貨獲得産業であり続けた。

5．器械製糸は糸の巻き取りに水力などを利用する点で座繰製糸より生産力が高かった。

問B 下線部ロに関連して，産業革命期における重工業の状況について述べた文として，誤っているものを1つマークせよ。

1．三菱長崎造船所は技術的には世界水準に追いついた。

2．鉄鋼の国産化を目指して官営八幡製鉄所が設立され，1901年に操業を開始した。

3．八幡製鉄所は清国大冶の鉄鉱石を利用し，操業当初から順調に生産を進めた。

4．日露戦後経営の下で日本製鋼所など民間製鋼所の設立も進んだ。

5．池貝鉄工所は先進国並の精度を備えた旋盤の国産化に成功した。

問C 下線部ハに関連して，産業革命期における労働問題について述べた文として，誤っているものを1つマークせよ。

1．繊維産業では若年の女性労働者が低賃金で長時間労働を強いられていた。

2．農商務省は労働者の状況を調査し，『職工事情』を編さんした。

3．日清戦争前後には各地で待遇改善を求めるストライキが行われるようになった。

4．鉄工組合など労働者が団結して資本家に対抗する動きも見られた。

5．最初の社会主義政党として日本社会党が結成されたが，即時解散を命じられた。

問D 下線部ニに関連して述べた文として，誤っているものを1つマークせよ。

1．足尾銅山を経営していたのは古河市兵衛であった。

2．足尾銅山から渡良瀬川に流出した鉱毒は氾濫により流域の農業に大被害を与えた。

3．衆議院議員の田中正造らは議会で足尾銅山の操業停止を求めた。

4．政府は足尾銅山の経営者に鉱毒予防措置の実施を命じなかった。

5．田中正造は議員を辞職し，鉱毒問題について天皇に直訴を試みた。

問E　下線部ホに関連して，産業革命期の農業・農村について述べた文として，誤っているものを１つマークせよ。

1．小作地率は増加を続け，寄生地主化の動きも進んだ。

2．地主は小作料の余剰を有価証券投資に運用し，工業部門との結びつきを強めた。

3．米の反当収量は増加したが，都市人口が増大したため供給は不足するようになった。

4．米価は上昇したが，定額小作料のため地主の利益には結びつかなかった。

5．小作農の一部は，子女を出稼ぎに出して家計の不足を補った。

Ⅱ

高橋財政を契機に産業界は活性化し，軍需と保護政策によって重化学工業は著しい成長を遂げた。鉄鋼業では官民合同によって [ヘ] 会社が設立され，鋼材自給を実現した。旧財閥も重化学工業への進出を積極化したが，輸送用機械（自動車）や化学の分野では日産，日窒など新興財閥の活躍がみられた。日産自動車・日立製作所などを傘下に収めた日産コンツェルンは，満州に進出して [ト] 会社を設立し，満鉄にかわって重工業部門の発展を牽引した。日窒コンツェルンは日本窒素肥料会社を核に成長を遂げ，さらに [チ] 北部に進出して水力発電を利用した巨大化学コンビナートを建設した。こうした重化学企業の急成長の結果，1938 年には重化学工業の生産額が日本の工業生産額の過半を占めるに至った。重化学工業中心の産業構造へと変化したのである。

他方，農業恐慌の長期化に苦しむ農村に対し，政府は [リ] 事業により公共土木工事を実施し，農民を雇用して現金収入の機会を与えた。また，農山漁村 [ヌ] 運動を進めて農民の結束を強め，農村経済の自力回復を促した。

問Ｆ　空欄へに該当する会社名を，記述の解答欄に漢字４文字で記せ。

問Ｇ　空欄トに該当する会社名を，記述解答用紙の解答欄に漢字７文字で記せ。

問Ｈ　空欄チに該当する地域を，記述解答用紙の解答欄に漢字２文字で記せ。

問Ｉ　空欄リに該当する語句を，記述解答用紙の解答欄に漢字４文字で記せ。

問Ｊ　空欄ヌに該当する語句を，記述解答用紙の解答欄に漢字４文字で記せ。

6

次の文章を読んで，下記の設問（Ａ～Ｉ）に答えよ。

1985 年９月のイプラザ合意によって円高が急速に進むと，輸出産業を中心に不況が深刻化した。政府は，円高不況の対策として公定歩合の引き下げや，公共事業の拡大による景気刺激策をとった。また，内需喚起と為替レートの安定をめざして，金融が大幅に緩和された。５％であった公定歩合は，1986 年１月から徐々に引き下げられ，1987 年２月には 2.5％となった。急速な円高を避けるため，ドル買い・円売りの市場介入が行われ，国内の通貨供給量が増えたことからカネ余り現象が起こり，ロバブル経済が発生した。

1985 年 12 月に 12,000～13,000 円台だった日経平均株価は，1989 年 12 月には 38,000 円を超えた。しかし，［ a ］規制や公定歩合の引き上げなどの金融政策の転換を契機に，バブル経済は 1991 年に崩壊した。金融機関が大量の［ b ］を抱え危機に陥ると，企業の設備投資の減少や，家計の所得減少による個人消費の落ち込みなど，複合不況と呼ばれる長期の景気低迷が始まった。

バブル崩壊後の景気低迷のなか，政府はたびたび経済対策に取り組んだ。宮沢喜一内閣は，1992 年から翌年にかけて３度の経済対策を講じた。後継の細川護熙・ハ非自民８党派連立内閣も，1993 年から翌年にかけて２度の経済対策を実施，さらに村山富市内閣も，1995 年に２度の経済対策を講じた。こうして景気はやや回復したが，宮沢内閣・細川内閣・村山内閣と大規模な財政出動が繰り返され，財政赤字が深刻化したため，ニ橋本龍太郎内閣によって歳出削減政策がとられると，景気は再び下降状態に入った。そのため，ホ金融機関の再編・統合や経営破綻による金融不安，銀行の貸し渋りに起因する企業倒産が起こり，雇用不安も深刻化した。1995 年に表面化した［　c　］専門会社処理問題は，公的資金の投入で解決がはかられたが，1997 年には三洋証券や都市銀行の［　d　］銀行，1998 年には日本長期信用銀行や日本債券信用銀行など政府系金融機関も経営破綻した。

問A　空欄 a にあてはまる語句を，記述解答用紙の解答欄に 2 字で記せ。

問B　空欄 b にあてはまる語句を，記述解答用紙の解答欄に 4 字で記せ。

問C　空欄 c にあてはまる語句を，記述解答用紙の解答欄に 4 字で記せ。

問D　空欄 d にあてはまる語句を，記述解答用紙の解答欄に 5 字で記せ。

問E　下線部イに関する記述として，誤っているものをすべてマークせよ。

1．会議は第 2 次中曽根内閣の時に開催された。

2．参加国は，日本，アメリカ，カナダ，イギリス，フランス，ドイツ，イタリアであった。

3．各国の財務相，及び中央銀行総裁が参加した。

4．アメリカの「双子の赤字」によるドル安の是正が主要な目的であった。

5．合意の直前には 1 ドル＝240 円台だったが，1 年後には 1 ドル＝150 円台に上昇した。

問F　下線部ロに関して，記述解答用紙の解答欄に，「投機」という言葉を含めた 30 字以内の適切な文言を挿入し，バブル経済を説明する文章を完成させよ。ただし，「泡」「バブル」という言葉は使用しないこと。なお，句読点も 1 字として数えよ。

〔解答欄〕

バブル経済とは，＿＿＿＿＿＿＿＿＿＿＿＿＿＿＿＿した状態をいう。

問G　下線部ハに関して，この時の非自民 8 党派に入らないものを 1 つマークせよ。

1．新生党　　2．社会民主連合　　3．民社党

4．公明党　　5．新自由クラブ

問H 下線部ニに関する記述として，誤っているものを１つマークせよ。

1．第一次内閣は，自民党・社会党・新党さきがけの連立政権であった。

2．クリントン大統領との会談後に，日米安保共同宣言を発表した。

3．「聖域なき構造改革」を掲げ，行財政の改革を目指した。

4．金融ビッグバンで，自由・透明・国際的な金融市場の樹立を目指した。

5．中央省庁等改革基本法を成立させた。

問I 下線部ホに関連して，平成期の金融機関等についての記述として，誤っているものを１つマークせよ。

1．太陽神戸銀行と三井銀行の２行が合併して，さくら銀行となった。

2．第一勧業銀行と富士銀行の２行が合併して，みずほ銀行となった。

3．東京三菱銀行とUFJ銀行の２行が合併して，三菱東京UFJ銀行となった。

4．四大証券会社の一つ，山一証券が廃業した。

5．現在の金融庁の前身である金融監督庁が設置された。

世界史

（60 分）

I　次の文章を読み，問Ａ～Ｌに答えよ。解答はマーク解答用紙の所定欄に一つだけマークせよ。

アテネの市街地を見守るかのようにアクロポリス$_{A}$にそびえ立つパルテノン神殿は，建設中であった旧神殿がペルシア戦争$_{B}$の際に破壊されたため，ペリクレス$_{C}$によって再建された。大理石で造られた荘厳な神殿の費用は，紀元前 478 年頃に結成されたデロス同盟$_{D}$の資金を流用したと伝えられている。彫刻家 [E] はペリクレスの知遇を得て再建工事に従事し，パルテノン神殿内部の本尊$_{F}$を制作したとされる。この神殿は前 447 年に着工され，約 15 年の短期間でペロポネソス戦争$_{G}$の直前である前 432 年に完成した。パルテノン神殿の建築様式は，外観の円柱部分など全体としてドーリア式建築とみなされているが，内部にはイオニア式$_{H}$の装飾も施されている。

アテネ民主政の最盛期を象徴するパルテノン神殿はその後，中世にはキリスト教会に，オスマン帝国の支配下ではモスクに転用され，1687 年のヴェネツィア軍の砲撃により大きく破壊された。廃墟と化していたアクロポリスの古代遺跡の本格的調査が開始されたのは，1830 年に [I] 会議の議定書によりギリシアの独立$_{J}$が承認され，アテネに首都が移された 1834 年以降のことであった。アテネは現代に入っても 1941 年のドイツ軍を中心とする枢軸国による占領，1946 年以降の内戦，1967 年から約 7 年間続いた軍事政権という苦難の時代を経験した。ギリシアは1975 年$_{K}$の新憲法の採択により民主制に復帰し，1981 年にヨーロッパ共同体（EC）に加盟，2001 年にユーロの導入を果たしたが，2009 年に財政危機が明らかになりヨーロッパ連合（EU）の通貨危機を招いた。2004 年に開催されたオリンピック$_{L}$では，こうした国内の財政問題を内包しつつも，アテネの遺跡群，なかでもパルテノン神殿が，古代ギリシア建築の傑作として世界から再認識される機会となった。

問A　下線部Aに関連して，アクロポリスの遺跡群は 1987 年に世界遺産の文化遺産として登録された。この登録を行う国際連合の専門機関の本部はどの都市にあるか選べ。

1．ブリュッセル　2．ジュネーヴ
3．パ　リ　4．ニューヨーク

問B　下線部Bに関連して，ペルシア戦争中に起きた戦いではないものを選べ。

1．テルモピレーの戦い　2．レウクトラの戦い
3．プラタイアの戦い　4．マラトンの戦い

問C　下線部Cに関連して，ペリクレスやその時代の民主政についての説明として最も適切なものを選べ。

1．ペリクレスは 15 年連続で将軍に選出されたが，軍事の最高職である将軍は，抽選ではなく民会における選挙で選ばれた。
2．ペリクレスが民会に提案した前 451 年の法の定めにより，父親がアテネ生まれであれば市民権が認められた。
3．ペリクレスが民会に提案した前 451 年の法の定めにより，父親がアテネ生まれであれば 18 歳以上の成年男性に参政権が与えられた。
4．ペリクレスはペロポネソス戦争中に将軍職を一時解かれ，弾劾裁判に市民たちにより訴えられたが，再び将軍になりスパルタとの戦いに臨み，前 429 年に戦死した。

問D　下線部Dに関連して，デロス同盟の説明として最も適切なものを選べ。

1．ペルシアの再侵攻に備えて，アテネとスパルタの協力を軸に結成された軍事同盟で，デロス島に置かれた同盟の本部で資金は金庫において共同管理された。
2．前 454 年にクレイステネスは同盟の金庫をアテネのアクロポリスに移し，同盟資金をアテネ財政に流用し始め，五百人評議会の創設や陶片追放制度の導入の費用として用いた。
3．同盟の本部はゼウス神殿があった宗教的中心地のデロス島に置かれた。前 454 年に同盟の金庫がアテネのアクロポリスに移された後も，同盟諸国の会議はこの島で定期的に開催され重要であり続けた。
4．デロス同盟の加盟国は軍船と乗組員を提供するか，軍資金を提供す

る義務があり，大部分の同盟諸国は軍資金の提供を行った。アテネ選出の財務官たちが同盟貢租と呼ばれるこの軍資金の管理を担い，前454年に同盟の金庫がアテネのアクロポリスに移された後は，同盟資金はアテネ財政に流用されるようになった。

問E　[E] に当てはまる人物を選べ。

1．プラクシテレス　　2．エウクレイデス
3．フェイディアス　　4．エフィアルテス

問F　下線部Fに関連して，パルテノン神殿内部の主室に安置された祭神像の説明として最も適切なものを選べ。

1．アテナ女神像は黄金板や象牙等を用いて制作されたが現存しない。
2．黄金板や象牙等で制作されたアテナ女神像は現存し，黄金板が取り外し可能で，その大部分が軍資金に転用された。
3．パルテノン神殿の装飾部分と同様に，現存しない大理石製のアテナ女神像にも彩色が施されなかった。
4．オリンポス12神のうち主神ゼウスと太陽神アポロンの黄金板や象牙製の像が，現存するアテナ女神像の両脇に安置されていた。

問G　下線部Gに関連して，ペロポネソス戦争に将軍として参戦するが弾劾裁判により追放され，約20年間亡命生活を送った科学的な歴史叙述の祖とされるアテネ出身の歴史家を選べ。

1．プルタルコス　　2．トゥキディデス
3．ストラボン　　4．ヘロドトス

問H　下線部Hに関連して，前6世紀以降にはイオニア地方のミレトスを中心にイオニア自然哲学が発達したが，この流れに属す自然哲学者として適切でない人物を選べ。

1．ピンダロス　　2．ヘラクレイトス
3．タレス　　4．ピタゴラス

問I　[I] に当てはまる都市名を選べ。

1．ペテルブルク　　2．ウィーン
3．オデッサ　　4．ロンドン

問J　下線部Jに関連して，ギリシア独立戦争に参加したイギリスのロマン派詩人の作品を選べ。

1．『戦争と平和』　　2．『虚栄の市』

3．『チャイルド＝ハロルドの遍歴』　4．『オリヴァー＝トゥイスト』

問K　下線部Kに関連して，この年に独裁体制を長年維持していた国家元首が死去し，1978年の新憲法により民主的君主制に移行した国を選べ。

1．イタリア　2．ポルトガル

3．ブルガリア　4．スペイン

問L　下線部Lに関連して，1896年にアテネで第1回大会が開催されたが，オリンピックの復活を提唱して国際オリンピック委員会の1894年設立に尽力した人物として適切なものを選べ。

1．カーネギー　2．クーベルタン

3．クーデンホーフ＝カレルギー　4．シュリーマン

Ⅱ

次の文章を読み，問A～Lに答えよ。解答はマーク解答用紙の所定欄に一つだけマークせよ。

歴史上の中国において，王朝はその支配下にある文化的・社会的に多様な人々を様々な方法で識別・区分した。その最も著名な例は，モンゴル帝国（元朝）A による，モンゴル・色目・漢・南からなるいわゆる「四階級制」B であろう。しかし，上位の階級であるモンゴル人・色目人が被征服者である漢人C・南人D を抑圧したという通説は近年の研究により見直され，漢語史料E にのみあらわれる色目人という概念は，実は漢人により創出されたことや，そもそもモンゴル・色目F・漢・南という区分自体も納税・裁判などの制度上でのみ適応され，「階級」や「身分」を意味しないとされる。むしろ，モンゴル帝国の統治の根幹は，ある人物およびその家系がモンゴルの支配者たちG に仕えた歳月の長さを意味する「根脚」という概念や，職能や宗教H ごとに人々を区分して管理する支配の方式にあった。

このように，政治的な経歴や職能による人々の識別・区分は，中国の歴史上，モンゴル帝国以外の幾つかの王朝I においても同様に行われた。例えば，北魏J におけるいわゆる「漢化政策」の前提は，鮮卑・漢のそれぞれが独自の制度・言語K で統治されていたことであり，契丹の遼朝や女真の金朝も，支配下の人々を識別・区分して統治したL。ここで注目すべきは，歴史上の中国においては，外来の征服者たちこそが人々の識別・区分に積極的であり，現在につながる多くの民族的概念の源流が，彼らの政策に遡るという点である。

問A　下線部Aについて，次の中からモンゴル帝国の拡大について正しい説明を一つ選べ。

1．チンギス＝ハンのインド侵攻による混乱の中で頭角をあらわしたアイバクは，後に奴隷王朝をたてた。

2．バトゥが率いる軍勢により，東欧にまでモンゴル帝国の侵攻が及んだ。

3．1258 年，モンゴル軍はバグダードを陥落させ，セルジューク朝を滅した。

4．ハイドゥはフビライの忠実な配下として，イル＝ハン国を建てた。

問B　下線部Bについて，清朝滅亡後の中国において，旧来の身分や階級に批判的な文章を発表した作家に魯迅がいるが，彼の作品でないものを次から一つ選べ。

1．『故郷』　　2．『阿Q正伝』

3．『狂人日記』　　4．『新青年』

問C　下線部Cに関連して，歴史上の「漢人」について，誤っているものを次から一つ選べ。

1．遼朝の支配下では多くの「漢人」が官僚となった。

2．大清帝国（清朝）において，「漢人」により編成された八旗が存在した。

3．明代中期以降，多くの「漢人」が法を犯して長城を北に越え，モンゴル高原に移住した。

4．「漢化政策」実施後の北魏では，「漢人」と鮮卑の貴族家系の間での婚姻は禁止された。

問D　下線部Dについて，「南人」とは主に旧南宋領の出身者を指すが，南宋時代の江南開発の中で湿地帯が干拓されて形成された田の名称として，正しいものを次から一つ選べ。

1．公　田　　2．乾　田　　3．方　田　　4．囲　田

問E　下線部Eについて，モンゴル帝国支配下で作成された漢語文献について，誤っている説明を次から一つ選べ。

1．モンゴル語の統語構造を反映した特異な漢語により命令文書や判例などが記された。

2．『西遊記』などの小説が現在に伝わる形で成立し，元曲と総称され

る。

3．パスパ文字はモンゴル語のみならず，漢語の音写にも用いられた。

4．モンゴルの支配者たちは漢語の書籍の刊行に資金的な援助を行った。

問F 下線部Fについて，色目人とされた人々にはイスラム教徒が多かったが，モンゴル帝国支配下の中国を訪れたとされるイスラム教徒を次から一人選べ。

1．イブン＝ハルドゥーン 2．イブン＝アブドゥル＝ワッハーブ

3．イブン＝バットゥータ 4．イブン＝シーナー

問G 下線部Gにつき，チンギス＝ハンの子孫により建てられたウルスのうち，最も早く君主の血統が途絶えたものを次から一つ選べ。

1．キプチャク＝ハン国 2．イル＝ハン国

3．大元ウルス（元朝） 4．チャガタイ＝ハン国

問H 下線部Hに関して，モンゴル帝国支配下の宗教に関する説明として誤っているものを次から一つ選べ。

1．華北で興隆した全真教がモンゴル帝国の支持を得て江南の道教を統括した。

2．カトリックの宣教が大都（現在の北京）で行われた。

3．イスラム教徒の人口が増大し，改宗者にはモンゴルの王侯も含まれていた。

4．チベット仏教の高僧が帝師として歴代ハーンに大きな影響力を及ぼした。

問I 下線部Iに関して，モンゴル帝国成立以前の中国をめぐる国際関係について誤っているものを次から一つ選べ。

1．南宋はその存続期間を通じて，金朝に対して臣下の立場をとるかわりに，絹や銀の下賜をうけた。

2．西夏は北宋に臣下の礼をとり，その見返りとして莫大な絹・銀などを歳賜として受け取った。

3．南宋では秦檜が主導して，金朝との交戦を主張する派閥を弾圧した。

4．ベトナムの李朝は北宋との戦争を有利に戦い，南宋の冊封体制のもとでも高い地位を占めた。

問J 下線部Jに関して，北魏において施行された政策を一つ選べ。

1．租調庸制 2．三長制

3．里甲制　　　　　4．府兵制

問K　下線部Kについて，北魏の指導者層を形成した中核集団である拓跋氏が華北に移動してから，その居住地であるシラ＝ムレン流域（現在の中国内モンゴル自治区東部）の草原地帯を占拠し，そののち華北の政治情勢に様々に介入する集団を次から一つ選べ。

1．柔　然　　2．契　丹　　3．鉄　勒　　4．回　紇

問L　下線部Lについて，遼朝と金朝の統治制度について，正しいものを次から一つ選べ。

1．金朝は100戸を1謀克，10謀克を1猛安として編成した。
2．遼朝は支配地域を二分し，北半は北面官，南半は南面官がそれぞれ軍政・民政を掌握する二重統治体制をしいた。
3．金朝においては女真人も科挙を受験した。
4．遼朝がつくった契丹文字は，ウイグル文字の創造に大きな影響を与えた。

III

次の問題を読み，問A～Lに答えよ。解答はマーク解答用紙の所定欄に一つだけマークせよ。

ルネサンス（Renaissance）とは「再生」を意味するフランス語に由来しているが，歴史家［　A　］の著した『イタリア・ルネサンスの文化』（1860年）などによって広く知られるようになった。そして主に$_{\text{B}}$14～16世紀のヨーロッパ社会の転換期を中心に起った革新的な文化運動と考えられている。だがこのイタリアを起点とするルネサンスに先行する形で「$_{\text{C}}$カロリング＝ルネサンス」や「$_{\text{D}}$12世紀ルネサンス」などの存在が一般に認められている。

イタリア・ルネサンスは古代ギリシア，ローマの古典古代の文化を範としたが，それはビザンツ帝国，イスラーム圏における古典古代の研究を基礎としている。イスラーム圏ではアッバース朝第7代カリフ［　E　］のときバグダードにおいて「知恵の館」が作られギリシア語文献のアラビア語への翻訳が進められた。また$_{\text{F}}$イブン＝ルシュド（アヴェロエス）などの学問的貢献もきわめて大きい。

イタリア・ルネサンスは中世盛期に比べて現世主義的であり，感情や理性を尊重する人文主義《ヒューマニズム》の傾向が強く，彼らはヨーロッパ各地に$_{\text{G}}$人文主義者《ヒューマニスト》

を生み出していった。その中でイタリアにおける代表とも言えるのがそれぞれ13世紀後半と$_{\text{H}}$15世紀後半に$_{\text{I}}$フィレンツェで生まれた$_{\text{J}}$ダンテとマキアヴェリである。イタリア・ルネサンスは新しい文化運動として次第に他のヨーロッパ諸国の文化にも影響を与え，$_{\text{K}}$イギリス，ドイツ，$_{\text{L}}$フランス，スペインなどに多くの優れた思想，文芸，美術を生み出したのである。

問A　[A] に当てはまる人名はどれか。

1．ランケ　　　2．サヴィニー

3．スペンサー　　　4．ブルクハルト

問B　下線部Bに関連して，14～16世紀ヨーロッパで起こった諸事件のうち，年代順に古いものから3番目はどれか。

1．モスクワ大公国がモンゴルの支配から独立した。

2．イギリスでワット＝タイラーの乱が起こった。

3．ドイツ農民戦争が起こった。

4．トリエント公会議が開かれた。

問C　下線部C，カロリング＝ルネサンスの説明で誤っているものはどれか。

1．カール大帝（シャルルマーニュ）の宮廷を中心として美術作品が作られた。

2．中世ヨーロッパにおける教育の基礎となる自由七科の確立に貢献した。

3．カール大帝（シャルルマーニュ）がアーヘン大聖堂の建築を始めた。

4．シトー修道会が創設された。

問D　下線部Dに関連して，12世紀のヨーロッパ文化の説明で誤っているものはどれか。

1．アベラールが唯名論的立場から，スコラ学を説いた。

2．ウィリアム＝オブ＝オッカムが唯名論を唱えた。

3．トレドにおいて古代ギリシア・ローマの哲学・神学・科学の文献が古代ギリシア語・アラビア語からラテン語に翻訳された。

4．独自の学寮（カレッジ）制をとるオクスフォード大学が設立された。

問E　[E] に当てはまる人名はどれか。

1．マームーン　　　2．マンスール

3．トゥグリル＝ベク　　4．ムアーウィヤ

問F　下線部F，イブン＝ルシュド（アヴェロエス）の説明について正しいものはどれか。

1．モロッコに生まれ，ギリシア自然哲学の紹介で名を馳せた。

2．医学者としては『医学典範』を著した。

3．アリストテレスの優れた注釈により，スコラ学に大きな影響を与えた。

4．『四行詩集』を著し，文学者としても知られた。

問G　下線部G，ヨーロッパ人文主義者の説明で正しいものはどれか。

1．ジョルダーノ＝ブルーノの宇宙観は，ローマ教会などにも広い支持を得た。

2．ペトラルカは詩作を否定し，主にイタリア語の散文によって高い評価を得た。

3．アルベルティは，異端とされ彼の建築事業はしばしばローマ教会により弾圧，破壊された。

4．ボッカチオは作家として知られ，彼の作品はヨーロッパ文学に大きな影響を与えた。

問H　下線部Hに関連して，15 世紀後半ヨーロッパについて正しい説明はどれか。

1．カスティラ王子フェルナンドとアラゴン王女イサベルの結婚によりスペイン（イスパニア）王国が成立した。

2．イギリスではヘンリ 7 世が即位し，バラ戦争が終結した。

3．1498 年，フランス国王シャルル 8 世はイタリアから撤兵しイタリア戦争が終結した。

4．神聖ローマ帝国皇帝カール 5 世軍により「ローマの劫略」とよばれる略奪が行われた。

問I　下線部Iに関連して，フィレンツェについて正しい説明はどれか。

1．イタリア政治を混乱させたゲルフ（教皇党）とギベリン（皇帝党）の争いに対し，フィレンツェは中立，不介入であった。

2．富豪コジモ＝デ＝メディチのとき，メディチ家及びその支配下のフィレンツェは黄金時代を迎えた。

3．「万能の天才」レオナルド＝ダ＝ヴィンチはフィレンツェでも活躍

したが，最後はフランスで没した。

4．ミケランジェロはフィレンツェのシスティナ礼拝堂に『最後の審判』を描いた。

問J 下線部Jに関連して，ダンテとマキャヴェリに関して正しい説明はどれか。

1．ダンテは『神曲』をラテン語ではなく，口語であるトスカナ語で著した。

2．ダンテはフィレンツェの庶民の出であり，常に市政に関わることはなかった。

3．マキャヴェリは政治学の名著『君主論』を著したが，終生政治や外交には関わらなかった。

4．マキャヴェリはフィレンツェの職工階級の出身であったが，豊かな教養を身につけイタリアを代表する知識人となった。

問K 下線部Kに関連して，以下のイギリスにおける思想，文芸についての説明で誤っているものはどれか。

1．シェークスピアはしばしば歴史に題材をとり，世界的な劇作家として認められている。

2．チョーサーは14世紀に活躍した詩人であり，代表作『カンタベリ物語』は以後の英詩に非常に大きな影響を与えた。

3．ネーデルラントの思想家エラスムスは『愚神礼賛』を著した。

4．トマス＝モアは『ユートピア』を著し社会批判を行ったが，終生官職には就かなかった。

問L 下線部Lに関連して，フランス，スペインにおける文化，芸術の説明で誤っているものはどれか。

1．スペイン人セルバンテスの長編小説『ドン＝キホーテ』は，近代小説の始まりとも評されている。

2．スペイン人エル＝グレコはルネサンス様式を取り入れ，主に世俗画，風景画に新境地を示した。

3．フランス人モンテーニュは，「クセジュ（我は何を知るか）」を座右銘とし人間性に富んだ『エセー』を著し，随筆は新しい文学形式となった。

4．フランス人ラブレーの作品『ガルガンチュアとパンタグリュエルの物語』は，偏狭な教会や社会の不正などに対して鋭い風刺の矢を浴びせた。

Ⅳ 次の文章を読み，空欄 [1]～[13] については，記述解答用紙の所定欄に適切な語句を記入せよ。また，下線部14に関して，1982年にメキシコで起こった経済的に重要な出来事とその背景について，アメリカとの関係を踏まえて記述解答用紙の所定欄に100字以内で説明せよ。なお，句読点・算用数字も1字とする。

17世紀以降北アメリカ大陸では，ヴァージニア植民地にはじまり1732年成立の [1] 植民地に至る13のイギリス植民地が建設された。長らくイギリスは緩やかな統制を行っていたが，フレンチ＝インディアン戦争などの勝利によりミシシッピ川以東の [2] などを獲得し北アメリカでの支配権を確立すると，植民地への規制や課税を強化した。1765年の印紙法や1773年の [3] の成立は本国による支配への反発を強め，1775年には武力衝突が起こった。植民地側は第2回大陸会議で総司令官となった [4] のもとヨークタウンの戦いなどに勝利し，1783年パリ条約にて独立が承認された。

独立後，初代財務長官 [5] は1791年に議会に提出した「製造工業報告書」(Report on Manufactures) において，発展の初期段階にある「幼稚製造工業」(Infant Manufactures) を保護育成することを提案した。その後1812年に始まる [6] によるイギリスとの貿易の途絶は北部の工業発展を促し，産業資本家を中心に保護関税政策を望む声が高まった。一方南部では，18世紀末の発明の成果もあり，19世紀前半に [7] の生産量が急激に増加した。イギリスに [7] を輸出し工業製品を輸入する構造が確立した南部は自由貿易を支持した。北部と南部の経済的な構造の違いは対立を生み南北戦争につながった。

南北戦争に至る頃，ヨーロッパはイギリス主導の自由貿易の時代を迎えていた。イギリスでは，1846年保守党 [8] 内閣のもとでの穀物法廃止に続き，1849年にはおよそ2世紀にわたり貿易を規制した [9] も廃止された。1860年の英仏通商条約には，最も有利な通商条件を与える第三国と同等の条件で相手国との交易を行う [10] の無条件適用も盛り込まれた。一方アメリカは [10] の条件付適用を原則とし，南北戦争から第二次世界大戦に至る間，1910年代の一時期を除き，概ね高関税を維持した。1890年関税法は後に大統領となり米西戦争を主導した [11] の提案で成立したが，この関税法の下で関税収入が課税品輸入額に占める割合はおよそ50%と高いものであった。また1930年に成立したスムート=ホーリー法は世界的なブロック経済化を誘発し国際的な緊張を高めた。

第二次世界大戦後，アメリカは「関税と貿易に関する一般協定」(GATT) のもとで国際的な通商政策秩序の形成をはかる中心的役割を担った。1964年から1967年まで続いた [12] では工業品に課される関税の一律引き下げを基本とした交渉が行われるなど，広範かつ大幅な関税障壁の削減が進められた。

その後もアメリカは世界の通商に大きな影響を与えている。1980年代[14]のレーガン政権下では1988年包括通商競争力法が成立し，他国の不公正貿易慣行に対する対抗措置が強化された。トランプ政権下では米中貿易摩擦が激化する中，連邦政府や民間企業が行う取引に対する制限が強化された。例えば，2019年5月には安全保障上の懸念がある企業からの調達を禁止する大統領令の署名がなされた。また商務省は，安全保障や外交上の利益に反する企業などを列挙したエンティティリスト (Entity List) に中国の代表的な通信機器企業 [13] とその関連企業を追加した。同年5月16日発効となったこの措置は，同企業に対する事実上の禁輸措置の一環であった。こうしたアメリカの動向は日本を含めた近隣諸国にも大きな影響を及ぼし，通商問題は現在でも国際的緊張を高める側面を持っている。

政治・経済

（60分）

I　次の文章を読み，下記の問いに答えよ。

日本国憲法（以下，「憲法」という。）第13条は，「すべて国民は，[A]として尊重される」こと，および，「生命，自由及び[B]に対する国民の権利については，公共の福祉に反しない限り，立法その他の国政の上で，最大の尊重を必要とする」ことを定める。憲法が掲げる「[A]の尊重」が実現される前提として，[A]は，平等な存在として扱われることが必要となる。

そこで，憲法は，第14条第1項において，法の下における国民の平等を規定し，「すべて国民は，… [C]，[D]，①性別，社会的身分又は[E]により，政治的，経済的又は社会的関係において，差別されない。」と定める。これを受け，憲法は，同条第2項で華族その他の貴族の制度を廃止するほか，同条第3項で，[F]の授与に伴う特権の付与及び[F]の世襲を禁止する。教育の機会均等，両議院の議員及びその[G]の資格に係る差別の禁止も，憲法が定める国民の法の下の平等の具体化である。

憲法はこうした規律の下で平等な社会の実現を目指しているが，現実には，さまざまな不平等が存在し，その解決が法的な課題とされてきた。例えば，[C]にも関するものとして，在日外国人に対する就職差別の問題がある。[D]に関しては，私企業が特定の思想等を有する者の雇入れを拒否することの違法性の有無が問題とされている。

男女間の差別の解消も喫緊の課題である。この課題に対する取組みとして，日本は，国連が1979年に採択した②「女性に対するあらゆる形態の差別の撤廃に関する条約」を1985年に批准し，その後，国内法を整備した。1999年には，③男女共同参画社会基本法が制定された。しかし，この面で，依然，課題は残されている。さらに，性的少数者等に対する差別や偏見等の解消も求められる。

問1　下線部①に関する記述として最も適切なものを以下の選択肢(ア)〜(オ)から2つ選び，その記号をマーク解答用紙の所定の解答欄にマークせよ。

(ア)　最高裁判所は，女性の定年年齢を男性の定年年齢よりも短く定める就業規則は，性別による不合理な差別であると判示した。

(イ)　最高裁判所は，婚姻をすることができる年齢を男女で区別する民法の規定が憲法に違反すると判示した。

(ウ)　最高裁判所は，女性について前婚の解消又は取消しの日から6箇月間の再婚を禁止する民法の規定のうち100日を超えて再婚禁止期間を設ける部分が，憲法に違反すると判示した。

(エ)　最高裁判所は，夫婦は婚姻の際に定めるところに従い夫又は妻の氏を称するとする夫婦同姓（夫婦同氏）制が憲法に違反すると判示した。

(オ)　最高裁判所は，夫婦の一方が婚姻前から有する財産及び婚姻中自己の名で得た財産を夫婦の一方が単独で有する特有財産と定める民法第762条第1項の規定は，憲法に違反すると判示した。

問2　下線部②に関する記述として最も適切なものを以下の選択肢(ア)〜(オ)から2つ選び，その記号をマーク解答用紙の所定の解答欄にマークせよ。

(ア)　商法が改正され，上場株式会社について，政省令で定める割合の女性役員を選任することが義務付けられた。

(イ)　国家公務員法が改正され，政省令で定める割合の女性国家公務員を国が採用することが義務付けられた。

(ウ)　裁判所法，検察庁法および弁護士法が改正され，政省令で定める割合の裁判官，検察官および弁護士を女性とすることが義務付けられた。

(エ)　雇用の分野における男女の均等な機会や待遇の確保等を目的とする男女雇用機会均等法が制定された。

(オ)　労働者の育児休業の権利を定める育児休業法が制定された。

問3　下線部③に関する記述として最も適切なものを以下の選択肢(ア)〜(オ)から2つ選び，その記号をマーク解答用紙の所定の解答欄にマークせよ。

(ア)　男女共同参画社会基本法は，男女共同参画社会の実現を21世紀の日本社会を決定する最重要課題と位置付けている。

(イ)　男女共同参画社会基本法は，国に，男女共同参画社会の形成を阻害する要因によって人権を侵害された被害者の救済を図るために必要な措置を講じることを求めていない。

(ウ)　男女共同参画社会基本法は，事業者に対し，男女間で賃金，雇用条件等に格差を設けることを禁止している。

(エ)　男女共同参画社会基本法は，すべての会社その他の団体が，政省令に定める割合の女性役員を選任することに努めることを規定している。

(オ)　男女共同参画社会基本法は，国及び地方公共団体が策定し実施する男女共同参画社会の形成を促進するための措置に，積極的改善措置を含めている。

問4　文中の空欄 [A]，[B]，[C]，[D]，[E]，[F]，および [G] に入る最も適切な語句を記述解答用紙の所定の解答欄にそれぞれ漢字で記入せよ。

II　以下の文章を読み，下記の問いに答えよ。

経済全体の資金・財・サービスの動きを考える。この時，企業，家計，政府の3つの経済主体がお互いに取引を行うと考えることができる。企業が事業を行うためには資本と労働(1)が必要である。企業は株式発行や借入などを通じて資金を調達(2)する。この株式を購入(3)するのが家計である。なお，株式を購入するのは家計だけではない。日本の上場企業の株式保有比率を見ると，個人だけではなく，事業法人，金融機関，外国法人等も株式を保有している(4)。日本には上場企業だけではなく，多くの非上場の株式会社(5)が存在する。

同様に，労働についても家計が提供し，これに対して企業が賃金を支払う。日本の労働市場には，いくつかの特徴がある。一つの特徴は諸外国と比較して労働時間が長いことである。このことは以前から指摘されているにもかかわらず，なかなか変化が見られなかった。このことに対処するために行われたのが，いわゆる働き方改革(6)である。日本の労働市場のもう一つの特徴は労働組合の組織率が年々低下していること(7)である。

企業は資本や労働を用いて財・サービスを生産する。市場において企業がどのような行動をとるかは市場の状況によって異なる。需要曲線の傾きが相対的に急である場合(8)と緩やかな場合で企業が取るべき行動が異なることもある。また，市場において，企業はある程度の価格支配力を持っている場合もあるし，(9)全く持っていない場合もある。

市場においては需要と供給が一致する点で均衡価格・均衡取引数量が決まる。市場の状況が変化すると均衡価格・均衡取引数量も変化する可能性がある。例えば，(10)製品を製造するための費用に関して変化があった場合や，(11)価格以外で需要に影響を与える要因に変化があった場合にこれらは変化する。

個々の市場の均衡価格・均衡取引数量は需要と供給によって決定されるが，需要や供給は当然，失業や GDP などのマクロ経済の影響を受けている。景気の安定や物価の安定等を目的として財政政策や金融政策など，さまざまな政策が行われている。

問 1　下線部(1)と関連して，財やサービスを生産する際に必要なものの名称として最も適切なものを(ア)～(エ)から 1 つ選び，その記号をマーク解答用紙の所定の解答欄にマークせよ。

(ア)　代替財　　　(イ)　生産要素

(ウ)　生産性　　　(エ)　プラスの財

問 2　下線部(2)と関連して，日本において普通株式を購入した株主と企業に資金を貸し付けている債権者について述べた次のうち適切なものを(ア)～(エ)から 1 つ選び，その記号をマーク解答用紙の所定の解答欄にマークせよ。

(ア)　株主も債権者も，どちらも会社の最高意思決定機関の決議に参加できる。

(イ)　株主は会社の最高意思決定機関の決議に参加できるが，債権者は参加できない。

(ウ)　株主は会社の最高意思決定機関の決議に参加できないが，債権者は参加できる。

(エ)　株主も債権者も，どちらも会社の最高意思決定機関の決議に参加できない。

問 3　下線部(3)に関連して，企業は株主に利益の一部を分配することがある。このことを何と呼ぶか。漢字 2 文字で記述解答用紙の所定の解答欄に記述せよ。

問 4　下線部(4)と関連して，過去 30 年程度の日本の上場企業の株式保有比率について述べた次のうち適切なものを(ア)〜(エ)から 1 つ選び，その記号をマーク解答用紙の所定の解答欄にマークせよ。

(ア)　外国法人等による株式保有比率も，金融機関や事業法人による株式保有比率もどちらも増加している。

(イ)　外国法人等による株式保有比率は増加傾向にあるが，金融機関や事業法人による株式保有比率は減少している。

(ウ)　外国法人等による株式保有比率は減少傾向にあるが，金融機関や事業法人による株式保有比率は増加している。

(エ)　外国法人等による株式保有比率も，金融機関や事業法人による株式保有比率もどちらも減少している。

問 5　下線部(5)と関連して，2005 年に制定された会社の運営や制度に関する基本的な法律の名称を記述解答用紙の所定の解答欄に記述せよ。

問 6　下線部(6)と関連して，働き方改革に関する法案が一括して成立した。この働き方関連法の内容として適切なものを(ア)〜(エ)から 1 つ選び，その記号をマーク解答用紙の所定の解答欄にマークせよ。

(ア)　残業時間の上限規制　　(イ)　雇用保険の充実

(ウ)　外国人技能実習制度の充実　　(エ)　派遣労働の規制緩和

問 7　下線部(7)と関連して，日本の労働組合について述べた(ア)〜(エ)から適切なものを 1 つ選び，その記号をマーク解答用紙の所定の解答欄にマークせよ。

(ア)　近年，増加しているサービス業の労働者や非正規労働者は組合に所属している割合が小さい。

(イ)　労働組合の団結権を具体的に定めているのは労働基準法である。

(ウ)　産業別組合が主流である。

(エ)　公務員と民間企業の従業員もどちらも労働三権は同じく認められている。

問 8　下線部(8)と関連して，需要曲線の傾きと需要の価格弾力性の関係について述べた(ア)〜(エ)から適切なものを 1 つ選び，その記号をマーク解答用紙の所定の解答欄にマークせよ。ただし，需要の価格弾力性は正（0 よりも大きい）となるように定義されているとする。

(ア)　需要の価格弾力性が大きい時には需要曲線の傾きは緩やかになる。

(イ)　需要の価格弾力性が大きい時には需要曲線の傾きは急になる。

(ウ)　需要の価格弾力性が大きい時に需要曲線の傾きがどうなるかは一概には言えない。

(エ)　需要の価格弾力性と需要曲線の傾きは関係がない。

問 9　下線部(9)と関連して，完全競争市場について考える。完全競争市場の説明として適切なものを(ア)〜(エ)から１つ選び，その記号をマーク解答用紙の所定の解答欄にマークせよ。

(ア)　市場に参入障壁があるが，撤退する自由は認められている。

(イ)　買い手の数は少数であるが，売り手の数は多いため，買い手から見て十分な競争が保証されている。

(ウ)　競争が激しいため，製品の差別化や広告・宣伝活動が活発に行われている。

(エ)　品質や，価格などの情報は全ての売り手・買い手に共有されている。

問 10　下線部(10)と関連して，輸入エネルギーを大量に使用して財・サービスを生産している産業を考える。今，円安が予想以上に進んだ場合，均衡価格・均衡取引数量はどのように変化すると予想できるか。適切なものを(ア)〜(エ)から１つ選び，その記号をマーク解答用紙の所定の解答欄にマークせよ。なお，需要に関しては円安の影響はとても小さいとする。

(ア)　均衡価格は上昇し，均衡取引数量は減少する。

(イ)　均衡価格は上昇するが，均衡取引数量はどうなるかは分からない。

(ウ)　均衡価格は下落し，均衡取引数量は増加する。

(エ)　均衡価格は下落するが，均衡取引数量はどうなるかは分からない。

問 11　下線部(11)と関連して需要曲線を左にシフトさせる要因として適切なものを(ア)〜(エ)から１つ選び，その記号をマーク解答用紙の所定の解答欄にマークせよ。

(ア)　財に対する税金が軽減された。

(イ)　所得が減少した。

(ウ)　競合する輸入品の価格が上昇した。

(エ)　市場の失敗が発生している。

Ⅲ　以下の文章を読み，下記の問いに答えよ。

人口はどのような要因で変動するか，そして人口変動は社会にどのような影響をおよぼすか。これらの主題は，古今東西の経済・政治思想の大きな関心を集めてきた。

まず人口を食糧生産と結びつける考え方があらわれた。『人口論』として知られる著作をあらわしたイギリスの経済学者の名を冠した「(　A　)の罠」という定式がその一例である。これは「人口は幾何（等比）級数的に増加するが食糧生産は算術（等差）級数的にしか増加しない」という命題から説き起こして，「人口が増大しつづけると一人当たりの（　B　）は生存に必要な最低限を下回り，人口は生存ぎりぎりの生活水準で静止する」という主張につながる。この考え方は，一方では①「それなら食糧を増産して人口を増やそう」という国連等の政策と，他方では「食料が限られているのだから人口を抑制しよう」という政策と，ともに結びつくことになる。

他方で，人口は賃金と関係があるのではないか，という見方もあらわれた。図Ⅲ-1にあるように，イングランドの事例では実質賃金と②総再生産率（＝合計特殊出生率の計算において，生まれる子供の数を女児だけについて求めた出生率の指標）のあいだに緩やかな（　C　）関係がみられる。ただし図をよくみると実質賃金の上昇と総再生産率の上昇には③一定の時間差があることがわかる。また図の 1801 年以降の曲線は④それまでの時期とは異なった動きを示している。

人口変動のもたらす影響についてもさまざまな学説が提起された。人口が増大すると，より多くの食糧が必要になる。そのため開墾がすすみ，条件の悪い土地でも農業がおこなわれるようになる。そうすると食糧価格は（　D　）し，その結果，労働者に支払う賃金が（　E　）して，企業の利潤が減って経済成長が止まってしまう――この考え方は上記のAと同じ時代に活躍したイギリスの別の経済学者の名を冠して「(　F　)の罠」と呼ばれている。人口増大を経済成長の限界と結びつけるこの考え方は，⑤「それなら農産物を輸入しよう」という主張につながることになる。

上記のAやFの考え方がいずれも人口の「増大」を懸念する視点に立っていたのは，これらの学説が人口が増え続ける社会を念頭に置いていたためでもあるが，現在では日本をはじめ各国で⑥人口の「減少」が問題とされている。日本の高度経済成長の時代は，生産年齢人口が従属人口のほぼ2

倍存在した⑦「人口ボーナス」の時代だったといわれる。逆に，21世紀には従属人口の比率が大きくなる「人口オーナス」の時代が到来するといわれており，人口減少の負の側面があらわれることが予測されている。

図Ⅲ－1　実質賃金と総再生産率（イングランド，1551–1901年）

注）左縦軸：実質賃金指標，右縦軸：総再生産率

John A. Black, *BMJ*, 1997;315:1686 および E. A. Wrigley and R. S. Schofield, *The Population History of England. 1541-1871*, Harvard University Press, 1981 より引用

問1　空欄（　A　）に入る人名の姓を記述解答用紙の所定の解答欄にカタカナで記入しなさい。

問2　空欄（　B　）に入る最も適切な語句を以下の選択肢(ア)〜(オ)から1つ選び，その記号をマーク解答用紙の所定の解答欄にマークせよ。

(ア)　食糧価格　　(イ)　農地価格　　(ウ)　食糧供給
(エ)　食糧需要　　(オ)　出生数

問3　下線部①に最も関連が深い事項を以下の選択肢(ア)〜(オ)から1つ選び，その記号をマーク解答用紙の所定の解答欄にマークせよ。

(ア)　緑の革命　　(イ)　パルメ委員会　　(ウ)　ナイロビ宣言
(エ)　国連貿易開発会議　　(オ)　新国際経済秩序

問4　下線部②について正しい説明を以下の選択肢(ア)〜(オ)から1つ選び，その記号をマーク解答用紙の所定の解答欄にマークせよ。

(ア)　総再生産率は出産可能年齢の制約がないので，合計特殊出生率よりも高くなりやすい。

(イ)　合計特殊出生率は生まれた男児・女児数を合算するので，総再生産率よりも低くなる。

(ウ)　合計特殊出生率と比べて総再生産率は，出産を直接に担うとされた性に着目した指標である。

(エ)　乳幼児死亡率は女児の方が低いので，総再生産率は合計特殊出生率よりも高くなりやすい。

(オ)　男女の選択的な出産（産み分け）が行われている社会では，そうでない社会と比べて総再生産率は合計特殊出生率よりも低くなりやすい。

問5　空欄（　C　）に入る最も適切な語句を記述解答用紙の所定の解答欄に漢字2文字で記入しなさい。

問6　下線部③について図から読み取れる事実を表現している文を以下の選択肢(ア)〜(オ)から1つ選び，その記号をマーク解答用紙の所定の解答欄にマークせよ。

(ア)　実質賃金が高くなると親世代の生活が安定し，次世代の結婚・出産数が大きくなる。

(イ)　実質賃金の「谷」（最低点）と「山」（最高点）は，それぞれ総再生産率の「谷」「山」よりもおおむね先行している。

(ウ)　実質賃金の変動幅よりも総再生産率の変動幅が小さいのは，結婚・出産を左右する条件の変化の方が，賃金の変更よりも時間がかかるからである。

(エ)　総再生産率が低下すると人口が減少するので，人手不足になり，次世代の実質賃金が上昇する。

(オ)　1801 年以降の実質賃金の急激な上昇はイギリス産業革命の影響である。

問7　下線部④について図から読み取れる事実を表現している文を以下の選択肢(ア)〜(オ)から1つ選び，その記号をマーク解答用紙の所定の解答欄にマークせよ。

(ア)　1801 年以降は実質賃金の上昇率と総再生産率の下落率がおおむね等しくなっている。

(イ)　実質賃金と総再生産率が等しくなる時点が過去にも数回みられた。

(ウ)　実質賃金が上昇する局面は過去にもあったが，総再生産率の動きと大きく異なるようになったのは 1801 年以降がはじめてである。

(エ)　実質賃金が上昇しているのに総再生産率が下がったのは生活費・学費の高騰が原因である。

(オ)　実質賃金と総再生産率は20世紀に入って改めて同じ方向に動くようになっている。

問8　空欄（　D　）（　E　）に入る最も適切な語句の組み合わせを以下の選択肢(ア)〜(エ)から1つ選び，その記号をマーク解答用紙の所定の解答欄にマークせよ。

(ア)　D：上昇　E：上昇　　(イ)　D：減少　E：上昇

(ウ)　D：上昇　E：減少　　(エ)　D：減少　E：減少

問9　空欄（　F　）に入る人名の姓を記述解答用紙の所定の解答欄にカタカナで記入しなさい。

問10　下線部⑤の主張を支える学説として最も適切なものを以下の選択肢(ア)〜(オ)から1つ選び，その記号をマーク解答用紙の所定の解答欄にマークせよ。

(ア)　国民所得の三面等価　　(イ)　比較生産費説

(ウ)　シュワーべの法則　　(エ)　幼稚産業保護論

(オ)　ノン・ルフールマンの原則

問11　下線部⑥に関連して，日本の公的年金・保険制度について正しい説明を以下の選択肢(ア)〜(オ)から1つ選び，その記号をマーク解答用紙の所定の解答欄にマークせよ。

(ア)　後期高齢者医療制度の一環として介護保険制度が導入された。

(イ)　年金制度のマクロ経済スライドとは，物価の変動分を年金給付額に反映させる仕組みである。

(ウ)　公的年金制度の積立方式は公平性に優位があるとされるが，賦課方式は景気変動とインフレに対応できるとされる。

(エ)　確定拠出年金は基礎年金制度の一部であり，拠出額があらかじめ定まっている。

(オ)　日本の社会保険は強制加入ではなく，任意加入を原則としている。

問12　下線部⑦に関連して，「人口ボーナス」が経済成長に有利とされる理由は何か。正しい説明を以下の選択肢(ア)〜(オ)から選び，その記号をマーク解答用紙の所定の解答欄にマークせよ（複数回答可）。

(ア)　生産年齢にあたる世代は出産・子育てにも関わるため，この世代の人口が多ければ人口がますます増大するから。

(イ)　生産年齢にあたる世代は住宅ローンを借りることが多く，このことが銀行の金利を押し下げて社会全体の投資を有利にするから。

(ウ)　生産年齢にあたる世代は医療保険の保険料を納付するが，医療保険の給付を受けることは少ないので，それだけ公共事業などにあてられる資金が潤沢になるから。

(エ)　一般に若い従業員の賃金は高齢者より低いため，企業の投資に回す分が大きくなるから。

(オ)　従属人口が少ないと教育・介護に振り向けられる人材が製造業などにより多く就業するため。

Ⅳ　以下の文章を読み，下記の問いに答えよ。

1990年代にインターネットで世界はつながり始め，これを利用する事業会社が起こされた。成功が見込まれた株式会社は新規株式公開①し金融商品取引所（証券取引所）に相次いで株式を上場②した。90年代後半はIT企業の株価が急騰したが，2000年代に入るとこのドットコムバブル③は崩壊した。2010年代にインターネットに接続④できるモバイル機器が普及すると，個人が情報を発信するTwitterなどSNS⑤の利用も広がった。

今日のインターネットは，取引相手を見つける場Aを提供する。例えば，提供可能なサービスとその報酬を登録するサイトをインターネットに開設する業者⑥がある。これまで派遣社員⑦に業務を行わせていた企業が，インターネットに求人広告を出し，インターネット上の広告や広告集約サイトをみて応募してきた者と雇用契約を直接結び，嘱託社員，パートタイム労働者，アルバイト，［ a ］として業務を行わせることができるようになった。正規社員や非正規社員の他に，企業と直接，業務の［ b ］契約を結んで働く人々がいる。彼らはその企業の従業員ではなく，労働時間も完全に自由裁量で決めている。彼らは企業が保険料の半分を負担する厚生年金保険⑧にも加入していない。形式的には［ b ］契約を結んでおきながら，実態は派遣社員と同じように企業が勤務時間を管理している場合があり，問題が生じている。

問１　文中の下線部①の前後で多くの株式会社が行うことは何か。最も不適切なものを下記の選択肢(ア)～(オ)から１つ選び，その記号をマーク解答用紙の所定の解答欄にマークせよ。

(ア)　譲渡制限がない株式を準備しておく。

(イ)　まだ株主でない投資家を株主総会に参加させる。

(ウ)　投資家に会社の事業内容を開示する。

(エ)　金融商品取引所の上場基準を達成しておく。

(オ)　新たに株式を発行し資金を調達する。

問２　文中の下線部②がもたらす影響・効果は何か。最も不適切なものを下記の選択肢(ア)～(オ)から１つ選び，その記号をマーク解答用紙の所定の解答欄にマークせよ。

(ア)　投資家が株式を売買しやすくなる。

(イ)　公募増資など，投資家から企業が資金を調達しやすくなる。

(ウ)　取締役や従業員が，ストック・オプションの形で受け取った報酬を現金化しやすくなる。

(エ)　上場企業のひとつになることで，知名度が高くなる。

(オ)　定時株主総会を開催しなければならなくなる。

問３　文中の下線部③に対応する英単語本来の意味は泡であるが，文中のように資産価格の様子についても使われる。この場合の意味を，記述解答用紙の所定の解答欄に，20字以上30字以内で説明せよ。句読点も１字と数える。

問４　文中の下線部④に関連して，表Ⅳ-１はインターネットを利用している人々の割合（インターネット利用率），SNSの平均利用時間，テレビの平均視聴時間について年齢階層別に調査した結果である（一部を抜粋）。この表から読み取れることとして，最も不適切なものを下記の選択肢(ア)～(オ)から１つ選び，その記号をマーク解答用紙の所定の解答欄にマークせよ。

(ア)　提示された年齢層すべてについて，インターネット利用率は毎年増加している。

(イ)　提示された年齢層すべてについて，SNSの平均利用時間は毎年増加しているとは限らない。

(ウ)　提示されたすべての年について，SNSの平均利用時間は提示された年齢層が高いほど短い。

(エ)　提示されたすべての年について，テレビの平均視聴時間は提示された年齢層が高いほど長い。

(オ)　10歳代40歳代はSNS平均利用時間を増やすため，テレビの平均視聴時間を減らす傾向が見られる。

表Ⅳ－1　インターネット利用率，テレビおよびSNS利用時間の推移（平日）

年齢層	調査実施年	SNS平均利用時間（分/日）	テレビ平均視聴時間（分/日）	インターネット利用率（%）
10代	2016年	130.2	89.0	78.9
	2017年	128.8	73.3	88.5
	2018年	167.5	71.8	89.0
	2019年	167.9	69.0	92.6
40代	2016年	97.7	160.5	78.4
	2017年	108.3	150.3	83.5
	2018年	119.7	150.3	87.0
	2019年	114.1	145.9	91.3
60代	2016年	46.6	259.2	41.7
	2017年	38.1	252.9	45.6
	2018年	60.9	248.7	59.0
	2019年	69.4	260.3	65.7

（出典）総務省情報通信政策研究所「令和元年度情報通信メディアの利用時間と情報行動に関する調査」

問5　文中の下線部⑤の略称で表わされる3つの英単語を，記述解答用紙の所定の解答欄に記入せよ。

問6　文中の下線部⑥の例として，料理の宅配サービスを扱うウーバーイーツや，業者でない人々が提供するベッドや部屋を利用する宿泊サービスを扱うエアービーアンドビーなどがある。こうした仲介サイト業者の特徴として最も不適切なものを下記の選択肢(ア)～(オ)から1つ選び，その記号をマーク解答用紙の所定の解答欄にマークせよ。

(ア)　サイト運営業者自身は，配達サービスや宿泊サービスを提供しない。

(イ)　利用者が評価や感想を書き込めるなど，サービスの質を利用者が事前に推測できる仕掛けがある。

(ウ)　サイトに登録したサービス提供者が，利用者を巡って互いに競争している。

(エ)　サイト運営業に対する法的規制によって，独占ないし寡占状態がもたらされている。

(オ)　サービス内容が比較的簡単にわかるような工夫がある。

問7　文中の下線部⑦は，非正規雇用形態のひとつである。非正規雇用に関する以下の記述のうち，最も不適切なものを下記の選択肢(ア)〜(オ)から1つ選び，その記号をマーク解答用紙の所定の解答欄にマークせよ。

(ア)　労働者派遣法が改正され派遣対象業務が拡大した1990年代半ばから，その人数が増加した。

(イ)　非正規雇用者の大半は，雇用主と有期雇用契約を結んでいる。

(ウ)　有期労働契約が更新され5年を超えたとき，労使双方が合意すれば，無期労働契約に転換できる。

(エ)　新型コロナウイルス感染拡大に伴い，働く機会を失った非正規雇用者の数が増えた。

(オ)　パートタイム・有期雇用労働法は，非正規雇用者であることを理由とした不合理な待遇格差を禁止している。

問8　文中の下線部⑧は社会保険の一部である。加入者は予め保険料を支払い，傷病・老齢・障害・死亡・要介護・失業など，生活困難をもたらす事故が生じたときに，保険金を受け取る。これに関連した以下の記述のうち，最も不適切なものを下記の選択肢(ア)〜(オ)から1つ選び，その記号をマーク解答用紙の所定の解答欄にマークせよ。

(ア)　日本では，国民のすべてを対象とする皆保険が実現している。

(イ)　生活困窮者に各種扶助手当を支給する生活保護は，社会保険の一種である。

(ウ)　労働者を雇用する事業主は，一部例外を除き，雇用保険に加入しなければならない。

(エ)　労働者を雇用する事業主は，一部例外を除き，労働者災害補償保険に加入しなければならない。

(オ)　介護が必要になった者が一部の自己負担で介護サービスを受ける介護保険は，社会保険の一種である。

問9　文中の空欄［ a ］，［ b ］に入る最も適切な語句を，それぞれ記述解答用紙の所定の解答欄に記入せよ。

問 10　文中の波線部Ａに関連して，商品取引所は取引相手を発見する「従来型の場」の例である。図Ⅳ－1はある商品取引所における原油（デュバイ産，１バレル＝約 160 リットルあたり）の価格（米ドル表示）の推移を示す。図Ⅳ－1における最高値は約 130 ドル/バレルであるが，数ヶ月後には約 41 ドル/バレルと３分の１以下に下落した。この時期にこのような価格下落をもたらした理由は何か。最も適切なものを下記の選択肢(ア)～(エ)から１つ選び，その記号をマーク解答用紙の所定の解答欄にマークせよ。

(ア)　リスボン条約発効の目処が立ち，EU 経済圏の発展が見込まれたため。

(イ)　サウジアラビアの WTO 加盟により原油の安定供給が見込まれたため。

(ウ)　環太平洋地域の TPP 加盟国に対し，米国が原油の安定供給を約束したため。

(エ)　リーマンショックが生じて世界全体が不況になり需要の減少が予想されたため。

図Ⅳ－1：原油価格の推移

（出典）World Bank Commodity Price Data より Crude oil（Dubai）を抜粋して作図。

数学

(90 分)

1　[ア]～[エ] にあてはまる数または式を記述解答用紙の所定欄に記入せよ。

(1)　数列 $\{a_n\}$ が次の条件を満たしている。

(i)　$a_1=a_2=4$

(ii)　$a_{n+2}=a_n^{\log_2 a_{n+1}}$　$(n=1,\ 2,\ 3,\ \cdots\cdots)$

このとき，$\log_2(\log_2 a_{10})=$ [ア] である。

(2)　実数 x，y が $x^2+y^2\leqq 3$ を満たしているとき，$x-y-xy$ の最大値は [イ] である。

(3)　a を実数とする。数列 $\{a_n\}$ が次の条件を満たしている。

(i)　$a_1=a$

(ii)　$a_{n+1}=a_n{}^2-2a_n-3$　$(n=1,\ 2,\ 3,\ \cdots\cdots)$

このとき，すべての正の整数 n に対して，$a_n\leqq 10$ となるような a の最小値は [ウ] である。

(4)　3 次関数 $f(x)$ は，$x=1$ で極大値 5 をとり，$x=2$ で極小値 4 をとる。関数 $f(x)$ $(x\geqq 0)$ のグラフを，原点を中心に時計回りに θ 回転して得られる図形を $C(\theta)$ とする。ただし，$0<\theta<\pi$ とする。$C(\theta)$ と x 軸の共有点が相異なる 3 点であるとき，それらを x 座標が小さい順に P_θ，Q_θ，R_θ とする。線分 $\mathrm{Q}_\theta\mathrm{R}_\theta$ と $C(\theta)$ で囲まれた部分の面積が $\dfrac{81}{32}$ であるとき，Q_θ の x 座標は [エ] である。

2　空間ベクトルに対し，次の関係を定める。

> $\vec{a}=(a_1,\ a_2,\ a_3)$ と $\vec{b}=(b_1,\ b_2,\ b_3)$ が，次の(i)，(ii)，(iii)のいずれかを満たしているとき，$\vec{a}$ は $\vec{b}$ より前であるといい，$\vec{a}<\vec{b}$ と表す。
>
> (i)　$a_1<b_1$　　(ii)　$a_1=b_1$ かつ $a_2<b_2$
>
> (iii)　$a_1=b_1$ かつ $a_2=b_2$ かつ $a_3<b_3$

空間ベクトルの集合 $P=\{(x,\ y,\ z)\,|\,x,\ y,\ z$ は 0 以上 7 以下の整数$\}$ の要素を前から順に $\vec{p}_1,\ \vec{p}_2,\ \cdots\cdots,\ \vec{p}_m$ とする。ここで，m は P に含まれる要素の総数を表す。つまり，$P=\{\vec{p}_1,\ \vec{p}_2,\ \cdots\cdots,\ \vec{p}_m\}$ であり，

$$\vec{p}_n<\vec{p}_{n+1}\quad (n=1,\ 2,\ \cdots\cdots,\ m-1)$$

を満たしている。次の設問に答えよ。

(1)　$\vec{p}_{67}$ を求めよ。

(2)　集合 $\{n\,|\,\vec{p}_n\perp(1,\ 0,\ -2)\}$ の要素のうちで最大のものを求めよ。

3　座標空間において，2 つの円 $C_1,\ C_2$ を

$$C_1=\{(x,\ y,\ 0)\,|\,x^2+y^2=1\},\ C_2=\{(0,\ y,\ z)\,|\,(y-1)^2+z^2=1\}$$

とする。次の設問に答えよ。

(1)　C_1 上の 2 点と C_2 上の点 $(0,\ 1,\ 1)$ を頂点とする正三角形を考える。このような正三角形の 1 辺の長さをすべて求めよ。

(2)　すべての頂点が $C_1\cup C_2$ 上にある正四面体を考える。このような正四面体の 1 辺の長さをすべて求めよ。

ニ　かぜいづくにあたへんや。
ホ　かぜなにをかあたへんや。

問二十二　本文の内容と合致しないものを、次の中から一つ選び、解答欄にマークせよ。
イ　心地よいと感じるかどうかは、吹く風の種類によるのではなく、風に吹かれた人の境遇如何にかかっている。
ロ　宋玉は、王に吹く風と庶民に吹く風とでは風の種類が違い、庶民には王に吹く風をとうてい味わうことができない、と暗に批判した。
ハ　宋玉の発言の中に物事の本質が含まれており、風に吹かれた時の感じ方は、結局のところ、その人の身分の相違によって決まってくる。
ニ　民の上に立つ士であれ、ひどい境遇に置かれ自尊心が挫かれたならば、どんなに景観にすぐれる場所へ行っても、心ふさいで「快哉」とは叫べなくなる。
ホ　宋玉の発言は、襄王の思い上がりを諌めるという点で一定の効果があったかもしれないが、風を快いと感じるか否かの原因の説明としては合理性に欠けている。

風。[1]寡人所下与二庶人一共上者耶」。宋玉曰《ク》、「此《レ》独《リ》大王之雄風《ナル》耳。庶人安《クンゾ》得《ンヤト》レ共《ニスルヲ》レ之《ヲ》」。
玉之言、蓋《シ》有《ルナラン》レ諷《スルコト》焉。夫《レ》風《ニ》無二《シ》雌雄之異一《ナル》、而《レドモ》人《ニ》有《リ》二遇不遇之変一。楚王之[A]為楽、
与庶人之[B]為憂、此《レ》則《チ》人之変也。而[2]風何与焉。士生《マレ》二於世一《ニ》、使《メバ》三其《ノ》中《こころヲシテ》不《ラ》二自《ラ》得一、将《はタ》
何《いづクニ》往《ゆクトシテ》而非《ザランや》レ病《うれヒニ》。使《メバ》三其《ノ》中《ヲシテ》坦然《トシテ》不《ラ》二以《テ》レ物《ヲ》傷《いたマ》レ性《ヲ》、将《タ》何《クニ》適《クトシテ》而非《ザランヤ》レ快《ニ》。

（蘇轍「黄州快哉亭記」より）

（注）楚襄王…戦国時代の大国楚の王。宋玉・景差…ともに襄王に仕えた楚の臣下で、文学の才に長じた。
蘭台…宮殿の名。

問十九　傍線部1「寡人所与庶人共者耶」の解釈として最も適切なものを、次の中から一つ選び、解答欄にマークせよ。

イ　（この心地よさを）庶民と楽しめるのはわたしだけなのだろう。
ロ　（この心地よさを）庶民と共有できる人はとても少ないのだろう。
ハ　（この風は）わたしと庶民とがともに楽しめるものなのだろう。
ニ　（この風は）わたしから庶民への贈り物といってよいものだろう。

問二十　空欄 [A]・[B] には、二字の同じ語が入る。次の中から最も適切なものを一つ選び、解答欄にマークせよ。

イ　何必　　ロ　庶幾　　ハ　是以　　ニ　何為　　ホ　所以

問二十一　傍線部2「風何与焉」の読み方として最も適切なものを、次の中から一つ選び、解答欄にマークせよ。

イ　かぜなんぞあづからんや。
ロ　かぜなんぞともにせんや。
ハ　かぜなににかくみせんや。

ホ　私はどうなってしまうかわからない。わざわざ遠くまで見送りに来てくれたお礼に、なんとかしてこの笛を伝えたいものだ。

問十七　傍線部5「笛」とはどの笛か。最も適切なものを次の中から一つ選び、解答欄にマークせよ。

イ　時忠が作ったまじりまろ。

ロ　武能が持っていた笙の笛。

ハ　刑部丞義光が作った笙の笛。

ニ　むらの男の持っていた笙の笛。

ホ　右大臣雅定に伝わったまじりまろ。

問十八　本文の内容と合致するものとして、最も適切なものを次の中から一つ選び、解答欄にマークせよ。

イ　むらの男は、有名な時忠の吹く笙の笛を思わず手に入れることができたので、たいへんに喜んだ。

ロ　時忠は、むらの男の笙の笛の竹が欲しかったので、ことわりもなく別の竹と入れ替えて手に入れた。

ハ　むらの男が吹く笙の笛は、音程の異なる竹が混じっていて、祭りの場にはふさわしくなかったので、時忠が自分の笙の笛と交換してやった。

ニ　刑部丞義光は、時忠から時秀に伝わり、その後行方不明になっていたまじりまろを、密かに手に入れていた。

ホ　右大臣雅定は、時元が持っていたまじりまろをそっくり真似して作ったもう一つのまじりまろを持っていた。

三

次の文章を読んで、あとの問いに答えよ。なお、設問の都合上、返り点・送り仮名を省いたところがある。

昔楚ノ襄王従ヘシトキ㆓宋玉・景差ヲ於蘭台之宮ニ㆒、有リ㆓風ノ颯《さつ》然《ぜん》トシテ至ル者㆒。王披《ひら》キ㆑襟《えり》ヲ当《あ》タリテ㆑之ニ曰ク、「快イ哉《かな》、此ノ

ニ　右大臣雅定は、兄の大納言よりも才能があり優れていたので、太政大臣を大切にお世話申し上げた。
ホ　右大臣雅定の母は、兄の大納言よりも父の太政大臣に愛されていたので、太政大臣を大切にお世話申し上げた。

問十三　傍線部2「かやうの笛をこそ吹かめ」の解釈として、最も適切なものを次の中から一つ選び、解答欄にマークせよ。
イ　このような笛を吹きたい。
ロ　このような笛を吹くだろう。
ハ　このような笛を吹くはずだ。
ニ　このような笛を吹くのがよかろう。
ホ　このような笛を吹くことがあろうか。

問十四　傍線部A「（　）ならず」（三箇所）が、「なんとも言えないほど」という意味になるように、（　）に入る語として、最も適切なものを次の中から一つ選び、解答欄にマークせよ。
イ　え　　ロ　な　　ハ　いと　　ニ　こと　　ホ　ゆめ

問十五　傍線部3「心得」の終止形を、ひらがなで解答欄に記せ。

問十六　傍線部4「わが身はいかでもありなむ。道の人にて、この笛をいかでか伝へざらむ」の解釈として、最も適切なものを次の中から一つ選び、解答欄にマークせよ。
イ　私はどうしたらよいのだろう。東国の人々にこの笙の笛の音を伝えなくてはいけないのに。
ロ　私のことはどうでもよかろう。笙の笛の専門家として、この笛をどうして伝えないことがあろうか。
ハ　私はどうなってしまうかわからない。旅の途中だけれど、なんとかしてこの人に笛の調べを伝えたい。
ニ　私のことはどうなってもかまわない。この人も笙の笛の専門家であるから、この笛の調べを世に伝えなくてはならないはずだ。

荷祭などいふ祭わたるものの、吹きてわたりける笛の、響きことなる竹のまじりて聞え侍りければ、桟敷にて、時忠呼びよせて、「かかるはれには、同じくは、2かやうの笛をこそ吹かめ」とて、わが笛にとりかへて、「我をば見知りたるらむ、後にとりかへむ」といひければ、むらの男喜びて、「みな見知りたてまつれり」とて、とりかへたりけるを、すぐれたる響きありける竹を抜きかへて、（　A　）ならず調べ立ててたびたりければ、喜びてかへしえてなむ侍りける。そのまじりまろは、時忠が子の時秀といひしが伝へ侍りしを、子も侍らざりしかば、この頃は誰か伝へ侍らむ。

時忠は刑部丞義光といひし源氏の武者の、好み侍りしに教へて、その笛をもとよりとりこめて侍りけるほど、義光あづまの方へまかりけるに、時忠も、「いかでか年ごろの本意に送り申さざらむ」とて、はるばると行きけるを、「この笛のことを思ふにや」とや3心得けむ。4「わが身はいかでもありなむ。道の人にて、この笛をいかでか伝へざらむ」とて、返したびたりければ、それよりこそ暇請ひてかへりのぼりにけれ。その笛をかくたしなみたれども、時元若かりける時、武能といひて、（　A　）ならず笛調ぶる道の者ありけるが、年たけて、夜道たどたどしきに、時元手をひきつつまかりければ、いとうれしく思ひて、（　A　）ならず調ぶるやうども伝へて侍りければにや、いとことなる音ある5笛になむ侍るなる。

（『今鏡』より）

（注1）笙の笛…雅楽に用いる管楽器の一つ。環状に立て並べた長短十七本の竹管と吹き口のついた匏《ほう》とからなり、吹奏する。
（注2）むら…祭りの場などで演奏する民間の音楽集団。

問十二　傍線部1「兄の大納言よりもおぼえもおはし、もてなし申し給ひき」の解釈として、最も適切なものを次の中から一つ選び、解答欄にマークせよ。

イ　右大臣雅定は、兄の大納言よりも母から愛されていたので、母を大切にお世話申し上げた。
ロ　右大臣雅定の母は、兄の大納言よりも雅定を愛していたので、雅定を大切にお世話申し上げた。
ハ　右大臣雅定は、兄の大納言よりも信望もおありになり、太政大臣は雅定を大切にお世話申し上げた。

ハ　自己決定を手放した人間の生
ニ　他者の命を否定する人間の生

問十一　本文の内容と合致するものはどれか。最も適切なものを次の中から一つ選び、解答欄にマークせよ。

イ　普遍的な価値である「人格の尊厳」は、古代ギリシャでもヒューマニズムの中心に置かれてきたが、他者との共同関係がより複雑化した近代社会では、他の諸価値より優先されるようになった。
ロ　安楽死の問題は、現代の医療技術の進歩によってもたらされた当然の結果であり、人間が簡単には死ねなくなったことは、テクノロジーとヒューマニズムの対立という新たな難問を提起した。
ハ　医療が発達し、人間存在が生でも死でもない不安定な状態に置かれたことに対して、自己決定や生命尊重といった近代的価値を用いて答えを出そうとしても困難である。
ニ　近代社会は個人の生命を大切にしてきたが、その裏側では優れた人格だけを尊重しようとする意識が醸成されており、古代社会が求める名誉に値する者とは異質な「人格」が現れている。

二

次の文章を読んで、あとの問いに答えよ。

また太政の大臣の御子にては、右大臣雅定と申して、前にも舞人のこと申し侍る、中院の大臣とておはしき。御母、加賀兵衛とかいひしがいもうとにて、下臈女房におはせしかど、1兄の大納言よりもおぼえもおはし、もてなし申し給ひき。この大臣は才もおはして、公事などもよくつかへ給ひけり。(注1)笙の笛などすぐれ給へりける。時元とて侍りしを、すこしもたがへずうつし給へるとぞ。まじりまろといふ笛をも伝へ給へり。まじりまろとは、唐の竹、大和の竹の中に、すぐれたる音なるを選び作りたるとなむ。

まじりまろといふ笙の笛は二つぞ侍るなる。時元が兄にて時忠といひしも、作り伝へ侍るなり。(注2)むらといひて、稲

イ 優れた性格の持ち主

ロ 一人の人格の持ち主

ハ 社交的な人格の持ち主

ニ 他者を尊重する人格の持ち主

問七 文中から次の一文が脱落している。次の文が入る場所として最も適切なのは、（イ）〜（ホ）のうちどこか。最も適切なものを一つ選び、解答欄にマークせよ。

だからこそ、確かに「人格の尊重」は普遍的といってよい。

問八 傍線部4「それに関わる限りで尊重されるべき人格が現れてくる」とはどのようなことか。最も適切なものを次の中から一つ選び、解答欄にマークせよ。

イ 善や悪の価値基準が共有された共同体の中から、ディグニティを身に付けた社会的な指導者が生まれてくるということ。

ロ 古代社会のディグニティと同様に、今日でも社会的な共同を志向する限りにおいて人格形成がなされるということ。

ハ 人間は社会の中で一定の役割を果たすことでディグニティが芽生え、結果としてその社会における善悪の基準が形成されるということ。

ニ 他者との関係を築いていこうとする中で、何らかの「善」が共有されることによってディグニティが発生するということ。

問九 空欄 Ⅳ と空欄 Ⅴ に共通して入る最も適切な形容詞を、ひらがな五文字で解答欄に記せ。

問十 空欄 Ⅵ に入る語句として最も適切なものを次の中から一つ選び、解答欄にマークせよ。

イ 生きるに値しない人間の生

ロ 幸福追求を諦めた人間の生

問三　傍線部2「何ものにも代えがたい重みをもっている」のはなぜか。最も適切なものを次の中から一つ選び、解答欄にマークせよ。

イ　安楽死という自己決定は、生命並びに個性尊重というヒューマニズムを前提に意味づけられたものだから。

ロ　人間の自由や自己決定、幸福追求といった近代的な諸価値は、その根底に人間の生命の尊重があるから。

ハ　他人の生命を奪うことを最高度の犯罪とみなす近代社会では、社会の安定を維持する上で何よりも自他の生命が尊重されるから。

ニ　近代社会におけるヒューマニズムは、他者の生命を尊重するという倫理観によって社会秩序が維持されているから。

問四　傍線部3「安楽死のような状況では、原則的に調停不可能となった」とは、どのようなことか。最も適切なものを次の中から一つ選び、解答欄にマークせよ。

イ　人間にとって重要な二つの価値が対立する事態となった場合、例外を設けない限り二つの権利は両立できなくなったということ。

ロ　人間にとって重要な二つの価値が対立する事態となった場合、人間性に反しない限り自己決定権が優先されるようになったということ。

ハ　生命尊重よりも自己決定を優先させようとすれば、殺人とみなされていた事例も法的解釈を変更して無罪となる事態が生じるということ。

ニ　生命尊重よりも自己決定を優先させようとすれば、近代的価値の体系が崩れ、個人の自由や平等といった諸権利が失われるということ。

問五　空欄［Ⅰ］に入る最も適切な漢字二字を本文中から抜き出し、解答欄に記せ。

問六　空欄［Ⅱ］と空欄［Ⅲ］に共通して入る語句として最も適切なものを次の中から一つ選び、解答欄にマークせよ。

ない、ということになりかねないからだ。どうみても人格が破綻した者がいる、人格を疑いたくなる者がいるとして、彼を排除してよいのだろうか。近代ヒューマニズムといえば誰も疑おうとはしないが、実は、ヒューマニズムの裏側には恐るべきからくりが仕掛けられている。（ホ）

「人格の尊重」を、他者からの尊重に値するという前提で論じれば、社会的コミュニケーションがとれなくなった者はもはや尊重に値しないのか。こういう疑問がでてくるであろう。実は、ここに安楽死を考える重要な糸口もある。いや、それ以上といわねばならない。なぜなら、この問いは、安楽死には限られなくなってしまうからだ。ここでわれわれは、様々な意味で「　Ⅵ　」というまことにやっかいな問題を提起してしまったことになる。

（佐伯啓思『死にかた論』による）

問一　傍線部a～cの片仮名を、漢字（楷書）で解答欄に記せ。

問二　傍線部1「この近代的価値こそが、むしろ「死の問題」を相当に複雑で解決困難なものにしている」とは、どのようなことか。最も適切なものを次の中から一つ選び、解答欄にマークせよ。

イ　自己の幸福追求を絶対的な基準とした場合、人間の死という根源的な事実の重さに対して、様々な権利の正当性も有効には働かないということ。

ロ　安楽死や尊厳死の問題は、医療の発達によって生じた現代的な課題であり、科学技術の進歩を前にすると生命尊重という近代的価値が相対化されるということ。

ハ　生命尊重を絶対的な基準とした場合、人間としての尊厳を損なう状態に置かれたとしても延命が優先され、他の近代的価値と対立する事態が生じるということ。

ニ　自己決定に基づく安楽死の問題は、近代的価値の視点から見た場合、人格を持った人間が植物状態に置かれることへの拒否権の発動として意味づけられるということ。

れない。当たり前のことであろう。敬意とは当然、他者による敬意であり、そこに他者の目があり、他者との関係がある。簡単にいえば「社会」がある。社会のなかで一定の役割を果たす。他人にとって意味ある行為を行う。与えられた使命をまっとうする。何らかの意味で他人によって、社会的存在として認められる。つまり、人は「社会的」に意味ある存在でなければならない。(イ)

いずれにせよ、ここでは、他者に一定の働きかけを行い、それを他者によって評価される、という関係がなければならない。ということは、ここには、他者との共同関係の中で評価されたり非難される価値があるということだ。それは「善」や「悪」と呼ばれるものである。ここでは「善きもの」や「善き行為」が前提になっており、何らかの共有された「善」があり、それに関わる限りで尊重されるべき人格が現れてくるのである。(ロ)

ローマ人にとってディグニタスとは、優れた市民や力と徳(ヴィルトゥス)に満ちた勇者に与えられる名誉と切り離せなかったであろうし、古代ギリシャにおいても、名誉に値する者とは、徳をもち、弁舌さわやかに人を説得できる者であったろう。今日のわれわれは、もはや古代のローマ人のように、戦場での勇者や教養溢れる市民などというものにディグニティを感じることはめずらしいとしても、それでも、それなりの「敬意に値する者」という観念から自由であるわけではない。アメリカの大統領になるには、大統領に「Ⅳ」かどうかはやはり問題になる。学校の教師が特に強い倫理性を求められるのは、やはり、子供を指導するに「Ⅴ」人格が求められるからである。(ハ)

いや、このことに古代も近代もあるまい。人間が他者と共存して共同する限り、何らかの「敬意に値する」という観念が生まれるのは必定であり、「人格を尊重する」というディグニティの意識もここに生み出される。具体的な内容は、その社会のもつ伝統や状況によって決まるとしても、ディグニティを根本から失う社会はありえない。よかれあしかれ、何らかの「立派な人」や「立派な行い」という観念も、名誉の観念ももたない社会など存在しない。(ニ)

にもかかわらず、やっかいなのは、これを少し裏返してみれば、そこに恐るべき裏面がみえてくるからだ。それはほんの少し考えを巡らせてみればすぐわかる。なぜなら、「人格の尊重」というならば、「人格の破綻者」は尊重される必要は自尊心を破壊され、恥辱を与えられれば、これも「人格尊重」とはいえまい。人は徹底的に誇りを傷つけられて自殺することもあるのだ。

つまり、「人格の尊重」とは、ただ人が生きることを尊重するのではなく、［Ⅱ］として尊重する、ということである。でなければ、とてつもない極悪人の「人格」も十分尊重されねばならないということになるであろう。

とはいえ、「［Ⅲ］として尊重する」とはどういうことなのだろうか。

そもそも「人格」とは難しい言葉である。哲学者のイマヌエル・カント（１７２４〜１８０４）が『実践理性批判』などにおいて、人格の尊重を絶対的な価値として主張した時には、ただ生命の維持だけではなく、他者に対するそれなりの敬意や、人間としての尊厳の尊重という意味を含んでいた。ということは、人は、人格として尊重されるには、それなりの「人格の持ち主」でなければならないということなのである。これは大事な論点である。

「人格の尊厳」とは「ディグニティ（dignity）」である。ディグニティとは、もともと中世からルネサンスにかけてのヨーロッパにおいて、人間がそこに存在する限り認められるべき固有の価値、という意味を帯びてきたようだが、少なくともカント以降の近代社会においては、「人間として存在する限り尊重されるべき絶対的な価値」とみなされるようになった。

しかしその場合に、「尊重される」とはどういうことなのか。これも決して容易な問題ではない。もともと「ディグニティ」のもととなるラテン語「ディグニタス（dignitas）」には、「……に値する（worth）」という意味が含まれていた。もっといえば、「尊重に値する」「敬意を払うに値する」という意味がｃフズイしていた。だから、「人格の尊厳」とは、ただ生きているがゆえにそこにある権利、などというものではなく、「尊重に値するがゆえに与えられる権利」といわねばならない。

そしてこのことは次のことを意味するであろう。「敬意を払うに値する」といった時には、当然ながらそこに自分と他者の関係が前提となっている。この世に一人で生きて、「自分は敬意を払うに値する」などと独善に陥っても敬意は払わせば安楽死は殺人にはならない、という文言が付加された。それは、患者が病気に耐えがたく、病気の回復が見込めないことを複数の医師が判断し、しかも患者に明快な自死の要求がある場合には犯罪にはあたらない、としたのである。

こうして、オランダやスイス、そしてアメリカのいくつかの州では、安楽死は容認、つまり一定の条件を満たせば殺人とはみなさない、という法的判断が打ち出された。耐え難い苦痛からの脱出の最終手段としての自死という自己決定を、一定の条件のもとで優先するという一種の妥協であり、あるいは例外措置である。

しかし、ここに実は、正面からは語られていないきわめて重要なことが隠されている。

もう一度述べると、多くの安楽死問題は、「生命尊重の権利」と「自己の幸福に関する自己決定の権利」の対立として理解される。いま私が述べてきたのもそのことであった。このふたつの権利は、絶対王政から解放された近代の入り口にあっては、別に矛盾でも何でもなかった。「自己の幸福追求」は「生存」を前提としているからである。しかし、それから200年以上もたった今日、[3]このふたつの権利は、安楽死のような状況では、原則的に調停不可能となった。だから、一定の条件では法的裁可を問わない、という妥協と例外措置になったのである。しかし、問題はそれだけであろうか。

近代的価値の核心は、もう一度列挙すると次のようなものである。「生命尊重」「自己決定」「自己の幸福追求の自由」そしてもうひとつ「人格としての尊重」である。もっとも、「人格としての尊重」の中に「生命尊重」も「自己決定」「幸福追求」も含まれると考えれば、近代社会の基本的価値は、「個人の人格の尊重」に集約されるといってもよい。ところが安楽死の問題は、「個人の人格の尊重」では話が片付かないのである。「人格としての尊重」といっても、一方には「生命尊重」があり、他方には「自己決定」プラス「幸福追求の自由」があって、この両者の間の対立が生じる。苦痛の極限では「死」こそが [I] という事態が生じるからである。

しかも、ここにもうひとつの「人格としての尊重」がある。これは、たとえば、ある人の生命は保障するが半ば奴隷状態におかれる、あるいは、その意思を催眠にかけたかのように管理してしまう、といった事態であり、それでは「生命尊重」には反しないとしても「人格尊重」とはとてもいえない。また、生命も自由も与えられているが、徹底して侮辱されこれが無条件の生命尊重の帰結であり、安楽死や尊厳死の問題は、まさしくそのような状態が耐え難いものとなったからこそ出てきたのであった。

しかし同時に、人は「人格として尊重されるべき」だともいわれる。とすれば、そもそも「人格」とは何かが問われることになる。植物的状態に置かれ、生命維持装置によって生きながらえるのは果たして「人格」を尊重されているのか、と誰しもが思う。「植物」に人格がないのは当然として、「植物的」ならどうなのか。これは悪いジョウダンに聞こえるであろうが、われわれはこの種のジョウダンをまじめに問わなければならなくなってしまった。「尊厳死」という言葉を私は好まないが、それでもここで「尊厳」という言葉が使われるのは、まさに、このような終末が「人格の尊厳」なのかという問いを発したくもなるからである。

したがって、安楽死問題は、一方で、現代の医療技術の想定外の進歩の結果、人は簡単には死ねなくなってしまった結果である。と同時に、そこには、この近代的価値そのものが深く関わっているということにもなる。繰り返すが、それは一方では生命尊重を高々と掲げ、他方では、自己決定や自己の幸福追求権を掲げ、この両者がまったく対立してしまうのである。だから、この近代的価値をもってきて、安楽死問題に答えをだそうとしても無理な話である。

しかもこの場合、生命尊重は、いろいろある近代的諸価値のなかのひとつというようなものではなく、何ものにも代えがたい重みをもっているのだ。それは、近代のすべての価値の重心なのであって、ヒューマニズムの核心的価値なのだ。だから、いかなる形であれ、他人の生命の抹消に関わる行為はまずは殺人とみなされ、最高度の犯罪とされる。

ともあれ、生命尊重が安楽死問題に関してかなり厳しいハードルになっているのは、それを破ることが殺人罪という重罰に問われかねないからだ。保険金目当ての計画的殺人であれ、路上での衝動的殺人であれ、親分を殺されたヤクザの復讐であれ、そしてみるにみかねた嘱託殺人であれ、法的にはすべて殺人なのである。欧州における安楽死の先進国とされるオランダでは、1971年に、苦痛にあえぎ、しかもたびたび自分を殺してくれとアイガンする母親を、ある女性医師が安楽死させたポストマ事件があった。彼女は嘱託殺人に問われ有罪となった。しかし、その判決には、次の条件を満た

国語

（六〇分）

一

次の文章は、安楽死や尊厳死について論じた文章から一部を抜粋したものである。これを読んで、あとの問いに答えよ。

今日、われわれは、何か判断したり論じたりするときに、いわゆる人間中心主義（ヒューマニズム）と呼ばれる近代的価値観を前提にしている。いってみれば、今日のわれわれの倫理学の教科書には、大書してこの近代的ヒューマニズムが掲げられており、ヒューマニズムに反する論議など論外であって、あらかじめ排除されてしまう。教科書はいう。個人の生命と自由、幸福を追求する権利、そして一人一人の人格が平等に尊重されなければならない。これは絶対的で普遍的な価値である。と。

少し分解していえば、ここには次のような価値が含まれているといってよいだろう。生命尊重、人格尊重、個人的自由、自己決定、幸福追求の権利、これらの権利の平等性、そしてその権利の絶対的正当性、といったことだ。

われわれはそれを疑いのないものとしている。しかし、この近代的価値はどうも「死」という人間の根源的な事実を前にすると、ほとんど無力になってしまう。いやそれどころではない。この近代的価値こそが、むしろ「死の問題」を相当に複雑で解決困難なものにしているのではないのだろうか、とも思えてくる。

たとえば、生命尊重を無条件で絶対的とみなしたとしよう。すると、われわれは心臓が拍動している限り、意識があろうがなかろうが、植物的にベッドに転がされていようが、いかなる状態にあっても延命処置をほどこされることになる。

//////////////////// · memo · ////////////////////

2021年度

問題編

■一般選抜（地歴・公民型，数学型，英語４技能テスト利用型）

問題編

〔一般選抜（地歴・公民型）〕

▶試験科目・配点

教　科	科　　　目	配　点
外国語	「コミュニケーション英語Ⅰ・Ⅱ・Ⅲ，英語表現Ⅰ・Ⅱ」，ドイツ語，フランス語，中国語，韓国語のうちから１科目選択	80 点
地歴・公民	日本史Ｂ，世界史Ｂ，政治・経済のうちから１科目選択	60 点
国　語	国語総合，現代文Ｂ，古典Ｂ	60 点

〔一般選抜（数学型）〕

▶試験科目・配点

教　科	科　　　目	配　点
外国語	「コミュニケーション英語Ⅰ・Ⅱ・Ⅲ，英語表現Ⅰ・Ⅱ」，ドイツ語，フランス語，中国語，韓国語のうちから１科目選択	60 点
数　学	数学Ⅰ・Ⅱ・Ａ・Ｂ	60 点
国　語	国語総合，現代文Ｂ，古典Ｂ	60 点

〔一般選抜（英語４技能テスト利用型）〕

▶試験科目・配点

教科等	科　　　目	配　点
外国語	「コミュニケーション英語Ⅰ・Ⅱ・Ⅲ，英語表現Ⅰ・Ⅱ」，ドイツ語，フランス語，中国語，韓国語のうちから１科目選択	80 点
地歴・公民または数学	日本史Ｂ，世界史Ｂ，政治・経済，「数学Ⅰ・Ⅱ・Ａ・Ｂ」のうちから１科目選択	60 点
国　語	国語総合，現代文Ｂ，古典Ｂ	60 点
英語４技能テスト	出願時に提出されたスコアを次の表の通り換算する。提出しなかった場合，スコアの確認が取れなかった場合，スコアが満たない場合，出願できない。	5 点

【英語 4 技能テストの評価方法】

英語 4 技能テストの種類		得点換算（5 点満点）
実用英語技能検定（英検）	TOEFL iBT	
1 級合格	95 以上	5 点
準 1 級合格	72～94	0 点（出願可）
2 級合格以下	71 以下	出願不可

※実用英語技能検定（英検）は各級合格のみを評価し CSE スコアの総点および各技能点は問わない。

※TOEFL iBT は総点（Total Score）のみ評価し各技能点は問わない。

※上記以外の英語 4 技能テストの書類を提出しても出願できない。

▶備　考（一般選抜共通）

- 一般選抜の 3 つの制度は併願ができない。
- 外国語において，ドイツ語・フランス語・中国語・韓国語を選択する場合は，大学入学共通テストの当該科目〈省略〉を受験すること。共通テスト外国語得点（配点 200 点）を一般選抜外国語得点（配点 80 点，数学型は 60 点）に調整して利用する。
- 「数学Ｂ」は「確率分布と統計的な推測」を除く。

▶合否判定（英語 4 技能テスト利用型）

英語 4 技能テスト利用型の地歴・公民または数学，国語で合格基準点（非公表）を設ける。基準点に満たない教科がある場合は，合計点が合格最低点を超えていても不合格となる。

英語

(90 分)

I　次の会話文を読み，下記の設問に答えよ。

A guest is checking out of a hotel at the front desk.

Guest : Good morning. I'd like to check out.

Manager : Good morning, Madam. I hope you had a good night's sleep. There is no additional fee, so here is your receipt. (　1　) Is there anything I can help you with before you continue your journey?

Guest : Actually, could you arrange transport to the airport for me? I have a flight that leaves in about two and a half hours.

Manager : Certainly. You can take our free airport shuttle service. The next shuttle is leaving in fifteen minutes, and the ride to the airport should only take about half an hour. How does that sound?

Guest : (　2　) I'll just wait in the lounge area then.

Manager : In that case, while you wait, could you possibly answer a few simple questions for us? We're carrying out a customer satisfaction survey.

Guest : I'll do my best to answer them. (　3　)

Manager : Great! (イ)Let's dive right in. Were you, on the whole, satisfied with your stay?

Guest : Oh yes, for sure. I was very impressed.

Manager : Could you tell us what you especially liked about our hotel?

Guest: Your staff has been so helpful. It was my first time in France, and as I can't speak French, I was completely lost. I had a train map on my smartphone, but (ロ)I couldn't make head or tail of it. Your staff gave me step-by-step instructions on how to get to all of my appointments.

Manager: I'm glad to hear that we could be of help. Is there anything that we could improve on?

Guest: Well ... I understand this is central Paris and the hotel is four stars, but ...

Manager: Madam, we welcome any comments and suggestions. (ハ)Don't beat around the bush.

Guest: In that case ... I will be quite frank. I think 250 euros a night might be a bit pricey for a room with no breakfast.

Manager: (4) Thank you for the suggestion.

Guest: No problem.

Manager: Oh, I think everyone's boarding the bus now. Well, Madam, thank you again for staying with us. If there's anything we can help you with in planning your future travels, please【 A 】anytime.

(Original text)

設問1．空所（1）～（4）を埋めるのにもっとも適当なものを(a)～(h)からそれぞれ一つ選び，マーク解答用紙の所定欄にマークせよ。ただし，各選択肢は一度しか使えない。

(a) Beats me.
(b) Fire away.
(c) I'm not available.
(d) I see your point.
(e) Let's get together soon.
(f) That works for me.
(g) We are really into it.
(h) You are all set.

設問２．下線部(イ)～(ハ)の意味にもっとも近いものを(a)～(d)からそれぞれ一つ選び，マーク解答用紙の所定欄にマークせよ。

(イ) (a) Let's cut it short
 (b) Let's go to a suitable place
 (c) Let's make things better
 (d) Let's start immediately

(ロ) (a) I couldn't find it
 (b) I couldn't have it translated
 (c) I couldn't take it
 (d) I couldn't understand it

(ハ) (a) Be direct
 (b) Include all the details
 (c) Make things sound bigger
 (d) Speak politely

設問３．空所【A】を埋めるために，〔　〕の中の語を適切に並べ替えて，記述解答用紙の所定欄に書け。ただし，〔　〕の中には不要な語が二つ含まれている。

〔attempt / contact / do / feel / hesitate / not / to / us〕

II　次の英文を読み，下記の設問に答えよ。

Bilingualism and multilingualism are actually more common than you might think. In fact, it has been estimated that there are fewer monolingual speakers in the world than bilinguals and multilinguals. Although in many countries most inhabitants share just one language (for example, Germany and Japan), other countries have several official languages. Switzerland, for example, has about the same population as New York City (about eight million people), and yet it has four official languages: German, French, Italian, and Romansh. Throughout large parts of Africa, Arabic, Swahili, French, and English are often known and used by individuals who speak a different, indigenous (1) language in their home than they do in the marketplace. So bilingualism and multilingualism are pervasive worldwide. And with regard to cognitive abilities, the research on those who possess more than one language paints an encouraging picture.

For one thing, bilinguals outperform monolinguals on tests of selective attention and multitasking. Selective attention can be measured by what is called the "Stroop Test" in which individuals look at a list of color names written in different colors. The task is to name the colors that words are printed in, rather than say the word itself. Because we read automatically, it can be difficult to ignore the word "blue," and report that it is printed in green. Bilinguals perform better on the Stroop Test, as well as other measures of selective attention.

They also are better at multitasking. One explanation of this (i) is that speakers of two languages are continually inhibiting one of their languages, and this process of inhibition (2)confers general cognitive benefits to other activities. In fact, bilingual individuals outperform their monolingual counterparts on a variety of cognitive measures, such as performing concept-formation tasks, following complex instructions, and switching to new instructions. For the (ii) of completeness, it should be noted that the advantages of being bilingual are not universal across all cognitive domains. Bilingual individuals have been shown to have smaller vocabularies and to take longer in retrieving words from memory when compared to monolinguals. In the long run, however, the cognitive and linguistic advantages of being bilingual far outweigh these (イ)two issues.

If the benefits of being bilingual spill over to other aspects of cognition, then we would expect to see a lower incidence of Alzheimer's disease in bilinguals than in monolinguals, or (iii) a later onset of Alzheimer's for bilinguals. In fact, there is evidence to support this claim. The psychologist Ellen Bialystok and her colleagues obtained the histories of 184 individuals who had made use of a memory clinic in Toronto. For those who showed signs of dementia, the monolinguals in the sample had an average age at time of onset of 71.4 years. The bilinguals, (iv), received their diagnosis at 75.5 years, on average. In a study of this sort, a difference of four years is highly significant, and could not be explained by other systematic differences between the two groups. For example, the monolinguals reported, on average, a year and a half more schooling than their bilingual counterparts, so the effect was clearly not due to formal education.

A separate study, conducted in India, found strikingly similar results: bilingual patients developed symptoms of dementia 4.5 years later than monolinguals, even after other potential factors, such as gender and occupation, were controlled for. In addition, researchers have reported other positive effects of bilingualism for cognitive abilities in later life, even when the person acquired the language in adulthood. Crucially, Bialystok suggested that the positive benefits of being bilingual only really accrued to those who used both languages all the time.

But as encouraging as these kinds of studies are, they still have not established exactly how or why differences between bilinguals and monolinguals exist. Because these studies looked back at the histories of people who were already bilingual, the results can only say that a difference between the two groups was found, but not why that difference occurred. Further research is needed to determine what caused the differences in age of onset between the two groups.

Other studies of successful aging suggest that being connected to one's community and having plenty of social interaction is also important in forestalling the onset of dementia. Once again, however, the results are far less clear than the popular media might lead you to believe. 【 あ 】 So we can't really say whether being socially active prevents the onset of dementia, or if people who don't have dementia are more likely to be socially active.

(Adapted from *THE MIT PRESS READER*, July 18, 2019)

注 forestalling = preventing or obstructing

設問1．次の1．～5．について，本文の内容に合うものはマーク解答用紙のTの欄に，合わないものはFの欄にマークせよ。

1．The number of people who speak only one language is less than the number of people who speak multiple languages.

2．In the Stroop Test, participants were asked to say the name of the color used for the word written in text.

3．According to a study conducted by Bialystok and her colleagues, bilinguals tend to show signs of dementia earlier than monolinguals.

4．In the study of Bialystok and her colleagues, the monolingual group had a longer formal education than the bilingual group.

5．Bialystok and her colleagues have identified the exact factors affecting the difference in the average onset age of dementia between the monolingual and bilingual groups.

設問2．空所(ⅰ)～(ⅳ)を埋めるのにもっとも適当なものを(a)～(d)からそれぞれ一つ選び，マーク解答用紙の所定欄にマークせよ。

(ⅰ) (a) option (b) pitfall
(c) skepticism (d) superiority

(ⅱ) (a) conflict (b) consequence
(c) denial (d) sake

(ⅲ) (a) at fault (b) at least
(c) to postpone (d) to predict

(ⅳ) (a) above all (b) as a result
(c) in contrast (d) similarly

設問3．下線部(1)～(2)の意味にもっとも近いものを(a)～(d)からそれぞれ一つ選び，マーク解答用紙の所定欄にマークせよ。

(1) (a) artificial (b) native
(c) second (d) unfamiliar

(2)　(a)　changes　　(b)　gives
　　(c)　prefers　　(d)　restricts

設問４．空所【あ】を埋めるために，〔　　〕内の語をすべて適切に使用して記述解答用紙の所定欄の英文を完成させなさい。

〔almost, counterparts, healthier, lead, lives, social, their, who〕

〔解答欄〕

Older	individuals		
active			are,
	by	definition,	
than			who
rarely	leave	their	homes
or	interact	with	others.

設問５．下線部(イ)の内容にもっとも近いものを(a)〜(d)から一つ選び，マーク解答用紙の所定欄にマークせよ。

(a)　Bilinguals have smaller vocabularies and take more time to recall words than monolinguals.

(b)　Bilinguals have difficulty in alternating and sustaining attention on tasks.

(c)　Monolinguals have lower abilities in selective attention and multitasking than bilinguals.

(d)　Monolinguals have cognitive and linguistic disadvantages.

設問６．本文のタイトルとしてもっとも適当なものを(a)〜(d)から一つ選び，マーク解答用紙の所定欄にマークせよ。

(a)　Can Learning a Foreign Language Prevent Dementia?

(b)　Disadvantages of Learning a Foreign Language

(c)　Does Speaking Two Languages Increase the Risk of Alzheimer's Disease?

(d)　The Decrease in Foreign Language Ability in Alzheimer's Patients

III 次の英文を読み，下記の設問に答えよ。

In the United States, where fertility rates remain high, 20% of women are childless, which is twice as many as 30 years ago. There are an estimated 18% in England, 20% in Italy, and between 21% and 26% in Germany. We do not have figures for childless Japanese women, but we do know that Japan has one of the lowest fertility rates in the world, along with Germany, where it hovers at 1.3 children.

Although a minority of women choose not to have children, the trend constitutes a genuine revolution, pointing to some unspoken (イ) to motherhood. As we know, as soon as women were able to control reproduction, pursue studies, enter the job market and aspire to financial independence, motherhood stopped being an inevitable, self-evident step and became a choice instead. Whether we like it or not, motherhood is now only one important aspect of women's identity, no longer the key to achieving a sense of self-fulfillment. And the rate at which women are saying no to children ― most notably among those with college education ― suggests that the choice, for many, threatens(1) the other facets of their identity: their freedom, energy, income and professional accomplishments.

No country can afford to ignore a decline in its birthrate. In the long term, a nation's pension payments, power and very survival are (ロ). To curb the drop in recent decades, some European governments have re-evaluated their family policies. Germany's example is especially instructive(2): Although the state's family policies are now among the most generous in Europe ― a parent who stays home with a child receives 67% of his or her current net income for up to 12 months ― they have failed to boost the birthrate or reverse the figures for childless women.

Germany's policies provide considerable financial help, but they essentially encourage mothers (recent figures show that only 15% of fathers take advantage of the leave) to quit the work force. Only an astonishing 14% of German mothers with one child in fact resume full-time work. (ハ) the family policies end up promoting the role of the father-provider, while mothers in effect feel the need to choose between family and work from the moment the first child is born, an especially risky proposition when one in three marriages ends in divorce.

In this situation, where a high number of mothers are able to stay at home but the birthrate remains exceptionally low, the message is clear: 【 A 】. For women to want children, they require policies that support the full range of their needs and roles and ambitions — maternal, financial, professional.

The varying European experiences show that the highest birthrates exist in the countries with the highest rates of working women. It is, therefore, in society's interest to support working motherhood, which requires considerable public investment. Generous leave is not, by itself, an incentive (3). To raise more than one child, a mother must have access to high-quality, full-day child care, but that is still not enough. Income equality, flexible work hours and partners sharing family-related tasks — these are the essential components that will allow women to be mothers without (ニ) their other aspirations.

Tellingly, these are the rallying causes of traditional feminism, more pressing and relevant than ever. It turns out that profound feminist reform, in the workplace and in family policies, might just 【 あ 】 from free fall.

(Adapted from cnn.com, May 15, 2012)

設問 1．次の 1．～ 5．について，本文の内容に合うものはマーク解答用紙の T の欄に，合わないものは F の欄にマークせよ。

1．Over the last 30 years, both fertility rates and the proportion of childless women have remained constant in the United States.

2．Some European countries have adapted their policies, trying to

出典追記：Why are rich nations' birthrates in free fall?, CNN on May 15, 2021 by Elisabeth Badinter slow down the decline in the birthrate.

3. In Germany, mothers can receive a large proportion of their income while they stay at home with their child whereas fathers cannot.

4. According to the author, policies in Germany have the effect of promoting unequal gender roles in society.

5. Looking at situations in European countries tells us that the more women there are in work, the lower the birthrate is for that country.

設問 2. 下線部(1)～(3)の意味にもっとも近いものを(a)～(d)からそれぞれ一つ選び，マーク解答用紙の所定欄にマークせよ。

(1) (a) limits (b) modifies
(c) satisfies (d) strengthens

(2) (a) amusing (b) disastrous
(c) impractical (d) informative

(3) (a) encouragement (b) insurance
(c) prevention (d) solution

設問 3. 空所（イ）～（ニ）を埋めるのにもっとも適当なものを(a)～(d)からそれぞれ一つ選び，マーク解答用紙の所定欄にマークせよ。

（イ） (a) acceptance (b) attachment
(c) resistance (d) solidarity

（ロ） (a) at stake (b) on sale
(c) under security (d) within reach

（ハ） (a) Otherwise (b) Similarly
(c) Still (d) Thus

（ニ） (a) accomplishing (b) enjoying
(c) foregoing (d) reclaiming

設問 4. 空所【あ】を埋めるために，〔　　〕の中の語を適切に並べ替えて，記述解答用紙の所定欄に書け。

〔be / birthrate / is / keep / needed / the / to / what〕

設問 5. 空所【A】を埋めるのにもっとも適当なものを(a)～(d)から一つ選び，マーク解答用紙の所定欄にマークせよ。

(a) New policies need to be developed so that mothers do not need to resume working.

(b) To avoid further decline in birthrate, more policies like that of Germany's need to be implemented.

(c) What's keeping woman from having children is the fear of not being able to get a college education.

(d) Women do not want policies that serve only to support mothers in their family life.

Ⅳ 次の英文を読み，下記の設問に答えよ。

Firms are increasingly investing in how they protect consumer data and give consumers more control of their data, but this type of data privacy performance requires a delicate balance. The higher the performance of a firm on data privacy, the more it might be giving away opportunities to monetize the data it has collected. The lower the performance of a firm on data privacy, the more susceptible the firm is to risk from multiple harms (e.g., reputation scandals, litigation penalties). When it comes to data privacy, firms lose out if they tip too far in one direction or the other. So, what should leaders do?

To answer this question we examined how financial markets evaluate firms' data privacy performance. We measured firm's market valuation using the ratio of market value of assets over the book value of the assets. Higher values imply better competitive position, and higher future growth potential.

We found that the relationship between data privacy performance and firm's market valuation is more complicated than the conventional wisdom of "the more the better" suggests. Instead, the relationship takes the form of an inverted U-shape; the higher firms perform on data privacy, the more they are valued by financial markets, but only up to an optimal turning point, above which improving performance actually hurts firms' market valuation.

【 A 】

In general, an inverted U-shaped relationship between two attributes suggests that two countervailing forces (or competing views) are in play. (i), given the consumer-privacy paradox (1) — according to which consumers claim that they care about privacy, although their actual behavior shows that they don't — outperforming most other companies (i.e., the "crowd") on data privacy, might be interpreted by financial markets as managerial malpractice. For example, one recent study has shown that shoppers, with other conditions remaining the same, equally patronize a store that requests more personal information relative to an identical store that does not. (ii) this view, implementing a stringent data privacy policy places unnecessary constraints on firms' capabilities to innovate and capitalize on digital technology, thereby leading to reduced profitability, and perhaps less benefits to consumers. Consider Netflix, for example. How would financial markets interpret a decision to cut down on the amount of consumer data the company is collecting to deliver its customized viewing experience?

On the other hand, the ever-growing collection and use of personal data — with consumers not knowing what, when, and who collected their personal data — increases their perception of vulnerability and potential for harm. In response, a pro-privacy social movement is on the rise, urging people to stop giving away their valuable data for free, and pressuring firms to do more, beyond merely (iii) regulations. By swaying public opinion, the pro-privacy social movement can inflict reputational damages to firms. Consider, for example, the Open Markets Institute — an organization close to policymakers and the House of Representatives' antitrust subcommittee — and its recent call for taking action against firms eroding data privacy. Again, ignoring such public opinion pressures and the so-called "privacy actives" implies an important risk to firms.

Interestingly, the majority of U.S.-based, publicly traded firms are earning — in our research — an optimal data privacy performance score, indicating that they are successfully balancing consumers' privacy demands and shareholder's financial demands. We don't conclude that this means that they are necessarily making good decisions about data, but (iv) that they are making similar decisions. As a result, companies that deviate from the norm are punished by either consumers or shareholders. (2)Put another way, firms with a data privacy performance score close to other firms' enjoy a higher market valuation (ceteris paribus), compared to firms that deviate from the crowd, and are thereby following a suboptimal strategy.

The caveat here is that the optimal data privacy performance score depends on which of the two competing views prevails at a certain point in time. Stated differently, the optimal score — or where the "crowd" is — is not stationary, but (v). Leaders must therefore be alert and adapt their firm's data privacy performance by continuously monitoring the dominance of each competing view in a society.

(Adapted from *Harvard Business Review*, August 26, 2020)

注　ceteris paribus = with other conditions remaining the same

設問 1．次の 1．〜 3．について，本文の内容に合うものを(a)〜(d)からそれぞれ一つ選び，マーク解答用紙の所定欄にマークせよ。

1．The conventional wisdom of data privacy performance is that

(a) firms with higher performance on customers' data privacy are likely to be at higher risk in their market valuation.

(b) firms with higher performance on customers' data privacy tend to have higher market valuation.

(c) if firms have higher performance on customers' data privacy, their profitability tends to get lowered.

(d) there is no relationship between the performance on customers' data privacy and firms' market values.

2. The authors suggest that

(a) firms need to listen to consumers' privacy demands because consumers' actual behavior shows that they care about their privacy.

(b) it is better for leaders to keep watch on the supremacy of each competing view in a society and adapt their firms' data privacy performance.

(c) more collection and use of personal data increases consumers' perception of the company's responsibility.

(d) outperforming most other companies on data privacy is not a good strategy, but delivering performance which is much worse than others is the safest strategy for a company's market value.

3. The two competing views described in the passage mean that

(a) deviating from the "crowd" can increase the trust of consumers or shareholders, but it decreases the firm's profitability.

(b) firms with a higher data privacy performance score have higher market valuation, but they often deviate from the "crowd".

(c) having a strict data privacy policy tends to reduce firms' profitability, but collecting unnecessary personal data increases consumers' suspicion of vulnerability.

(d) having more constraints on data privacy policy appears to increase firms' profitability, but collecting less personal data decreases benefits to consumers.

設問 2. 下線部(1)〜(2)の意味にもっとも近いものを(a)〜(d)からそれぞれ一つ選び，マーク解答用紙の所定欄にマークせよ。

(1) (a) balance (b) consensus
(c) contradiction (d) policy

(2) (a) In addition (b) In conclusion
(c) In hindsight (d) In other words

設問３．空所（ⅰ）～（ⅴ）を埋めるのにもっとも適当なものを(a)～(d)からそれぞれ一つ選び，マーク解答用紙の所定欄にマークせよ。

（ⅰ）(a) For all that　(b) Just in case
　　(c) Nevertheless　(d) On the one hand

（ⅱ）(a) According to　(b) Compared with
　　(c) Contrary to　(d) Irrespective of

（ⅲ）(a) breaking from　(b) complying with
　　(c) demanding for　(d) making up

（ⅳ）(a) despite　(b) instead
　　(c) provided　(d) without

（ⅴ）(a) dynamic　(b) predictable
　　(c) remote　(d) systematic

設問４．空所【Ａ】に入れるのに，もっとも適当な小見出しを(a)～(d)から一つ選び，マーク解答用紙の所定欄にマークせよ。

(a) The Competing Views Behind This Complex Relationship

(b) The Conventional Wisdom and Optimal Choice for Financial Markets

(c) The Differences in Optimal Data Privacy Performance Between Firms

(d) The Ways to Stand Out from the "Crowd" in Data Protection

V　次の英文を読み，下記の設問に答えよ。

As epidemiologists work round the clock to calculate the mortality rate of Covid-19, its ease of transmission (1) and other vital statistics, a different group of experts are interrogating the role that human psychology could play in the unfolding pandemic.

The government's new measures, its experts said, took into account these behavioural factors, such as the potential for "fatigue" — the idea that public adherence to quarantines might wane over time.

The implied logic was that asking less of the public this week could buy (1) compliance down the line, when it is most crucial.

Factors such as the potential for loneliness and stress in isolation were also considered.

Prof Susan Michie, director of the Centre for Behaviour Change at University College London and a member of the government's advisory group, said these assumptions are in part based on observations of human behaviour during past pandemics.

The body of research included a rapid review published in the *Lancet* last month on the psychological impact of quarantine, which found that self-isolation can lead to post-traumatic stress, anxiety, depression and public anger.

Indefinite quarantines with no well-defined end point — such as those imposed in Wuhan — risk having the most negative side-effects, the paper suggested, (2) that quarantines be restricted to the shortest time period possible and that the public be given a clear rationale for such measures.

Other influential research includes a paper by the Economic and Social Research Institute in Dublin on how to harness behavioural science to fight the coronavirus. It found that extending isolation periods beyond initial suggestions risked demoralising people and increasing noncompliance. "Thus (3) about timelines are both important," the paper concluded.

The term "fatigue" conjures up middle-class sacrifices, such as feeling cooped up at home and being unable to visit friends or shops. But for some there are harsher realities that make compliance with extensive social distancing measures — like those employed in Italy — more difficult. So providing community-level practical support, as well as getting people to buy into public health advice, is crucial.

"There are so many communities at the margins in terms of finance, who might not have enough food, whose homes are cold. I really haven't heard enough detailed plans about that yet," said Michie.

According to Michie, governments often use what is termed the

COM-B model of behaviour change, which states that in order to arrive at a particular, desired behaviour, people need to have the requisite capability, opportunity and motivation (COM). "(4) you can tick all three of those, the behaviour is not going to happen," she said.

The three essential ingredients can also be interlinked, she said. "People will accept losing things and making sacrifices if there's equity. People need sick pay at a decent rate from day one, otherwise the inequalities could get greater and we want them to be reduced so people feel we're all in this together."

To gauge public opinion in the current pandemic, Michie said, the Department of Health had conducted weekly surveys looking at attitudes and awareness, with input from behavioural and psychological scientists. "That's feeding into the government [decisions]," she said. "From the surveys, some people are worried, but some people are not that worried and are not changing their behaviour. There's a real mixture out there."

Against a backdrop of (2)public ambivalence, expecting people to recede into prolonged quarantines might prove ineffective. "The more concerned you are, the more likely you are to adhere to it," Michie said. "If a big bunch of the population is not that concerned and you're asking people to sacrifice quite a lot, it won't be as effective if (イ)those two things are well-matched."

The government may also (3)be factoring in spontaneous changes in behaviour, such as businesses allowing people to work from home, which have not required government intervention.

"We're having change instigated at lots of different levels of society," said Michie. "That's great, because we'll move as a whole. If you have a very top-down approach, you can build up resentment and lose people."

(Adapted from *The Guardian*, March 13, 2020)

注 instigated = started

設問 1．次の 1．〜 4．について，本文の内容にもっとも合うものを(a)〜(d)からそれぞれ一つ選び，マーク解答用紙の所定欄にマークせよ。

1．According to studies of behavioral science,

(a) people have to be monitored to impose strict quarantines.

(b) people need to be educated to implement effective quarantines.

(c) people stick to quarantines because of human nature.

(d) people tend to lose their motivation to be in quarantine over a period of time.

2．When the government devised their new measures to fight against the coronavirus, they did NOT consider

(a) boredom. (b) fatigue.

(c) loneliness. (d) stress.

3．For a quarantine to be successful,

(a) it has to be of a fixed duration and people must take part in decision-making.

(b) it should be as short as possible and people must be made aware of the reason for it.

(c) the length cannot be changed and people must abide by the government decision.

(d) the length needs to be flexible and people must be kept posted of any change.

4．According to Michie,

(a) equality is important to create a sense of involvement in the public.

(b) the most effective system is the government calling the shots for the country.

(c) there are many people who are worried but not changing their behavior much.

(d) you can expect proper behavior from people who are demoralized.

設問 2．空所（1）〜（4）を埋めるのにもっとも適当なものを(a)〜(d)からそれぞれ一つ選び，マーク解答用紙の所定欄にマークせよ。

（1）(a) greater　　(b) marginal
　　(c) meagre　　(d) more costly

（2）(a) recommend　　(b) recommended
　　(c) recommending　　(d) to recommend

（3）(a) clarity and certainty
　　(b) flexibility and enforcement
　　(c) persuasion and willingness
　　(d) transparency and aspiration

（4）(a) Though　　(b) Unless
　　(c) When　　(d) While

設問 3．下線部(1)～(3)の意味にもっとも近いものを(a)～(d)からそれぞれ一つ選び，マーク解答用紙の所定欄にマークせよ。

(1) (a) broadcasting　　(b) publication
　　(c) recognition　　(d) spreading

(2) (a) the public behaving calmly
　　(b) the public convinced of the outcome
　　(c) the public having mixed feelings
　　(d) the public welcoming the challenge

(3) (a) be exaggerating　　(b) be including
　　(c) be overseeing　　(d) be transcending

設問 4．下線部(イ)の内容にもっとも近いものを(a)～(d)から一つ選び，マーク解答用紙の所定欄にマークせよ。

(a) how concerned people are and how much they need to sacrifice

(b) how long a quarantine will be and how much people will benefit from it

(c) how many people are concerned and how many people are not

(d) how much freedom the public will have and how much the government will intervene

日本史

（60 分）

1 次の文章を読んで，下記の設問（A～J）に答えよ。解答はもっとも適当なものを１つ選び，解答記入欄のその番号をマークせよ。

$_{イ}$縄文時代の晩期，北部九州で水田による米づくりが始まった。これは大陸で発達した農耕文化の影響を受けたもので，紀元前４世紀頃には水稲農耕を基礎とする弥生文化が西日本に成立し，やがて東日本へも広まっていく。農耕とかかわる労働や祭りを指導・統率する首長もあらわれて，地域集団をまとめるとともに，他の集団との交易や争いの際も主要な役割をはたし，政治的な権限を強めていった。古墳時代になると，性能のよい農具や土木具がとりいれられ，それまで未開拓だった洪積台地の開発がすすむなどして農業生産力が著しく向上した。$_{ロ}$様々な農耕祭祀や呪術が行われ，地域社会では，開発や祭祀を主導する首長と被支配者である民衆との間の生活の分離もすすんだ。

律令国家が成立すると，稲は古代国家を支える生産物の一つとして明確に位置づけられた。戸籍に附された人々には，実際の生業にかかわりなく口分田が班給され，$_{ハ}$収穫の約３％程度の稲が徴収された。もともと農民の生活維持のために行われていたとみられる$_{ニ}$出挙も，律令国家体制を維持する上で重要な財源となっていった。この他，民衆には調・庸・雑徭，さらに$_{ホ}$兵役などの負担も課せられた。

奈良時代，鉄製の農具はいっそう普及し，稲の収穫も少しずつ増した。貴族や寺院，地方の有力者たちによる田地開発も進んだ。それでも当時の農業技術では天候不順や虫害などの影響を受けやすく，飢饉や疫病もおこりやすかった。このため人びととの間に貧富の差が拡大し，$_{ヘ}$社会の中に律令体制を揺るがす様々な問題や動きがみられるようになると，班田収授の実施は困難となっていく。これに対し$_{ト}$班田収授の体制を維持する施策も講じられたが，それでも班田のおこなわれない地域は増えていった。

こうして中央集権的な律令体制がゆきづまると，地方政治では国司の権限が強化され，チ受領と呼ばれる人びとが力をふるうようになる。受領は，田堵に田地の耕作を請け負わせ，リ官物や臨時雑役を課すなどした。「受領は倒るるところに土をつかめ」といったという［ヌ］の藤原陳忠の話は，強欲な受領の姿をよくあらわしている。

問A　下線部イに関連する遺跡として，正しいものはどれか。

1．長崎県の板付遺跡　　2．熊本県の吉野ヶ里遺跡
3．佐賀県の菜畑遺跡　　4．大分県の須久岡本遺跡
5．福岡県の砂沢遺跡

問B　下線部ロに関連して述べた文として，正しいものはどれか。

1．穢れや災いから逃れるために盟神探湯が行われた。
2．5世紀頃，古墳の副葬品が武器・武具から鏡・玉など呪術的色彩の強いものとなった。
3．亀の甲羅を焼き吉凶を占う太占が行われた。
4．収穫を感謝し，秋に新嘗の祭りが行われた。
5．銅鐸などの弥生時代以来の青銅製祭器が多く用いられた。

問C　下線部ハに関連して述べた文として，正しいものはどれか。

1．徴収されると，おもに諸国において貯蔵された。
2．労働力の提供の代わりに徴収されるものであった。
3．女性の田地からは徴収されなかった。
4．61 歳以上の者の田地からは徴収されなかった。
5．賤民は口分田が班給されず，徴収されなかった。

問D　下線部ニに関する説明として，正しいものはどれか。

1．成年男子のみに行われるものであった。
2．強制的なものから次第に任意のものへと変化した。
3．地方財政ではなく中央財政を支えるものとして重視された。
4．もともとは凶作にそなえて粟を徴収するものであった。
5．稲を貸し付け，収穫後，利息を加えて徴収するものであった。

問E　下線部ホに関する説明として，誤っているものはどれか。

1．成年男子3～4人に1人の割合で兵士として徴発された。
2．兵士の調・庸・雑徭は免除されなかった。
3．兵士の武器や食料は自弁が原則であった。

4．兵士は諸国の軍団で訓練を受けた。

5．衛士の任期は1年，防人の任期は3年であった。

問F 下線部ヘに関連して述べた文として，誤っているものはどれか。

1．浮浪・逃亡が増えた。

2．偽籍が目立つようになった。

3．私度僧となる者がいた。

4．調・庸の品質の悪化や未進が多くなった。

5．公田（乗田）の賃租が行われた。

問G 下線部トに関連して述べた文として，正しいものはどれか。

1．諸国に押領使や追捕使を置いた。

2．「処々の田荘を罷めよ」と命じる法令を出した。

3．桓武天皇は，班田の期間を12年1班に改めた。

4．聖武天皇は，雑徭の期間を年間30日から15日に半減させた。

5．宇多天皇は，延喜の荘園整理令を出した。

問H 下線部チに関連して述べた文として，正しいものはどれか。

1．受領とは本来，国務を後任者へ引き継いだ前任国司のことをいった。

2．受領は，任地に派遣した在庁官人を介し，地元の目代らを指揮することがあった。

3．受領は現地に赴任した国司の最高責任者をいい，掾や目が通例であった。

4．国衙や受領の館は重要な役割を持っていたが，郡家の役割は衰えていった。

5．受領以外の国司は，現地に赴任しても業務を行わない遙任が増えた。

問I 下線部リに関連して述べた文として，正しいものはどれか。

1．課税対象となった田地は，検田使の入部を拒否できた。

2．官物が田地の広さに応じて賦課されていた。

3．官物は租・庸・調とは別に賦課された。

4．臨時雑役は公出挙の系譜を引く税とみられる。

5．臨時雑役は力役（夫役）を除く臨時の諸課役である。

問J 空欄ヌにあてはまる語句はどれか。

1．『今昔物語集』 2．『栄華物語』 3．『小右記』

4．『土佐日記』 5．「尾張国郡司百姓等解」

2 次の史料とその解説文を読んで，下記の設問（A～J）に答えよ。解答はもっとも適当なものを１つ選び，解答記入欄のその番号をマークせよ。

（史料）

［ イ ］元の如く柳営たるべきか，他所たるべきや否やの事

右，……なかんずく［ イ ］郡は文治に$_{ロ}$右幕下はじめて武館を構え，承久に［ ハ ］朝臣天下を幷呑す，武家においては，もっとも吉土と謂うべきか，……但し，諸人もし遷移せんと欲せば，衆人の情にしたがうべきか，……

一、倹約を行わるべき事

近日$_{ニ}$婆佐羅と号して，専ら過差を好み，……目を驚かさざるはなし，頗る物狂と謂うべきか，……もっとも厳制あるべきか，

一、無尽銭・$_{ホ}$土倉を興行せらるべき事

……貴賤の急用たちまち闕如せしめ，貧乏の活計いよいよ治術を失う，いそぎ興行の儀あらば，諸人安堵の基たるべきか，

一、$_{ヘ}$寺社の訴訟，事によって用捨あるべき事

14世紀に入ってしばらくすると後醍醐天皇は反鎌倉幕府勢力を募り，倒幕に成功した。後醍醐は積極的に新たな政治を推進したが，所領に対する権限の確認をすべて［ ト ］で行おうとするなど無理な手法もあって長続きせず，足利尊氏が幕府を開いた。尊氏はそれに際し，今後の施政方針を示した建武式目を制定した。同式目には，当時の社会が抱えていたさまざまな問題をうかがうことができる。上に引用したのはその冒頭と第１・6・16条の一部で，幕府の所在地に関する問題や，流行していた気質・風俗，のちのちまで幕府を規定する経済に関わる事柄，宗教に対する幕府の姿勢などが示されている。

京都を脱出した後醍醐は吉野を本拠として幕府と抗争を続け，$_{チ}$南北朝内乱が展開した。ようやく南北朝が合体したのは，３代将軍$_{リ}$足利義満のときだった。このほかにも義満は数々の事績を残し，まさに室町幕府確立の立役者といえるが，さらに$_{ヌ}$日明貿易を開始して外交にも新局面を開いた。

問A　空欄イに入る語はどれか。

1．京　都　　2．鎌　倉　　3．六波羅
4．福　原　　5．奈　良

問B　下線部ロの人物はどれか。

1．平清盛　　2．平重盛　　3．源頼義
4．源頼朝　　5．源義仲

問C　空欄ハに入る人名はどれか。

1．時　政　　2．政　子　　3．義　時
4．泰　時　　5．時　頼

問D　下線部ニの気質をもつ武士として有名な人物はどれか。

1．足利直義　　2．足利基氏　　3．佐々木導誉
4．新田義貞　　5．北条時行

問E　下線部ホに関連して説明した次の文a～dのうち，正しいものが2つあるが，その組み合わせはどれか。

a　建武式目では，土倉の活動を抑制して人びとを安心させようとした。
b　正長の土一揆は，京都の酒屋や土倉を襲撃して借金証文を焼き払った。
c　足利将軍家の財産は，公方御倉という京都の複数の有力土倉に委託されるようになった。
d　酒屋役や土倉役は，幕府が酒屋・土倉に夫役提供を命じるものだった。

1．aとb　　2．aとc　　3．aとd
4．bとc　　5．bとd

問F　下線部へに関連し，南北朝～室町時代の仏教に関する説明として，正しいものはどれか。

1．足利尊氏・直義は南北朝内乱の戦死者をとむらうため，国ごとに安国寺・利生塔をもうけた。
2．足利尊氏・直義は元に建長寺船を派遣した。
3．足利尊氏・直義は後醍醐天皇の冥福を祈るため，南禅寺を建立した。
4．五山制度では，五山の下に十刹および十刹と同格の諸山が位置づけられた。
5．官寺に統括された僧侶たちは僧録とよばれた。

問G　空欄トに入る語はどれか。

1．院　宣　　2．院庁下文　　3．宣　旨

4．令　旨　　5．綸　旨

問H　下線部チの期間に起きた事柄 a～c を古い順に並べたうち，正しいものはどれか。

a　半済令がはじめて発布された。

b　北畠親房が『神皇正統記』を著した。

c　今川貞世（了俊）が大宰府を制圧した。

1．a→b→c　　2．a→c→b　　3．b→a→c

4．b→c→a　　5．c→a→b

問I　下線部リに関して述べた文のうち，誤っているものはどれか。

1．将軍就任後，幕府が京都市政権を掌握した。

2．室町につくった邸宅は，花の御所といわれた。

3．娘が天皇の准母となった。

4．太政大臣となった。

5．有力守護土岐氏を討伐した。

問J　下線部ヌに関連して述べた次の文X・Y・Zの正誤の組み合わせのうち，正しいものはどれか。

X　義満は，明への国書で「日本国王」の称号を用いた。

Y　日本側の明での滞在費は，日本側が負担した。

Z　貿易船は，明の皇帝が発行する勘合を所持する必要があった。

1．X－正　Y－正　Z－誤　　2．X－正　Y－誤　Z－正

3．X－正　Y－誤　Z－誤　　4．X－誤　Y－正　Z－正

5．X－誤　Y－誤　Z－正

3　次の史料は，文化 13（1816）年に成立した随筆『世事見聞録』の一部である。これを読み，下記の設問（A～J）に答えよ。解答はもっとも適当なものを1つ選び，解答記入欄のその番号をマークせよ。

一体，小前百姓といふもの，繁華の地の（イ）その日渡世の者（ロ）と同じ振合ひにて，何程に稼ぎ継ぎたりとも凌ぐに足りかぬるものなり。もつとも繁華の地は種々の所業あるゆゑ，凌ぎゆくこと安けれども，百姓は農業一図《(途)》ゆ

ゑ，ハその道に弛《はず》るれば他国へ出るのほかなし。すべてニ村内にても，［　ホ　］といへるよき地所はみな福有《ふゆう》等が所持となり，［　ヘ　］にして実入《みい》り悪しき地所のみ所持いたし，（中略）依つてト盛んなるものは次第に栄えておひおひ田地を取り込み，次男三男をも分家いたし，いづれも大造《たいそう》に構へ，また衰へたるは次第に衰へて田地に離れ，居屋敷を売り，あるいは老若男女散々《ちりぢり》になりて困窮に沈み果つるなり。当世かくの如く貧福偏り勝劣甚だしく出来て，有徳人《うとくじん》一人あればその辺に困窮の百姓二十人も三十人も出来，たとへば大木の傍に草木の生ひ立ちかぬる如く，大家の傍には百姓も野立ちかね，自然と福有の威に吸ひ取られ，困窮のものあまた出来るなり。チ福有はその大勢の徳分を吸ひ取りて一人の結構となし，右の如く栄花を尽し，あるいは他所までも財宝を費える程の猶予出来るなり。（中略）リ百姓の一揆徒党など発《おこ》る場所は，極めて右体の福有人と困窮人と偏りたるなり。百姓の騒動するは，領主・地頭の責め誣《しいた》ぐる事のみにはあるべからず。必ずその土地に有余のものあつて大勢の小前を貪《むさぼ》るゆゑ，苦痛に迫りて一揆など企つるなり。

問A　下線部イに関連して，江戸時代の都市とその生活の説明で正しいものはどれか。

1．城下町では，寺社地はまとまっていたが，武士や町人が居住する空間は区分けされていなかった。

2．自治的に運営された町は，通りをはさんだ両側の家々によって構成されることが多かった。

3．江戸の住人には町人足役が課されたため，江戸から流出する者が絶えなかった。

4．百姓と町人は完全に分離されていたので，町人が新田開発を請け負うことはなかった。

5．家持以外の裏長屋の者も町の運営に参加できた。

問B　下線部ロの内，肉体労働などによってその日稼ぎの賃金を得る者を何というか。

1．下　人　　2．譜　代　　3．店　子

4．名　子　　5．日　用

問C　下線部ハの後，人別帳から外された者を何というか。

1．無宿人　2．地借人　3．店借人
4．小作人　5．奉公人

問D　下線部ニに関連して，江戸時代の村とその生活の説明で正しいものはどれか。

1．年貢は領主に対して個人がそれぞれ納めた。
2．幕府領の年貢収納法は，享保期に定免法から検見取法に転換した。
3．村の秩序を乱した者へは，村八分の制裁があった。
4．村の構成員は農民に限られ，宗教者や商人・職人は含まれなかった。
5．村の独立性が強く，村々で共同して結成する組織はなかった。

問E　空欄ホと空欄への組み合わせで正しいものはどれか。

1．ホ―中田　へ―上田　2．ホ―本田畑　へ―高請地
3．ホ―高請地　へ―本田畑　4．ホ―上田　へ―下田
5．ホ―下田　へ―上田

問F　下線部トはどのようにして進んでいったか。正しいものを選べ。

1．困窮した者に上層の百姓が田畑を担保に金を貸し，その質地が流地になることによって進んだ。
2．困窮した者の田畑を，上層の百姓が耕作していたことにして進んだ。
3．困窮した者が，その田畑を上層の百姓に寄付することによって進んだ。
4．領主からの無理な要求に対して自衛するため，上層の百姓に権利を譲ることによって進んだ。
5．隣村との争いから村を守るため，上層の百姓に田畑を集中して村を強化することによって進んだ。

問G　下線部チに関連して，豪農についての説明で誤っているものはどれか。

1．村役人でもあった豪農に対する不満は，しばしば村方騒動としてあらわれた。
2．村に居住しながら商売を行う豪農が登場する背景には，商品経済の発達があった。
3．豪農の中には，地域の政治・経済を担う責任者として，領主から苗字帯刀を許される者がいた。
4．豪農を中心に，多くの村々共通の規則を取り決めることがあった。

5．世直し一揆では豪農が頭取となって一揆を主導した。

問H　下線部リに関連して，江戸時代の民衆運動の中で合法運動に該当するものはどれか。

1．全藩一揆　　2．惣百姓一揆　　3．国　訴

4．打ちこわし　　5．強　訴

問I　この史料が成立する前の出来事はどれか。

1．異国船打払令発令　　2．ゴローウニン事件　　3．加茂一揆

4．生田万の乱　　5．三方領知替え反対一揆

問J　この史料の引用部分に書かれていないことはどれか。

1．近年，下層の百姓が上層の百姓から吸い上げられ，ますます両者の格差が大きく開いている。

2．百姓が一揆を起こすのは，領主から収奪されているからだけではなく，上層百姓が下層百姓を貪っているからだ。

3．繁華なところでは種々の仕事もあるだろうが，百姓は農業一筋であるため，それがうまくいかなければ他国へ出るしかない。

4．下層の百姓が困窮するのは，勤勉・分相応などの道徳心に欠けるからであり，自己責任だ。

5．富裕な百姓は田畑を増やし，次男・三男を分家に出すほど余裕がある。

4

次の史料Ⅰ～Ⅲはある人物に関する同時代の評論である。この史料を読んで，下記の設問（A～J）に答えよ。なお，史料はわかりやすくするために省略や変更を加えた部分もある。

（史料Ⅰ）

嚮《さき》に［ イ ］侯が，自ら骸骨を乞ふて〔※辞表を提出して〕大隈ロ板垣両伯を奏薦し，以て内閣開放の英断を行ふや，藩閥家は侯を目して不忠不義の臣と為し，極力其挙動を詬罵《こうば》するに反して，侯の政敵は寧ろ侯の英断を賞揚し，或は侯を以て英国の名相ロベルトピール〔※ロバート・ピール＝イギリスの政治家〕に比するものあり，或は侯の内閣開放は，恰《あたか》もハ徳川慶喜の政権奉還に似たる千古の快事なりといふものあり，或は曰く，是れ大隈板垣の両伯をして苦がき経験を嘗《な》めしむる為なりと。されど余を以て

侯を視るに，侯の退隠は，旧勢力と分離して，将に来らむとする新勢力と統合せむが為めのみ。

（史料Ⅱ）

公は自らニ新官制に基きたる内閣の総理大臣と為《な》りて，各行政機関の運用を試みたりき。是れ将に来らむとする議会に対せむが為に，政府の立憲的動作を訓練するに外ならざりき。斯くの如く公は一身を立憲政治の創設に捧げて其の能事を尽くしたれば，ホ憲法の効果を収むるに就いても，亦無限の責任あるを感ずるは当然なり。

（史料Ⅲ）

侯は竊《ひそ》かにヘ故陸奥伯の手を通じてト自由党と提携するの端を啓《ひら》き，[チ]の後に至て終に公然提携の実を挙げ，板垣伯に[リ]の椅子を与へて，一種の連立内閣を形成したりき，是れ一は議院操縦の必要より来れるものなる可きも，其主要の目的は，実に藩閥を控制せむとするに在りしや疑ふ可からず，此を以て最も[イ]内閣に反感を抱きしものは，藩閥武断の一派にして，彼の藩閥の私生児たる[ヌ]が，民党と聯合して極力[イ]内閣の攻撃を事としたるは，適々以て其由る所を察し得可し。

史料出典：鳥谷部春汀『明治人物月旦』

問A　空欄イに当てはまる語句はどれか。

1．伊　藤　　2．黒　田　　3．山　県
4．松　方　　5．桂

問B　下線部ロの人物に関して述べた文として，正しいものを2つマークせよ。

1．廃藩置県にともない参議に就任した。
2．征韓論の政変で下野後，議会開設後に入閣するまで，一貫して在野の立場で政治活動を行った。
3．矢野文雄や小野梓といったブレーンに支えられ自由民権運動を推進した。
4．1882年のヨーロッパ行きをめぐっては自由党内からも反対の声が起こり脱党者が出た。
5．大同団結運動に際して岐阜で暴漢に襲われて負傷した。

問C　下線部ハに関して述べた文として，正しいものを2つマークせよ。

1．土佐藩士後藤象二郎が前藩主山内容堂を通じて建策したものである。

2．同じ日にいわゆる討幕の密勅が下された。

3．この挙により天皇・三職らによる小御所会議が政策決定の場となった。

4．この挙と同時に大老・老中職も廃止された。

5．この挙により江戸幕府は廃絶した。

問D　史料Ⅰが論じている内容と同じ年に起こったことを述べた文章として，正しいものを２つマークせよ。

1．演説内容が問題となり文部大臣が辞職に追い込まれた。

2．衆議院議員選挙法が改正された。

3．軍部大臣現役武官制が制度化された。

4．旧進歩党員らにより憲政本党が設立された。

5．山県有朋が内閣を組織し，憲政党員が入閣した。

問E　下線部ニの内閣の時期に起こった出来事を述べた文章として，誤っているものを２つマークせよ。

1．枢密院で憲法草案が審議された。

2．いわゆる鹿鳴館外交が行われた。

3．自由党が解党した。

4．大隈重信が外務大臣に就任した。

5．大同団結運動が行われた。

問F　下線部ホの内容に関して述べた文として，誤っているものを２つマークせよ。

1．天皇大権の一つとして戒厳令が規定され，のち日比谷焼き討ち事件，関東大震災，二・二六事件などで発令された。

2．天皇大権として陸海軍の編制および常備兵額を定める統帥権（統帥大権）が規定された。

3．天皇大権として緊急勅令が規定されたが，次の議会の承認を必要とした。

4．天皇大権として帷幄上奏権が定められ，のちにこれがもととなり第二次西園寺内閣が倒れた。

5．言論・出版・集会・結社の自由などの国民（臣民）の権利は法律の範囲内においてのみ認められた。

問G　下線部への人物が外務大臣をつとめた時代に結ばれた条約に関して述べた文として，正しいものを２つマークせよ。

1．欧米列強の最恵国待遇が廃止された。

2．外国人居留地が廃止された。

3．駐英公使青木周蔵によりロンドンで調印された。

4．台湾や尖閣諸島，澎湖諸島などが日本に割譲された。

5．朝鮮が日本の属国となることが認められた。

問H　下線部トに所属した人物の著作として，正しいものを２つマークせよ。

1．『経国美談』　2．『三酔人経綸問答』　3．『佳人之奇遇』

4．『蹇蹇録』　5．『民権自由論』

問I　空欄チと空欄リの組み合わせとして正しいものはどれか。

1．チ　日清戦争　リ　内務大臣　2．チ　日露戦争　リ　内務大臣

3．チ　日清戦争　リ　外務大臣　4．チ　日露戦争　リ　外務大臣

5．チ　日清戦争　リ　衆議院議長

問J　空欄ヌに当てはまる語句はどれか。

1．立憲帝政党　2．軍　部　3．立憲政友会

4．吏　党　5．大成会

5

次の文章Ⅰ，Ⅱを読んで，下記の設問（A～J）に答えよ。

Ⅰ

イ大蔵卿に就任した大隈重信は積極的な経済政策によって工業化を目指したが，政策的にはかえって行き詰まる結果となり，1870年代末が近づくと政策転換を迫られるようになった。

大隈が失脚し，新たに大蔵卿となった松方正義は，ロ厳しい緊縮財政を実施して混乱した通貨制度の収拾をはかると同時に，中央銀行として設立された日本銀行を中心に銀行システムの整備を進めた。1880年代半ばにデフレが収束し，通貨・金融システムが安定すると，鉄道業や紡績業などを中心に近代企業設立のブームが起こり，ようやく日本でも本格的に産業化が進み始めた。

他方，ハ松方財政は深刻なデフレを通じて農村にも多大な影響を及ぼした。

デフレの中で農村は他の諸産業に余剰労働力を供給するプールとなり，ようやく開始された産業化を労働市場から支えるという構造が創り出されていった。

こうして松方デフレの収束をきっかけとして，ニ日本も産業革命と資本主義の時代を迎えることとなった。もっとも日本の場合，ホ産業革命は繊維産業などの軽工業を中心に展開し，重化学工業はなかなか定着できなかった。

問Ａ　下線部イの大隈大蔵卿の経済政策に関連して述べた文として，誤っているものを１つマークせよ。

1．国立銀行条例が改正され，兌換義務がなくなると国立銀行の設立が相次いだ。

2．西南戦争の戦費を捻出するために，政府は不換紙幣を増発した。

3．インフレが深刻化し，歳入を地租に依存する政府の財政は困難になった。

4．1880年に工場払下げ概則の方針を決めたが，官営事業の民間払い下げは進まなかった。

5．インフレの中で貿易収支は好転し，正貨の蓄積が進んだ。

問Ｂ　下線部ロの松方財政下の通貨・金融政策に関連して述べた文として，正しいものを１つマークせよ。

1．国立銀行には銀行券発行権が認められており，国立銀行券の流通量は増加し続けた。

2．増税により歳入を増やす一方で，軍事費を中心に財政支出を削減した。

3．財政余剰を不換紙幣の増刷に充てたため物価が低落した。

4．1880年代半ばに，銀貨と紙幣の価格差はほぼ消滅するに至った。

5．日本銀行は設立直後から銀兌換銀行券を発行したが，兌換請求には遭わなかった。

問Ｃ　下線部ハの松方財政下の農村に関連して述べた文として，誤っているものを１つマークせよ。

1．土地を失い，小作農に転落する者が多く見られた。

2．土地を失った農民の一部は都市下層に流入した。

3．デフレ下で地租負担が増加し，自作農の家計は悪化した。

4．地主は小作人から高率の現物小作料を取り立てた。

5．地租負担がないため，デフレ下で小作人の家計は好転した。

問D　下線部ニに関連して産業革命期の経済社会について述べた文として，誤っているものを１つマークせよ。

1．池貝鉄工所により先進国水準の旋盤が国産化された。

2．日露戦後には大紡績会社が織布を兼営し，朝鮮・満州の綿織物市場に進出した。

3．器械製糸による生糸生産が増加し，フランス向けを中心に輸出が大きく伸びた。

4．政府は造船奨励法，航海奨励法を制定し，海運業と造船業を同時に振興した。

5．日清戦争の賠償金を利用して欧米と同じ金本位制を採用し，貿易を振興した。

問E　下線部ホの産業革命期の産業構造に関連して述べた次の文章の空欄 a～c に当てはまる語句の組み合わせとして，正しいものを１つマークせよ。

重工業部門は軽工業部門に比べて生産過程で［ a ］の占める比重が高い産業であり，［ a ］財価格の高さは製品コストを押し上げた。また，［ b ］のために［ c ］が普及しない等，重工業製品の市場は制約されていた。

1．a　固定資本　　b　低賃金　　c　機械

2．a　固定資本　　b　電力不足　　c　電気製品

3．a　固定資本　　b　低賃金　　c　電気製品

4．a　流動資本　　b　電力不足　　c　電気製品

5．a　流動資本　　b　低賃金　　c　機械

Ⅱ

大正・昭和初期には資本主義社会の成熟化に対応して社会思想の面でも変化がみられた。知識人に最も大きな影響を与えたのはマルクス主義であった。マルクス主義は資本主義批判の思想として共感を得ただけでなく，人文・社会科学の学問研究にも影響を与え，野呂栄太郎，山田盛太郎らはマルクスの発展段階論を日本近代史に応用し，その研究成果を『［ ヘ ］

講座』にまとめた。

思想や学問研究の移入だけではなく，日本独自の思想形成や学問研究も進んだ。自然科学では [ト] による黄熱病研究，本多光太郎の KS 磁石鋼の発明，人文科学では西田幾多郎の哲学研究や『遠野物語』を著した [チ] による「常民」文化に関する民俗学研究などに独自の成果が現れた。

社会主義思想の広まりとともに，文学界でも，階級闘争論への共鳴の下に労働者の生活実態などについて創作を進めようとする [リ] 文学運動がさかんとなり，機関誌として『種蒔く人』などが出版された。

美術界では，主流派に対抗する洋画の在野勢力によって二科会などが設立されたが，日本画壇では横山大観らが [ヌ] 院を再興し，院展などを通じて伝統的な日本画とは異なる近代絵画としての新しい様式を追求するようになった。

問F　空欄へにあてはまる語句を，記述解答用紙の解答欄に漢字 9 字で記せ。

問G　空欄トにあてはまる人名を，記述解答用紙の解答欄に漢字 4 字で記せ。

問H　空欄チにあてはまる人名を，記述解答用紙の解答欄に漢字 4 字で記せ。

問 I　空欄リにあてはまる語句を，記述解答用紙の解答欄に 6 字で記せ。

問 J　空欄ヌにあてはまる語句を，記述解答用紙の解答欄に漢字 4 字で記せ。

6

次の文章Ⅰ，Ⅱを読んで，下記の設問（A～I）に答えよ。

Ⅰ

1955 年にはアメリカの景気回復を背景に輸出が大幅に増え，日本経済は上向いた。1956 年に発表された『経済白書』は，これまで$\underline{\text{特需}}_{イ}$に依存して成り立っていた日本経済も，ようやく安定軌道に乗ったとして，「もはや『戦後』ではない。われわれはいまや異なった事態に当面しようとしている。回復を通じての成長は終わった。今後の成長は近代化によって支えられる。」と述べた。そして1955～1957年にかけて技術革新を伴った設備投資ブームが到来し，景気は拡大した。この大型景気は，有史以来という意味でロ「神武景気」と名付けられた。しかし，第二次中東戦争による [a] の封鎖や，政府・日本銀行による金融引き締め政策などの影響を受け，好景気は終息に向かい，1957～1958年にかけて不況（後に「 [b] 不況」と呼ばれる）が訪れた。

1955～1973年の年平均実質経済成長率は，10パーセント前後を記録し，後に高度経済成長期と呼ばれた。産業構造は高度化し，第一次産業の比率が低下し，第二次産業，第三次産業の比重が高まった。工業生産額の3分の2を重化学工業が占め，ハ安価な原油の安定的な供給が不可欠になった。一方で，米などわずかな例外を除いて食料の輸入依存が進み，食糧自給率は低下した。

Ⅱ

高度経済成長によって国民生活にゆとりが出ると，レジャー産業やマスメディアも発達した。新聞・雑誌などの書籍発行部数が激増し，ニ松本清張，司馬遼太郎などの人気作家も輩出した。1953年にはテレビ放送が開始され，日常生活に欠かせないものとなった。

新聞や雑誌，テレビなどで大量の情報が流されると，生活様式は次第に画一化され，多くの国民が [c] 意識を持つようになった。そうした中で高校・大学への進学率が上昇し，教育の大衆化が進んだ。受験競争が激化し，無気力・無関心・無責任の「 [d] 」が広がる一方，高校や大学では民主化を求めて学園紛争が起こった。

科学技術の発達もめざましく，朝永振一郎，江崎玲於奈がホノーベル賞を受賞した。オリンピック東京大会や日本万国博覧会なども開催され，経済・文化面での日本の発展が世界に向けて示された。

問A　空欄aにあてはまる語句を，記述解答用紙の解答欄に5字で記せ。
問B　空欄bにあてはまる語句を，記述解答用紙の解答欄に記せ。
問C　空欄cにあてはまる語句を，記述解答用紙の解答欄に2字で記せ。
問D　空欄dにあてはまる語句を，記述解答用紙の解答欄に4字で記せ。
問E　下線部イに関する文章として，誤っているものを1つマークせよ。

1．朝鮮戦争をきっかけとしているので，朝鮮特需という。

2．アメリカ軍に対する武器・弾薬・機械・車両の製造や修理などが需要の中心であった。

3．1950～1953 年の間，最初の 1 年間は繊維や鋼材の需要が多かったため，「糸へん・金へん景気」と言われた。

4．特需景気であったが，実質国民総生産が戦前（1934～1936 年の平均）の水準に回復するのは 1955 年となった。

5．1950 年 6 月～1956 年 6 月の間，物資では兵器・石炭，サービスでは建設・自動車修理などの契約高が多かった。

問F　下線部ロに関連して，神武景気以降の景気拡大期とその時期の内閣総理大臣の組み合わせ（2 人以上該当する場合はいずれか 1 人）として，誤っているものを 1 つマークせよ。

1．神武景気　―　鳩山一郎

2．岩戸景気　―　石橋湛山

3．オリンピック景気　―　池田勇人

4．いざなぎ景気　―　佐藤栄作

5．列島改造ブーム　―　田中角栄

問G　下線部ハに関連して，次の①から⑤の各言葉を使用して（順序は任意。ただし「①は～」のような丸数字での記述は不可），エネルギー産業をめぐる当時の状況を説明する 80 字以内の文章を，記述解答用紙の解答欄に記せ。なお，句読点も 1 字として数えよ。

①　解　雇　　②　エネルギー革命　　③　三池争議

④　斜陽化　　⑤　閉　山

問H　下線部ニに関して，松本清張または司馬遼太郎の作品として，誤っているものを 1 つマークせよ。

1．『砂の器』　　2．『梟の城』　　3．『飼育』

4．『点と線』　　5．『坂の上の雲』

問I　下線部ホに関連して，日本人がノーベル賞を受賞した時期の順序（早い順）として，正しいものを 1 つマークせよ。

1．朝永振一郎　→　川端康成　→　佐藤栄作　→　江崎玲於奈　→　福井謙一

2．川端康成　→　朝永振一郎　→　江崎玲於奈　→　佐藤栄作　→　福井謙一

3．朝永振一郎　→　江崎玲於奈　→　川端康成　→佐藤栄作
　→福井謙一
4．川端康成　→　朝永振一郎　→　佐藤栄作　→　江崎玲於奈
　→　福井謙一
5．朝永振一郎　→　川端康成　→　江崎玲於奈　→　佐藤栄作
　→福井謙一

世界史

（60分）

I 次の文章を読み，問Ａ～Ｌに答えよ。解答はマーク解答用紙の所定欄に一つだけマークせよ。

古代ローマ帝国では，帝国の盛衰を反映するかのように貨幣の量目[1]や品位[2]が変動した。アウグストゥス$_{\text{A}}$は貨幣体系を整え，例えば金貨については１ポンド[3]の金から40～42枚の純金の金貨が鋳造されるとした。五賢帝$_{\text{B}}$の時代に支配したダキア$_{\text{C}}$は金鉱に恵まれるなど，帝国の拡大は鉱脈の獲得にもつながった。しかし帝国の拡大はやがて限界に達し，国境防衛に要する軍事費の増大は次第に財政を圧迫した。

３世紀，帝国の貨幣の品位は急速に低下した。カラカラ帝は［　D　］勅令により帝国の全自由民にローマ市民権を与えたことで知られるが，その治世に品位がおよそ50％の銀貨を鋳造させた。軍人皇帝の時代に帝国は未曾有の危機を迎え，260年の［　E　］の戦いではローマ皇帝［　F　］がササン朝$_{\text{G}}$の捕虜となる事態も生じた。貨幣の品位は低下し，軍人皇帝時代末期に鋳造された銀貨にはわずかな銀しか含まれていなかった。専制的な政治体制をしいたディオクレティアヌス帝$_{\text{H}}$により貨幣体系の改革が行われたが，新たに鋳造された高品位の貨幣が広く流通することは困難であった。

４世紀に即位したコンスタンティヌス帝$_{\text{I}}$は新たな金貨$_{\text{J}}$を鋳造させ，その量目を１ポンドの金から72枚とした。この金貨はローマ帝国の東西分裂$_{\text{K}}$後も東ローマ帝国$_{\text{L}}$の多くの皇帝に重視され，およそ７世紀にわたり高い品位が維持された。安定した価値をもつ金貨は東ローマ帝国の貨幣経済を長らく支えた。

注）１．量目：重さ
　　２．品位：ここでは金貨や銀貨における金や銀の含有率
　　３．１ローマポンド

問A　下線部Aに関連して，アウグストゥスの帝政時代に活躍した人物を選べ。

1．タキトゥス　　2．リウィウス
3．ポリビオス　　4．キケロ

問B　下線部Bに関連して，イギリスに現存しユネスコの世界遺産に登録されている長城を建設した五賢帝のひとりを次から選べ。

1．ネルウァ
2．トラヤヌス
3．ハドリアヌス
4．マルクス＝アウレリウス＝アントニヌス

問C　下線部Cに関連して，おおむねダキアにあたる地域の現在の国を選べ。

1．ルーマニア　　2．アルメニア
3．リトアニア　　3．モーリタニア

問D　[D]　にあてはまる言葉を選べ。

1．アウレリウス　　2．アントニヌス
3．マクリヌス　　4．マルクス

問E　[E]　にあてはまる言葉を選べ。

1．アルベラ　　2．エデッサ
3．マンジケルト　　4．カーディシーヤ

問F　[F]　にあてはまる人物名を選べ。

1．ガリエヌス　　2．バルビヌス
3．セプティミウス＝セウェルス　　4．ウァレリアヌス

問G　下線部Gに関連して，ササン朝について最も適当なものを選べ。

1．アルダシール1世がバクトリア王国を滅ぼして開いた。
2．ホスロー1世は東ローマ皇帝ヘラクレイオス1世とたびたび抗争した。
3．ヤズデギルド3世は正統カリフのアリーが率いるイスラーム軍に破れた。
4．ホスロー2世のとき支配領域は最大となり，現在のエジプトに及んだ。

問H　下線部Hに関連して，ディオクレティアヌス帝について最も適当な

ものを選べ。

1．皇帝自身をマルス神の体現者として神格化した。

2．テトラルキアのもと，自らはローマを都とする帝国西方の正帝となった。

3．小麦などの最高価格を定めた勅令を発布した。

4．カピタティオ＝ユガティオ制を廃止した。

問Ｉ　下線部Ｉに関連して，コンスタンティヌス帝の治世の期間の説明として最も適当なものを選べ。

1．アウグスティヌスが『神の国』を著した。

2．ニケーアの公会議でキリスト教アリウス派が正統とされた。

3．ミラノ勅令によりキリスト教が唯一の国教とされた。

4．リキニウス帝はキリスト教の容認から弾圧に転じた。

問Ｊ　下線部Ｊに関連して，コンスタンティヌス帝が新たに鋳造を始めた金貨の名称を選べ。

1．アウレウス　　2．アントニニアヌス

3．ヒュペルピュロン　　4．ソリドゥス

問Ｋ　下線部Ｋに関連して，テオドシウス帝没後の西ローマ帝国最初の皇帝は誰か。

1．ホノリウス　　2．オドアケル

3．アルカディウス　　4．ロムルス＝アウグストゥルス

問Ｌ　下線部Ｌに関連して，以下の出来事を起こった順に並べたとき３番目になるものを選べ。

1．バシレイオス２世による第一次ブルガリア帝国の征服

2．ユスティニアヌス帝のもとでの『ローマ法大全』の編纂

3．アレクシオス１世によるプロノイア制の確立

4．レオン３世による聖像崇拝の禁止

Ⅱ

次の文章を読み，問Ａ～Ｌに答えよ。解答はマーク解答用紙の所定欄に一つだけマークせよ。

$_{\text{A}}$朱熹（1130-1200）の主要な業績の一つは，北宋時代以降の$_{\text{B}}$様々な学派を，一つの大きな学術思想の潮流として提示したことである。ここで注意すべきは，朱熹はあくまで彼の視点からの提示を行ったのであり，$_{\text{C}}$個々の

学者・学説の評価には，そのバイアスがかかっている点である。その一方で，君臣・父子の間での道徳を絶対視し，とくにD臣下として守るべき節操や本分を重視する姿勢は，欧陽脩・司馬光などの北宋時代の学者たちの所説において一貫してみられ，朱熹もそのE『資治通鑑綱目』で強調するなど，明らかな議論の継続性もみられる。こうした宋代の学者・思想家たちは，儒学以外の思想・宗教を徹底的に排除していたわけでは決してなく，とくに私生活においては，F仏教やG道教などの熱心な信者でもあった。ある意味，儒学思想はつねに他の思想・宗教と並存していたのであり，それらの影響を受けつつ，H時代とともに改革されていった。明代のI王守仁（王陽明）は，正統教学としての地位を確立していた，朱熹によって体系化された学説（朱子学）が，外面的事物の解釈にあまりにも偏っているとし，J新たな指針を示して幅広い支持を得た。朱子学的な学説に対する批判の一部はやがて急進化してゆき，人間生来の心を「童心」と呼び，それに至上の価値を置くK李贄（李卓吾）などは，危険思想家として獄死するに至る。こうした中，朱子学・陽明学を批判し，Lより具体的かつ実用的な科学・技術を論じる学問も発展してゆくこととなる。

問A　下線部Aについて，朱熹の著作として正しいものを一つ選べ。

1.『日知録』　2.『四書集注』
3.『太極図説』　4.『資治通鑑』

問B　下線部Bについて，学派・学者に関する正しい説明はどれか。

1. 欧陽脩は道徳を重視する歴史書の編纂を行い，『宋史』を著した。
2. 靖康の変により没落した家系に生まれた周敦頤は，朱熹と交遊して多大な影響を与えた。
3. 陸九淵（陸象山）は，知的努力の積み重ねを重視する朱熹を批判し，己の心を養い天地と一体化することを重んじた。
4. 蘇軾は，思想的には対立した王安石の新法を支持した。

問C　下線部Cに関連して，朱熹は北宋の衰退を招いたとして，独自の学術的議論を行った学者であり政治家の王安石とその政策を批判したが，王安石の政策の説明として最も適切なものを一つ選べ。

1. 政府が各地の特産物などを買い上げ，それを不足地に転売し，物価の安定と物資流通の円滑化を目指した。

2．大商人に低利で融資を行い，その利益を増大させることで，経済の活性化をはかった。

3．従来，希望者に給料を支給して行わせていた徴税業務などを，納税者の中から毎年人を選んで負担させ，経費の節約をはかった。

4．馬の供給が少ない南方中国（華南）において，戸の資産に応じて1～2頭の馬を養わせ，軍用などに充てようとした。

問D　下線部Dについて，欧陽脩・司馬光・朱熹はこうした大義名分論・正統論を歴史著述に反映させたが，その際に欧陽脩・司馬光らが基づいた古典は，次のうちどれか。

1．『戦国策』　2．『老子』　3．『荘子』　4．『春秋』

問E　下線部Eについて，『資治通鑑』の簡略版である『資治通鑑綱目』は，おそらく朱熹の意図に反して，科挙の受験参考書として，さらなる簡略版が出版されてゆく。その背景には，宋代以降における木版印刷による商業出版の盛行と，モンゴル支配下（元代）の科挙における朱子学の正統化があった。次の中から，モンゴル帝国（元朝）時代の中国における学術・科学技術・文学に関して最も適切なものを一つ選べ。

1．郭守敬はチンギス＝ハンに仕え，授時暦を作成した。

2．現在みる形での『西遊記』が完成された。

3．旧来の大運河に加え，会通河などの新運河が開削された。

4．コバルト顔料がイスラーム世界にもたらされ，西アジアでの染付の発展に寄与した。

問F　下線部Fについて，阿弥陀仏信仰による極楽浄土への往生を説き，北宋時代の中国で各種の念仏結社がうまれ，官民問わず流行した仏教の一派は，次のうちどれか。

1．真言宗　2．禅　宗　3．天台宗　4．浄土宗

問G　下線部Gにつき，北宋滅亡後の華北で勃興し，現在に至るまで中国における有力な道教宗派である全真教の開祖を選べ。

1．寇謙之　2．王重陽　3．張天師　4．邱処機

問H　下線部Hに関して，朱子学は東アジアに拡散し，とくに朝鮮王朝においては正統教学となり，やがてそこから発展して朝鮮性理学が成立する。こうした中，儒学を奨励し，訓民正音を制定するなどした朝鮮国王を選べ。

1．成 宗　　2．正 祖　　3．定 宗　　4．世 宗

問Ｉ　下線部Ｉに関して，この人物が生きていた時代に起きたことを一つ選べ。

1．一条鞭法が施行された。

2．ポルトガルがマラッカを陥落させた。

3．アルタン＝ハーンが北京を包囲した。

4．種子島に鉄砲が伝来した。

問Ｊ　下線部Ｊに関して，いわゆる「陽明学」が提唱していない概念を一つ選べ。

1．性即理　　2．知行合一　　3．致良知　　4．心即理

問Ｋ　下線部Ｋについて，この人物が生きていた時代に中国で活動し，この人物とも交遊したとされるイエズス会士を一人選べ。

1．アダム＝シャール　　2．アレッサンドロ＝ヴァリニャーノ

3．マテオ＝リッチ　　4．フェルビースト

問Ｌ　下線部Ｌについて，明代末期のこうした学問的潮流の代表作の一つである『本草綱目』の著者を選べ。

1．徐光啓　　2．李時珍　　3．宋応星　　4．董其昌

Ⅲ

次の問題を読み，問Ａ～Ｌに答えよ。解答はマーク解答用紙の所定欄に一つだけマークせよ。

中世イギリスにおいて，Aプランタジネット朝のジョン王はフランス国王[B]と戦い，フランスにあった領土の大半を失ってしまった。さらにジョンはローマ教皇[C]と争い破門された。この結果，財政窮乏に陥り重税を課したので貴族勢力は団結して王権に「大憲章」（マグナ＝カルタ）を認めさせ，国王といえども高位聖職者，大貴族からなる会議の承認なくして新しい税を課すことができなくなった。D「大憲章」制定以後のイギリスは次第に立憲政治の道を進むこととなる。

16 世紀に入るとイギリスはEテューダー朝のもと，F宗教改革が推進された。この宗教政策も議会の立法に基づいていたことが特徴であった。しかし，1603 年スコットランド王家であったステュアート家が，イングランド国王も兼ね（同君連合）Gステュアート朝を立てると状勢は変化した。Hジェームズ１世，ついでジェームズの子Iチャールズ１世の治世に入ると議会

との関係は悪化し，ついにJイギリス革命（ピューリタン革命，1640年～1660年）が勃発した。革命の雄クロムウェルは共和政を樹立したが，1658年彼が亡くなると王政による国内秩序の安定を求める声が強まり，1660年チャールズ2世によるK王政復古体制が復活した。しかし，チャールズの王弟ジェームズが1685年に即位すると，カトリック擁護を進めたため，名誉革命が勃発した。名誉革命と前後してイギリスでは銀行，金融業が勃興し，またこの時期は「英仏第二次百年戦争」と呼ばれる長い戦争の時代の始まりでもあった。したがって，このL名誉革命後のイギリスを「財政軍事国家」と呼ぶ歴史家も多い。

問A　下線部Aに関連して，プランタジネット朝時代に起こったことはどれか。

1．国王直属の裁判所として星室庁裁判所が整備された。
2．ドゥームズデー＝ブックの編纂が始まった。
3．バラ戦争が始まった。
4．ワット＝タイラーの乱が起こった。

問B　［ B ］に当てはまる人名はどれか。

1．フィリップ2世　2．フィリップ4世
3．シャルル4世　4．ルイ9世

問C　［ C ］に当てはまる人名はどれか。

1．ボニファティウス8世　2．インノケンティウス3世
3．グレゴリウス7世　4．グレゴリウス9世

問D　下線部Dに関連して，「大憲章」制定以降起こった歴史的事件で，古い順から3番目に当たるものはどれか。

1．シモン＝ド＝モンフォールが，貴族を率いて反乱を起こした。
2．エドワード1世が，模範議会を招集した。
3．エドワード3世が，フランス王位継承権を要求した。
4．ランカスター派のヘンリが，ヘンリ7世として即位した。

問E　下線部Eに関連して，テューダー朝時代に起こった出来事はどれか。

1．チョーサーが，イギリス＝ルネサンスの先駆的詩人として活躍した。
2．ウィクリフが，聖書の英訳を行った。
3．デフォーが，新聞，小説の執筆で活躍した。

4．エラスムスが，イギリスに渡り人文主義者との交流を深めた。

問F　下線部Fに関連して，イギリス宗教改革について正しい説明はどれか。

1．エドワード6世は，1549 年に一般祈禱書を制定した。

2．モアは，エリザベス1世の宗教政策を批判し，死刑に処された。

3．ヘンリ8世は，統一法によってイギリス国教会の確立を図った。

4．メアリ1世は，カトリックであったがプロテスタントとの平和共存を進めた。

問G　下線部Gに関連して，ステュアート朝時代に起こった事柄で誤った説明はどれか。

1．フランシス＝ベーコンは，主著『新オルガヌム』（1620 年）において経験的方法を重視し，演繹法に対し帰納法を提唱した。

2．バンヤンの著した代表作『天路歴程』（1678 年，1684 年）は，ピューリタン的信仰を表した寓意物語である。

3．ハーヴェーは，主著『海洋自由論』（1609 年）の中で国際法理論を発展させた。

4．ニュートンは，主著『プリンキピア』（1687 年）の中で万有引力の法則など古典的物理学を体系化した。

問H　下線部Hに関連して，ジェームズ1世の治世について誤った説明はどれか。

1．ジェームズ1世の支援によって出版された『欽定英訳聖書』は，英語訳聖書の規範とされた。

2．ジェームズ1世の発行した特許状によって，北米植民地ジェームズタウンが作られた。

3．ジェームズ1世は，アジアに関心を持ち徳川家康に書簡と贈り物を贈った。

4．ジェームズ1世は，特権商人の独占を批判し中小商人の自由な経済活動を保護した。

問I　下線部Iに関連して，チャールズ1世について誤った説明はどれか。

1．チャールズ1世は，権利の請願の審議に介入しその成立を阻止した。

2．チャールズ1世は，1640 年短期議会を開会したが，議会側の強い反発に遭いすぐ解散した。

3．ピューリタン革命においてチャールズ 1 世を支持した王党派は，イングランド西部，北部を中心に活動していた。

4．チャールズ 1 世は，1649 年議会派によって有罪とされ処刑された。

問J　下線部Jに関連して，イギリス革命（ピューリタン革命）の時代に起こった出来事で，年代順で古いものから 3 番目はどれか。

1．第一次イギリス＝オランダ（英蘭）戦争が勃発した。

2．長期議会が招集された。

3．議会派の軍隊「ニューモデル軍」が結成された。

4．王党派と議会派の間で内戦が勃発した。

問K　下線部Kに関連して，チャールズ 2 世の治世での出来事について，正しい説明はどれか。

1．トーリ党は，議会の権利を支持し，商工業者，非国教徒などを主な支持母体とした。

2．チャールズ 2 世と議会は協力して，反カトリック立法である審査法を制定した。

3．イギリスは，オランダの北米植民地であったニューアムステルダムを奪い，ニューヨークと改名した。

4．市民の公共的活動の場であったコーヒーハウスは，チャールズ 2 世の弾圧政策により 17 世紀末以降急速に衰退した。

問L　下線部Lに関連して，名誉革命に始まり「財政軍事国家」の出現にいたる 17 世紀後半～18 世紀初めの出来事で，年代順で古い順から 3 番目はどれか。

1．イギリス議会が，寛容法を制定した。

2．イギリス議会が，権利の宣言を議決した。

3．イギリスが，スペイン継承戦争に参戦した。

4．イングランド銀行が，創設された。

Ⅳ

次の文章を読み，空欄 [1] ～ [13] は，記述解答用紙の所定欄に適切な語句を記入せよ。また，下線部 14 に関して，同党は 1960 年代後半に民主党支持者の多かったアメリカ南部において多くの支持者を増やしたが，その背景や事情について，公民権運動および公民権法が成立したこととの関係から 100 字以内で説明しなさい。なお，句読点・算用数字も 1 字とする。

1518 年，スペイン国王の［　1　］がその臣下の 1 人に対して黒人奴隷を植民地に運んでよい旨の独占的な許可状を与えて以降，同国は，アメリカ大陸の植民地における労働力確保のためにポルトガル，オランダ，フランスなどの商人に対して［　2　］と呼ばれる奴隷供給権（契約）を数多く発するようになり，そうした者らに奴隷の供給を担わせるようになった。1713 年の［　3　］条約によって［　2　］に関する権限はイギリスに与えられ，同国は，当該権限を政府から独占的に譲渡された南海会社（The South Sea Company）などの活動を介して，奴隷貿易における重要な役割を果たすようになっていった。

北米大陸では，1619 年になって最初の黒人奴隷がもたらされたといわれ，それ以降，黒人奴隷はタバコ生産などにおいて主要な労働力となっていった。その後，18 世紀前半にかけて，各植民地において奴隷に関する法制度が確立されていった。たとえば，最初に奴隷がもたらされたとされる［　4　］植民地では，1662 年に黒人女性の身分が奴隷であればその子供もまた奴隷となる旨の法律が制定され，1705 年には奴隷を財産とする旨の法律が制定されるなどした。

他方，アメリカでは，独立戦争の頃には北部の一部の州で奴隷制を廃止すべきとの考え方が一定の広まりをみせていた。1776 年に採択された独立宣言の起草に際しては，当初の案には奴隷制度やイギリスによる奴隷貿易を否定する内容が含まれていたが，ニューイングランド植民地群の 1 つであるマサチューセッツ湾植民地（Massachusetts Bay Colony）の代表である［　5　］が主導した起草委員会および第二次大陸会議での議論を経たのち，最終的にそうした内容は削除された。1787 年に採択された合衆国憲法でも，各州から下院議員に送り出す員数と直接税の配分の計算において，自由人と黒人奴隷およびインディアンとの間では平等な扱いがなされていなかった。

奴隷制度を巡っては，それに反対する北部と州の自治を重要視する南部との間で対立が続いたが，1854 年にミズーリ協定を反故にする［　6　］が成立したことを契機として奴隷制度に反対する勢力が結集し，［　7　］党と自由土地党の党員を吸収する形で共和党が結成された。［　7　］党の出身者であるリンカンが共和党から大統領に選出された後には北部と南部の間の対立が決定的となって南北戦争が起こったが，1865年に南軍が北軍に降伏する形で同戦争が終結した後，アメリカ合衆国として奴隷制の廃止をうたった憲法修正第［8］条が批准され，これをもって法制上奴隷は一応の解放をみたとされる。しかし，その後も黒人差別は継続し，とくに南部の州では，投票税を課したり，識字率・理解度テストによって黒人に対して実質的に選挙権を制限したり，病院・学校・図書館といった公共施設について，白人とそれ以外の人種の者を分ける，といったことが行われた。それらのことを定めた一連の法律は，白人のパフォーマーが顔を黒く塗るなどして障害を抱えた黒人に扮し，ショーの中で歌った歌になぞらえて［9］法と呼ばれた。1883年の連邦最高裁判所判決では，公共施設における黒人の人種差別について，それが直ちに憲法修正第［8］条違反にはならないとし，さらに1896年のプレッシー対ファーガーソン（Plessy v. Ferguson）事件においても，連邦最高裁判所がそれぞれの人種に提供される公共施設等の設備が同等なものである限り，分離はされていても平等（Separate but equal）であって，違憲ではないことを確認したこともあり，［9］法は各地で維持され続け，黒人に対する実質的な差別は継続されていくことになった。

1954年になり，連邦最高裁判所は，いわゆる［10］判決において，公立学校における人種隔離はそれによって黒人の子供が平等に教育を受ける機会が実質的に損なわれているとし，違憲である旨の判示を行った。この判決をもって黒人に対する法律上の差別はなくなったともいわれたが，その後も実質的な差別はアメリカ社会のいたるところで継続的にみられていった。1957年には，アーカンソー州で，それまで白人しか入学が許されていなかった州立高校に9人の黒人学生が入学することに対し，州知事がそれを妨害したことから，当時，共和党選出の大統領であり，1950年に［11］軍の最高司令官にもなった軍人出身のアイゼンハワーが，陸軍の空挺師団を派遣し，入学する黒人学生を護衛させるといった事件なども起こった。その後，1960年代にかけて公民権運動はさらなる隆盛を迎え，1964年には教育，公共施設の利用や投票権行使の際の差別，さらには，民間部門の使用者による人種や皮膚の色などによる雇用関係上の差別などを禁じた公民権法（Civil Rights Act）が成立し，立法上の措置も講じられた。

2000年代に入ってからは，2009年に 12 がアフリカ系アメリカ人初の大統領に就任し，黒人差別の歴史において大きな転換点を迎えたともいわれた。しかし，2012年2月には10代のアフリカ系アメリカ人が自警団員に殺害され，同自警団員が翌年に無罪判決を受けたことに端を発する形で，ソーシャルメディアを通じて広がった， 13 とよばれる黒人差別反対運動が起こった。2020年には，ミネアポリスにおいて警察官による黒人殺害事件が起こったことを受けて，その運動はアメリカ各地で再燃し，同国のみならず世界的にも注目を集めた。

政治・経済

（60 分）

I　以下の文章を読み，下記の問いに答えよ。

基本的人権の保障ないし尊重は，日本国憲法（以下，「憲法」という。）の三大原則の一つである。これを受け，憲法は，第 11 条で，「国民は，すべての基本的人権の享有を妨げられない。この憲法が国民に保障する基本的人権は，侵すことのできない［　A　］の権利として，現在及び将来の国民に与へられる。」と規定し，国民の基本的人権の享有を［　A　］不可侵のものとして保障する。同時に，憲法は，憲法が国民に保障する自由および権利が，その享有主体である国民の不断の努力により保持すべきものである旨を定めるとともに，当該自由および権利の［　B　］を禁止し，国民が常に公共の福祉のためにこれを利用する責任を負う旨も規定する。

その上で，憲法は，第 14 条以下で詳細な人権規定を置くが，1960 年代以降の激しい社会・経済の変動により生じた諸問題に対して法的に対応する必要性が増大した。そのため，憲法に列挙されていない新しい人権の確立が憲法上の課題となってきた。そのような新しい人権として主張されたものとして，①プライバシーの権利，環境権，知る権利，②自己決定権等がある。

新しい人権に関しては，これを積極的に認めることがほぼ共通の認識であるとされているが，これを憲法に明記することの要否については議論が分かれている。仮に，新しい人権を憲法に明記すべきとの立場に立った場合は，憲法改正が必要となる。

そこで，関連する問題として，憲法の改正について見てみよう。憲法改正論議は，新しい人権の憲法への明記の観点だけでなく，憲法第 9 条の改正や近時は緊急事態条項の創設の観点からも行われている。

しかし，憲法の改正は簡単ではない。わが国の憲法は，［　C　］憲法といわれ，その改正に当たり他の立法の改正よりも慎重な手続の履践が求められるからである。すなわち，憲法改正に当たっては，[D] または一定数以上の国会議員③が [E] を衆議院または参議院に提出し，[E] が各議院において所定の賛成を得る④と，国会が憲法の改正を発議し，国民に提案して，当該提案につき国民投票において国民の承認⑤を経なければならないとされている。なお，憲法改正について国民の承認を経たときは，天皇が，国民の名で，改正憲法の条項を憲法と一体を成すものとして直ちに公布する。

問1　文中の下線部①に関連する事件として，最も適切なものを選択肢(ア)〜(オ)から2つ選び，その記号をマーク解答用紙の所定の解答欄にマークせよ。

(ア)　北方ジャーナル事件
(イ)　「石に泳ぐ魚」事件
(ウ)　サンケイ新聞事件
(エ)　博多駅フィルム提出命令事件
(オ)　「宴のあと」事件

問2　文中の下線部②に関連する記述として，最も適切なものを選択肢(ア)〜(オ)から2つ選び，その記号をマーク解答用紙の所定の解答欄にマークせよ。

(ア)　自己決定権は，個人の尊重を謳う憲法第13条から導かれる。
(イ)　国民がマスメディアに対しアクセスし自己の意見を反映させる権利は，自己決定権である。
(ウ)　患者が自己決定によって尊厳死を選ぶことを認められる条件の一つが，インフォームド・コンセントであるとされている。
(エ)　東京高等裁判所は，宗教上の信念を理由とする輸血拒否を，自己決定権として尊重することができないとの判断を示した。
(オ)　安楽死は，国民の自己決定権を補助するものとして，わが国において法律上許容されている。

問3　文中の空欄 [A]，[B]，[C]，[D]，および [E] に入る最も適切な語句を記述解答用紙の所定の解答欄にそれぞれ漢字で記入せよ。

問4　文中の下線部③に関連する記述として，最も適切なものを選択肢(ア)

～(カ)から２つ選び，その記号をマーク解答用紙の所定の解答欄にマークせよ。

(ア)　20 人以上の衆議院議員　　(イ)　50 人以上の衆議院議員
(ウ)　100 人以上の衆議院議員　　(エ)　10 人以上の参議院議員
(オ)　20 人以上の参議院議員　　(カ)　50 人以上の参議院議員

問５　文中の下線部④に関連する記述として，最も適切なものを選択肢(ア)～(カ)から１つ選び，その記号をマーク解答用紙の所定の解答欄にマークせよ。

(ア)　各議院において，出席議員の過半数の賛成を得ることが必要である。
(イ)　各議院において，出席議員の３分の２以上の賛成を得ることが必要である。
(ウ)　各議院において，出席議員の４分の３以上の賛成を得ることが必要である。
(エ)　各議院において，総議員の過半数の賛成を得ることが必要である。
(オ)　各議院において，総議員の３分の２以上の賛成を得ることが必要である。
(カ)　各議員において，総議員の４分の３以上の賛成を得ることが必要である。

問６　文中の下線部⑤に関連する最も適切な説明を，選択肢(ア)～(カ)から１つ選び，その記号をマーク解答用紙の所定の解答欄にマークせよ。

(ア)　国民の承認があったものとされるためには，当該提案に対する賛成の投票の数が投票総数の過半数であることが必要である。
(イ)　国民の承認があったものとされるためには，当該提案に対する賛成の投票の数が投票総数の３分の２以上であることが必要である。
(ウ)　国民の承認があったものとされるためには，当該提案に対する賛成の投票の数が投票総数の４分の３以上であることが必要である。
(エ)　国民の承認があったものとされるためには，当該提案に対する賛成の投票の数が有権者の総数の過半数であることが必要である。
(オ)　国民の承認があったものとされるためには，当該提案に対する賛成の投票の数が有権者の総数の３分の２以上であることが必要である。
(カ)　国民の承認があったものとされるためには，当該提案に対する賛成の投票の数が有権者の総数の４分の３以上であることが必要である。

Ⅱ　以下の文章を読み，下記の問いに答えよ。

一般に財の均衡価格および均衡取引数量は，市場において需要曲線と供給曲線が交わる均衡点で決定される。通常，横軸に取引数量，縦軸に価格をとったグラフでは，右下がりの需要曲線と右上がりの供給曲線を想定する。需要曲線が右下がりであるということは，価格が下落すれば需要が増加し，価格が上昇すれば需要が減少することを示している。需要曲線の傾きは(1)需要の価格弾力性と関係があり，供給曲線の傾きは(2)供給の価格弾力性と関係する。(3)外部の条件が変化した場合，財の均衡価格や均衡取引数量がどのように変化するかは，このようなグラフを用いて考えることができる。(4)政府による市場価格への介入に関しても，このようなグラフで分析できる。

価格メカニズムが機能する場合，需要曲線と供給曲線が交わる点で取引が行われることになる。市場が(5)完全競争市場であれば，この時の配分は効率的であると考えられる。しかし，(6)市場の失敗があれば市場では効率的な配分を行うことができないため，(7)課税などの政府の介入が必要であると考えられている。一方で，(8)政府の介入が自由な経済活動を阻害しているのではないかという視点から介入を減らそうという考え方もある。

財だけではなく，労働に関しても同様の市場を考えることができる。労働市場を考えよう。縦軸が賃金，横軸が雇用量をとったグラフでは右下がりの労働需要曲線と右上がりの労働供給曲線となり，これらが交わる点で均衡賃金と均衡雇用量が決定される。労働市場においても，このグラフを用いることで(9)外部の条件が変化したときに均衡賃金や均衡雇用量がどのように変化するかを考えることができる。

日本の労働市場を諸外国と比較した時の一つの大きな問題は，社会の主要な役職に女性が少ないことである。このことに対処するための(10)さまざまな取り組みがなされているが，現在でもこのような状況は解決されているわけではない。

政府の経済政策は，このような市場への介入だけではない。景気対策のような(11)マクロ経済運営も政府の重要な役割である。1980 年代後半から 1990 年代はじめまで，地価や株価が高値で推移した。いわゆるバブル経済である。このような高値を抑えるために，(12)さまざまな政策が導入された。

このような政策の結果，地価や株価が値下がりしたが，一方で景気の低迷，企業による雇用削減，(13)銀行による企業への貸し渋りなどが見られるようになった。企業の業績悪化による国全体の需要減少が，更なる(14)物価の下落や企業の業績低迷につながるというメカニズムがあるのではないかということも議論された。

問１　下線部(1)と関連して今，ある財の価格の100円から110円への上昇に対して需要が20％減少した。このとき，需要の価格弾力性はいくらか。最も適切なものを選択肢(ア)～(エ)から１つ選び，その記号をマーク解答用紙の所定の解答欄にマークせよ。

(ア)　0.5　　(イ)　1　　(ウ)　2　　(エ)　10

問２　下線部(2)と関連する下の文章を読み，この文章の（Ａ）（Ｂ）にあてはまる語句の組み合わせとして最も適切なものを選択肢(ア)～(エ)から１つ選び，その記号をマーク解答用紙の所定の解答欄にマークせよ。

消毒用アルコールの市場における供給の弾力性について考える。新型コロナウイルスの蔓延により，消毒用アルコールに対する需要は急増した。当初は消毒用アルコールの価格が急騰し入手は困難であったが，しばらくすると，ある程度の価格で入手できるようになった。このことは，消毒用アルコールの供給の弾力性は短期的には（　Ａ　），長期的には（　Ｂ　）であるという考え方と整合的である。

(ア)　Ａ弾力的　Ｂ弾力的　　(イ)　Ａ弾力的　Ｂ非弾力的

(ウ)　Ａ非弾力的　Ｂ弾力的　　(エ)　Ａ非弾力的　Ｂ非弾力的

問３　下線部(3)と関連して，異常気象によって，ある農産物が不作になったとする。この時の市場の状況について述べた次の記述のうち，最も適切なものを選択肢(ア)～(エ)から１つ選び，その記号をマーク解答用紙の所定の解答欄にマークせよ。

(ア)　供給曲線は左にシフトし，需要曲線はシフトしない。

(イ)　供給曲線は右にシフトし，需要曲線はシフトしない。

(ウ)　供給曲線はシフトせず，需要曲線は左にシフトする。

(エ)　供給曲線はシフトせず，需要曲線は右にシフトする。

問４　下線部(4)と関連して，政府がある財の上限価格を設定したとする。

この時の状況について述べた次の記述のうち，最も適切なものを選択肢(ア)～(エ)から１つ選び，その記号をマーク解答用紙の所定の解答欄にマークせよ。

(ア)　上限価格が現在の均衡価格よりも高ければ価格に変化はない。

(イ)　上限価格が現在の均衡価格よりも高ければ価格は上昇する。

(ウ)　上限価格が現在の均衡価格よりも低ければ価格に変化はない。

(エ)　上限価格が現在の均衡価格よりも低ければ価格は上昇する。

問５　下線部(5)と関連して，完全競争市場の性質として最も適切なものを選択肢(ア)～(エ)から１つ選び，その記号をマーク解答用紙の所定の解答欄にマークせよ。

(ア)　売り手の持っている情報と買い手が持っている情報が異なる。

(イ)　売り手は多数存在するが，買い手は少数である。

(ウ)　参入や退出が規制されている。

(エ)　売り手も買い手も価格支配力を持たない。

問６　下線部(6)と関連して，市場において自然独占となるための条件として最も適切なものを選択肢(ア)～(エ)から１つ選び，その記号をマーク解答用紙の所定の解答欄にマークせよ。

(ア)　外部不経済の内部化が行われている。

(イ)　外部経済が発生している。

(ウ)　固定費が巨額である一方で変動費は比較的小さい。

(エ)　逆選択が発生している。

問７　下線部(7)と関連して，企業に対して炭素税が導入されたとする。この時の関連する市場の状況として最も適切なものを選択肢(ア)～(エ)から１つ選び，その記号をマーク解答用紙の所定の解答欄にマークせよ。

(ア)　均衡価格が上昇し，均衡取引数量が増加する。

(イ)　均衡価格が上昇し，均衡取引数量が減少する。

(ウ)　均衡価格が下落し，均衡取引数量が増加する。

(エ)　均衡価格が下落し，均衡取引数量が減少する。

問８　下線部(8)のような考え方と整合的な政策として最も適切なものを選択肢(ア)～(エ)から１つ選び，その記号をマーク解答用紙の所定の解答欄にマークせよ。

(ア)　金融持株会社の解禁

(イ) 製造物責任法の導入

(ウ) 日雇い派遣の原則禁止

(エ) 金融機関への公的資金の注入

問 9 下線部(9)と関連して，外国人労働者の入国が容易になるような政策が導入されたとする。この時，労働市場に対してどのような効果が予想されるか。最も適切なものを選択肢(ア)〜(エ)から 1 つ選び，その記号をマーク解答用紙の所定の解答欄にマークせよ。

(ア) 雇用量が増加し，賃金が上昇する。

(イ) 雇用量が増加し，賃金が下落する。

(ウ) 雇用量が減少し，賃金が上昇する。

(エ) 雇用量が減少し，賃金が下落する。

問 10 下線部(10)と関連して，1986 年に施行された法律で，職場での採用・配置・昇進などの雇用管理全般について性別を理由とする差別を禁止している法律として，最も適切なものを選択肢(ア)〜(エ)から 1 つ選び，その記号をマーク解答用紙の所定の解答欄にマークせよ。

(ア) 男女雇用機会均等法

(イ) 男女共同参画社会基本法

(ウ) 女性活躍推進法

(エ) パートタイム労働法

問 11 下線部(11)と関連して，マクロ経済の指標について考える。GDP および国民所得について述べた次の記述のうち，最も適切なものを選択肢(ア)〜(エ)から 1 つ選び，その記号をマーク解答用紙の所定の解答欄にマークせよ。

(ア) GDP は生産の面から経済をとらえた指標であり，国民所得は分配の面から経済をとらえた指標である。

(イ) GDP は生産の面から経済をとらえた指標であり，国民所得は支出の面から経済をとらえた指標である。

(ウ) GDP は分配の面から経済をとらえた指標であり，国民所得は生産の面から経済をとらえた指標である。

(エ) GDP は支出の面から経済をとらえた指標であり，国民所得は分配の面から経済をとらえた指標である。

問 12 下線部(12)と関連して，資産価格の高騰を抑えるために用いられた政策として，最も適切なものを選択肢(ア)～(エ)から１つ選び，その記号をマーク解答用紙の所定の解答欄にマークせよ。

(ア)　公定歩合の引き下げと地価税の導入

(イ)　公定歩合の引き下げと地価税の廃止

(ウ)　公定歩合の引き上げと地価税の導入

(エ)　公定歩合の引き上げと地価税の廃止

問 13　下線部⒀の貸し渋りの背後にあるのは銀行の不良債権問題であったが，もう一つの背景は，銀行の自己資本比率等を規制するバーゼル合意（BIS 規制）である。この合意が行われたバーゼル銀行監督委員会は通称 BIS と呼ばれる銀行に常設事務局がおかれている。この BIS の日本語名称を漢字６文字で記述解答用紙の所定の解答欄に記入せよ。

問 14　下線部⒁と関連して，物価にはいくつかの計算方法があるが，そのうちの一つが GDP デフレーターである。今，名目 GDP が 400 兆円，実質 GDP が 500 兆円であるとする。この時 GDP デフレーターはいくらか。最も適切なものを選択肢(ア)～(エ)から１つ選び，その記号をマーク解答用紙の所定の解答欄にマークせよ。

(ア)　0.8　　(イ)　0.75　　(ウ)　1.2　　(エ)　1.25

Ⅲ　以下の文章を読み，下記の問いに答えよ。

多くの資源消費者が共同所有の資源を採取する状況，例えば，漁師がある海域で魚を獲ったり，羊飼いが共有の牧草地で羊を放牧したりする状況を考えてみてほしい。全員が過剰採取すれば，資源は乱獲や過放牧で枯渇し，衰退するか，消滅する可能性もあり，資源消費者すべてが損害を被る。したがって，自制心を働かせ，過剰採取しないことが，すべての資源消費者にとって共通の（　A　）になる。しかし，各採取者がどれだけ資源を採取できるかに関する有効な規制(i)がないかぎり，「わたしがあの魚を獲らなくても，あるいは羊にあの草を食わせなくても，どうせほかの漁師あるいは羊飼いがそうするのだから，自分が乱獲や過放牧を控える理由などない」と各採取者が考えるのは，理屈として正しいと言える。したがって，理屈にかなった行動とは，別の資源消費者に（　B　）採取ということになる。そういう行動が，(ii)最終的に共有地を破壊し，すべての資源消費者に害を及ぼすこともある。

(ジャレド・ダイアモンド著，楡井浩一訳『文明崩壊―滅亡と存続の命運を分けるもの―（下巻）』，草思社，2005年，229-230頁より引用，一部訳語を補正)

ここで上記の主題を考察するため，以下のモデルを取り上げる。共有地となっている限られた面積の牧草地をXとYという2名の羊飼いだけが使用していると想定する。この牧草地は100頭の羊を飼育するには十分な面積を有している（101頭以上の飼育は牧草の過剰採取につながり牧草地は翌年には再生できなくなる）。XとYはそれぞれ100頭の羊を所有していて，この牧草地を利用する以外には羊を飼育する手段がないとした場合，これらの羊飼いは以下の表にあるような行動の選択肢を有していると仮定する。

【羊飼いと牧草地の関係モデル】

	Xは100頭の羊を牧草地に送る	Xは50頭の羊を牧草地に送る	Xは牧草地を利用しない
Yは100頭の羊を牧草地に送る	(①)	(②)	(③) 牧草地は再生して翌年も同様の状態に戻る
Yは50頭の羊を牧草地に送る	(②)	(④) 牧草地は再生して翌年も同様の状態に戻る	(⑤)
Yは牧草地を利用しない	(③) 牧草地は再生して翌年も同様の状態に戻る	(⑤)	(⑥)

問1 空欄（ A ）に入る最も適切な語句を以下の選択肢(ア)～(オ)から1つ選び，その記号をマーク解答用紙の所定の解答欄にマークせよ。

(ア) 損 失　(イ) 利 益　(ウ) 理 想
(エ) 費 用　(オ) 拘 束

問2 文中の下線部(i)における「有効な規制」に関連して，オゾン層を保護する目的で1987年に締結または採択された取決めはどれか。最も適切なものを以下の選択肢(ア)～(オ)から1つ選び，その記号をマーク解答用紙の所定の解答欄にマークせよ。

(ア) モントリオール議定書　(イ) ワシントン条約

(ウ)　ラムサール条約　　(エ)　ヨハネスブルク宣言

(オ)　人間環境宣言

問3　文中の下線部(i)における「有効な規制」に関連して，有害廃棄物の国境を越えた移出を規制する目的で 1989 年に締結または採択された取決めはどれか。最も適切なものを以下の選択肢(ア)〜(オ)から１つ選び，その記号をマーク解答用紙の所定の解答欄にマークせよ。

(ア)　アジェンダ 21　　(イ)　パリ協定　　(ウ)　京都議定書

(エ)　バーゼル条約　　(オ)　リオ宣言

問4　文中の下線部(ii)におけるように，資源消費者たちが自分の利益を最大にしようとして共有地の破壊に至る事態を「コモンズの悲劇」（または「共有地の悲劇」）という。この「コモンズの悲劇」の文脈をふまえて，空欄（　B　）に入る最も適切な語句を以下の選択肢(ア)〜(オ)から１つ選び，その記号をマーク解答用紙の所定の解答欄にマークせよ。

(ア)　許可を得てからの　　(イ)　協力を呼びかけた上での

(ウ)　先んじての　　(エ)　遅れをとってからの

(オ)　利益を渡した後での

問5　羊飼いと牧草地の関係をあらわしたモデルの表の中で「コモンズの悲劇」に該当する結果を正しく表現している文を以下の選択肢(ア)〜(オ)から２つ選び，その記号をマーク解答用紙の所定の解答欄にマークせよ。

(ア)　①である。なぜなら牧草地は再生できず，ＸもＹも翌年には羊を飼育できなくなるから。

(イ)　②である。なぜなら一方が多少の自己犠牲を払っても，羊の総数は共有地で飼育可能な限度を超えているから。

(ウ)　③である。なぜなら一方が翌年も自分の羊を飼育できるのに対して，他方は事実上撤退させられているから。

(エ)　④である。なぜならＸもＹも自分たちの半数の羊を犠牲にして共有地を維持しているから。

(オ)　⑥である。なぜならＸもＹも事実上，羊の飼育を止めさせられているから。

問6　羊飼いと牧草地の関係をあらわしたモデルの表について，(I)〜(VI)の６人の高校生が討議した。以下の【　1　】から【　8　】に入る最も適切な表中の数字①〜⑥を１つ選び，それぞれマーク解答用紙の所定の解答欄にマークせよ（同じ数字を複数回使うこともあります）。

(I)　まず羊の数の問題を考えてみましょう。表の【　1　】では，一方が牧草地の将来を考えて放牧を抑制したのに他方が自分勝手に100頭を全部放牧したのね。その結果，共有地には150頭が飼育されることになり，翌年には牧草が再生できなくなったんだわ。こんなことになるんだったら，最初から「1年間に牧草地に出せるのは50頭まで」という規則を作ってXさんとYさんの両方に守らせるべきだったわ。

(II)　共有地には100頭分の牧草しかないのだから，(I)の人が述べた事例で今年放牧された150頭のうち，100頭だけが生き残って50頭が死んでしまったとしよう。放牧された1/3が死んだ勘定になる。その際，例えばXさんはもともと持っていた100頭のうち50頭を死なせて残りの50頭を放牧し，その約1/3が死んだのに対して，Yさんは100頭のうちの約1/3が死んだのだから，残った羊の数から考えるとXさんがより多く損していることになる。「共倒れ」とはいっても，被った損失には差が出ているね。このように考えると，表のなかでXさんとYさんの損失の「差」が最大になっているのは【　2　】のケースだろう。

(III)　さきに(I)の人が述べた規則を作ればXさんとYさんが対等に事業を続けられる【　3　】のようなところに落ちつくかもしれない。でもそれだと，共有地で羊を飼うという現在の方法がずっと続くことになる。そうではなくて，この共有地を二等分してXさんとYさんがそれぞれ単独で所有することにしたらどうだろう。自分の土地なんだから大切に使うだろうし，そもそも羊の飼育をやめて工業を興すとか，いろいろな発展の可能性が出てくるのではないだろうか。

(IV)　(III)の意見はもっともだけど，これを(II)の議論につなぐとどうなるかしら。「来年から土地を私有地に分割します」といったとたんに，例えばYさんは自分の羊をすべて放牧して利益を得た上で，自分のものになった土地にその利益で工場を建てる。将来も羊の飼育を続けたくて，善意で放牧を半分に控えたXさんは荒れ果てた土地を割り当てられる。【　4　】のケースにたどりつくんじゃないかしら。

(V)　「来年この共有地は分割され，単独所有になる」ということがわかったのならXさんも行動を起こしたらよい。この場合，両者が持っている羊をすべて共有地に放つ場合と，話し合って最適な配分を決める【　5　】では，双方に残った羊の数に差がないことが面白いね。

(Ⅵ)　ここまで羊の数のことを考えてきたけど，牧草地の視点からみたらどうなるかしら。牧草地が例年のように再生して，なおかつ飼育される羊の総数が④の場合と等しいのは【　6　】です。羊の総数が50頭になり，なおかつ牧草地が再生するのが【　7　】ですね。「牧草地の再生」だけを目標にするなら，以上の二つや④に加えて【　8　】も同じ結果になるけど，全体を通して，飼育される羊の総数やXさんとYさんの「差」はさまざまだわ。羊が持続的に飼育されることと，牧草地が再生することの最適な解をみつけていくことが課題になるわね。

Ⅳ　以下の文章を読み，下記の問いに答えよ。

2020年に生じた新型コロナウイルスの流行は経済・社会に様々な影響をもたらした。2月から3月にかけてマスクの品不足が生じた。4月に入ると新型インフルエンザ等対策特別措置法に基づく緊急事態宣言が出された。人々に外出自粛が要請され，①指定された事業者（会社や店舗など）に休業が要請された。休業すると，売上がなくなるにもかかわらず②定期的に一定額の費用を支出しなければならない事業者は，赤字に陥る。そこで，政府は③補正予算を成立させ，売上の減少が大きい法人や個人事業主に持続化給付金を［　a　］した。財政投融資計画も追加され，民間金融機関や④政府系金融機関は中小企業や個人事業主に実質無利子・無担保で資金を［　b　］した。

緊急事態宣言発令期間を含む2020年4－6月期の実質国内総生産は前期比約7.9%減少した。緊急事態宣言解除後，人々は外出し事業者は営業を再開したが，人との接触を伴う活動は新型コロナウイルスの感染拡大につながった。⑤感染拡大を抑えるため人々に活動自粛を求めると経済活動も萎縮してしまう。各国政府はこのバランス調整に悩まされてきた。調整が容易でない理由の一つは，人々の社会的経済的活動が外部性を持つためである。⑥当事者以外に生じる外部効果を考慮して行動するように人々を誘導するには，何らかの⑦制度的工夫が必要である。潜伏期間が長い新型コロナウイルスの場合，これに感染していても自覚症状がなく外部効果を人々が認識しにくいということが，調整が容易でない二つ目の理由と考えられる。

問１　文中の空欄 [a] と [b] に入る最も適切な語句は何か。最も適切な語句の組み合わせを下記の選択肢(ア)〜(カ)から１つ選び，その記号をマーク解答用紙の所定の解答欄にマークせよ。

(ア)　a：出資　b：支給　　(イ)　a：出資　b：融資

(ウ)　a：支給　b：融資　　(エ)　a：支給　b：出資

(オ)　a：融資　b：支給　　(カ)　a：融資　b：出資

問２　文中の下線部①について，新型インフルエンザ等対策特別措置法に基づき休業を要請したのは誰か。最も適切なものを下記の選択肢(ア)〜(オ)から１つ選び，その記号をマーク解答用紙の所定の解答欄にマークせよ。

(ア)　内閣総理大臣　　(イ)　経済産業大臣　　(ウ)　厚生労働大臣

(エ)　都道府県の首長　　(オ)　市町村の首長

問３　文中の下線部②の金額に含まれる項目として最も不適切なものを下記の選択肢(ア)〜(オ)から１つ選び，その記号をマーク解答用紙の所定の解答欄にマークせよ。

(ア)　借りている店舗や土地に対する家賃・地代

(イ)　所有している土地に対する固定資産税

(ウ)　従業員に支払う賃金や休業手当

(エ)　非正規雇用者との雇用関係を終了させる際に支払う一時金

(オ)　銀行から借りた事業資金に対する利息

問４　文中の下線部③に関連して，予算の成立過程について述べた以下の記述のうち，最も不適切なものを下記の選択肢(ア)〜(オ)から１つ選び，その記号をマーク解答用紙の所定の解答欄にマークせよ。

(ア)　予算（案）は，内閣が必ず作成し，国会に提出しなければならない。

(イ)　予算（案）は，参議院よりさきに衆議院に提出しなければならない。

(ウ)　予算（案）は，本会議での議決に先立ち，予算委員会で審議される。

(エ)　予算（案）について衆参両院が異なった議決をし両院協議会を開いても意見が一致しないとき，または参議院が予算（案）を受け取ってから国会休会中の期間を除いて 30 日以内に議決しないときは，衆議院の議決を国会の議決とする。

(オ)　予算（案）について衆参両院が異なった議決をし，衆議院で出席議員の３分の２以上の多数で再び可決したときは，衆議院の議決を国会の議決とする。

問５　文中の下線部③に関し，令和２年度一般会計第一次補正予算は表１の通りである。この第一次補正予算には，財政法第４条の但し書きに該当する事業が含まれている。表１の空欄［ c ］と［ d ］に入る語句は何か。最も適切な語句の組み合わせを下記の選択肢(ア)～(カ)から１つ選び，その記号をマーク解答用紙の所定の解答欄にマークせよ。

表１　令和２年度一般会計第一次補正予算

（単位：億円）

歳　出		歳　入	
新型コロナウイルス感染症緊急経済対策関係経費	255,655	［ c ］	23,290
国債整理基金特別会計へ繰入	1,259	［ d ］	233,624
合　計	256,914	合　計	256,914

(ア)　c：特例公債金　d：建設公債金

(イ)　c：特例公債金　d：所得税

(ウ)　c：建設公債金　d：特例公債金

(エ)　c：建設公債金　d：所得税

(オ)　c：所得税　d：特例公債金

(カ)　c：所得税　d：建設公債金

問６　令和２年度一般会計本予算（当初予算）額は 102.6 兆円であるが，文中の下線部③によって補正される。表１の第一次補正予算額と第二次補正予算額 31.9 兆円から計算すると，第二次補正後の一般会計歳出は，令和元年度一般会計歳出の決算額 101.3 兆円と比べ約何倍になるか。最も適切なものを下記の選択肢(ア)～(オ)から１つ選び，その記号をマーク解答用紙の所定の解答欄にマークせよ。

(ア)　0.6　　(イ)　0.8　　(ウ)　1.2　　(エ)　1.6　　(オ)　2.0

問７　文中の下線部④の金融機関のうち，新型コロナウイルス感染症緊急経済対策として中小企業や個人事業主の資金繰り支援に直接関わらなかったものはどこか。最も適切なものを下記の選択肢(ア)～(オ)から１つ選び，その記号をマーク解答用紙の所定の解答欄にマークせよ。

(ア)　ゆうちょ銀行　(イ)　日本政策金融公庫
(ウ)　沖縄振興開発金融公庫　(エ)　商工組合中央金庫
(オ)　日本政策投資銀行

問8　文中の下線部⑤のように，経済的社会的構造上，複数の目標や条件が同時には達成できないケースがある。このような関係を一般にどう呼ぶか。記述解答用紙の所定の解答欄にカタカナで記入せよ。

問9　文中の下線部⑥の外部効果を持つ例として，最も不適切なものを下記の選択肢(ア)〜(オ)から1つ選び，その記号をマーク解答用紙の所定の解答欄にマークせよ。
(ア)　養蜂業者がミツバチを飼育して蜂蜜を作ること
(イ)　新幹線に新たな停車駅ができること
(ウ)　伝染病を予防するため予防接種を行うこと
(エ)　教育によって知識を獲得すること
(オ)　新製品の投入に成功した株式会社の株価があがること

問10　文中の下線部⑦の例として，欧州連合域内で市場取引が行われている温室効果ガス（以下，CO_2）の排出権取引がある。この取引について説明した以下の文章を読み，下記の問いに答えよ。ただし，欧州通貨ユーロ（€）の為替レートは125円/€とする。

欧州連合によってCO_2の排出上限枠を定められた発電所や工場などの事業所（以下，事業所）は，実際の排出量が定められた排出上限枠以下となった場合，その差を排出権として市場で売却できる。排出権を購入した事業所は自らの枠以上のCO_2を排出できる。事業所は自らの利益のために排出権取引を行い，排出権の価格は需要と供給が一致する水準に決まる。日本は欧州連合域外ではあるが，仮に，日本企業がこの制度に参加し，市場で排出権取引ができる場合を考えてみよう。例えば1,000トンの排出上限枠を持つ日本企業A社がCO_2の排出量を1,000トンから800トンに減らすと利潤が50万円減少するとする。排出権価格が排出量1トンあたり［(1)］€を上回ると，減らした200トンの排出権を［ e ］するような経済的誘因をA社に与えることになる。また，1,000トンの排出上限枠を持つ日本企業C社がCO_2の排出量を1,000トンから1,100トンに増やすと利潤が35万円増加するとする。排出権価格が排出量１トンあたり [(2)] €を下回ると，100 トン分の排出権を [f] するような経済的誘因をＤ社に与えることになる。Ａ社とＣ社に加え表２にあげたような企業が排出権市場への潜在的な参加者として存在する場合，排出権価格が排出量１トンあたり [(3)] €のとき，排出権の需要と供給が一致する。

問 10-１　文中の空欄 [e] と [f] にあてはまる語句は何か。最も適切な語句の組み合わせを下記の選択肢(ア)～(エ)から１つ選び，その記号をマーク解答用紙の所定の解答欄にマークせよ。

(ア)　e：購入　f：購入　　(イ)　e：売却　f：売却

(ウ)　e：売却　f：購入　　(エ)　e：購入　f：売却

※問 10-１については，設問の記述に不適切な部分があり適切な解答に至らないおそれがあるため，受験生全員に得点を与えることとしたと大学から発表があった。

問 10-２　文中の空欄 [(1)] と [(2)] にあてはまる数値は何か。記述解答用紙の所定の解答欄に記入せよ。

※問 10-２(2)については，設問の記述に不適切な部分があり適切な解答に至らないおそれがあるため，受験生全員に得点を与えることとしたと大学から発表があった。

問 10-３　文中の空欄 [(3)] にあてはまる数値は何か。最も適切なものを下記の選択肢(ア)～(エ)から１つ選び，その記号をマーク解答用紙の所定の解答欄にマークせよ。

(ア)　23　　(イ)　25　　(ウ)　27　　(エ)　29

表２　排出権市場の潜在的な参加者とその行動

会社名	排出上限枠	変更後の排出量	排出量の変化	変更による利潤の増減	排出権取引[注]
Ａ社	1,000 トン	800 トン	200 トン減少	50 万円減少	排出権価格が [(1)] €を上回る場合，[e]
Ｂ社	700 トン	600 トン	100 トン減少	30 万円減少	
Ｃ社	1,000 トン	1,100 トン	100 トン増加	35 万円増加	排出権価格が [(2)] €を下回る場合，[f]
Ｄ社	600 トン	800 トン	200 トン増加	65 万円増加	

[注]Ｂ社とＤ社も，排出権取引を行う場合がある。

数学

(90 分)

1

[ア] ～ [エ] にあてはまる数または式を記述解答用紙の所定欄に記入せよ。

(1)　三角形 ABC において，$\angle B=2\alpha$，$\angle C=2\beta$ とする。

$$\tan\alpha\tan\beta=x,\quad \frac{AB+AC}{BC}=y$$

とするとき，y を x で表すと $y=$ [ア] となる。

(2)　n を正の整数とする。$f(x)$ は x の $n+1$ 次式で表される関数で，x が 0 以上 n 以下の整数のとき $f(x)=0$ であり，$f(n+1)=n+1$ である。このとき

$$\sum_{k=0}^{n}\frac{(1-\sqrt{2})^k}{f'(k)}>2^{2021}$$

を満たす最小の n は [イ] である。

(3)　正の実数 x，y，z が

$$\frac{1}{x}+\frac{2}{y}+\frac{3}{z}=1$$

を満たすとき，$(x-1)(y-2)(z-3)$ の最小値は [ウ] である。

(4)　座標空間において，各座標が整数である 6 個の点 P_0，P_1，P_2，P_3，P_4，P_5 を，次の条件を満たすように重複を許して選ぶ。

(i)　$P_0=(0,\ 0,\ 0)$

(ii)　P_k と P_{k+1} との距離は 1 $(k=0,\ 1,\ 2,\ 3,\ 4)$

(iii)　P_0 と P_5 との距離は 1

このとき，選び方の総数は [エ] 通りである。

2　図のように，１辺の長さが２である立方体 ABCD－EFGH の内側に，正方形 ABCD に内接する円を底面にもつ高さ２の円柱 V をとる。次の設問に答えよ。

(1)　立方体の対角線 AG と円柱 V の共通部分として得られる線分の長さを求めよ。

(2)　W を三角柱 ABF－DCG と三角柱 AEH－BFG の共通部分とする。円柱 V の側面と W の共通部分に含まれる線分の長さの最大値を求めよ。

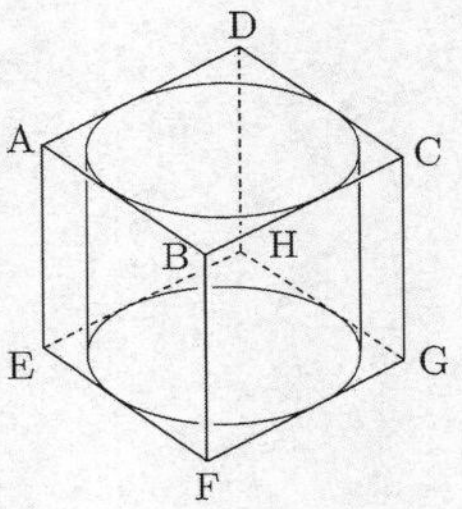

3　次の設問に答えよ。

(1)　225 のすべての約数の和を求めよ。

(2)　2021 以下の正の整数で，すべての約数の和が奇数であるものの個数を求めよ。

ハ　江一麟は趙鍔に船の修理代として十両相当の物品をあらかじめ与えていたが、満額現金で支払わないのは不十分だと妻にたしなめられ、趙鍔にも物納を拒否されて腹を立てた。

ニ　江一麟は趙鍔に船の修理代の十両を現金で前払いしてあったが、費用が倍かかったことを知った妻に追加報酬を与えるよう促され、自分の考えは妻に及ばないと恥じ入った。

ホ　江一麟は趙鍔に船の修理代に加えさらに追加報酬として十両を支払ったが、妻が別途趙鍔に贈り物をして労をねぎらっていたと知り、自分の考えは妻に及ばないと恥じ入った。

施《スハ》二徳《ヲ》于民《ニ》一者何《ゾ》尽《キン》哉。

（龔煒『巣林筆談』巻二による）

（注）　婺源…地名。今の江西省上饒市に属する。　江一麟…明代の官僚の氏名。　部郎…中央官庁の官僚。
各色…各種。種々。　嫌…飽き足らない。満足しない。

問十九　空欄 Ｉ に入る最も適切な漢字一字を次の中から一つ選び、解答欄にマークせよ。

イ　却　　ロ　敢　　ハ　嫌　　ニ　対　　ホ　備

問二十　傍線部1「使我不如一婦人耶」に返り点をつける場合、最も適切なものを次の中から一つ選び、解答欄にマークせよ。

イ　使下我不三如二一婦人一耶上

ロ　使下我不レ如二一婦人一耶上

ハ　使レ我不レ如二一婦人一耶

ニ　使四我不三如二一婦人一耶

ホ　使三我不レ如二一婦人一耶

※問二十については、設問に対する適切な解答がなかったため、受験生全員に得点を与えることとしたと大学から発表があった。

問二十一　本文の内容の説明として最も適切なものを次の中から一つ選び、解答欄にマークせよ。

イ　江一麟は趙鍔に船の修理代のほか追加報酬として十両分の金品も与えたが、満額を現金で支払わないのは不十分だと妻にたしなめられ、自分の考えは妻に及ばないと恥じ入った。

ロ　江一麟は趙鍔に船の修理代として十両を現金で前払いしてあったのに、別途慰労の礼物も贈るべきだと妻にたしなめられたことが不服で、妻に恥をかかされたと腹を立てた。

ハ　人々
ニ　ある上達部のおほむ子
ホ　親たち

問十八　本文中で、虫めづる姫君を理解し、擁護しているのは誰か。最も適切なものを次の中から一つ選び、解答欄にマークせよ。

イ　大殿
ロ　左近
ハ　兵衛
ニ　童べ
ホ　とがとがしき女

三

次の文を読んで、あとの問いに答えよ。なお、設問の都合上、返り点・送り仮名を省いたところがある。

明婺《ぶ》源《げんノ》江《かう》公《こう》一《いつ》麟《りん》、以《テ》レ賢《ナルヲ》陞《のぼル》二部郎《ニ》一。将《ニ》二北行《セント》一、取《リ》二俸十両《ヲ》一、令《ム》二州民趙《てう》鍔《がくヲシテ》治《メ》レ船《ヲ》。及《ビ》レ登《ルニ》レ舟《ニ》、見《テ》二修理整備《スルヲ》一、問《フ》レ所《ヲ》レ費《ス》。鍔［Ｉ］如《シト》二前数《ノ》一。不《シテ》レ信《ゼ》、密《カニ》査《しらブルニ》二各色工匠費《ヲ》一、実《ハ》倍《スニ》レ之。乃《チ》取《リ》二銀六両《ヲ》一、扇三十柄、墨二斤、計《へ》二直《あたひ》四両余者《ナルヲ》一償《フニ》レ之。鍔固《ヨリ》却《しりぞクルモ》、以《テ》二公《ノ》堅持《スルヲ》一、乃《チ》受《ク》。其《ノ》夫人素《ヨリ》賢《さかシク》、謂《ヒテ》レ公《ニ》曰《ハク》、既《ニ》知《レバ》二十両《ナルヲ》一、即《チ》当《ニ》《シ》二如《ク》レ数《ノ》償《フ》レ之《ニ》、而《シテ》別《ニ》以《テ》二扇・墨《ヲ》一酬《ユルハ》二其《ノ》労《ニ》一可也、何《ゾ》靳《をしムヤト》レ此《ヲ》。公面《ニ》発《シ》レ頳《あかキヲ》、亟《すみやかニ》以《テ》二四両《ヲ》一補《フ》レ之《ヲ》。鍔益〻《シ》不二敢《ヘテ》受《ケ》一。公怒《リテ》曰《ハク》、乃《なんぢ》1使我不如一婦人耶。予以《テスルモ》二公之償《フハ》レ鍔《ニ》已《ニ》足《ルヲ》一、夫人猶《ホ》《シ》二以《テ》為《スガ》レ歉《すくなシト》、公以《テスルモ》二夫人之語《ヲ》一、而《シテ》猶《ホ》《シ》下以《テ》レ不《ルヲ》レ如《カ》二婦人《ニ》一為《スガ》上レ嫌《ト》。其平日之善《トシ》レ善《ヲ》相規《ただセバ》、

問十三　傍線部1「あらなむかし」の「なむ」と文法的に同じものはどれか、最も適切なものを次の中から一つ選び、解答欄にマークせよ。

イ　世にあふことかたき女になむ

ロ　忍びては参り給ひなむや

ハ　舟に乗りなむとす

ニ　いまひとたびの御幸待たなむ

ホ　これなむ都鳥

問十四　傍線部2「例のやうなるは」の意味として、最も適切なものを次の中から一つ選び、解答欄にマークせよ。

イ　平凡なのは

ロ　美しすぎるのは

ハ　由緒ありげなのは

ニ　過去の例にあったのは

ホ　和歌に因んだようなのは

問十五　傍線部3の和歌に用いられている技巧はどれか、最も適切なものを次の中から一つ選び、解答欄にマークせよ。

イ　本歌取り　　ロ　縁語　　ハ　歌枕　　ニ　序詞　　ホ　枕詞

問十六　空欄［Ⅱ］に入る語（ひらがな一字）を、解答欄に記せ。

問十七　二重傍線①〜③に含まれる敬語は、それぞれ誰への敬意を示すか。最も適切なものを次の中からそれぞれ一つ選び、解答欄にマークせよ（同じものを複数回選んでもよい）。

イ　大殿

ロ　姫君

かかること世に聞こえて、いとうたてあることをいふ中に、ある上達部のおほむ子、うちはやりてものおぢせず、あいぎやうづきたるあり。この姫君の事を聞きて、「さりとも、是にはおぢなん」とて、帯のはしのいとをかしげなるに、(注2)くちなはのかたをいみじく似せて、動くべきさまなどしつけて、いろこだちたる懸袋にいれて、結びつけたる文をみれば、

「3這《は》ふ這ふも君があたりにしたがはん長き心のかぎりなき身は」

とあるを、なに心なく御前にもて参りて、「袋など、あくるだにあやしくおもたきかな」とてひきあけたれば、くちなは、首をもたげけり。人々、心をまどはしてののしるに、君はいとのどかにて、「なもあみだ仏、なもあみだ仏」とて、「生前の親ならん。[Ⅱ]さわぎそ」とうちわななかし、「かろし。かやうになまめかしきうちしも、結縁に思はんぞ。あやしき心なりや」と、うちつぶやきて、ちかくひきよせ給ふも、さすがにおそろしくおぼへ給ひければ、立ちどころ居どころ蝶のごとく、せみ声にの給ふ声の、いみじうをかしければ、人々逃げ去り来て笑ひいれば、しかしかと聞こゆ。「いと浅ましく、むくつけき事を聞くわざかな。さるもののあるをみるみる、みな立ちぬらんことこそ、あやしきや」とて、大殿、太刀をひきさげて、もてはしりたり。よく見給へば、いみじうよく似せて①つくり給へりければ、手にとり持て、「いみじう、物よくしける人かな」とて、「かしこがり、②ほめ給ふと聞きてしたるなめり。返事をして、はやくやり給ひてよ」とて、③わたり給ひぬ。

(『堤中納言物語』による)

(注1)　いぼじり…カマキリの古名。
(注2)　くちなは…蛇のこと。

問十二　空欄 [Ⅰ] に入る語句として、最も適切なものを次の中から一つ選び、解答欄にマークせよ。

イ　虫　　ロ　男　　ハ　女　　ニ　蝶　　ホ　神

「いみじうさかし給へど、心地こそまどへ、この御遊びものは。いかなる人、蝶めづる姫君につかまつらん」

とて、兵衛といふ人、

「いかでわれとかむかたなきしかならば鳥毛虫《かはむし》ながらみるわざはせじ」

といへば、小大輔といふ人、笑ひて、

「うらやまし花や蝶やといふめれど鳥毛虫くさき世をもみるかな」

などいひて笑へば、「からしや。眉はしも鳥毛虫だちためり。さて、歯ぐきは皮のむけたるにやあらん」

とて、左近といふ人、

「冬くれば衣たのもし寒くとも鳥毛虫おほくみゆるあたりは

衣など着ずとも[1]あらなむかし」

などいひあへるを、とがとがしき女聞きて、「若人たちは、なに事いひおはさうとするぞ。蝶めで給ふなる人も、もはらめでたうもおぼえず。けしからずこそおぼゆれ。さて又、鳥毛虫ならべ蝶といふ人ありなんやは。ただそれがもぬくるぞかし。そのほどをたづねてし給ふぞかし。それこそ心ふかけれ。蝶はとらふれば、手にきりつきて、いとむつかしき物ぞかし。又蝶は、とらふれば、わらは病せさすなり。あなゆゆしともゆゆし」といふに、いとどにくさまさりていひあへり。

この虫どもとらふる童べには、をかしきもの、かれがほしがるものを賜へば、様々に恐ろしげなる虫どもをとりあつめて奉る。「鳥毛虫は、毛などはをかしげなれど、おぼえねばさうざうし」とて、（注1）いぼじり、かたつぶりなどをとり集めて、歌ひののしらせて聞かせ給ひて、われも声をうちあげて、

「かたつぶりのつのの、あらそふや、なぞ」

といふことを、うち誦じ給ふ。童べの名は、[2]例のやうなるはわびしとて、虫の名をなむつけ給ひたりける。けらを、ひきまろ、いなかたち、いなごまろ、あまひこなどなむつけて、召しつかひ給ひける。

(1) 学生Aさんの発言は、本文中の①～④の考え方のうちどの立場に最も近いか。最も適切なものを次の中から一つ選び、解答欄にマークせよ。

イ　①　　ロ　②　　ハ　③　　ニ　④

(2) 学生Bさんの発言は、本文中の①～④の考え方のうちどの立場に最も近いか。最も適切なものを次の中から一つ選び、解答欄にマークせよ。

イ　①　　ロ　②　　ハ　③　　ニ　④

(3) 学生Cさんの発言は、本文中の①～④の考え方のうちどの立場に最も近いか。最も適切なものを次の中から一つ選び、解答欄にマークせよ。

イ　①　　ロ　②　　ハ　③　　ニ　④

(4) 学生Dさんの発言は、本文中の①～④の考え方のうちどの立場に最も近いか。最も適切なものを次の中から一つ選び、解答欄にマークせよ。

イ　①　　ロ　②　　ハ　③　　ニ　④

二

以下の文章は、『堤中納言物語』の「虫めづる姫君」の一部である。独自の美意識と嗜好からか、人の嫌がる虫などを好んで飼育する姫君は、化粧も嫌って眉を抜かず歯も染めずにいるが、眉をひそめる周囲にも耳を貸さず、親の異見に対しては理詰めに論破してしまうありさま、という設定である。これを踏まえて、あとの問いに答えよ。

さすがに、親たちにもさしむかひ給はず、「鬼と［Ⅰ］とは人にみえぬぞよき」と案じ給へり。母屋の簾をすこし巻きあげて、几帳いでたてて、かくさかしくいひいだし給ふなりけり。これを若き人々聞きて、学生Bさん　「なるほど。でも、牛や豚の苦しみまで考えてあげるならば、どうして野菜などの植物は食べてもいいのでしょうか。たしかに植物は苦しみを感じることができないかもしれませんが、折角この世界に生まれてきたわけですから、植物にもこの世界で生きていく権利はあって、人間が自分の都合で勝手に植物を刈り取って食べてしまってはいけないと思います。ですから、わたしは、樹木自体は伐採せずにすむように、例えば、リンゴのような果物だけを食べるようにしたいと思います。」

学生Cさん　「二人の意見は、なるほどと思うところもあるけれど、でも、自然界には食物連鎖があって、適度に食べたり食べられたりしながら、全体のバランスが維持されているよね。そうすると、人間だって自然界で生きる生物の一つなのだから、何かを絶対食べてはいけないというのは行きすぎた考えじゃないかな。ただ、人間があたかも食物連鎖のトップに君臨するかのように考えて、効率的に儲けを出すために多大な犠牲を動物たちに強いるような工場畜産はいただけないね。その点を考慮すれば、例えば、昔ながらの家庭内畜産のように、大事に牛や豚を育てたうえで、牛や豚に感謝をして肉をいただくのは、皆がお互いに敬意を払いながら共生するという意味で、認めてもいいと思うけど。」

学生Dさん　「いや、そもそも牛や豚は、本当に人間と同じように苦痛を感じているのかな。化学で勉強したように、人間の身体も、牛や豚のような動物も、タンポポやヒマワリのような植物も、石や水のような物質と同じで、すべては原子の集合体だよね。そう考えると、牛や豚がいくら苦しそうな動きをしていても、それは単に脳からの電気信号に従って、自動的に身体が動いているだけじゃないかな。でも、ものごとの意味や意義を理解したり、観察や実験の結果を計算して自然法則を導きだしたりできる人間の合理的な理性や精神は、そうした物体を自分の思い通りに扱えるのだから、牛や豚をどう利用するかは人間の自由なんじゃないかな。だから、わたしは、自分の食べたいものを食べたい分だけ、肉も野菜もおいしくいただこうと思う。ただ、食べ尽くさないようにしないとね。」

を尊重することは、人間が自然を支配するべきでも、自然が人間を支配するべきでもないという点で、西洋近代の原子論的な人間観を否定して、人間社会の有機的なつながりを重視しつつ、同時に、人間の生の健全性を映し出す鏡としての自然環境の健康をも重視する。

ハ　正統的な近代的自然像である機械論的世界観から帰結する人間中心的で理性中心的な観点から自然を尊重することは、人間が自然を所有し支配することによってはじめて、価値中立的な自然に対して、人間による技術的な活用の材料として、人間の生存のために役立つという価値が賦与されるという点で、自己肯定的で自己特権的である人間中心主義的な思想である。

ニ　理性と対置される快楽や苦痛を道徳的価値判断の基礎におき、動物の権利や解放を主張する現代の功利主義的な観点から自然を尊重することは、快苦を感じる動物をむやみに殺してはならないという点で、動物保護を訴えつつ、動物の幸福の本質を快楽と見なしたうえで、その権利を動物自身に認めるという点で、生命尊重主義的な枠組みを採用している。

問十一　次の会話は、大学でのある授業風景の一コマである。以下の会話文を読んで、あとの（1）～（4）の問いに答えよ。

先生　「本日のテーマは、肉食や菜食主義（ヴェジタリアン）といった人間の食と倫理に関する諸問題です。ご自身が普段考えていることを、自由に発言してください。」

学生Aさん　「わたしは、工場畜産において飼育されている牛や豚がすごく狭い場所でぎゅうぎゅうに詰められたあげく、最後には無残に屠畜されるのを目にしました。わたしたちがスーパーで気軽にお肉を買って食べることができるのは、牛や豚のこうした大きな苦痛や犠牲のうえで成り立つことなのだという事実を考えると、とても胸が苦しくなりました。もしも自分が牛や豚だったらと思うと、とても耐えられないので、わたしは、お肉を食べるのはやめて、野菜しか食べないようにしようと思いました。」

問九　傍線部3「現代社会のきわめて重要な契機」とは、どのようなことか。最も適切なものを次の中から一つ選び、解答欄にマークせよ。

イ　自然に対するさまざまな権利要求を人間だけが独占すると考える現代社会に対して、人間の精神と自然の健康とを相互に照らし出す鏡のような存在として見ることは、自然界の生物や自然環境を最優先して富の追求をしているか否かという観点を堅持することを通じて、その現代社会のあり方に警鐘を鳴らすこと。

ロ　計算的理性が経済的合理性のみを浸透させる透明な現代社会に対して、もの作りを軸とした労働によって生み出される豊かな価値を具体的な環境の中で作り出すことは、投機的な金融活動を地球規模で遍在させてグローバルな富の増幅をはかるか否かという観点を堅持することを通じて、その現代社会のあり方に警鐘を鳴らすこと。

ハ　貨幣《マネー》を基準として投機的経済活動や経済的合理性を最優先する現代社会に対して、労働が具体的な生活の自然環境基盤に立脚する社会を提唱することは、労働を根本的権利として人間の生の喜びとする精神の高揚を伴う富の追求であるか否かという観点を堅持することを通じて、その現代社会のあり方に警鐘を鳴らすこと。

ニ　もの作りを軸とする労働による豊かな価値を具体的な環境の中で作り出す現代社会に対して、計算的理性が経済的合理性のみを浸透させる透明な社会を築くことは、一切の社会の価値を貨幣《マネー》に一律還元して富を追求しているか否かという観点を堅持することを通じて、その現代社会のあり方に警鐘を鳴らすこと。

問十　本文の内容に合致するものとして、最も不適切なものを次の中から一つ選び、解答欄にマークせよ。

イ　植物や鉱物を含めたあらゆる自然物にそれ自身の基準に即した権利要求を認めるディープ・エコロジーの観点から自然を尊重することは、人間の独善的な自然支配という近代的な自然観を超克するとしても、あらゆる生命や自然が文字通りの権利を同等に有することを徹底するという点で、あらゆる生命の損壊に対する原理主義的な禁止という、きわめて抑圧的で一元的な抑止的思考を強要する。

ロ　自然の健康が人間の精神的な質的高低を鏡に映すように反映するというラスキンのエコロジー思想の観点から自然

問四　傍線部2「自然のエコノミーと精神のエコノミーとが同調しており」とは、どのようなことか。最も適切なものを次の中から一つ選び、解答欄にマークせよ。

イ　さまざまな生命と自然環境とがつながりあっている自然のエコノミーと、実体のない金融経済を優先することを合理性追求の当然の帰結として捉える精神のエコノミーとが、後者が前者を利活用することによって同調していること。

ロ　さまざまな生命と自然環境とがつながりあっている自然のエコノミーと、もの作りを核とした労働を軸にして人間どうしがつながりあっている精神のエコノミーとが、前者と後者が相互に関連しあいながら同調していること。

ハ　さまざまな生命と自然環境とがつながりあっている自然のエコノミーと、もの作りを核とした労働を軸にして人間どうしがつながりあっている精神のエコノミーとが、後者が前者を利活用することによって同調していること。

ニ　さまざまな生命と自然環境とがつながりあっている自然のエコノミーと、実体のない金融経済を優先することを合理性追求の当然の帰結として捉える精神のエコノミーとが、前者と後者が相互に関連しあいながら同調していること。

問五　空欄 Ⅱ に入れるのに最も適切な語句（漢字二字）を、本文中③の説明箇所の中から抜き出し、解答欄に記入せよ。なお、空欄 Ⅱ は三箇所あるが、すべてに同じ語句が入る。

問六　空欄 Ⅲ 、 Ⅳ 、 Ⅴ には、本文中の①〜③の立場が入る。その組み合わせとして、最も適切なものを次の中から一つ選び、解答欄にマークせよ。

イ　Ⅲ…①　Ⅳ…②　Ⅴ…③　　ロ　Ⅲ…②　Ⅳ…①　Ⅴ…③　　ハ　Ⅲ…③　Ⅳ…①　Ⅴ…②

ニ　Ⅲ…①　Ⅳ…③　Ⅴ…②　　ホ　Ⅲ…②　Ⅳ…③　Ⅴ…①　　ヘ　Ⅲ…③　Ⅳ…②　Ⅴ…①

問七　空欄 Ⅵ に入る表現として最も適切なものを、「名誉」と「富」という二つの語を用いて八〜十字で解答欄に記入せよ。

問八　空欄 Ⅶ に入る言葉として、最も適切なものを次の中から一つ選び、解答欄にマークせよ。

イ　共働の　　ロ　自主独立した　　ハ　合理的な　　ニ　透明性のある

じ漢字が入る。

問二　傍線部1「人間中心主義を克服した倫理観」とは、どのようなことか。最も適切なものを次の中から一つ選び、解答欄にマークせよ。

イ　道徳の判断基準を人間にとっての有用性に置くことにより、人間の生存のために役立つかぎりで価値中立的な植物や動物に対しても道徳的な価値を認めるべきだという考えに基づき、人間の生存にとって必要不可欠な植物や動物に対しても道徳的に配慮するということ。

ロ　道徳の判断基準を快苦や感情に置くことにより、同じ地球上で共存する権利をもつ植物や動物に対しても道徳的な価値を認めるべきだという考えに基づき、植物や生物学的に快苦の情動や欲求を認めることができる動物に対しても道徳的に配慮するということ。

ハ　道徳の判断基準を快苦や感情に置くことにより、快楽や苦痛の感情や欲求を感じることができると認められる動物に対しても道徳的な配慮をするべきだという考えに基づき、生物学的に快苦の情動や欲求を認めることができる動物に対しても道徳的に配慮するということ。

ニ　道徳の判断基準を人間にとっての有用性に置くことにより、人間が自然と共存しながら労働するかぎりで植物や動物に対しても道徳的な価値を認めるべきだという考えに基づき、人間が自然と共存するうえで必要不可欠な植物や動物に対しても道徳的に配慮するということ。

問三　空欄［I］に入れるのに最も適切なものを次の中から一つ選び、解答欄にマークせよ。

イ　人間と類似した快苦をもつ限りで自然の構成者はすべて自分独自の権利をもつ

ロ　自然の構成者はすべて独自の権利要求をもつ

ハ　自然の構成者はすべて無機物と同一視されて自由や権利をもつ

ニ　人間と類似した意識をもつ限りで自然の構成者はすべて自由や権利をもつ

生の形式を意味していたからである。社会の富が名誉あるものであるべきというのは、このもの作りの精神の志向の高低にかんしていわれる事柄であって、それに鋭く対立するのが、一切の社会現象を「移転可能な負債の確認手段」を本質とする貨幣《マネー》を基準にして計測、計画するような、合理的期待（投機）の経済という思想である。

私たちの生きる現実の社会は、計算的理性が夢想する経済的合理性のみが浸透する透明な世界よりも、もっとずっと具体的でずっと豊かな価値を具体的な環境のなかで作り出し、消費し、伝達している。それは人々がそれぞれの固有の生産作業にかんして自分自身の志向を重んじ、生産される事物の消費における意味を慮《おもんぱか》り、他人と自分の生活の質を考慮しようとする［Ⅶ］世界である。

この根本的事実を完全に忘却して、人々の労働的活動を具体的な生活の自然環境的基盤からまったく離れた新規の国家事業へと統合したり、その統合のプログラムの計画設計を巨大なグローバル金融組織にゆだねたりするような発想は、名誉ある富の追求とはまったく相容れないものであろう。したがって、私たちの日々の生活のなかで発せられるエコロジー的意識の表明は、この名誉ある富の追求の存在いかんを問題視する姿勢を堅持するという意味で、3現代社会のきわめて重要な契機となりうるのである。

（伊藤邦武『経済学の哲学』による）

（注1）フランシス・ベイコン（一五六一～一六二六）…イギリスの哲学者・政治家。
（注2）ルネ・デカルト（一五九六～一六五〇）…フランスの哲学者・数学者・自然学者。
（注3）ジェレミー・ベンサム（一七四八～一八三二）…イギリスの哲学者・法学者。
（注4）ジョン・スチュアート・ミル（一八〇六～一八七三）…イギリスの哲学者・経済学者。
（注5）一九八〇年に結成されたドイツの政党。反核・環境保護・女性解放・底辺民主主義・非暴力等を唱えて活動。
（注6）ジョン・ラスキン（一八一九～一九〇〇）…イギリスの美術評論家。社会改良の提唱と実践活動を行なった。

問一　傍線部a～cの片仮名を、漢字（楷書）で解答欄に記入せよ。なお、bとcはそれぞれ二箇所あるが、いずれも同らゆる形態の「開花」を喜ぶ深い喜びの思想でありながら、他方ではあまりにも徹底した［Ⅱ］主義をとるために、あらゆる生命の損壊に対する原理主義的な禁止という、それ自体抑圧的で一元的な抑止的思考に転化しかねない危険性をもっている。自然にたいする人間の驚くべきゴウマン（c）をキュウダン（b）することはきわめて重要であるが、そのことが同時にさまざまな自然のなかに本来備わった生命的要請を無視するかもしれないとしたら、ディープ・エコロジーにもそれ自身の深いディレンマがつきまとっていることになるであろう。

　また、自然に対するさまざまな権利要求を人間だけが完全に独占しているというこれまでの考え方や、現代においても見られるその種の偏見には、いかにも人間の自分勝手な気配が漂っているとしても、反対に自然そのものにたいして何かを要求したり訴えたりする「権利」を、比喩ではなく文字通りに認めるという発想も、けっして分かりやすい議論ではない。人間は自然を支配するべきものではないが、自然が人間を支配するべきものでもないであろう。ラスキンの思想はこの点で、ヒューマニズムに立脚しつつ、人間の精神と自然の健康とを互いに照らし出す鏡のような存在と見るゆえに、人間中心主義のゴウマン（c）と過激な生命［Ⅱ］主義の不条理とを、ともに回避しているように思われるのである。

　彼は労働が私たちの苦ではなく根本的権利であるという基礎に立って、［Ⅵ］社会を構想し、その社会の健全性のメルクマールあるいはバロメーターとしての自然環境ということを考えた。このような価値論が、私たちの現在の世界にしばしば蔓延しているように見える、実体経済よりも金融経済の圧倒的優先を合理性追求の当然の帰結と考えるような価値観と、決定的に対立する立場を示しているのは明らかである。近年の大規模な経済的危機に連動して、それぞれの歴史と自然環境とをもつ個々の国家そのものをも、大規模な投機的資本の論理のもとでの評価の対象として考えようとする傾向の驚くべき実態が伝えられることがあるが、とりわけ、こうした投機的金融活動の地球規模での遍在という現状にたいしては、強い異論を提出することであろう。

　というのも、彼のいう労働とはさまざまな意味での「もの作り」を軸にした労働であり、彼のいう人間にとっての生とは、このもの作りを軸にして生産と消費とが結びつきあっているような生の形式、まさしく自然のなかでの人間に特有ななければならない——。今日、ドイツの（注5）「緑の党」などによって代表されるグリーン・ムーヴメントや強い生物中心主義、ないし強い環境中心主義などは、こうした近代主義的自然観とその改訂版である功利主義への痛烈な批判ないし否定を含んでいるといえるであろう。

④　自然と環境の健全性や混乱は、人間社会の価値の追求姿勢の健全・異常の鏡であるという考え方

この考え方では、自然のエコノミーと精神のエコノミーとが同調しており、私たちは自然の健康を通じて自らの精神的な質的高低を読み取ることができると考える。自然のエコノミーは、さまざまな生命と環境とが互いに支えあい変化のなかでつながりあっている生存のシステムである。精神のエコノミーは、人間どうしが労働を軸に支えあい、つながりあっている人間に特有の生存のシステムである。

世界とはこれらのシステムどうしが車の両輪のように同調しあって進行する全体であり、一方の不調はすなわち他方の不調を意味している。（注6）ラスキンの自然や環境をめぐるこの主張は、何よりもまず「人間が生きる」上での条件を確保しようとする思想であり、あくまでも人間、とくに働く人間の生の喜びを中心にしたものであって、けっして反人間主義的な立場、極端に生物［Ⅱ］主義的な主張を盛り込もうとするものではない。それゆえ、それは［Ⅲ］の立場とは完全に一致することはできない。

しかし、それは同時に、近代の計算主義的理性のイメージ、西洋の個人主義的ヒューマニズムに対抗しながら、ヒューマニズムの別の可能性を追求しようとした思想であり、［Ⅳ］の理性主義にも、［Ⅴ］の快苦の感情主義にも反対する。それは人間中心主義の否定ではなく、［Ⅳ］と［Ⅴ］に共通の原子論的人間像を否定する発想であった。したがって、ラスキンのエコロジー思想は①とも②とも、そして③とも相容れない別の主張なのである。

＊＊＊＊＊

現代におけるラディカルなエコロジー思想を厳格に採用すると、人間が世界のなかで繰り広げているすべての経済的開発、あるいは殺戮の行為が厳しくキュウダンされることになるのは当然である。しかし、それは一方では自然と生命のあ

と」であるとするならば、自然界の動物たちは人間と同じように「快苦」を感じることのできる生物であるから、人間のみに価値の基準を限定して考えるのは不合理である。

ベンサムやミルが強調したように、道徳的善悪の判定基準は人間の理性がいかなる動機に導かれているかではなく、行為によっていかなる帰結がもたらされるかにあるのであるから、道徳的配慮の対象は理性的存在者としての人間に限定される必要はなく、社会は余裕のあるかぎり人間以外にも幸福の[a]キョウジュ者を認めるのは当然のことであろう。この立場によれば、動物の無意味な殺戮や虐待を禁じる「動物の解放」はきわめて重要な課題となるであろうし、動物の食用を禁じて、人間の食材を植物のみに限定するヴェジタリアンの思想も支持することができるようになる――。これは西洋近代の正統的な理性的人間中心主義とは異なって、知性や理性よりも快苦や感情を基礎において、人間と生命とのゆるやかな連続性を認めようという思想のパターンである。

③　［　I　］という考え方

自然のもっている価値の意味を、もっぱら人間的視点での利用可能性から捉える①の立場は、そのあまりにも単純な自然理解からして到底受け入れられない。デカルトは心身二元論のゆえに生物を無機物と同一視する「動物機械論」を展開したが、この機械論的世界像は、数学的知性である人間精神が自然界の「所有と支配」を希望するという、奇妙にもアンバランスで不安定な世界像である。しかしながら、人間における幸福のコアを快楽に見て、その権利を生命界にまで拡張させようとする②の現代の功利主義も、依然として擬似人間中心主義的自然観を採用しているために、不十分である。

樹木や鉱物などすべての自然物は、快苦という人間と密接に結びついた価値基準に限定されることなく、それ自身の基準に即した形で、それぞれの権利要求をもつことができる。あらゆる自然の構成者はそれぞれ自分独自の権利を平等に主張できるし、その権利の範囲は生命にかぎらず一切の自然の構成者に拡張できるはずである。私たちはこれまで自由、権利、義務の観念を、人間だけに限定するか、それと類似の意識をもてるものにかぎって認めてきたが、自由や価値についてのこうした意識中心主義、精神中心主義は、その自己肯定的で自己特権的な姿勢のゆえに、歪んだ思想として拒否され

国語

（六〇分）

一

次の文章は、エコノミー（経済）の思想とエコロジー（環境への配慮）の思想との関係について論じられた文章から、一部を抜粋したものである。以下の文章を読んで、あとの問いに答えよ。

① いわゆる西洋近代の正統的なヒューマニズムの立場

よく知られているように、西洋近代の哲学の誕生を告げた一七世紀の(注1)ベイコンと(注2)デカルトとは、科学を手にした人間こそが「自然の所有者にして支配者」であることを、ほぼ同時期に宣言した。近代の機械論的自然観によれば、自然はあくまでも自然法則に支配された価値中立的で機械的な世界であり、人間による技術的な活用の材料を提供するものである。自然が価値的な視点から評価されるとすれば、それは私たちの使用と支配の対象としてであるにすぎない。もちろん、自然環境がもつさまざまな条件は人間の生存にとって決定的に重要であるゆえに、私たちのよりよい生活の必要条件を保つという意味では、自然を守ろうとすることはきわめて合理的な行為である。自然破壊は自己の生存の条件の破壊という意味で、自己否定的、自己矛盾的不合理であり、それに反対するのは当然である――。これは正統的な近代的自然像から帰結する人間中心的で理性中心的な観点からする自然尊重のスタンスである。

② 二〇世紀の中葉以降顕著になった、動物の権利の尊重という考え方

私たちは一九世紀の(注3)ベンサムや(注4)ミルの「功利主義」の延長線上に、[1]人間中心主義を克服した倫理観を確立することができる。もしも道徳的価値判断の基準が「快という意味での幸福を増大し、苦という意味での不幸を縮減するこ

2020年度

問題編

■一般入試

問題編

▶試験科目・配点

教　　科	科　　　　目	配　点
外　国　語	「コミュニケーション英語Ⅰ・Ⅱ・Ⅲ，英語表現Ⅰ・Ⅱ」，ドイツ語，フランス語，中国語，韓国語のうちから１科目選択	80 点
地歴・公民・数学	日本史Ｂ，世界史Ｂ，政治・経済，「数学Ⅰ・Ⅱ・Ａ・Ｂ」のうちから１科目選択	60 点
国　　語	国語総合，現代文Ｂ，古典Ｂ	60 点

▶備　考

- ドイツ語・フランス語・中国語・韓国語を選択する場合は，大学入試センター試験の当該科目〈省略〉を受験すること。センター試験外国語得点（配点 200 点）を一般入試外国語得点（配点 80 点）に調整して利用する。
- 「数学Ｂ」は「確率分布と統計的な推測」を除く。

英語

（90分）

I 次の会話文を読み，下記の設問に答えよ。

Lili and Julia are college freshmen. They are moving into a university residence.

Lili : Hi, you must be Julia, right? I'm Lili, your roommate.

Julia : Hello! So good to meet you, finally.

Lili : (　1　) I was really looking forward to seeing you in person. I suggest we go up to check out the room first and make sure that everything works.

Julia : Good idea.

(*Entering their room a few minutes later*)

Lili : Looks good! I like the view and it is actually larger than I expected. Listen, I think this may be a good opportunity (イ)to go over some rules and our daily routines. (　2　)

Julia : Not at all. I agree it's important. What's your schedule going to be during the semester?

Lili : Well, even though I'm not a morning person, I have registered for a bunch of really early classes. I hope that will force me to start the day at a reasonable hour and manage my time better.

Julia : Actually, (ロ)that will work out quite nicely. I tend to keep an early schedule too. Though obviously before the exam session I can see myself staying up late.

Lili : (　3　) You're going to have a pretty tough schedule, I think. But if it gets really late, there is a common study room upstairs, open 24 hours. In fact, I will probably pull a few all-nighters myself. By the way, do you expect (ハ) to have people over quite a bit?

Julia: I don't know anyone in town yet, so I hope to make friends and bring them here once in a while, especially on weekends. Nothing too loud, mind you. I'll check with you first to make sure that it does not interfere with your plans.

Lili: (　4　) A lot of my friends are thinking about visiting Montreal. Most of the time they'll check into a hotel but do you mind if occasionally they stay here?

Julia: Hmm.... This place is a bit small. Where are they going to sleep?

Lili: Ah, I haven't thought of it yet but probably I'll spread a couple of sleeping bags on the floor. At any rate, it's not going to be often at all.

Julia: Well, listen. (ニ) We'll cross that bridge when we come to it. No point worrying about it now. Is there anything else?

Lili: (　5　) It seems (ホ) we are not going to have any major issues. Let's help your dad bring everything up to the room.

(Original text)

設問1．空所（1）～（5）を埋めるのにもっとも適当なものを(a)～(j)からそれぞれ一つ選び，マーク解答用紙の所定欄にマークせよ。ただし，各選択肢は一度しか使えない。

(a) All the best.
(b) I'd appreciate it.
(c) I hope you don't mind.
(d) Just a few more points.
(e) Likewise.
(f) So did I.
(g) That's understandable.
(h) We covered the basics.

(i) Would that be OK?

(j) You must be kidding me!

設問2．下線部(イ)～(ホ)の意味にもっとも近いものを(a)～(d)からそれぞれ一つ選び，マーク解答用紙の所定欄にマークせよ。

(イ) (a) to analyze systematically (b) to comply with
(c) to discuss briefly (d) to set aside

(ロ) (a) that will be a good arrangement
(b) that will be enthusiastically received
(c) that will present a major challenge
(d) that will require an urgent solution

(ハ) (a) to get a lot of calls (b) to go out frequently
(c) to receive many guests (d) to travel regularly

(ニ) (a) We'll have to reconsider our lifestyles.
(b) We'll need to do some shopping across the street.
(c) We'll talk about it again at the appropriate time.
(d) We'll work on this problem from now on.

(ホ) (a) our conversation is not really useful
(b) our lifestyles are pretty compatible
(c) we'll become close friends
(d) we'll have to discuss our differences a bit more

II 次の英文を読み，下記の設問に答えよ。

When someone sets out to improve their health, they usually take a familiar path: starting a healthy diet, adopting a new workout routine, getting better sleep, drinking more water. Each of these behaviors is important, of course, but they all (イ) physical health—and a growing body of research suggests that social health is just as, if not more, important to overall well-being.

One recent study published in the journal *PLOS ONE*, for example, found that the strength of a person's social circle—as measured by inbound and outbound cell phone activity—was a better predictor of self-reported stress, happiness and well-being levels than fitness data on physical activity, heart rate and sleep. That finding suggests that 【　　あ　　】, says Nitesh Chawla, one of the co-authors of the study.

Chawla says, "My lifestyle, my enjoyment, my social network, all of those are strong indicators of my well-being."

Chawla's theory is supported by plenty of （　ロ　） research. Studies have shown that social support—whether it comes from friends, family members or a spouse—is strongly associated with better mental and physical health. A robust social life, these studies suggest, can lower stress levels; improve mood; encourage positive health behaviors; improve illness recovery rates; and aid virtually everything in between. Research has even shown that a social component can (1)boost the effects of already-healthy behaviors, such as exercise.

Social isolation, meanwhile, is linked to higher rates of (2)chronic diseases and mental health conditions. The detrimental health effects of loneliness have been compared to smoking 15 cigarettes a day. It's a significant problem, especially since loneliness is emerging as a public health epidemic in the U.S. According to recent surveys, almost half of Americans, including large numbers of the country's youngest and oldest adults, are lonely.

A recent study conducted by health insurer Cigna set out to determine what's causing those high rates of loneliness. Unsurprisingly, it found that social media, when used so much that it limits face-to-face communication, was tied to greater loneliness, while having meaningful in-person interactions and being in a committed relationship were associated with less loneliness. Gender and income didn't seem to have a strong effect, but loneliness tended to decrease with age, perhaps because of the wisdom and perspective afforded by years of life lived, says Dr. Stuart Lustig, one of the report's authors.

Lustig says the report (3)underscores the importance of making time for family and friends, especially since loneliness was inversely related to self-reported health and well-being. Reviving a passive social life may be best and most easily done by finding partners for enjoyable (ハ) like exercising, volunteering, or sharing a meal, he says.

Lustig stresses that social media should be used carefully and strategically, and not as a replacement for interpersonal relationships. Instead, he says, we should use technology "to seek out meaningful connections and people that you are going to be able to keep in your social sphere." That advice is particularly important for young people, he says, for whom heavy social media use is common.

Finally, Lustig claims that even small social changes can have a large impact. Striking up post-meeting conversations with co-workers, or even engaging in brief interactions with strangers, can make your social life feel more rewarding.

"There's an opportunity to grow those kinds of quick exchanges into conversations and into more meaningful friendships over time," Lustig says. "People should take those opportunities wherever they possibly can, because all of us, by nature, are programmed from birth to connect"—and because doing so (ニ).

(Adapted from *Time*, June 25, 2019)

設問１．次の１．～４．について，本文の内容にもっとも合うものを(a)～(d)からそれぞれ一つ選び，マーク解答用紙の所定欄にマークせよ。

１．The key message of this article is that

(a) our physical health is directly related to the quality of our social life; therefore, we should invest time into cultivating personal relationships.

(b) the intensity of one's social activities can tell us more about the person's overall health and should be used instead of conventional medical data.

(c) the use of social media has a very strong impact on one's level of loneliness, so it is vital to minimize its use.

(d) we should take every opportunity to interact with family and friends, and not waste time on short-time communication with people we do not know.

2. The study of the effect of our social life on health is particularly relevant today because

(a) an active social life can reinforce the effects of physical exercise.

(b) a significant minority of American adults suffer from loneliness.

(c) people have many physical problems in today's society.

(d) we can measure its impact more accurately today than ever before.

3. According to a study mentioned in this article,

(a) being married and older made loneliness less likely.

(b) generally, men suffered from loneliness much less than women.

(c) older people were less lonely because they already had built strong social networks.

(d) use of social media and a low salary promoted a sense of loneliness.

4. What is Dr. Lustig's opinion about social media?

(a) Social media can serve to supplement face-to-face relationships by helping us find potential friends.

(b) The greatest value of social media is its ability to connect young people who suffer from loneliness.

(c) We should not be afraid to rely on social media to get to know as many people as possible.

(d) Young people need to learn how to use social media effectively in order to maximize its usefulness.

設問2. 下線部(1)～(3)の意味にもっとも近いものを(a)～(d)からそれぞれ一つ選び，マーク解答用紙の所定欄にマークせよ。

(1) (a) decrease (b) enhance

(c) minimize (d) surpass

(2) (a) heart-related (b) infectious

(c) long-term (d) serious

(3) (a) emphasizes (b) examines

(c) underestimates (d) yields

設問 3．空所（イ）～（ニ）を埋めるのにもっとも適当なものを(a)～(d)からそれぞれ一つ選び，マーク解答用紙の所定欄にマークせよ。

（イ） (a) add to (b) focus on

(c) go against (d) rely on

（ロ） (a) prior (b) subjective

(c) superficial (d) unrelated

（ハ） (a) activities (b) attractions

(c) developments (d) performances

（ニ） (a) may allow you to overcome smoking problems

(b) may be beneficial for your health

(c) may negatively impact your lifestyle

(d) may reduce your dependence on social media

設問 4．本文のタイトルとしてもっとも適当なものを(a)～(d)から一つ選び，マーク解答用紙の所定欄にマークせよ。

(a) Loneliness: A New Health Epidemic Sweeping the United States

(b) The Secret of Keeping in Shape, Both Physically and Mentally

(c) When Traditional Ways of Staying Healthy Are No Longer Enough

(d) Why Spending Time With Friends Is One of the Best Things You Can Do for Your Health

設問 5．空所【あ】を埋めるために，〔　　〕の中の語を適切に並べ替えて，記述解答用紙の所定欄に書け。ただし，最初と最後の語は与えられている。

〔amount / data / doesn't / endless / of / tell / the / whole〕

〔解答欄〕the (　　) (　　) (　　) (　　) (　　) (　　) (　　) (　　) story

III 次の英文を読み，下記の設問に答えよ。

Workers, and possibly all people, can be divided into two groups. Those who like to be involved in everything can be called "FOMOS" because they suffer from a "fear of missing out". And then there are those who would ideally want to be left to get on with their own particular work, without distraction — the "JOMOS" (joy of missing out).

Readers will instantly know their tribe. If the boss announces a new project, do you immediately volunteer, thinking this will be a great chance to prove your skills? If so, you are a FOMO. Or, do you foresee the hassle involved, the likely failure of the project, and the weekend emails from all the FOMOS wanting to spend less time with their families? Then you are definitely a JOMO.

Another test is technology. FOMOS are early adopters, eagerly purchasing the latest devices and sending documents to colleagues via the latest file-sharing programme. JOMOS tend to believe that any tech upgrade will be initially troublesome and wonder why on earth their colleagues can't send the document as a pdf.

FOMOS relish(1) the chance to take part in a videoconference call so that they can share fully in the dynamics of the meeting and not miss any clues about the participants' long-term agenda. JOMOS deeply resent the video element, which prevents them from checking their emails or playing a game online.

Networking events are the kind of thing that gets FOMOS excited as a chance to exchange ideas and make contacts. When JOMOS hear the word "networking", they tend to react very (イ). For them, being forced to attend an industry cocktail party is rather like being obliged to attend the wedding of someone they barely know.

Similarly, FOMOS see a breakfast meeting as a chance to start the day on a positive note. They would hate to turn one down in case they lost business, or the chance of career advancement. JOMOS resent setting their alarm earlier and would rather eat breakfast at their kitchen table, (2)grumbling about the news headlines to their spouse. If it is a work meeting, then hold it during working hours.

As for business travel, FOMOS can't wait to experience the delight of overseas conferences and visiting new places. (A)It will all look good on their curriculum vitae. JOMOS know that such travel involves cramped airline seats, jet lag and a long shuffle through passport control lines. The final destination tends not to be some exotic location but a very (3)ordinary conference centre or hotel that they forget five minutes after they have departed.

JOMOS recognise that they have to attend some meetings and go on trips to get their work done. But they regard such things as a punishment not a (ロ). Something useful may come out of it, but best not to get their hopes up.

It might seem obvious that employers should look to hire FOMOS, not their opposites. (ハ), in a company full of JOMOS, sales might suffer and there would be little innovation. But while FOMOS are racing from meetings to networking events, you need a few JOMOS to be doing actual work. If FOMOS are like dogs, barking excitedly and chasing their own tails, JOMOS are more similar to cats. (B)They will spring into action if a mouse is in the vicinity but, in the meantime, they are content to sit and rest.

The other reason why depending on FOMOS is dangerous is that they are naturally (ニ). JOMOS will be loyal, for fear of ending up with a worse employer. But FOMOS may think that working for one company means they are missing out on better conditions at another. That is obviously the point of most networking.

(Adapted from *The Economist*, February 2-8, 2019)

設問1．次の1．～4．について，本文の内容にもっとも合うものを(a)～(d)からそれぞれ一つ選び，マーク解答用紙の所定欄にマークせよ。

1．The writer of this article assumes that

(a) a majority of business professionals are FOMOS.

(b) most of the readers will identify with JOMOS rather than with FOMOS.

(c) we all know dogs and cats do not get along very well.

(d) we have a pretty good idea if we are FOMOS or JOMOS.

2．Which of the following is NOT discussed in this article?

(a) attitudes of the two groups towards office innovation, including new machines, computer applications, etc.

(b) respective reactions of the two groups towards opportunities to establish new professional contacts

(c) the way FOMOS and JOMOS approach work-related trips to overseas destinations

(d) the way the two groups interact with their respective colleagues within a company

3．According to this article, which of the following statements is true?

(a) FOMOS and JOMOS both refuse to accept responsibility.

(b) FOMOS are more important for a company than JOMOS.

(c) FOMOS are more likely than JOMOS to work overtime.

(d) FOMOS are more likely to stay longer in one company than JOMOS.

4．The conclusion we can draw based on this article is that

(a) businesses should hire more FOMOS than JOMOS in order to be successful.

(b) companies are required to have an equal number of JOMOS and FOMOS on staff.

(c) FOMOS perform most of the work while JOMOS are relied upon only occasionally.

(d) JOMOS are important for an organization because they end up doing most of the routine work.

設問 2．下線部(1)〜(3)の意味にもっとも近いものを(a)〜(d)からそれぞれ一つ選び，マーク解答用紙の所定欄にマークせよ。

(1) (a) consider (b) ignore
(c) reject (d) welcome

(2) (a) clarifying (b) complaining
(c) explaining (d) reporting

(3) (a) irregular (b) local
(c) unremarkable (d) urban

設問3．空所（イ）～（ニ）を埋めるのにもっとも適当なものを(a)～(d)からそれぞれ一つ選び，マーク解答用紙の所定欄にマークせよ。

（イ） (a) enthusiastically (b) furiously
(c) negatively (d) spontaneously

（ロ） (a) disadvantage (b) penalty
(c) privilege (d) routine

（ハ） (a) After all (b) Because of this
(c) Despite this (d) Nevertheless

（ニ） (a) arrogant (b) careless
(c) passive (d) restless

設問4．下線部(A)と(B)と同じ意味を表すものを(a)～(d)から一つ選び，マーク解答用紙の所定欄にマークせよ。

(A) (a) Business trips are seen as accomplishments in one's career.
(b) Conference attendance makes their jobs more meaningful.
(c) Travel overseas is important for a better business performance.
(d) Visiting new places is an exciting benefit of the job.

(B) (a) JOMOS are generally very lazy and only pretend to work hard when the boss is around.
(b) JOMOS do not make any effort unless they feel personally threatened and then they fight back.
(c) JOMOS hate to move much beyond their local area, so they make terrible salespeople.
(d) JOMOS will work hard if they recognize a meaningful opportunity but at other times they will take it easy.

Ⅳ　次の英文を読み，下記の設問に答えよ。

【　　　　　　あ　　　　　　】

Middle-aged and older people who live sedentary lives are up to two and a half times more likely to die early, researchers said. (A)たとえ座っていることが，立っていることや歩いていることによって中断されたとしても，そのリスクは残った。

Light activity such as cooking or washing-up could help lessen the risk. People who did regular physical activity of any intensity were about five times less likely to die early than those who were not physically active.

The study, in *The BMJ*, analysed existing research on physical activity and mortality in nearly (i) adults aged (ii) and older. Participants had an average age of (iii) and were followed for an average of just under six years, during which time (iv) died.

Their activity levels were monitored at the start of the research using devices that track physical movements and were categorised into "light intensity" such as slow walking, "moderate activity" such as brisk walking, vacuuming or mowing the lawn and "vigorous activity" such as jogging or digging.

After adjusting for potential influencing factors, researchers found that any level of physical activity was associated with a substantially lower risk of early death.

Deaths (イ) as total activity increased, before levelling off. People who did light intensity activity for about five hours a day, or moderate to vigorous activity for 24 minutes a day had the most health benefits.

There were approximately five times as many deaths among the 25 per cent of least active people compared with the 25 per cent most active.

Researchers looked separately at sedentary behaviour and found sitting still for nine and a half hours or more was linked to a higher risk of early death. The most sedentary people, who spent an average of nearly ten hours a day sitting, were at a 163 per cent higher risk of dying before they might have been expected to during the period of the study than the least sedentary, who sat for an average of seven and a half hours.

Ulf Ekelund, of the Norwegian School of Sport Sciences in Oslo, who led the research, said: "Our findings provide clear scientific evidence that higher levels of total physical activity, (ロ) intensity, and less sedentary time are associated with lower risk of premature mortality in middle-aged and older people."

Researchers from Germany and New Zealand said that the study was an important addition to existing knowledge but could not explain whether the distribution of activity across the day or week was relevant.

They added: "The clinical message seems straightforward: every step counts and even light activity is (ハ)."

Commenting on the research, Jess Kuehne, of the Centre for Ageing Better, said: "If we want to be healthy and (ニ) when we grow older, we need to do much more in our forties and fifties. As well as aerobic exercise like taking brisk walks, cycling or swimming, we also need to be boosting the strength in our muscles and bones and improving our balance. It's not just about adding years to our life, it's about adding life to our years and increasing the time that we stay fit, healthy and free from long-term health conditions or disability."

(Adapted from *The Times*, August 22, 2019)

注 sedentary = requiring a sitting posture

設問 1．空所【あ】を埋めるのにもっとも適当なものを(a)～(d)から一つ選び，マーク解答用紙の所定欄にマークせよ。

(a) Lower rates of early death are reported among middle-aged adults who exercise at least five days a week.

(b) Sitting still for nine and a half hours a day raises the risk of early death, a study has found.

(c) The results of recent research suggest that moderate exercise is more beneficial for health than light or vigorous physical activities.

(d) Young people do not exercise enough and spend almost 10 hours a day sitting, concludes a recent scientific report.

設問 2．空所（ i ）〜（iv）を埋めるのにもっとも適当な数字の組み合わせを(a)〜(d)から一つ選び，マーク解答用紙の所定欄にマークせよ。

(a) （ i ） 2,149 （ ii ） 62 （iii） 40 （iv） 36,400

(b) （ i ） 36,400 （ ii ） 40 （iii） 62 （iv） 2,149

(c) （ i ） 36,400 （ ii ） 62 （iii） 40 （iv） 2,149

(d) （ i ） 2,149 （ ii ） 40 （iii） 62 （iv） 36,400

設問 3．空所（イ）〜（ニ）を埋めるのにもっとも適当なものを(a)〜(d)からそれぞれ一つ選び，マーク解答用紙の所定欄にマークせよ。

（イ） (a) fell steeply (b) increased moderately
(c) remained unchanged (d) soared dramatically

（ロ） (a) according to (b) based on
(c) due to (d) regardless of

（ハ） (a) beneficial (b) diagnostic
(c) extensive (d) harmful

（ニ） (a) affluent (b) cheerful
(c) independent (d) responsible

設問 4．下線部(A)を〔 〕の中の語を並べ替えて英語に直し，記述解答用紙の所定欄に書け。ただし，いくつかの語は与えられている。

〔broken / by / if / remained / risk / sitting / standing / walking / was〕

〔解答欄〕The (　)(　) even (　)(　)(　)(　) up (　)(　) and (　).

V 次の英文を読み，下記の設問に答えよ。

At many British universities, at the time of applications, the situation is close to panic. Each institution's future depends on securing enough students. (A)これは，政府の政策における変更を反映する。 Admissions used to be managed, with limits set on the number of students each university could take. But beginning in 2012 restrictions began to be lifted, before disappearing entirely in 2015. Since then universities have been (1) to take as many as they want.

There is lots of variation, but in general elite institutions have undergone the biggest growth. Some, including Oxford and Cambridge, have chosen not to expand. But most prestigious universities have absorbed a lot of students, grateful for their fees, which subsidise research. The intake of British students at many older, research-focused universities has grown by 16% since restrictions were lifted. Some have ballooned. Bristol's intake has shot up by 62%, Exeter's by 61% and Newcastle's by 43%.

Universities (2) the rankings have fared less well. The intake of British students at institutions in the post-1992 group of universities, former polytechnics which offered vocational qualifications, is flat. London Metropolitan's intake is down by 42%, Kingston's by 33% and Southampton Solent's by 28%. Some have diversified by offering more qualifications sponsored by companies, postgraduate degrees or apprenticeships. Others are getting into financial difficulty.

Universities are keenly aware that they are mostly competing with a handful of rivals for students, and that geography plays a big role in determining who those rivals are. Exeter, in south-west England, has commissioned research which shows it attracts students who live near a major motorway that runs into town, and struggles to recruit from anywhere north of Birmingham, in the Midlands. The university therefore keeps a close eye on Bath and Bristol, nearby institutions (1) held in similar regard. Mark Corver of dataHE, a consultancy, notes that many larger London universities, which take students with weaker grades, have struggled as the capital's secondary schools have got better, providing youngsters with the qualifications to aim higher. So too have universities in remote parts of the country, including Cumbria and Aberystwyth.

Students seem to prefer universities with campuses close together. Exeter is one example. Others include Aston, which takes 66% more British students than it did before the cap was lifted; East Anglia, which takes 34% more; and Bath, which takes 24% more. It tends to be easier to build on a campus than in a city centre, says Mike Nicholson, head of admissions at Bath. And for a generation of students who party less, study more and are often influenced by cautious parents, campus universities are a nice half-way point between school and adulthood.

Universities not attracting enough students have to adapt. Since the new system was introduced, almost all have charged the maximum allowed—now £9,250 ($11,250) a year. Since students are entitled to government loans, which they don't have to repay until they earn more than £25,725 a year, they are relatively unworried by upfront costs. But price competition has begun to emerge in the form of generous scholarships. A more common way to appeal to students is to lower the grades for entry. At its extreme, this takes the form of offers which do not require the applicant to achieve any grades at all, provided they make the university their first choice. Recruiting students will at least get easier as the number of 18-year-olds rises in 2021.

Improving a university's appeal through more reputable means is hard, but not impossible. Coventry has shot up in the rankings, and has a 50% bigger intake than a decade ago. In 2010 a "shocking" low score in its student-satisfaction survey (3) a reconsideration, says Ian Dunn, the university's senior administrator. Now feedback is requested midway through a course and students are informed of changes made as a result within five days. The university has set up a college which offers degrees from £6,350. It has also cut back joint courses, like accounting and finance, which students enjoyed less. Before the rules changed, Exeter had gone further still, getting rid of weak departments, including chemistry. But nationwide, student satisfaction (2) is yet to rise, indicating these universities are in a minority (the measure is, though, a delayed indicator, as students fill in forms only after finishing their degree).

Growth is no guarantee of financial stability, as can be seen at Cardiff and Surrey, which have taken in lots more students but not enough to (4) their spending. That is little consolation for the small number of universities, struggling to attract applicants, which are said to be near bankruptcy. New policies have caused a great deal of change in higher education. But the growing number of students at elite universities would probably regard the change as (3) a price worth paying.

(Adapted from economist.com, August 22, 2019)

設問１．次の１．～５．について，本文の内容に合うものはマーク解答用紙のＴの欄に，合わないものはＦの欄にマークせよ。

1．There used to be restrictions on the number of students British universities could admit.

2．The main motivation for universities to increase the intake of students is to diversify their student population.

3．Improvements in secondary-level education in England have had a positive effect on enrollments in large London universities.

4．A way to boost a university's appeal to students is to offer financial incentives in the form of scholarships.

5．A majority of British universities have lived up to their

students' expectations.

設問2．空所（１）〜（４）を埋めるのにもっとも適切なものを(a)〜(d)からそれぞれ一つ選び，マーク解答用紙の所定欄にマークせよ。

（１） (a) clever (b) forced
(c) free (d) reluctant

（２） (a) higher up in (b) lower down in
(c) on top of (d) way outside

（３） (a) declared (b) denied
(c) prompted (d) requested

（４） (a) accelerate (b) exceed
(c) match (d) triple

設問3．下線部(1)〜(3)の意味にもっとも近いものを(a)〜(d)からそれぞれ一つ選び，マーク解答用紙の所定欄にマークせよ。

(1) (a) considered inferior (b) rated highly
(c) respected a great deal (d) viewed as equals

(2) (a) has already risen (b) has not risen
(c) is about to rise (d) is unlikely to rise

(3) (a) an inappropriate burden (b) a necessary cost
(c) an unreasonable expense (d) a welcome contribution

設問4．次の１．〜２．について，本文の内容にもっとも合うものを(a)〜(d)からそれぞれ一つ選び，マーク解答用紙の所定欄にマークせよ。

１．Which of the following strategies is NOT mentioned in this article as a way to attract students at British universities?
(a) Universities attempt to be more responsive to students' needs.
(b) Universities get rid of unpopular academic programs.
(c) Universities lower their admission requirements.
(d) Universities recruit professors from rival institutions.

２．Students in the UK preparing their university applications
(a) appreciate the fact there is a growing number of universities in rural areas.
(b) are pleased that university fees have been cut.

(c) are very concerned about the expense of higher education.

(d) have a better chance to gain admission to many top-level universities.

設問5. 下線部(A)を8語以内で英語に直し，記述解答用紙の所定欄に書け。ただし，最初の語は与えられている。

〔解答欄〕This　　　　　　　　　　　　(.)

日本史

（60分）

1　次の文章を読んで，下記の設問（A～J）に答えよ。解答はもっとも適当なものを1つ選び，解答記入欄のその番号をマークせよ。

古代には，駅路や伝路とよばれる官道が整備された。駅路は，中央と地方の国府を結ぶ道で，30里（約16km）ごとに駅がおかれ，駅には駅馬がおかれた。伝路は，地方豪族の拠点となる場所をつないでいた道から発展し，郡家イどうしや郡家と国府を結ぶもので，郡家には伝馬がおかれた。公用で旅する人々は，用件の内容や当人の位階ロに応じて，これらの馬を利用することができた。

古代国家は，地方を東山道，北陸道，東海道，南海道，山陰道，山陽道，西海道の七道に分けて支配したが，七道は行政区分であるとともに，駅路の名称でもあった。駅路は各国の国府を結んでおり，各国との間で迅速に情報伝達を行えるようになっていた。駅路は直線的に整備されたが，武蔵国ハはじめ東山道に属していたため，東山道は上野国新田駅と下野国ニ足利駅の間から，武蔵国府へと南下する東山道武蔵路が伸びていた。都から東山道に派遣された使者は，上野国から一度，武蔵国府の所在した東京都府中市まで南下してから，また北上して下野国に向かわなければならなかったのである。一方で東海道は，はじめは［ホ］国から東京湾を海路で［ヘ］国に渡るというのが主な駅路であったが，［ホ］国から武蔵国府を経て［ト］国に至る道も整備されていった。そのため771年に，武蔵国は東山道から東海道に移管されることとなった。

七道の多くは小路とされたが，東山道と東海道は中路とされた。これは蝦夷征討事業チのためと考えられている。東国リは蝦夷征討のための拠点とされたことから，東山道と東海道は重視されたのである。

そして大路とされたのは山陽道と，山陽道から大宰府に至る西海道の一部である。山陽道の駅館は瓦葺・白壁となっていたが，これは外交使節が通るためであった。806年には百姓の疲弊ヌや，奈良時代の外交使節が実際には主に海路を利用していたことを考慮し，駅館の修理の規定を緩和する勅が出されているが，この際にも，[ル] 国の駅館については海から見えることを理由に，従来通りとされている。山陽道は，ヲ古代の対外関係において国家の体面を保つために重視されたのである。

このように古代の道は，国家による支配のあり方を体現するものであった。

問Ａ 下線部イについて述べた文として，正しいものはどれか。

1．衛士によって警備された。

2．国衙と同様，文書行政が行われた。

3．納められた調を正倉に保管し，財源とした。

4．主に大学で学んだものが派遣されて政務を担った。

5．郡庁や倉庫が円形に並び，儀礼空間はもうけられなかった。

問Ｂ 下線部ロに関連して述べた文として，正しいものはどれか。

1．五位以上の者の子と孫は，21歳になると一定の位につくことができた。

2．官吏はそれぞれの官職に応じて相応しい位階が与えられることになっていた。

3．墾田永年私財法では，位階に関係なく墾田が認められた。

4．有位者には，官田が与えられた。

5．有位者でも，八虐については罪を減免されなかった。

問Ｃ 下線部ハについての事項として，正しいものはどれか。

1．平忠常によって国府が占領された。

2．奈良時代につくられたこの国の『風土記』が現存する。

3．この国で発見された銅が朝廷に献上され，和銅と改元された。

4．この国にも古代朝鮮式山城が設置された。

5．刀伊が来襲し，国司であった藤原隆家が指揮して撃退した。

問Ｄ 下線部ニに流された人物は誰か。

1．伴健岑　　2．道鏡　　3．早良親王

4．和気清麻呂　　5．玄昉

問Ｅ 空欄ホ・空欄ヘ・空欄トに入る語の組み合わせとして，正しいものはどれか。

1．ホ―駿河　へ―常陸　ト―上総

2．ホ―相模　へ―常陸　ト―下総

3．ホ―相模　へ―上総　ト―下総

4．ホ―伊豆　へ―下総　ト―甲斐

5．ホ―伊豆　へ―上総　ト―甲斐

問F　下線部チに関連して設置されたａ～ｅを古い順に並べたものとして，正しいのはどれか。

ａ　多賀城　ｂ　秋田城　ｃ　磐舟柵　ｄ　胆沢城　ｅ　出羽柵

1．ａ→ｃ→ｂ→ｅ→ｄ　2．ｂ→ａ→ｃ→ｅ→ｄ

3．ｂ→ｅ→ａ→ｄ→ｃ　4．ｃ→ｅ→ａ→ｂ→ｄ

5．ｅ→ｃ→ｂ→ｄ→ａ

問G　下線部リについて述べた文として，正しいものはどれか。

1．壬申の乱に際して，大海人皇子はこの地域の豪族を軍事力の基盤とした。

2．藤原純友は，この地域の海賊を率いて反乱を起こした。

3．山上憶良は，この地域に赴任した際に貧窮問答歌をよんだ。

4．この地域の兵士は，遠方のため防人を免除された。

5．この地域の俘囚が，柵戸として東北に送られた。

問H　下線部ヌに関連して述べた文として，正しいものはどれか。

1．貴族の下に身を寄せて駆使された場合，逃亡とはいわなかった。

2．三善清行は「意見封事十二箇条」を一条天皇に提出し，地方の実情を指摘した。

3．偽籍は，正丁に偏重していた税負担から逃れるために行われた。

4．庸は，畿内や京においては加重されて課せられた。

5．嵯峨天皇の下で，雑徭は半減された。

問I　空欄ルにあてはまる国はどれか。

1．但馬　2．石見　3．美作

4．因幡　5．長門

問J　下線部ヲについて述べた文として，正しいものはどれか。

1．卑弥呼が楽浪郡に使いを送ったことが，「魏志」倭人伝にみえる。

2．小野妹子が隋に持参した国書は煬帝によって無礼とされたが，隋は倭に答礼使を送った。

3．新羅使のために松原客院や能登客院が整備された。

4．８世紀，外国の使節への応対は大宰府でのみ行われ，入京はさせなかった。

5．宋への朝貢に際して，日本の使節は硫黄を持参することが多かった。

2　次の史料とその解説文を読んで，下記の設問（Ａ～Ｊ）に答えよ。解答はもっとも適当なものを１つ選び，解答記入欄のその番号をマークせよ。

（史料）

かばかりつたなき時世の末に生まれ合ひぬるこそ浅ましく侍れ。イ五十年あまりのことは明らかに見聞き侍り。それよりこのかたは，天が下，片時も治まれること侍らず。ロ三十年のころより，はからざるに東の乱れ出で来て年月を経，幾千万の人，剣に身を破り，たがひに失せまどひ侍れども，今に露ばかりも治まる道なし。その後いくほどなくて，[　ハ　]の亭にての御事など出でき後は，年々歳々，天下杖つくばかりも長閑なる所なし。（中略）あまさへ，昔聞きも伝へぬ徳政などといへること，近き世より起こりて，年々辺都の[　ニ　]十方より九重に乱れ入りて，ひとへに白波の世となして，万人を悩まし，宝を奪ひ取ること，つやつや暇なし。かるが故に，民も疲れ，都も衰へ果て，よろづの道，万が一も残らずとなり。

さるに，ホこの七年ばかりのさき，長々しく日照りて，天が下の田畑の毛一筋もなし。都鄙万人上下疲れて浮かれ出で，道のほとりに物を乞ひ，伏しまろび失せ侍る人数，一日のうちに十万人といふことを知らず。まのあたり世は餓鬼道となれり。

乱れかたぶきたる世の積もりにや，ヘいにし年の暮れより，京兆・金吾の間の物云ひ，既に大破れとなりて，天が下二つに分かれてけり。（中略）洛陽の寺社・公家・武家・諸家・地下の家々，一塵も残る所なく，大野焼け原となりて，（中略）都のうち，目の前に修羅地獄となれり。

（『ひとりごと』）

この史料は，心敬という連歌師によって1468年に著されたものである。ここで心敬は50年あまり前からの社会状況を回想しているのだが，京都にいながら，地方での事件も敏感に受けとめていたことがうかがわれる。さらに，京都での事件の後，天下は杖をつくほどの平和な場所もなくなったとし，騒然たる社会状況や，飢饉の惨状などにも言及している。心敬は，この史料の最後の部分で述べられているような状況に至り，京都を離れて関東に下向した。ト関東も当時は大乱の最中だったが，そこでは，心敬より1年早く下向していたチ宗祇との交流などもあった。一方，リ西日本でも地域権力との関わりで文化が興隆していくこととなった。心敬の嘆きは，たしかに社会の一側面をあらわしているが，この時期は地域の自律的な動きが強まっていったとみることもできる。

問A　下線部イに関連し，心敬が認識する以前にも，鎌倉公方足利満兼が幕府に反乱を起こした人物と結び，兵を進めたことがある。その人名はどれか。

1．今川貞世（了俊）　2．大内義弘　3．土岐康行
4．細川頼之　5．山名氏清

問B　下線部ロに関連して述べた次の文X・Y・Zの正誤の組み合わせのうち，正しいものはどれか。

X　永享の乱では足利持氏と上杉憲実が対立した。
Y　永享の乱で幕府は中立の立場を守った。
Z　永享の乱後，結城氏朝が挙兵したが，幕府軍の攻撃で敗死した。

1．X―正　Y―正　Z―誤　2．X―正　Y―誤　Z―正
3．X―正　Y―誤　Z―誤　4．X―誤　Y―正　Z―正
5．X―誤　Y―誤　Z―正

問C　空欄ハに入る語はどれか。

1．赤松　2．管領　3．将軍
4．京極　5．関白

問D　空欄ニに入る語はどれか。

1．足軽　2．僧兵　3．大名
4．土民　5．悪党

問E　下線部ホの事態が起きた時の年号はどれか。

1．永正　2．寛喜　3．寛正
4．弘治　5．天文

問F　下線部への事態以降の戦乱に関連する説明として，正しいものはどれか。

1．畠山・細川氏の家督争いが戦乱の要因の１つだった。

2．日野富子は養子の義尚を将軍にしようとした。

3．足利義尚は乱の余波で将軍になれずに終わった。

4．足利義視は当初東軍のもとにあったが，翌年西軍に移った。

5．加賀一向一揆は細川勝元の命令で富樫政親を滅ぼした。

問G　下線部トに関連して説明した次の文ａ～ｄのうち，正しいものが2つあるが，その組み合わせはどれか。

ａ　鎌倉公方の地位に就いていた上杉憲忠の謀殺がきっかけで起きた。

ｂ　大乱発生時の年号から，現在では享徳の乱といわれる。

ｃ　堀越公方に対抗して古河公方が立てられた。

ｄ　堀越公方はのちに伊勢宗瑞（北条早雲）に滅ぼされた。

1．ａとｂ　　2．ａとｃ　　3．ａとｄ

4．ｂとｃ　　5．ｂとｄ

問H　下線部チについての説明として，正しいものはどれか。

1．連歌の規則書『応安新式』を制定した。

2．東常縁に古今伝授をほどこし，のちに古今伝授の祖とされた。

3．『水無瀬三吟百韻』を弟子たちとともによんだ。

4．自由な俳諧連歌をうみ出した。

5．『菟玖波集』を撰し，勅撰に準ずるとみなされた。

問I　下線部リに関連し，室町～安土桃山時代の西日本における文化に関する説明として，誤っているものはどれか。

1．大内氏のもとでは出版が盛んで，大内版といわれた。

2．薩摩では，朱熹の『大学章句』が刊行された。

3．南村梅軒が薩南学派をおこした。

4．桂庵玄樹が肥後などで朱子学を講じた。

5．宣教師が金属製の活字による活字印刷術をもたらした。

問J　『ひとりごと』が著されたのと同じ世紀に起きた出来事でないものはどれか。

1．足利義満による第１回遣明船派遣

2．応永の外寇　　3．尚巴志の三山統一

4．コシャマインの蜂起　　　5．寧波の乱

3 次の史料とそれに関連する文を読み，下記の設問（A～J）に答えよ。解答はもっとも適当なものを1つ選び，解答記入欄のその番号をマークせよ。

(史料1)
上様は日本国中の人民を天より預かりなされ候，イ国主は一国の人民を上様より預かり奉る，ロ家老と士とはその君を助けて，その民を安くせん事をはかる者なり

(史料2)
(この書物を) 慶長五年よりしるしはじめし事ハ，［ハ］終りて後，天命一度改りて

(史料3)
古人も，天下は天下の天下，一人の天下にあらずと申し候，まして六十余州は，［ニ］より御預かり遊ばされ候御事に御座候へば，かりそめにも御自身のものと思し召すまじき御事に御座候，［ホ］と成らせられ天下を御治め遊ばされ候は，御職分に御座候

江戸幕府がなぜ日本の土地と人民を支配する権限を持っているのか，という問いに対して，当時の人々はどのように考えていただろうか。藩主から家臣に対する教諭である史料1は，［ホ］が天から人民を預かっているからだといい，諸大名の系譜を記す史書である史料2は，［ハ］によって天命が改まったからだと説明する。どちらも，天の意志によるものであるとの主張である。これに対して史料3では，［ホ］が［ニ］から政務を預かっていると考えている。史料の成立年代は，史料1が17世紀中期，史料2が18世紀初期，史料3が18世紀末期である。いずれも幕府有力者または大名の言葉である。支配層には，幕府支配の正当性を保証するのは天であるとの考えが当初あった。しかし，それがやがて［ニ］であるとの考えが有力になっていった。この延長線上に実行されたのが，ヘ徳川慶喜による［ト］である。これを支える論理であるチ大政委任論は，江戸時代後期における幕府政治の矛盾の広がりの中で強調されていったこと

なのである。

問A　史料１と史料３はだれの言葉か。組み合わせとして正しいものを選べ。

1．史料１－池田光政　史料３－松平定信

2．史料１－上杉治憲　史料３－前田綱紀

3．史料１－細川重賢　史料３－松平慶永

4．史料１－島津重豪　史料３－水野忠邦

5．史料１－佐竹義和　史料３－保科正之

問B　史料２の出典は，徳川綱豊（後の６代将軍家宣）が儒者に命じて書かせた『藩翰譜』という書物である。この著者が将軍に進言して，実現したものはどれか。

1．質地の流地を禁止すること。

2．漢訳洋書の輸入を緩和すること。

3．学問吟味という試験を開始すること。

4．朝鮮通信使の待遇を簡素化すること。

5．蝦夷地開発のため調査隊を派遣すること。

問C　史料１の著者が，下線部イのように解釈した語は，次のうちどれか。

1．奉公　　2．知行　　3．上知

4．夫役　　5．参勤

問D　下線部ロについて，正しい解釈はどれか。

1．家老や藩士は主君のために，領民からできるだけ多くの年貢をとれるように努力するべきだ。

2．家老や藩士は主君とともに，領民から慕われる将軍に忠誠を誓うべきだ。

3．家老や藩士は主君を助けて，領民が平穏に暮らせる状態をつくるべきだ。

4．家老や藩士は主君とともに，領民を守るための武芸を磨くべきだ。

5．家老や藩士は主君のために，領民から藩主が慕われるように尽くすべきだ。

問E　空欄ハに該当する出来事はどれか。

1．本能寺の変　　2．朝鮮出兵　　3．関ヶ原の戦い

4．大坂の陣　　5．島原天草一揆

問F　空欄ニに該当する語に関する説明で，正しいものはどれか。

1．紫衣事件は，幕府の法令よりも天皇の命令が優先されることが示された事件である。

2．禁中並公家諸法度は，公家が自ら制定した法令である。

3．新設された閑院宮家から，江戸時代，天皇は迎えられなかった。

4．宝暦・明和事件は，尊王論を唱えた生田万が処罰された事件である。

5．尊号一件は，光格天皇の実父に太上天皇の称号宣下が実現しなかった事件である。

問G　空欄ホに該当する語は，史料３の宛先と同じである。該当する語を選べ。

1．大名　　2．将軍　　3．天皇
4．老中　　5．国王

問H　下線部ヘに関する説明で，誤っているものはどれか。

1．文久の改革のとき，将軍後見職に就任した。

2．幕府の立て直しのため，フランスに援助を求めた。

3．父は紀州藩主徳川斉昭である。

4．13 代将軍徳川家定の後継候補であった。

5．戊辰戦争のとき，官軍から朝敵とされた。

問I　空欄トに関する説明で，誤っているものはどれか。

1．この１か月後，討幕の密勅が薩摩藩・長州藩に対して下された。

2．この前提には，公議政体論の構想があった。

3．これを徳川慶喜に直接進言したのは，土佐藩である。

4．この後に宣言された王政復古の大号令により，摂政・関白・将軍の職は廃止された。

5．これより前から，「ええじゃないか」とよばれる民衆騒乱が起こっていた。

問J　民間から下線部チを主張した人物に本居宣長がいる。彼の著作はどれか。

1．統道真伝　　2．国意考　　3．柳子新論
4．経世秘策　　5．玉くしげ

4　次の史料Ⅰ～Ⅲを読んで，下記の設問（A～J）に答えよ。なお，史料はわかりやすくするために変更した部分もある。

（史料Ⅰ）

朕，今誓文ノ意ヲ拡充シ，茲ニ［　イ　］ヲ設ケ以テ立法ノ源ヲ広メ，［　ロ　］ヲ置キ以テ審判ノ権ヲ鞏《かた》クシ，又［ハ］地方官ヲ召集シ以テ民情ヲ通ジ公益ヲ図リ，漸次ニ国家立憲ノ政体ヲ立テ，汝衆庶ト倶ニ其慶ニ頼ラント欲ス。

（史料Ⅱ）

嚮《さき》ニ明治八年ニ［　イ　］ヲ設ケ，十一年ニ［ニ］府県会ヲ開カシム。此レ皆漸次基ヲ創メ，序ニ循テ歩ヲ進ムルノ道ニ由ルニ非ザルハ莫シ。爾有衆，亦朕ガ心ヲ諒トセン。顧ミルニ，立国ノ体，国各宜キヲ殊ニス。非常ノ事業実ニ軽挙ニ便ナラズ。我祖我宗，照臨シテ上ニ在リ，遺烈ヲ揚ゲ，洪模ヲ弘メ，古今ヲ変通シ，断ジテ之ヲ行フ，責朕ガ躬ニ在リ。将ニ明治二十三年ヲ期シ，議員ヲ召シ，［ホ］国会ヲ開キ，以テ朕ガ初志ヲ成サントス。

（史料Ⅲ）

施政上ノ意見ハ人々其所説ヲ異ニシ，其合同スル者相投ジテ団結ヲナシ，所謂［ヘ］政党ナル者ノ社会ニ存立スルハ亦情勢ノ免レザル所ナリ。然レドモ［ト］政府ハ常ニ一定ノ方向ヲ取リ，超然トシテ政党ノ外ニ立チ，至公至正ノ道ニ居ラザルベカラズ。

問A　空欄イに当てはまる語句はどれか。

1．正院　　2．左院　　3．貴族院

4．元老院　　5．枢密院

問B　空欄ロに当てはまる語句はどれか。

1．大審院　　2．弾正台　　3．高等裁判所

4．最高裁判所　　5．司法省

問C　下線部ハに関して述べた文として，正しいものを2つマークせよ。

1．地方の大地主を集めて会議を行った。

2．大久保利通が木戸孝允の強い反対を押し切って設置した。

3．三度にわたって開催された。

4．地方民会についての審議を行った。

5．憲法草案の審議を行った。

問D　史料Ⅰが出されるきっかけとなった会議に参加した人物について述

べた文として，正しいものを２つマークせよ。

1．土佐藩出身で，その後参議に復帰した。

2．薩摩藩出身で，留守政府の中心であった。

3．長州藩出身で，五箇条の誓文の起草にかかわった。

4．公家出身で，のちに内大臣を務めた。

5．佐賀藩出身で，外務卿を務めた。

問E　下線部ニに関して述べた文として，誤っているものを２つマークせよ。

1．地方税の使途を議定した。

2．県令は府県会の推薦によって選ばれた。

3．議員は住民による選挙によって選ばれた。

4．自由民権運動の影響を受け，官民対立の場となることもあった。

5．地方税規則に基づき設置された。

問F　史料Ⅱに基づき実際に設置された際の下線部ホに関して述べた文として，正しいものを２つマークせよ。

1．政府提出法律案の審議権が認められていたが，法案発議権は認められていなかった。

2．貴族院は衆議院に優越する強い権限を有していた。

3．予算審議において憲法上の天皇大権に関する費目を自由に削減することはできなかった。

4．衆議院で予算が成立しなかった場合，政府は予算の執行ができなかった。

5．予算は貴族院よりも先に衆議院で審議された。

問G　史料Ⅱはある政治的事件に際して出されたものであるが，その事件の経緯または結果に関して述べた文として，正しいものを２つマークせよ。

1．開拓使官有物の払下げが実行された。

2．土佐藩出身の政治家が政党内閣制の採用を主張する憲法意見書を提出した。

3．薩摩藩出身で大阪に拠点を置く実業家が世論の批判にさらされた。

4．慶応義塾出身の官僚複数名が政府を追放された。

5．自由民権運動が停滞に陥り，一部の人々が急進化した。

問H　下線部へに関して述べた文として，誤っているものを２つマークせよ。

1．日本最初の政党は，国会開設の９年以上前に結成された。

2．大成会，国民協会など政府寄りの団体は「吏党」と呼ばれた。

3．自由党の党首板垣退助は，刺客に襲われ死亡する間際に，「板垣死すとも自由は死せず」と語ったとされる。

4．立憲改進党はのち進歩党となり，進歩党は自由党と合同して憲政党を結成した。

5．憲政党の主流は立憲政友会へと合流し，それに反対する人々は憲政本党を結成した。

問I　下線部トの内容に関して述べた文として，正しいものを２つマークせよ。

1．自由党や立憲改進党とつながりを有する政治家を入閣させることを否定したものである。

2．政治家は節を曲げるべきではないという個人的な政治道徳を主張したものである。

3．政党そのものの存在を批判したものではない。

4．議院内閣制に反対しているものである。

5．のち日本最初の政党内閣において，初めて政党と関係を有する政治家が入閣し，この方針は破られる。

問J　史料Ⅲは憲法発布時の首相の発言であるが，この首相について述べた文として，正しいものを２つマークせよ。

1．長州藩出身である。

2．屯田兵創設を建議した。

3．陸軍卿や内務卿を務めた。

4．大隈外相による条約改正交渉の挫折後，首相を辞職した。

5．憲法調査のためドイツに赴いた。

5

次の文章Ⅰ，Ⅱを読んで，下記の設問（Ａ～Ｊ）に答えよ。

Ⅰ

日米和親条約を初めとして，イ幕府が欧米列強と締結した一連の条約に見られるように，欧米列強は日本を自分たちと対等な国家とは認めておらず，半植民地化しうる対象とみなしていた。この状態を脱して日本を欧米列強に近代国家として認めさせるには，政治面ではロ旧い封建権力の否定と近代的な立憲国家の樹立が必要であり，経済面では工業化の達成が課題となった。

明治政府のハ殖産興業政策は経済面の課題に対応したものであり，工部省，内務省，農商務省などを通じて様々な工業化促進政策が実施された。そして，1880 年代後半に市場を混乱させていた通貨制度が安定すると，紡績業などを中心に近代的な機械制工場が発達し始め，ニ日本は産業革命期を迎えた。

1900 年代に入って本格的に工業化が進むと，設備新設や拡大のために鉄鋼などの資材や機械に対する需要が強まった。しかし，これらの投資財を供給する国内重工業部門の発達には限界があり，投資財需要の増加は輸入拡大による貿易収支の悪化につながった。このホ重工業や化学工業部門の未成熟という問題は，1930 年代初頭に至っても産業構造上の弱点として残存しており，戦前期全般を通じて日本経済の克服すべき課題であり続けた。

問A　下線部イに関連して述べた文として，誤っているものを1つマークせよ。

1．日米修好通商条約で神奈川・長崎・新潟・兵庫の開港を取り決めた。

2．欧米列強は，日本に滞在する自国民への領事裁判権を認めさせた。

3．関税については日本側が自主的に税率を決定できなかった。

4．他国に対して認めた最も良い待遇をお互いに与えあうことが定められた。

5．外国人が自由に国内を旅行することは認められなかった。

問B　下線部ロに関連して述べた文として，誤っているものを1つマークせよ。

1．1885 年，旧来の太政官制を廃止し，内閣制度を創設した。

2．藩を廃止して府・県とし，旧藩主は府知事・県令に任命された。

3．華族や士族に支給されていた秩禄を公債を与えて廃止した。

4．公選議員からなる衆議院と華族や勅任議員などからなる貴族院の二院で構成される帝国議会が開設された。

5．天皇に大権を認めた大日本帝国憲法が，枢密院の審議を経て1889年に発布された。

問C 下線部ハに関連して述べた文として，誤っているものを1つマークせよ。

1．官営の富岡製糸場が設立され，フランス式の製糸技術を伝えた。

2．工部省は横須賀造船所や高島炭鉱など旧幕府・諸藩経営の事業を引き継いだ。

3．電信や郵便の制度は1870年代に大きく整備され，日清戦後には電話の輸入も実現した。

4．内国勧業博覧会を開催して産業技術の発達を奨励した。

5．国立銀行条例の改正後，各地に国立銀行が設立され，産業資金の供給に寄与した。

問D 下線部ニに関連して述べた文として，正しいものを1つマークせよ。

1．製糸業では器械製糸による生産が増大したが，熟練度が繰糸を左右する点で機械技術としては限界があった。

2．日本鉄道会社が政府の保護を受けずに成功をおさめると，鉄道会社の設立ブームが起こった。

3．日本銀行や国立銀行が銀行券を増発し，産業革命期の企業発展を支えた。

4．1897年に綿糸輸出量が綿糸輸入量を上回り，綿業（綿糸・綿織物）部門は貿易黒字を生むようになった。

5．金に対する銀価値の低落による円安は，産業革命期に輸出産業の成長を支え続けた。

問E 下線部ホに関連して戦前期日本の重化学工業について述べた文として，誤っているものを1つマークせよ。

1．1930年代に重化学工業部門が大きく発展し，1938年には工業生産額の過半を占めるに至った。

2．1920年代の厳しい経済状況の下で，電力関連の重化学工業部門には成長が見られた。

3．第一次世界大戦期に染料・化学肥料などの輸入が途絶えたため，化学工業の発達が促された。

4．第一次世界大戦期の世界的な船舶不足は造船業の躍進をもたらした。

5．日本製鋼所などを除くと民間製鋼会社の設立は進まなかったため，政府は官営八幡製鉄所の設立に踏み切った。

Ⅱ

浜口雄幸内閣は［ へ ］を蔵相に起用し，1930年初頭に金解禁を断行した。ト この解禁準備の過程で円安の為替相場を［ a ］水準の円高に誘導するため，［ b ］により物価の［ c ］を実現して経常収支の改善をはかる政策が採用された。解禁後も経常収支悪化の下でこの政策が継続されたため，解禁直前に勃発した世界恐慌による内外需要の激減と不況を誘発する政策の継続によって日本経済は大きな打撃を受けた。

これに対して，政府は［ チ ］法を制定してカルテル結成を促すとともに，産業［ リ ］による生産性の上昇を通じて貿易収支の改善をはかる政策をとったが，恐慌により市場全体が縮小している下では政策効果に限界があった。

浜口内閣を引き継いだ若槻礼次郎内閣が1931年末に閣内不統一で総辞職すると，犬養毅政友会内閣が発足し，高橋是清が蔵相に就任した。かねてから［ へ ］前蔵相に批判的であった高橋は前内閣とは大きく異なる経済政策を展開し，日本経済をいち早く恐慌から脱出させることに成功した。もっとも，ヌ 公債を財源とする政府支出の増加や［ d ］政策が［ e ］の悪化を招くことを恐れた高橋は，次第に公債累積の主因である［ f ］費の抑制につとめるようになった。

問F　空欄へに当てはまる人物の氏名を漢字で記せ。

問G　下線部トの空欄a～cに当てはまる語句の組み合わせとして，正しいものを1つマークせよ。

1．	a	旧平価	b	財政緊縮	c	引き下げ
2．	a	新平価	b	財政拡大	c	引き上げ
3．	a	旧平価	b	金融緩和	c	引き上げ
4．	a	新平価	b	財政緊縮	c	引き下げ
5．	a	旧平価	b	金融緩和	c	引き下げ

問H　空欄チに当てはまる語句を漢字6字で記せ。

問Ｉ　空欄リに当てはまる語句を漢字３字で記せ。

問Ｊ　下線部ヌの空欄ｄ～ｆに当てはまる語句の組み合わせとして，正しいものを１つマークせよ。

1．	ｄ	低金利	ｅ	インフレ	ｆ	公共土木事業
2．	ｄ	低金利	ｅ	デフレ	ｆ	軍事
3．	ｄ	高金利	ｅ	インフレ	ｆ	公共土木事業
4．	ｄ	高金利	ｅ	デフレ	ｆ	軍事
5．	ｄ	低金利	ｅ	インフレ	ｆ	軍事

6

次の文章Ⅰ，Ⅱを読んで，下記の設問（Ａ～Ｉ）に答えよ。

Ⅰ

占領下の民主化政策のもとで，思想や言論に対する国家の抑圧が除去された。1946年１月には『［ａ］』（岩波書店），『［ｂ］』（筑摩書房）などの総合雑誌が相次いで創刊され，『中央公論』や『改造』なども復刊された。丸山真男の政治学，大塚久雄の経済史学，川島武宜の法社会学などが論壇にあらわれ，知識人・学生に［イ］大きな影響を及ぼした。丸山は，荻生徂徠や福澤諭吉らを取り上げて，日本の政治思想史を研究してきたが，1946年５月に「超国家主義の論理と心理」という論文を発表し，天皇制の問題点を，政治権力と精神的権威を一元的に集中していた点に見いだし，それを支えてきた国民意識のあり方が問われなければならないと論じた。マックス・ウェーバー研究を基礎に，経済史学を研究してきた大塚久雄は，「近代的人間類型の創出」なる論文を著し，イギリスなどの歴史と比較しながら，日本では内面的尊厳を重んじるエートス（倫理）が未成熟なため，民主化を問う政治主体の確立が困難であると論じた。また川島武宜は，「日本社会の家族的構成」なる論文を発表し，日本では法秩序や権力だけでなく，家族制度が権威によって人々を服従させる機能を持ったと論じた。

1946年５月には，［ロ］鶴見俊輔，丸山真男らによって雑誌『思想の科学』が創刊された。人々の思想を経験科学的に研究するとして，学際的な討論や共同研究によって，つぎつぎと成果を発表した。文学でも［ハ］新しい作品が相次いで発表された。1949年には，あらゆる分野の科学者を代表する機関として，日本学術会議が設立された。

Ⅱ

中国で共産党の優勢が明らかになったニ1948 年以降，アメリカは対日政策を転換し，日本を政治的に安定した工業国として復興させ，西側陣営の東アジアにおける主要友好国とする政策を採用した。GHQ は，日本の経済復興のために積極的な措置をとった。吉田茂内閣で閣議決定され，片山哲・芦田均内閣に引き継がれた［　c　］方式は，生産再開の起動力となったが，深刻なインフレが進行した。1948 年，GHQ は吉田茂内閣に対し，ホ経済安定九原則の実行を指令した。これを実施させるために，翌年には銀行家のドッジが派遣され，一連の施策を指示した（ドッジ＝ライン）。また 1949 年には，専門家チームが来日して勧告を行い，これ（［　d　］勧告）にもとづく税制の大幅な改正がなされた。ドッジ＝ラインによってインフレは収束したが，1949 年後半以降，不況が深刻化し，中小企業の倒産が相次いだ。また，行政や企業の人員整理も重なり，失業者が増大した。

1950 年に勃発した朝鮮戦争によって，アメリカ軍から武器，弾薬，自動車，機械などの製造・修理の膨大な需要が発生し，日本経済は活気を取り戻した。繊維や金属を中心に生産が拡大し，1951 年には工業生産，実質国民総生産などが戦前の水準を回復した。

問A　空欄ａに該当する語句を，記述解答用紙の解答欄に漢字で記せ。

問B　空欄ｂに該当する語句を，記述解答用紙の解答欄に漢字で記せ。

問C　空欄ｃに該当する語句を，記述解答用紙の解答欄に漢字で記せ。

問D　空欄ｄに該当する語句を，記述解答用紙の解答欄に記せ。

問E　下線部イについて，丸山，大塚，川島らの社会科学研究が知識人・学生に与えた影響を 30 字以内の文章にまとめ，記述解答用紙の解答欄に記せ。なお，句読点も 1 字として数えよ。

問F　下線部ロについて，『思想の科学』の創刊時の同人として，誤っている人物を１つマークせよ。

1．武谷三男　　2．都留重人　　3．大江健三郎
4．渡辺慧　　5．鶴見和子

問G　下線部ハに関して，作者と作品の組み合わせとして，誤っているものを１つマークせよ。

1．野間宏―青い山脈　2．太宰治―斜陽
3．井伏鱒二―黒い雨　4．坂口安吾―堕落論
5．大岡昇平―俘虜記

問H　下線部ニについて，1948年に起きた出来事に関する説明として，誤っているものを1つマークせよ。

1．ロイヤル陸軍長官が「日本の経済自立を促し，共産主義の防壁にせよ」と演説した。
2．ドレーパー陸軍次官が来日し，日本の賠償軽減と企業分割緩和をGHQに進言した。
3．政令201号で国家公務員法と労働組合法が改正され，すべての労働者が争議権を失った。
4．第二次吉田茂内閣が成立した。
5．ケナンの提言で経済復興と再軍備を目指す対日政策が決定した。

問I　下線部ホについて，経済安定九原則の項目として，誤っているものを1つマークせよ。

1．資金貸出制限　2．賃金安定　3．物価統制
4．食糧集荷改善　5．国債発行

世界史

（60分）

I 次の文章を読み，問A～Lに答えよ。解答はマーク解答用紙の所定欄に一つだけマークせよ。

グラックス兄弟による改革が失敗に終わった後，ローマは「内乱の1世紀」$_{\text{A}}$と呼ばれる混乱した時代を迎えた。有力者たちは元老院に基盤をおく［ B ］派と民会などを拠点とする平民派とに分かれ，対立抗争が繰り広げられた。同盟市戦争や奴隷の反乱が起りローマ社会は混迷したが，とりわけ前73年から前71年に勃発したスパルタクスの反乱$_{\text{C}}$はローマの支配者層を大きく動揺させた。この騒乱は［ D ］の剣闘士養成所から奴隷たちが脱走したことで始まり，一時は大軍となる大反乱となったが，［ E ］らにより鎮圧された。

『対比列伝』（『英雄伝』）を記したローマ帝政期の哲学者・著述家$_{\text{F}}$によれば，［ E ］がスパルタクスの反乱を鎮圧する指揮官の役目を果たした。しかしながら，闘いから逃れ落ちた奴隷の一群を滅ぼした［ G ］の名声も高める結果となった。その後，カエサルは元老院に抵抗するため，前60年に［ E ］，［ G ］と密約を結び政治を行った。前58年から前51年には，カエサルはガリア$_{\text{H}}$に遠征し，アレシアの戦いで［ I ］を指導者として抗戦する軍を制圧し，この地域をおおむね征服した。ガリア遠征中に［ E ］がパルティア遠征で戦死すると，元老院に近づいた［ G ］がカエサルと対立した。前48年のファルサロスの戦いでカエサルは［ G ］に勝利し，前44年には終身の［ J ］に就任し独裁政治を始めた。カエサルは救貧，カルタゴなどへの植民事業や［ K ］の採用など諸改革を行い，民衆にも広く人気を得ていた。だが，元老院を無視して権力を一身に集めたため，共和政を擁護するブルートゥス$_{\text{L}}$らによって暗殺され，ローマは再び混乱に陥ることになった。

問A　下線部Aについて，この時期およびその前後の時代の記述として誤っているものはどれか。

1．オクタウィアヌスは前27年に元老院からアウグストゥスの称号を与えられた。

2．前91年から前88年にイタリア半島の同盟市は，ローマ市民権を求めて反乱を起こしたが，最終的にマリウスが鎮圧した。

3．オクタウィアヌスは前31年のアクティウムの海戦で，アントニウス・クレオパトラの連合軍を撃破した。

4．グラックス兄弟の兄ティベリウスは前133年に護民官に選ばれ，自作農創設による軍の再建を企てたが，元老院の保守派の反対にあって暗殺された。

問B ［B］にはいる語句はどれか。

1．新貴族　　2．騎士

3．ポプラレス　　4．閥族

問C 下線部Cについて，この反乱の統率者スパルタクスの出身地域はどこと伝えられているか。

1．ガリア　　2．トラキア

3．サムニウム　　4．ブリタニア

問D ［D］にはいる都市の名前はどれか。

1．アッピア　　2．ローマ

3．カプア　　4．ナポリ

問E ［E］について，この人物はつぎのうちどれか。

1．ポンペイウス　　2．スラ

3．マリウス　　4．クラッスス

問F 下線部Fについて，この人物が晩年に神官を務めた場所はどこか。

1．アテネ　　2．アレクサンドリア

3．デルフォイ　　4．オリンピア

問G ［G］について，この人物はつぎのうちどれか。

1．レピドゥス　　2．ポンペイウス

3．クラッスス　　4．アントニウス

問H 下線部Hに関連する内容として，正しい記述はどれか。

1．ルグドゥヌムは，現在はフランスの首都となっている都市である。

2．マッシリアは，前600年頃にローマ人によって植民された都市である。

3．ブルディガラは，現在はワインの生産地として世界的に知られている都市である。

4．トロサは，現在は自動車産業の町として世界的に知られている都市である。

問I　[I]　について，この人物はつぎのうちどれか。

1．ウェルギリウス　　　2．ウェルキンゲトリクス

3．ホラティウス　　　4．レピドゥス

問J　[J]　にはいる語句はどれか。

1．コンスル　　　2．プリンケプス

3．ケンソル　　　4．ディクタトル

問K　[K]　にはいる語句はどれか。

1．ギリシア暦　　　2．太陰太陽暦

3．太陽暦　　　4．ヒジュラ暦

問L　下線部Lについて，この人物を登場人物として，イギリスの著名な劇作家が悲劇を 1599 年頃に書いた。この劇作家の作品であるものを一つ選べ。

1．『カンタベリ物語』　　　2．『マクベス』

3．『エドワード２世』　　　4．『錬金術師』

II

次の文章を読み，問Ａ～Ｌに答えよ。解答はマーク解答用紙の所定欄に一つだけマークせよ。

官僚登用試験である科挙が開始されたのは，[A] の治世であった。唐代における科挙は，試験による官僚登用を定着させたが，中央政府の高官の地位をほぼ独占していた「門閥貴族」$_{\text{B}}$の勢力は依然として強大であった。安史の乱$_{\text{C}}$を乗り越え，門閥貴族は政局に大きな影響を与え続けたが，唐の滅亡とともに，その多くの家系は史料から姿を消す。この門閥貴族の衰亡の原因については，従来様々に議論されてきたが，近年では，彼らが政治の中心であった長安と [D] にあまりにも集中して住み，結果的に唐末の反乱$_{\text{E}}$で殲滅されたとの説も提唱されている。その後，五代十国$_{\text{F}}$でも，科挙を行った王朝が存在したが，科挙の歴史上，転換点となったのが北宋の建国であった。「文治主義」と評される北宋初期の諸皇帝の政策に

おいて，官僚登用の最も主要な経路として確立され，3年に1回，州試→省試→［ G ］という3段階制が設けられた。経済力のある科挙の受験者層は門閥貴族にかわる新たな社会的有力者層Hとなり，科挙官僚を出せば，徭役が免除されるなどの特権を得たI。こうして科挙を突破して官僚となった人々は自らを門閥貴族とは異なる，新たな社会の指導者層とみなし，大胆な改革を実行してゆく。その代表例である王安石の主導した新法Jをめぐり，政界は賛成・反対派で二分されK，その対立は北宋滅亡後L，南宋にまで影響を与えた。

問A　［ A ］について，当てはまる人物を一つ選べ。

1．隋の煬帝　　2．唐の太宗
3．隋の文帝　　4．唐の玄宗

問B　下線部Bについて，正しい説明を一つ選べ。

1．永嘉の乱の後，「五胡」の支配を拒否して，五胡十六国には官僚として仕える者は全くいなかった。
2．九品中正制度において，中央政府から派遣される中正官を無視して，高位の官職を手に入れた。
3．その勢力を削ぐため，府兵制では主要な徴兵対象とされた。
4．高級官僚を輩出し，官人永業田の世襲を行った。

問C　下線部Cに関連して，正しいものを一つ選べ。

1．安禄山の娘は皇帝の妃となったが，それを妬む者の讒言に危機感をおぼえた安禄山は，この反乱を起こした。
2．史思明は安禄山を暗殺して，自ら大燕皇帝と称した。
3．この反乱の鎮圧に協力したウイグルは，その勢いで長年の仇敵であった東突厥を併合した。
4．楊炎は，安史の乱鎮圧後の財政再建に貢献した。

問D　［ D ］について，黄河流域に位置し，西晋などの王朝が首都とした，長安とならんで重要であった都市を一つ選べ。

1．鎬京　　2．汴京
3．洛陽　　4．咸陽

問E　下線部Eについて，黄巣とともに唐代末期の反乱を率いた人物を一人選べ。

1．王僧弁　2．王則
3．王仙芝　4．王直

問F　下線部Fについて，五代十国時代に「燕雲十六州」を契丹に割譲した王朝を一つ選べ。

1．後唐　2．後梁
3．後晋　4．北漢

問G　[G]に入る言葉を一つ選べ。

1．郷試　2．会試
3．覆試　4．殿試

問H　下線部Hについて，こうした社会的有力者層の主な母体となった富農・官人階層をあらわす言葉を一つ選べ。

1．形勢戸　2．佃戸
3．民戸　4．里長戸

問I　下線部Iについて，こうした特権を得て，一般人民とは異なる戸籍に登録された家の呼び名を一つ選べ。

1．主戸　2．官戸
3．甲首　4．里長

問J　下線部Jについて，次の中で王安石の主導した「新法」ではないものを一つ選べ。

1．保馬法　2．保甲法
3．公田法　4．募役法

問K　下線部Kにつき，王安石と対立し，王安石の辞職後に新法を次々と撤廃した人物を一人選べ。

1．司馬炎　2．司馬遷
3．司馬貞　4．司馬光

問L　下線部Lについて，その前後の情勢に関する説明として正しいものを一つ選べ。

1．金の圧迫を受けた北宋は，遼と密約を結んだが，のちにこれを裏切って遼を滅ぼした。
2．秦檜は反対派を抑え込み，金との和議を成立させた。
3．南方中国を保持した南宋は，自らを兄，金を弟とする盟約を結んだ。
4．北宋皇帝の高宗は，金軍に捕らわれて北方に連行された。

III　次の文章を読み，問A～Lに答えよ。解答はマーク解答用紙の所定欄に一つだけマークせよ。

世界史を考える上でキーワードと言うべきものにヒトの「移動」(migration) がある。その動機は戦争，飢餓，気候変動などさまざまであるが，それが大規模な移動になった場合，当然先住民との摩擦，あつれきを生むことになる。

古代を代表する移動現象には，ケルト人の移動がある。彼らはAインド=ヨーロッパ語族に属し，ほぼヨーロッパ全体を居住地域としていたが，B共和政ローマ期に一部が属州になり，またCゲルマン人の圧迫を受け，「陸のケルト」は各地に定住することになった。現在ケルト文化の強い影響を受けているとされる，Dスコットランド，Eアイルランドなど「島のケルト」と古代ケルト人の関係は不明のことも多いが，彼らの妖精神話，美術，キリスト教信仰などにはケルト的な共通性が認められる。スコットランド，アイルランドはいずれも，しばしばイングランドと紛争を起こし，その影響は現在にまで及んでいる。

移動を繰り返した民族として著名なものはFヘブライ人であろう。もと遊牧民であった彼らは民族移動を重ねたが，新バビロニアに征服され，のちローマの領土となったが民族は四散し，統一国家成立は1948年のGイスラエル国建国まで待たねばならなかった。しかし，Hイスラエル国と近隣の中東諸国との間には深刻な対立関係が続いている。

近現代におけるヒトの移動で代表的なのは，植民地であろう。本来古代ギリシア，ローマ期の *colonia* とは移住地のことであった。しかし15世紀の「地理上の発見」以降，Iスペイン，Jイギリス，Kオランダなど列強は，国内の余剰人口のはけ口だけでなく，植民地を政治的に従属させるとともに，宗主国にとって有利な市場としていったのである。しかし，[L]らにより，植民地時代の負の遺産を植民地化された地域の人々の視点から捉え直す，ポスト・コロニアリズム研究が進められている。

問A　下線部Aに関して，インド=ヨーロッパ語族に含まれる現代語はどれか。

1．ハンガリー語　　2．エストニア語
3．フィンランド語　　4．ロシア語

問B　下線部Bに関して，共和政ローマ期に起こった出来事はどれか。

1．カルケドン公会議の開催　　2．エフェソス公会議の開催

3．十二表法の制定　　4．ミラノ勅令の発布

問C　下線部Cに関して，ゲルマン人の活動で，正しいものはどれか。

1．アングロ＝サクソン人は，イングランドに「七王国」を建てた。

2．4世紀，ブルグンド人が南イタリアにブルグンド王国を建国した。

3．フランク人は，ガリア北部に進出したが，5世紀末にクローヴィスによって服属された。

4．ザクセン人は，南ドイツに勢威を誇ったが，7世紀にキリスト教改宗を拒否した。

問D　下線部Dに関連して，正しいものはどれか。

1．スコットランド王ジェームズ6世は，イングランド王ジェームズ1世を兼ね，自由主義的な立憲王制を理想とした。

2．1707年，ジョージ1世の手によってイングランドとスコットランドは合同し，大ブリテン王国となった。

3．スコットランド生まれのアダム＝スミスは，『諸国民の富』などの著作で，古典派経済学を拓いた。

4．16世紀，スコットランド女王メアリ＝スチュアートは，スコットランドのプロテスタント化を進めた。

問E　下線部Eに関連して，正しいものはどれか。

1．1649年，クロムウェルはアイルランド征服を企図したが，失敗に終わった。

2．1801年，イギリスはアイルランドを併合したが，アイルランド議会はダブリンに残された。

3．1840年代のジャガイモ飢饉で，アイルランドでは100万人以上の餓死者がでた。

4．グラッドストン首相は保守党と提携することで，アイルランド自治法を成立させた。

問F　下線部Fに関連して，古代ヘブライ人の歴史について，誤っているものはどれか。

1．ヘブライ人は前1500年頃，パレスチナに定住した。

2．前13世紀頃，指導者モーセのもと，ヘブライ人はパレスチナを離

れ，エジプトに定住した。

3．前10世紀頃，ダヴィデ王，ソロモン王のもと繁栄した。

4．ソロモン王の死後，王国はイスラエル王国と，ユダ王国に分裂した。

問G　下線部Gに関して，イスラエル建国にいたるまでの中東に関する事件のうち，年代順で古いものから2番目に当たるのはどれか。

1．パレスチナが，イギリスの委任統治領となる。

2．バルフォア宣言が出される。

3．国際連合総会が，パレスチナ分割案を決議する。

4．サイクス・ピコ協定が締結される。

問H　下線部Hに関して，現代の中東問題について正しいものはどれか。

1．1979年のイラン革命は，アメリカ合衆国の介入により失敗に終わった。

2．1973年，第4次中東戦争が起こると，石油輸出国機構（OPEC）は原油価格を上げ，第二次石油危機が起こった。

3．2001年，イスラーム急進派による，ニューヨーク，ワシントンでの同時多発テロについて，オバマ大統領は直ちに対テロ戦争を宣言した。

4．1980年代，パレスチナの人々は，武力にまさるイスラエル軍に対して投石などで抵抗の意思を示すインティファーダを展開した。

問I　下線部Iに関連して，メキシコのスペインからの独立運動の先駆者は誰か。

1．オイギンス　　2．トゥサン＝ルヴェルチュール

3．イダルゴ　　4．サン＝マルティン

問J　下線部Jに関連して，イギリスの旧植民地，香港について誤っているものはどれか。

1．2019年，「逃亡者条例」をめぐって，香港では民主化デモが起こった。

2．1944年，日本は香港を占領した。

3．1984年，イギリスと中国との間で香港の中国返還について合意がなされた。

4．香港返還後も，「一国二制度」のもとで，香港では現在も資本主義制度が容認されている。

問K　下線部Kに関して，オランダの対外的な事件で古いものから順に3番目に当たるものはどれか。

1．アチェ戦争が起こり，ゲリラ戦による長期戦となったが，オランダはこれを鎮圧した。
2．ジャワ戦争が起こったが，オランダは反乱を鎮圧した。
3．3次にわたるイギリス＝オランダ（英蘭）戦争が起こった。
4．日本軍が，オランダ領東インドのジャワ島，スマトラ島などを占領し，石油資源を確保した。

問L　[L] に当てはまる人名は誰か。

1．サイード　　2．キッシンジャー
3．ケインズ　　4．デューイ

Ⅳ　次の文章を読み，空欄 [1] ～ [13] については，記述解答用紙の所定欄に適切な語句を記入せよ。また，下線部 14 に関しては，とくに EU がそれらの移動の自由を域内で認めることを基本理念としてきているが，そのことと 2015 年以降にイギリスで起きた EU との関係に関する出来事との関連性について記述解答用紙の所定欄に 100 字以内で説明しなさい。なお，句読点・算用数字も1字とする。

広く社会に散在する資本を集積し，その資本をもとに事業を行うことを可能にする仕組みとしての株式会社の起源は，1602 年に [1] で設立された東インド会社にあるといわれる。同社は，設立当初，出資者らによる意思決定機関としての株主総会をもたないなど，取締役や国家の影響力が強い形態であった。しかし，その後，フランスにおいて，財務総監の [2] がその名を冠した [2] 主義ともよばれる [3] 政策の一環で，株主総会等を擁する若干民主的な組織として東インド会社を再建するなど，株式会社にかかる制度は国境を越えてヨーロッパ大陸全体に広がっていった。

アメリカでも，独立戦争後，多くの州で株式会社制度に関する立法が行われ，株式会社が設立された。19 世紀後半には，1882 年に形成され，ロックフェラーによって率いられていた [4] トラストに代表される独占的な企業集団を形成するものがあらわれた。そうした状況に対し，連邦議会は，1890 年に [5] を制定して独占やその企てに対して対抗しようとしたが，1888 年にはニュージャージー州が会社による他の会社の株式の取得・保有を認め，企業集団の形成における持株会社形態の利用に道を開いたことを皮切りに，そのほかの州でも自州に会社の設立や企業集団を誘致すべく，会社や企業集団に友好的な立法を行う動きがみられていった。結果として，アメリカでは，その後も株式会社の隆盛は続いたが，1928 年にパリで 15 カ国が調印し，国際紛争の解決手段として戦争を放棄することを宣言した [6] をアメリカ側で推進したニコラス＝バトラーは，1911 年に行ったスピーチの中で，「有限責任制を有する株式会社は，現代における最も偉大な 1 つの発見であり…蒸気（機関）や電気でさえ…その重要性という点では株式会社に及ばない」と述べた。

他方で，株式会社は，剰余金（利益）の配当や株主総会における議決権といった構成員としての様々な諸権利を株式に証券化し，それを発行・流通させるところ，ときにそうしたプロセスの中で投機その他の多くの問題を生じさせ，国家や国際的なレベルで金融・経済を混乱させるきっかけにもなってきた。

イギリスでは 1720 年に政府が発行する [7] の引受けを行っていた南海会社を中心としていわゆる南海泡沫事件が起こり，翌年に [8] 党から首相に就任した [9] が経済の混乱の収拾にあたった。アメリカでも，1920 年代に株式や投資信託への投資ブームが起きた後，1929 年にウォール街における株価の暴落が起き，それに続いて世界恐慌が起きた。その翌年には，アメリカは，国内産業を保護する観点から農産物を中心に多くの輸入品の関税を引き上げる [10] と呼ばれる法律を制定したが，各国が報復措置をとったことなどにより，同国のみならず各国の経済をより一層悪化させた。

以上のようなことがありつつも，株式会社は第二次世界大戦以降も多くの国々で利用され，その中からは複数の国々にまたがって子会社・関連会社，資産を持つ [11] 企業も多くみられるようになってきている。ただ，[14]人・物・資本・サービスの移動が活発となり，グローバリゼーションが進展している今日，そうした [11] 企業は，とくに製造業分野において，人件費や生産コストの低い地域や，外国為替の関係において有利な地域へ事業を移転させることも多く，それが都市や国の単位で起こる「産業

の [12]」と呼ばれる現象の原因の1つにもなっている。また，とくに先進国では，金融部門に過剰に資金が集まり，短期的な利益の獲得を求めてその資金が世界を駆け巡った結果，投資銀行業務などを行っていた [13] の破綻をも引き起こした2008年の国際金融危機に結びつくなど，株式会社が金融市場および経済の混乱の直接・間接の原因となった例がたびたびみられた。さらに，現代の株式会社においては，経営者に対し，株価に連動し，一般的には株価が上昇した場合にそれに応じた報酬が付与されることも多く，それが成長企業などで多額の報酬を手にした一部の経営者層とそれ以外の従業員層や一般市民との間に経済格差を生じさせていることから，株式会社は，1つの国および国際的の両面で富める者とそうでない者を生み出す原因の1つにもなっている。

株式会社とそれを支える制度は，多くの国々で雇用を生み，金融・経済の発展に貢献をしてきたことも確かである。しかし，ときに金融・経済さらには広く社会に対して混乱をもたらす存在にもなってきており，まだまだ課題も多い。

政治・経済

(60分)

I 以下の文章を読み，下記の問いに答えよ。

地方公共団体による地方自治の基本的な事項は①日本国憲法第92条から第95条に規定されている。地方自治法が定める地方公共団体には，都道府県市町村の普通地方公共団体と東京都の23区に代表される特別区などを含む特別地方公共団体が存在する。②政令指定都市は地方公共団体のひとつである。

地方自治を支える歳入の一般財源では，③地方税と地方交付税の割合が大きい。④地方交付税の主な財源は，平成31年度当初では国税のうち，[甲]および[乙]の33.1%，[丙]の50%，[4-a]の20.8%，[4-b]の100%である。また，現在の消費税の標準税率は10%であるが，それは国に納める消費税と都道府県や市町村に配分される地方消費税で構成されており，地方消費税率は[5]%である。また，近年の新たな制度として，任意の地方公共団体に寄附をし，居住地での地方税の一部を控除する⑥「ふるさと納税」が存在する。

地方公共団体における直接民主制の考えに基づく住民の権利として，直接請求権が存在する。例えば，副知事・副市町村長などの解職請求については，仮に200万人の有権者がいる地方公共団体については，署名数として[7]万人以上の住民による解職請求の署名が必要となる。その後，住民が[8-a]に対して解職の請求を行い，その解職請求を受けて[8-a]が[8-b]という運びになる。また，地方公共団体の首長も解職請求の対象である。例えば，2010年に鹿児島県の阿久根市長は，「地方公共団体の議会によって議決ないしは決定をしなければいけない事項を緊急時ないしは委任を受けて首長が自ら処理する」ことを指す[9]を繰り返したことをはじめとして，市政に混乱を招いたことを理由のひとつとして阿久根市民に解職請求をされた。

問1　下線部①の日本国憲法第92条から第95条および関連する内容について，最も適切なものを選択肢(ア)～(オ)から1つ選び，その記号をマーク解答用紙の所定の解答欄にマークせよ。

(ア)　大日本帝国憲法においては地方自治の規定は存在せず，内務大臣の指揮監督・命令下に地方の首長や議会が置かれており，地方自治の実体は存在しなかった。

(イ)　憲法第94条では，地方公共団体は当該地方に係る行政権，立法権，司法権を保有することを規定している。

(ウ)　憲法第93条では，普通地方公共団体ならびに特別地方公共団体の首長は選挙により選ばれなければならない，と規定されている。

(エ)　国会が国権の最高機関かつ唯一の立法機関であるのと同様に，地方議会は地方公共団体における当該地方の最高機関であり唯一の立法機関である。

(オ)　地方公共団体においては，憲法第93条の定めるところにより議事機関としての議会を設置することが求められ，直接民主制のための総会を議会の代替として設置することは認められていない。

問2　下線部②の日本の政令指定都市に関する内容について，最も不適切なものを選択肢(ア)～(オ)から1つ選び，その記号をマーク解答用紙の所定の解答欄にマークせよ。

(ア)　2019年3月末時点で，20の政令指定都市が存在する。

(イ)　2005年から2010年までの合併新法による，いわゆる「平成の大合併」で誕生した政令指定都市は7つである。

(ウ)　政令指定都市は，人口50万人が要件として定められており，年度末の人口が50万人を超えた年から2年経過後の年度末に自動的に政令指定都市に変更される。

(エ)　都道府県と同じく，政令指定都市も市場公募債を発行できる。

(オ)　政令指定都市は，都道府県と同様の事務の多くを扱えるが，政令指定都市への警察の設置は管轄外である。

問3　下線部③に関連して，地方公共団体が課税する地方税に当てはまらないものを，選択肢(ア)～(オ)から1つ選び，その記号をマーク解答用紙の所定の解答欄にマークせよ。

(ア)　住民税　　(イ)　固定資産税　　(ウ)　自動車税

㈡　都市計画税　　　　　㈹　地価税

問4　下線部④に関連して，地方交付税の主な財源について，空欄［4－a］と空欄［4－b］に入る最も適切なものを，選択肢㈠～㈹から1つ選び，その記号をマーク解答用紙の所定の解答欄にマークせよ。なお，空欄［甲］，［乙］，［丙］については解答の対象ではない。

㈠　所得税　　　　　　㈡　酒税　　　　　　㈢　消費税

㈡　地方法人税　　　　㈹　法人税

問5　空欄［5］に入る最も適切な数字を，選択肢㈠～㈹から1つ選び，その記号をマーク解答用紙の所定の解答欄にマークせよ。

㈠　2.2　　㈡　3.3　　㈢　4.4　　㈡　5.5　　㈹　6.6

問6　下線部⑥のふるさと納税は，寄附と税の控除・還付の形態を取ることで，住民が自身の居住地である地方公共団体ではなく，任意の地方公共団体に税金を納めるかのような形態の制度である。同制度のもとでは，各地方公共団体が寄附者に寄附への返礼品を送ることが常態化している。この返礼品の送付を伴うふるさと納税の制度は，租税の原則としての「公平」「中立」「簡素」の観点からみるとどのような問題点が存在するか。いずれかひとつの原則の観点から，その選んだ原則の内容を説明したうえで，記述解答用紙の所定の解答欄に90字以上120字以内で説明せよ。なお，句読点は1字として数えるものとする。

問7　空欄［7］に入る適切な数字を記述解答用紙の所定の解答欄に記入せよ。

問8　空欄［8－a］と空欄［8－b］に入る最も適切なものを，選択肢㈠～㈹および選択肢㈪～㈫から1つずつ選び，その記号をマーク解答用紙の所定の解答欄にマークせよ。

空欄［8－a］

㈠　選挙管理委員会の長　　　　㈡　監査委員

㈢　地方公共団体の長　　　　　㈡　議会の長

㈹　選挙管理委員会

空欄［8－b］

㈪　地方公共団体の長による離職勧告の後，当人の自発的な離職がない場合，地方公共団体の長による解職

㈫　有権者の投票に付し，投票総数の半分を超えた同意があれば失職

(ク)　自動的に失職

(ケ)　議会に付議し，議員の３分の２以上が出席の上，その４分の３以上の同意があれば失職

(コ)　有権者の投票に付し，３分の２以上の同意があれば失職

問９　空欄 [9] に入る適切な用語を漢字で記述解答用紙の所定の解答欄に記入せよ。

Ⅱ　以下の文章を読み，下記の問いに答えよ。

経済のグローバル化は日本経済にどのような影響を与えるのだろうか。経済のグローバル化にはいろいろな意味があるが，具体的には，モノ（財）・ヒト（労働），カネ（資本），サービス等の国境を超えた移動が活発になるということである。

これらが日本経済にどのような影響を与えるかを考える前に，まず市場メカニズムについて確認しよう。(1)市場において均衡価格と均衡取引数量は需要曲線と供給曲線が交わる点で決定される。市場メカニズムについて考える際には，完全競争市場を仮定して分析を行うことが多い。完全競争市場にはいくつかの特徴があるが，例えば市場参加者が [A] であり，参入・退出が [B] であることが一つの例である。

経済のグローバル化を促進するために，さまざまなルールが導入されてきた。例えば，国境を超えたモノの移動，すなわち貿易に関する規制としては(2)輸入制限や関税などが考えられる。ヒトの移動の例としては，外国人労働者の受け入れが考えられる。これに関する規制としては，例えば(3)外国人労働者に対する規制がある。国境を超えたカネの移動をスムーズに行うために，(4)外国為替市場の整備などが行われている。

問１　下線部(1)に関連して，ある市場の需要と供給が下の表で表されているとする。この時の市場の状況について述べた次のうち適切なものを(ア)～(エ)から１つ選び，その記号をマーク解答用紙の所定の解答欄にマークせよ。需要曲線，供給曲線はどちらも直線である。また，P，Qd，Qs はそれぞれ価格，需要量，供給量を示している。

需要		供給	
P	Qd	P	Qs
16	5	16	32
14	7	14	28
12	9	12	24
10	11	10	20
8	13	8	16

(ア)　需要曲線，供給曲線共に右上がりである。

(イ)　価格が4の時，超過需要が9発生している。

(ウ)　価格が10の時，超過需要が9発生している。

(エ)　価格が16の時，販売したい企業は全て販売できている。

問2　問1の市場における均衡価格，均衡取引数量を示したものとして適切なものを(ア)～(エ)から1つ選び，その記号をマーク解答用紙の所定の解答欄にマークせよ。

(ア)　価格　14　　数量　7

(イ)　価格　12　　数量　6

(ウ)　価格　6　　数量　12

(エ)　価格　7　　数量　14

問3　問1の市場の需要曲線について述べた次のうち，適切なものを(ア)～(エ)から1つ選び，その記号をマーク解答用紙の所定の解答欄にマークせよ。

(ア)　価格が1%下落した時の需要の増加率（%）は，一定である。

(イ)　価格が1%下落した時の需要の増加率（%）は，価格が高いほど小さい。

(ウ)　価格が1下落した時の需要の増加量は，一定である。

(エ)　価格が1下落した時の需要の増加量は，価格が高いほど大きい。

問4　文中の空欄［　A　］，［　B　］に入る語句として適切なものを(ア)～(エ)から1つ選び，その記号をマーク解答用紙の所定の解答欄にマークせよ。

(ア)　A多数　B自由　　(イ)　A多数　B困難

(ウ)　A少数　B自由　　(エ)　A少数　B困難

問5　下線部(2)に関連して，今まで貿易が行われてこなかった問1の市場で輸入が行われるとする。この財は海外から価格３で輸入することができるとする。この時，新しい価格と取引数量はどうなるか。(ア)〜(エ)から１つ選び，その記号をマーク解答用紙の所定の解答欄にマークせよ。なお，この国の消費は海外でのこの財の価格に影響を与えないものとする。

(ア)　価格　3　　数量　6　　　(イ)　価格　3　　数量　18

(ウ)　価格　7　　数量　6　　　(エ)　価格　7　　数量　14

問６　問５の状況において，国が輸入品１単位について 33.3％の関税をかけることにした。この時の状況について示したものとして適切なものを(ア)〜(エ)から１つ選び，その記号をマーク解答用紙の所定の解答欄にマークせよ。

(ア)　輸入量は増加し，国内供給者による供給量も増加する。

(イ)　輸入量は増加し，国内供給者による供給量は減少する。

(ウ)　輸入量は減少し，国内供給者による供給量は増加する。

(エ)　輸入量は減少し，国内供給者による供給量も減少する。

問７　下の表はＡ国とＢ国で，それぞれ衣類とコンピューターを１単位生産するために必要な労働力（人）を示したものである。この表について述べた次のうち適切なものを(ア)〜(エ)から１つ選び，その記号をマーク解答用紙の所定の解答欄にマークせよ。

	Ａ国	Ｂ国
コンピューター	20 人	10 人
衣類	2 人	4 人

(ア)　Ａ国もＢ国もコンピューターに比較優位をもつ。

(イ)　Ａ国はコンピューターに比較優位を持ち，Ｂ国は衣類に比較優位をもつ。

(ウ)　Ａ国は衣類に比較優位を持ち，Ｂ国はコンピューターに比較優位をもつ。

(エ)　Ａ国もＢ国も衣類に比較優位をもつ。

問８　下線部(3)に関連して，日本では外国人労働者は主に専門職を受け入れてきた。一方で，外国人の技術・技能・知識の取得を目的として若者を原則３年間受け入れる仕組みもある。この仕組みをなんというか。漢字９文字で記述解答用紙の所定の欄に記述せよ。

問９　労働に関するさまざまな問題を取り扱うために 1919 年にある国際

機関が設立された。ジュネーブに本部がある，この国際機関の現在の名称を省略せず3つの英単語で記述解答用紙の所定の欄に記述せよ。

問10　下線部(4)と関連して，1985年にアメリカ，イギリス，ドイツ，フランス，日本によって合意された，いわゆるプラザ合意の効果について述べた次のうち適切なものを(ア)～(エ)から1つ選び，その記号をマーク解答用紙の所定の解答欄にマークせよ。

(ア)　協調介入が行われ，円安となった。

(イ)　協調介入は行われなかったが，円安となった。

(ウ)　協調介入が行われ，円高となった。

(エ)　協調介入は行われなかったが，円高となった。

問11　日本には海外売上高の割合が大きい製造業の企業が多く存在する。円高がこれらの企業の行動に与える影響について述べた次のうち適切なものを(ア)～(エ)から1つ選び，その記号をマーク解答用紙の所定の解答欄にマークせよ。

(ア)　日本企業が海外から日本に生産拠点を戻すようになる一方で，海外企業による日本企業の買収がやりやすくなる。

(イ)　日本企業が海外から日本に生産拠点を戻すようになる一方で，日本企業による海外企業の買収がやりやすくなる。

(ウ)　日本企業が日本から海外に生産拠点を移すようになる一方で，海外企業による日本企業の買収がやりやすくなる。

(エ)　日本企業が日本から海外に生産拠点を移すようになる一方で，日本企業による海外企業の買収がやりやすくなる。

問12　アメリカドルは金と交換可能であったが1971年にこの仕組みは廃止された。この廃止を行なったアメリカ大統領は誰か。(ア)～(エ)から1つ選び，その記号をマーク解答用紙の所定の解答欄にマークせよ。

(ア)　ジョン・F・ケネディ　　(イ)　リチャード・ニクソン

(ウ)　ロナルド・レーガン　　(エ)　リンドン・ジョンソン

問13　為替レートがどのように決まるかについてはいくつかの考え方がある。そのうちの一つは購買力平価説である。この考え方によると，円高となる要因として考えられるものはどれか。選択肢(ア)～(エ)から適切なものを1つ選び，その記号をマーク解答用紙の所定の解答欄にマークせよ。

(ア)　日本の物価が上昇し，アメリカの物価が下落する。

(イ)　日本の物価とアメリカの物価が同じ程度上昇する。

(ウ)　日本の物価が下落する一方で，アメリカの物価は変化しない。

(エ)　日本の物価が変化せず，アメリカの物価が下落する。

III　以下の文章を読み，下記の問いに答えよ。

「悪貨は良貨を駆逐する」という経験的な法則がある。ここでいう「悪貨」とは，たとえば，貨幣の名目を変えないでおいて，元来定められている金の含有量を [A] 貨幣のことである。こうした「悪貨」が流通に投じられると，人々は本来の金の量を含む「良貨」を [B] ，その結果「悪貨」だけが出回るようになる。この法則を提唱したとされるのは 16 世紀に英国の王室に仕えた財政家の [C] であるが，これ以前にも同様の現象は観察されていた。

ところが 20 世紀になると，この法則に疑問を呈する見解がオーストリアで生まれた経済学者 [D] によって提唱された。そもそも「悪貨は良貨を駆逐する」という上記の法則は「政府や特定の銀行が貨幣の発行を独占している」という前提に立っている。この前提を外して，「だれでも自由に貨幣を発行してよい」ことにしたらどうなるか。民間の銀行のあいだで銀行券の発行競争がおこり，最も信頼を勝ち得た銀行券だけが人々に使われるようになる。①この見解によれば，競争を経た「良貨」が「悪貨」を駆逐するのである。

16 世紀に「悪貨は良貨を駆逐する」という考えがあらわれた背景には，君主等の都合で貨幣が改鋳されて「悪貨」が流通に出回るようになったことがある。こうした権力者の恣意を牽制するために，政府から独立した発券機関として [E] が設立されてきた。しかしこの機関もやがて政府の都合で流通する通貨の量を増やすような事態がみられた。「良貨が悪貨を駆逐する」という発想は，こうした事態への批判を含んでいたのである。ここにみられるような②市場における自由な競争こそが最良の結果をもたらす，という考え方は 20 世紀末以降に大きな影響力をもつようになった。

さて現代の世界では，電子的に構成された仮想通貨・暗号資産の流通がはじまっている。こうした電子的な通貨は「悪貨」か「良貨」か――上記の16世紀と20世紀の議論を学んだ高校生が以下のように意見を出し合った。

田中君「③現在，流通している銀行券は物価や景気をもとに発行量を管理されているのに対して，仮想通貨はこうした基準にとらわれていないのではないか。きちんと管理されていない仮想通貨は，いずれにせよ『悪貨』だと思う」

鈴木君「有利なタイミングで仮想通貨を銀行券に交換して儲けた人は，入手した銀行券を貯蓄することもありうるわ。流通には引き続き仮想通貨が持ち手を変えながら用いられるのでしょう。この意味では仮想通貨は『悪貨』に近いのではないかしら」

山田君「今後，仮想通貨はそのままでモノと交換できる用途が拡がるといわれている。通貨としての信頼も勝ち得ている。銀行券に変換しなくても仮想通貨は使えるし，銀行券に換えるメリットもなくなっていくかもしれない。これは『良貨』だよ」

渡辺君「仮想通貨は，麻薬取引等で不正に得た現金を当局に摘発されないように名義等を変更する [F] に用いられる懸念が指摘されているから『悪貨』だと思うわ」

問1　文中の空欄 [A] に入る最も適切な語句を以下の選択肢(ア)～(オ)から1つ選び，その記号をマーク解答用紙の所定の解答欄にマークせよ。

(ア)　引き上げた　　(イ)　引き下げた　　(ウ)　表示した
(エ)　表示しない　　(オ)　変えない

問2　文中の空欄 [B] に入る最も適切な語句を以下の選択肢(ア)～(オ)から1つ選び，その記号をマーク解答用紙の所定の解答欄にマークせよ。

(ア)　売り出し　　(イ)　銀行券に交換し　　(ウ)　貯蔵し
(エ)「悪貨」と交換し　　(オ)　貸し付け

問3　文中の空欄 [C] に入る最も適切な人物の姓を記述解答用紙の所定の解答欄に記入せよ。

問4　文中の空欄 [D] に入る最も適切な人物名を以下の選択肢(ア)～(オ)から1つ選び，その記号をマーク解答用紙の所定の解答欄にマークせよ。

(ア)　アダム・スミス

(イ)　カール・マルクス

(ウ)　ジョン・メイナード・ケインズ

(エ)　フリードリヒ・フォン・ハイエク

(オ)　ミルトン・フリードマン

問5　文中の空欄 E と F に入る最も適切な語句を記述解答用紙の所定の解答欄にそれぞれ記入せよ。

問6　文中の下線部①に関する説明として最も適切なものを以下の選択肢(ア)〜(オ)から2つ選び，その記号をマーク解答用紙の所定の解答欄にマークせよ。

(ア)　資産の状態などから最も信頼を集めた銀行が発行する銀行券なら，取引に便利な「悪貨」として使うことが容易である。

(イ)　自由な競争の過程で「悪貨」は使われなくなり，「良貨」だけが流通しつづける。

(ウ)　使われなくなった「悪貨」は信頼される銀行に貯金として預け入れられる。

(エ)　人々に疑念を持たれた銀行が発行する銀行券は「悪貨」とみなされて受け取ってもらえなくなる。

(オ)　取引には「悪貨」が，貯蓄には「良貨」が，それぞれ用いられるようになる。

問7　文中の下線部②の考え方にもとづく政策として最も適切なものを以下の選択肢(ア)〜(オ)から2つ選び，その記号をマーク解答用紙の所定の解答欄にマークせよ。

(ア)　金融システムを安定化させるために護送船団方式と呼ばれる金融行政が行われた。

(イ)　郵便貯金事業を民営化して，ゆうちょ銀行が設立された。

(ウ)　宅配事業にかかわる規制を緩和して新規参入を促した。

(エ)　外国からの輸入品の流入を抑えるために高率の関税を課した。

(オ)　国の財政基盤を強化するために消費税を引き上げた。

問8　文中の下線部③に関連して，2019 年に日本で実施されていた金融政策の説明として最も適切なものを以下の選択肢(ア)〜(オ)から2つ選び，その記号をマーク解答用紙の所定の解答欄にマークせよ。

(ア)　デフレーションから脱却するために金利を引き上げていた。

(イ)　金融引き締めと外貨管理を行い，インフレなき経済成長をめざしていた。

(ウ)　日本銀行が上場投資信託（ETF）を買い入れていた。

(エ)　日本銀行が物価上昇率の目標を２％に置いていた。

(オ)　プレミアム付き商品券を配布して消費税増税の影響を緩和していた。

問９　文中の高校生の議論に関連して，田中君に反論する場合(A)と，鈴木君に反論する場合(B)に，論理的に最も適切な発言を以下の選択肢(ア)～(オ)から１つずつ選び，その記号をマーク解答用紙の所定の解答欄にマークせよ。

(ア)　米ドルに対して円安のときに得た円資金を，円高になったときドルに交換すれば利ざやが出る。同じように，円安のときに日本で入手した仮想通貨を，円高になったときにドルに交換すれば儲けが出る。仮想通貨の競争と見える事態も為替相場の問題だ。

(イ)　交通系ICカードでコンビニでの買い物が出来たり，クレジットカードで送金が出来たりするのだから，すべての貨幣の間の競争というよりはむしろカードの間の競争ではないか。

(ウ)　仮想通貨の発行は当局の監督を受けないので，不正な送金の温床になる。例えば，企業が得た収益を仮想通貨に変えてしまえば，徴税を逃れることもできるかもしれない。そんな通貨を選択するなんて，いくら競争の結果とはいえ国民にとって不利益だ。

(エ)　現在，議論になっているのは現実の銀行券と仮想通貨の利用範囲や利便性なのであって，通貨を発行している主体がどのくらい信頼できるか，ということは無関係だ。利便性が高くなれば，仮想通貨を銀行券に交換する必要もなくなるのではないか。

(オ)　仮想通貨には発行額の上限があるといわれている。無尽蔵に発行されるかにみえる銀行券とは違って，仮想通貨は有限だ。

Ⅳ　以下の文章を読み，下記の問いに答えよ。

向上したコンピュータの計算能力と大量に利用可能となったデータを利用した①イノベーションが，近年，様々な事業分野で生じている。例えば，②フィンテックである。商品代金の支払いを③一万円札や500円硬貨などの現金ではなくスマートフォンのアプリで行うキャッシュレス・ペイ（いわゆる QR コード決済†）が新たに作られ，複数の事業者が競争している④。鉄道会社が発行する Suica などの交通系 IC カードは電子マネーと呼ばれており，お店によっては鉄道切符以外の商品代金をキャッシュレスで支払える。また金融業務の自動化も進み，2017 年秋には日本の大手銀行が事業遂行に必要な人員数の削減を表明した⑤。インターネットで行われるクラウド・ファンディングによる資金調達では，資金需要者と資金提供者との間に銀行は介在しない⑥。医療では，AI（人工知能）が人間の医師の診断をサポートするシステムがある。インターネットの検索履歴をもとに対象を絞り，無駄の少ない広告も行われている。時間帯に応じて提供するメニューやその価格を変える⑦ことで，売上を増やしたレストランもある。

†QR コード決済は事前にチャージする方式が多く，支払い直前に現金でチャージする使い方ではキャッシュレスにならない。キャッシュレスで商品代金を支払うには，クレジットカードや銀行口座などと連携するように設定しておく必要がある。

問１　資本主義経済における経済発展の主体は文中の下線部①を積極的に行う企業家であり，その際に創造的破壊が生じると主張した経済学者は誰か。最も適切なものを下記の選択肢(ア)～(オ)から１つ選び，その記号をマーク解答用紙の所定の解答欄にマークせよ。

(ア)　ジョージ・スティグラー　　(イ)　ヨーゼフ・シュンペーター
(ウ)　クレイトン・クリステンセン　　(エ)　ポール・サミュエルソン
(オ)　アルフレッド・スローン

問２　文中の下線部②は２つの言葉を組み合わせた造語である。それぞれに対応する英単語を，記述解答用紙の所定の解答欄に記入せよ。

問３　文中の下線部③に例示した現金通貨以外で，日本のマネーストックに含まれるものは何か。最も適切なものを下記の選択肢(ア)～(オ)から２つ選び，その記号をマーク解答用紙の所定の解答欄にマークせよ。

(ア)　日本銀行が，日本国内に本店または支店をもつ民間の市中銀行から預かった，日本銀行当座預金。

(イ)　日本に居住地をもつ民間経済主体が保有する，ビットコインをはじめとする暗号資産（仮想通貨）のうち，国が指定したもの。

(ウ)　日本に居住地をもつ民間経済主体が保有する，Suica，ICOCA，

PASMO，PiTaPaなどの電子マネー。

㈤　日本国内に本店または支店をもつ民間の市中銀行が，国内外の民間経済主体から預かった，普通預金や当座預金。

㈥　日本国内に本店または支店をもつ民間の市中銀行が，国内外の民間経済主体から預かった，定期性預金。

問4　文中の下線部④の一環として，消費者への還元キャンペーンがよく行われている。これは，消費者が販売店に支払った商品購入代金のすべてもしくは一部を，抽選などにより，キャッシュレス・ペイを提供する事業者が消費者に還元するものである。消費者から見ると商品価格に対する事実上の割引であるが，事業者から見ると資金の持ち出しになり，その金額が総額100億円といった大型のケースも目立つ。このような還元キャンペーンをQRコード決済方式のキャッシュレス・ペイ事業者が行う理由は何か。記述解答用紙の所定の解答欄に160字以上200字以内で説明せよ。なお，句読点は1字として数える。英数字は2文字を1字と数える。

問5　表1は，日本の大手銀行三行が採用した，大学新卒者人数の推移である。表1，及び，文中の下線部⑤と矛盾しない記述はどれか。最も適切なものを下記の選択肢㈠〜㈤から2つ選び，その記号をマーク解答用紙の所定の解答欄にマークせよ。なお，以下の選択肢における需要曲線と供給曲線は，どちらも賃金（価格）を縦軸に，人数（数量）を横軸にとって描くものとし，かつ，どちらも傾きがある（水平や垂直の「曲線」ではない）ことを仮定する。

㈠　これら銀行業の新卒者労働市場における供給曲線は，仮に需要曲線が変化しなかったとしたら，数量を減らし価格を上昇させるような方向へ移動した。

㈡　これら銀行業の新卒者労働市場における供給曲線は，仮に需要曲線が変化しなかったとしたら，数量を減らし価格を下落させるような方向へ移動した。

㈢　これら銀行業の新卒者労働市場における需要曲線は，仮に供給曲線が変化しなかったとしたら，数量を減らし価格を上昇させるような方向へ移動した。

㈤　これら銀行業の新卒者労働市場における需要曲線は，仮に供給曲線が変化しなかったとしたら，数量を減らし価格を下落させるような方向へ移動した。

表 1　大手銀行の大学新卒者採用人数，各年 4 月の実績値

（単位：人）

	2016 年	2017 年	2018 年	2019 年
A 銀行	1,930	1,347	803	667
B 銀行	1,920	1,880	1,365	700
C 銀行	1,300	1,200	1,024	950
合計	5,150	4,427	3,192	2,317

注：翌年の採用予定人数と当年の実績値をまとめた日本経済新聞記事から，大手銀行の実績値を抜粋して作成。

問 6　文中の下線部⑥のような直接金融の例として，最も不適切なものを下記の選択肢(ア)～(オ)から 1 つ選び，その記号をマーク解答用紙の所定の解答欄にマークせよ。

(ア)　株式会社が行う公募増資に応募し，個人投資家が株式を購入する。

(イ)　株式会社が発行する公募社債を，個人投資家が購入する。

(ウ)　日本政府が発行する個人投資家向け国債を，個人投資家が購入する。

(エ)　新規上場する際にベンチャー企業が発行する株式を，個人投資家が購入する。

(オ)　上場している投資信託を，個人投資家が購入する。

問 7　文中の下線部⑦に関連して，ある定食屋では価格を 10％下げても販売される食事の数が 8 ％ほどしか増えない時間帯 1 と，10％の価格変化が食事の数を 20％も変化させる時間帯 2 があることがわかった。下図に描かれた需要関数 A，需要関数 B は，それぞれどちらの時間帯のものか。また，売上金額（「価格×販売される食事の数」として計算される値）を増やすため，どちらか一方の時間帯の食事の価格を値上げすることにした。それはどちらの時間帯か。最も適切な組み合わせを示す選択肢を下記(ア)～(エ)から 1 つ選び，その記号をマーク解答用紙の所定の解答欄にマークせよ。

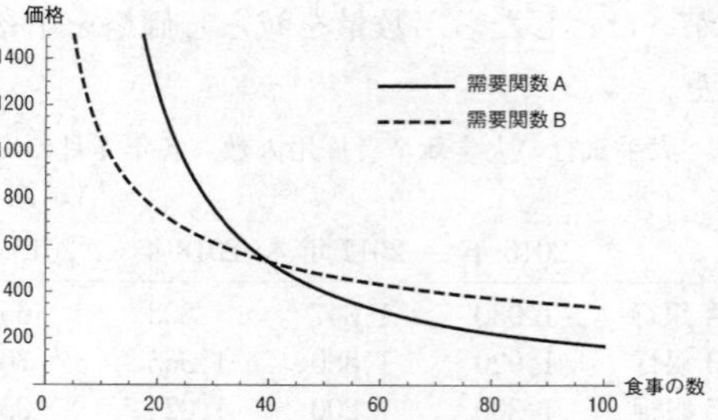

選択肢	需要関数A	需要関数B	価格を高くする時間帯
(ア)	時間帯1	時間帯2	時間帯1
(イ)	時間帯1	時間帯2	時間帯2
(ウ)	時間帯2	時間帯1	時間帯1
(エ)	時間帯2	時間帯1	時間帯2

問8　文中の下線部⑦に関連して，これまでディナータイムだけ営業してきた客席数180名のレストランが，ランチタイムにも新たに営業することを決めた。ランチタイムは日替わりのセットメニュー2種類のみで，同じ価格とする。セットメニュー価格p（単位：円）と予想される客数q（単位：人）の関係は，次の通りである。

$$q=\frac{2400-p}{5}$$

ここでは簡単化のため，ランチタイムを通じてひとつの客席でひとりの客が一食を消費することを仮定する。また，客席数を上回る数の客に対しては，ランチを提供しない。

売上金額（「実際の客数×セットメニュー価格」として計算される値）を最大にするようにセットメニュー価格を決めると，売上金額はいくらになるか。最も適切なものを下記の選択肢(ア)～(オ)から1つ選び，その記号をマーク解答用紙の所定の解答欄にマークせよ。

(ア)　25.6万円　　(イ)　27.0万円　　(ウ)　28.0万円
(エ)　28.6万円　　(オ)　28.8万円

問9　前問のレストランは，持ち帰り専用のランチボックス販売も開始することにした。ランチボックス価格P（単位：円）と予想されるランチボックス数Q（単位：個）との関係は，次の通りである。

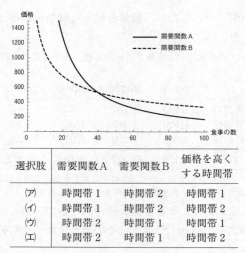

$$Q=\frac{1}{2}\left(\frac{16000}{P}\right)^2$$

ただし，上式の右辺で計算される値が整数にならない場合は，小数第一位を四捨五入して得られる値をＱとする。また，ランチボックスは大量に作れば作るほど費用がかかり，その金額 C(Q) は次の式で表されるように，ランチボックス数Ｑの二乗である（単位：円)。

$$C(Q)=Q^2$$

ランチボックスの売上金額から上記費用を差し引いて計算される利潤がプラスとなるランチボックス価格のうち，利潤を最大にするランチボックス価格はいくらか。最も適切なものを下記の選択肢(ア)〜(オ)から１つ選び，その記号をマーク解答用紙の所定の解答欄にマークせよ。

(ア)　400 円　　(イ)　800 円　　(ウ)　1,200 円
(エ)　1,600 円　　(オ)　2,000 円

数学

（90分）

1

$\boxed{\text{ア}}$ ～ $\boxed{\text{エ}}$ にあてはまる数または式を記述解答用紙の所定欄に記入せよ。

(1)　m，n を正の整数とする。n 次関数 $f(x)$ が，次の等式を満たしているとき，$f(x)=\boxed{\text{ア}}$ である。

$$\int_0^x (x-t)^{m-1} f(t)\,dt = \{f(x)\}^m$$

(2)　整数 a，b，c，d は，次の条件(i)，(ii)，(iii)を満たしている。

(i)　$3 \leqq a < b < c < d$

(ii)　$a-d$，$b-c$ は3の倍数

(iii)　$c^a - b^d$ は3の倍数ではない

このとき，$a+b+c+d$ の最小値は $\boxed{\text{イ}}$ である。

(3)　次の条件(i)，(ii)を満たす実数 θ と数列 $\{a_n\}$ を考える。

(i)　$0<\theta<\dfrac{\pi}{2}$，$a_1=\tan\theta$，$a_{2020}=0$

(ii)　すべての正の整数 n に対して，$a_n \neq \dfrac{1}{\tan\theta}$，$a_{n+1}=\dfrac{\tan\theta + a_n}{1-a_n\tan\theta}$

このとき，θ の最小値は $\boxed{\text{ウ}}$ である。

(4)　四面体OABCにおいて，$\cos\angle\mathrm{AOB}=\dfrac{1}{5}$，$\cos\angle\mathrm{AOC}=-\dfrac{1}{3}$ であり，面OABと面OACのなす角は $\dfrac{\pi}{2}$ である。

このとき，$\cos\angle\mathrm{BOC}=\boxed{\text{エ}}$ である。

2

a，b を実数とし，x の2次関数 $f(x)$，$g(x)$ を

$$f(x)=x^2+ax+b,\quad g(x)=4x(1-x)$$

とする。次の設問に答えよ。

(1)　$g(x)=x$ となる x の値をすべて求めよ。

(2)　次の条件（∗）を満たす $f(x)$ をすべて求めよ。

（∗）　$0<\alpha<\dfrac{1}{2}$ である実数 α が存在して，

0 以上のすべての整数 n に対して，$f(g^n(\alpha))=g^n(\alpha)$ となる。

ただし，$g^0(\alpha)=\alpha$，$g^{n+1}(\alpha)=g(g^n(\alpha))$（$n=0$，1，2，…）とする。

3　$\{x_n\}$ を数列とする。$1\leqq k\leqq l$ である整数 k，l に対して，$\{x_n\}$ の第 k 項から第 l 項までの平均 $\dfrac{1}{l-k+1}\displaystyle\sum_{i=k}^{l}x_i$ を，$m(k,\ l)$ と表す。

数列 $\{x_n\}$ に対して，次の条件（∗）を満たす 1 以上 100 以下の整数 t 全体の集合を $S(\{x_n\})$ とする。

（∗）　$1\leqq k\leqq t$ であるすべての整数 k に対して，$m(k,\ t)\geqq 40$

次の設問に答えよ。

(1)　数列 $\{x_n\}$ が，すべての正の整数 n に対して，$x_n=n$ であるとき，$S(\{x_n\})$ の要素の個数を求めよ。

(2)　$1\leqq k\leqq l\leqq 100$ である整数 k，l が，次の条件(i)，(ii)を満たすとする。

(i)　$k\neq 1$ のとき，$k-1\in S(\{x_n\})$

(ii)　$k\leqq j\leqq l$ であるすべての整数 j に対し，$j\notin S(\{x_n\})$

このとき，$m(k,\ l)<40$ であることを示せ。

(3)　数列 $\{x_n\}$ が，すべての正の整数 n に対して，$0\leqq x_n\leqq 100$ であり，$m(1,\ 100)\geqq 50$ であるとき，$S(\{x_n\})$ の要素の個数の最小値を求めよ。

ニ　莫レ不二怨尤一前世不レ修功業。

ホ　莫下不三怨二尤前世一不上レ修二功業一。

問二十一　傍線部3「況ンヤ於テ二己之神爽一ニ、頓ニ欲レセンヤ棄レテント之ヲ哉。」の趣旨として最も適切なものを、本文の内容をふまえて次の中から一つ選び、解答欄にマークせよ。

イ　なぜ自分の心から、直ちに子孫の来世のための基礎となるものを捨ててしまうことがあろうか。

ロ　ましてや自分自身の精神に関して、直ちに来世の基盤となるものを捨てようとするであろうか。

ハ　ましてや自分の心の中で、すぐに妻子などの近親者の事を忘れ去ってしまおうと思うだろうか。

ニ　言うまでも無く、自分の精神については、すぐさま来世への基盤を捨て去ろうとするであろう。

ホ　なおさら自分の子孫らについて、直ちに愛護することを止め、忘れてしまおうとするだろうか。

三　次の漢文は、仏教の輪廻思想について論じたものである。これを読んで、あとの問いに答えよ。（なお、訓点を省いた箇所がある。）

形体雖《モ》レ死《スト》、精神猶《ホ》存《ス》。人生在《ルヤ》レ世《ニ》、望《メバ》二於後身《ヲ》一似《タリ》レ不《ルニ》二相属《セ》一。及《ベバ》二其《ノ》没後《ニ》一、則《チ》与二前身一似《タルコト》猶《ホ》《キ》二老少 1 《ノ》一耳。世有《リ》二魂神一、示二‐現《シ》夢想《ニ》一、或《イハ》降《リ》二童妾《ニ》一、或《イハ》感《ジ》二妻《さい》孥《どニ》一、求二‐索《シ》飲食《ヲ》一、徴二‐須《スルコト》福祐《ヲ》一、亦《タ》為《ス》レ不《ト》レ少《カラ》矣。今人貧賤疾苦《アレバ》、2莫不怨尤前世不修功業。以《テ》レ此《ヲ》而論《ゼバ》、安《ンゾ》可《ケンヤ》レ不《ル》二為《ニ》レ之《ガ》作《ラ》レ地《ヲ》乎。夫《レ》有《ルハ》二子孫一、自《ヅカラ》是《レ》天地《ノ》間一蒼《そう》生《せい》耳、何《ゾ》預《カラン》二身《ノ》事《ニ》一。而《レドモ》乃《チ》愛護《シテ》、遺《サン》二其《ノ》基《き》址《しヲ》一。3況《ンヤ》於《テ》二己之神爽《ニ》一、頓《ニ》欲《センヤ》レ棄《テント》レ之《ヲ》哉。凡夫《ハ》蒙蔽《シテ》、不レ見二未来《ヲ》一。故《ニ》言《フ》三彼《ノ》生《ト》与レ今非《ズト》二一体《ニ》一耳。若《シ》有《リテ》二天眼一、鑑《ミレバ》二其《ノ》念念随《ヒテ》滅《シ》、生生不《ルニ》一レ断《エ》、豈《ニ》可《ケンヤ》レ不《ル》二怖畏《セ》一耶。

（『顔氏家訓』帰心第十六による）

（注）童妾…召使いと妾。　妻孥…妻子。　徴須…もとめること。　蒼生…民草。　怨尤《えんゆう》…うらみとがめること。
天眼…天人の眼。人々の生死を知ることができる。

問十九　空欄 1 に入る最も適切な漢字二字を次の中から一つ選び、解答欄にマークせよ。

イ　未来　　ロ　子孫　　ハ　長短　　ニ　朝夕　　ホ　天地

問二十　傍線部2「莫不怨尤前世不修功業。」に返り点を付ける場合、最も適切なものを次の中から一つ選び、解答欄にマークせよ。

イ　莫レ不三怨二‐尤前世一不レ修二功業一。

ロ　莫レ不二怨尤一前世不レ修二功業一。

ハ　莫レ不三怨二‐尤前世不一レ修二功業一。

ロ　あららかなる
ハ　うららかなる
ニ　いとほしげなる
ホ　ねたましげなる

問十五　傍線部4「まだ、しか召さね」の意味として、最も適切なものを次の中から一つ選び、解答欄にマークせよ。

イ　まだ、どうしてか私をお呼びにはならない
ロ　まだ、そうした御用で私をお召しにはならない
ハ　まだ、そのように私をお召しにはならない
ニ　まだ、そのように私をお呼びにはならない
ホ　まだ、私のことをお呼びにはならないようだ

問十六　傍線部5「よしなき人」とは本文中の誰のことを指すか、最も適切なものを次の中から一つ選び、解答欄にマークせよ。

イ　郡司　　ロ　守殿　　ハ　女　　ニ　さた　　ホ　従者

問十七　空欄［Ⅱ］に入れるのに最も適切な語句（ひらがな三文字）を本文中から抜き出し、解答欄に記せ。

問十八　本文の内容に合うものとして最も適切なものを一つ選び、解答欄にマークせよ。

イ　「さた」は自分の心の持ち方によって身を滅ぼした。
ロ　為家は無礼な行為を行った女に罰を与えた。
ハ　郡司のもとの女の粗野な振る舞いを笑う者も多かった。
ニ　「さた」は主人と同じように名を呼ばれたことを怒った。
ホ　郡司は「さた」の言い分に大いに腹を立てた。

（『宇治拾遺物語』による）

（注）陸奥国紙…陸奥（東北地方）産の和紙。厚みのある上質の紙で、手紙などに用いた。

問十一　傍線部1「させる事もなき」の意味として、最も適切なものを次の中から一つ選び、解答欄にマークせよ。

イ　命令をきく事のない
ロ　決まった用事のない
ハ　さほどの家柄でもない
ニ　従順という程でもない
ホ　たいしたこともない

問十二　傍線部2「こゝにてかくいふは」の意味として、最も適切なものを次の中から一つ選び、解答欄にマークせよ。

イ　殿にも知らせずにいたことを明かす
ロ　為家についてとやかくと文句を言う
ハ　郡司の家が隠していたことを言う
ニ　京に帰ってからそのようなことを言う
ホ　女のひそかな教養についてもらす

問十三　傍線部3「水干の」の「の」と文法的に同じものとして、最も適切なものを傍線部a～eの中から一つ選び、解答欄にマークせよ。

a　女房の　　b　者の　　c　切りかけの　　d　とかくの　　e　こゝらの

問十四　空欄 I に入るべき言葉として、最も適切なものを次の中から一つ選び、解答欄にマークせよ。

イ　まめやかなる

り。行き着きけるまゝに、とかくの事もいはず、もとより見馴れなどしたらんにてだに、うとからん程は、さやはあるべき、従者などにせんやうに、着たりける水干のあやしげなりけるが、ほころびたえたるを、切りかけの上より投げ越して、高やかに、「これがほころび、縫ひておこせよ」といひければ、程もなく投げ返したりければ、「物縫はせ事さすと聞くが、げに、とく縫ひてをこせたる女人かな」と、〔Ⅰ〕声してほめて、取りて見るに、ほころびをば縫はで、(注)陸奥国紙の文を、そのほころびのもとに結びつけて、投げ返したるなりけり。あやしと思ひて、ひろげて見れば、かく書きたり。

　われが身は竹の林にあらねどもさたがころもをぬぎかくる哉

と書きたるを見て、あはれなりと思ひ知らん事こそなからめ、見るまゝに大きに腹を立てて、「目つぶれたる女人かな。ほころび縫ひにやりたれば、ほころびのたえたる所をば見だにえ見つけずして、「さたの」とこそいふべきに、かけまくもかしこき守殿だにも、まだこそ、こゝらの年月ころ、まだ、しか召さね。なぞ、わ女め、「さたが」といふべき事か。この女人に物ならはさん」といひて、よにあさましき所をさへ、「なにせん、かせん」とのりのろひければ、女房は物もおぼえずして泣きけり。腹立ちちらして、郡司をさへのりて、「いで、これ申して、事にあはせん」といひければ、郡司も、「よしなき人をあはれみて置きて、その徳には、果ては勘当かぶるにこそあなれ」といひければ、かた〳〵、女おそろしうわびしく思ひけり。

　かく腹立ちしかりて、帰りのぼりて、侍にて「やすからぬ事こそあれ。物もおぼえぬくさり女に、かなしういはれたる。かうの殿だに「さた」とこそ召せ。此女め、「〔Ⅱ〕」といふべきゆへやは」と、たゞ腹立ちに腹立てば、聞く人どもえ心得ざりけり。「さても、いかなる事をせられて、かくはいふぞ」と問へば、「聞き給へよ。申さん。かやうの事は、誰も同じ心に守殿にも申し給へ。さて、君たちの名だてにもあり」といひて、ありのまゝの事を語りければ、「さて〳〵」といひて、笑ふ者もあり、にくがる者もおほかり。女をばみないとおしがり、やさしがりけり。これを為家聞きて、前によびて問ひければ、「我がうれへなりにたり」と悦びて、こと〴〵しく伸びあがりていひければ、よく聞きて後、そのおのこをば追ひ出してけり。女をばいとおしがりて、物とらせなどしけり。

イ　論理的な推論
ロ　語用論的な推論
ハ　主観的・飛躍的な推論
ニ　右のいずれでもない別の推論

二　次の文章を読んで、あとの問いに答えよ。

今は昔、播磨守為家といふ人あり。それが内、[1]させる事もなき侍あり。字《あざな》、さたとなんいひけるを、例の名をば呼ばずして、主も傍輩も、たゞ、「さた」とのみ呼びける。さしたる事はなけれども、まめにつかはれて、年ごろになりにければ、あやしの郡の収納などせさせければ、喜びて、その郡に行きて郡司のもとにやどりにけり。なすべき物の沙汰などいひ沙汰して、四五日ばかりありてのぼりぬ。

この郡司がもとに、京よりうかれて、人にすかされて来たりける[a]女房のありけるを、いとおしがりて養ひをきて、物縫はせなどつかひければ、さやうの事なども心得てしければ、あはれなるものに思ひて置きたりけるを、此さたに従者がいふやう、「郡司が家に、京の女房といふ[b]者の、かたちよく髪長きがさぶらふを、隠し据ゑて、殿にも知らせ奉らで、置きてさぶらふぞ」と語りければ、「ねたき事かな。わ男、かしこにありし時はいはで、[2]こゝにてかくいふはにくき事也」といひければ、「そのおはしまし、かたはらに、[c]切りかけの侍しをへだてゝ、それがあなたにさぶらひしかば、知らせ給ひたるらんとこそ思ひ給へしか」といへば、「このたびはしばし行かじと思ひつるを、いとま申して、とく行きて、その女房かなしうせん」といひけり。

さて、二三日ばかりありて、為家に、「沙汰すべき事どものさぶらひしを、沙汰しさして参りて候し也。いとま給はりてまからん」といひければ、「事を沙汰しさしては、何せんに上りけるぞ。とく行けかし」といひければ、喜びて下りけを可能とする人間の認知能力の重要な一面を反映している。

ロ　形式論理を特徴づける論理的必然性による推論には、主語における包含関係を推論する点で、主観的な認知プロセスが関わっていると言える。

ハ　語用論的推論は、文脈、場面、背景的な知識等が関係するが、述語における同一性をもとにした推論とは違う点で、主観的な推論ではない。

ニ　形式論理における推論も古論理における推論も、人間の創造的な認知能力の重要な側面を反映するものであり、合理的論理としての重要性を持つ。

問九　４つの設問からなる○×２択式のアンケート調査を行い、参加者全員が全ての設問に答えたところ、命題Ａから命題Ｃが真であることが明らかになった。このとき確実に成立するといえるものはどれか。次の中から最も適切なものを一つ選び、解答欄にマークせよ。

命題Ａ：設問１に○をつけた人は、設問２にも○をつけた。

命題Ｂ：設問３に○をつけた人は、設問１にも○をつけた。

命題Ｃ：設問２に○をつけた人は、設問４にも○をつけた。

イ　設問４に○をつけた人は、設問３に○をつけた。

ロ　設問４に○をつけなかった人は、設問３に○をつけなかった。

ハ　設問３に○をつけなかった人は、設問１に○をつけなかった。

ニ　設問２に○をつけた人は、設問３に○をつけた。

ホ　設問３に○をつけなかった人は、設問４に○をつけなかった。

問十　本文によれば、問九のような推論は、どのような推論と言えるか。最も適切なものを次の中から一つ選び、解答欄にマークせよ。

話している文としても、解釈することはできない。発話された文の解釈を推論しなければならないという論理的必然性があるとは限らない。

問三　空欄 Ⅰ および空欄 Ⅱ に入るものとして、最も適切な組み合わせを次の中から一つ選び、解答欄にマークせよ。

イ　Ⅰ演繹的　Ⅱ非演繹的　　ロ　Ⅰ形式的　Ⅱ客観的

ハ　Ⅰ主観的　Ⅱ客観的　　ニ　Ⅰ主観的　Ⅱ形式的

問四　空欄 Ⅲ に入る文として、最も適切なものを五字以上十字以内で解答欄に記せ（句読点は含まない）。

問五　空欄 Ⅳ に入れるのに最も適切な語句（漢字二文字）を本文中から抜き出し、解答欄に記せ。

問六　空欄 Ⅴ に入る内容として、最も適切なものを次の中から一つ選び、解答欄にマークせよ。

イ　二つの前提の主語の同一性に基づく客観的な推論であり、

ロ　二つの前提の主語の同一性に基づく主観的な推論であり、

ハ　二つの前提の述語の同一性に基づく客観的な推論であり、

ニ　二つの前提の述語の同一性に基づく主観的な推論であり、

問七　空欄 Ⅵ に入る言葉として最も適切なものを次の中から一つ選び、解答欄にマークせよ。

イ　述語による差異化のプロセス

ロ　発見的推論による同定のプロセス

ハ　異なる対象の同定のプロセス

ニ　創造性による差異化のプロセス

問八　本文の趣旨に合うものとして最も適切なものを次の中から一つ選び、解答欄にマークせよ。

イ　古論理の推論のプロセスは、形式論理の観点からは異常と言わざるをえないが、日常言語の意味の創造性と修辞性メタファー表現の創造には、古論理（ないしは逸脱三段論法）の推論の基盤になっている（現実にはカテゴリーが異なる存在に対する）同一化の認知プロセスが関わっている。

一般にメタファーの創造には、「見立て」の認知プロセス（すなわち、ある存在を現実にはカテゴリーが異なる他の存在に見立てる認知プロセス）が関わっているが、この認知プロセスは、古論理（ないしは逸脱三段論法）の推論における［Ⅵ］によって可能となる。

（山梨正明『修辞的表現論』による）

（注）語用論…人が言葉などの記号をどう使ってコミュニケーションをするかを考える議論。

問一　傍線部a～cの片仮名を、漢字（楷書）で解答欄に記せ。

問二　傍線部1「Pの発話からQが論理的に推論されるとは限らない」とはどのようなことか。最も適切なものを次の中から一つ選び、解答欄にマークせよ。

イ　Pの発話は、問題のドアを閉めるように命令している発話として解釈することがふつうである。しかし、そのためには、必ずしもPの文自体の解釈において、論理的な推論が必要であるとは限らない。

ロ　Pの発話は、問題のドアが開いたままになっている状況を文字通りに発話している、と解することも可能で、それを伝えることでそのドアを閉めるように命令している発話として解釈しなければならないという論理的必然性があるとは限らない。

ハ　Pの発話は、問題のドアが開いたままになっている状況を相手に伝えるという発話であり、そうした意味として解釈することがふつうである。しかし、そのためには必ずしもPの文自体の解釈において論理的な推論が必要であるとは限らない。

ニ　Pの発話は、問題のドアを閉めるように命令している発話としても、開いたままになっている状況を文字通りに発に包摂される関係にある。また、小前提の主語のソクラテスは、この文の述語が指示する人間の集合に包摂される関係にある。したがって推移性の論理関係により、小前提の主語（ソクラテス）は、大前提の死ぬ運命にある存在の集合に包摂されるという推論が成立することになる。この点で、形式論理学の［Ⅰ］な三段論法の推論は、二つの前提の主語の［Ⅳ］関係に基づく推論とみなすことができる。

これに対し、上記の（5）、（6）の例にみられる古論理（ないしは逸脱三段論法）の推論は、［Ⅴ］いわゆる西洋的な形式論理とは異なる非論理的な推論ということになる。（5）の場合は、前提1のインディアンが速く走り、前提2の牡鹿が速く走るという述語の同一性に基づいて、このインディアンが牡鹿と同一であると結論づけられている。（6）の場合も同様である。一般的、常識的な世界では、もちろん、インディアンは牡鹿ではない以上、この種の推論はきわめて主観的で飛躍的な推論の一種ということになる。

しかし、この種の推論が主観的であり客観的な世界を反映する論理的世界から逸脱した推論であるという見方は、必ずしも健全な見方とは言えない。人間の思考、判断の創造性の観点からみるならば、この種の推論の能力が、言葉の創造性、意味の世界の創造性において重要な役割をになっている。たとえば、メタファーの世界では、この種の推論は人間の思考、判断の創造性の基盤になっている。

この点は、上の（5）の古論理（ないしは逸脱三段論法）の推論に関わる例を、メタファーの創造との関連で考察した場合に明らかになる。たとえば、あるインディアンが平原を目を見張るようなスピードで疾走している光景にcソウグウし、このインディアンの疾走する姿を、感動的な言葉で表現する状況を考えてみよう。このような状況に対する表現はいろいろ考えられるが、（7）のような表現が可能である。

（7）あのインディアンは、速く走っている！　あのインディアンは、まさに牡鹿だ！

（7）の例で注目すべき点は、メタファー表現になっている文（「あのインディアンは、まさに牡鹿だ！」）である。この

　人間が行う推論の中には、これまでにみた語用論的な推論以外にも、さまざまな主観的な推論が存在する。その中でも、古論理的と呼ばれる推論は、非常に興味深い。この論理に基づく推論は、木村敏氏の論文が指摘する次のような例にみられる。

（5）（前提1）：あのインディアンは速く走る。
　　（前提2）：牡鹿は速く走る。
　　（結論）：あのインディアンは牡鹿である。

木村は、この種の推論は、統合失調症の人たちにみられる思考様式の一つであるとし、次のように述べている。「この思考様式の特徴は私たちの合理的思考が主語的個物の同一性に着目するのとはちがって、まず述語的属性（「速く走る」）に着目して、ここから主語的個物の同一（「あのインディアンは牡鹿である」）を帰結するという点にある。」
同様の指摘は、ベイトソンの次の例にもみられる。ベイトソンは、この種の推論を、逸脱三段論法と呼んでいる。

（6）（前提1）：その人は死ぬ。
　　（前提2）：草は死ぬ。
　　（結論）：［ Ⅲ ］。

この種の推論は、一見したところ、形式論理学の三段論法と同じ推論形式にみえるが、両者は本質的に異なる。
形式論理の三段論法の例（「人間は死ぬ運命にある。ソクラテスは人間である。したがって、ソクラテスは死ぬ運命にある」）で考えてみよう。この場合、大前提の主語の人間の集合は、この文の述語が指示する死ぬ運命にある存在の集合は存在する。それを命題の形で表現するならば、大前提（P：［雨が降れば］→Q：［庭が濡れる］）ということになる。（4）の発話の最初の文には、この後件のQの部分（［庭が濡れる］）だけが表現されているが、このQの部分が、発話の前提として与えられるならば、発話者が背景的な知識としてもっている上記の大前提（P：［雨が降れば］→Q：［庭が濡れる］）との関係で、その原因は、［雨が降った］からではないかと推論するのは自然である。しかし、この種の推論は、雨だけが庭が濡れる必然的な原因とは限らないという点で、［Ⅱ］、語用論的な推論の一種ということになる。換言するならば、この種の推論は、与えられた結果（ないしは事実）から、その原因を探っていく（見つけようとする）推論であるという点で、「発見的」な推論の一種ということができる。

一般に、自然科学において、結果として与えられた自然現象の背後に存在する法則を見つけていこうとする科学者の仮説構築の推論プロセスには、基本的にこの種の発見的な推論のプロセスが関わっている。

形式論理学における［Ⅰ］な推論（狭義の論理的な推論）と間接的な発話行為、会話の含意に関わる語用論的推論、［Ⅱ］な推論の一種である発見的な推論の諸相を考察した。これらの推論のうち、形式論理学の中核を成す［Ⅰ］な推論は、文脈、場面、背景的な知識、等に関係なく、前提から帰結への推論に至り、この推論が真理条件的に妥当であるという点で、形式論理の世界において閉じている。この点で、この種の推論は、非・語用論的な推論の一種として位置づけられる。

これに対し、間接的な発話行為、会話の含意に関わる語用論的推論、［Ⅱ］な推論の一種である発見的な推論は、文脈、場面、背景的知識、等に関わる要因との関連で推論の妥当性が問題になる。この点で、この種の推論は、語用論的な推論の一種とみなすことができる。

形式論理を特徴づける［Ⅰ］推論は、論理的に矛盾しない客観的な推論として定式化が可能である。この点で、この種の推論には主観的な認知プロセスは関わっていない。これに対し、語用論的推論は、文脈、場面、背景的な知識や推論する主体の思い込み、読み込み、等が関係する点で、厳密には主観的で飛躍的な推論の一種と言うことができる。

（4）P：あっ、庭が濡れている。
　　→Q：雨が降ったんだ。

（4）のPからQへの推論は、自然界の因果関係に関わる一般常識からみるならば、自然な推論の一種である。日常生活において、普通われわれは雨が降れば庭が濡れると速断する。しかしこの種の推論は、文脈抜きで成立するわけではない。このタイプの推論が正しくない状況はいくらでも考えられる。たとえば、家に飼っている犬が庭におしっこをした場合、あるいは誰かが前もって庭に水をまいていた、というような状況はいくらでもあり得る。

　したがって、（4）のタイプの推論は、（1）のタイプの論理的な推論ではなく、語用論的な推論の一種とみなされる。さらに言えば、（4）のタイプの推論は、いわゆる「発見的」推論という語用論的な推論の典型例と言える。

　この種の推論は、（1）の例にみられるような、いわゆる三段論法の［ I ］な推論と比較するとよく理解できる。以下の図は、それぞれのプロセスを形式化したものである。

（1）のタイプ
P→Q
P
―――――
Q

（4）のタイプ
P→Q
Q
―――――
P　　（！？）

［ I ］推論の場合には、大前提がP→Qで小前提がPであるから、Qは帰結として必然的に推論される。これに対し発見的推論の場合は、大前提は［ I ］推論と同じくP→Qであるが、小前提はQであり、この二つの前提からは必然的にPが帰結として推論される保証はない。上の（4）の発話は、発見的な推論に基づいている。

（4）の発話には、大前提（P→Q）は明示的には表されていないが、この発話者の背景的な知識としては、この前提

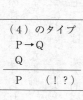

の二つの前提から必然的に結論（ソクラテスは死ぬ運命にある）が真であることが［ Ｉ ］に推論される。この種の推論は、論理的な推論の典型例である。

　これに対し、Ｂの語用論的な推論の例としては、（２）、（３）にみられるような間接的な発話行為、会話の含意に関わる推論が挙げられる。

（２）Ｐ：ほら、ドアが開いたままになっているよ。
　→Ｑ：そこのドアを閉めなさい。

（３）Ｐ：今日は遠足の日なのに、土砂降りだ。こんな幸せな日はない。
　→Ｑ：こんなにひどい日はない。

　これらの例を文脈抜きでみた場合、[1]Ｐの発話からＱが論理的に推論されるとは限らない。（１）の三段論法における［ Ｉ ］な推論と比べた場合、（２）のＰの発話からＱへの推論は、文脈に関係なく成立はしない点で論理的な推論ではない。しかし発話文脈によっては、Ｐの発話からＱへの推論が可能な場合もあり得る。この点で、（２）のタイプの推論は、語用論的な推論の一種とみなすことができる。

　基本的に同様の点は、（３）のＰからＱへの推論に関しても当てはまる。（３）の場合も、Ｐの発話から文脈抜きでＱが推論されるとは限らない。たとえば、Ｐの発話者が変わり者で、土砂降りの日の遠足をとても喜ぶ人ならば、この発話は文字通り、この土砂降りの日を喜んでいる発話と解することも不可能ではない。（厳密には、このような状況もあり得る。）しかし常識的には、このＰのタイプの発話は、Ｑのような[a]ジギャク的なアイロニー（ないしは皮肉）を意図した発話と解することが可能である。したがって、この種のＰからＱへの推論は、（１）にみられるような論理的な推論ではないが、文脈によっては[b]ユウイン可能な語用論的な推論の一種とみなすことができる。

　次の発話はどうか。

国語

（六〇分）

一

次の文章を読んで、あとの問いに答えよ。

推論のプロセスとしては、一般に次のA～Cのタイプが考えられる。

A．論理的な推論
B．(注)語用論的な推論
C．主観的・飛躍的な推論

この種の推論のうち、Aの論理的な推論のプロセスの一種としては、次のような形式論理学における三段論法の推論のプロセスが考えられる。

（1）（大前提）：人間は死ぬ運命にある。
（小前提）：ソクラテスは人間である。
――――
（結論）：→ソクラテスは死ぬ運命にある。

この三段論法では、大前提（人間は死ぬ運命にある）と小前提（ソクラテスは人間である）の命題が真であるならば、こ

教学社 刊行一覧

2025年版 大学赤本シリーズ

374大学556点
全都道府県を網羅

国公立大学（都道府県順）

全国の書店で取り扱っています。店頭にない場合は，お取り寄せができます。

1 北海道大学（文系－前期日程）
2 北海道大学（理系－前期日程） 医
3 北海道大学（後期日程）
4 旭川医科大学（医学部〈医学科〉） 医
5 小樽商科大学
6 帯広畜産大学
7 北海道教育大学
8 室蘭工業大学／北見工業大学
9 釧路公立大学
10 公立千歳科学技術大学
11 公立はこだて未来大学 総推
12 札幌医科大学（医学部） 医
13 弘前大学 医
14 岩手大学
15 岩手県立大学・盛岡短期大学部・宮古短期大学部
16 東北大学（文系－前期日程）
17 東北大学（理系－前期日程） 医
18 東北大学（後期日程）
19 宮城教育大学
20 宮城大学
21 秋田大学 医
22 秋田県立大学
23 国際教養大学 総推
24 山形大学 医
25 福島大学
26 会津大学
27 福島県立医科大学（医・保健科学部） 医
28 茨城大学（文系）
29 茨城大学（理系）
30 筑波大学（推薦入試） 医 総推
31 筑波大学（文系－前期日程）
32 筑波大学（理系－前期日程） 医
33 筑波大学（後期日程）
34 宇都宮大学
35 群馬大学 医
36 群馬県立女子大学
37 高崎経済大学
38 前橋工科大学
39 埼玉大学（文系）
40 埼玉大学（理系）
41 千葉大学（文系－前期日程）
42 千葉大学（理系－前期日程） 医
43 千葉大学（後期日程） 医
44 東京大学（文科） DL
45 東京大学（理科） DL 医
46 お茶の水女子大学
47 電気通信大学
48 東京外国語大学 DL
49 東京海洋大学
50 東京科学大学（旧 東京工業大学）
51 東京科学大学（旧 東京医科歯科大学） 医
52 東京学芸大学
53 東京藝術大学
54 東京農工大学
55 一橋大学（前期日程）
56 一橋大学（後期日程）
57 東京都立大学（文系）
58 東京都立大学（理系）
59 横浜国立大学（文系）
60 横浜国立大学（理系）
61 横浜市立大学（国際教養・国際商・理・データサイエンス・医〈看護〉学部）
62 横浜市立大学（医学部〈医学科〉） 医
63 新潟大学（人文・教育〈文系〉・法・経済科・医〈看護〉・創生学部）
64 新潟大学（教育〈理系〉・理・医〈看護を除く〉・歯・工・農学部） 医
65 新潟県立大学
66 富山大学（文系）
67 富山大学（理系） 医
68 富山県立大学
69 金沢大学（文系）
70 金沢大学（理系） 医
71 福井大学（教育・医〈看護〉・工・国際地域学部）
72 福井大学（医学部〈医学科〉） 医
73 福井県立大学
74 山梨大学（教育・医〈看護〉・工・生命環境学部）
75 山梨大学（医学部〈医学科〉） 医
76 都留文科大学
77 信州大学（文系－前期日程）
78 信州大学（理系－前期日程） 医
79 信州大学（後期日程）
80 公立諏訪東京理科大学 総推
81 岐阜大学（前期日程） 医
82 岐阜大学（後期日程）
83 岐阜薬科大学
84 静岡大学（前期日程）
85 静岡大学（後期日程）
86 浜松医科大学（医学部〈医学科〉） 医
87 静岡県立大学
88 静岡文化芸術大学
89 名古屋大学（文系）
90 名古屋大学（理系） 医
91 愛知教育大学
92 名古屋工業大学
93 愛知県立大学
94 名古屋市立大学（経済・人文社会・芸術工・看護・総合生命理・データサイエンス学部）
95 名古屋市立大学（医学部〈医学科〉） 医
96 名古屋市立大学（薬学部）
97 三重大学（人文・教育・医〈看護〉学部）
98 三重大学（医〈医〉・工・生物資源学部） 医
99 滋賀大学
100 滋賀医科大学（医学部〈医学科〉） 医
101 滋賀県立大学
102 京都大学（文系）
103 京都大学（理系） 医
104 京都教育大学
105 京都工芸繊維大学
106 京都府立大学
107 京都府立医科大学（医学部〈医学科〉） 医
108 大阪大学（文系） DL
109 大阪大学（理系） 医
110 大阪教育大学
111 大阪公立大学（現代システム科学域〈文系〉・文・法・経済・商・看護・生活科〈居住環境・人間福祉〉学部－前期日程）
112 大阪公立大学（現代システム科学域〈理系〉・理・工・農・獣医・医・生活科〈食栄養〉学部－前期日程） 医
113 大阪公立大学（中期日程）
114 大阪公立大学（後期日程）
115 神戸大学（文系－前期日程）
116 神戸大学（理系－前期日程） 医
117 神戸大学（後期日程）
118 神戸市外国語大学 DL
119 兵庫県立大学（国際商経・社会情報科・看護学部）
120 兵庫県立大学（工・理・環境人間学部）
121 奈良教育大学／奈良県立大学
122 奈良女子大学
123 奈良県立医科大学（医学部〈医学科〉） 医
124 和歌山大学
125 和歌山県立医科大学（医・薬学部） 医
126 鳥取大学 医
127 公立鳥取環境大学
128 島根大学 医
129 岡山大学（文系）
130 岡山大学（理系） 医
131 岡山県立大学
132 広島大学（文系－前期日程）
133 広島大学（理系－前期日程） 医
134 広島大学（後期日程）
135 尾道市立大学 総推
136 県立広島大学
137 広島市立大学
138 福山市立大学 総推
139 山口大学（人文・教育〈文系〉・経済・医〈看護〉・国際総合科学部）
140 山口大学（教育〈理系〉・理・医〈看護を除く〉・工・農・共同獣医学部） 医
141 山陽小野田市立山口東京理科大学 総推
142 下関市立大学／山口県立大学
143 周南公立大学 新 総推
144 徳島大学 医
145 香川大学 医
146 愛媛大学 医
147 高知大学 医
148 高知工科大学
149 九州大学（文系－前期日程）
150 九州大学（理系－前期日程） 医
151 九州大学（後期日程）
152 九州工業大学
153 福岡教育大学
154 北九州市立大学
155 九州歯科大学
156 福岡県立大学／福岡女子大学
157 佐賀大学 医
158 長崎大学（多文化社会・教育〈文系〉・経済・医〈保健〉・環境科〈文系〉学部）
159 長崎大学（教育〈理系〉・医〈医〉・歯・薬・情報データ科・工・環境科〈理系〉・水産学部） 医
160 長崎県立大学 総推
161 熊本大学（文・教育・法・医〈看護〉学部・情報融合学環〈文系型〉）
162 熊本大学（理・医〈看護を除く〉・薬・工学部・情報融合学環〈理系型〉） 医
163 熊本県立大学
164 大分大学（教育・経済・医〈看護〉・理工・福祉健康科学部）
165 大分大学（医学部〈医・先進医療科学科〉） 医
166 宮崎大学（教育・医〈看護〉・工・農・地域資源創成学部）
167 宮崎大学（医学部〈医学科〉） 医
168 鹿児島大学（文系）
169 鹿児島大学（理系） 医
170 琉球大学 医

2025年版　大学赤本シリーズ

国公立大学 その他

171 〔国公立大〕医学部医学科 総合型選抜・学校推薦型選抜※ 医 総推
172 看護・医療系大学〈国公立 東日本〉※
173 看護・医療系大学〈国公立 中日本〉※
174 看護・医療系大学〈国公立 西日本〉※
175 海上保安大学校／気象大学校
176 航空保安大学校
177 国立看護大学校
178 防衛大学校 総推
179 防衛医科大学校(医学科) 医
180 防衛医科大学校(看護学科)

※ No.171〜174の収載大学は赤本ウェブサイト(http://akahon.net/)でご確認ください。

私立大学①

北海道の大学(50音順)

201 札幌大学
202 札幌学院大学
203 北星学園大学
204 北海学園大学
205 北海道医療大学
206 北海道科学大学
207 北海道武蔵女子大学・短期大学
208 酪農学園大学(獣医学群〈獣医学類〉)

東北の大学(50音順)

209 岩手医科大学(医・歯・薬学部) 医
210 仙台大学 総推
211 東北医科薬科大学(医・薬学部) 医
212 東北学院大学
213 東北工業大学
214 東北福祉大学
215 宮城学院女子大学 総推

関東の大学(50音順)

あ行(関東の大学)

216 青山学院大学(法・国際政治経済学部ー個別学部日程)
217 青山学院大学(経済学部ー個別学部日程)
218 青山学院大学(経営学部ー個別学部日程)
219 青山学院大学(文・教育人間科学部ー個別学部日程)
220 青山学院大学(総合文化政策・社会情報・地球社会共生・コミュニティ人間科学部ー個別学部日程)
221 青山学院大学(理工学部ー個別学部日程)
222 青山学院大学(全学部日程)
223 麻布大学(獣医、生命・環境科学部)
224 亜細亜大学
226 桜美林大学
227 大妻女子大学・短期大学部

か行(関東の大学)

228 学習院大学(法学部ーコア試験)
229 学習院大学(経済学部ーコア試験)
230 学習院大学(文学部ーコア試験)
231 学習院大学(国際社会科学部ーコア試験)
232 学習院大学(理学部ーコア試験)
233 学習院女子大学
234 神奈川大学(給費生試験)
235 神奈川大学(一般入試)
236 神奈川工科大学
237 鎌倉女子大学・短期大学部
238 川村学園女子大学
239 神田外語大学
240 関東学院大学
241 北里大学(理学部)
242 北里大学(医学部) 医
243 北里大学(薬学部)
244 北里大学(看護・医療衛生学部)
245 北里大学(未来工・獣医・海洋生命科学部)
246 共立女子大学・短期大学
247 杏林大学(医学部) 医
248 杏林大学(保健学部)
249 群馬医療福祉大学・短期大学部
250 群馬パース大学 総推
251 慶應義塾大学(法学部)
252 慶應義塾大学(経済学部)
253 慶應義塾大学(商学部)
254 慶應義塾大学(文学部) 総推
255 慶應義塾大学(総合政策学部)
256 慶應義塾大学(環境情報学部)
257 慶應義塾大学(理工学部)
258 慶應義塾大学(医学部) 医
259 慶應義塾大学(薬学部)
260 慶應義塾大学(看護医療学部)
261 工学院大学
262 國學院大學
263 国際医療福祉大学 医
264 国際基督教大学
265 国士舘大学
266 駒澤大学(一般選抜T方式・S方式)
267 駒澤大学(全学部統一日程選抜)

さ行(関東の大学)

268 埼玉医科大学(医学部) 医
269 相模女子大学・短期大学部
270 産業能率大学
271 自治医科大学(医学部) 医
272 自治医科大学(看護学部)／東京慈恵会医科大学(医学部〈看護学科〉)
273 実践女子大学 総推
274 芝浦工業大学(前期日程)
275 芝浦工業大学(全学統一日程・後期日程)
276 十文字学園女子大学
277 淑徳大学
278 順天堂大学(医学部) 医
279 順天堂大学(スポーツ健康科・医療看護・保健看護・国際教養・保健医療・医療科・健康データサイエンス・薬学部) 総推
280 上智大学(神・文・総合人間科学部)
281 上智大学(法・経済学部)
282 上智大学(外国語・総合グローバル学部)
283 上智大学(理工学部)
284 上智大学(TEAPスコア利用方式)
285 湘南工科大学
286 昭和大学(医学部) 医
287 昭和大学(歯・薬・保健医療学部)
288 昭和女子大学
289 昭和薬科大学
290 女子栄養大学・短期大学部 総推
291 白百合女子大学
292 成蹊大学(法学部ーA方式)
293 成蹊大学(経済・経営学部ーA方式)
294 成蹊大学(文学部ーA方式)
295 成蹊大学(理工学部ーA方式)
296 成蹊大学(E方式・G方式・P方式)
297 成城大学(経済・社会イノベーション学部ーA方式)
298 成城大学(文芸・法学部ーA方式)
299 成城大学(S方式〈全学部統一選抜〉)
300 聖心女子大学
301 清泉女子大学
303 聖マリアンナ医科大学 医
304 聖路加国際大学(看護学部)
305 専修大学(スカラシップ・全国入試)
306 専修大学(前期入試〈学部個別入試〉)
307 専修大学(前期入試〈全学部入試・スカラシップ入試〉)

た行(関東の大学)

308 大正大学
309 大東文化大学
310 高崎健康福祉大学
311 拓殖大学
312 玉川大学
313 多摩美術大学
314 千葉工業大学
315 中央大学(法学部ー学部別選抜)
316 中央大学(経済学部ー学部別選抜)
317 中央大学(商学部ー学部別選抜)
318 中央大学(文学部ー学部別選抜)
319 中央大学(総合政策学部ー学部別選抜)
320 中央大学(国際経営・国際情報学部ー学部別選抜)
321 中央大学(理工学部ー学部別選抜)
322 中央大学(5学部共通選抜)
323 中央学院大学
324 津田塾大学
325 帝京大学(薬・経済・法・文・外国語・教育・理工・医療技術・福岡医療技術学部)
326 帝京大学(医学部) 医
327 帝京科学大学 総推
328 帝京平成大学 総推
329 東海大学(医〈医〉学部を除くー一般選抜)
330 東海大学(文系・理系学部統一選抜)
331 東海大学(医学部〈医学科〉) 医
332 東京医科大学(医学部〈医学科〉) 医
333 東京家政大学・短期大学部 総推
334 東京経済大学
335 東京工科大学
336 東京工芸大学
337 東京国際大学
338 東京歯科大学
339 東京慈恵会医科大学(医学部〈医学科〉) 医
340 東京情報大学
341 東京女子大学
342 東京女子医科大学(医学部) 医
343 東京電機大学
344 東京都市大学
345 東京農業大学
346 東京薬科大学(薬学部) 総推
347 東京薬科大学(生命科学部) 総推
348 東京理科大学(理学部〈第一部〉ーB方式)
349 東京理科大学(創域理工学部ーB方式・S方式)
350 東京理科大学(工学部ーB方式)
351 東京理科大学(先進工学部ーB方式)
352 東京理科大学(薬学部ーB方式)
353 東京理科大学(経営学部ーB方式)
354 東京理科大学(C方式、グローバル方式、理学部〈第二部〉ーB方式)
355 東邦大学(医学部) 医
356 東邦大学(薬学部)

2025年版　大学赤本シリーズ

私立大学②

357 東邦大学(理・看護・健康科学部)
358 東洋大学(文・経済・経営・法・社会・国際・国際観光学部)
359 東洋大学(情報連携・福祉社会デザイン・健康スポーツ科・理工・総合情報・生命科・食環境科学部)
360 東洋大学(英語〈3日程×3カ年〉)
361 東洋大学(国語〈3日程×3カ年〉)
362 東洋大学(日本史・世界史〈2日程×3カ年〉)
363 東洋英和女学院大学
364 常磐大学・短期大学 総推
365 獨協大学
366 獨協医科大学(医学部) 医

な行(関東の大学)

367 二松学舎大学
368 日本大学(法学部)
369 日本大学(経済学部)
370 日本大学(商学部)
371 日本大学(文理学部〈文系〉)
372 日本大学(文理学部〈理系〉)
373 日本大学(芸術学部〈専門試験併用型〉)
374 日本大学(国際関係学部)
375 日本大学(危機管理・スポーツ科学部)
376 日本大学(理工学部)
377 日本大学(生産工・工学部)
378 日本大学(生物資源科学部)
379 日本大学(医学部) 医
380 日本大学(歯・松戸歯学部)
381 日本大学(薬学部)
382 日本大学(N全学統一方式−医・芸術〈専門試験併用型〉学部を除く)
383 日本医科大学 医
384 日本工業大学
385 日本歯科大学
386 日本社会事業大学 総推
387 日本獣医生命科学大学
388 日本女子大学
389 日本体育大学

は行(関東の大学)

390 白鷗大学(学業特待選抜・一般選抜)
391 フェリス女学院大学
392 文教大学
393 法政大学(法〈I日程〉・文〈II日程〉・経営〈II日程〉学部−A方式)
394 法政大学(法〈II日程〉・国際文化・キャリアデザイン学部−A方式)
395 法政大学(文〈I日程〉・経営〈I日程〉・人間環境・グローバル教養学部−A方式)
396 法政大学(経済〈I日程〉・社会〈I日程〉・現代福祉学部−A方式)
397 法政大学(経済〈II日程〉・社会〈II日程〉・スポーツ健康学部−A方式)
398 法政大学(情報科・デザイン工・理工・生命科学部−A方式)
399 法政大学(T日程〈統一日程〉・英語外部試験利用入試)
400 星薬科大学 総推

ま行(関東の大学)

401 武蔵大学
402 武蔵野大学
403 武蔵野美術大学
404 明海大学
405 明治大学(法学部−学部別入試)
406 明治大学(政治経済学部−学部別入試)
407 明治大学(商学部−学部別入試)
408 明治大学(経営学部−学部別入試)
409 明治大学(文学部−学部別入試)
410 明治大学(国際日本学部−学部別入試)
411 明治大学(情報コミュニケーション学部−学部別入試)
412 明治大学(理工学部−学部別入試)
413 明治大学(総合数理学部−学部別入試)
414 明治大学(農学部−学部別入試)
415 明治大学(全学部統一入試)
416 明治学院大学(A日程)
417 明治学院大学(全学部日程)
418 明治薬科大学 総推
419 明星大学
420 目白大学・短期大学部

ら・わ行(関東の大学)

421 立教大学(文系学部−一般入試〈大学独自の英語を課さない日程〉)
422 立教大学(国語〈3日程×3カ年〉)
423 立教大学(日本史・世界史〈2日程×3カ年〉)
424 立教大学(文学部−一般入試〈大学独自の英語を課す日程〉)
425 立教大学(理学部−一般入試)
426 立正大学
427 早稲田大学(法学部)
428 早稲田大学(政治経済学部)
429 早稲田大学(商学部)
430 早稲田大学(社会科学部)
431 早稲田大学(文学部)
432 早稲田大学(文化構想学部)
433 早稲田大学(教育学部〈文科系〉)
434 早稲田大学(教育学部〈理科系〉)
435 早稲田大学(人間科・スポーツ科学部)
436 早稲田大学(国際教養学部)
437 早稲田大学(基幹理工・創造理工・先進理工学部)
438 和洋女子大学 総推

中部の大学(50音順)

439 愛知大学
440 愛知医科大学(医学部) 医
441 愛知学院大学・短期大学部
442 愛知工業大学 総推
443 愛知淑徳大学
444 朝日大学 総推
445 金沢医科大学(医学部) 医
446 金沢工業大学
447 岐阜聖徳学園大学 総推
448 金城学院大学
449 至学館大学 総推
450 静岡理工科大学
451 椙山女学園大学
452 大同大学
453 中京大学
454 中部大学
455 名古屋外国語大学 総推
456 名古屋学院大学 総推
457 名古屋学芸大学 総推
458 名古屋女子大学 総推
459 南山大学(外国語〈英米〉・法・総合政策・国際教養学部)
460 南山大学(人文・外国語〈英米を除く〉・経済・経営・理工学部)
461 新潟国際情報大学
462 日本福祉大学
463 福井工業大学
464 藤田医科大学(医学部) 医
465 藤田医科大学(医療科・保健衛生学部)
466 名城大学(法・経営・経済・外国語・人間・都市情報学部)
467 名城大学(情報工・理工・農・薬学部)
468 山梨学院大学

近畿の大学(50音順)

469 追手門学院大学 総推
470 大阪医科薬科大学(医学部) 医
471 大阪医科薬科大学(薬学部) 総推
472 大阪学院大学 総推
473 大阪経済大学 総推
474 大阪経済法科大学 総推
475 大阪工業大学 総推
476 大阪国際大学・短期大学部 総推
477 大阪産業大学 総推
478 大阪歯科大学(歯学部)
479 大阪商業大学 総推
480 大阪成蹊大学・短期大学 総推
481 大谷大学 総推
482 大手前大学・短期大学 総推
483 関西大学(文系)
484 関西大学(理系)
485 関西大学(英語〈3日程×3カ年〉)
486 関西大学(国語〈3日程×3カ年〉)
487 関西大学(日本史・世界史・文系数学〈3日程×3カ年〉)
488 関西医科大学(医学部) 医
489 関西医療大学 総推
490 関西外国語大学・短期大学部 総推
491 関西学院大学(文・法・商・人間福祉・総合政策学部−学部個別日程)
492 関西学院大学(神・社会・経済・国際・教育学部−学部個別日程)
493 関西学院大学(全学部日程〈文系型〉)
494 関西学院大学(全学部日程〈理系型〉)
495 関西学院大学(共通テスト併用日程〈数学〉・英数日程)
496 関西学院大学(英語〈3日程×3カ年〉) 新
497 関西学院大学(国語〈3日程×3カ年〉) 新
498 関西学院大学(日本史・世界史・文系数学〈3日程×3カ年〉) 新
499 畿央大学 総推
500 京都外国語大学・短期大学 総推
502 京都産業大学(公募推薦入試) 総推
503 京都産業大学(一般選抜入試〈前期日程〉)
504 京都女子大学 総推
505 京都先端科学大学 総推
506 京都橘大学 総推
507 京都ノートルダム女子大学 総推
508 京都薬科大学 総推
509 近畿大学・短期大学部(医学部を除く−推薦入試) 総推
510 近畿大学・短期大学部(医学部を除く−一般入試前期)
511 近畿大学(英語〈医学部を除く3日程×3カ年〉)
512 近畿大学(理系数学〈医学部を除く3日程×3カ年〉)
513 近畿大学(国語〈医学部を除く3日程×3カ年〉)
514 近畿大学(医学部−推薦入試・一般入試前期) 医 総推
515 近畿大学・短期大学部(一般入試後期) 医
516 皇學館大学 総推
517 甲南大学 総推
518 甲南女子大学(学校推薦型選抜) 新 総推
519 神戸学院大学 総推
520 神戸国際大学 総推
521 神戸女学院大学 総推
522 神戸女子大学・短期大学 総推
523 神戸薬科大学 総推
524 四天王寺大学・短期大学部 総推
525 摂南大学(公募制推薦入試) 総推
526 摂南大学(一般選抜前期日程)
527 帝塚山学院大学 総推
528 同志社大学(法、グローバル・コミュニケーション学部−学部個別日程)

いつも受験生のそばに — 赤本

大学入試シリーズ＋α
入試対策も共通テスト対策も赤本で

入試対策

赤本プラス

赤本 PLUS+ 本

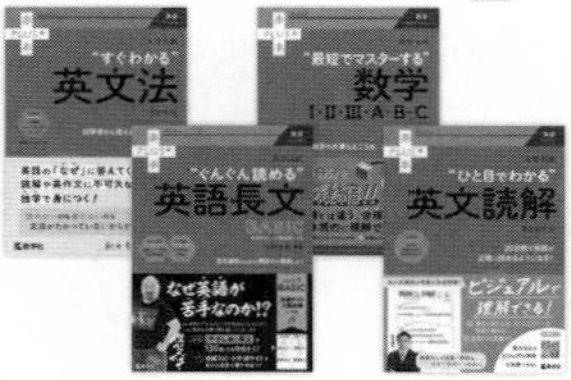

赤本プラスとは，**過去問演習の効果を最大にする**ためのシリーズです。「赤本」であぶり出された弱点を，赤本プラスで克服しましょう。

- 大学入試 すぐわかる**英文法** DL
- 大学入試 ひと目でわかる**英文読解**
- 大学入試 絶対できる**英語リスニング** DL
- 大学入試 すぐ書ける**自由英作文**
- 大学入試 ぐんぐん読める **英語長文〔BASIC〕** DL
- 大学入試 ぐんぐん読める **英語長文〔STANDARD〕** DL
- 大学入試 ぐんぐん読める **英語長文〔ADVANCED〕** DL
- 大学入試 正しく書ける**英作文**
- 大学入試 最短でマスターする **数学Ⅰ・Ⅱ・Ⅲ・A・B・C**
- 大学入試 突破力を鍛える**最難関の数学**
- 大学入試 知らなきゃ解けない **古文常識・和歌**
- 大学入試 ちゃんと身につく**物理**
- 大学入試 もっと身につく **物理問題集（①力学・波動）**
- 大学入試 もっと身につく **物理問題集（②熱力学・電磁気・原子）**

入試対策

英検® 赤本シリーズ

英検®（実用英語技能検定）の対策書。
過去問集と参考書で万全の対策ができます。

▶過去問集（2024年度版）

- 英検®準1級過去問集 DL
- 英検®2級過去問集 DL
- 英検®準2級過去問集 DL
- 英検®3級過去問集 DL

▶参考書

- 竹岡の英検®準1級マスター DL
- 竹岡の英検®2級マスター CD DL
- 竹岡の英検®準2級マスター CD DL
- 竹岡の英検®3級マスター CD DL

入試対策

赤本プレミアム

赤本の教学社だからこそ作れた，
過去問ベストセレクション

- **東大数学プレミアム**
- **東大現代文プレミアム**
- **京大数学プレミアム**〔改訂版〕
- **京大古典プレミアム**

入試対策

赤本メディカルシリーズ

過去問を徹底的に研究し，独自の出題傾向をもつメディカル系の入試に役立つ内容を精選した実戦的なシリーズ。

- 〔国公立大〕**医学部の英語**〔3訂版〕
- **私立医大の英語**〔長文読解編〕〔3訂版〕
- **私立医大の英語**〔文法・語法編〕〔改訂版〕
- **医学部の実戦小論文**〔3訂版〕
- **医歯薬系の英単語**〔4訂版〕
- **医系小論文 最頻出論点20**〔4訂版〕
- **医学部の面接**〔4訂版〕

入試対策

体系シリーズ

国公立大二次・難関私大突破へ，自学自習に適したハイレベル問題集。

- **体系英語長文**
- **体系英作文**
- **体系現代文**
- **体系世界史**
- **体系物理**〔第7版〕

入試対策

単行本

▶英語

- Q&A即決英語勉強法
- TEAP攻略問題集 CD
- 東大の英単語〔新装版〕
- 早慶上智の英単語〔改訂版〕

▶国語・小論文

- 著者に注目! 現代文問題集
- ブレない小論文の書き方 樋口式ワークノート

▶レシピ集

- 奥薗壽子の赤本合格レシピ

入試対策　共通テスト対策

赤本手帳

- 赤本手帳（2025年度受験用） プラムレッド
- 赤本手帳（2025年度受験用） インディゴブルー
- 赤本手帳（2025年度受験用） ナチュラルホワイト

入試対策

風呂で覚えるシリーズ

水をはじく特殊な紙を使用。いつでもどこでも読めるから，ちょっとした時間を有効に使える！

- **風呂で覚える英単語**〔4訂新装版〕
- **風呂で覚える英熟語**〔改訂新装版〕
- **風呂で覚える古文単語**〔改訂新装版〕
- **風呂で覚える古文文法**〔改訂新装版〕
- **風呂で覚える漢文**〔改訂新装版〕
- **風呂で覚える日本史**〔年代〕〔改訂新装版〕
- **風呂で覚える世界史**〔年代〕〔改訂新装版〕
- **風呂で覚える倫理**〔改訂版〕
- **風呂で覚える百人一首**〔改訂版〕

共通テスト対策

満点のコツシリーズ

共通テストで満点を狙うための実戦的参考書。
重要度の増したリスニング対策は
「カリスマ講師」竹岡広信が一回読みにも
対応できるコツを伝授！

- **共通テスト英語**〔リスニング〕 **満点のコツ**〔改訂版〕 新 DL
- **共通テスト古文 満点のコツ**〔改訂版〕 新
- **共通テスト漢文 満点のコツ**〔改訂版〕 新

入試対策　共通テスト対策

赤本ポケットシリーズ

▶共通テスト対策

- 共通テスト日本史〔文化史〕

▶系統別進路ガイド

- デザイン系学科をめざすあなたへ

CD リスニングCDつき　DL 音声無料配信
新 2024年新刊・改訂

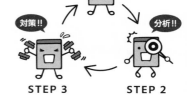

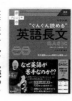

大学赤本シリーズ

別冊問題編

2025

2025 年版　大学赤本シリーズ　No. 429

早稲田大学（商学部）

編　集　教学社編集部
発行者　上原 寿明
発行所　教学社
〒606-0031
京都市左京区岩倉南桑原町56
電話　075-721-6500
振替　01020-1-15695
印　刷　共同印刷工業

2024 年 6 月 10 日　第 1 刷発行
ISBN978-4-325-26488-0
定価は裏表紙に表示しています